YouTube 이의경 교수의 재무관리

유튜브에서 '이의경교수의 재무관리'를 검색하면 이 책을 교재로 한 저자의 강의를 수강할 수 있습니다.

FINANCIAL MANAGEMENT

7판

이의경 교수의

재무관리

이론과 응용

북 넷

제7판 머리말

미국 연방준비제도 이사회(FRB)의 의장이었던 앨런 그린스펀(Alan Greenspan)은 "문맹은 생활을 불편하게 하지만 금융문맹은 생존을 불가능하게 한다."고 말했다. 현대사회에서 금융의 중요성을 가장 잘 표현한 말이라고 생각되어 재무관리를 공부하는 사람으로서 매우 공감이 간다. 그렇지만 재무관리는 학생들에게 항상 어려운 과목으로 인식되고 있다. 사실 그런 면이 없지는 않지만 기본개념을 적용하면서 다양한 주제를 소화해나가면 충분히 해볼 만한 과목이기도 하다. 어렵게 생각했던 내용을 한 단계씩 극복해가는 매력에 빠져 나중에는 성취감을 더 크게 느낀다고 말하는 독자들도 많다.

필자는 본서 초판부터 기본개념에 충실하면서 논리적 일관성을 갖도록 집필하는데 애썼다. 재무관리의 가장 큰 주제는 가치평가(valuation)이다. 그리고 여기에 필요한 기본개념들로는 현재가치, 위험-수익률의 관계, 재정거래(차익거래)의 과정이 중요하다고 할 수 있다. 이러한 개념에 입각하여 공부하다보면 개별적으로 보이던 내용들이 하나의 일관된 논리체계로 들어오게 될 것이다.

필자가 처음 이 책을 쓰게 된 계기는 여러 대학에서 CPA특강을 하면서였다. 강의노트에, 학생들의 많은 질문, 그리고 동료교수와의 토론이 더해져서 이 책이 출간된 것이다. 이 책을 내면서 필자가 중요하게 생각했던 집필 목적 중에는 다음과 같은 세 가지가 있었다.

첫째는 Hamada모형의 올바른 사용에 관한 것이었다. 이 책을 낼 당시 시중교재는 물론이고 시험에까지 Hamada모형을 잘못 사용하는 사례가 적잖이 있었다. 이에 필자는 MM이론과 연관시켜서 오류를 바로잡는 내용을 이 책에 소개하였다. 그리고 학생들뿐만 아니라 교수님들에게도 이러한 내용을 알리고자 한국경영학회지(KBR)에 "Hamada모형의 사용에 대한 이의제기"라는 논문을 발표하였다.

둘째는 MM의 자본구조이론에 대한 쉬운 접근법을 제시한 것이다. MM이 그들 논문에서 제시한 접근법은 노벨상을 받은 연구결과이니만큼 쉽게 이해할 수 있는 내용이 아니다. 그렇기 때문에 학생들에게는 부담이 아닐 수 없다. 이에 필자는 현금흐름유지법이라는 쉬운 접근법을 제시하였다. 이 접근법은 MM이론을 쉽게 이해시킬 수 있다는 점을 인정받아 미국재무교육학회지(JFEd)에 "How to Teach M&M's Capital Structure Irrelevance Theory: A Simple Arbitrage Approach"라는 논문으로 게재되었다.

셋째는 Black-Scholes OPM을 쉽게 이용할 수 있는 방법에 관한 것이다. 많은 교재들이 OPM을 이용하면서 정규분포표에 의존하는 것을 당연하게 소개하고 있다. 그런데 공부하면서 알게 되겠지만 사실 이 방법은 본질에서 벗어나 불필요하게 번거로운 면이 있다. 그래서 본서에서는 옵션가격표를 이용하는 방법을 제시하였다. 이를 이용하면 번거로움을 크게 덜고 필요한 내용에 더 집중할 수 있을 것이다.

요즘 시중교재를 보면 첫째 언급한 내용은 이제 많이 반영된 것 같아서 나름대로 보람을 느낀다. 그렇지만 둘째, 셋째의 경우에는 단순하고 쉬운 방법이 있음에도 여전히 종전대로 복잡하고 힘든 방법으로 가르치고 공부하는 상황이 계속되고 있는 것 같아서 안타까운 마음이 든다.

최근에는 재무이론에 큰 변화가 없었고 따라서 이 책의 체계도 크게 달라지지는 않았다. 그렇지만 일부 내용을 보충하고 표현을 다듬어 완성도를 높이고자 하였다. 그리고 공부에 특별한 요령이 있는 것은 아니지만 이 책으로 CPA시험을 준비하는 독자들에게 도움이 될 수 있는 조언을 한다면 우선 본문과 예제(*표시부분 제외)로 1차 시험을 준비하고 이후에는 *표시한 내용과 연습문제까지 이해하여 2차 시험을 준비하면 좋을 것 같다. 각 장의 학습목표와 요약은 가장 핵심적인 내용을 정리한 것이므로 본문의 내용을 떠올리면서 반복해서 읽어보기를 권한다. 그리고 유튜브에 이 책을 교재로 한 필자의 대학특강영상을 올렸으니 '이의경교수의 재무관리'를 검색해서 수강하면 공부에 도움이 될 것이다.

제7판까지 내게 되니 감사할 분들이 많다. 부모님과 가족, 은사님들, 동료교수들의 격려가 항상 힘이 되고 있다. 특히 필자의 학문적 동지라고 할 수 있는 이상우 교수는 초판부터 주제마다 유익한 토론을 해주었다. 그리고 기꺼이 제7판 출간을 맡아주신 북넷 류재식 대표께도 감사드린다.

2021년 4월

이 의 경

제1판 머리말

기업을 둘러싼 재무환경에서 미래에 대한 불확실성이 증대되면서 이에 대처할 수 있는 금융기법도 더욱 전문화되고 다양해지고 있다. 이에 따라서 관련된 의사결정문제도 복잡하고 공부해야 할 내용도 어려워지고 있는 실정이다.

필자가 대학에서 그 동안 재무관리, 투자론 등을 강의하면서 느낀 점이 두 가지 있는데 하나는 수강학생들에 대한 것이고 또 다른 하나는 재무관리교재에 대한 것이다.

재무관리를 수강하는 학생들은 대체로 교과과정을 이수하는데 필요한 과목이기 때문에 수강하는 학생들과 대학원진학 또는 CPA시험을 준비하는 학생들인 것 같다. 그래서 이러한 학생들 모두의 욕구를 동시에 충족시키면서 강의한다는 것은 상당히 어려운 일이라고 생각된다.

한편 재무관리교재는 최근의 새로운 내용이 계속 추가되면서 이제는 그 분량마저 부담스러울 정도가 되었다. 그래서 기본적인 내용에 매달리다보면 최근에 이슈가 되는 것들은 개념조차 설명하지 못하고 다음 기회로 미룬채 황급히 종강을 맞은 적이 한두 번이 아니었다. 그러다보니 이러한 내용들은 학생들이 비교적 관심을 가질 수 있는 부분인데도 학부를 졸업할 때까지 다뤄 보지도 못하게 되는 것이다.

현재 시중에 나와 있는 교재들 중에도 좋은 내용을 담고 있는 것들이 적지 않다고 생각하면서도 좀 더 욕심을 부려서 필자가 이 책을 내게 된 것은 이같은 연유에서이다. 그래서 다음과 같은 특징을 살리면서 이 책을 쓰게 되었다.

첫째, 기존의 교과서 내용 중에서 실제로는 강의가 잘 이루어지지 않는 고전적인 내용을 과감하게 삭제하였다. 운전자본관리, 재무분석 및 재무예측 등이 이에 해당하는데 그 내용이 중요하지 않은 것은 아니지만 다른 과목에서도 다루는 중복되는 부분이기 때문이다. 그 시간에 시사성 있는 최근 내용을 다루는 것이 학생들 모두의 관심을 유도할 수 있을 것이라고 기대한다.

둘째, 최근에 도입되고 있는 옵션, 선물 등 파생금융상품과 이를 이용한 위험관리기법들을 중점적으로 다루었다. 그리고 금융기관의 관리기법인 ALM도 이와 같은 위험관리측면에서 일관성있게 설명하였다. 이들 내용을 설명하면서 불필요하게 많은 공식들을 도입하는 경우를 자주 보게 되는데 이 책에서는 가급적 하나의 개념을 유지하면서 여러 상황에 이용할 수 있도록 원리적 접근을 도모하였다.

셋째, 여러 종류의 교재를 보는 학생들이 곧잘 서로 다르게 잘못 알고 있는 내용을 분명하게 정리하였다. 특히 이러한 부분은 학생들이 가장 혼돈스러워 하는 내용인데 재무관리특강에서 많은 학생들로부터 받은 질문을 통해서 기존의 교과서들이 오류를 범하고 있는 부분을 바로 잡았다. 자본구조이론에서의 재정거래, 불확실성하의 자본예산, 부채기업의 투자결정 및 금리선물거래 등에서 이를 확인할 수 있는데 그 근거를 의문의 여지가 없도록 제시하였다. 이는 필자가 가장 노력을 많이 기울인 부분이다.

넷째, 각 장에서 공부한 이론을 응용할 수 있는 기회로 연습문제와 해설을 제시하였다. 대개의 교과서에서는 연습문제만 수록하고 있지만 관심 있는 학생들 대부분이 이에 대한 해설집을 필요로 하고 있는 현실이고 보면 오히려 정확한 해설을 함께 제시하는 것이 바람직하다고 여겨지기 때문이다. 이론설명으로 부족한 부분과 오류를 범하기 쉬운 부분, 그리고 고급수준의 문제 등을 비중 있게 다루었으므로 대학원진학이나 CPA시험 준비를 하는 학생들에게 많은 도움이 될 것이다. 또한 CPA시험의 기출문제를 소개하면서 이 중 잘못 출제된 부분까지 함께 지적하였다.

이 책을 쓰면서 감사해야 할 분들이 매우 많다. 필자에게 학문적 토양을 마련해 주신 서울대학교 심병구 명예교수님, 윤계섭 교수님, 박정식 교수님, 김영진 교수님께 먼저 감사드리고 싶다. 그리고 필자와 대학원과정은 물론 직장생활도 함께 했던 전주대학교 이상우 교수에게 특별히 감사한다. 이상우 교수는 제기되는 의문점마다 항상 깊이 있고 진지한 토론을 함께 나누어 이 책을 쓰는데 가장 큰 도움을 주었다.

누구에게나 그렇겠지만 언제나 필자의 정신적 지주가 되어 주신 어머니께 감사드리며 가까이 모시고도 자주 찾아뵙지 못한 아버님께는 죄송한 마음을 전한다. 그리고 집필기간 동안 시간을 함께 보내지 못했던 가족들에게도 미안한 마음을 보낸다.

1997년 3월

이 의 경

차 례

제 1 부 재무관리의 기초개념

제 2 부 위험과 수익률

제 3 부 자본구조와 자본조달

제 4 부 위험관리

제 1 부

재무관리의 기초개념

Financial Management

제 1 장 재무관리의 의의

학습 목표

재무관리란 자본조달과 투자결정에 관한 의사결정문제를 공부하는 학문이다. 이러한 의사결정문제를 다루는 구체적인 기능은 대체로 재무상태표를 중심으로 설명된다. 그리고 이때의 의사결정목표는 기업가치를 극대화하는데 두고 있다. 한편, 이 장 후반부에서는 학문적 관점에서 재무관리가 주변 학문과 어떤 관련성을 갖는지 살펴볼 것이고 그 이론이 어떤 과정을 거쳐서 발전해 왔는가를 다루게 될 것이다.

제 1 절 재무관리의 개요

1.1 재무관리의 의의

(1) 재무관리의 의의

재무관리는 경영학의 한 부분을 차지하는 이론이다. 경영학은 기업을 연구대상으로 하는 학문인데 최근의 학문적 추세를 보면 새로운 변화가 시도되고 있지만 아직도 관리기능을 중요한 분류기준으로 삼고 있다. 그래서 경영학의 각론은 인사관리, 생산관리, 마케팅관리, 재무관리, 회계학 등으로 구성된다. 이러한 맥락에서 정의하면 재무관리는 기업의 경영활동 중에서 자금조달과 운용에 관련된 계획 및 통제를 연구하는 학문이라고 할 수 있다.

(2) 재무관리이론의 구성

넓은 의미의 재무관리(finance)는 크게 다음과 같은 세 가지 내용으로 분류할 수 있다. 그러나 그 내용은 서로 연관되어 있기 때문에 획일적으로 구분하기란 쉬운 일이 아니다.

① 기업재무(corporate finance)

이는 주로 기업의 관점에서 자금을 조달하고 운용하는 문제를 다루는 영역이다. 구체적으로는 주식이나 부채로 자금을 조달하고 이렇게 조달한 자금을 공장을 건설하거나 생산설비를 구입하는 등의 실물투자와 관련된 의사결정을 연구대상으로 한다. 좁은 의미로 재무관리라고 하면 기업재무를 일컫는다.

② 투자론(investments)

이는 투자자의 관점에서 주식 또는 채권 등 증권투자와 관련된 문제를 다루는 영역이다. 구체적으로는 증권의 균형가격을 구할 수 있는 가격결정모형을 공부하게 된다. 그리고 이렇게 구한 균형가격은 시장가격의 과소평가, 과대평가의 비교기준이 된다. 이러한 논리는 분석대상을 금융자산이 아닌 일반자산으로 확대하여도 그대로 성립된다.

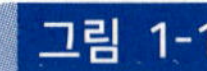
그림 1-1
재무상태표

재무상태표

자금운용 (자본예산)	유동자산	부　　채	자금조달 (자본구조)
	고정자산	자　　본	
	자산총계	부채 · 자본총계	

③ 금융기관경영론(financial institutions management)

이는 금융기관의 관점에서 자금조달과 운용을 다루는 영역이다. 금융기관은 예금을 받아 자금을 조달하고 이를 운용하는 방법으로 대출을 한다. 이러한 과정에서 금융기관의 가치를 높일 수 있는 관리기법을 연구하는 것이 금융기관경영론이다.

1.2 재무관리의 기능

재무관리의 기능은 일반적으로 재무상태표를 중심으로 설명된다. 그 이유는 재무상태표의 대변은 자금조달의 형태를 나타내고, 차변은 조달한 자금을 운용한 상황을 나타내고 있기 때문이다.[1)]

(1) 차변(투자결정)

재무상태표 차변 측면에서 볼 때 재무관리의 중요한 기능은 투자결정(investment decision)기능이다. 즉, 재무상태표의 차변은 기업이 보유하고 있는 자산을 나타내고 있는데 이는 자금의 운용결과를 의미하는 것이다. 따라서 운용에 관한 투자결정이 재무관리의 중요한 기능이 되는 것이다.

재무관리에서는 특히 건물, 기계설비 등 고정자산에 대한 투자결정으로서 자본예산(capital budgeting)을 공부하고 유동자산과 관련해서는 운전자본관리(working capital management)를 공부하게 된다.

---

1) 회계학에서는 재무상태표가 역사적 원가를 기준으로 작성되지만 재무관리에서는 시장가치(현재가치)를 기준으로 재무상태표를 작성하여 자산, 부채 및 자본의 관계를 파악한다.

(2) 대변(자본조달)

재무상태표 대변은 자산투자를 위해서 기업이 조달한 자금의 형태를 나타내는 것인데, 이와 관련한 재무관리의 기능은 자본조달결정(financing decision)기능이다. 이때에는 자본을 조달하면서 부담하게 되는 자본비용을 최소화시키는 것이 중요한 문제가 되는데, 이에 관련된 내용을 최적자본구조(optimal capital structure)이론에서 다룬다.

그리고 배당정책은 기업의 이익을 배당과 유보이익으로 나누는 것으로서 자본조달과 관련되어 있다고 볼 수 있기 때문에 배당이론(dividend theory)도 자본조달결정에 관련된 것으로 포함시킨다.

1.3 재무관리의 목표

재무관리의 목표를 단적으로 표현하면 기업가치를 극대화하는 데에 있다. 이를 달성하기 위한 방법을 재무관리의 기능적 측면에서 설명한다면 가장 저렴한 자본비용으로 자금을 조달하여 이를 가장 수익성이 높은 투자안에 투자하는 것이다.

한편 기업가치의 극대화는 자기자본가치의 극대화와 비교해서 논의되기도 하는데, 다음의 설명을 통해서 알 수 있겠지만 대개 이 두 가지는 같은 목표로 볼 수 있다.

(1) 기업가치의 극대화

재무관리의 목표는 기업의 가치를 극대화시키는 데에 있다. 여기서 기업가치란 재무상태표의 차변에서 보면 기업의 총자산가치를 의미하는 것이다. 그리고 재무상태표의 등식을 고려해서 재무상태표의 대변에서 보면 기업가치는 부채와 자기자본의 합계로 구성된다는 것을 알 수 있다. 이처럼 기업가치를 극대화시킨다는 목표는 기업의 소유주를 채권자와 주주로 보는 시각으로서 손익계산서상의 영업이익(이자지급 전)이 분석대상인 현금흐름이 된다.

(2) 자기자본가치의 극대화

한편, 채권자의 권리인 부채는 대개 미리 약정된 이자와 원금을 받는 것이기 때문에 그 가치는 영업성과와 상관없이 일정한 값을 갖게 된다. 기업가치가 부채와 자기자본의 합계로 이루어지는데 부채의 가치가 일정한 상수값을 갖는다면 기업가치의 극대화는 결국 자기자본가치의 극대화로 귀결된다. 또한 자기자본의 가치는 주가와 발행주식수의 곱으로 산출되는데 발행주식수가 일정한 상황에서는 주가를 극대화시키는 것이 곧 자기자본을 극대화시키는 것이고 기업가치를 극대화시키는 것이라고 할 수 있다.

이처럼 자기자본의 가치를 극대화시킨다는 목표는 주주만을 기업의 소유주로 보는 시각이기 때문에 손익계산서상의 순이익(이자지급후)이 분석대상인 현금흐름이 된다.

>>> 예제 1-1

가나기업의 영업수익(매출액)은 20억원이고 영업비용(매출원가와 판관비)은 16억원이다. 자산총액은 25억원이고 부채는 10억원이다. 단, 부채의 이자율은 10%이다.

(1) 기업가치극대화에 목표를 두고 있는 경영자가 관심을 갖는 이익은 무엇이고 얼마인가?

(2) 주주의 입장을 중시하는 경영자가 관심을 갖는 이익은 무엇이고 얼마인가?

(3) 이 기업의 자금조달형태는? 자본구조를 나타내는 부채비율로 제시하라.

풀이

(1) 기업가치(부채와 자본의 합계)를 결정하는 현금흐름은 영업이익이다. 따라서 다음의 손익계산서에서 보듯이 영업수익에서 영업비용을 차감한 4억원(=20−16)이다.

(2) 자기자본가치는 순이익에 의해서 결정된다. 그런데 채권자에게 지급되는 이자비용은 1억원(=10억10%)이므로 순이익은 영업이익에서 지급이자를 차감한 3억원(=4−1)이 된다.

(3) 자산이 25억원이고 부채는 10억원이므로 자본은 15억원이 된다. 즉, 채권자에게 10억원을 빌리고 주주가 15억원을 출자하여 자금을 조달한 것이다. 부채비율은 자본 대비 어느 정도의 부채를 사용하고 있는가를 나타내는 비율로서 부채를 자본으로 나누어 산출한다. 이는 기업의 자금조달형태(자본구조)를 나타내는 대표적인 비율로서 나중에 자본구조이론에서 자주 이용된다. 따라서 여기서는 66.67%($=\frac{10}{15}\times100$)이다.

위와 같은 내용이 반영된 가나기업의 손익계산서와 재무상태표를 제시하면 다음과 같다.

손익계산서

영업수익	20
−영업비용	16
영업이익	4
−지급이자	1
순이익	3

재무상태표

차변		대변	
자 산	25	부 채	10
		자 본	15
자산총계	25	부채·자본총계	25

제 2 절 재무관리이론의 발달

2.1 재무관리의 학문적 성격

재무관리는 경제학에서 비롯된 학문이라고 할 수 있다. 그래서 차차 확인할 수 있겠지만 대부분의 이론들이 경제학원리를 근간으로 하고 있기 때문에 경제원론 수준의 이해가 필요하다. 특히 미시경제학을 미리 공부하면 재무관리이론을 보다 효율적으로 이해할 수 있을 것이다.

그리고 경제학의 많은 이론들이 그러하듯이 재무관리에서도 그 논리적 전개를 수학적 기법에 의존하는 경우가 많다. 재무관리의 고급이론에서는 이러한 과정이 필수적이어서 수학에 대한 이해도 필요하다.

또한 재무관리는 통계학과도 연관되어 있다. 대개 수학이 논리의 연역적 전개에 필요하고 통계학은 귀납적 검증에 필요하지만 재무관리에서는 통계학적 지식이 논리의 전개와 검증의 양분야에 걸쳐서 요구된다.

2.2 재무관리이론의 발달

재무관리이론의 발전에 기여한 이론들을 그 내용에 따라 구분해서 대략적인 시대순으로 정리하면 다음과 같다.

(1) 기업재무

① Dewing(1920)

A. Dewing이 그 당시까지 발전되어 온 자금관리 및 재무분석기법을 1920년에 'The Financial Policy of Corporation' 이라는 책으로 발간하였는데 이는 재무관리의 기초를 마련하는 계기가 되었다.

② Dean(1951)

J. Dean은 제2차 세계대전 이후 등장한 각종 계량적 기법들을 투자안의 경제성을 평가하는 데 이용하여 'Capital Budgeting' 이라는 책을 펴냈는데 이는 오늘날

의 자본예산이론의 근간을 이루고 있다.

③ **Modigliani & Miller**(1958)

F. Modigliani와 M. H. Miller는 1958년에 발표한 논문에서 완전한 자본시장에서는 자본구조가 기업가치에 아무런 영향을 주지 않는다는 주장을 하였는데, 이것을 자본구조의 무관련이론(irrelevance theory of capital structure)이라고 한다.

④ **Modigliani & Miller**(1961)

또한 이들은 1961년에는 완전한 자본시장이라면 배당정책도 기업가치에 영향을 주지 못한다는 배당의 무관련이론(irrelevance theory of dividend)을 제시하였는데, 이는 자본구조의 무관련이론과 함께 모두 기존의 재무이론에 반론을 제기한 획기적인 내용이었다. 그러나 그 정당성을 인정받아 재무관리이론들이 이에 따라서 새로이 정비되는 전환점이 되었다.

(2) 투자론

① **Markowitz**(1952)

H. Markowitz는 1952년에 "Portfolio Selection"이라는 논문에서 자산에 대한 투자결정시 기대수익과 위험을 함께 고려해야 하며, 특히 여러 자산에 분산투자할 때에는 개별 자산들 간의 상관관계를 고려해야 한다는 포트폴리오이론을 제시하였다.

② **Sharpe**(1964), **Lintner**(1965), **Mossin**(1966)

이들은 H. Markowitz의 포트폴리오이론을 발전시켜서 자산의 균형가격을 결정하는 모형으로 발전시켰는데 이 모형을 자본자산가격결정모형(CAPM : capital asset pricing model)이라고 한다. 이는 현대재무이론의 핵심적 내용으로 자리잡고 있는데 이를 통해서 자본조달문제와 투자결정문제를 하나의 통합이론으로 체계화시킬 수 있게 되었다.

③ **Ross**(1976)

S. Ross는 CAPM이 전제로 하고 있는 가정의 비현실성을 고려해서 이보다 더 일반적인 자산가격결정모형을 개발하였는데 이것이 재정가격결정이론(APT : arbitrage pricing theory)이다. 이는 CAPM보다 훨씬 완화된 가정을 전제로 하고 있기 때문에 자산가격의 결정에 대한 실증적 설명력도 더 높일 수 있는 모형이다.

④ **Black & Scholes**(1973)

1973년 시카고옵션거래소가 개설되면서 같은 해에 F. Black & M. Scholes는 옵션가격결정모형(OPM : option pricing model)을 제시하였다. 그런데 OPM은 옵션이라는 자산의 가격결정뿐만 아니라 옵션을 이용한 파생금융상품의 설계와 가격결정, 그리고 위험관리 등 각종 재무의사결정에 널리 이용되고 있다.

(3) 정보경제학

① **Jensen & Meckling**(1976)

M. Jensen & W. Meckling은 1976년에 발표한 논문에서 기업을 하나의 계약집합체로 보고 자본공급자들, 즉 소유경영자, 외부주주 그리고 채권자들 사이의 대리관계를 정립하였다. 그리고 이들 관계에서 발생하는 대리문제를 고려하면서 최적자본구조를 설명하였는데 이로부터 대리이론(agency theory)이 시작되었다.

② **Ross**(1977)

S. Ross는 1977년에 발표한 논문에서 자본구조가 기업의 미래성과를 알려주는 신호(signal)로서의 역할을 할 수 있음을 주장하였다. 좀 더 구체적으로 설명하면 정보불균형 하의 자본시장에서 기업은 부채비율을 통해서 기업의 실상을 잘 알지 못하는 외부투자자에게 기업의 미래성과를 알릴 수 있다는 것인데 이로부터 신호이론(signalling theory)이 발전되었다.

③ **Barnea, Haugen & Senbet**(1985)

정보경제학의 2대 주류는 대리이론과 신호이론인데 위의 각 논문을 시발점으로 후속연구가 진행되었다. 특히, 대리이론은 각종 재무현상을 설명하는 데 유용하여 많은 연구가 이루어졌는데, A. Barnea, A. Haugen & W. Senbet 등은 1985년에 발간한 'Agency Problems and Financial Contracting' 이라는 책에서 이러한 내용을 체계적으로 정리하였다.

제 1 장 요약

FINANCIAL MANAGEMENT

1. 재무관리는 자본조달과 투자결정에 관한 이론이다.

2. 기업이 투자를 결정할 때에는 투자성과(수익률)가 최대화되도록 수행해야 한다. 기업이 투자한 내역은 재무상태표의 차변에서 확인된다.

3. 투자에 필요한 자본을 조달할 때에는 자본사용대가(자본비용)가 최소화되도록 조달해야 한다. 기업이 조달한 자본의 내역은 재무상태표의 대변에서 확인된다.

4. 기업의 투자와 관련된 이론은 자본예산이론이고 자본조달과 관련된 이론은 자본구조이론이다.

5. 재무관리의 목표는 높은 수익률과 낮은 자본비용을 통해서 기업가치를 극대화하는 것이다. 이때 기업가치를 결정하는 것은 순이익이 아니라 영업이익에 해당되는 현금흐름이다.

제 2 장

화폐의 시간적 가치

Financial Management

학습 목표

화폐의 시간적 가치에 대한 개념은 재무관리 전반에 걸쳐 적용되는 기초개념이다. 여기서 산출된 값들은 각종 재무의사결정의 중요한 근거가 된다. 그 중 특히 중요한 개념은 현재가치인데 그 이유는 재무관리에서 모든 자산의 균형가격은 그 자산을 보유함으로써 얻게 되는 미래의 현금흐름에 대해 시간적 가치를 적용하여 산출한 현재가치로 보기 때문이다. 비록 일시적으로 시장가격이 이와 다르다고 해도 재정거래를 통해서 결국은 균형가격이 달성되는 것이다.

제 1 절 미래가치와 현재가치

지금의 100만원과 내년의 100만원 중 하나를 선택하라면 누구나 지금의 100만원을 선호한다. 그 이유는 지금의 100만원이 내년에 들어올 100만원보다 더 가치가 크다고 생각하기 때문이다. 똑같은 금액이라도 어느 시점에서 평가하느냐에 따라서 그 가치가 다르게 평가되는데, 이렇게 평가시점을 고려해서 산출한 가치를 화폐의 시간적 가치(TVM : time value of money)라고 한다. 화폐의 시간적 가치에 대한 개념은 재무이론의 거의 모든 분야에서 적용되는 매우 중요한 개념이다.

화폐의 시간적 가치에는 현재금액을 미래시점에서 평가하는 미래가치와 반대로 미래금액을 현재시점에서 평가하는 현재가치가 있다. 이들을 차례대로 살펴보고자 한다.

1.1 미래가치

현재의 100만원을 은행에 예금한다면 1년 후에는 얼마가 될까? 이자율이 10%라고 하면 원금과 이자를 합쳐서 그 금액은 110만원이 될 것이다. 이때에 현재 100만원의 1년 후 미래가치(FV : future value)가 110만원이라고 말한다. 그리고 미래가치를 계산하면서 적용하는 이자율 10%를 수익률(rate of return)이라고도 한다.

현금흐름의 유형을 다음과 같이 일시불과 연금의 두 가지 경우로 나누어서 미래가치를 계산해보자.

(1) 일시불의 미래가치

일시불(one payment)이란 한 번의 현금흐름을 말한다. 따라서 일시불의 경우 미래가치란 현재의 일정금액을 미래시점 기준으로 평가해서 산출한 가치를 말한다. 이것은 현재의 일정금액을 정기예금에 들고 만기에 받게 되는 원리금을 계산하는 것이라고 생각하면 이해가 쉽다.

먼저 현재의 P_0원이 1년 후에는 얼마가 되는지 살펴보자. 이자율을 R이라 하면 P_0을 1년 동안 예금하여 받는 금액 P_1은 다음과 같다.

$$\begin{aligned} P_1 &= \text{원금} + \text{이자} \\ &= P_0 + P_1 \times R \\ &= P_0(1+R) \end{aligned}$$

따라서 현재 P_0원의 1년 후 미래가치는 $P_0(1+R)$원이 된다. 예를 들어 100원을 1년간 10%의 이자율로 예금하였다면 110원(=100(1+0.1))이 될 것이므로 현재 100원의 1년 후 미래가치는 110원이 된다.

이번에는 P_0원의 2년 후 미래가치를 구하기 위해 P_0을 2년간 예금하는 경우를 생각해 보자. P_0원을 1년간 예금하면 P_1원이 되므로 이를 다시 1년 더 예금한다고 생각하면 2년 후의 미래가치 P_2를 구할 수 있다.

$$\begin{aligned} P_2 &= \text{원금} + \text{이자} \\ &= P_1 + P_1 \times R \\ &= P_1(1+R) \\ &= P_0(1+R)^2 \end{aligned}$$

따라서 현재 P_0원의 2년 후 미래가치는 $P_0(1+R)^2$원이 된다. 위에서 이자율이 10%인 경우 현재의 100원은 1년 예금하면 110원이 된다고 하였는데 이를 다시 1년간 예금하면 121원(=110(1+0.1))이 되므로 현재 100원의 2년 후 미래가치는 121원이 된다.

이러한 논리는 임의의 n시점까지 계속 반복될 수 있다. 이자율(R)이 일정하다고 가정하면 현재 P_0원의 n시점의 미래가치 P_n은 다음과 같은 식으로 계산된다.

$$P_n = P_0(1+R)^n \tag{2.1}$$

식 (2.1)은 만기가 될 때까지 중간에 이자를 찾지 않고 재투자한다는 전제하에 계산하는 것인데 이러한 계산과정을 복리계산(compounding)이라고 한다. 그래서 미래가치를 복리가치(CV : compound value)라고도 한다.

그리고 이때에 $(1+R)^n$은 현재 1원의 n시점에서의 미래가치를 나타내는데 이를 복리이자요소(CVIF: compound value interest factor)라고 하며 계산의 편의를 위해 이자율(R)과 기간(n)별로 구분해서 미리 산출해 놓은 표를 이용한다. (부록 표 1 참조)

(2) 연금의 미래가치

연금(annuity)이란 일정기간 동안 매년 말에 동일한 금액을 수령하는 현금흐름을 말한다. 그리고 연금의 최종수령시점에서 이러한 현금흐름의 총가치를 계산한 값을 연금의 미래가치라 한다. 이것은 정기적금을 들고 매번 일정금액씩 불입하다가 만기에 받게 되는 원리금의 구조로 이해할 수 있다.

먼저 연금의 미래가치를 구하기 위해서 매년 말에 C원씩 n년간 불입하는 현금흐름을 생각해 보자.

올해 말에 현금 C를 불입해서 n시점까지 가면 그 기간은 $(n-1)$년이 된다. 따라서 올해 말에 불입한 현금 C의 n시점에서 가치는 $C(1+R)^{n-1}$이 된다. 또한 내년 말에 불입하는 현금 C는 n시점까지 $(n-2)$년간 예금하는 것이므로 n시점의 미래가치는 $C(1+R)^{n-2}$가 되며 이후 불입하는 현금흐름에 대한 미래가치도 같은 방법으로 구할 수 있다.

그런데 연금이란 위와 같은 현금흐름전체를 말하는 것이다. 따라서 n시점을 기준으로 산출한 연금의 미래가치 S_n은 매년 말 불입한 금액 C들을 n시점에서 평가하여 모두 더한 값이다. 이를 식으로 나타내면 다음과 같이 된다.

$$S_n = C(1+R)^{n-1} + (1+R)^{n-2} + \cdots + C(1+R)^1 + C$$

위 식의 구성항목들을 반대로 배열하면 다음과 같다.

$$S_n = C + C(1+R)^1 + C(1+R)^2 + \cdots + C(1+R)^{n-1}$$

이는 초항이 C이고 공비가 $(1+R)$, 항의 개수가 n개인 등비수열의 합이므로 다음과 같은 식으로 정리할 수 있다.

$$S_n = C\left[\frac{(1+R)^n - 1}{R}\right] \tag{2.2}$$

이때에 $\left[\frac{(1+R)^n - 1}{R}\right]$은 매기 말 1원씩 수령하는 연금의 n시점에서의 가치를 나타내는데 이를 연금의 복리이자요소(*CVIFA*: CVIF for annuity)라고 하고 이 역시 계산의 편의를 위해 미리 만들어진 표를 이용할 수 있다.(부록 표2 참조)

간단한 예로 식 (2.2)를 사용해보자. 3년 동안 매년 말에 100만원씩의 현금흐름을 3년 후 미래가치로 측정하면 위의 식을 이용해서 다음과 같이 구할 수 있다.

$$S_3 = 100\text{만원} \times \left[\frac{(1+0.1)^3 - 1}{0.1}\right] = 331\text{만원}$$

그리고 다음과 같은 그림으로 그 구조를 나타낼 수 있다.

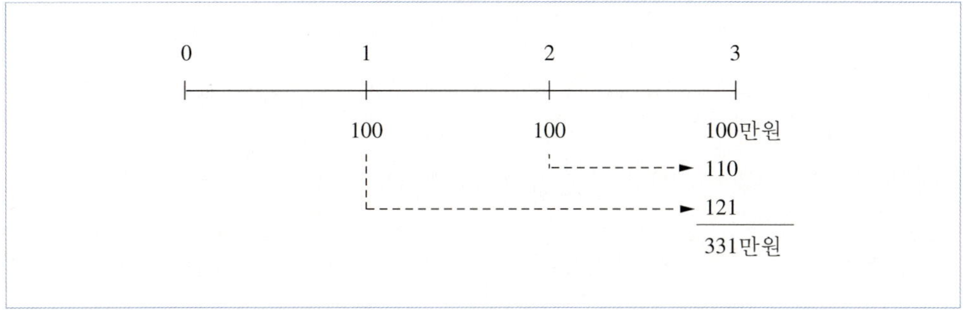

1.2 현재가치

이제부터는 현재가치에 대해서 살펴보자. 현재가치(PV : present value)란 미래에 발생할 현금흐름을 현재시점에서 평가한 값을 말한다.

만약 1년 후에 받을 110만원이 있다면 그 현재가치는 얼마일까? 이자율이 10%라면 현재시점에서 100만원을 빌려 쓸 수 있다. 왜냐하면 빌린 원금 100만원과 이에 대한 이자 10만원을 합쳐서 110만원을 상환해야 하는데 1년 후에 받을 110만원으로 상환하면 되기 때문이다.

따라서 1년 후의 110만원은 이자율이 10%라고 할 때에 그 현재가치는 100만원이 되는 것이다. 간단한 예이지만 이는 앞서의 미래가치에 대한 설명과 반대의 논리가 적용된 것임을 알 수 있을 것이다.

재무이론에서는 미래가치보다 현재가치개념이 훨씬 중요하다. 그 이유는 재무이론에서 거의 모든 의사결정이 현재가치개념에 의존해서 이루어지기 때문이다. 따라서 재무이론에서 가장 중요한 개념을 하나만 들으라면 '현재가치' 라고 할 수 있다.

우선 일시불과 연금으로 구분해서 현재가치를 계산하는 과정을 살펴보자.

(1) 일시불의 현재가치

일시불의 현재가치란 미래시점에서 발생할 한 번의 현금흐름을 현재시점에서 평가한 값을 말한다. 앞서 간단하게 설명했듯이 현금흐름의 현재가치를 구하는 과정은 미래가치를 구하는 과정과 역관계에 있다. 우선 1년 후 일시불의 현재가

치를 생각해 보자. 1년 후의 P_1을 현재가치(P_0)로 바꾸면 다음과 같이 된다.[1)]

$$P_0 = \frac{P_1}{(1+R)}$$

이러한 이유는 $\frac{P_1}{(1+R)}$을 1년간 예금하면 다음과 같이 P_1이 되기 때문이다.

$$\frac{P_1}{(1+R)} \times (1+R) = P_1$$

이번에는 2년 후 금액의 현재가치를 생각해 보자. 2년 후의 P_2를 현재가치(P_0)로 바꾸면 다음과 같이 된다.

$$P_0 = \frac{P_2}{(1+R)^2}$$

이 역시 현재의 $\frac{P_2}{(1+R)^2}$를 2년간 예금하면 다음과 같이 P_2가 되기 때문이다.

$$\frac{P_2}{(1+R)^2} \times (1+R)^2 = P_2$$

이러한 방법을 일반화시키면 임의의 n시점 후의 금액 P_n의 현재가치 P_0는 다음의 식 (2.3)으로 계산할 수 있다.

$$P_0 = \frac{P_n}{(1+R)^n} \tag{2.3}$$

이처럼 미래의 현금흐름에 대해서 그 현재가치를 구하는 과정을 할인(discount)한다고 하며 이때의 이자율을 할인율(discount rate)이라고 한다.[2)]

그리고 이때에 $\frac{1}{(1+R)^n}$은 n시점에서 발생할 1원의 현재가치를 나타내는데 이를 현가이자요소(PVIF : present value interest factor)라고 하며, 이 역시 미리 계산해 놓은 표를 이용할 수 있다. (부록 표4 참조)

그런데 식 (2.3)에서 중요한 의미는 현재가치는 분자에는 현금흐름, 분모에는 할인율이 들어간 분수값의 구조를 갖는다는 것이다. 그래서 앞으로 현금흐름과 할인율에 대한 많은 논의를 하게 될 것이다.

---

1) 미래가치를 나타내는 식 $P_1 = P_0(1+R)$에서 양변을 $(1+R)$로 나누어도 이 식을 구할 수 있다.

2) 동일한 이자율을 놓고 미래가치를 계산할 때에는 수익률이라 하고, 현재가치를 계산할 때에는 할인율이라고 한다. 따라서 수익률이나 할인율은 같은 것이라고 할 수 있으므로 혼용하는 경우도 많다.

(2) 연금의 현재가치

연금의 현재가치는 매년 말의 일정금액들을 현재시점에서 평가한 가치를 말한다. 따라서 매년 말의 일정금액을 각각 현재가치로 계산하여 모두 더하면 된다.

매년 말 똑같은 금액 C가 n년간 지급되는 연금의 현재가치를 구해보자. 1년 후 C의 현재가치는 $\frac{C}{(1+R)}$가 되며, 2년 후 C의 현재가치는 $\frac{C}{(1+R)^2}$가 된다. 이러한 논리를 반복하면 n년 후 C의 현재가치는 $\frac{C}{(1+R)^n}$가 되는데 연금의 현재가치 S_0는 이를 모두 합한 값이 되므로 다음과 같이 계산된다.

$$S_0 = \frac{C}{(1+R)^1} + \frac{C}{(1+R)^2} + \cdots + \frac{C}{(1+R)^n}$$

그런데 이는 초항이 $\frac{C}{(1+R)}$이고 공비가 $\frac{1}{(1+R)}$, 항의 개수가 n개인 등비수열의 합이므로 다음과 같이 정리된다.[3)]

$$S_0 = C\left[\frac{(1+R)^n - 1}{R(1+R)^n}\right] \tag{2.4}$$

이러한 논리가 적용되는 사례는 다음과 같다. 즉, 일정한 기간 동안 매번 동일한 금액으로 받게 되는 연금을 현재시점에서 한 번에 받을 수도 있다면 이때에 한 번에 받는 금액이 바로 연금의 현재가치에 해당하는 것이다.

이때에 $\left[\frac{(1+R)^n - 1}{R(1+R)^n}\right]$은 매기 말 1원씩 n년간 지급되는 연금의 현재가치를 나타내는데 이를 연금의 현가요소(PVIFA : PVIF for annuity)라고 하며 연금현가표를 이용할 수 있다. (부록 표5 참조)

간단한 예로 식 (2.4)를 사용해보자. 앞으로 3년 동안 매년 말에 100만원씩의 연금을 받게 되었다. 이자율을 연10%라고 하고 이 연금을 현재시점에서 일시불로 받는다면 얼마를 받을 수 있는가?

위의 식을 이용해서 계산하면 다음과 같다.

$$S_0 = 100\text{만원} \times \left[\frac{(1+0.1)^3 - 1}{0.1(1+0.1)^3}\right] = 248.6\text{만원}$$

즉, 앞으로 3년 동안 매년 말에 100만원씩의 연금을 받는 것은 현재시점에서 248.6만원을 받는 것과 동일한 것이다. 그리고 이 내용을 그림으로 나타내면 다음과 같다.

---

3) 이것은 식 (2.2)를 일시불로 보고 직접 $(1+R)^n$으로 나누어 할인한 값과도 동일한 것이다. 또한 식 (2.4)는 $S_0 = C\left[\frac{1}{R} - \frac{1}{R(1+R)^n}\right]$로 변형해서 사용하기도 한다.

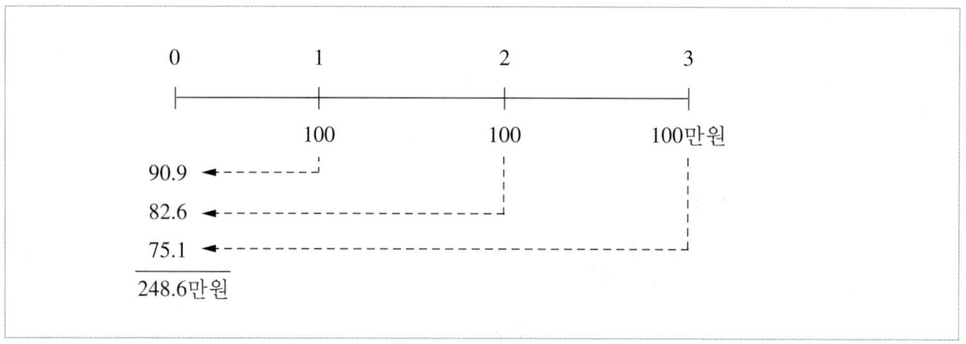

(3) 특수한 현금흐름의 현재가치

영구연금(perpetuity)이란 일정한 금액의 현금흐름이 영원히 계속되는 것을 말한다. 만기는 없고 무한히 이자만 수령하게 되는 채권을 영구채권(consol)이라고 하는데 영구채권의 경우가 이러한 현금흐름에 해당하는 예이다.

영구연금의 현재가치 S_0는 다음과 같이 표현되는 식에서 초항이 $\frac{C}{(1+R)}$, 공비가 $\frac{1}{(1+R)}$인 무한등비급수의 합계로 구할 수 있다.[4)]

$$\begin{aligned} S_0 &= \frac{C}{(1+R)^1} + \frac{C}{(1+R)^2} + \frac{C}{(1+R)^3} + \cdots \\ &= \frac{C}{R} \end{aligned} \tag{2.5}$$

도출과정이 좀 복잡해 보일지 모르겠지만 결과식은 매우 단순하다. 즉, 매년 말 동일한 금액 C를 무한히 받게 되는 무한연금의 현재가치는 그냥 C를 이자율 R로 나누어주면 된다는 것이다.

그런데 영구연금 중에서 매기 말 수령액이 일정한 비율(g)로 증가하는 형태가 있다. 이러한 영구연금의 현재가치 S_0는 다음과 같은 식으로 표현된다. 이 식의 값은 초항이 $\frac{C}{(1+R)}$, 공비가 $\frac{(1+g)}{(1+R)}$인 무한등비급수의 합계로 구할 수 있다.

$$\begin{aligned} S_0 &= \frac{C}{(1+R)^1} + \frac{C(1+g)}{(1+R)^2} + \frac{C(1+g)^2}{(1+R)^3} + \cdots \\ &= \frac{C}{R-g} \end{aligned} \tag{2.6}$$

그런데 이때 무한등비급수의 합이 일정한 값으로 존재하려면 공비가 −1부터 1

4) 이 식은 연금의 현재가치를 나타내는 식 $S_0 = C\left[\frac{1}{R} - \frac{1}{R(1+R)^n}\right]$에서 n을 무한대로 해서 쉽게 구할 수 있다.

사이에 존재해야 하므로 $R>g$, 즉 증가율이 할인율보다 작아야 한다. 만약 $r \leq g$이면 이같은 현금흐름의 현재가치는 무한대가 된다.

이같이 무한히 계속되는 현금흐름의 현재가치는 재무관리에서 중요한 개념이 된다. 왜냐하면 재무관리에서는 반증이 없는 한, 기업이 영원히 존속한다는 계속기업(going concern)을 전제로 하기 때문에 기업의 가치를 결정하거나 주식의 가격을 산출할 때 이러한 개념이 자주 이용되기 때문이다.

(4) 불규칙한 현금흐름의 현재가치

시점별로 불규칙하게 발생하는 현금흐름의 경우에는 그 현재가치를 어떻게 구할까? 이는 각 시점별 현금흐름을 개별적으로 할인하여 현재가치를 산출하고 이들을 모두 합산하는 방법밖에 없다. 다만 앞서 공부한 현재가치 산출식들을 주어진 상황에 맞게 사용하면 불편을 덜 수 있을 것이다.

1.3 이자계산횟수의 변경

(1) 실효이자율

1기간에 2회 이상 이자계산이 행해질 때 1기간 내에서도 이자의 재투자를 전제로 복리계산하여 1기간 단위로 산출한 이자율을 실효이자율(effective rate)이라고 한다. 이에 비해서 1기간 내에서는 이자의 재투자효과를 고려하지 않는 이자율을 표면이자율(stated rate)이라고 한다.[5)]

이처럼 이자계산횟수가 2회 이상일 때에 화폐의 시간적 가치를 계산하기 위해서 적용해야 되는 이자율은 실효이자율(R_e)인데 이는 다음과 같이 표면이자율(R_s)과 이자계산횟수(m)를 통해서 산출된다.

$$R_e = \left(1 + \frac{R_s}{m}\right)^m - 1 \qquad (2.7)$$

(2) 현재가치와 미래가치의 계산

이자계산이 1기간에 m회 행해질 때 현재가치 및 미래가치를 계산할 때에는 실효이자율을 적용해야 하므로 현재가치 P_0와 미래가치 P_n 사이에는 다음 식이 성

5) 표면이자율을 명목이자율(nominal rate)이라고도 하지만 명목이자율은 물가상승률과의 관계에서 실질이자율과 대응되는 개념이므로 표면이자율이라는 용어가 더 적합하다고 본다.

립한다.

$$P_n = P_0\left(1+\frac{R}{m}\right)^{m \cdot n} \tag{2.8}$$

여기서 R은 표면이자율이다. 이와 같이 1기간의 이자계산횟수를 셀 수 있을 때 미래가치를 산출하는 과정을 이산복리계산(discrete compounding)한다고 한다.

비현실적이지만 1기간에 이자계산횟수 m이 무한대인 경우를 생각해보자. 즉, 무한히 연속적으로 이자가 계산되는 경우이다. 이때에 위의 식을 이용하면 미래가치를 다음과 같이 수식화할 수 있다.

$$\begin{aligned}
P_n &= \lim_{m\to\infty} P_0\left(1+\frac{R}{m}\right)^{m \cdot n} \\
&= P_0 \lim_{m\to\infty}\left(1+\frac{R}{m}\right)^{m \cdot n} && (\because P_0\text{는 상수}) \\
&= P_0 \lim_{m\to\infty}\left(1+\frac{1}{x}\right)^{x \cdot R \cdot n} && (\frac{m}{R}=x\text{로 놓으면}) \\
&= P_0 \cdot e^{R \cdot n} && (\because \lim_{x\to\infty}\left(1+\frac{1}{x}\right)^{x}=e)
\end{aligned} \tag{2.9}$$

이때 e는 자연로그의 밑수로서 2.71828 ⋯의 값을 갖는다. 이자지급횟수가 무한하지 않더라도 충분히 큰 경우에는 위 식을 적용해도 미래가치값에 큰 차이가 없기 때문에 e의 실용성을 고려하여 이를 자주 이용하게 된다. 이처럼 1기간에 이자계산이 무한히 이루어질 때 미래가치를 산출하는 과정을 연속복리계산(continuous compounding)한다고 한다.

>>> 예제 2-1

현재 원금 10,000원에 대한 연이자율은 10%이다. 이자계산횟수가 연 1회, 2회, 4회인 경우 1년 후의 가치와 실효이자율은 각각 얼마인가?

풀이

(1) 이자계산이 1년에 1회 이루어지는 경우

1년 후 가치 $P_1 = 10{,}000 \times (1+0.1)^1 = 11{,}000$

실효이자율 $R_e = (1+0.1)^1 - 1 = 0.1$ (10%)

(2) 이자계산이 1년에 2회, 4회 이루어지는 경우

$$P_1 = 10{,}000 \times \left(1 + \frac{0.1}{2}\right)^2 = 11{,}025$$

$$R_e = \left(1 + \frac{0.1}{2}\right)^2 - 1 = 0.1025\ (10.25\%)$$

$$P_1 = 10{,}000 \times \left(1 + \frac{0.1}{4}\right)^4 = 11{,}038$$

$$R_e = \left(1 + \frac{0.1}{4}\right)^4 - 1 = 0.1038\ (10.38\%)$$

* 이처럼 1기간에 이자계산이 1회 이루어지는 경우에는 표면이자율과 실효이자율이 동일하나, 2회 이상 이루어지는 경우에는 실효이자율이 항상 표면이자율보다 크다. 왜냐하면 이자계산 횟수가 많다는 것은 그만큼 이자의 재투자기회가 많다는 것을 의미하기 때문이다.

(3) 현가표 이용시 주의점

① 일시불

이자계산이 1기간에 m회 이루어지는 경우 $t = n$시점에서의 현금흐름의 현재가치를 구할 때에는 PVIF$(\frac{R_s}{m},\ m \cdot n)$를 적용하거나 또는 PVIF$(R_e,\ n)$를 적용하여도 그 현재가치는 동일하다.

② 연 금

그러나 연금의 경우에는 n기간 동안 현금흐름이 $m \cdot n$회 이루어지므로 반드시 현금흐름횟수가 이와 일치하는 PVIFA$(\frac{R_s}{m},\ m \cdot n)$을 적용해야만 한다.

③ 보간법의 이용

현가표 및 복리표에 나타나 있지 않은 CVIF, PVIF, CVIFA, PVIFA 등을 구할 때에는 표에 나타나 있는 값들 사이의 선형관계를 전제로 계산한 이자요소(interest factor)를 적용하여 근사값을 구할 수 있다.

(4) 이산복리이자율과 연속복리이자율의 관계

① 의 의

동일한 원금을 일정기간 후에서의 미래가치를 같게 만드는 이산복리이자율(R_d)과 연속복리이자율(R_c)의 관계는 다음과 같다.

즉, $P_n = P_0(1 + R_d)^n = P_0 \cdot e^{R_c \cdot n}$에서 양변에 ln을 취한다. 여기서 ln은 밑수가 e인 자연로그이므로 다음의 관계식을 구할 수 있다.

$$\ln(1 + R_d) = R_c \qquad (2.10)$$

② 특징 및 이용

다른 조건이 동일하다면 이산복리이자율(R_d) > 연속복리이자율(R_c)이 항상 성립되며, 이러한 연속복리이자율 R_c는 연속적인 시간개념을 전제로 하는 모형(예를 들면, Black–Scholes OPM)에서 이용된다.

>>> 예제 2-2

연 1회 이자계산하는 12% (이산)이자율과 동일한 미래가치를 만드는 연속복리이자율은 얼마인가? 연 2회 이자계산하는 경우에 해당하는 연속복리이자율은 얼마인가?

풀이

$P_n = P_0(1+R_d)^n = P_0 \cdot e^{R_c \cdot n}$에서 양변에 ln을 취하면 $\ln(1+R_d) = R_c$이므로 연 1회 이자계산하는 경우에는

$$(1+0.12) = e^{R_c}\text{에서}$$

$$R_c = \ln(1.12) = 0.1133 \ (11.33\%)$$

연 2회 이자계산하는 경우에는

$$\left(1+\frac{0.12}{2}\right)^2 = e^{R_c}\text{에서}$$

$$R_c = \ln(1.06)^2 = 0.1165 \ (11.65\%)$$

* 여기서는 이산복리이자율이 항상 연속복리이자율보다 크다. 왜냐하면 일정기간 동안의 이산복리는 연속복리보다 이자계산횟수가 적은 것인데 이자계산횟수가 적으면서 일정기간 후의 미래가치를 동일하게 하려면 이자율이 더 커야 하기 때문이다.

제 2 절 현재가치개념의 응용

현재가치개념은 재무이론 전반에 이용되기 때문에 가장 기본적이면서 중요한 개념이다. 본격적인 내용을 다루기에 앞서 이 개념이 이용되는 대표적인 분야를 개략적으로 먼저 소개하면 다음과 같다.

2.1 증권가격의 산출

(1) 산출과정

증권가격을 산출하는 과정은 다음과 같이 2단계로 구성된다.

첫째, 평가대상이 되는 증권을 보유함으로써 앞으로 유입될 현금흐름을 파악한다.

둘째, 그 현금흐름에 알맞는 적정한 할인율을 구하여 이를 이용해서 현재가치를 산출하면 그 증권의 균형가격이 된다.

그러나 이 값은 시장의 수요와 공급의 관계에서 결정되는 시장가격과는 다를 수 있다. 시장가격이 균형가격보다 낮으면 증권을 매입하고 반대로 시장가격이 균형가격보다 높으면 매도한다.

(2) 주식과 채권의 평가

위와 같은 2단계의 증권가격산출과정을 주식과 채권의 평가에 적용하면 다음과 같다.

① 주식평가

주식을 보유함으로써 기대되는 미래의 현금흐름은 배당금인데 이는 일반적으로 계속기업을 전제로 하기 때문에 무한히 계속되는 영구연금의 성격을 갖는다. 그리고 이러한 현금흐름에 알맞는 할인율은 주식수익률이다. 따라서 주식의 균형가격은 이러한 영구연금에 주식수익률을 적용하여 산출한 현재가치가 된다.[6)]

② 사채평가

사채를 보유함으로써 기대되는 미래의 현금흐름은 만기까지 일정시점마다 지급되는 이자와 만기에 지급되는 원금의 두 가지이다. 그리고 이에 알맞는 할인율은 채권수익률인데 이 두 가지 현금흐름에 채권수익률을 적용한 현재가치를 각각 산출하여 합한 값이 사채의 균형가격이 된다.[7)]

---

6) 이렇게 배당금의 현재가치로 주식의 균형가격을 구하는 방식을 배당평가모형이라고 하는데, 주식을 중도에 처분한다고 해도 이러한 논리는 그대로 성립된다. 자세한 내용은 제4장에서 설명할 것이다.

7) 이렇게 산출한 사채의 가격과 액면금액과의 차이를 회계학에서는 할인차금(할증차금)이라고 하는데, 이는 이자계산기간과 일치시켜서 상각(환입)하여야 한다.

예제 2-3

(1) 가나기업의 주식을 보유하면 매년 6,000원씩 배당금을 받게 된다. 이 주식의 균형가격은 얼마인가? 단, 할인율은 12%이다. 만약 배당금이 매년 2%씩 증가한다면 균형주가는 얼마가 되는가?

(2) 가나기업이 발행한 채권은 액면금액이 100,000원이고 액면이자율이 5%, 만기까지는 2년이 남아 있다. 이자는 연 1회 지급된다고 할 때 이 채권의 균형가격은 얼마인가? 이 채권에 대한 할인율은 10%이다.

풀이

(1) 반증이 없는 한 기업은 무한히 존속하는 것으로 가정해서 영구연금의 현재가치로 주식의 균형가격을 구한다.

$$\frac{6{,}000}{12\%}=50{,}000\text{원}$$

그런데 배당금이 매년 2%씩 증가한다면 다음과 같이 성장연금의 현재가치를 구해야 한다.

$$\frac{6{,}000}{12\%-2\%}=60{,}000\text{원}$$

(2) 매년 말 받게 되는 이자금액은 액면금액에 액면이자율을 곱한 금액이므로 5,000원(=100,000×5%)이다. 그리고 만기가 2년 남아 있어서 이자를 2번 받게 되므로 이의 현재가치를 다음과 같이 구한다.

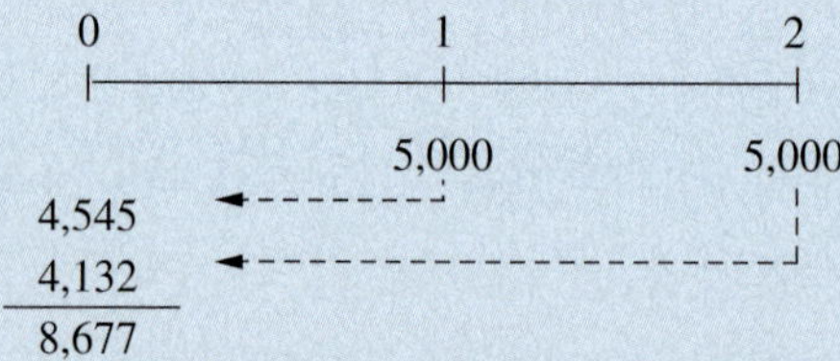

그리고 만기가 되는 2년 후에는 원금 100,000원을 받게 되므로 이의 현재가치를 구한다.

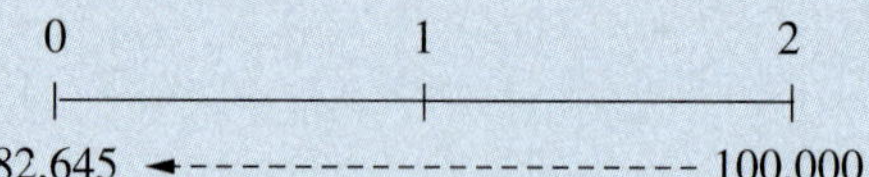

그러면 이 채권의 현재가치는 91,322원(=8,677+82,645)이 되는데 이 값이 채권의 균형가격인 것이다.

2.2 실물투자의 결정

실물투자와 관련된 의사결정문제를 자본예산(capital budgeting)이라고 하는데 자세한 내용은 뒤에서 다룰 것이다. 먼저 자본예산에서 화폐의 시간적 가치가 응용되는 두 가지 개념을 간단하게 소개하면 다음과 같다.

(1) 순현가

순현가, 즉 순현재가치(NPV: net present value)란 투자안으로부터 기대되는 현금유입의 현재가치에서 투자비용을 차감한 값을 말한다. 따라서 다음과 같은 식으로 측정된다.

$$\mathrm{NPV} = \sum_{t=1}^{n} \frac{C_t}{(1+R)^t} - C_0 \tag{2.11}$$

단, C_t : t시점 현금흐름
C_0 : 투자비용
R : 할인율

이렇게 산출한 순현가가 0보다 크면 투자안을 채택하고 0보다 작으면 기각한다.

(2) 내부수익률

내부수익률(IRR: internal rate of return)이란 투자안에서 얻게 되는 수익률이다. 구체적으로는 투자로부터 기대되는 현금유입의 현재가치와 투자에 소요되는 현금유출의 현재가치를 같게 하여 산출한다. 따라서 이를 할인율로 해서 NPV를 구하면 0이 되므로 다음 식이 성립된다.

$$NPV = \sum_{t=1}^{n} \frac{C_t}{(1+IRR)^t} - C_0 = 0\text{에서}$$

$$\sum_{t=1}^{n} \frac{C_t}{(1+IRR)^t} = C_0 \tag{2.12}$$

이렇게 산출한 내부수익률이 자금조달에 따른 자본비용보다 크면 투자안을 채택하고 자본비용보다 작으면 기각한다.

순현가법은 실물투자의 결정에 현재가치개념이 이용된 것인데 비해서 내부수익률법은 미래가치개념이 이용된 것이 차이점이라고 할 수 있다.

>>> 예제 2-4

현재 7,000만원이 소요되는 투자안에서 1년 후 7,840만원 현금유입이 예상된다. 투자자금을 조달하면서 부담하는 자본비용이 연 10%라면 이 투자안의 NPV, IRR은?

풀이

① 순현가

이 투자안에 소요되는 7,000만원에 대한 자본비용 10%가 NPV를 산출할 때 적용할 할인율이다.

$$NPV = \frac{7,840}{(1+0.1)} - 7,000 = 127.27(\text{만원})$$

② 내부수익률

이 투자안을 수행함으로써 얻게 되는 수익률(R)이 내부수익률이다. 따라서 이는 투자원금의 미래가치를 투자회수액과 일치시켜서 구할 수 있다. 즉,

$$7,000 \times (1+R) = 7,840 \text{ 에서 } R = 0.12(12\%)$$

또는 투자회수액의 현재가치와 투자원금과 일치시켜 NPV가 0이 되도록 해서 구할 수도 있다. 즉,

$$\frac{7,840}{(1+R)} - 7,000 = 0 \text{ 에서 } R = 0.12(12\%)$$

* 대개 두번째 방법을 이용해서 내부수익률을 산출하는데 이는 현금흐름이 단순한 경우에는 유용하지만 현금흐름이 복잡한 상황에서는 이를 적용할 수 없는 경우도 있다. 이때에는 주어진 상황을 고려하여 첫번째 방법을 이용한다(제5장에서 복수의 IRR 참조).

2.3 기업가치의 평가

현금흐름을 기준으로 보면 손익계산서상의 영업이익의 현재가치가 자산, 지급이자의 현재가치가 부채, 순이익의 현재가치가 자본이 된다.

그런데 기업은 특별한 사유가 없으면 계속적으로 존재하는 계속기업으로 볼 수 있다. 따라서 영업이익, 지급이자 또는 순이익의 현재가치를 구할 때에 모두 영구연금의 현재가치를 계산하는 방식을 이용해서 자산 · 부채 · 자본의 가치를 각각 산출할 수 있다.

단, 여기서 손익계산서는 회계기준을 적용해서 작성된 것이 아니고 현금흐름기준을 적용해서 작성된 것이다. 그리고 재무상태표 역시 회계기준을 적용해서 작

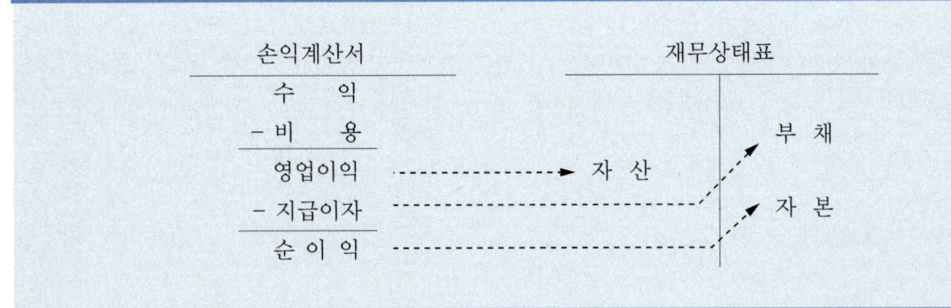

그림 2-1
손익계산서와 재무상태표의 관계

성된 것이 아니고 시장가치기준을 적용해서 작성된 것이다. 특히 재무상태표에서 자본의 가치는 1주당 가격에 발행주식수를 곱하여 산출한다. 이는 순이익의 현재가치와 같은 것이다.

>>> 예제 2-5

가나기업이 매년 벌어들이는 영업이익은 4억원이다. 부채에 대한 이자는 매년 1억원을 지급하며 나머지 3억원이 순이익이다. 지급이자에 대한 할인율은 10%, 순이익에 대한 할인율은 20%라고 하자.

(1) 가나기업의 가치는 얼마인가?
(2) 영업이익의 현재가치를 산출할 때 적용할 할인율은?

풀이

(1) 기업의 가치는 자산의 시장가치인데 이는 부채와 자기자본의 가치를 합한 값이므로 먼저 이들 값부터 구한다. 부채의 가치는 매년 지급되는 1억원의 영구적 현금흐름의 현재가치이므로 다음과 같이 10억원이 된다.

$$\frac{1}{0.1} = 10(\text{억원})$$

자기자본의 가치는 매년 유입되는 순이익 3억원의 영구적 현금흐름의 현재가치이다.

$$\frac{3}{0.2} = 15(\text{억원})$$

따라서 가나기업의 가치는 25억원(=10억원+15억원)이 된다.

(2) (1)에서 구한 가나기업가치 25억원은 영업이익의 현재가치이므로 다음 식이 성립하며 이로부터 할인율 16%를 구할 수 있다.

$$\frac{4}{R} = 25(\text{억원}) \quad R = 0.16$$

이렇게 부채와 자기자본의 가치, 그리고 기업가치를 현금흐름과 할인율의 관계에서 파악하는 것도 화폐의 시간적 가치개념이 이용되는 것이다. 이러한 내용에 관한 이론을 자본구조이론이라고 하는데 나중에 알게 되겠지만 여기서 이자에 대한 할인율 10%는 타인자본비용, 순이익에 대한 할인율 20%는 자기자본비용, 영업이익에 대한 할인율 16%는 기업의 자본비용이라고 한다. 특히 기업의 자본비용 16%는 다음과 같이 타인자본비용과 자기자본비용의 가중평균값으로 산출되기 때문에 흔히 가중평균자본비용이라고 한다.

$$0.1\times\frac{10}{25}+0.2\times\frac{15}{25}=0.16(16\%)$$

제 3 절 현재가치와 재정거래

3.1 균형상태와 불균형상태

(1) 균형상태

모든 자산의 현재가격은 그 자산을 보유함으로써 기대되는 미래현금흐름을 적정한 할인율로 할인한 현재가치이다. 바로 이것이 그 자산의 균형가격이고 이 값이 시장에서 거래되고 있는 시장가격과 동일하면 균형상태라고 한다.[8)] 그리고 이러한 균형상태에서는 동일한 자산에 대해서 동일한 가격이 형성되기 때문에 일물일가의 법칙이 성립된다.

(2) 불균형상태

특정 자산의 미래현금흐름을 적절한 할인율로 계산한 현재가치가 시장에서 거래되고 있는 시장가격과 다른 경우를 불균형상태라고 한다. 그러나 이 같은 불균형상태는 일시적인 현상일 뿐, 장기적으로는 두 가격이 일치하는 균형상태가 된다. 왜냐하면 이러한 불균형상태에서 투자자들은 재정거래를 통해서 아무런 추가부담없이 더 많은 부를 얻을 수 있기 때문이다.

재정거래과정에서 균형가격보다 시장가격이 낮게 형성된 자산에 대해서는 수요가 증가하여 가격이 상승하게 된다. 반대로 균형가격보다 시장가격이 높게 형성된 자산에 대해서는 수요가 감소하여 가격이 하락하기 때문에 최종적으로는 일

8) 경제학에서는 수요와 공급이 일치하며 형성된 가격을 균형가격이라고 하지만 재무관리에서는 이를 시장가격이라고 한다. 재무관리에서 균형가격은 미래현금흐름의 현재가치를 말한다.

그림 2-2
균형가격과 시장가격

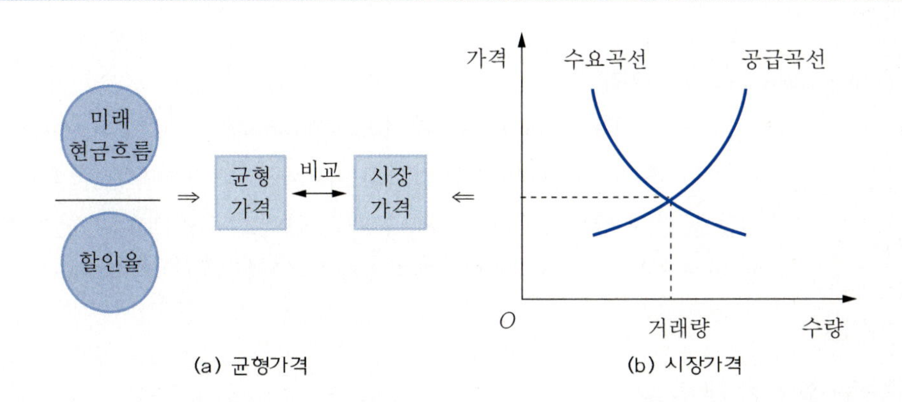

(a) 균형가격 (b) 시장가격

물일가의 법칙이 성립하게 된다.

3.2 재정거래(차익거래)

(1) 의 의

동일한 자산 또는 대체가능한 자산에 대해서 서로 다른 두 가격이 형성되어 있을 때 낮은 가격의 자산을 매입하고 높은 가격의 자산을 매각함으로써 추가적인 부담없이 차익을 얻는 경제행위를 재정거래 또는 차익거래(arbitrage transaction)라고 한다. 불포화성(nonsatiation 또는 prefer more to less)의 가정을 전제로 하고 이 같은 기회만 주어진다면 투자자들은 항상 재정거래를 하려고 할 것이다.

(2) 재정거래의 원리

아무런 추가부담없이, 즉 재정거래 이전의 상태를 그대로 유지하면서 높은 가격의 자산을 매각하여 현금유입은 많게 하는 반면, 낮은 가격의 자산을 매입하여 현금유출은 적게 한다. 이러한 재정거래에 따라 두 가격 차이만큼의 추가적 현금유입을 얻을 수 있는데 이를 재정이익(arbitrage profit)이라고 한다.

(3) 재정거래의 유형

재정거래는 자산을 보유한 투자자뿐만 아니라 자산을 갖고 있지 않는 투자자도 할 수 있는 것이어서 자산보유 여부에 따라 거래유형을 다음과 같이 분류할 수 있다.

① long position의 재정거래

어떤 자산을 보유하고 있는 상태를 롱포지션(long position)이라고 한다. 이렇게 자산을 보유하고 있는 투자자의 경우에는 먼저 보유자산을 과대평가된 금액으로 매각하여 현금유입을 많게 한다. 그리고 과소평가된 금액으로 동일한 자산을 다시 매입함으로써 현금유출은 적게 하면서 재정거래 이전의 자산보유상태를 그대로 유지한다.

② 공매를 통한 재정거래

자산을 보유하고 있지 않은 투자자의 경우에는 먼저 자산을 빌려서 매각한다.[9] 이때에 과대평가된 금액으로 매각함으로써 현금유입을 많게 할 수 있다. 그리고 과소평가된 금액으로 자산을 매입하여 빌린 자산을 갚는다. 이때의 현금유출은 적을 것이므로 가격차이만큼의 이익을 얻으면서 재정거래 이전의 자산을 보유하고 있지 않은 상태가 그대로 유지된다.

>>> 예제 2-6

현재 A시장에서는 가나기업 주식이 1주에 6만원에 거래되고 있다. 그런데 가나기업이 추가로 발행한 신주의 가격은 B시장에서 5만원에 형성되어 거래되고 있다. 신주는 기존에 발행한 구주와 어떤 차이도 없다. 거래비용은 없다고 가정하고 재정거래의 유형을 두 가지로 설명하라.

풀이

이러한 상황에서 재정거래는 가나기업의 주식을 보유하고 있는 투자자도 할 수 있고 공매(short sale)가 가능하다면 가나기업 주식을 보유하지 않은 투자자도 할 수 있다.

① long position의 재정거래

가나기업 주식 1주를 보유한 투자자는 A시장에서 6만원으로 매각하여 그 자금 중 5만원으로 B시장에서 매입한다. 그러면 재정거래 이전과 동일하게 가나기업 주식 1주를 보유하게 되며 1만원의 차익이 남게 된다.

재정거래 이전	재정거래의 내용	재정거래 이후
주식보유	주식매각 : 현금유입 +6	주식보유
	주식매입 : 현금유출 −5	
	재정이익 +1	

9) 이처럼 자산을 빌려서 매각함으로써 현금유입을 도모하는 경제행위를 공매(short sale)라고 한다. 공매를 한 투자자는 해당 자산에 대해서 부채상태에 있게 되어 이를 숏포지션(short position)이라고 하는데 만기에서는 반드시 해당 자산으로 상환하여야 한다.

② short sale을 이용한 재정거래

현재 가나기업 주식을 보유하고 있지 않은 투자자는 가나기업 주식 1주를 빌려서 A시장에서 매각하여 6만원의 현금유입을 만든다. 그리고 이 중 5만원으로 B시장에서 1주를 매입하여 갚는다. 그러면 재정거래 이전과 동일하게 아무것도 보유하지 않은 상태가 되며 1만원의 차익이 남게 된다.

재정거래 이전	재정거래의 내용	재정거래 이후
주식미보유	주식을 빌려서 매각 : 현금유입 +6	주식미보유
	주식을 매입하여 상환 : 현금유출 −5	
	재정이익 +1	

* 앞의 풀이에서 재정이익 1만원은 주식 1개를 대상으로 산출한 것일 뿐, 재정이익은 그 거래규모에 따라 달라지는 것이다. 그리고 재정거래를 가격차이에서 그 차익을 도모하는 것이라고 해서 차익거래라고도 한다.
* 공매(short sale)를 증권회사 입장에서는 대주(貸株)라고 하는데 이에 대한 정확한 이해가 필요하다. 이는 주식으로 빌려서 매각하여 현금을 조달하고 일정기간 후에 주식으로 갚는 것을 말한다. 그러면 상환시점까지 투자자는 주식에 대한 채무상태에 있게 되는데 이를 short position이라고 한다.
* 앞의 예에서 현금 5만원을 빌려서 B시장에서 1주를 매입하고 이를 A시장에서 6만원에 매각한 후 5만원을 상환해도 동일한 1만원의 차익을 얻을 수 있으나 이는 신용거래라고 하며 공매와는 다른 것이다.

3.3 재정거래와 균형가격

(1) 균형가격의 달성

재정거래의 내용을 보면 그 유형과는 상관없이 과대평가된 자산에 대해서는 공급이 증가하게 되고, 과소평가된 자산에 대해서는 수요가 증가하게 된다. 따라서 과대평가된 자산의 가격은 하락하고 과소평가된 자산의 가격은 상승하게 되는데 두 자산의 가격이 동일하게 될 때에 재정거래는 멈추게 된다.

이러한 과정의 가격변동을 거쳐서 재정거래유인이 존재하지 않도록 동일한 자산에 대해서 동일한 수준의 가격이 형성될 때에 이를 균형가격이라고 한다. 균형가격은 수요와 공급에 의해서 결정되지만 재무관리의 관점에서 보면 이는 그 자산을 보유함으로써 기대되는 미래현금흐름의 현재가치와 동일한 값인 것이다.

(2) 재정거래의 중요성

재무관리 전반에 걸쳐서 적용되는 가장 기본적인 두 가지 개념은 화폐의 시간적 가치와 재정거래에 대한 개념이다. 다음 설명을 보면 그 이유를 알 수 있을 것이다.

모든 자산 및 투자안의 균형가격은 이를 보유함으로써 예상되는 미래 현금유입을 적절한 할인율로 현가화시킨 값으로 산출된다. 그런데 시장에서의 실제가격이 균형가격과 다른 자산이 존재한다면 이 자산에 대한 재정거래기회가 존재한다. 그리고 투자자들은 그 자산의 보유 여부와 관계없이 위에서 설명한 재정거래 과정을 통해서 이익을 얻고자 할 것이며, 이의 결과로 동일한 자산이 동일한 가격을 갖는 일물일가의 법칙이 성립하게 되는 것이다.

앞으로 알게 되겠지만 대부분의 투자결정문제나 자산가격결정모형은 위와 같은 과정을 거쳐서 평가하거나 균형가격을 도출하는 것이다.

/제 2 장/ 요약

FINANCIAL MANAGEMENT

1. 화폐의 시간적 가치에는 미래가치와 현재가치가 있으며 이들을 계산하기 위해서는 이자율을 알아야 한다.
2. 미래가치는 이자의 재투자를 전제로 계산하기 때문에 이를 복리계산(compound)한다고 하며 이때에 사용되는 이자율은 수익률이라고 한다.
3. 현재가치를 계산하는 것은 할인(discount)한다고 하며 이때에 사용되는 이자율은 할인율이라고 한다.
4. 현재가치의 산출식은 분수값의 구조를 갖는다. 분수값에서 분자는 미래의 현금흐름이고 분모는 할인율이 된다.
5. 재무이론에서는 현재가치개념이 특히 중요하다. 왜냐하면 모든 자산의 균형가격을 현재가치로 구하기 때문이다.
6. 시장가격은 균형가격과 다른 것으로서 시장에서 수요와 공급의 관계에서 형성된 가격을 말한다. 시장가격이 균형가격과 같으면 시장은 균형상태, 다르면 불균형상태라고 한다.
7. 불균형상태는 일시적인 것이어서 결국 균형상태로 되는데 이 과정에서 시장가격은 균형가격으로 변한다. 따라서 시장가격이 균형가격보다 낮은(높은) 자산을 매입(매도)하면 시장가격과 균형가격의 차이에 해당하는 이익을 얻을 수 있는데 이러한 거래를 재정거래(차익거래)라 하며, 여기서 얻는 이익을 재정이익이라고 한다.

>>> 연습문제 2 - 1

가나기업은 신규로 자동차산업에 진출하고자 하는데 이를 위해 8년 후부터 3년 동안 매년 100억원씩의 설비투자를 해야 한다. 자금부장은 설비투자자금을 확보하기 위해 현재부터 8년 동안 반 년단위로 불입하는 적금을 가입하려고 한다. 표면이자율이 연 10%이고 연 2회 복리계산되는 조건하에서 다음 각 물음에 답하여라.

(1) 연단위 실효이자율은 얼마인가?

(2) 가나기업이 6개월마다 불입해야 할 금액을 산출하라.

해설

(1) 연 2회 복리계산하므로 실효이자율은 다음과 같다.

$$R_e = \left(1 + \frac{R}{m}\right)^m - 1$$
$$= \left(1 + \frac{0.1}{2}\right)^2 - 1 = 10.25(\%)$$

(2) 매번 불입액을 C라고 하고 시간선(time line)상에 현금흐름을 나타내면 다음과 같은 그림으로 표현할 수 있다.

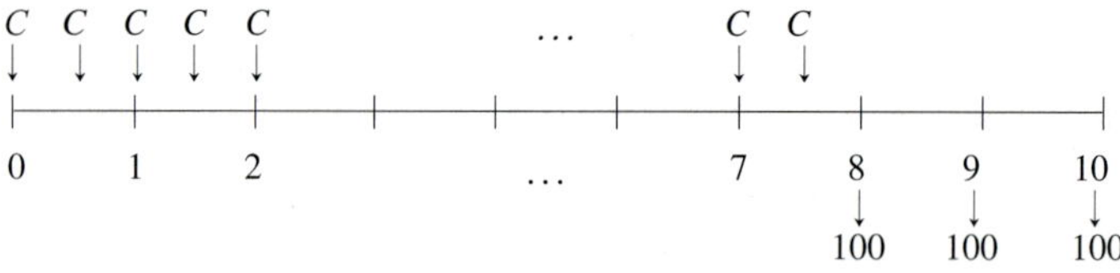

$t=0$에서부터 $t=8$까지 불입하는 16회 현금흐름(C)의 가치와 $t=8$에서부터 $t=10$까지 인출하는 3회 현금흐름(100)의 가치가 같아야 한다.

① 적금은 $t=0$에서부터 불입하므로 16회 불입액의 $t=8$에서의 가치는 다음과 같다.

$$FV_c = C \times CVIF(5\%,\ 16) + C \times CVIFA(5\%,\ 15) \times 1.05$$
$$= 24.841C$$

② 3회 인출액의 $t=8$에서의 가치는 다음과 같다.

$$PV_{100} = 100 + \frac{100}{(1+0.1025)} + \frac{100}{(1+0.1025)^2} = 272.97$$

①과 ②가 같아야 하므로 $24.841C = 272.97$에서

$$C = 10.99$$

이는 반 년마다 10.99억원씩 불입해야 함을 의미한다.

>>> 연습문제 2-2

가나기업은 10년만기, 액면가액 10,000원, 액면이자율 연 10%로 사채를 발행하였다. 그런데 이자지급은 6개월 단위로 이루어지며 발행일 현재의 시장이자율은 연 12.36%이다.

(1) 사채의 발행가액을 구하고 할증, 액면, 할인발행 여부를 밝혀라.

(2) 사채발행 후 2년만에 시장이자율이 4.2% 하락하였는데 가나기업의 사채는 11,000원에 거래되고 있다. 투자자 입장에서 이 채권을 구입할 것인지 판단하라.

(3) 만약 이자가 분기단위로 지급된다면 이자의 현재가치를 구하기 위한 할인율은 얼마인가?

해설

(1) 사채이자는 연 2회 지급되므로 이자의 현가를 산출하기 위한 할인율은 다음과 같다.

$$1+0.1236=(1+R)^2 \qquad \therefore\ R=6\%$$

위의 사채를 보유함으로써 얻게 되는 미래의 현금흐름은 20회의 이자수입과 만기에 수령하는 원금이다. 사채의 가격은 이들 현금흐름의 현재가치이므로 다음과 같이 산출된다.

이자의 현가	$500\times PVIFA(6\%,\ 20)$	= 5,734.96
원금의 현가	$10{,}000\times PVIF(6\%,\ 20)$	= 3,118
계		8,852.96

총현가가 8,852.96으로서 액면가액 10,000보다 작은 값이므로 할인발행되는 것이다. 여기서 원금의 현가계수는 시장이자율을 적용해서 PVIF(12.36%, 10)을 사용해도 된다.

(2) 어느 시점에서 평가해도 사채가격은 앞으로 수령하게 될 이자와 원금의 현재가치이다.

이자의 현가	$500\times PVIFA(4\%,\ 16)$	= 5,826.15
원금의 현가	$10{,}000\times PVIF(4\%,\ 16)$	= 5,339.1
계		11,165.25

균형가격을 의미하는 현재가치는 11,165.25인데 이보다 낮은 11,000에 거래되고 있으므로 구입한다. 단, 여기서 $R=4\%$는 다음과 같이 산출된 것이다. 그리고 8.16%=12.36%−4.2%이다.

$$1+0.0816=(1+R)^2$$

(3) 이자계산횟수가 달라져도 연단위시장이자율은 달라지지 않는다. 따라서 분기단위로 지급되는 이자의 현재가치는 다음의 할인율로 구한다.

$$1+0.1236=(1+R)^4 \qquad \therefore\ R=2.96\%$$

>>> 연습문제 2 - 3

복권에 당첨되어 다음 세 가지 형태의 상금 중 하나를 선택할 수 있다.

상금 1 : 올해 말부터 매년 60만원씩을 평생 동안 받는다.

상금 2 : 올해 말부터 매년 80만원씩을 10년 동안 받는다.

상금 3 : 지금 600만원을 받는다.

복권당첨자는 앞으로 30년 동안 더 살 수 있다고 가정하여 다음 각 물음에 답하여라.

(1) 몇 % 이자율수준에서 복권당첨자에게 상금 1과 상금 3이 무차별하게 되는가?

(2) 앞으로 10년간 적용될 이자율은 10%이다. 상금 2를 선택하였다면 최종수령시점 이후 상금수령액을 통해 몇 %의 수익률을 올려야 상금 1과 무차별하게 되는가?

(1) $60 \times PVIFA(R\%,\ 30)$

$$= 60 \times \left[\frac{1}{R} - \frac{1}{R(1+R)^{30}}\right] = 600$$

$\therefore\ R \fallingdotseq 9.31(\%)$

(2) 상금 2의 현금흐름

t=0 — 10 — 20 — 30 (t=0~10: 80)

$t=10$에서 가치는

$$80 \times CVIFA(10\%,\ 10) = 80 \times \left(\frac{1.1^{10}-1}{0.1}\right) = 1{,}274.99 \quad \cdots\cdots\cdots ①$$

상금 1의 현금흐름

t=0 — 10 — 20 — 30 (t=0~10: 60, t=10~30: 60)

처음 10년간 현금흐름의 $t=10$에서 가치는

$$60 \times CVIFA(10\%,\ 10) = 956.25 \quad \cdots\cdots\cdots ②$$

따라서 11년부터 30년까지 현금유입의 $t=10$에서 현재가치가 ①과 ②의 차이 318.74와 같아야 두 상금이 무차별하게 된다.

$$60 \times PVIFA(R\%,\ 20) = 60 \times \left[\frac{1}{R} - \frac{1}{R(1+R)^{20}}\right] = 318.74$$

$$\therefore\ R \fallingdotseq 18.17(\%)$$

>>> 연습문제 2 - 4

어떤 투자자가 매년 말 일정한 금액을 불입하는 적금에 가입하려고 한다. 그런데 만기에 가서 원리금을 찾아서 다시 예치하여 영구연금을 받고자 한다.

만기 이후에 매년 수령하게 될 연금액을 만기까지 불입한 매년 적금액의 절반 이상이 되게 하려면 최소한 적금만기가 몇 년 이상이 되어야 하는가? 단, 이자율은 10%이다.

해설

매년 적금불입액을 C라고 하면 현금흐름을 다음과 같이 나타낼 수 있다.

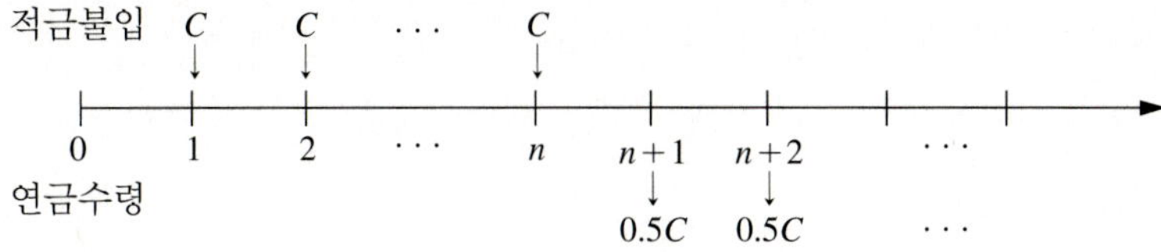

① 적금불입액의 현재가치는 다음과 같다.

$$C\times\left[\frac{1}{0.1}-\frac{1}{0.1\times1.1^n}\right]$$

② 연금수령액의 현재가치는 다음과 같다.

$$\frac{0.5C}{0.1\times1.1^n}$$

그런데 여기서 ①>②이어야 적금액의 반 이상 금액을 매년 연금으로 수령할 수 있다.

$$\frac{1}{0.1}-\frac{1}{0.1\times1.1^n}>\frac{0.5C}{0.1\times1.1^n}$$

$$1>\frac{1.5}{1.1^n}$$

$$\therefore\ n\geq4.2544$$

따라서 최소한 5년 이상 불입해야 한다.

제 3 장

소비와 투자의 결정

Financial Management

학습 목표

제2장 화폐의 시간적 가치에서는 이자율이 주어져 있는 것으로 가정하였다. 그래서 현재의 일정금액이 특정 미래시점에서 얼마의 가치가 되는지 또는 역으로 미래의 일정금액이 현재시점에서 얼마의 가치가 되는지를 산출할 수 있었다. 이러한 가정은 금융기관이 존재하여 일정한 이자율로 예금과 차입을 할 수 있어서 부(wealth)의 기간간 이전이 가능함을 의미하는 것이다. 그런데 부의 기간간 이전은 실물자산에 대한 투자기회를 통해서도 가능하다. 즉, 현재시점에서 일정금액을 실물자산에 투자하게 되면 미래에 투자수익으로 회수할 수 있기 때문이다. 이제 이 장에서는 이러한 금융기관의 존재와 실물투자기회에 따라서 소비와 투자에 관한 의사결정문제가 어떻게 전개되는지를 설명할 것이다. 그리고 이에 따른 소비자의 효용은 어떻게 변화되는지를 살펴볼 것이다.

제 1 절 소득흐름과 효용

1.1 소득흐름

현실상황을 단순화시켜서 1기간을 가정하자. 그러면 시점은 1기간 초인 현재($t=0$)와 1기간 말인 미래($t=1$)의 두 시점이 될 것이다. 이러한 상황에서 개인마다 소득흐름의 형태는 다를 것이다. 즉, 어떤 사람은 현재 100만원, 미래 50만원의 소득흐름을 갖고 있는가 하면, 어떤 사람은 현재 30만원, 미래 200만원의 소득흐름을, 또 다른 사람은 현재소득만 300만원을 갖고 있을 수도 있다. 이러한 상황에서 각 개인은 자신이 갖고 있는 소득흐름 속에서 현재에 얼마를 소비하고 미래에 얼마를 소비할 것인가 하는 의사결정을 해야 할 것이다. 이때 이러한 의사결정의 목표는 소비를 통해 얻는 만족도를 가장 크게 하는 것이다.

1.2 소비와 효용

사람들은 소비를 하면서 그것을 통해 만족을 느끼게 되는데 이때 그 만족도를 효용(utility)이라고 한다. 일반적으로 특정 재화에 대한 소비가 증가할수록 효용은 계속 증가한다고 가정하는데 이를 불포화성(nonsatiation 또는 prefer more to less)의 가정이라고 한다. 하지만 소비수준이 높을수록 그 증가폭은 작아진다고 가정하기 때문에 이를 한계효용체감(decreasing marginal utility)의 법칙이라고 한다. 이러한 두 가지 가정을 반영한 효용곡선은 [그림 3-1]의 (a)와 같다.

그러나 이 그림 (a)의 곡선은 소비재화가 *X*재 한 개뿐일 때의 효용곡선이다. 만약 이때에 선택가능한 소비재화가 *X*재와 *Y*재, 두 개일 때에는 이 두 재화의 소비조합이 주는 효용곡선을 [그림 3-1]의 (b)와 같이 나타낼 수 있다. 특히, [그림 3-1]의 (b) 효용곡선은 무차별곡선(indifference curve)이라고 하는데 이는 동일한 효용수준을 제공하는 *X*재, *Y*재의 소비조합의 연결선(locus)을 나타내는 것이다. 여기서 무차별곡선이 우상향으로($IC_1 \rightarrow IC_2 \rightarrow IC_3$) 이동함에 따라 더 높은 효용수준을 나타내는 것인데 이는 불포화성의 가정이 반영된 것이다.

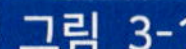

효용함수

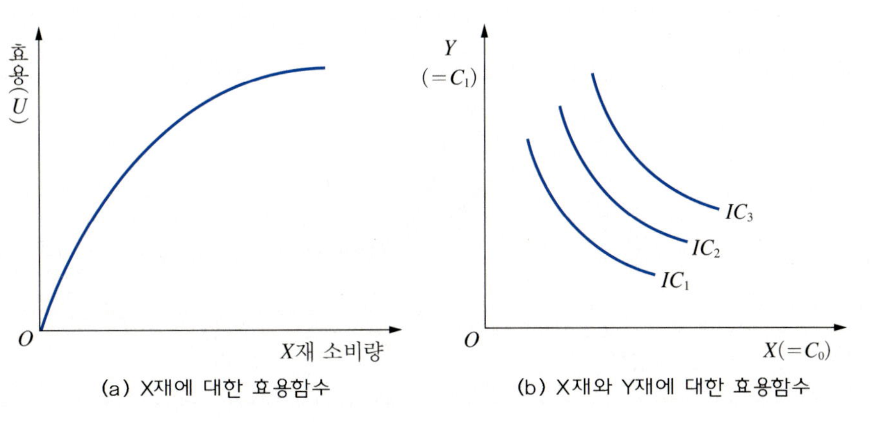

(a) X재에 대한 효용함수
(b) X재와 Y재에 대한 효용함수

그리고 원점에 대해 볼록(convex)한 형태를 띠고 있는 것은 한계효용체감의 법칙 때문이다. 구체적으로 무차별곡선상의 접선기울기는 소비조합으로부터 얻게 되는 효용수준을 동일하게 유지하기 위해서 *X*재 소비를 한 단위씩 늘려갈 때에 포기해야 하는 *Y*재 소비량을 의미하는데 이를 한계대체율(MRS : marginal rate of substitution)이라고 한다. 무차별곡선이 볼록하다는 것은 바로 이 한계대체율이 감소한다는 것이고 이는 *X*재에 대한 한계효용이 체감하기 때문에 나타나는 현상이다.

우리는 이제 얼마의 현재소비(C_0)와 미래소비(C_1)를 통해 효용을 극대화할 수 있는가를 살펴볼 것이므로 위에서 언급된 *X*재와 *Y*재 대신 현재소비(C_0)와 미래소비(C_1)로 대체하면 위와 같은 무차별곡선을 그대로 이용할 수 있게 된다.

1.3 소비결정

현실상황에서는 드문 경우이지만 소득흐름대로 소비해야 하는 상황을 생각해 보자. 이때는 금융기관도 없고 실물투자기회도 없는 경우로서, 그 예를 들자면 올해 수확한 농산물과 내년에 수확할 농산물을 소득흐름으로 갖고 있는 농민의 예를 들 수 있다. 뿐만 아니라 저장, 보관할 수 있는 시설이 없어서 올해 수확한 농산물을 내년에 가서 소비할 수도 없다. 그러면 이러한 경우에는 소비에 관한 의사결정을 할 여지가 없고 올해 수확한 농산물은 모두 올해 소비하고 내년에 수

그림 3-2

부의 기간간 이전이 불가능한 경우의 소비결정

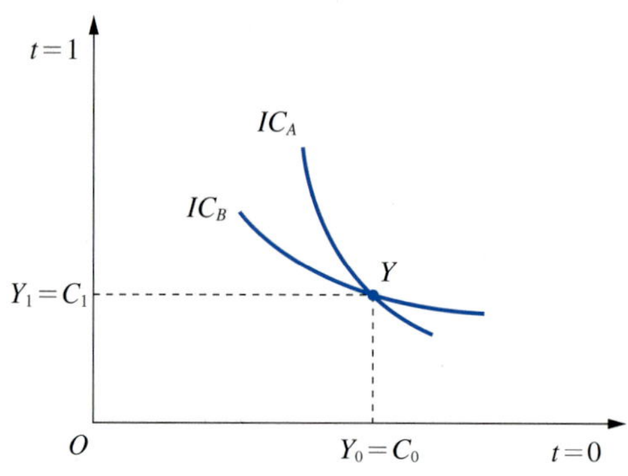

확할 농산물은 모두 내년에 소비할 수밖에 없음을 알 수 있다. 이러한 경우를 부(wealth)의 기간간 이전이 불가능한 경우라고 하는데 이때의 소비결정과정을 그림으로 살펴보자.

위의 [그림 3-2]에서와 같이 주어진 소득흐름이 Y점이라면(현재소득 OY_0, 미래소득 OY_1) 다른 선택의 여지가 없으므로 이 점이 바로 소비결정점이 되는 것이다. 즉, 현재소비 $C_0=OY_0$, 미래소비 $C_1=OY_1$이 된다. 이때 현재소비를 중시하는 현재지향적인 소비자라면 현재소비 1단위를 늘리기 위해 미래소비를 더 많이 희생할 것이므로 가파른 IC_A곡선이 그 효용수준을 나타낸다. 그렇지 않고 미래소비를 중시하는 미래지향적 소비자라면 그 효용곡선은 IC_A보다 기울기가 완만한 형태로서 IC_B곡선이 그 효용수준을 나타낸다. 그러나 소비자로서 선택의 여지는 없으므로 어떤 효용곡선을 갖는 소비자라고 해도 모두 Y점을 반드시 통과하게 된다.

제 2 절 금융시장이 존재하는 경우

2.1 시장기회선

금융시장은 금융기관들로 구성된다. 따라서 금융시장이 존재한다는 것은 금융

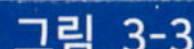
그림 3-3

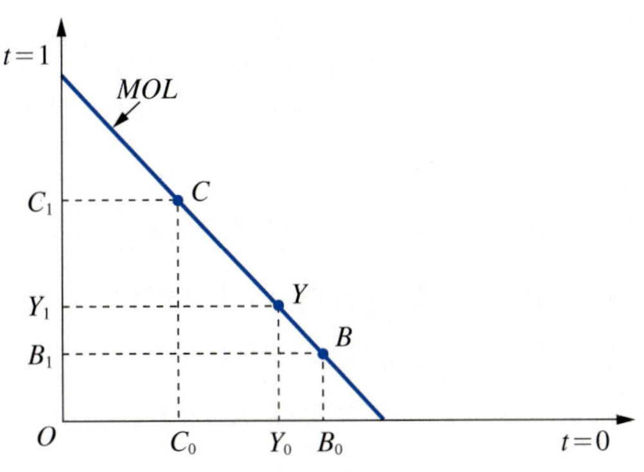

시장기회선과 부의 기간간 이전

기관이 존재하여 일정한 이자율에 따라 예금도 할 수 있고 차입을 할 수도 있다는 의미이다.

이같이 금융기관이 존재하면 현재소득 중 일부만 현재에 소비하고 나머지는 금융투자, 즉 예금을 통하여 미래에 가서 이자와 원금을 인출해서 미래에 소비할 수 있다. (이때의 원리금 인출액은 현재예금액의 미래가치가 된다.) 반대로 현재에 소득이 없더라도 미래의 소득이 있으면 은행에서 차입금을 조달하여 현재에 소비하고 미래에 가서 차입금에 대한 이자와 원금을 미래의 소득으로 상환하면 되는 것이다. (이때의 차입금 조달액은 미래소득의 현재가치가 된다.) 이러한 설명은 금융시장을 이용하여 부의 기간간 이전이 가능하다는 말로 요약되는데, 이처럼 저축과 차입을 통한 소비가능한 점들을 연결한 것을 시장기회선(MOL : market opportunity line)이라고 하며 [그림 3-3]과 같이 나타낼 수 있다.

이때 금융시장에서 형성된 이자율을 R이라고 가정하면 시장기회선의 기울기는 $-(1+R)$이 될 것이므로 R의 크기에 따라 시장기회선은 달라지게 된다.[1] 그러면 Y점의 소득흐름을 갖는 소비자는 시장기회선상의 임의의 점에서도 소비를 선택할 수 있게 된다. 예를 들어, C점에서 소비결정을 하였다면 현재소득 OY_0 중 OC_0만큼을 현재에 소비하고 나머지 C_0Y_0만큼은 저축을 한다는 것이다. 그리고 미래에 가서 미래소득 OY_1과 저축액 C_0Y_0에 대한 원리금 C_1Y_1을 인출하여 이를 합친 OC_1을 소비하는 것이다.

한편, B점에서 소비결정을 한 소비자를 생각해보자. 이는 위의 경우와는 반대로 차입을 통해 소비하는 소비자이다. 즉, 현재소득 OY_0와 은행차입금 Y_0B_0를 합

1) 만약 금융시장이 존재하지는 않지만, 보관 및 저장이 가능하다면 역시 현재의 부를 미래로 이전시킬 수 있는데 이때에는 현재소득 1원이 미래에도 1원이 될 것이므로 $R=0$으로 생각하면 될 것이다.

친 OB_0를 현재에 소비하고 미래에 가서는 차입금 Y_0B_0에 대한 원리금 Y_1B_1을 미래소득 OY_1 중에서 상환하고 남은 OB_1을 소비하는 것이다. 이때 C점에서 소비결정하는 소비자를 미래지향적이라고 하면 B점에서 소비결정하는 소비자는 현재지향적이라고 할 수 있다.

그리고 이같이 이자율이 주어지면 제 2 장에서 배운 화폐의 시간적 가치개념을 이용해서 소득이나 소비에 대한 현재가치 및 미래가치를 산출할 수 있다. 즉, Y점과 같이 현재에 Y_0, 미래에 Y_1의 현금유입을 갖는 소득흐름의 현재가치는 $Y_0+\frac{Y_1}{1+R}$이 될 것이고 이러한 소득흐름의 미래가치는 $Y_0(1+R)+Y_1$이 될 것이다. 같은 논리로 C점과 같이 현재에 C_0, 미래에 C_1의 현금유출을 갖는 소비흐름의 현재가치는 $C_0+\frac{C_1}{1+R}$이 될 것이고 미래가치는 $C_0(1+R)+C_1$이 될 것이다. B점의 소득흐름도 마찬가지이다.

그런데 두 시점에 걸친 전체소비가 전체소득을 초과할 수는 없을 것이므로 소비의 현재가치(또는 미래가치)는 소득의 현재가치(또는 미래가치)보다 클 수는 없다. 그러나 소비자의 효용에 대해 불포화성을 가정하고 있으므로 소비자는 최대한 많은 소비를 할 것이고 따라서 소비의 현재가치를 소득의 현재가치와 일치되는 수준까지 소비하게 된다. 시장기회선상의 모든 점들은 모두 이를 만족시키는 소비조합들이다. 만약 소득전체를 소비하지 않고 일부만 소비한다면 이때의 소비조합은 시장기회선 안쪽에 위치하게 될 것이다.

2.2 소비결정

우리는 금융시장이 존재하면 이를 통한 부의 기간간 이전이 가능하여 각 개인은 시장기회선을 따라서 자신이 원하는 소비형태를 선택할 수 있음을 알게 되었다. 그러면 이제 어떤 소비형태를 선택하는 것이 가장 바람직한 소비결정인지를 살펴본다.

앞서 설명한 효용이론을 따라서 설명하자. 각 개인은 소비를 통해 만족을 얻게 되고 그 만족은 효용함수로 측정되므로 효용함수의 값을 극대화하는 것이 최적소비결정이 된다. 이를 그림으로 분석하면 [그림 3-4]와 같다.

최초 소득흐름 $Y(Y_0, Y_1)$를 가진 개인이 Y점에서 소비결정을 하면 IC_0의 효용수준밖에 누리지 못한다. 그러나 C점으로 소비결정을 이동시키면 IC_0보다 높은 IC_1의 효용수준을 누리게 된다. 그리고 IC_2는 IC_1보다 더 높은 수준이지만 이는

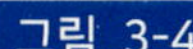

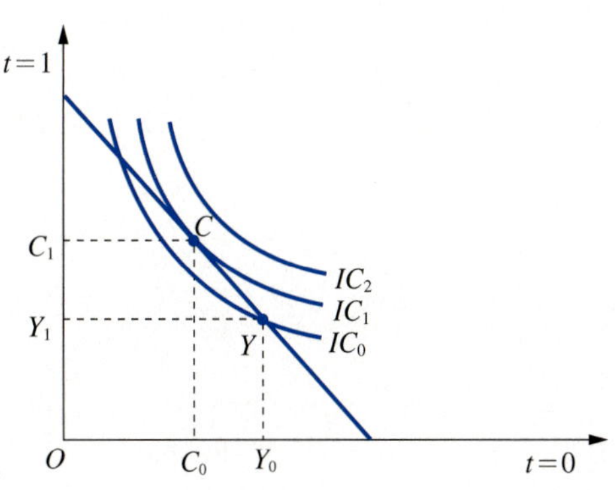

그림 3-4
금융시장이 있는 경우 소비결정

시장기회선 밖이므로 가능한 소비조합이 아니다. 따라서 효용곡선과 시장기회선이 접하는 C점이 최적소비결정이 된다. 그리고 이때의 경제행위를 설명하면 현재소득 OY_0 중 OC_0를 현재에 소비하고 나머지 Y_0C_0는 저축한다는 것이다. 그리고 미래에 가서 저축금액의 원리금 Y_1C_1을 찾아서 미래소득 OY_1을 합쳐서 총 OC_1을 소비하는 것이다.

이와 같은 의사결정모형을 수식화하면 다음과 같다.

$$\max\ U(C_0,\ C_1)$$
$$s.t.\ C_0+\frac{C_1}{1+R}=Y_0+\frac{Y_1}{1+R}$$

그리고 접선기울기가 시장기회선과 같은 효용곡선상의 점을 찾는 조건은 $\text{MRS}=-(1+R)$이다. 또한 이 점은 위의 모형에서 제약조건을 만족시켜야 하는데 이 제약조건은 곧 시장기회선을 의미하므로 이 점은 시장기회선상에 있어야 하는 것이다.[2)]

>>> 예제 3-1

현재 90만원을 가진 투자자가 있다. 이 투자자의 현재소비(C_0)와 미래소비(C_1)로 결정되는 효용함수는 다음과 같다.

$$U(C_0,\ C_1)=C_0\times C_1^2$$

(1) 시장이자율이 1기간에 20%인 금융시장을 이용할 수 있다면 이 투자자는 효용을

2) 이러한 방법으로 최적해를 구하는 것을 무차별곡선이론접근법이라고 한다. 이외에도 이러한 소비결정문제를 푸는 데에는 한계효용균등의 법칙을 이용하는 방법과 라그랑지승수법이 있다.

극대화하기 위해서 어떤 의사결정을 해야 하는가? 그리고 이때의 효용수준은 얼마인가?

(2) 금융시장은 존재하지 않지만 보관이 가능할 때 효용을 극대화하기 위한 결정을 설명하라.

풀 이

(1) 금융시장을 이용하는 경우

최적조건 $MRS=1+R$ 에서

$$MRS=\frac{MU_0}{MU_1}=\frac{C_1^2}{2C_0C_1}=\frac{C_1}{2C_0},$$

$R=0.2$ 이므로 $\frac{C_1}{2C_0}=1.2$

$\therefore\ C_1=2.4\ C_0$

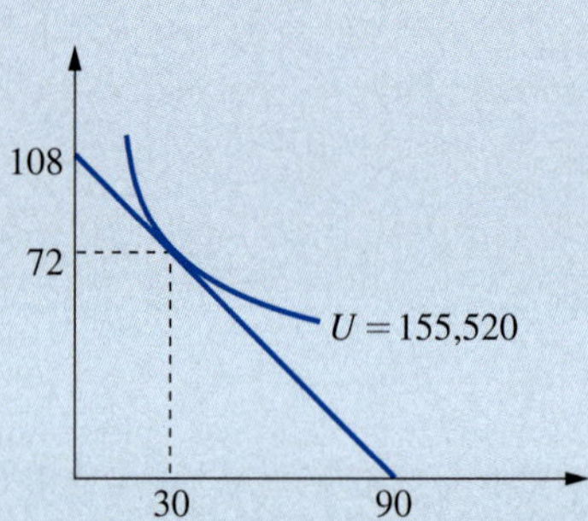

그런데 이는 예산제약을 만족시켜야 하므로

$$Y_0+\frac{Y_1}{1+R}=C_0+\frac{C_1}{1+R}$$

$$90+0=C_0+\frac{2.4\ C_0}{1.2}=3C_0 \qquad \therefore C_0=30 \quad C_1=72$$

그리고 이때 효용수준은 $U(30,\ 72)=30\times 72^2=155{,}520$

(2) 보관만 가능한 경우

보관만 가능하다면 현재 1원=미래 1원이므로 $R=0$이 된다.

최적조건 : $MRS=1.0$

$\frac{C_1}{2C_0}=1 \quad \therefore C_1=2C_0$

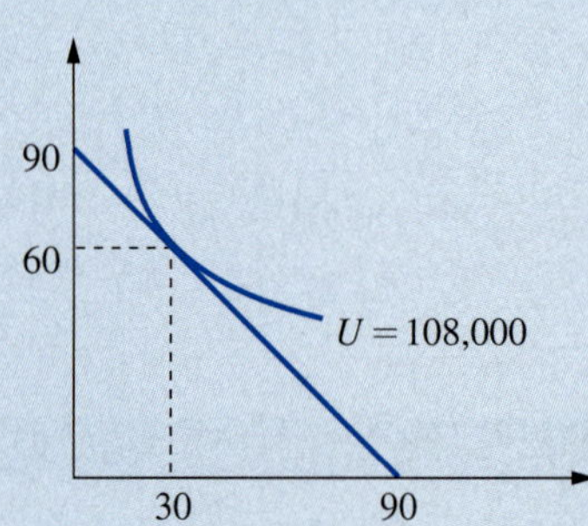

예산제약을 만족해야 하므로

$$90+0=C_0+\frac{2C_0}{1.2}=3C_0$$

$\therefore\ C_0=30,\ \ C_1=60$

그리고 이때 효용수준은 다음과 같다.

$U(30,\ 60)=30\times 60^2=108{,}000$

제 3 절 실물투자기회가 존재하는 경우

3.1 생산기회선

현실상황을 둘러보면 어떤 사람은 자기 부의 일부를 금융기관에 저축해서 이자수익을 받는 사람이 있는데 비해 어떤 사람은 공장을 설립해서 제품을 생산하여 이의 판매를 통한 투자수익을 도모하기도 한다. 전자는 금융시장을 이용하는 경우이고, 후자는 실물투자기회를 이용하는 경우이다. 그래서 이번에는 실물투자기회가 있는 경우의 소비결정을 살펴보겠다. 물론 다음 제4절에서는 실물투자기회와 금융시장을 함께 고려할 것이지만 실물투자기회만 있는 경우를 먼저 살펴본다.

실물투자기회가 존재하는 경우에 현재의 투자수준과 이 투자가 미래에 가져다 주는 수익의 관계를 나타내는 것이 생산기회선(POL : production opportunity line)인데 이를 그림으로 나타내면 다음 [그림 3-5]와 같다.

이 그림에서 보듯이 생산기회선이 원점에 대해서 오목(concave)한 형태를 띠는 것은 한계수확체감의 법칙이 적용되기 때문이다. 그리고 실물투자를 하게 되면 이러한 생산기회선을 따라서 부의 기간간 이전이 가능하기 때문에 소비조합을 생산기회선상에서 임의로 선택할 수가 있다. 그런데 이때 투자수준은 원점을 기준으로 측정되는 것이 아니고 현재소득수준 Y점을 기준으로 측정된다는 것에 유념해야 한다. 즉, 소득흐름이 Y점(Y_0, Y_1)인 사람이 만약 소비조합 P점을 선택하였다면 투자수준은 OP_0가 아니라 P_0Y_0라는 것이다. 그리고 P_0Y_0는 현재 소득에서 소비금액을 차감하고 남은 금액인데 소비와 투자의 두 가지 기회만 존재하는 상황이므로 이는 자연히 현재 투자금액이 될 것이다. 따라서 실물투자기회만 있는 경우에 소비의 결정은 곧 투자의 결정과 같은 것이다.[3)]

동일한 수준의 효용을 주는 현재소비와 미래소비의 조합들을 연결한 효용곡선, 즉 무차별곡선상의 일정한 점에서의 접선기울기는 한계대체율을 의미한다고 하였다. 그러면 이제 생산기회선상의 일정한 점에서의 접선기울기에 대한 의미를 살펴보자. 생산기회선은 현재의 투자가 미래에 얼마의 수익을 가져다 주는지를

3) 금융시장만 존재하는 경우에 소비금액을 결정하면 저절로 예금액(또는 차입액)이 결정되는 것과 같은 원리이다.

그림 3-5
생산기회선과
부의 기간간 이전

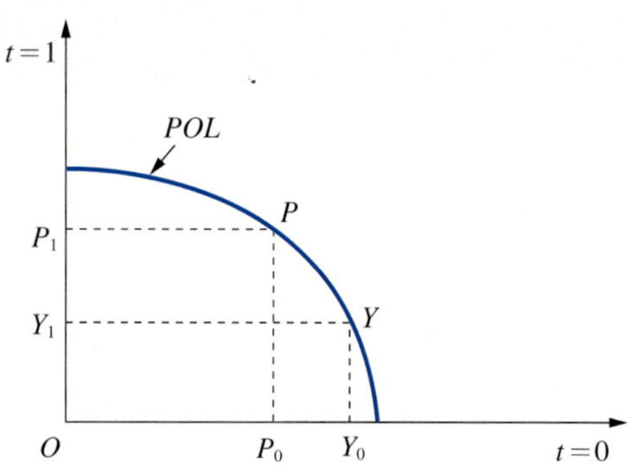

나타내는 것이므로 생산기회선상의 접선기울기는 투자의 한계수익률을 의미한다. 그리고 투자에 있어서 한계수확체감의 법칙이 적용되기 때문에 투자의 양을 늘릴수록(즉, Y점에서 P점으로 갈수록) 접선기울기는 작아지는 것이다. 그런데 현재의 투자란 현재소득의 포기분으로서 미래소득을 가져다 주는 것이므로 한계수익률은 곧 현재소득과 미래소득에 대한 한계전환율(MRT: marginal rate of transformation)이라고도 한다.

3.2 소비와 투자의 결정

실물투자기회만 존재하는 경우 소비결정문제는 투자결정문제와 같은 것이다. 즉, 현재소득 중 소비수준이 결정되면 나머지 금액이 자연히 투자수준으로 결정되기 때문이다. 그리고 실물투자기회만 존재하는 경우에도 각 개인의 소비결정은 자신의 효용을 극대화시키는 방향으로 이루어진다. 다음 [그림 3-6]을 통해서 효용을 극대화시키는 과정을 살펴본다.

Y점(Y_0, Y_1)과 같은 최초 소득흐름을 가진 개인이 Y점에서 소비결정을 하는 경우를 생각해보자. 이는 현재소득 OY_0를 모두 소비하고 투자는 전혀 하지 않는 경우인데 이때는 IC_0의 효용수준밖에 누리지 못한다. 그러나 P점에서 소비결정을 하게 되면 IC_1의 효용수준을 누릴 수 있다. 이때의 경제행위를 설명하면 다음과 같다. 즉, 현재소득 중 OP_0를 현재에 소비하고 나머지 P_0Y_0를 실물자산에 투자하는 것이고 그리고 미래에 가서 실물투자의 회수액 P_1Y_1과 미래소득 OY_1을 합쳐서 총 OP_1을 소비하는 것이다. 물론 IC_2는 IC_1보다 더 높은 효용수준이지만 생산기

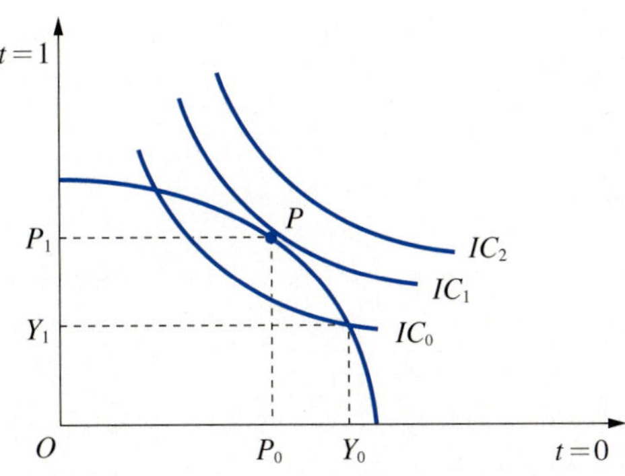

그림 3-6
실물투자기회가 있는 경우 소비결정

회선 밖에 있으므로 실현불가능한 소비집합이다. 따라서 효용곡선과 생산기회선이 접하는 P점이 최적소비결정이 된다.

이와 같은 의사결정모형을 수식화하면 다음과 같다.

$$\max\ U(P_0,\ P_1)$$
$$s.t.\ f(P_0,\ P_1)=0$$

그리고 효용곡선상의 접선기울기가 생산기회선의 접선기울기와 같은 점을 찾는 조건은 MRS=MRT이다. 또한 이 점은 생산기회선상에 있어야 하므로 위의 두 번째 식으로 제시된 제약조건을 만족시켜야 한다. 이때 제약조건은 단일생산기회선을 의미하는 것이다.

>>> **예제 3-2**

다음과 같은 생산기회선으로 표현되는 실물투자기회가 존재한다고 하자.

$$P_1=90-\frac{1}{90}P_0^2 \quad (\text{단, } P_0\text{: 현재소비, } P_1\text{: 미래소비})$$

(1) 앞의 〈예제 3-1〉의 투자자가 금융시장은 이용할 수 없고 이러한 실물투자기회만을 이용할 수 있다고 하자. 자신의 효용을 극대화하기 위해서 어떤 의사결정을 해야 하는가? 그리고 이때의 효용수준은 얼마인가?

(2) 위의 (1)에서와 같은 투자안의 내부수익률(IRR)은 얼마인가?

풀 이

(1) 실물투자만 가능한 경우

생산기회선 $f(P_0,\ P_1)=P_1-90+\frac{1}{90}P_0^2$

이고 최적조건 MRT=MRS에서

$$MRT=\frac{MP_0}{MP_1}=\frac{\frac{1}{45}P_0}{1}$$

$$MRS=\frac{C_1}{2C_0}$$

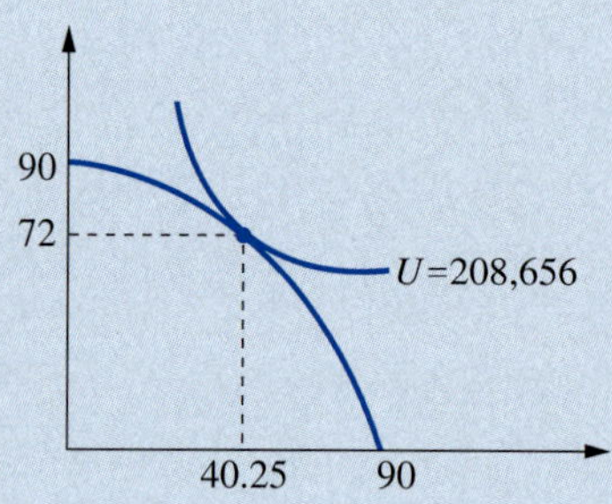

그런데 소비와 실물투자기회만 있는 상황이므로 다음이 성립한다.

$$P_0=C_0, \qquad P_1=C_1$$

따라서 $\frac{1}{45}P_0=\frac{P_1}{2P_0}$이 성립된다.

$$\therefore P_1=\frac{2}{45}P_0^2$$

이는 예산제약식 $f(P_0,\ P_1)=0$을 만족해야 하므로

$$P_1-90+\frac{1}{90}P_0^2=0$$

위의 식을 $P_1=\frac{2}{45}P_0^2$와 함께 풀면 P_0와 P_1을 구할 수 있다.

$$\frac{5}{90}P_0^2=90 \qquad \therefore P_0=40.25,\quad P_1=72$$

즉, 90 중 40.25를 현재소비하고 나머지 49.75로 실물투자한다. 이때 49.75를 투자하여 미래회수액 72를 미래소비한다.

그러면 효용수준은 다음과 같이 산출된다.

$$U(40.25,\ 72)=0.25\times72^2=208,656$$

(2) 현재 투자액 49.75가 1기 후에 72의 투자수익이 되므로 내부수익률은 다음과 같이 산출할 수 있다.

$$49.75\times(1+IRR)^1=72$$

$$\therefore IRR=44.72\%$$

제 4 절 금융시장과 실물투자기회가 함께 존재하는 경우

4.1 투자결정

(1) 예금과 실물투자의 비교

이제까지 우리는 금융시장도 실물투자의 기회도 전혀 존재하지 않아서 부의 기간간 이전이 불가능한 상황에서부터 시작해서 금융시장이 존재하는 경우와 실물투자기회가 존재하는 경우를 각각 차례대로 살펴보면서 소비결정의 변화와 이에 따른 효용수준의 증가를 확인하였다. 그런데 우리의 현실상황을 보면 금융시장과 실물투자기회가 함께 존재한다는 것을 알 수 있다. 그래서 자기 부의 일부를 실물투자하고 또 다른 일부는 은행에 예금하면서 나머지는 소비하는 것이다. 이제는 이처럼 금융시장과 실물투자기회가 함께 존재하는 경우의 투자 및 소비결정, 그리고 효용의 변화를 살펴볼 것이다.

현재소득을 갖고 예금도 할 수 있고 또 실물투자를 할 수도 있는 상황이라면 먼저 이 두 가지 기회 중 어느 것이 유리한가를 비교해야 할 것이다. 이를 위해 다음 [그림 3-7]에서 최초 소득흐름이 Y점(Y_0, Y_1)과 같은 경우를 살펴보자.

이때에 먼저 금융시장을 이용하면 시장기회선 MOL_1을 따라서 소비조합을 선택할 수 있게 되고 실물투자를 하게 되면 생산기회선 POL을 따라서 소비조합을 선택할 수 있다. 그런데 P_0Y_0 구간에서 보면 생산기회선 POL의 접선기울기가 시장기회선 MOL_1보다 크다는 것을 알 수 있다. 이는 생산기회선상의 한계수익률이 시장기회선상의 한계수익률보다 커서 현재 1원을 실물투자한 경우 미래에 회수되는 투자수익이 현재 1원을 은행에 예금한 경우 미래에 찾게 되는 원리금보다 크다는 의미이다. 따라서 P_0Y_0구간에서는 예금보다 실물투자를 선호하게 되어 실물투자를 계속 늘려나갈 것이다.

그러나 예금은 예금수준과 상관없이 정해진 이자율에 따라 일정수익을 보장하지만 실물투자의 경우에는 그렇지 못하다. 한계수확체감의 법칙에 따라 투자수준이 늘어날수록 한계수익률이 감소하다가 어느 수준을 넘어서면 예금에서 보장받는 수익률보다 낮아지게 된다. 물론 이러한 경우에는 실물투자를 하는 것보다 은행에 예금하는 것이 더 나을 것이다. 생산기회선의 기울기가 시장기회선의 기울

그림 3-7
예금과 실물투자의 비교

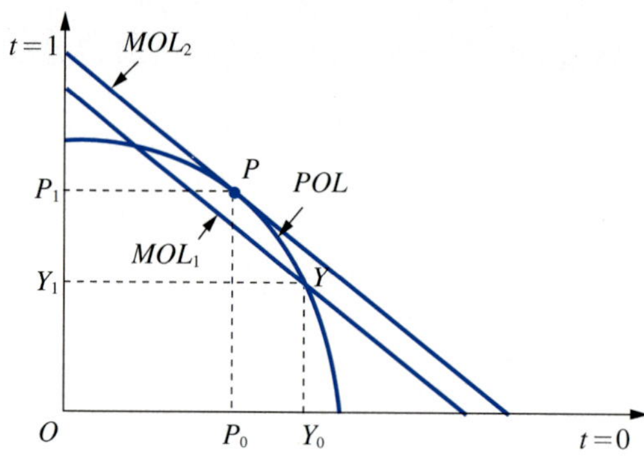

기보다 작은 OP_0 구간이 바로 이에 해당한다.

이같이 금융시장과 실물투자기회가 함께 존재하는 경우에는 구간에 따라 실물투자와 예금의 우위가 달라지기 때문에 이성적인 투자자라면 P_0Y_0구간에서는 생산기회선 POL상에서 소비조합을 선택할 것이고 OP_0 구간에서는 생산기회선 MOL_2상에서 소비조합을 선택할 것이다. 따라서 이때에 최적실물투자금액은 생산기회선의 접선기울기가 시장기회선의 기울기와 일치하는 P_0Y_0가 되는 것이다. 그리고 이 조건을 수식으로 나타내면 $\text{MRT}=-(1+R)$이 된다.

(2) NPV와 IRR

생산기회선상의 접선기울기가 시장기회선의 기울기와 일치하는 수준까지 실물투자를 하는 것이 최적투자수준이라는 것은 앞서 살펴본 바와 같다. 그러면 이러한 실물투자의 성과를 어떻게 측정할 것인가 하는 문제가 생긴다. 이를 위해서 제2장에서 소개된 투자안의 순현재가치(NPV: net present value), 또는 내부수익률(IRR: internal rate of return)을 이용하는 것이 대표적인 평가방법이다.

순현재가치란 어떤 투자안을 채택하였을 경우 얻게 되는 현재가치의 증분을 말한다. [그림 3-7]에서 최초 소득흐름 Y점(Y_0, Y_1)의 현재가치는 다음과 같다.

$$PV_Y = Y_0 + \frac{Y_1}{1+R}$$

그런데 P_0Y_0의 실물투자를 하게 되면 소득흐름이 P점(P_0, P_1)으로 옮겨가게 되는데 이의 현재가치는 다음과 같다.

$$PV_P = P_0 + \frac{P_1}{1+R}$$

즉, 실물투자를 함으로써 소득흐름의 현재가치는 PV_Y에서 PV_P로 늘릴 수 있는데 이때 PV의 증가분($PV_P - PV_Y$)을 순현재가치라고 한다.[4] 물론 NPV가 클수록 바람직한 투자안이다.

한편, 내부수익률이란 특정 투자안을 수행할 때 투자원금이 미래에 얼마의 투자수익을 가져다 주는지를 나타내는 개념이다. [그림 3-7]에서 현재투자액은 P_0Y_0이고 이를 통한 미래에 회수되는 투자수익은 P_1Y_1이다. 따라서 이 투자안에서 얻게 되는 수익률, 즉 내부수익률을 IRR이라고 하면 다음 식이 성립할 것이다.

$$P_0Y_0 \times (1+IRR) = P_1Y_1$$

$$\therefore \ IRR = \frac{P_1Y_1}{P_0Y_0} - 1$$

여기에서도 내부수익률 IRR이 클수록 좋은 투자안이다.

4.2 소비결정

실물투자기회만 존재하는 경우와 실물투자기회와 금융시장이 함께 존재하는 경우의 투자수준결정과정을 보면 다음과 같은 차이점을 볼 수 있다. 즉, 실물투자기회만 존재하는 경우에는 효용을 극대화하는 소비수준을 결정하고 이때에 남는 금액이 자연히 투자금액이 된다. 한편, 실물투자기회와 금융시장이 함께 존재하는 경우에는 예금과 실물투자를 비교하여 실물투자수준을 결정하는 것이다. 그래서 [그림 3-7]에서 보았듯이 최초 소득흐름 Y인 개인이 처음에는 MOL_1을 통해서 소비조합을 선택할 수 있었으나 P_0Y_0의 실물투자를 하고나면 MOL_2를 통해서 소비조합을 선택할 수 있게 된다.

이같이 금융시장을 이용한 선택가능한 소비조합을 나타내는 시장기회선이 MOL_1에서 MOL_2로 증가하면 이에 접하는 무차별곡선은 원점에서 더욱 멀어지므로 소비자가 누릴 수 있는 효용수준도 증가하게 된다.

다음 [그림 3-8]은 금융시장과 실물투자기회를 이용하여 개인이 자신의 효용

4) 제2장에서 정의한 NPV 산출식을 이용하여 다음과 같이 구해도 그 값은 동일하다.

$$NPV = \frac{P_1Y_1}{1+R} - P_0Y_0$$

그림 3-8

금융시장과 실물투자기회가 있는 경우 소비결정

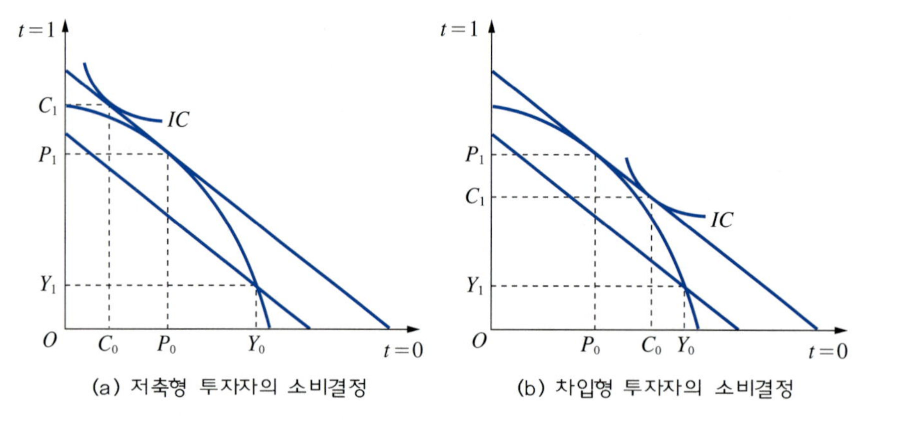

(a) 저축형 투자자의 소비결정 (b) 차입형 투자자의 소비결정

을 극대화하고 있음을 보여주고 있다. [그림 3-8]의 (a)는 최초 소득흐름 Y에서 실물투자를 P_0Y_0만큼 수행하고 C_0P_0를 은행에 저축한 후 OC_0만큼만 현재에 소비하고 미래에 가서 미래소득 OY_1, 실물투자회수액 P_1Y_1, 은행예금의 원리금 P_1C_1을 합친 OC_1을 소비하는 저축형 소비자의 의사결정을 나타내고 있다.

한편, [그림 3-8]의 (b)는 (a)와는 반대로 최초 소득흐름 Y에서 실물투자를 P_0Y_0만큼 수행하고 P_0C_0를 은행에서 차입하여 현재에 OC_0만큼을 소비한 후 미래에 가서 미래소득 OY_1, 실물투자회수액 P_1Y_1을 합친 OP_1에서 은행차입금에 대한 원리금의 상환액 P_1C_1을 차감하고 남은 OC_1을 소비하는 차입형 소비자의 의사결정을 보이고 있다.

이와 같이 금융시장과 실물투자기회가 동시에 존재하는 경우 의사결정모형을 수식화하면 다음과 같이 나타낼 수 있다.

$$\max\ U(C_0, C_1)$$
$$s.t.\ f(P_0, P_1)=0$$
$$C_0+\frac{C_1}{1+R}=P_0+\frac{P_1}{1+R}$$

이를 위한 최적조건은 먼저 투자수준의 결정에 있어서 MRT$=-(1+R)$이다. 그리고 이를 만족하는 점은 생산기회선상에 있어야 하므로 첫 번째 제약조건을 충족시켜야 한다. 이러한 투자결정이 이루어지면 소득흐름이 Y점(Y_0, Y_1)에서 P점(P_0, P_1)으로 이동하게 된다. 그리고 소비수준의 결정에 있어서는 MRS$=-(1+R)$이다. 이를 만족하는 점은 새로운 시장기회선상에 있어야 하므로 두 번째 제약조건을 충족시켜야 한다.

4.3 Fisher의 분리정리

이제까지 설명한 내용을 보면 금융시장과 실물투자기회가 동시에 존재하는 경우의 의사결정과정은 금융시장만 존재하거나 실물투자기회만 존재할 때의 의사결정과정과는 다르다는 것을 알 수 있다.

금융시장만 존재할 때에는 효용을 극대화하는 소비수준을 결정하면 현재소득에서 이를 차감하고 남는 금액이 자연히 예금저축액, 즉 금융투자액이 되었다. 또한 실물투자기회만 존재할 때에는 효용을 극대화하는 소비수준을 결정하면 현재소득에서 이를 차감하고 남는 금액이 자연히 실물투자금액이 되었다.

그런데 금융시장과 실물투자기회가 동시에 존재하는 경우에는 투자수준이 효용곡선과는 무관하게 시장이자율만을 고려하여 결정된다. 그리고 소비수준은 이같이 결정된 투자수준을 전제로 형성된 시장기회선상에서 각 개인의 효용함수형태에 따라 효용이 극대화되도록 결정하게 된다. 투자와 소비의 결정과정이 이처럼 두 단계로 분리되어 이루어지는 것을 Fisher의 분리정리(Fisher's separation theorem)라고 한다.

Fisher의 분리정리는 주식회사제도에서 소유와 경영의 분리에 대한 이론적 근거를 제시한다. 즉, 경영자는 주주들이 차입형 소비자이든지 또는 저축형 소비자이든지 그들의 효용함수형태를 고려할 필요없이 시장이자율만 고려하여 투자안의 순현재가치가 극대화되도록 투자수준을 결정한다. 그러면 주주들은 기업가치가 극대화된 상황에서 시장기회선을 이용하여 각자의 효용함수에 맞도록 소비수준을 결정함으로써 효용을 극대화할 수 있다는 것이다.

>>> 예제 3-3

앞의 〈예제 3-2〉의 투자자가 시장이자율이 20%인 금융시장을 이용하여 차입 또는 예금을 할 수 있고 생산기회선이 $P_1=90-\frac{1}{90}P_0^2$인 실물투자도 할 수 있다고 가정하자.

(1) 이러한 상황에서 실물투자의 최적수준은 얼마인가?

(2) 그리고 (1)에서와 같은 투자안의 내부수익률(IRR) 및 순현재가치(NPV)는 얼마인가?

(3) 최적실물투자를 수행한 후 투자자의 효용을 극대화하기 위한 소비결정을 금융시장

풀이

(1) 최적투자 조건은 다음과 같다.

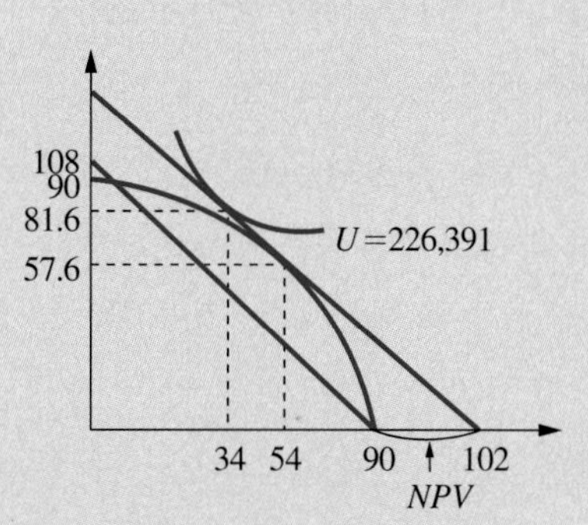

$MRT = 1 + R$

$\frac{1}{45}P_0 = 1.2 \qquad \therefore P_0 = 54$

예산제약

$f(P_0,\ P_1) = 0$

$P_1 - 90 + \frac{1}{90} \times 54^2 = 0 \quad \therefore P_1 = 57.6$

(2) ① 현재소득 90 중 36(=90−54)을 실물투자하면 이는 미래수익 57.6으로 회수되므로

$36 \times (1 + IRR) = 57.6$에서 $IRR = 60\%$

② 현재소득 90 중 36을 투자하면 현재소득은 54, 미래소득은 57.6이 되는데 이들 현재가치의 합계는 다음과 같다.

$$PV = 54 + \frac{57.6}{1.2} = 102$$

그런데 투자안 수행 전의 소득은 현재가치로 90이므로 투자안 수행에 따른 현재가치 증분(NPV)은

$$NPV = 102 - 90 = 12$$

이는 다음과 같이 구할 수도 있다.

$$NPV = \frac{57.6}{1.2} - 36 = 12$$

(3) 최적소비조건은 다음과 같다.

$$MRS = 1 + R \rightarrow \frac{C_1}{2C_0} = 1.2 \quad \therefore C_1 = 2.4\ C_0$$

투자안 수행 후 소득흐름(Y_0, Y_1)은 (90, 0)에서 (54, 57.6)으로 바뀌었으므로 예산제약식은 다음과 같다.

$$C_0 + \frac{2.4\ C_0}{1.2} = 54 + \frac{57.6}{1.2} \qquad \therefore C_0 = 34, \quad C_1 = 81.6$$

따라서 투자안 수행 후 남은 소득 54 중에서 34를 소비하고 20을 예금(금융투자)한다.

그리고 미래에는 투자수익 57.6과 예금의 미래가치(만기원리금) 24(=20×1.2)를 합친 금액 81.6을 소비한다.

이때 효용수준은 다음과 같다.

$$U(34,\ 81.6) = 34 \times 81.6^2 = 226,391$$

/제 3 장/ 요약

1. 소득이 여러 기간에 걸쳐서 발생하는 현실에서 부의 기간간 이전이 가능하게 되면 소비자의 효용은 종전보다 높아진다.

2. 부의 기간 간 이전이 가능하다는 것은 현재의 부를 미래로 가져가거나 미래의 부를 현재로 가져올 수 있는 것을 말한다. 이는 예금(차입)을 하거나 투자를 함으로써 가능하다.

3. 금융시장이 존재하여 예금(차입)을 할 수 있으면 시장기회선을 따라서 부의 기간간 이전이 가능해지는데 효용이 극대화되는 소비를 결정하고 나면 나머지가 자동적으로 예금액이 된다.

4. 실물투자기회가 존재하면 생산기회선을 따라서 부의 기간간 이전이 가능해지는데 효용이 극대화되는 소비를 결정하고 나면 나머지는 자동적으로 투자액이 된다.

5. 그러나 금융시장과 실물투자기회가 함께 존재하면 실물투자의 한계수익률이 이자율과 같아지는 수준에서 투자액이 먼저 결정된다. 그리고 남은 소득 중에서 효용이 극대화되는 소비가 정해지고 난 후 나머지가 예금액이 된다.

6. 금융시장과 실물투자기회 중 하나만 존재하면 소비가 먼저 결정되면서 자동적으로 나머지가 예금이나 투자로 결정된다. 그러나 금융시장과 실물투자기회가 함께 존재할 때에는 투자수준이 먼저 결정되고 다음 단계에서 소비와 예금이 결정된다.

7. 이처럼 소비와 투자의 결정이 분리되어 이루어지는 것을 피셔의 분리정리라고 한다. 주식회사에서는 경영자가 투자결정을 하고 그 투자성과를 주주가 소비하기 때문에 피셔의 분리정리는 주식회사제도에서 소유와 경영의 분리에 대한 이론적 근거를 제시한다고 한다.

연습문제 3-1

다음은 투자기회선 및 시장기회선에서 어떤 투자자의 소비와 투자결정을 나타낸 것이다. 이 투자자의 부는 미래소득은 없고 현재소득 700만원뿐이다.

(1) 시장이자율(*R*)은 몇 %인가? *R*이 0보다 크다면 그 이유는 무엇인가?

(2) 이 투자자의 현재시점에서의 소비 및 투자와 관련된 최적선택을 설명하라.

(3) 실물투자의 한계수익률, 평균수익률, 순현재가치(NPV)를 산출하라.

(4) 금융시장이 존재하지 않을 경우에 택하게 되는 소비조합은 어떻게 달라지는가? 그리고 여기서 금융시장의 유용성을 설명하라.

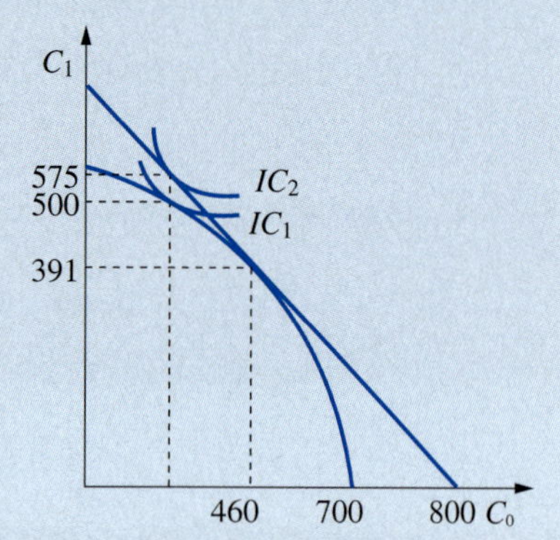

 해설

(1) $R = \dfrac{391}{800-460} - 1 = 15(\%)$

*R*이 0보다 큰 이유는 투자자의 시간선호(time preference)에서 동일한 화폐금액이라도 미래의 소득보다 현재소득을 더 선호하기 때문이다. 이러한 이유의 근거로 다음과 같은 것들을 들 수 있다.

① 미래의 재투자기회
② 물가상승에 따른 구매력손실의 가능성
③ 미래현금흐름의 불확실성

(2) 현재소득 700 중 240(=700−460)을 실물투자하고 160(=460−300*)을 예금한다. 그리고 나머지 300*을 당기에 소비한다.

$$*\text{당기소비} = 800 - \frac{575}{1.15} = 300$$

(3) 한계수익률은 시장이자율과 일치하므로 15%, 그리고 여기서 평균수익률이란 IRR이므로 다음과 같이 구한다.

$$240 \times (1 + IRR) = 391 \quad \therefore \; IRR = 62.9(\%)$$

그리고 NPV는 다음과 같이 산출된다.

$$NPV = -240 + \frac{391}{1.15} = 100 \;\; \text{또는} \;\; 800 - 700 = 100$$

(4) 금융시장이 존재하지 않을 경우 최적소비조합은 무차별곡선 IC_1이 투자기회선과 접하는 점 (300, 500)에서 결정된다. 이는 금융시장이 존재할 때의 선택(300, 575)보다 열등한 소비조합이다. 즉, 금융시장이 존재하기 때문에 현재소비 300은 그대로 유지하면서 미래소비를 75만큼 증가시켜서 효용수준을 IC_1에서 IC_2로 증가시킬 수 있는 것이다.

>>> 연습문제 3 - 2

Fisher's Separation을 이용하여 시장이자율의 변화가 투자수준과 차입자 및 대출자의 효용에 미치는 효과를 그림으로 나타내어 설명하라.

해설

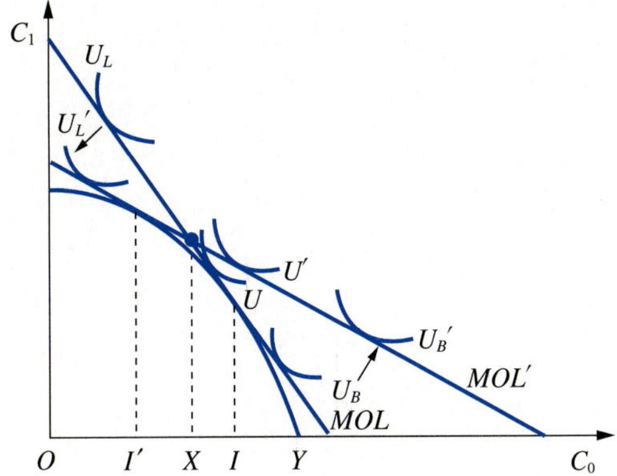

(1) 이자율이 하락하는 경우

시장기회선이 MOL에서 MOL′로 변화하여 기울기가 완만해지고 이에 따라서 투자수준, 차입자 및 대출자의 효용은 다음과 같은 영향을 받게 된다.

① 투자수준

$YI \rightarrow YI'$ 로 II' 만큼 증가한다.

② 차입자 효용

$U_B \rightarrow U_B'$ 로 증가한다.

③ 대출자 효용

OX구간(MOL과 MOL′의 교차점 좌측)에서는 $U_L \rightarrow U_L'$ 로 감소한다. 그러나 XI구간에 있던 대출자는 $U \rightarrow U'$ 으로 증가한다. 단, 이때에는 대출형 소비자가 차입형으로 소비형태가 바뀌게 된다.

(2) 이자율이 상승하는 경우

이때에는 이자율이 하락할 때와는 반대로 MOL′에서 MOL로 시장기회선이 가파르게 변화하므로 ① 투자수준은 감소하고, ② 대출자 효용은 증가하지만, ③ 차입자의 효용은 경우에 따라서 감소하기도 하고 증가할 수도 있다.

제 4 장

주식과 채권의 평가

Financial Management

학습 목표

제2장에서 설명한 바와 같이 재무관리에서 모든 자산의 균형가격은 그 자산을 보유함으로써 얻게 되는 미래의 현금흐름을 적정한 할인율로 할인한 현재가치라고 하였다. 그러나 보유자산이 미래에 가져다 주는 현금흐름을 측정하기도 쉽지 않고 또한 그 현금흐름의 성격에 따라 적용해야 할 할인율도 다르기 때문에 자산가격결정이 그리 간단한 것은 아니다. 이 장에서는 대표적인 금융자산이라고 할 수 있는 주식과 채권에 대해 이러한 개념을 적용하여 가격결정과정을 살펴볼 것이다.

제 1 절 주식의 평가

1.1 배당평가모형

주식의 가격은 주식을 보유함으로써 기대되는 미래의 현금흐름을 적절한 할인율로 할인하여 산출한 현재가치이다. 그런데 주식보유로 예상되는 현금흐름은 보유기간 동안에 수령하게 되는 배당금과 주식처분시점에서 얻게 되는 처분가격이다. 그리고 이러한 현금흐름의 현재가치를 산출할 때 적용할 할인율에 대해서는 나중에 자세히 다룰 것이므로 여기서는 일단 주어진 값으로 가정하자.

따라서 주식에 대해 적용할 할인율을 R이라고 하고 지금부터 주식을 보유하다가 $t=n$ 시점에서 P_n 가격에 처분할 때 현금흐름의 현재가치, 즉 현재주가 P_0는 다음과 같은 식으로 표현된다.

$$P_0=\sum_{t=1}^{n}\frac{D_t}{(1+R)^t}+\frac{P_n}{(1+R)^n} \tag{4.1}$$

단, D_t : t 기에 수령하는 배당금

그런데 위 식을 살펴보면 P_n은 $t=n$ 시점에서의 주가로서 이는 $t=n$ 시점 이후에 계속되는 배당을 $t=n$ 시점기준으로 산출한 현재가치임을 다음 식과 같이 알 수 있다.

$$P_n=\frac{D_{n+1}}{(1+R)}+\frac{D_{n+2}}{(1+R)^2}+\cdots+\frac{D_\infty}{(1+R)^\infty}$$

이므로 이를 식 (4.1)에 대입하면 다음과 같이 정리된다.

$$P_0=\frac{D_1}{(1+R)}+\frac{D_2}{(1+R)^2}+\cdots+\frac{D_\infty}{(1+R)^\infty}=\sum_{t=1}^{\infty}\frac{D_t}{(1+R)^t} \tag{4.2}$$

결국 현재주가를 결정하는 현금흐름은 어느 시점에서 얼마의 가격으로 처분하는가와는 무관하게 그 주식을 보유함으로써 기대되는 배당임을 알 수 있다. 따라서 이러한 주가결정모형을 배당평가모형(dividends valuation model) 또는 배당할인모형(DDM : dividends discount model)이라고 한다.

(1) 배당이 일정한 경우

일반적으로 반증이 없는 한 기업은 영원히 존재한다고 가정하므로 배당도 영원히 계속된다고 본다. 특수한 경우이지만 기업이 매년 벌어들이는 이익이 동일한 금액이고 이를 모두 배당으로 지급하는 경우를 생각해보자. 그러면 1주당 가격은 제2장 화폐의 시간적 가치에서 설명한 영구연금의 현재가치와 동일하여 다음과 같이 수식화할 수 있다.

$$P_0 = \frac{D}{(1+R)} + \frac{D}{(1+R)^2} + \cdots + \frac{D}{(1+R)^\infty} = \frac{D}{R} = \frac{EPS}{R} \tag{4.3}$$

이같이 매년 배당금이 일정하여 증가하지 않는 경우에 적용되는 주가결정식을 제로성장모형(zero-growth model 또는 nongrowth model)이라고 한다.

(2) 배당이 일정하게 증가하는 경우

이번에는 기업이 지속적으로 성장하여 배당이 매년 일정한 비율로 증가하는 경우에 주식의 가격을 구해보자. 이때에 첫해 말 배당액을 D_1이라고 하고 증가율을 g라고 하면 $D_2 = D_1(1+g)$, $D_3 = D_2(1+g)$, ⋯ 가 되는데 이는 제2장 화폐의 시간적 가치에서 설명한 일정한 비율로 증가하는 현금흐름이 된다. 따라서 이때의 주가결정식은 다음과 같다.

$$P_0 = \frac{D_1}{(1+R)} + \frac{D_1(1+g)}{(1+R)^2} + \cdots + \frac{D_0(1+g)^{\infty-1}}{(1+R)^\infty} = \frac{D_1}{R-g} \tag{4.4}$$

이같이 배당금액이 일정한 비율로 계속적인 증가를 하는 경우의 주식평가모형을 항상성장모형(constant growth model)이라고 한다. 그러나 이때 성장률(g)은 할인율(R)보다 작아야 한다는 전제조건이 필요하다. 왜냐하면 제2장에서 설명한 바와 같이 성장률(g)이 할인율(R)보다 크게 되면 주식가격은 무한대가 되기 때문이다.

(3) 배당이 불규칙하게 증가하는 경우

위에서 설명한 항상성장모형에서의 성장률이 할인율보다 작아야 한다는 가정은 때로 비현실적으로 보일 수 있다. 즉, 성장률이 할인율보다 클 수도 있지 않겠는가 하는 의문이 생기기 때문이다. 물론 성장률이 할인율보다 클 수도 있다.

그러나 이같이 높은 성장은 무한히 계속될 수는 없을 것이다. 예를 들어, 어떤 기업이 전망 밝은 유망업종에 진출하여 사업을 시작했다고 가정하자. 이때 사업 초기에는 초과수익을 누려서 다른 업종보다 높은 성장을 할 수 있을 것이지만 경쟁기업의 출현 등 여러 가지 이유들로 인해서 시간이 경과하면 그 성장률은 곧 떨어지게 마련이다. 즉, 할인율보다 높은 성장률은 일시적인 것이고 장기적으로 보면 그 반대의 경우가 더 일반적인 것이다.

그래서 이번에는 일시적이지만 이같이 높은 성장이 있을 때 이를 고려한 주식가격을 구해보자. $t=n$ 시점까지 높은 성장($g \geq R$)이 계속되다가 $t=n+1$ 시점부터 정상적인 성장($g<R$)을 한다고 가정하면 주가결정식은 다음과 같다.

$$P_0=\sum_{t=1}^{n}\frac{D_t}{(1+R)^t}+\frac{P_n}{(1+R)^n} \qquad \text{단, } P_n=\frac{D_{n+1}}{R-g} \tag{4.5}$$

위 식의 구조는 기본적으로 식 (4.1)과 동일하다. 다만 식 (4.1)에서는 P_n이 $t=n$ 시점에서의 처분가격인데 비해 식 (4.5)에서 P_n은 $t=n$ 시점 이후 일정비율로 증가하는 영구현금흐름에 대해 항상성장모형을 이용해서 산출한 $t=n$ 시점에서의 현재가치이다. 따라서 이 식은 배당이 불규칙하게 증가하는 경우 그 상황에 맞도록 수정해서 사용할 수 있는 모형이라고 할 수 있다.

>>> 예제 4-1

가나기업의 올해 말 1주당 배당금은 2,000원으로 추정된다. 이 기업은 처음 3년간은 할인율 16%를 초과하여 18%씩 성장을 하다가 4년째부터는 6%의 성장을 지속할 것으로 예상된다. 가나기업의 현재 1주당 가격을 산출하라.

풀이

이때 이 기업의 주가를 구하려면 먼저 처음 3년간 배당액의 현재가치를 다음과 같이 산출한다.

$$\frac{2{,}000}{1.16}+\frac{2{,}000\times 1.18}{1.16^2}+\frac{2{,}000\times 1.18^2}{1.16^3}=5{,}262(\text{원})$$

그리고 $t=3$ 시점의 주가 P_3를 다음과 같이 구한다.

$$P_3=\frac{D_4}{R-g}=\frac{2{,}000\times 1.18^2\times 1.06}{0.16-0.06}=29{,}519(\text{원})$$

그런데 P_3는 $t=3$ 시점의 가치이므로 다음과 같이 $t=0$ 시점의 현재가치로 할인하여야 한다.

$$\frac{P_3}{(1+R)^3}=\frac{29,519}{1.16^3}=18,912(\text{원})$$

이제 최종적으로 이 두 값을 더하면 이 주식의 가격이 24,174원으로 결정되는 것이다.

$$P_0=5,262+18,912=24,174(\text{원})$$

이와 같은 과정을 시간선상에 나타내면 다음과 같다.

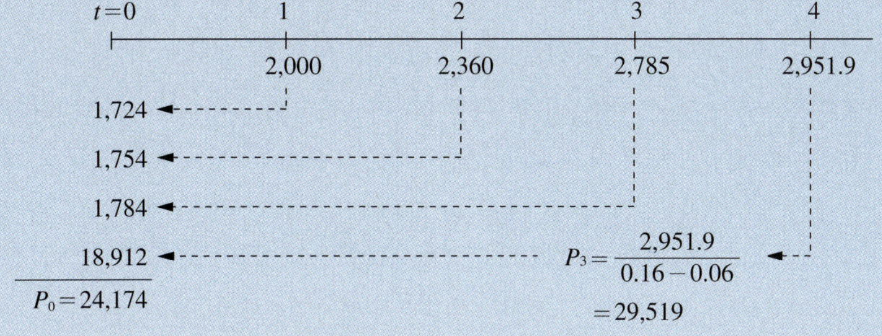

1.2 성장기회평가모형

(1) 성장기업의 주가

앞서 살펴본 내용에 따르면 기업이 성장하면 배당액이 증가하고 이에 따른 주식가격은 성장이 없는(배당액이 일정한) 경우의 주식가격보다 높다는 것을 알 수 있다. 이러한 성장기업의 주가는 배당평가모형 중 항상성장모형 등으로 구할 수도 있지만 성장기회를 별도로 평가하여 구할 수도 있다. 즉, 성장기업을 일단 성장이 없다고 가정하고 제로성장모형으로 주가를 산출한 후 여기에 성장기회를 현재가치로 평가해서 더하면 성장기업의 주가가 된다. 여기서 성장기회를 현재가치로 평가한 값을 성장기회의 현재가치(PVGO : present value of growth opportunity)라고 하는데 이를 이용하여 성장기업의 주가결정식을 나타내면 다음과 같다.

$$P_0=\frac{EPS}{R}+PVGO \tag{4.6}$$

성장기업의 주식가격을 이러한 방법으로 산출하는 것을 성장기회평가모형이라고 하는데 이는 배당평가모형과 산출과정만 다를 뿐 그 결과는 동일하다.[1)]

1) 따라서 매기 일정률로 성장하는 기업의 PVGO를 쉽게 산출하려면 항상성장모형에 의한 주가에서 제로성장모형의 주가를 차감하면 된다.

(2) PVGO의 측정

기업이 성장한다는 것은 이익을 배당으로 지급하지 않고 새로운 투자안에 사용하였을 때 이 투자안의 NPV가 0보다 크다는 것을 의미한다. 따라서 어떤 기업이 성장기회를 갖고 있다는 것은 이러한 투자안을 갖고 있다는 뜻이다. 그런데 이때의 NPV는 투자수행시점을 기준으로 산출한 것이므로 이를 현재주가에 반영하려면 현재시점을 기준으로 다시 할인하여야 한다. 이렇게 할인한 값이 PVGO인 것이다. 따라서 PVGO를 측정하려면 새로운 투자기회가 어느 시점에서 어떤 형태로 존재하는가를 먼저 파악하여야 할 필요가 있다. 대표적인 예로 다음과 같이 새로운 투자기회, 즉 성장기회가 t시점에서 단 1회 존재하는 경우와 당기 말부터 무한히 계속적으로 존재하는 경우로 구분하여 PVGO를 측정해본다.

① 성장기회가 t시점에서 단 1회 존재하는 경우

새로운 투자안을 수행함으로써 여기서 얻게 되는 수익률을 재투자수익률이라고 하는데 이 값으로 자기자본이익률(ROE : return on equity)을 사용한다. 이 투자안의 수명을 무한하다고 가정하면 1주당 순이익(EPS : earning per share)을 지출해서 매년 EPS · ROE만큼의 현금흐름을 얻을 수 있으므로 t시점에서 평가한 투자안의 NPV는 다음과 같다.

$$NPV_t = \frac{EPS \cdot ROE}{R} - EPS$$

그런데 이를 현재주가에 반영하려면 현재시점으로 할인해야 하므로 PVGO는 다음과 같다.

$$PVGO = \frac{NPV_t}{(1+R)^t} \tag{4.7}$$

>>> 예제 4-2

가나기업은 매년 1주당 1,000원씩 순이익을 벌어들이고 있다. 주가결정을 위한 할인율은 10%라고 가정하여 다음 각 물음에 답하라.

(1) 올해 말에 1,000원을 투자해서 그 다음해부터 100원씩을 벌어들일 수 있는 투자안을 갖고 있다고 하자. 가나기업이 이 투자안을 수행할 경우 PVGO와 이를 반영한 주가는 얼마가 되는가?

(2) 올해 말의 투자안이 100원이 아니라 150원씩을 매년 벌어들인다면 PVGO와 주가

는 얼마가 되는가?

(3) 만약 (2)에서 150원씩 벌어들이는 투자기회가 3년 후에 존재한다면 PVGO와 주가는?

풀 이

(1) 가나기업의 1주당 현금흐름은 다음과 같다.

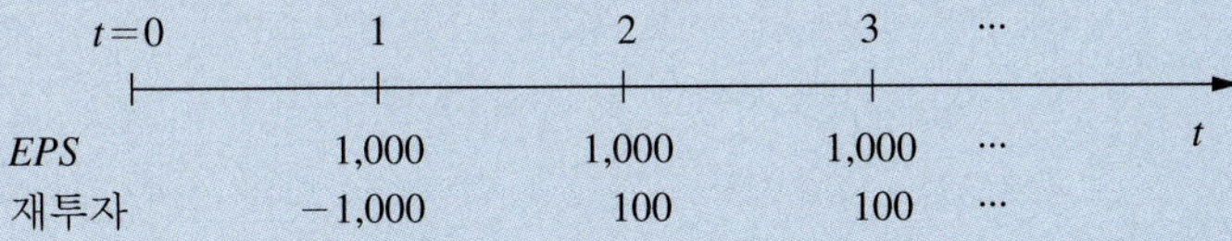

성장이 없다고 가정할 때 주가는 EPS의 현재가치이므로

$$\frac{1{,}000}{0.1}=10{,}000(\text{원})$$

재투자의 $NPV_1=-1{,}000+\dfrac{100}{0.1}=0 \rightarrow PVGO=\dfrac{NPV_1}{1+0.1}=0$

따라서 주가 $P=10{,}000+0=10{,}000$

즉, 재투자수익률이 할인율과 같다면 PVGO는 0이 되어 기업가치를 높이는 데 아무런 도움이 안 된다.

(2) 이때 1주당 현금흐름은 다음과 같다.

t	$t=0$	1	2	3	…
EPS		1,000	1,000	1,000	…
재투자		−1,000	150	150	…

재투자의 $NPV_1=-1{,}000+\dfrac{150}{0.1}=500 \rightarrow PVGO=\dfrac{500}{1+0.1}=454.5$

따라서 주가 $P=10{,}000+454.5=10{,}454.5$

(3) 만약 재투자기회가 3년 후에 존재한다면 현금흐름은 다음과 같다.

t	$t=0$	1	2	3	4	5	…
EPS		1,000	1,000	1,000	1,000	1,000	…
재투자				−1,000	150	150	…

재투자의 $NPV_3=-1{,}000+\dfrac{150}{0.1}=500 \rightarrow PVGO=\dfrac{500}{(1+0.1)^3}=375.7$

따라서 주가 $P=10{,}000+375.7=10{,}375.7$

② 성장기회가 매년 계속적으로 존재하는 경우

성장기회가 당기 말부터 매년 계속적으로 존재하는 경우의 PVGO를 구하기 위해서 다음과 같은 가정을 한다. 기업은 매년 순이익 중 새로운 투자안에 필요한 만큼만을 유보시키고 나머지는 배당으로 지급한다. 이때의 유보율을 b라고 하면 다음이 성립된다.

배당액 $D=(1-b)\times EPS$

유보액(재투자액) $I=b\times EPS$

성장률[2] $g=b\times ROE$

그러면 첫해 말에 투자하는 금액 $bEPS_1$은 다음 해부터 매년 $bEPS_1 \cdot ROE$를, 둘째 해에 투자하는 금액 $bEPS_2$는 매년 $bEPS_2 \cdot ROE$의 현금흐름을 가져올 것이므로 다음과 같이 될 것이다.

$$NPV_1=\frac{bEPS_1 \cdot ROE}{R}-bEPS_1$$

$$NPV_2=\frac{bEPS_2 \cdot ROE}{R}-bEPS_2$$

$$\cdots\cdots\cdots\cdots\cdots$$

그런데 이러한 투자기회가 무한히 계속된다고 가정하였고 또한 이들을 현재주가에 반영하려면 현재시점을 기준으로 할인하여 모두 합쳐야 하므로 PVGO는 다음 식으로 표현될 것이다.

$$PVGO=\frac{NPV_1}{(1+R)}+\frac{NPV_2}{(1+R)^2}+\cdots+\frac{NPV_\infty}{(1+R)^\infty}$$

그런데 EPS와 NPV 모두 매년 성장률 g만큼 증가할 것이므로 항상성장모형을 이용하여 위 식을 다음과 같이 정리할 수 있다.

$$PVGO=\frac{NPV_1}{R-g} \tag{4.8}$$

2) 성장률(g)의 결정식은 다음과 같이 도출된다. 1주당 자기자본가치를 S로 표현하면 다음 식이 성립한다.

$$EPS_0=S_0\times ROE_0 \quad \cdots\cdots\cdots\cdots \text{①}$$

$$EPS_1=(S_0+I_0)\times ROE_1 \quad \cdots\cdots\cdots\cdots \text{②}$$

ROE가 일정하다고 가정하면 $ROE_1=ROE_0=ROE$로 나타낼 수 있다. 그리고 ②에서 ①을 차감한 후 양변을 EPS_0로 나누면 $g=b\times ROE$의 성립을 확인할 수 있다.

③ 성장기회가 불규칙하게 존재하는 경우

이제까지 살펴본 PVGO 측정의 예는 투자기회가 1회 존재하는 경우와 무한히 계속 존재하는 경우이었다. 그러나 실제 투자기회는 불규칙하게 존재할 수도 있을 것이다. 이때에는 앞에서 살펴본 측정원리를 상황에 맞게 적용할 수 있다. 결국 PVGO는 NPV의 현재가치이므로 각 투자안의 NPV를 각각의 투자수행시점에서 산출하고 이들을 현재시점으로 다시 할인한 값들을 모두 합치면 된다. 그래서 PVGO를 NPVGO(net present value of growth opportunity)라고도 한다.

>>> 예제 4-3

ABC기업의 첫해 1주당 배당액(D_1)은 \$5.04이고 첫해 1주당 순이익(EPS_1)은 \$8.4이다. 이 기업의 재투자수익률(ROE)은 25%이고 시장이자율이 15%라고 할 때 ABC기업의 PVGO 및 주가를 산출하라.

풀이

① 성장이 없을 때 주가

$$P_0 = \frac{EPS}{R} = \frac{8.4}{0.15} = \$56$$

② 매기 일정률로 성장시 주가

먼저 다음과 같이 성장률을 구한다.

$$\text{성장률 } g = b \cdot ROE = \left(1 - \frac{D}{EPS}\right) \times ROE = \left(1 - \frac{5.04}{8.4}\right) \times 0.25 = 0.1 \ (10\%)$$

이를 이용해서 주식가격을 구하면 다음과 같다.

$$P_0 = \frac{D_1}{R-g} = \frac{5.04}{0.15-0.1} = \$100.8$$

③ PVGO 산출

i) 배당평가모형의 이용

$$② - ① = \$100.8 - \$56 = \$44.8$$

ii) 현금흐름모형의 이용

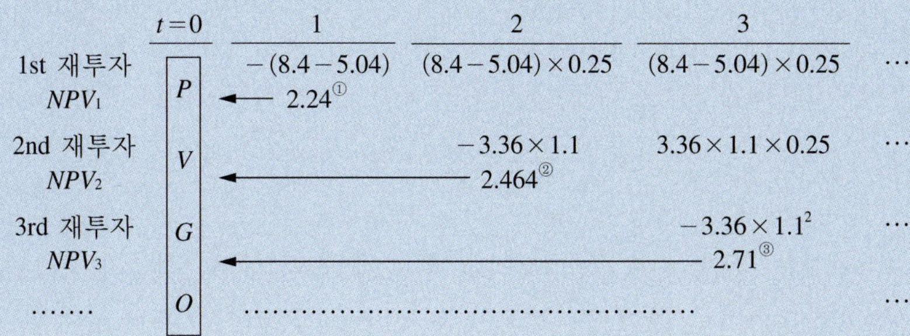

① $\dfrac{3.36\times 0.25}{0.15}-3.36=2.24$

② $\dfrac{3.36\times 1.1\times 0.25}{0.15}-3.36\times 1.1=2.464$ 또는 $2.24\times 1.1=2.464$

③ $\dfrac{3.36\times 1.1^2\times 0.25}{0.15}-3.36\times 1.1^2=2.71$ 또는 $2.24\times 1.1^2=2.71$

$$PVGO=\sum_{t=1}^{\infty}\frac{NPV_t}{(1+R)^t}=\frac{2.24}{1.15}+\frac{2.24\times 1.1}{1.15^2}+\frac{2.24\times 1.1^2}{1.15^3}+\cdots$$

$$=\frac{NPV_1}{R-g}=\frac{2.24}{0.15-0.1}=\$44.8$$

1.3 *상대가치평가모형

배당평가모형과 성장기회평가모형 등은 균형주가를 산출하는 이론적 근간이 되고 있다. 그러나 미래현금흐름을 예측하는 과정에는 주관적 평가요소가 반영되기 때문에 현실적으로 이들 모형을 이용하는 데에는 어려움이 따른다. 따라서 이러한 한계를 극복하는 방법으로 PER, PBR, PSR 등과 같은 주가배수를 이용하여 균형주가를 산출하는 방법이 있는데 이를 상대가치평가모형(relative valuation model)이라고 한다.

(1) PER 평가모형

주가수익률(PER : price earnings ratio)은 주가를 주당순이익으로 나눈 값을 말하며 주가수익비율 또는 주가수익배율이라고도 한다. 이는 기업의 주당순이익이 증권시장에서 몇 배의 주가로 평가되고 있는가를 나타내는 값이다. 예를 들어, EPS가 1,000원이고 주가는 12,000원이라면 PER는 12가 된다. 이렇게 현재의 시장주가를 기준으로 산출한 PER를 실제PER라고 한다.

PER를 이용하여 균형주가를 산출할 수 있는 것은 다음과 같이 PER에 EPS를 곱하면 주가가 되는 관계에 근거한 것이다.

$$P=\frac{P}{EPS}\times EPS=PER\times EPS$$

그러나 이 식을 통해서 균형주가를 산출할 때에는 실제PER를 이용하는 것이 아니고 정상PER(normal PER)를 이용한다. 그리고 PER가 낮다, 높다를 평가할 때에는 그 절대적 수준으로 판단하는 것이 아니고 실제PER와 정상PER의 비교로 판단해야 한다. 실무적으로는 유사기업의 PER, 산업평균의 PER, 과거평균PER 등을 정상PER로 이용하기도 하지만 이론적으로는 배당평가모형을 이용하여 산출한다.

배당평가모형을 이용해서 정상PER가 산출되는 과정을 살펴보자. 대개 안정적인 기업이라면 경제 전체의 성장률과 비슷하게 성장하는데 이러한 경우에는 항상성장모형을 이용해서 다음과 같이 주가를 산출할 수 있다.

$$P_0 = \frac{D_1}{R-g} = \frac{EPS_0(1-b)(1+g)}{R-g}$$

이 식의 양변을 EPS_0로 나누면 다음 식이 성립한다.

$$\frac{P_0}{EPS_0} = PER = \frac{(1-b)(1+g)}{R-g}$$

이를 통해서 정상PER는 배당성향$(1-b)$과 성장률(g)과 양의 관계에 있고 할인율(R)과는 음의 관계에 있음을 알 수 있다. 이때 할인율은 위험과 비례관계에 있기 때문에 PER는 위험과도 음의 관계에 있게 된다.[3)]

>>> 예제 4-4

가나기업의 주당순이익은 2,700원이다. 현재주가를 기준으로 산출된 PER는 9이지만 산업평균PER는 8.5, 과거평균PER는 10이다. 그리고 유보율(b)은 60%, 주가산출을 위한 할인율은 16%, 자기자본이익률은 20%이다.

(1) 산업평균 또는 과거평균PER를 기준으로 현재주가수준의 적정성을 판단하라.
(2) 배당평가모형을 이용한 PER를 산출해서 균형주가를 산출하라.

풀이

(1) 산업평균을 이용한 균형주가는 22,950원(=8.5×2,700)이고 과거평균을 이용한 균형주가는 27,000원(=10×2,700)이다. 그리고 현재주가는 24,300원(=9×2,700)이므로 산업평균의 관점에서는 과대평가된 상태이고 과거평균의 관점에서는 과소평가된 상태라고 할 수 있다.

(2) 배당평가모형에 의한 PER를 구하기 위해서 먼저 성장률(g)을 산출한다.

$$g = ROE \times b = 0.2 \times 0.6 = 0.12$$

이를 이용해서 PER를 구하면 다음과 같다.

3) 위험과 할인율(또는 수익률)의 관계는 제2부에서 자세하게 다룬다.

$$PER = \frac{(1-b)(1+g)}{R-g} = \frac{0.4 \times 1.12}{0.16-0.12} = 11.2$$

따라서 균형주가를 추정하면 다음과 같다.

$$P = 11.2 \times 2{,}700 = 30{,}240(\text{원})$$

(2) PBR 평가모형

주가순자산배율(PBR : price book-value ratio)은 주가를 주당순자산(BPS : book-value per share)으로 나눈 값이다. 여기서 BPS는 총자산에서 총부채를 차감한 순자산을 발행주식수로 나누어 산출한다. PER가 수익가치에 대응하는 주가수준을 나타내는 반면, PBR은 자산가치에 대응하는 주가수준을 나타내는 지표이다. 주가변동성이 크거나 결손기업의 경우 PER를 이용할 수 없기 때문에 이를 대신하는 방법으로 PBR을 이용할 수 있다. PER에서와 마찬가지로 정상PBR에 주당순자산을 곱하면 균형주가를 산출할 수 있다. 그리고 정상PBR도 실무적으로는 유사기업, 산업평균, 과거평균값 등을 이용할 수 있지만 이론적으로는 다음과 같이 배당평가모형을 통해서 추정한다. 항상성장모형에 따른 주가는 다음과 같다.

$$P_0 = \frac{D_1}{R-g} = \frac{EPS_0(1-b)(1+g)}{R-g}$$

여기서 자기자본이익률(ROE)을 장부가치기준으로 $\frac{EPS_0}{BPS_0}$와 같이 정의하면 위의 식은 다음과 같이 표현된다.

$$P_0 = \frac{BPS_0 ROE(1-b)(1+g)}{R-g}$$

위 식의 양변을 BPS_0로 나누면 다음 식이 성립한다.

$$\frac{P_0}{BPS_0} = PBR = \frac{ROE(1-b)(1+g)}{R-g}$$

이를 통해서 정상PBR는 자기자본이익률(ROE), 배당성향($1-b$), 성장률(g)과 양의 관계에 있고 위험 또는 할인율(R)과는 음의 관계에 있음을 알 수 있다. 그리고 이 식을 PER의 산출식과 관련하여 다음과 같은 관계식으로 단순화시킬 수 있다.

$$PBR = ROE \times PER$$

그런데 성장률과 자기자본이익률 사이에는 $g = ROE \times b$의 관계가 성립하므로 이를 이용하면 PBR을 다음과 같이 간단하게 나타낼 수도 있다.

$$PBR = \frac{(ROE-g)(1+g)}{R-g} \approx \frac{ROE-g}{R-g}$$

이 식에 근거하면 개략적으로 자기자본이익률(ROE)이 할인율(R)보다 크면 PBR이 1보다 크게 되어 시장가치가 장부가치보다 크다고 말할 수 있는 것이다.

(3) PSR 평가모형

상대가치평가모형에서 PER가 PBR이 가장 보편적으로 이용되는 비율이지만 최근 들어 주가매출액배율(PSR : price sales ratio)을 이용하는 경우가 많아지고 있다. PER가 갖는 한계를 일부 극복할 수 있지만 PBR을 이용한 평가방법도 회계처리방법의 차이에 따라 영향을 받게 되고 특히 자산비중이 적은 서비스기업이나 결손이 누적되어 자본잠식이 된 기업의 경우에는 PBR의 의미가 없게 된다. 이러한 경우에는 PSR이 균형주가를 산출하는데 유용한 지표가 될 수 있다. PSR은 주가를 주당매출액으로 나눈 값으로서 이를 이용해서 균형주가를 산출하는 것은 앞의 PER, PBR을 이용하는 방법과 원리가 동일하다.

위와 같은 방법으로 정상PSR을 항상성장모형에서 구해보자.

$$P_0 = \frac{D_1}{R-g} = \frac{EPS_0(1-b)(1+g)}{R-g}$$

여기서 매출액이익률(ROS)을 $\frac{EPS_0}{Sales_0}$로 정의하면(단, $Sales_0$는 1주당 매출액) 위 식은 다음과 같이 표현된다.

$$P_0 = \frac{Sales_0 ROS(1-b)(1+g)}{R-g}$$

위 식의 양변을 $Sales_0$로 나누면 다음 식이 성립한다.

$$\frac{P_0}{Sales_0} = PSR = \frac{ROS(1-b)(1+g)}{R-g}$$

이를 통해서 정상PSR은 매출액이익률(ROS), 배당성향($1-b$), 성장률(g)과 양의 관계에 있고 위험 또는 할인율(R)과는 음의 관계에 있음을 알 수 있다. 그리고 이 식도 PER의 산출식과 관련하여 다음과 같은 관계식으로 단순화시킬 수 있다.

$$PSR = ROS \times PER$$

>>> 예제 4-5

앞의 예제에서 배당평가모형을 이용한 PBR을 산출하라. 그리고 순이익이 150억원이고 매출액이익률이 5%라고 할 때 자기자본의 시장가치와 장부가치를 산출하라.

풀이

먼저 PER를 이용해서 PSR, PBR을 다음과 같이 구한다.

$$PSR = ROS \times PER = 0.05 \times 11.2 = 0.56$$

$$PBR = ROE \times PER = 0.2 \times 11.2 = 2.24$$

이를 이용해서 다음과 같이 자기자본의 시장가치와 장부가치를 산출한다.

$$\text{자기자본의 시장가치} = PSR \times \text{매출액} = 0.56 \times \frac{150}{5\%} = 1{,}680\text{억원}$$

$$\text{자기자본의 장부가치} = \text{시장가치}/PBR = \frac{1{,}680}{2.24} = 750\text{억원}$$

1.4 주식의 균형가격과 시장가격

지금까지 설명한 배당평가모형, 성장기회평가모형, 상대가치평가모형 등과 같은 이론적 모형으로 산출한 주식가격은 균형가격이라고 한다. 그래서 균형가격을 이론가격 또는 내재가치라고도 한다.

그러나 실제 주식가격은 그 주식에 대한 시장의 수요와 공급에 의해서 형성되는데 이는 시장가격이라고 한다. 시장가격은 균형가격과 일치할 수도 있지만 항상 그런 것은 아니다. 시장가격과 균형가격이 일치하는 경우를 균형상태라고 하며, 그렇지 않은 경우는 불균형상태라고 한다.

불균형상태는 일시적인 것이어서 시장은 결국 균형상태로 돌아가며 이 과정에서 시장가격은 균형가격으로 변한다. 따라서 시장가격이 균형가격보다 낮은(높은) 주식을 매입(매도)하면 시장가격과 균형가격의 차이에 해당하는 이익을 얻을 수 있다. 이러한 거래를 재정거래(차익거래)라고 하고 여기서 얻는 이익을 재정이익이라고 한다.

제 2 절 채권의 평가

2.1 채권평가모형

(1) 채권의 의의 및 유형

채권이란 미리 약정된 이자율에 따라 일정기간 동안 이자를 지급하고 만기에 가서 원금을 상환할 것을 약속한 증서이다. 따라서 채권을 보유함으로써 얻게 되는 미래의 현금흐름은 이자와 원금의 두 가지이다. 그래서 채권의 가격은 이자와 원금의 현금흐름을 적정한 시장이자율로 할인한 현재가치이며 다음과 같이 수식화된다.

$$B_0 = \frac{C}{(1+R)} + \frac{C}{(1+R)^2} + \cdots + \frac{C}{(1+R)^n} + \frac{F}{(1+R)^n} \qquad (4.9)$$

이때 이자현금흐름(C)은 액면가액(face value: 만기상환원금)에 약정이자율(coupon rate)을 곱하여 산출한다. 이와 같이 일정기간 동안 이자를 지급하다가 만기에 원금을 상환하는 채권이 가장 일반적인 형태의 채권인데 이를 이자부채권(coupon bond)이라고 한다.

한편, 이와는 달리 특수한 형태의 현금흐름을 갖는 채권도 있다. 첫번째는 할인채권(discount bond)으로서 이는 이자지급은 없이 만기에 액면가액만 상환하는 형태의 무이자부채권을 말하는데, 현금흐름은 만기에 단 1회 이루어지므로 그 평가식은 다음과 같다.

$$B_0 = \frac{F}{(1+R)^n} \qquad (4.10)$$

이는 식 (4.9)에서 이자부분이 없는 것으로 화폐의 시간적 가치에서 설명한 일시불 현금흐름의 현재가치를 계산하는 식과 같다.

두번째 형태의 채권은 만기가 없어서 원금상환은 이루어지지 않고 영원히 이자만 지급하는 채권인데, 이를 영구채권(perpetual bond 또는 consol)이라고 하며 이의 평가식은 다음과 같다.

그림 4-1

채권가격과 시장이자율의 관계

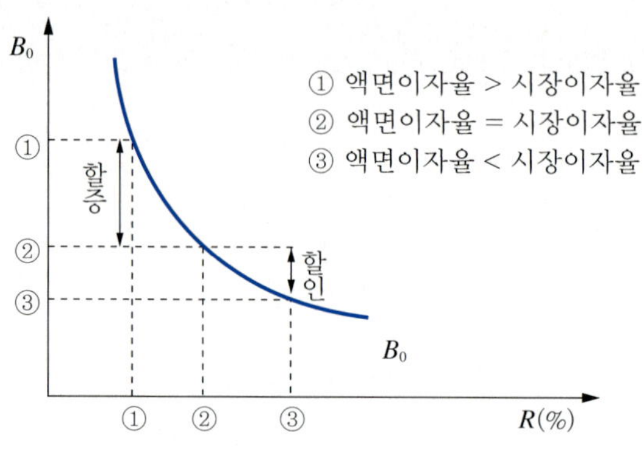

$$B_0 = \frac{C}{(1+R)} + \frac{C}{(1+R)^2} + \cdots + \frac{C}{(1+R)^\infty} = \frac{C}{R} \tag{4.11}$$

이는 식 (4.9)에서 원금부분이 없는 대신 만기가 무한대인 것인데 제2장 화폐의 시간적 가치에서 설명한 영구연금의 현재가치를 계산하는 식과 동일함을 알 수 있다.

(2) 시장이자율 및 만기와 채권가격

① 시장이자율과 채권가격

채권가격의 결정식 (4.9), (4.10), (4.11)에서 보면 채권가격은 시장이자율과 역의 관계에 있음을 알 수 있다. 즉, 시장이자율이 높으면 채권가격은 낮아지고 시장이자율이 낮으면 채권가격은 높아진다. 이러한 시장이자율과 채권가격 사이의 관계를 그림으로 나타내면 [그림 4-1]이 된다.

이때 채권가격이 액면가액보다 높게 형성되면 할증(premium)거래된다고 하고, 액면가액보다 낮게 형성되면 할인(discount)거래된다고 하는데, 이는 액면이자율과 시장이자율의 크기에 따라 결정된다. 즉, 액면이자율이 시장이자율보다 작으면 할인거래되고, 시장이자율보다 크면 할증거래되는 것이다.

② 만기와 채권가격

채권가격의 변동은 시장이자율에 의해서뿐만 아니라 만기에 의해서도 영향을 받는다. 즉, 채권가격의 결정식을 살펴보면 시장이자율이 동일한 크기로 변동할 때에 만기가 긴 채권의 가격은 만기가 짧은 채권의 가격보다 더 민감하게 변동하게 됨을 알 수 있다. 만기가 3년인 채권과 5년인 채권의 가격을 시장이자율과의

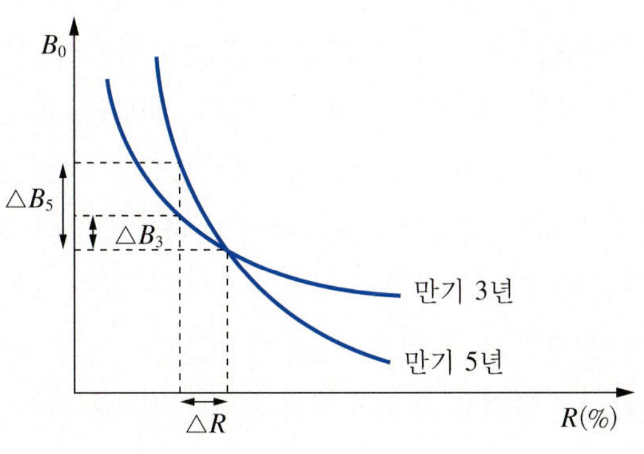

그림 4-2

채권가격과 만기의 관계

관계를 그림으로 나타내면 [그림 4-2]가 된다. 그림에서 보듯이 만기가 긴 채권일수록 이자율 변동에 의해 그 가격이 크게 변동하게 되어 위험이 더 크다고 할 수 있다. 그래서 다른 조건이 똑같을 때에는 만기가 길수록 위험에 대한 보상으로 더 높은 이자율이 요구되는 것이다.

2.2 채권수익률

(1) 채권수익률의 추산

채권평가식 (4.9)를 살펴보면 액면이자(C)와 만기에 상환되는 원금(F) 및 만기(n)는 채권을 발행할 때 계약에 의해 확정되는 요인들이다. 다만 할인율(R)이 불확실한 요인이기 때문에 이에 따라 채권가격(B_0)도 변하게 되는 것이다. 따라서 채권분석의 주된 내용은 할인율의 결정요인에 관한 것과 할인율과 채권가격과의 관계에 관한 것으로 구성된다.

채권가격을 산출하는 데 적용되는 할인율은 현재시장에서 형성되어 있는 시장이자율이다. 따라서 시장이자율을 알고 있으면 채권가격을 산출할 수 있는데, 이는 채권의 현재 거래가격을 알고 있으면 역으로 시장이자율(할인율)을 산출할 수 있다는 의미와 같은 것이다. 그리고 이 시장이자율이란 현재 거래가격으로 채권을 구입하여 만기까지 보유할 경우에 미래의 현금유입, 즉 투자수익을 가져다 주는 내부수익률과 같은 것이기 때문에 채권수익률 또는 만기수익률(YTM : yield to maturity)이라고도 한다.

그런데 투자자들의 미래에 대한 예상에 따라 채권가격은 수시로 변동하는 것이고 이에 따라 채권수익률도 달라지기 때문에 채권수익률을 산출할 때에도 채권평가식 (4.9)가 그대로 이용된다. 다만 채권가격을 결정할 때에는 할인율인 시장이자율이 주어진 값이지만, 채권수익률을 산출할 때에는 채권가격이 주어진 값이 된다. 따라서 채권가격(B_0)이 주어진 상황에서 식 (4.9)로부터 미지수인 R을 구하면 이 값이 채권수익률이 되는 것이다. 이때 R은 만기(n)에 의해 결정되는 n차 방정식의 해가 되는데 방정식을 풀기가 어렵기 때문에 대개 시행착오(trial and error)를 반복해서 식 (4.9)의 양변을 일치시키는 근사값을 구한다.[4)]

(2) 채권수익률의 결정요인

채권수익률은 채권가격이 주어지면 앞에서 배운 방법대로 추산할 수 있다. 그러나 논리적인 순서는 채권수익률이 먼저 결정되고 이에 따라 채권의 현금흐름을 할인하여 채권가격이 결정되는 것이다.[5)] 따라서 채권수익률을 결정하는 요인들에는 어떤 것이 있는지 먼저 살펴볼 필요가 있다.

대체로 채권수익률을 결정하는 요인으로 다음과 같이 네 가지 요인을 들 수 있기 때문에 다음과 같은 함수관계로 표현된다.

$$R = f\,(MPC,\ \text{inflation, maturity, default risk})$$

이들 네 가지 요인을 차례로 살펴보면서 채권수익률이 결정되어가는 과정을 따라가 보겠다.

첫번째 요인인 자본의 한계생산성(MPC : marginal productivity of capital)은 1단위 자본을 이용한 실물투자의 수익률을 의미하는데 균형상태에서 이는 실질이자율(r)과 동일한 것이다. 따라서 경제 전반적으로 성장추세에 있다면 자본의 생산성이 높고 이에 따라 실질이자율도 높게 형성된다.

두번째 요인은 물가상승률(inflation)인데 실질이자율에 물가상승률을 반영하면 다음과 같이 명목이자율(R_f)이 도출된다.

$$1 + R_f = (1 + r)(1 + inf) \tag{4.12}$$

---

4) 이때 처음 적용할 이자율을 다음과 같은 간편식을 통해서 산출한 평균수익률을 이용하면 시행착오의 횟수를 줄일 수 있어서 편리하다.

$$\text{연평균수익률} = \frac{\text{연평균투자수익}}{\text{연평균투자액}} = \frac{C + (F - B)/n}{(F + B)/2}$$

5) 이때의 가격이 채권의 균형가격인데 시장의 수요와 공급의 관계에서 형성된 시장가격과는 다른 것이다. 물론 시장이 균형상태라면 두 값이 같게 된다.

그림 4-3
채권수익률의 구조

<table>
<tr><th colspan="4">채 권 수 익 률</th></tr>
<tr><td colspan="2">무위험이자율
(명목이자율)</td><td colspan="2">위험프리미엄</td></tr>
<tr><td>자본한계생산성
(실질이자율)</td><td>예상물가상승률</td><td>만기위험프리미엄
(유동성프리미엄)</td><td>채무불이행위험</td></tr>
</table>

이로부터

$$R_f = (1+r)(1+inf) - 1$$

이 식을 피셔의 공식(Fisher's formula)이라고 하는데 이처럼 예상물가상승률까지 반영된 명목이자율에는 아무런 위험도 포함되어 있지 않기 때문에 이를 무위험이자율(riskfree rate)이라고 한다. 지금까지 살펴본 두 가지 요인, 즉 자본의 한계생산성과 예상물가상승률은 경제 전반적 요인으로서 기업외적인 요인이지만 앞으로 살펴볼 나머지 요인들은 기업내적인 요인들이다.

세번째 요인은 채권의 만기(maturity 또는 term)이다. 앞서 채권가격과 만기와의 관계에서 살펴보았듯이 만기가 길수록 채권가격의 변동가능성이 높기 때문에 이러한 위험에 대한 보상으로 더 높은 수익률을 요구하게 된다.

네번째 요인은 채무불이행위험(default risk)인데 이는 채권의 발행주체의 성격에 기인한 것이다. 즉, 국가가 발행하는 국채보다 기업이 발행하는 회사채의 경우 채권수익률이 더 높은데 이는 국가보다는 기업이 파산하여 채무를 상환하지 못할 가능성이 더 높기 때문에 이에 대한 보상이 반영된 것이다.

이와 같은 내용을 반영하면 채권수익률의 결정식은 다음과 같이 정리된다.

$$R = \text{riskfree rate} + \text{risk premium}$$

여기서

$$\text{risk premium} = \text{maturity premium} + \text{default premium}$$

또한 이 내용을 그림으로 정리하면 [그림 4-3]과 같다.

>>> **예제 4-6**

액면가액이 10,000원이고 액면이자율이 연 12%, 만기가 3년인 채권의 현재 거래가격이 9,400원이다. 시장은 균형상태로 가정한다.

(1) 이 채권의 만기수익률을 산출하라.

(2) 위에서 산출한 채권수익률에는 자본한계생산성 7%와 이 채권의 만기 및 채무불이행위험에 대한 프리미엄이 각각 2%씩 포함되어 있다. 물가상승률은 얼마로 예상되는가?

풀이

(1) 간편식을 이용해서 평균수익률을 산출하면 다음과 같다.

$$\frac{1{,}200+(10{,}000-9{,}400)/3}{(9{,}400+10{,}000)/2}=14.43\%$$

시행착오법으로 14.43%부터 대입해서 R을 구한다.

$$9{,}400=\frac{1{,}200}{1+R}+\frac{1{,}200}{(1+R)^2}+\frac{11{,}200}{(1+R)^3}$$

위 식을 풀면 $R=14.61(\%)$

(2) 채권수익률 14.61%에서 만기 및 채무불이행위험의 프리미엄, 총 4%를 차감하면 명목이자율 $R=10.61\%$가 된다.

피셔의 공식을 이용하면

$(1+R)=(1+r)\times(1+inf)$ 에서

$(1+0.1061)=(1+0.07)\times(1+inf)$ 이므로 $inf=3.37\%$

즉, 물가상승률은 3.37%로 예상된다.

2.3 이자율의 기간구조

(1) 수익률곡선

지금까지 살펴본 채권수익률, 즉 시장이자율은 현재 거래되고 있는 채권가격과 그 채권에서 얻게 되는 미래현금흐름의 현재가치를 같게 하여 구해낸 것이다. 그런데 현재 채권시장에서 거래되고 있는 채권 중에는 만기가 1년 남은 것도 있고 3년 남은 것도 있을 것이다. 그리고 이처럼 만기가 다른 채권들에 대해서 각각의 채권수익률을 산출할 수 있을 것이다. 이렇게 산출한 채권수익률들이 서로 다른 값을 가질 때 다른 조건이 모두 동일하다면 이러한 차이는 만기가 다르기

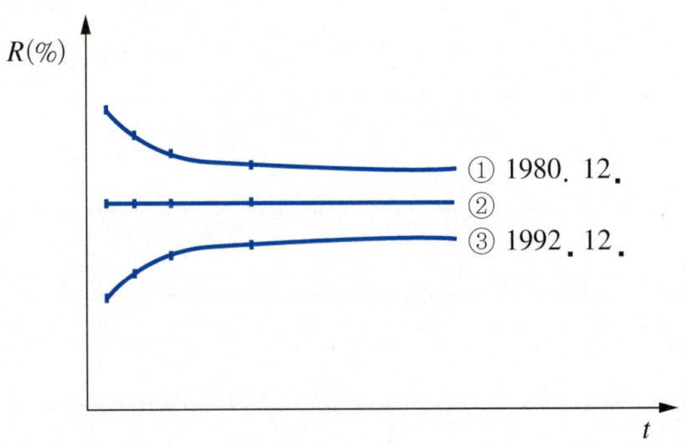

그림 4-4
수익률곡선

때문에 나타난 것으로 볼 수 있다. 이때 각 만기와 이에 대응하는 채권수익률의 관계를 그림으로 나타낼 수가 있다. 이를 수익률곡선(yield curve)이라고 하며 수익률곡선은 작성시점에 따라서 [그림 4-4]와 같이 다양하게 나타날 수 있다.

이 그림에서 ①, ③은 1980년 12월과 1992년 12월에 각각 미국 재무성증권을 대상으로 이자율과 만기와의 관계를 나타낸 것이다. 이를 보면 1980년 12월에 채권수익률을 산출할 때에는 단기채권의 채권수익률보다 장기채권에서 산출한 채권수익률이 낮은 수준이었기 때문에 우하향 형태의 수익률곡선이 나타나는 것이고, 반대로 1992년 12월에는 단기채권의 이자율보다 장기채권에 적용되는 이자율이 더 높은 수준이었기 때문에 우상향 형태를 띠는 것이다. ②는 단기채권과 장기채권에 적용되는 이자율이 모두 동일하다는 가정을 전제로 그린 것이다. 이와 같이 만기에 따라 이자율수준이 결정되는 과정을 이자율의 기간구조(term structure)라고 하며 이를 설명하고자 많은 연구가 이루어졌다. 대표적인 이론으로 기대이론, 유동성선호이론, 시장분할가설 등이 있다.

(2) 현물이자율과 선도이자율

이자율의 기간구조이론을 설명하기 위해 다음과 같은 몇 가지 개념의 이자율을 먼저 살펴볼 필요가 있다.

첫번째 설명할 이자율은 현물이자율(spot rate)이다. 이는 현재시점을 기준으로 본 일정기간 동안의 연평균이자율이다. 그래서 현재시점을 기준으로 본 1년 동안의 현물이자율은 ${}_0R_1$, 2년 동안의 이자율은 ${}_0R_2$, 그리고 n년 동안의 현물이자율은 ${}_0R_n$이라고 표기한다.

두번째 설명할 이자율은 선도이자율(forward rate)이다. 이는 현재시점에서 결정

그림 4-5

현물이자율과 선도이자율

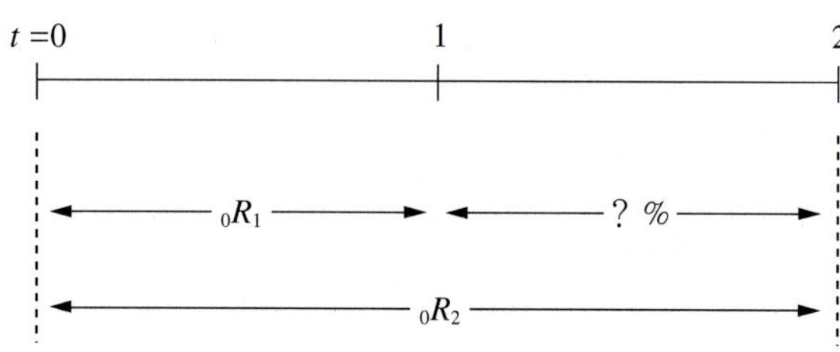

되는 미래 일정기간 동안의 이자율이다. 그래서 현재시점에서 결정된 2번째 기간의 선도이자율은 ${}_1f_2$, 3번째 기간의 선도이자율은 ${}_2f_3$, 그리고 n번째 기간의 선도이자율은 ${}_{n-1}f_n$으로 표기한다. 이러한 선도이자율은 기간이 서로 다른 현물이자율 사이의 관계를 이해하면 쉽게 구할 수 있다.

이를 위해 현물이자율 ${}_0R_1$, ${}_0R_2$의 관계를 [그림 4-5]로 나타낸다. 이 그림에서 보듯이 1년간 현물이자율이 ${}_0R_1$이고 2년간 현물이자율이 ${}_0R_2$일 때 2번째 기간의 이자율은 얼마가 되어야 하는가? 여기서 말하는 2번째 기간의 이자율이 선도이자율 ${}_1f_2$이다. 2년간 현물이자율이란 각년도에 평균적으로 적용되는 이자율로서 2개년간의 각년도 이자율에 대한 기하평균으로 산출된다.[6] 따라서 이들간에는 다음과 같은 관계식이 성립한다.

$$(1+{}_0R_1)(1+{}_1f_2)=(1+{}_0R_2)^2$$

여기서

$${}_1f_2=\frac{(1+{}_0R_2)^2}{(1+{}_0R_1)}-1$$

따라서 이를 일반화시켜서 현물이자율과 선도이자율에 대해 각각 정리하면 다음과 같은 식을 구할 수 있다.

$$(1+{}_0R_n)^n=(1+{}_0R_1)(1+{}_1f_2)(1+{}_2f_3)\ \cdots\ (1+{}_{n-1}f_n)\ \text{에서}$$

$${}_0R_n=[(1+{}_0R_1)(1+{}_1f_2)(1+{}_2f_3)\ \cdots\ (1+{}_{n-1}f_n)]^{\frac{1}{n}}-1 \tag{4.13}$$

6) 이처럼 기하평균을 적용해야 하는 경우로는 위와 같은 이자율 이외에도 경제성장률 및 인구증가율 등이 있는데, 이 모두 미래 일정시점의 값을 복리계산과정으로 산출하는 지수함수형태를 갖기 때문이다.

그리고 이로부터 다음 식이 성립함을 확인할 수 있다.

$$_{n-1}f_n = \frac{(1+{_0R_n})^n}{(1+{_0R_{n-1}})^{n-1}} - 1$$

>>> 예제 4-7

현재 채권시장에서 액면금액이 10,000원인 할인채권이 1년만기짜리는 9,091원에 거래되고 2년만기짜리는 7,831원에 거래되고 있다. 현물이자율 및 선도이자율을 구하고 이 결과를 이용하여 수익률곡선을 그려라.

풀이

(1) 현물이자율은 다음과 같이 구한다.

$$9{,}091 = \frac{10{,}000}{(1+{_0R_1})} \qquad \therefore {_0R_1} = 10\%$$

$$7{,}831 = \frac{10{,}000}{(1+{_0R_2})^2} \qquad \therefore {_0R_2} = 13\%$$

따라서 수익률곡선은 다음과 같다.

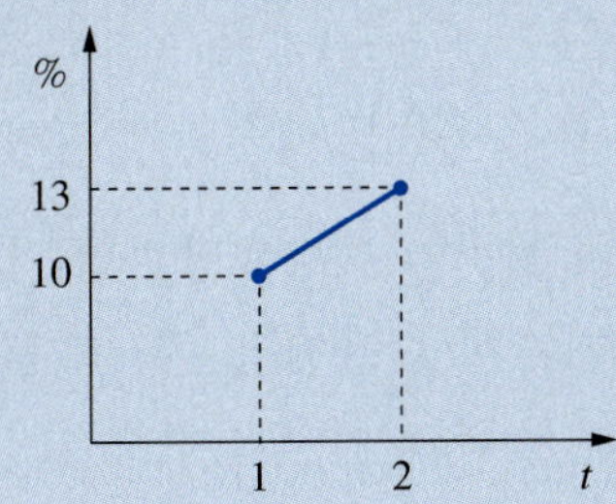

(2) 선도이자율은 (1)의 결과를 이용해서 다음과 같이 구할 수 있다.

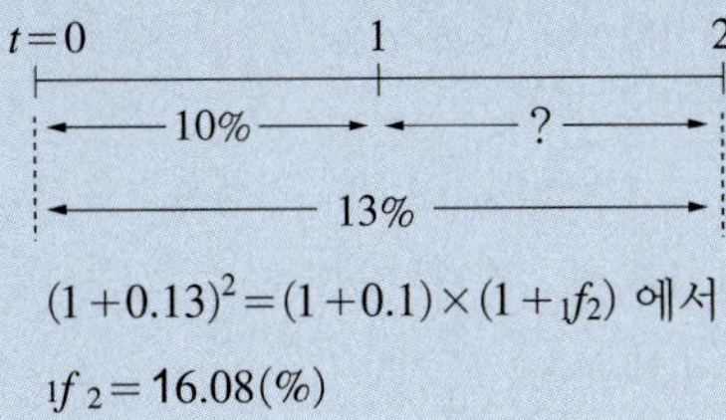

$(1+0.13)^2 = (1+0.1) \times (1+{_1f_2})$ 에서

${_1f_2} = 16.08(\%)$

(3) 이자율의 기간구조이론

이제 이와 같은 이자율의 개념들을 이용하여 이자율의 기간구조를 설명하는 이론들을 살펴보자. 먼저 기대이론(expectation theory)은 현재시점에서 미래 일정기간의 예상이자율인 선도이자율이 미래에 발생할 실제이자율과 일치한다고 가

그림 4-6

선도이자율과 현물이자율의 관계

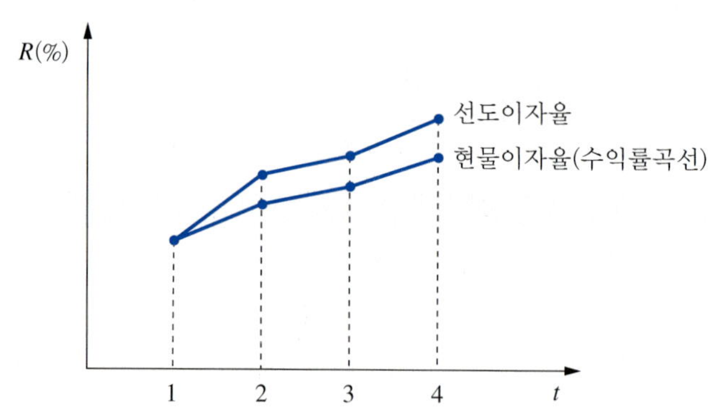

정하는 이론이다. 그래서 이를 불편기대가설이라고도 하는데 이는 다음과 같이 수식화할 수 있다.

$$_{n-1}f_n = E\,(_{n-1}R_n) = {}_{n-1}R_n$$

따라서 현물이자율의 결정식 (4.13)은 다음과 같이 표현된다.

$$_0R_n = [(1+{}_0R_1)(1+{}_1R_2)(1+{}_2R_3)\ \cdots\ (1+{}_{n-1}R_n)]^{\frac{1}{n}} - 1$$

위 식의 구조를 보면 알 수 있듯이 미래기간의 이자율이 높아질 것으로 예상하면 선도이자율이 점점 더 커져서 현물이자율은 기간이 길어짐에 따라 증가하게 된다. 그래서 [그림 4-4]의 ③과 같이 우상향하는 수익률곡선이 형성된다. 반대로 ①은 미래이자율이 점점 낮아질 것으로 예상할 때의 수익률곡선이기 때문에 우하향 형태를 띠는 것이다. 이처럼 투자자들이 예상하는 선도이자율이 현재의 만기별 현물이자율을 결정하는 것이다.

만기별 현물이자율을 통해서 선도이자율을 추산할 수 있지만 논리적인 순서는 투자자들이 예상하는 선도이자율이 먼저 결정되고 이것이 만기별 현물이자율에 반영되는 것이다. 만약 선도이자율이 미래로 갈수록 더욱 높아질 것으로 투자자들이 예상한다고 할 때에는 이에 따라서 현물이자율도 높아지게 되는데 이러한 관계를 그림으로 나타내면 [그림 4-6]이 된다.

유동성선호이론(liquidity preference theory)은 앞서 만기와 채권가격의 관계에서 살펴본 바와 같이 만기가 길수록 예상치 못한 이자율 변동으로 채권가격이 더 크게 변동할 가능성이 있어서 이러한 위험에 대해 더 많은 보상이 요구된다는 것이다. 이때의 보상을 유동성 상실에 대한 프리미엄이라고도 하는데 이를 반영하는

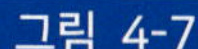

그림 4-7
유동성선호이론

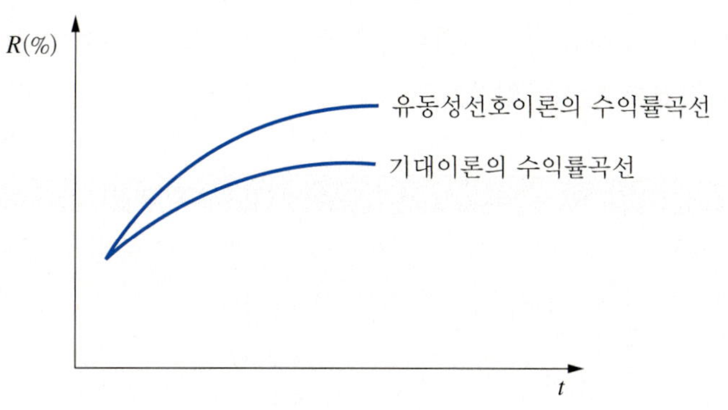

그림 4-8
시장분할가설

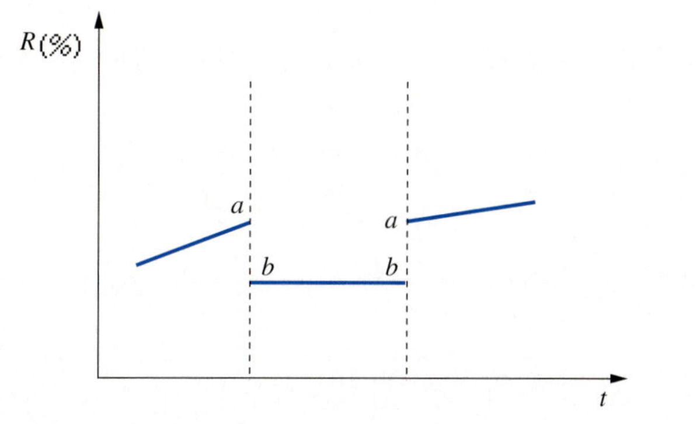

선도이자율은 다음과 같이 표현된다.

$$_{n-1}f_n = E(_{n-1}R_n) + L_n$$

단, L_n : n 기간에 대한 유동성프리미엄

이처럼 유동성선호이론에서의 선도이자율은 기대현물이자율에 유동성프리미엄까지 포함되기 때문에 이를 그림으로 나타내면 [그림 4-7]과 같이 기대이론에 따른 수익률곡선보다 항상 높게 형성된다.

끝으로 시장분할가설(market segmentation hypothesis)을 살펴보자. 이는 채권만기에 대한 선호가 서로 다른 투자자들이 각자의 시장을 형성하여 각 시장에서의 수요와 공급에 의해 개별적인 이자율이 결정된다는 가설이다. 이를 그림으로 나타내면 [그림 4-8]과 같다. 그러나 각 경계점에서 수익률이 낮은 b를 매각하고 높은 수익률의 a를 취득하는 재정거래로 인해 이러한 불연속점이 존재할 수 없기 때문에 수용하기 어려운 가설이다. 이때 수익률은 가격과 역의 관계에 있으므로 수익률이 낮은 b는 채권가격이 과대평가된 채권이고, 수익률이 높은 a는 과소평가된 채권인 것임을 알 수 있다.

>>> 예제 4-8

현재 채권시장에서 거래되고 있는 세 가지 채권의 만기수익률은 다음과 같다.

만기까지의 연수	수익률
1	4.0 %
2	5.0
3	6.0

(1) 기대이론이 성립할 때 각 기간의 선도이자율(forward rate)을 계산하라.

(2) 투자자들이 1년 후의 유동성에 대해 0.5%의 유동성프리미엄을 요구하고 2년 후에 대해서는 0.6%를 요구할 때 유동성프리미엄이론이 성립한다고 가정하여 위의 세 가지 할인채권의 만기수익률을 다시 산출하라.

(3) 위 (1), (2)의 결과를 수익률곡선(yield curve)으로 도시하라.

풀이

(1) ${}_0R_2$: 2년간 현물이자율, ${}_1f_2$: 제2기 선도이자율이라고 하면 다음과 같이 선도이자율 ${}_1f_2$를 구할 수 있다.

$$(1+{}_0R_2)^2=(1+{}_0R_1)\times(1+{}_1f_2)$$

$$\rightarrow\ {}_1f_2=\frac{(1+{}_0R_2)^2}{(1+{}_0R_1)}-1=\frac{1.05^2}{1.04}-1=0.06\ (6\%)$$

같은 방법으로 선도이자율 ${}_2f_3$는 다음과 같다.

$${}_2f_3=\frac{1.06^3}{1.05^2}-1=0.08\ (8\%)$$

(2) 유동성프리미엄이론에서는 ${}_1f_2=E({}_1R_2)+L_1$ 이므로

$${}_1f_2=0.06+0.005=0.065$$
$${}_2f_3=0.08+0.006=0.086$$

따라서

$${}_0R_1=4\%$$
$${}_0R_2=[(1+{}_0R_1)(1+{}_1f_2)]^{\frac{1}{2}}-1$$
$$=(1.04\times1.065)^{\frac{1}{2}}-1=0.0524\ (5.24\%)$$
$${}_0R_3=(1.04\times1.065\times1.086)^{\frac{1}{3}}-1=0.0635\ (6.35\%)$$

(3) 위의 (1), (2)에 따른 수익률곡선은 다음과 같다.

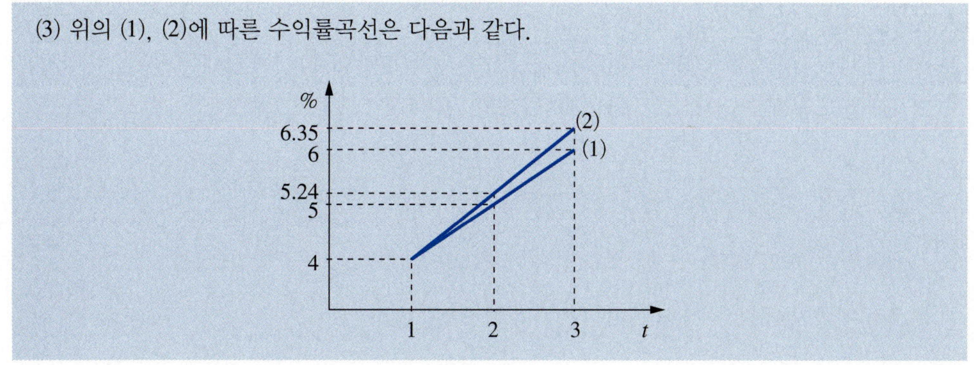

2.4 이자율의 위험구조

채권수익률을 결정하는 또 하나의 요인은 채권의 발행주체가 채무를 상환하지 못하게 되는 채무불이행위험(default risk)이다. 채무불이행위험이 높을 경우 이에 대한 보상으로 채권수익률은 더 높게 형성된다. 그래서 발행자 또는 채권의 성격에 따라 수익률이 달라지는데 이 수익률과 무위험이자율의 차이를 수익률스프레드(yield spread)라고 한다.

그리고 신용평가기관들은 여러 종류의 채권에 대해 등급을 매기는 이른바 채권평정(bond rating)을 통해서 일반투자자들에게 각 채권의 채무불이행위험을 알려준다. 대표적인 신용평가기관으로는 미국의 무디스(Moody's)와 스탠더드푸어스(Standard & Poor's)를 들 수 있고, 우리나라의 경우에는 한국신용평가(주), 한국신용정보(주) 등이 있다.

이들의 평가등급의 내용을 살펴보면 〈표 4-1〉과 같다. 여기서 특히 채무불이행위험이 높은 채권의 경우(무디스의 Ba1, 스탠더드푸어스의 BB+ 이하등급)에는 투기적 성격이 높은 채권으로서 정크본드(junk bond)라고 한다.

표 4-1
채권등급의 내용

등급의 내용 \ 평가기관명	무디스	스태더드푸어스
안전성이 가장 높다. 위험은 거의 없다. 어떠한 상황변화가 발생하여도 원리금지급은 문제없다.	Aaa	AAA
안전성은 높다. 최상급채권보다 위험은 약간 높지만 문제는 없다.	Aa 1 Aa 2 Aa 3	AA+ AA AA−
안전성은 상위이다. 원리금지급은 문제없지만 장래에는 현재보다 나빠지기 쉬운 평가요소가 있다.	A 1 A 2 A 3	A+ A A−
안전성은 중간 정도이다. 현재의 안선성 · 수익성은 문제가 없으나 불황 때에는 유의할 필요가 있다.	Baa 1 Baa 2 Baa 3	BBB+ BBB BBB−
투기적 요소가 있다. 장래의 안전성은 보증되지 않는다. 예상되는 영업성과가 불확실하다.	Ba 1 Ba 2 Ba 3	BB+ BB BB−
투자대상으로서 적격성은 없다. 원리금지급의 안전성이나 계약조건의 유지가 불확실하다.	B 1 B 2 B 3	B+ B B−
안전성은 극히 낮다. 원금과 이자가 지급불능이 될 가능성이 높다.	Caa	CCC
극히 투기적이다. 현재 채무불이행상태에 있거나 중대한 문제가 발생하고 있다.	Ca	CC
최하위등급의 채권이다. 채무불이행주의 채권으로 아무런 장래성도 없다.	C	C

/ 제 4 장 / 요약

FINANCIAL MANAGEMENT

1. 주식의 균형가격은 미래현금흐름(배당)을 현재가치로 산출한 값이다. 이렇게 배당의 현재가치로 균형주가를 산출하는 것을 배당평가모형이라고 한다.

2. 배당이 증가하는 성장주식의 균형가격은 배당평가모형을 적용해서 증가하는 배당을 현재가치로 계산하여 구할 수 있다. 그렇지만 이 값은 배당이 일정하다고 가정해서 산출한 주가에다가 성장기회를 현재가치로 평가한 값을 더해서 구할 수도 있는데 이러한 방법은 성장기회평가모형이라고 한다.

3. 주가관련 재무비율로 PER, PBR, PSR 등이 있다. 이러한 비율들의 균형값을 이론적 모형으로 구한 후 EPS, BPS, SPS를 각각 곱하면 이론적 균형주가를 구할 수 있는데 이러한 방법은 상대가치평가모형이라고 한다.

4. 채권의 균형가격은 미래현금흐름(이자와 원금)을 현재가치로 산출한 값이다. 이때 현재가치를 산출하기 위한 할인율이 채권수익률이다.

5. 채권수익률은 무위험이자율에 위험프리미엄을 더한 값인데 무위험이자율은 자본의 한계생산성(실질이자율)과 물가상승률에 의해서 결정되고 위험프리미엄은 만기위험프리미엄과 채무불이행위험프리미엄을 더해서 산출된다.

6. 만기가 서로 다른 채권의 수익률을 그림으로 나타낸 것을 수익률곡선이라고 한다. 수익률곡선을 통해서 이자율의 기간구조(현물이자율과 선도이자율의 관계)를 알 수 있다. 수익률곡선이 우상향이면 현물이자율보다 선도이자율이 높은 것이고, 우하향이면 그 반대이며, 수평이면 기간과 관계없이 이자율이 일정하다는 것을 의미한다.

7. 채무불이행위험이 크면 할인율도 커서 채권가격은 낮아지는데 이러한 채무불이행위험을 평가하는 것을 채권등급평정이라고 한다.

>>> 연습문제 4－1

가나기업은 올해 말 1주당 1,728원의 배당금을 지급할 계획인데 이는 2년 전부터 향후 5년간 배당금을 일정률로 증가시키겠다는 당시의 이사회 결의에 따른 것이다. 그 이후에는 매년 10%의 계속적인 성장이 예상된다. 현재 가나기업 주식이 1주당 40,700원에 거래되고 있다면 가나기업의 2년 전 1주당 배당금은 얼마인가? 할인율은 15%이다.

해설

가나기업 1주당 현금흐름은 다음과 같다.

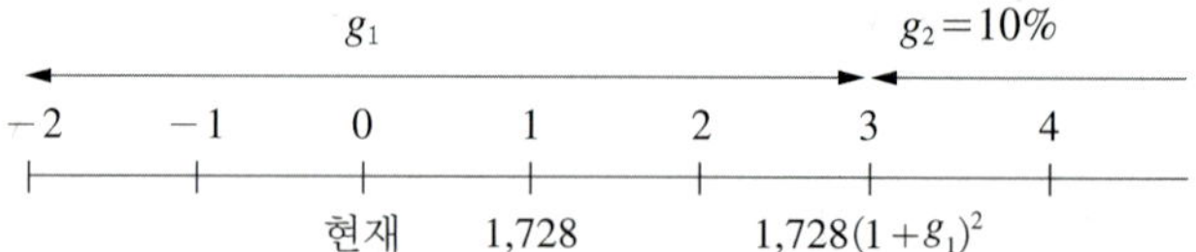

먼저 $t=1, 2, 3$ 현금흐름의 $t=0$에서 가치를 구하면 다음과 같다.

$$\sum_{t=1}^{3}\frac{1{,}728(1+g_1)^{t-1}}{(1+0.15)^t} \quad \cdots\cdots\cdots\cdots ①$$

그리고 $t=4$ 이후 현금흐름의 $t=3$에서 가치는

$$\frac{1{,}728(1+g_1)^2(1.1)}{0.15-0.1} \quad \left(\leftarrow \frac{D_4}{R-g}\right)$$

와 같고 이의 $t=0$에서 가치는 다음과 같다.

$$\frac{1{,}728(1+g_1)^2(1.1)}{0.15-0.1}\times\frac{1}{1.15^3} \quad \cdots\cdots\cdots\cdots ②$$

여기서 ①+②=40,700 이므로 다음 식에서 g_1을 구한다.

$$\frac{1{,}728}{1.15}+\frac{1{,}728(1+g_1)}{0.15^2}+\frac{1{,}728(1+g_1)^2}{0.15^3}+\frac{1{,}728(1+g_1)^2(1.1)}{(0.15-0.1)(1.15^3)}=40{,}700$$

$$\therefore\ g_1=0.2\ (20\%)$$

따라서 2년 전 배당액은 다음과 같이 산출할 수 있다.

$$\frac{1{,}728}{1.2^3}=1{,}000\,(\text{원})$$

 >>> **연습문제 4-2**

가나기업의 올해말 EPS는 1,600원, 주당배당금은 1,000원으로 예상된다. 회사는 성장률을 매년 10% 수준으로 유지시킬 계획이다. 할인율은 16%라고 가정한다.

(1) 배당평가모형을 이용하여 가나기업의 주가와 PVGO를 산출하라.
(2) 가나기업의 ROE를 산출하고 이를 이용한 현금흐름모형을 통해 PVGO를 구하라.

해설

(1) ① 항상성장모형 $\frac{D_1}{R-g}=\frac{1,000}{0.16-0.1}=16,667$

② 제로성장모형 $\frac{D_1}{R}=\frac{EPS_1}{R}=\frac{1,600}{0.16}=10,000$

③ PVGO=①−②=6,667

(2) 성장률=재투자수익률×유보율이므로

$$g=ROE\times b$$

$$0.1=ROE\times\frac{1,600-1,000}{1,600} \qquad \therefore\ ROE=26.67\%$$

PVGO를 구하기 위해 ROE=26.67%를 이용해서 1주당 현금흐름을 나타내면 다음과 같다.

$t=0$	1	2	3	…
	-600	600×0.2667	600×0.2667	…
$\frac{400}{1.16}$ ←	$NPV_1=\frac{600\times0.2667}{0.16}-600=400$			
		-600×1.1	$(600\times1.1)\times0.2667$	…
$\frac{400\times1.1}{1.16^2}$ ←		$NPV_2=\frac{600\times1.1\times0.2667}{0.16}-(600\times1.1)=440$		
$\frac{400\times1.1^2}{1.16^3}$ ←				…
…………				

↓

$$PVGO=\frac{\frac{400}{1.16}}{1-\frac{1.1}{1.16}}=\frac{400}{0.06}=6,667\ \left(\text{또는 }\frac{400}{0.16-0.1}\right)$$

>>> 연습문제 4 - 3

가나기업의 현재 발행주식수는 10만 주로 매년 3.5억원의 순이익을 올리고 있다. 그리고 현재 1주당 가격은 29,789원인데 이에는 3년 후에 수행할 투자안의 가치가 반영되어 있는 것이다. 투자안은 수행 후 매년 동일한 금액의 투자수익을 가져다 준다고 가정하며 주식평가를 위한 할인율이 12%라고 할 때에 다음 물음에 답하라.

(1) 이 투자안의 가치가 반영되어 있지 않은 주가는 얼마인가?

(2) 이 투자안의 수익률을 산출하라.

해설

(1) 먼저 1주당 순이익(EPS)을 구하면 다음과 같다.

$$EPS = \frac{3.5\text{억원}}{10\text{만 주}} = 3{,}500\text{원}$$

이 결과를 이용하여 제로성장모형에 의해서 산출한 주가는 다음과 같다.

$$P_0 = \frac{3{,}500}{0.12} = 29{,}166.7\text{원}$$

(2) 3년 후 수행할 투자안의 재투자수익률(ROE)을 r이라 하면 현금흐름은 다음과 같다.

0	1	2	3	4	5	
	3,500	3,500	3,500	3,500	3,500	⋯
			−3,500	$3{,}500r$	$3{,}500r$	⋯

$$\rightarrow NPV_3 = \frac{3{,}500r}{0.12} - 3{,}500$$

이로부터 성장기회의 현가는 다음과 같이 구할 수 있다.

$$PVGO = \frac{NPV_3}{(1+0.12)^3} = \frac{3{,}500}{0.12^3}\left(\frac{r}{0.12} - 1\right)$$

그런데 현재주가 29,789원에서 성장 없는 주가 29,166.7의 차이인 622.3이 곧 PVGO이므로 재투자수익률 r을 구할 수 있다.

$$\frac{3{,}500}{1.12^3}\left(\frac{r}{0.12} - 1\right) = 622.3 \quad \text{에서} \quad r = 15\%$$

즉, 3년 후 투자안의 수익률은 15%로서 4년째부터 매년 1주당 525원의 현금흐름을 무한히 가져다 준다.

>>> 연습문제 4 - 4

처음 5년간은 매년 21%씩 성장하다가 그 이후에는 매년 6%씩 영구히 성장하는 기업이 있다. 처음 5년간의 유보율(b)은 70%이지만 그 이후에는 50%를 유지할 것이다. 이 기업의 주가산출을 위한 할인율이 10%라고 가정해서 PER를 구하라.

해설

시점 n까지의 성장률 g_1, 유보율 b_1이고 그 이후에는 g_2, b_2라고 할 때 주가산출식은 다음과 같다.

$$P_0=\frac{D_1\left[1-\left(\frac{1+g_1}{1+R}\right)^n\right]}{R-g_1}+\frac{D_{n+1}}{R-g_2}\times\frac{1}{(1+R)^n}$$

$$=\frac{EPS_0(1+g_1)(1-b_1)\left[1-\left(\frac{1+g_1}{1+R}\right)^n\right]}{R-g_1}+\frac{EPS_0(1+g_1)^n(1+g_2)(1-b_2)}{(R-g_2)(1+R)^n}$$

위 식의 첫번째 부분은 시점 n까지의 현금흐름을 현재가치로 계산한 것이고, 두번째 부분은 시점 n 이후의 현금흐름을 현재가치로 계산한 것이다.

그리고 양변을 EPS_0로 나누면 다음과 같이 PER를 구할수 있다.

$$\frac{P_0}{EPS_0}=PER=\frac{(1+g_1)(1-b_1)\left[1-\left(\frac{1+g_1}{1+R}\right)^n\right]}{R-g_1}+\frac{(1+g_1)^n(1+g_2)(1-b_2)}{(R-g_2)(1+R)^n}$$

여기서 $g_1=0.21$, $b_1=0.7$, $g_2=0.06$, $b_2=0.5$, $R=0.1$, $n=5$ 이므로 이들을 대입하여 PER를 구한다.

$$PER=\frac{1.21\times0.3\times\left[1-\left(\frac{1.21}{1.1}\right)^5\right]}{0.1-0.21}+\frac{1.21^5\times1.06\times0.5}{(0.1-0.06)\times1.1^5}$$

$$=23.35$$

>>> 연습문제 4 – 5

액면 100만원인 할인채권이 1년만기는 90.91만원, 2년만기는 75.61만원에 거래되고 있다고 가정하자.

(1) 수익률곡선을 그려라.

(2) 위 거래가격이 투자자들이 요구하는 1년 후의 2% 유동성프리미엄이 반영된 것이라고 할 때에 둘째 해의 선도이자율은 얼마인가?

(3) 순수기대이론에 의한 수익률곡선을 (1)의 그림과 비교해서 도시하라.

해설

(1) 먼저 각 기간별 현물이자율을 다음과 같이 구한다.

$$90.91=\frac{100}{(1+{}_0R_1)} \qquad \therefore\ {}_0R_1=10\%$$

$$75.61=\frac{100}{(1+{}_0R_2)^2} \qquad \therefore\ {}_0R_2=15\%$$

따라서 수익률곡선은 다음 그림에서 ①로 표현한다.

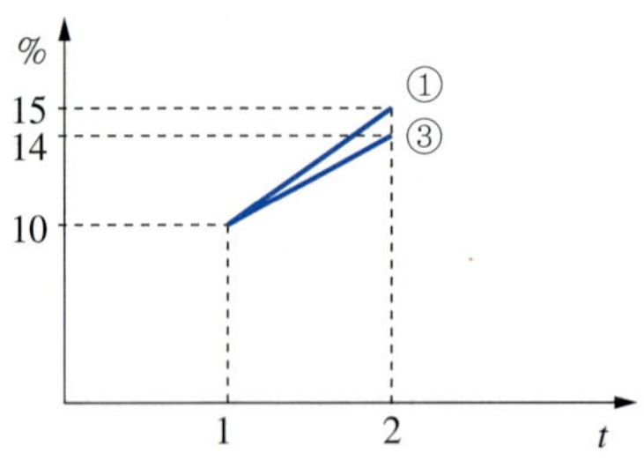

(2) 유동성프리미엄이론에 따르면 선도이자율은 기대이자율과 유동성프리미엄의 합이므로 위의 거래가격에서 직접 구하면 된다.

$$(1+{}_0R_2)^2=(1+{}_0R_1)\times(1+{}_1f_2)\text{에서}$$

$$1.15^2=1.1\times(1+{}_1f_2)\ \text{이므로}$$

$$\therefore\ {}_1f_2=20.23(\%)$$

(3) 순수기대이론에 따르면 기대이자율이 곧 선도이자율이므로 (2)에서 구한 선도이자율에서 유동성프리미엄을 차감하여 산출한다.

$$E({}_1R_2)=20.23-2=18.23(\%)$$

따라서 순수기대이론에 의한 2년간 현물이자율은 다음과 같다.

$${}_0R_2=[(1+0.1)\times(1+0.1823)]^{\frac{1}{2}}-1=14.04(\%)$$

이를 위의 그림에 함께 나타내면 ③으로 표현된다.

연습문제 4 - 6

가나기업 사채의 만기별 수익률이 다음과 같다.

만기까지의 연수	수익률
1	12.0 %
2	14.0
3	15.0
4	15.5

불편기대가설이 성립한다고 가정하고 다음 물음에 답하라.

(1) 세번째해의 선도이자율은 얼마인가?

(2) 두번째해 초에 가나기업 사채를 매입하여 세번째 해 말에 매각한다면 얼마의 연평균 수익률을 얻을 수 있는가?

해설

(1) 각 기간별 현물이자율을 그림으로 나타내면 다음과 같다.

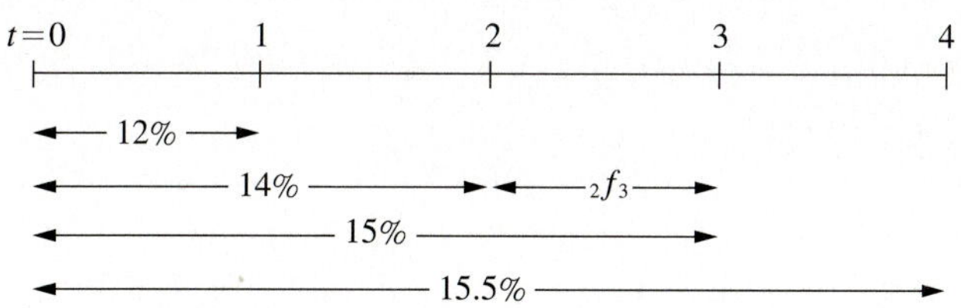

세번째해의 선도이자율은 $_2f_3$ 이므로 다음과 같이 현물이자율과의 관계식에서 구할 수 있다.

$$(1+{}_0R_3)^3=(1+{}_0R_2)^2\,(1+{}_2f_3)$$

$$\therefore\ {}_2f_3=\frac{(1+{}_0R_3)^3}{(1+{}_0R_2)^2}-1=\frac{1.15^3}{1.14^2}-1=0.1703\ (17.03\%)$$

(2) 두번째해 초에서 세번째해 말까지 2년간 이자율은 다음과 같다.

$$(1+{}_1f_2)\times(1+{}_2f_3)-1=\frac{(1+{}_0R_3)^3}{(1+{}_0R_1)}-1=\frac{1.15^3}{1.12}-1=0.3579\ (35.79\%)$$

그런데 35.79%는 2년간 이자율이므로 이를 다음과 같이 연단위로 환산하여야 한다.

$$(1.3579)^{\frac{1}{2}}-1=0.1653\ (16.53\%)$$

>>> 연습문제 4 - 7

액면가액이 10만원인 채권가격이 다음과 같이 형성되어 있다. 불편기대가설의 성립을 전제로 다음 각 물음에 답하라.

채 권	만 기	시장가격	표시이자율
A	1년	90,909원	0%
B	2	81,162	0
C	3	71,178	0
D	3	83,540	5

(1) 1년 후 시점에서 액면 10만원짜리 1년만기 할인채와 2년만기 할인채의 가격을 구하라.

(2) 채권 D의 과소 또는 과대평가 여부를 밝혀라.

(3) 재정거래를 하기 위해서 채권 D를 액면 1천만원어치 공매할 경우 매입해야 할 채권 A, B, C의 액면기준금액은?

(4) (3)에서의 재정거래이익은 얼마인가?

(5) (3)에서 매입 또는 공매 시 액면기준 0.1%의 거래비용이 존재하는 경우 재정거래이익이 발생하기 위한 채권 D의 가격은?

(6) 채권 D에 대해 1년 후 88,000원에 수의상환이 가능하다면 채권 D의 현재가격은 얼마로 변할 것인가?

해설

먼저 할인채권 A, B, C를 통해서 각 기간에 해당하는 현물이자율(R)과 선도이자율(f)을 구한다.

$$\frac{100{,}000}{(1+{}_0R_1)}=90{,}909 \qquad \therefore\ {}_0R_1=10\%$$

$$\frac{100{,}000}{(1+{}_0R_2)^2}=81{,}162 \qquad \therefore\ {}_0R_2=11\%$$

$$\frac{100{,}000}{(1+{}_0R_3)_3}=71{,}178 \qquad \therefore\ {}_0R_3=12\%$$

이를 시간선상에 나타내면 다음과 같다.

```
t=0            1              2              3
|--------------|--------------|--------------|
<---- 10% ----><---- 1f2 ----><---- 2f3 ---->
<----------- 11% ------------>
<------------------ 12% -------------------->
```

이로부터 선도이자율을 다음과 같이 산출한다.

$${}_1f_2=\frac{(1+0.11)^2}{(1+0.1)}-1=12\%$$

$$_2f_3 = \frac{(1+0.12)^3}{(1+0.11)^2} - 1 = 14\%$$

(1) 1년 후 시점에서 액면 100,000원인 1년만기 할인채 가격은 다음과 같다.

$$\frac{100{,}000}{1+{}_1f_2} = \frac{100{,}000}{1.12} = 89{,}286$$

그리고 2년만기 할인채 가격은 다음과 같이 산출된다.

$$\frac{100{,}000}{(1+{}_1f_2)(1+{}_2f_3)} = \frac{100{,}000}{1.12\times 1.14} = 78{,}321$$

(2) 채권 D의 현금흐름은 다음과 같다.

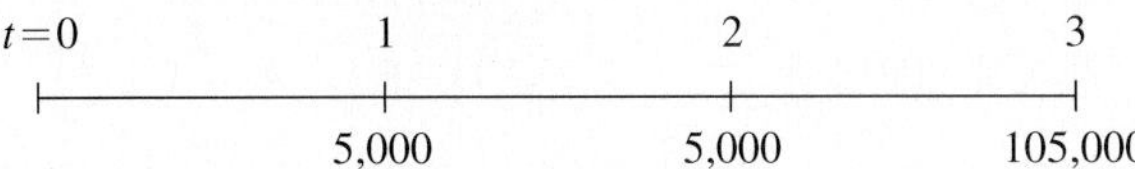

따라서 균형가격은 다음과 같다.

$$B_D = \frac{5{,}000}{(1+0.1)} + \frac{5{,}000}{(1+0.11)^2} + \frac{5{,}000}{(1+0.11)^3} = 83{,}340$$

이는 다음과 같이 구해도 된다.

$$B_D = \frac{5{,}000}{(1+0.1)} + \frac{5{,}000}{(1+0.1)(1+0.12)} + \frac{105{,}000}{(1+0.1)(1+0.12)(1+0.14)} = 83{,}365$$

이때 시장가격은 83,540이므로 채권 단위당 200만큼 과대평가되어 있다.

(3) 채권 D를 1천만원어치 공매한 경우 $t=1$ 이후 현금흐름은 다음과 같으므로

D공매	−500,000	−500,000	−10,500,000
A, B, C매입	+500,000	+500,000	+10,500,000

채권 A를 5단위, 채권 B를 5단위, 채권 C를 105단위 매입하고 채권 D를 공매한 것과 합치면 $t=1$ 이후 현금흐름을 0으로 만들 수 있다.

(4) (3)과 같이 D공매와 A, B, C매입으로 구성된 (재정)포트폴리오는 미래현금흐름이 0이므로 균형상태라면 이의 현재가치도 0이 되어야 한다. 그런데 채권 D가 불균형상태이므로 다음과 같은 값을 갖는다.

① D공매에 따른 현금유입

$$83{,}540 \times 100\text{단위} = 8{,}354{,}000$$

② A,B,C 매입에 따른 현금유출

A :	90,909×5단위	= 454,545
B :	81,162×5단위	= 405,810
C :	71,178×105단위	= 7,473,690
		8,334,045

③ 재정이익

$$①-②=19,955$$

이때 재정이익은 채권 D가 단위당 200만큼 과대평가된 점을 감안해서 100단위 거래의 재정이익은 200×100=20,000으로 구할 수도 있다. 이 경우 19,955와 차이는 반올림 오차에 의한 것일 뿐이다.

(5) (3)과 같은 재정거래의 경우 거래금액의 액면총액은 다음과 같다.

채권 D 공매	10,000,000
채권 A 매입	500,000
채권 B 매입	500,000
채권 C 매입	10,500,000
총거래 액면금액	21,500,000

따라서 액면기준으로 산출된 거래비용은 21,500,000×0.1%=21,500원이다. 채권 D의 현재가격 83,540에서 재정이익은 20,000원이므로 재정거래유인이 없다.

따라서 채권 D의 단위당 가격이 균형가격과 단위당 거래비용의 합계보다 높은 수준이어야 재정이익이 발생한다.

$$B_D > 83,340+\frac{21,500}{100}=83,555\ \left(\text{또는 } 83,540+\frac{21,500-20,000}{100}\right)$$

(6) 채권 D의 1년 후 단위당 가격은 다음과 같다.

$$\frac{5,000}{(1+0.12)}+\frac{105,000}{(1+0.12)(1+0.14)}=86,701$$

이는 수의상환금액 88,000보다 낮은 금액이므로 발행회사는 수의상환권을 행사하지 않는다. 즉, 수의상환권은 발행회사가 행사할 수 있는 옵션이기 때문에 1년 후 채권 D의 가치는 88,000이 아니라 86,701이 된다.

따라서 현재가격은 다음과 같이 산출된다.

$$B_D=\frac{5,000+86,701}{(1+0.1)}=83,365$$

이는 앞의 (2)에서 산출한 균형가격 83,340과 같은 것으로서 그 차이는 단수차이이다.

제 5 장

자본예산

Financial Management

학습 목표

자본예산이란 주로 기계설비 등 실물자산에 대한 투자결정문제를 분석하는 것이다. 그 내용은 투자안으로부터 기대되는 현금흐름을 측정하고 이의 경제성을 평가하여 투자안의 수행 여부를 판단하는 것이다. 여기서 경제성을 평가하는 방법은 여러 가지가 있지만 그 중 이론적으로 가장 우월한 방법은 순현가법(NPV법)이다. 그런데 이때에 측정되는 미래현금흐름은 그 금액을 현재시점에서 확실하게 알 수 있어야 한다. 따라서 이 장에서 다루는 투자결정문제를 확실성하의 자본예산(capital budgeting under certainty)이라고 한다. 불확실한 현금흐름을 갖는 투자안에 대한 투자결정문제는 제2부 위험과 수익률에서 설명할 것이다.

제 1 절 자본예산의 기초개념

1.1 자본예산의 개요

(1) 자본예산의 의의

자본예산(capital budgeting)이란 투자의 효과가 1년 이상 장기간에 걸쳐 나타나는 실물투자결정에 관련된 계획을 수립하는 것을 의미한다. 자본예산이라는 용어는 1951년에 발간된 딘(J. Dean)의 저서명 '*Capital Budgeting*'에서 유래되었는데 이 책의 출간 이후 상당한 기간 동안 이 분야에 관한 연구가 활발하게 이루어졌다.

(2) 자본예산의 중요성

현대에 와서도 자본예산은 중요한 관심분야인데 다음과 같은 현대 기업환경을 살펴보면 그 중요성을 알 수 있다. 즉, 현대 기업은 대개 대규모의 투자안을 수행하고 있으며 투자안을 수행하는 데에 장기간이 소요되고 그 투자효과도 장기간에 걸쳐서 나타나기 때문에 기업의 발전에 중요한 영향을 미치고 있다. 뿐만 아니라 경쟁적인 기업환경과 급속한 기술혁신을 고려하면 이러한 투자는 기업의 생존에도 심각한 영향을 미칠 수도 있다. 따라서 자본예산의 중요성은 매우 크며 보다 분석적인 기법이 요구되는 것이다.

1.2 자본예산과 기업가치

(1) NPV와 PVGO

우리는 제3장 소비와 투자의 결정에서 실물투자의 가치를 평가하는 기준으로 NPV를 살펴보았다. 그리고 제4장 주식과 채권의 평가에서는 주식의 가치에는 성장기회가 반영된다는 내용도 살펴본 바 있다. 여기서 성장기회란 새로운 투자기회를 의미하고 이의 NPV가 0보다 커야 PVGO가 양(+)의 값을 갖는다. 이때에 비로소 주식가치가 성장이 없는 경우의 주식가치보다 큰 값을 갖게 되는 것이다.

결론적으로 새로운 투자안의 NPV가 주식가치를 결정하는 것으로 이 투자안의

그림 5-1
최적투자 수준의 결정

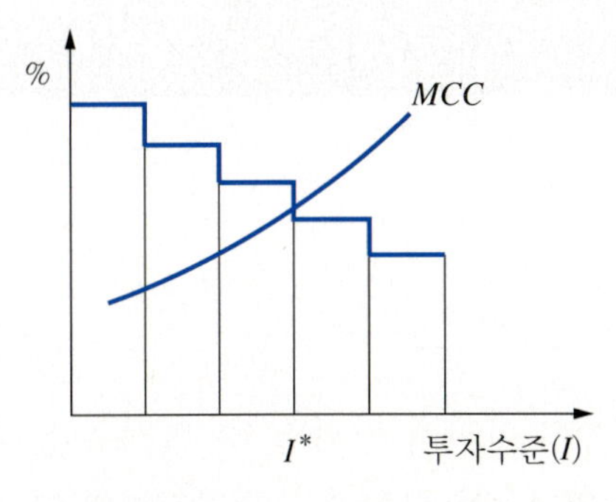

(a) 투자안의 분할가능성이 제한되어 있는 경우

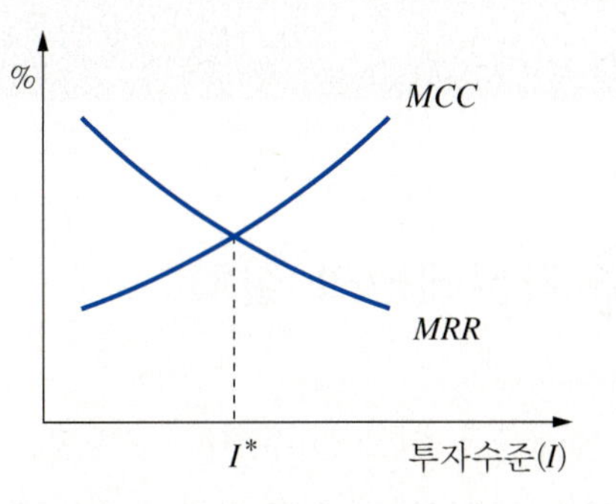

(b) 투자안의 분할가능성에 제한이 없는 경우

NPV가 양(+)의 값을 가져야만 기업가치가 증가하는 것이다. 그리고 NPV가 0인 새로운 투자안의 경우 이를 수행해도 기업가치는 변화가 없으며 NPV가 음(−)의 값을 갖는 투자안은 기업가치를 감소시킬 뿐이다. 따라서 재무관리의 목표인 기업가치 극대화를 위해서는 NPV가 양(+)의 값을 갖는 투자안만을 수행해야 하는 것이다.

(2) 한계수익과 한계비용

위와 같은 논리는 경제학에서의 기본개념인 한계수익과 한계비용의 관계로도 이해할 수 있다. 즉, 한계수익(MR : marginal revenue)이 한계비용(MC : marginal cost)보다 클 때에 기업은 생산량을 늘려서 양자가 일치하는 수준에서 최적조업도를 결정하게 된다. 동일한 논리로 자본예산에서는 한계투자안에서 기대되는 한계수익률(marginal rate of return)이 한계자본비용(marginal cost of capital)보다 크면 이를 수행하고 양자가 일치하는 투자안까지 수행하는 것이다. 이 관계를 그림으로 나타내면 [그림 5-1]이 되는데 (a)는 자산, 즉 투자안의 분할가능성이 제한되어 있는 불완전시장에서 최적투자수준을 보여주고 있으며, (b)는 무한분할이 가능한 완전시장에서 최적투자수준을 보여주고 있다.

제 2 절 자본예산의 내용

2.1 자본예산의 절차

자본예산을 실제로 수행하는 과정은 상황에 따라서 달라질 수 있겠으나 대체로 [그림 5-2]와 같은 그림으로 나타낼 수 있다. 이 그림에서 투자기회의 탐색과 선정, 현금흐름의 측정, 투자안의 선택 또는 기각, 그리고 통제 및 사후관리를 자본예산의 4단계라고 할 수 있는데 이 중 2단계와 3단계의 내용, 즉 투자안으로부터 기대되는 현금흐름을 측정하고 이를 평가해서 투자안의 채택 여부를 결정하는 과정이 특히 중요하며 이를 협의의 자본예산이라고 한다. 이에 대한 자세한 설명은 뒤로 미루고 우선 4단계의 내용을 개략적으로 살펴본다.

① 투자기회의 탐색과 선정

첫째 단계인 투자기회의 탐색과 선정은 기업의 장기적 경영전략과 밀접한 관계를 갖는다. 즉, 장기적 경영전략을 실현하기 위한 구체적인 투자기회를 찾아서 이를 통한 기업의 성장기회를 탐색한다. 이때 성장기회가 없다고 판단되면 기각하고 성장기회가 있다고 판단되면 다음 단계로 넘어간다.

② 현금흐름의 측정

둘째 단계에서는 첫째 단계에서 성장기회가 있다고 판단된 투자안에 대해서 현금흐름을 측정한다. 즉, 투자안을 수행할 경우 이로 인해 기대되는 미래현금흐름에 대해서 현금흐름의 크기(magnitude), 현금흐름의 발생시점(timing) 및 현금흐름의 불확실성(riskiness)을 추정하는 것이다. 이때 현금흐름의 성격이 불확실하다면 제9장에서 소개될 위험하의 자본예산기법을 이용하여야 할 것이다. 그러나 여기에서는 일단 현금흐름의 크기를 확실한 금액으로 미리 알 수 있는 경우, 즉 확실성하의 투자결정을 분석대상으로 한다.

③ 투자안의 선택 또는 기각 결정

셋째 단계는 둘째 단계에서 추정된 현금흐름에 관한 자료를 토대로 투자안의 채택 여부를 결정하는 것이다. 이 단계에서 현금흐름을 평가하는 방법으로 회수기간법, 회계적 이익률법, 순현가법 및 내부수익률법 등이 있는데 동일한 현금흐

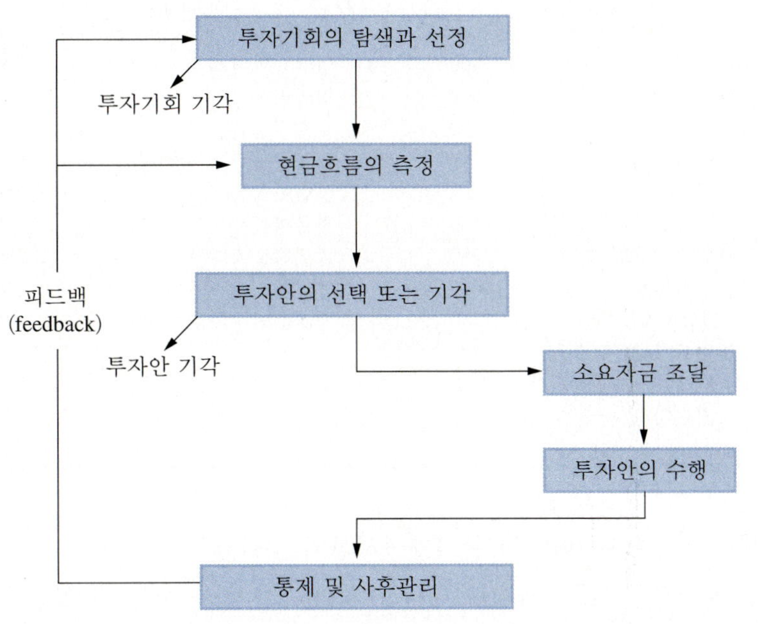

그림 5-2
자본예산의 절차

름에 대해서도 어떤 방법을 적용하느냐에 따라 채택 여부에 대해서 상이한 결과가 나올 수 있다. 특히, 이 단계를 투자안의 경제성 평가단계라고 하며 자본예산에서 가장 중요한 부분이다. 보다 자세한 내용은 다음 절에서 살펴보겠다. 투자안의 경제성을 평가한 결과 경제성이 없다고 판단되면 기각할 것이고 경제성이 있다고 판단되면 소요자금을 조달하여 투자안을 수행한다.

④ 투자안에 대한 통제 및 사후관리

마지막 단계는 수행 중인 투자안을 통제하고 사후관리하는 것이다. 즉, 투자안 수행과정이 계획대로 이루어지고 있는지를 관찰하고 만약 투자환경이 변화하면 이를 반영하여 자본예산을 수정하는 등 피드백기능을 수행하는 것이다.

2.2 현금흐름의 측정

(1) 현금흐름과 손익계산서

현금흐름을 측정하는 일반적인 손익계산서는 발생주의에 입각한 회계기준을

표 5-1
두 가지 형태의 손익계산서

손익계산서(1)

매출액		900
매출원가		500
매출총이익		400
판매관리비		
급 여	60	
감가상각비	90	150
영업이익(*EBIT*)		250
영업외비용		
지급이자		50
법인세차감전순이익		200
법인세(세율 40%)		80
당기순이익		120

손익계산서(2)

영업수익		900
영업비용		
현금유출있는 비용	560	
현금유출없는 비용	90	650
영업이익(*EBIT*)		250
지급이자		50
납세전순이익		200
법인세		80
당기순이익		120

적용해서 작성된다. 따라서 손익계산서상의 순이익은 우리가 측정하려는 현금흐름과는 차이가 있다. 다음과 같은 손익계산서를 가정하여 자본예산에서 분석대상이 되는 현금흐름에 대해서 설명해보겠다.

손익계산서(1)은 우리가 흔히 볼 수 있는 손익계산서로서 기업회계기준에 따라서 작성된 것이다. 여기서 매출액은 즉시 현금으로 수령하고 매입액이나 급여 등 각종 비용 등은 즉시 현금으로 지급한다고 가정한다. 이러한 손익계산서는 손익계산서(2)와 같은 형태로 고칠 수 있다.

이때에 손익계산서(2)의 영업비용 중 현금유출이 있는 비용 560은 손익계산서(1)의 매출원가 500과 판매관리비 중 급여 60을 합한 금액이다. 그리고 현금유출이 없는 비용은 감가상각비이다. 감가상각비까지 차감한 후의 영업이익 250은 이자 및 세금을 차감하기 전의 이익이라고 해서 EBIT(earnings before interests and taxes)로 줄여서 표현하기도 한다.

이러한 손익계산서를 토대로 재무관리에서 분석대상으로 삼는 영업현금흐름과 기업현금흐름이라는 두 가지 개념의 현금흐름을 설명하겠다.

(2) 영업현금흐름

우리는 제1장에서 재무관리의 목표는 기업가치 극대화이고 기업가치를 결정하는 것은 영업이익이기 때문에 재무관리에서는 영업이익을 중요한 분석대상으로 삼는다고 하였다. 그런데 엄밀하게 말하면 영업이익보다는 영업현금흐름이 더 정확한 표현이다. 〈표 5-1〉의 손익계산서에서 보면 알겠지만 만약 감가상각비가 없으면, 즉 감가상각비가 0이라면 영업이익이나 영업현금흐름이 똑같다. 그러나 그렇지 않을 수도 있으니 앞으로는 영업현금흐름이라는 표현을 사용하도록 하자.

① 측정방법 1 : 세후EBIT+감가상각비

그러면 영업현금흐름(OCF : operating cash flow)은 어떻게 구할까? 일단 손익계산서상의 영업이익(EBIT)에다가 감가상각비(Dep)를 더해준다. 왜냐하면 감가상각비는 비용이지만 현금지출이 있는 것은 아니기 때문이다. 그리고 이 값으로부터 법인세를 차감한다. 주의할 것은 여기서 차감하는 법인세는 실제로 납부하는 금액이 아니고 이자비용을 차감하지 않은 상태의 영업이익을 기준으로 산출한 법인세 (t · EBIT)를 말한다. 따라서 영업현금흐름은 다음과 같이 산출된다.

$$
\begin{aligned}
\text{영업현금흐름} &= EBIT + Dep - t \cdot EBIT \\
&= EBIT(1-t) + Dep \qquad (5.1)
\end{aligned}
$$

위 식에는 이자비용이 없으므로 영업현금흐름을 한마디로 정의하면 '무부채상태의 현금흐름'이라고 할 수 있다. 그리고 위의 두 번째 식으로 정리된 것을 보면 영업현금흐름은 '세후EBIT에 감가상각비를 더한 값'이라고도 할 수도 있다.

이제 〈표 5-1〉에 주어진 손익계산서를 갖고 영업현금흐름을 측정해보자. 식 (5.1)을 이용하면 영업현금흐름은 다음과 같이 240이 된다.

$$
\begin{aligned}
\text{영업현금흐름} &= 250 + 90 - 0.4 \times 250 \\
&= 250 \times (1-0.4) + 90 = 240
\end{aligned}
$$

② 측정방법 2 : 세후EBITDA+감가상각비의 감세효과

그런데 영업수익을 R이라고 하고 영업비용 중 현금지출금액을 C라고 하면 $EBIT = R - C - Dep$가 된다. 이를 식 (5.1)에 대입하면 영업현금흐름은 다음과 같은 식으로 표현할 수도 있다.

$$
\begin{aligned}
\text{영업현금흐름} &= (R - C - Dep)(1-t) + Dep \\
&= (R-C)(1-t) + t \times Dep \qquad (5.2)
\end{aligned}
$$

여기서 $(R-C)$에 해당하는 현금흐름은 이자, 세금은 물론 감가상각비도 차감하기 전의 이익이어서 EBITDA(earnings before interests, taxes, depreciation and amortization)라고 한다.

그리고 감가상각비는 현금지출항목이 아니면서 법인세를 산출할 때에는 비용으로 인정되기 때문에 납부할 세금을 줄여주는데 t·EBIT가 바로 감가상각비 때문에 감소된 세금의 크기를 나타내는 것이다. 이를 감가상각비의 감세효과(depreciation tax shield effect)라고 한다. 따라서 식 (5.2)에 따르면 영업현금흐름은 '세후EBITDA에 감가상각비의 감세효과를 더한 값'이라고 할 수 있다. 이 방법을 따르면 다음과 같이 영업현금흐름이 240이 된다는 것을 확인할 수 있다.

$$\text{영업현금흐름} = (900-560) \times (1-0.4) + 0.4 \times 90 = 240$$

(3) 기업현금흐름

그러면 위에서 측정한 영업현금흐름이 실제로 기업에 유입되는 현금흐름일까? 결론부터 말하면 반드시 그런 것은 아니다. 법인세가 없는 경우에만 영업현금흐름이 실제로 기업에 유입되는 현금흐름과 같다. 그러나 법인세가 있는 경우라면 실제로 기업에 유입되는 현금흐름은 영업현금흐름보다 더 크게 된다.

실제로 기업에 유입되는 현금흐름을 기업현금흐름이라고 부르며, 〈표 5-1〉에 주어진 손익계산서에서 기업현금흐름을 확인해보자.

① 측정방법 1 : 주주현금흐름+채권자현금흐름

기업에 유입되는 현금흐름은 곧 주주와 채권자가 가져가는 현금흐름의 합과 같다. 먼저 주주에게 귀속되는 현금흐름을 구해보자. 순이익을 모두 배당으로 지급한다고 가정하면 주주는 앞서의 손익계산서상의 순이익을 가져갈 것이다. 그런데 순이익은 현금지출이 없는 감가상각비가 차감된 것이다. 따라서 주주의 현금흐름은 순이익에 감가상각비를 더해주어야 하므로 다음과 같이 210이 된다.

$$\text{주주의 현금흐름} = 120 + 90 = 210$$

기업현금흐름은 주주의 현금흐름에다가 채권자의 현금흐름을 합한 것이라고 하였다. 그런데 부채를 제공한 채권자에게 귀속되는 현금흐름이란 채권자에게 지급되는 이자 50이므로 이를 주주의 현금흐름에 더해주면 된다. 따라서 기업현금흐름은 다음과 같다.

$$\begin{aligned}\text{기업현금흐름} &= \text{주주의 현금흐름} + \text{채권자의 현금흐름} \\ &= 210 + 50 = 260\end{aligned}$$

② 측정방법 2 : 영업현금흐름＋이자비용의 감세효과

이렇게 구한 기업현금흐름 260은 앞서의 영업현금흐름 240보다 20만큼 크다. 왜 그럴까? 그 이유는 이자비용의 감세효과(interest tax shield effect) 때문이다.

만약 무부채상태라면 지급이자가 0이므로 EBIT 250이 과세대상이익이 되고 법인세는 100이었을 것이다. 그러나 부채사용에 따른 지급이자 50 때문에 과세대상이익은 200이 되고 법인세는 80이 되면서 20만큼 줄어들었다. 바로 부채사용에 따른 법인세 감소액 20이 이자비용의 감세효과이고 이는 이자비용에 법인세율을 곱한 금액(50×0.4＝20)으로 직접 구할 수도 있다.[1)]

이것이 곧 기업현금흐름과 영업현금흐름의 차이인 것이다. 그래서 다음과 같이 기업현금흐름 260은 영업현금흐름 240에 이자비용의 감세효과 20을 더한 현금흐름이 된다.

$$\begin{aligned}\text{기업현금흐름} &= \text{영업현금흐름} + \text{이자비용의 감세효과}\\ &= 240 + 50 \times 0.4 = 260\end{aligned}$$

2.3 투자안의 현재가치

(1) 현금흐름과 할인율

이제 앞에서 구한 현금흐름을 이용해서 투자안의 현재가치를 구해보자. 모든 현재가치는 분수값의 구조를 갖는다. 그리고 분자에는 미래의 현금흐름이, 분모에는 이에 대응하는 할인율이 들어간다고 하였다. 투자안도 마찬가지여서 투자안에서 들어올 것으로 예상되는 미래의 현금흐름을 이에 알맞는 할인율로 대응시켜서 현재가치를 구하게 된다.

그런데 우리는 앞서 현금흐름을 영업현금흐름과 기업현금흐름의 두 가지로 구분해서 살펴보았다. 이자비용의 감세효과를 기준으로 두 가지 개념의 현금흐름을 비교해보면 영업현금흐름은 이자비용의 감세효과가 포함되지 않은 것이고, 기업현금흐름은 이자비용의 감세효과가 포함된 것이다.

이러한 현금흐름들을 현재가치로 계산하기 위한 할인율도 두 가지로 구분해야 한다. 즉, 이자비용의 감세효과가 반영된 할인율과 이자비용의 감세효과가 반영되지 않은 할인율이 그것이다.

1) 앞서 설명한 식 (5.2)에서 감가상각비의 감세효과도 감가상각비에 법인세율을 곱하여 구하였다.

현금흐름을 영업현금흐름으로 측정하든지 아니면 기업현금흐름으로 측정하든지 어떻게 측정하더라도 동일한 투자안이라면 그 현재가치는 똑같아야 한다. 그런데 이자비용의 감세효과가 포함된 기업현금흐름이 이자비용의 감세효과가 포함되지 않은 영업현금흐름보다 크다는 것을 확인하였다.

그렇다면 영업현금흐름을 현재가치로 계산하기 위한 할인율 R_1과 기업현금흐름을 현재가치로 계산하기 위한 할인율 R_2를 비교하면 어느 것이 더 작을까? 영업현금흐름에 대한 할인율 R_1이 더 작다. 그래야만 영업현금흐름의 현재가치가 기업현금흐름의 현재가치와 똑같아질 수 있기 때문이다. 이때 영업현금흐름에 대한 할인율은 이자비용의 감세효과가 반영된 것이기 때문에 더 작은 것이다. 이자비용의 감세효과는 기업에게 좋은 것이기 때문에 현금흐름을 크게 만들거나 할인율을 작게 만드는 것이다.

즉, 작은 분자(영업현금흐름)를 작은 분모(이자비용의 감세효과가 반영된 할인율 R_1)로 나눈 분수값이나 큰 분자(기업현금흐름)를 큰 분모(이자비용의 감세효과가 반영되지 않은 할인율 R_2)로 나눈 분수값이 둘 다 동일한 투자안의 현재가치이므로 똑같게 된다.

$$\text{투자안가치} = \frac{\text{영업현금흐름}}{\text{할인율 } R_1} = \frac{\text{기업현금흐름}}{\text{할인율 } R_2}$$

여기서, 영업현금흐름 < 기업현금흐름
할인율 R_1 < 할인율 R_2

>>> 예제 5-1

수명이 무한한 투자안이 있다. 이 투자안의 매년 영업현금흐름은 240이다. 그러나 기업현금흐름은 260이다. 영업현금흐름에 대한 할인율이 12%라고 가정하자.

(1) 이 투자안의 현재가치는 얼마인가?
(2) 기업현금흐름에 대한 할인율은 얼마인가? 이를 영업현금흐름과 비교해서 그 차이를 설명해보자.

풀이

(1) 수명이 무한한 투자안은 계속기업으로 볼 수 있으므로 그 현금흐름은 영구연금형태이어서 투자안의 현재가치는 다음과 같다.

$$\frac{240}{12\%} = 2{,}000$$

(2) 동일한 투자안이므로 기업현금흐름을 현재가치로 계산한 투자안의 가치도 2,000이어야 한

다. 따라서 기업현금흐름에 대한 할인율은 다음과 같이 13%라는 것을 알 수 있다.

$$\frac{240}{12\%}=\frac{260}{R}=2{,}000\rightarrow\ \therefore\ R=13\%$$

이 할인율이 12%보다 큰 것은 이자비용의 감세효과가 반영되지 않은 것이기 때문이다. 즉, 이자비용의 감세효과는 현금흐름을 20(240 → 260)만큼 증가시키거나 할인율을 1%(13% → 12%) 낮게 만드는 것이다.

(2) 이자비용의 감세효과

앞서 설명하였듯이 이자비용의 감세효과는 현금흐름에 반영할 수도 있고 할인율에 반영할 수도 있다. 그런데 이자비용의 감세효과를 현금흐름에 반영하면 부채금액이 달라질 때마다 투자안의 현금흐름을 매번 다시 측정해야 하는 번거로움이 따른다. 이러한 불편을 피하기 위해서 재무이론의 대부분에서는 이자비용의 감세효과를 할인율에 반영한다. 이렇게 이자비용의 감세효과를 할인율에 반영할 때에는 현금흐름은 반드시 영업현금흐름으로 측정해야 한다는 것을 유의해야 한다.

매우 중요한 내용이어서 다시 한 번 밝히면 '현금흐름은 영업현금흐름을 측정하고 할인율은 이자비용의 감세효과가 반영된 할인율을 이용한다.'는 것이다. 따라서 재무이론에서 별다른 언급 없이 현금흐름이라고 하면 영업현금흐름을 말하는 것이고, 할인율이라고 하면 이자비용의 감세효과를 반영한 것이라고 보면 된다.

그러면 이자비용의 감세효과는 어떤 방법으로 할인율에 반영하는가? 이에 대해서는 제9장 자본비용에서 자세하게 설명할 것이다.[2)]

그런데 곧잘 현금흐름을 이자비용의 감세효과가 반영된 기업현금흐름으로 측정하면서 할인율도 이자비용의 감세효과가 반영된 할인율을 사용하는 실수를 한다. 만약 이러한 실수를 한다면 어떻게 될까? 이는 이자비용의 감세효과를 두 번 반영하는 것이기 때문에 투자안의 현재가치는 과대평가되는 오류가 발생하게 된다. 이를 이자비용의 감세효과를 현금흐름과 할인율에 두 번 반영하였다고 해서 흔히 이중계산의 오류라고 한다.

만약 [예제 5-1]에서 만약 분자의 기업현금흐름을 260으로 측정하면서 분모에도 이자비용의 감세효과가 반영된 할인율 12%를 사용해서 다음과 같이 투자안을

---

2) 나중에 알게 되겠지만 할인율은 자본비용과 같은 개념이다.

평가하면 이것이 이중계산의 오류이다.

$$\frac{260}{12\%}=2{,}167$$

따라서 이중계산의 오류로 인해서 투자안은 실제가치보다 167(=2,167−2,000)만큼 더 높게 평가되는 것이다.

제 3 절 투자안의 경제성 평가

3.1 개 요

고려대상이 되는 투자안으로부터 예상되는 현금흐름을 측정하고나면 이 투자안을 선택할 것인지 또는 기각할 것인지의 여부를 결정해야 한다. 이 같은 결정과정을 투자안의 경제성을 평가한다고 하는데, 이에 적용되는 기법으로는 회수기간법, 회계적 이익률법, 순현가법, 내부수익률법 등이 있다. 이 중 회수기간법과 회계적 이익률법은 내용이 단순하여 이해하기는 쉽지만 화폐의 시간적 가치를 고려하지 않은 방법으로서 전통적 기법이라고 한다. 이에 반해 순현가법과 내부수익률법은 화폐의 시간적 가치를 고려하여 투자안의 경제성을 평가하는 방법으로서 현금흐름할인법(DCF법 : discount cashflow method)이라고 한다.

그러면 동일한 현금흐름에 대해서도 이 네 가지 분석방법이 서로 다른 결과를 보일 수가 있을텐데 어떤 방법의 결과를 따라서 투자 여부를 결정할 것인가? 즉, 어느 방법이 가장 우월한 것인가? 결론부터 말하면 전통적 기법보다는 화폐의 시간적 가치를 고려하는 분석방법이 좋은 방법이고 그 중에서도 순현가법이 이론적으로 가장 우월한 방법이다.

이제부터 이 네 가지 분석방법의 내용을 차례대로 살펴보겠다.

3.2 회수기간법

(1) 회수기간

회수기간(payback period)이란 투자안을 수행하기 위해 수행초기에 지출된 투자비용을 회수하는 데 걸리는 기간을 말한다. 따라서 t시점의 현금흐름을 C_t라고 하고 초기투자비용을 C_0라고 하면 다음 식을 만족시키는 T가 회수기간이 된다.

$$\sum_{t=1}^{T} C_t = C_0 \tag{5.3}$$

그러나 회수기간법을 적용할 때에는 현금흐름이 매기간 말 시점에서 발생하는 것이 아니라 기간 중 균등하게 발생한다고 가정한다.

(2) 투자결정기준 및 장단점

① 결정기준

회수기간법에 의한 의사결정방법은 다음과 같다. 즉, 특정 투자안에서 산출된 회수기간이 기업내부에서 기준으로 정한 회수기간보다 짧으면 투자가치가 있다고 판단한다. 그리고 이러한 투자안이 여러 개 존재하고 예산제약이 있다면 그 중 회수기간이 가장 짧은 투자안부터 선택해야 할 것이다.

② 장단점

회수기간법은 다음과 같은 장점을 갖는다. 즉, 내용이 단순하여 이해가 쉽다는 것이다. 그리고 회수기간은 투자안의 위험에 대한 대략적인 지표가 된다. 왜냐하면 회수기간이 짧은 투자안은 회수기간이 긴 투자안에 비해 기업의 유동성을 더 높여주기 때문에 회수기간이 짧을수록 위험이 적다고 판단되는 것이다.

그러나 회수기간법은 다음과 같은 점에서 중요한 단점을 갖는다. 첫째, 기업내부에서 기준으로 정한 회수기간이란 임의적일 뿐 어떤 경제적인 정당성이 없다는 것이다. 둘째, 회수기간 이후의 현금흐름양상을 반영하지 못하며, 셋째, 화폐의 시간적 가치를 고려하지 못한다는 것이다.

이러한 문제점을 갖고 있음에도 불구하고 회수기간법은 실무에서 많이 이용되고 있는데 이러한 현상을 최근에는 대리이론(agency theory)으로 설명한다. 대리인인 경영자는 위임자인 주주보다 투자안에 대해 더 많은 정보를 갖고 있지만 자신의 행동이 위임자에 의해 관찰되어지지 않기 때문에 경제성이 높은 투자안보다는 자신이 재임하는 동안에 성과가 빨리 나타날 수 있도록 회수기간이 짧은 투자안을 선택하는 것이다. 그래야 자신이 좋은 평가를 받아서 연임할 수 있기 때문이다.

3.3 회계적 이익률법

(1) 회계적 이익률

회계적 이익률법(ARR법 : accounting rate of return method)이란 투자안의 평균이익률을 산출하여 이를 투자안의 평가기준으로 삼는 방법이다. 그래서 이 방법을 평균이익률법(average rate of return method)이라고도 한다. 이때 평균이익률은 다음과 같이 산출한다.[3)]

$$\text{회계적 이익률(평균이익률)} = \frac{\text{연평균순이익}}{\text{연평균투자액}} \tag{5.4}$$

위 식에서 연평균순이익은 투자안의 내용연수 동안 매기간의 회계적 순이익(EAT : earnings after tax)의 총계를 내용연수로 나누어 산출한다. 그리고 연평균투자액이란 투자수명 동안 평균적으로 투자되어 있는 금액을 연단위를 기준으로 산출한 것이다.

초기투자비용, 즉 설비취득원가를 C_0라고 하고 잔존가치(salvage value)를 S라고 할 때 연평균투자액은 다음과 같이 산출된다.

$$\text{연평균투자액} = \frac{C_0 + S}{2} \tag{5.5}$$

(2) 투자결정기준 및 장단점

① 결정기준

회계적 이익률법을 따라 투자결정을 할 때에는 투자안의 평균이익률이 기업에서 미리 정해놓은 기준이 되는 이익률보다 크면 투자가치가 있다고 본다. 이러한 투자안이 여러 개 존재하고 예산제약이 있다면 평균이익률이 가장 높은 투자안

---

3) 이 식은 제4장에서 채권수익률을 추산할 때에 시행착오횟수를 줄이기 위해서 먼저 산출해보는 연평균수익률과 동일한 것이다. 따라서 회계적 이익률법보다는 평균이익률법이 더 적절한 표현이라고 생각한다.

부터 선택하면 될 것이다.

② 장단점

회계적 이익률법도 그 내용이 단순하여 이해가 쉽고 적용하기 편리한 것이 장점이다. 뿐만 아니라 타인자본을 사용하지 않는 경우에는 회계장부상의 자료를 그대로 이용할 수도 있다. 그러나 이 방법도 회수기간법과 마찬가지로 화폐의 시간적 가치를 고려하고 있지 않기 때문에 투자의 수익성을 개략적으로 파악하는데 이용될 뿐이다.

3.4 순현가법

(1) 순현재가치

순현재가치(NPV : net present value)란 앞서 제2장에서 배운 바와 같이 투자안의 수행으로 예상되는 미래현금유입을 적절한 할인율로 할인하여 산출한 현재가치에서 투자소요액을 차감한 값을 말한다. 이때 순현가는 다음과 같이 구한다.

$$NPV = \sum_{t=1}^{n} \frac{C_t}{(1+R)^t} - C_0 \tag{5.6}$$

단, C_t : t시점 현금흐름
C_0 : 투자비용
R : 할인율

이때에 투자금액 C_0는 경제학에서 말하는 한계비용(MC)에 해당하는 것이고 현금유입의 현가는 한계수익(MR)에 해당하는 것이다. 결국 NPV를 경제학적 의미로 해석하면 한계비용을 초과하는 한계수익금액이라고 할 수 있는 것이다.

(2) 투자결정기준

앞서 제4장과 이 장 제1절에서도 설명한 바 있지만 신규투자안의 NPV가 0보다 커야 기업가치가 증가한다고 하였다. 이는 한계수익이 한계비용보다 크면 조업도를 늘린다는 생산이론과 동일한 것이다. 따라서 NPV법에 의한 의사결정 방법은 NPV가 0보다 클 때 투자안의 경제성이 있다고 판단하고 이러한 투자안이 여러 개 있을 때에는 그 중 NPV값이 큰 투자안부터 채택하는 것이다.

표 5-2
할인율과 NPV

할인율	NPV
0 %	158
5	103
10	55
15	15
20	−21
25	−52

그림 5-3
순현가곡선

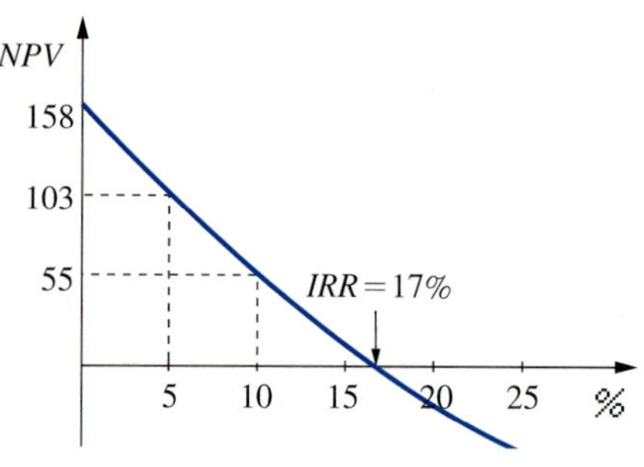

(3) 순현가곡선

이제 투자안의 NPV를 산출하는 과정을 이용해서 동일한 투자안의 현금흐름에 대해서 각각 다른 수준의 할인율을 적용하면서 NPV값의 변화를 살펴보자. 현재 시점에서 442(백만원)의 투자비용이 소요되는 투자안이 앞으로 3년 동안 매년 200(백만원)씩의 현금유입을 가져다 준다고 가정하자. 이때의 적용할인율을 0%, 5%, 10%, 15%, 20%, 25%로 하여 각각의 NPV를 산출하여 정리하면 〈표 5-2〉이 된다.

그리고 〈표 5-2〉를 NPV와 할인율 평면에 나타내면 [그림 5-3]과 같이 그릴 수 있는데, 이를 순현가곡선 또는 순현가프로필(net present value profile)이라고 한다. 이 그림을 통해서 파악할 수 있는 투자안에 관련된 정보는 다음과 같은 것들이 있다. 첫째는 할인율의 각 수준에 따른 NPV값을 알 수 있으며, 둘째는 투자안의 NPV=0인 할인율값을 통해서 내부수익률을 구할 수 있다. 또 다른 중요한 정보는 이 그림을 통해서 투자안의 NPV값이 할인율 변화에 대해 갖는 민감도를 알 수 있다는 것이다. 즉, 이 곡선의 기울기가 가파를수록 할인율 변화에 대해 투자안 NPV가 더욱 크게 변화함을 의미한다.

3.5 내부수익률법

(1) 내부수익률

내부수익률(IRR : internal rate of return)이란 투자의 수행결과로 나타나는 미래 현금유입의 현가와 투자비용인 현금유출의 현가를 일치시켜 주는 할인율이다. 결과적으로 투자안의 NPV가 0이 되는 할인율로서 다음 식을 만족하는 값이 된다.

$$\sum_{t=1}^{n} \frac{C_t}{(1+R)^t} - C_0 = 0, \quad 즉 \quad \sum_{t=1}^{n} \frac{C_t}{(1+IRR)^t} = C_0 \qquad (5.7)$$

이때의 할인율은 특정한 투자안을 수행하기 위해 지출한 투자비용이 향후 벌어들이는 투자수익을 산출할 때 적용되는 평균이익률이다. 그래서 투자안마다 각각 다른 값을 갖게 되며 그 투자안에서만 적용되는 이익률이기 때문에 내부수익률이라고 하는 것이다.

순현가곡선에서 예로 든 투자안의 경우 내부수익률을 산출하면 다음과 같이 NPV가 0이 되는 할인율이 된다.

$$\frac{200}{(1+IRR)} + \frac{200}{(1+IRR)^2} + \frac{200}{(1+IRR)^3} = 442$$

여기에서 IRR＝17%를 구할 수 있다. 이 값은 [그림 5-3]의 현가곡선에서 확인해도 NPV가 0이 되는 할인율이 17%로 나타난다. 그러나 투자수명이 긴 경우에 IRR을 구하는 것은 고차방정식을 푸는 것이 되어 해를 구하는 과정이 간단하지 않다. 물론 컴퓨터나 재무관리용 계산기를 이용하면 수월하지만 그렇지 못한 경우에는 NPV값의 부호가 양(+)에서 음(−)으로 바뀌는 할인율구간에서 반복적으로 임의의 할인율을 적용하여 NPV가 0이 되는 할인율을 찾아야 할 것이다.

(2) 투자결정기준

내부수익률법을 이용한 의사결정은 내부수익률과 할인율과의 비교를 통해서 이루어진다. 즉, 내부수익률은 특정 투자안을 수행해서 벌어들이는 이익률이고, 할인율은 자본비용으로서 그 투자에 소요되는 자금의 기회비용이므로, 어떤 투자안의 내부수익률이 자본비용보다 크다면 투자가치가 있는 것이다. 따라서 자금조달에 제한이 없다면 내부수익률이 자본비용과 같을 때까지 투자하게 될 것이다.

이때에는 내부수익률이 한계수익(*MR*)이 되고 할인율, 즉 자본비용이 한계비용(*MC*)이 된다. 다만, NPV법에서는 한계수익, 한계비용이 절대금액으로 표현되는데 비해서, IRR법에서는 비율로 표현되는 점만 차이가 있을 뿐 의사결정논리는 동일한 것이다. 즉, [그림 5-3]의 현가곡선에서 보면 할인율이 IRR인 17%보다 작은 구간에서는 NPV도 양(+)의 값을 갖는다는 것을 확인할 수 있다.

>>> 예제 5-2

가나기업은 취득가액이 800만원인 설비를 구입하려고 한다. 이 설비를 구입하면 현금수익에서 현금비용을 차감한 금액(EBITDA)이 다음과 같이 예상된다. 설비의 내용연수는 5년이고 잔존가치는 취득원가의 10%이며 감가상각은 정액법을 따른다. 법인세율은 30%이고 현금흐름에 적용할 할인율은 10%이다.

$t=1$	2	3	4	5 (년)
400	300	200	150	150 (만원)

(1) 이 투자안의 회수기간을 구하라.
(2) 회계적 이익률은 얼마인가?
(3) NPV를 산출하여 경제성을 평가하라.
(4) IRR을 구하여 투자안의 경제성을 판단하라.

풀이

(1) 설비구입에 따른 현금흐름은 다음과 같다.

	$t=0$	1	2	3	4	5
취득가액	−800					
세후EBITDA		400×0.7	300×0.7	200×0.7	150×0.7	150×0.7
감가상각비효과*		43.2	43.2	43.2	43.2	43.2
잔존가치						80
현금흐름	−800	323.2	253.2	183.2	148.2	228.2

* $\frac{800\times0.9}{5}\times0.3$

현금흐름이 연중 균등하게 발생한다고 가정하면

$$800=323.2+253.2+183.2+40.4 \text{ 이므로}$$

회수기간은 다음과 같다.

$$3+\frac{40.4}{148.2}=3.27(\text{년})$$

(2) 연도별 손익계산서는 다음과 같다.

	$t=1$	2	3	4	5
*EBIT**	256	156	56	6	6
TAX	256×0.3	156×0.3	56×0.3	6×0.3	6×0.3
EAT	179.2	109.2	39.2	4.2	4.2

* 영업현금흐름−감가상각비

이에 따라 연평균순이익, 연평균투자액 및 ARR은 다음과 같이 산출된다.

$$\text{연평균순이익} = (179.2 + 109.2 + 39.2 + 4.2 + 4.2) \times \frac{1}{5} = 67.2$$

$$\text{연평균투자액} = \frac{800 + 80}{2} = 440$$

$$\therefore\ ARR = \frac{67.2}{440} = 15.27(\%)$$

(3) $NPV = -800 + \frac{323.2}{1.1} + \frac{253.2}{1.1^2} + \frac{183.2}{1.1^3} + \frac{148.2}{1.1^4} + \frac{228.2}{1.1^5}$

$= 83.63$(만원)

$\therefore\ NPV > 0$ 이므로 투자안을 수행한다.

(4) IRR은 다음을 만족시키는 할인율이다.

$$800 = \frac{323.2}{(1+R)} + \frac{253.2}{(1+R)^2} + \frac{183.2}{(1+R)^3} + \frac{148.2}{(1+R)^4} + \frac{228.2}{(1+R)^5}$$

$$\therefore\ R = 14.48\%$$

이는 자본비용 10%보다 큰 값이므로 투자안을 수행한다.

제 4 절 NPV법과 IRR법의 비교

순현가법(NPV법)과 내부수익률법(IRR법)은 화폐의 시간적 가치를 고려하는 평가방법으로서 회수기간법과 회계적 이익률법에 비해서 우수한 평가방법이라고 하였다. 그러면 순현가법과 내부수익률법 중에는 어느 방법이 더 우수한 방법인가 하는 문제가 남게 된다. 이제부터 설명하겠지만 결론부터 말하면 순현가법이 더 우수한 평가방법이다. 왜냐하면 내부수익률법에 의한 평가결과는 재무관리의 목표인 기업가치 극대화를 달성하지 못하는 경우도 있기 때문이다. 이에 대한 자세한 내용을 살펴보자.

그림 5-4

단일투자안의 NPV

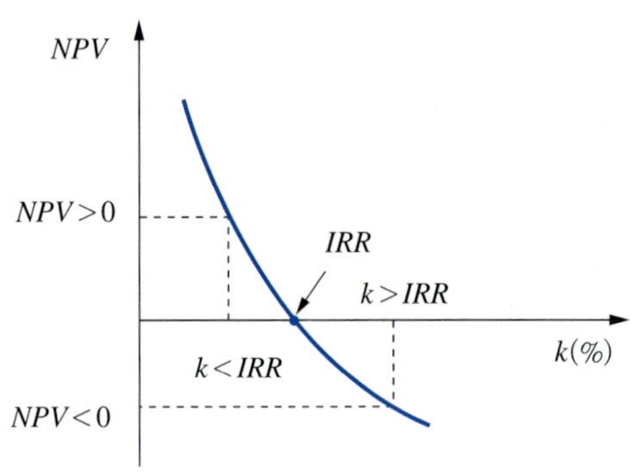

4.1 두 방법이 동일한 결과를 가져오는 경우

독립적인 단일투자안을 평가하는 경우에는 NPV법, IRR법의 두 가지 평가결과가 같다. 위의 [그림 5-4] 단일투자안의 현가곡선을 살펴보면

$$k > IRR \text{ 이면 } NPV < 0$$
$$k = IRR \text{ 이면 } NPV = 0$$
$$k < IRR \text{ 이면 } NPV > 0$$

이므로 IRR법에서 경제성이 있다고 판단된 투자안은 NPV법에서도 경제성이 있는 것으로 평가되고, IRR법에서 경제성이 없다고 판단된 투자안은 NPV법에서도 경제성이 없는 것으로 평가되기 때문에 어느 방법을 적용해도 그 평가결과는 동일함을 알 수 있다.

4.2 두 방법이 상반된 결과를 가져오는 경우

(1) 평가결과의 불일치

투자안의 경제성을 평가할 때에는 둘 이상의 독립적 투자안의 순위를 결정하거나 상호 배타적인 투자안을 평가해야 할 경우가 있다. 이때에 비교대상이 되는 투자안들의 성격이 다음과 같은 차이를 보이는 경우에는 NPV법과 IRR법에 의한

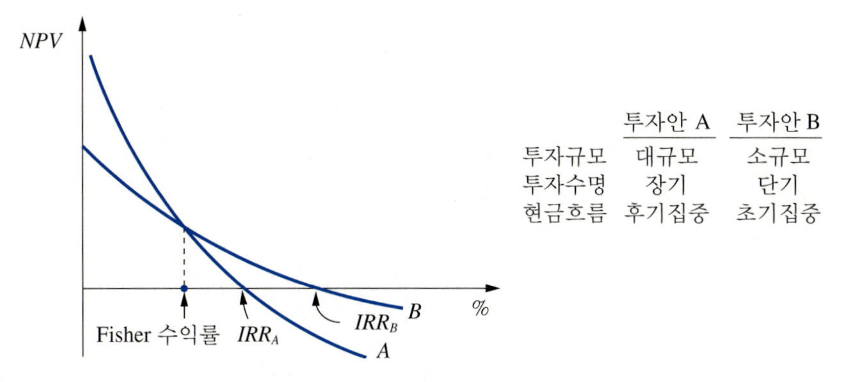

그림 5-5
투자안 A, B의 현가곡선

평가결과가 서로 다르게 나타날 수 있다.

① 투자규모

두 투자안을 A, B라고 할 때 투자안 A의 투자비용과 미래의 현금흐름이 투자안 B에 비해서 현저하게 큰 경우에는 NPV법과 IRR법에 의한 평가결과가 서로 다르게 나타날 수 있다.

② 투자수명

투자안 A는 현금흐름이 장기간에 걸쳐서 이루어지고 투자안 B는 이에 비해서 현저하게 짧은 기간 동안 이루어지는 경우에는 NPV법과 IRR법에 의한 평가결과가 서로 다르게 나타날 수 있다.

③ 현금흐름의 양상

투자안 A는 현금흐름이 후기에 많이 유입되고 투자안 B는 초기에 많이 유입되는 경우에는 NPV법과 IRR법에 의한 평가결과가 서로 다르게 나타날 수 있다.

이와 같이 서로 다른 특징을 갖는 투자안을 현가곡선으로 나타내면 [그림 5-5]와 같다. NPV를 산출하는 식을 자세히 살펴보면 현금규모가 크거나 투자수명의 후기에 현금흐름이 많을수록 할인율 변동에 의한 NPV값이 더욱 크게 변동됨을 알 수 있다. 즉, 할인율 변동에 더욱 민감하므로 투자규모가 큰 투자안, 투자수명이 긴 투자안 그리고 후기에 현금흐름이 많은 투자안의 현가곡선이 더욱 가파르게 나타난다.

(2) Fisher 수익률

Fisher 수익률이란 두 투자안의 NPV를 같게 만드는 할인율로서 [그림 5-5]에서 투자안 A와 B의 현가곡선이 교차하는 점에 해당하는 할인율이다. 이때에는 두 투자안의 NPV가 동일하므로 Fisher 수익률을 k_F라고 하면 다음 식이 성립하므로 여기에서 Fisher 수익률 k_F를 구할 수 있다.

$$\sum_{t=1}^{n} \frac{C_t(A)}{(1+k_F)^t} - C_0(A) = \sum_{t=1}^{n} \frac{C_t(B)}{(1+k_F)^t} - C_0(B) \quad (5.8)$$

그런데 투자안 A, B의 현가곡선에서 할인율이 Fisher 수익률보다 큰 구간을 살펴보자. 이때에는 NPV법이나 IRR법에 따르더라도 모두 투자안 B가 투자안 A보다 더 좋은 것으로 나타난다. 그러나 할인율이 Fisher 수익률보다 작은 구간에서는 NPV법에 따르면 투자안 A가, IRR법에 따르면 투자안 B가 더 좋은 것으로 상반되게 나타난다. 결론적으로 평가대상이 되는 두 투자안의 특성이 현저하게 다른 경우에는 NPV법과 IRR법에 의한 평가결과가 상반되게 나타날 수 있다는 것이다.

4.3 NPV법의 우위

앞서 여러 번 밝힌 바 있듯이 투자안의 경제성을 평가하는 방법으로는 NPV법이 가장 우수한 방법이다. 특히, IRR법과 비교해서 NPV법이 왜 더 우수한 방법인지를 살펴보면 다음과 같다.

① 재투자수익률에 대한 가정이 합리적이다

NPV법은 투자안으로부터 유입되는 현금이 자본비용과 동일한 수익률로 재투자된다고 가정하고 IRR법은 내부수익률로 재투자된다고 가정한다. 그런데 투자안 수행시점에 산출된 내부수익률은 수행과정에서 경쟁기업의 출현과 같은 환경변화로 계속 일정하게 유지된다고 보기 어렵다. 따라서 시장에서 공통적으로 평가하는 자본비용수준의 수익률로 재투자된다고 보는 것이 합리적이며 현실적이다.

② 가치의 가산원리가 성립한다

NPV법에서는 투자조합을 형성하여 여러 투자안에 함께 투자하는 경우 각 투자안의 NPV를 구하여 합하면 투자조합의 NPV를 바로 구할 수 있다. 즉, 다음 식이 성립하는데 이를 가치의 가산원리(VAP: value additivity principle)라고 한다.

$$NPV(A+B) = NPV(\mathrm{A}) + NPV(B)$$

그러나 IRR법에서는 각 투자안의 IRR과 투자조합의 IRR 간에는 아무런 관계가 없기 때문에 투자조합의 IRR은 다시 구해야 하는 번거로움이 따른다.

③ IRR은 복수로 존재하거나 존재하지 않는 경우가 있다

현금흐름의 방향이 한 번만 바뀔 때에는 IRR이 한 개 존재하지만 여러 번 바뀔 때에는 IRR이 복수로 존재하거나 존재하지 않는 경우가 있는데 이는 경제적 의미가 없는 것이다.

제 5 절 *IRR법의 개선

NPV법과 IRR법 중에서 NPV법이 이론적으로 더 우수한 방법임에도 불구하고 현실적으로는 IRR법도 많이 사용되고 있다. 다음과 같은 방법을 이용하면 IRR법이 갖는 문제점을 해결할 수 있는데 이는 NPV법과 동일한 평가결과를 가져다준다.

5.1 상반된 결과의 조정

투자규모, 투자수명 또는 현금흐름 양상이 현저하게 다른 투자안들을 평가하여 우선순위를 결정할 때 IRR법은 NPV법의 평가결과와 상반되게 나타날 수 있음을 앞서 살펴보았다. 이러한 경우에 IRR법을 사용하면서도 NPV법의 평가결과와 일치시킬 수 있는 방법을 살펴본다.

(1) 수정된 IRR

① MIRR의 의의 및 산출

NPV법과 IRR법이 서로 상반된 평가결과를 보이는 이유는 이 두 가지 방법이 현금유입에 대한 재투자수익률을 서로 다르게 가정하고 있기 때문이다. NPV법은 할인율, 즉 자본비용을 재투자수익률로 삼고 투자안을 평가하는 방법이며, IRR법은 내부수익률을 재투자수익률로 삼고 있는 방법이다. 이때 IRR법에 문제가 있다고 하는 것은 재투자수익률의 문제이므로 NPV법과 동일하게 자본비용을 재투자수익률로 사용하면 IRR법의 문제점이 해결될 수 있을 것이다.

이러한 논리를 따라서 투자안의 재투자수익률로서 자본비용을 사용해서 내부수익률을 구할 수 있는데, 이를 수정된 내부수익률(MIRR: modified IRR)이라고 하며 다음 식을 만족시키는 할인율이다.

$$\frac{FV_n}{(1+MIRR)^n}-C_0=0 \quad \text{또는} \quad \frac{FV_n}{(1+MIRR)^n}=C_0 \tag{5.9}$$

여기서 $FV_n=\sum_{t=1}^{n} C_t\,(1+k)^{n-t}$로서 이는 매기간의 현금유입을 자본비용으로 재투자한다는 가정하에서 산출한 $t=n$ 시점의 미래가치이다. 따라서 이를 최종가치(TV: terminal value)라고도 한다.

② MIRR의 이용

이렇게 산출한 MIRR을 기준으로 이 값이 큰 투자안을 선택하면 NPV법의 평가결과와 일치된다. 그러나 이 방법은 투자규모가 비슷한 투자안을 비교할 때에만 적용할 수 있다. 즉, 투자규모가 현저히 다른 경우에는 MIRR법도 상반된 평가문제를 해결할 수 없는데 다음에 설명할 증분 IRR법을 이용하면 모두 해결할 수 있다.

>>> **예제 5-3**

투자안 X와 Y로부터 예상되는 현금흐름이 다음과 같이 측정되었다. 다음 각 물음에 답하라.

	$t=0$	1	2	3
투자안 X	−10,000	5,000	5,000	5,000
투자안 Y	−10,000	0	1,900	15,000

(1) 투자안의 우선순위를 NPV법과 IRR법에 따라 각각 평가하라. 단, 할인율은 10%이다.

(2) 위의 결과가 상반되게 나타나는 할인율의 범위를 밝히고 상반된 결과를 MIRR법에 의해 조정하여 평가의 일관성을 보여라.

풀이

(1) ① NPV법에 의한 평가

$$NPV_X=-10{,}000+5{,}000\times PVIFA\ (10\%,\ 3)=2{,}434$$

$$NPV_Y = -10{,}000 + \frac{1{,}900}{1.1^2} + \frac{15{,}000}{1.1^3} = 2{,}840$$

$NPV_X < NPV_Y$이므로 Y를 선택한다.

② IRR법에 의한 평가

$$X: 10{,}000 = \frac{5{,}000}{1+R} + \frac{5{,}000}{(1+R)^2} + \frac{5{,}000}{(1+R)^3} \qquad \therefore R = 23.4\%$$

$$Y: 10{,}000 = \frac{1{,}900}{(1+R)^2} + \frac{15{,}000}{(1+R)^3} \qquad \therefore R = 20\%$$

$IRR_X > IRR_Y$ 이므로 X를 선택한다.

(2) Fisher 수익률은 양투자안의 NPV를 같게 하는 할인율이므로 다음 식이 성립한다.

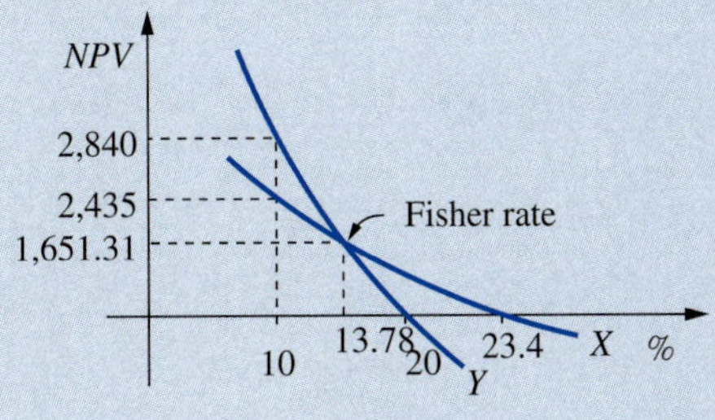

$$\frac{5{,}000}{1+R} + \frac{5{,}000}{(1+R)^2} + \frac{5{,}000}{(1+R)^3} - 10{,}000$$

$$= \frac{1{,}900}{(1+R)^2} + \frac{15{,}000}{(1+R)^3} - 10{,}000$$

또는 $\frac{5{,}000}{1+R} + \frac{3{,}100}{(1+R)^2} - \frac{10{,}000}{(1+R)^3} = 0$

$\therefore R = 13.78\%$ 이때 $NPV_X = NPV_Y = 1{,}651.31$

투자안 평가결과는 할인율이 Fisher 수익률보다 작은 구간에서 상반되게 나타난다.

평가결과의 일관성을 확보하는 방법은 양투자안에 공통된 재투자수익률을 가정하는 것인데 이때 공통된 재투자수익률은 NPV법에서 사용한 할인율(자본비용)을 이용하는 것이 바람직하다.

공통된 재투자수익률 10%에서 미래가치는 다음과 같다.

$$FV_X = 5{,}000(1+0.1)^2 + 5{,}000(1+0.1) + 5{,}000 = 16{,}550$$

$$FV_Y = 0 + 1{,}900(1+0.1) + 15{,}000 = 17{,}090$$

• 투자안 X의 경우

$$\frac{16{,}550}{(1+MIRR_X)^3} = 10{,}000 \qquad \therefore MIRR_X = 18.29\%$$

• 투자안 Y의 경우

$$\frac{17{,}090}{(1+MIRR_Y)^3} = 10{,}000 \qquad \therefore MIRR_Y = 19.60\%$$

$MIRR_X < MIRR_Y$이므로 Y를 선택하는데 이는 NPV법의 결과와도 일치한다.

그림 5-6

증분IRR

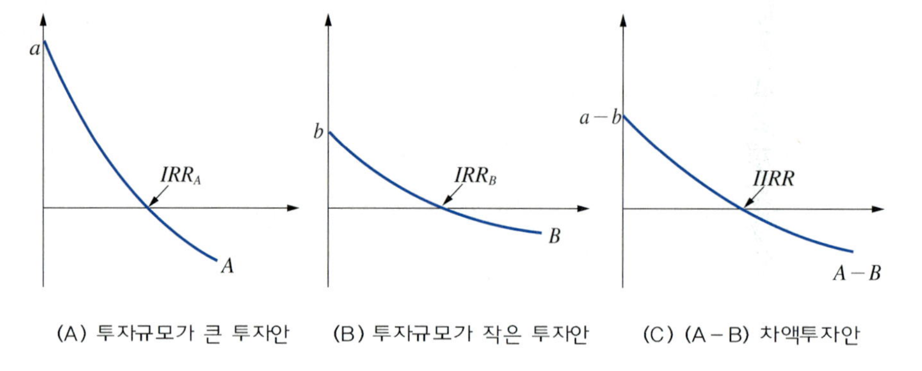

(2) 증분 IRR

① IIRR의 의의 및 산출

두 투자안을 비교평가할 때 투자규모가 큰 투자안에서 작은 투자안의 현금흐름을 차감해서 차액기준의 현금흐름을 측정한 후 이를 하나의 새로운 투자안으로 보아서 여기서 IRR을 산출할 수 있다. 이때의 IRR을 증분 IRR(IIRR : incremental IRR)이라고 하며 다음 식을 통해서 이를 구할 수 있을 것이다.

$$\sum_{t=1}^{n} \frac{\Delta C_t}{(1+IIRR)^t} - \Delta C_0 = 0 \quad \text{또는} \quad \sum_{t=1}^{n} \frac{\Delta C_t}{(1+IIRR)^t} = \Delta C_0 \qquad (5.10)$$

여기서 ΔC_t는 투자규모가 큰 투자안의 현금흐름에서 투자규모가 작은 투자안의 현금흐름을 차감한 차액현금흐름이다. 또한 ΔC_0는 투자규모가 큰 투자안의 투자비용에서 투자규모가 작은 투자안의 투자비용을 차감한 값이다. 이러한 관계는 [그림 5-6]으로 나타낼 수 있다.

② IIRR의 이용

이렇게 산출한 증분 IRR은 앞서 설명한 Fisher 수익률과 같은 값이다. 이 값이 자본비용보다 크면 큰 규모의 투자안을 선택하고 자본비용보다 작으면 작은 규모의 투자안을 선택한다. 이러한 방법으로 평가한 결과는 항상 NPV법에 의한 평가결과와 일치된다.

>>> 예제 5-4

	$t=0$	1	2	3
투자안 A	−10,000	5,000	5,000	5,000
투자안 B	−110,000	50,000	50,000	50,000

(1) 투자안의 우선순위를 NPV법과 IRR법에 따라 각각 평가하라. 단, 할인율은 10%이다.

(2) 위의 평가결과를 현가곡선으로 나타내고 상반된 결과를 MIRR법에 의해 조정할 수 있는지 보여라.

(3) 증분 IRR에 의해 상반된 결과를 조정할 수 있는지 확인하라.

풀이

(1) 각 투자안의 NPV, IRR을 산출하면 다음과 같다.

$$NPV(\mathrm{A})=2{,}434 \quad NPV(\mathrm{B})=14{,}343$$
$$IRR(\mathrm{A})=23.4\% \quad IRR(\mathrm{B})=17.27\%$$

따라서 NPV법에 의하면 투자안 B가, IRR법에 의하면 투자안 A가 선택된다.

(2) $FV_3(A)=5{,}000\times 1.1^2+5{,}000\times 1.1+5{,}000=16{,}550$

$$10{,}000=\frac{16{,}550}{(1+MIRR)^3} \qquad \therefore\ MIRR=18.3\%$$

$FV_3(B)=50{,}000\times 1.1^2+50{,}000\times 1.1+50{,}000=165{,}500$

$$110{,}000=\frac{165{,}500}{(1+MIRR)^3} \qquad \therefore\ MIRR=14.6\%$$

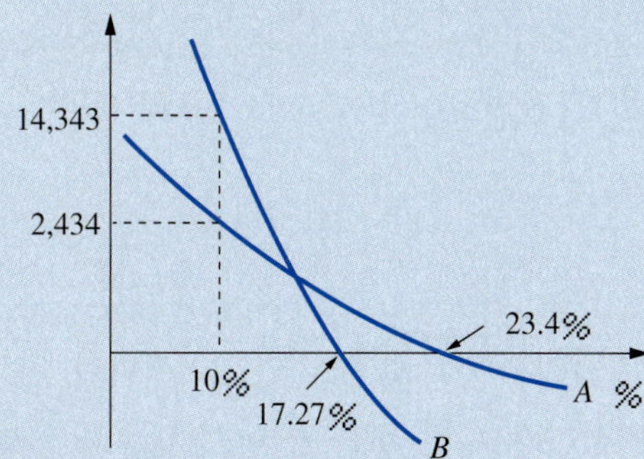

MIRR에 의한 평가에서도 A가 선택되어 여전히 NPV법과 상반된 결과를 보인다.

(3) (B−A)의 현금흐름은 다음과 같다.

$t=0$	1	2	3
−100,000	45,000	45,000	45,000

이러한 차액현금흐름의 내부수익률을 구하면 증분 IRR이 된다.

$$100{,}000 = \frac{45{,}000}{(1+IIRR)} + \frac{45{,}000}{(1+IIRR)^2} + \frac{45{,}000}{(1+IIRR)^3}$$

$$\therefore\ IIRR = 16.65\%$$

이는 자본비용 10%보다 큰 값이므로 규모가 큰 투자안 B를 선택한다. 이는 NPV법의 평가 결과와 일치한다.

5.2 복수의 IRR

(1) 개 요

IRR법을 적용하여 투자안을 평가할 때 IRR이 1개 이상 존재하는 경우가 있다. 즉, 현금흐름이 복잡한 경우에 이러한 현상이 나타날 수 있다. 먼저 현금흐름이 단순한 경우를 살펴보자. 단순한 현금흐름이란 투자수행 초기에 1회 투자지출이 이루어지고, 그 이후에는 계속적인 현금유입이 있는 경우로서 현금흐름의 부호가 다음과 같이 나타나는 경우이다.

이처럼 부호전환이 1회 있는 경우에는 1개의 IRR이 존재한다. 한편, 복잡한 현금흐름이란 다음과 같이 부호전환이 2회 이상 존재하는 경우이다.

− + + − + +
① ② ③

이때에 IRR을 산출하면 3개까지 나올 수 있다.[4] 그러나 이러한 값들은 투자의사결정에 있어서 아무런 의미가 없는 값이 된다. 이 경우 가능한 현가곡선을 그리면 [그림 5-7]과 같다.

이같이 복잡한 현금흐름이 있는 투자안으로는 광산개발이나 벌목사업 등을 예로 들 수 있다. 대개 이러한 투자안은 투자안을 수행한 후 원상회복을 해야 하기

4) 수학적으로는 이러한 경우 부호전환횟수만큼의 IRR이 존재할 수 있음이 Descartes' rule of signs으로 증명되어 있다.

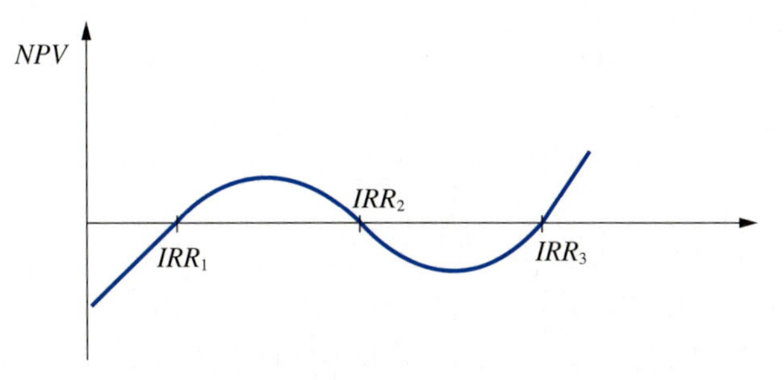

그림 5-7
복수의 IRR과 현가 곡선

때문에 추가지출이 수반되는 것이 일반적이다. 이러한 투자안에서 산출된 복수의 IRR들은 투자의사결정에 이용할 수 없으므로 다음과 같은 방법으로 해결한다.

(2) 해결방법

먼저 경제적 의미를 갖는 올바른 내부수익률을 R' 라고 가정한다. 그리고 현금유출은 투자안에다가 현금을 빌려주는 대출로 간주하고 현금유입은 투자안으로부터 현금을 빌려오는 차입으로 간주한다. 이때에 대출이자율이란 이 투자안의 수익률과 같은 것이므로 대출에 적용되는 이자율은 R' 가 될 것이고 차입에 적용되는 이자율은 자본비용 k가 될 것이다.

그러면 투자수명 동안의 현금유출과 유입을 대출과 차입으로 이루어지는 금융활동으로 볼 수 있는데 이에 따른 현금유출입에 대한 등식을 설정하되 투자수명의 완료시점에서 부의 누적값이 0이 되도록 한다. 그리고 여기서 R' 를 산출하여 자본비용과 비교하여 투자수행 여부를 판단한다. 이처럼 최종시점의 부를 0으로 만드는 이유는 내부수익률이 현금유입과 현금유출의 가치를 동일하게 만드는 할인율이므로 투자완료시점의 누계값은 0이 되기 때문이다.

>>> **예제 5-5**

가나기업은 광산을 개발할 계획이다. 현재 440만원을 지출하여 개발하면 1년 후에 2,770만원의 현금유입을 얻을 수 있다. 그러나 정부의 광산개발승인에 따르면 개발완료 후에 원상태로 회복시켜야 하는데 이에는 2,500만원의 비용이 소요될 것으로 추정된다. 자본비용이 10%라고 할 때 IRR법에 의해 이 투자안의 경제성을 평가하라.

풀이

투자안의 현금흐름과 내부수익률은 다음과 같다.

$t=0$	1	2
-440	2,770	$-2{,}500$

$$440=\frac{2{,}770}{(1+R)}-\frac{2{,}500}{(1+R)^2}$$

$$\therefore\ R=9.2\%,\ 417.57\%$$

여기서 IRR은 9.2%, 417.57% 2개가 산출되는데 이러한 복수의 IRR은 경제적 의미가 없다. 따라서 올바른 IRR을 R' 라고 하고 투자안에 대한 대출이자율 R', 투자안으로부터 차입이자율을 자본비용 10%로 하여 각 시점별로 부의 누계를 산출한다.

시점	대출	차입	부의 누계
0	440		440
1		$-2{,}770$	$440(1+R')-2{,}770$
2	2,500		$2{,}500+[440(1+R')-2{,}770]\times 1.1$

여기서 투자수명 종료시점의 부를 0으로 하는 R'를 구한다.

$$2{,}500+[440(1+R')-2{,}770]\times 1.1=0$$

$$\therefore\ R'=13\%$$

올바른 IRR=13%로서 자본비용 10%보다 크므로 투자안을 수행한다.

제 6 절 자본예산의 실제적용

6.1 인플레이션과 자본예산

(1) 인플레이션의 반영원칙

자본예산이란 투자의 효과가 장기간에 걸쳐 나타나는 투자안에 대한 의사결정이기 때문에 투자안의 내용연수 동안에 발생할 수 있는 물가상승효과를 무시할 수 없다. 왜냐하면 인플레이션을 고려하지 않았을 경우 채택되었던 투자안도 인플레이션을 고려하면 기각될 수 있기 때문이다.

이러한 물가상승효과를 자본예산에서 반영하는 방법은 다음과 같이 두 가지로 분류된다.

① 명목현금흐름을 명목이자율로 할인하는 방법

이는 투자안으로부터 기대되는 현금흐름을 명목현금흐름으로 측정하고 이의 NPV를 산출할 때에도 명목할인율을 적용하는 방법이다. 여기서 명목현금흐름이란 물가가 상승하여 미래시점에서 실제로 받게 되는 현금흐름을 말한다.

② 실질현금흐름을 실질이자율로 할인하는 방법

이는 투자안으로부터 기대되는 현금흐름을 실질현금흐름으로 측정하고 이에 대해서 실질할인율을 적용하여 NPV를 산출하는 방법이다. 여기서 실질현금흐름이란 투자시점에서의 화폐구매력으로 평가된 금액으로서 명목현금흐름 속에 포함되어 있는 물가상승효과액을 빼낸 금액이라고 생각하면 된다. 따라서 명목현금흐름은 예상되는 현금수령액을 그대로 측정하면 되지만 실질현금흐름은 투자시점에서의 불변가격으로 환산하는 과정이 추가로 필요하다.

(2) 인플레이션을 고려한 자본예산

① 현금흐름의 측정

앞에서 설명한 바와 같이 명목현금흐름이란 미래시점에서 실제로 나타나는 현금흐름을 말한다. 그리고 실질현금흐름이란 이러한 명목현금흐름을 투자시점의 화폐구매력으로 평가한 것이기 때문에 이들간에는 다음과 같은 관계가 성립된다.

$$CN_t = CR_t(1+inf)^t \quad \text{또는} \quad CR_t = \frac{CN_t}{(1+inf)^t} \tag{5.11}$$

단, CN_t : t시점의 명목현금흐름
CR_t : t시점의 실질현금흐름
inf : 물가상승률

이때 물가상승이 현금흐름의 모든 구성요소에서 동일한 비율로 발생하는 중립적 인플레이션(neutral inflation)의 경우에는 단일의 물가상승률을 적용하면 되기 때문에 현금흐름의 측정이 단순하다. 그러나 현금흐름 구성요소들의 물가상승률이 각각 다르게 나타나는 비중립적 인플레이션의 경우에는 각 요소에 해당하는 개별물가상승률을 적용하여야 한다.

② 현금흐름 측정시 주의사항

인플레이션을 고려한 자본예산에서 현금흐름을 측정할 때 주의할 사항은 다음과 같다.

첫째, 감가상각비의 법인세 감세효과($t \cdot Dep$)는 명목현금흐름이라는 점이다. 즉, 물가가 상승되더라도 매년 감가상각비는 역사적 취득원가를 기준으로 산출되는 것이고 미래시점에서 법인세를 절감하게 되는 실제금액도 이에 따라서 결정되기 때문이다.

둘째, 잔존가치가 기계구입시점의 물가수준을 기준으로 한 실질가격으로 측정되었다면 고정자산의 처분시점에서는 보유기간 동안의 물가상승에 따라 처분이익이 발생할 수 있다는 점이다. 이때에는 처분이익에 대한 법인세유출을 고려하여야 한다. 그러나 잔존가치가 물가상승까지 고려한 처분가격으로 책정되었다면 처분손익은 발생하지 않을 것이다.

③ 할인율의 결정

이와 같이 측정된 현금흐름에 적용할 할인율은 제4장의 채권수익률에서 설명한 Fisher의 공식을 이용한다.

$$1+R=(1+r)\,(1+inf)$$

단, R : 명목이자율
r : 실질이자율
inf : 물가상승률

즉, 위 식을 이용하여 명목현금흐름에 대해서는 다음과 같이 명목이자율을 산출하여 할인율로 사용한다.

$$R=(1+r)\,(1+inf)-1$$

또한 실질현금흐름에 대해서는 다음과 같이 실질이자율을 산출하여 할인율로 사용한다.

$$r=\frac{(1+R)}{(1+inf)^t}-1$$

이처럼 명목현금흐름에는 명목이자율을 할인율로, 실질현금흐름에는 실질이자율을 할인율로 적용하여 NPV를 산출하면 서로 동일한 값을 갖게 되는데 이때의 NPV값을 투자의 경제성 판단근거로 이용하면 된다. 따라서 인플레이션효과를 일관성 있게 자본예산에 반영하는 것이 중요하다.

>>> 예제 5-6

신기계의 구입가격은 5,000만원이고 내용연수는 3년이며 잔존가치는 구입가격의 28%이다. 이 기계의 구입으로 첫해 현금수익은 1,800만원의 증가가 예상되며 동업종의 기대인플레이션율은 8%이지만 시장전체의 인플레이션율은 6%로 예상된다. 실질이자율은 12%, 법인세율은 30%라고 가정하자.

(1) 기계구입에 따른 명목현금흐름을 추정하여 의사결정을 하라.

(2) 실질현금흐름을 추정하여 의사결정을 하고 (1)의 결과와 비교하라.

풀이

(1) 명목현금흐름표와 NPV산출

	$t=0$	1	2	3
기계구입	−5,000			
세후EBITDA		1,800×0.7	(1,800×1.08)×0.7	(1,800×1.08²)×0.7
감가상각비효과①		1,200×0.3	1,200×0.3	1,200×0.3
잔존가치②				1,400
계	−5,000	1,620	1,721	3,230

① 감가상각비는 매시점 장부상 비용항목으로 그만큼 감세효과를 주므로 명목현금흐름이다.

② 불편기대가설을 전제로 잔존가치는 처분시점의 가격과 같다고 본 것이다. 그러나 잔존가치가 실질가격기준으로 측정된 것이라면 이 현금흐름은 다음과 같이 처분이익에 대한 법인세를 고려하여 1,587이 될 것이다.

$$1{,}400\times1.06^3-(1{,}400\times1.06^3-1{,}400)\times0.3=1{,}587$$

이 현금흐름은 명목현금흐름이므로 다음과 같이 명목이자율을 구해서 NPV를 산출한다.

$$\begin{aligned}R&=(1+r)(1+inf)-1\\&=1.12\times1.06-1=0.1872\ (18.72\%)\end{aligned}$$

$$NPV=-5{,}000+\frac{1{,}620}{1.1872}+\frac{1{,}721}{1.1872^2}+\frac{3{,}230}{1.1872^3}=-485$$

$NPV<0$ 이므로 투자안을 기각한다.

(2) 실질현금흐름표와 NPV산출

	$t=0$	1	2	3
기기계구입	−5,000			
세후영업현금		$\frac{1{,}800}{1.06}\times0.7$	$\frac{(1{,}800\times1.08)}{1.06^2}\times0.7$	$\frac{(1{,}800\times1.08^2)}{1.06^3}\times0.7$
감가상각비효과		$\frac{1{,}200}{1.06}\times0.3$	$\frac{1{,}200}{1.06^2}\times0.3$	$\frac{1{,}200}{1.06^3}\times0.3$

잔존가치				$\frac{1,400}{1.06^3}$
계	−5,000	1,528	1,531	2,712

이 현금흐름은 실질현금흐름이므로 실질이자율로 할인하여 NPV를 산출한다.

$$NPV = -5,000 + \frac{1,528}{1.12} + \frac{1,531}{1.12^2} + \frac{2,712}{1.12^3} = -485$$

이는 명목현금흐름에서 측정한 NPV와 동일한 값이다.

6.2 투자수명이 다를 경우

투자수명이 서로 다른 투자안들을 NPV법으로 비교평가하는 경우를 생각해보자. 이때에는 각 투자안의 수명이 종료된 후 재투자할 수 있는 기회를 어떻게 가정하느냐에 따라 다음과 같은 몇 가지 평가방법을 생각해 볼 수 있다.

(1) 할인율로 재투자를 가정하는 방법

이는 어떤 투자안의 수명이 종료된 후 그 투자안에서 벌어들인 수익으로 재투자할 때 얻을 수 있는 수익률은 할인율, 즉 자본비용과 같다고 가정하는 것이다. 그런데 앞서 설명한 바 있지만 투자안의 수익률이 할인율과 같다면 그 투자안의 NPV는 0이다. 따라서 이러한 평가방법은 비교대상이 되는 투자안의 투자수명의 차이를 무시하고 NPV가 큰 투자안을 우선적으로 선택하는 것과 동일한 결과를 가져다 준다.

(2) 반복투자를 가정하는 방법

이는 각 투자안들의 투자수명이 종료된 후에도 각각 똑같은 투자안을 다시 수행할 기회가 있다고 가정하는 것이다. 이러한 반복투자의 기회가 언제까지 존재하는가에 따라 다음과 같이 두 가지 평가방법을 생각할 수 있다.

① 최소공배수법

이는 각 투자안의 종료시점을 일치시켜서 비교하는 방법이다. 이를 위해서 각 투자안 수명의 최소공배수에 해당하는 기간까지 반복투자한다고 가정하여 총 NPV를 비교한다.

② 무한반복투자

이는 각 투자안이 무한히 계속된다는 가정 하에서 투자안을 비교하는 방법이다. 구체적인 평가기준으로는 NPV(n, ∞) 또는 이에 해당하는 연간균등가치(AEV: annual equivalent value)를 이용한다.

NPV(n, ∞)는 투자수명이 n인 투자안이 무한반복되는 경우의 총 NPV를 의미하며 다음과 같이 산출된다.

$$NPV(n,\infty)=NPV+\frac{NPV}{(1+R)^{n}}+\frac{NPV}{(1+R)^{2n}}+\cdots+\frac{NPV}{(1+R)^{\infty}}$$

이는 무한등비급수의 합이므로 다음과 같이 정리할 수 있다.

$$NPV(n,\infty)=NPV\frac{(1+R)^{n}}{(1+R)^{n}-1} \tag{5.12}$$

그런데 매년 일정한 현금흐름이 무한히 계속된다면 그 금액이 얼마가 되어야 현재가치가 NPV(n,∞)와 동일한 크기가 될까? 이때 두 값을 일치시키는 매년의 일정한 현금흐름, 즉 연금액을 연간균등가치(AEV)라고 한다. 따라서 이들간에는 다음 식이 성립된다.

$$\frac{AEV}{R}=NPV(n,\infty)\text{ 에서}\qquad AEV=NPV(n,\infty)\cdot R \tag{5.13}$$

물론 NPV(n,∞) 또는 이에 해당하는 AEV가 큰 투자안을 선택해야 함은 당연하다.

그런데 이같이 반복투자를 가정하는 방법은 현재 NPV가 0보다 큰 투자안과 똑같은 투자안이 미래에도 계속 존재하여 이를 계속적으로 수행한다는 가정을 전제로 하는 것이다. 그러나 경쟁기업의 출현 등의 환경변화를 고려할 때 이러한 가정은 지나치게 낙관적인 면이 있다.

(3) 미래투자기회를 예측하는 방법

이는 현재의 투자안이 끝난 후 예상되는 새로운 투자기회까지 평가하여 현재 투자안의 평가요소로 포함시키는 방법이다. 가장 이상적인 방법이긴 하지만 새로운 투자기회를 파악한다는 것은 매우 어려운 일이기 때문에 현실성이 없는 편이다.

>>> 예제 5-7

가나기업은 미래현금흐름이 다음과 같은 두 개의 상호 배타적인 투자안 A, B를 놓고 NPV법을 이용하여 투자안을 선택하고자 한다. 투자안 A, B를 수행하는 데 소요되는 비용은 각각 2,800만원과 4,550만원이며 모두 투자수행초기에 지출된다. 할인율(자본비용)은 10%라고 가정하여 다음의 각 물음에 답하라.

	$t=1$	2	3	4
투자안 A	1,200	1,200	1,200	–
투자안 B	1,500	1,500	1,500	1,500

(1) 두 투자안 모두 투자수명이 종료된 후 재투자가 가능하고 그 수익률이 할인율과 동일하다면 어느 투자안을 선택하여야 하는가?

(2) 각 투자안이 모두 반복투자가 가능하다면 어느 투자안이 선택되는가?

(3) 가나기업은 A 투자안의 후속투자안으로 3년 후 다음과 같은 현금흐름이 예상되는 투자안 C를 수행할 수 있다. 이 경우 투자안 선택은 어떻게 이루어지는가?

$t=3$	4	5
−1,200	720	720

(4) 이와 같이 투자수명이 다른 투자안을 평가할 때에 적용되는 분석방법들에 대해 논평하라.

풀이

(1) 투자수명 후의 재투자수익률이 할인율과 같기 때문에 재투자의 NPV는 0이다. 따라서 각 투자안의 NPV를 비교해서 선택한다.

$$NPV_A = -2{,}800 + 1{,}200 \times PVIFA(10\%,\ 3) = 184.22$$
$$NPV_B = -4{,}550 + 1{,}500 \times PVIFA(10\%,\ 4) = 204.8$$

$NPV_B > NPV_A$이므로 투자안 B를 선택한다.

(2) ① 최소공배수 기간에 해당하는 NPV를 비교한다.

각 투자안의 종료시점이 일치되는 12년(3과 4의 최소공배수) 동안 반복투자를 가정하여 NPV를 산출한다.

$$NPV_A = 184.22 + \frac{184.22}{1.1^3} + \frac{184.22}{1.1^6} + \frac{184.22}{1.1^9} = 504.74$$

$$NPV_B = 204.8 + \frac{204.8}{1.1^4} + \frac{204.8}{1.1^8} = 440.22$$

$NPV_A > NPV_B$이므로 투자안 A를 선택한다.

② 무한한 반복투자가 가능하다고 가정하여 산출한 NPV를 비교한다.

투자안 A는 184.22가 $t=0,\ 3,\ 6,\ 9,\ \cdots$에서 무한히 유입되므로 이러한 현금흐름의 NPV를 NPV(3, ∞)라고 표현하고 다음과 같이 산출한다.

$$NPV(3,\ \infty)=184.22+\frac{184.22}{1.1^3}+\frac{184.22}{1.1^6}+\cdots$$

$$=184.22\left[1+\frac{1}{1.1^3}+\left(\frac{1}{1.1^3}\right)^2+\left(\frac{1}{1.1^3}\right)^3+\cdots\right]$$

이때 [ ]은 초항 1, 공비 $\frac{1}{1.1^3}$ 인 무한등비급수의 합이므로

$$NPV(3,\ \infty)=184.22\left(\frac{1.1^3}{1.1^3-1}\right)=740.78$$

같은 방법을 투자안 B에 적용하면

$$NPV(4,\ \infty)=204.8\left(\frac{1.1^4}{1.1^4-1}\right)=646.08$$

$NPV(3,\ \infty) > NPV(4,\ \infty)$이므로 A를 선택한다.

③ 무한 반복투자의 NPV(n, ∞)에 해당하는 연간균등가치(AEV)를 비교한다.

투자안 A의 NPV(3, ∞)인 740.78과 같은 가치를 갖는 무한연금을 AEV_A라고 하면 다음과 같이 산출된다.

$$\frac{AEV_A}{1.0}=740.78\text{ 에서}\quad AEV_A=74.078$$

투자안 B의 경우에는 같은 방법으로 $AEV_B=64.608$

$AEV_A > AEV_B$이므로 투자안 A를 채택한다.

【별해】

AEV는 반드시 NPV(n, ∞)에서 구해야 하는 것은 아니다. 즉, 투자안 A의 경우 (1)에서 구한 NPV가 184.28인데 이는 3년 동안에 이루어진 것이므로 이를 매년 일정액의 연금유입과 같게 하면 AEV_A를 쉽게 구할 수 있다.

$$184.22=\frac{AEV_A}{1.1}+\frac{AEV_A}{1.1^2}+\frac{AEV_A}{1.1^3}\qquad\therefore\ AEV_A=74.078$$

투자안 B의 경우 같은 방법으로 $AEV_B=64.608$을 확인할 수 있다.

(3) 투자안 A를 선택하면 3차년도에 회수되는 1,200을 투자안 C에 재투자할 수 있으므로 투자안 A의 선택은 투자안 C의 NPV도 함께 고려해야 한다.

$$NPV_C=\left(-1{,}200+\frac{720}{1.1}+\frac{720}{1.1^2}\right)\times\frac{1}{1.1^3}=37.26$$

$$NPV_{(A+C)}=184.22+37.26=221.48$$

이는 NPV_B보다 크므로 현시점에서는 A를 채택하고 3년 후 C를 채택한다.

(4) 미래투자기회를 예측하여 이를 함께 고려해서 평가하는 방법이 가장 이상적인 방법이지만 할인율로 재투자를 가정하는 방법이 현실적이다.

6.3 투자규모가 다를 경우

(1) 수익성지수

① 의의 및 특징

투자규모가 서로 다른 투자안을 비교할 때에는 투자의 효율성을 기준으로 평가하기도 한다. 이때에는 효율성의 척도로서 수익성지수(PI: profitability index)를 이용하는데 다음과 같이 산출한다.

$$PI = \frac{\text{현금유입의 총현가}}{\text{투자액의 총현가}} \tag{5.14}$$

수익성지수는 투자액 단위당 효율성을 측정하는 지표로서 1보다 클 때에 경제성이 있다고 판단한다. 위의 식과 NPV를 산출하는 식에서 보면 수익성지수가 1보다 크다는 것은 NPV가 0보다 크다는 것과 같은 의미임을 알 수 있다.

② 수익성지수의 이용

수익성지수를 이용해서 여러 투자안을 비교하는 것은 각 투자안에 중복해서 투자할 수 있을 때에만 NPV법과 같은 결과를 보인다.[5)]

만약 각 투자안에 한 번밖에 투자할 수 없다면, 즉 중복투자가 불가능한 경우에는 수익성지수를 이용한 평가결과는 NPV법과 다를 수 있다.

(2) 가중평균수익성지수

① 의 의

가중평균수익성지수(WAPI: weighted average profitability index)란 여러 투자안에 함께 투자할 때에 각 투자안의 수익성지수를 투자금액의 비중에 따라 가중평균한 값으로서 다음과 같이 정의된다.

$$WAPI = \sum_{i=1}^{n} w_i \cdot PI_i \tag{5.15}$$

단, w_i : 총투자액 중 투자안 i의 투자액이 차지하는 비율

5) 투자수명이 다른 경우에 반복투자를 가정하는 방법은 시간의 경과에 따라서 같은 투자안을 계속 수행할 수 있다고 가정하는 것이고, 투자규모가 다른 경우에 수익성지수법은 동일한 시점에서 같은 투자안을 한꺼번에 여러 개 수행할 수 있다고 가정하는 것이다.

② WAPI의 이용

복수의 유리한 투자안이 존재하지만 여러 가지 제약조건으로 일부 투자안들만 채택해야 하는 경우가 있다. 이때에는 제약조건 하에서 가능한 투자조합을 구성해야 하는데 이러한 구성과정을 자본할당(capital rationing)이라고 한다. 여기서 투자조합의 경제성을 비교평가함에 있어서 WAPI는 유용한 평가기준으로 이용된다.

최적자본할당이란 투자조합의 NPV를 가장 크게 하여 기업가치를 극대화시키는 것이다. 따라서 여러 투자안이 있는 경우 가능한 투자조합 중에서 NPV가 가장 큰 조합을 구성하여야 할 것이다. 이때에 WAPI가 가장 크게 되도록 투자조합을 구성하면 이러한 목적을 달성할 수 있다. 즉, WAPI법은 항상 NPV법과 동일한 평가결과를 가져다 준다.

여기서 주의할 점은 투자안들 사이의 관계가 종속적인지 배타적인지 또는 독립적인지를 파악하고 조합을 구성하여야 한다는 것이다. 그리고 만약 가능한 투자안을 모두 수행하고도 남는 여유자금이 있다면 이의 순현재가치는 0이므로 이에 대한 수익성지수는 1로 계산해야 한다.

>>> 예제 5-8

다음과 같이 수행가능한 네 투자안에 대해 관련 정보를 수집하였다.

투자안	투자비용	*NPV*
A	100만원	210만원
B	50	160
C	80	120
D	70	35

(1) 각 투자안의 수익성지수(*PI*)를 산출하여 투자순위를 결정하고 그 결과를 NPV법의 결과와 비교하라.

(2) 투자안 A와 D는 상호배타적 관계에 있으며 B와 C는 종속적 관계에 있다. 투자자금 200만원으로 가능한 투자조합을 구성하라. 각 투자조합의 WAPI를 구하여 투자순위를 비교하고 그 결과를 NPV법의 결과와 비교하라.

풀이

(1) 각 투자안의 수익성지수는 다음과 같이 산출된다.

$$PI_A = \frac{100+210}{100} = 3.1 \qquad PI_B = \frac{50+160}{50} = 4.2$$

같은 방법으로 $PI_C = 2.5 \quad PI_D = 1.5$

이 결과에 따른 투자안의 우선순위는 B>A>C>D이다.

이는 NPV에 의한 순위 A>B>C>D와 일치하지 않는다.

(2) 가능한 투자조합과 이에 해당하는 WAPI, NPV는 다음과 같다.

조 합	*WAPI*	*NPV*
A	$3.1\times\frac{100}{200}+1\times\frac{100}{200}=2.05$	210
D	$1.5\times\frac{70}{200}+1\times\frac{130}{200}=1.175$	35
B+C	$4.2\times\frac{50}{200}+2.5\times\frac{80}{200}+1\times\frac{70}{200}=2.4$	280
B+C+D	$4.2\times\frac{50}{200}+2.5\times\frac{80}{200}+1.5\times\frac{70}{200}=2.575$	315

이때 투자조합 A+B+C는 투자소요액이 230만원으로 예산제약을 초과한다. 그리고 투자에 사용되지 않고 남는 자금의 순현가는 0이므로 PI는 1이 된다. 위에서 WAPI에 의한 순위는 NPV에 의한 순위와 일치함을 확인할 수 있다.

6.4 연간균등가치

투자수명이 다를 경우 반복투자를 전제로 산출한 연간균등가치(AEV)가 투자안의 선택기준이 될 수 있다고 설명하였다. 이는 스톡(stock)개념인 투자안의 NPV를 플로우(flow)개념인 연금으로 전환시킨 것이다. 이러한 논리를 비용의 관점에서 적용하면 스톡개념의 투자비용을 플로우개념인 연금형태로 전환시킬 수 있는데 이러한 연금을 연간균등비용(EAC : equivalent annual cost)이라고 한다. 이러한 연간균등가치의 개념은 다음과 같은 경우에 유용하게 쓰인다.

(1) 투자수명이 다른 기계의 선택

생산능력 등 다른 조건은 동일하고 투자수명, 투자비용, 그리고 유지비용이 서로 다른 두 기계가 있다고 하자. 이것이 1회성 투자안이라면 투자비용과 유지비용의 현재가치를 구하여 더 작은 값을 갖는 기계를 선택하면 될 것이다. 그러나 현실적으로 기업은 생산활동을 계속해야 하기 때문에 기계를 계속적으로 교체해야 하는 경우가 많다. 이러한 상황이라면 연간균등비용을 산출해서 이 값이 더 작은 기계를 선택해야 한다.

>>> 예제 5-9

A와 B, 두 기계의 생산능력은 동일하고 투자수명, 투자 및 유지와 관련된 비용정보만이 다음과 같이 다르다.

시점	0	1	2	3
A	1,500	500	500	500
B	1,000	600	600	

(1) 이 투자안이 1회성 투자안이라면 어느 기계를 구입해야 할까?

(2) 만약 기계를 계속적으로 교체해야 하는 상황이라면 어느 기계를 구입해야 할까? 단, 할인율은 6%이다.

풀이

(1) 1회성 투자안이라면 다음과 같이 비용의 현재가치가 더 작은 기계 B를 구입한다.

$$PV_A = 1{,}500 + 500 \times PVIFA(6\%,\ 3) = 2{,}836$$
$$PV_B = 1{,}000 + 600 \times PVIFA(6\%,\ 2) = 2{,}100$$

(2) 계속 교체해야 하는 투자안이라면 다음과 같이 연간균등비용(EAC)이 더 작은 기계A를 선택한다.

$$PV_A = EAC_A \times PVIFA(6\%,\ 3)$$
$$= EAC_A \times 2.6730 = 2{,}836$$
$$\therefore\ EAC_A = 1{,}061$$

$$PV_B = EAC_B \times PVIFA(6\%,\ 2)$$
$$= EAC_B \times 1.8334 = 2{,}100$$
$$\therefore\ EAC_B = 1{,}145$$

(2) 기계교체시기의 결정

현재 사용하고 있는 기계를 언제 새 기계로 교체할 것인가에 대한 결정도 연간균등가치의 개념을 이용할 수 있다.

구체적으로는 다음과 같은 2단계 절차를 따르다. 1단계에서는 현재의 기계를 추가적으로 1년 더 사용할 때 부담하는 비용을 고려해서 연간균등가치를 산출한다. 그리고 2단계에서는 이를 새 기계의 연간균등가치와 비교해서 유지 또는 교체 여부를 결정하면 된다. 다만, 주의할 점은 1단계에서 현재 기계를 추가사용할 때 나타나는 잔존가치의 감소분을 비용으로 인식해야 한다는 것이다.

>>> **예제 5-10**

현재 사용 중인 기계는 잔여년수가 2년이며 관련 자료는 다음과 같다.

시 점	0	1	2
현금유입		4,000	4,000
잔존가치	8,000	7,000	5,500

새 기계의 구입금액은 15,000이고 3년 동안 매년 8,000의 현금유입을 가져다준다. 할인율은 6%라고 가정하고 어느 시점에서 기계를 교체하는 것이 유리한가 판단하라.

풀이

현재 기계를 계속 사용하는 경우 각 시점의 AEV는 다음과 같다.

$$AEV_1 = 4{,}000 - (8{,}000 \times 1.06 - 7{,}000) = 2{,}520$$
$$AEV_2 = 4{,}000 - (7{,}000 \times 1.06 - 5{,}500) = 2{,}080$$

새 기계의 AEV는 먼저 NPV를 구하고 이를 이용해서 산출한다.

$$NPV = -15{,}000 + 8{,}000 \times PVIFA(6\%,\ 3) = 6{,}384$$
$$AEV \times PVIFA(6\%,\ 3) = 6{,}384 \qquad \therefore\ AEV = 2{,}388$$

두 가지 경우를 비교하면 다음과 같다.

	1	2	3
현재기계	2,520	2,080	
새 기계	2,388	2,388	2,388

비교결과에 따르면 2년 후 새 기계의 AEV가 현재 기계의 AEV보다 커지게 된다. 따라서 1년 말 시점에서 교체한다.

6.5 경제적 부가가치

종전에는 손익계산서상의 순이익이 투자안(또는 기업) 성과를 평가하는 지표로 사용되었다. 그러나 손익계산서상의 순이익은 타인자본에 대한 사용대가로 이자비용만이 차감되어 있을 뿐, 자기자본에 대한 사용대가는 차감하지 않은 값이다. 따라서 손익계산서상의 순이익이 양(+)의 값을 갖는다고 해서 반드시 기업가치가 증가되었다고 볼 수는 없다. 왜냐하면 주주에게 지급해야 할 자본비용이 손익계산서상의 순이익보다 더 크다면 기업가치는 오히려 감소한 것이기 때문이다. 손익계산서상의 순이익이 갖는 이러한 문제점을 해결하기 위해서 경제적 부가가치(EVA: economic value added)라는 개념이 도입되었다.

(1) EVA의 측정

EVA는 기업이 벌어들인 영업이익에서 법인세와 타인자본비용은 물론 자기자본비용까지 차감한 값이다. 이때의 자본비용은 %단위가 아닌 금액단위로 측정된다. 따라서 EVA는 자본비용을 공제한 후의 잔여이익(RI: residual income)으로서 경제적 이익(EP: economic profit) 또는 초과이익(EE: excess earnings)이라고도 하는데 다음과 같은 식으로 측정한다.

$$EVA = (\text{영업이익} - \text{법인세}) - (\text{타인자본비용} + \text{자기자본비용})$$
$$= \text{세후영업이익} - \text{총자본비용}$$

이 식에서 세후영업이익(NOPAT: net operating profit after taxes)[6]은 투자자본(IC: invested capital)에 수익률(ROIC: return on invested capital)을 곱하여 구할 수 있다. 그리고 금액기준의 자본비용도 투자자본에 대한 %단위의 자본비용(WACC: weighted average cost of capital)을 곱하여 구할 수 있으므로 EVA 산출식은 다음과 같이 나타내기도 한다.

$$EVA = \text{투자자본} \times \text{수익률}(\%) - \text{투자자본} \times \text{가중평균자본비용}(\%)$$
$$= \text{투자자본} \times (ROIC - WACC)$$

(2) EVA와 MVA

EVA는 매년 발생하는 초과이익으로서 플로우개념이다. 자본비용을 이용해서 EVA를 스톡개념인 현재가치로 전환시킨 것이 시장부가가치(MVA: market value added)이다. 이 둘의 관계를 살펴보기 위해서 투자안의 가치가 어떻게 산출되는가를 생각해 보자. 투자안가치는 미래현금흐름의 현재가치이다. 그런데 이때의 미래현금흐름은 자본비용액부분과 이를 초과하는 EVA부분으로 분해할 수 있다. 따라서 이 두 부분의 현재가치를 구하면 투자안의 가치가 되며 다음 식으로 산출할 수 있다.

$$\text{투자안의 가치} = \text{자본비용액의 현재가치} + EVA\text{의 현재가치}$$
$$= IC + MVA$$

6) 이때의 세금은 현금흐름기준의 법인세를 의미하기 때문에 세후영업이익을 NOPLAT(net operating profit less adjusted taxes)로 표현하기도 한다.

그리고 만약 기업이 영업에 사용되지 않는 자산을 보유하고 있다면 이를 위의 식에다가 더해주어 기업가치를 구할 수 있다.

(3) NPV와 IRR

EVA는 이미 앞서 설명한 NPV법과 IRR법 등과 용어의 차이가 있을 뿐, 그 산출구조와 의미는 다르지 않다. NOPAT라는 현금흐름은 자본예산의 현금흐름측정 단계에서 설명한 영업현금흐름과 같고 ROIC는 IRR과 같은 의미이다. 또한 EVA의 현재가치인 MVA는 NPV와 같은 의미를 갖는 것이다.

다음의 예제를 통해서 EVA에 대한 이해와 NPV, IRR과의 관계까지 살펴보자.

>>> 예제 5-11

가나기업은 매년 20억원의 현금흐름이 영구히 계속되는 투자안의 경제성을 검토하고 있다. 이 투자안의 자본비용은 16%이고 투자금액은 100억원이다.

(1) EVA와 MVA를 산출하라.

(2) NPV법과 IRR법으로 평가한 결과를 (1)의 관계에서 설명하라.

풀이

(1) EVA의 정의에 따라 위 투자안의 EVA를 산출한다.

$$\begin{aligned} EVA &= \text{영업이익} - \text{자본비용} \\ &= 20 - 100 \times 0.16 = 4(\text{억원}) \end{aligned}$$

MVA는 EVA의 현재가치이므로 다음과 같이 구할 수 있다.

$$MVA = \frac{4}{0.16} = 25(\text{억원})$$

(2) 투자안의 NPV를 구하면

$$NPV = \frac{20}{0.16} - 100 = 25(\text{억원})$$

이는 (1)에서 구한 MVA와 같은 값이다.

IRR은 $NPV=0$이 되는 할인율이므로 다음과 같다.

$$NPV = \frac{20}{IRR} - 100 = 0 \qquad \therefore\ IRR = 20\%$$

이는 ROIC와 같은 값이므로 EVA를 다음과 같이 구할 수도 있다.

$$\begin{aligned} EVA &= \text{투자자본} \times (ROIC - WACC) \\ &= 100 \times (0.2 - 0.16) = 4(\text{억원}) \end{aligned}$$

참고사항 >>> FCFF와 FCFE

1. 기업잉여현금흐름

현금흐름을 지칭하는 용어들이 통일되어 있지 않아서 다소 혼란스러운 면이 있다. 기업잉여현금흐름(FCFF: free cash flow to the firm)은 기업 또는 투자안의 현재가치를 산출할 때 할인대상이 되는 현금흐름이다. 이는 이자비용의 감세효과를 포함하지 않은 현금흐름이기 때문에 여기에 적용할 할인율은 자기자본비용과 세후타인자본비용의 가중평균자본비용이 된다. 본장 제2절에서 말한 '영업현금흐름(OCF: operating cash flow)'과 FCFF의 관계는 다음과 같다.

$$FCFF = \text{영업현금흐름} - \text{자본적 지출} - \text{추가운전자본}$$

위 식에서 보듯이 FCFF와 영업현금흐름(OCF)의 차이는 자본적 지출과 추가운전자본에 의해서 발생한다. 자본적 지출과 추가운전자본이 없는 단순한 경우에는 본장 제2절에서와 같이 OCF를 할인해서 기업 또는 투자안의 현재가치를 구할 수 있다. 그러나 만약 〈연습문제 5-3〉과 같이 자본적 지출과 추가운전자본에 관한 자료가 주어진 상황이라면 이를 반영한 FCFF를 할인하여야 한다. 그리고 본장 제2절에서 설명한 '기업현금흐름'은 이자비용의 감세효과를 반영한 것이기 때문에 FCFF와는 다른 것이다. 한편 FCFF를 기업이라는 단어를 빼고 간단하게 잉여현금흐름(FCF: free cash flow)이라고도 한다.

2. 주주잉여현금흐름

그리고 주주잉여현금흐름(FCFE: free cash flow to equity)은 주주에게 귀속되는 현금흐름을 말하는데 본장 제2절에서와 설명한 것과 같이 순이익에 감가상각비를 더해서 구한다. 자본적 지출과 운전자본변동이 있다면 이를 반영해야 함은 물론이고 주주만의 현금흐름이기 때문에 부채상환과 추가조달이 있다면 이들도 반영해야 한다. 즉, 부채상환은 차감하고 추가조달은 가산해야 한다.

$$FCFE = \text{순이익} + \text{감가상각비} - \text{자본적 지출} - \text{추가운전자본} - \text{부채상환} + \text{부채조달}$$

제11장에서 소개하는 주주현금흐름(FTE: flow to equity)도 명칭만 다를 뿐 이와 같은 것이다. 기업잉여현금흐름(FCFF)은 부채를 사용한다고 해도 그 값이 달라지지 않지만 주주잉여현금흐름(FCFE)은 이자비용을 뺀 값이기 때문에 부채금액에 따라서 그 값이 달라진다.

/제 5 장/ 요약

FINANCIAL MANAGEMENT

1. 자본예산이란 실물투자와 관련된 의사결정기법을 말한다. 자본예산에서는 투자안의 현금흐름을 측정하고 현재가치를 구하여 경제성을 평가하는 것이 핵심적인 내용이다.

2. 투자안의 현금흐름은 영업현금흐름으로 측정하는데 이는 무부채상태의 현금흐름으로서 다음과 같은 두 가지 방법으로 구할 수 있다.
   ① 세후EBIT+감가상각비
   ② 세후EBITDA+감가상각비의 감세효과
   이렇게 측정한 영업현금흐름을 이자비용의 감세효과가 반영된 자본비용(k_1)으로 할인하면 투자안의 현재가치가 된다.

3. 실제로 기업에 유입되는 현금흐름은 기업현금흐름이라고 하는데 이를 이용해서 투자안을 평가할 수도 있다. 기업현금흐름은 다음과 같은 두 가지 방법으로 구할 수 있다.
   ① 주주현금흐름+채권자현금흐름
   ② 영업현금흐름+이자비용의 감세효과
   이렇게 측정한 기업현금흐름은 이자비용의 감세효과가 반영되지 않은 자본비용(k_2)으로 할인해서 투자안의 현재가치를 구해야 한다.

4. 부채를 사용하는 경우 영업현금흐름은 기업현금흐름보다 작지만 이자비용의 감세효과가 반영되면 자본비용도 작아져 $k_1 < k_2$가 되면서 다음 식이 성립하게 된다.

$$\text{투자안의 현재가치} = \frac{\text{영업현금흐름}}{k_1} = \frac{\text{기업현금흐름}}{k_2}$$

5. 영업현금흐름으로 투자안의 현재가치를 구하거나 기업현금흐름으로 투자안의 현재가치를 구하거나 그 값은 같지만 기업재무이론에서는 영업현금흐름을 이용하는 것이 일반적이다.

6. 순현가법은 위와 같이 구한 투자안의 현재가치에서 투자비용을 차감한 값(NPV)이 0보다 크면 투자안을 수행하는 것인데 투자안의 경제성평가기법 중 가장 우수한 방법으로 인정되고 있다.

7. 투자안의 경제성 평가기법 중에서 화폐의 시간적 가치를 고려하는 방법으로 내부수익률법도 있다. 내부수익률법이 갖는 문제점을 개선해 가면서 경제성 평가기법으로 이용할 수 있지만 그 개선결과는 결국 순현가법과 같은 결과를 만들어내는 것이다.

>>> 연습문제 5－1

가나기업은 연 10% 이자율로 부채를 사용하고 있으며 손익계산서는 다음과 같다.

손익계산서

매 출 액		900
매출원가		500
매출총이익		400
판매관리비		
급 여	60	
감가상각비	90	150
영업이익		250
지급이자		50
납세전이익		200
법인세		80
순이익		120

(1) 재무관리에서는 일반적으로 이자비용의 법인세절감효과를 자본비용에 반영한다. 이 방법에 따를 때에 분석대상이 되는 현금흐름을 측정하라.

(2) 이자비용의 법인세절감효과는 자본비용에 반영하지 않고 현금흐름에 직접 반영할 수도 있다. 이 방법을 따를 때에 분석대상이 되는 현금흐름을 측정하라.

(3) 위의 (1), (2)에서 측정한 현금흐름의 차이가 갖는 경제적 의미를 설명하라. 그리고 이중계산의 오류란 무엇인가?

해설

(1) 식 (5.2)를 이용하여 다음과 같이 산출한다. 이를 영업현금흐름이라고 하며, WACC법을 이용한 자본예산의 분석대상이 되는 현금흐름이다.

$$CF = (R-C)(1-t) + t \cdot Dep$$
$$= (900-560)(1-0.4) + 0.4 \times 90 = 240$$

(2) 이자비용을 반영한 상태에서 주주와 채권자에게 귀속되는 현금흐름의 합계를 산출한다. 이를 기업의 현금흐름이라고 한다.

주주의 현금유입	120＋90＝210
채권자의 현금유입	50
기업의 현금흐름	260

(3) (1), (2)의 현금흐름차이 20(＝260－240)은 이자비용의 법인세절감효과로서 다음과 같이 확인된다.

$$\text{이자비용} \times \text{법인세율} = 50 \times 0.4 = 20$$

투자안의 현재가치를 산출할 때 분자(현금흐름)를 240으로 하면 분모(할인율)는 자기자본비용(k_e)과 세후타인자본비용(k_i)의 가중평균값을 사용해야 한다. 반면에 분자를 260으로 하면 분모는 자기 자본비용(k_e)과 세전타인자본비용(k_d)의 가중평균값을 사용해야 한다.

	방법(1)	방법(2)
분자	현금흐름 240	현금흐름 260
분모	k_e와 k_i의 가중평균값	k_e와 k_d의 가중평균값

방법(1), 방법(2)로 측정한 현재가치는 동일한 값을 갖게 되는데 이중계산의 오류란 현금흐름을 260으로 하면서 할인율은 k_e와 k_i의 가중평균값을 사용하는 것을 말한다.

연습문제 5－2

가나기업은 연 10% 이자율로 부채를 사용하고 있으며 손익계산서는 다음과 같다. 단, 현재의 자기자본비용은 20%이다.

손익계산서	
매 출 액	900
매출원가	500
매출총이익	400
판매관리비	
급 여	60
영업이익	340
지급이자	50
납세전이익	290
법인세(40%)	116
순이익	174

(1) 영업현금흐름을 구하여 영업이익과 비교하라. 그리고 영업현금흐름을 이용해서 기업의 가치를 구하라.

(2) 기업현금흐름을 구하고 이를 이용해서 기업의 가치를 산출하여 (1)의 결과와 비교하라.

(3) 조정현가법(또는 MM의 수정명제)을 이용해서 이자비용의 법인세감세효과액을 산출하고 이 기업의 무부채상태에서의 자기자본비용을 산출하라.

해설

(1) ① 이 문제에서는 감가상각비가 없는 것이 〈연습문제 5-1〉과 다른 점이다. 영업현금흐름을 계속적으로 창출하기 위해서 감가상각비만큼 재투자가 필요하거나 수명이 무한한 투자안 또는 계속기업을 전제로 하는 자본구조이론에서 다루게 되는 유형의 현금흐름이다. 이러한 경우 영업현금흐름은 다음과 같다.

$$CF = (R - C)(1 - t) + t \cdot Dep$$

$$=(900-560)(1-0.4)+0.4\times 0=204$$

이 값은 다음의 세후영업이익(EBIT(1 − t))과 같은 금액이다.

$$CF=EBIT(1-t)=340\times 0.6=204$$

그리고 만약 세금이 없는 상황이라면 영업현금흐름은 영업이익(EBIT)과 동일하게 된다. 따라서 이 문제와 같은 상황에서는 두 가지 용어가 함께 사용되기도 한다.

② 부채와 자기자본의 가치를 B, S로 나타내면 다음 식이 성립한다

$$B=\frac{50}{10\%}=500$$

$$k_0=\frac{S}{S+500}\times 20\%+\frac{500}{S+500}\times 10\%(1-0.4)$$

여기서 타인자본비용을 10%가 아닌 6%(=10%(1−0.4))를 사용하는 것이 법인세절감효과를 반영하는 것이다.

그리고 기업가치 V는 다음과 같다.

$$V=S+500=\frac{204}{k_O}$$

이 식들로부터 $k_0=14.89\%$, $S=870$, $V=1{,}370$

【별해】

$$B=500,\quad S=\frac{174}{20\%}=870$$

$$V=B+S=500+870=1{,}370$$

$$k_0=\frac{870}{1{,}370}\times 20\%+\frac{500}{1{,}370}\times 10\%(1-0.4)=14.89\%$$

(2) ① 부채를 사용하고 있는 상태에서 주주와 채권자에게 귀속되는 현금흐름을 측정한다. 이는 이자비용의 법인세절감효과를 현금흐름에 반영하기 위한 것이다.

주주의 현금유입	174
채권자의 현금유입	50
기업의 현금흐름	224

② 이때 기업의 자본비용은 다음과 같다.

$$k_0=\frac{870}{1{,}370}\times 20\%+\frac{500}{1{,}370}\times 10\%=16.35\%$$

현금흐름에서 법인세절감효과 20(=224−204)을 반영하였으므로 여기서 타인자본비용은 10%를 그대로 사용한다. 이중계산의 오류란 이 문제에서 현금흐름을 224로 측정하면서 가중평균자본비용도 세후타인자본비용 6%를 사용하여 14.89%를 적용하는 것을 일컫는 것이다.

그리고 기업가치 V는 다음과 같다.

$$V = \frac{224}{16.35\%} = 1{,}370 \text{ (또는 } \frac{174}{20\%} + \frac{50}{10\%} = 1{,}370)$$

(3) 조정현가법은 MM의 수정명제와 같은 논리적 구조를 갖는다(이 부분은 제10장, 제11장을 참조바람).

① 이자비용의 절세금액은 다음과 같다.

$$k_d \cdot B \cdot t = 10\% \times 500 \times 0.4 = 20$$

이는 앞서 2번에서 확인한 20(=224−204)과 동일하다.

② 기업가치를 나타내는 다음 식에서 ρ를 구할 수 있다.

$$V = \frac{204}{\rho} + \frac{20}{10\%} = 1{,}370 \qquad \therefore \ \rho = 17.44\%$$

여기에서 MM의 수정Ⅱ 명제를 이용하면 다음과 같이 현재의 자기자본비용 20%를 확인할 수 있다.

$$k_e = \rho + (\rho - k_d)(1-t) + \frac{B}{S}$$
$$= 17.44 + (17.44 - 10)(1 - 0.4) \times \frac{500}{870} = 20\%$$

>>> 연습문제 5-3

무부채기업인 가나기업의 재무자료가 다음과 같다(단위: 억원)

	t=0	1	2	3
EBITDA	109	123	160	162
감가상각비	18	23	30	22
자본적 지출	23	29	23	39
순운전자본	39	51	89	80

(1) t=1, 2, 3의 FCFF를 측정하라. 단, 법인세율은 30%이다.

(2) 동일한 경영위험을 갖는 ABC기업(부채비율 25%)의 주식 베타는 1, 2이고 무위험이자율 4.9%, 시장위험프리미엄은 5%이다. 가나기업의 4년부터 현금흐름은 3년째 현금흐름이 동일하게 계속된다고 할 때 가나기업의 가치는 얼마인가?(억단위 미만은 버릴 것)

(3) 가나기업은 (2)에서 산출한 기업가치의 20%에 해당하는 부채를 발행하여 조달한 자금으로 무위험자산에 투자하였다. 가나기업의 1주당 가격을 산출하라. 단, 발행주식수는 1천만 주이다.

해설

(1) $FCFF$ = 영업현금흐름 − 자본적 지출 − 순운전자본의 증가액

$$= EBITDA(1-t) + t \times Dep - \text{자본적 지출} - \Delta NWC$$

위 식을 이용한 $FCFF$의 측정결과는 다음과 같다.

	$t=1$	2	3
EBITDA×0.7	86.1	112	113.4
0.3×Dep	6.9	9	6.6
자본적 지출	−29	−23	−39
ΔNWC*	−12	−38.9	0
FCFF	52	60	90

* ΔNWC = 당기 NWC − 전기 NWC

(2) 할인대상인 현금흐름을 시간선상에 나타내면 다음과 같다.

0	1	2	3	4	…
	52	60	90	90	…

할인율을 구하기 위한 과정은 다음과 같다(이 부분은 제7장을 참조바람).

$$\beta_L = \beta_U\left[1 + (1-t)\frac{B}{S}\right]$$

$$1.2 = \beta_U\left[1 + 0.7 \times \frac{1}{4}\right] \qquad \therefore\ \beta_U = 1.02$$

증권시장선에 $\beta_U = 1.02$를 대입한다.

$$E(R_i) = R_f + [E(R_m) - R_f] \times \beta$$
$$= 4.9 + 5 \times 1.02 = 10\%$$

할인율 10%를 이용해서 위와 같이 측정된 현금흐름의 현재가치를 구한다.
먼저 $t=3$ 이후의 무한연금을 $t=2$에서 평가하면

$$\frac{90}{0.1} = 900$$

이를 $t=1$, 2의 52억원, 60억원과 함께 $t=0$에서의 현재가치를 구한다.

$$\frac{52}{(1+0.1)} + \frac{60+900}{(1+0.1)^2} = 840(\text{억 원})$$

(3) 부채로 조달한 금액은 다음과 같다.

$$840 \times 20\% = 168$$

부채를 조달하여 무위험자산을 구입한 가나기업의 가치(V_L)와 자기자본가치(S)는 다음과 같다.

기업가치 $V_L = V_U + t \cdot B + \text{무위험자산}$

$$= 840 + 0.3 \times 168 + 168 = 1{,}058.4$$

자기자본가치 $S = 1{,}058.4 - 168 = 890.4$

따라서 1주당 가격은 다음과 같다

$$\frac{890.4\text{억원}}{1\text{천만 주}} = 8{,}904(\text{원})$$

>>> 연습문제 5 - 4

가나기업은 유아완구업에 진출할 계획이다. 부채를 조달하지 않고 투자하면 자본비용은 20%이다. 가나기업은 부채수준을 시장가격으로 부채비율(=부채/자기자본)이 100%가 되도록 할 예정이다. 이 경우 주주와 채권자에게 귀속되는 현금흐름은 이자비용으로 인한 법인세절감효과를 포함하여 매년 9억원씩 무한히 발생할 것으로 기대된다. 부채에 대한 이자율은 10%이며 법인세율은 40%이다. 또한 무위험이자율은 10%이며 MM명제가 성립함을 가정한다.

(1) 가나기업의 현금흐름 9억원에 대한 할인율은 얼마인가?
(2) 가나기업의 주주가 이 투자를 통해서 얻게 되는 가치의 증가분은 10억원이다. 이 기업의 장부가격 기준의 부채비율은 얼마인가?

해설

(1) 이 문제는 CPA시험의 기출문제로서 현금흐름에 대한 정확한 이해를 요구하고 있다. 현금흐름 9억원에 이자비용으로 인한 감세효과가 포함되어 있다. 따라서 할인율로 사용할 가중평균자본비용(k_0^L)을 산출할 때 타인자본비용은 세전이자율(k_d)을 사용해야 한다.

$$k_0^L = \frac{S}{V}k_e^L + \frac{B}{S}k_d$$

$$= \frac{1}{2} \times 0.26 + \frac{1}{2} \times 0.1 = 0.18$$

여기서, $k_e^L = k_e^U + (k_e^U - k_d)(1-t)\dfrac{B}{S}$

$$= 0.2 + (0.2 - 0.1)(1 - 0.4) \times 1 = 0.26$$

(2) $NPV = \dfrac{9}{0.18} - C_0 = 10$

∴ 투자비용 $C_0 = 40$(억원)

시가기준 부채비율 100%가 되려면 부채 25억원, 자기자본 15억원을 조달해야 한다. 따라서 시가로 반영되는 NPV를 제외한 장부기준의 부채비율은 다음과 같다.

$$\frac{25}{15} = 166.67\%$$

>>> 연습문제 5－5

가나기업이 검토하고 있는 투자안은 투자비용이 500만원인데 매년 다음과 같은 현금흐름을 가져다 주는 것이다.

영업이익(EBIT)	100만원
지급이자	20
법인세전이익	80
법인세(30%)	24
세후순이익	56

이 투자안을 수행하는데 필요한 부채는 10%의 이자율로 조달할 수 있으며 자기자본비용은 20%로 추정되었다. 이 투자안의 자본구조(B/V)는 40%로 계획하고 있다.

(1) 경제적 부가가치(EVA : economic value added)에 대해서 설명하라.
(2) 이 투자안에 대한 의사결정문제를 EVA를 산출해서 판단하라.
(3) 이 투자안의 시장부가가치(MVA : market value added)를 산출하라.

(1) 최근 양적 성장보다 질적 성장을 중요하게 생각하면서 기업이나 투자안의 가치를 측정하고 관리하는데 새로운 패러다임이 등장하였는데 가치중심경영(VBM: value based management)이 그것이다. 가치중심경영을 간략하게 설명하면 경제적 부가가치를 높여서 기업가치의 극대화를 도모하는 경영방식이다. 여기서 EVA는 1980년대 후반 미국의 경영컨설턴트회사인 스턴스튜어트(Stern Stewart)사가 개발한 지표로서 가치중심경영의 핵심적 내용이 된다. EVA는 기업들이 종전에 성과지표로 사용하던 회계적 이익을 탈피하고 재무관리적 관점에서 현금흐름에 중심을 두고 세후영업이익에서 자본비용을 차감한 잔액으로 정의된다. 다만, 여기서 자본비용은 %단위가 아닌 화폐단위로 측정하는 것이 특징이다.

(2) 법인세가 존재하는 경우의 EVA산출문제이다. 먼저 가중평균자본비용 k_0를 산출한다.

$$k_0 = \frac{S}{V} \times k_e + \frac{B}{V} \times k_i$$
$$= 0.6 \times 20 + 0.4 \times 10(1-0.3) = 14.8(\%)$$

그리고 EVA개념에 따라서 투자안의 EVA를 구한다.

$$EVA = \text{세후영업이익} - \text{자본비용}$$
$$= EBIT(1-t) - C_0 \times k_0$$
$$= 100 \times (1-0.3) - 500 \times 0.148$$
$$= -4(\text{백만원})$$

EVA의 현재가치가 NPV인데 EVA가 음(－)의 값을 가지면 당연히 NPV도 0보다 작게 되므로 투자안을 기각한다.

(3) EVA와 관련해서 함께 제시된 개념으로 MVA가 있다. MVA는 미래에 발생될 것으로 예상되

는 EVA를 가중평균자본비용을 이용해서 현재가치로 계산한 값이다. 즉, MVA는 미래 EVA의 현재가치이다. 따라서 이 투자안의 MVA는 다음과 같이 산출된다.

$$\frac{-4}{0.148}=-27$$

그런데 이 값은 자본예산에서 살펴본 NPV와 동일하다는 것을 알 수 있다. 결국 MVA는 EVA체계에서 NPV를 지칭하는 것이다.

이러한 결과는 NPV법으로도 확인된다.

$$NPV=\frac{100\times(1-0.3)}{0.148}-500=-27(\text{백만원})$$

>>> 연습문제 5 - 6

가나기업은 100억원을 자기자본으로 조달해서 건물임대업을 시작하였다. 이를 위해 70억원의 건물을 구입하였으며 임대료수입은 연 21억원으로 예상된다. 임대료수입의 수익률분산은 종합주가지수 수익률분산의 4배이고 두 수익률 간의 상관계수는 0.5이다. 한편, 이 기업은 나머지 30억원을 다음과 같이 투자하였다.

① 10억원은 5년만기 국채에 투자하였다. 이 채권의 만기수익률은 10%이다.

② 20억원은 종합주가지수연동형펀드에 투자하였다. 이 펀드의 수익률은 향후 20%로 계속 유지될 것으로 예상된다.

세금은 없다고 가정하여 이 기업의 EVA, MVA, 기업가치를 구하라.

해설

먼저 자본비용(%)을 구하기 위해서 이 투자안의 베타(β_i)를 다음과 같이 구한다.

$$\sigma_i^2=4\sigma_m^2 \rightarrow \sigma_i=2\sigma_m$$

$$\beta_i=\frac{\sigma_{im}}{\sigma_m^2}=\frac{\rho_{im}\sigma_i}{\sigma_m}=\frac{0.5\times 2\sigma_m}{\sigma_m}=1$$

β가 1이므로 자본비용은 종합주가지수의 수익률 20%와 동일하다.

그리고 세후 영업이익(NOPLAT)은 21억원, 투자자본(IC)은 70억원이므로 EVA는 다음과 같다.

$$EVA=21-70\times 20\%=7(\text{억원})$$

MVA는 EVA의 현재가치이므로 다음과 같다.

$$MVA=\frac{7}{20\%}=35(\text{억원})$$

기업가치는 비사업용자본이 있다면 이 역시 포함해야 하므로 다음과 같이 산출한다.

$$\begin{aligned}\text{기업가치}&=IC+MVA+\text{비사업용 자본(국채와 펀드)}\\&=70+35+(10+20)=135(\text{억원})\end{aligned}$$

>>> 연습문제 5－7

가나기업의 재무상태표와 관련정보는 다음과 같다. (단위: 억원)

재무상태표

현 금	60	매입채무	25
매출채권	40	미지급급	15
재고자산	50	차입금	110
투자자산	20	자본금	100
기 계	120	잉여금	40
	290		290

올해 말 세후영업이익(NOPAT)은 30억원, 자본비용(WACC)은 12%, 성장률은 4%이다. 그리고 영업활동에 필요한 현금은 30억원이라고 가정하여 다음 물음에 답하라.

(1) 투자자본수익률(ROIC)을 산출하라.
(2) EVA와 MVA를 구하라.
(3) (2)의 결과를 이용하여 기업가치, 자기자본의 시장가치 및 1주당 가격을 산출하라. 단, 발행주식수는 50만주이다.

 해설

(1) 투자자본(IC)은 자본비용을 부담하는 사업용자본으로 정의된다. 따라서 총자산에서 비사업용자산(투자자산, 건설중인자산, 적정수준을 초과하는 현금보유액 등)을 제외하고 이자비용이 없는 부채(매입채무, 미지급금 등)까지 차감해서 산출한다. 이러한 관점에서 위의 재무상태표를 다시 정리하면 다음과 같다.

재무상태표

영업자산	240	비이자발생부채	40
비영업자산	50	이자발생부채	110
		자기자본	140
	290		290

여기서 비영업용자산 50은 투자자산 20과 적정수준을 초과하는 현금 30(＝60－30)의 합이다. 따라서 투자자본은 다음과 같다.

$$\text{투자자본} = 290 - 50 - 40 = 200$$

이제 ROIC를 다음과 같이 구할 수 있다.

$$ROIC = \frac{30}{200} = 15\%$$

(2) EVA는 세후영업이익에서 자본비용을 차감하여 다음과 같이 구한다.

$$EVA = 30 - 200 \times 12\% = 6(\text{억원})$$

이제 성장률을 고려해서 미래 예상되는 EVA를 시간선상에 나타내면 다음과 같다.

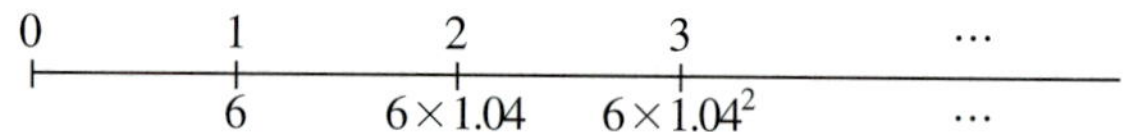

그리고 MVA는 이들의 현재가치이므로 다음과 같이 산출된다.

$$MVA = \frac{6}{0.12 - 0.04} = 75(\text{억원})$$

(3) 기업가치는 다음과 같다.

$$\begin{aligned} \text{기업가치} &= IC + MVA + \text{비사업용자산} + \text{비이자발생부채} \\ &= 200 + 75 + 50 + 40 = 365(\text{억원}) \end{aligned}$$

자기자본의 시장가치는 다음과 같다.

$$\begin{aligned} \text{자기자본의 시장가치} &= \text{순자산} + MVA \\ &= (290 - 150) + 75 = 215(\text{억원}) \end{aligned}$$

따라서 1주당 가격은 215억원을 발행주식수 50만 주로 나누어 43,000원이 된다.

>>> 연습문제 5 - 8

가나기업은 6.5% 이자율로 부채를 사용하고 있으며 부채비율은 100%이고 주식의 베타는 1.2이다. 현재자산은 7,000억원이고 법인세율은 20%이며 재무정보는 다음과 같다.(단위: 억원)

	1년 후	2년 후	3년 후	4년 이후
자 산	7,500	7,700	7,900	매년 2.5%씩 증가
영업이익	705	930	1,195	매년 3.0%씩 증가
순이익	375	424	475	〃
배당액	160	160	200	?

(1) 무위험이자율과 시장의 위험프리미엄은 모두 4%이다. 가나기업의 WACC를 구하라.

(2) 1년 후, 2년 후, 3년 후의 EVA를 산출하라.

(3) (2)의 결과를 이용해서 MVA를 구한 후 이로부터 가나기업의 자기자본가치를 구하라. 단, 부채의 시장가치는 장부가치와 동일하며 3년 후 EVA와 4년 후 EVA 사이의 증가율이 4년 이후에 계속된다고 가정한다.

(4) 배당평가모형에 의한 자기자본가치가 (3)에서 MVA로 구한 자기자본가치와 같아야 한다. 그러기 위해서는 4년 이후의 배당금증가율이 얼마가 되어야 하는가? 단, 4년 후 배당액은 3년 후와 동일하다.

 해설

(1) CAPM을 이용해서 자기자본비용(R_e)을 구하면 다음과 같다.

$$R_e = R_f + [E(R_m) - R_f] \times \beta_i$$
$$= 4 + 4 \times 1.2 = 8.8(\%)$$

위 결과와 타인자본비용 및 부채비율을 이용해서 WACC를 산출한다.

$$R_0 = R_e \times \frac{S}{V} + R_d(1-t) \times \frac{B}{V}$$
$$= 8.8 \times \frac{1}{2} + 6.5 \times (1-0.2) \times \frac{1}{2} = 7(\%)$$

(2) $EVA = NOPAT - WACC \times$ 자산이므로 각 연도의 EVA는 다음과 같다.

1년 후 EVA = 705 × (1 − 0.2) − 0.07 × 7,500 = 39
2년 후 EVA = 930 × (1 − 0.2) − 0.07 × 7,700 = 205
3년 후 EVA = 1,195 × (1 − 0.2) − 0.07 × 7,900 = 403

(3) MVA는 미래 EVA의 현재가치이므로 시간선 상에 EVA의 흐름을 나타낸다.

0	1	2	3	4
	39	205	403	418

4년 후 EVA = 1,195 × (1 − 0.2) × 1.03−0.07 × 7,900 × 1,025 = 418

따라서 4년 이후 EVA증가율(g)은 다음과 같다.

$$g = \frac{418}{403} - 1 = 3.7\%$$

4년 이후 EVA의 현재가치 MVA는 항상성장모형으로 구할 수 있다.

$$MVA_3 = \frac{EVA_4}{R_0 - g} = \frac{418}{0.07 - 0.037} = 12,667$$

처음 3년간의 EVA와 MVA_3의 현재가치를 구하면 MVA_0가 된다.

$$MVA_0 = \frac{39}{1.07} + \frac{205}{1.07^2} + \frac{403}{1.07^3} + \frac{12,667}{1.07^3} = 10,885$$

따라서 자기자본가치는 다음과 같다.

$$\text{자기자본가치} = \text{순자산} + MVA_0$$
$$= 7,000 \times 50\% + 10,885 = 14,385$$

또는 다음과 같이 구할 수도 있다.

$$\text{기업가치} = IC + MVA = 7,000 + 10,885 = 17,885$$
$$\text{자본가치} = \text{기업가치} - \text{부채가치} = 17,885 - 7,000 \times 50\% = 14,385$$

(4) 자기자본가치를 배당평가모형으로 나타내면 다음 식이 성립한다.

$$14{,}385 = \frac{160}{1{,}088} + \frac{160}{1{,}088^2} + \frac{200}{1{,}088^3} + \frac{200}{0.088-g} \times \frac{1}{1{,}088^3}$$

$$13{,}947.5 = \frac{200}{0.088-g} \times 0.7764$$

$$0.088-g = 0.0111$$

$$\therefore\ g = 7.69\%$$

제 2 부

위험과 수익률

제 6 장 포트폴리오이론

제 7 장 자본자산가격결정모형

제 8 장 요인모형과 APT

제 9 장 위험을 고려한 자본예산

Financial Management

제 6 장

포트폴리오이론

학습 목표

제1부에서 설명한 내용은 대부분이 미래에 대한 확실성을 전제로 미래의 현금흐름을 정확하게 알 수 있다고 가정한 것이다. 그러나 이는 비현실적인 가정이다. 왜냐하면 현실세계에서는 불확실성이 존재하여 미래의 현금흐름을 확정값으로 알 수 없는 경우가 대부분이기 때문이다. 이때의 불확실성을 위험이라고 하며, 이제부터는 이러한 불확실성을 고려해서 투자대상을 평가할 것이다. 먼저 투자주체(투자자)와 관련된 효용이론을 살펴본 후 투자대상(주식)과 관련된 포트폴리오이론을 설명한다.

제 1 절 개 요

1.1 포트폴리오이론의 도입

Markowitz가 1952년 JF(Journal of Finance)에 발표한 논문, "Portfolio Selection"에서 포트폴리오이론이 도입되었다. 이로부터 미래현금흐름의 불확실성, 즉 위험과 수익률에 대한 체계적인 연구가 시작되었다고 볼 수 있다.

1.2 의의 및 가정

(1) 의 의

포트폴리오(portfolio)란 여러 자산들의 모임을 말한다. 그래서 포트폴리오이론에서는 단일주식에 투자할 때의 투자결정원리가 여러 주식으로 구성된 포트폴리오에 투자할 때에는 어떻게 달라지는가를 다루게 된다.

(2) 가 정

포트폴리오이론에 대한 구체적인 내용을 다루기 위해서는 다음과 같은 가정들이 필요하다.

① 합리성

투자자는 합리성(rationality)을 갖는다. 여기서 합리적이라 함은 위험회피적이어서 기대효용극대화를 목표로 한다는 의미이다.

② 동질적 예측

투자자들은 동질적 예측(homogeneous expectation)을 한다. 이는 투자자들이 투자대상이 되는 주식들에 대해서 수익률의 확률분포를 미리 알고 있으며, 그 확률분포에 대해서 모든 투자자들이 예측하는 내용은 동일하다는 의미이다.

③ 평균－분산 기준

투자자의 효용은 기대수익과 위험에 의해서 결정된다. 따라서 투자대상이 되는 주식을 평균과 분산(mean-variance)에 의해 평가한다. 이때에 평균이 기대수익이고 분산이 위험을 의미하는 것이다. 이를 위해서 투자자의 효용함수를 2차함수(quadratic utility function)로 가정하거나 수익률의 확률분포를 정규분포(normal distribution)로 가정한다.[1)]

④ 단일기간

투자자들이 고려하고 있는 투자기간은 단일기간(one period)이다.

(3) 발 전

Markowitz의 포트폴리오이론은 Sharpe(1964), Lintner(1965), Mossin (1966) 등에 의해서 자본자산가격결정모형(CAPM)으로 발전되었다.

제 2 절 효용이론

2.1 기대수익극대화와 기대효용극대화

불확실성 하에서의 투자결정기준으로 처음에는 기대수익이 이용되었다. 즉, 투자자는 기대수익의 극대화에만 목표를 두고 있다는 것이다. 그러나 동일한 기대수익이라면 투자자들은 위험이 적은 투자안을 선호하는 것이 일반적이기 때문에 위험도 투자결정시 고려해야 할 요인이 되어야 한다. 이러한 점을 감안하면 기대수익의 극대화가 불확실성 하의 적절한 투자결정기준이 될 수 없게 되는데 이보다 합리적인 기준으로 기대효용극대화가 제시되었다. 이때의 투자자효용은 기대수익뿐만 아니라 위험에 의해서도 영향을 받게 된다. 투자결정의 목표로 이 두 가지 기준을 비교해본다.

(1) 기대수익의 극대화

① 의 의

기대수익이란 투자안으로부터 얻게 되는 수익의 미래 확률분포 평균값을 말

1) 이 두 가지 가정은 모두 투자자의 효용이 투자대상의 수익률 평균과 분산에 의해 결정되도록 하는 것이다.

한다. 따라서 이 기준을 따르면 비교대상이 되는 투자안의 확률분포에서 평균값을 구하여 이 값이 큰 투자안을 선택하게 된다. 이러한 기준을 수식으로 표현하면 다음과 같다. 단, W는 부의 수준을 의미한다.

$$\max\ E(W) = \max\ \sum p_i W_i \tag{6.1}$$

② 세인트 피터스버그 역설

세인트 피터스버그 역설(St. Petersburg's paradox)은 베르누이(N.Bernoulli)에 의해 제기된 것이다. 기대수익극대화기준이 위험을 고려하지 않고 있기 때문에 투자결정기준으로서 적절하지 못하다는 것이다. 다음 예제로 그 내용을 살펴보자.[2)]

>>> 예제 6-1

동전을 던져서 n번째 처음으로 앞면이 나오면 2^n원의 상금을 지급하는 게임을 가정하자. 이 게임에 대한 기대수익은 얼마인가?

풀이

발생수익에 대한 확률분포를 작성하면 다음과 같다.

처음으로 앞면이 나온 시도횟수	확률(p)	상금(W)
1	$\left(\frac{1}{2}\right)^1$	2^1
2	$\left(\frac{1}{2}\right)^2$	2^2
3	$\left(\frac{1}{2}\right)^3$	2^3
…	…	…
n	$\left(\frac{1}{2}\right)^n$	2^n

그리고 이로부터 이 게임의 기대수익을 다음과 같이 구한다.

$$\begin{aligned} E(W) &= \sum p_i\ W_i \\ &= \left(\frac{1}{2}\right)\cdot 2^1 + \left(\frac{1}{2}\right)^2\cdot 2^2 + \left(\frac{1}{2}\right)^3\cdot 2^3 + \cdots \\ &= 1+1+1+\cdots = \infty \end{aligned}$$

2) 이제부터 게임(또는 갬블)에 대한 얘기가 많이 나온다. 이는 게임(갬블)이 가져다주는 미래 수익이 불확실해서 그 특성이 앞으로 우리가 공부해야 할 주식과 같기 때문이다. 따라서 게임(갬블)에 참여하는 것은 주식에 투자하는 것으로 생각할 수 있다.

기대수익이 무한값을 갖지만 이 게임에 무한값을 지불하고 참여할 사람은 없을 것이다.

(2) 기대효용의 극대화

① 의 의

기대효용이란 투자안으로부터 얻게 되는 효용의 미래 확률분포 평균값을 말한다. 따라서 비교대상이 되는 투자안의 기대효용을 구하여 이를 평가기준으로 이용한다. 그런데 이때에 효용수준을 결정하는 요인에는 기대수익뿐만 아니라 위험이 포함되기 때문에 이 두 가지 요인의 특성을 고려한 효용함수를 설정하면 적절한 투자기준이 된다. 이러한 기준을 수식으로 표현하면 다음과 같다.

$$\max\ E[U(W)] = \max \sum p_i\, U(W_i) \qquad (6.2)$$

② 합리적 투자자의 효용함수

합리적 투자자란 이성적 투자자라고도 하는데 앞서 언급한 대로 위험회피적이어서 기대효용극대화를 목표로 하는 투자자를 의미한다. 어떤 효용함수가 합리적 투자자의 효용을 나타내려면 위험회피적이어야 하는데 이를 위한 구체적인 조건은 부의 증가에 따라 효용이 증가하되 체감적으로 증가하여야 한다는 것이다. 이 조건을 수식으로 나타내면 효용함수 $U = U(W)$가 다음의 두 가지 조건을 만족시켜야 한다.

$$U'(W) = \frac{dU}{dW} > 0, \qquad U''(W) = \frac{d^2U}{dW^2} < 0$$

여기서 첫번째 조건은 효용함수의 1차 미분값이 0보다 크다는 것인데 이는 불포화성(nonsatiation)을 의미한다.

그리고 두번째 조건은 효용함수의 2차 미분값이 0보다 작다는 것인데 이는 한계효용의 체감(decreasing marginal utility)을 의미한다.

이러한 두 가지 조건을 만족하는 대표적인 함수로 log함수(Bernoulli), 2차함수(Markowitz), 무리함수(Cramer) 등이 있다.

>>> 예제 6-2

앞의 〈예제 6-1〉과 같은 게임에서 효용함수가 $U(W)=\sqrt{W}$인 투자자의 기대효용은 얼마인가? 그리고 이 투자자가 이 게임에 참여하기 위해 지불할 수 있는 금액은 얼마인가?

풀이

(1) 발생가능한 상황에 대한 효용의 확률분포는 다음과 같다.

처음으로 앞면이 나온 시도횟수	확률(p)	상금(W)	효용($\sqrt{W}$)
1	$\left(\frac{1}{2}\right)^1$	2^1	$2^{\frac{1}{2}}$
2	$\left(\frac{1}{2}\right)^2$	2^2	$2^{\frac{2}{2}}$
3	$\left(\frac{1}{2}\right)^3$	2^3	$2^{\frac{3}{2}}$
…	…	…	…

기대효용은 다음과 같다.

$$\begin{aligned}E[U(W)] &= \Sigma p_i U(W_i) = \Sigma p_i \sqrt{W} \\ &= \left(\frac{1}{2}\right)\cdot 2^{\frac{1}{2}} + \left(\frac{1}{2}\right)^2 \cdot 2^{\frac{2}{2}} + \left(\frac{1}{2}\right)^3 \cdot 2^{\frac{3}{2}} + \cdots \\ &= 2^{-\frac{1}{2}} + 2^{-1} + 2^{-\frac{3}{2}} + \cdots \\ &= \frac{2^{-\frac{1}{2}}}{1-2^{-\frac{1}{2}}} = \frac{1}{\sqrt{2}-1} = 2.4142\end{aligned}$$

(2) 효용 2.4142를 주는 확실한 금액을 W라고 하면 이를 다음과 같이 구할 수 있다.

$$\sqrt{W} = 2.4142 \qquad \therefore\ W = 5.8284(\text{원})$$

즉, 이 게임이 5.8284원과 동일한 효용을 주므로 이 게임의 대가로 5.8284원을 지불할 수 있다.

2.2 위험에 대한 태도

투자자들의 위험에 대한 태도(risk attitude)는 크게 세 가지로 분류할 수 있다. 즉, 위험을 싫어하는 위험회피형(risk averse), 위험을 추구하는 위험선호형(risk lover), 그리고 투자결정에서 위험을 고려하지 않는 위험중립형(risk neutral)이다. 일반적으로 이성적 투자자를 분석대상으로 하기 때문에 위험회피형을 주로 다루

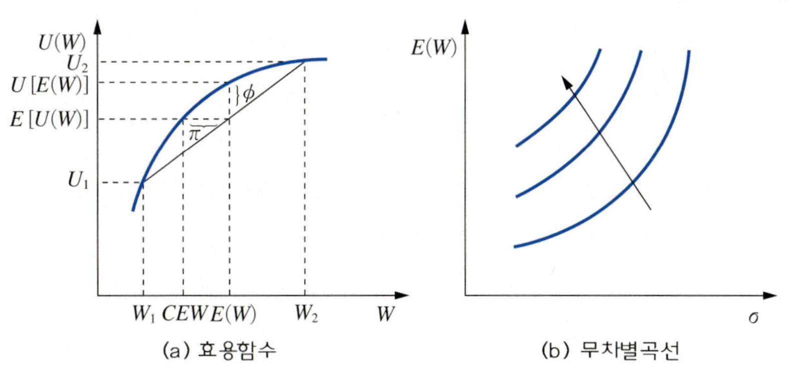

(a) 효용함수 (b) 무차별곡선

그림 6-1 위험회피형 효용함수와 무차별곡선

겠지만, 예외적으로 상황에 따라서는 위험선호적이거나 위험중립적인 투자자도 있을 수 있다. 이들의 효용함수를 살펴보고 이에 대응되는 무차별곡선을 기대수익과 위험의 평면상에서 나타내보자.

(1) 위험회피형

위험회피적 투자자란 위험을 싫어하는 합리적이며 이성적인 투자자를 말한다. 앞서 살펴본 대로 이들의 효용함수는 부의 증가에 따라 효용이 증가하되 체감적으로 증가하는 형태를 갖는다. 이를 그림으로 나타내면 [그림 6-1]의 (a)와 같다.

이와 같은 위험회피형 효용함수에서 관련된 개념들을 다음과 같이 소개한다.

① 일반적 위험회피척도

일반적 위험회피척도(GRM: measure of general risk aversion)란 기대수익의 효용 $U[E(W)]$에서 효용의 기대값, 즉 기대효용 $E[U(W)]$을 차감한 값으로 정의한다. 따라서 이는 다음 식으로 표현되며 [그림 6-1]에서는 ϕ (*fi*)로 나타난다.

$$GRM = U[E(W)] - E[U(W)] \tag{6.3}$$

[그림 6-1]에서 보듯이 위험회피형 효용함수에서는 GRM이 부호가 양(+)인데 이 값이 클수록 더욱 위험회피적임을 의미한다. Markowitz (1959)의 정의를 따라 투자자의 위험에 대한 태도를 정리하면 다음과 같다.

$U[E(W)] > E[U(W)]$ 이면 위험회피적이며 이때에 $GRM > 0$

$U[E(W)] = E[U(W)]$ 이면 위험중립적이며 이때에 $GRM = 0$

$U[E(W)] < E[U(W)]$ 이면 위험선호적이며 이때에 $GRM < 0$

② 위험프리미엄

어떤 불확실한 투자안이 주는 기대효용, $E[U(W)]$과 동일한 수준의 효용을 주는 확실한 부의 수준을 그 투자안의 확실성등가부(CEW: certainty equivalent wealth)라고 하며 이는 [그림 6-1]에서 CEW로 나타난다.[3)]

확실성등가부는 위험프리미엄(risk premium)을 정의하는 데 필요한 개념이다. 위험프리미엄이란 다음과 같이 기대수익에서 확실성등가부를 차감한 값으로 측정하며 [그림 6-1]에서는 $\pi(pi)$로 나타난다.

$$risk\ premium = E(W) - CEW \tag{6.4}$$

이는 투자자가 투자안(gamble)의 위험을 제거하기 위해서 지불할 수 있는 최대금액을 의미하는데 이 값이 클수록 더욱 위험회피적임을 의미한다.

GRM이나 위험프리미엄이나 모두 투자자의 위험회피 정도를 파악할 수 있는 지표인데 GRM은 그 정도를 효용단위로 측정하는 것이고 위험프리미엄은 화폐단위로 측정하는 것이 다를 뿐이다.

③ 갬블코스트

투자안을 선택한다는 것은 갬블(또는 게임)에 참여하는 것과 같은 의미이다. 이때에 갬블에 참여하기 이전에 보유하고 있는 부와 갬블에 참여함으로써 얻게 되는 확실성등가부는 모두 위험이 없는 확실한 것이다. 그런데 갬블에 참여한다는 것은 현재의 부를 포기하고 갬블의 확실성등가부를 취하는 것이므로 갬블에 참여함으로써 부담하게 되는 비용은 다음과 같이 측정되는데 이를 갬블코스트(gamble cost)라고 한다.

$$\text{gamble cost} = \text{현재의 부} - CEW \tag{6.5}$$

따라서 갬블코스트가 양(+)의 값을 가질 때에 갬블에 참여하면 현재의 부를 포기하고 이보다 작은 CEW를 갖게 되므로 부의 손실을 입는 것이고, 갬블코스트가 음(−)의 값을 가지면 반대로 이익을 얻게 되는 것이다. 결국 갬블코스트가 양(+)의 값을 가지면 갬블에 참여하지 않을 것이고, 갬블코스트가 음(−)의 값을 가지면 갬블에 참여하고자 할 것이다.[4)]

그리고 갬블에 참여 여부는 기대효용극대화 기준에 따라 현재의 부의 효용

---

3) 이때 CEW는 CEQ라고도 하는데 이를 $E(W)$로 나눈 값을 확실성등가계수(α)라고 한다. 확실성등가계수는 미래의 불확실한 1원을 확실한 금액기준으로는 얼마로 평가하는가를 의미하는 것이다. 자세한 내용은 제11장의 확실성등가법을 참조하기 바란다.

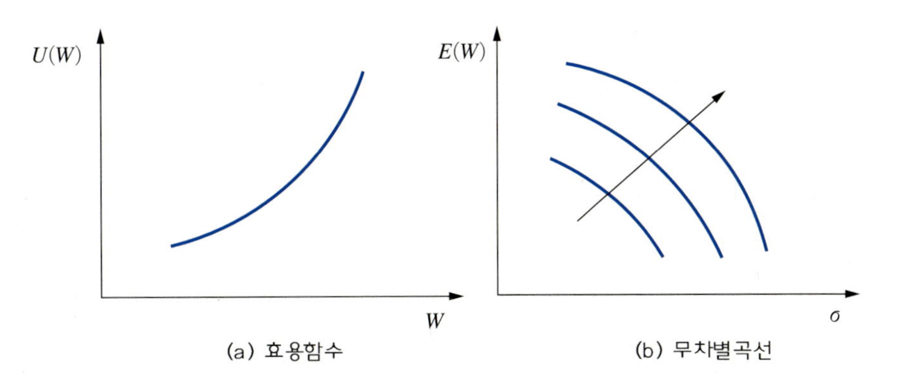

그림 6-2
위험선호형 투자자의 효용함수와 무차별곡선

$U(W)$과 갬블 참여시 기대효용 $E[U(W)]$을 비교해서 전자가 크면 참여하지 않고 후자가 크면 참여하는 것으로 판단해도 그 결과는 동일하다.

④ 무차별곡선

[그림 6-1]의 (a)와 같은 위험회피형 투자자의 효용함수로부터 무차별곡선을 기대수익과 위험(σ)의 평면에 나타내면 [그림 6-1]의 (b)와 같이 우상향하는 형태가 된다. 만약에 효용을 결정하는 두 가지 변수가 모두 정상재라면 무차별곡선이 원점에 대해서 볼록한 형태로 나타나지만 여기에서 위험(σ)은 비재화(bads)이기 때문에 이같이 우상향하는 형태를 보이는 것이다. 이때에 위험회피형 투자자는 위험이 추가될수록 단위당 위험에 대해서 더 높은 보상을 원하기 때문에 체증적 형태를 갖게 된다.

그리고 그림에서 화살표 방향으로 무차별곡선이 이동하는 것은 효용수준이 증가함을 의미한다.

(2) 위험선호형 및 위험중립형

앞에서와 동일한 논리로 위험선호형(risk lover) 투자자의 효용함수와 무차별곡선은 각각 [그림 6-2]의 (a)와 (b)가 된다.

그리고 위험중립형(risk neutral) 투자자의 효용함수와 무차별곡선은 [그림 6-2]의 (a)와 (b)에서처럼 선형함수로 표현되는데 이는 투자자의 효용이 기대수익에

---

4) 그래서 갬블코스트를 다음과 같은 의미로 이해할 수도 있다. 즉, 갬블코스트가 양(+)의 값을 가지면 이는 갬블에 참여하지 않는 투자자를 갬블에 참여하도록 하고자 할 때 투자자에게 지급해야 할 최소금액이다. 반대로 갬블코스트가 음(−)의 값을 가지면 이는 사실상 이익이므로 투자자가 갬블에 참여하기 위해 지급할 수 있는 최대금액이 된다.

그림 6-3
위험중립형 투자자의 효용함수와 무차별곡선

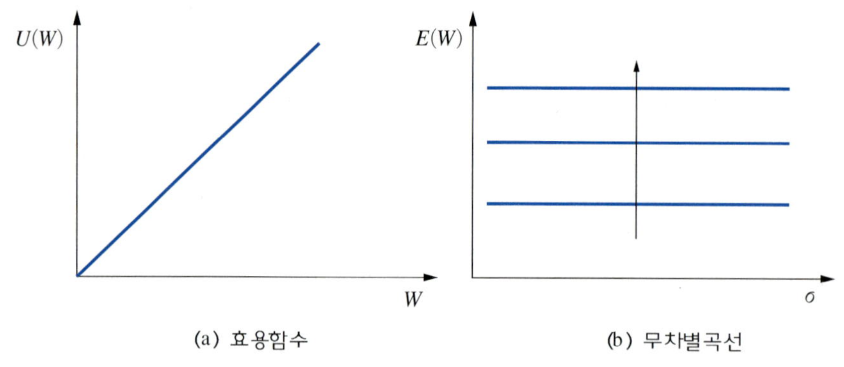

(a) 효용함수 (b) 무차별곡선

의해서만 결정되고 위험은 고려하지 않기 때문이다. 따라서 위험중립적 투자자의 경우에는 기대수익극대화가 의사결정의 목표가 되는 것이다.

예제 6-3

효용함수가 $U(W) = \ln W$이고 현재 \$10를 갖고 있는 투자자에게 \$10를 얻을 확률이 10%, \$100를 얻을 확률이 90%인 게임에 참여할 기회가 주어졌다.

(1) 참여할 경우의 기대되는 부와 효용의 수준은 각각 얼마인가?
(2) 이 투자자의 GRM을 산출하여 위험에 대한 태도를 판단하라.
(3) 보험료 \$5를 지급하고 보험에 가입하면 위험이 완전히 제거된다고 한다. 이 보험에 가입할 것인가?
(4) 갬블코스트를 산출하고 그 의미를 설명하라.

풀이

(1) $E(W) = \Sigma p_i W_i$

$$= 0.1 \times (10 + 10) + 0.9 \times (10 + 100) = 101$$

$E[U(W)] = \Sigma p_i \cdot U(W_i)$

$$= 0.1 \times \ln 20 + 0.9 \times \ln 110 = 4.53$$

(2) $GRM = U[E(W)] - E[U(W)]$

$$= \ln 101 - 4.53 = 0.085$$

$GRM > 0$이므로 위험회피적 투자자이다.

(3) 이 게임의 위험프리미엄을 산출하여 보험료 \$5와 비교한다. 먼저 확실성등가부(CEW)를 구하면 다음과 같다.

$$\ln CEW = 4.53 \qquad \therefore\ CEW = e^{4.53} = 92.76$$

따라서 위험프리미엄 $= E(W) - CEW$

$= 101 - 92.76 = 8.24$

보험료가 위험프리미엄보다 작으므로 보험에 가입한다.

(4) 갬블 코스트 = 현재 $W - CEW$

$= 10 - 92.76 = -82.76$

이 게임에 참여하기 위해 투자자는 $82.76까지 지불할 용의가 있음을 의미한다.

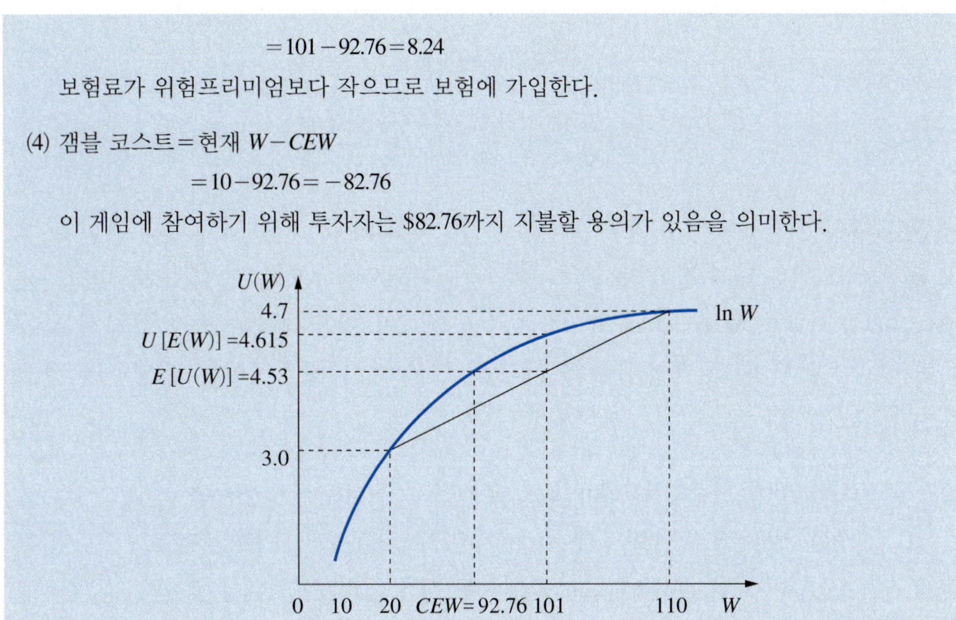

2.3 위험회피도의 측정

앞서 설명한 대로 GRM이나 위험프리미엄 등은 투자자의 위험회피정도를 측정할 수 있는 지표이다. 그러나 이러한 지표는 투자자의 효용함수형태에 의해서 뿐만 아니라 투자안의 확률분포에 의해서도 그 크기가 달라지기 때문에 투자자 개인이 지니고 있는 위험회피정도를 직접적으로 측정할 수는 없다. 이러한 문제점은 Pratt(1964)와 Arrow(1963)가 제시한 다음과 같은 지표를 이용하면 해결할 수 있다. 이들 지표는 투자안의 확률분포와는 상관없이 투자자의 효용함수에서 직접적으로 산출되는 것이기 때문이다.

(1) 절대적 위험회피도

① 의 의

절대적 위험회피도(ARA: absolute risk aversion)란 위험회피도를 부의 증가에 따라 투자자가 위험자산에 투자하는 절대금액의 크기로 측정하는 것이다. 이는 다음 식으로 정의된다.

$$ARA = -\frac{U''(W)}{U'(W)} \tag{6.6}$$

단, $U'(W)$: 효용함수의 1차 미분값
$U''(W)$: 효용함수의 2차 미분값

② 유 형

투자자의 절대적 위험회피도를 파악하기 위해서는 ARA, 그 자체로 판단하는 것이 아니라 이를 부(W)에 대해 1차 미분하여 1차 미분값의 부호로 판단하는 것이다. 그 부호에 따라 효용함수를 분류할 수 있으며 대표적인 효용함수를 예로 들면 다음과 같다.

$ARA'(W) > 0$: $IARA$(increasing ARA)형 효용함수 — 2차함수
$ARA'(W) = 0$: $CARA$(constant ARA)형 효용함수 — 지수함수
$ARA'(W) < 0$: $DARA$(decreasing ARA)형 효용함수 — 대수함수

이때에 $ARA'(W)>0$, 즉 IARA(increasing ARA)형 효용함수를 갖는 투자자는 부의 수준이 증가함에 따라 절대적 위험회피도가 증가한다는 것이다. 따라서 위험자산에 투자하는 금액은 감소한다. 마찬가지로 $ARA'(W)=0$은 부의 수준이 증가해도 위험자산에의 투자액은 일정함을 의미하고, $ARA'(W)<0$은 부의 수준이 증가함에 따라 위험자산에의 투자액이 증가한다는 것이다.

(2) 상대적 위험회피도

① 의 의

상대적 위험회피도(RRA: relative risk aversion)란 위험회피도를 부의 증가에 따라 투자자가 총자산 중 위험자산에 투자하는 비율로 측정하는 것이다. RRA는 다음과 같이 정의되는데 부의 수준이 위험회피도에 미치는 영향을 제거하는 효과가 있다.

$$RRA = W \cdot ARA \tag{6.7}$$

② 유 형

투자자의 상대적 위험회피도 역시 RRA 자체로 판단하는 것이 아니라 이를 부(W)에 대해 1차 미분하여 그 값의 부호로 판단하는 것이다.

$RRA'(W) > 0$: $IRRA$(increasing RRA)형 효용함수 — 2차함수, 지수함수

$RRA'(W)=0$: $CRRA$(constant RRA)형 효용함수 — 멱(승)함수, 대수함수

$RRA'(W)<0$: $DRRA$(decreasing RRA)형 효용함수 — 해당함수가 없음.

이때에 $RRA'(W)>0$이라 함은 부의 수준이 증가함에 따라 상대적 위험회피도가 증가한다는 것이다. 따라서 총자산 중 위험자산에 투자하는 비율이 감소한다는 것이다. $RRA'(W)=0$은 부의 수준이 증가해도 위험자산에의 투자비율이 일정함을 의미하고, $RRA'(W)<0$은 위험자산에의 투자비율이 증가한다는 것이다.

(3) 실증연구

Friend & Blume(1975)의 실증연구에서는 $ARA'(W)<0$, $RRA'(W)=0$ ($\because$ $RRA(W) \fallingdotseq 2$)으로 나타났다. 이는 부의 증가에 따라 투자자들의 절대적 위험회피도는 감소하지만 상대적 위험회피도는 일정하다는 것이다. 즉, 부의 수준이 높아지면 더 많은 금액을 위험자산에 투자하지만 전체 부에서 위험자산에의 투자비율은 일정한 수준으로 유지한다는 의미이다.

>>> 예제 6-4

효용함수의 형태가 $U(W)=\sqrt{W}$인 투자자가 있다. 이 투자자의 위험에 대한 태도를 밝혀라. 또한 ARA, RRA를 구하고 그 의미를 설명하라.

풀이

(1) 위험에 대한 태도

$$U'(W)=\frac{1}{2}W^{-\frac{1}{2}}>0, \qquad U''(W)=-\frac{1}{4}W^{-\frac{3}{2}}<0$$

이므로 위험회피적 투자자이다.

(2) ARA, RRA를 구하고 1차 미분값의 부호를 확인한다.

$$ARA=-\frac{U''(W)}{U'(W)}=\frac{1}{2W}$$

$$ARA'(W)=-\frac{1}{2W^2}<0$$

이므로 부가 증가하면 위험자산에 대한 투자금액이 증가한다.

$$RRA=W\cdot ARA=W\cdot\frac{1}{2W}=\frac{1}{2}$$

$$RRA'(W)=0$$

이므로 부가 증가해도 위험자산에 대한 투자비율은 일정하다.

제 3 절 개별주식의 기대수익률과 위험

제2절에서는 불확실성하에서 투자주체(투자자)의 효용이론을 살펴보았다. 이제부터는 투자대상(주식)과 관련된 포트폴리오이론을 설명하기로 한다.

포트폴리오란 여러 개의 개별자산이 모인 것을 말한다. 따라서 포트폴리오의 기대수익률과 위험의 관계를 살펴보기 전에 개별 자산의 기대수익률과 위험을 먼저 살펴볼 필요가 있다. 여기서는 주식을 투자대상으로 하여 기대수익률과 위험을 측정해본다.

3.1 기대수익률

(1) 수익률

주식수익률이란 주식을 보유함으로써 얻게 되는 수익률이다. 주식을 P_{t-1} 가격에 구입하였다가 1기간 보유한 후 1기 후에 D_t의 배당금을 수령하고 P_t의 가격에 처분하면 주식수익률은 다음과 같이 측정된다.

$$R_t = \frac{(P_t - P_{t-1}) + D_t}{P_{t-1}} \tag{6.7}$$

(2) 기대수익률

위에서 구한 수익률은 t기 말에 실제로 실현된 수익률이다. 그러나 배당금 D_t와 기말주가 P_t는 기말상황에 따라 다른 값을 가질 수 있기 때문에 t기 초에는 구체적인 값을 알 수 없다. 이때 각 상황에 따른 확률분포를 미리 알고 있다고 하면 다음과 같이 확률분포의 평균값으로 기대수익률(experted return), $E(R_i)$를 산출할 수 있다.

$$E(R_i) = \sum p_i \cdot R_i \tag{6.8}$$

3.2 위 험

(1) 위험의 의의

재무관리에서 위험(risk)이란 미래현금흐름의 변동가능성(variability)을 의미한다. 즉, 현금흐름의 변동폭이 크면 위험이 크다고 하며 현금흐름의 변동폭이 작으면 위험이 작다고 한다. 예를 들면, 슈퍼마켓을 운영할 때보다 원양어업을 운영하는 것이 위험이 더 큰 것이다.

(2) 위험의 측정

위험이란 실제수익률이 평균값으로부터 얼마나 멀게 나타날 수 있는가를 의미한다. 이를 측정하기 위해서 수익률의 확률분포로부터 분산(variance), 또는 표준편차(standard deviation)를 이용한다. 구체적으로 분산 σ^2은 다음과 같이 산출하고 표준편차 σ는 분산의 제곱근으로 산출한다.

$$
\begin{aligned}
\sigma^2 &= \Sigma p_i \cdot [R_i - E(R_i)]^2 \text{ : 편차제곱의 평균} \\
&= \Sigma p_i \, [R_i^2 - 2R_i \, E(R_i) + E(R_i)^2] \\
&= \Sigma p_i \cdot R_i^2 - 2\,[E(R_i)]^2 + [E(R_i)]^2 \\
&= \Sigma p_i \cdot R_i^2 - [E(R_i)]^2 \\
&= E(R_i^2) - [E(R_i)]^2 \text{ : 제곱의 평균} - \text{평균의 제곱} \qquad (6.9)
\end{aligned}
$$

>>> **예제 6-5**

현재 가나기업의 주가는 10,000원이다. 1년 후 주가와 배당에 대한 확률분포가 다음과 같다.

상황	발생확률	주가	배당
호황	$\frac{1}{2}$	11,600원	400원
불황	$\frac{1}{2}$	11,000원	–

(1) 가나주식의 기대수익률은 얼마인가?

(2) 이 주식의 위험을 분산과 표준편차로 측정하라.

풀이

(1) 먼저 식 (6.7)을 이용해서 호황일 때와 불황일 때 주식수익률을 다음과 같이 구한다.

$$\text{호황: } R=\frac{(P_1-P_0)+D_1}{P_0}=\frac{(11{,}600-10{,}000)+400}{10{,}000}=0.2(20\%)$$

$$\text{불황: } R=\frac{(11{,}600-10{,}000)+0}{10{,}000}=0.1(10\%)$$

그러면 주식수익률의 확률분포는 다음과 같이 작성할 수 있다.

발생확률	주식수익률(%)
$\frac{1}{2}$	20
$\frac{1}{2}$	10

이제 식 (6.8)을 이용해서 가나주식의 기대수익률을 구하면 다음과 같이 15%가 된다.

$$E(R)=\Sigma p_i\cdot R_i$$
$$=\frac{1}{2}\times 0.2+\frac{1}{2}\times 0.1=0.15(15\%)$$

(2) 우선 개별적으로 나타날 수 있는 주식수익률과 기대수익률과의 차이$[R_i-E(R_i)]$를 발생확률과 대응시켜 나타내면 다음과 같다.

발생확률	편차(=주식수익률−기대수익률)
$\frac{1}{2}$	$20-15=5\%$
$\frac{1}{2}$	$10-15=-5$

분산을 구하기 위해 편차의 제곱에 해당확률을 곱해서 더하면 다음과 같다.

$$\sigma^2=\Sigma p_i\cdot[R_i-E(R_i)]^2$$
$$=\frac{1}{2}\times 5^2+\frac{1}{2}\times(-5)^2=25\%^2$$

그런데 이렇게 구한 분산은 수익률의 제곱값이므로 이 값에 루트를 취하면 수익률과 똑같은 단위(%)인 표준편차가 된다.

$$\sigma^2=\sqrt{\sigma^2}=\sqrt{25}=5\%$$

3.3 개별주식의 선택

(1) 지배원리

지금까지의 내용에서 보면 투자대상이 되는 주식의 특성을 기대수익률(평균)과 위험(분산)으로 측정하였다. 그리고 투자자들의 효용수준도 이 두 가지 특성에 의해서 결정되기 때문에 이를 기준으로 주식을 선택하게 되는데 이를 평균-분산기준(mean-variance criterion)이라고 한다. 평균-분산기준에 따르면 투자자들은 기대수익률이 같으면 위험이 작은 주식을 선택하고, 위험이 같으면 기대수익률이 높은 주식을 선택하게 된다. 이를 지배원리(dominance principle)라고 한다.

(2) 효용극대화

그런데 만약 이러한 지배관계가 성립되지 않는 다음과 같은 상황이라면 어떤 기준으로 주식을 선택하게 되는가 살펴보자.

	A주식	B주식
기대수익률	15%	20%
표준편차	5	10

A주식과 B주식은 기대수익률과 표준편차가 모두 서로 다른데 이를 기대수익률-위험의 평면에 나타낼 수 있다. 이러한 경우에 투자자는 효용을 극대화할 수 있는 주식을 선택한다.

그리고 위험회피적인 투자자의 무차별곡선은 [그림 6-1]에서 확인하였듯이 우상향하는 형태를 갖는다. 우상향하는 무차별곡선이라고 해도 그 형태가 그림(a)와 같이 가파르게 생긴 투자자라면 더 높은 효용을 나타내는 위쪽의 무차별곡선과 만나는 A주식을 선택할 것이다.

그러나 무차별곡선이 그림(b)와 같이 완만하게 생긴 투자자라면 B주식을 선택할 것이다. 즉, 지배관계가 성립하지 않는 상황에서는 투자자의 무차별곡선이 나타내는 효용이 가장 크게 되도록 주식을 선택하는 것이다.[5]

5) 투자자 A는 일정수준의 효용을 유지하기 위해서 추가되는 단위당 위험에 대해서 더 높은 수익률을 요구하기 때문에 투자자 B보다 더 위험회피적인 사람이다.

그림 6-4

개별주식의 선택

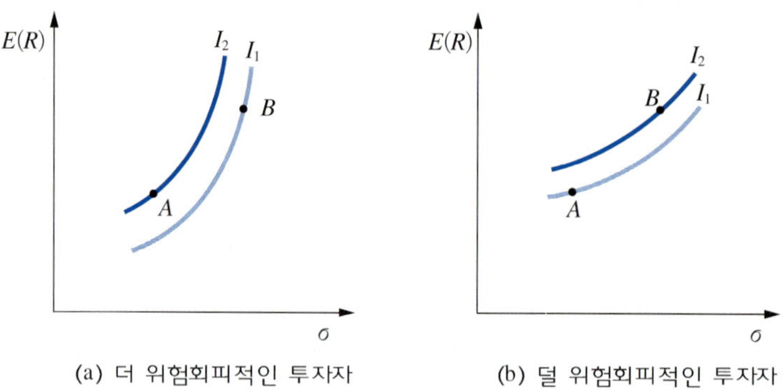

(a) 더 위험회피적인 투자자 (b) 덜 위험회피적인 투자자

제 4 절 포트폴리오의 기대수익률과 위험

4.1 두 주식으로 구성된 포트폴리오

(1) 기대수익률

두 가지 주식으로 구성한 포트폴리오의 기대수익률은 각 주식의 기대수익률에 대하여 투자비율(w_1, w_2)을 가중치로 해서 가중평균한 값이 된다. 따라서 다음과 같이 산출한다.

$$E(R_p) = w_1 E(R_1) + w_2 E(R_2) \qquad (6.10)$$

$$단,\ w_1 + w_2 = 1$$

(2) 위험(분산)

두 가지 주식으로 구성한 포트폴리오의 위험(분산)을 먼저 그림으로 나타내면 [그림 6-5]와 같은 구조를 갖는다.

그리고 산술적으로 이 값은 다음과 같은 식으로 산출한다.

$$\sigma_p^2 = w_1^2\sigma_1^2 + w_2^2\sigma_2^2 + 2w_1w_2\sigma_{12} \text{ (공분산을 이용한 식)}$$

$$= w_1^2\sigma_1^2 + w_2^2\sigma_2^2 + 2w_1w_2\rho_{12}\sigma_1\sigma_2 \text{ (상관계수를 이용한 식)} \qquad (6.11)$$

그림 6-5
두 주식으로 구성된 포트폴리오의 위험

	주식 1	주식 2
주식 1	$w_1w_1\sigma_{11}$ $=w_1^2\sigma_1^2$	$w_1w_2\sigma_{12}$
주식 2	$w_2w_1\sigma_{21}$	$w_2w_2\sigma_{22}$ $=w_2^2\sigma_2^2$

앞의 식에서 세번째 항은 두 주식의 수익률이 어떤 관계를 갖고 변동하는가를 나타내는 부분이다. 만약 두 주식이 동일한 방향으로 동일한 비율로 변동하여 완전상관관계를 갖는다면 상관계수가 +1이 되어 이때에는 포트폴리오의 위험이 기대수익률의 경우와 같이 각 주식의 위험을 가중평균한 값이 된다. 그러나 현실적으로는 대부분의 주식들이 서로 불완전상관관계에 있기 때문에 포트폴리오의 위험은 각 주식의 위험을 가중평균한 값보다 작게 된다. 이를 포트폴리오효과 또는 위험감소효과라고 한다.

그리고 포트폴리오의 위험을 표준편차로 측정할 수도 있는데 표준편차는 이 식에서 구한 분산값의 제곱근을 구하면 된다.

(3) 공분산과 상관계수

공분산과 상관계수는 두 가지 확률변수의 결합분포에서 두 변수가 함께 움직이는 정도를 측정하는 지표이다.

먼저 공분산(covariance)은 다음 식으로 산출한다.

$$\begin{aligned}\sigma_{12} &= \text{Cov}(R_1 \cdot R_2)\\ &= E[(R_1-E(R_1))\cdot(R_2-E(R_2))] \quad : \text{편차곱의 평균}\\ &= E[R_1R_2-R_1E(R_2)-E(R_1)R_2+E(R_1)E(R_2)]\\ &= E(R_1R_2)-E(R_1)E(R_2)-E(R_1)E(R_2)+E(R_1)E(R_2)\\ &= E(R_1R_2)-E(R_1)E(R_2) \quad : \text{곱의 평균}-\text{평균의 곱} \qquad (6.12)\end{aligned}$$

그런데 공분산은 변수를 측정하는 단위에 따라 그 크기가 달라지는 문제점이 있다. 따라서 두 변수 간의 관계를 보다 정확하게 파악하기 위해서 상관계수(correlation coefficient)를 이용한다. 상관계수는 ρ(rho)로 나타내는데 다음과 같이 공분산을 각 변수의 표준편차의 곱으로 나누어서 표준화시킨 값이다.

$$\sigma_{12} = \rho_{12}\sigma_1\sigma_2$$

$$\rightarrow \rho_{12} = \frac{\sigma_{12}}{\sigma_1\sigma_2} \tag{6.13}$$

이렇게 표준화시킨 상관계수는 $-1 \le \rho_{12} \le +1$의 범위에 존재한다.

상관계수가 +1에 가까울수록 두 변수가 같은 방향으로 움직이는 것이고 −1에 가까울수록 반대방향으로 움직이는 것이다. 따라서 0에 가까울수록 두 변수는 상관관계가 없는 것이다.

>>> 예제 6-6

주식 1과 주식 2의 기대수익률과 표준편차는 다음과 같다.

	주식 1	주식 2
기대수익률	15%	20%
표준편차	5	10

(1) 주식 1에 60%를, 주식 2에 40%를 투자한 포트폴리오의 기대수익률은 얼마인가?
(2) 두 주식의 상관계수가 0.8이라면 공분산은 얼마인가?
(3) (1)과 같이 구성한 포트폴리오의 위험을 측정하라.

풀이

(1) 포트폴리오의 기대수익률은 개별 주식의 기대수익률을 투자비율로 가중평균한 값으로서 식 (6.10)을 이용해서 다음과 같이 구한다.

$$\begin{aligned} E(R_p) &= w_1E(R_1) + w_2E(R_2) \\ &= 0.6 \times 15 + 0.4 \times 20 = 17(\%) \end{aligned}$$

(2) 공분산은 개별 주식의 표준편차의 곱에 상관계수를 곱한 값이다. 식 (6.13) 참조.

$$\begin{aligned} \sigma_{12} &= \rho_{12}\sigma_1\sigma_2 \\ &= 0.8 \times 5 \times 10 = 40(\%^2) \end{aligned}$$

(3) 포트폴리오의 위험을 분산으로 측정하면 다음과 같다. 식 (6.11) 참조.

$$\begin{aligned} \sigma_p^2 &= w_1^2\sigma_1^2 + w_2^2\sigma_2^2 + 2w_1w_2\sigma_{12} \\ &= (0.6 \times 5)^2 + (0.4 \times 10)^2 + 2 \times 0.6 \times 0.4 \times 40 = 44.2(\%^2) \end{aligned}$$

이를 표준편차로 바꾸어 소수점 첫 자리까지 나타내면 다음과 같다.

$$\sigma = \sqrt{\sigma^2} = \sqrt{44.2} = 6.6(\%)$$

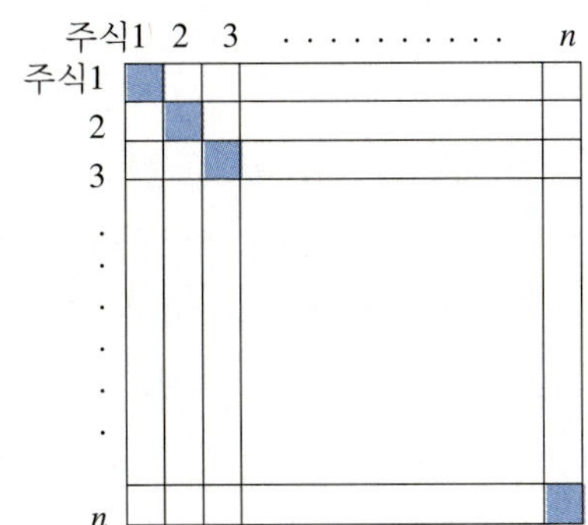

그림 6-6
다수 주식(n)으로 구성된 포트폴리오의 위험

4.2 다수 주식으로 구성된 포트폴리오

(1) 기대수익률과 위험

① 기대수익률

다수 주식으로 구성된 포트폴리오의 기대수익률은 두 주식으로 구성된 포트폴리오의 경우와 같이 각 구성주식의 기대수익률을 투자비율로 가중평균한 값이다.

$$E(R_P) = \sum_{i=1}^{n} w_i E(R_i) \tag{6.14}$$

② 위험(분산)

다수 주식으로 구성된 포트폴리오의 위험도 두 주식으로 구성된 포트폴리오와 동일한 논리로 다음과 같은 식을 이용하여 그 값을 측정한다.

$$\begin{aligned} \sigma_p{}^2 &= \sum_{i=1}^{n}\sum_{j=1}^{n} w_i w_j \sigma_{ij} \\ &= \sum_{i=1}^{n} w_i{}^2 \sigma_i{}^2 + \sum_{i=1}^{n}\sum_{j=1}^{n} w_i w_j \sigma_{ij} \qquad (\text{단, } i \neq j) \end{aligned} \tag{6.15}$$

그리고 이의 구조를 파악하기 위해 그림으로 나타내면 [그림 6-6]으로 표현된다. 이 그림에서 색칠된 부분은 개별 주식들의 분산을 나타내며 그 크기는 식 (6.15)에서 첫째항 $\sum_{i=1}^{n} w_i{}^2 \sigma_i{}^2$으로 측정되며, 나머지 부분은 서로 다른 주식들 사이의 공분산으로서 그 크기는 둘째항 $\sum_{i=1}^{n}\sum_{j=1}^{n} w_i w_j \sigma_{ij}$으로 측정된다.

(2) 포트폴리오효과

① 포트폴리오효과

두 주식으로 구성한 포트폴리오의 위험을 설명하면서 두 주식이 서로 완전상관관계에 있지 않다면 포트폴리오의 위험은 각 주식의 위험을 단순히 가중평균한 값보다 작아진다고 하였다. 이러한 효과는 여러 주식으로 포트폴리오를 구성할 때에도 나타나는데, 이처럼 포트폴리오를 구성하는 주식의 종목수가 늘어날수록 그 위험이 감소하는 현상을 포트폴리오효과(portfolio effect)라 하며, 위험감소효과 또는 분산투자효과라고도 한다.

이와 같은 포트폴리오효과를 다음과 같이 n개 주식에 균등하게 투자한 포트폴리오에서 위험(분산)을 산출한 후 종목수를 늘리면서 위험이 감소되는 것을 확인해보자.

즉, n개 주식에 균등하게 투자하면 각 주식에의 투자비율 $w=\dfrac{1}{n}$이므로 포트폴리오의 위험은 다음과 같이 표현할 수 있다.

$$\begin{aligned}\sigma_p^2 &= \sum_{i=1}^{n}\left(\frac{1}{n}\right)^2\sigma_i^2+\sum_{i=1}^{n}\sum_{j=1}^{n}\left(\frac{1}{n}\right)^2\sigma_{ij} \\ &= \frac{1}{n}\cdot\frac{1}{n}\cdot\sum_{i=1}^{n}\sigma_i^2+\frac{(n-1)}{n}\sum_{i=1}^{n}\sum_{j=1}^{n}\frac{\sigma_{ij}}{n(n-1)} \\ &= \frac{1}{n}\bar{\sigma}_i^2+\frac{(n-1)}{n}\bar{\sigma}_{ij} \end{aligned} \qquad (6.16)$$

② k개 주식으로 구성된 포트폴리오들의 분산평균값($\bar{\sigma}_k^2$)

이제 n개 주식으로 구성된 시장에서 그 중 일부 종목 k개로 구성한 포트폴리오를 생각해보자(단, $k \leq n$). 이렇게 구성할 수 있는 포트폴리오의 개수는 총 $\binom{n}{k}={}_nC_k=\dfrac{n!}{(n-k)!k!}$개인데 이 포트폴리오들의 분산평균값($\bar{\sigma}_k^2$)은 식 (6.16)을 이용하면 쉽게 구할 수 있다. 먼저 식 (6.16)의 첫 번째 식에서 n대신 k를 대입하여 다음 식을 구한다.

$$\sigma_k^2=\left(\frac{1}{k}\right)^2\sum_{i=1}^{k}\sigma_i^2+\left(\frac{1}{k}\right)^2\sum_{i=1}^{k}\sum_{j=1}^{k}\sigma_{ij}$$

그리고 n개 주식에서 k개를 선택하는 것은 확률분포이므로 이 식에 기대값을 취하면 k개 종목으로 구성된 포트폴리오의 분산평균값($\bar{\sigma}_k^2$)이 다음과 같이 산출된다.

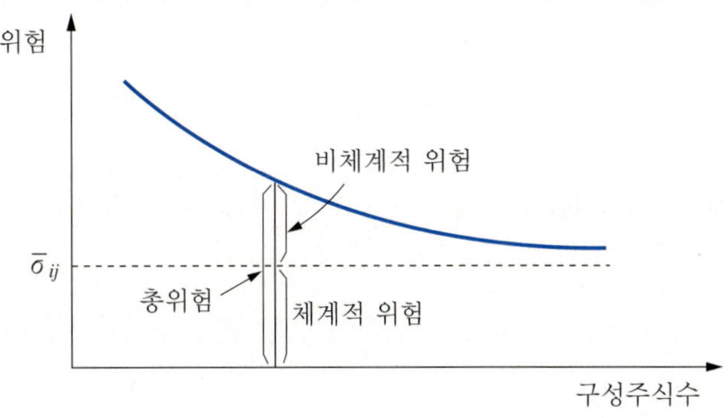

그림 6-7
포트폴리오효과

$$\overline{\sigma}_k^2=\left(\frac{1}{k}\right)^2 E\left[\sum_{i=1}^{k}\sigma_i^2\right]+\left(\frac{1}{k}\right)^2 E\left[\sum_{i=1}^{k}\sum_{j=1}^{k}\sigma_{ij}\right]$$

$$=\left(\frac{1}{k}\right)^2 k\overline{\sigma}_i^2+\left(\frac{1}{k}\right)^2 k(k-1)\overline{\sigma}_{ij}$$

$$=\frac{1}{k}\overline{\sigma}_i^2+\frac{(k-1)}{k} \qquad (6.17)$$

여기서 k가 증가할수록 $\overline{\sigma}_k^2$는 점점 작아지면서 시장전체 주식들의 공분산 평균값($\overline{\sigma}_{ij}$)에 수렴하게 된다. 만약 k가 무한대로 늘어난다면 다음 식이 성립한다.

$$\lim_{k\to\infty}\overline{\sigma}_k^2=\lim_{k\to\infty}\left[\frac{1}{k}\overline{\sigma}_i^2+\frac{(k-1)}{k}\overline{\sigma}_{ij}\right]=\overline{\sigma}_{ij}$$

이처럼 포트폴리오를 구성하는 주식의 종목수를 늘려서 제거할 수 있는 위험을 비체계적 위험이라고 하며, 종목수를 무한대로 늘려도 제거되지 않는 위험(공분산의 평균값)을 체계적 위험이라고 한다. 이러한 관계를 그림으로 표현하면 [그림 6-7]과 같다.

그런데 식 (6.17)을 이해할 때에 주의할 점이 있다. 즉, $\overline{\sigma}_i^2$와 $\overline{\sigma}_{ij}$는 각각 시장을 구성하고 있는 모든 주식의 개별분산평균과 공분산평균이라는 점이다. 만약 이 값 대신에 포트폴리오를 구성하는 특정한 k개 주식의 개별분산평균과 공분산평균을 사용하면 이는 포트폴리오의 분산평균값($\overline{\sigma}_k^2$)을 구하는 것이 아니라 특정한 k개로 구성된 포트폴리오의 분산값(σ_k^2)을 구하는 것이 된다는 것을 유념해야 한다.

>>> 예제 6-7

증권시장의 모든 주식들의 분산의 평균은 20%이다. 두 주식들이 투자비율 50%씩으로 구성된 포트폴리오들의 분산의 평균값이 12%라고 할 때 다음 각 물음에 답하라.

(1) 모든 주식들 수익률 간의 공분산평균값은 얼마인가?
(2) 각 주식에 동일한 비율로 투자한 포트폴리오의 분산평균값이 5% 이하가 되도록 하려고 한다. 몇 개 이상의 종목에 투자해야 하는가?

풀이

(1) $\bar{\sigma}_k^2 = \frac{1}{k} \cdot \bar{\sigma}_i^2 + \frac{k-1}{k} \cdot \bar{\sigma}_{ij}$ 에서

$12 = \frac{1}{2} \times 20 + \frac{1}{2} \times \bar{\sigma}_{ij}$ 이므로

$\therefore \bar{\sigma}_{ij} = 4(\%)$

(2) $\bar{\sigma}_k^2 = \frac{1}{k} \times 20 + \frac{k-1}{k} \times 4 \leq 5$ 으로부터

$k \geq 16$ 이므로 16개 이상의 종목에 투자해야 한다.

제 5 절 효율적 투자선과 최적포트폴리오

5.1 두 주식으로 구성된 포트폴리오

(1) 상관계수에 따른 포트폴리오의 위험과 기대수익률 관계

두 주식으로 구성된 포트폴리오에서 각 주식의 기대수익률과 위험을 알고 있을 때, 구성비율 w_1, w_2를 달리하면 이 포트폴리오의 기대수익률과 표준편차는 어떤 관계를 보이는지 살펴본다. 이들의 관계는 두 주식수익률의 상관관계에 따라 여러 형태로 나타나는데 이해를 쉽게 하기 위해서 두 주식수익률의 상관계수 $\rho_{12} = +1$, $\rho_{12} = 0$, $\rho_{12} = -1$인 경우를 먼저 살펴본다.

① 상관계수 $\rho_{12} = +1$일 때

기대수익률은 다음과 같다.

$$E(R_p)=w_1E(R_1)+w_2E(R_2)$$

그리고 분산 및 표준편차는 다음과 같다.

$$\begin{aligned}\sigma_p^2&=w_1^2\sigma_1^2+w_2^2\sigma_2^2+2w_1w_2\rho_{12}\sigma_1\sigma_2\\&=w_1^2\sigma_1^2+w_2^2\sigma_2^2+2w_1w_2\sigma_1\sigma_2\\\sigma_p&=\sqrt{(w_1\sigma_1+w_2\sigma_2)^2}\\&=w_1\sigma_1+w_2\sigma_2\end{aligned}$$

② 상관계수 $\rho_{12}=0$일 때

기대수익률은 다음과 같다.

$$E(R_p)=w_1E(R_1)+w_2E(R_2)$$

그리고 분산 및 표준편차는 다음과 같다.

$$\begin{aligned}\sigma_p^2&=w_1^2\sigma_1^2+w_2^2\sigma_2^2+2w_1w_2\rho_{12}\sigma_1\sigma_2\\&=w_1^2\sigma_1^2+w_2^2\sigma_2^2\\\sigma_p&=\sqrt{w_1^2\sigma_1^2+w_2^2\sigma_2^2}\end{aligned}$$

③ 상관계수 $\rho_{12}=-1$일 때

기대수익률은 다음과 같다.

$$E(R_p)=w_1E(R_1)+w_2E(R_2)$$

그리고 분산 및 표준편차는 다음과 같다.

$$\begin{aligned}\sigma_p^2&=w_1^2\sigma_1^2+w_2^2\sigma_2^2+2w_1w_2\rho_{12}\sigma_1\sigma_2\\&=w_1^2\sigma_1^2+w_2^2\sigma_2^2-2w_1w_2\sigma_1\sigma_2\\\sigma_p&=\sqrt{(w_1\sigma_1+w_2\sigma_2)^2}\\&=|w_1\sigma_1-w_2\sigma_2|\end{aligned}$$

여기서 $w_1\sigma_1>w_2\sigma_2$이면 $\sigma_p=w_1\sigma_1-w_2\sigma_2$

$w_1\sigma_1<w_2\sigma_2$이면 $\sigma_p=-w_1\sigma_1+w_2\sigma_2$

그런데 이처럼 두 주식 사이의 상관계수가 −1일 때에는 각 주식에 대한 투자 비율을 $\frac{w_2}{w_1}=\frac{\sigma_1}{\sigma_2}$가 되도록 포트폴리오를 구성하면 $w_1\sigma_1-w_2\sigma_2=0$이 되어 그 위험, 즉 분산값을 0으로 할 수 있다.

그림 6-8

두 주식으로 구성된 포트폴리오

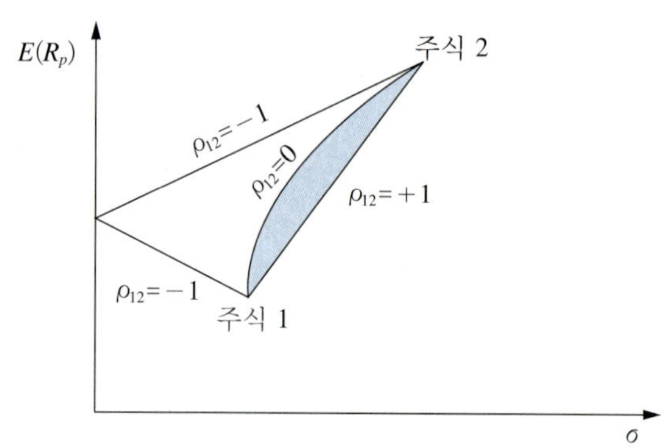

이제 앞의 각 경우에서 기대수익률과 표준편차의 관계를 그림으로 나타내면 [그림 6-8]과 같이 표현된다.

그런데 대부분의 주식들이 시장 전반적인 경기변동에 같은 영향을 받기 때문에 $0<\rho_{12}<1$ 사이에 존재하는 것이 일반적이다. 따라서 분석대상이 되는 투자안들은 대개 [그림 6-8]에서 색칠된 부분에 포함된다.

(2) 최소분산 포트폴리오

① 의 의

최소분산 포트폴리오(MVP: minimum variance portfolio)란 두 주식(또는 일정한 종목의 주식)으로 구성된 포트폴리오 중에서 위험, 즉 분산값이 가장 작은 포트폴리오를 말한다.

② MVP의 구성

먼저 포트폴리오를 구성하는 두 주식 간의 상관계수를 구한다. 그리고 상관계수가 주어진 상황에서 포트폴리오의 분산은 각 주식에 대한 투자비율에 따라 달라지므로 분산을 각 주식의 투자비율의 함수로 이해한다. 여기서 분산의 최소값을 구하기 위해서 이 함수를 특정 주식에 대한 투자비율로 편미분하여 이를 0으로 만드는 투자비율을 구한다. 이때의 분산값이 최소분산값이 된다.

$$\sigma_p^2 = w_1^2\sigma_1^2 + w_2^2\sigma_2^2 + 2w_1w_2\rho_{12}$$

$$= w_1^2\sigma_1^2 + (1-w_1)^2\sigma_2^2 + 2w_1(1-w_1)\sigma_{12} \qquad (\because\ w_1+w_2=1)$$

$$\frac{\partial\sigma_p^2}{\partial w_1} = 2w_1\sigma_1^2 - 2(1-w_1)\sigma_2^2 + 2\sigma_{12} - 4w_1\sigma_{12}$$

$$= 2w_1(\sigma_1^2 + \sigma_2^2 - 2\sigma_{12}) - 2\sigma_2^2 + 2\sigma_{12} = 0$$

$$\therefore\ w_1 = \frac{\sigma_2^2 - \sigma_{12}}{\sigma_1^2 + \sigma_2^2 - 2\sigma_{12}} \tag{6.18}$$

이는 주식 1에 대해서 $w_1 = \frac{\sigma_2^2 - \sigma_{12}}{\sigma_1^2 + \sigma_2^2 - 2\sigma_{12}}$ 만큼 투자하고 나머지($w_2 = 1 - w_1$)를 주식 2에 투자하면 최소분산포트폴리오를 만들 수 있다는 의미이다.

>>> **예제 6-8**

다음 자료를 이용해서 각 물음에 답하라.

	기대수익률	표준편차
주식 1	10 %	12 %
주식 2	5	7

(1) 두 주식 수익률 간의 상관계수가 0.5일 때에 위험이 가장 작은 포트폴리오를 구성하고 이의 기대수익률과 표준편차를 산출하라. 그리고 주식 1, 주식 2와 함께 그림으로 나타내라.

(2) 다른 조건은 동일하고 상관계수만 0.8일 때에는 어떠한가?

풀이

(1) $\rho_{12} = 0.5 \quad \rightarrow \quad \sigma_{12} = 0.5 \times 12 \times 7 = 42$

$$w_1 = \frac{7^2 - 42}{12^2 + 7^2 - 2 \times 42} = \frac{7}{109} = 0.064$$

그리고 $w_2 = 1 - 0.064 = 0.936$

즉, 주식 1에 6.4% 투자하고 나머지 93.6%를 주식 2에 투자한다. 이 같은 포트폴리오의 기대수익률과 위험은 다음과 같다.

$$E(R_p) = 0.064 \times 10\% + 0.936 \times 5\% = 5.32(\%)$$

$$\sigma_p^2 = (0.064 \times 12)^2 + (0.936 \times 7)^2 + 2 \times 0.064 \times 0.936 \times 42$$

$$= 48.6 \qquad \therefore\ \sigma_p = 6.97(\%)$$

이를 그림으로 나타내면 다음과 같다.

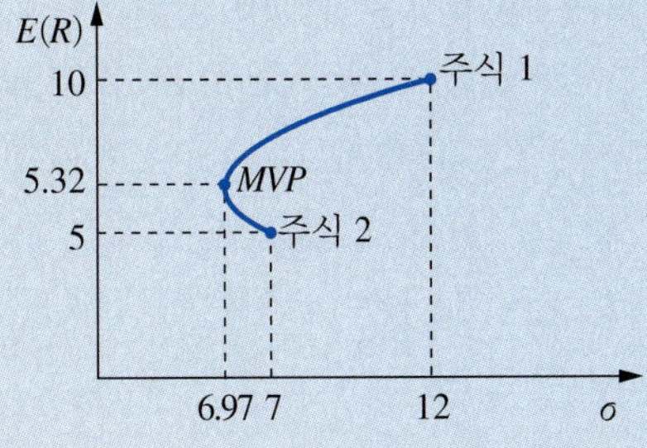

(2) $\rho_{12}=0.8 \rightarrow \sigma_{12}=0.8\times12\times7=67.2$

$$w_1=\frac{7^2-67.2}{12^2+7^2-2\times67.2}=-0.311$$

그리고 $w_2=1-(-0.311)=1.311$

즉, 주식 1을 보유자금의 31.1%만큼 공매하여 자금을 조달하고 이를 보유자금과 합쳐서 모두 주식 2에 투자한다. 이렇게 구성한 포트폴리오의 기대수익률과 위험은 다음과 같다.

$$E(R_p)=-0.311\times10+1.311\times5=3.45(\%)$$
$$\sigma_p^2=(-0.311\times12)^2+(1.311\times7)^2+2\times(-0.311)\times1.311\times67.2$$
$$=43.35 \qquad \therefore\ \sigma_p=6.58(\%)$$

이를 그림으로 나타내면 다음과 같다.

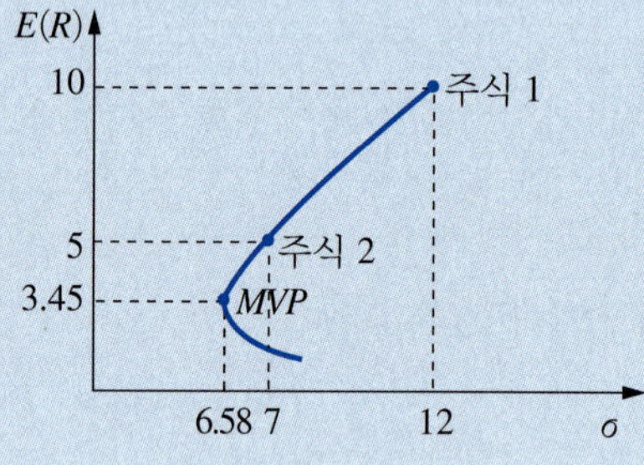

(3) 포트폴리오의 선택

이미 앞서 설명하였듯이 두 주식으로 포트폴리오를 구성하면 그 기대수익률은 두 주식의 기대수익률을 가중평균한 값과 같다. 그러나 포트폴리오의 표준편차는 두 주식의 표준편차를 가중평균한 값보다 작은 것이 일반적이다.[6] 이러한 효과를 포트폴리오의 분산투자효과라고 한다고 하였다.

이러한 효과를 반영해서 A주식과 B주식 이 두 주식으로 구성한 포트폴리오를 [그림 6-9]에서와 같이 나타낼 수 있다. 그리고여기에 어떤 투자자의 효용수준을 무차별곡선으로 함께 나타내보자. 이 투자자로서는 B주식보다는 A주식을 선택하는 것이 효용이 더 크다. 왜냐하면 A주식을 선택하는 경우의 효용수준 I_2가 B주식을 선택하는 경우의 효용수준 I_1보다 더 높기 때문이다. 그런데 A주식, B주식에 동시에 투자하여 포트폴리오를 구성할 수 있다면 A주식에만 투자할 때보다

6) 이론적으로는 상관계수가 +1인 경우에 포트폴리오의 표준편차가 두 주식의 표준편차를 가중평균한 값과 같다. 그러나 현실적으로는 두 주식도 상관계수가 +1인 경우는 거의 없기 때문에 분산투자효과가 있게 된다.

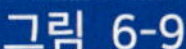

그림 6-9

두 주식으로 구성된 포트폴리오의 선택

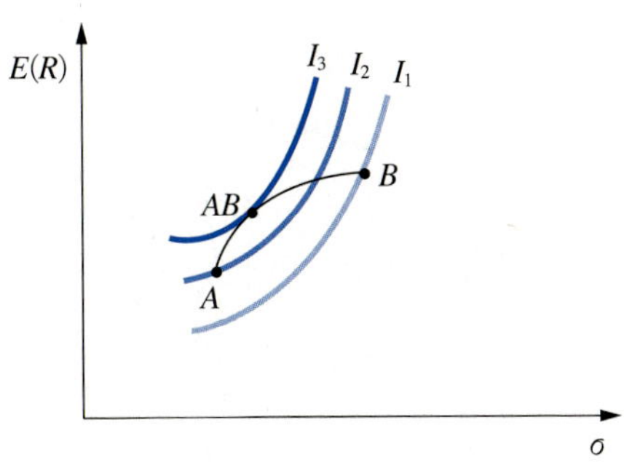

효용을 더 크게 할 수 있다. 구성할 수 있는 여러 포트폴리오 중에서도 AB점에 투자하면 가장 높은 효용수준 I_3를 누릴 수 있게 된다. 그래서 AB점이 바로 투자자의 최선의 선택점이 되는데 이를 최적포트폴리오라고 한다.

5.2 다수 주식으로 구성된 포트폴리오

(1) 포트폴리오집합

대부분의 주식들은 경기변동에 대해서 같은 방향으로 영향을 받기 때문에 이들간의 상관계수는 대개 0과 1 사이의 값을 갖는다고 하였다. 그렇기 때문에 두 주식으로 구성된 포트폴리오의 집합은 [그림 6-8]의 색칠된 부분에 곡선으로 나타난다고 하였다.

그런데 현실적으로 증권시장에서는 매우 많은 종목의 주식들이 존재한다. 이들로 구성할 수 있는 포트폴리오집합은 좀 더 복잡하기는 하지만 기본적으로는 두 주식으로 포트폴리오를 구성하는 것과 동일한 구조를 갖는다. [그림 6-10]은 다수 주식으로 구성할 수 있는 포트폴리오집합을 나타낸 것이다. 먼저 *A*, *B*, *C*라는 세 주식들로 구성할 수 있는 포트폴리오는 *AB*, *BC*, *AC*, *ABC* 등으로 다양하게 나타난다. 이외에 더 많은 종목에 투자할 수 있는 가능성까지 고려하면 구성할 수 있는 포트폴리오집합은 최종적으로 *WXYZ*로 연결되는 선의 안쪽 영역으로 나타나게 된다.

그림 6-10
다수 주식으로 구성된 포트폴리오

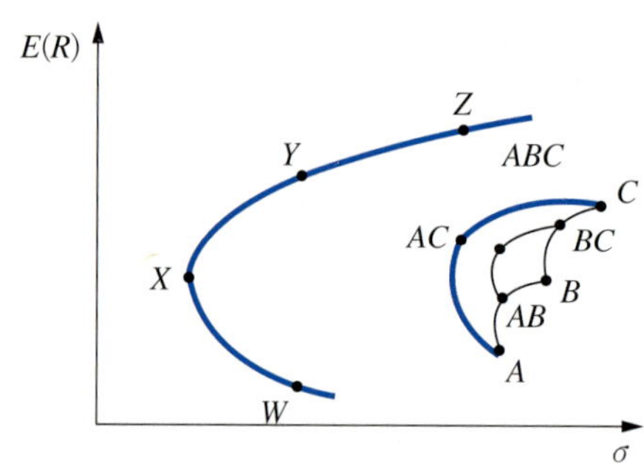

(2) 지배원리와 효율적 투자선

최종적으로 투자가능한 포트폴리오집합은 *WXYZ*로 연결되는 선의 안쪽 영역이라고 하였다. 이를 대상으로 지배원리를 적용해보자. 지배원리란 평균-분산기준에 따라서 기대수익률이 동일할 때에는 위험이 작은 것을 선택하고, 위험이 동일하면 기대수익률이 큰 투자안을 선택하는 것이라고 하였다.

다음 [그림 6-11]에서 *X*는 기대수익률이 동일하지만 위험이 더 큰 *U*와 *V*를 지배한다. 그리고 *Y*는 위험이 동일하지만 기대수익률이 더 작은 *U*와 *W*를 지배한다. 같은 논리로 *Z*는 *V*를 지배한다.

분석대상이 되는 투자가능영역 전체에 대해서 지배원리를 충족시키는 포트폴리오집합을 마코위츠의 효율적 투자선(efficient frontier)이라고 한다. [그림 6-11]에서는 *X*점에서 시작하여 *Y*, *Z*를 통과하는 굵은 곡선으로 나타낸 것이 효율적 투자선에 해당된다.

그리고 이를 수식으로 나타내면 다음 식을 만족하는 포트폴리오집합이 된다.

$$\text{max. } E(R_p) = \sum_{i=1}^{n} w_i E(R_i)$$

$$s.t. \ \sigma_p{}^2 = \sigma^2(\text{상수})$$

$$\sum_{i=1}^{n} w_i = 1$$

(3) 포트폴리오의 선택

효율적 투자선 상의 *X*, *Y*, *Z* 사이에는 지배원리가 적용되지 않는다. 이들 중 어떤 것이 선택되는가 하는 것은 투자자의 무차별곡선의 형태에 따라서 달라지기 때문이다. 이는 개별 주식의 선택과정에서도 쉽게 확인할 수 있었다.

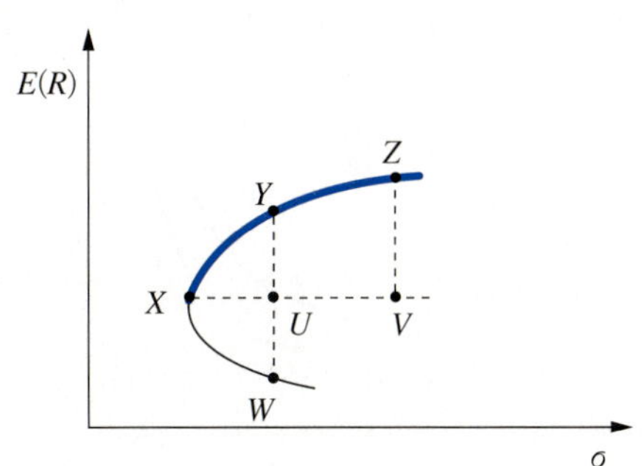

그림 6-11
지배원리와 효율적 투자선

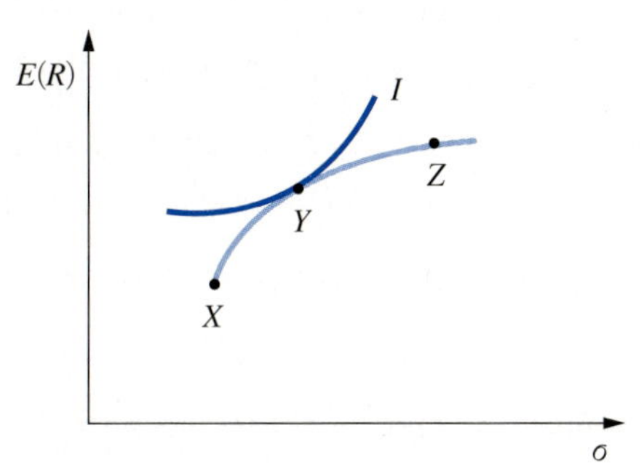

그림 6-12
다수 주식으로 구성된 포트폴리오의 선택

일단 효율적 투자선이 파악되면 투자자들은 자신의 무차별곡선과 효율적 투자선이 접하는 점의 투자안을 선택함으로써 효용을 가장 크게 할 수 있다. [그림 6-12]에서는 점 Y가 바로 투자자의 효용을 최대화하는 최적포트폴리오가 된다.

5.3 효용수준의 비교

이제 끝으로 지금까지 설명한 다음의 각 경우에 대해서 투자자의 선택에 따른 효용수준을 비교해보자.

① 개별 주식에 투자할 경우
② 두 주식 포트폴리오에 투자할 경우
③ 다수 주식 포트폴리오에 투자할 경우

그림 6-13

효용수준의 비교

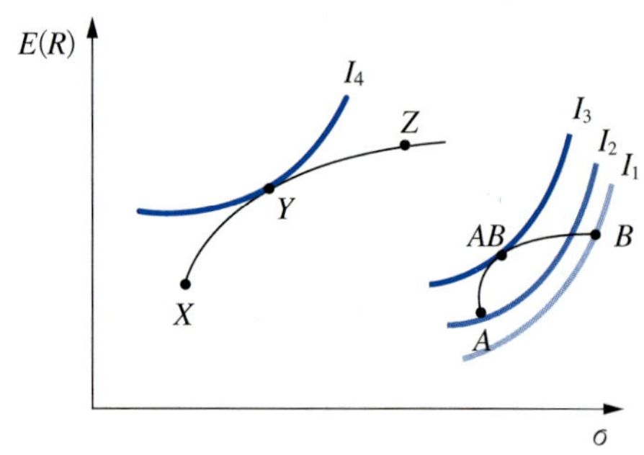

이러한 경우의 효용수준을 비교하기 위해 각 경우의 최적선택과정을 보이는 [그림 6-4]와 [그림 6-9], 그리고 [그림 6-12]를 함께 나타내 보겠다. 위의 [그림 6-13]이 그것인데 이로부터 우리는 각 경우에서의 투자자의 효용수준을 비교할 수 있다.

일단 *A*와 *B* 중에서 하나를 선택해야 한다면 더 높은 효용을 주는 *A*를 선택한다. 그리고 단일주식 *A*에 투자하는 경우보다 *A*와 *B*로 구성된 포트폴리오 *AB*에 투자하는 경우에 무차별곡선이 더 위에 있으므로 효용이 더 크다고 할 수 있다. 같은 논리로 시장의 다수 주식들로 구성된 포트폴리오 *Y*에 투자할 경우의 효용수준을 나타내는 무차별곡선 I_4은 *AB*에 투자할 경우의 무차별곡선 I_3보다 더 높게 있으므로 효용이 더 크다는 것을 알 수 있다. 따라서 포트폴리오 *Y*가 최적포트폴리오가 된다. 그리고 이로부터 우리는 투자대상이 많으면 그만큼 더 투자자의 효용은 증가한다는 결론을 함께 얻을 수 있는 것이다.

참고사항 >>> 통계적 연산

1. 기대수익률과 위험의 연산

포트폴리오이론에서 자주 이용되는 기대수익률과 위험의 관계식들은 다음과 같다. 구체적으로 이들은 기대수익률과 분산, 그리고 공분산과 관련된 통계적 연산들인데 포트폴리오이론을 전개할 때에 유용하게 이용된다.

a, b, c, d는 상수이고 X, Y, Z는 확률변수라고 가정하면 확률분포의 기대값, 분산 및 공분산에 대해서는 다음이 성립한다.

(1) 기대값

① $E(a)=a$

② $E(aX)=aE(X)$

③ $E(aX+bY)=aE(X)+bE(Y)$

(2) 분 산

① $\mathrm{Var}(a)=0$

② $\mathrm{Var}(aX)=a^2\ \mathrm{Var}(X)$

③ $\mathrm{Var}(aX+bY)=a^2\ \mathrm{Var}(X)+b^2\ \mathrm{Var}(Y)+2ab\ \mathrm{Cov}(X,Y)$

(3) 공분산

① $\mathrm{Cov}(a,\ X)=0$

② $\mathrm{Cov}(aX,\ bY)=ab\ \mathrm{Cov}(X,Y)$

③ $\mathrm{Cov}(aX,\ bY+cZ)=ab\ \mathrm{Cov}(X,Y)+ac\ \mathrm{Cov}(X,Z)$

④ $\mathrm{Cov}(aX+bY,\ cX+dY)=ac\ \mathrm{Var}(X)+bd\ \mathrm{Var}(Y)+(ad+bc)\ \mathrm{Cov}(X,Y)$

2. 행렬을 이용한 표현

포트폴리오를 실제로 구성할 때 주식의 종목수는 매우 많을 수 있다. 이러한 경우 위에서 설명한 식을 이용하여 포트폴리오의 기대수익률 및 위험을 구해내기는 매우 번거롭고 복잡한 일이다. 따라서 다음과 같이 행렬을 이용하면 이를 보다 간편하게 구할 수 있다.

(1) 포트폴리오의 기대수익률

① 두 주식으로 구성된 포트폴리오의 기대수익률

주식 1, 2에 w_1, w_2만큼 투자하여 구성한 포트폴리오의 기대수익률은 앞서 살펴본 대로 다음과 같다.

$$E(R_p)=w_1E(R_1)+w_2E(R_2)$$

이를 행렬로 나타내기 위해서 먼저 두 주식의 기대수익률과 투자비율을 다음과 같은 벡터로 표현하자.

그림 분산-공분산 행렬

$$VCM(2\times 2)=\begin{bmatrix}\sigma_1^2 & \sigma_{12}\\ \sigma_{21} & \sigma_2^2\end{bmatrix}$$

(a) 2개 주식수익률에 대한 분산-공분산 행렬

$$VCM(n\times n)=\begin{bmatrix}\sigma_1^2 & \sigma_{12} & \cdot\ \cdot\ \cdot & \sigma_{1n}\\ \sigma_{21} & \sigma_{22} & \cdot\ \cdot\ \cdot & \sigma_{2n}\\ \cdot & \cdot & \cdot\ \cdot\ \cdot & \cdot\\ \sigma_{n1} & \sigma_{n2} & \cdot\ \cdot\ \cdot & \sigma_n^2\end{bmatrix}$$

(b) n개 주식수익률에 대한 분산-공분산 행렬

$$W=[w_1\ w_2] \qquad R=\begin{bmatrix}E(R_1)\\ E(R_2)\end{bmatrix}$$

단, W : 투자비율의 행벡터
R : 기대수익률의 열벡터

그러면 두 벡터의 곱을 통해서 다음을 확인할 수 있다.

$$E(R_p)=W\cdot R=[w_1\ w_2]\begin{bmatrix}E(R_1)\\ E(R_2)\end{bmatrix}=w_1E(R_1)+w_2E(R_2)$$

② 다수 주식으로 구성된 포트폴리오의 기대수익률

주식 1, 2, …, n에 w_1, w_2, …, w_n만큼 투자한 포트폴리오의 기대수익률은 식 (6.14)와 같다. 이 역시 위에서와 동일한 방법으로 투자비율의 행벡터 W와 기대수익률의 열벡터 R을 정의하여 두 벡터의 곱을 통해서 산출할 수 있다.

$$E(R_p)=W\cdot R=[w_1\ w_2\ \cdots\ w_n]\begin{bmatrix}E(R_1)\\ E(R_2)\\ \vdots\\ E(R_n)\end{bmatrix}=\sum w_iE(R_i)$$

(2) 포트폴리오의 위험

① 분산-공분산 행렬

서로 다른 확률변수들 간의 분산과 공분산을 위의 그림과 같이 대칭적(symmetric)으로 배열한 행렬을 분산-공분산 행렬(VCM : variance-covariance matrix)이라고 한다. 이러한 분산-공분산 행렬을 이용하면 포트폴리오의 위험뿐만 아니라 포트폴리오 간의 공분산을 측정하는 데에 편리하다.

② 두 주식으로 구성된 포트폴리오의 위험

주식 1, 2에 w_1, w_2만큼 투자한 포트폴리오의 위험, 즉 분산은 앞에서 설명한 VCM(2×2)를 이용하여 다음과 같이 측정한다.

$$\sigma_p^2=W\cdot VCM(2\times 2)\cdot W'$$

$$=[w_1\ \ w_2]\begin{bmatrix}\sigma_1^2 & \sigma_1^2\\ \sigma_{21} & \sigma_2^2\end{bmatrix}\begin{bmatrix}w_1\\ w_2\end{bmatrix}=w_1^2\ \sigma_1^2+w_2^2\ \sigma_2^2+2w_1\ w_2\sigma_{12}$$

단, W' 는 W의 행과 열을 바꾼 전치행렬(transpose matrix)

③ 다수 주식으로 구성된 포트폴리오의 위험

주식 1, 2, …, n에 w_1, w_2, …, w_n만큼 투자한 포트폴리오의 분산도 앞에서 동일한 방법으로 VCM($n \times n$)을 이용하여 다음과 같이 측정한다.

$$\sigma_p^2 = W \cdot VCM(n \times n) \cdot W'$$

$$= [w_1\ w_2 \cdots w_n] \begin{bmatrix} \sigma_1^2 & \sigma_{12} & \cdots & \sigma_{1n} \\ \sigma_{21} & \sigma_2^2 & \cdots & \sigma_{2n} \\ \cdot & \cdot & \cdot & \cdot \\ \sigma_{n1} & \sigma_{n2} & \cdots & \sigma_n^2 \end{bmatrix} \begin{bmatrix} w_1 \\ w_2 \\ \cdot \\ w_n \end{bmatrix} = \sum_{i=1}^{n} \sum_{j=1}^{n} w_i\, w_j \sigma_{ij}$$

(3) 포트폴리오와 포트폴리오 간의 공분산

구성주식의 종목을 동일하게 유지하면서도 각 종목에 대한 투자비율을 다르게 해서 만들 수 있는 포트폴리오는 매우 많다. 이렇게 구성종목은 같고 투자비율만 다른 포트폴리오들 간의 공분산도 분산–공분산 행렬을 이용하면 쉽게 측정할 수 있다.[7)]

① 두 주식으로 구성된 포트폴리오와 포트폴리오 간의 공분산

주식 1, 2에 w_1, w_2만큼 투자한 포트폴리오와 주식 1, 2에 x_1, x_2만큼 투자한 포트폴리오 간의 공분산은 다음과 같다.

$$\text{Cov}(R_w,\ R_x) = W \cdot VCM(2 \times 2) \cdot X'$$

$$= [w_1\ w_2] \begin{bmatrix} \sigma_1^2 & \sigma_{12} \\ \sigma_{21} & \sigma_2^2 \end{bmatrix} \begin{bmatrix} x_1 \\ x_2 \end{bmatrix}$$

단, X' 은 $X = [x_1\ x_2]$ 의 전치행렬

이는 다음과 같이 공분산식을 전개하여 직접 구할 수도 있다.

$$\text{Cov}(R_w,\ R_x) = \text{Cov}\,[(w_1R_1 + w_2R_2),\ (x_1R_1 + x_2R_2)]$$
$$= w_1x_1\sigma_1^2 + w_2x_2\sigma_2^2 + (w_1x_2 + w_2x_1)\sigma_{12}$$

② 다수 주식으로 구성된 포트폴리오와 포트폴리오 간의 공분산

주식 1, 2, …, n에 w_1, w_2, …, w_n만큼 투자한 포트폴리오와 x_1, x_2, …, x_n만큼 투자한 포트폴리오 사이의 공분산도 위에서와 같은 방법으로 다음과 같이 산출한다.

$$\text{Cov}(R_w,\ R_x) = W \cdot VCM(n \times n) \cdot X'$$

$$= [w_1\ \ w_2 \cdots w_n] \begin{bmatrix} \sigma_1^2 & \sigma_{12} & \cdots & \sigma_{1n} \\ \sigma_{21} & \sigma_2^2 & \cdots & \sigma_{2n} \\ \cdot & \cdot & \cdot & \cdot \\ \sigma_{n1} & \sigma_{n2} & \cdots & \sigma_n^2 \end{bmatrix} \begin{bmatrix} x_1 \\ x_2 \\ \cdot \\ x_n \end{bmatrix}$$

7) 포트폴리오와 포트폴리오 간의 공분산은 뒤에서 공부하게 될 제로베타 CAPM에서 제로베타 포트폴리오를 구하는 데 유용하게 이용된다.

/제 6 장/ 요약

FINANCIAL MANAGEMENT

1. 포트폴리오이론은 불확실성하에서 위험자산(주식 또는 포트폴리오)에 대한 투자결정문제를 다루는 것이다.
2. 투자자의 효용수준은 기대수익률과 위험에 의해서 결정된다. 합리적 투자자라면 위험회피적이어서 기대수익률이 클수록, 위험이 작을수록 효용이 증가하는데 이러한 특성을 반영한 무차별곡선을 위험-기대수익률의 평면에 나타내면 우상향하는 형태를 갖는다.
3. 위험회피적 투자자라고 해도 위험회피정도는 투자자마다 다른데 위험회피정도를 측정하는 지표로는 GRM, 위험프리미엄, Pratt-Arrow지표 등이 이용된다.
4. 투자자의 효용수준이 기대수익률과 위험에 의해서 결정되므로 투자대상이 되는 위험자산도 기대수익률과 위험으로 평가한다.
5. 개별 주식은 위험과 기대수익률의 평면에 한 점으로 나타나지만 여러 주식에 분산투자하는 포트폴리오는 분산투자효과가 반영된 투자기회집합으로 나타난다.
6. 투자기회집합에서도 실제 투자대상으로 고려되는 것은 지배원리를 충족하는 포트폴리오 집합인데 이를 Markowitz의 효율적 투자선(efficient frontier)이라고 한다.
7. 불확실성하에서 위험자산에 대한 최적투자는 투자자의 무차별곡선과 효율적 투자선이 접하는 점에서 결정되는데 이 점이 최적포트폴리오가 된다.
8. 최적투자가 이루어질 때의 투자자의 효용수준을 비교해보면 개별 주식 → 두 주식으로 구성된 포트폴리오 → 다수 주식으로 구성된 포트폴리오에 투자하는 경우로 갈수록 투자자의 효용이 더 증가하는 것을 확인할 수 있다.

>>> 연습문제 6 - 1

효용함수가 $U(W)=\sqrt{W}$인 투자자가 있다. 이 투자자에게 사고가 발생하면 재산이 100이고 사고가 발생하지 않으면 400이 된다. 사고가 발생할 확률은 0.2라고 하여 다음 각 물음에 답하라.

(1) 이 투자자의 기대효용은 얼마인가?
(2) 보험회사에서 이 투자자에게 사고가 발생하면 300을 보상해주는 조건의 보험을 39의 보험료에 제시하였다. 이 보험에 가입하는 것이 유리한가?
(3) (2)에서 이 투자자는 보험료로 최대한 얼마를 지불할 용의가 있겠는가?

(1) 사고발생 여부에 따른 부와 효용의 확률분포를 작성하면 다음과 같다.

상 황	확률	부(W)	효용($U=\sqrt{W}$)
사고발생함	0.2	100	10
사고발생하지 않음	0.8	400	20

따라서 이 투자자의 기대효용 $E[U(W)]$은 다음과 같이 산출된다.

$$E[U(W)]=\Sigma p_i U(W_i)$$
$$=0.2\times 10+0.8\times 20=18$$

(2) 보험료 39를 내고 나면 사고발생 여부와 상관없이 이 투자자의 부는 361(=400−39)로 일정한 값이 된다. 이때의 효용은 다음과 같다.

$$U(W)=\sqrt{361}=19$$

이는 (1)에서 산출한 보험에 가입하지 않은 경우의 효용 18보다 크므로 보험에 가입한다.

(3) 보험에 가입하면 이 투자자의 부는 항상 400이 된다. 여기에서 (1)의 기대효용에 대한 확실성등가부를 차감하면 최대보험료가 된다.

$$18=\sqrt{CEQ} \quad \rightarrow CEQ=324$$
$$\therefore \text{ 최대보험료}=400-324=76$$

>>> 연습문제 6 - 2

효용함수 $U(W)=200W-W^2$를 전제로 다음 각 물음에 답하라.(단, $W>0$, 단위 : 만원)

(1) 위의 효용함수가 위험회피적인 투자자의 효용함수로 이용될 수 있는 부의 범위는?
(2) 10만원을 벌 확률이 0.6이고 10만원을 잃을 확률이 0.4인 게임이 있을 때 현재 보유액이 10만원인 투자자 A와 90만원인 투자자 B 중 이 게임에 참여할 사람은 누구인가?
(3) (2)에서 게임에 참여한 사람이 위험제거대가로 지불할 수 있는 최대금액은?

(4) (2)에서 게임에 불참하는 사람을 게임에 참여하게 하기 위해서는 최소한 얼마의 보상을 지급해야 하는가?

(5) 위의 효용함수에 대해 ARA, RRA를 구하여 경제적 의미를 설명하고 위 효용함수의 현실성에 대해 평가하라.

(1) 위험회피적 효용함수의 조건은 $U'(W)>0$, $U''(W)<0$ 이므로

$$U'(W)=200-2W>0 \rightarrow W<100$$
$$U''(W)=-2<0 \qquad \therefore\ 0<W<100$$

(2) 게임의 참여 여부는 곧 투자 여부를 의미하는데 이를 판단하는 데에는 다음과 같은 두 가지 방법을 이용할 수 있다.

① 현재효용수준과 게임에 참여시 기대효용수준을 비교하는 방법

- 투자자 A의 경우
  현재효용 $U(10)=200\times10-102=1{,}900$
  게임에 참여시 기대효용 $E[U(W)]=0.6\times U(20)+0.4\times U(0)=2{,}160$
  $1{,}900<2{,}160$ 이므로 게임에 참여한다.

- 투자자 B의 경우
  현재효용 $U(90)=200\times90-90^2=9{,}900$
  게임에 참여시 기대효용 $E[U(W)]=0.6\times U(100)+0.4\times U(80)=9{,}840$
  $9{,}900>9{,}840$ 이므로 참여하지 않는다.

② 갬블코스트의 부호로 판단하는 방법
갬블코스트 = 현재 $W-CEW$이므로 아래 그림에서 CEW를 먼저 구하고 다음과 같이 각 투자자의 갬블코스트를 산출한다.

A의 경우 $10-11.5=-1.5<0$ → 참여한다.
B의 경우 $90-87.35=2.65>0$ → 참여하지 않는다.

(3)

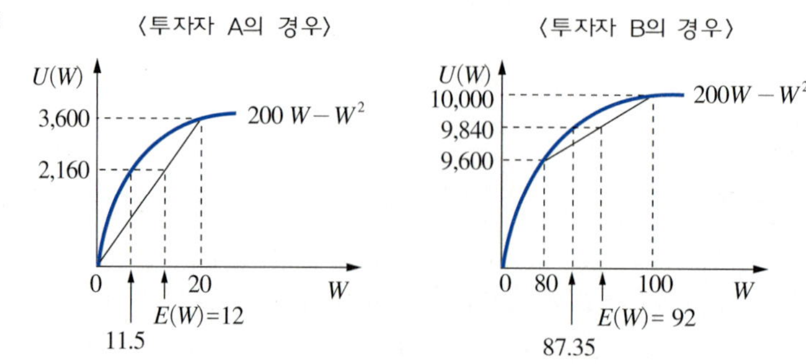

위의 그림에서 투자자 A의 위험프리미엄을 다음과 같이 구한다.

위험프리미엄 $=E(W)-CEW$

위험프리미엄 = 12 − 11.5 = 0.5(만원)

(4) 앞의 그림에서 투자자 B의 갬블코스트를 구하면 다음과 같다.

갬블코스트 = 현재 $W - CEW$
갬블코스트 = 90 − 87.35 = 2.65(만원)

(5) 먼저 ARA, RRA를 구하고 이를 W에 대해 1차미분하여 그 부호를 통해서 경제적 의미를 살펴본다.

$$ARA = -\frac{U''(W)}{U'(W)} = \frac{2}{200-2W} \text{ 에서}$$

$$ARA'(W) = \frac{4}{(200-2W)^2} > 0 \text{ 이므로}$$

부의 수준이 증가할수록 위험자산에 투자하는 금액이 작아짐을 의미한다. 그리고

$$RRA = W \cdot ARA = \frac{2W}{200-2W} \text{ 에서}$$

$$RRA'(W) = \frac{4}{(200-2W)^2} > 0 \text{ 이므로}$$

부의 수준이 증가할수록 위험자산에 투자비율이 감소함을 의미하는데 위험자산에 투자금액이 작아지므로 당연한 결과이다.

그런데 이처럼 부의 수준이 증가할수록 위험자산에 투자하는 절대금액이 감소한다는 것은 비현실적이어서 Markowitz의 2차 효용함수가 갖는 한계점이라고 할 수 있다.

>>> 연습문제 6 – 3

다음은 투자자 5명이 현재 보유하고 있는 부(wealth)의 크기를 나타낸 것이다. 그리고 ( )안의 금액은 이 중 위험자산에 투자한 금액이다.

	투자자 A	B	C	D	E
부	100	500	1,200	1,500	2,000
위험자산	(30)	(160)	(300)	(150)	(400)

1년 후 이들의 부에 변동이 있었고 이에 따라 위험자산에 투자한 금액도 변화하여 다음과 같이 나타났을 때 다음의 각 물음에 답하라.

	투자자 A	B	C	D	E
부	150	700	800	1,000	1,500
위험자산	(50)	(160)	(200)	(120)	(450)

(1) 위와 같은 부의 변화에 따른 위험자산 투자액 변화를 통해 각 투자자들의 위험회피정도를 Pratt-Arrow의 절대적 위험회피도와 상대적 위험회피도를 파악하라.
(2) ARA와 RRA의 조합으로 나타날 수 있는 경우의 수는 몇 가지인가? 그리고 그 중 현실적으로 불가능한 경우와 가장 현실적이라고 생각되는 경우는 어느 경우인가?

해설

(1) ARA는 부의 증가에 따른 위험자산에 대한 투자금액으로 판단하고 RRA는 투자비율로 판단한다. 그런데 ARA 및 RRA는 모두 위험회피도를 의미하는 것이므로 이들이 증가한다면 위험자산에 대한 투자금액 및 투자비율이 감소하게 된다.
이제 각 투자자들에 대해서 부의 변화에 따른 ARA, RRA의 변화를 파악해 보자.

① A의 경우
부 : 100 → 150
위험자산 투자금액 : 30 → 50 ∴ ARA 감소 (즉, $ARA'(W) < 0$)
위험자산 투자비율 : $\frac{30}{100} = 30\% \rightarrow \frac{50}{150} = 33.33\%$
∴ RRA 감소 (즉, $RRA'(W) < 0$)

② B의 경우
부 : 500 → 700
위험자산 투자금액 : 160 → 160 ∴ ARA 불변 (즉, $ARA'(W) = 0$)
위험자산 투자비율 : 32%→22.86% ∴ RRA 증가 (즉, $RRA'(W) > 0$)

③ C의 경우
C의 경우에는 부가 1,200에서 800으로 감소하였으나 이는 시간적 차원의 문제이고 위험회피도는 부의 증가에 따라 파악하는 것이 용이하므로 다음과 같이 분석한다. D, E도 마찬가지이다.
부 : 800 → 1,200
위험자산 투자금액 : 200 → 300 ∴ ARA 감소
위험자산 투자비율 : 25% → 25% ∴ RRA 불변

④ D, E의 경우
위와 동일한 방법으로 다음을 확인할 수 있다.
D의 경우 : ARA 감소, RRA 증가
E의 경우 : ARA 증가, RRA 증가

(2) ARA, RRA는 각각 증가, 불변, 감소의 세 가지 경우가 있을 수 있으므로 ARA와 RRA의 조합으로 나타날 수 있는 경우의 수는 산술적으로 ${}_3\Pi_2 = 9$가지이다.
이를 열거하고 (1)의 투자자와 연결하면 다음과 같다.

	ARA	RRA	투자자
①	감소	감소	A
②	감소	불변	C
③	감소	증가	D
④	불변	감소	·
⑤	불변	불변	·
⑥	불변	증가	B
⑦	증가	감소	·
⑧	증가	불변	·

⑨ 증가 증가 E

그러나 ④, ⑤, ⑦, ⑧은 현실적으로 나타날 수 없는 경우이다. 왜냐하면 부가 증가할 때 위험자산에 대한 투자금액이 일정하거나 감소하면 투자비율은 감소할 수밖에 없기 때문이다. 즉, ARA가 불변이거나 또는 증가하면 RRA는 반드시 증가하게 된다는 것이다. ②가 Friend와 Blume(1975)의 실증연구결과와 일치하므로 가장 현실적이라고 할 수 있다.

연습문제 6 - 4

가나기업은 상호 배타적 관계에 있는 투자안 A, B를 비교평가하고 있다. 투자안 A는 무위험투자안이며 투자수명이 2년이고, 투자안 B는 위험투자안이며 투자수명이 1년이지만 모두 반복투자가 가능하다. 투자비용은 5,000(만원)으로 동일하며 자기자본으로 조달할 것이다. 각 투자안의 관련자료는 다음과 같다. (단위: 만원)

[A]	시점	현금유입
	1	2,600
	2	3,200

[B]	확률	현금유입
	0.5	3,500
	0.5	8,000

한편 가나기업과 동일한 경영위험을 갖는 ABC기업은 부채 3,000만원에 자본 6,000만원이며 주식베타는 1.5이다. 그리고 무위험이자율은 5%이고 시장수익률은 10%이다. 다음 각 물음에 답하라.

(1) 효용함수가 $U(W)=\sqrt{W}$(단, W는 현금흐름)인 갑돌이가 소유경영자라면 어떤 투자안을 선택할 것인가? 갑돌이의 투자안 B의 현금흐름에 대한 확실성등가계수를 구하고 이 투자안의 위험을 제거하기 위한 비용으로 갑돌이가 부담할 수 있는 금액을 산출하라.

(2) 효용함수가 $U(W)=\sqrt{\sqrt{W}}$인 을순이가 소유경영자라고 가정하여 (1)과 동일한 질문에 답하라.

(3) 시장에서 평가하는 투자안 B의 현금흐름에 대한 확실성등가계수를 구하라. 그리고 분리정리가 성립하는 상황에서 투자결정을 전문경영자가 수행한다면 어떤 투자안을 선택할 것인가?

해설

(1) ① A선택시 NPV와 이를 무한반복할 경우의 NPV(2, ∞)를 구한다.

$$NPV_A = -5{,}000 + \frac{2{,}600}{1.05} + \frac{3{,}200}{1.05^2} = 379$$

$$NPV_A(2, \infty) = 379 \times \left(\frac{1.05^2}{1.05^2 - 1}\right) = 4{,}073$$

B선택시 갑돌이의 기대효용과 CEW를 구한다.

$$E[U(W)] = 0.5 \times \sqrt{3{,}500} + 0.5 \times \sqrt{8{,}000} = 74.3$$

$$\sqrt{CEW}=74.3 \quad \therefore\ CEW=5{,}521$$

이 값은 확실성기준으로 산출된 것이므로 이제 A선택시 NPV와 비교할 수 있다.

$$NPV_B=-5{,}000+\frac{5{,}521}{1.05}=258$$

$$NPV_B(1,\infty)=258\times\left(\frac{1.05}{1.05-1}\right)=5{,}418$$

$\mathrm{NPV_B}(1,\infty)>\mathrm{NPV_A}(2,\infty)$이므로 B를 선택한다.

② 확실성등가계수(α)를 구하기 위해 먼저 $E(W)$를 산출한다.

$$E(W)=0.5\times3{,}500+0.5\times8{,}000=5{,}750$$

$$\alpha=\frac{CEW}{E(W)}=\frac{5{,}521}{5{,}750}=0.96$$

③ 위험프리미엄을 묻는 것으로 다음과 같이 산출한다.

$$RP=E(W)-CEW$$
$$=5{,}750-5{,}521=229$$

(2) ① $\mathrm{NPV_A}$와 $\mathrm{NPV_A}(2,\infty)$는 (1)번과 동일하다.
B선택시 을순이의 기대효용과 CEW를 구하면

$$E[U(W)]=0.5\times\sqrt{\sqrt{3{,}500}}+0.5\times\sqrt{\sqrt{8{,}000}}=8.6$$
$$\sqrt{\sqrt{CEW}}=8.6 \quad \therefore\ CEW=5{,}405$$

그리고 $\mathrm{NPV_B}$와 $\mathrm{NPV_B}(1,\infty)$를 구한다.

$$NPV_B=-5{,}000\times\left(\frac{5{,}405}{1.05}\right)=148$$

$$NPV_B(1,\infty)=148\times\left(\frac{1.05}{1.05-1}\right)=3{,}110$$

$\mathrm{NPV_A}(2,\infty)>\mathrm{NPV_B}(1,\infty)$이므로 A를 선택한다.

② 확실성등가계수

$$\alpha=\frac{CEW}{E(W)}=\frac{5{,}405}{5{,}750}=0.94$$

③ 위험프리미엄

$$RP=5{,}750-5{,}405=345$$

(3) 확실성등가계수는 CEW와 $E(W)$의 관계에서뿐만 아니라 다음과 같이 기대수익률 $E(R_i)$와 무위험이자율 R_f의 관계에서도 구할 수 있다(제11장 참조 바람).
먼저 기대수익률 $E(R_i)$를 다음 과정을 따라서 산출한다.

$$\beta_L=\beta_U\left(1+\frac{B}{S}\right)$$

$$1.5 = \beta_U\left(1 + \frac{3,000}{6,000}\right) \quad \therefore \ \beta_U = 1$$

이를 CAPM에 대입하면

$$E(R_i) = R_f + [E(R_m) - R_f] \times \beta$$
$$= 0.05 + (0.1 - 0.05) \times 1 = 0.1$$
$$\alpha = \frac{1 + R_f}{1 + E(R_i)} = \frac{1 + 0.05}{1 + 0.1} = 0.9545$$
$$CEW = \alpha \times E(W) = 0.9545 \times 5,750 = 5,489$$
$$NPV_B = -5,000 + \frac{5,489}{1.05} = 227$$
$$NPV_B(1,\infty) = 4,780$$

분리정리가 성립하는 상황에서는 주주의 효용과 무관하게 NPV가 큰 투자안이 선택된다. 따라서 $NPV_B(1,\infty) > NPV_A(2,\infty)$이므로 B가 선택된다.

>>> 연습문제 6 – 5

가나기업의 주식을 200주 공매한 자금으로 가나기업의 주식 200주를 다시 매입하여 구성한 포트폴리오의 위험은 얼마인가?

해설

가나주식의 분산을 σ_x^2라고 하자. 동일한 주식에 서로 다른 비율 w_1, w_2로 투자하여 구성한 포트폴리오의 분산은 다음과 같다.

$$\sigma_p^2 = w_1^2\sigma_x^2 + w_2^2\sigma_x^2 + 2w_1w_2\rho\sigma_x\sigma_x$$

여기서 동일한 주식 간의 상관계수 $\rho = 1$이다. 그리고 공매는 -100% 투자를 의미하고 매입은 100% 투자를 의미하므로 $w_1 = -1$, $w_2 = 1$이다. 따라서

$$\sigma_p^2 = \sigma_x^2 + \sigma_x^2 - 2\sigma_x^2 = 0$$

그러므로 위와 같이 구성한 포트폴리오는 위험이 0이다.

>>> 연습문제 6 – 6

가나기업 주식의 기대수익률은 28%, 표준편차는 30%이며 ABC기업 주식의 기대수익률과 표준편차는 각각 16%, 10%이다. 그리고 두 주식수익률의 상관계수는 −1이라고 가정하자.

(1) 두 주식으로 구성되는 포트폴리오의 기대수익률과 위험(표준편차)의 관계를 나타내는 식을 구하고 그림으로 나타내라.

(2) 두 주식으로 구성되는 포트폴리오 중 위험이 가장 작은 포트폴리오는 두 주식에 얼마만큼씩 투자하는 포트폴리오인가?

해설

(1) 가나주식에 투자비율을 w_1이라면 ABC 주식투자비율 w_2는 $(1-w_1)$가 된다. 이렇게 구성한 포트폴리오의 기대수익률과 표준편차는 다음과 같다.

$$\begin{aligned} E(R_P) &= w_1E(R_1)+(1-w_1)E(R_2) \\ &= 0.28\,w_1+0.16(1-w_1) \\ &= 0.16+0.12w_1 \end{aligned} \quad \cdots\cdots ①$$

$$\begin{aligned} \sigma_P^2 &= w_1^2\sigma_1^2+w_2^2\sigma_2^2+2w_1w_2\rho_{12}\sigma_1\sigma_2 \\ &= w_1^2\sigma_1^2+w_2^2\sigma_2^2+2w_1w_2(-1)\sigma_1\sigma_2 \\ &= (w_1\sigma_1-w_2\sigma_2)^2 \end{aligned}$$

$$\begin{aligned} \sigma_P &= |\,w_1\sigma_1-w_2\sigma_2\,| \\ &= |\,0.3w_1-0.1(1-w_1)\,| \\ &= |\,0.4w_1-0.1\,| \end{aligned}$$

여기서 $0.4w_1>0.1$, 즉 $w_1>0.25$이면 $\sigma_P=0.4w_1-0.1$ ⋯⋯ ②

$w_1<0.25$이면 $\sigma_P=0.1-0.4w_1$ ⋯⋯ ③

따라서 $w_1>0.25$이면 식 ①, ②에서 w_1을 소거하고 $w_1<0.25$이면 식 ①, ③에서 w_1을 소거하여 $E(R_P)$와 σ_P의 관계식을 구한다.

$w_1>0.25$ 이면 $E(R_P)=0.19+0.3\sigma_P$ ⋯⋯ ④

$w_1<0.25$ 이면 $E(R_P)=0.19-0.3\sigma_P$ ⋯⋯ ⑤

이를 그림으로 나타내면 다음과 같다.

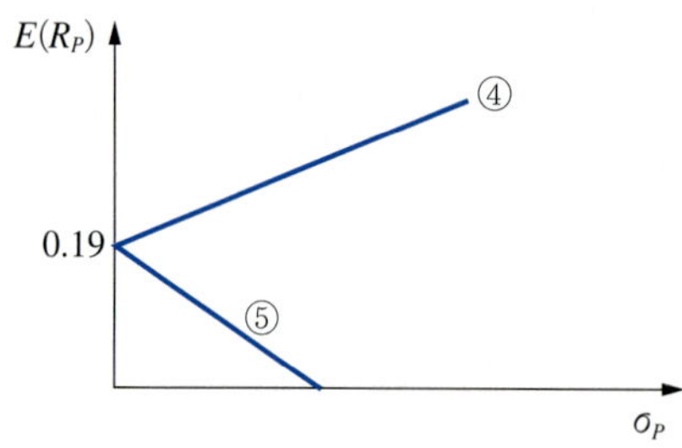

(2) $\sigma_P=|0.4w_1-0.1|=0$일 때 위험이 가장 작은 포트폴리오(MVP)가 된다.

$$\therefore\ w_1=0.25\ (25\%)$$

즉, 가나주식에 25%, ABC 주식에 75%를 투자하면 된다.

이는 다음과 같이 MVP를 구하는 공식을 이용해도 동일한 결과를 얻을 수 있다.

$$\begin{aligned} w_1 &= \frac{\sigma_2^2+\rho_{12}\sigma_1\sigma_2}{\sigma_1^2+\sigma_2^2-2\rho_{12}\sigma_1\sigma_2} \\ &= \frac{0.1^2-(-1)\times0.3\times0.1}{0.3^2+0.1^2-2(-1)\times0.3\times0.1}=0.25\ (25\%) \end{aligned}$$

>>> 연습문제 6 - 7

미래 상황에 따른 가나기업 주식의 수익률에 대한 확률분포는 다음과 같다.

상 황	아주 좋음	좋음	보통	나쁨	아주 나쁨
확 률	10%	20%	40%	20%	10%
수익률	30	20	15	10	−50

(1) 한편, ABC기업의 주식수익률(Y)은 가나기업 주식수익률(X)과 다음과 같은 관계에 있다.(단위: %)

$$Y = 5 + 0.2X$$

300,000원을 보유하고 있는 투자자가 가나기업 주식과 ABC기업 주식에 투자할 때에 위험을 가장 작게 하기 위한 투자전략을 다음 각 경우에서 설명하라.

① 공매를 할 수 없는 경우

② 공매를 할 수 있는 경우

(2) 효용함수가 $U = E(R) - \frac{1}{10}\sigma^2$ 인 투자자를 가정하자. 공매가 가능한 상황에서 위와 같은 투자기회를 가질 때 이 투자자가 선택할 최적포트폴리오를 설명하고 이때의 효용수준을 구하라.

해설

(1) 먼저 가나주식에 대한 기대수익률과 표준편차를 구한다.

$$E(X) = \sum p_i X_i$$
$$= 0.1 \times 30 + 0.2 \times 20 + 0.4 \times 15 + 0.2 \times 10 + 0.1(-50) = 10(\%)$$
$$\sigma_X^2 = \sum p_i X_i^2 - [E(X)]^2 = 430 \quad \therefore \sigma_X = 20.74(\%)$$

그리고 ABC주식에 대한 값은 가나주식과의 관계식을 이용해서 산출한다.

$$E(Y) = E(5 + 0.2X) = 5 + 0.2E(X) = 5 + 0.2 \times 10 = 7(\%)$$
$$\text{Var}(Y) = \text{Var}(5 + 0.2X) = 0.2^2\ \text{Var}(X) = 0.04 \times 430 = 17.2$$
$$\therefore \sigma_Y = 4.15\ (\%)$$

Y가 X와 직선식을 이루고 있으므로 상관계수 $\rho_{XY} = 1$이다. 따라서 이 두 주식으로 구성한 포트폴리오를 그림으로 나타내면 다음과 같다.

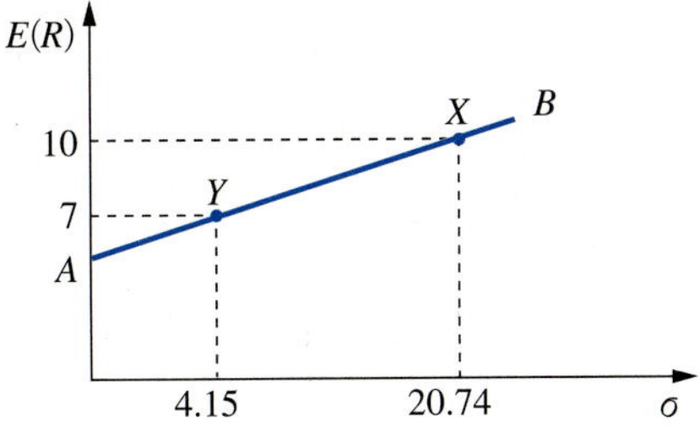

① 공매를 할 수 없는 경우

이때는 투자기회가 XY상에 있게 된다. 따라서 위험이 가장 작은 포트폴리오는 보유자금 300,000원을 모두 Y에 투자하는 것이다. 그리고 이 포트폴리오의 기대수익률과 표준편차는 Y의 7%, 4.15%와 동일하다.

② 공매를 할 수 있는 경우

이때는 투자기회가 앞의 그림에서 $AYXB$상에 놓이게 된다. 즉, AY구간은 X공매로 Y를 매입한 포트폴리오를 나타내고 XB구간은 Y공매로 X를 매입한 것이다.

가나주식 투자비율을 w_X라고 할 때 MVP를 구성하기 위한 X의 투자비율은 다음과 같다.

$$\begin{aligned} w_X &= \frac{\sigma_Y^2 - \rho_{XY}\sigma_X\sigma_Y}{\sigma_X^2 + \sigma_Y^2 - 2\rho_{XY}\sigma_X\sigma_Y} \\ &= \frac{17.2 - 1 \times 20.74 \times 4.15}{430 + 17.2 - 2(1) \times 20.74 \times 4.15} \\ &= -0.25(-25\%) \end{aligned}$$

그리고 $w_X + w_Y = 1$이므로 ABC주식 투자비율 $w_Y = 1.25(125\%)$이다. 따라서 가나주식을 공매하여 75,000(=300,000×25%)원을 조달하고 이를 보유자금과 합해서 ABC주식을 375,000(=300,000×125%)원만큼 구입한다. 이 포트폴리오는 A로 표시되어 표준편차는 0이고 기대수익률은 다음과 같다.

$$E(R_P) = -0.25 \times 10 + 1.25 \times 7 = 6.25(\%)$$

(2) ① 최적포트폴리오

효용함수와 투자기회집합을 함께 나타내면 C가 최적포트폴리오임을 알 수 있다.

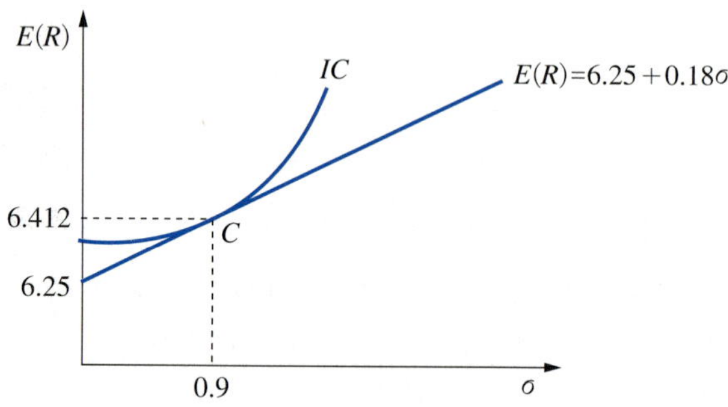

무차별곡선 IC의 기울기는 효용함수에서 $\frac{\partial E(R)}{\partial \sigma_Y} = \frac{1}{5}\sigma$이다. (∵ U는 상수)

그런데 C에서는 무차별곡선의 기울기가 투자기회집합을 나타내는 직선의 기울기와 같으므로 다음 식이 성립한다.

$$\frac{1}{5}\sigma = 0.18 \quad \therefore \sigma = 0.9$$

이때의 기대수익률은 다음과 같다.

$$E(R) = 6.25 + 0.18 \times 0.9 = 6.412$$

그리고 최적포트폴리오를 구성할 때 가나주식 투자비율을 w_X라면

$$E(R_P) = w_X \times 10 + (1 - w_X) \times 7 = 6.412 \quad \therefore\ w_X = -0.196\ (19.6\%)$$

따라서 가나주식을 58,800(=300,000×19.6%)원만큼 공매하고 ABC주식에 358,800(=300,000×119.6%)원을 투자하여 최적포트폴리오를 구성한다.

② 효용수준

최적포트폴리오를 선택한 경우의 효용수준은 다음과 같다.

$$\begin{aligned} U &= E(R) - \frac{1}{10}\sigma^2 \\ &= 6.412 - \frac{1}{10} \times 0.9^2 \\ &= 6.331(util) \end{aligned}$$

여기서 util은 효용(utility)의 측정 단위로 나타낸 것이다.

제 7 장

자본자산가격결정모형

Financial Management

학습 목표

자본자산가격결정모형(CAPM: capital asset pricing model)은 Markowitz의 포트폴리오이론에 몇 가지 가정을 추가하여 위험과 기대수익률의 선형관계를 구한 후 이를 통해서 주식 또는 포트폴리오의 균형수익률을 산출하는 것이다. 그리고 이 수익률로 특정 주식에서 기대되는 미래 기대현금흐름을 할인하여 산출한 현재가치가 그 주식의 균형가격이 된다. 이러한 과정은 주식가격의 결정뿐만 아니라 자본비용의 산출 및 투자안의 경제성 평가 등 재무관리 전반에 걸쳐 이용되고 있기 때문에 매우 중요한 내용이다.

제 1 절 CAPM의 기초

1.1 개 요

CAPM의 주된 내용은 위험과 기대수익률 사이의 관계식을 분석하는 것이다. 좀 더 구체적으로 설명하면 투자자들이 포트폴리오이론에서의 가정에 따라 의사결정을 할 때 자본시장의 균형하에서 기대수익률이 어떻게 결정되는가를 분석한다.

이렇게 위험수준에 따라 결정된 균형수익률은 특정 자산으로부터 기대되는 현금흐름을 할인하여 현재가치를 산출할 때 이용된다. 또한 그 현재가치가 곧 그 자산의 가격이기 때문에 CAPM을 가격결정모형이라고 하는 것이다. 그리고 CAPM이란 넓은 의미로 다음에서 설명하게 될 자본시장선과 증권시장선을 포함하지만 대개 증권시장선만을 의미하는 경우가 많다.

1.2 가 정

CAPM을 공부하기 전에 이 이론의 전개를 위해서 필요한 가정을 살펴보자. CAPM은 Markowitz의 포트폴리오이론에서 발전된 것으로서 먼저 포트폴리오이론에서 전제로 하였던 네 가지 가정, 즉 투자자의 합리성(rationality), 미래 수익률에 대한 동질적 예측(homogeneous expectation), 평균−분산기준(mean−variance) 및 단일기간의 투자(one period)라는 가정이 그대로 필요하다. 그리고 추가로 다음과 같은 두 가지 가정이 필요하다.

① 무위험자산

무위험자산(riskfree assets)이 존재하여 이를 무위험이자율로 얼마든지 차입할 수도 있고 대출(투자)할 수도 있다.

② 완전시장

자본시장은 완전한 시장(perfect market)이다. 완전시장의 조건은 매우 많지만 그 중에서 중요한 것은 세금 및 거래비용이 없다는 것과 자산은 무한히 분할가능하다는 것이다. 이외에도 모든 투자자가 가격순응자(price taker)이며 필요한 정보는 누구나 아무런 대가없이 얻을 수 있다는 것도 포함된다.

제 2 절 자본시장선

2.1 의 의

자본시장선(CML : capital market line)을 한마디로 정의하면 무위험자산이 존재할 때의 효율적 투자선(efficient frontier)이라고 할 수 있다. 앞서 포트폴리오이론에서 살펴본 Markowitz의 효율적 투자선은 주식과 같이 미래현금흐름이 변동가능한 위험자산(risky assets)만을 투자대상으로 하였다. 그러나 실제로 포트폴리오를 구성할 때에는 미래에 확정소득을 가져다 주는 정기예금, 국공채 등을 포함시킬 수 있다. 정기예금, 국공채와 같이 미래현금흐름이 확정된 자산을 무위험자산(riskfree assets)이라고 하는데 이를 투자대상에 포함시키면 효율적 투자선은 새로운 형태를 갖게 된다. 이처럼 무위험자산을 투자대상에 포함시켜서 지배원리를 만족시키는 효율적 투자선을 찾아낸 것이 자본시장선이다.

2.2 자본시장선의 도출

무위험자산이 존재할 때 자신의 부를 무위험자산에 일부 투자하고 나머지를 Markowitz의 효율적 투자선상의 위험자산에 투자함으로써 구성된 포트폴리오의 기대수익률과 위험의 관계식에서 CML을 도출한다.

먼저 [그림 7-1]에서 투자자금의 일부인 w를 Markowitz의 효율적 투자선상의 위험자산 A에 투자하고 나머지 $(1-w)$를 무위험자산에 투자하여 구성한 포트폴리오를 생각해보자.

이 포트폴리오의 기대수익률을 구하면 다음과 같다.

그림 7-1

위험자산과 무위험자산의 결합-자본시장선

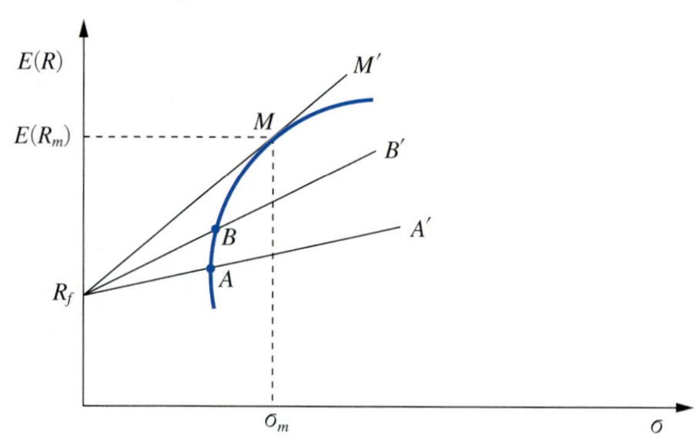

$$E(R_p) = wE(R_A) + (1-w)R_f \tag{7.1}$$

이때에 R_f는 무위험이자율로서 무위험자산이 확정된 현금흐름을 가져다 주기 때문에 R_f는 확률변수가 아닌 상수값을 갖는다. 이에 대한 구체적인 예로는 정기예금 이자율, 국공채 수익률 등을 들 수 있다.

그리고 이 포트폴리오의 분산을 구하면 다음과 같다.

$$\sigma_p{}^2 = w^2\sigma_A{}^2 + (1-w)^2\sigma_f^2 + 2w(1-w)\sigma_{Af} \tag{7.2}$$

그런데 위 식에서 R_f가 상수이므로 이에 대한 분산(σ_f^2), 공분산(σ_{Af})은 모두 0이 된다. 따라서 이는 다음과 같이 정리된다.

$$\sigma_p{}^2 = w^2\sigma_A{}^2 \;\rightarrow\; \sigma_p = w\sigma_A \;\rightarrow\; w = \frac{\sigma_p}{\sigma_A} \tag{7.3}$$

이제 w에 대해서 정리된 식 (7.3)을 식 (7.1)에 대입해서 정리하면 다음과 같은 관계식을 구할 수 있다.

$$E(R_p) = R_f + \frac{E(R_A) - R_f}{\sigma_A} \cdot \sigma_p \tag{7.4}$$

위 식은 투자자금을 무위험자산과 위험자산에 분산투자하면 투자기회선이 기대수익률과 위험 간의 직선식 R_fAA'로 나타난다는 의미를 갖는다.[1] 즉, 기대수익

1) 이때에 $0<w<1$이면 분산투자가 나타내는 포트폴리오가 R_fA 상에 존재하는 것이다. 그러나 $w>1$이면 $(1-w)<0$이 되는데, 이는 무위험자산을 빌려서 보유자금과 합쳐서 모두 위험자산 A에 투자한다는 것이다. 이때의 포트폴리오의 위치는 AA' 상에 있게 된다.

률이 위험(표준편차)에 선형적인 관계에 있음을 알 수 있다.

동일한 원리로 무위험자산과 위험자산 B를 결합시키면 투자기회선은 직선식 R_fBB'로 나타나게 된다. 이러한 직선식 중 지배원리를 만족하는 식은 R_fMM'이 되는데 이를 CML이라고 하며 다음과 같은 식으로 표현된다.

$$E(R_p) = R_f + \frac{E(R_m) - R_f}{\sigma_m} \cdot \sigma_p \tag{7.5}$$

2.3 시장포트폴리오

(1) 시장포트폴리오의 의의

자본시장선을 나타내는 [그림 7-1]에서 보면 무위험자산이 존재할 경우에 투자자들은 무위험자산과 결합시킬 위험자산(또는 포트폴리오)으로서는 M을 선택하게 된다. 그래야만 지배원리를 충족하는 가장 우월한 투자기회선을 가질 수 있기 때문이다. 이렇게 무위험자산이 존재할 때에 투자자들이 선택하는 Markowitz의 효율적 투자선상에서 가장 우월한 포트폴리오를 시장포트폴리오(market portfolio)라고 한다.

(2) 시장포트폴리오의 내용

그러면 시장포트폴리오 M을 구성하는 주식은 어떤 것들인가? 결론부터 말하면 시장에 존재하는 모든 주식들이 시장포트폴리오 M에 포함된다. 이를 확인하기 위해서 특정한 주식 i가 시장포트폴리오 M에 포함되어 있지 않다고 가정해보자. 그러면 모든 투자자가 시장포트폴리오 M에만 투자하고 어떤 투자자도 주식 i에는 투자하지 않을 것이므로 수요가 없는 주식 i는 시장에 존재할 수 없게 된다. 따라서 시장포트폴리오 M에 포함된 증권만이 시장에 존재하게 될 것이다. 이는 곧 시장에 존재하는 모든 주식이 시장포트폴리오 M에 포함된다는 뜻이 된다.

(3) 시장포트폴리오의 구성

증권시장에 존재하는 주식들을 모두 구입한다면 이는 곧 시장포트폴리오에 투자하는 것이다. 그러나 우리는 시장포트폴리오를 절대금액으로 나타내는 것이 아니고 수익률로 나타내기 때문에 시장의 모든 주식들을 구입한 것과 동일한 수익률을 얻을 수 있도록 투자하기만 하면 시장포트폴리오에 투자한 것과 동일한 것이 된다. 그러면 일정한 금액으로 시장포트폴리오를 구성하기 위해서 총금액 중 얼마만큼의 금액을 각 개별 증권에 투자해야 하는가? 이를 위한 방법은 총금액 중 다음과 같이 산출된 비율 w_i만큼을 주식 i에 투자하는 것이다.[2)]

$$w_i = \frac{\text{주식 } i\text{의 총시장가치}}{\text{시장전체 주식의 총시장가치}} \tag{7.6}$$

>>> **예제 7-1**

주식시장에는 가나기업 주식이 400주, ABC기업 주식이 200주가 발행되어 있다. 이외에는 어떤 주식도 없으며 가나기업 주식은 1주당 2만원, ABC기업 주식은 1주당 1만원에 거래되고 있다.

현재 15만원을 갖고 있는 투자자가 이 금액으로 시장포트폴리오를 구성하려고 한다. 각 주식에 얼마씩 투자해야 하는가?

풀이

시장포트폴리오의 총가치를 산출하여 각 주식의 비율을 시가기준으로 산출하면 다음과 같다.

	발행주식수	1주당 시가	시장가치	비율
가나주식	400주	2만원	800만원	80%
ABC주식	200	1	200	20
시장포트폴리오	600주		1,000만원	100%

따라서 보유자금 15만원의 80%인 12만원을 가나주식에 투자하고 20%인 3만원을 ABC주식에 투자하면 된다. 즉, 가나주식 6주, ABC주식 3주를 구입하면 시장포트폴리오를 구성한 것이 된다.

(4) 시장포트폴리오의 대용

시장포트폴리오란 결국 시장전체 주식에 대해서 각 주식을 그 시가비율로 투자한 포트폴리오로 정의할 수 있다. 그래서 시장포트폴리오의 기대수익률을 산출하기 위해서는 시장전체 주식의 가격변동과 배당에 따른 수익률을 구해야 할 것

2) 이는 투자금액이 아무리 작더라도 시장포트폴리오를 구성할 수 있다는 의미이다. 완전시장의 가정 중 자산의 무한분할가능성, 즉 각 투자대상을 매우 작은 단위로 분할해서 투자할 수 있다는 가정이 있기 때문에 가능한 것이다.

이다. 그러나 이를 직접 구해서 이용하는 경우는 거의 없다. 왜냐하면 시가총액법으로 산출한 종합주가지수를 이용해서 수익률을 구하면 이와 동일한 효과를 얻을 수 있기 때문이다. 따라서 실제로는 시장포트폴리오의 수익률로서 종합주가지수의 변화율을 이용하는 것이다.[3)]

2.4 대출포트폴리오와 차입포트폴리오

(1) 대출포트폴리오

투자자금의 일부를 무위험자산에 투자(대출)하고 나머지는 시장포트폴리오에 투자함으로써 구성된 포트폴리오를 대출포트폴리오(lending portfolio)라고 한다. [그림 7-1]에서 R_fM상에 있는 포트폴리오가 이를 나타내는 것이다.

(2) 차입포트폴리오

무위험자산을 빌려서 이를 자기자금과 합친 총금액을 모두 시장포트폴리오에 투자함으로써 구성된 포트폴리오를 차입포트폴리오(borrowing portfolio)라고 한다. [그림 7-1]에서 MM'상에 있는 포트폴리오가 이를 나타내는 것이다.

(3) 자본시장선

CAPM의 가정에서 보면 무위험이자율로 무위험자산을 제한없이 차입할 수도 있고 대여할 수도 있으므로 자본시장선(CML)은 대출포트폴리오와 차입포트폴리오를 모두 포함한다.

>>> 예제 7-2

다음과 같이 구성한 포트폴리오의 기대수익률과 위험을 산출하고 그 위치를 기대수익률-표준편차 평면에 표시하라. 단, 시장포트폴리오의 기대수익률은 16%, 표준편차는 9%이며 무위험이자율은 10%이다.

3) 시장포트폴리오의 대용값으로 사용할 수 있는 것은 반드시 시가총액기준으로 산출한 시장지수이어야 한다. 이에 해당하는 지수로는 한국의 종합주가지수, 미국의 Standard & Poor 지수, 뉴욕증권시장(NYSE)지수 등이 있다. 이와는 달리 단위당 주가의 평균으로 산출되는 다우존스산업평균(DJIA)은 적절한 대용값이 되지 못한다.

(1) 보유자금의 1/3을 무위험자산에 투자하고 나머지를 시장포트폴리오에 투자한 경우
(2) 보유자금의 2배를 무위험이자율로 빌려서 총자금을 모두 시장포트폴리오에 투자한 경우
(3) CML을 구하라.

풀이

(1) 시장포트폴리오에 투자한 비율을 w라고 하면 $w=\frac{2}{3}$이므로 기대수익률과 표준편차는 다음과 같다.

$$E(R_p)=\frac{1}{3}\times 10+\frac{2}{3}\times 16=14(\%)$$

$$\sigma_p=\frac{2}{3}\times 9=6(\%)$$

이는 lending portfolio로서 다음 그림에서 L로 표시된다.

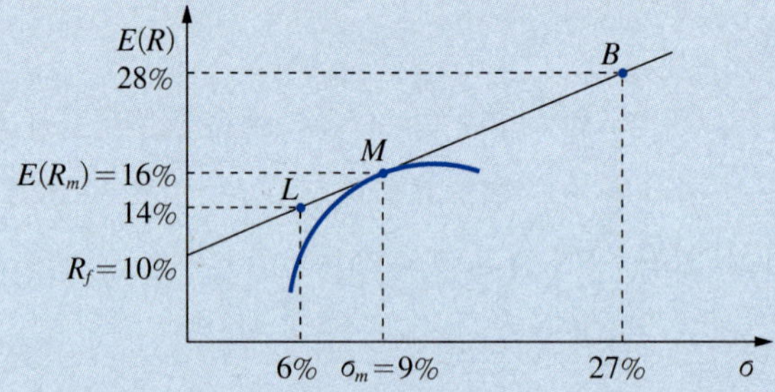

(2) 같은 논리로 $w=1-(-2)=3$이므로

$$E(R_p)=(-2)\times 10+3\times 16=28(\%)$$

$$\sigma_p=3\times 9=27(\%)$$

이는 borrowing portfolio로서 위의 그림에서 B로 표시된다.

(3) $E(R_p)=R_f+\frac{E(R_p)-R_f}{\sigma_m}\cdot\sigma_p$ 에서

$$E(R_p)=10+\frac{16-10}{9}\times\sigma_p$$

$$=10+\frac{2}{3}\sigma_p$$

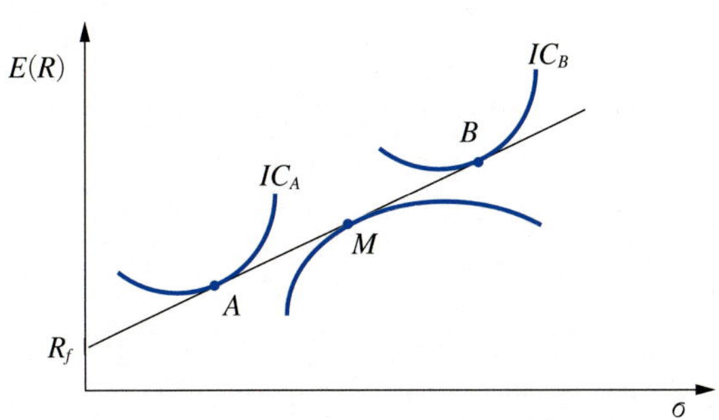

그림 7-2
무위험자산이 존재할 때 최적포트폴리오의 선택

2.5 최적포트폴리오의 선택

(1) 선택원리

무위험자산이 존재할 때의 효율적 투자선은 자본시장선이다. 따라서 [그림 7-2]에서 보듯이 투자자 개인의 효용수준을 나타내는 무차별곡선이 자본시장선과 접하는 점에서 최적포트폴리오가 선택된다. 이때에 A는 투자자금 일부를 무위험자산에 투자하는 대여형 투자자(또는 방어적 투자자, 더 위험회피적 투자자)가 선택한 최적포트폴리오이다. 그리고 B는 무위험이자율로 무위험자산을 차입하고 이를 기존의 보유자금과 합쳐서 모두 시장포트폴리오에 투자하는 차입형 투자자(또는 공격형 투자자, 덜 위험회피적 투자자)가 선택한 최적포트폴리오를 나타낸다.

(2) 경제적 의미

무위험자산이 존재할 때 최적포트폴리오가 선택되는 과정에서 다음과 같은 경제적 의미를 찾을 수 있다.

① 분리정리

최적포트폴리오의 선택은 두 단계를 거쳐 이루어진다. 즉, 지배원리에 따라서 효율적 투자선을 찾는 단계와 효용을 극대화하도록 효율적 투자선과 무차별곡선이 접하는 점을 찾는 단계가 그것이다. 이렇게 두 단계로 분리된 최적포트폴리오의 선택과정을 포트폴리오분리정리(portfolio separation theorem) 또는 토빈의 분리정리(Tobin separation theorem)라고 한다.

② 시장균형

시장의 균형이 이루어지려면 개개인의 최적포트폴리오가 시장포트폴리오 M을 중심으로 양쪽에 고루 분포되어 차입포트폴리오와 대여포트폴리오가 균형을 이루어야 한다.

③ 가격결정

CML이 제시하는 균형가격은 무위험자산과 시장포트폴리오의 선형결합으로 나타나는 효율적 포트폴리오의 균형가격이다. 따라서 비효율적 포트폴리오나 개별위험자산 등의 균형가격은 알 수 없다. 이들의 가격결정에 대해서는 차후에 설명할 증권시장선(SML)에서 제시된다.

제 3 절 체계적 위험

3.1 시장포트폴리오의 위험

투자자들이 모든 주식들의 수익률에 대해서 동일하게 예측하고 있으며 무위험자산을 제한없이 이용할 수 있을 때의 효율적 투자선은 자본시장선이 된다. 그리고 이때에 투자자들은 자신의 위험회피정도에 따라서 대출포트폴리오를 선택하거나 차입포트폴리오를 선택하는 것이다. 그런데 여기서 주목할 것은 투자자들이 어떤 형태의 포트폴리오를 선택하든지 간에 상관없이 모든 투자자들이 위험자산으로서 선택하는 것은 시장포트폴리오뿐이라는 점이다.

여기서 시장포트폴리오를 보유함으로써 투자자가 부담하게 되는 위험은 곧 시장포트폴리오위험이다. 시장포트폴리오란 시장에 존재하는 모든 주식들을 시장가치의 비율대로 구성한 것이므로 그 위험을 [그림 7-3]과 같이 나타낼 수 있다.

3.2 체계적 위험의 지표, 베타(β)

시장포트폴리오가 시장에 존재하는 모든 개별 주식들로 구성된 것이기 때문에

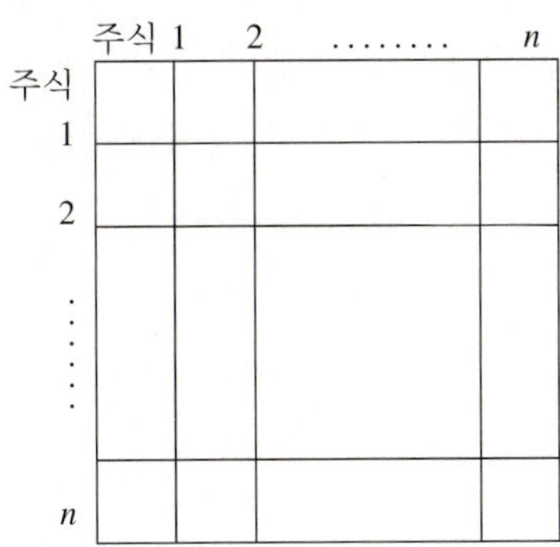

주식 1로 인한 위험의 크기 $\sum_{j=1}^{n} w_1 w_j \sigma_{1j} = w_1 \sigma_{1m}$

주식 2로 인한 위험의 크기 $\sum_{j=1}^{n} w_2 w_j \sigma_{2j} = w_2 \sigma_{2m}$

주식 n으로 인한 위험의 크기 $\sum_{j=1}^{n} w_n w_j \sigma_{nj} = w_n \sigma_{nm}$

총계 : 시장포트폴리오위험 $= \sum_{i=1}^{n} \sum_{j=1}^{n} w_i w_j \sigma_{ij} = \sigma_m^2$

그림 7-3
시장포트폴리오 위험의 구성

시장포트폴리오위험도 개별 주식들의 위험이 합쳐져서 만들어진다. 그러나 시장포트폴리오는 분산투자된 것이므로 개별 주식들의 위험이 단순히 합쳐진 것이 아니다. 개별 주식들의 위험 중에서 일부인 비체계적 위험은 분산효과로 제거되기 때문이다. 따라서 시장포트폴리오를 보유하고 있는 투자자가 특정한 개별 주식 때문에 부담하게 되는 위험은 바로 그 주식의 위험 중에서도 분산효과로 제거할 수 없는 체계적 위험이 된다.

주식 1의 경우를 예로 들어 이 크기를 [그림 7-3]에서 측정하면 다음과 같은 수식으로 측정할 수 있다.[4)]

$$\sum_{j=1}^{n} w_1 w_j \sigma_{1j} = w_1 \sum_{j=1}^{n} w_j \sigma_{1j} = w_1 \sigma_{1m}$$

그런데 이것은 특정한 개별 주식을 보유함으로써 부담하게 되는 위험을 절대적 크기로 나타낸 것이고 시장포트폴리오의 위험에서 차지하는 상대적 비율로 나타내면 다음과 같이 표현할 수 있다.

$$\frac{w_1 \sigma_{1m}}{\sigma_m^2} = w_1 \frac{\sigma_{1m}}{\sigma_m^2}$$

4) 이러한 2단계 과정은 다음과 같이 확인할 수 있다.

1단계 : $\sum_{j=1}^{n} w_1 w_j \sigma_{1j} = w_1 \sum_{j=1}^{n} w_j \sigma_{1j}$ ($\because$ w_1은 상수)

2단계 : $w_1 \sum_{j=1}^{n} w_i \sigma_{1j} = w_1 \sigma_{1m}$

$$\because \sum_{j=1}^{n} w_j \sigma_{1j} = w_1 \text{Cov}(R_1,\ R_1) + w_2 \text{Cov}(R_1,\ R_2) + \cdots + w_n \text{Cov}(R_1,\ R_n)$$
$$= \text{Cov}(R_1,\ w_1 R_1) + \text{Cov}(R_1,\ w_2 R_2) + \cdots + \text{Cov}(R_1,\ w_n R_n)$$
$$= \sigma_{1m}$$

여기서 w_1은 시가를 기준으로 산출된 주식 1의 시장포트폴리오 구성비율로서 주식 자체의 위험과는 무관한 값이다. 그러므로 순수하게 개별 주식의 특성과 관련된 부분은 $\frac{\sigma_{1m}}{\sigma_m^2}$이 된다. 일반적으로 이 값을 개별 주식의 체계적 위험을 나타내는 지표로 이용하는데 이를 베타(β)라고 부른다. 따라서 주식 i의 β는 다음과 같이 정의된다.

$$\beta_i = \frac{\sigma_{im}}{\sigma_m^2} \tag{7.7}$$

3.3 베타의 특성

식 (7.7)로 정의되는 베타는 어떤 의미를 갖는가? 결론부터 말해서 베타는 시장포트폴리오의 수익률의 변동에 대해 개별 주식의 수익률이 얼마나 변동하는가를 나타내는 민감도(sensitivity)를 의미한다. 이를 확인하기 위해서 개별 주식의 수익률을 종속변수로 하고 이를 설명하기 위해 시장포트폴리오의 수익률을 독립변수로 하는 다음과 같은 단순회귀모형을 생각해보자.

$$R_i = \alpha_i + \beta_i R_m + \varepsilon_i \tag{7.8}$$

이 모형을 Sharpe의 시장모형(market model)이라고 한다. 이때에 회귀계수 α_i와 β_i는 최소자승법으로 추정하는데 이는 통계학에서의 단순회귀식 추정방법과 동일한 것이다.

$$\beta_i = \frac{\text{Cov}(R_i,\ R_m)}{\text{Var}(R_m)} = \frac{\sigma_{im}}{\sigma_m^2}$$

$$\alpha i = \bar{R}_i - \beta_i \cdot \bar{R}_m$$

단, $\bar{R}_i$, $\bar{R}_m$는 R_i, R_m의 평균값

여기서 회귀계수 β_i를 추정하는 식은 위에서 베타를 정의한 식 (7.7)과 일치함을 알 수 있다.[5)]

그리고 위에서와 같이 추정된 회귀계수를 이용하면 다음과 같은 회귀식을 구할 수 있는데 이를 증권특성선(security characteristic line)이라고 한다.[6)]

5) 베타라는 용어가 유래된 것도 이러한 연유에서이다.

6) 통계학의 관점에서 볼 때 시장모형과 증권특성선의 차이점은 시장모형은 회귀모형(regression model)이고 증권특성선은 회귀식(regression equation)이라는 점이다.

∗ 앞의 자료가 표본(sample)이므로 분산을 구할 때는 자유도를 조정하여 표본수($n=4$)에서 1을 뺀 값으로 나누어야 한다. 공분산을 구할 때도 마찬가지이다. 그러나 위 자료가 모집단(population)이라면 표본수(n)로 나누어 분산 및 공분산을 구한다.

주식 i의 수익률 평균값 $\bar{R}_i=\dfrac{5+30-10+15}{4}=10\%$

주식 i와 시장수익률의 공분산

$$\sigma_{im}=\frac{(25-20)(5-10)+(15-20)(30-10)+(0-20)(-10-10)+(40-20)(15-10)}{4-1}$$

$$=125$$

$$\therefore\ \beta_i=\frac{125}{283.3}=0.44$$

$\beta<1$이므로 이 주식의 수익률은 시장수익률의 변화보다 더 작은 폭으로 변화한다.

(2) 포트폴리오의 베타

개별 주식의 베타를 구하고나면 여러 주식들의 결합으로 구성된 포트폴리오의 베타를 구하는 것은 어렵지 않다. 포트폴리오의 베타를 구하는 과정을 이해하기 위해서 시장포트폴리오의 위험을 나타내는 다음 식의 양변을 σ_m^2로 나눈다.

즉, $\sigma_m^2=w_1\sigma_{1m}+w_2\sigma_{2m}+\cdots+\ w_n\sigma_{nm}$의 양변을 σ_m^2로 나누면

$$1=w_1\frac{\sigma_{1m}}{\sigma_m^2}+w_2\frac{\sigma_{2m}}{\sigma_m^2}+\cdots+w_n\frac{\sigma_{nm}}{\sigma_m^2}$$

$$=w_1\beta_1+w_2\beta_2+\cdots+w_n\beta_n$$

이는 시장포트폴리오의 베타는 시장포트폴리오를 구성하는 개별 주식들의 베타를 각각의 구성비율로 가중평균한 합계가 되며 그 값은 1이라는 의미이다. 동일한 원리로 k개 주식으로 구성된 포트폴리오의 베타(β_p)는 다음과 같이 각 주식의 베타를 구성비율로 가중평균한 합계가 된다. 그리고 이를 베타의 가산원리라고 한다.

$$\beta_p=w_1\beta_1+w_2\beta_2+\cdots+w_k\beta_k \tag{7.10}$$

제 4 절 증권시장선

4.1 증권시장선의 도출

(1) 시장포트폴리오의 위험단위당 수익률

증권시장선은 자본시장선의 성립으로부터 도출된다. 자본시장선이 성립한다는 것은 모든 투자자들이 시장포트폴리오만을 위험자산으로 보유한다는 것이다. 여기서 먼저 투자자금을 모두 시장포트폴리오에 투자한 투자자의 경우를 살펴보자. 그러면 이 투자자는 [그림 7-3] 으로 표현되는 시장포트폴리오의 위험 σ_m^2을 부담하게 된다. 그리고 이때의 기대수익률은 시장포트폴리오의 기대수익률인 $E(R_m)$이 된다. 그런데 만약 이 투자자가 위험이 전혀 없는 무위험자산에 투자하더라도 이에 상응하는 R_f의 수익률을 얻을 수 있다. 따라서 시장포트폴리오에 투자한 투자자의 경우에는 결국 σ_m^2에 해당하는 위험의 대가로 $[E(R_m)-R_f]$ 만큼의 수익률을 받는 것이라고 할 수 있다.[7)]

그러므로 시장포트폴리오에 투자할 때에 위험단위당 얻게 되는 수익률은 다음과 같이 산출할 수 있다.

$$\frac{E(R_m)-R_f}{\sigma_m^2} \tag{7.11}$$

(2) 개별 주식의 위험단위당 수익률

이번에는 위와 같이 시장포트폴리오를 보유하고 있는 투자자가 개별 주식 i로 인해서 부담하게 되는 위험과 이의 대가로 받는 수익률을 구해본다. 앞의 [그림 7-3] 에서 보면 알 수 있듯이 시장포트폴리오를 보유하고 있는 투자자가 개별 주식 i로 인해서 부담하게 되는 위험은 $w_i\sigma_{im}$이다. 그런데 시장포트폴리오에서 주식 i가 차지하고 있는 구성비율은 w_i이므로 주식 i를 포함시킴으로써 그 위험의 대가로 투자자가 얻게 되는 수익률은 $w_i[E(R_i)-R_f]$가 된다.

---

7) $[E(R_m)-R_f]$는 시장포트폴리오의 수익률이 무위험이자율을 초과하는 부분을 나타내는데 이를 초과수익률(excess return) 또는 시장의 위험프리미엄(risk premium on market)이라고도 한다. 같은 논리로 $[E(R_i)-R_f]$는 주식 i의 위험프리미엄이라고 한다.

따라서 이때의 위험단위당 수익률은 다음과 같이 산출된다.

$$\frac{w_i[E(R_i)-R_f]}{w_i\sigma_{im}} = \frac{[E(R_i)-R_f]}{\sigma_{im}} \tag{7.12}$$

(3) 균형 및 증권시장선의 도출

균형상태에서 식 (7.11)과 식 (7.12)는 같아야 한다. 왜냐하면 이 두 식은 모두 위험단위당 수익률을 나타내는 것이기 때문이다. 만약 식 (7.11)이 식 (7.12)보다 크다면 이는 시장포트폴리오의 위험단위당 수익률이 개별 주식 i의 수익률보다 크다는 것이다. 이때에 투자자들은 모두 시장포트폴리오에만 투자하려고 할 것이며 따라서 개별 주식 i에 대한 수요는 없어질 것이다. 이와 반대로 식 (7.12)가 식 (7.11)보다 크다면 이는 개별 주식 i의 위험단위당 수익률이 시장포트폴리오의 수익률보다 크다는 것이다. 이때에도 투자자들은 모두 개별 주식 i에만 투자하려고 할 것이기 때문에 이번에는 시장포트폴리오에 대한 수요가 없어지게 된다. 결국 이 두 가지 투자대상이 함께 존재하려면 위험단위당 수익률이 똑같아야 하는 것이다.[8)]

따라서 다음과 같은 관계식이 성립되어야 한다.

$$\frac{E(R_m)-R_f}{\sigma_m^2} = \frac{[E(R_i)-R_f]}{\sigma_{im}}$$

이제 위의 관계식을 개별 주식의 기대수익률 $E(R_i)$에 대해서 정리하면 다음과 같이 표현된다.

$$E(R_i) = R_f + \frac{[E(R_m)-R_f]}{\sigma_m^2} \cdot \sigma_{im}$$

그런데 위 식에서 $\frac{\sigma_{im}}{\sigma_m^2} = \beta_i$ 이므로 이는 다시 다음과 같이 기대수익률 $E(R_i)$와 베타(β)와의 직선식으로 표현할 수 있는데 이 식을 증권시장선(SML : security market line)이라고 한다.

$$E(R_i) = R_f + [E(R_m) - R_f] \cdot \beta_i \tag{7.13}$$

8) 이러한 균형은 재정거래과정으로 설명하는 것과 똑같은 것이다. 즉, 개별 주식의 위험단위당 수익률이 시장포트폴리오 수익률보다 크다면 시장포트폴리오를 공매하여 조달한 자금으로 개별 주식을 구입함으로써 추가적인 위험부담없이 재정이익을 얻을 수 있다. 따라서 개별 주식에 대한 수요가 증가하여 주가는 상승하게 되고 주가의 상승은 수익률의 하락을 가져와서 결국 두 투자대상의 수익률은 동일해지는 것이다.

그림 7-4
증권시장선

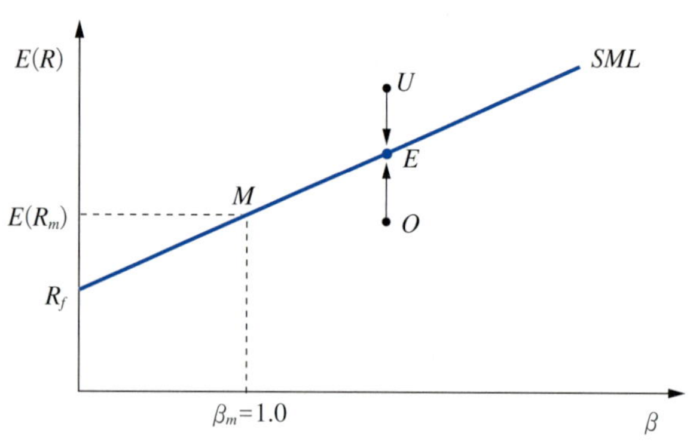

그리고 앞 식을 기대수익률 $E(R_i)$, 베타(β)의 평면에 나타내면 [그림 7-4]의 SML과 같다.

4.2 증권시장선의 의미

(1) 증권시장선의 의미

식 (7·13) 및 [그림 7-4]로 나타나는 증권시장선을 살펴보면서 그 경제적 의미를 다음과 같이 찾을 수 있다.

① 기대수익률의 구성

주식의 기대수익률은 무위험수익률(riskfree rate)과 위험프리미엄(risk premium)의 합으로 구성된다. 이는 제4장에서 살펴본 채권수익률의 구성내용과 동일한데 어떤 수익률도 모두 이같이 구성되는 것이다.

② 가격결정과정

증권시장선은 투자자들이 Markowitz의 가정에 따라서 무위험자산을 포함하여 효율적 분산투자를 할 때 자본시장의 균형상태에서 개별 주식(또는 포트폴리오)의 기대수익률이 어떻게 결정되는가를 보여주는 가격결정 메커니즘이다. 즉, 기대수익률과 베타(β) 간에는 선형적 관계가 성립됨을 보여주고 있다. 따라서 개별 주식의 베타가 결정되면 기대수익률은 SML에 의해 결정된다. 그리고 이렇게 산출한 기대수익률로 개별 주식의 기대현금흐름을 할인하여 현가화시킨 값이 그 주식의 균형가격이 된다.

그림 7-5
자본시장선과 증권시장선의 비교

③ 가격조정과정

증권시장선에 의해 산출한 기대수익률은 균형수익률이다. 따라서 이를 할인율로 이용하여 산출한 가격은 균형가격인 것이다. 그러나 현실적으로는 일시적인 불균형으로 인해서 어떤 주식의 가격은 이보다 높게, 또 다른 주식은 이보다 낮은 가격에 형성되어 있을 수 있다. [그림 7-4]에서 O으로 표시된 주식은 균형점 E로 표시된 주식과 베타는 같지만 기대수익률, 즉 할인율이 낮게 형성되어 있다. 동일한 현금흐름에 대해서 할인율이 낮다는 것은 주가가 균형가격보다 높게 형성된 과대평가자산이라는 뜻이다. 이러한 경우 투자자들은 과대평가된 주식 O의 매각을 통해서 재정거래를 할 것이며 이 과정에서 O의 가격이 하락하고 이에 따라서 수익률은 상승한다. 결국 수익률이 E수준이 되면 재정거래는 멈춘다.

반대로 같은 베타를 가지면서 수익률이 높은, 즉 과소평가된 주식 U는 O와는 반대의 과정을 거쳐서 균형점 E로 가게 된다.

(2) 증권시장선과 자본시장선의 비교

증권시장선과 자본시장선은 모두 기대수익률과 위험의 선형적 관계를 보여주는 식이지만 다음과 같은 차이가 있다.

자본시장선은 효율적 포트폴리오의 기대수익률과 위험의 관계식이다. 이때의 효율적 포트폴리오란 무위험자산과 시장포트폴리오로 구성된 포트폴리오를 말하며, 위험이란 총위험으로서 표준편차로 측정한 것을 말한다.

이에 비해서 증권시장선은 개별 주식 또는 포트폴리오의 기대수익률과 위험의 관계를 나타내는 식이다. 즉, 평가대상은 개별 주식뿐만 아니라 효율적 포트폴리오는 물론 비효율적 포트폴리오까지 포함된다. 그리고 증권시장선에서 말하는 위험이란 체계적 위험으로서 베타로 측정한 것을 말한다.

증권시장선과 자본시장선 사이에는 이러한 차이점이 있지만 증권시장선은 자본시장선의 성립에서 도출된 것으로서 두 식은 서로 밀접한 관계에 있다. 즉, 증권시장선은 균형상태에서의 자본시장선을 포함하는 내용이 된다. 왜냐하면 자본시장선은 증권시장선을 효율적 포트폴리오의 경우에 적용한 것으로 볼 수 있기 때문이다.

앞의 [그림 7-5]는 이 두 식의 관계를 보여주고 있다. 즉, 자본시장선에서 주식 A, B, C는 총위험이 서로 다르기 때문에 각각 다른 위치에 표시되고 있다. 그러나 분산투자가 가능한 상황에서는 총위험 중 비체계적 위험은 제거되어 체계적 위험만 고려하게 되고 주식 A, B, C는 그 체계적 위험이 동일하기 때문에 증권시장선에서는 모두 동일한 X점으로 표시되는 것이다.

4.3 증권시장선의 이용

증권시장선이 시사하는 내용은 재무관리 전분야에 걸쳐서 이용되고 있다. 크게 기업재무와 투자론에서 이용되는 분야로 구분해서 살펴보자.

(1) 기업재무

① 자본비용의 산출

증권시장선을 이용해서 산출한 기대수익률값은 균형수익률이다. 이는 기업이 주식을 발행해서 자금을 조달할 때 자금사용의 대가로 부담하는 비용이 된다. 즉, 주식의 자본비용을 산출하는 데에 증권시장선이 이용된다.

② 자본예산

기업이 어떤 투자안을 수행할 때 그 투자안에 필요한 자금을 모두 주식으로 조달한다고 가정하자.[9] 만약 그 투자안의 현금흐름을 증권시장선의 기대수익률로 할인하여 순현가가 0보다 크면 투자안을 채택한다. 그리고 이러한 기준으로 채택된 투자안의 경우에는 내부수익률이나 또는 투자안의 확률분포에서 구한 기대수익률이 증권시장선상의 기대수익률인 요구수익률, 즉 자본비용보다 클 것이다.

9) 투자에 소요되는 자금 중 일부를 부채로 조달하는 경우에는 부채사용에 따른 재무레버리지효과를 고려해야 한다. 이에 대한 내용은 제9장 위험을 고려한 자본예산에서 다룰 것이다.

(2) 투자론

① 주식가격의 결정

어떤 주식의 1기간 후의 기대현금흐름(주식가격과 배당)을 알고 있는 경우 이를 증권시장선의 기대수익률로 할인하면 현재 그 주식의 균형가격이 된다. 즉, 균형주가를 산출할 때 적용할 할인율을 구하기 위해서 증권시장선이 이용된다.

② 투자종목의 선택

시장에서 형성되어 있는 실제주가와 증권시장선을 이용하여 산출한 균형주가가 다른 경우에는 과소평가 또는 과대평가 여부를 판단하여 투자종목을 선택할 수 있다. 즉, 시장에서 형성된 실제주가로부터 산출된 수익률이 증권시장선을 통해서 구한 균형수익률보다 크면 주가가 과소평가된 것이므로 이를 구입한다. 그러면 시장균형이 이루어지면서 수익률이 하락하고 이에 따라 주가는 상승하여 이에 따른 자본차익을 얻게 된다.

③ 투자성과의 평정

CAPM은 원래 사전적 모형이다. 그러나 과거의 역사적 자료를 통해서 구한 사후적 모형을 이용하면 과거의 투자실적을 평가할 수 있다. 이러한 평가는 기관투자가가 구성한 포트폴리오, 예를 들면 투자신탁의 성과측정에 주로 이용된다. 구체적인 평가지표로서 Sharpe의 RVAR, Treynor의 RVOL 그리고 Jensen의 AR 등이 있다.[10)]

>>> 예제 7-5

가나기업의 현재주가는 20,000원인데 올해 말 가나기업의 1주당 배당액은 2,000원, 1주당 주가는 26,000원으로 기대된다. 가나기업 주식의 베타는 2.4이고 무위험이자율은 10%, 시장포트폴리오의 기대수익률은 16.25%이다.

(1) 가나기업 주식의 균형수익률 및 균형가격은 얼마인가?

(2) 가나기업 주식의 기대수익률을 산출하여 이를 그림에서 나타내고 주가변화를 예측하라.

(3) 자본예산기법인 IRR법, NPV법과 연관시켜서 가나기업 주식에 대한 투자여부를 판단하라.

---

10) 이와 관련된 자세한 내용은 〈연습문제 7-9〉를 참조하기 바란다.

풀 이

(1) 균형수익률은 SML을 통해서 산출된다.

$$E(R_i)=R_f+[E(R_m)-R_f]\cdot\beta_i$$
$$=10+(16.25-10)\times2.4=25(\%)$$

따라서 균형가격은 다음과 같다.

$$\frac{26,000+2,000}{1+0.25}=22,400(\text{원})$$

(2) 현재주가 20,000원에서 기대되는 수익률은

$$\frac{(P_1-P_0)+D_1}{P_0}=\frac{(26,000-20,000)+2,000}{20,000}=40(\%)$$

그림으로 나타내면 다음과 같다.

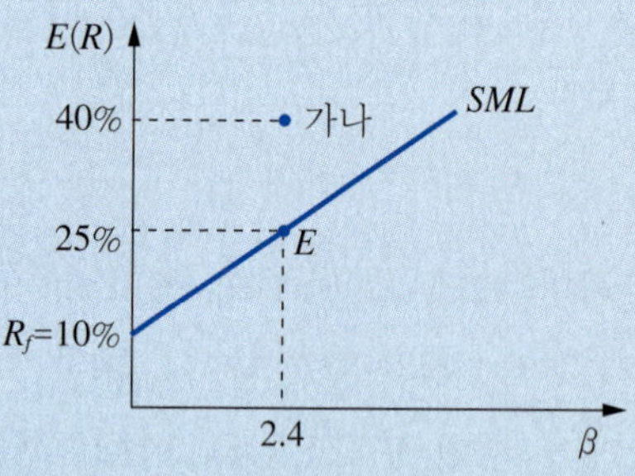

즉, 현재가격 20,000원은 균형가격 22,400원에 비해서 과소평가되어 있으므로 투자자들은 이를 구입하려 할 것이고, 이에 따라서 주가가 상승하고 수익률은 하락하여 SML 상의 E점으로 내려와 균형을 이루게 된다.

(3) ① IRR법에서는 $IRR>k$일 때 투자한다. 여기서 가나주식의 기대수익률 40%는 IRR에 해당하고 균형수익률 25%는 자본비용 k에 해당하는 것이다.

② NPV법에서는 NPV＝현금유입의 현가－투자비용＞0일 때 투자한다. 여기서는 현금유입의 현가가 22,400원이고 투자비용이 현재주가인 20,000원인 것이다. 따라서 가나기업 주식구입에 따른 NPV는 2,400원(＝22,400－20,000)이다. 이는 재정거래에서 설명한 재정이익과도 같은 것이다.

제 5 절 *CAPM 가정의 현실화

앞으로 차차 알게 되겠지만 CAPM은 투자결정뿐만 아니라 동시에 자본조달의 문제에도 적용되는 내용이기 때문에 재무관리 전분야에 걸쳐서 매우 중요한 이론이다. 그런데 CAPM을 도출하기 위해서 전제로 한 가정들을 살펴보면 그 현실성에 의문을 제기하지 않을 수 없다.

본절에서는 CAPM의 가정들을 하나씩 다시 살펴보면서 이러한 가정들의 내용을 보다 현실화시킨다면 앞서 다룬 CAPM의 내용이 어떻게 달라지는가를 살펴보겠다. 이는 곧 CAPM의 현실적 타당성을 확인하는 것이 될 것이다.

5.1 무위험자산이 존재하지 않는 경우

(1) 가정의 현실화

CAPM을 도출할 때에 무위험자산이 존재하여 투자자들은 무위험이자율로 무제한 투자(대출)하거나 또는 차입할 수 있다고 가정하였다. 이때의 무위험자산이란 어떤 위험도 존재하지 않기 때문에 총위험이 0인 자산을 의미한다. 그러나 엄격한 의미로 이러한 자산을 현실세계에서 찾기는 어렵다. 흔히 무위험자산으로 간주하는 정기예금이나 국공채의 경우에도 은행이 파산하거나 전쟁이 날 경우에는 확정소득을 보장할 수 없기 때문이다. 따라서 이러한 무위험자산이 존재하지 않는 경우에서 CAPM의 내용은 어떻게 되는가를 살펴본다.

(2) 제로베타포트폴리오

F. Black(1972)은 이러한 무위험자산이 존재하지 않더라도 CAPM이 성립함을 증명하였다. 즉, 무위험수익률이 시장수익률과의 상관계수가 0인점을 고려해서 무위험자산 대신에 위험자산 중에서 시장포트폴리오와 상관계수가 0인 자산(또는 포트폴리오)을 찾아내어 이의 수익률을 무위험수익률에 대신하여 사용하였다. 이렇게 해도 개별 자산의 체계적 위험과 기대수익률간에는 선형관계가 성립함을 확인한 것이다.

그림 7-6
제로베타CAPM

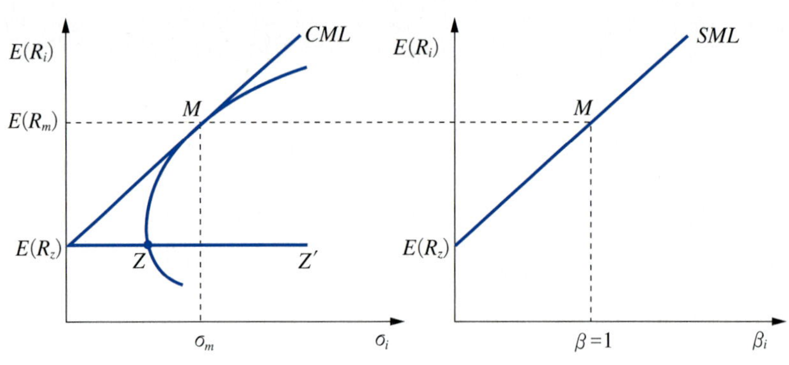

여기서 시장포트폴리오와 상관계수가 0인 포트폴리오라 함은 그 수익률의 변화가 시장포트폴리오 수익률의 변화와 독립적으로 움직인다는 의미이고 그렇기 때문에 공분산 및 체계적 위험 β가 모두 0이 된다. 그래서 이를 제로베타포트폴리오(zero-beta portfolio)라고 한다.

(3) 제로베타 CAPM

[그림 7-6]을 통해서 제로베타 CAPM의 도출과정을 살펴보자. 그림에서 시장포트폴리오 M에 접하는 접선을 그었을 때 기대수익률 축과 만나는 점을 $E(R_z)$라고 하자. 그리고 이로부터 수평선을 그었을 때 위험자산들로 구성된 투자기회선과 만나는 점을 Z라고 한다. 그러면 수평선 ZZ' 상의 포트폴리오들이 제로베타포트폴리오가 된다. 이들의 총위험은 모두 다르지만 체계적 위험 β는 모두 0이기 때문에 증권시장선 상에서는 모두 $E(R_z)$의 위치에 놓이게 된다.

그래서 [그림 7-6]의 오른쪽 그림에서의 직선은 다음과 같이 식 (7.14)로 쓸 수 있는데 이를 제로베타 CAPM이라고 한다.

$$E(R_i) = E(R_z) + [E(R_m) - E(R_z)] \cdot \beta_i \tag{7.14}$$

실제로 무위험자산이 존재하지 않을 때에 제로베타 CAPM을 이용하려면 그림을 통해서 설명한 도출과정과는 반대순서로 먼저 시장포트폴리오와 공분산이 0이 되는 포트폴리오를 찾고 이 포트폴리오의 기대수익률, 즉 $E(R_z)$를 구하여 이를 이용해서 제로베타 CAPM을 도출해야 할 것이다.

>>> 예제 7-6

가나기업과 ABC기업 두 개의 주식만으로 구성된 효율적 시장을 가정한다. 가나기업의 기대수익률 및 표준편차는 20%, 10%이고 ABC기업은 10%, 8%이며 이들간의 상관계수는 0이다. 시장포트폴리오의 기대수익률은 15%라고 할 때 다음 각 물음에 답하라.

(1) 무위험자산이 없을 때 제로베타포트폴리오를 구성하라.
(2) 제로베타포트폴리오의 기대수익률을 산출하라.
(3) 제로베타 CAPM을 구하라.

풀이

(1) 시장포트폴리오에서 가나주식이 차지하는 비율을 w_1라고 하면 다음 식이 성립한다.

$$E(R_m) = w_1 \times 20 + (1 - w_1) \times 10 = 15$$
$$\therefore\ w_1 = 0.5$$

즉, 시장포트폴리오는 가나주식에 0.5, ABC주식에 0.5 투자한 포트폴리오이다. 이제 제로베타포트폴리오를 가나주식에 z_1, ABC주식에 z_2만큼 투자한 포트폴리오라고 하면 다음 식이 성립한다.

$$\begin{aligned} \mathrm{Cov}(R_m,\ R_z) &= \mathrm{Cov}\,[(0.5R_1 + 0.5R_2)(z_1R_1 + z_2R_2)] \\ &= 0.5z_1\sigma_1^2 + 0.5z_2\sigma_2^2 = 0 \qquad \cdots\cdots ① \end{aligned}$$
$$z_1 + z_2 = 1 \qquad \cdots\cdots ②$$

여기서 $\sigma_1^2 = 0.1^2$, $\sigma_2^2 = 0.08^2$이므로 ①, ②를 풀면 $z_1 = -1.78$, $z_2 = 2.78$이 된다. 이는 가나주식을 보유자금의 178%만큼 공매하고 이에 자기자금을 합해서 모두 ABC기업에 투자한 것이 제로베타포트폴리오라는 뜻이다.

(2) 제로베타포트폴리오의 기대수익률은 (1)의 결과를 이용해서 구할 수 있다.

$$\begin{aligned} E(R_z) &= z_1 \times E(R_1) + z_2 \times E(R_2) \\ &= -1.78 \times 20 + 2.78 \times 10 = -7.8(\%) \end{aligned}$$

(3) 식 (7.14)를 이용한다.

$$\begin{aligned} E(R_z) &= E(R_z) + [E(R_m) - E(R_z)] \cdot \beta_i \\ &= -0.078 + [0.15 - (-0.078)] \cdot \beta_i \\ &= -0.078 + 0.228 \cdot \beta_i \end{aligned}$$

5.2 대출이자율과 차입이자율이 다른 경우

(1) 가정의 현실화

CAPM이 성립하려면 무위험자산에 대한 대출이자율(투자수익률)과 차입이자율이 같아야 한다는 가정이 필요하다고 하였다. 그런데 현실적으로는 차입이자율(R_B)이 대출이자율(R_L)보다 더 높은 것이 일반적이다. 그래서 이번에는 이러한 현실성을 고려하여 차입이자율이 대출이자율보다 높을 때에도 CAPM이 성립할 수 있는지를 살펴본다.

(2) 투자유형에 따른 효율적 투자선

먼저 이자율 R_L로 대출은 할 수 있지만 차입은 할 수 없는 경우를 생각해보자. 이때의 자본시장선은 [그림 7-7]에서 CML_L로 나타나겠지만 차입은 할 수 없으므로 차입포트폴리오는 불가능하고 대출포트폴리오만 가능하기 때문에 점선부분은 제외된다. 따라서 자기자금의 일부를 시장포트폴리오에 투자하고 나머지는 대출하는 투자자에게 적용되는 자본시장선은 CML_L의 실선부분이 된다.

이와 동일한 논리에 따라서 차입금을 조달하여 자기자금과 합쳐서 모두 시장포트폴리오에 투자하는 투자자에게 적용되는 자본시장선은 CML_B의 실선부분이 될 것이다. 한편, 차입이나 대출을 하지 않고 자기자금만으로 위험자산에 투자하는 투자자의 경우는 효율적 투자선 중 곡선 M_LM_B 사이의 한 점을 최적포트폴리오로 선택할 것이다.

(3) 자본시장선과 증권시장선

[그림 7-7]에서 보듯이 CML_L과 CML_B에 해당하는 증권시장선은 각각 SML_L과 SML_B로 나타난다. 그리고 차입이나 대출을 하지 않는 경우에는 시장포트폴리오라는 개념이 없으므로 체계적 위험 β를 산출할 수 없다. 따라서 이에 해당하는 증권시장선도 정의되지 않는다.

한편, 대출포트폴리오를 구성하는 투자자에게 적용되는 시장포트폴리오는 M_L이고, 차입포트폴리오를 구성하는 투자자에게는 시장포트폴리오가 M_B이다. 그렇지만 이를 기준으로 산출하는 시장포트폴리오의 체계적 위험 β_L, β_B는 모두 자기자신과의 베타이므로 그 값은 1이기 때문에 증권시장선은 오른쪽 그림과 같이 나타난다.

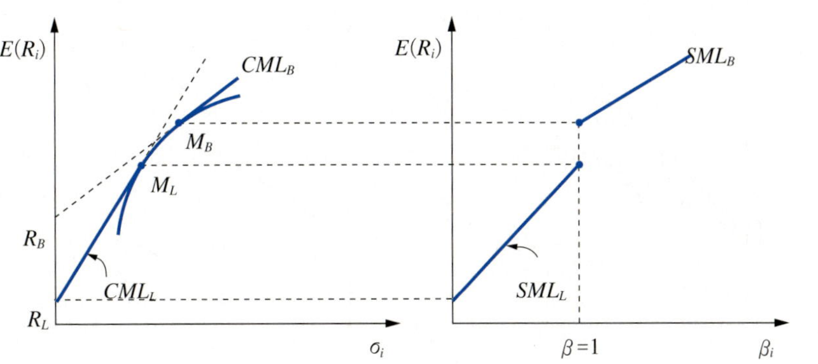

그림 7-7
대출이자율과 차입이자율이 다른 경우의 CAPM

그런데 그림과 같이 증권시장선이 선형으로 표현된다고 해서 CAPM이 성립한다고 할 수 있을까? 결론부터 말하면 그렇지 않다. 왜냐하면 대출포트폴리오를 구성하는 투자자와 차입포트폴리오를 구성하는 투자자는 각자 다른 시장포트폴리오를 기준으로 하기 때문에 동일한 주식이라고 하더라도 서로 다른 베타를 산출할 것이기 때문이다. 이렇게 동일한 주식에 대해서 서로 다른 2개의 베타가 존재한다면 2개의 가격이 형성될 수 있으므로 균형이 성립된다고 할 수 없는 것이다. 뿐만 아니라 증권시장선이 정의되지 않는 영역도 있으므로 CAPM의 성립은 어려운 것이다.

5.3 이질적 예측을 하는 경우

CAPM에서는 모든 투자자들이 투자대상이 되는 주식들의 기대수익률과 위험을 똑같이 예측한다는 동질적 예측(homogeneous expectation)을 가정하였다. 그런데 현실상황을 보면 투자자마다 이용하는 정보의 내용과 범위, 그리고 분석능력도 다르기 때문에 투자자들이 서로 다른 이질적 예측(heterogeneous expectation)을 하게 된다.

이렇게 투자자마다 서로 다른 예측을 한다면 [그림 7-8]에서 보는 것과 같이 각자가 서로 다른 CML과 시장포트폴리오를 갖게 될 것이다. 이에 따라서 투자자마다 서로 다른 SML을 이용하게 될 것인데 이는 동일한 베타를 갖는 주식에 서로 다른 가격이 형성된다는 것이다. 결국 일물일가의 법칙이 달성될 수 없으므로 이러한 경우에는 균형상태가 될 수 없으며 따라서 CAPM도 성립할 수 없다.

그림 7-8

이질적 예측에서의 CAPM

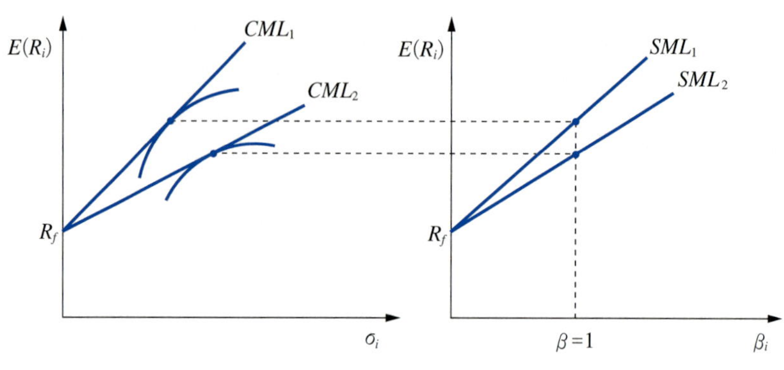

5.4 세금이 존재하는 경우

CAPM은 완전자본시장을 전제로 한 모형이기 때문에 세금과 같은 거래마찰요인이 존재하지 않는다고 가정한다. 그러나 현실적으로는 각종 세금이 존재하며 투자이익에 대해서도 역시 세금을 납부하여야 하므로 세금이 존재하는 경우의 CAPM을 살펴본다.

먼저 모든 소득에 대해서 동일한 세율이 적용된다고 가정해보자. [그림 7-9]는 이러한 경우의 CML과 이에 대응하는 SML을 나타내고 있다. 즉, 세금이 존재하는 경우의 기대수익률은 납세 후 기준으로 산출해야 하므로 세금이 없는 경우보다 일률적으로 세율만큼 감소하게 된다. 따라서 효율적 투자선이 아래로 평행이동하게 되고 이에 따라서 CML과 SML도 하향이동한다. 이러한 경우에는 베타와 기대수익률이 1 : 1 대응관계에 있으므로 일물일가가 달성되어 CAPM은 여전히 성립하는 것이다.

그러나 이처럼 동일한 세율이 적용된다는 가정도 사실은 비현실적이다. 왜냐하면 자본이득보다는 배당소득에 대한 세율이 더 높고 그 세율구조도 소득수준에 따라 누진적인 형태를 갖는 것이 일반적이기 때문이다. 이와 같이 세율이 소득형태, 소득수준에 따라서 다르게 부과된다면 동일한 세전수익률이라고 해도 투자자마다 세후수익률이 달라지기 때문에 효율적 투자선이 개인마다 다르게 된다. 이는 앞서 설명한 이질적 예측의 경우와 동일한 상황이기 때문에 CAPM은 성립될 수 없다.

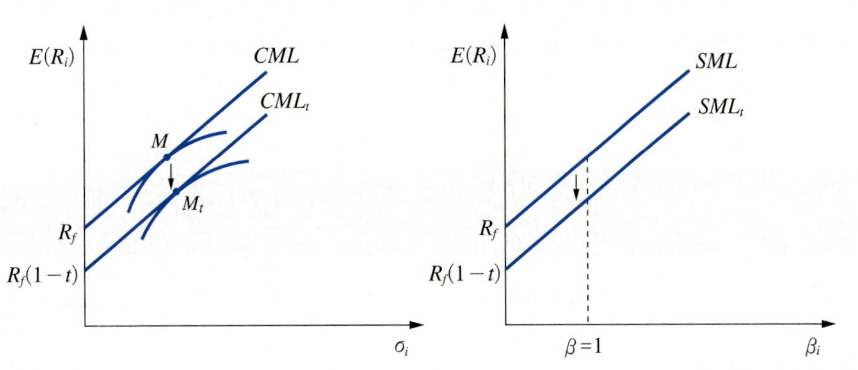

그림 7-9

세금이 존재하는 경우의 CAPM

5.5 거래비용이 존재하는 경우

CAPM은 거래비용이 존재하지 않는 완전자본시장을 가정해서 도출된 모형이다. 그러나 현실적으로는 주식을 사고 파는 데에 거래수수료 등 부대비용을 지출하게 된다. 이러한 거래비용을 고려한다면 CAPM은 어떻게 될까?

[그림 7-10]은 거래비용이 존재하는 경우의 CML과 이에 대응하는 SML을 나타내고 있다. 균형상태에서는 U와 같이 과소평가된 주식이나 O와 같이 과대평가된 주식이 존재할 수 없을 것이다. 왜냐하면 과대평가주식 O를 팔고 과소평가주식 U를 매입하는 형태의 재정거래를 통해서 이익을 얻을 수 있기 때문이다. 그러나 거래비용이 존재하고 그 거래비용이 재정이익보다 크다면 이러한 주식들을

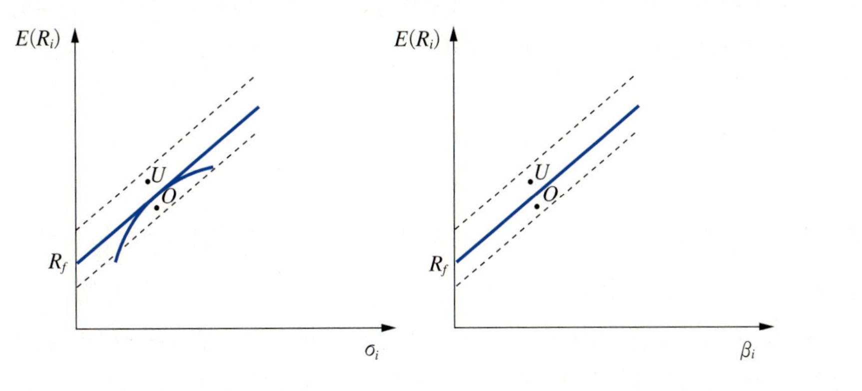

그림 7-10

거래비용이 존재하는 경우의 CAPM

과소평가 또는 과대평가된 주식인 줄 알면서도 그대로 둘 수밖에 없게 된다. 따라서 이때에는 증권시장선이 띠형태를 갖게 되는데 이를 band SML이라고 한다.

제 6 절 *CAPM의 실증분석

6.1 실증분석

(1) 방법론

CAPM에 대한 실증분석은 다음과 같이 2단계의 회귀분석을 이용한다.

① 1단계 회귀분석

표본주식들의 개별 수익률과 시장포트폴리오(종합주가지수)의 수익률에 대한 과거 시계열자료를 수집해서 다음과 같은 회귀모형에 대해서 시계열 회귀분석(time-series regression)을 수행한다.

$$R_{it} = \alpha_i + \beta_i R_{mt} + e_{it} \tag{7.15}$$

이러한 회귀분석으로부터 개별 주식수익률에 대한 회귀식 $R_i = \alpha_i + \beta_i \cdot R_m$을 추정할 수 있는데 여기에서 개별 주식의 β를 구한다.

② 2단계 회귀분석

1단계에서 구한 개별 주식의 β를 독립변수로 하고 해당 주식의 평균수익률을 종속변수로 하여 다음과 같은 회귀모형에 대해서 횡단면 회귀분석(cross-section regression)을 수행한다.

$$R_i = \gamma_0 + \gamma_1 \beta_i + e_i \tag{7.16}$$

이로부터 회귀식 $R_i = \gamma_0 + \gamma_1 \beta_i$를 추정하고 이 회귀식을 이론적인 증권시장선인 $E(R_i) = R_f + [E(R_m) - R_f] \cdot \beta_i$와 비교한다. 이러한 비교에서 γ_0는 R_f와 통계적으로 유의한 차이가 없고, γ_1은 $[E(R_m) - R_f]$ 와 유의한 차이가 없음을 확인하면 CAPM의 성립을 확인한 것이 된다. 그런데 여기서의 분석대상자료는 과거자료이기 때문에 기대수익률 $E(R_m)$을 구할 수 없으므로 이 대신에 평균수익률 $\bar{R}_m$을 이용한다. 그래서 γ_1은 $[\bar{R}_m - R_f]$와 비교하게 된다.

(2) 방법론의 발전

CAPM의 성립을 확인하는 과정에서 좀 더 기본적인 내용을 함께 확인하기 위해서 다음과 같은 방법을 이용한다.

① 수익률과 비체계적 위험과의 상관성 확인

CAPM에 따르면 주식수익률이 체계적 위험 β에 의해서만 결정되기 때문에 총위험에 의해서는 영향을 받지 않는다. 이 주장은 다음과 같이 비체계적 위험이라고 할 수 있는 회귀모형 오차의 분산인 σ_{ei}를 독립변수로 추가하여 회귀분석을 수행하여 확인할 수 있다.

$$R_i = \gamma_0 + \gamma_1 \beta_i + \gamma_2 \sigma_{ei} + e_i \tag{7.17}$$

여기서 σ_{ei}의 회귀계수 γ_2가 통계적으로 0과 유의한 차이를 갖지 않는다는 것을 확인할 수 있으면 비체계적 위험은 주식수익률에 영향을 주지 않는다고 말할 수 있다. 실제 통계분석에서는 변수 σ_{ei}의 유의성을 나타내는 검정통계량 t값이 작은 값이면 이러한 내용을 확인한 것으로 본다.[10)]

② 수익률과 β와의 선형성 확인

CAPM에 따르면 주식수익률은 체계적 위험 β와 선형관계에 있다. 따라서 다음과 같이 비선형 여부를 확인할 수 있는 변수 β_i^2를 추가한 회귀모형에 대해서 회귀분석을 수행한다.

$$R_i = \gamma_0 + \gamma_1 \beta_i + \gamma_2 \beta_i^2 + e_i \tag{7.18}$$

회귀분석의 결과 변수 β의 t값은 통계적 유의성을 가질만큼 큰 값이고, 변수 β_i^2의 t값이 통계적 유의성이 없을 정도로 작다면 선형성을 확인한 것이 된다.

---

10) 검정통계량 t값은 특정한 독립변수의 유의성을 확인하는 데 이용된다. 표본규모와 신뢰도에 따라서 차이가 있지만 대체로 어떤 독립변수의 t값이 2보다 크면 그 독립변수는 종속변수를 설명하는 데에 유의적인 변수라고 판단한다.

(3) 실증연구

① Lintner 및 MS의 연구

Lintner(1965), 그리고 Miller & Scholes(1972)는 개별 주식의 베타와 연간수익률 자료를 이용해서 식 (7.17)과 같은 모형으로 실증분석을 수행하였다. 즉, 체계적 위험과 비체계적 위험이 각각 주식수익률에 어떻게 영향을 주는가를 살펴본 것이다.

그런데 실증분석의 결과는 체계적 위험과 비체계적 위험, 모두 통계적으로 유의한 설명변수로 확인되었다. 특히, Miller & Scholes의 연구에서는 비체계적 위험이 체계적 위험보다 더 유의한 변수로 확인되었는데 이들의 연구결과는 모두 CAPM의 성립을 부정하는 것이었다.

② BJS 및 FM의 연구

Black, Jensen & Sholes(1972), 그리고 Fama & Macbeth(1974)는 개별 주식의 베타를 측정하는 과정에서 발생할 수 있는 오차를 줄이기 위해서 포트폴리오를 구성하여 베타를 측정하였다. 이렇게 측정한 베타와 해당 포트폴리오의 월별수익률 자료를 이용해서 다양한 형태의 회귀분석을 수행하였는데 그 결과는 CAPM의 성립을 지지하는 것이었다.

6.2 실증한계

이론적인 증권시장선은 기대수익률이 체계적 위험 β와 선형관계에 있음을 보이고 있다. 그래서 많은 실증연구는 이 관계를 확인하는 데에 노력을 기울여왔던 것이다. 그런데 이러한 실증연구에는 이론적인 문제점이 있음이 Roll(1978)에 의해서 지적되었다. 그가 지적한 내용을 설명하면 다음과 같다.

먼저 효율적 투자선상에 있는 어떤 포트폴리오를 시장포트폴리오로 보고 이를 구성하는 개별 주식의 베타를 산출한다. 그러면 개별 주식의 기대수익률은 언제나 베타와 선형관계에 있게 된다는 것이다. Roll은 이러한 내용을 수학적으로 보임으로써 기존의 선형관계에 대한 실증연구는 단순히 시장포트폴리오로 사용한 대용포트폴리오가 효율적인지 아닌지를 확인한 것일 뿐이라고 하였다. 이를 Roll의 비판(Roll's critique)이라고 한다.

그러면 실증연구에서 어떤 절차가 추가되어야 CAPM의 진정한 성립을 확인할 수 있을까? 그것은 진정한 시장포트폴리오를 찾아내어 이의 효율성을 확인하는 것이다. 그러나 이론적인 시장포트폴리오를 찾아내는 것은 현실적으로 거의 불가능하다. 이론적인 시장포트폴리오는 주식뿐만 아니라 투자가능한 모든 자산 및 인적자원까지도 포함하는 개념이기 때문이다.

>>> 예제 7-7

다음은 Fama & Macbeth(1974)가 CAPM의 성립에 대해서 수행한 실증연구의 결과로 얻게 된 회귀식이다. 각 회귀계수 밑에 ( )안의 숫자는 검정통계량 t값을 나타낸다.

$$R_i = 0.002 + 0.0114_1\beta_i - 0.0026\beta_i^2 + 0.0516S_{ei}$$
$$(0.55) \quad (1.85) \qquad (-0.86) \qquad (1.11)$$

(1) 이와 같은 독립변수들을 설정한 것은 어떤 내용을 확인하기 위한 것인가?

(2) 실증결과에 대한 경제적 의미를 설명하라.

풀 이

(1) 주식수익률이 체계적 위험 β와 선형관계에 있는지 또는 비선형관계에 있는지를 확인하기 위해서 β_i와 β_i^2을 독립변수로 설정하였다. 그리고 체계적 위험뿐만 아니라 비체계적 위험도 주식수익률에 영향을 주는지의 여부를 확인하고자 표본오차의 분산항 S_{ei}를 독립변수로 추가한 것이다.

(2) 비선형성을 확인하기 위한 β_i^2항의 t값은 -0.86으로서 그 절대값이 2보다 훨씬 작다. 반면에 선형성을 나타내는 β_i항의 t값은 거의 2에 가까우므로 통계적인 유의성이 있다고 할 수 있다. 따라서 주식수익률은 체계적 위험 β와 선형관계에 있다고 볼 수 있다.
한편, 비체계적 위험과의 상관성을 나타내는 S_{ei}항의 t값도 1을 조금 넘는 값으로서 통계적 유의성이 없다. 따라서 비체계적 위험은 주식수익률을 설명하는 적합한 변수라고 할 수 없다.
결론적으로 주식수익률은 체계적 위험 β와 선형관계에 있으므로 CAPM의 성립을 지지한다고 말할 수 있다.

/ 제 7 장 / 요약

FINANCIAL MANAGEMENT

1. 포트폴리오이론은 위험자산만을 투자대상으로 최적투자결정이 이루어지는 과정을 보여준다. 그러나 현실적으로 투자대상에는 예금과 같은 무위험자산도 존재한다. CAPM은 무위험자산까지 투자대상에 포함시켜서 만들어진 위험과 수익률의 관계식이다.

2. 어떤 주식에서 미래에 유입될 현금흐름의 기대값과 위험이 측정되었다고 하자. 그러면 CAPM을 이용해서 위험에 상응하는 수익률을 구하고 이를 할인율로 이용해서 그 현금흐름의 현재가치를 구하면 그 주식의 균형가격이 된다. 따라서 CAPM을 가격결정이론이라고 하는 것이다.

3. CAPM에는 자본시장선(CML)과 증권시장선(SML)이 포함된다. CML은 총위험(표준편차)과 수익률의 관계를 나타내고 SML은 체계적 위험(베타)과 수익률의 관계를 나타내는데 현실적으로는 분산투자가 가능한 상황이므로 SML이 훨씬 유용성이 높다. 그래서 CAPM이라고 하면 SML을 말하는 경우가 많다.

4. SML로 구한 기대수익률은 균형가격을 구하는 데에 이용될 뿐만 아니라 주식투자종목을 선택하거나 투자성과를 평가하는 데에도 이용된다. 자본예산에서는 투자안의 경제성을 평가할 때에도 이용되는데 NPV를 구하기 위한 할인율, 또는 IRR과의 비교대상이 되는 자본비용으로 이용된다.

>>> 연습문제 7 - 1

미래의 시장상황에 따라 A주식과 시장포트폴리오의 수익률이 다음과 같은 확률분포를 갖는다. 무위험이자율은 6%라고 가정하여 다음 각 물음에 답하라.

상황	호황	보통	불황
확률	0.2	0.5	0.3
R_m	20%	15%	−5%
R_A	25	20	−10

(1) CML을 구하고 그림으로 표시하라.

(2) 현재자금과 동일한 금액을 무위험이자율로 빌려서 모두 시장포트폴리오에 투자할 때 이 포트폴리오의 기대수익률과 위험을 산출하고 그 위치를 (1)의 CML에 나타내라.

(3) SML을 구하라.

(4) A주식의 체계적 위험(β)을 구하고 이 주식의 특성을 밝혀라.

(5) A주식의 과소평가, 과대평가 여부를 판단하고 미래주가변화를 예측하라.

(1) CML은 다음 식에 관련 값들을 대입해서 구한다.

$$E(R_p) = R_f + \frac{E(R_m) - R_f}{\sigma_m} \cdot \sigma_p$$

〈예제 7-3〉에서 보면 $E(R_m) = 10\%$, $\sigma_m = 10\%$임을 확인할 수 있다.
그리고 $R_f = 6\%$이므로 CML은 다음과 같다.

$$E(R_p) = 0.06 + \frac{0.1 - 0.06}{0.1} \cdot \sigma$$
$$= 0.06 + 0.4\sigma_p$$

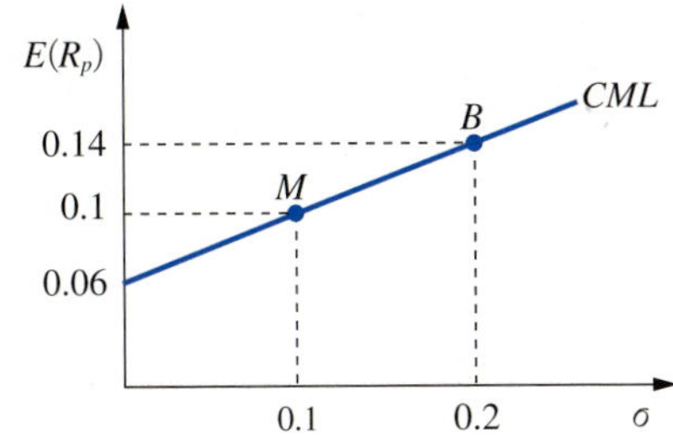

(2) 차입포트폴리오를 묻는 것이다. 이의 기대수익률과 위험은 다음과 같다.

$$E(R_p) = (-1) \times 0.06 + 2 \times 0.1 = 0.14$$
$$\sigma_p = 2\sigma_m = 0.2$$

이 포트폴리오의 위치는 앞의 그림에서 B로 나타난다.

(3) SML은 다음과 같다.

$$\begin{aligned} E(R_i) &= R_f + [E(R_m) - R_f]\beta_i \\ &= 0.06 + (0.1 - 0.06)\beta_i \\ &= 0.06 + 0.04\beta_i \end{aligned}$$

(4) 〈예제 7-3〉에서 $\beta_A = 1.45$로서 β가 1보다 크므로 시장변동에 민감한 주식이다.

(5) $\beta_A = 1.45$를 SML에 대입해서 균형수익률을 산출한다.

$$E(R_i) = 0.06 + 0.04 \times 1.45 = 0.118 \ (11.8\%)$$

현재 기대수익률은 〈예제 7-3〉에서 보듯이 12%이므로 현재 과소평가되어 있는 것이다. 따라서 수요증가로 가격이 상승될 것이다. A주식의 위치를 SML과 함께 나타내면 아래 그림과 같다.

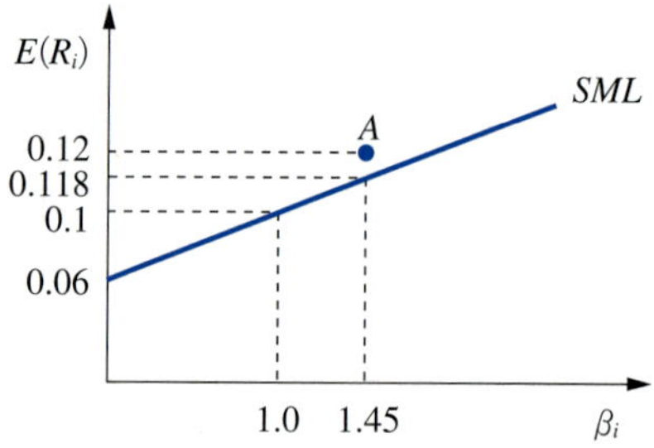

>>> 연습문제 7-2

가나기업의 주식에 대한 월간수익률과 종합주가지수 수익률의 자료에서 다음과 같은 통계치를 산출하였다. 이는 가나기업이 설립된 이후의 전체 기간 50개월에서 구한 값이다.

$$\bar{R}_i = 0.15, \qquad \Sigma(R_{it} - \bar{R}_i)^2 = 0.36$$
$$\bar{R}_m = 0.07, \qquad \Sigma(R_{mt} - \bar{R}_m)^2 = 0.94$$
$$\Sigma(R_{it} - \bar{R}_i)(R_{mt} - \bar{R}_m) = 0.3768$$

(1) 가나기업의 체계적 위험을 나타내는 지표 β를 구하라.

(2) 가나기업의 체계적 위험 및 비체계적 위험의 크기를 계산하라.

(1) 체계적 위험 β는 다음과 같이 정의된다.

$$\beta_i = \frac{\sigma_{im}}{\sigma_m^2}$$

따라서 σ_m^2, σ_{im}을 먼저 구해야 한다. 그런데 문제에서 주어진 자료들은 가나기업이 설립된 이후의 전체기간에서 구한 것이므로 모집단(population)에서 산출된 것이다. 그러므로 표본(sample)에서 구한 자료를 대상으로 한 〈예제 7－4〉에서와 같이 자유도를 조정할 필요가 없는 것이다. 그래서 σ^2_{m}은 다음과 같다.

$$\sigma^2_{\mathrm{m}} = \frac{1}{n}\Sigma(R_{mt} - \bar{R}_m)^2$$

$$= \frac{1}{50} \times 0.94 = 0.0188$$

그리고 σ_{im}은 다음과 같이 산출된다.

$$\sigma_{im} = \frac{1}{n}\Sigma(R_{it} - \bar{R}i)(R_{mt} - \bar{R}_m)$$

$$= \frac{1}{50} \times 0.3768 = 0.0075$$

따라서 이 값들을 베타산출식에 대입하면

$$\beta_i = \frac{\sigma_{im}}{\sigma^2_{\mathrm{m}}} = \frac{0.0075}{0.0188} = 0.4$$

(2) 위에서 구한 β는 체계적 위험의 상대적 크기를 나타내는 지표이고 체계적 위험 및 비체계적 위험의 절대적 크기를 구할 때에는 Sharpe의 시장모형(market model)을 이용한다. 따라서 Sharpe의 시장모형에 분산을 취하면

$$R_i = \alpha_i + \beta_i R_m + \varepsilon_i$$

$$\mathrm{Var}(R_i) = \mathrm{Var}(\alpha_i + \beta_i R_m + \varepsilon_i)$$

$$= \mathrm{Var}(\alpha_i) + \beta_i^2 \mathrm{Var}(R_m) + \mathrm{Var}(\varepsilon_i)$$

이 성립하므로 이에 관련 값들을 대입한다.

$$\frac{1}{50} \times 0.36 = 0 + (0.4)^2 \times 0.0188 + \mathrm{Var}(\varepsilon_i)$$

여기서 체계적 위험은 다음과 같다.

$$\beta_i^2 \mathrm{Var}(R_m) = (0.4)^2 \times 0.0188 = 0.003$$

그리고 비체계적 위험은 다음과 같이 측정할 수 있다.

$$\mathrm{Var}(\varepsilon_i) = \frac{1}{50} \times 0.36 - (0.4)^2 \times 0.0188 = 0.0042$$

>>> 연습문제 7－3

미래의 발생가능한 상황과 확률, 그리고 이에 따른 투자대상 1, 2, 3의 수익은 다음과 같다.

투자대상 1은 시장포트폴리오와 동일하게 구성된 지수펀드이다.

상황	확률	1	2	3
불황	1/3	20	30	40
보통	1/3	30	30	30
호황	1/3	40	30	20

(1) 어떤 투자자의 부가 불황이면 100, 보통이면 200, 호황이면 300이 된다고 가정하자. 이 투자자의 효용함수가 $U(W)=\sqrt{W}$와 같다면 어떤 대상에 투자하겠는가?

(2) (1)에서 투자자의 효용함수가 $U(W)=W^2$와 같다면 어떤 대상에 투자하겠는가?

(3) 투자자의 위험에 대한 태도를 각 투자대상의 베타와 연계시켜서 (1),(2)의 결과에 대한 경제적 의미를 설명하라.

(1) 각 투자대상을 선택할 경우의 기대효용은 다음과 같다.

$$\text{투자대상 1}: E[U(W)]=\frac{1}{3}\times\sqrt{120}+\frac{1}{3}\times\sqrt{230}+\frac{1}{3}\times\sqrt{340}=14.85$$

$$\text{투자대상 2}: E[U(W)]=\frac{1}{3}\times\sqrt{130}+\frac{1}{3}\times\sqrt{230}+\frac{1}{3}\times\sqrt{330}=14.91$$

$$\text{투자대상 3}: E[U(W)]=\frac{1}{3}\times\sqrt{140}+\frac{1}{3}\times\sqrt{230}+\frac{1}{3}\times\sqrt{320}=14.96$$

투자했을 경우 기대효용이 가장 큰 투자대상 3을 선택한다.

(2) 각 투자대상을 선택할 경우의 기대효용은 다음과 같다.

$$\text{투자대상 1}: E[U(W)]=\frac{1}{3}\times 120^2+\frac{1}{3}\times 230^2+\frac{1}{3}\times 340^2=60{,}967$$

$$\text{투자대상 2}: E[U(W)]=\frac{1}{3}\times 130^2+\frac{1}{3}\times 230^2+\frac{1}{3}\times 330^2=59{,}567$$

$$\text{투자대상 3}: E[U(W)]=\frac{1}{3}\times 140^2+\frac{1}{3}\times 230^2+\frac{1}{3}\times 320^2=58{,}300$$

투자했을 경우 기대효용이 가장 큰 투자대상 1을 선택한다.

(3) 투자대상 1은 시장포트폴리오와 동일하게 구성되었으므로 베타가 1이다. 투자대상 2는 확정수익을 가져다주는 무위험채권이므로 베타가 0이며 투자대상 3은 투자대상 1(시장포트폴리오)와 반대방향으로 움직이므로 베타가 음(−)의 값을 갖는다.

(1)의 투자자는 효용함수 $\sqrt{w}$를 보면 위험회피적 태도를 갖는 투자자이므로 체계적 위험 베타가 가장 작은 투자대상 3을 선택해야 기대효용이 가장 큰 것이다.

(2)의 투자자는 효용함수 w^2를 보면 위험선호적 태도를 갖는 투자자이므로 체계적 위험 베타가 가장 큰 투자대상 1을 선택해서 기대효용이 가장 크게 된 것이다.

>>> 연습문제 7 – 4

어떤 투자자는 균형상태 하에서 자신의 부를 50%는 무위험자산에 투자하고 나머지 50%를 다음과 같이 투자하고 있다.

	기대수익률	베 타	투자비율
주식 1	7.6%	0.2	10%
주식 2	12.4	0.8	10
주식 3	15.6	1.2	30

(1) 이때 무위험자산을 일부 처분하고 그 자금으로 시장포트폴리오에 투자하여 원하는 기대수익률을 얻을 수 있다. 목표기대수익률 12%를 얻기 위한 투자조정방법은?

(2) 만일 무위험자산과 시장포트폴리오에만 투자한다고 가정할 때 목표기대수익률 12%를 얻기 위한 투자방법은?

(3) 위의 주식 중 주식 1은 현재가격이 7,500원이다. 다른 조건은 동일하고 시장포트폴리오와의 공분산만 2배로 증가하였다면 주가가 어떻게 변화할 것인가?

해설

(1) 현재 균형상태에 있으므로 SML을 이용해서 $E(R_m)$과 R_f를 구한다.

주식 1 : $7.6 = R_f + [E(R_m) - R_f] \times 0.2$
주식 2 : $12.4 = R_f + [E(R_m) - R_f] \times 0.8$

이를 풀면 $R_f = 6\%$, $E(R_m) = 14\%$를 구할 수 있다.

만약 여기서 현재 포트폴리오에서 무위험자산을 w만큼 처분하여 시장포트폴리오에 투자한다면 새로운 포트폴리오의 기대수익률은 다음과 같다.

$$E(R_p) = 0.1 \times 7.6 + 0.1 \times 12.4 + 0.3 \times 15.6 + (0.5 - w) \times 6 + w \times 14$$

이를 목표수익률 12%와 같게 만드는 투자비율은 $w = 0.29$가 된다.
따라서 전체부 중 21%만 무위험자산에 투자하고 29%는 시장포트폴리오에 투자한다.

(2) 무위험자산에 대한 투자비율을 w라고 하면 시장포트폴리오에 대한 투자비율은 $(1 - w)$이므로 이때의 기대수익률은 다음과 같다.

$$E(R_p) = 6 \times w + 14 \times (1 - w)$$

이를 목표수익률 12%와 같게 만드는 $w = 0.25$
따라서 보유자금의 25%를 무위험자산에, 나머지 75%를 시장포트폴리오에 투자한다.

(3) 공분산이 2배로 증가하면 β도 2배로 증가한다. ($\because\ \beta_i = \frac{\sigma_{im}}{\sigma_m^2}$)

$$\therefore\ \beta = 0.2 \rightarrow 0.4$$

그런데 주식 1의 현재가격 $7{,}500 = \frac{E(C)}{1 + 0.076}$이므로 1기 후 기대현금흐름 $E(C)$는 8,070이

된다. 이제 8,070을 2배로 증가된 β에 해당하는 기대수익률로 할인하면 변화된 주식가격을 구할 수 있다.

변화된 할인율도 역시 SML을 이용하여 산출한다.

$$E(R_p)=R_f+[E(R_m)-R_f]\cdot\beta_i=6+(14-6)\times0.4=9.2\%$$

따라서 변화된 주가는 다음과 같다.

$$P=\frac{8{,}070}{1+0.092}=7{,}390$$

>>> 연습문제 7 - 5

무부채기업인 가나기업은 A, B 투자안을 고려하고 있다.

	기대수익률	표준편차	시장포트폴리오와 상관계수
가나기업	15%	9.4%	0.8
투자안 A	20	7.5	0.5
투자안 B	20	2.5	0.2

시장포트폴리오의 기대수익률은 14%, 표준편차는 5%이며 무위험이자율은 10%이다. 그리고 가나기업의 한계법인세율은 30%라고 할 때 다음 물음에 답하라.

(1) 투자안 A, B의 요구수익률을 구하라.
(2) CML과 SML을 구하라.
(3) SML상에 위치하지 않는 투자안을 밝히고 그 의미를 설명하라.
(4) CML과 SML을 비교해서 설명하라.
(5) 가나기업은 투자안 A에 대해서 목표부채비율을 150%로 설정하고 투자에 필요한 자금의 일부를 부채로 조달하여 수행하려고 한다. 채택 여부를 판단하라.

해설

(1) 각 투자안의 β를 산출하여 SML에 대입해서 요구수익률을 구한다.

$$\beta_A=\frac{\sigma_{Am}}{\sigma_m^2}=\frac{\rho_{Am}\cdot\sigma_A\cdot\sigma_m}{\sigma_m^2}=\frac{\rho_{Am}\cdot\sigma_A}{\sigma_m}=\frac{0.5\times0.075}{0.05}=0.75$$

$$E(R_A)=R_f+[E(R_m)-R_f]\cdot\beta_A=10+(14-10)\times0.75=13(\%)$$

같은 방법으로 투자안 B의 β와 요구수익률을 구하면 다음과 같다.

$$\beta_B=\frac{0.2\times0.025}{0.05}=0.1$$

$$E(R_B)=10+(14-10)\times0.1=10.4(\%)$$

(2) CML과 SML을 구하기 위해서 표준편차와 기대수익률 사이의 관계, 베타와 기대수익률 사이의 관계를 그림으로 나타내면 다음과 같다.

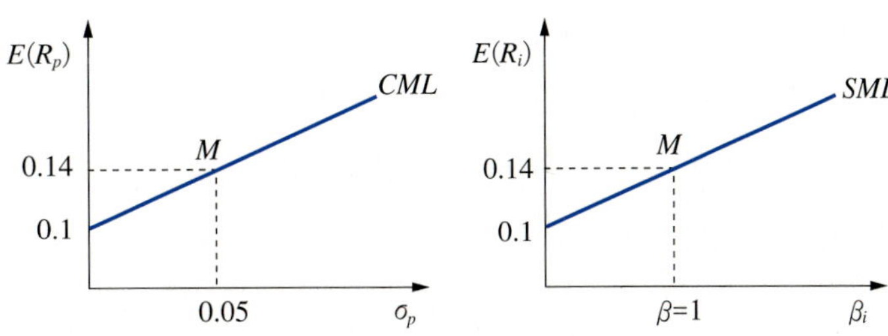

왼쪽 그림에서 다음과 같이 CML을 구한다.

$$
\begin{aligned}
E(R_p) &= R_f + \frac{[E(R_m) - R_f]}{\sigma_m} \cdot \sigma_p \\
&= 0.1 + \frac{0.14 - 0.1}{0.05} \cdot \sigma_p \\
&= 0.1 + 0.8\sigma_p
\end{aligned}
$$

SML은 오른쪽 그림에서 구한다.

$$
\begin{aligned}
E(Ri) &= R_f + [E(R_m) - R_f] \cdot \beta_i \\
&= 0.1 + [0.14 - 0.1] \cdot \beta_i \\
&= 0.1 + 0.04\beta_i
\end{aligned}
$$

(3) 두 투자안을 SML과 함께 나타내면 다음과 같다.

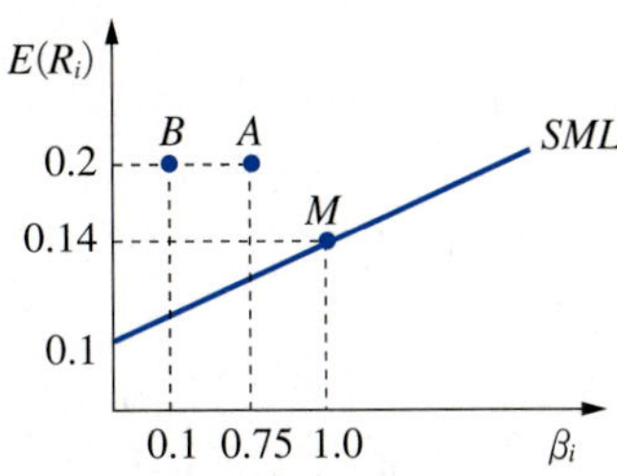

투자안 A, B 모두 시장에서 가격이 과소평가되어 있어서 SML보다 높기 때문에 초과수익률이 존재한다. 이에 대한 수요증가로 가격이 상승할 것이고 이에 따라 기대수익률이 하락해서 균형상태가 되면 SML상에 놓이게 될 것이다.

(4) CML, SML 모두 위험과 기대수익률의 관계를 설명한다. 그리고 SML은 CML의 성립을 전제로 도출된다. 그러나 CML은 총위험(σ)과 기대수익률의 관계에서 효율적 포트폴리오의 가격결정과정을 보여주고, SML은 체계적 위험(β)과 기대수익률의 관계에서 개별증권 및 비효율적 포트폴리오의 가격결정까지 보여준다.

(5) 이 문제는 제9장 위험을 고려한 자본예산을 공부한 후 이해하기 바란다. 그러나 그 풀이를 먼저 소개하면 다음과 같다.
(1)에서 구한 투자안 A의 베타 0.75는 무부채 주식의 베타 β_U이다.
부채비율 150%에서의 주식베타를 구하려면 Hamada모형을 이용한다.

$$\beta_L = \left[1 + (1-t)\frac{B}{S}\right] \cdot \beta_U$$

$$= [1 + (1 - 0.3) \times 1.5] \times 0.75 = 1.5375$$

이를 SML에 대입하여 부채기업의 자기자본비용을 구한다.

$$E(R_i) = 0.1 + 0.04 \times 1.5375 = 0.1615 \ (16.15\%)$$

납세 후 타인자본비용은 다음과 같다.

$$k_i = k_d \times (1 - t) = 0.1 \times (1 - 0.3) = 0.07 \ (7\%)$$

투자안의 WACC는 16.15%와 7%의 가중평균합이므로 다음과 같이 산출된다.

$$WACC = \frac{B}{B+S} \times k_i + \frac{S}{B+S} \times k_e$$
$$= 0.6 \times 7 + 0.4 \times 16.15 = 10.66(\%)$$

즉, 이 투자안에 대한 요구수익률은 10.66%인데 기대수익률은 20%이므로 투자안을 채택한다.

>>> 연습문제 7 - 6

가나기업은 A, B, C 세 투자안을 놓고 채택 여부를 검토하고 있다. 다음의 표와 추가정보를 이용하여 각 물음에 답하라.

	기대수익률	표준편차	시장과의 상관계수
가나기업	0.1	0.1	0.5
투자안 A	0.2	0.2	0.75
투자안 B	0.3	0.4	0.2
투자안 C	0.4	0.3	0.5

〈추가정보〉

시장포트폴리오의 기대수익률은 20%, 표준편차는 10%이며 무위험이자율은 8%이다.

(1) 어떤 투자안의 표준편차가 같으면 그에 상응하는 요구수익률이 같아야 한다는 주장에 대해 논평하라.

(2) CML, SML을 도출하라.

(3) 가나기업과 각 투자안들의 베타, 요구수익률을 계산한 후 투자안의 채택 여부를 결정하라.

(4) CML을 그리고 여기에 시장포트폴리오, 가나기업, 투자안 A, B, C의 위치를 나타내라.

(5) 투자안 A와 C의 비체계적 위험이 총위험에서 차지하는 비율을 계산하고 A에 비해 C의 총위험이 큰데도 불구하고 두 투자안의 체계적 위험이 같아지는 이유를 설명하라.

(6) 가나기업의 현재 1주당 배당금은 500원이다. 배당성장률이 처음 2년간은 12%, 그 다음부터는 영속적으로 6%일 때 가나기업 주식의 균형가격은 얼마인가?

해설

(1) 표준편차는 투자안의 총위험을 나타낸다. 그런데 분산투자가 가능한 상황이라면 비체계적 위험은 제거할 수 있는 것이므로 체계적 위험만이 요구수익률을 결정하는 요인이 된다. 그리고 CAPM은 이 체계적 위험을 β로 측정하여 요구수익률과의 선형관계를 나타내는 것이다. 따라서 표준편차가 같다고 해서 요구수익률이 같은 것은 아니다.

(2) 관련변수를 대입하여 정리하면 다음과 같이 CML, SML을 구할 수 있다.

$$CML: E(R_p) = R_f + \frac{E(R_m) - R_f}{\sigma_m} \cdot \sigma_p$$

$$= 0.08 + \frac{(0.2 - 0.08)}{0.1} \cdot \sigma_p$$

$$= 0.08 + 1.2\sigma_p$$

$$SML: E(R_i) = R_f + [E(R_m) - R_f] \cdot \beta_i$$

$$= 0.08 + 0.12\beta_i$$

(3) SML을 이용해서 요구수익률을 산출해야 하므로 각각의 베타를 먼저 구한다.

$$\beta_i = \frac{\rho_{im} \cdot \sigma_i \cdot \sigma_m}{\sigma_m^2} = \frac{\rho_{im} \cdot \sigma_i}{\sigma_m} \text{ 이므로}$$

가나기업 $\beta = \frac{0.5 \times 0.1}{0.1} = 0.5$

투자안 A $\beta_A = \frac{0.75 \times 0.2}{0.1} = 1.5$

투자안 B $\beta_B = \frac{0.2 \times 0.4}{0.1} = 0.8$

투자안 C $\beta_C = \frac{0.5 \times 0.3}{0.1} = 1.5$

그리고 SML을 통해서 요구수익률을 구하면 다음과 같다.

$$E(R_{가나}) = 0.08 + 0.12 \times 0.5 = 0.14 \ (14\%)$$
$$E(R_A) = 0.08 + 0.12 \times 1.5 = 0.26 \ (26\%)$$
$$E(R_B) = 0.08 + 0.12 \times 0.8 = 0.176 \ (17.6\%)$$
$$E(R_C) = 0.08 + 0.12 \times 1.5 = 0.26 \ (26\%)$$

투자안 중에서 A는 기대수익률이 요구수익률보다 작으므로 기각하고 B와 C는 기대수익률이 요구수익률보다 크므로 채택한다.

(4) CML을 그리고 각각의 위치를 나타내면 다음과 같다.

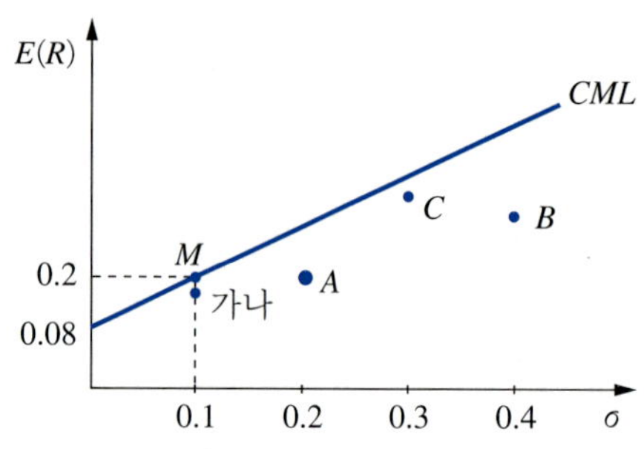

(5) ① 체계적 위험과 비체계적 위험의 크기를 측정하려면 Sharpe의 시장모형에 분산을 취한다.

$$\begin{aligned}Var(R_i) &= Var(\alpha_i + \beta_i R_m + \varepsilon_i)\\ &= \beta_i^2\ Var(R_m) + Var(\varepsilon_i)\end{aligned}$$

위 식을 이용해서 A와 C의 비체계적 위험을 구하면 다음과 같다.

$$(0.2)^2 = (1.5)^2(0.1)^2 + Var(\varepsilon_A) \rightarrow Var(\varepsilon_A) = 0.0175$$
$$(0.3)^2 = (1.5)^2(0.1)^2 + Var(\varepsilon_C) \rightarrow Var(\varepsilon_C) = 0.0675$$

그러므로 총위험 중 비체계적 위험이 차지하는 비율은 다음과 같이 산출된다.

$$A:\ \frac{0.0175}{(0.2)^2} = 43.75\%$$

$$C:\ \frac{0.0675}{(0.3)^2} = 75\%$$

② 총위험이 다른데도 체계적 위험이 같아지는 이유는 각 투자안의 표준편차와 시장과의 상관계수와의 곱이 같기 때문이다.
즉, $\sigma_A < \sigma_C$이지만 $\rho_{Am} > \rho_{Cm}$이면서 $\rho_{Am} \times \sigma_A = \rho_{Cm} \times \sigma_C$가 성립하기 때문에 체계적 위험 β가 같게 되는 것이다.

(6) ① 향후 2년간 배당을 먼저 구하면 다음과 같다.

$$D_1 = 500 \times (1 + 0.12) = 560$$
$$D_2 = 500 \times (1 + 0.12)^2 = 627.2$$

그리고 이의 현재가치는 다음과 같다.

$$PV = \frac{560}{(1+0.14)} + \frac{627.2}{(1+0.14)^2} = 973.8$$

② 2년 후의 주식가격은 항상성장모형을 이용하여 다음과 같이 구한다.

$$\begin{aligned}P_2 &= \frac{D_3}{k_e - g}\\ &= \frac{627.2 \times (1+0.06)}{0.14 - 0.06} = 8{,}310.4\end{aligned}$$

③ 균형가격은 ①, ②로부터 다음과 같이 산출된다.

$$P_o = 973.8 + \frac{8{,}310.4}{(1+0.14)^2} = 7{,}368.4(\text{원})$$

>>> 연습문제 7－7

가나기업은 ABC기업의 주식을 매입해서 흡수합병하려고 한다. 미래확률분포를 예측할 수 없어서 종합주가지수 및 두 기업의 과거 시계열자료로부터 구한 통계자료는 다음과 같다. 표본자료는 2001년 1월부터 2011년 12월까지 월별 주식가격이다.

	가나기업(X)	ABC기업(Y)	종합주가지수(M)
평균수익률	14%	10%	12%
표준편차	0.3	0.0625	0.1
상관계수	$\rho_{X,M}=0.5$	$\rho_{Y,M}=0.8$	$\rho_{X,Y}=0.3$

지난 기간 동안 국공채수익률은 8%로 일정하였다고 가정하여 다음 각 물음에 답하라.

(1) 가나기업은 ABC기업과 그 규모가 동일하다. 합병의 기대수익률은 얼마인가?
(2) 합병 후 시너지효과가 존재하기 위한 시장포트폴리오와 상관계수의 범위는?
(3) 위와 같은 과거 시계열자료에서 구한 베타를 1기간 후의 가격결정에서 이용한다면 1기간 후의 발생가능한 상황을 몇 가지로 가정하는 것인가?
(4) 만약 종합주가지수의 수익률과의 공분산이 0인 주식이 존재한다면 이 주식수익률을 국공채 수익률 대신에 사용할 때에도 CAPM이 성립하는가?

 해설

(1) 합병 후의 기업가치는 두 기업을 개별 종목으로 구성한 포트폴리오의 가치로 볼 수 있다. 따라서 합병시 기대수익률은 각 기업의 규모를 가중치로 하여 산출한 가중평균수익률이다. 이 값은 현재가 균형상태이므로 가중평균 베타에 대한 균형수익률이기도 하다.

$$E(R_p) = \frac{1}{2} \times 14 + \frac{1}{2} \times 10 = 12(\%)$$

(2) 시너지효과(synergy effect)가 존재하면 합병 후의 주가는 상승할 것이다. 따라서 합병기업의 베타를 β_p라고 할 때 이에 대한 균형수익률이 (1)에서 구한 기대수익률보다 낮아서 과소평가상태가 되어야 한다. 그래야 미래주가가 상승하기 때문이다. 즉, 다음의 식이 성립해야 한다.

$$R_f + [E(R_m) - R_f] \cdot \beta_p < 12(\%)$$
$$8 + (12-8) \times \beta_p < 12$$
$$\therefore \beta_p < 1$$

그런데 $\beta_p = \frac{\rho_{pm} \cdot \sigma_p}{\sigma_m}$이므로 σ_p를 먼저 구해야 한다.

$$\sigma_p^2 = w_x^2\sigma_x^2 + w_y^2\sigma_y^2 + 2w_xw_y\,\rho_{xy}\,\sigma_x\,\sigma_y$$
$$= \left(\frac{1}{2}\right)^2 \times (0.3)^2 + \left(\frac{1}{2}\right)^2 \times (0.0625)^2 + 2\left(\frac{1}{2}\right)\left(\frac{1}{2}\right)(0.3)(0.3)(0.0625) = 0.0263$$

$\therefore\ \sigma_p = 0.1621$

이 값과 $\sigma_m = 0.1$을 베타식에 대입하면

$$\beta_p = \frac{\rho_{pm} \times 0.1621}{0.1} < 1$$

이어야 하므로 $\rho_{pm} < 0.6168$ 일 때 시너지효과가 존재한다.

(3) 주가자료는 11년×12=132개이다. 그런데 CAPM에서 베타를 산출할 때 필요로 하는 것은 주가자료가 아니고 주식수익률 자료이다. 주가자료를 주식수익률 자료로 변환시키기 위해서는 1개 주가가 기준값으로 이용되어야 하므로 위의 자료는 이를 차감한 131개 수익률 자료가 된다. 즉, 과거 베타를 미래에 이용할 때 발생가능한 상황을 131개로 보는 것이다.

(4) 제로베타 CAPM을 말하는 것으로서 이때에도 베타와 균형수익률 사이에는 선형관계가 성립한다.

>>> 연습문제 7-8

가나기업과 ABC기업의 주가관련 자료는 다음과 같다.

	가 나	ABC	시장포트폴리오
기대수익률	12%	15%	14%
표준편차	0.4	0.2	0.1

가나기업과 ABC기업의 시장포트폴리오 수익률과의 상관계수는 각각 0.2, 0.85이며 무위험이자율은 10%이다. 이러한 상황에서 가나기업이 ABC기업을 흡수합병하려고 한다. 단, 가나기업의 규모는 ABC기업의 2배이다.

(1) 만약 합병이 이루어진다면 기대수익률 및 위험은 얼마인가?
(2) 이러한 합병이 바람직한 결정인지 평가하라.
(3) 가나주식, ABC주식 그리고 합병 후 주식수익률의 위치를 SML과 함께 그림으로 나타내라.

해설

(1) ① 합병 후 기대수익률은 다음과 같다.

$$E(R_p) = w_1 \cdot E(R_1) + w_2 \cdot E(R_2)$$
$$= \frac{2}{3} \times 0.12 + \frac{1}{3} \times 0.15 = 0.13(13\%)$$

② 합병 후 위험을 분산으로 측정한다.

$$\sigma_p^2 = w_1^2\sigma_1^2 + w_2^2\sigma_2^2 + 2w_1w_2\sigma_{12}$$
$$= \left(\frac{2}{3}\right)^2 \times (0.4)^2 + \left(\frac{1}{3}\right)^2 \times (0.2)^2 + 2\left(\frac{2}{3}\right)\left(\frac{1}{3}\right)\sigma_{12}$$

그런데 가나주식수익률과 ABC주식수익률 간의 상관계수가 주어지지 않아서 여기서 이들간의 공분산 σ_{12}를 직접 구할 수가 없다. 그러나 이 주식들과 시장포트폴리오와의 상관계수가 있으므로 Sharpe의 시장모형이 성립한다고 가정하여 이를 이용한다.

$$\text{Cov}(R_1,\ R_2) = \text{Cov}\,[(\alpha_1 + \beta_1 \cdot R_m + e_1),\ (\alpha_2 + \beta_2 \cdot R_m + e_2)]$$
$$= \beta_1\beta_2\sigma_m^2 + \beta_1\text{Cov}(R_m,\ e_2) + \beta_2\text{Cov}(R_m,\ e_1) + \text{Cov}(e_1,\ e_2)$$
$$= \beta_1\beta_2\sigma_m^2$$

그런데 가나주식의 베타 β_1, ABC주식의 베타 β_2는 다음과 같다.

$$\beta_1 = \frac{\rho_{1m}\cdot\sigma_1}{\sigma_m} = \frac{0.2 \times 0.4}{0.1} = 0.8$$
$$\beta_2 = \frac{\rho_{2m}\cdot\sigma_2}{\sigma_m} = \frac{0.85 \times 0.2}{0.1} = 1.7$$

따라서

$$\sigma_{12} = \text{Cov}(R_1,\ R_2) = 0.8 \times 1.7 \times (0.1)^2 = 0.0136$$

이를 포트폴리오 분산식에 대입하면

$$\sigma_p^2 = 0.0816$$

그리고 표준편차는 $\sigma = 0.2857$이 된다.

(2) 합병 후 균형수익률은 SML을 이용해서 구하는데 합병 후 베타 β_p는 다음과 같다.

$$\beta_p = w_1\beta_1 + w_2\beta_2$$
$$\beta_p = \frac{2}{3} \times 0.8 + \frac{1}{3} \times 1.7 = 1.1$$

따라서 균형수익률은 다음과 같이 구할 수 있다.

$$E(R_p) = R_f + [E(R_m) - R_f] \cdot \beta_p$$
$$= 0.1 + (0.14 - 0.1) \times 1.1 = 0.144\ (14.4\%)$$

그런데 합병 후 기대수익률은 13%이므로 주가는 과대평가상태라고 할 수 있으므로 향후 주가는 하락할 것이다.
그러나 이러한 근거로 합병이 바람직하지 않다고 말할 수는 없는 것이다. 왜냐하면 가나주식과 ABC주식의 합병 전 주가수준을 살펴보지 않았기 때문이다.
합병 전 이들 주식의 균형수익률과 기대수익률을 비교하면 다음과 같이 모두 과대평가되어 있음을 알 수 있다.

	가 나	ABC
균형수익률	0.1+0.04×0.8=0.132	0.1+0.04×1.7=0.168
기대수익률	0.12	0.15
과대평가폭	0.012 (1.2%)	0.018 (1.8%)

그런데 합병 후 과대평가폭은 1.4(=14.4−13)%이므로 과대평가폭이 1.8%에서 1.4%로 감소하는 ABC주주는 합병이 유리하여 찬성하겠지만 가나주주는 과대평가폭이 1.2%에서 1.4%로 증가하여 손실을 보게 될 것이므로 합병에 반대한다.

(3) 이들의 위치를 SML과 함께 나타내면 다음과 같다.

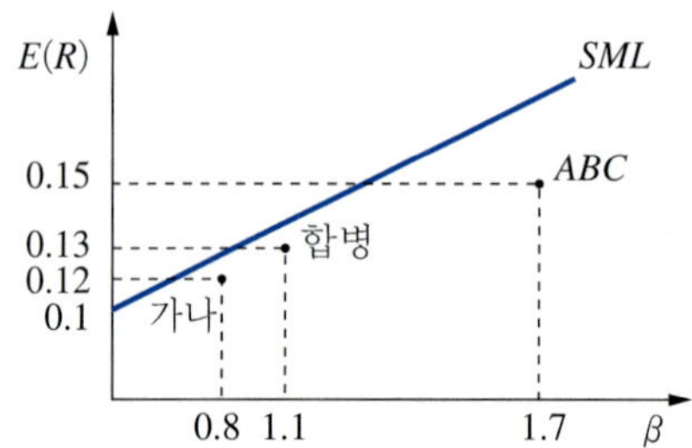

>>> 연습문제 7 - 9

다음 3개 펀드와 시장포트폴리오의 수익률자료를 이용해서 각 물음에 답하라. 단, 무위험이자율은 8%이다.

펀드	수익률(%)	표준편차(%)	베타
1호	18	24	1.4
2호	15	18	1.1
3호	12	9	0.6
시장포트폴리오	14	16	1.0

(1) RVAR을 이용해서 각 펀드의 성과를 비교평가하라.
(2) RVOL을 이용해서 각 펀드의 성과를 비교평가하라.
(3) AR을 이용해서 각 펀드의 성과를 비교평가하라.
(4) 위의 세 가지 평가방법의 차이점을 비교설명하라.

해설

(1) RVAR(reward to variability)비율은 총위험 한 단위를 부담하는 대가로 얼마의 초과수익률(=펀드수익률−무위험이자율)을 얻는가를 나타내는 지표이다. 이를 위험보상률이라고 하며 다음과 같이 측정한다.

$$RVAR = \frac{R_p - R_f}{\sigma_p}$$

1호펀드의 RVAR을 위와 같은 방법으로 산출하면 다음과 같다.

$$RVAR_1 = \frac{0.18 - 0.08}{0.24} = 0.4167$$

같은 방법으로 $RVAR_2 = 0.3889$, $RVAR_3 = 0.4444$
따라서 3호펀드 > 1호펀드 > 2호펀드의 순서가 된다.

(2) RVOL(reward to volitality)비율은 체계적 위험, 베타 한 단위를 부담하는 대가로 얼마의 초과수익을 얻는가를 나타내는 지표이다. 이를 수익률-체계적 위험비율이라고 하며 다음과 같이 측정한다.

$$RVOL = \frac{R_p - R_f}{\beta_p}$$

1호펀드의 RVOL을 위와 같은 방법으로 산출하면 다음과 같다.

$$RVOL_1 = \frac{0.18 - 0.08}{1.4} = 0.0714$$

같은 방법으로 $RVOL_2 = 0.0636$, $RVOL_3 = 0.0667$
따라서 1호펀드 > 3호펀드 > 2호펀드의 순서가 된다.

(3) AR(abnormal return)은 특정한 펀드의 실제수익률 R_p가 균형수익률 R_p^*보다 얼마나 높은 수익률을 올렸는지 나타내는 지표이다. 이를 비정상수익률이라고 하며 다음과 같이 측정한다.

$$AR = R_p - R_p^*$$

이때 R_p^*는 SML상의 균형수익률을 의미하므로 1호펀드의 AR을 구하면 다음과 같이 산출된다.

$$AR_1 = 0.18 - [0.08 + (0.14 - 0.08) \times 1.4] = 0.016$$

같은 방법으로 $AR_2 = 0.004$, $AR_3 = 0.004$
따라서 1호펀드 > 2호펀드=3호펀드의 결과가 된다.

(4) Sharpe의 RVAR은 CML의 기울기와 같은 개념으로서 총위험을 고려한 평가지표이다. 반면에 Treynor의 RVOL은 SML의 기울기와 같은 개념으로서 체계적 위험만을 고려한 것이다. Jensen의 AR도 SML에 입각한 성과평가방법이지만 수익률의 절대적 크기를 평가지표로 이용한다는 점에서 상대적 크기인 기울기를 이용하는 RVOL과 차이가 있다. 따라서 동일한 SML을 이용해도 AR과 RVOL은 평가결과가 다를 수 있는 것이다.

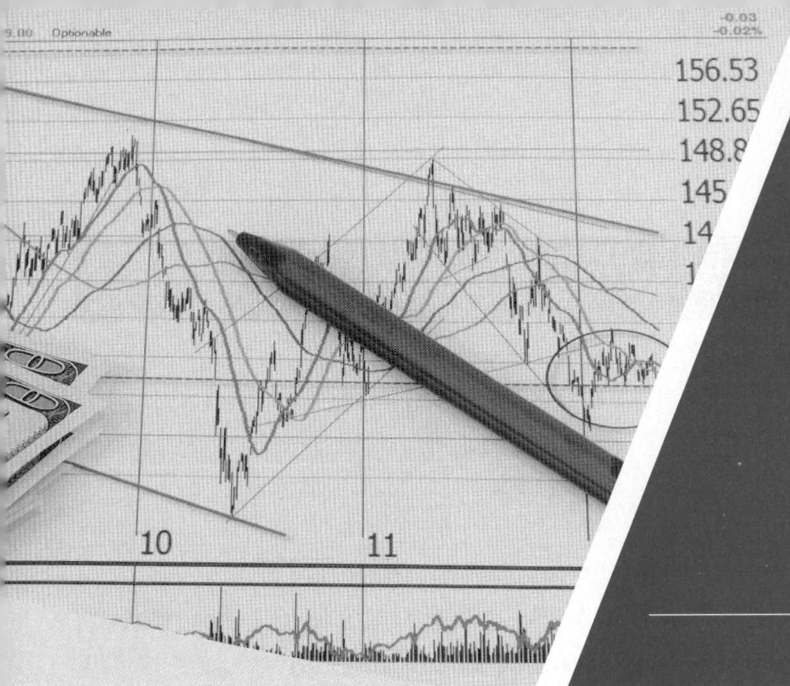

Financial Management

제 8 장

요인모형과 APT

학습 목표

마코위츠의 포트폴리오이론은 위험자산들로 구성된 수많은 포트폴리오 중에서 최적포트폴리오를 선택하는 방법을 설명한다. 그리고 CAPM은 투자자들이 이같이 포트폴리오를 선택할 때 각 주식들의 균형가격이 결정되는 과정을 보이고 있다. 그러나 투자자들이 이러한 최적포트폴리오를 선택하기 위해서는 개별 주식들에 대한 수많은 자료가 필요할 뿐만 아니라 엄청난 양의 분석작업이 요구된다. 이러한 불편함을 덜기 위해 새로운 관점에서 수익률과 위험의 관계를 도출하였는데 이것이 바로 요인모형(factor model)이다. 그리고 여기에서 기대수익률결정모형인 APT가 만들어졌다.

제 1 절 요인모형

1.1 수익률결정모형

(1) 실현수익률의 구성요소

특정 주식이나 포트폴리오의 실제 실현된 수익률을 설명하는 모형을 수익률결정모형, 또는 수익률생성모형(return generating model)이라고 한다. 이때에 투자자가 특정 주식을 일정기간 동안 보유함으로써 실현된 수익률은 어떤 요소로 구성되어 있을까? 먼저 다음과 같은 두 가지 요소를 생각할 수 있다. 첫째는 그 주식을 처음 보유할 때에 예상하였던 기대수익률에 해당하는 부분과, 둘째는 전혀 예상하지 못했던 사건이 보유기간 동안에 발생해서 수익률에 영향을 미친 부분이다. 따라서 이를 나타낸 수익률결정모형은 다음과 같이 표현된다.

$$R_i = E(R_i) + U_i \tag{8.1}$$

이때에 위의 식에서 실현된 수익률 R_i를 announcement라고 하고, 예상하였던 기대수익률 $E(R_i)$를 expected part, 그리고 예상하지 못했던 부분 U_i를 surprise 또는 innovation이라고 하기 때문에 위의 식을 다음과 같이 표현하기도 한다.

$$\text{announcement} = \text{expected part} + \text{surprise}$$

(2) 위 험

미래에 발생될 사건을 모두 정확하게 예측할 수 있다면 실현수익률은 곧 기대수익률과 같겠지만 불확실성 하에서는 현실적으로 이러한 경우는 거의 없다. 그래서 언제나 처음에 예상하지 못했던 사건들이 발생하기 마련인데 이로 인해서 나타나는 부분 U_i가 바로 위험(risk)이다.[1] 이를 초래할 수 있는 사건을 몇 가지만 열거해보면 다음과 같다.

① GNP가 예상보다 훨씬 크게 증가한 경우
② 이자율이 갑자기 하락한 경우

1) 이것은 포트폴리오이론에서 위험으로 측정한 표준편차와 같은 의미이다.

③ 기업의 경영진이 바뀐 경우
④ 기업이 새로운 기술을 도입한 경우

위에 열거한 사건들은 모두 예상하지 못한 것들이다. 만약 일부라도 예상했던 부분이 있다면 이는 이미 기대수익률 $E(R_i)$에 반영되어 있을 것이기 때문이다. 따라서 GNP가 5% 증가할 것으로 예상하였는데 실제로 7% 증가했다면 예상하지 못한 부분 2%만이 위험 U_i에 해당하는 것이다.

그런데 위에서 열거한 사건들의 성격을 살펴보면 그 차이가 있음을 알 수 있다. 즉, ①, ②는 모든 기업들에게 영향을 주는 거시경제적 공통요인(common macroeconomic factor)이라고 할 수 있는 데 비해서 ③, ④는 특정 기업에만 영향을 주는 기업특성요인(firm's specific factor)이다. 따라서 위험 U_i도 공통요인에 의해서 나타나는 부분과 기업요인에 의해서 나타나는 부분으로 구분할 수 있을 것이다. 그래서 수익률결정모형(8.1)을 다음과 같이 표현할 수 있다.

$$R_i = E(R_i) + m_i + e_i \tag{8.2}$$

이때 공통요인에 의해서 나타나는 위험 m_i는 체계적 위험(systematic risk)이고, 기업요인에 의해서 나타나는 위험 e_i는 비체계적 위험(unsystematic risk)이 된다. 이들 위험은 서로 영향을 주지 않기 때문에 독립적이며 비체계적 위험은 기업특성요인으로서 기업들 간에는 서로 영향을 주지 않기 때문에 역시 독립적이다. 따라서 다음 식이 성립된다.

$$\text{Cov}(m_i,\ e_i) = 0 \qquad \text{Cov}(e_i,\ e_j) = 0$$

1.2 체계적 위험과 베타

(1) 단일요인모형과 시장모형

이제까지의 내용을 따르면 특정 주식의 실제수익률은 기대수익률과 체계적 위험, 그리고 비체계적 위험의 합으로 구성된다. 그런데 이 중 체계적 위험을 초래하는 거시적 공통요인이 예상치 못하게 변화하더라도 이로 인해서 영향을 받는 정도는 기업마다 차이가 있을 것이다. 그래서 공통요인의 예상치 못한 변화에 대한 주식 i의 민감도를 β_i라고 하면 식 (8.2)는 다음과 같이 고쳐 쓸 수 있다.

$$R_i = E(R_i) + \beta_i F + e_i \tag{8.3}$$

여기서 F는 거시적 공통요인으로서 예상치 못한 변화이므로 실제값과 예상값의 차이, 즉 예측오차를 의미한다. 따라서 이의 평균값은 0이 된다. 또한 e_i는 회귀모형의 잔차에 해당하므로 역시 그 평균값은 0이 되어 다음과 같은 관계가 성립된다.

$$E(F) = 0, \qquad E(e_i) = 0$$
$$\text{Cov}(F,\ e_i) = 0,\ \text{Cov}(e_i,\ e_j) = 0$$

그런데 위 식은 1개의 공통요인을 고려한 것이므로 이를 단일요인모형(single factor model)이라고 하며, 만약 이러한 요인을 지수로 측정하게 되면 단일지수모형(single index model)이라고 한다.

CAPM에서 개별 주식의 수익률에 영향을 주는 단일요인은 시장포트폴리오의 수익률 변화라고 하였다. 이같이 시장포트폴리오의 수익률이 모든 주식들에 영향을 주는 유일한 공통요인이라는 가정하에서 요인모형식 (8.3)을 다음과 같이 정리할 수 있다.

$$\begin{aligned} R_i &= E(R_i) + \beta_i F + e_i \\ &= E(R_i) + \beta_i [R_m - E(R_m)] + e_i \\ &= \alpha_i + \beta_i R_m + e_i \end{aligned} \tag{8.4}$$

단, $\alpha_i = E(R_i) - \beta_i E(R_m)$

그리고 이 모형에서는 다음과 같은 관계가 성립된다.

$$E(e_i) = 0 \qquad \text{Cov}(R_m,\ e_i) = 0 \qquad \text{Cov}(e_i,\ e_j) = 0$$

이처럼 시장포트폴리오의 수익률만을 공통요인으로 가정한 모형을 시장모형(market model)이라고 하는데, 시장포트폴리오의 수익률을 대개 종합주가지수 또는 S&P 500지수 등을 통해서 산출하게 되므로 이 역시 지수모형인 셈이다.

(2) 다요인모형

개별 주식들의 체계적 위험에 영향을 주는 공통요인 중에서는 시장포트폴리오가 가장 중요한 요인이기는 하지만 이외에도 여러 가지 거시적 경제요인들을 생각해 볼 수 있다. 인플레이션, GNP, 이자율, 통화량 및 수출액 등도 모든 개별 주식들의 수익률에 공통적으로 영향을 줄 수 있는 요인들이다. 따라서 이러한 여러 가지 공통요인을 고려해서 식 (8.3)을 이용하면 개별 주식의 실제수익률을 나타내는 모형을 나타낼 수 있다. 이때에 k개 공통요인을 고려한 모형은 다음과 같이 공통요인들에 대한 선형결합으로 표현할 수 있다.

$$R_i = E(R_i) + \beta_{i1} F_1 + \beta_{i2} F_2 + \cdots + \beta_{ik} F_k + e_i \tag{8.5}$$

여기에서 각 공통요인들은 서로 영향을 주지 않는다는 가정이 추가되기 때문에 다음 식이 성립된다.

$$E(F_i) = 0, \quad E(e_i) = 0$$
$$\text{Cov}(F_i,\ F_j) = 0, \quad \text{Cov}(F_i,\ e_j) = 0, \quad \text{Cov}(e_i,\ e_j) = 0$$

이같이 여러 개의 공통요인을 고려해서 실제수익률을 설명하는 모형을 다요인모형(multi-factor model)이라고 하며, 여기에서도 해당 요인을 지수로 측정하면 다지수모형(multi-index model)이 되는 것이다.

>>> 예제 8-1

모든 주식수익률이 물가상승률, GNP 및 이자율에 의해서 공통적으로 영향을 받는 다요인모형을 가정하자.

올해의 물가상승률은 5%, GNP 증가율은 2%, 그리고 이자율은 변동이 없을 것으로 예상하였다. 그러나 연말에 실제 관찰결과로는 물가는 7% 상승하였고, GNP는 1% 증가하는데 그쳤으며, 이자율은 2% 하락하였다. 다음 각 물음에 답하라.

(1) 요인모형을 나타내라.

(2) 가나기업 주식수익률의 각 요인에 대한 베타값은 물가상승률의 경우 2, GNP의 경우 1이고 이자율의 경우는 −1.8이다. 체계적 위험이 가나기업의 주식수익률에 미친 효과를 산출하라.

(3) 가나기업 주식수익률은 올해 초에 4%로 예상하였으나 기대하지 못했던 신제품의 개발로 5%의 수익률을 추가로 얻게 되었다. 가나기업의 실제수익률은 얼마인가?

풀이

(1) $R_i = E(R_i) + \beta_{i1}F_1 + \beta_{i2}F_2 + \beta_{i3}F_3 + e_i$

단, F_1 : 물가상승률의 예상치 못한 변화

F_2 : GNP의 예상치 못한 변화

F_3 : 이자율의 예상치 못한 변화

(2) $R_i = E(R_i) + 2F_1 + F_2 - 1.8F_3 + e_i$ 에서

$$F_1 = 7\% - 5\% = 2\%$$
$$F_2 = 1\% - 2\% = -1\%$$
$$F_3 = -2\% - 0 = -2\%$$

따라서 체계적 위험에 해당하는 크기(m)는 다음과 같다.

$$\begin{aligned} m &= \beta_{i1}F_1 + \beta_{i2}F_2 + \beta_{i3}F_3 \\ &= 2 \times 2\% + 1 \times (-1\%) + (-1.8) \times (-2\%) = 6.6\% \end{aligned}$$

(3) $R_i = E(R_i) + m_i + e_i$

$= 4\% + 6.6\% + 5\%$

$= 15.6\%$

제 2 절 시장모형과 포트폴리오

2.1 시장모형의 도입

포트폴리오이론과 CAPM에서 마코위츠의 가정을 따르면 투자자들은 위험자산들로 구성된 수많은 포트폴리오 중에서 가장 유리한 최적포트폴리오를 선택하게 된다. 그러나 실제로 마코위츠의 이론에 따라 포트폴리오를 선택하기 위해서는 개별주식들의 기대수익률과 분산뿐만 아니라 수많은 개별 주식들 사이의 공분산, 또는 상관계수를 예측하여야만 한다. 그런데 이를 위해서는 방대한 추정을 거쳐야 하기 때문에 이의 분석작업은 엄청난 일이다. 앞서 설명한 요인모형 중에서 식 (8.4)로 표현되는 시장모형(market model)을 이용하면 이러한 불편을 크게 덜 수 있다.

2.2 시장모형의 이용

(1) 시장모형에 의한 기대수익률과 위험측정

우리는 앞서 마코위츠의 포트폴리오이론에서 개별 주식의 기대수익률과 위험, 그리고 서로 다른 주식들 간의 공분산에 대한 측정방법을 공부한 바 있다. 여기서는 이들 통계치를 시장모형을 이용하여 측정해보자.

① 기대수익률과 위험

개별 주식의 기대수익률을 시장모형을 통해서 산출하려면 식 (8·4)에 기대값을 취하면 된다.

$$\begin{aligned} E(R_i) &= E(\alpha_i + \beta_i R_m + e_i) \\ &= \alpha_i + \beta_i E(R_m) \end{aligned} \tag{8.6}$$

또한 분산을 구하려면 역시 식 (8.4)에 분산을 취하고 이들 변수 간의 관계를 고려하면 다음과 같이 개별 주식의 위험을 측정할 수 있다.

$$\begin{aligned} \mathrm{Var}(R_i) &= \mathrm{Var}(\alpha_i + \beta_i R_m + e_i) \\ &= \beta_i^2 \ \mathrm{Var}(R_m) + \mathrm{Var}(e_i) \end{aligned}$$

이는 다음과 같이 표현할 수 있다.

$$\sigma_i^2 = \beta_i^2 \sigma_m^2 + \sigma^2(e_i) \tag{8.7}$$

여기에서 $\beta_i^2 \sigma_m^2$는 시장요인과 관련된 체계적 위험을 나타내고 $\sigma^2(e_i)$는 기업특성요인과 관련된 비체계적 위험의 크기를 나타낸다.

② 공분산 및 상관계수

이번에는 시장모형을 이용하여 서로 다른 주식들 간의 공분산을 측정하고 여기에서 상관계수를 도출한다. 먼저 서로 다른 두 주식 i, j 의 수익률 사이의 공분산을 구하면 다음과 같다.[2)]

$$\begin{aligned} \mathrm{Cov}(R_i,\ R_j) &= \mathrm{Cov}\,[(\alpha_i + \beta_i R_m + e_i),\ (\alpha_j + \beta_j R_m + e_j)] \\ &= \beta_i \beta_j \sigma_m^2 + \beta_i \mathrm{Cov}(R_m,\ e_j) + \beta_j \mathrm{Cov}(R_m, e_i) + \mathrm{Cov}(e_i,\ e_j) \end{aligned}$$

---

2) 상수항의 분산은 0이고 확률변수의 교차항에 대한 공분산도 각 확률변수가 상호 독립적이므로 0이 된다는 것을 생각하라.

$$=\beta_i \beta_j \sigma_m^2 \tag{8.8}$$

그런데 여기에서 베타의 정의에 따라서 $\beta_i = \frac{\rho_{im}\sigma_i\sigma_m}{\sigma_m^2}$, $\beta_j = \frac{\rho_{jm}\sigma_j\sigma_m}{\sigma_m^2}$ 이므로 이를 위의 식에 대입해서 정리하면 상관계수들 간에는 다음과 같은 관계식이 성립됨을 확인할 수 있다.

$$\rho_{ij} = \rho_{im} \cdot \rho_{jm} \tag{8.9}$$

(2) 시장모형의 유용성과 한계

① 시장모형의 유용성

마코위츠의 이론을 이용하는 것보다 시장모형을 이용하면 최적포트폴리오를 찾기 위해 필요한 추정의 횟수를 크게 줄일 수 있기 때문에 시장모형은 현실적으로 이용하기에 편리하다. 구체적으로 얼마나 추정의 수가 줄어드는지 살펴본다.

이를 확인하기 위해서 먼저 m개의 주식이 존재하는 시장을 가정하자. 마코위츠의 이론을 따라 위험자산으로 구성된 최적포트폴리오를 찾기 위해서는 각 주식의 기대수익률 m개, 분산 m개, 그리고 개별 주식들 사이의 공분산 $mC_2 = \frac{m(m-1)}{2}$개가 필요하다. 따라서 필요한 추정의 총횟수는 이들의 합계 $\frac{m(m+3)}{2}$이 된다.

이제는 시장모형을 이용할 때에 필요한 추정의 수를 구해보자. 먼저 m개의 주식에 대해 각각 α_i, β_i, $\sigma^2(e_i)$를 추정해야 하므로 $3m$번의 추정이 필요하다. 그리고 개별 주식의 기대수익률을 알기 위해서는 시장포트폴리오의 기대수익률을 알아야 한다. 또한 시장요인에 대한 분산을 추정해야 하는데 식 (8.7)과 식 (8.8)에서 보듯이 β_i와 σ_m^2만 알면 되므로 시장포트폴리오의 수익률 분산을 구하면 이는 간단히 계산할 수 있다. 따라서 결국 총 $(3m+2)$번의 추정만 필요하게 된다. 이는 마코위츠이론을 이용할 때 필요한 추정의 횟수보다 훨씬 작은 수이다.

예를 들어, 100개의 주식이 존재한다고 가정할 때에 마코위츠이론에 따른 포트폴리오분석에는 5,150번의 추정이 필요하지만 시장모형을 이용하면 302번의 추정만이 필요하므로 많은 시간과 노력을 절감할 수 있다.

② 시장모형의 한계점

시장모형에 대한 대표적인 비판은 현실을 너무 단순화하였다는 것이다. 즉, 위험을 시장위험과 기업특성위험의 두 가지만으로 분류하고 이 밖의 위험은 주식수익률에 무관하다는 가정을 하고 있다. 이는 시장전체에는 영향을 주지 않지만 특정 산업에 큰 영향을 주는 요인이 있을 수 있는데도 이 같은 요인들은 모두 고려하지 않는다는 의미이다. 따라서 같은 전자업종에 속하는 삼성전자와 LG전자의 경우 마코위츠이론에 따라 두 기업 간의 상관계수를 직접 측정하면 상관관계가 매우 높지만 시장모형을 통해서 측정하면 상관관계가 크게 떨어질 수 있다.

2.3 시장모형과 분산투자

(1) 요인모형과 포트폴리오

여러 주식들로 포트폴리오를 구성한 경우 포트폴리오의 실제수익률을 구해보자. 먼저 주식 1에 w_1, 주식 2에 w_2, …, n번째 주식에 w_n만큼의 비율로 투자한 포트폴리오의 실제수익률은 각 주식의 실제수익률의 가중평균합으로 나타날 것이므로 다음과 같이 표현된다.

$$R_p = w_1R_1 + w_2R_2 + \cdots + w_nR_n$$

$$\text{단, } w_1 + w_2 + \cdots + w_n = 1$$

그런데 위 식에서 개별 주식의 수익률을 요인모형 (8.3)으로 표현하면 다음과 같이 고쳐 쓸 수 있다.

$$R_p = w_1[E(R_1) + \beta_1F + e_1] + w_2[E(R_2) + \beta_2F + e_2] + \cdots + w_n[E(R_n) + \beta_nF + e_n]$$

여기서 살펴보면 포트폴리오의 수익률은 다음과 같은 세 가지 요소로 구성되어 있음을 확인할 수 있다.

① 포트폴리오를 구성하고 있는 개별 주식들의 기대수익률
② 공통요인의 예상치 못한 변화에 각 주식들의 베타를 곱한 값
③ 개별 주식들의 비체계적 위험

이러한 세 가지 구성요소를 고려하면 위 식을 다음과 같이 표현할 수 있다.

$$\begin{aligned} R_p = {} & w_1E(R_1) + w_2E(R_2) + \cdots + w_nE(R_n) \\ & + (w_1\beta_1 + w_2\beta_2 + \cdots + w_n\beta_n)F \\ & + w_1e_1 + w_2e_2 + \cdots + w_ne_n \end{aligned}$$

앞의 식의 의미를 설명하면 다음과 같다. 즉, 포트폴리오의 실제수익률은 개별 주식들의 기대수익률의 가중평균합, 개별 주식들의 베타의 가중평균합에 공통요인을 곱한 값, 그리고 개별 주식들의 비체계적 위험의 가중평균합으로 구성된다는 것이다.

(2) 분산투자효과

이와 같이 포트폴리오를 구성할 때 분산투자효과를 시장모형에서 살펴본다. 이를 위해 포트폴리오를 구성함에 있어서 n개의 개별 주식에 동일한 비중으로 투자를 한 경우를 생각해보자. 이때에는 각 주식에 대한 투자비율 $w_i = \frac{1}{n}$이므로 포트폴리오 수익률은 다음과 같다.

$$\begin{aligned} R_p &= \sum_{i=1}^{n} \frac{1}{n} R_i \\ &= \frac{1}{n} \sum_{i=1}^{n} (\alpha_i + \beta_i R_m + e_i) \\ &= \left(\frac{1}{n} \sum_{i=1}^{n} \alpha_i\right) + \left(\frac{1}{n} \sum_{i=1}^{n} \beta_i\right) R_m + \left(\frac{1}{n} \sum_{i=1}^{n} e_i\right) \\ &= \alpha_p + \beta_p R_m + e_p \end{aligned}$$

그리고 이 포트폴리오의 분산은 식 (8.7)에 따라서 다음과 같이 구할 수 있다.

$$\sigma_p{}^2 = \beta_p{}^2 \sigma_m^2 + \sigma^2(e_p)$$

여기에서 $\beta_p{}^2 \sigma_m^2$는 시장요인에 의한 체계적 위험으로서 포트폴리오의 시장요인에 대한 민감도와 시장수익률에 영향을 받는다. 그런데 포트폴리오의 민감도와 시장수익률은 분산투자와는 무관하기 때문에 아무리 많은 주식에 분산투자한다고 해도 이 위험을 없앨 수는 없는 것이다.

한편, $\sigma^2(e_p)$는 기업특성요인에 따른 비체계적 위험으로서 특정 기업에만 영향을 미치는 것인데 임의의 e_i와 e_j는 서로 독립적이며 기대값은 0이므로 다음과 같이 표현된다.

$$\begin{aligned} \sigma^2(e_p) &= \sum_{i=1}^{n} \left(\frac{1}{n}\right)^2 \sigma^2(e_i) \\ &= \frac{1}{n}\left(\frac{1}{n} \sum_{i=1}^{n} \sigma^2(e_i)\right) \\ &= \frac{1}{n} \sigma^2(e_i) \end{aligned}$$

그림 8-1
시장모형에서 분산투자효과

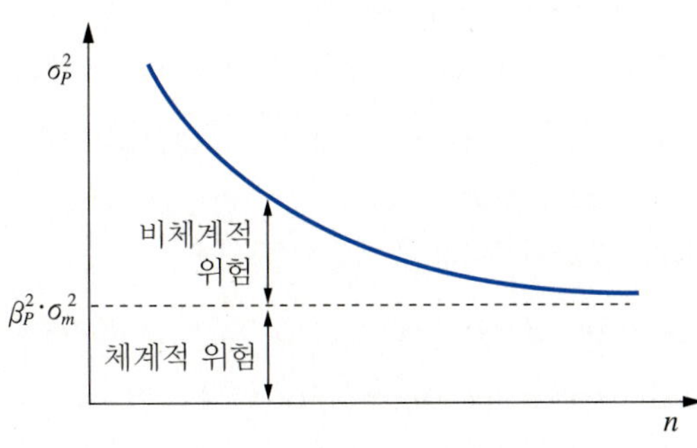

포트폴리오의 구성주식수 n을 무한히 늘리면 앞의 식으로 표현되는 비체계적 위험은 0으로 접근하게 된다. 이는 기업특성위험은 분산투자를 통해서 제거할 수 있다는 의미이다. 따라서 시장모형에서 분산투자를 통한 위험감소효과를 그림으로 나타내면 [그림 8-1]과 같다.

>>> 예제 8-2

주식수익률을 결정하는 공통요인이 2개 있다. 그래서 다음 식이 성립한다.

$$R_i = E(R_i) + \beta_{i1}F_1 + \beta_{i2}F_2 + e_i$$

이때, $\text{Var}(F_1)$와 $\text{Var}(F_2)$는 각각 10%, 5%이며 주식 X와 Y에 관련된 정보는 다음과 같다.

주식	β_{i1}	β_{i2}	$\text{Var}(e_i)$
X	2.0	1.4	12%
Y	1.8	−1.0	16

주식 X와 Y에 50%씩 투자하여 구성한 포트폴리오의 총위험, 체계적 위험, 비체계적 위험을 산출하라.

풀이

이러한 포트폴리오의 F_1, F_2에 대한 민감도 β_{p1}, β_{p2}를 다음과 같이 구한다.

$$\beta_{p1} = \frac{1}{2} \times 2 + \frac{1}{2} \times 1.8 = 1.9$$

$$\beta_{p2} = \frac{1}{2} \times 1.4 + \frac{1}{2} \times (-1) = 0.2$$

그리고

$$R_p = E(R_p) + \beta_{p1}F_1 + \beta_{p2}F_2 + e_p \text{ 에서}$$

$$\mathrm{Var}(R_p) = \underbrace{\beta_{p1}^2 \mathrm{Var}(F_1) + \beta_{p2}^2 \mathrm{Var}(F_2)}_{\text{체계적 위험}} + \underbrace{\mathrm{Var}(e_p)}_{\text{비체계적 위험}} \text{ 이므로}$$

체계적 위험 $= 1.9^2 \times 10 + 0.2^2 \times 5 = 36.3(\%)$

그리고 비체계적 위험은 다음과 같다.

$$\mathrm{Var}(e_p) = w_X^2\ \mathrm{Var}(e_X) + w_Y^2\ \mathrm{Var}(e_Y) \quad (\because\ e_X,\ e_Y\text{는 독립적})$$

$$= \frac{1}{4} \times 12 + \frac{1}{4} \times 16 = 7(\%)$$

따라서 총위험 $\mathrm{Var}(R_p) = 36.3 + 7 = 43.3(\%)$

제3절 APT

3.1 개 요

(1) 등 장

CAPM이 시사하는 바는 가격결정이론에서 매우 중요하고 재무관리 전분야에서 이용되고 있다. 그러나 이에 대한 비판도 적지 않다. 즉, CAPM이 전제로 하고 있는 가정이 비현실적이라는 점과 Roll의 지적대로 CAPM은 검증 자체가 불가능하다는 점이 주된 비판대상이 되고 있다.

이에 따라서 CAPM의 가정을 보다 현실화시키려는 노력이 있었고, 또 한편으로는 보다 일반적인 새로운 가격결정모형을 개발하려는 노력도 있었다. 후자에 해당하는 대표적인 것이 재정가격결정모형(APT : arbitrage pricing theory)이다.

(2) 가 정

APT는 Ross(1976)가 요인모형에서 도출한 가격결정모형으로서 다음과 같은 가정을 전제로 한다.

① 자산수익률은 여러 개의 공통요인에 의해 결정된다.

② 투자자들은 재정이익의 극대화(prefer more to less)를 추구한다.

③ 시장은 거래비용, 세금 등 거래마찰요인이 전혀 없는 완전시장(perfect market)이다.

3.2 APT의 도출

(1) 요인모형

특정 주식의 수익률이 여러 개의 공통요인에 의해서 영향을 받는다고 하면 사후적인 실현수익률을 나타내는 모형은 앞서 살펴보았던 다요인모형식 (8·5)와 동일하다.[3)]

$$R_i = E(R_i) + b_{i1}F_1 + b_{i2}F_2 + \cdots + b_{ik}F_k + e_i$$

앞서 설명하였던 대로 이는 사후적 관점에서 주식 i의 실현수익률이 투자자들의 예상수익률 $E(R_i)$와 k개 공통요인의 예측오차들의 선형결합으로 표시됨을 의미하는 것이다. 이 모형에 대해서 다음에 설명할 재정포트폴리오의 조건을 적용하면 APT를 도출할 수 있다.

(2) 재정포트폴리오

재정포트폴리오(arbitrage portfolio)란 추가적인 자금부담 없이, 그리고 추가적인 위험부담 없이 구성한 포트폴리오를 말한다. 시장이 균형상태를 이루고 있는 완전시장이라면 재정포트폴리오의 기대수익률은 당연히 0이 된다. 왜냐하면 자금도 전혀 부담하지 않고 위험도 전혀 부담하지 않고 있기 때문이다.

이 내용을 좀 더 구체적으로 이해하기 위해서 [그림 8-2]를 살펴보자. 그림에서 보듯이 재정포트폴리오를 구성하려면 다음과 같은 두 가지 조건을 만족시키면 된다.

① no cost

아무런 자금부담이 없다면 주식 i에 대한 투자비율을 w_i라고 할 때에 다음 식이 성립한다.

---

3) 식은 다요인모형인 식 (8.5)와 동일한 것이다. 다만 체계적 위험에 대한 민감도를 나타내는 계수 β를 b로 나타낸 것일 뿐이다.

그림 8-2
재정포트폴리오

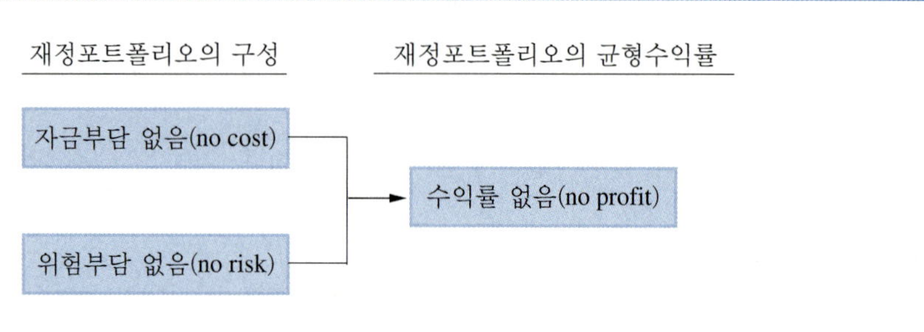

$$\sum_{i=1}^{n} w_i = 0 \tag{8.10}$$

② **no risk**

위험을 부담하지 않는다는 것은 체계적 위험과 비체계적 위험 모두를 부담하지 않는다는 것이다. 시장모형을 이용한 분산투자효과에서 살펴본 것과 같이 비체계적 위험은 포트폴리오의 구성주식수를 많게 하여 제거할 수 있다.[4] 그리고 체계적 위험은 주식 i에 대한 투자비율을 w_i를 적절하게 조정하여 각 요인의 체계적 위험의 가중평균한 합계가 0이 되도록 하면 제거할 수 있다. 이때에는 각 요인에 대해서 다음 식이 성립한다.

$$\sum_{i=1}^{n} w_i b_{ik} = 0 \qquad k=1,\ 2,\ \cdots,\ k \tag{8.11}$$

③ **no profit**

위와 같이 자금부담도 없고 위험부담도 없도록 구성한 재정포트폴리오는 균형상태에서 그 수익률이 0이다. 일시적인 불균형상태에서는 이러한 포트폴리오의 수익률이 0이 아닐 수도 있는데, 이러한 경우 투자자들은 아무런 자금과 위험부담도 없이 재정이익을 도모할 수 있게 된다. 결국 재정거래로 인하여 시장은 균형상태가 되고 이에 따라 재정포트폴리오의 수익률은 0이 된다. 또한 이때에는 위험이 모두 0이므로 실현수익률은 기대수익률과 동일하게 되므로 다음 식이 성립한다.

$$R_p = \sum_{i=1}^{n} w_i R_i = \sum_{i=1}^{n} w_i E(R_i) = 0 \tag{8.12}$$

---

4) 이러한 포트폴리오를 충분히 분산투자된 포트폴리오(well-diversified portfolio)라고 하며 이의 수익률과 위험은 다음과 같다.

$$R_p = E(R_p) + \beta_p F, \quad \sigma_p = \beta_p \sigma_F$$

(3) APT 도출

요인모형은 사후적 실현수익률 R_i를 설명하는 모형이지만 APT는 CAPM과 마찬가지로 기대수익률 $E(R_i)$를 설명하는 모형이다. 자금부담도 없고 위험부담도 없는 재정포트폴리오의 균형수익률은 0이라는 상식적인 사실로부터 APT가 도출된다. APT를 도출하기 위해서 식 (8.10), 식 (8.11)에 대해서 간단한 조작을 해보자. 즉, 식 (8.10)에 임의의 상수 λ_0를 곱하고, 식 (8.11)에도 역시 임의의 상수 λ_1, λ_2, $\cdots$, λ_k를 차례로 곱하여 이 두 식을 합하면 다음과 같이 표현된다.

$$\lambda_0(w_1+w_2+\cdots+w_n)=0$$

$$\mathrm{k}=1, \quad \lambda_1(w_1b_{11}+w_2b_{21}+\cdots+w_nb_{n1})=0$$

$$\mathrm{k}=2, \quad \lambda_2(w_1b_{12}+w_2b_{22}+\cdots+w_nb_{n2})=0$$

$$\cdots\cdots\cdots\cdots\cdots\cdots\cdots\cdots$$

$$k=n, \quad \lambda_k(w_1b_{1k}+w_2b_{2k}+\cdots+w_nb_{nk})=0$$

$$\begin{aligned} & w_1(\lambda_0+\lambda_1b_{11}+\lambda_2b_{12}+\cdots+\lambda_kb_{1k}) \\ & +w_2(\lambda_0+\lambda_1b_{21}+\lambda_2b_{22}+\cdots+\lambda_kb_{2k}) \\ & \cdots\cdots\cdots\cdots\cdots\cdots\cdots\cdots \\ & +w_n(\lambda_0+\lambda_1b_{n1}+\lambda_2b_{n2}+\cdots+\lambda_kb_{nk})=0 \end{aligned}$$

그리고 이번에는 식 (8.12)를 다음과 같이 풀어 써보자.

$$\sum_{i=1}^{n} w_iE(R_i)=w_1E(R_1)+w_2E(R_2)+\cdots+w_nE(R_n)=0$$

이제 위의 두 식을 비교하면 임의의 상수 λ_0, λ_1, λ_2, $\cdots$, λ_k에 대해서 다음 식이 성립함을 확인할 수 있다.

$$E(R_i)=\lambda_0+\lambda_1b_{i1}+\lambda_2b_{i2}+\cdots+\lambda_kb_{ik} \tag{8.13}$$

이 모형을 보면 기대수익률 $E(R_i)$를 설명하는 모형임을 알 수 있는데 이것이 바로 APT이다. 그리고 이때에 λ_k는 요인 k에 대한 위험프리미엄(risk premium)이 된다.

>>> **예제 8-3**

자산수익률을 결정하는 공통요인이 1개 있다. 그래서 다음 식이 성립한다.

$$R_i=E(R_i)+b_{i1}F_1+e_i \;\rightarrow\; E(R_i)=\lambda_0+\lambda_1b_{i1}$$

이때 $\lambda_0=10\%$, $\lambda_1=6\%$ 이고, 자산 A, B, C와 관련된 정보가 다음과 같다고 할 때 재정포트폴리오의 구성방법을 보이고 재정거래과정을 설명하라.

자 산	$E(R_i)$	b_{i1}
A	13%	0.5
B	17	1.0
C	19	1.5

풀 이

(1) 재정포트폴리오의 구성

재정포트폴리오는 추가자금 및 추가위험의 부담이 없어야 한다. 즉,

no cost : $\sum_{i=1}^{n} w_i=0$ 에서

$$\sum_{i=1}^{n} w_i=w_A+w_B+w_C=0 \qquad \cdots\cdots ①$$

no risk : $\sum_{i=1}^{n} w_i b_{ik}=0$ 에서

$$\sum_{i=1}^{n} w_i b_{ik}=0.5w_A+1.0w_B+1.5w_C=0 \qquad \cdots\cdots ②$$

①에서 $w_B=-w_A-w_C$

이를 ②에 대입하면

$$0.5w_A-w_A-w_C+1.5w_C=0 \quad \therefore\ w_A=w_C$$

이를 ①에 대입하면

$$2w_A+w_B=0 \quad \therefore\ w_A=-\frac{1}{2}w_B$$

따라서 재정포트폴리오를 구성하기 위한 각 주식에의 투자비율은 다음과 같다.

$$w_A : w_B : w_C = -\frac{1}{2}w_B : w_B : -\frac{1}{2}w_B = -\frac{1}{2} : 1 : -\frac{1}{2}$$

이는 주식 A와 C를 동일한 비율로 공매하여 조달한 자금으로 모두 B에 투자함을 의미한다.

(2) 재정거래과정

위에서 구성한 재정포트폴리오의 현재수익률을 산출하면 다음과 같다.

주식	w	b_1	$E(R)$
A	$-\frac{1}{2}$	−0.5	−13%
C	$-\frac{1}{2}$	−1.5	−19%

A+C	−1	−1.0	−16%
B	1	1.0	17%
재정포트폴리오	0	0	1%

재정포트폴리오의 균형수익률은 0이어야 하는데 위에서는 1%의 초과수익, 즉 재정이익이 존재한다. 따라서 B에 대한 수요의 증가로 가격이 상승하고 수익률은 하락해서 16%가 될 때 균형이 달성된다.

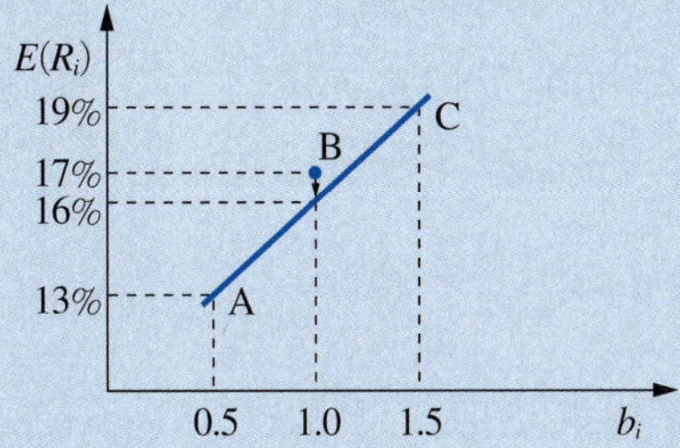

이때에 주식 A와 C는 공급이 증가하므로 가격이 하락하고 이에 따라 수익률이 상승하게 되는 것이 논리적이다. 그러나 주식 A와 C는 현재 균형상태에 있기 때문에 가격변화가 없다고 가정한다. 즉, 주식 B와 같이 불균형상태의 주식의 양은 아주 미미하기 때문에 주식 A와 C의 가격에는 영향을 주지 않는다고 가정하는 것이다.

3.3 APT의 경제적 의미

(1) APT의 의미

① 기대수익률의 구성

APT를 나타내는 식 (8.13)을 보면 특정 주식의 기대수익률은 그 주식의 각 공통요인에 대한 민감도(체계적 위험, b_{ik})의 선형결합으로 산출됨을 알 수 있다. 그런데 이 모형을 무위험자산에 대해서 적용해보자. 무위험자산이란 모든 요인에 대한 민감도가 0이므로 $E(R_i)=\lambda_0=R_f$ 가 된다. 따라서 식 (8.13)을 다음과 같이 표현할 수 있다.

$$E(R_i) = R_f + \lambda_1 b_{i1} + \lambda_2 b_{i2} + \cdots + \lambda_k b_{ik} \tag{8.14}$$

이 식을 살펴보면 균형상태에서 특정 주식의 기대수익률은 무위험이자율과 체계적 위험에 대한 위험프리미엄의 합으로 구성된다는 것이다.

이미 앞서 설명하였지만 채권수익률이나 CAPM에서 주식의 기대수익률도 모두 이같이 무위험이자율에 위험프리미엄을 더한 것임을 확인할 수 있다.

② 요인포트폴리오

요인포트폴리오(factor portfolio)란 공통요인들 중 특정 요인에 대해서는 민감도, 즉 베타가 1이고 그 외의 다른 요인들에 대해서는 전혀 영향을 받지 않는 포트폴리오를 말한다. 따라서 요인 k 포트폴리오는 요인 k에 대한 민감도 b_{ik}만 1이고 그 외의 다른 모든 요인에 대한 민감도는 0이 된다. 요인 k 포트폴리오의 기대수익률을 식 (8.14)를 통해서 구하면 다음과 같다.

$$E(R_k) = R_f + \lambda_k$$

이는 요인 k에 대한 위험프리미엄이 $\lambda_k = E(R_k) - R_f$로 측정됨을 의미한다. 따라서 모든 요인에 대한 위험프리미엄을 이같이 측정해서 식 (8.14)에 대입하면 APT는 다음과 같이 표현된다.[5)]

$$E(R_i) = R_f + [E(R_1) - R_f]b_{i1} + [E(R_2) - R_f]b_{i2} + \cdots + [E(R_k) - R_f]b_{ik}$$

(2) CAPM과 비교

APT를 CAPM과 비교하면 크게 다음과 같은 차이점을 들 수 있다.

① 수익률 결정요인의 개수

CAPM은 개별 주식의 기대수익률이 시장포트폴리오라는 공통요인 1개에 의해서 영향을 받는 것이다. 즉, 단일요인모형이라고 할 수 있는데, APT는 수익률 결정요인이 여러 개 존재한다는 가정으로 다요인모형에서 도출된 것이다. 따라서 CAPM은 APT의 특수한 경우로 볼 수 있기 때문에 APT는 CAPM보다 일반적인 모형이다.

② 투자자의 행동기준

CAPM은 투자자들이 평균-분산기준에 따라서 행동하기 때문에 수익률에 대한 확률분포를 정규분포로 가정하거나 투자자의 효용함수형태를 2차 효용함수로 가정한다. 이에 비해서 APT에서는 이러한 가정이 필요없으며 재정거래의 기회가

---

5) 이때에 $E(R_k)$는 k번째 주식의 기대수익률이 아니라 요인 k포트폴리오의 기대수익률이다. 따라서 이 식에서는 $E(R_1)$도 주식 1의 기대수익률이 아니라 요인 1 포트폴리오의 기대수익률이다.

있으면 재정이익을 도모한다는 가정(prefer more to less)만 필요로 하기 때문에 역시 CAPM보다 일반적인 모형이라고 할 수 있다.

③ 검증가능성

CAPM은 무위험자산 및 시장포트폴리오 등에 대한 개념이 필요하며 투자대상을 이에 국한하지만 APT는 이러한 개념이 필요 없어서 검증가능성이 CAPM보다 높다. 또한 APT는 CAPM과 달리 단일기간에 대한 가정도 하지 않고 있기 때문에 다기간모형으로 적용할 수도 있다.

>>> 예제 8-4

경제성장률(F_1)과 물가상승률(F_2)의 두 개 공통요인이 주식수익률에 영향을 준다고 가정하자. 두 개의 충분히 분산투자된 포트폴리오 A와 B가 균형상태에서 두 요인에 대해서 다음의 관계를 갖고 있다.

포트폴리오	F_1에 대한 베타	F_2에 대한 베타	기대수익률
A	2.5	1.5	31%
B	2.2	−0.8	20%

(1) A와 B에 대한 요인모형을 나타내라.

(2) 무위험이자율 10%라고 가정하여 재정가격결정모형을 구하라. 경제성장률에 대한 민감도의 프리미엄은 얼마인가?

(3) 가나주식은 경제성장률과 물가상승률에 대한 민감도가 각각 1.9와 0.9이다. 가나주식의 균형수익률을 산출하라.

풀이

(1) A와 B에 대한 요인모형은 다음과 같다.

$$R_A = 31 + 2.5F_1 + 1.5F_2$$

$$R_B = 20 + 2.2F_1 - 0.8F_2$$

(2) APT식, $E(R_i) = R_f + \lambda_1 b_{i1} + \lambda_2 b_{i2}$에 위 자료를 대입하면

$$31 = 10 + 2.5\lambda_1 + 1.5\lambda_2$$

$$20 = 10 + 2.2\lambda_1 - 0.8\lambda_2$$

이를 풀면 $\lambda_1=6$, $\lambda_2=4$를 구할 수 있다.
따라서 APT식은 다음과 같다.

$$E(R_i) = 10 + 6b_{i1} + 4b_{i2}$$

그리고 경제성장률(F_1)에 대한 민감도의 위험프리미엄은 6%이다.

(3) F_1과 F_2에 대한 베타값 1.9와 0.9를 (2)에서 구한 APT식에 대입한다.

$$E(R_i) = 10 + 6 \times 1.9 + 4 \times 0.9 = 25\%$$

따라서 균형수익률은 25%이다.

3.4 *실증분석

(1) 방법론

APT에 대한 실증분석방법은 다음과 같이 요인분석과 회귀분석의 두 단계를 거치게 된다. 구체적인 내용을 살펴본다.

① 1단계 요인분석

개별 주식들의 수익률과 이에 영향을 미칠 것으로 추정되는 변수에 해당하는 자료들에 대해서 요인분석(factor analysis)을 수행한다. 요인분석을 수행한 결과를 통해서 몇 개의 요인이 주식수익률에 의미 있는 영향을 미치는지를 판단할 수 있으며 또한 각 요인에 대한 민감도, 즉 체계적 위험을 구할 수 있다. 이를 요인분석에서는 factor loadings라고 한다.

② 2단계 회귀분석

2단계는 수익률과 민감도와의 관계를 검증하는 단계이다. 이를 위해서 1단계에서 구한 의미 있는 요인에 대한 민감도들($b_{i1}, \cdots, b_{in}$)과 개별 주식들의 수익률 간에 횡단면 회귀분석(cross−sectional multiple regression)을 수행한다. 여기서 회귀계수는 민감도에 대한 위험프리미엄을 나타내는 것인데 APT가 주식수익률을 결정하는 올바른 이론이 되기 위해서는 적어도 하나 이상의 회귀계수가 0과 의미 있는 차이를 보여야 한다.

(2) 실증연구

APT에 대한 대표적인 실증연구로 다음과 같이 두 연구를 살펴본다.

① Roll & Ross의 연구(1980)

이들은 1962~72년을 연구대상기간으로 해서 표본주식들에 대해서 APT를 실증분석하였다. 이들의 연구결과는 CAPM이론과는 달리 주식수익률에 영향을 미치는 요인이 여러 개 존재한다는 것을 확인하였다. 그러나 표본집단마다 그 요인의 수가 다르기 때문에 모든 주식수익률에 영향을 주는 공통요인의 수가 몇 개인지를 명확하게 밝히지 못하였다.

② Chen의 연구(1983)

Chen은 실증대상기간, 1963~78년을 4개의 하위기간으로 구분하여 실증분석함으로써 5개 정도의 요인이 주식수익률에 영향을 미치는 것을 확인하였다. 그러나 5개 요인들의 설명력은 기간별로 일관성이 없게 나타났다.

여기서 한걸음 더 나아가서 Chen은 주식수익률을 설명함에 있어서 CAPM의 결정계수와 5개 요인으로 구성한 APT의 결정계수를 비교하여 APT의 설명력이 더 높음을 확인하였다.

(3) 실증한계

APT를 실제 적용하거나 이에 대한 실증분석에는 다음과 같은 한계점이 있다.

① 요인의 수

Roll&Ross 그리고 Chen의 연구에서 보았듯이 주식수익률에 영향을 주는 공통요인의 개수가 표본에 따라서, 또는 기간에 따라서 다르게 나타나기 때문에 공통요인의 개수를 몇 개로 보아야 하는지 알 수 없다.

② 요인의 경제적 의미

실증분석의 1단계에서 수익률과 이들에 영향을 줄 것으로 추정되는 변수들로 요인분석을 해서 요인을 찾아낸다고 하였다. 그러나 여기서 요인이란 특정한 변수를 말하는 것이 아니라 여러 변수들의 묶음이라고 볼 수 있다. 따라서 요인에 대한 경제적 의미를 정확하게 알 수 없다.

/ 제 8 장 / 요약

FINANCIAL MANAGEMENT

1. 요인모형이란 주식수익률에 영향을 주는 요인들을 모든 주식에 영향을 주는 공통요인과 특정 주식에만 영향을 주는 개별 요인으로 구분해서 주식수익률을 설명하는 모형이다.

2. 공통요인을 한 개로 설정하면 단일요인모형, 여러 개로 설정하면 다요인모형이 된다.

3. 단일요인모형에서도 공통요인을 시장요인(시장포트폴리오 또는 주가지수)으로 본 것이 시장모형이고, 이 모형에서 시장요인에 대한 주식수익률의 민감도를 나타내는 계수가 CAPM에서의 베타에 해당한다.

4. APT는 CAPM이 전제로 하는 가정이 갖는 여러 가지 비현실성을 감안해서 이를 대체할 수 있도록 다요인모형으로 주식수익률을 설명하는 모형이다. 여기서 여러 가지 요인들로는 경제성장률, 물가상승률 등 거시경제적 변수들을 생각할 수 있다.

5. CAPM에서는 주식수익률이 무위험이자율에 시장민감도라는 체계적 위험(베타)에 대한 위험프리미엄을 더해서 산출된다. 이와 마찬가지로 APT에서도 주식수익률이 무위험이자율에 경제성장률, 물가상승률 등의 변수에 대한 민감도에 대한 위험프리미엄들을 더해서 산출된다.

6. CAPM과 APT가 동시에 성립한다면 이는 경제성장률, 물가상승률 등의 여러 요인의 변화가 주가지수의 변화에 모두 반영되어 특정 주식의 균형수익률을 CAPM으로 구한 값과 APT로 구한 값이 동일하다는 의미이다.

>>> 연습문제 8-1

증권시장을 분석한 결과, 종합주가지수와 GNP, 두 가지 요인이 모든 주식수익률에 공통적으로 영향을 미치는 것으로 확인되었다. 관련된 자료는 다음과 같다.

종 목	종합주가지수 민감도	GNP 민감도	기대수익률
가나기업	0.8	0.5	16 %
ABC기업	1.2	1.5	22
국 공 채	0.0	0.0	10

(1) 재정가격선을 구하고 GNP 민감도에 대한 위험프리미엄을 구하라.

(2) ABC기업 주식을 공매한 100만원과 자기자금 200만원을 합쳐서 가나기업 주식을 구입한 포트폴리오의 각 요인에 대한 민감도와 기대수익률을 구하라.

(3) 각 요인에 대한 민감도가 모두 1이 되도록 포트폴리오를 구성하라.

(4) GNP에 대한 민감도는 1, 종합주가지수에 대한 민감도는 0이 되도록 포트폴리오를 구성하라.

(5) (4)와 같은 포트폴리오를 무엇이라고 하는가? 그리고 그 수익률을 구하여 GNP 민감도에 대한 위험프리미엄과의 관계를 설명하라.

해설

(1) 재정가격선을 나타내는 다음 모형을 이용한다. (단, b_{i1}은 종합주가지수에 대한 민감도, b_{i2}는 GNP에 대한 민감도를 의미한다.)

즉, $E(R_i)=\lambda_0+\lambda_1 b_{i1}+\lambda_2 b_{i2}$ 에서

$$16=10+0.8\lambda_1+0.5\lambda_2$$
$$22=10+1.2\lambda_1+1.5\lambda_2$$

위의 두 식을 풀면 다음의 결과를 얻을 수 있다.

$$\lambda_1=5, \quad \lambda_2=4$$

따라서 재정가격선은 다음과 같이 표현된다.

$$E(R_i)=10+5b_{i1}+4b_{i2}$$

여기서 GNP 민감도에 대한 위험프리미엄은 4%이다.

(2) 이와 같이 구성한 포트폴리오의 각 요인에 대한 민감도를 먼저 구한다.

① 종합주가지수 민감도

$$b_{p1}=1.2\times\left(-\frac{100}{200}\right)+0.8\times\left(\frac{300}{200}\right)=0.6$$

② GNP 민감도

$$b_{p2}=1.5\times\left(-\frac{100}{200}\right)+0.5\times\left(\frac{300}{200}\right)=0$$

따라서 포트폴리오의 기대수익률은 (1)에서 구한 재정가격선을 이용해서 다음과 같이 산출한다.

$$E(R_p) = 10 + 5b_{i1} + 4b_{i2}$$
$$= 10 + 5 \times 0.6 + 4 \times 0 = 13(\%)$$

(3) 가나주식 투자비율 w_1, ABC주식 투자비율 w_2라고 하면 다음 식이 성립하도록 해야 각 요인에 대한 민감도가 모두 1인 포트폴리오가 구성된다.

$$0.8w_1 + 1.2w_2 = 1$$
$$0.5w_1 + 1.5w_2 = 1$$

위의 두 식을 풀면 다음과 같은 결과를 얻는다.

$$w_1 = w_2 = 0.5$$

이는 두 주식에 보유자금의 반씩 투자하는 것을 의미한다.

(4) (3)과 같은 방법에 따르면

$$0.8w_1 + 1.2w_2 = 0$$
$$0.5w_1 + 1.5w_2 = 1$$

이로부터

$$w_1 = -2,\ w_2 = \frac{4}{3}$$

즉, 가나주식을 보유자금의 2배만큼 공매하고 $\frac{4}{3}$만큼을 ABC주식에 투자한다. 그리고 $\Sigma w_1 = 1$이 되도록 나머지 $\frac{5}{3}$ 만큼은 국공채를 매입하면 된다.

(5) 요인포트폴리오(factor portfolio)라고 한다. 이는 특정 요인(여기서는 GNP)에 대한 민감도는 1이고 그 외 요인에 대해서는 전혀 영향을 받지 않는 포트폴리오를 말한다. 이러한 포트폴리오의 기대수익률을 $E(R_G)$라고 하면 이는 다음과 같이 산출할 수 있다.

$$E(R_G) = (-2) \times 16 + \frac{4}{3} \times 22 + \frac{5}{3} \times 10 = 14(\%)$$

이 값을 이용하면 GNP 민감도에 대한 위험프리미엄을 다음과 같이 측정할 수도 있다.

$$\lambda_G = E(R_G) - R_f = 14 - 10 = 4(\%)$$

이는 (1)에서 구한 결과와 일치하는 것이다.

>>> 연습문제 8 - 2

자산의 수익률은 다음과 같이 두 가지 요인에 의해 설명될 수 있다.

$$R_i = a_i + b_{1i}F_1 + b_{2i}F_2 + e_i$$

이때 주식 A, B, C 에 대하여 다음과 같은 결과를 얻었다.

$$E(R_A) = 10\%,\quad b_{1A} = 1,\quad b_{2A} = 0.5,\quad \text{Var}(e_A) = 2\%$$
$$E(R_B) = 13\%,\quad b_{1B} = 1,\quad b_{2B} = 2.0,\quad \text{Var}(e_B) = 3\%$$
$$E(R_C) = 7\%,\quad b_{1C} = 1,\quad b_{2C} = -1,\quad \text{Var}(e_C) = 4\%$$

(1) λ_1, λ_2를 구하라. 단, 무위험이자율은 8%이다.

(2) A기업의 주가는 현재 주당 10,000원이다. 그런데 1기 후의 주당 가격은 11,500원으로 예측된다. 이때 재정거래과정을 설명하라.

(3) 시장포트폴리오의 수익률이 10%라고 가정하자. APT의 결과는 CAPM에 그대로 이용할 수 있다. APT와 CAPM이 배타적이 아니라고 할 경우, 각 자산의 β값을 구하라.

(4) F_1의 분산이 0.12, F_2의 분산이 0.1일 때, 세 위험자산에 1백만원씩 투자한 포트폴리오의 분산값을 구하라.

(5) APT와 CAPM을 현실적으로 적용하고자 할 때 공통적으로 갖는 문제점을 논하라.

(1) λ_1, λ_2는 다음과 같이 APT모형을 이용하여 구한다.

$$E(R_i) = \lambda_0 + \lambda_1 b_{i1} + \lambda_2 b_{i2} \text{ 에서}$$
$$10 = \lambda_0 + 1\lambda_1 + 0.5\lambda_2$$
$$13 = \lambda_0 + 1\lambda_1 + 2.0\lambda_2$$
$$7 = \lambda_0 + 1\lambda_1 - 1.0\lambda_2$$

이를 풀면

$$\lambda_1 = 1\%,\quad \lambda_2 = 2\%$$

(2) A주식의 현재 기대수익률은 다음과 같다.

$$\frac{11{,}500 - 10{,}000}{10{,}000} = 15\%$$

이는 균형수익률 10%보다 높으므로 이에 대한 수요가 증가할 것이다.
구체적으로 다음과 같이 재정포트폴리오를 구성한다.

no cost : $\Sigma w_i = 0 \rightarrow w_A + w_B + w_C = 0$

no risk : F_1 : $\Sigma w_i b_{i1} = 0 \rightarrow w_A + w_B + w_C = 0$

F_2 : $\Sigma w_i b_{i2} = 0 \rightarrow 0.5w_A + 2w_B - w_C = 0$

이를 풀면

$$w_A : w_B : w_C = 1 : -\frac{1}{2} : -\frac{1}{2}$$

즉, 재정포트폴리오를 구성하려면 B와 C를 동일금액만큼 공매하여 A를 구입하면 된다. 이렇게 구성한 재정포트폴리오의 수익률은 다음과 같다.

$$1 \times 15 + \left(-\frac{1}{2}\right) \times 13 + \left(-\frac{1}{2}\right) \times 7 = 5\%$$

따라서 A에 대한 수요증가로 수익률이 하락하여 A수익률이 10%가 될 때까지 가격이 상승하게 된다. 그러면 이때의 재정포트폴리오 수익률은 0이 된다. 이 재정포트폴리오의 수익률 5%는 A주식의 현재수익률 15%와 균형수익률 10%의 차이에 해당하는 값이다.

(3) CAPM이 APT와 함께 성립된다면 다음 식을 이용할 수 있다.

$$E(R_i) = R_f + [E(R_m) - R_f] \cdot \beta_i \text{ 에서}$$
$$0.1 = 0.08 + (0.1 - 0.08) \times \beta_A$$
$$0.13 = 0.08 + (0.1 - 0.08) \times \beta_B$$
$$0.07 = 0.08 + (0.1 - 0.08) \times \beta_C$$

이를 풀면 $\beta_A = 1$, $\beta_B = 2.5$, $\beta_C = -0.5$

(4) $R_p = E(R_p) + b_{p1}F_1 + b_{p2}F_2 + e_p$ 에서 분산을 취한다.

$$\text{Var}(R_p) = b_{p1}^2 \text{Var}(F_1) + b_{p2}^2 \text{Var}(F_2) + \text{Var}(e_p)$$

그런데
$$b_{P1} = \frac{1}{3} \times 1 + \frac{1}{3} \times 1 + \frac{1}{3} \times 1 = 1$$
$$b_{P2} = \frac{1}{3} \times 0.5 + \frac{1}{3} \times 2.0 + \frac{1}{3} \times (-1) = 0.5$$

그리고 e_A, e_B, e_C는 상호 독립적이어서 공분산은 모두 0이므로

$$\text{Var}(e_P) = \left(\frac{1}{3}\right)^2 \text{Var}(e_A) + \left(\frac{1}{3}\right)^2 \text{Var}(e_B) + \left(\frac{1}{3}\right)^2 \text{Var}(e_C)$$
$$= \left(\frac{1}{3}\right)^2 \times 2 + \left(\frac{1}{3}\right)^2 \times 3 + \left(\frac{1}{3}\right)^2 \times 4 = 1(\%)$$

따라서 각 주식에 1백만원씩 동일하게 투자한 포트폴리오의 분산값은 다음과 같다.

$$\text{Var}(R_p) = 1^2 \times 12 + 0.5^2 \times 10 + 1 = 15.5(\%)$$

(5) 자산수익률을 결정하는 요인의 정확한 값과 의미를 알 수 없어서 모두 대용변수와 대용값을 이용할 수밖에 없다.

>>> 연습문제 8 - 3

다음과 같이 주식수익률에 공통적으로 영향을 미치는 요인이 2개 존재하는 APT모형을 가정하자. 그리고 자본시장은 균형상태이며 이때의 A, B, C 3개 주식의 수익률과 각 요인에 대한 민감도는 다음과 같다.

주 식	기대수익률 $E(R_i)$	요인 1(b_{i1})	요인 2(b_{i2})
A	13.5%	0.5	1.0
B	12.4	0.6	0.4
C	11.8	0.2	0.3

(1) 무위험자산의 수익률은 얼마인가?

(2) 가나기업의 기획실장은 사장으로부터 사업 D와 E의 경제성을 검토하라는 지시를 받았다. 기획실의 조사결과 두 사업은 상호 종속적인 관계이고, 사업 D는 두 요인에 대한 민감도가 A와 같고, 사업 E는 두 요인에 대한 민감도는 모두 B의 절반이다. 그리고 이 사업을 수행하면 1년 후 5.65억원의 현금유입이 예상되지만, 사업 D는 투자비용이 현재 2억원이 소요되고, 사업 E는 3억원이 소요된다. 이 사업에 대한 수행 여부를 판단하라.

해설

(1) APT모형을 이용하여 먼저 λ_0, λ_1, λ_2를 다음과 같이 구한다.

$$E(R_i)=\lambda_0+\lambda_1 b_{i1}+\lambda_2 b_{i2} \text{ 에서}$$
$$13.5=\lambda_0+0.5\lambda_1+1.0\lambda_2$$
$$12.4=\lambda_0+0.6\lambda_1+0.4\lambda_2$$
$$11.8=\lambda_0+0.2\lambda_1+0.3\lambda_2$$

이를 풀면 $\lambda_0=11$, $\lambda_1=1$, $\lambda_2=2$가 되고 무위험이자율 $R_f=11(\%)$이 된다.

(2) 사업 D와 E는 상호 종속적인 관계에 있으므로 하나의 project로 인식해야 한다. 그러므로 project (D+E)의 각 요인에 대한 민감도를 먼저 구한다.

① 요인 1에 대한 민감도

$$b_{p1}=0.5\times\frac{2\text{억원}}{5\text{억원}}+0.6\times\frac{1}{2}\times\frac{3\text{억원}}{5\text{억원}}=0.38$$

② 요인 2에 대한 민감도

$$b_{p2}=1.0\times\frac{2\text{억원}}{5\text{억원}}+0.4\times\frac{1}{2}\times\frac{3\text{억원}}{5\text{억원}}=0.52$$

따라서 project에 대한 균형수익률(요구수익률)은 APT에 대입해서 다음과 같이 구한다.

$$E(R_p)=11+1b_{p1}+2b_{p2}$$
$$=11+1\times0.38+2\times0.52=12.42(\%)$$

그런데 project에서 기대되는 실제수익률은 $\frac{5.65-5}{5}=13\%$이므로 투자안을 수행한다.

>>> 연습문제 8 - 4

다음의 주식수익률 예측모형을 보고 다음 각 물음에 답하라.

$$\text{주식수익률} = 4.9564 + 0.1234\,X_1 - 1.3124\,X_2 + 1.2435\,X_3 + 3.1947\,X_4 + 4.5344\,X_5$$
$$(1.2345) \quad (0.3969) \quad (0.8918) \quad (4.1396) \quad (4.1098) \quad (1.5697)$$

그리고 $R^2 = 0.3588$, $F = 2.1234$ 이고 위의 식에서 ( ) 안의 숫자는 각 변수에 대한 표준오차(standard error)이다.

(1) X_2는 순운전자본 대 총자본이다. 이 변수에 대한 의미를 설명하고 이것의 유의수준이 적정한지 검증하라.
(2) X_5는 β계수이다. 이 변수의 값이 가장 크게 되는 이유를 설명하라.
(3) 이 모형의 한계점과 주가수익률의 예측능력을 높이기 위한 기법에 대해서 생각해보라.

해설

(1) ① 경제적 의미

X_2의 계수(−1.3124)의 부호가 음(−)이므로 다음과 같은 의미를 갖는다. 즉, 다른 조건이 일정하다면 기업 총자본 중에서 순운전자본이 차지하는 비율이 클수록 주식수익률은 떨어진다는 것이다.

② 유의수준

일반적으로 회귀분석에서 개별 변수에 대한 유의성은 t값으로 판단하고 모형에 대한 타당성은 F값으로 판단한다. F값에 대해서는 일률적으로 말할 수 없지만 t값은 그 절대값이 2보다 크면 그 변수는 통계적 유의성을 갖는다고 할 수 있다.

$$t\text{값} = \frac{\text{회귀계수}(\beta)}{\text{표준오차}(S_e)} = -\frac{1.3124}{0.8918} = -1.47$$

따라서 변수 X_2는 통계적인 유의성을 갖지 못한다.

(2) X_5는 시장포트폴리오 수익률 변화에 대한 민감도 β라고 하였다.

$$t\text{값} = \frac{4.5344}{1.5697} = 2.89 \text{ 이므로}$$

X_5는 통계적 유의성을 가지며 그 계수도 양(+)의 값 4.5344로서 가장 크다. 이는 개별 주식의 수익률이 주식시장 전체의 경기변동에 가장 큰 영향을 받는다는 의미이다.

(3) ① 모형의 한계점

주식수익률에 영향을 주는 요인의 개수가 일정하지 않으며, 특히 요인분석(factor analysis) 적용시 요인의 경제적 의미를 정확히 알 수 없다.

② 예측능력 개선방법

이는 회귀모형의 확장으로서 더미변수를 도입하거나, 비선형함수로 모형을 변환시키거나 또는 새로운 변수를 추가하는 방법 등을 생각할 수 있다.

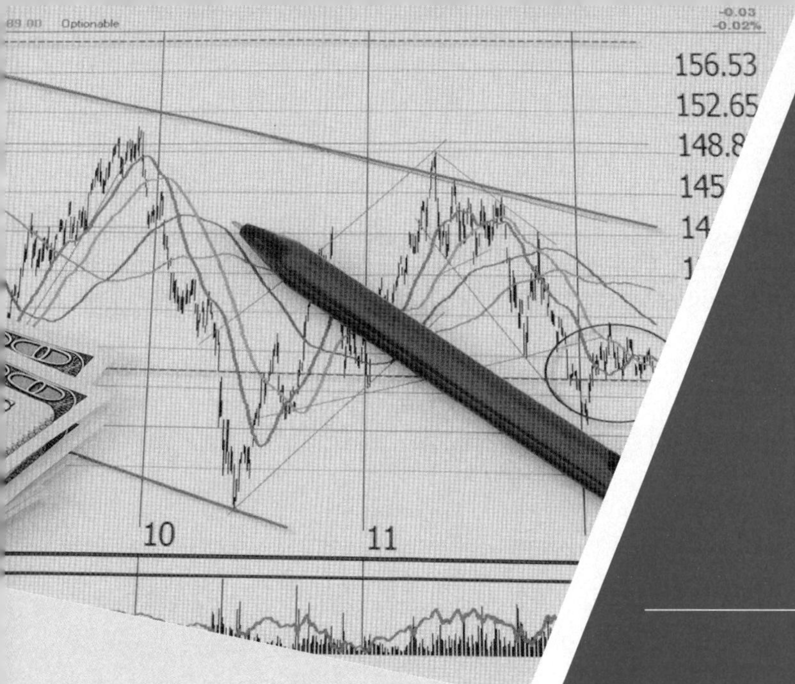

Financial Management

제 9 장

위험을 고려한 자본예산

학습 목표

앞서 제5장 자본예산에서 투자안의 경제성을 평가하는 방법으로는 순현재가치법(NPV법)이 가장 좋은 방법이라고 하였다. 그런데 이때 현금흐름은 확실성 하에서 측정된 것이고 또한 이를 현가화하기 위한 할인율이 주어져 있다고 가정하여 이를 할인율로 이용하였다. 그러나 현금흐름이 불확실한 상황에서 NPV법을 사용하려면 투자안으로부터 유입될 현금흐름의 위험을 측정하고 이에 합당한 할인율을 산출한 후 이를 통해서 NPV를 구해야 한다. 이 장에서는 이처럼 위험하에서 투자결정을 할 때에는 어떠한 사항을 고려해야 하고 어떤 절차를 따라야 하는지에 대해서 설명하기로 한다.

제 1 절 위험을 고려한 투자결정

1.1 총위험과 체계적 위험

위험을 고려해서 투자결정을 할 때에 위험이란 미래현금흐름이 불확실성을 갖는 경우를 말한다. 그 불확실한 정도를 분산(또는 표준편차)으로 측정하는데 이렇게 측정된 위험은 투자안의 총위험을 말하는 것이다. 그러나 분산투자가 가능하다면 총위험 중 비체계적 위험은 쉽게 제거할 수 있으므로 이성적 투자자라면 체계적 위험에 관심을 갖게 된다. 특히, CAPM의 가정이 성립되는 상황이라면 체계적 위험만이 균형수익률(균형가격)을 결정하는 유일한 변수가 된다.

그런데 재무이론을 처음 공부하면서 체계적 위험만이 균형수익률(균형가격)을 결정한다는 말의 의미가 잘 와 닿지 않는다. 다음과 같은 예를 들어보겠다. 만약 용접공이 아무 안전장치 없이 용접작업을 한다고 하면서 위험수당을 포함해서 일당으로 50만원을 요구한다고 하자. 이때의 위험은 총위험이다. 그러나 보호마스크를 착용하면 위험이 크게 줄어든다. 이러한 안전장치를 하더라도 위험이 남아 있을 수 있는데 이것이 체계적 위험이다. 노동시장에서는 안전장치를 한 상태를 기준으로 위험을 감안해서 일당을 책정할 것이다. 이렇게 책정된 일당이 20만원이라면 이것이 균형가격인 것이다. 그리고 여기서 보호마스크는 분산투자에 해당된다.

이와 같은 이유로 체계적 위험을 고려한 투자결정을 중점적으로 설명하는 것이다.

1.2 위험을 고려한 NPV법

확실성 하에서와 마찬가지로 위험을 고려한 투자결정에서도 NPV법이 가장 우월한 방법이다. 위험을 고려하여 NPV를 산출할 때에도 그 식의 구조는 확실성 하의 자본예산에서 살펴본 것과 동일하여 다음과 같이 표현된다.

$$NPV = \sum_{t=1}^{n} \frac{C_t}{(1+k)^t} - C_0$$

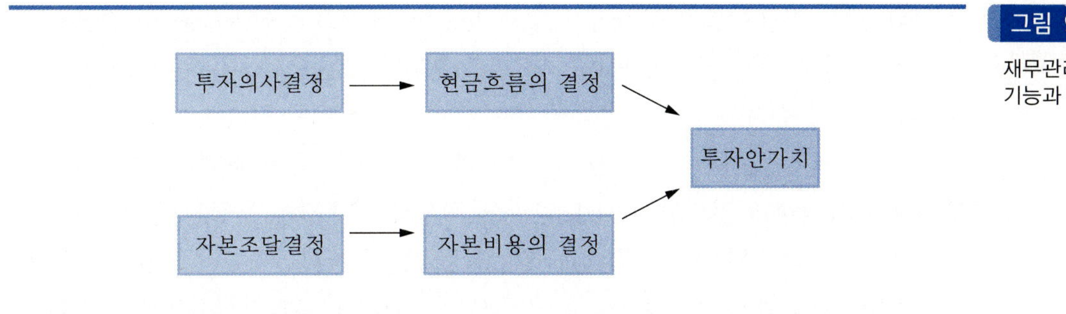

그림 9-1
재무관리의 두 가지 기능과 투자안가치

여기서 투자금액 C_0는 현재시점의 지출액으로서 확실하게 측정되는 것이다. 따라서 NPV의 크기를 결정하는 것은 앞 식의 첫번째 항에서 미래현금흐름과 이를 현가화시킬 때 적용해야 할 할인율의 두 가지 요소이다.

① 분자에 해당하는 미래현금흐름의 측정

NPV를 산출하는 앞 식에서 분자에 해당하는 미래현금흐름 C_t는 위험을 고려할 때에도 앞서 자본예산에서 배운 것처럼 영업현금흐름을 말한다.[1] 이는 투자자금을 모두 자기자본으로 조달하였다고 가정하여 주주에게 귀속되는 현금흐름을 산출한 것과 같다고 하였다. 투자안이 어떤 업종에 속하든지, 또는 부채를 많이 사용하든지 적게 사용하든지 간에 상관없이 이러한 산출기준은 언제나 동일하게 적용된다. 다만, 여기서는 불확실성 하의 현금흐름을 분석하는 것이므로 미래현금흐름의 기대값 $E(C_t)$로 측정된다는 점이 확실성의 경우와 다른 점이다.

② 분모에 해당하는 할인율의 결정

미래현금흐름의 기대값이 측정되고 나면 그 현금흐름이 갖는 위험에 알맞는 적절한 할인율을 결정하여야 한다. 이때에는 투자안이 속한 업종과 부채비율, 법인세 등을 고려해서 할인율을 결정하여야 한다. 자세한 내용은 곧 설명하겠지만 우선 간단하게 설명하면 앞서 다룬 위험과 수익률의 관계식을 통해서 산출한 기대수익률 $E(R)$를 할인율로 이용하게 된다. 따라서 NPV를 산출하는 식도 다음과 같이 표현된다.

$$NPV = \sum_{t=1}^{n} \frac{E(C_t)}{[(1+E(R)]^t} - C_0$$

1) 만약 자본적 지출이나 추가 운전자본이 있다면 이를 반영한 기업잉여현금흐름(FCFF)이 될 것이다. 특별한 언급이 없으면 자본적 지출과 추가운전자본이 없어서 영업현금흐름이 기업잉여현금흐름과 같다고 본다.

이와 같이 현금흐름이 포함하고 있는 위험에 맞추어서 할인율을 조정하여 투자안의 가치를 산출하는 방법을 위험조정할인율법(risk adjusted discount rate method)이라고 한다.[2)]

그런데 위의 두 가지 요소 중에서 분자의 영업현금흐름은 분석대상이 되는 어떤 투자안이 선택되었으면 이에 따라 자동적으로 결정되는 특징이 있다. 그러나 분모의 할인율은 자본비용(k)으로서 자본조달방법에 따라 그 크기가 달라지게 된다. 이러한 이유에서 자본비용은 투자안(또는 기업)가치와 직접적으로 연관되는 중요한 문제라는 사실을 알 수 있다. 재무관리의 기능이 크게 투자의사결정과 자본조달결정이라는 두 가지 기능으로 구분되는 것도 이러한 이유에서이다.

제 2 절 자기자본비용

2.1 자기자본비용의 중요성

앞서 NPV를 산출하는 과정에서 미래현금흐름은 투자자금을 모두 자기자본으로 조달하였다고 가정하여 주주에게 귀속되는 현금흐름을 측정한 것이라고 하였다. 그런데 실제로 투자자금도 모두 주식발행을 통해서 조달하였다면 NPV산출식에서 할인율 k는 자기자본비용(k_e)을 사용하면 된다. 자기자본비용은 주주로부터 조달한 자금을 사용한 대가이기 때문이다. 이러한 경우는 비교적 단순한 경우이지만 현실적으로는 투자자금의 일부를 부채로 조달하는 경우도 많다. 만약 자기자본과 타인자본을 함께 사용하는 경우라면 NPV산출식에서 할인율 k로는 자기자본비용과 타인자본비용을 가중평균한 값을 사용하여야 한다.[3)]

그런데 이같이 가중평균한 값을 구할 때에 자기자본비용 이외의 다른 자본비용들은 비교적 쉽게 산출할 수 있다. 그러나 주식에 대한 기대수익률, 즉 자기자본비용에 대해서는 많은 이론들이 소개되어 있으며 그 중에서 가장 많이 이용되

2) 이와는 달리 분자의 불확실한 현금흐름을 위험이 없는 확실한 현금흐름으로 조정하고 분모의 할인율을 무위험이자율로 사용하여 투자안의 가치를 산출할 수도 있다. 이러한 방법은 확실성등가법이라고 하는데 자세한 내용은 제11장을 참고하기 바란다.

3) 이렇게 자금조달 원천별로 각 자본비용을 가중평균한 값을 가중평균자본비용(WACC: weighted average cost of capital)이라고 한다. 자세한 내용은 이 장 제5절에서 설명할 것이다.

는 CAPM도 구체적인 적용단계에서는 내용이 그리 단순하지만은 않다. 따라서 위험을 고려한 투자결정에서는 자기자본비용을 어떻게 산출하는가가 중요한 내용이 된다.

2.2 산출방법

위험을 고려하여 이에 알맞는 자기자본비용(k_e)을 산출하는 방법은 어떤 가정을 전제로 하느냐에 따라 다음과 같이 분류할 수 있다.

(1) CAPM의 이용

CAPM의 성립을 위한 가정이 충족되면 SML을 통해서 산출한 주식의 기대수익률 $E(R_i)$를 자기자본비용(k_e)으로 이용한다.

$$E(R_i) = R_f + [E(R_m) - R_f] \cdot \beta_i$$

이때 SML은 사전적(ex-ante) 모형으로서 β_i도 미래의 확률분포로부터 구한 사전적인 값이어야 한다. 그러나 실제에서는 β_i가 일정하다는 가정, 즉 β_i의 안정성을 전제로 과거 시계열자료로부터 산출한 β_i를 사용하게 된다.

(2) APT의 이용

APT의 성립을 위한 가정이 성립되면 다음과 같이 산출한 주식의 기대수익률 $E(R_i)$를 자기자본비용(k_e)으로 이용한다.

$$E(R_i) = \lambda_0 + \lambda_1 b_{i1} + \cdots + \lambda_k b_{ik}$$

이 모형을 이용하려면 주식수익률에 영향을 미치는 공통요인을 알아야 한다. 그러나 실제로는 공통요인의 개수도 일정하지 않을 뿐더러 그 요인들을 대신할 수 있는 경제적 변수도 정확하게 찾을 수 없는 한계점이 있다. 따라서 현실적으로 이용하는 데는 CAPM보다 실용성이 떨어진다.

(3) 배당평가모형의 이용

현재 주식가격이 배당평가모형에 의해서 산출된 것이라면 이때에는 주가를 산출하기 위해서 사용한 할인율을 자기자본비용(k_e)으로 이용한다. 성장이 없는 경우와 일정한 성장이 계속 유지되는 경우로 구분해서 자기자본비용을 주가결정식에서 구해보면 다음과 같다.

① 성장이 없는 경우

성장이 없다는 것은 매년 배당액이 일정한 경우로서 제로성장모형(zero-growth model)을 이용한 주가결정식은 다음과 같다.

$$P_0 = \frac{D}{(1+R)} + \frac{D}{(1+R)^2} + \cdots + \frac{D}{(1+R)^{\infty}} = \frac{D}{R} = \frac{EPS}{R}$$

이 식을 할인율 R에 대해서 정리하면 다음과 같은데 이것이 자기자본비용이다.

$$R = \frac{D}{P_0} = \frac{EPS}{P_0} = \frac{1}{PER}$$

② 일정한 성장이 계속되는 경우

기업이 지속적으로 성장하여 배당이 매년 일정한 비율 g로 증가하는 경우의 주가결정식은 항상성장모형(constant-growth model)으로 산출된다.

$$P_0 = \frac{D_1}{(1+R)} + \frac{D_1(1+g)}{(1+R)^2} + \cdots + \frac{D_1(1+g)^{\infty-1}}{(1+R)^{\infty}} = \frac{D_1}{R-g}$$

이 식을 할인율 R에 대해서 정리하면 다음과 같은데 이것이 자기자본비용이다.

$$R = \frac{D_1}{P_0} + g$$

그런데 이러한 배당평가모형은 CAPM에 비해서 이론적으로 취약하며 실용성도 떨어지는 것으로 평가되고 있다.

제 3 절 베타(β)

3.1 개 요

제2절에서는 자기자본비용을 산출하는 방법으로 세 가지 방법을 열거하였지만 가장 많이 이용되는 방법은 CAPM이다. 그런데 CAPM을 이용하기 위해서 증권시장선(SML)을 살펴보면 베타(β)가 주식의 기대수익률을 결정하는 가장 중요한 변수임을 알 수 있다. 따라서 위험의 정도를 베타에 반영하여 이를 SML에 대입하면 자기자본비용을 구할 수 있는 것이다.

그러면 베타에 반영하여야 할 위험은 어떤 것들이 있는가? 결론부터 말하면 경영위험과 재무위험이다. 경영위험(business risk)이란 기업이 어떤 업종에 투자하는가에 의해서 결정되는 것인데 비해서, 재무위험(financial risk)이란 같은 업종에 투자하더라도 투자에 필요한 자금을 조달할 때 어느 정도의 부채를 사용하고 있는가에 의해서 결정된다. 대체로 이러한 위험이 클수록 베타는 커지고 이렇게 커진 베타를 SML에 대입해서 구한 자기자본비용도 함께 커지게 된다. 이러한 과정을 좀 더 구체적으로 전개하기 위해서 베타의 결정요인부터 살펴보자.

3.2 베타의 결정요인

(1) 수익의 양상

기업의 매출액(수익)이 경기변동에 대해서 민감하게 변화하는 경우에는 높은 베타값을 갖는다. 그러나 수익의 변동성, 즉 분산(또는 표준편차)이 크다고 해서 반드시 높은 베타값을 갖는 것은 아니라는 점에 주의해야 한다. 왜냐하면 분산값은 총위험을 나타내는 것이지만 베타값은 체계적 위험을 나타내는 것으로서 시장전체의 경기변동과의 관계로 측정되는 값이기 때문에 베타값이 크려면 시장과의 상관계수도 높아야 하기 때문이다.

이를테면 [그림 9-2]의 (a)는 수익의 변동성, 즉 표준편차는 크지만 시장전체의 경기변동과는 상관관계가 낮기 때문에 베타값이 작은 경우이고, (b)는 표준편

그림 9-2

표준편차, 상관계수와 베타의 관계

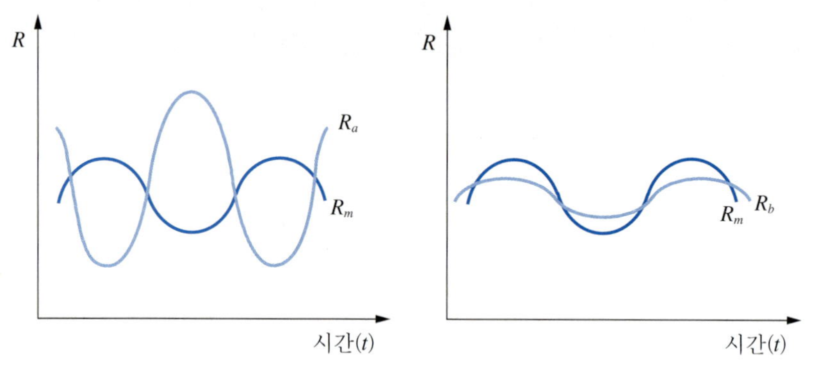

(a) 표준편차는 크지만 베타는 작은 경우 (b) 표준편차는 작지만 베타는 큰 경우

차가 (a)에 비해서는 작지만 시장과의 상관관계가 높기 때문에 베타값이 큰 경우이다.[4)]

(2) 영업레버리지

① 영업레버리지효과와 베타

일반적으로 기업의 영업비용 중에서 고정비가 차지하는 비중이 크면 단위당 변동비가 작아지게 된다. 이러한 현상 때문에 고정비는 매출액 변화에 비해서 영업이익 변화의 폭을 확대시키는 효과가 있는데 이를 영업레버리지효과라고 한다. 이러한 관계를 그림으로 나타내면 [그림 9-3]과 같다.

[그림 9-3]의 (a)는 고정비는 낮은 수준이지만 단위당 변동비가 높은 기업의 매출 · 비용 · 영업이익의 관계를 나타낸 것이고, (b)는 고정비가 높은 수준이어서 단위당 변동비는 낮은 기업의 매출 · 비용 · 영업이익의 관계를 나타낸 것이다. 이 때에 고정비가 많은 (b)의 경우 (a)에 비해서 영업이익의 변화폭이 훨씬 크다는 것을 확인할 수 있다.

그런데 만약 기업이 부채를 사용하지 않고 투자자금을 모두 자기자본으로 조달한다면 영업이익은 모두 순이익으로 주주에게 귀속될 것이고 이는 곧 주식수익률에 반영되므로 영업레버리지는 베타를 확대시키는 효과를 갖는다. 따라서 업

4) 베타의 정의를 생각해보면 이러한 원리를 쉽게 알 수 있다. 즉, $\beta_i = \frac{\rho_{im}\sigma_i\sigma_m}{\sigma_m^2} = \frac{\rho_{im}\sigma_i}{\sigma_m}$ 이므로 분자값인 기업수익률의 표준편차와 시장과의 상관계수가 동시에 큰 값을 가질 때에 베타가 큰 값을 갖게 된다.

그림 9-3

영업레버리지효과

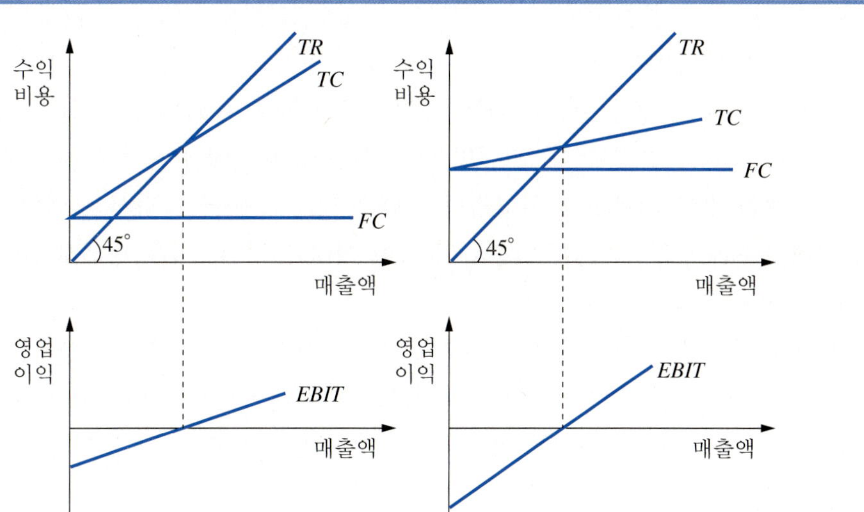

(a) 영업레버리지가 작은 경우 (b) 영업레버리지가 큰 경우

종이 동일하여 시장전체의 경기변동과의 상관계수가 일정하다면 영업비용 중 고정비가 클수록 높은 베타를 갖게 되는 것이다.

② 경영위험

앞서 간단하게 언급하였지만 경영위험(business risk)이란 기업이 어떤 업종에 속해 있는가에 의해서 결정되는 것이라고 하였다. 그러나 좀 더 엄밀하게 정의하면 경영위험은 기업이 어떤 업종에 투자하는가와 동시에 어느 정도의 고정비를 부담하는가에 의해서 결정되는 것이다. 따라서 업종이 다르면서도 고정비 부담정도에 따라서 경영위험이 같을 수도 있는 것이다. 그럼에도 불구하고 업종이 동일하면 경영위험이 동일하다고 설명하는 경우가 많은데, 이때에는 고정비 부담수준도 동일하다는 가정을 전제로 하고 있는 것이라고 생각하면 될 것이다.

결론적으로 경영위험은 미래 매출액의 불확실성과 영업레버리지로 인한 영업이익의 불확실성을 의미하기 때문에 미래 영업이익의 변동가능성으로 정의된다. 그래서 이를 영업위험(operating risk)이라고도 한다.

(3) 재무레버리지

① 재무레버리지효과와 베타

기업이 어떤 투자안을 수행하면서 소요자금을 자기자본만으로 조달하지 않고 일부를 부채로 조달할 수도 있다. 이같이 부채를 조달하게 되면 주주에게 귀속되는 순이익과 베타에는 어떤 효과를 주게 될 것인가를 생각해 보자. 부채를 조달하게 되면 부채에 대한 이자를 매년 일정액씩 지급해야 되는데 이때의 지급이자는 고정비 성격을 갖게 된다. 그러면 영업레버리지효과에서 살펴본 것과 같은 논리로 부채를 많이 사용할수록 고정비 부담은 커지고 이에 따라서 영업이익 변화에 비해서 이자지급 후 순이익 변화의 폭이 커지게 된다. 이를 재무레버리지효과라고 한다.

부채를 사용하는 기업의 경우 주주에게 귀속되는 현금흐름은 이자지급 후 순이익이고, 이것이 주식수익률에 반영되므로 재무레버리지는 베타를 확대시키는 효과를 갖는다. 따라서 부채를 많이 사용할수록 높은 베타를 갖게 된다.

② 재무위험

재무위험(financial risk)이란 이처럼 자본조달과 관련된 위험이다. 즉, 투자에 필요한 자금 중 부채로 조달하는 금액이 클수록 주주에게 귀속될 미래 이익의 변동가능성이 커지게 되는데 이를 재무위험이라고 하는 것이다.

3.3 재무레버리지와 베타

(1) 개 요

기업이 부채를 사용하게 되면 재무레버리지효과로 인해서 재무위험이 증가하게 되므로 부채수준에 따라 베타가 달라지게 된다. 따라서 기업이 부채를 사용하게 되면 그 부채수준에 따라 베타를 조정해야 하며 이렇게 조정한 베타값을 SML에 대입해서 부채기업의 자기자본비용을 얻게 된다. 그러면 이제부터 부채사용에 따른 베타의 조정과정을 설명하기로 한다.

법인세가 없는 경우의 내용이 간단하므로 이를 먼저 살펴본 후에 이를 보다 현실화하여 법인세가 존재하는 경우를 살펴보겠다.

(2) 법인세가 없는 경우

① 자산의 베타

자산의 베타(β_{asset})란 기업이 부채를 전혀 사용하지 않고 100% 자기자본만으로 자산을 취득하였을 경우의 주식베타를 말한다. 따라서 이는 앞서 설명한 베타의 결정요인 중 수익의 양상과 영업레버리지효과까지만 반영된 것으로서 경영위험(business risk)을 나타내는 것이다. 이는 곧 무부채기업(unlevered firm)의 주식베타와 같은 값이므로 β_S^U으로 표현할 수 있다.

② 주식의 베타

기업이 자산을 취득하는 데(또는 투자안을 수행하는 데)에 필요한 자금의 일부를 부채로 사용하고 있는 경우, 재무상태표의 체계에서 보면 자산은 자기자본(주식)과 부채를 결합한 포트폴리오로 볼 수 있다. 따라서 자산의 베타는 베타의 가산원리를 이용하여 다음 식과 같이 부채베타(β_B)와 주식베타(β_S)의 가중평균값으로 나타낼 수 있다.

$$\beta_{asset} = \beta_{portfolio} = \frac{B}{B+S} \cdot \beta_B + \frac{S}{B+S} \cdot \beta_S \qquad (9.1)$$

그런데 위 식은 부채를 사용하고 있는 상황을 나타내고 있는 것이므로 여기서 β_S는 부채기업(levered firm)의 주식베타이다. 이를 β_S^L로 표현하자. 그리고 위 식을 β_S^L에 대해서 정리하면 다음과 같이 표현할 수 있다.

$$\beta_S^L = \beta_A + (\beta_A - \beta_B)\frac{B}{S}$$

그런데 자산의 베타 β_A는 100% 자기자본만으로 구성된 무부채기업의 주식베타 β_S^U와 같은 것이므로 위 식은 다음과 같이 고쳐쓸 수 있다.

$$\beta_S^L = \beta_S^U + (\beta_S^U - \beta_B)\frac{B}{S} \qquad (9.2)$$

그리고 대개 부채의 이자수익은 일정하여 위험이 거의 없으므로 부채의 베타 $\beta_B=0$으로 놓을 수 있다.[5)]

그러면 위의 식은 다음과 같이 정리된다.

$$\beta_S^L = \left(1 + \frac{B}{S}\right)\beta_S^U \qquad (9.3)$$

즉, 부채를 사용하는 기업의 주식베타는 위 식을 이용해서 무부채기업의 주식베타, 또는 자산베타로부터 구할 수 있는데 이 관계를 [그림 9-4]와 같이 나타낼 수 있다.

5) 부채의 베타가 0인 것은 부채에 대해서는 확정이자만 발생하여 수익률이 상수인데 시장포트폴리오의 수익률은 확률변수이므로 이들간의 공분산이 0이기 때문이다.

그림 9-4

법인세가 없는 경우 부채기업의 주식베타

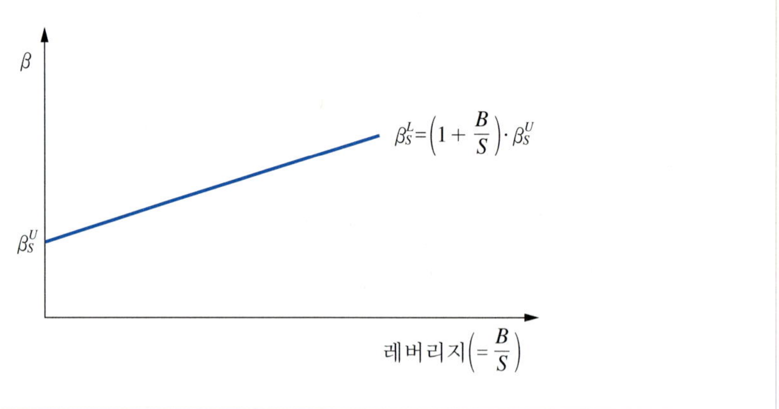

식 (9.2), 식 (9.3) 그리고 [그림 9-4]에서 살펴보면 다음과 같은 두 가지 내용을 알 수 있다.

첫째, 기업이 부채를 많이 사용할수록 레버리지 $\frac{B}{S}$는 증가한다.[6)]

둘째, 레버리지의 증가에 따라 부채기업의 주식베타는 점점 더 커지게 된다.

>>> **예제 9-1**

가나기업은 무부채기업으로서 β는 1.5이다. 무위험이자율은 10%이고 시장포트폴리오의 기대수익률은 14%라고 가정하자.

(1) 현재 가나기업의 자기자본비용은 얼마인가?

(2) 만약 가나기업이 부채를 조달하여 투자안을 수행한 후에 재무레버리지가 B/S=2/3가 되었다면 가나기업의 주식 β는 얼마로 변화하게 되는가? 그리고 이때에 자기자본비용은 얼마인가?

풀이

(1) 무부채기업이므로 $\beta = 1.5$는 경영위험까지 반영된 자산베타(β_A)이다. 동시에 이는 주식베타(β_S^U)이므로 SML에 대입하여 자기자본비용을 구한다.

$$E(R_i) = R_f + [E(R_m) - R_f] \cdot \beta_i$$
$$= 10 + (14 - 10) \times 1.5 = 16(\%)$$

이때 16%는 기업의 자본비용이기도 하다.

(2) 재무상태표 구성은 다음과 같다.

6) 일반적으로 레버리지라고 하면 재무레버리지를 말하는데, 이는 부채의존도를 의미한다. 이를 측정하는 지표로 부채비율 $\frac{B}{S}$를 이용하기도 하고 총자산 중 부채비율 $\frac{B}{V}$를 이용하기도 한다.

재무상태표

V 100%	B 40%
	S 60%

여기서 자산의 베타는 다음과 같이 표현된다.

$$\beta_A = \frac{B}{B+S} \cdot \beta_B + \frac{B}{B+S} \cdot \beta_S^L$$

따라서

$$1.5 = 0.4 \times 0 + 0.6 \times \beta_S^L \text{에서 } \beta_S^L = 2.5$$

즉, 재무위험까지 반영된 주식의 베타는 2.5이므로 자기자본비용은 SML에 대입하여 구한다.

$$E(R_i) = 10 + (14 - 10) \times 2.5 = 20(\%)$$

위와 같은 내용을 무부채기업의 주식베타와 부채기업의 주식베타 사이의 관계로 그림에서 나타내면 다음과 같다.

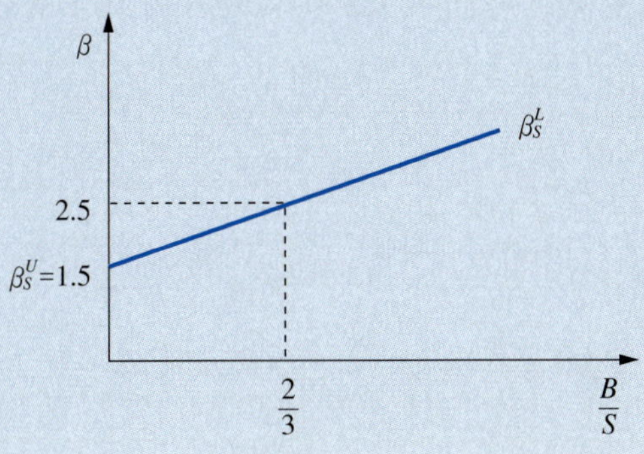

(3) 법인세가 있는 경우

① Hamada모형

제10장 자본구조이론에서 설명하겠지만 MM(1963)에 따르면 법인세가 있는 경우에 부채기업의 가치 V_L은 부채에 대한 지급이자가 비용으로 인정되기 때문에 무부채기업의 가치 V_U에 비해서 이자비용 감세효과의 현재가치만큼 크게 되어 다음 식이 성립한다.

$$V_L = V_U + t \cdot B$$

그림 9-5

법인세가 있는 경우 부채기업의 주식베타

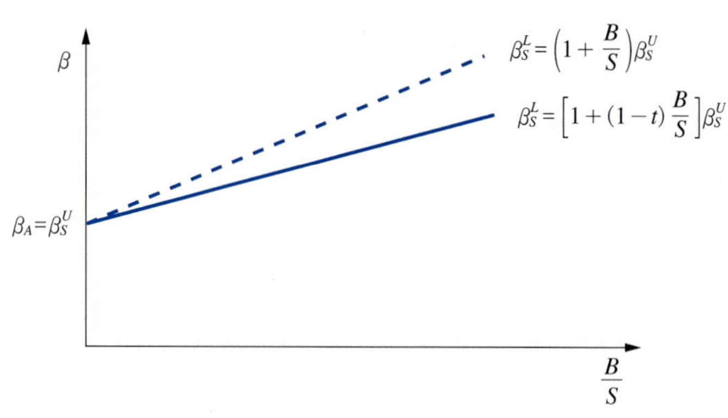

이 식에서 기업가치에 대한 베타를 구하면 다음과 같다.

$$\beta(V_L) = \frac{V_U}{V_L} \cdot \beta_S^U + \frac{t \cdot B}{V_L} \cdot \beta_B \tag{9.4}$$

한편, 기업가치는 언제나 자기자본(주식)과 부채가치의 합이므로 항상 다음 식이 성립한다.

$$V_L = B + S$$

이 식에서 기업가치의 베타를 구하면 다음과 같다.

$$\beta(V_L) = \frac{B}{V_L} \cdot \beta_B + \frac{S}{V_L} \cdot \beta_S^L \tag{9.5}$$

식 (9.4)와 식 (9.5)를 통해서 구한 기업가치의 베타는 모두 동일한 기업의 베타를 측정한 것이므로 같은 값을 가져야 할 것이다. 따라서 다음 식이 성립한다.

$$\frac{V_U}{V_L} \cdot \beta_S^U + \frac{t \cdot B}{V_L} \cdot \beta_B = \frac{B}{V_L} \cdot \beta_B + \frac{S}{V_L} \cdot \beta_S^L$$

위의 식을 $V_U = V_L - t \cdot B = S + (1-t)B$를 이용해서 β_S^L에 대해서 정리하면 다음과 같이 표현된다.

$$\beta_S^L = \beta_S^U + (\beta_S^U - \beta_B)(1-t)\frac{B}{S} \tag{9.6}$$

그리고 여기에서 무위험부채를 가정하면 베타 β_B는 0이므로 위의 식은 다음과 같이 정리된다.

$$\beta_S^L = \left[1 + (1-t)\frac{B}{S}\right]\beta_S^U \tag{9.7}$$

즉, 법인세가 존재할 경우에 부채기업의 주식베타는 위 식을 이용해서 무부채기업의 주식베타로부터 구할 수 있는데 이 식을 Hamada모형이라고 한다.[7)]

이제 Hamada모형을 법인세가 없는 경우 부채기업의 주식베타를 나타내는 식 (9.3)과 비교해 보자. 이 두 식은 모두 부채를 많이 사용할수록 주식베타는 증가한다는 사실을 나타내고 있다. 그러나 법인세가 존재하는 경우에는 그 증가폭이 법인세가 없는 경우에 비해서 작다는 것을 알 수 있다. 이러한 사실은 [그림 9-4]와 [그림 9-5]를 비교해도 확인할 수 있다.

② Hamada 모형을 이용할 때 주의점

앞에서와 같이 Hamada모형을 이용하여 조정된 주식베타값을 SML에 대입해서 얻게 되는 기대수익률을 자기자본비용으로 사용할 때에는 다음과 같은 점을 주의해야 한다.

첫째, Hamada모형은 기업의 영업현금흐름이 무한히 계속되며 또한 기업이 부채를 무한히 사용한다는 가정을 전제로 도출된 것이라는 점이다. 따라서 Hamada모형을 이용하여 산출한 자본비용은 유한한 현금흐름을 갖는 투자안을 평가하거나 부채를 상환해야 하는 경우에 이용하면 안 된다.

둘째, Hamada모형은 기업이 사용하는 부채가 무위험부채라는 가정을 전제로 도출된 것이다. 이는 기업이 부채를 조달할 때에 부담하는 이자율이 곧 무위험이자율이라는 것이다. 따라서 만약 기업이 사용하는 부채가 위험부채이어서 그 이자율이 무위험이자율보다 크다면 Hamada모형을 이용하여 산출한 자본비용을 투자안의 평가에 이용해서는 안 된다.[8)]

7) Hamada모형 도출과정을 요약하여 표로 만들면 다음과 같다.

기업가치	구 성	기업가치의 베타	$\beta_B \neq 0$일 때	$\beta_B = 0$일 때
V_L	$V_U + t \cdot B$	$\frac{V_U}{V_L}\beta_S^U + \frac{t \cdot B}{V_L}\beta_B$	$\beta_S^L = \beta_S^U + (\beta_S^U - \beta_B)(1-t)\frac{B}{S}$	$\beta_S^L = \left[1 + (1-t)\frac{B}{S}\right]\beta_S^U$
	$B + S$	$\frac{B}{V_L}\beta_B + \frac{S}{V_L}\beta_S^L$		

8) 나중에 설명하겠지만 미리 밝히면 기업이 부담하는 부채이자율이 무위험이자율과 다르다면 MM의 제 2 명제를 이용해서 자기자본비용을 산출하여야 한다.

>>> 예제 9-2

가나기업은 무부채기업으로서 β는 1.5이다. 무위험이자율은 10%이고 시장포트폴리오의 기대수익률은 14%라고 가정하자. 그리고 법인세가 존재하며 세율은 40%이다.

(1) 현재 가나기업의 자기자본비용은 얼마인가?

(2) 만약 가나기업이 부채를 조달하여 투자안을 수행한 후에 재무레버리지가 B/S＝2/3가 되었다면 가나기업의 주식 β는 얼마로 변화하게 되는가? 그리고 이 때에 자기자본비용은?

풀 이

(1) 무부채상태에서 자기자본비용은 법인세 존재 여부와 상관없다. 따라서 $\beta=1.5$를 SML에 대입하여

$$E(R_i)=R_f+[E(R_m)-R_f]\cdot\beta_i$$
$$=10+(14-10)\times 1.5=16(\%)$$

(2) 다음과 같이 Hamada모형을 이용하여 부채비율을 고려한 주식베타를 산출한다.

$$\beta_S^L=\left[1+(1-t)\frac{B}{S}\right]\cdot\beta_S^U$$
$$=\left[1+(1-0.4)\frac{2}{3}\right]\times 1.5=2.1$$

따라서 $\beta_S^L=2.1$을 SML에 대입하여 자기자본비용을 구한다.

$$E(R_i)=10+(14-10)\times 2.1=18.4(\%)$$

이와 같은 내용을 그림으로 나타내면 다음과 같다.

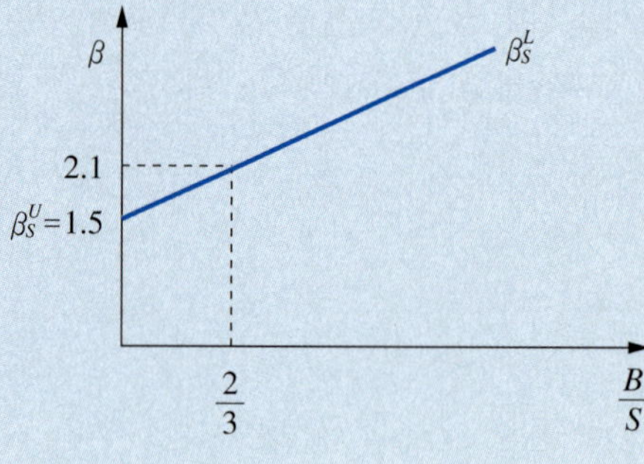

제 4 절 타인자본비용 및 기타자본비용

4.1 타인자본비용

(1) 법인세가 없는 경우

타인자본비용이란 부채를 사용하는 대가로 기업이 부담하는 비용을 말한다. 원금(B)에 대해서 매기 말에 이자(I)를 지급한다고 하자. 이때 법인세를 고려하지 않은 납세 전 타인자본비용(k_d)은 다음과 같이 측정된다.

$$k_d = \frac{I}{B} \tag{9.8}$$

(2) 법인세가 있는 경우

기업이 부채에 대해서 지급하는 이자는 비용으로 인정되기 때문에 법인세(법인세율: t)를 고려하면 기업이 실제로 부담하는 현금유출은 I가 아니라 $I \cdot (1-t)$가 된다. 즉, $I \cdot t$만큼의 현금유출의 절감효과를 얻게 되는데 이를 이자비용의 감세효과(tax shield effect)라고 한다. 따라서 법인세를 고려한 납세 후 타인자본비용(k_i)은 다음과 같이 측정된다.

$$k_i = \frac{I \cdot (1-t)}{B} = k_d \cdot (1-t) \tag{9.9}$$

>>> 예제 9-3

가나기업은 100의 부채를 사용하며 이에 대한 이자는 매년 말 10씩 지급하고 있다. 가나기업의 영업이익이 40이고 법인세율이 30%라고 할 때에 다음 각 물음에 답하라.

(1) 이자비용의 감세효과를 고려해서 가나기업이 실제로 부담하고 있는 지급이자를 산출하고 이에 따른 타인자본비용을 구하라.

(2) 그리고 만약 가나기업의 영업이익이 0이라면 타인자본비용은 얼마인가?

풀이

가나기업이 실제로 부담하고 있는 지급이자는 부채사용에 따른 순이익의 감소분으로 측정할 수 있다. 따라서 다음과 같이 부채를 사용하지 않는다고 가정해서 작성된 손익계산서상의 순이익과 부채를 사용하는 경우의 순이익을 비교한다.

항 목	무부채 I/S	부채사용 I/S
영업이익	40	40
지급이자	0	10
세전이익	40	30
법인세(30%)	12	9
순이익	28	21

위의 결과로 부채원금 100에 대한 사용대가는 7(=28−21)임을 알 수 있다. 여기서 채권자에게 지급하는 이자 10과의 차이 3(=10−7)이 이자비용의 감세효과이며 지급이자에 대한 세금(10×0.3=3)으로 직접 측정할 수 있다. 그러므로 법인세를 고려한 타인자본비용 k_i는 다음과 같다.

$$k_i = \frac{I(1-t)}{B} = \frac{10(1-0.3)}{100} = 0.07 \ (7\%)$$

여기서 이자비용의 감세효과는 영업이익이 충분한 경우에 누릴 수 있는 것이다. 따라서 영업이익이 없는 경우에는 법인세가 존재하더라도 이자비용의 감세효과를 누릴 수 없기 때문에 다음 식이 성립한다.

$$k_i = k_d = \frac{10}{100} = 0.1 \ (10\%)$$

4.2 기타자본비용

기업이 사용하는 자금유형은 크게 주식에 의한 자금조달과 부채에 의한 자금조달의 두 가지로 구분되지만 이외에도 다음과 같이 유보이익 및 우선주에 의한 자금조달도 생각해볼 수 있다.

(1) 유보이익의 자본비용

유보이익은 배당 대신 재투자를 위해 유보시킨 것이므로 보통주 자본비용과 동일하다. 왜냐하면 만약 배당한다면 주주는 배당금으로 최소한 그 회사 주식을 매입할 수 있기 때문이다.

그러나 이는 기업이 유보이익에서 조달된 자금으로 기존 사업을 계속할 경우에 적용되는 논리이고 만약 새로운 사업을 수행한다면 그 사업이 속하는 업종에 해당하는 기대수익률을 자본비용으로 사용하여야 한다.

(2) 우선주 자본비용(k_p)

우선주에 대한 배당이 일정액으로 지급되는 경우에는 일정액의 이자를 지급하는 부채와 같이 타인자본으로 간주하게 된다. 그러나 이러한 경우 배당은 이자처럼 비용처리가 되지 않고 납세 후 이익에서 지급되기 때문에 법인세의 감세효과가 없다. 그래서 우선주 자본비용은 타인자본비용보다 더 높은 편이다.

우선주 자본비용은 다음과 같이 배당액 D를 우선주 현재가격 P_0로 나누어 측정한다.

$$k_p = \frac{D}{P_0} \tag{9.10}$$

제 5 절 가중평균자본비용

5.1 의의 및 측정

가중평균자본비용(WACC : weighted average cost of capital)이란 원천별 자본비용을 각 자본의 총자본구성비율로 가중평균한 자본비용을 말하는데 총자본이 보통주와 타인자본으로 구성된다고 가정하면 다음 식을 통해서 k_0로 측정된다.

$$k_0 = \left(\frac{S}{B+S}\right)k_e + \left(\frac{B}{B+S}\right)k_i \tag{9.11}$$

위와 같이 WACC를 산출할 때에 각 자본비용에 대한 가중치로는 다음과 같이 장부가치와 시장가치를 사용할 수 있다.

① 장부가치

자기자본과 타인자본에 대한 가중치로 장부가치를 이용할 때에는 재무제표상의 자료를 그대로 이용한다. 그래서 계산은 간편하나 이렇게 산출한 WACC는 과거 회계자료를 이용한 역사적 WACC이기 때문에 새로운 투자안에 적용할 할인율로서는 부적합하다.

② 시장가치

사채, 우선주, 보통주 등 자본구성항목들을 모두 증권시장 거래가액으로 평가하고 이를 가중치로 사용하여 WACC를 산출하는 방법으로서 이론적으로 타당하다.

5.2 WACC의 이용

(1) 기업의 WACC

WACC는 자기자본 또는 타인자본 등 여러 형태로 자금을 조달할 때에 전체 자금에 대해서 부담하고 있는 자본비용을 의미한다. 그런데 일정시점에서 작성된 기업의 재무제표를 보면 기업은 하나의 커다란 투자안으로 파악할 수 있다. 왜냐하면 대변항목은 자금의 조달형태를 나타낸 것이고, 차변항목은 이렇게 조달한 자금으로 투자한 자산의 내용을 나타낸 것이기 때문이다. 따라서 이러한 대차대조표의 대변항목에 대해서 WACC를 산출할 수 있을 것이다. 이같이 산출한 WACC는 현시점에서 기업전체로 볼 때 부담하고 있는 자본비용이므로 이를 기업의 WACC라고 한다.

그러면 새로운 투자안을 평가할 때 기업의 WACC를 이용할 수 있는가? 기업의 WACC를 새로운 투자안의 평가에 그대로 이용하려면 다음의 두 가지 조건이 충족되어야 한다.

① 새로운 투자안의 경영위험이 기존 기업의 그것과 동일할 것
② 새로운 투자안의 자본구성이 기존 기업의 그것과 동일할 것

(2) 투자안의 WACC

현실적으로 새로운 개별 투자안을 평가할 때 투자안의 경영위험, 재무위험이 모두 기존 기업과 일치해서 기업의 WACC를 그대로 사용할 수 있는 경우는 많지 않다. 대개의 경우 개별 투자안을 평가하기 위해서는 이에 적용할 새로운 자본비용을 구해야 하는데 이 과정을 흔히 'WACC의 조정'이라고 한다. 그런데 개별 투자안의 평가에 사용할 자본비용을 구하는 과정을 이처럼 'WACC의 조정'이라고 부르는 것은 적절치 못하다. 이는 마치 기존 기업의 WACC를 조정해서 개별 투자안을 평가하기 위한 자본비용으로 사용하는 것처럼 오해를 줄 수 있기 때

문이다.

예를 들어, LG전자가 백화점을 세워서 유통업에 진출하려고 한다고 가정하자. 이때 백화점 설립에 따른 미래현금흐름을 할인하여 NPV를 구할 때에 사용할 할인율이 바로 투자안의 WACC인 것이다. 그런데 LG전자 재무상태표에서 구한 기업의 WACC는 전자업종에 해당하는 것이어서 유통업과는 아무런 상관이 없기 때문에 백화점 설립을 평가하는 데에는 이용할 수 없는 것이다. 다만, LG전자가 백화점 대신 동일한 전자업종에서 자회사를 신설할 계획이라면 이때에는 기업의 WACC를 이용할 수 있을 것이다.[9)]

5.3 한계자본비용

(1) 한계개념의 중요성

기업이 개별 투자안을 수행한다는 것은 투자규모를 추가적으로 늘린다는 것과 같은데 이것은 경제학에서 기업이 조업도를 늘리는 것과 동일한 것이다. 경제학에서 조업도를 늘리는 기준은 한계수익(MR) > 한계비용(MC)인데 이 기준이 재무관리에서도 그대로 이용되는 것이다.

이러한 개념을 NPV법에서 보면 투자수행에 따른 현금유입의 현가가 MR이 되고 투자자금이 MC가 된다. 또한 IRR법에서 보면 투자안의 내부수익률이 MR에 해당하는 것이고 투자자금의 자본비용이 MC에 해당하는 것이다. 물론 투자자금을 두 가지 이상의 원천으로 조달한다면 이때의 자본비용은 WACC가 될 것이다.

이때 투자자금은 개별 투자안을 수행하기 위해서 추가로 조달하는 것이므로 그 자본비용을 한계자본비용(MCC : marginal cost of capital)이라고 한다. 따라서 본서에서는 'WACC의 조정'이라는 표현이 줄 수 있는 오해를 없애기 위해 'MCC의 산출'이라는 표현을 사용한다.

(2) 한계자본비용의 산출

한계자본비용은 추가적인 개별 투자안이나 사업부를 평가할 때에 이를 수행하

9) 결론적으로 말하면 투자안이 속한 업종이 기업의 기존 업종과 다르면 기업의 WACC는 아무런 소용이 없고 업종이 동일할 때에만 기업의 WACC를 이용할 수 있는 것이다. 또한 업종이 동일할 때에도 투자안의 자본구성을 기존 기업의 자본구성과 동일하게 할 때에만 기업의 WACC를 그대로 쓰는 것이고 그렇지 않으면 자본구성의 차이에 따른 조정을 거쳐야 한다.

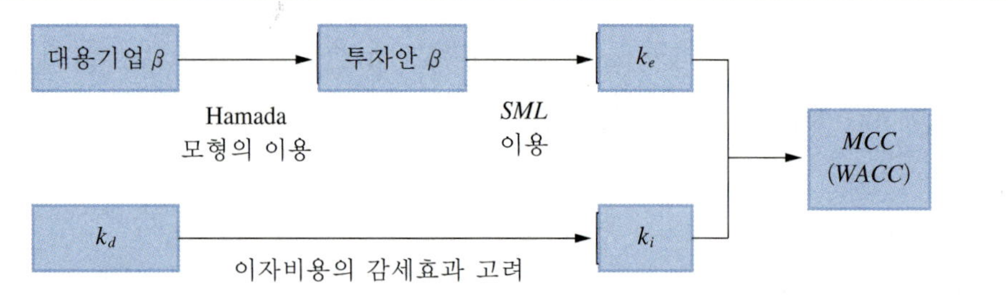

그림 9-6
한계자본비용의 산출과정

기 위해 조달하는 자금의 자본비용을 의미한다. 구체적으로는 자금의 조달원천을 고려하여 원천별 자본비용을 산출한 후 이들을 가중평균한 WACC이므로 앞서 설명한 투자안의 WACC가 바로 한계자본비용이다. 그리고 자산의 분할가능성을 고려하면 추가자금 1단위에 적용되는 WACC라고 정의할 수 있다.

MCC를 산출하는 과정은 상황에 따라 달라질 수 있으나 대체로 다음과 같은 절차를 따른다.

① 대용기업의 베타

고려대상이 되는 투자안과 동일한 업종을 영위하는 기업의 베타를 구한다. 이 기업을 대용기업(proxy company)이라고 한다. 이때 만약 이 기업이 부채를 사용하지 않고 있는 무부채기업이라면 베타를 그대로 이용하고 부채를 사용하고 있는 부채기업이라면 Hamada모형을 이용하여 무부채상태의 베타로 바꾼다.

② 투자안의 베타

투자안을 수행하기 위한 투자자금을 모두 자기자본으로 조달한다면 ①에서 구한 베타를 그대로 이용하지만 투자자금 일부를 부채로 조달한다면 목표부채비율을 고려하여 Hamada모형에 따라서 부채상태의 주식베타를 산출한다.

③ 자기자본비용

②에서 산출한 투자안의 베타를 SML에 대입시켜서 부채상태의 자기자본비용을 구한다.

④ 타인자본비용

투자자금 일부를 부채로 조달하는 경우 이자비용의 감세효과를 고려한 납세후 타인자본비용을 구한다.

⑤ 투자안의 자본비용

③의 자기자본비용, 그리고 ④의 타인자본비용을 가중평균한 WACC를 구한다. 이 값이 바로 투자안의 WACC이면서 MCC인데 투자안의 내부수익률과 비교하거나 투자안의 NPV를 산출할 때 적용하는 할인율이다.

이러한 과정을 요약해서 그림으로 나타내면 [그림 9-6]과 같다.

(3) MCC 산출과정에서 주의할 사항

MCC를 산출하는 과정에서 흔히 오류를 범하기 쉬운 사항을 설명하면 다음과 같다.

투자안의 베타를 구하는 단계에서 Hamada모형을 이용하려면 투자안의 레버리지를 고려해야 하는데 이 레버리지는 목표레버리지이지 조달레버리지가 아니라는 것이다. 목표레버리지란 투자안을 수행한 후의 NPV까지 포함한 투자안의 가치를 기준으로 산출한 자기자본 대 부채의 비율이다. 한편, 조달자금을 기준으로 산출하는 자기자본과 부채의 비율은 조달레버리지라고 할 수 있는데 이를 Hamada모형에 대입해서 투자안의 베타를 산출하면 안 된다는 것이다.[10)]

>>> **예제 9-4**

가나건설(주)은 컴퓨터산업의 지속적인 성장을 고려해서 컴퓨터업계에 자회사를 설립할 것을 고려 중이다. 자회사를 설립하면 이로부터 매년 49억원의 잉여현금흐름이 무한히 계속될 것으로 판단되는데, 자회사 설립을 위해서는 380억원의 투자자금이 초기에 지출될 것으로 예상된다. 그리고 시장자료를 통해서 분석한 관련자료는 다음과 같다.

대용기업인 ABC컴퓨터(주)의 현재 β는 1.8이며 이 기업의 재무레버리지($\frac{B}{S}$)는 $\frac{5}{3}$이다. 또한 법인세율은 25%, 무위험이자율은 10%이고 시장포트폴리오의 기대수익률은 15%로 추정된다.

가나기업은 투자안에 대해서 목표부채비율을 100%로 설정하고 필요한 차입금은 연 10% 이자율로 조달할 것이며 나머지는 유상증자를 통해서 조달할 계획이다. 투자안의 채택 여부를 판단하라.

풀이

(1) 자기자본비용의 산출

대용기업의 β에서 투자안 β를 산출하고 이를 이용해서 자기자본비용을 구한다.

10) 조달레버리지를 알고 있다면 이를 총투자소요액에 곱하여 부채조달금액을 산출할 수 있을 것이다. 이렇게 부채조달금액을 알고 있는 경우에는 Hamada모형을 직접 이용할 수는 없고 제11장 부채기업의 투자결정에서 설명하게 될 조정현가법(APV법)을 이용하면 된다.

① 대용기업의 β → 무부채상태의 β

Hamada모형을 다음과 같이 이용한다.

$$\beta_L = \left[1 + (1-t)\frac{B}{S}\right] \cdot \beta_U$$

$$1.8 = \left[1 + (1-0.25) \times \frac{5}{3}\right] \times \beta_U$$

따라서 무부채상태의 $\beta_U = 0.8$을 구할 수 있다.

② 무부채상태의 β_U → 투자안의 β

투자안의 목표레버리지를 고려하여 투자안 β를 구한다.

$$\beta_L = [1 + (1-0.25) \times 1] \times 0.8$$
$$= 1.4$$

③ 자기자본비용의 산출

투자안 β를 SML에 대입하면

$$E(R_i) = R_f + [E(R_m) - R_f] \cdot \beta_i$$
$$= 10 + (15-10) \times 1.4 = 17(\%)$$

(2) 부채의 자본비용산출

이자비용의 법인세 절감효과를 고려한 타인자본비용은 다음과 같다.

$$k_i = k_d \cdot (1-t)$$
$$= 10 \times (1-0.25) = 7.5(\%)$$

(3) 투자안의 WACC 산출

한계자본비용인 투자안의 WACC는 (1), (2)의 가중평균합이므로 다음과 같이 산출한다.

$$k_0 = \left(\frac{S}{B+S}\right) \times k_e + \left(\frac{B}{B+S}\right) \times k_i$$
$$= 0.5 \times 17 + 0.5 \times 7.5 = 12.25(\%)$$

(4) NPV 산출

자회사 설립에 따른 NPV는 다음과 같다.

$$NPV = \frac{49}{0.1225} - 380 = 20(\text{억})$$

$NPV > 0$ 이므로 컴퓨터업계에 자회사를 설립한다.

5.4 *MCC와 IOS

(1) 최적자본예산

최적자본예산이란 기업가치를 극대화시키는 투자수준을 말한다. 이미 앞에서 설명한 바 있지만 경제학에서 최적조업도가 $MR = MC$인 수준에서 결정되는 것과 같이 위험하의 투자결정에서도 이 원리가 그대로 이용된다. 즉, 추가적인 투자로부터 얻게 되는 내부수익률과 추가적인 투자를 수행하기 위해서 부담하는 한계자본비용이 일치하는 수준까지 투자를 수행하면 기업가치는 극대가 된다.

그런데 이때에 기업은 내부수익률이 높은 투자안부터 수행할 것이므로 투자수준이 증가할수록 내부수익률은 감소하는 형태를 띠게 되는데 이같이 투자수준의 증가에 따라 감소하는 내부수익률을 나타낸 것을 투자기회선(IOS : investment opportunity schedule)이라고 한다. 한편, 기업은 투자에 필요한 자금을 자본비용이 작은 것부터 조달하여 사용할 것이므로 투자수준을 늘릴수록 한계자본비용은 증가하는 형태를 띠게 된다.

(2) 분할가능성에 제한이 없는 경우

완전시장의 조건 중 하나인 자산의 무한분할가능성을 가정해보자. 이는 투자안을 무한히 작게 분할해서 수행할 수 있을 뿐 아니라 필요한 자금도 무한히 작은 단위로 조달할 수 있는 것을 말한다.

앞서 우리는 식 (9.3)과 식 (9.7)에서 구한 베타를 SML에서 대입해서 부채기업의 자기자본비용을 산출하였다. 그런데 이 식들의 구조를 보면 베타값이 레버리지에 대해서 연속적인 형태를 가짐을 알 수 있다. 따라서 이를 통해 산출하는 자기자본비용도 연속적이 될 것이다. 뿐만 아니라 타인자본비용은 일정한 상수값을 가지므로 이와 자기자본비용의 가중평균합인 WACC도 연속적이 될 것이다.

이러한 경우 [그림 9-7]의 (a)에서와 같이 MCC와 IOS는 모두 연속적인 함수 형태로 표현되며 이들이 만나는 투자수준이 최적투자수준이 된다.

(3) 분할가능성에 제한이 있는 경우

현실적으로는 완전시장의 조건이 충족되지 않는 경우가 많은데 이번에는 투자자산 및 조달자금의 분할가능성이 제한되어 있는 경우를 생각해 보자. 이때에는

그림 9-7

MCC와 IOS를 이용한 최적투자 수준의 결정

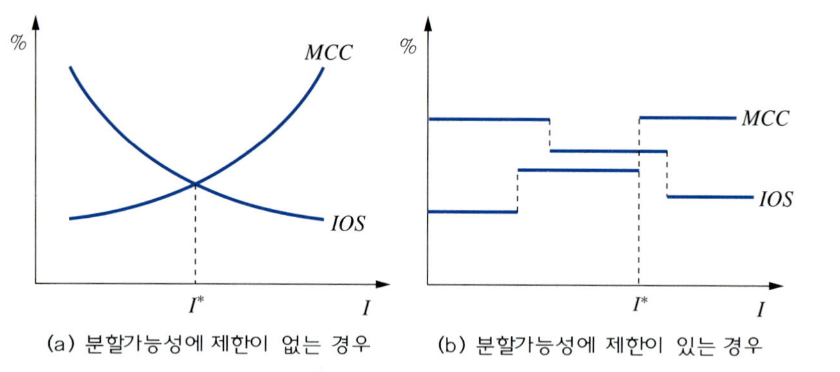

일정한 규모를 단위로 투자안을 수행해야 하고 투자자금도 일정금액을 한꺼번에 조달하게 된다.

자금조달의 측면에서 보면 조달규모가 커질 때 어느 수준에 이르면 기업은 불연속적으로 증가하는 자본비용을 부담하게 된다. 예를 들면, 자기자본의 조달에서는 유보이익으로 조달하다가 신주발행을 하게 되면 조달비용이 소요되므로 자본비용의 증가가 있게 될 것이고 차입금의 조달에서도 일정규모 이상에서는 높은 차입이자율이 불연속적으로 적용될 수 있다. 따라서 이러한 경우에는 이들의 가중평균합인 WACC도 자금조달규모별로 불연속적으로 나타난다.

좀 더 구체적으로 WACC의 불연속적인 증가에 따른 MCC의 산출과정을 다음과 같이 살펴보자.

① 조달레버리지를 결정한다. 즉, 투자에 소요되는 총자금을 각 자금원천별로 어떤 비율로 조달할 것인가를 결정한다.

② 각 자금원천별로 자본비용의 증가(jump)가 발생하는 분기점을 다음과 같이 계산한다.

$$\text{분기점} = \frac{\text{자본비용이 증가되기 전까지 이용가능한 금액}}{\text{해당 자본조달원의 목표자본 구성비율}}$$

③ 위에서 구한 분기점으로 형성되는 구간을 확인한다.

④ 각 구간에서 적용되는 원천별 자본비용을 통해서 목표자본구성비율로 WACC를 계산한다. 이 값이 바로 각 구간의 MCC가 되는 것이다.

이와 같이 투자자산 및 조달자금의 분할가능성이 모두 제한되어 있는 경우에

MCC와 IOS는 [그림 9-7]의 (b)에서와 같이 계단형 함수로 표현된다. 그리고 최적투자수준은 역시 이들이 만나는 수준에서 결정된다.

>>> 예제 9-5

가나기업은 다음과 같은 네 개의 투자기회를 갖고 있다. 각 투자안은 상호 독립적이며 관련정보는 다음과 같다.

투자안	투자금액	내부수익률
A	10억원	15%
B	5	13
C	4	14
D	6	12

가나기업의 현재 유보이익은 7.5억원이다. 그리고 자기자본비용은 15%인데 신주를 발행하는 경우에는 조달비용 때문에 2%가 증가하게 된다. 한편, 타인자본으로는 은행차입금을 조달할 수 있는데 조달규모와 상관없이 차입이자율은 8%이다.

가나기업은 투자자금을 자기자본과 타인자본의 비율 6:4로 조달할 계획이라고 할 때에 위 네 개의 투자안 중에서 채택되는 것은 어느 투자안인가? 그리고 이때의 최적투자규모는 얼마인가?

풀이

(1) 조달분기점 확인

차입이자율은 8%로 일정하므로 분기점이 없다. 그러나 자기자본비용은 유보이익을 사용할 때는 15%이지만 유상증자로 자금을 조달할 때는 17%가 되어 여기서 분기점이 존재한다. 이를 구하면

$$\frac{7.5}{0.6}=12.5(\text{억원})$$

이다. 즉, 총조달자금의 규모가 12.5 미만에서 자기자본비용은 15%이고 12.5 이상에서는 17%가 된다.

(2) 구간별 WACC 산출

① 조달규모가 12.5 미만

자기자본비용은 15%, 타인자본비용은 8%이므로 WACC는 다음과 같다.

$$WACC=0.6\times 15+0.4\times 8=12.2(\%)$$

② 조달규모가 12.5 이상

자기자본비용은 17%, 타인자본비용은 8%이므로 WACC는 다음과 같다.

$$WACC=0.6\times 17+0.4\times 8=13.4(\%)$$

(3) MCC와 IOS비교

자금조달에 따른 구간별 WCC를 MCC로 나타내고 투자안의 IRR을 IOS로 나타내면 다음 그림과 같다. 그림에서 보면 MCC보다 높은 수익률을 가져다 주는 투자안은 A, C이므로 이를 채택한다. 그리고 이때의 최적투자규모는 14억원이 된다.

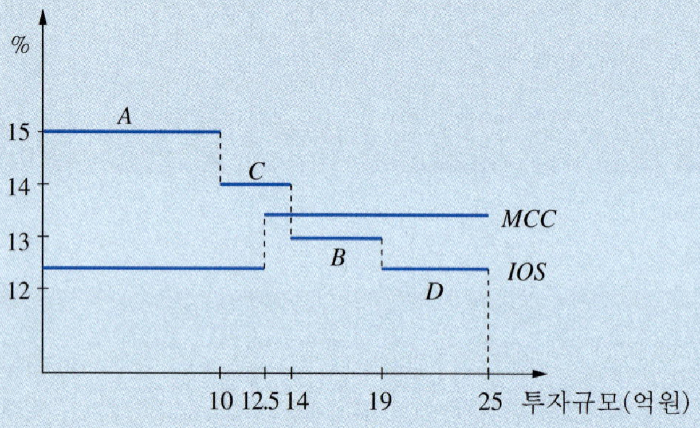

참고사항 >>> **레버리지 분석**

1. 베타와 레버리지도

위험이란 미래현금흐름의 변동가능성을 말한다. 이는 체계적 위험과 비체계적 위험으로 구분되며, 체계적 위험은 시장전반적인 요인에 의해 결정되고, 비체계적 위험은 개별 기업의 특성에 의해 결정된다. 그런데 여기서 개별 기업의 특성이란 영업위험과 재무위험으로 구성된다.

앞서 설명한 베타는 시장변동을 기준으로 영업위험과 재무위험을 측정한 것이다. 즉, β_U는 시장변동에 대한 영업이익변동의 민감도로서 영업위험을 나타내는 것이고, β_L은 시장변동에 대한 순이익변동의 민감도로서 재무위험까지 반영된 것이다.

그런데 손익계산서상의 매출액변동을 기준으로 영업위험과 재무위험을 측정하는 방법도 있다. 레버리지도(degree of leverage)가 그것인데 세분하면 영업위험과 관련된 영업레버리지도, 재무위험과 관련된 재무레버리지도, 이들 두 위험을 포함하는 결합레버리지도가 있다. 즉, 베타는 시장변동을 기준으로 측정되는 위험이고, 레버리지도는 매출액변동을 기준으로 측정되는 위험이라는 점에서 차이가 있다.

2. 손익계산서와 레버리지도

(1) 영업레버리지도

영업레버리지도(DOL : degree of operating leverage)는 매출액변화율에 대한 영업이익변화율의 민감도를 의미한다. 만약 매출단가(P)가 일정하다면 매출액의 변화율은 매출량(Q)의 변화율과 같으므로 DOL의 산출식은 다음과 같다.

$$DOL=\frac{\text{영업이익변화율}}{\text{매출액변화율}}=\frac{\frac{\Delta EBIT}{EBIT}}{\frac{\Delta Q}{Q}} \quad \text{(식 1)}$$

그런데 EBIT와 ΔEBIT는 다음과 같이 산출된다. 단, 여기서 TR(total revenue)은 매출액, VC는 변동비, FC는 고정비이다. 그리고 V는 제품단위당 변동비를 의미한다.

$$\begin{aligned} EBIT &= TR - VC - FC \\ &= P\cdot Q - V\cdot Q - FC \\ &= Q(P-V) - FC \\ \Delta EBIT &= \Delta Q(P-V) \end{aligned}$$

이들을 (식 1)에 대입하면 DOL은 다음과 같이 정리된다.

$$\begin{aligned} DOL &= \frac{Q(P-V)}{Q(P-V)-FC} \\ &= \frac{TR-VC}{TR-VC-FC}=\frac{CM}{EBIT} \end{aligned} \quad \text{(식 1}'\text{)}$$

이 식의 분모는 영업이익(EBIT)을 나타낸다. 그리고 분자는 매출액에서 변동비만을 차감한 것으로서 이를 공헌이익(CM : contribution margin)이라고 한다. 따라서 DOL은 공헌이익을 영업이익으로 나눈 값이다. 그리고 이 식의 구조에서 알겠지만 고정영업비가 양의 값을 가지면 DOL은 항상 1보다 크게 된다. 이는 고정영업비가 존재하면 매출액변화율보다 영업이익변화율이 더 크다는 것을 의미한다.

(2) 재무레버리지도

재무레버리지도(DFL : degree of financial leverage)는 영업이익변화율에 대한 순이익변화율의 민감도로 산출한다. 그런데 발행주식수(n)가 일정하면 순이익의 변화율은 EPS의 변화율과 같으므로 DFL의 산출식은 다음과 같다.

$$DFL = \frac{\text{순이익변화율}}{\text{영업이익변화율}} = \frac{\frac{\Delta EPS}{EPS}}{\frac{\Delta EBIT}{EBIT}} \qquad \text{(식 2)}$$

여기서 이자비용을 I로, 법인세율을 t로 나타내면 EPS와 ΔEPS는 다음과 같이 표현된다.

$$EPS = \frac{(EBIT - I)(1 - t)}{n}$$

$$\Delta EPS = \frac{\Delta EBIT(1 - t)}{n}$$

이들을 (식 2)에 대입하면 DFL은 다음과 같이 정리된다.

$$DFL = \frac{EBIT}{EBIT - I} \qquad \text{(식 2')}$$

이 식을 보면 기업이 조금이라도 부채를 사용하여 이자비용이 존재한다면 DFL이 항상 1보다 크다는 것을 알 수 있다. 즉, 고정적인 이자비용이 존재하면 영업이익변화율보다 순이익변화율이 더 크다는 것을 의미한다.

(3) 결합레버리지도

결합레버리지도(DCL : degree of combined leverage)는 매출액변화율에 대한 순이익변화율의 민감도로 정의된다. 구체적으로는 다음과 같이 EPS변화율을 매출량(Q)의 변화율로 나누어 산출한다.

$$DCL = \frac{\text{순이익변화율}}{\text{매출액변화율}} = \frac{\frac{\Delta EPS}{EPS}}{\frac{\Delta Q}{Q}} \qquad \text{(식 3)}$$

그리고 이 식은 다음과 같이 나타낼 수 있다.

$$DCL = \frac{\frac{\Delta EPS}{EPS}}{\frac{\Delta Q}{Q}} = \frac{\frac{\Delta EBIT}{EBIT}}{\frac{\Delta Q}{Q}} \times \frac{\frac{\Delta EPS}{EPS}}{\frac{\Delta EBIT}{EBIT}}$$

$$= DOL \times DFL$$

여기서 보듯이 DCL은 DOL과 DFL을 곱한 값이 된다. 따라서 (식 1)과 (식 2)로 나타낸 DOL과 DFL의 산출식을 곱하면 DCL은 최종적으로 다음과 같이 정리된다.

$$DCL = \frac{CM}{EBIT - I} \qquad \text{(식 3')}$$

단, 여기서 CM은 공헌이익으로서 매출액에서 변동영업비를 차감한 값($= TR - VC$)을 말한다

이제까지의 영업레버리지, 재무레버리지, 결합레버리지를 손익계산서의 구조에서 나타내면 다음 표와 같다.

〈표〉 손익계산서와 레버리지도

손익계산서	레버리지	
매출액	영업레버리지	결합레버리지
− 매출원가		
매출총이익		
− 판매관리비		
영업이익		
− 지급이자	재무레버리지	
납세전이익		
− 법인세		
순이익		

3. 자본조달분기점

재무레버리지도가 높은 경우에는 EBIT의 변화에 대해 EPS의 변화가 더 민감한 반응을 보이게 된다. 이러한 관계를 이용하면 예상되는 EBIT수준에서 어떤 방법으로 자본을 조달하는 것이 좋은가를 판단할 수 있다. 이때의 판단기준은 EPS가 된다.

다음 그림은 두 가지 자본조달방법에 따른 EBIT-EPS의 관계를 나타낸 것이다. 제1안은 제2안에 비해서 EBIT의 변화에 EPS가 더 큰 폭으로 변화하므로 재무레버리지가 더 큰 자본조달방법이라고 할 수 있다. 따라서 EPS를 더 크게 하려면 EBIT가 X 이하이면 제2안을, X 이상이면 제1안을 채택해야 한다. 이때 두 가지 자본조달방법의 EPS가 똑같게 되는 EBIT수준인 X를 자본조달분기점이라고 하며 다음과 같이 산출된다.

$$\frac{(EBIT - I_1)(1 - t)}{n_1} = \frac{(EBIT - I_2)(1 - t)}{n_2}$$

$$\therefore\ EBIT = \frac{n_1 I_2 - n_1 I_1}{n_1 - n_2}$$

[그림] 자본조달분기점

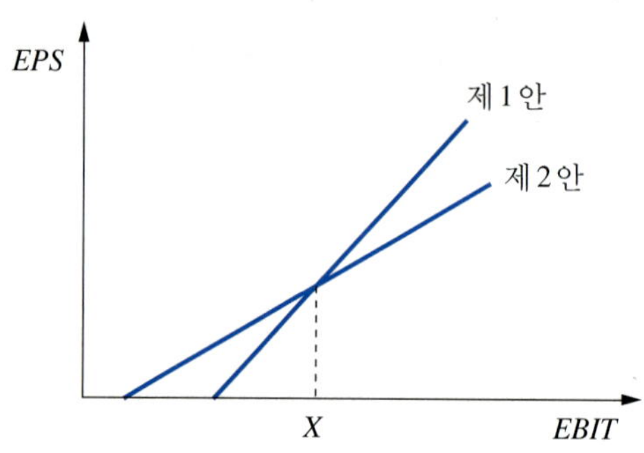

/제 9 장/ 요약

FINANCIAL MANAGEMENT

1. 불확실성(위험)이 존재하는 상황에서도 투자안의 현재가치는 분자에 영업현금흐름, 분모에 할인율이 들어가는 분수값의 구조를 갖는다. 여기서 분자의 현금흐름이 갖는 위험의 정도를 반영해서 분모의 할인율을 결정해야 한다.

2. 분자에 들어갈 현금흐름은 확률분포에서 기대값(평균)으로 산출한다.

3. 그리고 현금흐름의 위험도 확률분포로부터 구한다. 위험은 총위험(표준편차) 또는 체계적 위험(베타)으로 측정할 수 있지만 분산투자가 가능하므로 베타로 측정한다. 이 베타를 CAPM에 대입해서 기대수익률을 구하면 분모에 들어갈 할인율이 된다.

4. 투자자금을 모두 자기자본으로 조달한 경우라면 위의 방법만으로 투자안의 현재가치를 구할 수 있다. 그러나 투자자금의 일부를 부채로 조달한다면 분모의 할인율은 자기자본비용과 타인자본비용의 평균값인 가중평균자본비용(WACC)을 사용해야 한다. 단, 부채를 사용한다고 해도 분자의 현금흐름은 영업현금흐름으로서 변동이 없다.

5. 이 중 자기자본비용은 CAPM으로 산출한다. 그런데 부채를 사용한다면 CAPM에 대입할 베타에 대해서 부채사용에 따른 재무위험이 반영되도록 추가적인 조정을 해야 한다.

6. 무부채상태의 주식베타(β^U)는 경영위험이 반영된 것으로서 외생변수로 주어진 값이다. 부채를 사용하면 여기에 재무위험을 반영해야 하는데 조달한 부채가 무위험부채이면 Hamada모형을 이용해서 경영위험에 추가해서 재무위험까지 반영된 부채상태의 주식베타(β^L)를 구할 수 있다. 이 베타(β^L)를 CAPM에 대입해서 자기자본비용을 구한다.

7. 그러나 조달한 부채가 위험부채라면 Hamada모형을 이용할 수 없다. 이때에는 MM의 제2명제를 이용해서 자기자본비용을 구하는 것이 좋다.

8. 타인자본비용은 이자비용의 감세효과를 반영하여 산출한다. 자본구성비율을 가중치로 해서 자기자본비용과 타인자본비용의 평균값(WACC)을 구하여 이를 분모의 할인율로 사용하면 투자안의 현재가치를 구할 수 있다.

>>> 연습문제 9 - 1

가나기업은 무부채기업으로서 현재 자본비용은 16%이다. 무위험이자율은 10%이고 시장포트폴리오의 기대수익률은 14%라고 가정하자. 그리고 법인세가 존재하며 세율은 40%이다.

(1) 현재 가나기업의 β는 얼마인가?
(2) 만약 가나기업이 부채를 조달하여 투자안을 수행한 후에 부채비율이 200%가 되었다면 가나기업의 주식 β는 얼마로 변화하게 되는가? 그리고 이때에 자기자본비용은?
(3) (2)와 같은 상황에서 기업의 WACC를 구하라.

 해설

(1) 현재 가나기업은 무부채상태이므로 자본비용 16%는 주식의 자본비용과 같다. 따라서 SML을 이용하면 현재 β를 구할 수 있다.

$$E(R_i)=R_f+[E(R_m)-R_f]\cdot\beta_i \text{에서}$$
$$16=10+(14-10)\times\beta_i$$

이다. 이로부터 $\beta_i=1.5$를 구할 수 있는데 현재 무부채상태이므로 이는 기업 β이면서 동시에 주식 β이다.

(2) Hamada모형을 이용하여 투자안 β를 구하면 다음과 같다.

$$\beta_L=\left[1+(1-t)\frac{B}{S}\right]\cdot\beta_U$$
$$=[1+(1-0.4)\times2]\times1.5=3.3$$

이에 따른 자기자본비용 k_e^L은 SML을 이용하여 산출한다.

$$E(R_i)=10+(14-10)\times3.3=23.2(\%)$$

(3) 기업의 WACC는 다음과 같이 산출된다.

$$WACC=\frac{B}{B+S}\times k_d(1-t)+\frac{S}{B+S}\times k_e^L$$
$$=\frac{2}{3}\times10(1-0.4)+\frac{1}{3}\times23.2=11.73(\%)$$

그런데 여기서 주식베타 3.3과 부채베타 0을 가중평균한 값 1.1을 직접 SML에 대입해서 다음과 같이 구하면 안 된다.

$$E(R_i)=10+(14-10)\times1.1=14.4(\%)$$

이는 이렇게 구한 자본비용은 이자비용의 법인세 절감효과를 반영하지 않은 값이 되기 때문이다.

>>> 연습문제 9 - 2

가나기업은 현재 시장가치를 기준으로 총자산에 대한 부채비율 20% 수준의 부채를 사용하고 있다. 이 회사의 재무담당이사는 무위험이자율인 7%의 차입능력을 유지하면서 현재 고려 중인 투자안에 대해서는 목표부채비율이 30%가 되도록 할 계획이다. 가나기업의 한계법인세율은 30%이고 내년의 시장포트폴리오에 대한 기대수익률은 17%로 추정되며, 현재 가나기업주식의 체계적 위험은 0.8이다.

(1) 이러한 상황에서 가나기업의 경영위험과 동일한 위험을 가진 투자안이 13%의 기대수익률을 갖고 있다면 이를 채택할 것인가?

(2) 만약 이 투자안이 가나기업의 현재 업종과는 달라서 경영위험을 나타내는 체계적 위험이 가나기업의 체계적 위험과는 달리 1.2로 추정된다면 투자안을 채택할 것인가?

(3) (2)의 투자안을 채택하면 무부채상태를 기준으로 기업가치는 18억원에서 20억원으로 증가된다. 목표자본구조는 부채비율 20%로서 변함이 없다고 가정할 때, 투자안을 채택한 후의 WACC는 어떻게 변화하는가?

해설

(1) 본 문제에서는 재무레버리지를 총자산에 대한 부채비율, 즉 $\frac{B}{V}$로 정의하고 있으므로 Hamada모형을 이용할 때에는 $\frac{B}{S}$로 바꾸어서 사용해야 한다.
먼저 현재 기업의 β로부터 투자안 β를 구하고 이로부터 자기자본비용 및 MCC를 산출한다.

① 현재 β → 무부채 β

$$\beta_L = \left[1 + (1-t)\frac{B}{S}\right] \cdot \beta_U \text{에서}$$

그런데 $\frac{B}{V} = 0.2$는 $\frac{B}{S} = \frac{1}{4}$이므로 다음이 성립한다.

$$0.8 = \left[1 + (1-0.3)\frac{1}{4}\right] \times \beta_U \qquad \therefore\ \beta_U = 0.68$$

② 무부채 β → 투자안 β

투자안의 목표자본구조는 $\frac{B}{V} = 0.3$ 에서, 즉 $\frac{B}{S} = \frac{3}{7}$ 이므로

$$\beta_L = \left[1 + (1-0.3)\frac{3}{7}\right] \times 0.68 = 0.884$$

③ 자기자본비용

자기자본비용은 다음과 같이 SML을 이용해서 산출한다.

$$\begin{aligned} E(R_i) &= R_f + [E(R_m) - R_f] \times \beta_i \\ &= 7 + (17-7) \times 0.884 = 15.84(\%) \end{aligned}$$

④ MCC 산출

MCC는 곧 투자안의 WACC이므로 다음과 같이 자기자본비용과 부채비용의 가중평균힙으로 산출된다.

$$WACC = \frac{B}{V} \times k_d(1-t) + \frac{S}{V} \times k_i$$
$$= 0.3 \times 7(1-0.3) + 0.7 \times 15.84 = 12.558(\%)$$

즉, 투자안에 대한 자본비용은 12.558%인데 투자안의 기대수익률은 이보다 큰 13%이므로 투자안을 채택한다.

(2) 무부채 $\beta = 1.2$이므로 재무레버리지를 반영한 β를 구하면 다음과 같다.

$$\beta_L = \left[1 + (1-0.3)\frac{3}{7}\right] \times 1.2 = 1.56$$

이에 따른 자기자본비용은

$$E(R_i) = 7 + (17-7) \times 1.56 = 22.6(\%)$$

이제 투자안의 WACC를 구하면

$$WACC = 0.3 \times 7(1-0.3) + 0.7 \times 22.6 = 17.29(\%)$$

그런데 투자안의 기대수익률 13%는 이보다 작으므로 투자안을 기각한다.

(3) (2)와 같은 투자안을 채택하면 경영위험이 변화하고 이에 따른 β_U는 다음과 같이 β의 가산원리에 따라 산출한다.

$$\beta_U = \text{기존의 } \beta \times w + \text{투자안의 } \beta \times (1-w)$$
$$= 0.68 \times \frac{18}{20} + 1.2 \times \frac{2}{20} = 0.732$$

그리고 β_L은 다음과 같다.

$$\beta_L = \left[1 + (1-0.3)\frac{1}{4}\right] \times 0.732 = 0.86$$

이에 따른 자기자본비용은 SML을 이용하여 다음과 같이 산출한다.

$$E(R_i) = 7 + (17-7) \times 0.86 = 15.6(\%)$$

이제 기업의 WACC를 구하면 다음과 같다.

$$WACC = \frac{2}{10} \times 7(1-0.3) + \frac{8}{10} \times 15.6$$
$$= 13.46(\%)$$

>>> 연습문제 9 - 3

가나기업은 100% 자기자본으로 구성되어 있는데 자회사를 설립하려고 한다. 자회사 설립에 따른 현금흐름은 기획실에서 파악하였으며 또한 설립하려는 자회사와 동일한 규모를 갖는 ABC기업과 관련된 자료를 수집하였다. 즉, ABC기업의 레버리지 부채/자산)는 0.5이고 베타값은 1.5이다. 한편, 시장포트폴리오의 기대수익률은 12%, 국공채수익률은 6%이며 법인세율은 50%이다. 기획실장은 ABC기업의 자본비용을 이용해서 자회사 설립에 대한 NPV를 구한 결과, 음(−)의 값이 나왔으므로 자회사 설립계획을 취소해야 한다고 주장한다. 그러나 자금부장은 자회사 설립에 대한 목표자본비율을 부채와 자기자본이 7 : 3이 되도록 자금을 조달할 것이므로 부채사용에 따른 자본비용 감소효과를 고려해야 한다고 주장한다. CAPM 성립을 위한 가정은 모두 성립한다고 할 때 다음 각 물음에 답하라.

(1) 기획실장이 NPV를 산출할 때 사용한 할인율은 얼마인가?
(2) 목표부채비율을 고려하여 자금을 조달할 때 자본비용이 더욱 낮아질 것이라고 하는 자금부장의 근거를 설명하고 실제 자본비용을 구하여 기획실장이 산출한 값과 비교하라.
(3) 기획실장과 자금부장의 주장을 논평하라.

해설

(1) ABC기업의 자본비용을 이용하였으므로 이를 구하면 된다.
먼저 자기자본비용은 SML에 따라서 다음과 같다.

$$E(R_i)=R_f+[E(R_m)-R_f]\cdot\beta_i$$
$$=6+(12-6)\times1.5=15(\%)$$

그리고 타인자본비용을 세후 기준으로 산출하면

$$k_i=k_d\times(1-t)=6\times(1-0.5)=3(\%)$$

이제 WACC를 구한다.

$$WACC=0.5\times3+0.5\times15=9(\%)$$

(2) 자기자본보다 상대적으로 비용수준이 낮은 부채를 더 많이 사용하면 가중평균값인 WACC는 감소한다는 근거이다.
자금부장이 산출한 할인율은 다음과 같다.

$$\beta_{ABC}=\left[1+(1-t)\frac{B}{S}\right]\cdot\beta_U$$
$$1.5=[1+(1-0.5)\times1]\cdot\beta_U$$

여기서 β_U=1로서 이는 무부채주식의 베타이다. 그리고 목표레버리지를 고려한 투자안 베타 β_L은 다음과 같다.

$$\beta_L = \left[1 + (1-0.5) \times \frac{7}{3}\right] \times 1 = 2.17$$

이에 따른 자본비용은 SML에 따라서

$$E(R_i) = 6 + (12 - 6) \times 2.17 = 19.02(\%)$$

따라서 투자안의 WACC는 다음과 같다.

$$WACC = 0.7 \times 6(1-0.5) + 0.3 \times 19.02 = 7.81(\%)$$

이는 기획실장이 사용한 할인율 9%보다 낮은 값이므로 이를 이용한 NPV는 0보다 클 수도 있다.

(3) 기획실장은 대용기업으로 규모가 동일한 ABC기업을 선택하였다. 그리고 자금부장은 기획실장이 생각하지 못한 자본구조의 차이를 고려해서 β까지 조정하였으나 두 사람 모두 ABC기업의 영업위험이 자회사와 같은지를 확인하지 않고 있다.

››› 연습문제 9 - 4

가나기업이 고려 중인 투자안의 현금흐름은 다음과 같다.(단위: 억원)

시점(t)	0	1	2	3	4
현금흐름	−180	50	100	120	60

대용기업의 β는 2.4이고 레버리지(B/S)는 300%, 법인세율은 20%이며 증권시장선은 $R_i = 0.10 + 0.08\,\beta_i$이다. 가나기업은 필요자금의 2/3를 연 12%의 차입금으로 조달하고 나머지는 유상증자를 통해 조달할 계획이다.

다음과 같이 투자안을 분석한 결과 NPV가 0보다 크기 때문에 투자안을 수행하기로 하였다. 이러한 분석과정의 오류를 지적하라.

〈투자안의 평가과정〉

① 자기자본비용(k_e)의 산출

$$\text{대용기업 } \beta_U = \frac{1}{\left[1 + (1-t)\frac{B}{S}\right]} \cdot \beta_L = \frac{1}{1 + 0.8 \times 3} \times 2.4 = 0.7$$

$$\text{투자안 } \quad \beta_L = \left[1 + (1-t)\frac{B}{S}\right] \cdot \beta_U = \left(1 + 0.8 \times \frac{120}{60}\right) \times 0.7 = 1.82$$

$$k_e = 10 + 8 \times 1.82 = 24.56(\%)$$

② 세후 타인자본비용(k_i)의 산출

$$k_i = k_d(1-t) = 12 \times (1-0.2) = 9.6(\%)$$

③ WACC(k_0)의 산출

$$k_0 = \frac{60}{180} \times 24.56 + \frac{120}{180} \times 9.6 = 14.59(\%)$$

④ NPV 산출

$$NPV = -180 + \frac{50}{1.1459} + \frac{100}{1.1459^2} + \frac{120}{1.1459^3} + \frac{160}{1.1459^4} = 54.36$$

해설

(1) 앞에서와 같은 분석과정은 다음과 같은 세 가지 오류를 범하고 있다.

① Hamada모형을 이용하면서 조달레버리지에 따라서 베타를 조정하고 있다는 점

Hamada모형을 이용하여 베타를 조정할 때에는 목표레버리지를 따라야 한다. 이때 목표레버리지란 투자안 수행 후의 NPV까지 고려된 것을 말하는데 효율적 시장이라면 투자결과가 즉시 반영되기 때문에 주주의 요구수익률도 NPV까지 반영된 것이어야 하기 때문이다. 따라서 대용기업의 $\beta_U = 0.7$은 정확하게 산출되었지만 투자안 $\beta_L = 1.82$는 잘못 산출된 값이다.

② Hamada모형을 위험부채에 적용하고 있다는 점

Hamada모형을 도출하는 과정에서 보면 무위험부채를 가정하고 있음을 확인할 수 있다. 그런데 문제에서 무위험이자율은 10%인데 투자안에 조달하는 차입금이자율은 이보다 높은 12%이다.

따라서 여기서 조달하는 차입금은 무위험부채라고 할 수 없기 때문에 자기자본비용을 산출할 때 Hamada모형을 통해서 SML로 구하면 안 된다.

③ Hamada모형을 유한한 현금흐름의 투자안에 적용하고 있다는 점

역시 Hamada모형의 도출과정을 보면 MM(1963)의 명제를 전제로 도출된 것임을 확인할 수 있다. 이 명제는 자본구조이론에서 자세히 살펴보겠지만 다음 식으로 요약된다.

$$V_L = V_U + t \cdot B$$

그런데 중요한 사실은 이 명제가 기업 또는 투자안에서 유입되는 현금흐름이 무한히 계속되어야 성립되는 명제라는 점이다.

따라서 이를 전제로 도출된 Hamada모형도 투자안의 현금유입이 무한히 지속되어야 적용할 수 있는 것이므로 위와 같이 유한한 현금흐름을 갖는 투자안에 적용하면 안 된다.

(2) 위에서와 같은 오류는 많은 교과서에서 흔히 볼 수 있는 것들인데 각 오류별로 올바른 접근을 위한 지침을 제시하면 다음과 같다.

① 목표레버리지는 알지 못하고 조달레버리지만 알고 있는 경우

이러한 경우에는 Hamada모형을 직접 이용하기 어렵다. 왜냐하면 이 모형은 목표부채비율을 이용하는 식이기 때문이다. 그런데 조달레버리지는 투자안의 NPV를 고려하지 않고 투자자금을 기준으로 산출된 것이기 때문에 이는 사실상 부채금액을 알고 있는 것이다. 부채금액을 알고 있는 경우에는 조정현가법을 이용해야 한다. 〈연습문제 11-2 참조〉

② 기업이 위험부채를 사용하고 있는 경우

기업의 차입금이자율이 무위험이자율보다 높은 수준이라면 Hamada모형을 이용할 수 없다. 왜냐하면 이 모형은 무위험부채를 전제로 도출된 것이기 때문이다. 따라서 이

러한 경우에는 무위험부채를 가정하지 않는 MM(1963)의 제2명제를 이용하여야 한다. 〈연습문제 11-5 참조〉

③ 유한한 현금흐름을 갖는 투자안의 경우

이 경우에도 Hamada모형을 이용할 수 없다. 왜냐하면 이 모형은 무한한 현금흐름을 전제로 도출된 것이기 때문이다. 따라서 이러한 경우에는 투자수명이 끝나기 전에 차입금을 상환해야만 채무불이행을 막을 수 있을 것이며 이러한 투자안의 평가는 조정현가법을 이용해야 한다. 〈연습문제 11-3 참조〉

>>> 연습문제 9 - 5

가나전자(주)의 현재 총자산은 20억원, 부채는 8억원, 자본금 8억원, 유보이익 4억원이다. 현재 주가는 1주당 10,000원이며 발행주식수는 16만 주이다. 부채는 4년 전 발행한 만기 10년, 액면이자율 10%의 사채로서 1좌당 금액은 10만원이며 현재 액면금액으로 거래되고 있다. 법인세율 40%에서 다음 자료를 이용해서 다음 각 물음에 답하라.

현재	가나주가 10,000			시장주가지수 1,000	
미래	상황(확률)	가나주가	배당	시장주가지수	배당수익률(%)
	불황(1/3)	8,000	0	920	2
	보통(1/3)	10,800	200	1,100	4
	호황(1/3)	12,600	500	1,200	8

(1) 가나전자의 자기자본비용을 산출하라. 단, 무위험이자율은 10%이다.

(2) 타인자본비용을 산출하라.

(3) 가중평균자본비용을 산출하라.

(4) 가나전자는 2억원이 소요되는 투자안을 수행하여 의류업에 진출하려고 한다. 소요자금을 유보이익에서 조달하기로 결정하였는데 주주는 1주당 액면가액을 5,000원으로 발행하기를 주장한다. 주주의 의견을 따른다면 주식 1주당 신주인수권의 가치는 얼마인가?

(5) 이사회는 신주발행가액 5,000원이 너무 낮아 기업가치가 크게 하락할 것이므로 이보다 높은 8,000원에 발행할 것을 주장한다. 주주와 이사회의 주장에 대한 의견을 제시하라.

(6) 의류사업 투자안의 경제성을 평가할 때에 적용할 할인율에 대한 다음과 같은 세 가지 주장이 있다.

① 갑이사는 소요자금을 모두 유보이익으로 조달하므로 현재 유보이익의 자본비용을 할인율로 이용해야 한다고 주장한다.

② 을이사는 의류업계의 선발기업인 ABC기업($B/S=0.5$, $\beta=1.5$)의 영업위험을 이용하여 할인율을 결정해야 한다고 주장한다.

③ 병이사는 가나전자의 현재 가중평균자본비용(WACC)을 할인율로 이용해야 한다고 주장한다.

앞의 세 가지 주장에 대해 누구의 의견이 옳은가를 밝히고 적절한 할인율을 산출하라.

해설

(1) ① 가나전자와 시장수익률의 확률분포를 구하면 다음과 같다.

상황(확률)	가나주식수익률	시장수익률
불황(1/3)	−20%	−6%
보통(1/3)	10	14
호황(1/3)	31	28

주식수익률은 주가상승률과 배당수익률의 합으로 산출된 것이다. 예를 들어, 상황이 보통인 경우 가나주식수익률과 시장수익률의 산출과정은 다음과 같다.

$$\text{가나주식수익률} = \frac{10{,}800 - 10{,}000 + 200}{10{,}000} = 10\%$$

$$\text{시장수익률} = \frac{1{,}100 - 1{,}000}{1{,}000} + 4\% = 14\%$$

② 가나전자의 β 산출

먼저 가나기업과 시장수익률의 기대값을 구한다.

$$E(R_i) = \frac{1}{3} \times (-20 + 10 + 31) = 7\%$$

$$E(R_m) = \frac{1}{3} \times (-6 + 14 + 28) = 12\%$$

그리고 $\beta_i = \dfrac{\sigma_{im}}{\sigma_m^2}$ 이므로 σ_{im}과 σ_m^2을 산출한다.

$$\sigma_m^2 = \frac{1}{3} \times [(-6-12)^2 + (14-12)^2 + (28-12)^2] = 194.67 \ (\therefore \ \sigma_m = 13.95\%)$$

$$\sigma_{im} = \frac{1}{3} \times [(-20-7)(-6-12) + (10-7)(14-12) + (31-7)(28-12)]$$
$$= 292$$

이로부터 $\beta_i = \dfrac{292}{194.67} = 1.5$

③ SML를 이용한 자기자본비용 산출

$$E(R_i) = R_f + [E(R_m) - R_f] \cdot \beta_i$$
$$= 10 + (12 - 10) \times 1.5$$
$$= 13.0\%$$

(2) 액면이자율 10%인 사채가 액면금액대로 거래되고 있으므로 시장이자율은 10%이다. 따

라서 세금효과를 고려한 타인자본비용은 다음과 같다.

$$10\%(1-0.4)=6\%$$

(3) WACC는 시장가치를 기준으로 산출해야 하는데 부채는 액면 그대로 8억원, 자기자본은 16억원(=10,000원×16만 주)이므로 다음과 같이 산출한다.

$$WACC=\frac{16}{16+8}\times 13+\frac{8}{16+8}\times 6=10.67(\%)$$

(4) 신주발행주식수$=\dfrac{2\text{억원}}{5{,}000}=40{,}000$주

유보이익의 자본전입이므로 자기자본가치는 16억원으로 변화가 없다. 따라서 신주발행 후 평균주가는 다음과 같다.

$$\frac{16\text{억원}}{16\text{만주}+4\text{만 주}}=8{,}000\text{원}$$

그런데 이를 취득하기 위해서는 구주 4주가 필요하지만($\because \dfrac{16\text{만 주}}{4\text{만 주}}$) 주금납입액은 0이므로($\because$ 무상증자) 구주 1주당 신주인수권의 가치는 다음과 같다.

$$\frac{8{,}000-0}{4}=2{,}000\text{원}$$

(5) 자기자본의 시장가치 16억원은 유보이익 2억원을 1주당 5,000원에 자본전입하든지, 8,000원에 전입하든지와는 상관없이 일정하다. 다만, 발행주식수와 신주발행 후 주당평균가격에 영향을 줄 뿐이다. 따라서 둘 다 틀린 주장이다.

(6) 가나전자가 진출하려는 업종이 의류업이므로 의류업계의 영업위험을 반영해야 한다. 따라서 을이사의 의견이 옳다.

ABC기업의 β를 통해서 영업위험만 반영된 β_U를 산출한다.

$$\beta_L=\left[1+(1-t)\frac{B}{S}\right]\cdot\beta_U$$

$$1.5=[1+(1-0.4)\times 0.5]\ \beta_U \qquad \therefore\ \beta_U=1.15$$

소요자금은 부채를 쓰지 않고 모두 유보이익(자기자본)으로 조달하므로 $\beta_U=1.15$를 그대로 이용한다.

따라서 적절한 할인율은 다음과 같다.

$$\begin{aligned}E(R_i)&=R_f+[E(R_m)-R_f]\cdot\beta_i\\&=10+(12-10)\times 1.15\\&=12.3\%\end{aligned}$$

>>> 연습문제 9-6

앞의 [연습문제 9-5]에서 가나기업이 발행한 사채는 발행 후 5년째부터 액면금액으로 수의상환이 가능하다. 또한 상환시점에서는 액면이자의 50%를 상환프리미엄으로 지급해야 한다. 사채의 만기가 5년 남아 있는 시점에서 시장이자율이 8%로

하락하였다고 가정하여 다음 각 물음에 답하라.

(1) 새로운 사채발행으로 구사채를 상환할 것인가를 판단하라. 단, 사채발행비용은 2.5%이다.

(2) (1)의 물음에서 가나기업이 지급할 수 있는 상환프리미엄의 상한액을 구하라.

 해설

(1) ① 차환시 신사채발행가액

구사채 1좌를 상환하는데 필요한 금액은 상환프리미엄까지 포함하여 다음과 같다.

$$100{,}000 + 100{,}000 \times 10\% \times 50\% = 105{,}000$$

그런데 위의 금액을 조달하기 위한 신사채발행가액 B는 발행비용까지 고려해야 하므로 다음과 같이 산출된다.

$$105{,}000 + 0.025B = B \quad \therefore\ B = 107{,}692$$

② 차환할 경우의 증분현금흐름

만약 차환한다면 8% 이자율에서의 현금흐름은 다음과 같다.

	$t=0$	1	2	3	4	5
이자비용의 절감*		831	831	831	831	831
상환원금의 증가						−7,692
신사채발행조달액	107,692					
구사채상환액	−105,000					
상환손실의 감세효과		2,000**				
사채발행비용	−2,692					
사채발행비용감세효과		215***	215	215	215	215
계	0	3,046	1,046	1,046	1,046	−6,646

* $(10{,}000 - 107{,}692 \times 8\%) \times (1 - 0.4) = 831$

** 상환손실$(105{,}000 - 100{,}000) \times 0.4 = 2{,}000$

*** $2{,}692 \times \frac{1}{5} \times 0.4$

③ 차환의 NPV

이의 순현가를 산출할 때에는 이자비용의 절세효과가 반영되도록 납세 전 타인자본비용 8%를 적용한다.

$$\therefore NPV = \frac{3{,}046}{1.08} + \frac{1{,}046}{1.08^2} + \frac{1{,}046}{1.08^3} + \frac{1{,}046}{1.08^4} - \frac{6{,}646}{1.08^5}$$
$$= 793.2$$

$NPV > 0$ 이므로 차환한다.

(2) 신사채의 발행가액을 B라고 하자. 이 금액은 액면금액, 상환프리미엄과 발행비용까지 포함된 금액이다. 이때의 현금흐름은 ① 이자비용의 절감효과, ② 상환원금의 증가, ③

상환손실의 감세효과, ④ 사채발행비용의 감세효과와 같은 네 요소로 구성된다. 차환의 NPV를 구하기 위해 각 요소의 현재가치를 구한다.

① 이자비용의 절감효과

$$(10{,}000\ -\ 0.08\mathrm{B})\times(1-0.4)\times PVIFA(8\%,\ 5)$$

② 상환원금의 증가

$$(\mathrm{B}-100{,}000)\times PVIF(8\%,\ 5)$$

③ 상환손실의 감세효과

$$(0.975\mathrm{B}-100{,}000)\times 0.4\times PVIF(8\%,\ 1)$$

④ 사채발행비용의 감세효과

$$0.025\mathrm{B}\times\frac{1}{5}\times 0.4\times PVIFA(8\%,\ 5)$$

차환의 NPV(=①+③+④−②)가 0이 되는 B를 다음 식에서 구한다.

$$(6{,}000-0.048\mathrm{B})\times PVIFA(8\%,\ 5)+(0.39\mathrm{B}-40{,}000)\times PVIF(8\%,\ 1)$$
$$+0.002\mathrm{B}\times PVIFA(8\%,\ 5)-(\mathrm{B}-100{,}000)\times PVIF(8\%,\ 5)=0$$
$$\therefore\ \mathrm{B}=108{,}198$$

즉, 구사채 1좌당 상환금액은 발행비용 2,705원(=108,198×2.5%)을 차감한 105,493원이며 따라서 상환프리미엄상한액은 5,493원(=105,493−100,000)이 된다.

>>> 연습문제 9－7

가나기업의 영업이익은 500이다. 무부채상태의 자기자본비용은 20%인데 현재 가나기업은 시장이자율 10%로 액면금액 1,000의 부채를 사용하고 있다. 시장여건의 변화로 이자율이 8%로 하락하였다. 가나기업은 액면기준으로 구사채를 상환할 수 있다고 가정하고 다음 각 물음에 대해 NPV를 산출하여 답하라.

(1) 법인세가 존재하지 않는 상황을 전제로 차환 여부를 판단하라. 그리고 차환에 따른 증분현금흐름에 적용할 할인율을 구하라.

(2) 법인세(세율 30%)가 존재하는 상황에서 차환 여부를 판단하라.

(1) 이자율하락 전 가나기업의 재무상태표, 손익계산서는 다음과 같다.

재무상태표

V 2,500*	B 1,000
	S 1,500

손익계산서

영업이익	500
지급이자	100
순이익	400

$* \ V = \dfrac{500}{0.2} = 2{,}500$

이자율하락 후 차환하지 않으면 매년 지급이자 100에 해당하는 부채가치는 $1{,}250\left(=\dfrac{100}{0.08}\right)$이 되므로 재무상태표는 다음과 같게 된다.

재무상태표

V 2,500	B 1,250
	S 1,250

구사채를 신사채로 차환하면 부채 1,250은 종전의 부채가치 1,000으로 환원되며 이에 따른 지급이자는 80(=1,000×0.08)이 되어 차환 후 재무상태표, 손익계산서는 다음과 같다.

재무상태표

V 2,500	B 1,000
	S 1,500

손익계산서

영업이익	500
지급이자	80
순이익	420

재무상태표 관점에서 차환의 NPV는 차환 후 S 1,500에서 차환 전 S 1,250을 차감한 250이 된다. 이는 손익계산서 관점에서 차환 후 순이익 420에서 차환 전 순이익 400을 차감한 증분현금흐름 20의 현재가치와 같아야 한다. 따라서 증분현금흐름의 할인율이 8%가 됨을 확인할 수 있다.

$$250 = \frac{20}{0.08}$$

(2) 법인세가 존재하는 경우 이자율하락 전 가나기업의 재무상태표, 손익계산서는 다음과 같다.

재무상태표

V_U 1,750*	B 1,000
$t \cdot B$ 300	S 1,050

손익계산서

영업이익	500
지급이자	100
세전이익	400
법 인 세	120
순 이 익	280

$* V_U = \dfrac{500 \times (1-0.3)}{0.2} = 1{,}750$

이자율이 8%로 하락하면 (1)에서와 같이 부채가치가 1,250으로 증가하지만 부채사용에 따른 이자비용의 감세효과도 375($= t \cdot B = 0.3 \times 1{,}250$)로 증가하여 재무상태표는 다음과 같게 된다.

재무상태표

V_U 1,750*	B 1,250
$t \cdot B$ 375	S 875

8% 신사채로 1,000을 조달하여 구사채를 상환하면 앞으로 매년 지급이자는 80이 되어

차환 후 재무상태표, 손익계산서는 다음과 같다.

재무상태표

V_U 1,750	B 1,000
$t \cdot B$ 300	S 1,050

손익계산서

영업이익	500
지급이자	80
세전이익	420
법 인 세	126
순 이 익	294

재무상태표 관점에서 차환의 NPV를 산출하면 다음과 같다.

$$NPV = 1{,}050 - 875 = 175$$

손익계산서 관점에서 차환에 따른 증분현금흐름은 14(=294−280)이므로 이의 현재가치가 175가 되어야 한다. 여기서 할인율이 8%임을 확인할 수 있다.

$$175 = \frac{14}{0.08}$$

>>> 연습문제 9 – 8

현재 시장이자율은 연 10%이다. 1기 후 이자율은 동일한 확률로 $6\frac{2}{3}$%, 또는 20%가 될 것으로 예상된다. 가나기업은 액면금액 100,000원인 영구채를 발행할 계획이다. 다음 각 물음에 답하라.

(1) 가나기업이 영구채를 액면으로 발행하려면 약정이자율(coupon rate)을 얼마로 책정해야 하는가?

(2) 가나기업이 (1)에서 책정된 약정이자율로 영구채를 발행하면서 수의상환조건을 부여하려고 한다. 수의상환가격(call price)은 액면금액의 10%에 해당하는 프리미엄을 가산한 가격이며 수의상환권은 1기 후에 행사할 수 있다. 1기 후 이자율이 하락한 경우 가나기업이 수의상환사채를 통해서 주주에게 추가로 배당할 수 있는 금액을 산출하라.

(3) (2)와 같은 수의상환사채가 액면으로 발행될 수 있는가? 발행될 수 없다면 약정이자율을 얼마로 책정하면 액면발행이 가능한가? 위험중립적 상황을 가정해서 답하라.

해설

(1) 영구채의 액면이자율을 시장이자율 10%와 동일하게 설정해서 매년 이자지급액이 10,000원(=100,000×10%)이 되어야 액면발행이 가능하다.

(2) 이자율이 하락한 경우 수의상환사채를 통해서 주주에게 추가로 배당할 수 있는 금액은 다음과 같이 산출할 수 있다.

채권가격		$\dfrac{10,000}{6\frac{2}{3}\%}=150,000$
상환가격	$100,000\times 110\%=$	110,000
추가배당가능액		40,000

(3) 1기 후 이자율수준에 대한 확률분포는 다음과 같다.

확률	이자율
0.5	$6\frac{2}{3}\%$
0.5	20

따라서 영구채의 매년 이자지급액을 C라고 하면 1기 후 채권자의 부는 다음과 같은 확률분포를 갖는다.

상 황	확 률	채권자의 부
이자율 하락	0.5	$110,000+C$
이자율 상승	0.5	$\dfrac{C}{0.2}+C$

1기 후 채권자의 부에 대한 기대값 $E(V_1)$는 다음과 같다.

$$E(V_1)=0.5\times(110,000+C)+0.5\times\left(\frac{C}{0.2}+C\right)$$

위험중립적 상황에서는 기대값, $E(V_1)$를 무위험이자율 10%로 할인한 값이 현재가치가 된다. 이 값이 액면금액과 같아야 한다.

$$\frac{E(V_1)}{1+0.1}=100,000$$

이로부터 $C=15.714$가 되며 약정이자율은 15.714%가 되어야 한다.

>>> 연습문제 9－9

가나기업의 손익계산서가 다음과 같다.

손익계산서

과　목	금　액	
Ⅰ. 매출액(2,000개 × 2만원)		40,000,000
Ⅱ. 영 업 비 용		
변동비(2,000개 × 1.2만원)	24,000,000	
고정비	12,000,000	36,000,000
Ⅲ. 영 업 이 익		4,000,000
Ⅳ. 지 급 이 자		1,500,000
Ⅴ. 납세전이익		2,500,000
Ⅵ. 법인세(40%)		1,000,000
(1주당 순이익: 500원)		1,500,000

(1) 영업레버리지도(DOL), 재무레버리지도(DFL), 결합레버리지도(DCL)를 구하고 그 의미를 설명하라.

(2) 가나기업은 새로운 시설을 구입하려고 한다. 이를 도입하면 고정영업비는 50% 증가하지만 단위당 변동비는 40% 감소한다. 구입자금을 조달하는 방법과 그 효과는 다음과 같다.

① 부채를 조달하면 이자비용이 50만원 증가된다.

② 유상증자를 하면 300주가 증가된다.

만약 새로운 시설을 도입한 후에도 매출수량이 종전과 동일하다면 어떤 형태로 자금을 조달하는 것이 좋을까? 자본조달분기점에 해당하는 매출수량을 구하여 답하라.

해설

(1) DOL은 다음과 같다.

$$DOL = \frac{CM}{EBIT} = \frac{40{,}000{,}000 - 24{,}000{,}000}{4{,}000{,}000} = 4$$

이는 매출액 1% 변동시 영업이익은 4% 변동한다는 의미이다.
그리고 DFL과 DCL은 다음과 같다.

$$DFL = \frac{EBIT}{EBIT - I} = \frac{4{,}000{,}000}{4{,}000{,}000 - 1{,}500{,}000} = 1.6$$

$$DCL = DOL \times DFL = 4 \times 1.6 = 6.4$$

이는 영업이익 1% 변동시 순이익은 1.6% 변동하고 매출액이 1% 변동하면 순이익은 6.4% 변동한다는 의미이다.

(2) 현재 발행주식수(n_1)는 다음과 같다.

$$\frac{1{,}500{,}000}{500} = 3{,}000\text{주}$$

① 부채를 조달하면 EPS가 다음과 같다.(단, X는 EBIT)

$$\frac{(X - 2{,}000{,}000) \times 0.4}{3{,}000} \quad \cdots\cdots\cdots\cdots \text{①}$$

② 유상증자를 하면 EPS가 다음과 같다.

$$\frac{(X - 1{,}500{,}000) \times 0.4}{3{,}300} \quad \cdots\cdots\cdots\cdots \text{②}$$

①=②를 통해 자본조달분기점의 EBIT를 구하면

$$X = 7{,}000{,}000(\text{원})$$

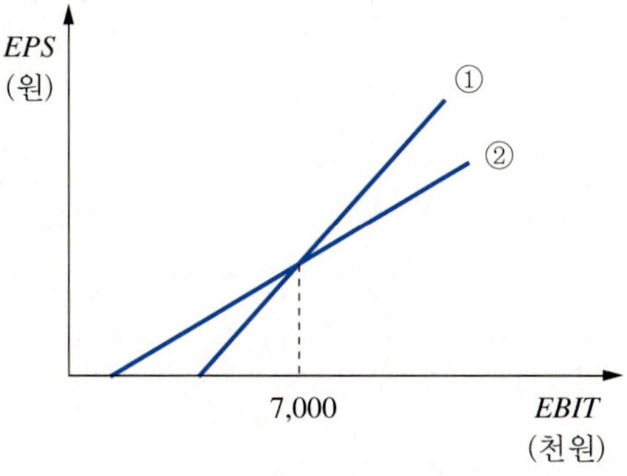

EBIT가 7,000,000원이 되기 위한 매출수량 S를 구하기 위해 다음 식을 이용한다.

$$S \times (20{,}000 - 7{,}200) - 18{,}000{,}000 = 7{,}000{,}000$$
$$\therefore\ S = 1{,}953.125(\text{개})$$

매출수량이 종전과 같이 2,000개라면 ①부채조달이 유리하다.

제 3 부

자본구조와 자본조달

Financial Management

제10장

자본구조이론

학습 목표

각종 투자안의 현금흐름에 대한 NPV를 산출하는 데 이용되는 할인율은 곧 자본비용이다. 그런데 이 자본비용은 앞서 살펴본 바와 같이 투자자금을 어떻게 조달하는가에 따라 달라질 수 있다. 이러한 원리를 기업의 재무상태표에 적용하면 차변은 기업이 수행한 투자안을 나타내는 것이고, 대변은 이를 위해 조달한 자본형태를 나타내는 것이다. 따라서 기업전체의 관점에서 부담하는 자본비용을 최소로 하는 자본구조가 존재할 것이다. 이러한 자본구조를 최적자본구조(optimal capital structure)라고 한다. 자본구조이론은 최적자본구조의 존재 여부와 이를 달성할 수 있는 부채수준을 찾는 것을 주된 내용으로 한다.

제 1 절 기초개념

1.1 자본구조이론의 의의

(1) 기업가치와 투자안가치

기업을 재무상태표의 체계에서 이해해보자. 먼저 차변항목은 기업이 보유하고 있는 자산들을 나타내고 있는데 이는 자금의 운용상황을 의미하고 있다. 한편, 대변항목은 기업이 자금을 어떤 형태로 조달하였는가를 보여주기 때문에 이를 통해서 자금의 조달원천을 알 수 있다. 그런데 이같이 조달된 자금은 모두 차변의 자산을 취득하는 데에 사용된 것이므로 기업은 일종의 커다란 투자안으로 파악할 수 있다.

이와 같은 논리를 따라서 기업가치는 자본예산에서 투자안의 가치를 계산하는 원리를 그대로 적용하여 산출된다. 즉, 투자안가치가 그 투자안에서 기대되는 미래현금흐름의 현재가치로 계산되듯이 기업가치도 그 기업이 매년 벌어들이는 현금흐름을 할인한 현재가치로 계산되는 것이다.

투자안의 현금흐름을 측정할 때에 분석대상이 되는 현금흐름은 이미 제5장에서 설명하였듯이 전액 자기자본으로 조달한 경우의 현금흐름, 즉 영업현금흐름이라고 하였다. 그런데 계속기업(going concern)을 가정하면 기업의 수명은 영구적이어서 영업현금흐름의 측정식에서 감가상각비가 0이 되어 영업현금흐름은 영업이익과 같게 된다.[1] 따라서 기업의 가치도 이의 현재가치를 구하면 된다. 이때에 적용할 할인율도 세금이 존재한다면 이자비용의 감세효과를 고려한 타인자본비용(k_i)을 이용해서 산출한 가중평균자본비용(WACC, k_0)이 되는데 이 역시 투자안의 평가방법과 동일한 논리이다.

계속기업의 경우 기업이 벌어들이는 현금흐름도 무한히 계속될 것이고 만약 그 현금흐름의 크기가 일정하다고 가정하면 이때의 기업가치(V)는 다음과 같이 영구연금의 현재가치를 산출하는 방식으로 구할 수 있다.

---

1) 이와는 달리 기업이 계속 존속하기 위해서 매년 감가상각비만큼의 재투자가 필요하다고 가정해도 영업현금흐름은 영업이익과 같게 된다. 그리고 만약 세금이 존재한다면 영업현금흐름은 세후기준으로 EBIT$(1-t)$가 된다. 이러한 이유로 계속기업을 전제로 하는 자본구조이론에서는 영업현금흐름을 EBIT 또는 EBIT$(1-t)$로 표현할 수 있다.

$$V = \frac{X}{k_0} \tag{10.1}$$

단, X: 기대영업이익(기대영업현금흐름)
k_0: 가중평균자본비용

(2) 자본구조이론의 쟁점

기업가치를 나타내는 식 (10.1)에서 분자에 해당하는 현금흐름이 일정하다고 가정하면 가중평균자본비용 k_0가 작을수록 기업가치 V는 커지게 된다. 이때에 k_0가 가장 작게 되는, 그래서 V가 가장 크게 되는 자본구조를 생각할 수 있는데 이를 최적자본구조(optimal capital structure)라고 한다.

그런데 k_0는 이미 제9장에서 살펴본 것과 같이 다음 식으로 산출된다.

$$k_0 = \left(\frac{S}{B+S}\right)k_e + \left(\frac{B}{B+S}\right)k_i$$

위 식에서 보면 k_0는 자기자본비용 k_e, 타인자본비용 k_i, 그리고 타인자본의존도(재무레버리지)에 의해서 결정됨을 알 수 있다. 결국 자본구조이론의 초점은 k_0의 최소화문제로 귀결된다. 그래서 자본구조이론의 구체적인 내용은 타인자본을 사용하게 되면 k_e와 k_i가 어떻게 변화하는지 그리고 이러한 변화의 결과로 k_0는 어떻게 변화하는지를 살펴보는 것으로 집약된다.

1.2 부채사용효과

자본구조이론의 핵심은 부채사용이 가중평균자본비용에 미치는 영향을 분석하는 것이다. 부채를 사용하면 유리한 효과와 불리한 효과가 동시에 존재한다.

(1) 부채사용의 유리한 효과

대개 채권자는 고정금액의 이자를 받기 때문에 주주보다 작은 위험을 부담하게 된다. 따라서 타인자본비용은 자기자본비용보다 낮다. 이러한 상황에서 부채를 많이 사용하면 할수록 가중평균자본비용은 낮아지는데 이를 부채비용의 저렴효과라고 한다.[2] 이는 부채사용이 기업가치를 증대시키는 유리한 효과가 된다.

2) 소주(20°)가 담긴 그릇에 맥주(5°)를 부으면 전체 알코올도수가 낮아지는 것과 같은 이치이다. 여기서 소주는 자기자본, 맥주는 부채이고 알코올도수는 자본비용이다.

(2) 부채사용의 불리한 효과

부채를 많이 사용하면 이자비용의 재무레버리지효과로 인해서 주주들이 부담하는 위험이 커져서 자기자본비용이 높아지게 된다. 이러한 측면에서 보면 부채사용이 가중평균자본비용을 높이면서 기업가치를 감소시키는 불리한 효과를 갖는다.

이외에도 부채사용효과를 세금, 파산비용, 대리비용 등의 시장불완전요인을 고려해서 유리한 효과와 불리한 효과로 구분할 수 있는데, 결국 부채사용이 가중평균자본비용(또는 기업가치)에 어떤 영향을 주는가는 이 두 가지 효과 중 어느 효과가 더 큰가에 달려 있다고 할 수 있다.

1.3 완전시장과 불완전시장

(1) 완전시장이론

자본구조이론과 관련된 연구 중에서 가장 중요한 것은 Modigliani & Miller의 1958년 논문이다. 이 연구는 세금 등 거래마찰요인이 없는 완전자본시장을 전 제로 한 것인데 여기서 자본구조는 기업가치와 무관하다는 것을 보였다. 그래 서 이를 자본구조무관련이론(irrelevance theory of capital structure)이라고 부른다.

(2) 불완전시장이론

그러나 현실세계는 완전자본시장이 아니기 때문에 무관련이론이 현실세계를 설명하지는 못한다. 따라서 현실세계에 존재하는 불완전요인을 고려해서 무관련이론을 수정함으로써 현실세계를 설명할 수 있다. MM은 자본구조와 관련된 논문을 1963년에 또 발표하였는데 여기서는 법인세라는 불완전요인을 고려하였다. 그 결론은 법인세를 고려하게 되면 부채를 많이 사용할수록 기업가치는 증가한다는 것이다.

이 역시 현실설명에 미흡하기 때문에 다른 불완전요인들까지 반영한 연구가 뒤를 이었다. Kraus & Litzenberger(1973)는 파산비용을, Jensen & Meckling(1976)은 대리비용을, Miller(1977)는 개인소득세를 반영하면서 보다 더 현실적인 자본구조이론을 제시하였다.

제 2 절 MM의 자본구조이론(Ⅰ)

2.1 가 정

(1) 완전자본시장

자본시장은 완전자본시장(perfect capital market)으로서 세금, 거래비용 등 거래마찰요인이 존재하지 않으며 모든 정보가 모든 투자자에게 동시에 정확하게 전달된다. 그리고 자산에 대해서는 무한히 분할하여 투자할 수 있으며 시장구조는 완전경쟁적이어서 모든 투자자들은 가격순응자이다.

(2) 동질적 위험집단

동질적 위험집단(homogeneous risk class)이란 경영위험이 같은 집단을 의미한다. 따라서 동질적 위험집단이 존재한다는 것은 기업들을 경영위험의 크기에 따라 여러 집단으로 분류할 수 있다는 것이다. 그러므로 동일한 업종에 속하면서 자본구조만 다른 기업들이 존재한다.[3)]

2.2 명 제

MM의 자본구조이론은 위에서와 같은 두 가지 가정을 전제로 전개되었는데 그 내용은 다음과 같은 세 가지 명제(proposition)로 요약된다. 그리고 이 중 제1명제가 가장 중요한 것이며 나머지 명제는 모두 여기에서 도출된 것이다.

(1) 제 1 명제

> 기업가치(V)와 가중평균자본비용(WACC, k_0)은 자본구조와 관계없이 결정된다. 즉, $V_L=V_U$

3) 엄격히 말하면 업종이 같다고 반드시 경영위험이 같은 것은 아니지만 설명의 편의상 이 두 가지 개념을 동일한 것으로 보자.

기업가치(V)는 영업이익을 WACC로 할인하여 결정된다는 것은 이미 앞의 식 (10.1)에서 확인하였다. 그런데 MM은 업종마다 각각의 WACC가 하나씩 주어져 있기 때문에 동일한 업종에서는 WACC가 똑같다는 것이다. 따라서 같은 업종에 속한 기업들의 가치를 결정하는 것은 각 기업들의 영업이익뿐이다. 즉, 자본구조는 아무런 영향을 주지 않는다는 것이다.

이는 MM이론을 이해하는 데 가장 중요한 명제이기 때문에 그 내용을 좀 더 자세히 설명하고자 한다. 예를 들어, 건설업종에 속한 기업이면 현대건설이든, 대림산업이든 WACC가 똑같기 때문에 각 기업의 부채수준과는 상관없이 각각의 영업이익을 건설업의 WACC로 할인한 현재가치가 현대건설 및 대림산업의 기업가치라는 것이다. 그러나 영업위험이 다른 전자업종의 경우에는 건설업종과는 다른 값을 갖는 WACC가 존재하기 때문에 삼성전자, LG전자의 기업가치는 이 WACC를 할인율로 각각의 영업이익을 현가화시킨 값이 된다. 이러한 명제가 성립됨은 다음에서 설명될 재정거래로 증명이 된다.

(2) 제 2 명제

> 레버리지의 증가에 따라 자기자본비용(k_e)은 상승하며 이는 부채비용(k_d)의 저렴효과를 완전히 상쇄한다.

이는 제1명제를 원천별 자본비용 측면에서 설명한 것으로서 제1명제가 성립하기 위해서는 당위적으로 성립되어야 할 명제이다. 이 명제의 성립을 확인해보자. 어떤 특정한 업종에서 부채를 사용하고 있는 기업의 WACC, k_0는 다음과 같이 산출된다.

$$k_0 = \left(\frac{B}{B+S}\right)k_d + \left(\frac{S}{B+S}\right)k_e$$

그런데 위 식은 부채기업의 WACC를 산출하는 식이므로 여기서 k_e는 부채기업의 자기자본비용이다. 따라서 이를 k_e^L로 나타낼 수 있다. 그리고 위 식을 자기자본비용(k_e^L)에 대해서 정리하면 다음과 같이 정리된다

$$k_e^L = k_0 + (k_0 - k_d)\frac{B}{S}$$

그런데 제1명제에서는 어느 업종에서도 WACC(k_0)는 주어진 상수로서 자본구

그림 10-1

완전시장에서의 MM이론

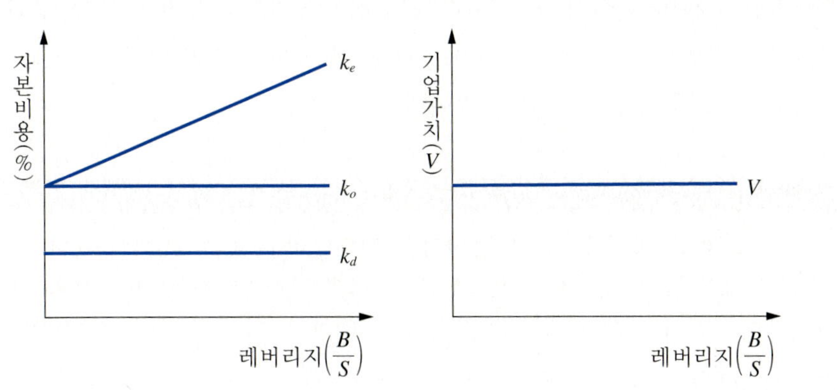

(a) 레버리지증가에 따른 자본비용의 변화 (b) 레버리지증가에 따른 기업가치의 변화

조와 관계없이 일정한 값을 갖는다고 하였다. 따라서 이는 무부채기업의 k_0와도 같은 값인데 무부채기업의 경우 $k_0 = k_e^U$이므로 $k_0^L = k_0^U = k_e^U$가 성립된다.[4)]

이를 이용하면 위 식을 다음과 같이 고쳐 쓸 수 있다.

$$k_e^L = k_e^U + (k_e^U - k_d)\frac{B}{S} \tag{10.2}$$

이러한 제2명제의 내용을 제1명제와 함께 그림으로 확인하면 [그림 10-1]로 표현된다. 이 그림에서 가중평균자본비용(k_0)이 일정한 것은 앞서 설명한 부채사용의 유리한 효과와 불리한 효과의 크기가 똑같기 때문이다.

(3) 제3명제

새로운 투자안에 대한 절사율(cut-off rate)은 자금조달방법과 무관하게 결정된다.

이는 제1명제를 투자안에 적용하는 것이다. 앞서 투자안가치와 기업가치는 그 성격과 산출과정이 동일한 것임을 설명한 바 있다. 그리고 제1명제는 업종마다 기대현금흐름에 적용할 할인율이 정해져 있으며 그 할인율은 자본구조와 무관하다는 것이다. 따라서 어떤 투자안을 평가할 때에도 그 현금흐름에 적용할 할인율

4) 이때의 자본비용은 경영위험만 반영된 것으로서 ρ(rho)로 표현하기도 한다. 이를 CAPM과 연관시켜보면 SML에 자산베타를 대입해서 산출한 기대수익률로 볼 수 있다. 사실 이제부터의 전개과정은 제9장 제3절 재무레버리지와 베타의 전개과정과 거의 비슷한 것이다.

은 그 투자안이 속한 업종마다 주어져 있는 것이고 이 역시 자금조달방법과는 무관한 값이다. 할인율은 곧 자본비용이므로 그 투자안이 채택되기 위한 최저수익률, 즉 절사율은 이 할인율과 같은 것이다.

>>> 예제 10-1

가나기업이 매년 벌어들이는 영업이익은 2,000만원이고 이 기업이 속한 업종의 자본환원율(가중평균자본비용)은 10%이다. 그런데 가나기업은 현재 부채를 사용하고 있으며 그 가치는 5,000만원이고 이자율은 7%이다. 다음 각 물음에 답하라.

(1) 가나기업의 가치는 얼마인가?
(2) 가나기업의 자기자본비용과 가중평균자본비용을 산출하라.
(3) 레버리지변화에 따른 자본비용의 변화를 그림으로 나타내라.

풀이

(1) 가나기업의 가치는 다음과 같다.

$$V=\frac{2,000}{0.1}=20,000(\text{만원})$$

(2) ① 자기자본비용

$V=B+S$에서 $S=V-B$이므로 자기자본가치는 다음과 같다.

$$S=20,000-5,000=15,000(\text{만원})$$

식 (10.2)를 이용하여 자기자본비용을 산출한다.

$$\begin{aligned} k_e^L &= k_e^U+(k_e^U-k_d)\frac{B}{S} \\ &=0.1+(0.1-0.07)\times\frac{5,000}{15,000} \\ &=0.11\ (11\%) \end{aligned}$$

② 가중평균자본비용

$$\begin{aligned} k_0^L &= \frac{B}{V}\times k_d+\frac{B}{V}\times k_e^L \\ &=\frac{5,000}{20,000}\times 0.07+\frac{15,000}{20,000}\times 0.11 \\ &=0.1(10\%) \end{aligned}$$

이처럼 부채수준과는 상관없이 가중평균자본비용은 항상 기업이 속한 업종의 자본환원율과 동일하다.

(3) 레버리지와 자본비용의 관계를 그림으로 나타내면 다음과 같다.

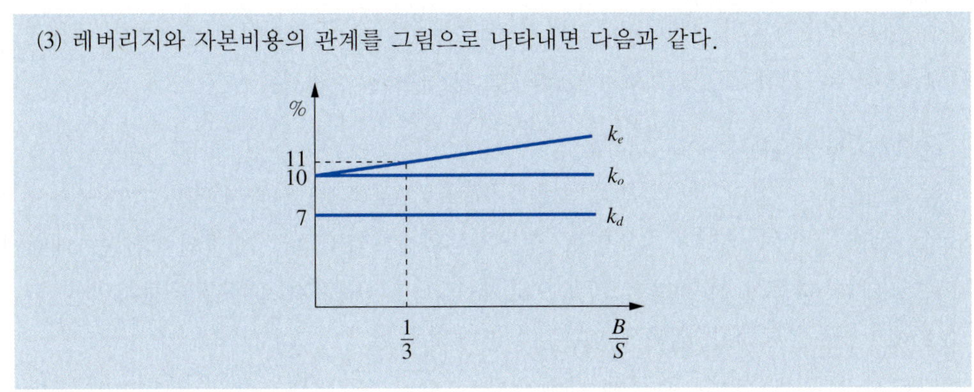

2.3 재정거래

(1) 의 의

재정거래(arbitrage transaction)란 제2장에서 설명한 것과 같이 시장의 불균형으로 일물일가의 법칙이 성립되지 않은 경우 투자자들이 과대평가된 자산을 매각함으로써 현금유입을 많게 하고, 과소평가된 자산을 매입함으로써 현금유출을 적게 하여 그 차익을 도모하는 과정을 말한다. 이는 MM의 제1명제의 이론적 근거를 제공할 뿐만 아니라 대부분의 균형가격결정모형에도 이용되는 중요한 개념이다.

(2) 내 용

MM의 제1명제에 따르면 업종마다 할인율, 즉 WACC가 정해져 있기 때문에 기업가치를 결정하는 유일한 변수는 그 기업이 발생시키는 미래의 영업이익뿐이다.

따라서 동일업종에 속한 두 기업의 영업이익만 같다면 두 기업의 가치는 동일하여야 한다. 이는 일물일가의 법칙을 MM이론의 관점에서 설명한 것에 불과하다.

이제 한 기업은 무부채기업이고 다른 한 기업은 부채기업이면서 두 기업의 영업이익은 동일하다고 가정하자. 그리고 무부채기업의 가치를 V_U, 부채기업의 가치를 V_L이라고 하자. 이때에 MM이론에 따르면 두 기업의 자본구조는 다르지만 영업이익이 같으므로 $V_U = V_L$이 성립되어야 한다. 그런데 일시적인 불균형으로 $V_L > V_U$ 또는 $V_L < V_U$가 되어 있다고 하자. 이러한 경우에는 투자자들이 재정거

래를 통해서 추가적인 이익을 도모하기 때문에 결국에는 $V_U=V_L$, 즉 균형이 달성된다. 이는 곧 MM의 제1명제가 성립됨을 증명하는 것이다.

① $V_L > V_U$인 경우

부채기업의 가치(V_L)가 무부채기업의 가치(V_U)보다 큰 상황에서는 과대평가된 부채기업의 주주가 재정거래유인을 갖는다. 부채기업주주는 자신의 주식을 매각하여 조달한 자금과 개인적인 차입으로 조달한 자금을 합쳐서 무부채기업의 주식을 매입함으로써 초과수익을 얻을 수 있다.[5)]

따라서 무부채기업의 주식에 대해서는 수요가 증가하여 주가가 상승하는 반면, 부채기업주식에 대해서는 공급이 증가하기 때문에 주가가 하락하여 $V_U=V_L$이 되고 재정거래는 멈춘다.

② $V_L < V_U$인 경우

부채기업의 가치(V_L)가 무부채기업의 가치(V_U)보다 작은 경우에는 과대평가된 기업이 무부채기업이므로 무부채기업의 주주가 재정거래유인을 갖는다. 무부채기업주주는 자신의 주식을 매각하여 조달한 자금 중에서 일부는 부채기업주식을 매입하고 나머지는 개인적인 대출로 자금을 활용하거나 또는 부채를 상환함으로써 초과수익을 얻을 수 있다.[6)]

따라서 부채기업주식에 대해서는 수요가 증가하여 주가가 상승하는 반면, 무부채기업주식에 대해서는 공급이 증가하기 때문에 주가가 하락하여 결국에는 $V_U=V_L$이 된다. 그리고 이때에 재정거래유인은 없어지게 된다.

(3) 주의점

① 자가레버리지

자가레버리지(homemade leverage)란 주주 개인이 부채를 사용할 때에 기업과 똑같은 조건하에서 원하는 수준대로 사용할 수 있다는 것을 말한다. 그러나 과대평가된 기업과 동일한 수준으로 부채를 사용하는 것까지 의미하는 것은 아니다. 다만 재정거래 이전의 재무레버리지와 재정거래 이후의 재무레버리지를 동일하게 만들기 위해 종전과 같은 수준의 부채를 사용하는 것일 뿐이다.

---

5) 이를 달리 표현하면 동일한 수익(현금흐름)을 얻기 위해서 무부채기업에 투자하는 것이 부채기업에 투자하는 것보다 소요자금이 적다는 것이다.

6) 이를 달리 표현하면 동일한 수익(현금흐름)을 얻기 위해서 부채기업에 투자하는 것이 무부채기업에 투자하는 것보다 소요자금이 적다는 것이다.

② 재정이익

재정이익이란 재정거래 이전의 현금흐름과 재정거래 이후의 현금흐름을 동일하게 유지하면서 추가적으로 얻게 되는 부(wealth)를 말한다. 앞서 재정거래 과정에서 과대평가된 기업의 주주가 얻게 되는 초과수익은 매년 추가적으로 얻게 되는 현금흐름을 의미한다. 따라서 이를 현가화시킨 값이 재정이익인 것이다.[7]

이를 현가화시킬 때에 적용할 할인율은 추가현금흐름을 발생시키는 과소평가기업의 자기자본비용이 되는데 이렇게 현가화시킨 재정이익은 결국 두 기업가치의 차이에 해당한다.

③ 공매의 가능성

대부분의 교과서에서 과대평가된 주식 일부를 보유한 투자자에 대한 재정거래를 설명하고 있지만, 완전시장에서는 공매(short sale)도 가능하므로 아무것도 보유하지 않은 투자자도 재정거래를 할 수 있는 것이다.

(4) 비 판

MM이론은 이론적으로 완벽한 구성을 보이고 있기 때문에 이에 대한 비판은 주로 MM이론이 전제로 하고 있는 가정의 비현실성에 모아진다.

① 완전자본시장

현실적으로 자본시장에는 세금, 거래비용 등 불완전요인이 매우 많다. 따라서 완전시장의 가정은 비현실적이라는 것이다.

② 동질적 위험집단

설명의 편의상 업종이 같으면 경영위험이 같은 것으로 간주하였다. 그러나 엄밀히 말하면 업종이 다르면서도 고정영업비용의 부담수준에 따라서 경영위험은 같을 수 있다. 현실적으로 이를 고려하여 기업들을 경영위험이 같은 집단으로 구분한다는 것은 매우 어려운 일이다.

③ 자가레버리지

투자자 개인이 부채를 차입할 때에 이자율이나 차입규모 등 차입조건을 기업과 똑같게 적용받을 수 있다는 자가레버리지의 가정은 비현실적이다. 그리고 기

---

7) 계속기업을 전제로 하므로 이러한 현금흐름은 무한히 계속될 것이고 이의 현가는 영구연금의 현가를 계산하는 것과 동일하다. 또한 재정이익은 동일한 수익(현금흐름)을 얻으면서 투자에 소요되는 자금을 절약하여 생긴 것이므로 여유자금이라고 표현되기도 한다.

업의 주주는 출자금액을 한도로 부채에 대해서 유한책임을 지지만 개인은 무한책임을 지기 때문에 양자가 부담하는 책임의 성격도 다르다.

>>> 예제 10-2

자기자본만으로 구성된 A기업과 일부 타인자본으로 구성된 B기업이 동일한 위험집단에 속해 있다고 가정한다. 다음과 같이 두 기업은 모두 3,000원의 영업이익을 올리고 있는데도 기업가치는 타인자본을 사용하고 있는 B기업이 더 높게 형성되어 있다.

항 목	A기업	B기업
영업이익	3,000	3,000
타인자본	0	6,000
자기자본	15,000	9,600
기업가치	15,000	15,600

B기업이 사용하고 있는 차입금의 이자율은 연 10%이고 법인세는 없다고 가정하여 다음 각 물음에 답하라.

(1) B기업주식의 20%를 보유하고 있는 투자자가 할 수 있는 재정거래과정을 설명하고 이로부터 얻을 수 있는 재정거래이익을 산출하라.

(2) 재정거래가 멈춰지는 두 기업의 가치수준은 얼마인가?

풀 이

(1) 재정거래과정 및 재정이익을 산출하는 데에는 다음과 같은 두 가지 접근법을 이용할 수 있다.

1) 초과수익환원법

이 방법은 대부분의 교과서에서 소개되어 있는 방법으로서 과대평가된 기업의 주주가 자기주식을 매각하고 과소평가된 주식을 구입하면서 차입 또는 대출(상환)을 통해서 종전의 레버리지를 유지하여 초과수익을 도모하는 것이다. 재정이익은 이때의 초과수익을 현재가치로 환원하여 산출되므로 초과수익환원법이라고 하자.

그러므로 예제의 재정거래는 다음과 같은 순서에 따른다.

① B기업 주주의 자기주식 매각에 따른 자금유입

$$9{,}600 \times 20\% = 1{,}920$$

② 종전과 동일한 레버리지를 유지하기 위해서 개인적으로 조달한 차입금

$$6{,}000 \times 20\% = 1{,}200 \left(\text{또는 } 1{,}920 \times \frac{6{,}000}{9{,}600}\right)$$

③ ①,②에서 조달된 총자금을 A기업에 투자한 경우의 투자수익

A기업로부터의 배당수익	$3{,}000 \times \dfrac{(1{,}920 + 1{,}200)}{15{,}000}$	$= 624$
개인차입금에 대한 지급이자	$1{,}200 \times 10\%$	$= 120$
투자수익		504

④ 재정거래 이전에 B주식 보유시 투자수익

$$(3{,}000 - 6{,}000 \times 10\%) \times 20\% = 480$$

⑤ 재정이익의 산출

재정거래로 얻게 된 초과수익은 매년 24원(=504−480)이고 이는 A기업에서 영원히 발생하므로 그 현재가치는 A기업의 자본비용 20%로 할인하여 구한다.

$$\frac{24}{0.2} = 120(\text{원})$$

여기서 자본비용 20%는 A 기업의 k_0인데 예제에서는 A 기업이 무부채기업이므로 다음과 같이 구한 k_e와 동일하다.

$$\frac{3{,}000}{15{,}000} = 0.2\ (20\%)$$

2) 현금흐름유지법*

이 방법은 재정거래 이전의 현금흐름을 그대로 유지하면서 투자자금을 얼마나 절감할 수 있는가를 파악하는 것이다. 이때의 절감액이 곧 재정이익인데 이를 여유자금이라고도 한다. 초과수익환원법보다 간단하면서도 여러 가지 상황에서 적용할 수 있기 수 있기 때문에 본서에서는 이 방법을 소개하면서 현금흐름유지법이라고 부르겠다.

재정거래 과정은 과대평가 주식의 보유비율과는 상관없으므로 일단 B주식 전체를 가진 주주를 가정하여 설명한다. 먼저 A기업과 B기업의 현금흐름과 그 현재가치를 나타내면 다음과 같다.

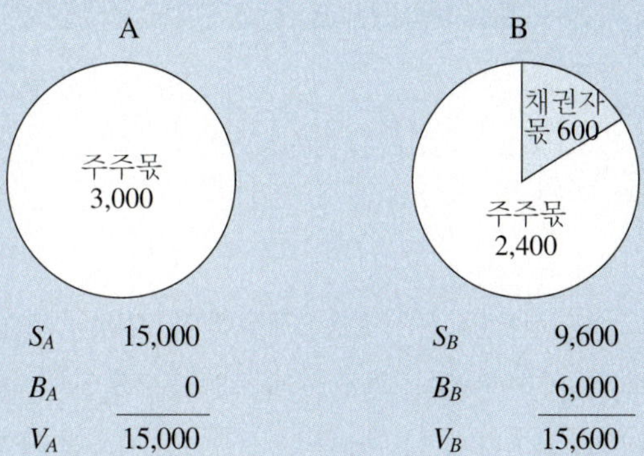

S_A	15,000	S_B	9,600
B_A	0	B_B	6,000
V_A	15,000	V_B	15,600

이때의 B주주는 B주식을 매각하고 A주식을 구입하면서도 현재와 동일한 현금흐름

*이 방법은 MM이론을 쉽게 이해시킬 수 있다는 점을 인정받아 미국재무교육학회지에 게재되었다. How to Teach M&M's Capital Structure Irrelevance Theory: A Simple Arbitrage Approach (*Journal of Financial Education*, 2006)

2,400을 유지할 수 있다. 즉, B주식 모두를 처분한 금액 9,600과 B기업과 동일하게 6,000을 차입하여 A 전체를 구입하면 매년의 현금흐름은 2,400(= 3,000 − 6,000 × 10%)으로서 종전과 동일하다. 그런데 A 전체를 구입하는 데에는 15,000만 소요되므로 600(= 9,600 + 6,000 − 15,000)이 남게 된다. 이때의 600이 재정이익인데 이는 과대평가된 기업가치 V_B, 15,600과 과소평가된 기업가치 V_A, 15,000의 차이와 정확하게 일치한다.

여기서는 B주식을 100% 보유한 투자자를 가정한 것이므로 예제와 같이 20% 보유한 투자자의 재정이익은 120(=600×20%)이 될 것이다. 따라서 재정이익만 확인하려면 다음과 같이 쉽게 산출할 수 있다.

$$(V_B - V_A) \times \text{주식보유비율}$$
$$= (15{,}600 - 15{,}000) \times 20\% = 120$$

(2) 위에서 설명한 재정거래의 과정을 보면 A주식에 대한 수요는 증가하고 B주식에 대해서는 공급이 증가함을 알 수 있다. 따라서 A주식의 가격은 상승하고 B주식의 가격은 하락하게 될 것이다. 이때에 두 기업의 가치 V_A와 V_B가 같아지기만 하면 균형이 달성되고 재정거래가 멈춰진다. 또한 이때 두 기업의 k_0는 동일하게 된다.

예를 들어, A주가의 상승폭과 B주가의 하락폭이 동일하게 300이라고 가정해보자. 그러면 A의 경우에는 $S_A = V_A = 15{,}300$, B의 경우에는 $S_B = 9{,}300$, $V_B = 15{,}300$이 되어 균형이 달성된다. 그리고 이때 두 기업의 가중평균자본비용 k_0는 모두 19.61%가 된다.

또 다른 예를 들어, A주가는 450 상승하고 B주가는 150 하락했다고 가정해보자. 그러면 A의 경우에는 $S_A = V_A = 15{,}450$, B의 경우에는 $S_B = 9{,}450$, $V_B = 15{,}450$이 되고 두 기업의 k_0는 19.42%가 되면서 균형이 된다. (k_0는 각자 산출하여 확인해보라.)

제 3 절 MM의 자본구조이론(Ⅱ)

3.1 개 요

MM(1958)의 모형은 완전자본시장을 가정하여 자본구조이론을 설명한 것이다. 그러나 현실세계에서는 시장을 불완전하게 만드는 요인이 많이 존재한다. 이러한 불완전요인 중 대표적인 것이 세금인데, 그 중 법인세만을 고려한 것이 MM(1963)의 모형이며, 법인세와 개인소득세까지 고려한 것이 Miller(1977)의 모형이다. 또한 불완전요인으로서 파산비용을 고려한 것이 Kraus & Litzenberger(1973)의 파산비용이론이고, 정보불균형으로 인한 대리비용을 고려한 것이 Jensen & Meckling(1976)의 대리이론이다.

이제부터 설명할 모형들은 모두 MM모형(1958)에 이처럼 시장의 불완전요인을 추가한 것이다.

3.2 수정명제

시장의 불완전요인 중 법인세를 고려하면 MM이 1958년에 제시하였던 세 가지 명제는 다음과 같이 바뀌게 된다.

(1) 제1명제

법인세가 존재할 때에 부채기업의 가치는 무부채기업의 가치보다 이자비용감세효과의 현재가치만큼 크다. 즉, $V_L = V_U + t \cdot B$

이 명제의 내용을 확인하기 위해서 영업이익이 동일한 두 기업이 있다고 가정하자. 그 중 한 기업은 자기자본만으로 구성된 무부채기업(U)이고, 다른 한 기업은 부채를 사용하는 부채기업(L)이라고 할 때 법인세로 인해서 두 기업의 현금흐름이 어떻게 다른가를 다음을 통해 살펴보자.

	기 업 U	기 업 L	
영업이익	$EBIT$	$EBIT$	
지급이자	–	$k_d B$	⟶ 채권자몫
세전이익	$EBIT$	$EBIT - k_d B$	
법 인 세	$EBIT_t$	$(EBIT - k_d B)t$	
세후이익	$EBIT(1-t)$	$(EBIT - k_d B)(1-t)$	⟶ 주주몫
		$= EBIT(1-t) - k_d B(1-t)$	
현금흐름	$EBIT(1-t)$	$EBIT(1-t) + k_d B t$	⟶ 채권자몫+주주몫

기업의 가치가 부채가치와 자기자본가치의 합으로 구성되듯이 기업의 현금흐름도 채권자에게 귀속되는 현금흐름과 주주에게 귀속되는 현금흐름의 합으로 구성된다. 그런데 위의 표에서 보면 기업 L이 부채 B를 사용함으로써 기업 U에 비

해 매년 $k_d Bt$만큼의 현금유입이 더 많게 됨을 알 수 있다. 이를 이자비용의 감세효과(tax shield effect)라고 한다.

결국 기업 L이 부채 B를 영구히 사용하면 기업 U에 비해 $k_d Bt$의 현재가치만큼 기업가치를 높일 수 있으며 그 크기는 다음과 같다.

$$PV(k_d\,Bt)=\frac{k_d Bt}{(1+k_d)}+\frac{k_d Bt}{(1+k_d)^2}+\cdots$$
$$=\frac{k_d Bt}{k_d}=Bt \qquad (10.3)$$

따라서 부채기업의 가치 V_L은 무부채기업의 가치 V_U보다 이자비용감세효과의 현재가치 Bt만큼 크다는 것을 알 수 있다.[8]

이는 다음과 같은 식으로 나타낼 수 있다.

$$V_L=V_U+t\cdot B \qquad (10.4)$$

(2) 제 2 명제

> 법인세가 존재할 때에도 레버리지의 증가에 따라 k_e는 상승하지만 이자비용의 감세효과로 인해서 법인세가 없을 때보다 완만하게 상승한다.

이 명제의 내용을 확인해보자. 수정된 제 1 명제를 나타내는 식 (10.4)를 보면 이는 부채기업의 가치는 무부채기업가치에 이자비용감세효과의 현재가치를 합하여 산출됨을 의미한다. 이 식에서 부채기업의 매년 현금흐름을 측정하면 다음과 같다.

$$CF(V_L)=V_U\;k_0^U+k_d Bt \qquad (10.5)$$

한편, 기업가치는 언제나 자기자본가치와 부채가치의 합이므로 다음 식이 항상 성립한다.

$$V_L=B+S$$

이 식에서 부채기업의 매년 현금흐름을 측정하면 다음과 같다.

$$CF(V_L)=S_L k_e^L+B_k^d \qquad (10.6)$$

8) 이때의 $t\cdot B$는 부채사용에 따른 기업가치 증가분을 나타내기 때문에 레버리지이득(gain from leverage)이라고 한다.

식 (10.5)와 식 (10.6)을 통해서 구한 현금흐름은 모두 동일한 부채기업을 대상으로 산출한 것이므로 같은 값을 가져야 할 것이다. 따라서 다음 식이 성립한다.

$$V_U k_0^U + k_d Bt = S_L k_e^L + B_k^d$$

이 식을 $V_U = V_L - t \cdot B = S + (1-t) \cdot B$를 이용해서 k_e^L에 대해서 정리하면 다음과 같이 표현된다.

$$k_e^L = k_e^U + (k_e^U - k_d)(1-t)\frac{B}{S} \qquad (10.7)$$

바로 이 식이 수정된 제2명제를 나타내는 것인데 1958년에 제시된 제2명제를 나타내는 식 (10.2)와 비교해보자.

$$k_e^L = k_e^U + (k_e^U - k_d)\frac{B}{S} \qquad (10.2)$$

식 (10.2), 식 (10.7)의 공통점은 모두 부채기업의 자기자본비용 k_e^L이 레버리지의 증가에 따라 선형적으로 증가한다는 것이다. 그러나 그 증가폭을 나타내는 기울기를 보면 법인세가 존재하는 경우에는 법인세가 없는 경우보다 작다는 것을 알 수 있다.

이번에는 레버리지의 변화에 따른 가중평균비용 k_0의 변화를 살펴보자. 이를 위해서 식 (10.7)을 가중평균비용 k_0 산출식에 대입해서 정리하면 k_0는 다음과 같이 표현된다.

$$k_0^L = k_0^U\left(1 - t \cdot \frac{B}{V}\right) \qquad (10.8)$$

이 식을 살펴보면 기업의 레버리지가 증가할수록 k_0는 감소한다는 것을 확인할 수 있다. 그리고 이때에도 k_0로 할인하는 현금흐름은 100% 자기자본으로 투자자금을 조달하였다고 가정하고 주주에게 귀속되는 현금흐름(영업현금흐름)과 같다. 이 현금흐름이 일정하다고 가정하면 k_0로 할인하여 산출하는 기업가치 V_L은 레버리지의 증가에 따라 증가할 것이다.

이제까지의 내용을 그림으로 나타내면 [그림 10-2]와 같다. 이 그림에서 점선으로 표시된 것들은 법인세가 존재하지 않는 경우의 자본비용을 나타낸다. 법인세의 존재로 각 자본비용들은 화살표 방향으로 하향이동하여 레버리지가 증가

그림 10-2

법인세가 존재하는 경우 MM이론

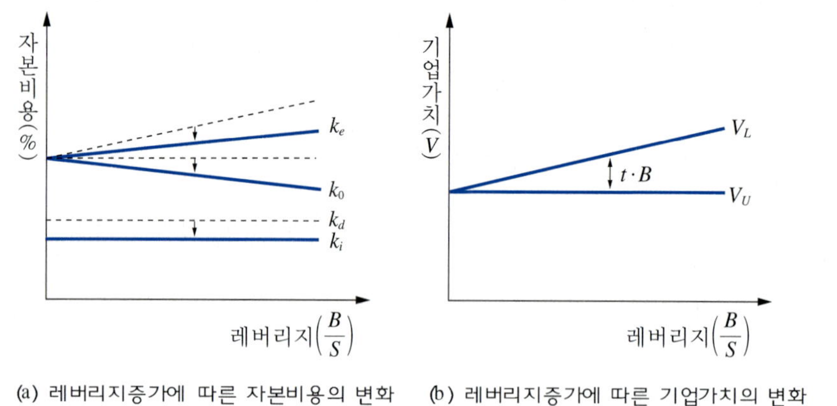

(a) 레버리지증가에 따른 자본비용의 변화 (b) 레버리지증가에 따른 기업가치의 변화

할수록 k_0는 감소하는 것이다. 한편, k_0의 감소에 따라서 부채기업의 가치는 영업이익이 동일한 무부채기업의 가치보다 레버리지이득만큼 크게 나타난다.

(3) 제3명제

> 새로운 투자안을 수행하기 위한 자금은 모두 타인자본으로 조달하는 것이 유리하다.

새로운 투자안에 대한 절사율은 가중평균자본비용 k_0이다. 따라서 k_0가 작을수록 보다 많은 투자안이 투자가치를 갖게 된다. 그리고 만약 투자안의 현금흐름이 일정하다면 k_0가 작을수록 그 가치는 커지게 된다.

그런데 k_0는 부채를 사용할수록 점점 더 작아지고 최종적으로 투자자금을 모두 타인자본으로 조달하게 되면 k_0는 가장 작게 된다.[9] 이는 기업이 부담하는 자본비용 중에서 가장 낮은 수준이므로 가능한 한 부채를 많이 쓰는 것이 유리하다는 의미이다.

---

9) 투자자금을 전액 부채로 조달한다고 해서 그 투자안의 현금흐름에 대한 할인율을 식 (10.8), 즉 $k_0^L = k_0^U(1-t \cdot \frac{B}{V})$에 $\frac{B}{V}=1$을 대입해서 $k_0^L = k_0^U(1-t)$로 계산해서는 안 된다. 왜냐하면 투자자금을 전액 부채로 조달한다고 해도 $NPV > 0$이면 이 값을 고려해야 하고 이에 따라서 $S > 0$, $\frac{B}{V} < 1$이 되기 때문이다.

>>> **예제 10-3**

영업이익이 15,000원인 무부채기업이 20,000원의 차입금을 조달하여 자기주식을 매입소각하는 방법으로 자본구조를 변경하려고 계획하고 있다. 이자율은 10%, 법인세율은 30%이고 동일한 업종에서 무부채기업의 자기자본비용은 20%이다.

(1) 자본구조 변경 후의 기업가치와 자기자본가치를 산출하라.
(2) 자본구조 변경 후의 자기자본비용과 가중평균자본비용은 얼마인가?

풀이

(1) 자본구조 변경 후 기업가치와 자기자본가치

① 기업가치는 MM(1963)의 제1명제를 이용한다.

$$V_L = V_U + t \cdot B$$

그런데 V_U는 다음과 같다.

$$V_U = \frac{EBIT(1-t)}{k_e^U} = \frac{15{,}000 \times (1-0.3)}{0.2} = 52{,}500$$

따라서 기업가치 V_L은

$$V_L = 52{,}500 + 0.3 \times 20{,}000 = 58{,}500$$

② 자기자본가치는 다음과 같이 구한다.

$$S = V_L - B = 58{,}500 - 20{,}000 = 38{,}500$$

(2) 자본구조 변경 후 자기자본비용과 가중평균자본비용은 MM(1963)의 제2명제를 이용한다.

① 자기자본비용

$$k_e^L = k_e^U + (k_e^U - k_d)(1-t)\frac{B}{S}$$

$$= 0.2 + (0.2 - 0.1)(1 - 0.3) \times \frac{20{,}000}{38{,}500} = 23.64(\%)$$

② 가중평균자본비용

$$k_0^L = \frac{B}{V} \times k_i + \frac{S}{V} \times k_e$$

$$= \frac{20{,}000}{58{,}500} \times 10(1-0.3) + \frac{38{,}500}{58{,}500} \times 23.64 = 17.95(\%)$$

또는 $k_0^L = k_0^U\left(1 - t\frac{B}{V}\right)$

$$= 20 \times \left(1 - 0.3 \times \frac{20{,}000}{58{,}500}\right) = 17.95(\%)$$

k_0^L=17.95%를 이용하면 자본구조 변경 후 기업가치를 다음과 같이 확인할 수 있다.

$$V_L = \frac{EBIT(1-t)}{k_0^L} = \frac{15{,}000 \times (1-0.3)}{0.1795} = 58{,}500$$

제 4 절 MM 이후 자본구조이론

4.1 균형부채이론

(1) 개 요

균형부채이론이란 Miller(1977)에 의해 제기된 이론으로서 그 내용을 요약하면 다음과 같이 두 가지로 집약된다.

① 시장의 불완전요인으로서 법인세 외에 개인소득세까지 함께 고려하여도 부채기업은 무부채기업에 비해서 그 가치가 더 크다. 즉, 레버리지이득이 존재하기 때문에 영업이익은 동일하면서도 단순히 부채를 사용함으로써 기업가치를 높일 수 있다.[10)]

② 그러나 경제전체로 볼 때 부채에 대한 수요와 공급이 일치하는 균형상태가 되면 부채를 사용함으로써 기업가치를 높일 수 없게 된다. 다시 말하면, 균형상태에서는 레버리지이득이 0이 되고 이에 따라서 균형상태에서 개별 기업은 부채사용유인이 없게 된다.[11)]

이러한 순서에 따라서 그 내용을 구체적으로 살펴보자.

(2) 무부채기업가치(V_U)와 부채기업가치(V_L)

먼저 법인세와 개인소득세를 함께 고려하여도 레버리지이득, 즉 부채사용에

10) 이자소득에 대한 세율이 매우 높은 경우에는 부채기업의 가치가 무부채기업의 가치보다 더 작을 수도 있다. 즉, 레버리지이득이 음(−)의 값을 가질 수도 있는데 이러한 경우는 뒤에서 설명하기로 하고, 여기서는 일단 레버리지이득이 양(+)의 값을 갖는다고 가정하자.

11) 균형부채이론에서 '균형'이란 경제학에서 말하는 수요과 공급이 일치하는 상태를 말하는 것이다. 재무이론적 관점에서 말하는 이론가격과 시장가격이 일치하는 상태를 말하는 것이 아니다.

따른 기업가치 증가효과가 존재한다는 내용을 확인해보자. 이때에 개인소득세라 함은 주주가 부담하게 되는 주식소득세와 채권자가 부담하게 되는 이자소득세를 말한다.[12)]

① 무부채기업가치(V_U)

무부채기업의 경우 그 가치는 주주에게 귀속되는 현금흐름을 현재가치로 계산한 자기자본의 가치가 된다. 그런데 여기에서는 개인소득세까지 고려하므로 영업현금흐름에서 법인세와 주식소득세까지 차감하여야 주주의 현금흐름이 된다.

영업이익을 X, 법인세율을 t, 주식소득세율을 t_s라고 표현하자. 그러면 영업이익에 대한 법인세가 먼저 부과되고 법인세 납부 후에 주주에게 귀속되는 소득에 대해서 주식소득세가 부과될 것이므로 법인세는 $X \cdot t$, 주식소득세는 $X(1-t) \cdot t_s$가 될 것이다. 따라서 주주의 현금흐름 C_U는 다음과 같이 측정된다.

$$\begin{aligned} C_U &= X - [X \cdot t + X(1-t) \cdot t_s] \\ &= X(1-t)(1-t_s) \end{aligned} \tag{10.9}$$

따라서 이를 무부채기업의 자기자본비용으로 할인하면 무부채기업가치(V_U)를 구할 수 있다.

$$V_U = \frac{X(1-t)(1-t_s)}{k_e^U} \tag{10.10}$$

② 부채기업가치(V_L)

부채기업의 경우 그 가치는 주주와 채권자에게 귀속되는 현금흐름을 현재가치로 계산하면 된다. 이때에는 영업이익에서 지급이자를 차감한 금액에 대해서 법인세가 부과될 것이므로 법인세는 $(X-rD) \cdot t$가 된다.[13)]

그리고 주주에게 부담되는 주식소득세는 $(X-rD)(1-t)t_s$가 된다. 그런데 채권자도 이자소득에 대해서 개인소득세를 납부하여야 하므로 이자소득세율을 t_b라고 하면 채권자의 이자소득세는 rDt_b가 된다. 따라서 주주와 채권자에게 귀속되는 현금흐름 합계 C_L은 영업이익에서 이 세 가지 세금유출을 차감하여 구할 수 있다.

$$\begin{aligned} CL &= X - [(X-rD) \cdot t + (X-rD)(1-t) \cdot t_s + rDt_b] \\ &= X(1-t)(1-ts) + rD[(1-t_b) - (1-t)(1-t_s)] \end{aligned} \tag{10.11}$$

12) 주식소득세란 주식투자를 통해서 얻게 되는 배당소득(dividend)과 자본이득(capital gain)에 부과되는 세금을 말한다. 이때의 자본이득은 시세차익, 또는 양도차익으로 부르기도 한다.

13) 이때에 r은 약정이자율을, D는 부채액면을 의미한다.

앞의 식을 식 (10.9)와 비교해서 살펴보면 첫 번째 항은 무부채기업의 현금흐름과 동일하므로 무부채기업의 자본비용으로 할인하여 현재가치를 구한다. 그리고 두 번째 항은 채권과 관련된 현금흐름이므로 부채의 자본비용 k_d로 할인하여 현재가치를 구한다. 따라서 부채기업가치(V_L)는 다음과 같이 구할 수 있다.

$$V_L = \frac{X(1-t)(1-t_s)}{k_e^U} + \frac{rD[(1-t_b)-(1-t)(1-t_s)]}{k_d} \tag{10.12}$$

그런데 부채의 시장가치 B는 이자소득세 납부 후 채권자에게 귀속되는 현금흐름을 부채자본비용 k_d로 할인하여 현재가치를 구한 것이므로 다음 식이 성립한다.

$$B = \frac{rD(1-t_b)}{k_d} \tag{10.13}$$

식 (10.13)을 이용해서 식 (10.12)를 정리하면 다음과 같이 표현된다.

$$V_L = V_U + \left[1 - \frac{(1-t_s)(1-t)}{1-t_b}\right] \cdot B \tag{10.14}$$

단, t : 법인세율
t_s : 주식소득세율
t_b : 이자소득세율

이는 법인세와 개인소득세를 함께 고려하더라도 레버리지이득은 존재하기 때문에 부채기업의 가치는 무부채기업의 가치보다 크다는 것이다.

③ MM모형(1963)과 비교

식 (10.14)에서 레버리지이득 G를 측정하면 다음과 같다.

$$G = \left[1 - \frac{(1-t_s)(1-t)}{1-t_b}\right] \cdot B \tag{10.15}$$

그런데 법인세만 고려하는 경우 레버리지이득 G를 측정하면 식 (10.4), $V_L = V_U + t \cdot B$로부터 다음과 같이 구할 수 있다.

$$G = V_L - V_U = t \cdot B \tag{10.16}$$

기본적으로 위의 두 식은 동일한 것이다. MM모형은 법인세만 고려하고 개인소득세를 고려하지 않은 것이므로 Miller모형에서 개인소득세율 t_s, t_b가 모두 0인 경우로 볼 수 있다. 따라서 식 (10.15)에서 t_s, t_b를 모두 0으로 놓으면 MM모형에서의 레버리지이득과 동일함을 확인할 수 있다.

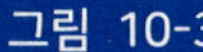
그림 10-3
MM모형과 Miller모형

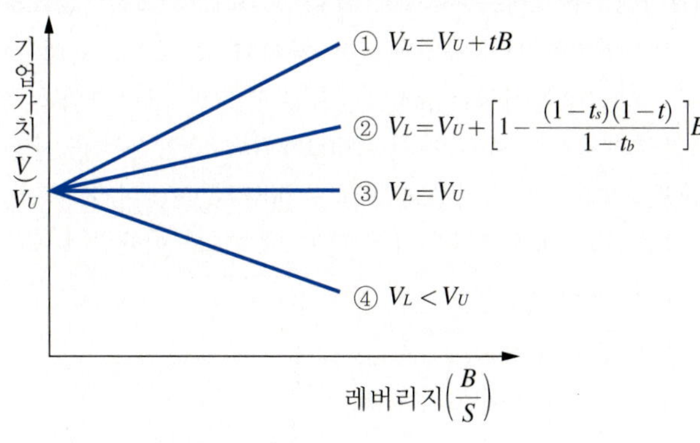

① $t_s = t_b$ 일 때
② $(1-t_b) > (1-t)(1-t_s)$ 일 때
③ $(1-t_b) = (1-t)(1-t_s)$ 일 때
④ $(1-t_b) < (1-t)(1-t_s)$ 일 때

또한 $t_s = t_b$일 때에도 두 모형에서의 레버리지이득은 동일함을 확인할 수 있다. 그런데 현실적으로 주식소득세율이 이자소득세율보다 낮기 때문에, 즉 $t_s < t_b$이므로 Miller모형에서의 레버리지이득은 MM모형의 경우보다 더 작게 된다. 이는 법인세 외에 개인소득세까지 고려하게 되면 법인세만 고려하는 경우보다 레버리지이득은 더 작아진다는 것을 의미하는 것이다.

이러한 여러 가지 상황을 반영하여 V_U와 V_L의 관계를 [그림 10-3]과 같이 나타낼 수 있다.

④ 모형의 단순화

이미 설명한 것처럼 주식소득세는 배당에 대한 배당소득세와 처분이익에 대한 자본이득세(capital gain tax)로 구성되는데 일반적으로 이 세율은 이자소득세율에 비하면 매우 낮은 수준이다. 특히, 자본이득세는 처분시점을 무한히 이연시키면 0에 수렴하므로 $t_s = 0$으로 가정하면 식 (10.14)를 다음과 같이 단순화시킬 수 있다.

$$V_L = V_U + \left[1 - \frac{1-t}{1-t_b}\right] \cdot B \tag{10.17}$$

>>> 예제 10-4

가나기업과 ABC기업은 자본구조에서만 차이가 있고 그 외의 조건은 동일하다. 즉, 두 기업 모두 매년 영업이익은 300만원으로 같지만 가나기업은 부채를 전혀 사용하지 않는 자기자본기업이고 ABC기업은 600만원의 타인자본을 사용하고 있다. 가나기업의 자본비용은 10%이며 법인세율은 모두 30%가 적용된다. 주식투자수익에 대한 개인소득세율은 8%이고 채권투자수익에 대한 개인소득세율은 14%라고 가정하고 다음의 각 물음에 답하라.

(1) 가나기업의 가치를 구하라.
(2) ABC기업의 자기자본가치를 구하라.

풀이

(1) 무부채기업인 가나기업가치(V_U)는 매년 영업이익 중에서 주주에게로 귀속되는 현금흐름을 자기자본비용으로 할인한 현재가치이다.

$$V_U = \frac{EBIT(1-t)(1-t_s)}{k_e^U}$$

$$= \frac{3{,}000{,}000 \times 0.7 \times 0.92}{0.1} = 19{,}320{,}000$$

(2) ABC기업의 자기자본가치(S) $= V_L - B$ 이므로 V_L을 먼저 구하면

$$V_L = V_U + \left[1 - \frac{(1-t)(1-t_s)}{1-t_b}\right] \times B$$

$$= 19{,}320{,}000 + \left[1 - \frac{(1-0.3)(1-0.08)}{1-0.14}\right] \times 6{,}000{,}000$$

$$= 20{,}826{,}977$$

이에 따라 자기자본가치는 다음과 같다.

$$S = 20{,}826{,}977 - 6{,}000{,}000 = 14{,}826{,}977$$

(3) 균형이론

① 기업부채에 대한 일반투자자의 수요곡선(r_d)

투자자들이 기업부채, 즉 회사채를 구입하여 얻게 되는 실질소득은 이자소득에서 이자소득세를 차감한 후의 소득이다. 따라서 사채이자율이 r_d라면 이에 대한 실질수익률은 $r_d(1-t_b)$가 된다. 그런데 투자자들은 이 수익률이 최소한 다른 투자수익률($=r_0$)보다 커야 기업부채를 구입하기 시작할 것이므로 양자가 같은 수준에서 회사채에 대한 수요가 생기기 시작한다. 그러므로 회사채에 대한 수요곡

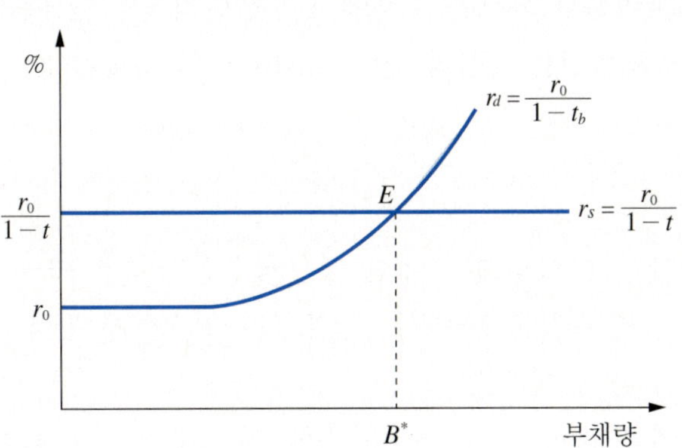

그림 10-4
회사채에 대한 수요와 공급

선을 다음과 같이 도출할 수 있다.

$$r_d(1-t_b)=r_0 \quad \rightarrow \quad r_d=\frac{r_0}{1-t_b} \tag{10.18}$$

그런데 개인소득세가 누진적 구조를 갖기 때문에 보다 더 높은 세율을 적용받는 투자자까지 회사채를 구입하게 하려면 보다 더 높은 사채이자율이 제시되어야 할 것이다. 따라서 식 (10.18)로 나타나는 회사채에 대한 수요곡선은 [그림 10-4]에서 보듯이 우상향하는 형태를 갖게 된다. 여기서 처음에 수평하게 나타나는 수요곡선구간은 전혀 세금을 부담하지 않는 면세채권자들의 수요량을 의미하는 것이다.

② 기업부채에 대한 기업의 공급곡선(r_s)

기업이 회사채를 발행해서 부채를 조달한 경우 이에 대한 자본비용은 이자비용의 법인세 감세효과를 고려해서 산출하여야 한다. 따라서 사채이자율이 r_s라면 이에 대한 실질이자비용은 $r_s(1-t)$가 된다.

그런데 사채발행으로 부담하게 되는 실질이자비용이 다른 자금의 자본비용($=r_0$)보다 높다면 기업은 비용부담이 더 적은 다른 형태로 자금을 조달하고 사채는 전혀 발행하지 않을 것이다. 이와는 반대로 사채발행으로 부담하게 되는 실질이자비용이 다른 자금의 자본비용보다 낮다면 기업은 회사채를 최대한 발행하려고 할 것이다.[14)]

결국 회사채에 대한 공급곡선은 기업은 사채발행에 따른 부채의 실질이자비용

14) 이렇게 조달된 자금으로 비용부담이 더 큰 다른 형태의 자금을 상환하는 형태의 재정거래를 통해서 재정이익을 얻을 수 있다.

이 다른 자금의 자본비용과 똑같은 수준에서 무한탄력적인 형태를 갖는다. 따라서 회사채에 대한 공급곡선은 다음과 같이 식 (10.19)로 도출된다.

$$r_s(1-t)=r_0 \quad \rightarrow \quad r_s=\frac{r_0}{1-t} \tag{10.19}$$

식 (10.19)로 나타나는 회사채에 대한 공급곡선은 [그림 10－4] 에서 보듯이 법인세율이 일정하다면 사채발행액과는 관계없이 일정하게 된다.

균형이론에서는 r_0를 면세채권이자율로 설명하는데 이는 투자자의 입장에서 볼 때에는 회사채에 투자하지 않으면 최소한 이 수준의 수익률을 올릴 수 있음을 의미하는 것이다. 동시에 기업의 입장에서 볼 때에도 회사채로 자금을 조달하지 않으면 이 수준의 자본비용으로 자금을 조달할 수 있는 것이다.[15] 그렇기 때문에 r_0는 부채에 대한 수요와 공급이 창출되는 기준이 되는 이자율이다.

그래서 회사채와 주식만 존재하는 경제를 가정할 때에는 r_0가 주식수익률(또는 자기자본비용)이 되는 것이고, 외국경제와 회사채만 있는 국내경제를 가정하는 경우에는 r_0가 국외투자수익률(또는 국외차입이자율)이 되는 것이다.

③ 균 형

[그림 10－4] 에서 보듯이 부채에 대한 수요곡선과 공급곡선이 만나는 E점에서 균형이 이루어지는데 이때의 부채수준 B^*가 균형부채수준이 된다. 이를 레버리지이득과 관련해서 설명하면 다음과 같다.

만약 부채수준이 균형부채수준인 B^*보다 작다면 이자소득세율 t_b가 법인세율 t보다 작아서 식 (10.17)에서 레버리지이득이 양(+)의 값을 갖게 되므로 기업들은 모두 부채를 발행하려고 할 것이다. 그러나 이와 반대로 부채수준이 만약 B^*보다 크다면 이자소득세율 t_b가 법인세율 t보다 커서 식 (10.17)에서 레버리지이득이 음(－)의 값을 갖게 되므로 기업들은 부채를 발행하지 않게 된다. 그래서 결국 부채수준 B^*이 균형부채수준이 되는 것이다.

그런데 이렇게 결정된 부채량은 경제 전체의 부채량을 의미하며 일단 이러한 균형이 이루어진 상태라면 각 개별 기업은 부채를 발행해도 기업가치를 높일 수 없다. 왜냐하면 균형하에서는 법인세율 t와 이자소득세율 t_b가 같게 되는데 이때에는 식 (10.17)에서 레버리지이득이 0이 되기 때문이다. 따라서 균형상태에서 개별 기업의 관점에서 보면 부채수준이 기업가치에 전혀 영향을 주지 않게 되어 최적자본구조란 존재하지 않는 것이다.

15) 면세채권을 공매하여 자금을 조달하면 면세채권이자율만큼의 자본비용을 부담하는 것이 된다.

그림 10-5

소비자잉여

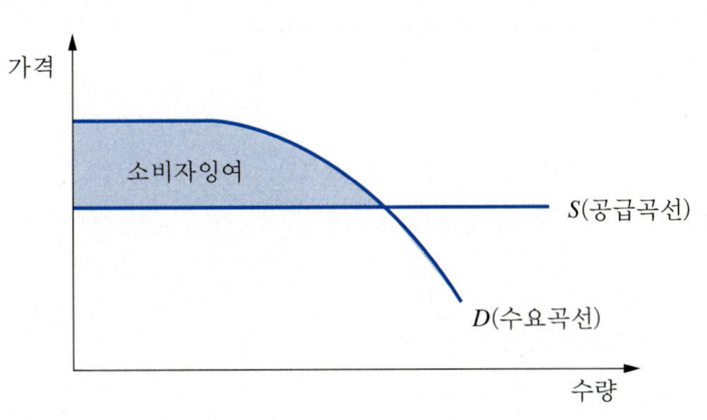

그런데 [그림 10-4]로 나타나는 균형이론에서의 이자율수준은 세전 수익률이면서 위험요인이 제거된 확실성등가이자율(certainty equivalent rate)이다. 따라서 이를 이용하여 현재가치를 구할 때 그 대상이 되는 현금흐름은 확실성등가액이어야 한다.

④ 소비자잉여

이제 [그림 10-5]에서 색칠된 부분이 의미하는 내용을 생각해보자. 이를 확인하기 위해서 [그림 10-4]에서 수익률(또는 이자율)로 나타낸 종축을 가격으로 전환시킨다. 가격은 할인율과 역의 관계에 있으므로 [그림 10-4]는 [그림 10-5]와 같은 형태로 그릴 수 있다. 이는 우리가 경제학에서 쉽게 볼 수 있는 우하향하는 수요곡선과 무한탄력적인 공급곡선의 형태로서 색칠된 부분은 소비자잉여(consumer surplus)에 해당되는 것이다.

부채시장에서 소비자는 곧 투자자이므로 색칠된 부분은 투자자가 누리는 잉여라고 할 수 있다. 좀 더 구체적으로 설명하면 부채시장의 균형이자율이 면세계층이나 소득세율이 낮은 계층이 요구하는 수익률보다 높기 때문에 이러한 소비자잉여가 발생하는 것이다.

>>> 예제 10-5

다음과 같은 세 가지 계층으로 구성된 경제를 가정하자.

소득계층	부(투자 가능액)	적용소득세율
A	50억원	면세층
B	150	20%
C	300	38.5

면세채권의 수익률은 8%이며 법인세율은 36%이다.

(1) 기업이 발행하는 회사채에 대한 수요곡선과 공급곡선을 구하여 그림으로 나타내라.
(2) 균형이자율과 균형부채수준은 얼마인가?
(3) 각 소득계층의 투자내용을 설명하라.

풀 이

(1) 회사채에 대한 수요곡선과 공급곡선은 다음과 같다.

① 수요곡선

$$A : r_d \times (1-0) \geq 8\% \qquad \therefore r_d \geq 8\%$$
$$B : r_d \times (1-0.2) \geq 8\% \qquad \therefore r_d \geq 10\%$$
$$C : r_d \times (1-0.385) \geq 8\% \qquad \therefore r_d \geq 13\%$$

② 공급곡선

$$r_s \times (1-0.36) = 8\% \qquad \therefore r_s = 12.5\%$$

①, ②를 그림으로 나타내면 다음과 같다.

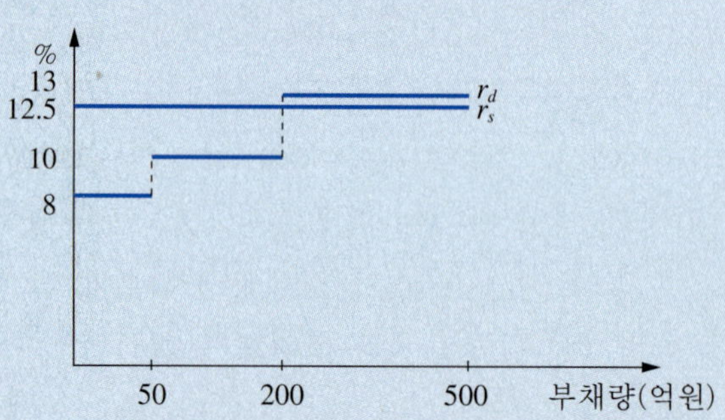

(2) 위의 그림에서 균형이자율은 12.5%, 균형부채수준은 200억원이다.

(3) 균형상태에서 회사채의 수익률 12.5%는 A, B의 요구수익률 8%, 10%보다 높으므로 A, B는 모두 회사채를 구입한다. 그러나 균형이자율 12.5%는 C의 요구수익률 13%보다는 낮으므로 C는 회사채를 구입하지 않고 면세채권을 구입한다.

4.2 파산비용이론

(1) 파산비용

파산비용이론(bankruptcy cost theory)은 Kraus & Litzenberger(1973)가 제시한 자

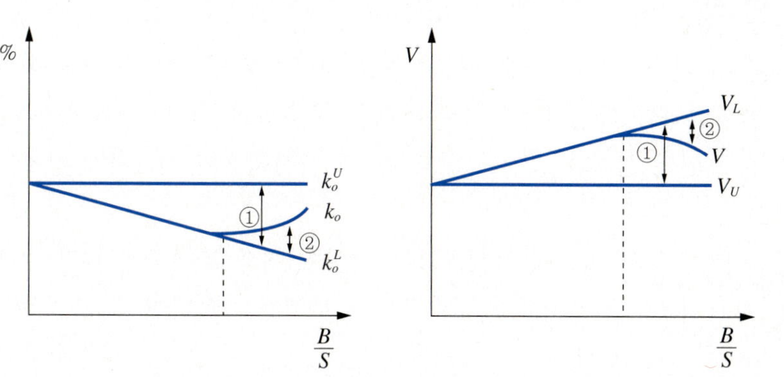

(a) 레버리지증가에 따른 자본비용의 변화 (b) 레버리지증가에 따른 기업가치의 변화

그림 10-6
파산비용이론에서 최적자본구조

본구조이론이다. 이는 시장의 불완전요인 중 법인세와 파산비용의 두 가지 요인을 고려해서 최적자본구조를 설명하는 이론이다. 여기서 파산비용은 기업이 부채에 대한 상환의무를 이행하지 못하고 파산하게 될 때에 부담하게 되는 경제적 손실을 의미하는데 구체적인 내용은 다음과 같다.

① 파산시 정상가격에 미달하여 자산을 처분할 때 입는 손실
② 기업의 재조직시 매출액 감소
③ 파산시 부담하는 행정비용 등

(2) 자본비용과 기업가치

이미 MM(1963)의 이론에서 보았듯이 법인세를 고려하면 부채에 대한 이자비용은 법인세 감세효과를 가져다 주기 때문에 부채를 많이 사용할수록 가중평균자본비용은 감소하고 기업가치는 증가하게 된다. 그러나 파산비용을 함께 고려하게 되면 부채증가는 이에 따른 파산비용의 증가를 통해서 가중평균자본비용을 상승시키는 효과를 갖는다. 따라서 이자비용의 감세효과와 파산비용의 증가라는 상충관계(trade off)를 이용하여 기업가치를 극대화할 수 있는 최적자본구조를 찾을 수 있다. [그림 10-6]에 이러한 내용이 그림으로 나타나 있다. 여기서 ①은 이자비용의 감세효과를 나타내고, ②는 파산비용효과를 나타내는 것이다.

이상의 내용을 통해서 부채기업의 기업가치를 다음과 같이 나타낼 수 있다.

$$V_L = V_U + t \cdot B - \text{기대파산비용의 현재가치} \qquad (10.20)$$

(3) 비 판

이 이론이 비판을 받는 것은 파산비용을 지나치게 강조한 점이다. 이자비용의 법인세 감세효과와 파산비용의 상충관계를 이용하여 최적자본구조를 찾는다고 하지만 두 요인의 성격과 크기를 비교해보면 파산비용이 지나치게 강조되었음을 알 수 있다.

일단, 이자비용의 법인세 감세효과는 기업이 거의 확실하게 누릴 수 있는 효과이며, 파산비용이 발생하기 직전수준까지 부채를 사용하면 그 크기는 매우 클 것임을 알 수 있다. 이에 비해서 파산비용은 상당한 부채수준 이후에야 발생하는 것이며 직접, 간접적인 파산비용까지 포함하더라도 그 발생확률을 고려한 기대파산비용은 그 크기가 매우 작을 것이다. 그래서 이 두 가지 효과를 비교하는 것을 '말과 토끼의 먹이(horse and rabbit stew)'를 비교하는 것과 같다고 한다.

4.3 대리이론

(1) 대리이론

대리이론(agency theory)은 Jensen & Meckling(1976)이 제시한 자본구조이론이다. 이들은 기업을 계약의 집합체(nexus of contracts)로 이해하였다. 즉, 기업을 소유경영자와 외부주주, 그리고 채권자 등 이해관계자들 사이의 계약이 모인 것으로 보고 이들 이해관계자 사이의 관계를 대리관계로 파악하였다.

대리관계란 위임자(principal)가 의사결정권한을 대리인(agent)에게 위임한 계약관계를 말하는데, 기업의 자본조달과 관련하여 이를 살펴보자. 기업을 직접 경영하는 소유경영자는 내부주주로서 외부주주의 자본을 제공받아 의사결정을 하므로 외부주주는 위임자가 되고 소유경영자는 대리인이 된다. 또한 소유경영자는 채권자로부터 자본을 제공받아서 의사결정을 하므로 이 관계에서는 채권자가 위임자가 되고 소유경영자는 역시 대리인이 되는 것이다.

(2) 대리비용

① 대리비용의 의의

대리인이 전적으로 위임자의 효용을 극대화하도록 의사결정을 한다면 가장 바람직한 의사결정이 되겠지만 현실적으로는 그렇지 못하다. 왜냐하면 대리인과 위임자는 목표가 서로 다르고, 또한 서로 보유하고 있는 정보도 똑같지 않기 때문이다. 이러한 목표불일치(goal incongruency)와 정보비대칭(information asymmetry)으로 인해서 나타나는 부의 손실을 대리비용이라고 한다.

② 대리비용의 분류

Jensen & Meckling(1976)은 대리비용을 그 발생유형에 따라 감시비용, 확증비용, 잔여손실로 분류하였다. 감시비용(monitoring cost)이란 대리인의 행위가 위임자의 목적으로부터 이탈하지 않도록 감시하는 데 발생하는 비용을 말하며, 확증비용(bonding cost)이란 이와는 반대로 대리인이 자신의 행위가 위임자의 목적에 해가 되지 않는다는 것을 위임자에게 알리기 위해서 지출하는 비용을 말한다. 잔여손실(residual loss)이란 이같이 언급된 유형 이외의 형태로 발생하는 부의 손실을 일컫는다.

Barnea, Haugen & Senbet(1985)는 대리비용을 그 발생원천에 따라 특권적 소비, 과대위험부담유인, 과소투자유인 등으로 분류하였는데, 이는 자본구조와 관련해서 다음과 같이 자기자본의 대리비용과 부채의 대리비용으로 구분할 수 있다.

자기자본의 대리비용 — 특권적 소비
부채의 대리비용 — 과대위험유인, 과소투자유인

특권적 소비(perquisite consumption)란 호화로운 사무실, 고급승용차 등과 같이 화폐적 현금흐름이 아니면서 경영자의 효용에 영향을 주는 소비를 말한다. 대체로 100% 지분을 모두 소유하고 있는 경영자에 비해서 일부 지분만을 보유한 경영자가 이를 더 많이 소비하는 경향이 있기 때문에 이를 자기자본의 대리비용으로 분류한다.

과대위험유인(risk incentive)과 과소투자유인(underinvestment incentive)은 모두 부채의 대리비용으로 분류되는데, 전자는 부채를 많이 사용하는 기업의 소유경영자일수록 더욱 위험한 투자안을 선호하는 경향을 말하며, 후자는 수익성이 있는 투자안도 포기하려는 경향이 있음을 말한다.[16]

(3) 대리비용과 자본구조

기업의 소유경영자가 어떤 투자안을 수행할 때에 필요자금을 유상증자를 통해서 조달하면 자기자본의 대리비용이 발생하게 될 것이다. 자기자본의 대리비용을

16) 대리비용에 대해서 보다 구체적인 내용은 제22장에서 살펴볼 것이다.

그림 10-7
대리이론에서 최적자본구조

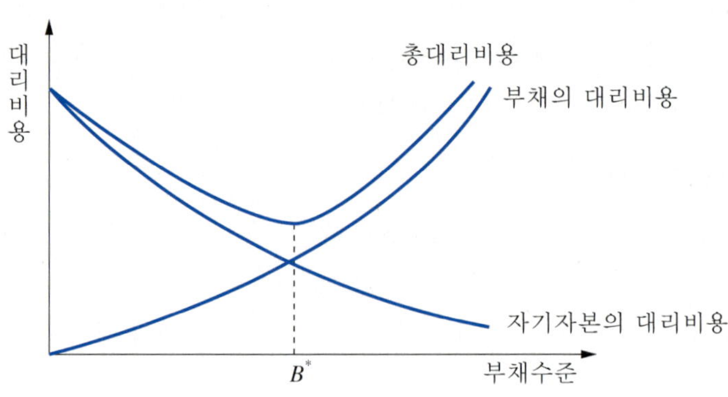

발생하지 않게 하기 위해서 투자자금을 부채로 조달할 수 있겠지만 이때에는 부채의 대리비용이 발생하게 된다. 그런데 기업의 가치를 감소시키는 것은 이 두 가지 대리비용의 합인 총대리비용이므로 이 값이 최소가 되는 수준 B^*에서 부채를 조달하면 최적자본구조가 달성된다는 것을 알 수 있다.

[그림 10-7]은 바로 이러한 내용을 그림으로 나타낸 것이다.

(4) 발 전

Jensen & Meckling(1976)이 제시한 대리이론(agency theory)은 재무관리이론에서는 정보경제학(information economics)의 시발점이 되어 발전을 거듭하게 되었다. 정보경제학이란 정보가 시장구성원 모두에게 똑같이 주어져 있다는 완전자본시장의 비현실적인 가정을 완화시켜서 현실적 상황에서 나타나는 각종 재무현상을 연구하는 이론을 말하는데 최근에 큰 관심을 받고 있는 분야이다.

4.4 신호이론

(1) 부채비율

현실적인 자본시장에서는 모든 투자자가 동일한 정보를 갖고 있지 않기 때문에 정보우월자와 정보열등자가 공존하는 정보비대칭(information asymmetry)이 존재한다. 이를 전제로 성립된 이론으로 대리이론 이외에도 신호이론(signalling theory)이 있다. 좋은 투자안을 가진 기업은 정보가 부족한 외부투자자들에게 이를 알려주어 높은 가치로 평가받고 싶어할 것이다. 이러한 정보전달수단을 신호(signal)라고 하는데, Ross(1977)는 부채비율, 즉 자본구조가 이러한 신호로 이용될 수 있음을 밝혔다.

좋은 투자안을 가진 기업은 부채상환능력이 충분하므로 많은 부채를 사용할 수 있다. 그러나 부실기업이 똑같은 수준의 부채를 사용한다면 곧 파산하게 될 것이므로 이를 흉내낼 수는 없다. 따라서 부채비율이 높은 기업은 정보비대칭이 존재하는 시장에서 높은 가치로 평가된다는 것이다.

(2) 내부주주지분율

Leland & Pyle(1977)은 내부주주의 지분율이 정보비대칭하에서 유용한 신호가 될 수 있음을 지적하였다. 이 내용을 살펴보기 위해서 외부투자자들에게는 잘 알려지지 않은 새로운 투자안이 있고 그 수익성이 높다고 가정하자. 경영의사결정권을 가진 내부주주들은 이 투자안의 NPV를 최대로 갖기 위해 가급적 많은 자금을 투자할 것이고 부족한 자금만을 외부에서 조달할 것이다. 따라서 정보비대칭이 존재하는 시장에서 새로운 투자안에 대한 내부주주의 지분율이 높다면 수익성이 높은 것으로 보아 시장에서는 높은 가치로 평가하게 된다는 것이다.

(3) 자본조달순위

Myers & Majluf(1983)은 정보비대칭적 상황이 기업의 자본조달순위에 영향을 미친다는 자본조달순위이론(pecking order theory)을 제시하였다. 즉, 수익성이 높은 투자안이 있을 경우 경영자가 기존 주주의 편에 선다면 투자안의 NPV가 모두 기존 주주에게 갈 수 있도록 유보이익으로 자금을 조달할 것이다. 만약 투자자금이 부족하다고 해도 NPV를 외부주주에게 나눠주게 되는 신주발행보다는 부채를 먼저 선호할 것이고 그래도 부족한 자금을 외부주주들로부터 조달하게 된다는 것이다.

/제 10 장/ 요약

1. 투자안과 마찬가지로 기업가치는 기업의 영업현금흐름을 가중평균자본비용으로 할인한 현재가치이다. 따라서 기업가치를 높이려면 분자의 영업현금흐름을 크게 하고 분모의 가중평균자본비용을 작게 해야 한다.

2. 자본구조이론은 기업의 영업현금흐름이 일정하다고 가정한 후 부채를 사용할 때 분모의 가중평균자본비용이 어떻게 변화하는가를 분석하는 것이다. 가중평균자본비용이 작아지면 기업가치는 커지고 가중평균자본비용이 커지면 기업가치는 작아지는 것이 된다.

3. 부채를 사용하면 유리한 효과와 불리한 효과가 동시에 나타난다. 유리한 효과란 부채비용의 저렴효과로 가중평균자본비용이 낮아지는 것을 말한다. 그리고 불리한 효과란 재무레버리지효과로 자기자본비용이 상승하면서 가중평균자본비용이 높아지는 것을 말한다.

4. 완전자본시장의 자본구조무관련이론은 부채사용의 유리한 효과와 불리한 효과의 크기가 똑같기 때문에 부채사용이 가중평균자본비용(결국은 기업가치)에 영향을 주지 않는다는 것이다.

5. 법인세를 고려하면 이자비용의 감세효과가 생겨서 부채사용의 불리한 효과가 유리한 효과보다 작아진다. 따라서 부채사용에 따른 이득(gain from leverage)이 존재한다. 이러한 경우에는 부채를 많이 사용할수록 가중평균자본비용은 낮아져서 기업가치는 점점 커지게 된다.

6. 법인세와 개인소득세를 함께 고려해도 부채사용이 기업가치에 영향을 미치는 것을 확인할 수 있다. 이 경우에는 법인세율, 주식 또는 채권에 대한 개인소득세율의 크기에 따라서 영향의 정도가 달라진다. 그러나 사회 전체적으로 부채의 대한 공급과 수요가 일치되면 부채사용은 개별 기업의 가치에 영향을 주지 않는다.

7. 법인세와 파산비용을 함께 고려하면 어느 수준까지는 부채사용의 유리한 효과가 불리한 효과보다 크지만 이 수준을 넘어서부터는 파산비용 때문에 부채사용의 불리한 효과가 더 커지게 된다. 이 수준이 가중평균자본비용(기업가치)을 가장 낮게(높게) 만드는 부채비율이 되는데 이를 최적자본구조라고 한다.

8. 대리이론에서는 종전과는 다른 관점에서 최적자본구조를 보이고 있다. 즉, 소유경영자와 외부주주, 채권자 사이의 대리관계에서 발생하는 자기자본의 대리비용과 부채의 대리비용을 이용해서 기업가치를 가장 크게 하는 부채수준이 존재함을 보였다.

>>> 연습문제 10 - 1

자기자본만으로 구성된 가나기업의 현재 보통주 발행주식수는 1,000주이며 1주당 가격은 2,000원이다. 또한 올해에 예상되는 영업이익(EBIT)은 500,000원이고 법인세는 존재하지 않는 MM이론이 성립된다. 다음 각 물음에 답하라.

(1) 현재 가나기업의 가치는?
(2) 자기자본비용(k_e)과 가중자본비용(k_0)을 산출하라.
(3) 내년에 가나기업은 이자율이 8%인 사채 400,000원을 발행하여 기존 사업을 확장하려고 한다. 균형상태에서 내년의 영업이익은 얼마로 예상되는가? 그리고 이때의 자기자본비용(k_e)과 가중자본비용(k_0)을 산출하라.
(4) 레버리지변화에 따른 자기자본비용(k_e)과 가중자본비용(k_0)의 변화를 도시하라.

(1) 현재 가나기업은 무부채기업으로서 그 가치는 다음과 같다.

$$V_U = S = 1{,}000\text{주} \times 2{,}000\text{원}$$
$$= 2{,}000{,}000(\text{원})$$

(2) 가나기업의 k_e^U는 다음과 같다.

$$k_e^U = \frac{EBIT}{V} = \frac{500{,}000}{2{,}000{,}000} = 25(\%)$$

무부채기업이므로 k_0^U는 k_e^U와 동일한 25%이다.

(3) ① 균형상태라면 $NPV=0$이므로 사채조달액 400,000원은 기업가치를 400,000원 증가시킨다. 따라서 내년의 기업가치(V_L)는 2,400,000원이 된다. 그런데 MM(1958)의 명제에 따르면 가중평균자본비용 k_0^L은 k_0^U와 동일하므로 내년 EBIT는 다음과 같이 산출된다.

$$\frac{EBIT}{2{,}400{,}000} = 25\%$$
$$\therefore\ EBIT = 600{,}000$$

② 이때의 자기자본비용은 다음과 같다.

$$k_e^L = k_e^U + (k_e^U - k_d)\frac{B}{S}$$
$$= 0.25 + (0.25 - 0.08)\frac{400{,}000}{2{,}000{,}000} = 0.284\ (28.4\%)$$

③ 가중평균자본비용은 레버리지수준과 상관없이 25%로 일정하다. 이는 다음과 같이 확인된다.

$$k_0^L = \frac{B}{V} \times k_e^L + \frac{B}{V} \times k_d$$
$$= \frac{2{,}000{,}000}{2{,}400{,}000} \times 28.4 + \frac{400{,}000}{2{,}000{,}000} \times 8 = 25(\%)$$

(4) 레버리지변화에 따른 자본비용의 변화는 다음과 같이 나타낼 수 있다.

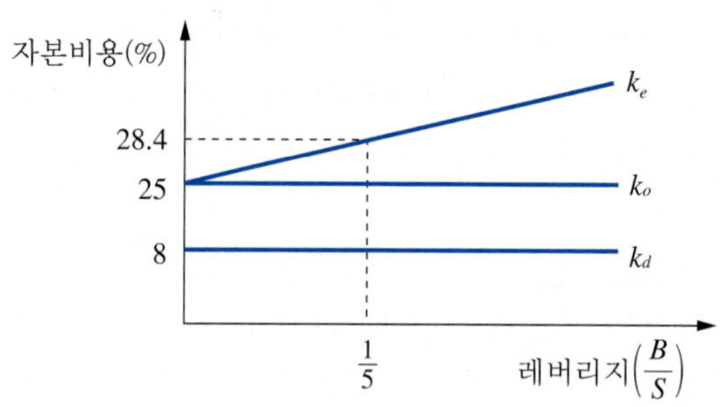

연습문제 10 - 2

무부채기업 A와 부채기업 B는 영업이익이 2,000원으로 동일하다. 그런데 A기업의 가치는 10,000원인데 비해서 4,000원의 부채를 사용하고 있는 B기업의 가치는 10,400원이다. 법인세는 없다고 가정하여 다음 물음에 답하라. 단, 이자율은 10%이다.

(1) 재정거래유인을 갖는 주주는 어느 기업의 주주인가?

(2) 위의 (1)에서 재정거래유인을 갖는 주주가 20%의 주식을 보유하고 있다고 가정하여 재정거래과정을 설명하고 재정이익을 산출하라.

(3) 재정거래가 멈춰지는 이자율수준은 얼마인가?

해설

(1) 과대평가되어 있는 B기업의 주주가 재정거래를 할 것이다.

(2) A기업과 B의 EBIT와 주식, 부채 및 기업가치는 아래 그림과 같다.
B기업 주식 전체를 보유한 주주를 가정해서 재정거래과정을 설명한다. B기업 주주가 A기업을 구입하면서 현재의 현금흐름 1,600원을 그대로 유지하려면 400원의 지급이자가 발생하도록 4,000원을 개인적으로 차입하면 된다. 그러면 총자금은 B주식 매각대금 6,400원과 개인차입금 4,000원의 합인 10,400원이 되는데 A기업을 구입하는 데에는 10,000원만 필요하므로 400원의 여유자금이 생긴다. 즉, B주주는 현재의 1,600원 현금흐

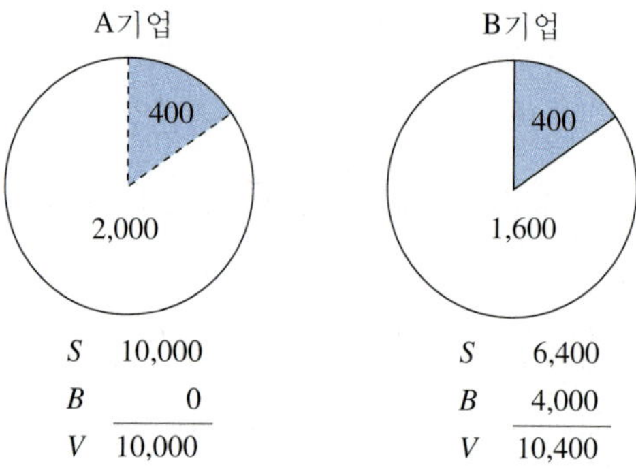

	A기업		B기업
S	10,000	S	6,400
B	0	B	4,000
V	10,000	V	10,400

름을 얻기 위해서 10,000원만 있으면 되므로 400원의 투자자금을 절감할 수 있는 데 이것이 재정이익이다.

이러한 과정은 20% 주식을 보유한 주주에게도 동일하게 적용되는 것이며 다만 여기서 제시된 금액에 20%만 곱하면 된다. 따라서 20% 주식을 보유한 주주의 재정이익은 다음과 같다.

$$400 \times 20\% = 80(\text{원})$$

사실 문제에서 제시된 조건인 20% 주식을 보유한 주주라는 것은 큰 의미가 없는 조건이라고 할 수 있다. 전혀 주식을 보유하지 않은 투자자도 공매를 통해서 재정거래를 할 수 있기 때문이다. 따라서 20%라는 것은 재정거래의 규모를 제한하는 조건이라고 생각하면 된다.

(3) ① 현금흐름유지법

B기업 주주가 A기업 주식을 구입하려면 3,600($V_A - S_B = 10,000 - 6,400$)원의 개인차입금이 필요하다. 이를 r% 이자율로 차입하였다고 할 때에 A를 취득한 후의 현금흐름과 종전의 현금흐름이 동일하게 되면 재정거래유인이 없어진다.

A 취득 후 현금유입 = 2,000 − 3,600 × r
B 보유시 종전현금유입 = 1,600
$2,000 - 3,600 \times r = 1,600 \quad \therefore\ r = 11.11\%$

이때에 4,000원을 차입해도 균형이자율은 동일하게 산출된다. 다만 재정이익 400원의 투자기회만 반영하면 된다.

$$2,000 - 4,000 \times r + 400 \times r = 1,600 \quad \therefore\ r = 11.11\%$$

② 기업가치접근법

위의 내용은 다음과 같이 확인할 수 있다. 즉, 재정거래가 멈추는 균형상태는 $V_A = V_B$인데 이자율의 변화로 이를 가능하게 할 수 있는 경우는 B기업 부채가치가 3,600원이 되는 경우뿐이다. 주가는 이자율변화와는 무관하므로 이 경우가 유일한 경우이다.

따라서 매년 400원의 이자흐름을 가져다 주는 부채가치가 B주주에게는 3,600원이 되도록 차입이자율이 결정되면 B주주는 재정거래유인을 갖지 않게 된다.

$$\frac{400}{r} = 3,600 \quad \therefore\ r = 11.11\%$$

③ 주의점

이러한 문제에서 대개의 교과서가 다음과 같이 접근하는 오류를 범하고 있다.

B주식 20% 매각자금	6,400 × 20% =	1,280
개인차입금조달	4,000 × 20% =	800
총조달자금		2,080
A주식 투자수익	$2,000 \times \frac{2,080}{10,000}$	= 416
개인차입금에 대한 지급이자		−800 × r

여기서 A주식 투자에 대한 순이익을 종전의 순이익 320(= 1,600 × 20%)원과 일치시

켜서 다음과 같이 이자율수준 r을 구한다.

$$416 - 800 \times r = 320 \quad \therefore\ r = 12\%$$

이러한 접근방법의 문제점을 지적하면 아래와 같다.

첫째, 여기서 구한 12%는 재정거래를 멈추는 이자율수준이 아니라는 것이다. 왜냐하면 12% 이자율수준에서 B주식 전체를 가진 주주의 입장에서 현금흐름을 재정거래 이전과 이후에서 비교하면 다음과 같게 된다.

종전 B주식 보유시 : 1,600
A 취득 후 현금유입 : $2,000 - 3,600 \times 0.12 = 1,568$

즉, 재정거래를 하여 오히려 32(=1,600 − 1,568)원의 손실을 보게 되는 결과가 된다. 따라서 이자율이 12%보다 낮아야 한다.

둘째, 위의 풀이 과정을 보면 재정거래 이전과 동일한 레버리지를 유지하기 위해서 개인차입금 800원을 조달한 것을 알 수 있다. 그러나 800원의 개인차입으로 동일한 레버리지를 유지할 수 있는 것은 이자율이 10%일 때에만 성립되는 것이다. 즉, 이자율이 변화하면 변화된 이자율수준에 따라서 개인차입금을 조정해야 재정거래 이전과 같은 레버리지를 유지할 수 있는 것이다.

이러한 문제점을 해결하기 위해서 본서에서는 현금흐름유지법을 소개하는 것이므로 숙지하여 활용하기 바란다.

>>> 연습문제 10 − 3

A기업과 B기업은 모두 부채를 사용하고 있는 기업들이다. 두 기업의 영업이익은 동일하지만 B기업이 A기업에 비해 부채의 규모가 더 크다. 다음과 같이 주어진 두 기업의 관련자료를 보고 물음에 답하라.

	A	B
타인자본(B)	2,000	3,000
영업이익($EBIT$)	800	800
자기자본비용(k_e)	15%	16%

부채의 이자율은 연 10%라고 할 때 B주식 500원을 보유한 투자자의 재정거래과정을 설명하고 이로부터 얻을 수 있는 재정이익을 산출하라.

먼저 A기업과 B기업의 부채, 자본 및 기업가치를 구하면 다음과 같이 B기업이 과대평가된 상태임을 알 수 있다.

	A기업	B기업
부채(B)	2,000	3,000
자본(S)	4,000*	3,125
기업가치(V)	6,000	6,125

$* \ \dfrac{EBIT - r \cdot B}{k_e^L} = \dfrac{800 - 2,000 \times 10\%}{15\%} = 4,000$

그리고 두 기업의 매년 현금흐름을 그림으로 나타내면 다음과 같다.

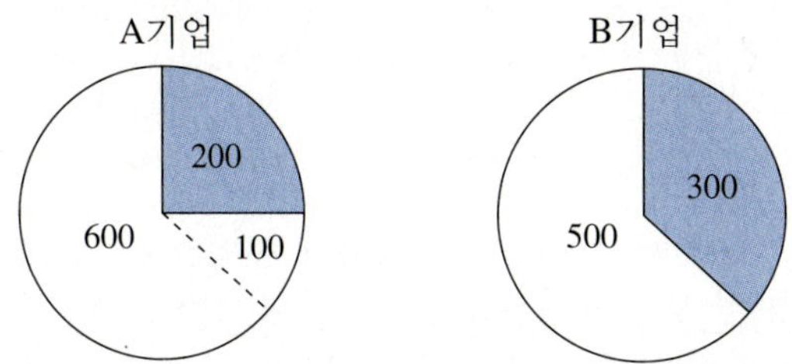

과대평가된 기업인 B주주가 재정거래를 할 것인데 B주식 100%를 갖고 있는 주주라면 A주식 전체를 구입하면서 종전의 현금흐름 500을 유지하기 위해서 1,000원을 개인적으로 차입한다. 이는 지급이자가 100원 더 발생하도록 해야 현금흐름이 변화하지 않기 때문이다.

그러면 자기주식 매각자금 3,125원과 합하여 총자금은 4,125원이 되는데 A주식 전체를 구입하는 데에는 4,000원만 소요되므로 125원의 투자자금이 절감되어 재정이익은 125원이 된다. 따라서 B주식 500원을 보유한 투자자의 재정이익은 아래와 같이 산출된다.

$$125 \times \frac{500}{3,125} = 20(\text{원})$$

>>> 연습문제 10 - 4

A기업과 B기업은 영업이익이 모두 2,000만원이다. A기업은 부채 4,000만원을, B기업은 5,000만원을 10%의 이자율로 사용하고 있는데 A기업의 자기자본환원율은 20%이고 B기업의 자기자본환원율은 25%이다. 이러한 상황에서 가능한 재정거래과정을 설명하고 재정거래이익을 산출하라.

해설

다음과 같이 각 기업의 부채, 자본 및 기업가치를 구한다.

	A기업	B기업
부채(B)	4,000	5,000
자본(S)	8,000*	6,000
기업가치(V)	12,000	11,000

$* \ \dfrac{EBIT - r \cdot B}{k_e^L} = \dfrac{2,000 - 4,000 \times 10\%}{0.2} = 8,000$

앞의 결과를 보면 부채를 더 적게 사용하는 A기업이 과대평가되어 있으므로 A주주가 재정거래유인을 갖게 된다.

두 기업의 매년 현금흐름을 그림으로 나타내면 아래와 같다.

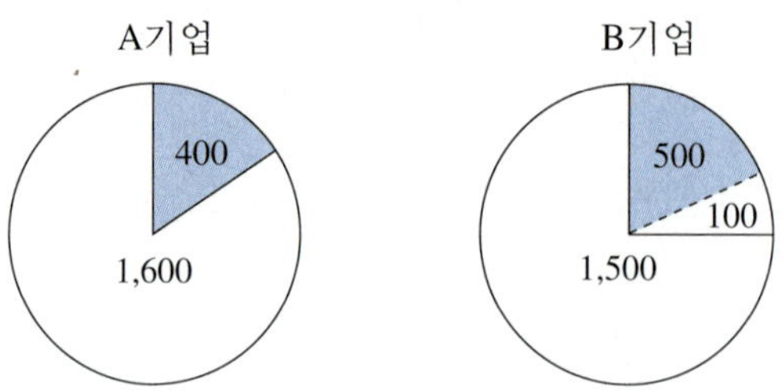

A주주는 보유주식 8,000을 매각하고 B주식 6,000을 구입한다. 그리고 남은 2,000 중 1,000을 개인적으로 대출하여(또는 부채를 상환하여) 이자비용 100을 줄임으로써 종전의 현금흐름 1,600을 유지한다. 이렇게 종전 현금흐름을 유지하면서도 1,000(=8,000−6,000−1,000)의 여유자금을 얻게 되는데 이것이 A주식을 100% 보유한 주주의 재정이익이 된다.

››› 연습문제 10 − 5

무부채기업 A가 있다. A기업의 장부가치는 12억 5천만원이고, 주식가격은 1주당 10,000원이며 발행주식수는 10만 주이다. A기업의 영업이익은 1억원, 부채비용은 8%이다. 세금과 거래비용은 없다고 가정한다. 아래의 물음은 각각 독립적이다.

〈물음 1〉

A기업과 동일한 B기업이 있다. B기업은 8%의 이자비용을 갖는 부채를 5억원 조달하여 주식시장에서 자기주식을 매입하여 소각하였다. 이러한 거래의 결과로 시장의 균형이 깨어져서 A기업의 시장가치는 9억원, B기업의 시장가치는 11억원이 되었다. 이러한 상황에서는 재정거래가 가능하다.

(1) B기업의 주주 입장에서 재정거래를 하기 위해 부담할 수 있는 최대이자율은 얼마인가?

(2) 이러한 재정거래가 현실적으로 일어나기 어려운 이유를 설명하라.

〈물음 2〉

A기업은 주당 10,000원에 6만 주의 신주발행을 고려하고 있다. 이때 6만 주의 신주를 발행하여 조달한 자금으로 투자를 한다면 6천만원의 이익이 증가한다고 한다. A기업의 경영자는 다음과 같이 주장하며 신주의 발행에 반대하고 있다. 단, PER는 신주발행 전, 후에도 동일하다. "6천만원의 이익이 발생할 경우 자본환원율을 8%라고 하면, 6천만원/8%=7억 5천만원이고 이를 발행주식수 6만 주로 나누면 1주당 12,500원이다. 주당가치가 12,500원인데 주당 10,000원에 발행한다면 주가는 하락하게 될 것이다." A기업 경영자의 주장에 대하여 논평하라.

〈물음 3〉

A기업은 6억원이 소요되는 투자안을 고려하고 있다. 이 투자안의 위험은 기존 사업의 위험과 동일하다. A기업은 필요한 6억원 중 3억원은 8% 이자비용의 사채로 조달하고, 3억원은 주식을 발행하여 조달하려고 한다. 이 투자안으로부터 얻어지는 영업이익은 6천만원이다. 이때 MM이론을 가정하고 다음 물음에 답하라.

(1) A기업이 신주를 3만 주 발행한다면 신주발행가격을 얼마로 하여야 하는가?

(2) A기업 주주의 요구수익률은 얼마로 변화할 것인가?

〈물음 1〉

(1) 이 문제를 풀기 위해서 먼저 각 기업의 부채, 자본 및 기업가치를 정리하면 아래와 같다. (단위 : 억원)

	A기업	B기업
B	0	5
S	9	6
V	9	11

이를 보면 과대평가된 B기업 주주가 재정거래유인을 갖게 됨을 알 수 있다.

여기서 B주주가 보유주식을 매각하고 A기업을 매입하려면 3억원(=9−6)의 개인차입금이 필요하다. 이때 차입이자율을 r이라고 하면 A취득 후 현금흐름은 다음과 같다.

$$1억원 - 3억원 \times r$$

한편, 종전 B주식 보유시 현금흐름은 아래와 같다.

$$1억원 - 5억원 \times 8\% = 0.6억원$$

두 현금흐름이 동일해지면 재정거래유인은 없어지므로 B주주가 부담할 수 있는 최대이자율은 다음과 같이 산출된다.

$$1억원 - 3억원 \times r = 0.6억원$$
$$\therefore\ r = 13.33(\%)$$

이를 기업가치접근법으로 다음과 같이 산출할 수도 있다. (연습문제 10-2 참조)

$$\frac{5억원 \times 8\%}{r} = 3억원$$
$$\therefore\ r = 13.33(\%)$$

이처럼 어떤 접근방법을 이용해도 그 결과는 동일해야 한다.

(2) 위와 같은 재정거래는 완전자본시장에서 자가레버리지(homemade leverage)가 가능해야 할 수 있는 것이다. 그래서 재정거래의 현실성에 대한 비판은 다음과 같이 완전자본시장의 비현실성과 자가레버리지의 비현실성에 모아진다.

① 현실적으로 자본시장에는 세금 및 거래비용 등 불완전요인이 존재한다.
② 개인이 기업과 동일한 조건으로 차입금을 조달하는 것도 비현실적이다.
③ 차입금에 대한 책임도 기업은 유한책임을 부담하는데 비해서 개인은 무한책임을 지기 때문에 자가레버리지 가정이 성립되기 어렵다.

〈물음 2〉

현재 $EPS = \frac{1\text{억원}}{10\text{만 주}} = 1{,}000(\text{원})$

따라서 신주발행 전 $PER = \frac{\text{주가}}{EPS} = \frac{10{,}000}{1{,}000} = 10(\text{배})$

그리고 신주발행 후 $EPS = \frac{1.6\text{억원}}{16\text{만 주}} = 1{,}000(\text{원})$

신주발행 후 $PER = 10$이 되려면 다음 식이 성립해야 한다.

$$PER = \frac{P}{1{,}000} = 10$$

$$\therefore\ P = 10{,}000\ (\text{원})$$

따라서 신주발행가격은 10,000원이 제대로 평가된 금액이다. A기업 경영자가 자본환원율로 부채비용 8%를 이용한 것이 오류이며 다음과 같이 산출된 10%를 이용해야 한다.

$$\frac{EBIT}{V} = \frac{1\text{억원}}{10{,}000 \times 10\text{만 주}} = 10(\%)$$

〈물음 3〉

(1) 투자안 위험은 기존 사업의 위험과 동일하므로 투자안에서 유입되는 영업이익의 현재가치는 다음과 같다.

$$\frac{0.6\text{억원}}{10\%} = 6\text{억원}$$

그런데 소요자금이 6억원이므로 $NPV = 0$인 균형상태의 투자안이다. 이 중 3억원을 3만주 신주발행으로 조달하려면 1주당 신주발행가격은 10,000원이 된다.

(2) 투자안을 채택한 후 A기업의 재무상태표는 아래와 같다.

재무상태표

자 산	16억원	부 채	3억원
		자 본	13억원

따라서 MM(1958)의 제 2 명제를 이용하여 주주의 요구수익률을 구한다.

$$k_e^L = k_e^U + (k_e^U - k_d)\frac{B}{S}$$

$$= 0.1 + (0.1 - 0.08) \times \frac{3}{13} = 0.1046\ (10.46\%)$$

>>> 연습문제 10 - 6

무부채기업 U와 부채기업 L의 영업이익(EBIT)은 모두 1,000으로 동일하다. 현재 기업 U의 자본비용은 20%이다. 그리고 기업 L은 2,000의 부채를 사용하고 있는데 기업가치는 4,100으로 형성되어 있다. 두 기업 모두 동일 업종에 속해 있고 법인세율은 40%, 이자비용은 8%라고 가정하고 다음 각 물음에 답하라.

(1) 재정거래 유인을 갖는 주주는?
(2) (1)에서의 재정거래과정을 설명하라.
(3) 기업 L의 주주가 요구하는 수익률을 산출하라.

해설

(1) 무부채기업 U의 가치 V_U는 다음과 같다.

$$V_U = \frac{EBIT(1-t)}{K_e^L} = \frac{1{,}000 \times (1-0.4)}{0.2} = 3{,}000$$

그리고 균형상태에서 부채기업 L의 가치는 MM(1963)의 제 1 명제를 따라서 다음과 같이 산출된다.

$$\begin{aligned} V_L &= V_U + t \cdot B \\ &= 3{,}000 + 0.4 \times 2{,}000 = 3{,}800 \end{aligned}$$

그런데 기업 L의 현재가치는 이보다 큰 4,100이므로 과대평가된 상태이다. 따라서 부채기업 L주주가 재정거래유인을 갖는다.

(2) 두 기업의 현금흐름과 그 가치를 아래와 같이 나타낼 수 있다.

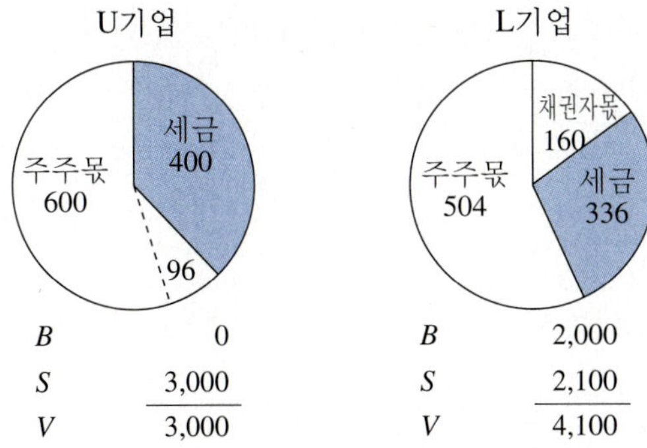

	U기업		L기업
B	0	B	2,000
S	3,000	S	2,100
V	3,000	V	4,100

이러한 상황에서 L주주의 재정거래과정을 자금흐름과 함께 요약하면 다음과 같다.

재정거래과정	자금흐름
과대평가된 L주식 매각	2,100
개인차입금의 조달	1,200*
계	3,300
U기업 주식의 매입	(3,000)
재정이익(남는 자금)	300

* 종전 현금흐름 504와 동일하게 유지하려면 96(=600−504)의 이자유출이 되도록 차입금을 조달해야 한다.

(3) MM(1963)의 제2명제를 이용하여 아래와 같이 산출한다.

$$k_e^L = k_e^U + (k_e^U - k_d)(1-t)\frac{B}{S}$$

$$= 0.2 + (0.2 - 0.08) \times (1 - 0.4) \times \frac{2,000}{1,800^*} = 0.28\,(28\%)$$

* 여기서 자기자본 S=1,800은 다음과 같이 구한 값이다.

$$V_L - B = 3,800 - 2,000 = 1,800$$

주주의 요구수익률은 이처럼 균형상태의 레버리지를 이용해서 산출해야 한다.

>>> 연습문제 10 - 7

영업이익이 15,000원인 무부채기업이 20,000원의 차입금을 조달하여 주식을 매입할 것을 계획하고 있다. 이자율은 8%, 법인세율은 30%이고 같은 업종에서 무부채기업의 자기자본비용은 20%이다. 이렇게 자본구조를 변경한 후의 기업가치를 구하려고 한다.

(1) MM명제를 이용해서 자본구조를 변경한 후의 기업가치를 산출하라. 그리고 이를 영업이익을 직접 자본화시킨 값과 비교하라.
(2) 다른 조건은 동일하고 법인세율만 40%로 상승하였다고 가정하자. MM명제를 이용한 기업가치와 영업이익을 자본화시킨 기업가치를 구하여 비교하라.
(3) 법인세율 30%에서 차입금규모를 30,000원으로 늘린다고 가정하자. MM명제를 이용하여 기업가치를 구하라. 그리고 순이익을 자본화시킨 후 부채가치를 합하여 산출한 기업가치를 구하여 비교하라.

해설

(1) ① 무부채기업가치 V_U는 다음과 같다.

$$V_U = \frac{EBIT(1-t)}{K_e^U} = \frac{15,000\,(1-0.3)}{0.2} = 52,500$$

MM(1963)의 제1명제에 따르면 부채기업의 가치 V_L은 다음과 같이 산출할 수 있다.

$$V_L = V_U + t \cdot B$$

$$= 52,500 + 0.3 \times 20,000 = 58,500$$

② 영업이익을 통해서 기업가치를 구하려면 영업이익을 WACC(k_0^L)로 할인해야 한다. 따라서 MM(1963)의 제2명제를 이용해서 k_0^L을 먼저 다음과 같이 구한다.

$$k_0^L = k_0^U\left(1 - t\frac{B}{V}\right)$$
$$= 0.2 \times \left(1 - 0.3 \times \frac{20{,}000}{58{,}500}\right) = 17.95\ (\%)$$

따라서 기업가치는 다음과 같다.

$$V_L = \frac{EBIT(1-t)}{K_0^L} = \frac{15{,}000\,(1-0.3)}{0.1795} = 58{,}500$$

이는 ①에서 구한 값과 일치한다.

(2) ① 위와 동일한 방법으로 무부채기업의 가치 V_U를 다음과 같이 구할 수 있다.

$$V_U = \frac{15{,}000\,(1-0.4)}{0.2} = 45{,}000$$

그리고 MM(1963)의 제1명제로 V_L을 구한다.

$$V_L = 45{,}000 + 0.4 \times 20{,}000 = 53{,}000$$

② k_0^L을 구하고 이를 이용해서 V_L을 산출한다.

$$k_0^L = 0.2 \times (1 - 0.4 \times \frac{20{,}000}{53{,}000}) = 16.98(\%)$$
$$V_L = \frac{15{,}000\,(1-0.4)}{0.1698} = 53{,}000$$

역시 ①의 결과와 일치한다.

(3) ① 위와 동일한 방법으로 V_U, V_L을 구하면 다음과 같다.

$$V_U = \frac{15{,}000\,(1-0.3)}{0.2} = 52{,}500$$
$$V_L = 52{,}500 + 0.3 \times 30{,}000 = 61{,}500$$

② 순이익을 통해서 자기자본의 가치를 먼저 구해야 하므로 MM(1963)의 제2명제를 이용해서 k_e^L을 먼저 다음과 같이 구한다.

$$k_e^L = k_e^U + (k_e^U - k_d)(1-t)\frac{B}{S}$$
$$= 0.2 + (0.2 - 0.08) \times (1 - 0.3) \times \frac{30{,}000}{S}$$

그런데 여기서 자기자본가치 S는 다음과 같다.

$$S = \frac{(EBIT - k_d \cdot B)(1 - t)}{k_e^L}$$
$$= \frac{(15{,}000 - 30{,}000 \times 0.08)(1 - 0.3)}{k_e^L}$$

위의 두 식을 풀면 다음 결과를 얻을 수 있다.

$$k_e^L = 0.28,\ S = 31{,}500$$

따라서 기업가치 V_L은 다음과 같다.

$$\begin{aligned} V_L &= S + B \\ &= 31{,}500 + 30{,}000 = 61{,}500 \end{aligned}$$

이 역시 ①의 결과와 일치한다.

>>> 연습문제 10 - 8

가나기업은 자기자본기업으로 현재 발행주식수는 20만 주이고 기업가치는 40억원이다. 이 회사 주주들의 요구수익률은 20%이고 법인세율은 30%이다. 이러한 상황에서 사장은 부채사용이 법인세효과만큼 기업가치를 증가시킨다는 이야기를 듣고 10% 이자율로 10억원의 부채를 조달하여 자사주를 매입함으로써 자본구조를 변경하려고 한다. 그래서 자금부장에게 주식을 몇 주를 매입할 수 있는가와 자본구조변경 후의 주식가격을 산출하도록 지시하였다. 자금부장의 입장에서 아래와 같은 사장의 요구에 답하라.

(1) 매입가능한 주식수
(2) 자본구조변경 후의 주가수준

먼저 다음과 같은 풀이과정을 살펴보자.

$$\text{매입 전 1주당 가격} = \frac{\text{40억원}}{\text{20만 주}} = 20{,}000(\text{원})$$

$$\text{매입주식수} = \frac{\text{10억원}}{\text{2만원}} = 50{,}000(\text{주})$$

매입 후 기업가치는 MM(1963)의 제1명제의 의해서

$$\begin{aligned} V_L &= V_U + t \cdot B \\ &= 40 + 0.3 \times 10 = 43\text{억원} \end{aligned}$$

자본구조를 변경한 후의 1주당 가격은

$$\frac{\text{자본가치}}{\text{발행주식수}} = \frac{\text{43억원} - \text{10억원}}{\text{20만 주} - \text{5만 주}} = 22{,}000(\text{원})$$

그러나 이러한 풀이는 효율적 자본시장을 고려하지 않는 오류를 범하고 있다. 즉, 부채의 법인세 감세효과는 자본구조변경계획시점에서 즉시 기업가치에 반영되기 때문에 1주당 20,000원에 주식을 매입할 수 없는 것이다.

아래와 같이 재무상태표를 통해서 올바른 접근방법을 살펴보자.

현재 재무상태표

자 산	40억원	자 본	40억원
		(=20만 주×2만원)	

그리고 조달부채로 주식매입을 통한 자본구조변경을 계획하는 시점의 *B/S*는 레버리지이득 $t \cdot B$가 반영되기 때문에 다음과 같다.

계획(발표)시점 재무상태표

자 산	40억원	자 본	43억원
레버리지이득	3억원	(=20만 주×21,500*)	

$* \ \frac{43억원}{20만\ 주} = 21{,}500원$

즉, 실제 가나기업이 자기주식을 매입할 때에는 1주당 21,500원의 가격이 형성되어 있으므로 매입가능한 주식수는 다음과 같다.

$$\frac{10억원}{21{,}500} = 46{,}511.63(주)$$

그리고 자기주식매입으로 자본구조를 변경한 후 재무상태표는 다음과 같으므로 1주당 가격 21,500원은 변동이 없다.

자본구조변경 후 재무상태표

자 산	40억원	부 채	10억원
레버리지이득	3억원	자 본	33억원*

$*\ (200{,}000 - 46{,}511.63)주 \times 21{,}500$

>>> 연습문제 10 - 9

법인세율은 50%, 이자비용은 8%이며 현재 발행주식수가 1만 주인 가나기업의 재무상태표와 손익계산서는 다음과 같다.(단위: 억원)

재무상태표

자 산	15	부 채	10
		자 본	5
	15		15

손익계산서

영업이익	1.0
지급이자	0.8
세전이익	0.2
법 인 세	0.1
순 이 익	0.1

그런데 가나기업의 경리부장은 이자비용부담을 덜기 위해서 신주발행으로 부채를 상환할 것을 제안하면서 아래와 같은 근거를 제시하였다.

① 현재 1주당 가격이 5만원이므로 신주 1만 주를 발행하면 5억원이 조달되므로 동

일한 금액의 부채를 상환할 수 있다.

그러므로 이에 따른 예상재무제표는 아래와 같다.

재무상태표

자 산	15	부 채	5
		자 본	10
	15		15

손익계산서

영업이익	1.0
지급이자	0.4
세전이익	0.6
법 인 세	0.3
순 이 익	0.3

② 그리고 현재 PER는 50이고 이와 같은 자본구조의 변경 후 EPS는 1,500원이므로 주가는 75,000원으로 상승될 것이다.

MM이론이 성립된다고 가정하여 아래 각 물음에 답하라.

(1) 무부채기업의 자본비용은 얼마인가?

(2) 경리부장의 제안근거 ①, ②를 검토하고 오류를 찾아서 올바른 평가를 하라.

(1) 현재 가나기업의 가치를 MM(1963)의 제1명제로 산출하면 다음과 같다.

$$V_L = V_U + t \cdot B$$

$$15 = \frac{1 \times (1-0.5)}{k_e^U} + 0.5 \times 10$$

따라서 $k_e^U = 0.05\ (5\%)$

(2) ① 첫번째 근거에 대한 검토

부채 5억원 상환계획을 발표한 시점에서 기업가치는 다음과 같이 하락한다.

$$V_L = V_U + t \cdot B$$

$$= \frac{1 \times (1-0.5)}{0.05} + 0.5 \times 5 = 12.5(\text{억원})$$

따라서 재무상태표는 다음과 같다.

재무상태표

자 산	12.5억원	부 채	10.0억원
		자 본	2.5

그러므로 1주당 가격은 다음과 같이 형성된다.

$$\frac{2.5\text{억원}}{1\text{만 주}} = 25{,}000(\text{원})$$

결국 경리부장의 제안대로 신주 1만 주를 발행하면 조달가능한 금액은 2.5억원밖에 안 된다. 따라서 5억원을 조달하려면 2만 주의 신주를 발행해야 한다. 그리고 2만 주의 신주 발행으로 5억원을 조달해서 부채를 상환한 후의 재무상태표는 다음과 같다.

재무상태표

자 산	12.5억원	부 채	5.0억원
		자 본	7.5

② 두번째 근거에 대한 검토

예상손익계산서는 제대로 작성되었으나 EPS는 아래와 같이 산출되므로 자본구조변경 전의 EPS와 동일하다.

$$\frac{0.3\text{억원}}{\text{구주 1만 주} + \text{신주 2만 주}} = 1{,}000(\text{원})$$

그런데 주가는 아래와 같다.

$$\frac{7.5\text{억원}}{3\text{만 주}} = 25{,}000(\text{원})$$

따라서 PER는 다음과 같이 하락한다.

$$PER = \frac{25{,}000}{1{,}000} = 25(\text{배})$$

즉, 경리부장의 주장대로 주가가 상승하는 것이 아니고 주가하락으로 PER가 하락하게 된다.

>>> 연습문제 10 - 10

식품사업의 경영위험에 해당하는 베타는 $\frac{2}{3}$이다. 그런데 가나식품(주)은 무위험이자율 8%로 부채 100억원을 사용하고 있으며 발행주식수는 10만 주, 1주당 가격은 5만원이다. 재무구조를 개선하기 위해서 40억원의 부채를 상환할 것이며 상환자금은 모두 유상증자로 조달할 것이다. 시장포트폴리오의 기대수익률은 11%, 법인세율은 50%라고 하여 다음 각 물음에 답하라.

(1) 가나식품(주)의 자본비용(WACC)은 얼마인가?
(2) 가나식품(주)의 주주와 채권자에게 귀속되는 현금흐름의 합계는 얼마인가?
(3) 재무구조를 계획대로 개선한 후의 부채비율은 얼마인가?
(4) 이와 같은 과정에서의 증자비율은 얼마인가?

해설

(1) 먼저 베타 $\frac{2}{3}$를 증권시장선에 대입하여 무부채상태의 자본비용을 구한다.

$$8 + (11 - 8) \times \left(\frac{2}{3}\right) = 10(\%)$$

이를 갖고 MM의 수정2명제를 이용하여 WACC를 구한다.

$$k_0^L = 10\left(1 - 0.5 \times \frac{100}{150}\right) = 6.67(\%)$$

(2) 현재상태에서 기업가치를 MM의 수정1명제로 나타내보자.

$$V_L = V_U + t \cdot B$$

$$150 = \frac{X(1-0.5)}{0.1} + 0.5 \times 100 \rightarrow \text{영업이익}(X) = 20\text{억원}$$

이제 손익계산서를 작성하면 다음과 같다.

영업이익	20억원
지급이자	8
세전이익	12억원
법인세	6
순이익	6억원

따라서 주주(6억원)와 채권자(8억원)에게 귀속되는 현금흐름의 합계는 14억원이다.

(3) 40억원의 부채를 상환하면 남는 부채는 60억원이 되며 이때의 기업가치는 다음과 같다.

$$\frac{20(1-0.5)}{0.1} + 0.5 \times 60 = 130(\text{억원})$$

여기에서 부채를 차감한 값 70억원(=130−60)이 자기자본이므로 부채비율은 85.7% $\left(= \frac{6}{7} \times 100\right)$가 된다.

(4) 부채상환계획시점의 재무상태표는 다음과 같고 이때의 주가는 3만원(=30억원/10만 주)이다.

재무상태표

V	130	B	100
		S	30

실제로 부채를 상환한 후 재무상태표는 다음과 같다.

재무상태표

V	130	B	60
		S	70

이때 주식수는 23.33만 주(=70억원/3만원)이다. 따라서 증자로 발행된 주식수는 13.33만 주이고 구주식수가 10만 주이므로 증자비율은 133.3%가 된다.

>>> 연습문제 10 - 11

무부채기업인 가나기업의 영업이익은 500만원이고 현재 발행주식수는 3,500주, 단위당 주식가격은 5천원이다. 법인세율은 30%이고 MM이론이 성립한다. 가나기업의 사장은 이러한 상황에서 부채를 사용할수록 기업의 가치가 증가한다고 들었다. 이에 따라서 레버리지(부채/자기자본)가 100% 되도록 현재 기업가치의 반에 해당하는 부채를 조달하여 주식재매입을 통해 자본구조를 변경할 계획이다. 그런데 자금부장은 이보다 많은 금액의 부채를 조달해야 목표레버리지를 달성할 수 있다고 주장한다. 단, 이자율은 10%이다.

(1) 부채를 조달하기 전의 자기자본비용(k_e)과 가중자본비용(k_0)을 산출하라.

(2) 가나기업의 사장과 자금부장의 주장 중에서 누구의 주장이 옳은지 밝히고 근거를 설명하라.

(3) 가나기업의 사장 의견대로 부채를 조달할 경우
- ① 부채금액
- ② 부채조달 후 자기자본비용과 가중자본비용
- ③ 기업가치, 자기자본가치 및 타인자본가치
- ④ 목표레버리지 달성 여부를 확인하라.

(4) 자금부장 의견대로 부채를 조달할 경우
- ① 부채금액
- ② 부채조달 후 자기자본비용과 가중자본비용
- ③ 기업가치, 자기자본가치 및 타인자본가치
- ④ 목표레버리지 달성 여부를 확인하라.

(5) 레버리지 변화에 따른 자기자본비용, 가중자본비용 및 기업가치의 변화를 도시하고 목표레버리지의 위치를 나타내라.

해설

(1) 무부채기업이므로 k_e와 k_0는 동일하며 주식가치가 곧 기업가치이다. 따라서 자본비용은 다음과 같다.

$$k_e^U = k_0^U = \frac{EBIT(1-t)}{V_0} = \frac{5{,}000{,}000 \times (1-0.3)}{3{,}500 \times 5{,}000} = 20(\%)$$

(2) MM(1963)이론에 따라 부채를 사용하면 기업가치가 증가한다는 것은 사실이나 사장의 주장대로 현재 기업가치의 반에 해당하는 부채를 조달하면 목표레버리지를 달성할 수 없다. 왜냐하면 부채를 사용하면 레버리지이득이 발생하여 기업가치가 증가하기 때문인데 이를 고려하게 되면 목표레버리지에 미달하게 된다. 따라서 더 많은 부채를 조달해야 하므로 자금부장의 주장이 옳다.

(3) ① 현재 기업가치의 반에 해당하는 부채를 조달한다고 하였으므로

$$B = 3{,}500 \times 5{,}000 \times \frac{1}{2} = 8{,}750{,}000$$

②, ③

$$k_e^L = k_e^U + (k_e^U - k_d)(1 - t)\frac{B}{S}$$
$$= 0.2 + (0.2 - 0.1)(1 - 0.3) \times \frac{8{,}750{,}000}{S}$$

그런데

$$S = \frac{(5{,}000{,}000 - 8{,}750{,}000 \times 10\%)(1 - 0.3)}{K_e^L}$$

이므로 이 두 식을 풀면 자기자본비용과 자기자본가치를 구할 수 있다.

$$k_e^L = 25.38(\%), \quad S = 11{,}377{,}069$$

그리고 기업가치는

$$V_L = S + B$$
$$= 11{,}377{,}069 + 8{,}750{,}000 = 20{,}127{,}069$$

이에 따라서 가중자본비용 k_0^L은 다음과 같다.

$$k_0^L = k_0^U\left(1 - t\frac{B}{V}\right)$$
$$= 0.2 \times \left(1 - 0.3 \times \frac{8{,}750{,}000}{20{,}127{,}069}\right) = 17.39(\%)$$

④ 사장의 의견대로 부채를 조달하면 레버리지는 다음과 같다.

$$\frac{B}{S} = \frac{8{,}750{,}000}{11{,}377{,}069} = 76.91(\%)$$

즉, 목표레버리지 100%에 미달된다.

(4) ① 레버리지이득을 고려하여 부채비율이 100%가 되도록 부채금액 B를 산출하기 위해서 다음 식을 세운다.

$$V_L = V_U + t \cdot B$$
$$= 17{,}500{,}000 + 0.3 \times B$$
$$\frac{B}{S} = 1 \quad \rightarrow \quad \frac{B}{V_L} = \frac{1}{2}$$

위의 두 식을 풀면 부채금액과 기업가치를 구할 수 있다.

$$V_L = 20{,}588{,}236$$
$$B(=S) = 10{,}294{,}118$$

②, ③

$$k_e^L = k_e^U + (k_e^U - k_d)(1 - t)\frac{B}{S}$$
$$= 0.2 + (0.2 - 0.1)(1 - 0.3) \times 1 = 27(\%)$$

$$k_0^L = k_e^U\left(1 - t\frac{B}{V}\right)$$
$$= 0.2 \times \left(1 - 0.3 \times \frac{1}{2}\right) = 17(\%)$$

④ 사장이 제시한 부채금액 8,750,000보다 1,544,118 많은 10,294,118을 조달하면 목표레버리지가 달성된다.

$$\frac{B}{S} = \frac{10,294,118}{10,294,118} = 100(\%)$$

(5) 레버리지변화에 따른 자본비용과 가치의 변화를 그림으로 나타내면 아래와 같다.

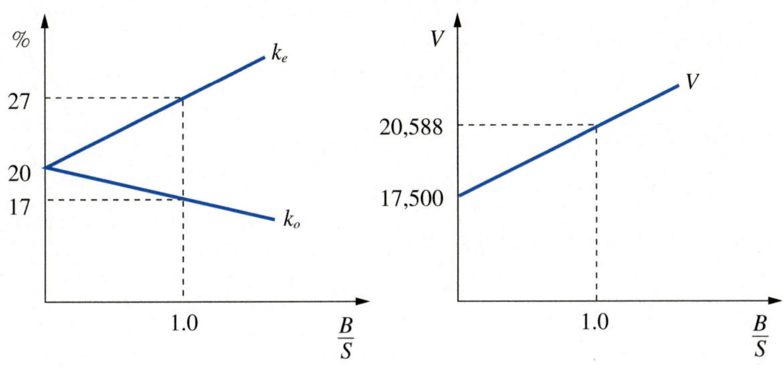

>>> 연습문제 10 - 12

아래와 같은 개인소득세율이 적용되는 세 소득계층으로 구성된 경제를 가정하자.

소득계층	부(투자가능액)	적용소득세율
A	500억원	20%
B	300	40
C	700	50

주식수익률은 6%이고 법인세율은 34%이다. 투자대상은 사채와 주식만 존재하며 주식에 대해서는 자본시장의 육성차원에서 어떤 과세도 없다. 기업들의 영업이익(EBIT)의 총계는 100억원이다. 다음 각 물음에 답하라.

〈물음 1〉

(1) 사채에 대한 수요와 공급곡선을 도시하고 균형이자율과 균형부채량을 구하라.

(2) 각 집단의 투자내용을 설명하고 소비자잉여를 누리는 계층을 밝혀라.

(3) 기업전체의 총가치를 구하고 레버리지이득이 존재하는지 확인하라.

(4) 정부의 매년 법인세수익은 얼마인가?

〈물음 2〉

법인세, 주식소득세 및 이자소득세 등의 인하가 균형상태에 각각 어떤 영향을 미치는지 연속적인 사채수요함수를 가정하여 설명하라.

〈물음 1〉

(1) ① 사채의 수요곡선과 공급곡선

• 사채의 수요곡선

A: $r_d\,(1-0.2)=6\% \rightarrow r_d=7.5\%$

B: $r_d\,(1-0.4)=6\% \rightarrow r_d=10\%$

C: $r_d\,(1-0.5)=6\% \rightarrow r_d=12\%$

• 사채의 공급곡선

$r_s\,(1-0.34)=6\% \rightarrow r_s=9.09\%$

이를 그림으로 나타내면 아래와 같다.

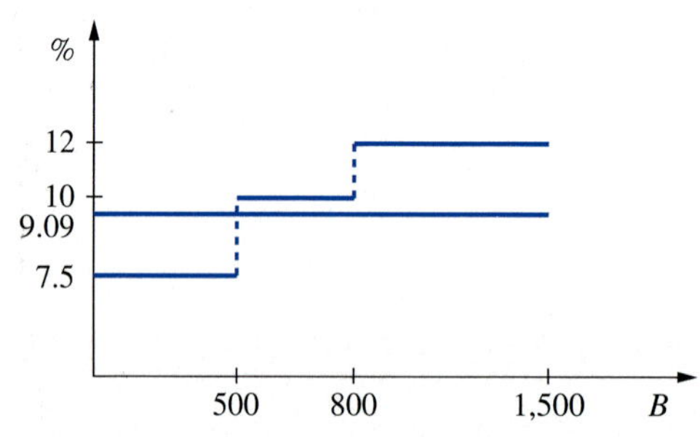

② 균형이자율및 균형부채량

위의 그림에서 사채수요곡선과 공급곡선이 만나는 점에서의 이자율 9.09%, 500억원이 각각 균형이자율 및 균형부채량이다.

(2) A소득계층은 사채의 균형이자율 9.09%가 요구수익률 7.5%보다 높으므로 사채를 구입한다. 그러나 B, C는 요구수익률이 더 높으므로 사채를 구입하지 않는다. 따라서 주식을 구입한다.

그리고 소비자잉여는 사채를 구입하는 A가 향유하게 된다.

(3) $V=S+B$

$$=\frac{(EBIT-r\cdot B)(1-t)}{k_e}$$

$$=\frac{(100-0.0909\times 500)(1-0.34)}{0.06}+500=1,100(\text{억원})$$

그런데 무부채기업가치 V_U는 다음과 같다.

$$V_U = \frac{EBIT(1-t)}{k_e}$$
$$= \frac{100 \times (1-0.34)}{0.06} = 1,100(\text{억원})$$

$V = V_U$이므로 균형상태에서 레버리지이득은 존재하지 않는다. 그리고 여기에서 주식수익률 6%가 사채균형이자율 9.09%보다 낮은 것이 이상하게 보일지 모른다. 그러나 Miller의 균형부채이론은 확실성하의 이자율(certainty equivalent rate)을 다루는 것이기 때문에 모든 이자율의 위험이 제거된 것이며, 그 수준은 오로지 수요와 공급에 의해서 결정되는 것이므로 이러한 현상이 나타날 수 있는 것이다. 우리가 일반적으로 주식수익률이 부채비용보다 높다고 하는 것은 위험을 고려한 것임을 기억하라. 문제에서 주어진 EBIT 100억원도 확실한 현금흐름이다.

(4) 매년 법인세로 정부에게 귀속되는 현금흐름은 아래와 같다.

$$(EBIT - t \cdot B) \times t$$
$$= (100 - 0.0909 \times 500) \times 0.34 = 18.55(\text{억원})$$

〈물음 2〉

법인세율(t), 이자소득세율(t_b) 및 주식소득세율(t_s)의 인하가 균형상태에 미치는 효과를 그림과 함께 정리하면 아래와 같다.

① 법인세 인하

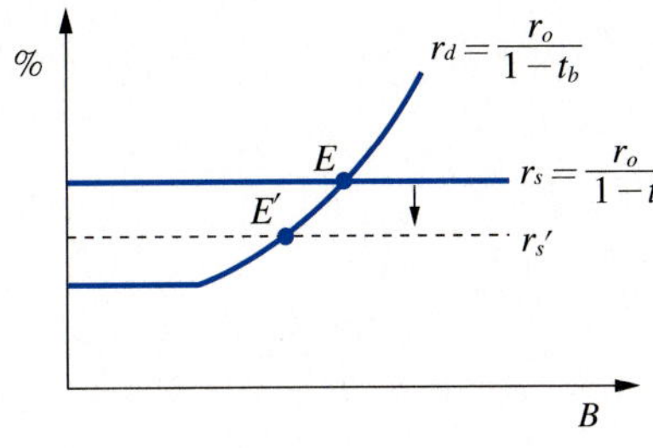

균형이자율 하락,
균형부채수준 감소

② 이자소득세 인하

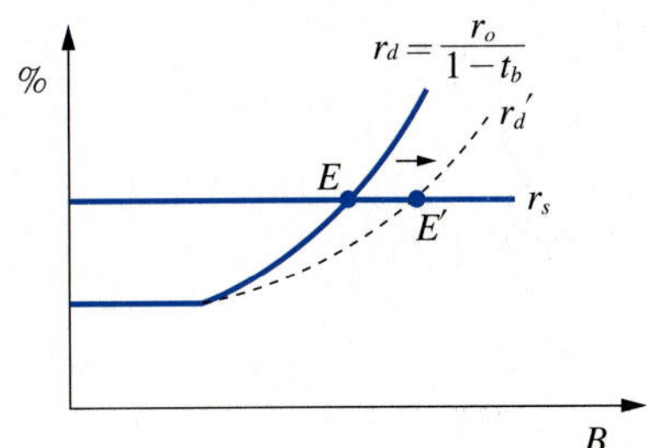

균형이자율 불변,
균형부채수준 증가

③ 주식소득세

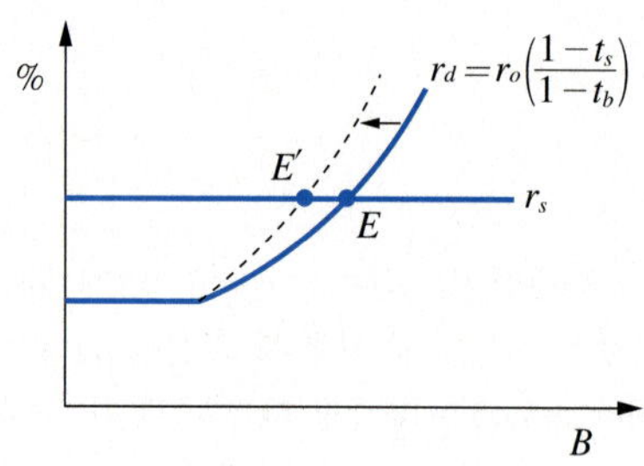

균형이자율 불변,
균형부채수준 감소

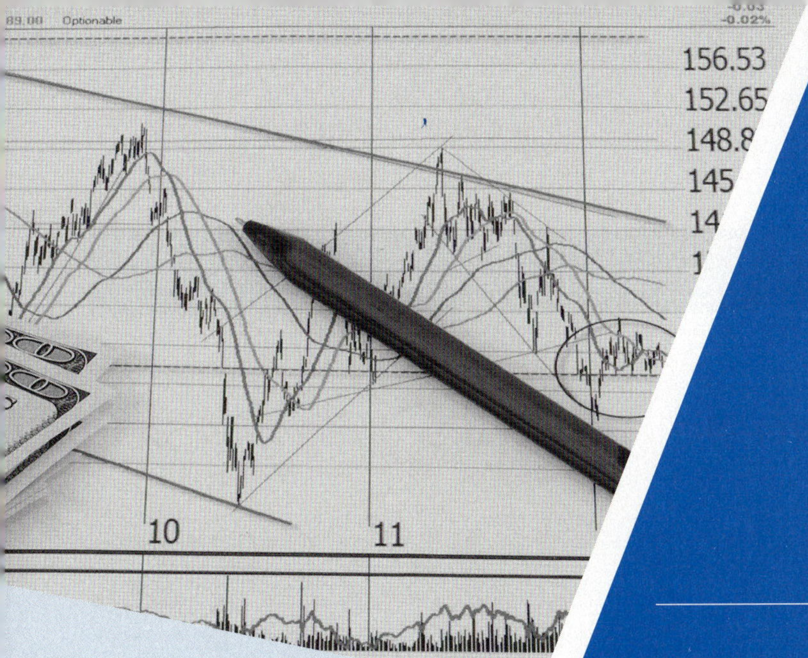

제 11 장

부채를 사용한 투자결정

Financial Management

학습 목표

이 장에서는 투자자금의 일부는 자기자본으로, 그리고 나머지 일부는 부채로 조달하여 투자안을 수행할 때 적용할 수 있는 여러 가지 평가방법들을 소개한다. 이제까지 우리는 부채를 사용하면 법인세 감세효과를 가져다 주기 때문에 이 효과를 WACC에 반영하고 이렇게 산출한 자본비용으로 현금흐름을 할인함으로써 투자안을 평가하였다. 이처럼 WACC를 이용하는 방법이 가장 많이 이용되고 있지만 이 방법이 유일한 평가방법은 아니다. 상황에 따라서는 이보다 더 우월한 평가방법이 존재할 수 있는데, 이러한 평가방법으로는 조정현가법(APV method), 주주현금흐름법(FTE method) 및 확실성등가법(CEQ method) 등이 있다.

제 1 절 기초개념

1.1 투자안가치의 평가

자본구조이론을 포함하여 이제까지 설명한 내용을 투자안의 가치를 평가하는 과정에 따라서 정리해보자. 기업의 입장에서 가장 중요한 불완전시장요인은 법인세이므로 법인세를 고려해서 투자안 평가과정을 순서대로 요약하면 다음과 같다.

① 어떤 투자안을 수행할 때에 필요한 투자자금은 여러 형태로 조달할 수 있으나 그 조달원천은 크게 자기자본과 타인자본으로 구분할 수 있다.

② 그런데 투자자금의 일부를 타인자본에 의존하게 되면 이에 대한 이자비용은 법인세 감세효과를 가져오기 때문에 이 효과를 반영해서 가중평균자본비용(WACC, k_0^L)을 산출하여야 한다.

③ 이렇게 산출한 자본비용으로 그 투자안에서 기대되는 현금흐름을 할인하여 투자안의 가치를 구한다. 이 값이 현재의 투자비용보다 클 때에 NPV가 양(+)의 값을 갖기 때문에 투자가치가 있다고 판단한다.

④ 이때의 현금흐름이란 투자자금의 일부를 부채로 조달하였더라도 실제의 조달방법과는 상관없이 전액 자기자본으로 조달하였다고 가정하여 산출한 영업현금흐름을 말한다.

1.2 기업가치의 평가

그런데 위와 같이 투자안의 가치를 평가하는 과정은 다음과 같은 가정을 전제로 하면 기업가치의 평가과정과 동일한 것임을 알 수 있다. 즉, 투자안의 현금흐름이 무한하게 계속된다면 이러한 투자안의 가치평가는 계속기업을 전제로 하여 기업가치를 평가하는 것과 동일한 것이 된다. 이때의 가중평균자본비용(WACC, k_0^L)은 현재 재무상태표의 체계에서 산출한 것으로서 이를 할인율로 이용해서 기업의 영업현금흐름을 현가화시키면 부채기업의 가치가 되는 것이다.

1.3 부채기업의 투자결정

이 장에서는 주로 부채를 조달하여 수행하는 투자안을 평가하는 데에 이용할 수 있는 여러 가지 방법을 다룰 것이다. 그러나 앞서 설명한 바와 같이 투자안의 현금흐름이 무한히 계속된다면 이는 부채기업의 가치결정문제와 동일한 것이 된다. 또한 역으로 부채기업의 경우는 곧 부채를 조달하여 수행해놓은 투자안들의 집합체라고 볼 수 있다. 따라서 이 장에서 다루는 내용은 투자안의 결정문제뿐만 아니라 부채기업의 가치결정에도 그대로 적용될 수 있는 것이다.

제 2 절 가중평균자본비용법

2.1 개 요

가중평균자본비용(WACC, k_0^L)을 이용해서 투자안의 가치를 평가하는 방법은 여기서 별도로 설명할 필요가 없다. 왜냐하면 자본구조이론을 포함해서 이제까지 공부한 내용이 곧 가중평균자본비용을 이용한 평가방법이었기 때문이다. 따라서 제1절에서 정리한 평가방법이 곧 가중평균자본비용법인 것이다.

다음에 소개할 서로 다른 여러 가지 평가방법들의 차이점을 비교하기 위해서 다음과 같은 세 가지 사항을 명확하게 하고자 한다.

① 측정대상이 되는 현금흐름
② 현금흐름의 현가를 구하기 위해 적용할 할인율(자본비용)
③ 순현재가치를 산출하는 식

2.2 WACC법의 이용

(1) 측정대상이 되는 현금흐름

WACC를 이용해서 현재가치를 구할 때에 측정대상이 되는 현금흐름은 부채사용 여부와는 관계없이 모두 자기자본으로 투자자금을 조달하였다고 가정해서 주주에게 귀속되는 현금흐름이다. 이러한 내용은 제5장 자본예산에서부터 계속 강조되어왔던 사항이다. 이러한 현금흐름을 무부채상태를 전제로 주주에게 귀속되는 현금흐름이므로 UCF(unlevered cash flow)라고 표현한다.

(2) 현가산출에 적용할 할인율

WACC를 이용해서 투자안의 가치를 구할 때에 이용할 할인율은 곧 가중평균자본비용인 WACC, k_0^L이다. 이미 앞서 소개된 바가 있지만 WACC, k_0^L는 다음 식을 이용하여 산출한다.

$$k_0^L = \left(\frac{S}{B+S}\right)k_e^L + \left(\frac{B}{B+S}\right)k_i \tag{11.1}$$

(3) 순현재가치를 산출하는 식

투자안의 가치는 위의 단계에서 측정된 현금흐름을 WACC로 할인한 값이 된다. 여기서 투자안의 현금흐름이 무한하게 계속된다면 이같이 산출한 값은 곧 부채기업의 가치가 되는 것이다. 그러나 투자안의 채택 여부는 투자안의 가치에서 투자비용을 차감한 순현재가치를 구해서 판단해야 하므로 다음과 같이 NPV를 산출한다.

$$NPV = \sum_{t=1}^{\infty} \frac{UCF_t}{(1+k_0^L)^t} - C_0 \tag{11.2}$$

이때에 C_0는 투자안을 수행하기 위해서 현재시점에서 지출하게 되는 투자비용을 말한다. 이렇게 구한 값이 0보다 클 때에 투자안을 채택하는 것이다.

>>> **예제 11-1**

가나기업은 백화점을 설립하여 유통업에 진출하려고 한다. 백화점을 설립하려면 초기에 투자비용 600억원이 지출되지만 매년 100억원에 해당하는 영업현금흐름(세전)이 무한히 계속될 것이다. 그런데 경영위험까지 반영된 유통업의 체계적 위험, 베타(β_i)는 0.8이며 증권시장선(SML)은 $E(R_i)=0.10+0.03\beta_i$로 추정된다.

가나기업은 백화점의 목표자본구조를 부채비율 100%가 되도록 할 계획이며 부채의 차입이자율은 10%이다. 법인세율 30%에서 다음 각 물음에 답하라.

(1) 가나기업이 이 투자안의 현금흐름에 적용할 할인율, 즉 WACC를 산출하라.
(2) 투자안의 NPV를 구해서 백화점 설립 여부를 판단하라.

풀이

(1) 먼저 Hamada모형을 이용해서 목표부채비율 100%, 즉 $\frac{B}{S}=1$에 해당하는 β를 산출한다.

$$\beta_L=\left[1+(1-t)\frac{B}{S}\right]\cdot\beta_U$$
$$=[1+(1-0.3)\times 1]\times 0.8=1.36$$

이를 SML에 대입해서 자기자본비용 k_e^L을 산출하면

$$k_e^L=R_f+[E(R_m)-R_f]\times\beta_L$$
$$=0.1+0.03\times 1.36=0.1408(14.08\%)$$

그리고 납세 후 타인자본비용 k_i는

$$k_i=k_d(1-t)$$
$$=0.1\times(1-0.3)=0.07(7\%)$$

따라서 가중평균자본비용은 다음과 같다.

$$WACC=14.08\times\frac{1}{2}+7\times\frac{1}{2}=10.54(\%)$$

(2) (1)에서 구한 할인율로 투자안의 NPV를 산출하면 다음과 같다.

$$NPV=\frac{100(1-0.3)}{0.1054}-600=64.14(\text{억원})$$

$NPV>0$ 이므로 백화점을 설립한다.

제 3 절 조정현가법

3.1 개 요

WACC를 이용해서 투자안의 가치를 평가하는 방법은 우리가 공부하는 내용의 가장 많은 부분을 차지하고 있으며 또한 가장 널리 이용되고 있다. 그러나 이 방법이 유일한 평가방법은 아니다. 상황에 따라서는 이보다 더 나은 방법들도 있는데 그 중 한 가지 방법이 조정현가법(APV method)이다.

조정현가법은 WACC법이 갖는 한계점을 해결할 수 있는 방법이다. 즉,

WACC법은 부채사용에 따른 이자비용의 법인세 감세효과만을 할인율인 WACC에 반영하는 방법이다. 그러나 현실적으로 부채사용에 따른 효과에는 이외에도 여러 가지 요인이 존재할 수 있는데 이러한 여러 요인들을 모두 반영하여 WACC를 산출한다는 것은 매우 어려운 일이다. 이때에 NPV의 가산원리를 이용해서 이러한 문제점을 해결할 수 있는 평가방법이 바로 조정현가법이다.

3.2 APV법의 이용

(1) APV의 구성

조정현가(APV: adjusted present value)를 산출할 때에는 부채기업가치가 무부채기업의 가치와 레버리지이득의 두 부분으로 구성된다는 논리를 그대로 이용한다. 따라서 부채를 조달하여 투자안을 수행하는 경우의 조정현가도 투자액을 자기자본만으로 조달하였을 경우의 순현재가치와 부채를 사용하여 투자안을 수행함에 따라 얻게 되는 부수적 효과의 합계로 구성된다.

$$APV = \text{기본 } NPV + \text{부채사용효과}$$

(2) 기본 NPV

부채를 조달하여 투자안을 수행할 때에 이 투자안을 조정현가법에 의해서 평가하고자 하는 경우에는 먼저 자기자본만으로 조달하였을 경우의 투자안의 NPV를 산출하여야 하는데 이를 기본순현가(base case NPV)라고 한다. 그리고 이를 산출하기 위한 식은 다음과 같다.

$$\text{기본 } NPV = \sum_{t=1}^{\infty} \frac{UCF_t}{(1+k_e^U)^t} - C_0 \tag{11.3}$$

즉, 기본 NPV는 투자자금을 모두 자기자본만으로 조달한 경우를 가정하기 때문에 무부채상태의 현금흐름(UCF: unlevered cash flow)을 무부채기업의 자기자본비용(k_e^U)으로 할인하고 여기에서 투자비용 C_0를 차감해서 산출한다.

(3) 부채사용효과

부채를 사용함으로써 기대되는 가장 대표적인 효과는 이자비용의 법인세 감세효과이다. 이 효과만을 고려한다면 앞서 설명한 대로 WACC법을 이용해서 투자안을 평가할 수 있다. 그러나 부채를 사용하여 투자안을 수행할 때 얻게 되는 효과는 이외에도 부채조달비용의 발생과 이의 비용처리에 따른 감세효과도 있을 수 있고, 보조금의 지급이나 장기저리조건의 차입 등과 같은 특혜금융에 따른 효과도 있을 수 있다. 즉, ① 이자비용의 감세효과, ② 부채의 조달비용, ③ 특혜금융의 효과 등이 APV를 이용할 때 특히 중요하게 고려해야 할 사항이다.

이러한 부채사용에 따른 부수적 효과들을 모두 반영하여 WACC를 산출하는 것은 매우 어렵기 때문에 그 효과들에 대해서는 개별적으로 가치를 산출해서 기본 NPV에 가산함으로써 조정현가를 구할 수 있다.

>>> 예제 11-2

다음에서 제시하는 조건 이외의 다른 조건은 〈예제 11-1〉에서와 동일하다고 가정하고 다음 물음에 답하라.

(1) 만약 가나기업이 투자자금을 모두 자기자본으로 조달하였다고 가정할 때 백화점의 설립 여부를 판단하라.

(2) 백화점의 목표부채비율을 100%로 달성하기 위해서 조달해야 할 부채금액은 얼마인가?

(3) (2)와 같이 부채를 조달하여 투자안을 수행할 경우에 APV법에 따라서 백화점의 설립 여부를 판단하라.

풀 이

(1) 기본순현가(base case NPV)를 묻는 것이므로 먼저 k_e^U를 산출해야 한다. k_e^U는 β_U를 SML에 대입해서 다음과 같이 구한다.

$$k_e^U = 0.1 + 0.03 \times 0.8 = 0.124\ (12.4\%)$$

따라서 기본순현가는 다음과 같다.

$$\text{base case } NPV = \frac{100 \times (1-0.3)}{0.124} - 600 = -35.48$$

NPV < 0 이므로 투자자금을 모두 자기자본으로 조달해야 하는 경우라면 백화점을 설립하지 않는 것이 좋다.

(2) 부채를 조달하여 투자안을 수행한 후 그 가치는 WACC법에서 구한대로 다음과 같다.

$$V = \frac{100 \times (1-0.3)}{0.1054} = 664$$

그런데 부채비율 $\frac{B}{S} = 100\%$가 되려면 $\frac{B}{V} = 50\%$이어야 하므로

부채조달액 B는 다음과 같다.

$$B = V \times 50\% = 664 \times 50\% = 332$$

즉, 투자자금 중 332억원을 부채로 조달해야 한다.

(3) 여기서 부채사용효과는 이자비용의 법인세 감세효과뿐이므로 다음과 같이 산출한다.

$$t \cdot B = 0.3 \times 332 = 99.6$$

따라서 조정현가 APV는 다음과 같다.

$$\begin{aligned} APV &= \text{base case } NPV + t \cdot B \\ &= -35.48 + 99.6 = 64.12 \end{aligned}$$

APV > 0 이므로 백화점을 설립한다. 이는 WACC법을 이용한 평가결과($NPV = 64.14$)와 동일하며 단수차이는 반올림오차일 뿐이다.

제 4 절 주주현금흐름법

4.1 개 요

어떤 투자안의 채택 여부에 대해서 의사결정권을 갖고 있는 주체는 주주이다. 따라서 투자안으로부터 기대되는 현금흐름 중에서 주주에게 귀속되는 현금흐름만을 분석대상으로 하여 NPV를 구할 수 있을 것이다. 이처럼 주주의 시각으로 산출한 NPV를 이용하여 투자안을 평가하는 방법을 주주현금흐름법(FTE method)이라고 한다.

4.2 FTE법의 이용

(1) 측정대상이 되는 현금흐름

주주현금흐름(FTE: flow to equity)이란 투자안으로부터 기대되는 미래의 현금흐름 중에서 순수하게 주주몫에 해당하는 부분을 말한다. 따라서 부채를 조달하여 투자안을 수행하는 경우에 FTE는 채권자에게 지급되는 이자를 차감한 후의 현금흐름을 의미하는 것이다. 즉, FTE란 부채를 조달한 경우 주주에게 귀속되는 현금흐름이므로 이를 LCF(levered cash flow)라고 표현한다. 이는 부채기업의 손익계산서에 나타나는 당기순이익과 같은 것이다.

(2) 현가산출에 적용할 할인율

FTE법에서는 할인대상이 되는 현금흐름이 주주에게 귀속되는 현금흐름이므로 이의 현재가치를 구할 때 적용할 할인율도 이러한 현금흐름의 성격을 반영하는 것이어야 한다. 이에 해당하는 할인율을 자본구조이론에서 찾아보자. 자본구조이론에서 부채기업의 경우 주주에게 귀속되는 현금흐름은 이자비용과 법인세를 차감한 후의 순이익이다. 그리고 이러한 현금흐름을 현가화시킨 것이 자기자본가치인데, 이때에 적용한 할인율은 자기자본비용 k_e^L로서 다음과 같이 산출한다.

$$k_e^L = k_e^U + (k_e^U - k_d)(1-t) \cdot \frac{B}{S} \tag{11.4}$$

FTE법에서 말하는 LCF란 자본구조이론에서 부채기업의 주주에게 귀속되는 현금흐름, 즉 이자비용과 법인세를 차감한 후의 순이익에 해당하는 것이다. 이때의 현금흐름은 이자비용의 감세효과가 포함된 것이므로 이에 대한 현재가치를 계산할 때에 적용할 할인율도 이자비용의 감세효과가 반영된 식 (11.4)로 표현되는 k_e^L이 되는 것이다.

(3) 순현재가치를 산출하는 식

투자안의 가치는 위의 단계에서 측정된 현금흐름 LCF를 k_e^L로 할인한 값이 된다. 여기서 투자안의 현금흐름이 무한하게 계속된다면 이같이 산출한 값은 곧 부채기업의 자기자본가치가 되는 것이다. 그러나 투자안의 채택 여부는 투자안의 가치에서 투자비용을 차감한 순현재가치를 구해서 판단해야 하므로 다음과 같이 NPV를 산출한다.

$$NPV = \sum_{t=1}^{\infty} \frac{LCF_t}{(1+k_e^L)^t} - (C_0 - B) \tag{11.5}$$

이때 주의할 것은 투자안을 수행하기 위해서 현재시점에서 지출하게 되는 투자비용도 순수하게 주주가 부담하는 비용을 사용해야 한다는 점이다. 따라서 총투자비용 C_0에서 부채로 조달하는 금액 B를 차감하여야 한다. 이렇게 구한 값이 0보다 클 때에만 주주는 투자안을 채택할 것이다.

>>> 예제 11-3

〈예제 11-1〉에서의 가나기업의 백화점 설립문제를 주주현금흐름법(FTE법)으로 평가하려고 한다.

(1) 매년 주주에게 귀속되는 현금흐름(LCF)은 얼마인가?

(2) 위의 현금흐름에 적용할 할인율을 구하고 이를 이용해서 백화점의 설립 여부를 판단하라.

풀이

(1) 주주에게 귀속되는 현금흐름(LCF)은 다음과 같이 산출한 EAT 46.76이다.

EBIT	100	
이 자	33.2	(← 332×10%)
EBT	66.8	
법인세	20.04	(← 66.8×30%)
EAT	46.76	

(2) 위의 현금흐름은 주주에게만 귀속되는 것이므로 WACC법에서 산출한 $k_e^L=14.08\%$를 할인율로 사용한다.

이는 MM모형(1963)을 이용해서 다음과 같이 산출할 수도 있다.

$$k_e^L = k_e^U + (k_e^U - k_d)(1-t)\frac{B}{S}$$

$$=0.124+(0.124-0.1)\times 0.7\times 1 = 0.1408$$

FTE법에 따라서 NPV를 구하면 다음과 같다.

$$NPV = \frac{46.76}{0.1408} - (600-332) = 64.1$$

$NPV>0$ 이므로 백화점을 설립한다. 이는 앞서 살펴본 WACC법, APV법의 평가결과와 일치하는 것이다.

제 5 절 평가방법의 적용

5.1 가정의 검토

일부 자금을 부채로 조달해서 투자안을 수행할 때에 적용할 수 있는 평가방법으로 지금까지 WACC법, APV법, FTE법 등을 설명하였다. 이러한 방법들을 설명하면서 각 방법에서는 다음과 같은 몇 가지 중요한 공식을 사용하고 있음을 알 수 있다. 이러한 공식을 다시 살펴보면서 이들이 어떤 가정을 전제로 하고 있는가를 자세하게 검토해보자.

(1) MM의 수정명제와 가정

법인세를 고려한 MM(1963)의 수정된 제1명제는 다음 식으로 표현한 바 있다.

$$V_L = V_U + t \cdot B \tag{11.6}$$

이는 MM(1963)의 수정된 제1명제를 나타내는 식으로서 부채기업의 가치가 무부채기업의 가치보다 레버리지이득 $t \cdot B$만큼 크다는 것이다.

그리고 수정된 제 2 명제는 제1명제에서 도출된 것으로서 다음 식으로 표현된다.

$$k_e^L = k_e^U + (k_e^U - k_d)(1-t)\frac{B}{S} \tag{11.7}$$

이는 부채를 사용할수록 재무위험의 증가로 자기자본비용은 상승하지만 그 증가폭은 법인세가 없을 때에 비해서 완만하다는 것이다. 그리고 이에 따라 WACC는 부채사용에 따라서 감소한다는 것이다.

이러한 식의 성립은 다음과 같은 가정을 전제로 하는 것이다.

① 기업은 부채를 사용하되 이를 상환하지 않고 무한히 계속 사용한다.
② 기대되는 영업현금흐름도 무한히 계속되어야 하며 그 크기는 매년 이자비용의 감세효과를 받을 수 있는 수준 이상이어야 한다.

(2) Hamada모형과 가정

부채기업의 주식베타와 무부채기업의 주식베타와의 관계를 나타내는 Hamada 모형은 다음과 같이 표현된다.

$$\beta_L = \left[1 + (1-t)\frac{B}{S}\right] \cdot \beta_U \qquad (11.8)$$

이는 부채기업의 경우 레버리지 증가에 따라서 재무위험이 증가하기 때문에 주식베타가 상승하게 되는데, 그 값은 무부채기업의 주식베타를 통해서 산출할 수 있다는 것이다.

그런데 이 식도 MM(1963)의 수정된 제1명제로부터 도출된 것이기 때문에 앞서 언급한 가정을 모두 전제로 하고 있다. 뿐만 아니라 이 식은 부채의 베타를 0으로 놓고 도출된 것이기 때문에 앞서의 가정 이외에 다음의 가정이 추가된다.

③ 기업이 사용하고 있는 부채는 무위험부채이다. 그러므로 기업이 부담하는 부채의 자본비용은 무위험이자율이어야 한다.

이 가정은 MM(1963)의 명제에는 없는 가정이기 때문에 사실 Hamada모형은 MM(1963)의 명제보다 더 제한적으로 사용되는 것이다.

5.2 평가방법의 적용시 주의사항

(1) 무위험부채의 사용

지금까지 공부하면서 부채를 조달하여 수행하는 투자안을 평가할 때에 WACC법이 가장 많이 이용되었다. 제 9 장 위험을 고려한 자본예산에서 살펴보면 투자안의 채택 여부를 평가할 때에 이용하는 할인율을 MCC라고 하였지만 그 산출방식을 보면 이 역시 WACC인 것이다. 그런데 이러한 WACC를 산출하기 위한 첫 번째 작업은 부채사용 정도에 따른 주식베타의 조정과정이라고 할 수 있는데, 여기에서 Hamada모형이 이용되고 있음을 알 수 있다. 따라서 이때의 WACC법은 앞에서 검토한 세 가지 가정 ①, ②, ③ 모두를 전제로 하고 있는 것이다.

한편, 제10장 자본구조이론에서 MM의 명제로부터 산출한 WACC는 어떠한가? 이때의 WACC는 단순히 자기자본비용과 타인자본비용의 가중평균으로 산출된 것이며 타인자본에 대한 무위험을 가정하고 있지 않다. 따라서 여기서는 앞에서 검토된 두 가지 가정 ①, ②만을 전제로 하고 있는 것이며 Hamada모형을 포함하는 일반적인 모형이라고 할 수 있다.[1)]

이러한 가정의 차이는 투자안 평가시 평가방법을 적용함에 있어서 매우 중요한 점을 시사하고 있다. 즉, 기업이 사용하고 있는 부채가 무위험부채이어서 부채이자율이 곧 무위험이자율이라면 MM의 명제로부터 산출한 WACC와 Hamada모형을 이용한 WACC는 동일하기 때문에 어느 방법을 이용하여도 동일한 평가결과를 가져다 준다.

뿐만 아니라 이러한 결과에 따라서 WACC법, APV법, FTE법 등도 서로 동일한 평가결과를 보이게 된다.

(2) 위험부채의 사용

이번에는 기업이 사용하는 부채가 위험부채라고 가정해보자. 먼저 기업이 사용하는 부채가 위험부채라면 기업이 부채에 대해서 부담하는 자본비용은 무위험이자율보다 높은 수준이 될 것이고, 개별 기업들이 부담하는 이자율은 서로 다를 수도 있다.

이러한 상황에서는 Hamada모형을 이용할 수 없다. 왜냐하면 Hamada모형은 무위험부채를 전제로 도출된 것이기 때문이다. 따라서 이때에는 무위험부채를 가정하지 않는 MM의 명제만을 이용하여야 한다.

또한 위험부채를 사용하는 경우에는 부채기업의 투자결정에서 WACC법, APV법, FTE법 등이 서로 다른 평가결과를 보일 수 있다. 이때에는 Hamada모형을 사용하지 않는 방법이 올바른 평가결과를 가져다 주는 것이다. 그러나 여기서도 만약 Hamada모형을 사용할 필요가 없다면 서로 동일한 평가결과를 가져올 것이다.

---

1) MM명제에서는 과도한 부채사용에 따른 부채비용의 증가가능성을 고려하고 있다. 즉, 극한레버리지의 경우 파산위험의 가능성을 고려해서 타인자본비용도 상승할 수 있다고 본다. 만약 타인자본비용이 무위험이자율과 같다면 Hamada모형이 성립되는데 이는 MM명제에서의 특수한 경우에 해당된다.

5.3 WACC법, APV법, FTE법의 비교

(1) 각 방법의 특징

앞서 검토한 가정들이 모두 충족되어 부채기업의 투자결정에서 WACC법, APV법, FTE법 등이 서로 동일한 평가결과를 보인다고 가정하자. 이때에 다음의 순서에 따라서 각 방법들의 특징을 비교해보자.

① WACC법과 APV법

WACC법과 APV법의 분석대상이 되는 현금흐름은 모두 무부채상태를 가정한 현금흐름인 UCF이다. 그래서 APV법은 1차적으로 이에 알맞는 할인율로서 무부채상태의 자본비용으로 현가화시켜서 기본 NPV를 구한다. 그리고 부채사용효과는 개별적으로 현가를 구하여 이에 가산함으로써 투자안가치를 평가한다.

그러나 WACC법은 부채사용효과를 할인율에 반영한다. 즉, 부채사용효과를 고려하여 무부채상태의 자본비용보다 낮은 수준의 가중평균자본비용을 산출하고 이를 이용하여 UCF를 할인함으로써 투자안의 가치를 산출하는 것이다.

② WACC법과 FTE법

WACC법과 APV법은 모두 현금흐름 UCF를 분석대상으로 하지만 FTE법은 여기서 지급이자를 차감한 후 실제로 주주에게 귀속되는 현금흐름인 LCF를 분석대상으로 한다. 따라서 이 현금흐름에 알맞는 할인율로서 부채기업의 자기자본비용으로 현가화시키는 것이며, 투자비용도 순수하게 주주의 부담액만을 초기지출로 간주하는 것이다.

자본예산에서 현금흐름을 측정할 때에는 지급이자를 현금유출로 처리하지 말아야 한다고 했다. 그 이유는 이자부담을 현금흐름에 반영하지 않고 할인율에 반영할 것이므로 이를 현금유출로 처리하면 중복계산이 되기 때문이라고 하였는데 이는 WACC법을 사용할 것을 전제로 설명한 것이다.

그런데 만약 FTE법을 적용한다면 이자비용은 현금유출로 처리해야 한다. 다만, 이번에는 중복계산을 피하기 위해서 할인율을 WACC로 사용하지 않고 k_e^L로 사용하는 것이다.

(2) 각 방법의 사용지침

WACC법, APV법, FTE법 등이 서로 동일한 평가결과를 보인다면 어떤 상황에서 어떤 방법을 사용하는 것이 편리할까? 이를 위한 지침으로서 다음의 두 가지를 제시한다.

① 투자안의 수명기간 동안에 목표로 하는 부채비율, 즉 목표레버리지를 알 수 있다면 WACC법과 FTE법을 사용하는 것이 바람직하다.[2)]

② 그러나 목표부채비율을 알 수 없고 부채사용금액을 알 수 있다면 APV법을 사용하는 것이 바람직하다. 조달레버리지를 알고 있다는 것도 곧 부채조달금액을 알고 있다는 것이므로 이때에는 APV법을 이용해야 한다. 왜냐하면 투자안의 베타란 목표레버리지에 따라서 조정하는 것이지 조달레버리지에 따라서 조정하는 것이 아니기 때문이다.

이러한 지침의 배경은 곧 각 방법의 한계점과 관련되어 있다. 즉, WACC법과 FTE법을 이용할 때 적용하는 공식을 살펴보면 알겠지만 WACC법과 FTE법의 경우 투자안의 수명기간 동안의 부채비율을 알지 못하거나 이 비율이 변동하게 되면 이를 적용할 수가 없다. 한편, 이와는 반대로 APV법의 경우에는 부채사용금액을 알지 못하거나 그 금액이 변동되면 이 방법을 이용하기 어렵기 때문이다.

제 6 절 확실성등가법

6.1 위험조정할인율법과 확실성등가법

이제까지 공부한 투자안의 평가방법은 모두 위험이 있는 현금흐름을 분석대상으로 하는 것이었다. 즉, UCF 및 LCF는 현금흐름의 크기와 그 현금흐름에 포함된 위험의 성격은 서로 다르지만 모두 위험이 포함되어 있는 현금흐름이다. 따라서 그 위험에 알맞는 할인율로서 WACC, k_e^U 또는 k_e^L을 사용하였던 것이다. 이처럼 위험이 포함된 현금흐름을 측정하고 이 위험에 알맞는 할인율을 산출하여 투자안의 가치를 산출하는 방법을 위험조정할인율법(risk adjusted discount rate

2) 제 9 장에서 이미 언급하였듯이 목표레버리지와 조달레버리지는 서로 다른 것이다. 목표레버리지는 투자안을 수행한 후의 NPV까지 포함한 투자안가치를 기준으로 산출하는 것이고, 조달레버리지는 조달하려고 하는 투자소요액을 기준으로 산출하는 자기자본과 부채의 비율을 의미한다.

method)이라고 한다.

그런데 위험이 포함된 미래현금흐름은 이에 포함된 위험을 제거해서 확실한 현금흐름으로 조정할 수도 있다. 이러한 조정을 거친 미래의 현금흐름은 곧 무위험현금흐름이므로 이의 현재가치는 무위험이자율로 할인하여 산출하게 된다. 이러한 방법을 확실성등가법(certainty equivalent method)이라고 한다.

투자안의 현재가치를 계산하는 다음 식에서 두 방법의 차이를 살펴보면 다음과 같다.

$$PV = \Sigma \frac{C_t}{(1+k)^t}$$

즉, 위험조정할인율법은 투자안의 현재가치를 계산하는 위 식에서 위험이 포함된 분자의 현금흐름에 맞추어 분모의 할인율을 조정하는 방법이고, 확실성등가법은 분자의 현금흐름과 분모의 할인율을 모두 무위험상태로 조정하는 방법이라고 할 수 있다. 이번에는 확실성등가법을 이용하여 투자안의 평가과정을 살펴본다.[3)]

6.2 CEQ법의 이용

(1) 확실성등가 및 확실성등가계수

① 확실성등가

위험이 포함된 미래현금흐름을 이에 포함된 위험을 제거해서 확실한 현금흐름으로 조정하였을 때 이때의 확실한 현금흐름을 확실성등가(CEQ : certainty equivalent)라고 한다. 이를 효용이론적 관점에서 다시 설명한다면 불확실한 기대현금흐름과 동일한 효용을 제공하는 확실한 현금흐름이라고 할 수 있다.

② 확실성등가계수

또한 이때 불확실한 현금흐름 C_t와 확실한 현금흐름 CEQ_t 사이의 비율을 확실성등가계수(α_t : certainty equivalent coefficient)라고 하며 다음과 같이 정의한다.

3) 확실성등가법은 투자안을 수행함에 있어서 자기자본만으로 조달하는 경우나 일부 부채로 조달하는 경우에서도 이용할 수 있는 방법이다. 다만, 각 경우의 현금흐름에 포함된 위험이 서로 다르기 때문에 확실한 미래현금흐름이 달라지게 될 뿐이다.

$$\alpha_t = \frac{CEQ_t}{C_t} \tag{11.9}$$

여기서 이성적 투자자라면 위험회피적이므로 $C_t > CEQ_t$이 될 것이고 이에 따라서 $0 < \alpha_t < 1$이 된다. 따라서 투자자가 위험회피적일수록, 그리고 투자안의 위험이 클수록 α_t는 0에 가까운 값을 갖게 된다.

그런데 확실성등가계수(α_t)는 다음과 같이 투자안의 가치를 계산하는 식을 통해서 할인율의 관계로도 구할 수가 있다.

$$PV = \frac{C_t}{(1+WACC)^t} = \frac{CEQ_t}{(1+R_f)^t} = \frac{\alpha_t \cdot C_t}{(1+R_f)^t}$$

$$\rightarrow \alpha_t = \left(\frac{1+R_f}{1+WACC}\right)^t \tag{11.10}$$

이때에 $WACC > R_f$이므로 α_t는 t가 클수록 체감하면서 0에 가까운 값을 갖게 되는데 이는 현금흐름시점이 멀수록 불확실성이 커져서 확실성등가(CEQ)가 누적적으로 작아짐을 의미하는 것이다.

(2) CEQ법을 이용한 투자결정

미래 특정 시점의 불확실한 현금흐름에 대해서 위에서 구한 확실성등가계수를 곱하면 다음과 같이 특정 시점의 확실성등가를 구할 수 있다.

$$CEQ_t = \alpha_t \cdot C_t \tag{11.11}$$

이렇게 구한 확실성등가는 무위험현금흐름이므로 무위험이자율로 할인하여 다음과 같이 NPV를 산출할 수 있다.

$$NPV = \sum_{t=1}^{\infty} \frac{CEQ_t}{(1+R_f)^t} - C_0$$

이 값이 0보다 클 때에 투자가치가 있다고 판단하는데 이러한 평가결과는 위에서 설명한 위험조정할인율법에 의한 평가결과와 일치하게 된다.

>>> 예제 11-4

〈예제 11-1〉에서의 가나기업의 백화점 설립문제를 확실성등가법(CEQ법)으로 평가하려고 한다.

(1) 처음 3개년도의 확실성등가계수를 구하고 CEQ의 연도별 흐름을 함께 나타내라.

(2) CEQ법에 따른 NPV를 산출하여 백화점의 설립 여부를 판단하고 다른 방법의 결과와 비교하라.

풀이

(1) 확실성등가계수는 다음과 같이 산출된다.

$$\alpha_t = \frac{CEQ_t}{C_t} = \left(\frac{1+R_f}{1+WACC}\right)^t$$

이로부터

$$CEQ_t = \alpha_t \times C_t$$

따라서 처음 3개년도의 α_t, CEQ_t를 구하면

$$\alpha_1 = \left(\frac{1.1}{1.1054}\right)^1 = 0.9951 \longrightarrow CEQ_1 = 0.9951 \times 100(1-0.3) = 69.66$$

$$\alpha_2 = \left(\frac{1.1}{1.1054}\right)^2 = 0.9903 \longrightarrow CEQ_2 = 0.9903 \times 100(1-0.3) = 69.32$$

$$\alpha_3 = \left(\frac{1.1}{1.1054}\right)^3 = 0.9854 \longrightarrow CEQ_3 = 0.9854 \times 100(1-0.3) = 68.98$$

(2) CEQ로 측정된 현금흐름은 위험이 제거된 것이므로 무위험이자율로 할인하여 NPV를 산출한다.

$$NPV = \frac{69.66}{1.1} + \frac{69.32}{1.1^2} + \frac{69.98}{1.1^3} + \cdots - 600 = 64.14$$

NPV>0 이므로 백화점을 설립한다. 이는 WACC법, APV법, FTE법의 평가결과와 일치하는 것이다.

/ 제 11 장 / 요약

FINANCIAL MANAGEMENT

1. 투자안의 경제성을 평가할 때 일반적으로 이용되는 방법은 WACC법이다. 투자자금의 일부를 부채로 조달하더라도 현금흐름은 무부채상태의 영업현금흐름을 측정한다. 그러나 할인율로는 부채상태의 자기자본비용과 이자비용의 감세효과를 반영한 세후타인자본비용의 가중평균자본비용(WACC)을 이용한다.

2. APV법에서는 무부채상태의 영업현금흐름을 무부채상태의 자기자본비용으로 할인해서 기본NPV를 먼저 구한다. 그리고 여기에 부채사용으로 나타날 수 있는 이자비용의 감세효과나 특혜금융효과 등을 따로 산출해서 더하는 방법이다. 부채사용효과의 현재가치를 산출할 때에 적용할 할인율은 부채의 이자율이다.

3. FTE법은 투자수익이나 투자비용 중에서 주주에게 귀속되는 현금흐름만을 분석해서 투자안의 경제성을 평가하는 방법이다. 따라서 현금흐름도 이자와 세금을 지급한 후의 금액으로 측정하고 이에 대한 할인율도 부채상태의 자기자본비용을 적용한다. 투자비용에서도 부채금액을 차감하여 순수하게 주주가 부담하는 투자비용만을 고려한다.

4. WACC법이나 FTE법은 투자안의 목표부채비율을 알고 있는 경우에 이용하면 편리하고 APV법은 부채금액을 알고 있는 경우에 이용하면 편리하다.

5. CEQ법은 투자안의 현재가치를 구하면서 분자의 현금흐름이나 분모의 할인율을 모두 무위험상태로 조정하는 방법이다. 특히 무위험상태의 현금흐름을 확실성등가(CEQ)라고 하는데 이를 구하기 위해서는 확실성등가계수가 필요하다. 이는 특정 시점의 불확실한 1원이 확실한 금액으로는 얼마가 되는가를 나타내는 값이다.

>>> 연습문제 11 - 1

가나기업은 매년 500,000원씩 현금수익이 유입되는 투자안을 놓고 투자 여부를 고려 중이다. 이 투자안의 수명은 영구히 계속되며 현금유입액의 72%가 현금유출되는 영업비용으로 예측된다. 그리고 이 투자안을 수행하는 데에는 초기에 475,000원이 소요된다. 무부채상태에서 이 투자안에 적용될 자기자본비용은 20%이다. 현재 가나기업의 레버리지(B/V)는 40%이지만 이 투자안의 목표자본구조는 25%가 되도록 할 계획이다. 부채의 자본비용은 10%로서 위험이 없다. 법인세율 34%에서 MM의 이론이 성립된다고 가정하여 다음 각 물음에 답하라.

(1) 조정현가법(APV method)을 적용하여 위 투자안의 투자 여부를 결정할 때
 1) 기본순현재가치(base case NPV)를 산출하라.
 2) 목표자본구조를 달성하기 위해 가나기업이 조달해야 할 부채금액을 산출하고 이에 따른 조정현재가치(APV)를 계산하여 투자 여부를 판단하라.
(2) 주주현금흐름법(FTE method)을 적용해서 위 투자안의 투자 여부를 결정할 때
 1) 순현재가치를 산출하기 위해 적용할 할인율은?
 2) 순현재가치를 구하여 투자 여부를 판단하라.
(3) 가중평균자본비용법(WACC method)을 적용해서 위 투자안의 투자 여부를 결정할 때
 1) 가중평균자본비용(WACC)을 산출하라.
 2) 순현재가치를 구하여 투자 여부를 판단하라.
(4) 확실성등가법(CEQ method)을 적용해서 위 투자안의 투자 여부를 결정할 때
 1) 3년 후 확실성등가계수(α_3)를 산출하라.
 2) 확실성등가(CEQ)의 연도별 흐름을 나타내고 순현재가치를 구하여 투자 여부를 판단하라.

해설

(1) 조정현가법

1) 기본순현재가치(base case NPV)란 투자소요자금을 모두 자기자본으로 조달하였을 경우의 NPV를 말한다.

① 먼저 매년 현금흐름을 손익계산서(I/S)를 작성하여 측정하면 다음과 같이 산출된다.

손익계산서

매 출	500,000	
영업비용	360,000	(← 500,000×72%)
영업이익	140,000	
법인세	47,600	(← 140,000×34%)
세후이익	92,400	(UCF : unlevered cash flow)

② 그리고 이때 적용할 할인율은 무부채상태의 자기자본비용 $k_e^U=20\%$이다. 따라서

기본순현가는 다음과 같이 산출된다.

$$\text{base case } NPV = \frac{92{,}400}{20\%} - 475{,}000 = -13{,}000$$

2) 부채조달금액을 475,000×25%=118,750으로 생각하기 쉬운데 이는 투자소요액의 25%를 부채로 조달한다는 의미이므로 문제에서 요구하는 목표자본구조 25%와는 다른 것이다. 목표자본구조 25%는 투자 후 레버리지를 의미하므로 투자안의 NPV 및 부채사용효과(이자비용 감세효과의 현재가치)까지 감안하여야 한다.
그런데 이 투자안의 현금흐름은 영속적이므로 다음이 성립한다.

$$APV = \text{base case } NPV + t \cdot B$$
$$APV = -13{,}000 + 0.34 \times (0.25V)$$

그리고 기업가치는 다음과 같다.

$$V = 475{,}000 + APV$$

위의 두 식을 풀면 다음을 구할 수 있다.

$$APV = 29{,}918 \qquad V = 504{,}918$$

따라서 부채조달금액은 다음과 같다.

$$504{,}918 \times 25\% = 126{,}229.5$$

위에서 APV>0이므로 투자안을 수행한다.

【별해】 이 투자안의 경우 투자수명이 무한하므로 계속기업으로 보고 MM(1963)의 자본구조이론을 적용해도 된다.

$$V_L = V_U + t \cdot B$$

에서 $V_U = \dfrac{92{,}400}{0.2} = 462{,}000$ 이므로 다음 식이 성립한다.

$$V_L = 462{,}000 + 0.34 \times B$$
$$\frac{B}{V_L} = 0.25$$

위의 두 식을 풀면 $V_L = 504{,}918$ $B = 126{,}229$가 된다.
따라서 APV는 다음과 같다.

$$APV = \text{base case } NPV + t \cdot B$$
$$= -13{,}000 + 0.34 \times 126{,}229 = 29{,}918$$

(2) 주주현금흐름법

1) 현금흐름 및 할인율

① 현금흐름의 측정

먼저 매년 주주에게 귀속되는 실제 현금흐름을 측정하면 다음과 같다.

손익계산서	
매 출	500,000
영업비용	360,000
영업이익	140,000
이자비용	12,623 (← 126,229 × 10%)
세전이익	127,377
법인세	43,308 (← 127,377 × 34%)
세후현금흐름	84,069 (LCF : levered cash flow)

② 할인율의 결정

부채를 부담하고 있는 주주의 현금흐름을 분석대상으로 NPV를 산출할 때 적용할 할인율은 k_e^L로서 다음과 같다.

$$k_e^L = k_e^U + (k_e^U - k_d)(1-t)\frac{B}{S}$$

$$= 0.2 + (0.2 - 0.1)(1 - 0.34)\frac{1}{3}$$

$$= 0.222 \ (22.2\%)$$

2) 투자안의 NPV

① 주주에게 귀속되는 현금유입의 현재가치

$$\frac{84{,}069}{0.222} = 378{,}689$$

② 주주가 부담하는 투자금액

$$475{,}000 - 126{,}229 = 348{,}771$$

③ 따라서 NPV는 다음과 같다.

$$NPV = 378{,}689 - 348{,}771 = 29{,}918$$

(3) 가중평균자본비용법

1) WACC의 산출

$$k_0^L = \frac{S}{V}k_e^L + \frac{B}{V}k_d(1-t)$$

$$= \frac{3}{4} \times 0.222 + \frac{1}{4} \times 0.1(1 - 0.34) = 0.183 \ (18.3\%)$$

이는 다음과 같이 구해도 된다.

$$k_0^L = k_0^U\left(1 - t \times \frac{B}{V}\right)$$

$$= 0.2 \times \left(1 - 0.34 \times \frac{1}{4}\right) = 0.183 \ (18.3\%)$$

2) NPV 산출

WACC로 할인할 때 할인대상이 되는 현금흐름은 투자자금을 모두 자기자본으로 조달했다고 가정한 현금흐름(UCF: unlevered cash flow)이므로 NPV는 다음과 같다.

$$NPV = \sum_{t=1}^{\infty} \frac{UCF_t}{(1+k_e^L)^t} - C_0$$

$$= \frac{92,400}{0.183} - 475,000 = 29,918$$

(4) 확실성등가법

1) 확실성등가계수(α_t)

확실성등가계수란 미래의 불확실한 현금흐름 1단위에 해당하는 확실한 현금흐름의 크기를 나타내는 것으로서 다음과 같이 구한다.

$$\alpha_t = \left(\frac{1+R_f}{1+k_0^L}\right)^t = \frac{CEQ_t}{C_t}$$

따라서 3년 후 확실성등가계수(α_3)는 다음과 같다.

$$\alpha_3 = \left(\frac{1+0.1}{1+0.183}\right)^3 = 0.8039$$

2) NPV의 산출

① CEQ 흐름

$t=1$	2	3	…
$92,400 \times \left(\frac{1.1}{1.183}\right)^1$	$92,400 \times \left(\frac{1.1}{1.183}\right)^2$	$92,400 \times \left(\frac{1.1}{1.183}\right)^3$	…
$=85,917$	$=79,899$	$=74,284$	…

② 할인율 결정

확실한 현금흐름이므로 무위험이자율 R_f, 10%로 할인하여야 한다.

③ NPV 산출

$$NPV = \frac{92,400 \times \left(\frac{1.1}{1.183}\right)}{1.1} + \frac{92,400 \times \left(\frac{1.1}{1.183}\right)^2}{1.12} + \cdots - 475,000$$

$$= 29,918$$

>>> 연습문제 11-2

가나기업의 기획실장은 매년 7.5억원의 영업현금흐름을 영원히 가져다 주는 투자안에 대해서 경제성을 평가하고 있다. 이 투자안을 수행하려면 초기에 50억원의 투자비용이 소요된다. 그리고 이 투자안의 영업위험을 나타내는 체계적 위험 β는 1.2이다. 이외의 필요한 자료는 다음과 같이 수집되었다.

법인세율: 30%
무위험이자율: 9%
시장포트폴리오의 기대수익률: 11.5%

기획실장은 회사가 목표로 삼고 있는 최적자본구조를 고려해서 투자자금 중 40%를 9% 이자율의 부채로 조달하고 나머지는 유상증자로 조달할 계획이다.

(1) 조달해야 할 부채금액은 얼마인가? 그리고 조달레버리지(B/S)는 얼마인가?
(2) 이 투자안의 채택 여부를 APV법으로 판단하라.
(3) 투자자금 중 40%를 부채로 조달한 것은 결국 회사가 목표로 하고 있는 레버리지(B/S)가 얼마라는 의미인가?
(4) WACC법을 적용해서 투자안의 NPV를 산출하고 (2)의 결과와 비교하라.

(1) 부채조달액은 투자자금의 40%이므로 다음과 같이 산출된다.

$$B = 50 \times 0.4 = 20(\text{억원})$$

이에 따른 조달레버리지는 다음과 같다.

$$\frac{B}{S} = \frac{20}{30}$$

(2) ① 기본순현가(base case NPV)

$\beta_U = 1.2$를 SML에 대입해서 무부채상태의 자기자본비용 k_e^U(또는 ρ)를 다음과 같이 구한다.

$$\begin{aligned} E(R_i) &= R_f + [E(R_m) - R_f] \cdot \beta_i \\ &= 9 + (11.5 - 9) \times 1.2 = 12(\%) \end{aligned}$$

따라서 기본순현가는 다음과 같다.

$$\text{base case } NPV = \frac{7.5}{0.12} - 50 = 12.5(\text{억원})$$

② 부채사용효과

여기서 부채사용효과는 이자비용의 감세효과뿐이므로 다음과 같다.

$$\text{side effect} = B \times t = 20 \times 0.3 = 6\ (\text{억원})$$

③ 조정현가(APV)

조정현가는 ①과 ②의 합이므로 다음과 같이 산출된다.

$$APV = 12.5 + 6 = 18.5\ (\text{억원})$$

APV > 0이므로 투자안을 채택한다.

(3) 이 투자안을 채택한 후 투자안의 재무상태표는 다음과 같다.

재무상태표

$V=62.5$	$B=20$
$t\cdot B=6$	$S=30$
	$NPV=18.5$
68.5	68.5

따라서 투자안을 수행한 후의 레버리지는 다음과 같다.

$$\frac{B}{S}=\frac{20}{48.5}$$

결국, 회사가 투자자금 중 40%를 부채로 조달한다는 것은 조달레버리지를 $\frac{20}{30}$으로 한다는 것이고 이는 곧 목표레버리지를 $\frac{20}{48.5}$으로 하고 있다는 의미가 된다.

(4) 투자안에 적용할 MCC는 자기자본비용과 부채비용의 가중평균값인 WACC이다. 이를 산출하기 위해 자기자본비용 및 부채비용을 각각 다음과 같이 구한다.

① 자기자본비용

Hamada모형을 이용해서 부채상태 주식의 베타 β_L을 구한다. 단, 이때는 목표레버리지를 적용해야 한다. 왜냐하면 자본시장은 효율적이서 투자안의 NPV는 즉시 투자안의 가치에 반영되기 때문이다.

$$\beta_L=\left[1+(1-t)\frac{B}{S}\right]\cdot\beta_U$$
$$=\left[1+(1-0.3)\frac{20}{48.5}\right]\times1.2=1.5464$$

따라서 자기자본비용 k_e^L은 SML을 이용해서 다음과 같이 구한다.

$$k_e^L=9+(11.5-9)\times1.5464=12.866(\%)$$

② 부채의 자본비용

세금효과를 고려하면 부채의 자본비용은 다음과 같다.

$$k_i=k_d(1-t)$$
$$=9\times(1-0.3)=6.3(\%)$$

③ 투자안의 WACC

MCC, 즉 투자안의 WACC는 ①, ②의 가중평균이므로

$$k_0^L=6.3\times\frac{20}{68.5}+12.866\times\frac{48.5}{68.5}=10.95(\%)$$

④ 투자안의 NPV

③에서 구한 MCC로 투자안의 NPV를 구하면 다음과 같다.

$$NPV=\frac{7.5}{0.1095}-50=18.5\text{ (억원)}$$

이는 조정현가법에서 구한 APV와 정확하게 일치한다. 이처럼 동일한 투자안에 대해

서 WACC법, APV법을 정확하게 적용하면 똑같은 결과를 가져다 준다. 그렇기 때문에 Hamada모형을 이용해서 부채주식의 베타 β_L을 구할 때에는 목표레버리지를 적용해야 하는 것이다.

* 조달레버리지를 대체가치레버리지(replacement value leverage)라고 하고, 목표레버리지를 재생산가치레버리지(reproduction value leverage)라고 표현하기도 하는데, 효율적 자본시장에서는 투자안의 NPV가 즉시 투자안의 가치에 반영되기 때문에 조달레버리지는 의미가 없는 것이다.

>>> 연습문제 11 - 3

가나기업은 10,000,000원이 소요되는 공장설비의 도입을 검토 중이다. 이 설비의 투자수명은 5년, 감가상각은 정액법을 적용할 것이며 설비도입으로 인한 현금수익의 증분은 매년 3,500,000원이다.

또한 타인자본 필요액은 7,500,000원이며 시장이자율은 무위험수준인 연 10%이나 정부의 투자촉진설비에 해당되기 때문에 시장이자율보다 낮은 8% 이자율이 적용된다. 그런데 부채를 조달할 때에는 조달액의 1%에 해당하는 조달비용이 발생하는데 이는 5년에 걸쳐서 상각할 것이다.

법인세율은 34%, 무부채상태에서 가나기업의 자기자본비용은 20%일 때 투자결정 여부를 조정현가법으로 판단하라.

해설

이 문제는 투자안의 현금흐름이 유한하여 부채를 중도에 상환해야 하는 경우를 다룬 것이다.

APV는 기본순현가와 부채사용효과의 합이므로 다음과 같은 순서로 구한다.(단위:천원)

(1) 기본순현가

① 투자안의 현금흐름

	$t=0$	1	2	3	4	5
투자액	−10,000					
세후현금유입		2,310*	2,310	2,310	2,310	2,310
감가상각비효과		680**	680	680	680	680
	−10,000	2,990	2,990	2,990	2,990	2,990

* $(R-C)(1-t)=3{,}500\times(1-0.34)=2{,}310$

** $t\cdot Dep=0.34\times\dfrac{10{,}000}{5}=680$

② 기본순현가

그런데 다음 그림에서 보듯이 위의 현금흐름 중 2,310은 영업위험에 해당하는 것이고 680은 무위험에 해당하는 것이다.

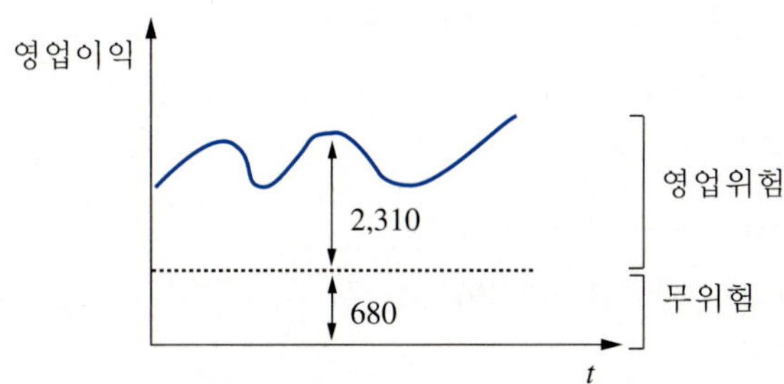

따라서 기본순현가는 다음과 같이 산출된다.

$$\text{base case } NPV = -10{,}000 + 2{,}310 \times PVIFA(20\%,\ 5) + 680 \times PVIFA(10\%,\ 5)$$
$$= -514$$

이러한 분석은 기업의 영업이익은 항상 감가상각비의 감세효과를 누릴 수 있는 수준 이상이라는 가정을 전제로 하는 것이다. 따라서 680을 무위험 현금흐름으로 볼 수 있다. 이러한 풀이는 Ross, Corporate Finance(Irwin, 1996)의 방법을 따른 것이다.

그러나 이러한 가정을 하지 않고 전체 현금흐름 2,990을 영업위험으로 보아 20%로 할인하는 풀이도 가능하다. 이 경우에는 영업이익이 감가상각비의 감세효과를 누릴 수 없을 만큼 작을 수도 있다고 보는 것이다.

(2) 부채사용효과

투자안에 필요한 부채금액이 7,500인데 조달비용이 1% 존재하므로 실제 조달해야 할 금액은 다음과 같다.

$$7{,}500 = B(1-0.01)$$
$$\therefore\ B = 7{,}576$$

이제 부채사용효과를 다음과 같이 산출한다.

① 특혜금융효과와 이자비용의 감세효과

부채의 조달 및 상환에 따른 현금흐름은 다음과 같다.

	$t=0$	1	2	3	4	5
부채조달	7,576					
세후지급이자		−400*	−400	−400	−400	−400
부채상환						−7,576

$* \ 7{,}576 \times 8\% \times (1-0.34) = 400$

그런데 시장이자율은 10%인데 위의 현금흐름에서 차입이자율은 8%이므로 특혜금융효과가 존재한다. 이 현금흐름을 시장이자율 10%로 할인해서 현재가치를 구하면 다음과 같이 특혜금융효과와 이자비용의 감세효과를 함께 측정할 수 있다.*

$$NPV = 7{,}576 - 400 \times PVIFA(10\%,\ 5) - 7{,}576 \times PVIF(10\%,\ 5)$$
$$= 1{,}356$$

* 여기서 이자비용의 감세효과와 특혜금융효과를 다음과 같이 구분할 수도 있다. 즉, 시장이자율 10%에서 세후지급이자는 $7{,}576 \times 10\% \times (1-0.34) = 500$이므로 순수

한 이자비용의 감세효과는 다음과 같다.

$$NPV = 7{,}576 - 500 \times PVIFA(10\%, 5) - 7{,}576 \times PVIF(10\%, 5)$$
$$= 977$$

그리고 특혜금융효과는 다음과 같다.

$$NPV = (500 - 400) \times PVIFA(10\%, 5)$$
$$= 379$$

② 조달비용의 현재가치

부채조달비용은 이연처리해서 5년에 걸쳐 상각하므로 감가상각비와 동일한 법인세 감세효과를 가져온다. 그 현금흐름은 다음과 같다.

	$t=0$	1	2	3	4	5
비용지출	−76					
감세효과		5.2*	5.2	5.2	5.2	5.2

$* \ 76 \times \frac{1}{5} \times 0.34 = 5.2$

따라서 조달비용의 현재가치는 다음과 같이 산출된다.

$$NPV = -76 + 5.2 \times PVIFA(10\%, 5) = -56.3$$

부채사용효과를 산출할 때의 할인율은 무위험이자율이 아니고 부채이자율이다. 이 문제에서는 무위험이자율이나 부채이자율이 모두 10%이어서 차이가 없지만 만약 부채이자율이 12%로 주어졌다면 부채사용효과는 12%를 적용해서 산출해야 한다. 그 이유는 부채사용효과는 부채를 사용하기 때문에 얻어지는 것이고 부채이자율수준이 부채사용효과를 얻을 수 있는 가능성을 반영하고 있는 것이기 때문이다.

(3) 조정현가의 산출

조정현가는 위에서 산출한 NPV들의 합이므로 다음과 같다.

$$APV = -514 + 1{,}356 - 56.3$$
$$= 785.7$$

$APV > 0$ 이므로 투자안을 채택한다.

>>> 연습문제 11 - 4

가나기업은 다음과 같은 현금흐름이 발생하는 투자안을 놓고 채택 여부를 검토하고 있다.(단위: 백만원)

연 도	0	1	2	3	4
현금흐름	−300	100	150	200	200

가나기업은 현재 자기자본 500백만원과 부채 500백만원으로 구성되어 있다. 가나기업의 자기자본베타는 2.2이고 무위험이자율은 10%, 기대시장수익률은 20%이며 가

나기업은 새로운 투자안의 자본구조도 기존의 자본구성과 동일한 방법으로 구성할 것이다. 한편, 가나기업이 검토 중인 투자안과 동일한 영업위험을 가진 ABC기업의 자본구성은 부채 : 자기자본=4 : 6이며, 보통주의 베타는 2.0이다. 법인세율은 50%이고 부채의 베타는 0이라고 할 때 다음 각 물음에 답하라.

〈물음 1〉

(1) ABC기업의 자기자본비용은 얼마인가?

(2) 가나기업이 검토 중인 투자안의 가중평균자본비용은 얼마인가?

(3) 가나기업이 검토 중인 투자안의 순현가는 얼마인가?

(4) 가나기업이 위 투자안을 채택할 경우 영업위험과 자기자본비용이 어떻게 변화할 것인가를 이론적으로 설명하라.

〈물음 2〉

(1) 4년도의 확실성등가계수(α_t)를 구하라.

(2) 각 기간별 현금흐름의 확실성등가를 구하라.

(3) 확실성등가법을 이용하여 위 투자안을 평가하라.

(4) 가중평균자본비용은 매년 일정한데 확실성등가계수가 감소하는 이유와 의의를 설명하라.

 해설

〈물음 1〉

(1) ABC기업의 현재 자기자본비용(k_e^L)

현재 $\beta_L=2$를 SML에 대입하면 k_e^L은 다음과 같다.

$$E(R_i)=R_f+[E(R_m)-R_f]\cdot\beta_i$$
$$=10+(20-10)\times 2=30\,(\%)$$

(2) 투자안의 WACC

① 자기자본비용

부채의 베타가 0이라 함은 무위험부채를 의미하는 것이므로 Hamada모형을 이용한다. $\beta_{ABC}\rightarrow\beta_U\rightarrow\beta_{투자안}$ 의 순서에 따라서 투자안의 β를 구한다.

$$\beta_{ABC}=\left[1+(1-t)\frac{B}{S}\right]\cdot\beta_U$$

$$2.0=[1+(1-0.5)\times\frac{4}{6}]\cdot\beta_U$$

$$\therefore\ \beta_U=1.5$$

$$\beta_{투자안}=\left[1+(1-t)\frac{B}{S}\right]\cdot\beta_U$$
$$=[1+(1-0.5)\times 1]\times 1.5=2.25$$

SML에 $\beta=2.25$를 대입하면 자기자본비용은 다음과 같이 산출된다.

$$E(R_i)=R_f+[E(R_m)-R_f]\cdot\beta_i$$
$$=10+(20-10)\times2.25=32.5(\%)$$

② 부채비용

세금효과를 고려한 타인자본비용은 다음과 같다.

$$k_i=k_d(1-t)$$
$$=10\times(1-0.5)=5\,(\%)$$

③ 투자안의 WACC

①, ②의 가중평균으로 다음과 같이 투자안의 WACC가 산출된다.

$$k_0=\frac{1}{2}\times32.5+\frac{1}{2}\times5=18.75\,(\%)$$

(3) 만약 (2)에서 구한 WACC를 할인율로 이용할 수 있다면 투자안의 NPV는 다음과 같다.

$$NPV=-300+\frac{100}{1.1875}+\frac{150}{1.1875^2}+\frac{200}{1.1875^3}+\frac{200}{1.1875^4}$$
$$=110.59$$

그러나 이렇게 산출한 NPV는 정확한 값이 아니다. 왜냐하면 Hamada모형은 투자안의 현금흐름이 무한히 계속된다는 가정하에서 도출된 것이기 때문이다. 이 문제는 CPA시험에 출제된 것인데 출제과정에서 오류를 범하고 있는 것이다.

만약 이와 같이 유한한 현금이라면 Hamada모형이 전제로 하고 있는 MM(1963)의 제1명제($V_L=V_U+t\cdot B$)가 성립되지 않는다. 뿐만 아니라 현금유입이 없는 5차년도 이후에는 이자지급이 불가능하여 채무불이행이 발생하므로 무위험부채라는 가정에도 위배되는 것이다.

(4) 영업위험은 β_U로 측정된다. 그리고 투자안을 수행하기 전 가나기업의 β_U는 다음과 같다.

$$\beta_U=\left[1+(1-t)\frac{B}{S}\right]\cdot\beta_U \text{에서}$$

$$2.2=\left[1+(1-0.5)\times\frac{500}{500}\right]\cdot\beta_U \text{ 이므로}$$

$$\therefore\ \beta_U=1.47$$

그런데 투자안의 $\beta_U=1.5$로서 기존 영업위험보다 크다고 할 수 있다. 따라서 이 투자안을 채택할 경우 기업전체의 영업위험은 증가하여 자기자본비용도 증가하게 된다.

〈물음 2〉

(1) $\alpha_t=\dfrac{CEQ_t}{C_t}=\left(\dfrac{1+R_f}{1+E(R)}\right)^t$ 이므로

$$\alpha_4=\left(\frac{1+0.1}{1+0.1875}\right)^4=0.7363$$

(2) $CEQ_t=\alpha_t\cdot C_t$이므로 주어진 현금흐름(C)을 확실성하의 현금흐름(CEQ)으로 바꾸면 다음과 같다.

0	1	2	3	4
-300	$\left(\frac{1.1}{1.1875}\right)\times 100$	$\left(\frac{1.1}{1.1875}\right)^2\times 150$	$\left(\frac{1.1}{1.1875}\right)^3\times 200$	$\left(\frac{1.1}{1.1875}\right)^4\times 200$
	$=92.63$	$=128.71$	$=158.97$	$=147.25$

(3) 위와 같은 현금흐름의 NPV 산출에는 무위험이자율을 이용해야 하므로 NPV는 다음과 같다.

$$NPV = -300 + \frac{92.63}{1.1} + \frac{128.71}{1.1^2} + \frac{158.97}{1.1^3} + \frac{147.25}{1.1^4}$$
$$= 110.59$$

이는 항상 WACC법의 결과와 일치한다.

(4) $\alpha_t = \left(\frac{1+R_f}{1+E(R)}\right)^t = (\alpha_1)^t$에서

$R_f < E(R)$이고 $0 < \alpha_1 < 1$이므로 기간이 경과함에 따라서, 즉 t가 증가함에 따라서 α_t는 $(1-\alpha_1)$의 비율로 감소하게 된다. 이의 경제적 의미는 기간이 길수록 미래의 불확실성이 커져서 확실성등가계수가 작아진다는 것이다.

>>> 연습문제 11 – 5

가나기업은 새로운 사업에 진출하고자 한다. 이에 따라 자회사를 설립하려고 같은 업종에 있는 기존 기업인 ABC기업에 대해 자료를 수집하였다. ABC기업의 현재 부채비율(B/S)은 2/3인데 부채는 12%의 자본비용으로 조달하여 사용하고 있다. 또한 ABC기업의 주식베타는 1.5임을 확인하였다. 가나기업은 자회사의 자본구조를 자기자본과 부채비율 3:1로 계획하고 있다. 한편, 가나기업은 부채를 10%에 조달할 수 있다고 한다. 두 기업 모두 한계법인세율은 40%이며 무위험이자율은 8%, 시장포트폴리오의 기대수익률은 16.5%로 예상된다. CAPM과 MM의 가정이 모두 성립한다고 가정하여 다음 각 물음에 답하라.

(1) 무부채상태의 ABC기업이 부담하게 되는 자본비용을 산출하라.
(2) 가나기업이 자회사 설립에 따른 순현재가치를 산출할 때 적용할 할인율은 얼마인가?

해설

(1) ABC기업의 k_e^U

다음과 같이 두 단계의 절차를 따라서 ABC기업의 k_e^U를 구한다.

① 1단계

증권시장선(SML)을 이용해서 ABC기업의 현재 자기자본비용 k_e^L을 먼저 산출해야 한다.

$$E(R_i) = R_f + [E(R_m) - R_f] \cdot \beta_i$$
$$= 0.08 + (0.165 - 0.08) \times 1.5$$
$$= 0.2075\ (20.75\%)$$

② 2단계

1단계에서 구한 k_e^L을 MM(1963)의 제2명제에 대입하여 k_e^U를 구한다.

$$k_e^L = k_e^U + (k_e^U - k_d)(1-t)\frac{B}{S}$$

이로부터 $k_e^U = 0.1825(18.25\%)$를 구할 수 있는데 이는 APV법에서 기본순현가를 산출할 때 이용된다.

여기서 Hamada모형을 이용하여 β를 조정한 후 증권시장선을 이용하면 안 된다. ABC기업의 부채비용 12%는 무위험이자율 8%보다 높으므로 무위험부채라고 볼 수 없기 때문이다. Hamada모형을 무위험부채를 전제로 한 모형임을 기억하라.

(2) 가나기업의 WACC

가나기업의 WACC는 다음과 같이 세 단계를 거쳐서 산출한다.

① 1단계

가나기업이 부채를 10%에 조달해서 사용할 때의 자기자본비용(k_e^L)을 먼저 구한다. 이때에도 가나기업의 부채이자율 10%는 무위험이자율 8%보다 높으므로 Hamada모형을 이용하면 안 된다. 이 역시 MM(1963)의 제2명제를 이용해야 한다.

$$k_e^L = k_e^U + (k_e^U - k_d)(1-t)\frac{B}{S}$$
$$= 0.1825 + (0.1825 - 0.1) \times 0.6 \times \frac{1}{3}$$
$$= 0.199(19.9\%)$$

이 할인율은 FTE법에 이용되는 할인율이다.

② 2단계

가나기업이 부채사용에 대해서 부담하는 타인자본비용 k_i는 세후기준으로 다음과 같다.

$$k_i = k_d(1-t)$$
$$= 0.1 \times (1-0.4) = 0.06(6\%)$$

③ 3단계

자본구조를 고려하여 WACC, 즉, k_0^L을 산출한다.

$$k_0^L = \frac{3}{4} \times 0.199 + \frac{1}{4} \times 0.06 = 0.16425\ (16.425\%)$$

이는 다음과 같이 (1)에서 구한 $k_e^U(=k_0^U)$를 직접 이용해서 산출할 수도 있다.

$$k_0^L = k_0^U\left(1 - t\frac{B}{V}\right)$$
$$= 18.25\left(1 - 0.4 \times \frac{1}{4}\right)$$
$$= 0.16425\ (16.425\%)$$

이 할인율은 WACC법에서 이용되는 할인율이다.

이와 같이 기업이 사용하는 부채의 이자비용(k_d)이 무위험이자율과 다르면 Hamada모형을 이용하여 k_e^L을 구하면 안 되고 MM(1963)의 제2명제를 이용하여야 하는 것이다. 왜냐하면 MM이론에서는 무위험부채를 가정하고 있지 않기 때문이다.

연습문제 11 - 6

〈자료 1〉

	냉장고사업부	TV사업부	VTR사업부	에어컨사업부
기대수익률 $E(R_i)$	0.24	0.22	0.15	0.18
공분산 $Cov(R_i,\ R_m)$	0.8	0.6	0.5	0.3
구성비율*	0.4	0.3	0.2	0.1

* 구성비율은 각 사업부가 회사전체에서 차지하고 있는 비율을 의미한다.

〈자료 2〉

시장포트폴리오 기대수익률 $E(R_m)=0.2$

시장포트폴리오 분산 $Var(R_m)=0.5$

무위험이자율 $R_f=0.1$

〈자료 3〉

회사의 목표부채비율 100%

법인세율 50%

법인세공제 전 부채비용 18%

위의 자료를 이용하여 다음 각 물음에 답하라.

(1) 각 사업부의 unlevered β 및 levered β를 구하라.

(2) 각 사업부에 대한 요구수익률을 구하라.

(3) 수익성에서 문제가 있는 사업부, 즉 초과수익률이 없는 사업부를 지적하라.

(4) 수익성에서 문제가 있는 사업부를 제거한 후의 현금흐름에 적용할 할인율을 산출하라.

해설

(1) unlevered β와 levered β의 산출

주식베타(unlevered β, β_U)는 CAPM에서 공부한 β산출식을 이용해서 구한다. 이에 Hamada모형을 적용해서 부채상태의 주식베타(levered β, β_L)를 산출한다.

각 사업부별로 이러한 과정을 보이면 다음과 같다.

사업부	$\beta_U = \frac{\sigma_{im}}{\sigma_m^2}$	$\beta_L = \left[1 + (1-t)\frac{B}{S}\right] \cdot \beta_U$
냉장고	$\frac{0.8}{0.5} = 1.6$	$[1 + (1-0.5) \times 1] \times 1.6 = 2.4$
TV	$\frac{0.6}{0.5} = 1.2$	$[1 + (1-0.5) \times 1] \times 1.2 = 1.8$
VTR	$\frac{0.5}{0.5} = 1.0$	$[1 + (1-0.5) \times 1] \times 1.0 = 1.5$
에어컨	$\frac{0.3}{0.5} = 0.6$	$[1 + (1-0.5) \times 1] \times 0.6 = 0.9$

(2) 사업부의 요구수익률 WACC를 다음과 같은 방법으로 산출하는 경우가 많다.

사업부	자기자본비용($k_e^L \leftarrow SML$)	세후부채비용(k_i)	요구수익률($WACC$)
냉장고	$10 + (20-10) \times 2.4 = 34$	$18 \times (1-0.5) = 9$	$34 \times 0.5 + 9 \times 0.5 = 21.5$
TV	$10 + (20-10) \times 1.8 = 28$	$18 \times (1-0.5) = 9$	$28 \times 0.5 + 9 \times 0.5 = 18.5$
VTR	$10 + (20-10) \times 1.5 = 25$	$18 \times (1-0.5) = 9$	$25 \times 0.5 + 9 \times 0.5 = 17.0$
에어컨	$10 + (20-10) \times 0.9 = 19$	$18 \times (1-0.5) = 9$	$19 \times 0.5 + 9 \times 0.5 = 14.0$

그러나 문제에서 주어진 자료를 보면 회사가 사용하는 부채비용 18%는 무위험이자율 10%와 다르다는 것을 알 수 있다. 이러한 경우에 Hamada모형을 이용할 수 없음은 앞서 수차 강조한 바 있다. 따라서 위와 같은 방법으로 푸는 오류를 범하지 말아야 할 것이다. 그리고 (1)에서 levered β도 Hamada모형으로 구하지 말고 식 (9.6)을 이용해야 할 것이다.

이러한 경우에는 MM(1963)의 제2명제를 이용해서 k_e^L을 구하는 것이 정확한 방법이다. 여기서는 k_e^U(또는 ρ)를 먼저 구해야 하는데 이를 위해서 unlevered β, β_U를 SML에 대입한다. 그리고 이렇게 구한 값에 MM(1963)의 명제를 적용하면 k_e^L을 구할 수 있다.

이 과정을 다음과 같이 보일 수 있다.

사업부	무부채 자기자본비용 ($k_e^U \leftarrow SML$)	부채상태의 자기자본비용* ($k_e^L \leftarrow MM$)
냉장고	$10 + (20-10) \times 1.6 = 26$	$26 + (26-18)(1-0.5) \times 1 = 30$
TV	$10 + (20-10) \times 1.2 = 22$	$22 + (22-18)(1-0.5) \times 1 = 24$
VTR	$10 + (20-10) \times 1.0 = 20$	$20 + (20-18)(1-0.5) \times 1 = 21$
에어컨	$10 + (20-10) \times 0.6 = 16$	$16 + (16-18)(1-0.5) \times 1 = 15$

* $k_e^L = k_e^U + (k_e^U - k_d)(1-t)\frac{B}{S}$

이제 MM의 명제로 구한 k_e^L과 세후부채비용 9%를 목표자본구조(자본:부채=1:1) 하에서 가중평균하면 사업부의 WACC가 산출된다.

사업부	요구수익률($WACC$)**
냉장고	$30 \times 0.5 + 9 \times 0.5 = 19.5(\%)$
TV	$24 \times 0.5 + 9 \times 0.5 = 16.5(\%)$
VTR	$21 \times 0.5 + 9 \times 0.5 = 15.0(\%)$
에어컨	$15 \times 0.5 + 9 \times 0.5 = 12.0(\%)$

** 이는 다음 식을 이용해도 된다.

$$k_0^L = k_e^U (1 - t\frac{B}{V})$$

(3) (2)에서 구한 요구수익률과 주어진 자료에서의 기대수익률과 비교해보자. 다른 사업부는 모두 기대수익률이 요구수익률보다 크기 때문에 초과수익률이 존재하지만 VTR사업부는 기대수익률이 요구수익률과 같아서 초과수익률이 존재하지 않는다. 따라서 수익성에서 문제가 있는 사업부는 VTR사업부이다.

(4) VTR사업부를 제거하기 전의 기업전체 β_U는 각 사업부의 구성비율에 따라서 다음과 같이 가중평균값으로 산출된다.

$$\beta_U = \frac{4}{10} \times 1.6 + \frac{3}{10} \times 1.2 + \frac{2}{10} \times 1.0 + \frac{1}{10} \times 0.6$$
$$= 1.26$$

그러나 VTR사업부를 제거하면 구성비율이 달라져서 기업전체 β_U는 다음과 같이 산출된다.

$$\beta_U = \frac{4}{8} \times 1.6 + \frac{3}{8} \times 1.2 + \frac{1}{8} \times 0.6$$
$$= 1.325$$

이에 따른 k_e^U는 SML에 대입해서 구한다.

$$k_e^U = 10 + (20 - 10) \times 1.325 = 23.25\,(\%)$$

그리고 목표레버리지를 고려한 k_e^L은 MM의 명제에 의해서 다음과 같이 산출된다.

$$k_e^L = 23.25 + (23.25 - 18) \times (1 - 0.5) \times 1 = 25.875\,(\%)$$

따라서 기업의 WACC는 다음과 같다.

$$k_0^L = 25.875 \times 0.5 + 9 \times 0.5 = 17.4375\,(\%)$$

이는 다음과 같이 구해도 된다.

$$k_0^L = k_e^U\left(1 - t\frac{B}{V}\right)$$
$$= 23.25 \times \left(1 - 0.5 \times \frac{1}{2}\right) = 17.4375\,(\%)$$

그러나 여기서도 Hamada모형을 적용하면 안 된다.

>>> 연습문제 11 – 7

가나백화점은 업종다각화를 도모하기 위해서 건설업에 관련된 투자안을 검토 중이다. 이 투자안을 수행하면 매년 영업현금흐름이 26억원씩 계속될 것으로 예상되는데 최초투자비용이 100억원 소요된다.

무부채기업의 자본비용은 백화점업의 경우 13%이고 건설업의 경우에는 20%이다. 그리고 가나기업은 현재 30%의 법인세율을 부담하고 있지만 누진적인 세율구조로 인해서 추가되는 이익에 대해서는 40%의 세율을 부담하게 된다.

다음 각 물음에 답하라.

〈물음 1〉

다음 각 경우의 APV를 산출하여 투자 여부를 판단하라.

(1) 투자자금을 모두 주식발행으로 조달하는 경우

(2) 투자자금의 50%를 부채로 조달하는 경우

(3) 투자자금 전액을 부채로 조달하는 경우

〈물음 2〉

위의 〈물음 1〉의 각 경우를 WACC법으로 NPV를 산출하고 투자 여부를 판단하라.

〈물음 3〉

가나기업이 투자자금을 모두 부채로 조달하기로 결정하였다고 하자.

(1) 이때 가나기업이 부담할 수 있는 최대이자율은 얼마인가?

(2) 투자환경의 변화로 영업현금흐름이 가나기업의 예측수준보다 떨어질 것으로 예상된다. 투자안을 기각하게 되는 영업이익(EBIT)의 수준은 얼마인가?

해설

이러한 의사결정문제는 한계투자안에 대한 것이므로 가나백화점의 무부채자본비용 13%와 현재 부담하고 있는 법인세율 30%는 관련이 없는 자료이다.

〈물음 1〉

(1) 투자자금을 모두 주식발행으로 조달하는 경우

이 경우에는 부채사용 효과가 없으므로 기본순현가가 곧 APV이다. 그리고 무부채자본비용($k_e^U = k_0^U$)을 ρ라고 표현하면 APV는 다음과 같이 산출된다.

$$APV = \frac{EBIT(1-t)}{\rho} - C_0 + t \cdot B$$

$$= \frac{26}{0.2} - 100 + 0 = 30(\text{억원})$$

$APV > 0$이므로 투자한다.

(2) 투자자금의 50%를 부채로 조달하는 경우

이 경우에는 APV가 다음과 같이 산출된다.

$$APV=\frac{EBIT(1-t)}{\rho}-C_0+t\cdot B$$
$$=\frac{26}{0.2}-100+0.4\times 50=50(\text{억원})$$

역시 $APV>0$이므로 투자안을 수행한다.

(3) 투자자금 전액을 부채로 조달하는 경우
이 경우에는 APV가 다음과 같이 산출된다.

$$APV=\frac{EBIT(1-t)}{\rho}-C_0+t\cdot B$$
$$=\frac{26}{0.2}-100+0.4\times 100=70(\text{억원})$$

역시 $APV>0$이므로 투자안을 수행한다. 사실 (1)에서 기본순현가가 0보다 크므로 부채를 사용할수록 APV가 커지게 되어 (2), (3)의 경우 투자 여부에는 아무런 영향을 주지 않는 것이다.

〈물음 2〉
WACC법에서 가중평균자본비용 k_0를 구하기 위해서는 투자안의 NPV가 반영된 레버리지를 알아야 하므로 〈물음 1〉의 결과를 이용해야 한다.

(1) 투자자금을 모두 주식발행으로 조달하는 경우
이 경우 투자안의 재무상태표는 다음과 같다.

재무상태표

무부채가치(130) + $t\cdot B$(0) →	V 130	B 0
		S 130 ← 주식발행액(100) + APV(30)

이는 무부채상태이므로 k_0는 다음과 같이 ρ와 같다.

$$k_0=\rho\left(1-t\frac{B}{V}\right)$$
$$=0.2(1-0.4\times 0)=0.2$$

따라서 NPV는 다음과 같이 산출되어 〈물음 1〉에서 구한 APV와 동일하다.

$$NPV=\frac{EBIT(1-t)}{k_0}-C_0$$
$$=\frac{26}{0.2}-100=30(\text{억원})$$

(2) 투자자금의 50%를 부채로 조달하는 경우
이 경우의 재무상태표는 다음과 같다.

재무상태표

무부채가치(130) + $t\cdot B$(20) →	V 150	B 50
		S 100 ← 주식발행액(50) + APV(50)

레버리지를 고려한 k_0는 다음과 같다.

$$k_0 = \rho\left(1 - t\frac{B}{V}\right)$$
$$= 0.2\left(1 - 0.4 \times \frac{50}{150}\right) = 0.1733$$

따라서 NPV는 다음과 같이 산출된다.

$$NPV = \frac{EBIT(1-t)}{k_0} - C_0$$
$$= \frac{26}{0.1733} - 100 = 50(억원)$$

이렇게 구한 NPV도 〈물음 1〉에서 구한 APV와 동일하다.

(3) 투자자금의 전액을 부채로 조달하는 경우

이 경우의 재무상태표는 다음과 같다.

재무상태표

무부채가치(130) + $t \cdot B$(40) →	V 170	B 100
		S 70 ← 주식발행액(0) + APV(70)

레버리지를 고려한 k_0는 다음과 같다.

$$k_0 = \rho\left(1 - t\frac{B}{V}\right)$$
$$= 0.2\left(1 - 0.4 \times \frac{100}{170}\right) = 0.1529$$

따라서 NPV는 다음과 같이 산출된다.

$$NPV = \frac{EBIT(1-t)}{k_0} - C_0$$
$$= \frac{26}{0.1529} - 100 = 70(억원)$$

이 값 역시 〈물음 1〉의 APV와 동일하다.

이때 전액부채로 조달한다고 해서 위의 식에 $\frac{B}{V} = 1$을 대입하여 k_0를 구하면 안 된다. $\frac{B}{V} = 1$은 조달레버리지인데 효율적 자본시장에서 이는 의미가 없는 것이라고 지적한 바 있다. 이 투자안의 경우 $NPV > 0$이므로 $S = NPV = 70$을 레버리지에 반영하여야 한다. 만약 $NPV = 0$이어서 $\frac{B}{V} = 1$을 사용한다고 해도 이때의 ρ는 더 이상 영업위험을 나타내는 자본비용이 아니라 부채의 자본비용이 되는 것이다.(〈물음 3〉 참조)

〈물음 3〉

(1) 부담가능한 최대이자율수준

APV법에서의 APV는 WACC법에서의 NPV와 같은 것이다. 이 두 가지 평가방법의 연관성을 고려해서 다음과 같이 접근한다.

먼저 부담가능한 최대이자율을 k_d라고 하면 APV는 다음과 같이 산출된다.

$$APV = \frac{26}{k_d} - 100 + 0.4 \times 100$$

여기서 $APV=0$으로 놓으면 $k_d=0.4333$을 구할 수 있다. 즉, 가나기업은 매우 높은 수준의 이자율로 부채를 사용하기 때문에 부채사용효과 $t \cdot B=40$을 상쇄하게 되는 것이다.

이를 WACC법에서 살펴보자. 전액부채로 조달하면서 가나기업이 부담하는 세후 타인자본비용 k_i는 다음과 같다.

$$\begin{aligned} k_i &= k_d(1-t) \\ &= 0.4333 \times (1-0.4) = 0.26 \end{aligned}$$

따라서 WACC법에서의 NPV는 다음과 같이 0이 됨을 확인할 수 있다.

$$NPV = \frac{26}{0.26} - 100 = 0$$

그리고 이때에 투자안의 재무상태표는 다음과 같다.

재무상태표

V 100	B 100
	S 0

그러나 이러한 자본구조는 투자안의 경우에만 가능한 것이며 기업의 자본구조에서는 정의될 수 없는 것이다. 왜냐하면 $S=0$이 되기 때문이다.

만약 기업이 이러한 투자안을 수행한다면 자기자본가치는 증가시키지 못하고 기업규모만 늘리는 결과가 된다.

(2) 손익분기점에 해당하는 EBIT의 수준

이는 다음과 같이 산출하는 APV가 0이 되도록 하는 EBIT이다.

$$APV = \frac{EBIT(1-0.4)}{0.2} - 100 + 0.4 \times 100 = 0$$

$$\therefore \; EBIT = 20(\text{억원})$$

즉, EBIT가 20억원 미만이 되면 투자안을 기각한다.

그런데 EBIT가 20억원일 때에는 WACC법에서도 $NPV=0$이어야 하므로 다음 식이 성립한다.

$$NPV = \frac{20 \times (1-0.4)}{k_0} - 100 = 0$$

$$\therefore \; k_0 = 0.12$$

이 투자안은 부채로만 구성되어 있으므로 k_0는 다음과 같다.

$$\begin{aligned} k_0 &= k_i = k_d(1-t) \\ &= k_d(1-0.4) = 0.12 \end{aligned}$$

따라서 $k_d=0.2(20\%)$가 되는데 이 값은 ρ의 의미를 갖는 것이 아니라 영업이익 20억원 수준에서 기업이 부담할 수 있는 최대이자율인 것이다.

Financial Management

제 12 장

배당정책이론

학습 목표

배당정책이론은 투자결과로 얻은 순이익의 처리과정에 대해서 공부하는 것이다. 즉, 순이익을 주주에게 배당으로 지급할 것인가 또는 미래투자를 위한 자금으로 사내에 유보시킬 것인가에 대한 결정이 곧 배당정책이다. 그런데 이러한 의사결정은 곧 자본구조에 영향을 주기 때문에 이를 자본구조이론에 이어서 살펴보는 것이 일반적이다.

제 1 절 기초개념

1.1 배당정책

(1) 의 의

배당정책이란 기업이 투자활동으로 벌어들인 순이익을 주주에 대한 배당금과 미래의 재투자를 위한 유보이익으로 나누는 결정을 의미한다. 여기에서 배당금은 주주가 자본을 출자한 대가로 받게 되는 보상이기는 하지만 배당금이 많이 지급되는 것이 주주에게 반드시 좋은 것은 아니다. 왜냐하면 유보이익은 새로운 투자를 수행하기 위한 자금의 원천이 되기 때문에 배당을 많이 지급하여 유보이익이 적게 되면 기업의 성장기회가 제약받을 수 있기 때문이다. 그래서 배당과 유보의 조화로운 결정이 배당정책에서 가장 중요한 목표가 되는 것이다.

(2) 배당의 척도

기업이 어느 정도 수준의 배당을 지급하는가를 나타내는 척도로 다음과 같은 개념들이 이용된다.

① 주당배당액

주당배당액(DPS : dividend per share)이란 1주의 주식에 대해서 지급되는 현금배당액을 의미한다. 따라서 배당액을 발행주식수로 나누어 산출한다.

② 배당성향, 유보율

배당성향(dividend payout ratio)은 배당수준을 나타내는 상대적인 척도로서 순이익 중에서 어느 정도가 배당으로 지급되는가를 의미하며 다음과 같이 측정된다.

$$\text{배당성향} = \frac{\text{배당액}}{\text{순이익}} = \frac{\text{주당배당액}(DPS)}{\text{주당순이익}(EPS)} \tag{12.1}$$

이와 관련해서 순이익 중에서 배당이 지급되고 기업 내에 유보되는 금액의 비율을 유보율(retention ratio)이라고 하는데 다음과 같이 측정된다.

$$\text{유보율} = \frac{\text{유보액}}{\text{순이익}} = 1 - \text{배당성향} \tag{12.2}$$

③ 배당수익률, 배당률

배당수익률(dividend yield)이란 기말의 1주당 배당액을 기초주가로 나눈 값을 의미한다. 그래서 주식의 수익률(R) 또는 주식의 자본비용(k_e)은 다음과 같이 주가상승률과 배당수익률의 합으로 이루어진다.

$$R = \frac{(P_1 - P_0) + D_1}{P_0} = \frac{P_1 - P_0}{P_0} + \frac{D_1}{P_0} \qquad (12.3)$$

한편, 배당률(dividend ratio)이란 1주당 배당액을 1주당 액면금액으로 나눈 값을 말한다. 우리나라와 같이 액면가제도를 채택하는 경우에 사용되는 개념인데, 액면금액에 배당률을 곱하면 곧 1주당 현금배당액이 되기 때문에 결국 DPS와 같은 의미를 갖는다.

(3) 배당의 형태

일반적으로 배당이라 함은 주주에게 현금으로 지급하는 현금배당(cash dividend)을 의미한다. 그래서 배당정책이론에서 주로 다루는 문제도 현금배당에 대한 것이다. 그러나 현금으로 지급하지는 않지만 배당과 유사한 형태를 갖는 비현금배당(non-cash dividend)이 있다. 이에는 주식배당(stock dividend), 주식분할(stock split), 자사주매입(stock repurchase) 등이 있는데 자세한 내용은 제4절에서 설명할 것이다.

1.2 배당정책에 대한 논의

(1) 배당소득과 자본이득

배당정책에 대한 논의는 배당정책이 주주의 부에 영향을 미치는가 아니면 아무런 영향을 주지 않는가에 대한 논의에서부터 시작된다. 그런데 위의 식 (12.3)에서 보듯이 주주가 주식을 보유함으로써 얻게 되는 소득은 배당소득과 자본이득으로 구성된다. 그리고 배당이란 주가상승으로 반영된 순이익을 주주에게 배당으로 지급할 것인지 아니면 자본이득의 형태로 그냥 둘 것인지를 결정하는 것이다.[1] 따라서 배당정책에 대한 논의는 결국 주주의 입장에서 배당소득이 유리한가

1) 순이익이 반영되어 상승된 주가를 배당부주가라고 하며, 배당을 지급하여 하락된 주가를 배당락주가라고 한다. 따라서 기업이 배당을 하지 않으면 주주는 높은 가격의 주식만을 보유하게 되고, 배당을 하게 되면 주주는 배당소득을 얻는 대신 낮은 가격의 주식을 보유하게 된다.

아니면 자본이득이 유리한가에 대한 논의로 귀결된다.

(2) 완전시장과 불완전시장

자본구조이론에서와 같이 배당이론에서도 먼저 완전시장을 전제로 해서 배당이 주주의 부에 미치는 효과를 살펴볼 것이다. 완전시장을 전제로 한 대표적 이론이 MM(1961)의 배당이론인데, 여기서는 배당이 주주의 부에 아무런 영향을 주지 않는 것으로 나타나서 이를 배당의 무관련이론(irrelevance theory of dividend)이라고 한다.

그리고 다음 단계에서 불완전시장요인을 하나씩 추가하여 고려하면서 배당의 효과가 어떻게 나타나는가를 분석하게 된다. 이때에는 어떤 요인을 고려하느냐에 따라서 배당이 주주의 부에 양(+)의 효과를 보이기도 하고 음(−)의 효과를 보이기도 한다.

제 2 절 MM의 배당이론

2.1 MM이론의 가정

MM의 배당이론은 완전시장의 가정 중에서 다음과 같은 조건을 전제로 한다.

① 외부자금은 아무런 비용없이 조달가능하고,
② 세금 및 거래비용이 없으며,
③ 정보는 모든 투자자가 완전하게 알고 있다.

2.2 MM이론의 증명

MM(1961)의 배당이론을 증명하는 과정을 요약하면 다음과 같다. 먼저 자본구조의 차이에 의한 효과를 배제하기 위해서 무부채기업을 전제로 한다. 또한 기업이 투자안을 수행하는 데에 추가적으로 소요되는 자금도 모두 주식발행으로 조달한다고 가정한다. 이때에 일정한 규모의 투자기회를 갖고 있는 기업의 가치를 결정하는 평가식을 도출하여 그 결정변수 중에 배당변수가 없음을 확인함으로써 배당은 기업가치와 무관함을 증명한다.

구체적인 내용을 자세하게 살펴보자. 현재 주식가격은 기말주식가격과 기말배당액의 현재가치이므로 다음 식이 성립한다.

$$P_0 = \frac{P_1 + D_1}{1 + k_e} \tag{12.4}$$

이때의 할인율은 무부채기업을 가정하고 있으므로 자기자본비용을 의미한다. 그런데 현재의 발행주식수를 n주라고 한다면 현재 주주의 부(S_0)는 다음과 같이 될 것이다.[2)]

$$S_0 = nP_0 = \frac{1}{1 + k_e}(nP_1 + nD_1) \tag{12.5}$$

그런데 이 기업이 기말에 어떤 투자안을 수행하기 위해서 m주의 신주를 발행한다고 하자.[3)] 이때에는 기말주가 P_1으로 발행해야 하므로 외부조달자금은 mP_1이 된다. 다음과 같이 식 (12.5)의 괄호 안에 이 금액을 더하고 다시 차감해도 이 식은 그대로 성립한다.

$$\begin{aligned} S_0 = nP_0 &= \frac{1}{1 + k_e}(nP_1 + mP_1 - mP_1 + nD_1) \\ &= \frac{1}{1 + k_e}[(n + m)P_1 - mP_1 + nD_1] \end{aligned} \tag{12.6}$$

이제 기말시점에서 이 기업의 자금흐름을 생각해보자. 먼저 조달가능한 자금총액은 순이익 E와 외부조달자금 mP_1의 합계이다. 한편, 이를 사용하게 되는 용도는 투자비용 I와 배당지급 D_1이므로 다음과 같은 등식이 성립하게 된다.

$$E + mP_1 = I + nD_1 \quad \rightarrow \quad mP_1 = I - (E - nD_1) \tag{12.7}$$

여기서 첫번째 식은 자금유입과 자금유출이 같다는 의미이다. 그리고 두번째 식은 첫번째 식을 외부조달자금 mP_1에 대해서 다시 정리한 것에 불과하다. 그러

2) 이때 주주의 부는 자기자본의 가치로서 여기서는 무부채기업을 가정하고 있으므로 기업가치와 동일하다.

3) 부채를 조달하면 자본구조가 변하게 된다. 이러한 자본구조의 차이가 발생하지 않게 하기 위해서 유상증자를 하는 것이다.

나 이 식은 기업이 기말에 조달해야 할 외부자금규모를 나타내는 것으로서 투자비용을 내부유보(순이익에서 배당을 지급하고 남는 금액)로 충당하고도 부족한 만큼을 신주발행을 통해서 조달한다는 의미를 갖는다.

신주발행액을 나타내는 식 (12.7)을 식 (12.6)에 대입하면 다음과 같이 정리된다.

$$S_0 = nP_0 = \frac{1}{1+k_e}[(n+m)P_1 - I + E] \tag{12.8}$$

이 식을 살펴보면 현재 주주의 부를 결정하는 변수들 중에 배당변수가 없음을 확인할 수 있다. 그리고 여기서 $(n+m)P_1$은 기말의 자기자본가치 S_1을 의미하므로 현재 주주의 부를 결정하는 변수는 결국 기말의 자기자본가치 S_1, 기말에 수행할 투자안의 규모 I, 당기중 벌어들인 순이익 E의 세 가지뿐이다. 따라서 현재 주주의 부는 기말에 배당을 어느 수준으로 지급하는가와는 무관한 것이다.

>>> 예제 12-1

가나기업은 무부채기업이고 자기자본비용은 20%이다. 기초의 발행주식수는 100주, 당기순이익은 20,000원이고 이와 동일한 금액이 신규투자안을 수행하는 데 소요된다. MM(1961)의 가정이 충족된다고 가정하고 기말주가가 1주당 1,200원일 때 다음 각 경우에 가나기업의 가치를 구하라.

(1) 배당을 전혀 하지 않는 경우
(2) 이익의 50%를 배당하는 경우
(3) 이익 전액을 배당하는 경우

풀이

(1) 배당을 하지 않는 경우

배당을 하지 않는다면 투자소요액 20,000원이 모두 당기이익으로 충당되므로 신주를 발행할 필요가 없다. ∴ $m=0$

MM(1961)에 따르면 다음이 성립된다.

$$nP_0 = \frac{1}{1+k_e}[(n+m)P_1 + E - I]$$

$$100 \times P_0 = \frac{1}{1.2}[(100+0) \times 1{,}200 + 20{,}000 - 20{,}000]$$

이로부터 현재주가 $P_0 = 1{,}000$

따라서 현재 기업가치 $V = 100 \times 1{,}000 = 100{,}000$

(2) 이익의 50%를 배당하는 경우

당기이익의 50%, 즉 $20{,}000 \times 0.5 = 10{,}000$을 배당하면 투자안을 수행하기 위해 10,000

의 외부자금을 조달해야 한다.

그런데 50% 배당 후 배당락주가 P_1은 다음과 같다.

$$\text{배당부주가} - DPS = 1{,}200 - \frac{10{,}000}{100} = 1{,}100$$

따라서 신주발행수 m은 다음과 같이 구한다.

$$m \times 1{,}100 = 20{,}000 - 10{,}000 \quad \therefore\ m = 9.09\text{주}$$

MM(1961)모형에 따르면 1주당 가격과 기업가치를 구할 수 있다.

$$100 \times P_0 = \frac{1}{1.2}\,[(100 + 9.09) \times 1{,}100 + 20{,}000 - 20{,}000]$$

$$P_0 = 1{,}000 \quad V = 100{,}000$$

(3) 이익 전액을 배당하는 경우

$$\text{1주당 배당액}\ \ DPS = \frac{20{,}000}{100} = 200$$

따라서 배당락주가 $P_1 = 1{,}200 - 200 = 1{,}000$

이에 따른 신주발행수 m은 다음과 같다.

$$m \times 1{,}000 = 20{,}000 \quad \therefore\ m = 20\text{주}$$

MM(1961)모형에 따르면 1주당 가격과 기업가치를 구할 수 있다.

$$100 \times P_0 = \frac{1}{1.2}\,[(100 + 20) \times 1{,}000 + 20{,}000 - 20{,}000]$$

$$P_0 = 1{,}000 \quad V = 100{,}000$$

이같이 배당정책이 다르더라도 순이익과 투자기회가 동일하면 현재 기업가치는 동일한 값을 갖게 된다.

2.3 자가배당

세금 등 거래비용이 존재하지 않는 완전자본시장에서 배당정책이 주주의 부에 아무런 영향을 주지 않는다는 것은 위와 같은 증명과정을 거치지 않고 자가배당(homemade dividend)이라는 개념을 통해서도 확인할 수 있다.

자가배당이란 완전자본시장에서 주주들이 기업으로부터 지급받는 배당수준과는 상관없이 자신이 원하는 수준으로 자유로이 배당을 조정하는 것을 말한다. 즉,

기업의 배당지급액이 자신이 원하는 수준보다 적을 때에는 부족분만큼 보유주식을 매각하여 목표수준을 유지하고, 이와는 반대로 자신이 원하는 수준보다 많은 배당을 지급하면 초과액으로 주식을 구입함으로써 목표수준을 유지하는 것이다.

결국 주주의 부를 결정하는 것은 순이익의 크기이지, 단순히 이를 분배하는 과정은 주주의 부에 영향을 미칠 수 없다는 것이다.

제 3 절 불완전시장과 배당

3.1 세 금

(1) 개 요

자본구조이론에서 본 것처럼 세금은 불완전시장요인 중에서 가장 중요한 요인이다. 그러나 배당은 기업의 가처분소득, 즉 법인세를 차감한 후의 순이익을 분배하는 것이므로 법인세는 배당이론에서 논의대상이 아니다. 다만, 주주의 배당소득에 부과되는 배당소득세(dividend income tax)와 자본이득에 부과되는 자본이득세(capital gain tax)가 주된 논의대상이 된다.

(2) (−)관련설

① 내 용

일반적으로 배당소득세율은 자본이득세율보다 높기 때문에 주주가 주식투자소득을 배당으로 지급받게 되면 자본이득의 형태로 얻게 되는 경우에 비해서 더 많은 세금을 부담하게 된다. 따라서 이러한 경우에는 배당을 많이 지급할수록 주주의 부는 감소하게 된다. 그리고 배당소득세율이 자본이득세율과 동일하거나 더 낮은 수준이라고 해도 자본이득의 실현은 주식을 팔지 않고 보유하는 한 무한히 이연가능하므로 실질적인 부담세율은 배당소득세율이 항상 높게 된다.

결론적으로 주주에게는 이익유보를 통한 주가상승보다 배당이 불리하기 때문에 배당은 주주의 부에 음(−)의 영향을 준다. 이러한 내용은 자사주매입의 근거가 된다. 왜냐하면 자사주매입은 주주의 입장에서 보면 배당소득을 자본이득으로 전환시키는 효과가 있기 때문이다.

② 고객효과(clientele effect)

현실적으로 다양한 배당수준이 존재하는 현상을 설명하는 이론이다. 즉, 배당 이외의 다른 소득을 많이 얻고 있는 주주들은 한계세율이 높기 때문에 높은 세율을 부담하게 되는 배당소득보다는 자본이득을 바랄 것이므로 저배당주를 선호한다. 한편, 당기의 소비가능한 현금흐름을 원하거나 한계세율이 낮은 투자자는 고배당주를 선호할 것이기 때문에 현실세계에서는 다양한 배당수준 기업들이 존재한다는 것이다. 이처럼 투자자들이 자신의 선호에 따라서 서로 다른 배당수준의 주식에 투자하는 것을 배당의 고객효과(clientele effect of dividend)라고 한다.

>>> **예제 12-2**

당기순이익이 20,000원이고 배당소득세(세율 20%)만 존재할 때 각 경우에서 주주의 실질소득을 비교하라.

풀 이

주주의 주식투자에 따른 소득은 배당소득과 자본이득으로 구성되므로 각 경우의 실질소득은 다음과 같다.

	배당하지 않는 경우	50% 배당하는 경우	100% 배당하는 경우
배당소득	0	10,000(1－0.2)＝8,000	20,000×(1－0.2)＝16,000
자본이득	20,000×(1－0)＝20,000	10,000×(1－0)＝10,000	0
계	20,000	18,000	16,000

(3) 무관련설

Miller & Scholes(1978)는 배당소득세율과 자본이득세율이 다르더라도 투자자의 개인부채에 대한 이자가 과세소득을 산출할 때에 비용으로 처리될 수 있다면 배당은 주주의 부에 영향을 미치지 않게 됨을 보였다. 왜냐하면 이때에는 배당소득세를 회피할 수 있기 때문인데 구체적인 회피과정을 다음과 같이 두 단계로 설명할 수 있다.

① 과세대상금액인 배당소득과 같은 크기의 이자부담이 되도록 차입금을 조달한다.

② 이렇게 조달한 차입금으로 면세채권을 구입하면 배당소득세를 회피할 수

있다. 만약 이때에 면세채권이 존재하지 않더라도 자본이득이 있는 주식을 구입하여 배당소득을 세부담이 없는 자본이득으로 전환시킴으로써 배당소득세를 회피할 수 있다.

따라서 이같이 세금이 존재하는 경우의 무관련설은 개인부채에 대한 이자가 소득세 계산시 비용으로 처리될 수 있느냐가 중요한 문제가 된다. 우리나라에서와 같이 기업부채에 대한 이자는 법인세 계산시 비용으로 인정되지만 개인의 지급이자는 소득세 계산시 비용으로 인정되지 않는 경우에는 Miller & Scholes의 주장이 현실성이 없게 된다.

>>> 예제 12-3

면세채권에 대한 투자기회가 존재하며 그 수익률은 연 10%이다. 그리고 10% 이자율로 차입이 가능하며 개인소득세 산출시에도 차입금에 대한 지급이자가 비용으로 처리된다고 가정하자. 이러한 경우에 배당금 10,000원에 대한 배당소득세를 회피하는 과정을 보여라.

풀이

① 회피대상금액과 동일한 이자부담이 되도록 차입금 B를 조달한다.

$$B \times 10\% = 10{,}000 \qquad \therefore\ B = 100{,}000 \text{ 차입}$$

② 차입금으로 면세채권에 투자한다. 이때 투자수익은 다음과 같다.

$$100{,}000 \times 10\% = 10{,}000$$

③ 투자에 따른 손익계산서 작성으로 다음과 같이 과세대상액이 0임을 확인할 수 있다.

수익	배당수입	10,000	
	면세채권이자	10,000	20,000
비용	차입금 지급이자		10,000
이익			10,000
차감 :	면세이자수익		10,000
과세대상소득			0

3.2 기타 불완전요인

(1) 거래비용

시장의 불완전요인으로서 거래비용은 기업의 입장에서 외부자금을 조달할 때 부담하게 되는 신주발행비용과 주주의 입장에서 주식을 매매할 때 부담하게 되는 수수료 등을 들 수 있다.

신주발행비용이 큰 경우, 가급적 배당을 줄여서 투자자금을 외부조달보다는 내부유보로 조달하는 것이 거래비용을 절약할 수 있는 방법이 된다. 즉, 내부유보가 거래비용의 절감으로 기업가치를 높일 수 있기 때문에 배당은 주주의 부에는 음(−)의 효과를 주게 된다.

한편, 주주가 주식을 매각할 때 부담하는 거래비용이 크다면 자본이득보다는 배당이 주주에게 더 유리하게 된다. 왜냐하면 이러한 경우 주주가 일정액의 소득을 실현시키기 위해서 보유주식의 매각을 통해서 실현시킨 자본이득에서 거래비용을 차감한 순현금유입액이 현금배당액보다 작을 수 있기 때문이다. 이때에 배당은 주주의 부에 양(+)의 효과를 줄 것이다.

(2) 대리비용

Rozeff(1982)는 대리이론적 관점에서 배당이 주주의 부에 양(+)의 효과가 있음을 파악하였다. 기업이 배당을 적게 하면 내부유보가 많아지게 되는데 이는 경영자가 자신의 재량으로 사용할 수 있는 자금의 양이 커진다는 것을 의미한다. 이때에 경영자는 대리인으로서 자신의 효용을 높이기 위해서 특권적 소비(perquisite consumption)를 더 늘리게 되는데 이는 위임자인 주주의 부를 감소시키는 결과가 된다. 따라서 배당을 늘려서 유보이익을 줄이는 것이 대리비용의 발생을 억제함으로써 주주의 부에 유리하게 된다.

(3) 신호효과

완전시장에서는 모든 정보를 완전하게 투자자들이 알고 있다고 가정하지만 현실적으로는 기업내부자가 외부투자자보다 더 정확한 정보를 갖고 있는 경우가 대부분이다.[4)]

---

4) 이같이 정보우월자와 정보열등자가 함께 존재하는 현실적 상황을 정보불균형, 또는 정보비대칭(information asymmetry)이라고 한다.

이때에 경영자는 기업의 미래수익성 등 재무정보를 일반투자자에게 전달하는 수단으로 배당정책을 이용할 수 있다. 즉, 배당의 증가는 기업이 좋은 투자안을 갖고 있다거나 현금동원능력이 충분하다는 등의 정보를 투자자에게 전달하는 신호효과(signalling effect)가 있다는 것이다. 따라서 배당을 많이 하는 기업이 적게 하는 기업에 비해서 투자자들에 의해서 더 높게 평가받기 때문에 배당은 기업가치에 양(+)의 효과를 미친다는 것이다.

(4) 불확실성의 제거

주주가 주식투자로부터 얻게 되는 소득은 배당소득과 자본이득이다. 그런데 배당은 현재 지급되는 확실한 소득이지만 배당 대신 유보이익의 증가로 얻게 되는 자본이득은 미래주가에 반영되는 것이다. 이러한 주가는 현실적으로 불확실성을 띠기 때문에 주주들은 이보다는 현재의 확실한 수입인 배당을 선호한다는 것이다.

제 4 절 배당정책의 실제

4.1 배당수준의 결정요인

이제까지 배당정책에 관한 이론적 내용들을 살펴보았다. 그런데 이들은 완전시장을 전제로 하거나 또는 특정한 불완전요인만을 고려한 내용이었다. 그러나 현실적으로 기업이 직면하는 시장은 완전시장이 아닐 뿐만 아니라 불완전요인도 복합적으로 존재하는 상황이다. 그래서 기업의 경영자들은 기업가치를 높일 수 있는 최적배당정책이 있다고 생각하며 앞서 다룬 이론적 요인들 이외에 여러 가지 현실적 요인들을 고려하여 배당수준을 결정하게 된다. 구체적인 요인을 열거하면 다음과 같다.

① 당기순이익

배당의 원천은 당기순이익인데 당기순이익이 크면 주주들은 높은 수준의 배당을 기대하기 때문에 경영자들은 배당수준을 결정할 때 당기순이익을 중요한 요인으로 고려한다.

② 유동성

유동성(liquidity)은 배당결정에서 중요한 요인이다. 왜냐하면 기업의 자금사정이나 유동성이 양호하다는 것은 그만큼 배당지급능력이 큰 것을 의미하기 때문이다.

③ 미래의 투자기회

수익성이 좋은 새로운 투자안을 갖고 있는 기업의 경우에는 이를 수행하기 위한 자금을 확보하기 위해서 가급적 배당을 줄이려고 할 것이다. 왜냐하면 현실적으로 필요자금을 투자계획시점에서 목표금액만큼 쉽게 조달할 수 없는 경우가 많기 때문이다.

④ 부채의 상환의무

부채의 상환만기가 가까워질수록 이를 상환하기 위한 자금을 확보해야 하므로 배당으로 현금유출되는 것을 억제하게 된다.

⑤ 지배권

배당을 많이 할수록 새로운 투자안을 수행하기 위해서는 외부자금을 많이 사용하게 된다. 이러한 경우 새로운 채권자나 외부주주가 들어오게 되면 기존의 기업지배권에 영향을 미칠 수 있다. 따라서 지배권을 유지하려는 소유경영자는 가급적 배당을 줄이고 유보를 통해서 투자자금을 조달하려고 할 것이다.

⑥ 부채계약 및 관련법규

채권자들은 자금을 제공할 때에 부채가치를 보호하기 위해서 배당제한조항을 포함하는 계약을 맺는 경우가 많다. 이러한 부채계약(debt covenant)은 대리비용을 감소시키는 수단으로도 이용된다. 이외에도 상법에서는 채권자 보호를 위해서 과도한 배당을 제한하고 있다.

4.2 배당의 안정화

(1) 안정적 배당정책

기업이 적정배당성향을 결정하여 이를 매년 적용한다면 순이익의 변동에 따라서 배당도 매년 변동할 것이다. 그러나 현실적으로 기업들의 1주당 배당실적을 살펴보면 많은 기업들이 주당배당액(DPS)을 순이익의 증감에 따라서 변동시키기보다는 일정한 수준에서 크게 벗어나지 않고 안정적으로 유지하는 현상을 보게 된다. 이러한 배당정책을 안정적 배당정책(dividend smoothing)이라고 하는데, 이러한 정책을 채택하는 것은 안정적인 배당수준이 주식가치를 높일 수 있다고 믿기 때문이다. 이에 대한 근거로는 다음과 같은 이유를 들 수 있다.

① 매년 현금흐름이 일정하게 이루어지는 경우 이에 대한 불확실성이 감소하게 되어 그 현재가치를 산출할 때 적용하는 할인율이 낮아지게 된다.

② 배당소득으로 생활하는 많은 투자자들에게 배당의 변동은 생활에 대한 위협이 된다. 따라서 투자자들은 대체로 안정적인 배당이 지급되는 주식을 더 높게 평가한다.

③ 기금관리자(fund manager)들이 관리하는 자금은 주로 공적인 성격을 갖는 것이기 때문에 이들 역시 불확실하게 변동하는 수익보다 안정적인 수익을 더 중시하게 된다. 따라서 배당이 안정적인 주식을 더 높게 평가한다.

(2) 부분적 조정모형

① 모형의 내용

안정적 배당정책을 채택하고 있다고 해서 기업이 목표로 하고 있는 배당성향이 없다는 것은 아니다. 그리고 주당배당액이 변동되지 않는다는 것도 아니다. Lintner(1956)가 제시한 배당의 부분적 조정모형(partial adjustment model of dividend)에 따르면 당기에 지급하는 1주당 배당액은 다음과 같이 구성된다.

$$D_t = D_{t-1} + k(D_t^* - D_{t-1}) \tag{12.9}$$

여기서 D_t^*는 당기의 목표배당액으로서 당기 주당순이익 EPS_t에 장기적 목표배당성향 p를 곱하여 산출한 것이다. 즉, $D_t^* = p \cdot EPS_t$이 성립된다.

② 조정계수의 범위

위 식의 구조를 살펴보자. 만약 기업이 당기에 목표배당액 D_t^*를 지급하려면 전기배당액 D_{t-1}에 당기목표배당액과 전기배당액의 차이$(D_t^* - D_{t-1})$만큼을 조정하여야 할 것이고, 이때에는 조정계수(adjustment coefficient) k는 1이 된다. 그리고 $k=0$이면 배당액이 이익변동과는 무관하게 일정한 값을 갖게 될 것이다.

그러나 현실적으로 대부분의 기업들은 이익변동을 배당에 반영하는데 이를 당기에 한꺼번에 반영하지 않고 이 중 일부만을 당기에 반영하여 배당액을 결정한다. 왜냐하면 이를 한꺼번에 반영하면 주당배당의 변동성이 커지게 되어 배당의 안정성을 유지할 수 없기 때문이다. 그래서 대체로 $0<k<1$이 성립된다.

③ 배당성향의 확인

그러면 특정 기업이 목표로 하는 장기적 배당성향은 어떻게 확인할 수 있을까? 이를 확인하기 위해서 $D_t^*=p\cdot EPS_t$를 식 (12.9)에 대입하여 정리해보자.

$$\begin{aligned} D_t &= D_{t-1}+k(D_t^*-D_{t-1}) \\ &= D_{t-1}+k(p\cdot E_t-D_{t-1}) \\ &= (1-k)D_{t-1}+kp\cdot E_t \end{aligned} \tag{12.10}$$

위 식은 결국 당기의 주당 배당액을 종속변수로 하고 전기 주당 배당액과 당기 주당 순이익을 독립변수로 해서 회귀분석을 한 것이다. 즉, 관찰가능한 과거 시계열자료에 대한 회귀분석을 통해서 회귀계수를 추정하면 이를 통해서 조정계수 k, 장기적 목표배당성향 p, 그리고 이에 따른 당기의 목표배당액 D_t^*를 확인할 수 있는 것이다.

>>> 예제 12-4

가나기업의 t기 1주당 배당액(DPS)을 종속변수로 하고 $t-1$기 1주당 배당액과 t기의 1주당 순이익(EPS)을 독립변수로 하여 회귀분석을 한 결과, 다음과 같은 회귀모형을 얻었다.

$$DPS_t=0.7\,DPS_{t-1}+0.03E_t+e$$

여기서 조정계수와 가나기업이 목표로 하고 있는 장기적 배당성향을 구하라.

풀이

배당의 부분적 조정모형에 따르면

$$\begin{aligned} D_t &= D_{t-1}+k(D_t^*-D_{t-1}) \\ &= D_{t-1}+k\cdot p\cdot E_t-kD_{t-1} \\ &= (1-k)D_{t-1}+k\cdot p\cdot E_t \end{aligned}$$

이를 회귀모형과 비교하면 조정계수와 목표배당성향을 다음과 같이 확인할 수 있다.

$1-k=0.7$ $\quad\therefore$ 조정계수 $k=0.3$

$k\cdot p=0.03$ $\quad\therefore$ 목표배당성향 $p=0.1$

즉, 회사는 장기적으로 순이익의 10%를 배당하려고 하는데 이를 실현하기 위해서 매기

배당수준을, 전기배당액과 당기목표배당액의 차이액의 30%를 전기배당액에 가산하여 결정한다는 것이다.

4.3 특수한 배당정책

일반적으로 배당정책이란 현금배당수준에 관한 의사결정문제를 의미한다. 그리고 이제까지 공부한 내용도 현금배당을 전제로 설명된 것이다. 그러나 현금지급이 수반되지 않는 특수한 방법의 배당정책도 생각해볼 수 있다. 대표적인 특수배당정책들로 다음과 같은 것들이 있다.

(1) 주식배당

① 의 의

배당을 현금으로 지급하는 대신 신주를 발행하여 지급하는 것을 말한다.

② 효 과

주식배당의 재무적 효과는 유보이익의 감소와 동시에 자본금의 증가로 나타나게 되는데 이는 자기자본의 구조만 변경시킬 뿐 자기자본가치에는 아무런 영향을 주지 않는다. 그러나 발행주식수가 증가하므로 EPS는 감소하게 된다.

(2) 주식분할과 주식병합

① 의 의

이들은 엄밀한 의미로 배당이라고 보기 어려우나 그 효과가 배당과 유사한 면이 있다. 먼저 주식분할(stock split)이란 주당 액면가를 낮춤으로써 1주를 여러 주식으로 분할하는 것을 말한다. 이와는 반대로 주식병합(reverse split)은 주당 액면가를 높임으로써 발행주식수를 감소시키는 것을 말한다.

② 효 과

주식분할이나 주식병합의 경우에는 발행주식수의 변동만 있을 뿐 자본구조와 자기자본가치 모두 변화가 없다. 따라서 발행주식수가 증가하는 주식분할의 경우에는 EPS가 감소하게 되고, 발행주식수가 감소하는 주식병합의 경우에는 EPS가 증가하게 된다.

(3) 자사주매입

① 의 의

자사주매입(stock repurchase)이란 기업이 발행한 주식을 다시 매입하여 금고주(treasury stock)의 형태로 보유하는 것을 말한다. 즉, 기업은 현금배당을 하는 대신 그 현금으로 시장에서 거래되고 있는 자기주식을 매입함으로써 배당의 효과를 거둘 수 있다.

② 효 과

자사주매입이 주주의 부에 미치는 재무적 효과는 매입가격을 얼마로 하느냐에 따라 달라진다. 자사주매입 전 주식의 시장가격은 배당부 주가로 형성되어 있을 것이다. 효율적인 완전시장에서는 주식이 이 가격으로 거래될 것인데 기업이 이 가격대로 자사주를 매입하면 자사주매입 후의 주가는 변동없이 배당부 주가수준을 그대로 유지하게 된다. 따라서 기존 주주의 부에는 변동이 없다.

한편, 이보다 높은 가격으로 자사주를 매입하면 매입 후의 주가는 배당부 주가보다 낮은 수준이 되는데 이때에는 기존 주주들이 자본차손을 입게 되어 기존 주주의 부는 감소하게 된다. 그리고 배당부 주가보다 낮은 가격으로 자사주를 매입하면 이와 반대로 기존 주주의 부는 증가하는 효과가 나타난다. 그러나 어떤 경우에도 유통주식수는 감소하게 되므로 EPS는 증가하게 된다.

>>> **예제 12-5**

가나기업은 순이익 1,000,000원 중 33%를 배당으로 지급할 계획이다. 현재 발행주식은 10,000주이며 배당락 주가는 1,067원으로 예상된다. 현금배당을 하는 대신 이 자금으로 자사주를 매입할 계획이다.

(1) 현재 시장가격으로 매입한 후의 주가를 산출하라.
(2) 1주당 1,000원에 매입한 후의 주가를 산출하라.

풀 이

(1) 배당부 주가는 다음과 같다.

$$\text{배당락 주가} + DPS = 1{,}067 + \frac{1{,}000{,}000 \times 0.33}{10{,}000\text{주}} = 1{,}100(\text{원})$$

따라서 현재 재무상태표의 자본부분은 다음과 같이 구성된다.

현재 재무상태표

	자 본
	10,000주×1,100원
	=11,000,000 [자본금 10,000,000 / 순이익 1,000,000]

배당자금으로 자사주를 매입할 때 매입가능한 주식수는 다음과 같다.

$$\frac{1,000,000 \times 0.33}{1,100} = 300(\text{주})$$

자사주매입 후 재무상태표의 자본부분은 다음과 같이 구성된다.

자사주매입 후 재무상태표

	자 본
	11,000,000−330,000
	=10,670,000 [자본금 10,000,000 / 순이익 670,000]

그런데 자사주매입 후 유통주식수는 9,700주(=10,000−300)이므로 이의 1주당 가격은 다음과 같다.

$$\frac{10,670,000}{9,700\text{주}} = 1,100(\text{원})$$

즉, 배당부 주가수준으로 자사주를 매입하였기 때문에 주가는 변동이 없다.

(2) 1주당 1,000원에 매입하는 경우

매입가능한 주식수는 다음과 같다.

$$\frac{1,000,000 \times 0.33}{1,100} = 330(\text{주})$$

이렇게 자사주를 매입하면 유통주식수는 9,670주(=10,000−330)이므로 1주당 가격은 다음과 같다.

$$\frac{10,670,000}{9,670} = 1,103.41$$

이때는 기존 주주들이 1주당 3.41원의 자본차익을 얻게 되는데 이는 자사주 매입가격 1,000원이 시장가격(배당부 주가 1,100원)보다 낮기 때문이다.

/제 12 장/ 요약

FINANCIAL MANAGEMENT

1. 배당정책은 순이익을 배당금과 유보이익으로 나누는 의사결정이다. 배당수준을 나타내는 지표로는 DPS, 배당성향, 유보율, 배당수익률, 배당률 등이 있다.
2. MM의 배당무관련이론은 완전자본시장이라면 배당정책의 차이가 기업가치나 주주의 부에 영향을 주지 않는다는 것이다.
3. 그러나 현실에서는 여러 가지 불완전요인들이 존재하는데, 이들 요인 때문에 배당이 기업가치나 주주의 부에 유리하게 또는 불리하게 작용하게 된다. 대표적인 불완전요인으로는 세금, 거래비용, 대리비용, 신호효과 등이 있다.
4. 배당수준을 결정하는 현실적 요인으로 순이익, 유동성, 투자기회, 부채상환 등이 있다. 그러나 기업들은 가급적 배당수준을 크게 변동시키지 않고 안정적으로 유지하려는 경향을 보이는데 이를 배당의 안정화라고 한다.
5. 자사주매입이란 배당을 지급하는 대신 그 자금으로 유통주식을 매입하는 것이다. 자사주매입이 주주에게 미치는 재무적 효과는 자사주를 매입한 가격수준에 의해서 결정된다.

>>> 연습문제 12 − 1

무부채기업인 가나기업의 자기자본비용은 10%이다. 현재 발행주식수는 95,000주이고, 1주당 가격은 1,000원이다. 배당수익률은 4%로 예상된다. MM(1961)의 배당모형을 이용하여 다음에 답하라.

(1) 당기순이익은 얼마로 예상되는가?
(2) 기말주가예상액은 얼마인가?
(3) 외부자금을 사용하지 않으면서 신규투자안에 투자할 수 있는 최대금액은?

해설

(1) 자기자본비용이 10%이므로 예상 당기순이익은 다음과 같다.

$$95{,}000 \times 1{,}000 \times 10\% = 9{,}500{,}000$$

(2) $k_e = \dfrac{P_1 - P_0 + D}{P_0}$ 에서 $\dfrac{D}{P_0} = 4\%$ 이므로 $D = 1{,}000 \times 4\% = 40$

그리고 $k_e = 0.1 = \dfrac{P_1 - 1{,}000 + 40}{1{,}000}$ $\quad \therefore\ P_1 = 1{,}060$

(3) MM(1961)의 배당모형에 따르면

$$n \cdot P_0 = \frac{1}{1+k_e}\left[(m+n)P_1 + E - I\right]$$

외부자금을 사용하지 않으므로 신주발행 주식수 $m=0$ 이 된다. 따라서

$$95{,}000 \times 1{,}000 = \frac{1}{1.1}\left[(0+95{,}000) \times 1{,}060 + 9{,}500{,}000 - I\right]$$

$$\therefore\ I = 5{,}700{,}000$$

>>> 연습문제 12 − 2

가나기업은 올해 말에 주당 1,000원을 배당하고 내년 말에는 기업을 청산하면서 주당 6,000원의 청산배당을 할 것이다. 이러한 현금흐름과는 반대로 첫해에 현금수요가 더 많은 주주가 있다고 가정하자. 이 주주의 보유주식수는 200주인데 첫해 현금수입을 둘째해 현금수입의 2배가 되도록 할 계획이다. 자가배당(homemade dividend)을 통해서 이를 달성할 수 있음을 보여라. 단, 자기자본비용은 12%이다.

해설

(1) 가나주식의 현재가격은 미래현금흐름의 현재가치이므로 다음과 같다.

$$P_0 = \frac{1{,}000}{1.12} + \frac{6{,}000}{1.12^2} = 5{,}676$$

(2) 1주로부터의 첫해 현금수입액을 C라고 하면 다음 식이 성립해야 한다.

$$\frac{C}{1.12}+\frac{0.5C}{1.12^2}=5{,}676 \qquad \therefore\ C=4{,}395$$

이에 따라서 200주를 보유한 주주의 자금흐름은 다음과 같이 정리된다.

시점	배당수입	요구수입	초과(부족)
1	1,000 × 200 = 200,000	4,395 × 200 = 879,000	(679,000)
2	6,000 × 200 = 1,200,000	4,395 × 0.5 × 200 = 439,500	760,500

이러한 상황에서 자가배당조정은 $t=1$시점에서 부족액만큼 주식을 매각하면 된다. 이때 매각할 주식수는 다음과 같이 산출된다.

$$t=1\text{에서 1주당 가격 } P_1=\frac{6{,}000}{1.12}=5{,}357.14\text{원}$$

$$\text{매각주식수}=\frac{679{,}000}{5{,}357.14}=126.75\text{주}$$

그러면 $t=2$에서의 현금배당액은 다음과 같다.

$$(200-126.75)\times 6{,}000=439{,}520\ (\text{원})$$

이때 439,500원과의 차이 20원은 단수차이로서 $t=2$에서의 요구수입과 일치하게 된다.

>>> 연습문제 12 - 3

가나기업의 올해 주식수익률은 15%로 예상된다. 그리고 현재주가는 10,000원이지만 올해 말 주가는 11,000원이 될 것으로 파악되었다. 배당소득세율은 20%이지만 자본시장의 육성 측면에서 자본이득에 대한 과세는 없다. 또한 개인소득세를 산출할 때에 개인부채에 대한 이자는 비용으로 인정된다.

(1) 현재 가나기업의 주식을 2만 주 보유한 투자자가 연말에 부담하게 되는 세금은 얼마인가?

(2) 위의 투자자는 배당소득을 자본이득으로 전환함으로써 배당소득에 대한 과세를 회피하려고 한다. 차입이자율이 10%라고 할 때 이러한 목적을 달성하기 위한 전략을 구체적으로 설명하고 그 결과를 확인하라.

해설

(1) 1주당 배당액은 다음과 같이 주식수익률로부터 산출할 수 있다.

$$R=\frac{P_1-P_0+D}{P_0}$$

$$15\%=\frac{11{,}000-10{,}000+D}{10{,}000}$$

따라서 1주당 배당액 $D=500$원(배당수익률은 5%)

2만 주 보유시 연말 배당소득은 다음과 같다.

500원×2만 주=10,000,000

그리고 부담할 세금인 배당소득세는 다음과 같이 산출된다.

10,000,000×20%=2,000,000

(2) ① 차입금을 조달하여 주식을 구입한다. 단, 이때에 주식으로부터의 배당소득이 이자비용과 같게 되도록 차입규모를 결정한다.
차입금을 B라고 하면 다음이 성립해야 한다.

배당소득$(10,000,000+0.05\times B)$=이자비용$(0.1\times B)$ $\therefore\ B=$2억원

즉, 2억원을 차입하여 가나주식을 구입하면 된다.

② 총투자액 4억원에 대한 손익계산서를 작성해보자.

수익	자본이득	(4억원×10%)	4천만원	
	배당소득	(4억원×5%)	2천만원	6천만원
비용	지급이자	(2억원×10%)		2천만원
이익				4천만원
차감 : 비과세 자본이득				4천만원
과세대상소득				0

이와 같이 과세대상소득이 0임을 확인할 수 있다.

>>> 연습문제 12 - 4

시장가치를 기준으로 작성된 가나기업의 재무상태표는 다음과 같다.(단위: 만원)

재무상태표

현 금	3,000	부 채	7,500
기 계	12,000	자 본	7,500
계	15,000	계	15,000

가나기업의 경영자는 주주들에게 2,000만원을 배당하기로 하고 배당자금을 어떻게 조달할 것인가 고민 중이다. 경리부장은 자사주매입이 배당효과가 있으므로 이를 이용하자고 제안했다. 그런데 자금부장은 자사주매입의 경우에는 부채비율이 증가하고 부채의 가치도 하락하여 채권자의 반발이 예상되므로 신주발행으로 조달한 자금을 배당자금으로 사용할 것을 제안했다. 세금은 존재하지 않는다고 가정하고 다음 각 물음에 답하라.

(1) 자사주매입 후 부채비율이 증가한다는 자금부장의 의견을 자사주매입 후 재무상태표를 작성하여 확인하라.
(2) 자사주매입이 부채가치의 하락을 초래한다는 자금부장 의견의 근거는 무엇인지 OPM의 체계에서 설명하라.

(3) 자금부장의 제안대로 유상증자를 통해 배당하였을 경우의 재무상태표를 작성하고 이 경우 부채비율 및 부채가치의 변화를 설명하라.

(1) 자사주매입 후 재무상태표는 다음과 같다.

재무상태표

현 금	1,000	부 채	7,500
기 계	12,000	자 본	5,500
계	13,000	계	13,000

부채비율은 다음과 같이 증가하므로 자금부장의 의견이 옳다.

$$\frac{7{,}500}{7{,}500}\times 100=100\% \quad \rightarrow \quad \frac{7{,}500}{5{,}500}\times 100=136.36\%$$

(2) 현금은 위험이 없는 자산인데 이의 비중이 감소하면 기업자산의 수익률분산이 증가하게 된다. 그런데 주식은 기업자산을 기초자산(underlying asset)으로 하는 콜옵션으로서 기초자산 수익률분산의 증가에 따라 그 가치가 증가한다. 따라서 부채의 가치는 하락하게 되는 것이다.

(3)

유상증자 재무상태표

현 금	5,000	부 채	7,500
기 계	12,000	자 본	9,500
	17,000		17,000

→

배당 후 재무상태표

현 금	3,000	부 채	7,500
기 계	12,000	자 본	7,500
	15,000		15,000

유상증자로 조달한 자금으로 배당을 지급하면 유상증자 전 재무상태표와 일치하여 부채비율 및 부채가치는 변화하지 않는다.

>>> 연습문제 12 - 5

배당과 관련된 다음 각 물음에 답하라.

(1) 상장회사인 가나기업은 올해에 660백만원의 순이익을 계상하였다. 이 회사는 매년 50%의 배당을 하고 있으며 올해도 이 수준을 유지할 계획이다. 현재 배당기대가치가 고려된 주식가치는 1주당 15,000원이며 발행주식수는 22만 주이다. 회사가 배당을 한 후의 권리락된 주식가치는 13,500원이 되었다. 만일 배당을 하지 않고 그 금액으로 배당부주식을 현재가치 15,000원으로 구입하여 소각한다면 주식가격에 미치는 영향과 변동된 후의 주식가격은?

(2) 배당정책의 고객효과(clientele effect)와 정보효과(signalling effect)에 대해 쓰고, 배당정책결정시 일반적으로 고려할 사항은?

(3) 우리나라에 있어서 배당정책의 문제점과 그 개선방향을 쓰고 주식의 장기투자화를 촉진시킬 수 있는 방법을 예시하라.

해설

(1) 자사주매입 전의 재무상태표의 자본구성은 다음과 같다.(단위: 백만원)

재무상태표

	자 본		
	자본금	2,640	3,300 (=15,000원×22만 주)
	순이익	660	

따라서 매입가능한 주식수는 다음과 같다.

$$\frac{660\text{백만원} \times 0.5}{15{,}000\text{원}} = 22{,}000\text{주}$$

그리고 자사주매입 후 재무상태표의 자본구성을 살펴보면

재무상태표

	자 본		
	자본금	2,640	2,970
	유보이익	330	

자사주매입 후 유통주식수는 198,000(=220,000−22,000)주이므로 1주당 가격은 다음과 같이 산출된다.

$$\frac{2{,}970\text{백만원}}{198{,}000\text{주}} = 15{,}000\text{원}$$

시장가격으로 자사주를 매입하면 주주의 부에 아무런 영향을 주지 않는다. 왜냐하면 주식은 매입소각되었지만 해당 주주에게는 동일한 금액의 현금이 지급되었기 때문이다.

(2) ① 고객효과

현실적으로 기업들이 다양한 배당률로 배당정책을 실시하고 있는 현상을 설명하는 이론이다. 즉, 배당 이외의 다른 소득이 많아서 높은 세율을 부담하는 투자자들은 저배당주를 선호하는 반면에 당기 소비가능한 소득을 원하거나 부담세율이 낮은 투자자들은 고배당주를 선호한다는 것이다.

② 정보효과

정보불균형상태에서 기업은 정보열등자인 외부투자자들에게 배당정책을 통해서 기업의 내부정보를 알려줄 수 있다는 이론이다. 예를 들어, 고배당정책은 기업이 미래현금흐름이 충분한 투자만을 갖고 있음을 알려주는 효과가 있는 것이다.

③ 배당정책결정시 고려요인

배당수준을 결정할 때에 고려할 요인들로는 당기순이익, 유동성, 미래의 투자기회, 부채상환의무, 기업지배권 및 관련 법규와 계약 등을 들 수 있다.

(3) ① 문제점과 개선방안

i) 낮은 배당수익률

우리나라의 경우 배당수익률이 예금이자율보다도 낮은 수준이기 때문에 장기적 투자보다는 주로 단기차익 매매가 많다. 따라서 배당수익률의 현실화를 도모한다.

ii) 액면가 기준의 배당

우리나라의 경우 배당수준을 주식액면가액기준의 배당률로 결정하는데 이를 안정적으로 유지하려고 할 때 이익이 적은 경우에는 기업의 재무부담이 크게 된다. 따라서 재무부담을 덜기 위해서 이익기준의 배당성향으로 배당수준을 결정하거나 연 1회 이상의 배당지급을 실시하여 현금유출을 분산시킨다.

② 장기투자화 방안

i) 배당수익률의 현실화를 유도하여 주식을 투자자에게 안정적 투자수단으로 인식하게 한다.

ii) 단기차익에 대해서는 장기차익보다 과세를 강화한다.

>>> 연습문제 12 - 6

가나기업은 당해 연도에 6,000,000원의 순이익을 계상하였다. 이 회사는 매년 50%의 배당을 지급하여 왔는데 배당을 지급한 후의 권리락 주가는 1,300원으로 예상되고 있다. 현재 발행주식수는 15,000주이다. 자금부장은 자기주식매입이 배당효과뿐만 아니라 주주들의 부에는 현금배당과 동일한 영향을 미치므로 올해는 현금배당을 하지 말고 그 금액으로 자기주식을 매입할 것을 제안하였다. 그런데 총무부장은 100주를 보유한 총회꾼들 때문에 회사업무에 지장이 많으므로 이들 주식을 다른 주식의 주가보다 10% 높은 가격으로 먼저 매입하여 줄 것을 자금부장에게 요청하였다. 자금부장은 개인적으로 우리사주 주식 200주를 보유하고 있는데, 총무부장의 요청을 받아들이면 자신의 부(wealth)가 줄어드는 것은 아닌지 몰라 선뜻 응하지 못하고 있다. 다음 각 물음에 답하라.

(1) 현재 주가수준대로 자기주식을 매입한다면 매입가능한 주식의 수량은 얼마인가? 그리고 이와 같이 자기주식을 매입한 후의 주가수준은 얼마인가?

(2) 다음 말을 논평하라.

"자기주식매입에 대한 자금부장의 논리적 근거는 어떤 세금도 존재하지 않는 완전자본시장에서 가능한 것이다."

(3) 만약 자금부장이 총무부장의 요청을 수락한다면 자금부장의 부에 영향이 있는가? 답변에 대한 근거를 제시하라.

(4) 배당이 주주의 부에 영향을 미치게 하는 불완전시장요인을 열거하고 각 요인들이 어떻게 영향을 미치는지 약술하라.

해설

(1) 배당락 주가가 1,300원이므로 배당부 주가(현재주가)는 다음과 같다.

$$1{,}300 + \frac{6{,}000{,}000 \times 50\%}{15{,}000\text{주}} = 1{,}500(\text{원})$$

따라서 매입가능한 주식수는 다음과 같다.

$$\frac{6{,}000{,}000 \times 50\%}{1{,}500\text{원}} = 2{,}000(\text{주})$$

배당부 주가로 매입하였으므로 자기주식매입 후 주가는 1,500원으로 변화가 없다.

(2) 자기주식의 매입이 주주의 부에 현금배당과 동일한 영향을 준다는 것은 완전자본시장에서만 가능한 것은 아니다. 왜냐하면 배당문제는 법인세차감 후 순이익을 대상으로 한 논의이기 때문에 법인세의 존재 여부는 문제가 되지 않는다. 다만, 배당소득세와 자본이득세의 세율차이가 주주의 부에 영향을 미치는 것이다. 즉, 배당소득세와 자본이득세의 부담이 동일하면 현금배당이나 자기주식의 매입이나 주주의 부에 동일한 영향을 주게 되지만 두 가지 세율이 동일하더라도 자본이득에 대한 세부담은 이연가능하기 때문에 다른 조건이 동일하면 자기주식매입으로 인한 주가상승효과가 현금배당보다 유리할 것이다.

(3) 10% 높은 가격 = 1,500 × 1.1 = 1,650

필요한 자금 = 1,650원 × 100주 = 165,000

100주의 자기주식을 매입한 후 재무상태표를 작성하여 자본의 구성을 살펴보면 다음과 같다.

재무상태표

	자 본	
	자본금	16,500,000
	유보이익	5,835,000(=6,000,000 − 165,000)
	계	22,335,000

유통주식수는 14,900주(=15,000 − 100)이므로 1주당 가격은 다음과 같다.

$$\frac{22,335,000}{14,900} = 1,499$$

즉, 총무부장의 요청을 받아들이면 나머지 주주들은 1주당 1원의 자본차손을 보게 되며 자금부장은 200주를 보유하고 있으므로 200원의 부의 손실을 입게 된다.

(4) 완전자본시장에서 배당은 주주의 부에 아무런 영향을 주지 않는다. 그러나 현실적으로는 다음과 같은 불완전시장요인이 존재하여 영향을 주게 된다.

① 세금

일반적으로 배당소득세율이 자본이득세율보다 높아서 배당은 음(−)의 영향을 주게 된다.

② 거래비용

외부자금을 조달하는 경우 조달비용이 존재하면 배당수준이 클수록 기업의 거래비용부담의 커져서 음(−)의 영향을 미친다.

③ 대리비용

특권적 소비를 고려하면 배당을 늘려서 대리인(경영자)의 재량에 따라 사용할 수 있는 유보이익을 없애는 것이 양(+)의 영향을 미칠 수 있다.

④ 정보효과

정보불균형이 존재할 때 배당의 증가는 정보열등자인 투자자에게 미래수익성 및 유리한 재무정보를 전달하는 효과가 있어서 양(+)의 영향을 준다.

⑤ 기타

현재의 배당은 미래의 불확실성을 제거하고 주주들의 현재수입의 선호에도 부합되어 양(+)의 효과를 줄 수 있다.

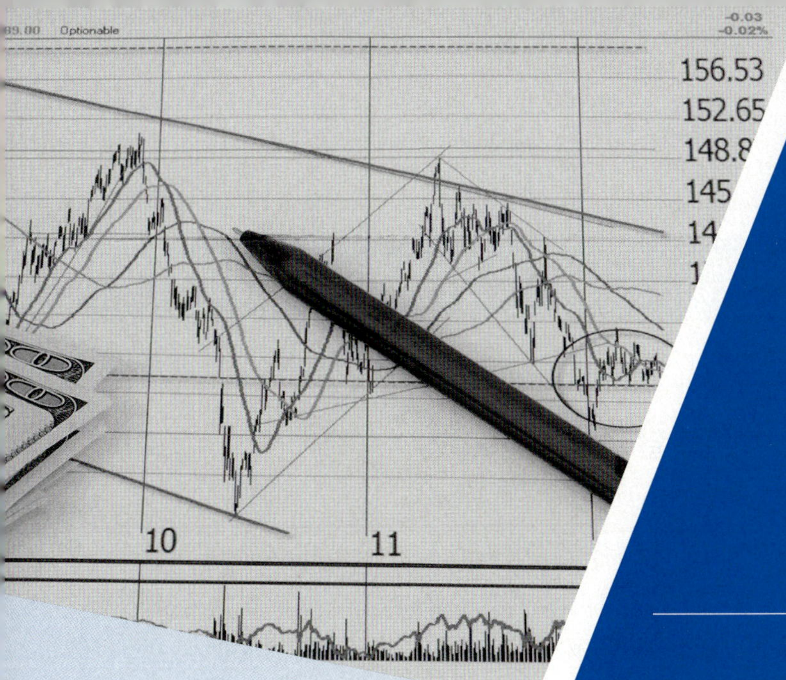

제 13 장
리스금융

Financial Management

학습 목표

기업이 투자안을 수행하기 위해서 조달할 수 있는 자본형태는 크게 자기자본과 타인자본으로 구분된다. 가장 일반적인 형태는 주식발행과 회사채발행 또는 차입금조달 등이다. 그러나 최근에는 금융기법의 전문화로 자본조달형태가 매우 다양해지고 있는데 대표적인 유형이 리스금융과 파생금융상품의 발행에 따른 자금조달이다. 파생금융상품의 기능은 단순히 자금조달로서의 기능뿐만 아니라 위험관리(risk management)의 기능도 갖고 있으므로 제4부에서 그 내용을 살펴보기로 하고 이 장에서는 리스금융에 대해서 설명한다.

제 1 절 자본조달

1.1 자본구조와 자본조달

기업은 개별적인 투자안마다 NPV를 극대화시키기 위해서 WACC가 가장 작게 되도록 투자자금을 조달할 것이다. 그리고 기업의 자본구조는 결국 이같이 개별적으로 조달한 자금형태가 모여서 만들어지는 것이다. 그런데 이때의 투자안은 대개 투자수명이 장기인 경우를 말하며, 자본구조 역시 장기적인 자본조달로 형성된 것을 말한다. 따라서 자본구조와 관련하여 자본조달을 논의할 때에는 장기 자본조달을 의미하는 것이다.

1.2 자본조달의 유형

(1) 자본시장과 자본조달

기업의 자본조달원천은 크게 자기자본과 타인자본으로 대별된다. 그렇지만 이러한 원천의 구별없이 모든 자본은 자본시장을 통해서 조달하게 된다. 따라서 자본시장은 어떻게 구성되며 기업은 자본시장에서 어떤 형태로 자본을 조달하는지를 살펴본다.

자본시장은 크게 증권시장과 금융시장으로 구성된다. 증권시장은 다시 증권의 종류에 따라서 주식이 거래되는 주식시장과 채권이 거래되는 채권시장으로 구별된다. 기업은 주식이나 회사채를 발행함으로써 증권시장에서 자본을 조달하게 되는데 이는 일반투자자로부터 직접 자본을 조달하는 것이기 때문에 이러한 자금조달을 직접금융이라고 한다.

한편, 증권시장은 증권의 발행단계에 따라서 처음 증권을 발행할 때 형성되는 발행시장과 이미 발행된 증권이 거래되고 있는 유통시장으로 구별되기도 한다. 발행시장은 구체적인 장소가 없지만 유통시장은 증권거래소와 같은 구체적인 형태를 가지며 여기에서 형성된 증권가격은 발행시장의 발행가격을 결정하는 중요한 기준이 된다.

금융시장은 금융기관들로 구성된 자본시장이다. 따라서 기업이 은행과 같은 금융기관으로부터 차입금을 조달하는 것을 금융시장을 이용한 자본조달이라고 한다. 그런데 금융기관들이 제공하는 차입금은 일반투자자들의 예금이 주된 원천이기 때문에 금융시장을 이용한 자금조달을 간접금융이라고 하는 것이다.

대체로 증권시장에서는 장기자본을 조달하고, 금융시장에서는 단기자본을 조달하게 되지만 금융시장에서도 장기차입금이나 리스금융같은 것은 장기자본조달에 속한다.

(2) 자본조달유형의 다양화

자본시장의 구조를 설명하면서 이미 언급되었지만 기업이 자본을 조달하는 대표적인 유형은 주식과 회사채, 그리고 차입금이다. 그러나 최근에는 자본시장의 환경변화와 금융기법의 전문화에 힘입어 이러한 전통적인 자본조달수단 이외의 다양한 형태의 자본조달유형이 나타나게 되었다. 새로운 유형의 자본조달수단으로는 다음과 같은 것들이 있다.

① 리스금융

리스(lease)란 리스회사로부터 특정 자산에 대한 사용권을 얻고 매기 일정한 리스료를 지급하는 계약을 말한다. 직접적인 자금차입이 있는 것은 아니더라도 다음 절에서 살펴보겠지만 리스금융(leasing)은 장기적인 자본조달효과를 갖고 있다. 리스금융은 최근에 중요한 자본조달수단으로 이용되고 있다.

② 파생금융상품

최근에는 새로운 금융기법의 도입으로 다양한 금융상품이 개발되었다. 이들은 대개 전통적 금융상품인 주식과 사채에 특정한 내용의 선택권을 부여한 선택권부 증권의 형태를 갖는데[1)] 이를 파생금융상품(financial derivatives)이라고 하며, 구체적인 예로 신주인수권부사채, 전환사채 및 전환우선주 등을 들 수 있다. 이들은 기업뿐만 아니라 투자자 입장에서도 상황에 따라서 유리한 선택을 할 수 있기 때문에 기업이 자본을 조달하는 수단으로 점점 더 중요한 비중을 차지할 것으로 예상된다.

이처럼 선택권이 부여된 것은 아니지만 선물계약(futures contracts), 스왑(swap) 등도 새로이 등장한 금융기법이라고 할 수 있는데, 이 역시 기업의 자본조달수단

1) 이러한 선택권을 옵션(option)이라고 하는데, 이에 대한 구체적인 내용은 제14장, 제15장에서 살펴볼 것이다.

으로 이용될 수 있다.

이 장에서는 자본조달수단으로서 리스금융에 대한 내용을 다룰 것이다. 파생금융상품에 의한 자본조달은 먼저 파생금융상품 자체에 대한 이해가 필요한데 이들에 대해서는 자본조달수단으로서의 기능보다 오히려 위험관리(risk management)라는 기능이 더욱 중요하다고 생각되기 때문에 제4부에서 자세하게 다룰 것이다.

제 2 절 리스의 기초개념

2.1 리스의 의의

리스(lease)란 임차인이 임대인으로부터 일정기간 동안의 자산사용권을 얻고 그 대가로 일정한 기간 동안 리스료를 지급할 것을 약속하는 계약을 말한다. 여기서 기계설비 등 자산을 빌려서 사용하는 임차인(leasee)은 기업이 되는 것이고, 자산을 빌려 주는 임대인(leasor)은 리스회사인 것이다.

이때 기업은 리스자산을 통해서 영업현금유입을 창출하므로 자산을 구입하지 않고서도 구입한 것과 동일한 경제적 효과를 갖는다. 한편, 이에 대한 대가로 매기 일정한 리스료를 지급해야 하므로 기업은 그 현재가치만큼의 부채를 부담하는 것과 동일하다. 결국 재무적 관점에서 볼 때, 리스는 부채를 조달하여 자산을 구입한 것과 동일한 것이기 때문에 자본조달의 새로운 형태로 인식되는 것이다.

2.2 리스의 형태

(1) 운용리스와 금융리스

운용리스(operating 또는 service lease)란 리스자산의 소유권과 관련된 비용지출과 이익효과를 리스회사가 갖고 있는 형태의 리스를 말한다. 이때에 소유권과 관련된 비용지출항목으로는 리스자산의 유지 및 관리비용을 들 수 있고, 소유권과

관련된 이익효과항목으로는 감가상각비의 법인세 감세효과를 들 수 있다.[2)]

따라서 운용리스는 대체로 다음과 같은 특징을 갖는다.

① 리스자산의 유지 및 관리를 리스회사가 수행한다.
② 리스자산에 대한 감가상각은 리스회사가 계상한다.
③ 리스기간 중에 기업은 리스계약을 해지할 수 있다.
④ 리스종료시 리스자산을 시가보다 저렴한 가격으로 구입할 수 있는 염가구매선택권은 없다.
⑤ 리스기간이 금융리스보다 짧은 편이다.

금융리스(financial 또는 capital lease)란 운용리스와는 반대로 리스자산의 소유권과 관련된 비용지출과 이익효과를 리스이용자인 기업이 갖고 있는 형태의 리스를 말한다. 따라서 대체로 다음과 같은 특징을 갖는다.

① 리스자산의 유지 및 관리를 기업이 수행한다.
② 리스자산에 대한 감가상각은 기업이 계상한다.
③ 리스기간 중에 기업은 리스계약을 해지할 수 없다.
④ 리스기간의 종료시 기업은 염가구매선택권을 갖는다.
⑤ 리스기간이 운용리스에 비해서 긴 편이다.

(2) 기타 형태의 리스

운용리스, 금융리스 이외에 다음과 같은 형태의 리스가 있다.

① 판매후재리스

판매후재리스(sales and lease back)란 기업이 보유한 자산을 리스회사에 매각함과 동시에 다시 리스를 통해서 사용하는 계약형태를 말한다. 기업 입장에서 보면 판매후재리스는 순수한 자금차입효과를 갖는다.

② 레버리지리스

레버리지리스(leveraged lease)란 리스회사가 차입금을 조달해서 구입한 자산을 임대하는 계약형태를 말한다. 리스회사의 입장에서 보면 차입금에 대한 이자비용

2) 리스자산에 대한 감가상각비를 누가 계상하는가는 운용리스와 금융리스를 구분하는 가장 중요한 기준이다. 이에 따라서 감가상각비의 법인세 감세효과를 누가 얻게 되는가가 결정되는데, 이 장에서 분석대상이 되는 리스는 리스회사가 감가상각효과를 얻는 형태인 운용리스이다. 차후에 다루게 될 균형리스료 산출문제와 리스의 경제성 평가문제도 모두 운용리스를 분석대상으로 하는 것이다.

의 감세효과를 도모할 수 있다.

판매후재리스, 레버리지리스는 운용리스나 금융리스와 전혀 별개의 형태가 아니다. 왜냐하면 판매후재리스나 레버리지리스는 모두 리스회사의 입장에서 보는 구분기준일 뿐 기업입장에서는 이러한 구분이 의미가 없다. 즉, 판매후재리스는 리스회사가 리스자산을 리스이용자인 기업으로부터 조달하였다는 것이고, 레버리지리스는 리스회사가 리스자산의 취득시 부채를 사용하였다는 것을 의미할 뿐이다. 예를 들어, 리스회사가 기업의 보유자산을 부채를 조달해서 구입한 후 그 자산의 소유권과 관련된 비용과 효익을 해당 기업이 갖는 조건으로 다시 임대한다면, 이는 판매후재리스이면서 레버리지리스이고 동시에 금융리스가 되는 것이다.

2.3 리스의 효과

기업이 필요한 자산을 직접 구입하지 않고 리스를 택함으로써 얻게 되는 경제적 효과로는 다음과 같은 것들을 들 수 있다.

① 자본조달상의 이점

리스회사는 자산의 구입대금뿐만 아니라 각종 부대비용까지 부담하기 때문에 필요자금 전액을 융자해주는 효과가 있다.

② 경비절감효과

리스회사는 다양한 종류의 자산을 보유하고 리스업무를 수행하고 있기 때문에 기업에 비해서 효율성이 높은 편이다. 이로 인해서 기업은 자산을 직접 구입할 때에 부담하게 되는 각종 간접비용보다 적은 비용부담으로 필요자산을 조달할 수 있다.

③ 진부화위험의 회피

기술진보가 빠른 설비의 경우에는 운용리스로 사용하면서 리스기간 중에 계약을 해지하고 새로운 설비를 다시 리스로 사용할 수 있으므로 직접구입시에 부담하게 되는 진부화위험을 회피할 수 있다.

④ 부외금융효과

운용리스의 경우 리스료는 손익계산서에만 나타날 뿐 재무상태표에는 아무런 표시가 없기 때문에 재무상태표를 중심으로 산출되는 각종 평가지표에는 나쁜 영향을 주지 않는데, 이를 부외금융효과라고 한다.

제 3 절 균형리스료

3.1 임대인의 균형리스료

먼저 임대인인 리스회사의 입장에서 리스에 대한 NPV를 산출해보자. 임대인의 입장에서 리스란 리스기간 동안 매년 리스료 L만큼의 영업현금유입이 예상되는 투자안을 수행하는 것이다. 따라서 리스를 통한 리스회사의 매년 현금유입은 감가상각비 D의 감세효과까지 고려하면 다음과 같이 측정된다.[3)]

$$C_t = L_t(1-t) + t\,Dep$$

그런데 이 투자안을 수행하는데 지출되는 투자비용은 리스자산 구입금액 C_0이므로 리스기간 종료시에 잔존가치가 없다고 가정하면 NPV는 다음과 같이 산출될 것이다.

$$NPV = \sum_{t=0}^{n} \frac{L_t(1-t) + t\,Dep}{(1+k)^t} - C_0 \qquad (13.1)$$

이때에 할인율 k로는 기회비용의 개념으로 리스회사가 리스계약 외에 리스자산을 통해 벌어들일 수 있는 수익률 중 가장 큰 값이 된다. 이를 자본비용 측면에서 보면 리스회사가 리스자산을 구입할 때에 부담하게 되는 WACC가 되는 것이다.

리스시장이 모든 투자안에 대한 정보를 공유하고 있는 완전경쟁적인 시장이라면 초과이윤에 해당하는 NPV가 양(+)의 값으로 남아 있을 수 없다. 따라서 위 식에서 NPV=0이 되는 L_t가 리스회사의 입장에서 본 균형리스료가 된다.

---

3) 이는 기업이 자본예산에서 실물투자안을 평가할 때 측정하는 영업현금흐름과 같은 것이다.

3.2 임차인의 균형리스료

이번에는 리스이용자인 기업의 입장에서 리스에 대한 NPV를 산출해보자. 기업은 리스자산을 이용해서 매년 영업현금유입 F를 얻는 대신 이의 대가로 리스료 L을 지급해야 한다. 즉, 리스이용에 따른 순영업현금유입은 $(F-L)$이 된다. 그런데 리스자산에 대한 감가상각은 리스회사가 하는 것이므로 감가상각비의 감세효과는 고려하지 말아야 한다. 따라서 매년 현금흐름은 다음과 같이 측정된다.

$$C_t=(F_x-L_t)(1-t)$$

그리고 임차인의 입장에서는 이에 대한 초기지출도 전혀 없으므로 NPV는 다음과 같다.

$$NPV=\sum_{t=0}^{n}\frac{(F_t-L_t)(1-x)}{(1+k)^t} \tag{13.2}$$

이때의 할인율 k로는 기업의 입장에서 이와 동일한 투자안을 수행하는 데 필요한 자금을 조달할 때에 부담하게 되는 자본비용 중 가장 작은 값이 사용되어야 한다. 구체적으로 차입금의 자본비용은 유상증자에 대한 자기자본비용보다 낮으며, 또한 리스는 차입을 통한 직접구입과 동일한 효과가 있기 때문에 이자비용의 감세효과를 고려한 세후 타인자본비용을 할인율로 사용하는 것이 논리적이다.

투자시장이 투자안에 대한 정보를 모든 기업이 공유하고 있는 환경이라면 NPV가 양(+)의 값으로 남아 있을 수 없다. 만약 NPV가 양(+)인 투자안이 있다면 기업들은 경쟁적으로 추가적인 투자활동을 수행할 것이고 결국은 NPV = 0이 된다. 이때의 리스료 L_t가 임차인인 기업의 입장에서 본 균형리스료가 되는 것이다.

한편, 시장이 완전경쟁적이고 자본조달과 투자활동에 아무런 제약이 없다면 최종적으로 임차인의 균형리스료는 곧 임대인의 균형리스료와 일치하게 될 것이다. 그리고 그 값은 임차인의 영업현금유입(F)과 같은 수준이 된다.

>>> 예제 13-1

가나리스(주)는 취득원가 90,000천원인 기계를 임대하려고 한다. 시장이자율은 세후기준으로 8%이고 감가상각방법은 정액법을 따르며 내용연수 만료 후에 잔존가치는 없다고 한다. 한계법인세율 40%에서 다음 각 경우에 균형리스료는 얼마인가? 단, 리스기간은 기계내용연수와 동일한 9년이다.

(1) 리스료를 연말에 지급하는 경우
(2) 리스료를 연초에 지급하는 경우

풀 이

(1) 가나리스(주)의 리스에 따른 현금흐름은 다음과 같다.(단, 리스료: L)

	$t=0$	1	2	⋯	8	9
기계구입	−90,000					
세후리스료수입		$(1-0.4)L$	$0.6L$	⋯	$0.6L$	$0.6L$
감가상각비감세효과		$\frac{90,000}{9}\times 0.4$	4,000	⋯	4,000	4,000

이러한 현금흐름의 NPV는 다음과 같다. 균형상태에서 NPV=0이므로

$$NPV=-90,000+\sum_{t=1}^{9}\frac{0.6L}{(1+0.08)^t}+\sum_{t=1}^{9}\frac{4,000}{1.08^t}$$
$$=-90,000+(0.6L+4,000)\times PVIFA(8\%,\ 9)=0$$
$$\therefore\ L=17,345$$

(2) 리스료 선급조건에 따른 현금흐름은 다음과 같다.

	$t=0$	1	2	⋯	8	9
기계구입	−90,000					
리스료수입	L	L	L	⋯	L	
리스료에 대한 세금		$-0.4L$	$-0.4L$	⋯	$-0.4L$	$-0.4L$
감가상각비감세효과		4,000	4,000		4,000	4,000

$$NPV=-90,000+L\times[1+PVIFA(8\%,\ 8)]$$
$$+(4,000-0.4L)\times PVIFA(8\%,\ 9)=0$$
$$\therefore\ L=15,305$$

이처럼 리스료 선급조건인 경우에는 화폐의 시간적 가치 때문에 매기 리스료가 후급조건보다 낮은 수준이 된다.

제 4 절 리스의 경제성 평가

4.1 개 요

(1) 전제조건

기업이 리스에 대한 경제성을 평가한다는 것은 리스를 이용하여 자산을 이용할 것인가와 직접구입하여 자산을 이용할 것인가를 비교, 평가한다는 것을 말한다. 이때에 자산을 이용한다는 것은 이미 경제성이 있다는 것을 전제로 하는 것이다. 즉, 투자에 대한 결정은 이미 내려져 있는 상황에서 자본조달에 대한 결정을 하는 것이다. 이처럼 리스의 경제성을 평가함에 있어서는 투자결정과 자본조달결정을 분리시켜서 생각하는 것이 중요하다.

(2) 비교대상의 결정과 평가방법

리스는 자본조달수단의 한 형태이다. 따라서 리스를 이용하려면 다른 형태로 자본조달하는 것보다 유리한지를 비교해보아야 한다. 리스 이외에 다른 자본조달 형태는 크게 주식발행과 차입금조달의 두 가지 형태를 생각할 수 있다. 그런데 리스이용시 지급하게 되는 리스료는 매기 일정액을 지불하는 고정비용으로서 그 현가만큼의 부채를 부담하는 효과를 갖는다. 이는 차입금과 성격이 동일하므로 리스의 평가는 전액차입을 통해 자금을 조달하는 경우와 비교해야 하는 것이다.

리스의 경제성을 평가하는 데에도 자본예산의 기법이 그대로 이용된다. 대체로 NPV법을 많이 이용하는데 이를 위해서 현금흐름의 측정과 순현가의 산출이라는 두 단계의 절차를 거치게 된다.

4.2 현금흐름의 측정요소

기업이 필요로 하는 자산을 차입금을 조달해서 구입할 것인가 또는 리스로 이용할 것인가를 평가하기 위해서 먼저 두 가지 대안에 따른 현금흐름을 측정해야 할 것이다. 각 대안에 따른 현금흐름항목을 비교해본다.

(1) 차입금의 조달로 자산을 구입하는 경우

차입금을 조달해서 자산을 구입하고 이를 이용하여 영업활동을 한다고 하자. 그러면 이러한 일련의 과정에서 고려할 현금흐름요소는 다음과 같다.

① 차입금 조달에 따른 현금유입액
② 차입금에 대한 원리금상환액
③ 기계구입금액
④ 영업현금유입의 증분(세후기준)
⑤ 감가상각비의 감세효과

그런데 이 중 차입금조달에 따른 현금유입액은 언제나 차입금에 대한 원리금상환액의 현재가치와 같으므로 리스의 경제성을 분석할 때에는 이 두 가지를 고려할 필요가 없다.[4] 따라서 고려해야 할 현금흐름요소는 다음과 같이 세 가지만 남는다.

① 기계구입금액
② 영업현금유입의 증분(세후기준)
③ 감가상각비의 감세효과

(2) 자산을 리스로 이용하는 경우

자산을 리스로 이용하여 영업활동을 하는 경우에는 다음과 같이 두 가지 요소만 고려하면 된다.

① 영업현금유입의 증분(세후기준)
② 지급리스료의 부담(세후기준)

(3) 리스기준의 현금흐름

차입금을 조달하여 자산을 구입하는 경우와 리스를 이용하여 자산을 이용하는 경우로 구분해서 각 대안별로 현금흐름을 측정하는 것은 사실 번거로운 일이다. 왜냐하면 영업현금유입의 증분은 각 경우에 모두 공통적으로 포함되어 있는 항목이므로 두 대안을 비교하는 데에는 아무런 영향을 주지 않기 때문이다. 따라서

4) 차입금을 만기일시상환, 원리금균등분할상환 등 어떤 형태의 상환조건으로 조달하였다고 하더라도 원리금상환액의 현가는 조달부채의 현가와 동일한 값을 갖는다. 따라서 상환조건의 차이는 리스의 사용 여부에 아무런 영향을 미치지 않는다.

리스를 기준으로 다음과 같이 현금흐름의 측정을 단순화시킬 수 있다.

① 현금유입 – 기계구입금액
② 현금유출 – 지급리스료(세후기준), 감가상각비의 감세효과

즉, 리스를 이용하면 기계구입금액에 해당하는 현금유출을 절감할 수 있으므로 이는 현금유입에 해당한다. 그리고 리스를 이용함으로써 부담하게 되는 리스료는 현금유출이 된다. 한편, 리스를 이용하면 감가상각의 효과는 리스회사가 갖게 되고 리스이용자는 이를 포기하는 결과이므로 기업의 입장에서는 이 역시 현금유출이 된다.[5)]

결론적으로 리스를 이용한다는 것은 기계구입금액을 지출하지 않기 위해서 리스료를 지급하면서 감가상각비의 감세효과를 포기하는 것으로 요약할 수 있다.

4.3 리스의 경제성 평가(1)

(1) NPV법에 의한 평가

NPV법에 의해서 리스의 사용 여부를 판단하는 방법은 앞서 현금흐름을 측정하는 방법에 따라 다음과 같이 두 가지 방법으로 구분할 수 있다.

① 투자안의 NPV를 구하여 평가하는 방법

이는 자산을 구입하여 투자안을 수행할 때의 투자안 NPV를 먼저 구하고, 동일한 투자안을 리스를 이용해서 수행할 때의 투자안 NPV를 구하여 이 두 값을 비교하여 보다 큰 NPV를 가져다 주는 방법을 채택하는 것이다. 즉, 구입과 리스의 경우 전체 현금흐름을 고려해서 평가하는 방법인데 현금흐름이 불규칙하여 리스를 기준으로 현금흐름을 측정하기 곤란할 때 이용할 수 있다. 예를 들어, 리스료의 선급조건, 투자세액공제 및 처분이익 등이 있는 경우에 이용하면 편리하다.

② 리스기준의 NPV를 구하여 평가하는 방법

리스기준의 현금흐름을 측정할 때에 이미 언급하였지만, 리스를 이용한다는 것은 자산구입금액을 지출하지 않기 위해서 리스료를 지급하면서 감가상각비의 감세효과를 포기하는 것이라고 하였다. 따라서 리스기준의 NPV는 다음과 같이

---

5) 여기서 분석대상은 운용리스임을 상기하라.

측정된다.

$$NPV_L = C_0 - \sum_{t=0}^{n} \frac{L_t(1-t) + t\,Dep}{[1+k(1-t)]^t}$$

$$= C_0 - PV[L_t(1-t)] - PV[t\,Dep] \qquad (13.3)$$

그런데 여기서 현금흐름의 현재가치를 산출할 때에 적용하여야 할 할인율로 무엇을 이용하여야 할 것인가? 리스의 경제성을 평가한다 함은 리스사용과 차입금조달 여부를 비교하는 것이다. 따라서 리스사용에 대한 기회비용은 차입금의 자본비용이 되는 것이다. 그러므로 차입금조달시 부담하게 되는 타인자본비용 $k(1-t)$가 적절한 할인율이 된다.

이러한 평가방법은 현금흐름이 비교적 규칙적인 경우에 편리하게 이용할 수 있다. 그러나 현금흐름이 복잡하더라도 리스기준으로 정확하게 측정된다면 투자안의 NPV를 구하여 평가하는 방법과 동일한 결과를 보이게 된다.

(2) IRR법에 의한 평가

자본예산에서 화폐의 시간적 가치를 고려하는 방법으로 NPV법과 IRR법이 있다고 하였다. 리스의 경제성 평가에서도 IRR법을 이용할 수 있다. 이때의 IRR은 다음과 같이 리스기준의 NPV를 0으로 만드는 할인율이다.

$$NPV_L = C_0 - \sum_{t=0}^{n} \frac{L_t(1-t) + t\,Dep}{(1+IRR)^t} = 0 \qquad (13.4)$$

그런데 위 식에서 구한 IRR은 수익률의 개념이 아니라 리스의 자본비용인 것이다. 따라서 여기서 산출한 IRR과 $k(1-t)$를 비교하여 IRR이 작으면 리스를 이용하고 $k(1-t)$가 작으면 차입금조달로 자산을 직접구입하여야 할 것이다.

>>> 예제 13-2

가나기업은 기계설비의 도입에 대해서 부채를 조달하여 직접구입할 것인지 아니면 리스로 사용할 것인지를 놓고 고민 중이다. 차입이자율은 10%이고 가나기업은 한계법인세율은 30%이다. 고려대상인 기계의 구입가격은 10,000만원인데 이를 사용하면 매년 영업수익의 증분은 6,000만원이고 영업비용의 증분은 감가상각비를 제외하고 2,000만원이다. 기계에 대한 감가상각은 정액법을 따르고 내용연수는 5년이며 내용연수 경과 후의 잔존가치는 없다. 그런데 매년 리스료로 2,500만원을 5년간 매년 말 지급하는 조건의 리스를 통해 이 기계를 사용할 수 있다. 다음 각 물음에 답하라.

1. 리스하는 경우를 기준으로 증분현금흐름의 NPV를 구해서 리스의 경제성을 평가하라.
2. 기계구입자금을 만기일시상환조건(이자는 매기 말에, 원금은 만기에 상환하는 조건)으로 차입한 경우와 원리금균등분할상환조건(매기 말에 원금과 이자를 지급하는 조건)으로 차입한 경우를 비교하여 리스의사결정에 미치는 효과의 차이를 보여라. 그리고 이러한 결과의 이론적 근거를 간략하게 설명하라.
3. 내부수익률법(IRR법)에 의해 리스의 경제성을 평가하라.

풀이

1. (1) 직접구입하는 경우의 현금흐름

	$t=0$	1	2	3	4	5
기계구입	−10,000					
영업이익		2,800①	2,800	2,800	2,800	2,800
감가상각비효과		600②	600	600	600	600
	−10,000	3,400	3,400	3,400	3,400	3,400

① (6,000−2,000)×(1−0.3)

② $\frac{10,000}{5}\times 0.3$

(2) 리스를 이용하는 경우의 현금흐름

	$t=0$	1	2	3	4	5
영업이익		2,800	2,800	2,800	2,800	2,800
리스료		−1,750③	−1,750	−1,750	−1,750	−1,750
		1,050	1,050	1,050	1,050	1,050

③ 2,500 × (1−0.3)

(3) 증분기준의 비교에서는 기계구입가격이 현금유입으로 간주되고 세후기준 리스료 및 세후감가상각비의 감세효과액이 현금유출로 간주된다. 따라서 리스기준의 증분현금흐름과 NPV는 다음과 같다.

$t=0$	1	2	3	4	5
10,000	−2,350	−2,350	−2,350	−2,350	−2,350

$$NPV_L = C_0 - PV[L_t(1-t)] - PV(t\cdot Dep)$$
$$= C_0 - PV[L_t(1-t)] + t\cdot Dep]$$
$$= 10,000 - 2,350 \times PVIFA(7\%,\ 5)$$
$$= 364.53$$

2. (1) 기계구입자금을 만기일시상환조건으로 차입한 경우

	t=0	1	2	3	4	5
부채조달	10,000					
기계구입	−10,000					
이자지급		−700①	−700	−700	−700	−700
원금상환						−10,000
영업이익		2,800	2,800	2,800	2,800	2,800
감가상각비효과		600	600	600	600	600
	0	2,700	2,700	2,700	2,700	−7,300

① 10,000 × 10% × (1 − 0.3)

$$NPV = 2{,}700 \times PVIFA(7\%,\ 5) - 10{,}000\ PVIF(7\%,\ 5)$$
$$= 2{,}700 \times 4.1002 - 10{,}000 \times 0.71299$$
$$= 3{,}940.64$$

(2) 원리금균등분할상환조건으로 구입한 경우

	t=0	1	2	3	4	5
부채조달	10,000					
기계구입	−10,000					
원리금상환		−2,638②	−2,638	−2,638	−2,638	−2,638
이자감세효과③		300	251	197	137	72
영업이익		2,800	2,800	2,800	2,800	2,800
감가상각비효과		600	600	600	600	600
	0	1,062	1,013	959	899	834

② $\dfrac{10{,}000}{PVIFA(10\%,\ 5)} = \dfrac{10{,}000}{3.7908} = 2{,}638$

③

기 간	원리금	이 자	원 금	세금효과
1	2,638	1,000	1,638	300
2	2,638	836	1,802	251
3	2,638	656	1,982	197
4	2,638	458	2,180	137
5	2,638	240	2,398	72
			10,000	

이에 대한 NPV는 다음과 같다.

$$NPV = \frac{1{,}062}{1.07} + \frac{1{,}013}{1.07^2} + \frac{959}{1.07^3} + \frac{899}{1.07^4} + \frac{834}{1.07^5} = 3{,}940.62$$

(3) 기계구입자금을 만기일시상환조건으로 차입하거나 원리금균등분할조건으로 차입하거나 그 효과는 동일하다. 즉, 어떤 형태의 부채라도 원금 및 이자 상환액의 현재가치는 t=0시점에서의 부채조달액과 동일한 가치를 갖는다. 따라서 의사결정

에는 영향을 주지 않으므로 리스의 경제성을 평가할 때 부채조달형태는 고려할 필요가 없다.

3. $C_0 - PV[L_t(1-t)] - PV(t \cdot Dep) = 0$ 인 할인율이 IRR이다.

$$10{,}000 = PVIFA(?\%,\ 5) \times 2{,}350$$
$$\therefore\ PVIFA(?\%,\ 5) = 4.2553$$
$$\therefore\ IRR \fallingdotseq 5.75\% < 7\% = k(1-t)$$

리스비용이 차입이자율보다 낮으므로 리스를 이용한다.

4.4 리스의 경제성 평가(2)

(1) 부채대체효과

리스의 경제성을 평가할 때에는 앞서 설명한 방법 이외에 다음과 같은 두 가지 방법이 소개되고 있다. 첫 번째 방법은 리스의 부채대체효과를 산출하여 자산구입금액과 비교하는 방법이다. 기업이 리스를 사용하면 앞으로 지급될 리스료의 현재가치만큼의 부채를 부담하는 것이 되는데 이를 리스의 부채대체효과(debt displacement)라고 한다. 따라서 기업이 최적부채수준에서 리스를 사용하면 최적부채수준을 벗어나게 되고 이 기업이 최적부채수준을 계속 유지하려면 기존 부채의 일부를 상환해야 한다. 이때 기존 부채의 상환에 필요한 금액이 직접 자산을 구입하는 금액보다 작다면 리스를 사용할 유인이 존재하는 것이다. 여기서 부채대체효과액은 리스기준으로 측정한 현금흐름에서 현금유출액을 세후이자율로 할인한 값이 된다.

(2) APV법에 의한 평가

두 번째 방법은 APV법을 이용하는 것이다. APV를 기본순현가에 부채사용효과를 더해서 산출하는 것은 제11장에서 다룬 내용과 동일하다. 다만, 리스기준으로 APV를 산출할 때 주의할 것은 리스를 사용한다는 것은 이자비용의 감세효과를 포기하는 것이므로 이에 대한 부채사용효과는 (−)값을 갖는다는 것이다. 그리고 이때의 할인율은 현금흐름 자체의 위험을 고려하여 세전이자율이 적용되는데 이는 제11장에서 투자안의 APV를 산출할 때와 동일한 논리이다.

>>> 예제 13-3

앞서의 〈예제 13-2〉와 동일한 상황에서 가나기업이 고려하고 있는 리스를 다음과 같은 두 가지 방법을 이용해서 평가해보자.

(1) 리스의 부채대체효과와 기계구입금액을 비교하는 방법
(2) 조정현가법

풀이

(1) 리스기준의 증분현금흐름은 다음과 같다.

	t=0	1	2	3	4	5
기계금액	10,000					
감가상각비효과		−600	−600	−600	−600	−600
세후리스료		−1,750	−1,750	−1,750	−1,750	−1,750
	10,000	−2,350	−2,350	−2,350	−2,350	−2,350

여기서 5년 현금유출에 상응하는 부채대체효과는 다음과 같다.

$$2{,}350 \times PVIFA(7\%,\ 5) = 9{,}635.47$$

기계금액은 이보다 364.53만큼 더 큰 값이므로 리스를 이용한다.

(2) 먼저 기본순현가를 다음과 같이 산출한다.

$$10{,}000 - 2{,}350 \times PVIFA(10\%,\ 5) = 1{,}091.62$$

그리고 부채사용에 따른 이자비용의 감세효과를 구하기 위해 부채대체효과에 해당하는 부채금액을 조달하였다고 가정한다. 매년 2,350씩 균등상환하는 조건의 현금흐름에서 이자비용의 감세효과를 구한다.

	t=0	1	2	3	4	5
미상환부채	9,635	7,960	6,167	4,249	2,197	0
이자비용		964	796	617	425	220
감세효과		289	239	185	127	67
세후이자		675	557	432	298	153
균등상환액		2,350	2,350	2,350	2,350	2,350
부채상환액		1,675	1,793	1,918	2,052	2,197

위의 현금흐름에서 이자비용의 감세효과를 구하면 다음과 같다.

$$\frac{289}{1.1} + \frac{239}{1.1^2} + \frac{185}{1.1^3} + \frac{127}{1.1^4} + \frac{67}{1.1^5} = 727.59$$

리스를 사용하는 것은 이자비용의 감세효과를 포기하는 것이므로 APV는 기본순현가에서 이를 차감하여 구한다.

$$APV = 1{,}092.62 - 727.59 = 364.03$$

(1)의 결과와의 차이는 단수차이로 인한 것이다.

/제 13 장/ 요약

FINANCIAL MANAGEMENT

1. 리스란 기업(임차인)이 자산을 구입하지 않고 리스회사(임대인)로부터 빌려서 사용하는 것이다.

2. 리스자산에 대한 감가상각비를 리스회사가 계상하면 운용리스, 기업이 계상하면 금융리스가 된다. 금융리스는 기업이 부채를 조달해서 자산을 구입한 것과 같기 때문에 이 장에서는 운용리스를 분석대상으로 한다.

3. 리스와 관련된 주요 분석내용은 균형리스료의 결정문제와 리스의 경제성 평가문제이다.

4. 임대인이나 임차인의 입장에서 산출한 균형리스료는 모두 리스의 NPV가 0이 되도록 만드는 값이다. 이 값은 최종적으로 임차인인 기업이 리스자산에서 얻는 영업현금흐름과 같게 된다.

5. 리스의 경제성 평가란 기업의 입장에서 부채조달로 자산을 직접구입할 것인가 아니면 리스를 이용할 것인가를 선택하는 문제이다. NPV법, IRR법을 많이 이용하지만 부채대체효과 또는 APV를 구해서도 평가할 수 있다.

>>> 연습문제 13 - 1

가나기업은 18,000천원인 기계를 구입하려고 한다. 그런데 리스회사에서 5년기간 동안 매년 말 4,000천원의 리스료를 지급하는 조건으로 기계를 제공하겠다고 제의해왔다. 기계의 내용연수는 리스기간과 동일하며 잔존가치는 취득원가의 10%이며 감가상각방법은 정액법을 따른다. 다음 각 물음에 답하라.

(1) 가나기업의 한계법인세율은 40%이고 이자율은 10%에서 리스의 사용 여부를 판단하라.

(2) 위와 같은 조건에서 다음과 같이 리스조건 변경이 있었다. 이러한 변경을 고려하여 리스사용의 경제성을 평가하라.

① 리스료는 매기 초에 지급한다.

② 기계를 직접구입할 때는 투자완료시점에서 투자원금에 대한 10%의 투자세액공제가 가능하다.

③ 이 기계의 잔존가액(취득원가의 10%)은 세법상 규정된 금액일뿐, 실제 5년 후에는 2,000천원의 시장가치를 갖는다.

(3) (2)와 같은 상황에서 리스사용과 직접구입이 무차별해지도록 리스료를 조정하려고 한다. 이때의 리스료 조정액은 얼마인가?

(4) 감가상각방법을 현재의 정액법에서 정률법으로 변경할 때 리스의사결정에 어떤 영향을 주는지를 설명하라.

해설

(1) 리스기준의 증분현금흐름은 다음과 같다.

	t=0	1	2	3	4	5
기계구입	18,000					
감가상각비효과		−1,296①	−1,296	−1,296	−1,296	−1,296
잔존가치						−1,800
리스료지급		−2,400②	−2,400	−2,400	−2,400	−2,400
	18,000	−3,696	−3,696	−3,696	−3,696	−5,496

① $18,000 \times 0.9 \times \frac{1}{5} \times 0.4 = 1,296$

② $4,000 \times (1-0.4) = 2,400$

이러한 현금흐름의 순현재가치는 다음과 같다.

$$\begin{aligned} NPV_L &= 18,000 - 3,696 \times PVIFA(6\%,\ 5) - 1,800 \times PVIF(6\%,\ 5) \\ &= 18,000 - 3,696 \times 4.2124 - 1,800 \times 0.7473 \\ &= 1,085.8\ > 0 \end{aligned}$$

$NPV_L > 0$ 이므로 리스를 사용한다.

(2) 리스조건의 변경 후 현금흐름은 다음과 같다.

	t=0	1	2	3	4	5
기계구입	18,000					
감가상각비효과		−1,296	−1,296	−1,296	−1,296	−1,296
잔존가치						−1,920①
투자세액공제		−1,800②				
리스료	−4,000	−4,000	−4,000	−4,000	−4,000	
리스료세금효과		1,600	1,600	1,600	1,600	1,600
	14,000	−5,496	−3,696	−3,696	−3,696	−1,616

① 2,000−(2,000−1,800)×0.4=1,920
② 18,000×10%=1,800 : 세액공제는 납세시점에서 받게 된다.

이러한 현금흐름의 순현재가치는 다음과 같이 산출된다.

$$\begin{aligned} NPV_L = & 18,000 - 1,296 \times PVIFA(6\%,\ 5) \\ & -4,000 \times [PVIFA(6\%,\ 4)+1] \\ & +1,600 \times PVIFA(6\%,\ 5) \\ & -1,800 \times PVIF(6\%,\ 1) \\ & -1,920 \times PVIF(6\%,\ 5) \\ = & 18,000 - 19,712 = -1,712 < 0 \end{aligned}$$

$NPV_L < 0$ 이므로 리스를 이용하지 않고 직접구입한다.

(3) 현재 수준의 리스료 지급총액의 현재가치는 다음과 같다.

$$\begin{aligned} & 4,000 \times [PVIFA(6\%,\ 4)+1] - 4,000 \times 0.4 \times PVIFA(6\%,\ 5) \\ & = 11,120.66 \end{aligned}$$

리스와 구입이 무차별해지는 리스료를 L이라고 하면 다음 식이 성립해야 할 것이다.

$$\begin{aligned} & L \times [PVIFA(6\%,\ 4)+1] - 0.4L \times PVIFA(6\%,\ 5) \\ & = 11,120.66 - 1,712 \\ & \therefore\ L = 3,384.2 \end{aligned}$$

리스료를 615.8(=4,000−3,384.2)만큼 인하조정한다.

(4) 정률법은 정액법에 비해 조기상각방법이므로 리스기간 초기에 더 많은 감가상각이 이루어지게 되고 따라서 리스를 이용하는 경우를 기준으로 보면 초기의 현금유출이 많은 것이다. 이는 결국 현가개념으로 볼 때 정액법에 비해서 리스의 NPV를 더 작게 만들어 리스의 사용가능성을 감소시키게 되는 것이다.

>>> 연습문제 13-2

가나기업은 현재 사용 중인 기계를 사채를 발행하여 신기계로 대체하려고 하는데 신기계의 구입가격은 3억원이다. 이 기계를 구입하면 정률법을 따라 감가상각을 할 것인데 내용연수는 5년이고 상각률은 0.369이며 잔존가치는 구입가격의 10%로 추정된다. 그런데 ABC리스회사가 이 기계를 리스로 사용할 것을 제안하였는 바, 리스조건은 매년 리스료 6,400만원을 총 6회 지급하되 첫회분은 리스개시시점에 지급하는 것이다. 가나기업의 한계법인세율은 25%이고 사채이자율은 12%이다. 다음 각 물음에 답하라.

(1) 가나기업이 신기계를 리스로 사용할 경우와 직접구입할 경우의 현금흐름과 NPV를 구하여 의사결정을 하라.

(2) 리스임차인이 결손누적으로 세금효과를 받을 수 없다면 리스를 이용할 것인가를 판단하라.

(3) 주식으로 자금을 조달하여 기계를 구입할 경우의 NPV가 −300만원이라고 할 때, 사채를 발행하여 기계를 구입하는 경우의 NPV를 조정현가법으로 산출하라. 그리고 세금효과가 없다면 위의 결과가 어떻게 달라지는가를 보여라.

(4) 임대인의 리스에 대한 NPV를 산출하고 이의 발생원인을 설명하라.

(5) 다음 각 상황에서 리스가치의 증가, 감소, 불확실을 판단하고 그 근거를 설명하라.
① 임차인이 세금효과를 받을 수 있을지가 불확실할 경우
② 잔존가치가 불확실할 경우
③ 임차인이 감가상각방법을 정률법에서 정액법으로 변경하는 경우
④ 임대인이 리스사용으로 인해 발생하는 부대비용을 부담하는 경우

해설

(1) ① 리스를 이용할 경우

i) 리스이용에 따른 현금흐름은 다음과 같다.(단위: 만원)

	t=0	1	2	3	4	5	6
리스료	−6,400	−6,400	−6,400	−6,400	−6,400	−6,400	
감세효과*		1,600	1,600	1,600	1,600	1,600	1,600

* 감세효과는 6,400×0.25로서 리스료가 선급조건이므로 1기 후에 실현된다.

ii) 리스이용에 대한 NPV

리스와 사채조달에 의한 구입을 비교하는 것이므로 앞의 현금흐름의 NPV를 산출할 때 이용할 할인율은 사채의 자본비용(세후)이 된다. 즉,

$$12\% \times (1-0.25) = 9\%$$

따라서 NPV는 다음과 같다.

$$NPV = -6,400 \times [1 + PVIFA(9\%,\ 5)] + 1,600 \times PVIFA(9\%,\ 6)$$
$$= -24,116.5$$

② 사채조달로 직접구입할 경우

i) 현금흐름은 다음과 같다.

	t=0	1	2	3	4	5
기계구입	−30,000					
감가상각효과		2,767.5	1,764.3	1,101.9	695.3	438.7
잔존가치						3,000
계	−30,000	2,767.5	1,764.3	1,101.9	695.3	3,438.7

사채조달과 상환은 그 현재가치가 항상 같으므로 이의 현금흐름은 고려할 필요가 없다. 그리고 위에서 감가상각의 감세효과는 감가상각비에 법인세율을 곱한 것으로서 다음과 같이 산출된 것이다.

연도	장부가액	상각률	감가상각비	감세효과
1	30,000	0.369	11,070	2,767.5
2	18,930	0.369	6,985	1,746.3
3	11,945	0.369	4,408	1,101.9
4	7,537	0.369	2,781	695.3
5	4,756	0.369	1,755	438.7

ii) 구입에 대한 NPV

$$NPV = -30{,}000 + \frac{2{,}767.5}{1.09} + \frac{1{,}746.3}{1.09^2} + \cdots + \frac{3{,}438.7}{1.09^5} = -22{,}413$$

③ 의사결정

사채조달로 직접구입할 때의 NPV가 리스이용의 NPV보다 크므로 직접구입한다.

(2) 과세대상이익이 없어서 리스료와 감가상각비의 법인세 감세효과를 받을 수 없다면 NPV 산출에 이용해야 할 할인율은 납세 전 타인자본비용 12%이다.

그리고 현금흐름은 〈물음 1〉의 현금흐름에서 감세효과만 빼면 되므로 각 대안별 NPV는 다음과 같다.

① 리스를 이용할 경우

$$NPV = -6{,}400 \times [1 + PVIFA(12\%,\ 5)] = -29.470.7$$

② 직접구입할 경우

$$NPV = -30{,}000 + \frac{3{,}000}{1.12^2} = -28{,}297.7$$

③ 의사결정

법인세 감세효과를 받을 수 없는 경우에도 직접구입할 경우 NPV가 더 크므로 사채발행을 통해서 기계를 직접구입한다.

(3) ① 세금효과가 있을 때

APV는 기본순현가(base case NPV)에 부채사용효과를 가산하여 산출한 NPV를 말한다. 이때 기본순현가는 자기자본만으로 조달시 NPV로서 −300만원으로 주어졌다. 그리고 여기서 부채사용 효과는 매년 사채이자 3,600만원(=3억원×12%)에 대한 법인세 감세효과이므로 APV는 다음과 같다.

$$APV = -300 + \sum_{t=1}^{5} \frac{3{,}600 \times 0.25}{1.12^t} = 2{,}944.32$$

② 세금효과가 없을 때

이때에는 부채사용에 따른 이자비용의 감세효과가 없어서 부채사용효과가 0이므로 APV는 기본순현가와 동일하다.

$$APV = -300 + 0 = -300$$

(4) ① 리스회사의 현금흐름

	$t=0$	1	2	3	4	5	6
기계구입	−30,000						
리스료수입	6,400	6,400	6,400	6,400	6,400	6,400	
세금효과		−1,600	−1,600	−1,600	−1,600	−1,600	−1,600
감가상각비효과			2,767.5	1,746.3	1,101.9	695.3	438.7
잔존가치						3,000	
	−23,600	7,567.5	6,546.3	5,901.9	5,495.3	8,238.7	−1,600

② $NPV = -23{,}600 + \frac{7{,}567.5}{1.09} + \cdots - \frac{1{,}600}{1.09^6} = 1{,}703.47$

③ 리스료 수입, 감가상각비효과 및 잔존가치의 현재가치가 기계구입액 및 리스료에 대한 법인세의 현재가치보다 크기 때문이다.

(5) ① 세금효과가 불확실할 경우

리스를 이용하면 지급리스료에 대해서 감세효과를 받게 되고 기계를 직접구입하면 감가상각비에 대해서 감세효과를 받게 된다. 세금효과의 불확실성은 두 가지 대안에 영향을 주게 되어 리스의 가치를 불확실하게 만든다.

② 잔존가치가 불확실할 경우

만약 잔존가치가 증가하면 직접구입에 따른 현금유입이 증가하여 구입이 유리하고 잔존가치가 감소하면 반대로 리스가 유리해지므로 잔존가치의 불확실성은 리스가치를 불확실하게 만든다.

③ 감가상각방법의 변경(정률법→정액법)

정률법은 정액법에 비해서 조기상각법이라고 할 수 있다. 따라서 정액법으로 감가상각방법을 변경하면 감가상각비를 늦게 계상하는 것이고, 이 결과 감가상각비의 감세효과의 현재가치가 작아진다. 따라서 리스가 상대적으로 유리해지기 때문에 리스가치가 증가된다.

④ 리스부대비용을 리스회사가 부담하는 경우

다른 조건이 동일할 때 리스부대비용을 리스회사가 부담한다면 기업이 부담하는 경우에 비해서 리스가 유리해지고 이에 따라 리스가치는 증가하게 된다.

제 4 부

위험관리

Financial Management

제 14 장

옵션가격결정모형

학습 목표

옵션은 상황에 따라서 유리하면 권리를 행사하고 불리하면 행사하지 않아도 되는 조건부청구권을 말한다. 이러한 옵션은 미래상황의 불확실성을 생각해보면 매우 유용한 개념이다. 왜냐하면 많은 재무증권들이 이러한 성격을 갖고 있기 때문이다. 또한 옵션의 원리를 이용하면 다양한 형태의 현금흐름을 만들 수도 있는데, 최근에 관심을 끌고 있는 파생금융상품도 알고보면 전통적 금융상품에 이러한 옵션을 결합시킨 것이 많다. 이 장에서는 이러한 옵션에 대한 기본적인 원리와 옵션의 가격결정모형을 살펴본다. 구체적으로 옵션이 응용되는 분야는 제 15장에서 다루겠다.

제 1 절 위험관리

1.1 위험관리의 의의

이미 여러 번 밝혔듯이 재무관리에서 위험(risk)이란 미래현금흐름의 변동가능성으로 정의된다. 즉, 미래현금흐름의 변동가능성이 크면 위험이 크다고 하고, 변동가능성이 작으면 위험이 작다고 한다. 그런데 이러한 위험은 전혀 관리할 수 없는 것이 아니다. 앞서 포트폴리오이론에서 살펴본 것처럼 단일주식에 투자하지 않고 포트폴리오를 구성하는 것도 위험관리기법 중 한 방법이라고 할 수 있는데 이에 따른 분산투자효과는 위험관리의 결과인 것이다.

위험관리(risk management)란 이처럼 투자자가 적절한 기법을 이용해서 자신의 투자목적에 따라서 미래현금흐름의 변동가능성을 관리하는 것을 말한다.

1.2 헤지와 레버리지

위험관리를 통해서 얻을 수 있는 효과는 크게 헤지효과와 레버리지효과의 두 가지로 구분할 수 있다. 여기서 헤지(hedge)란 위험을 감소시키거나 제거하는 효과를 말하고, 레버리지(leverage)란 위험의 크기를 더 크게 만드는 효과를 말한다.

그런데 이 두 가지 효과 중에서 특히 중요하게 인식되는 것은 헤지효과이다. 왜냐하면 최근의 투자환경은 불확실성이 높아져서 안정적인 수익을 확보하기가 더욱 어려워지고 있기 때문이다. 그래서 우리가 공부하는 위험관리기법도 주로 헤지효과를 도모하는 방법에 관한 것이 많다.

그렇다고 해서 레버리지효과가 중요하지 않다는 것은 아니다. 투자자들 중에는 보다 큰 위험을 부담하더라도 더 높은 수익을 도모하는 투기적 거래자들도 많기 때문이다. 이들에게는 레버리지효과가 더 매력적인 것이 될 수 있다.

1.3 파생금융상품과 위험관리

(1) 위험관리기법의 다양화

파생금융상품(financial derivative)이란 주식과 채권 등과 같은 전통적인 금융상품을 근간으로 해서 만들어진 새로운 금융상품이다. 이는 종전에는 얻을 수 없었던 새로운 현금흐름을 가져다 주는데 가장 대표적인 것은 옵션(option)과 선물(futures)이다. 이들은 그 자체로서도 위험관리의 효과를 갖지만 이들을 이용하면 매우 다양한 형태의 현금흐름을 만들어 낼 수 있다. 따라서 이들은 헤지기능과 레버리지기능 이외에 신금융상품을 창조하는 기능까지 갖는다.

파생금융상품이라고는 할 수 없지만 채권투자에 이용되는 듀레이션(duration) 개념도 위험관리기법에 유용한 것이며 최근에 금융기관을 중심으로 도입된 자산부채종합관리(ALM : asset & liability management)도 중요한 위험관리기법에 속한다.

(2) 헤지기법

위험관리의 효과로서 헤지효과가 매우 중요하다고 하였다. 이는 현실적인 면에서 투자환경의 불확실성 감소라는 효과도 있지만 이론적으로는 헤지효과를 통해서 자산의 균형가격모형을 도출해낼 수 있기 때문이다.

헤지란 부(wealth)를 결정하는 변수의 값이 변동하더라도 항상 일정한 수준의 부를 확보하는 것을 말한다.[1] 따라서 이때에는 투자자의 부에 영향을 미치는 확률변수가 무엇인지를 명확히 파악해야 한다. 주식투자자의 경우에는 주가변동으로부터 영향을 받고, 채권투자자 또는 금융기관은 이자율변동으로부터 영향을 받는다. 마찬가지로 외환보유자는 환율변동으로부터 영향을 받게 될 것이다.

이처럼 투자자의 유형에 따라서 투자자의 부에 영향을 주는 확률변수가 다르기 때문에 이에 따라 이용할 수 있는 헤지기법도 각각 다른 방법이 존재한다. 구체적인 내용은 앞으로 설명하겠지만 먼저 간략하게 소개하면 〈표 14-1〉로 요약된다.

이와 같은 기법들은 헤지효과뿐만 아니라 레버리지효과를 도모할 때에도 이용되는 것이므로 넓은 의미로 모두 위험관리기법에 해당하는 것들이다.

---

1) 이는 완전헤지를 말하는 것이지만 이러한 논리는 부분헤지에도 그대로 적용된다.

표 14-1
위험관리기법

투자자의 유형	확률변수	이용가능한 기법
주식보유자	주가	옵션, 주가지수선물
채권보유자, 금융기관	이자율	금리선물, duration 및 ALM
외환보유자	환율	통화옵션, 통화선물, 스왑

제 2 절 옵 션

2.1 기초개념

(1) 옵션의 정의

특정 주식을 일정한 기간 동안에 미리 약정된 가격으로 사거나 팔 수 있는 권리가 부여된 증권을 옵션(option)이라고 한다. 이러한 옵션의 정의에 관련된 기초개념을 설명하면 다음과 같다.

① 기초주식(S)

기초주식(underlying stock)이란 옵션의 행사로 사거나 팔게 되는 주식을 말한다. 이를 기초자산(underlying asset)이라고도 하며, 여기서는 일단 주식에 대한 옵션만을 고려하기로 한다.

② 만 기(t)

옵션은 일정한 기간 동안에 행사할 수 있는 권리인데 이 기간을 만기(time to expiration date)라고 한다.

③ 행사가격(X)

옵션거래에서는 기초주식을 사거나 파는 가격이 미리 정해져 있는데 이를 행사가격(exercise price)이라고 한다.

(2) 옵션의 성격

옵션의 만기와 행사가격은 미리 정해진 값을 갖기 때문에 옵션은 기초주식의 가격에 따라 그 가치가 변화하게 되는 조건부청구권(contingent claim)으로서의 성격을 갖는다.

2.2 옵션의 종류

(1) 부여된 권리내용에 따라

① 콜옵션

특정 주식을 일정한 가격으로 매입할 수 있는 권리를 콜옵션(call option)이라고 한다.

② 풋옵션

특정 주식을 일정한 가격으로 매도할 수 있는 권리를 풋옵션(put option)이라고 한다.

(2) 권리행사 가능시점에 따라

① 유럽형 옵션

만기에서만 옵션의 권리를 행사할 수 있는 옵션을 유럽형 옵션(european option)이라고 한다.

② 미국형 옵션

미국형 옵션(american option)은 만기 이전에 아무 때나 권리를 행사할 수 있는 옵션을 말한다.

유럽형 옵션이 기본모형이라면 미국형 옵션은 이의 확장모형이라고 할 수 있다. 미국형 옵션의 내용 일부는 본서 수준을 넘는 것이기는 하지만 그 내용은 유럽형 옵션의 내용이 그대로 이용되는 것이므로 우선 유럽형 옵션을 다룬 후 미국형 옵션을 살펴보겠다.

2.3 옵션의 만기가치와 손익

(1) 옵션의 만기가치

옵션의 만기가치(payoff)란 옵션의 만기시점에서 기초주식의 가격수준에 따라 옵션이 갖게 되는 손익형태를 말한다. 콜옵션과 풋옵션의 경우로 구분해서 살펴보면 다음과 같다.

① 콜옵션의 만기가치

행사가격을 X, 만기(t)에서의 주가를 S_t라고 하면 콜옵션의 만기가치 C_t는 다음과 같다.

$$C_t = S_t - X \qquad S_t \geq X\text{인 경우}$$
$$\qquad 0 \qquad S_t < X\text{인 경우}$$

이므로 이를 간단히 나타내면

$$C_t = \max\,[0,\ S_t - X] \tag{14.1}$$

② 풋옵션의 만기가치

풋옵션에서도 마찬가지로

$$P_t = X - S_t \qquad S_t < X\text{ 인 경우}$$
$$\qquad 0 \qquad S_t \geq X\text{ 인 경우}$$

이므로 이를 간단히 나타내면

$$P_t = \max\,[0,\ X - S_t] \tag{14.2}$$

풋옵션의 만기가치는 보험(insurance)과 동일한 효과가 있다. 예를 들어, 1억원의 가치를 갖는 주택을 시가기준의 보험금액으로 화재보험에 가입하였다고 하자. 화재가 발생하여 주택가치가 0이 되면 1억원을 받게 되고 주택가치가 4천만원이 되면 6천만원을 받게 된다. 물론 화재가 발생하지 않으면 보험금 수령액은 0이다. 이때 보험의 만기가치는 행사가격 1억원의 풋옵션의 만기가치와 동일한 것을 확인할 수 있다.[2)]

2) 따라서 이때의 보험료는 풋옵션의 가격(현재가치)과 같은 것이다.

그림 14-1
옵션의 만기가치

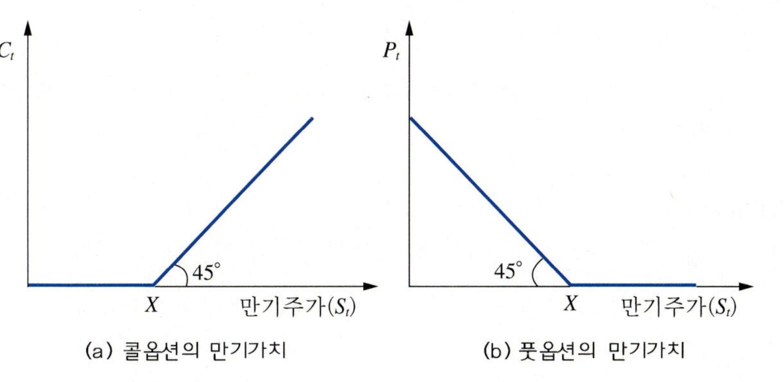

(a) 콜옵션의 만기가치
(b) 풋옵션의 만기가치

(2) 옵션행사에 따른 손익

앞서 살펴보았듯이 옵션의 행사에 따른 손익은 만기주가(S_t)와 행사가격(X)과의 관계에서 결정된다. 여기서 옵션을 행사하면 이익이 생기는 경우를 내가격(ITM: in the money)이라고 하며, 손실을 보게 되는 경우를 외가격(OTM: out of the money)이라고 한다. 그리고 주가와 행사가격이 같아서 옵션행사로 손익이 발생하지 않는 경우를 등가격(ATM: at the money)이라고 한다. 콜옵션과 풋옵션의 경우 이러한 관계는 다음과 같이 나타난다.[3)]

	콜옵션	풋옵션
in the money	$S_t > X$	$S_t < X$
out of the money	$S_t < X$	$S_t > X$
at the money	$S_t = X$	$S_t = X$

2.4 옵션의 기능

옵션의 기능은 크게 헤지기능과 레버리지기능의 두 가지로 구분된다. 그리고 이를 통해서 신금융상품을 만들 수 있기 때문에 옵션의 기능을 다음과 같이 세 가지 기능으로 설명한다.

3) 이와는 달리 현재주가(S_0)와 옵션의 행사가격(X)을 비교하여 ITM, OTM, ATM을 정의하기도 한다.

① 헤지기능

주식을 보유한 투자자는 옵션을 이용해서 주가변동으로 인한 위험(즉, 부의 변동가능성)을 감소시키거나 제거할 수 있는데 이러한 옵션의 기능을 헤지(hedge)기능이라고 한다.

② 레버리지기능

옵션을 이용하면 미래에 이익이 날 때에는 그 이익을 더 크게 하고 손실이 날 때에는 그 손실이 더 커지게 할 수도 있는데 이를 레버리지(leverage)기능이라고 한다.

③ 신금융상품의 창조기능

옵션을 이용하면 전통적인 금융상품에서는 얻을 수 없었던 다양한 형태의 미래현금흐름을 도모할 수 있기 때문에 새로운 금융상품을 만들 수 있다. 이렇게 새로운 현금흐름을 가져다 주는 신금융상품의 설계과정을 연구하는 것이 재무공학(financial engineering)이다. 이러한 신금융상품의 등장으로 종전에는 얻을 수 없었던 투자기회를 갖게 되어 자본시장은 보다 더 완전한 시장으로 접근하게 되는 것이다.

>>> **예제 14-1**

가나기업의 현재주가는 50,000원이고 이에 대한 콜옵션(만기 1년, 행사가격 50,000원)의 가격은 4,000원이다.

(1) 1년 후 가나기업의 주가가 60,000원으로 상승하였다고 할 때 주식을 구입한 투자자와 옵션을 구입한 투자자의 투자성과를 비교하라.
(2) 만약 1년 후 주가가 49,000원으로 하락하였다면 위의 결과는?

풀이

(1) 주식투자자의 투자이익은 다음과 같다.

$$60{,}000 - 50{,}000 = 10{,}000(\text{원})$$

옵션투자자는 만기에 옵션의 행사로 주식을 50,000원에 구입하고 60,000원에 매각할 수 있으므로 옵션행사에 따른 이익은 주식투자자와 마찬가지로 10,000원이다.

그러나 투자원금을 감안한 투자수익률은 다음과 같다.

$$\text{주식투자자} : \frac{10{,}000}{50{,}000} = 0.2\ (20\%)$$

$$\text{옵션투자자} : \frac{10{,}000}{4{,}000} - 1 = 1.5\ (150\%)$$

이때 옵션을 구입한 투자자의 수익률이 훨씬 높게 된다.

(2) 각 투자자의 수익률은 다음과 같다.

$$\text{주식투자자} : \frac{-1,000}{50,000} = -0.02\ (2\%)$$

$$\text{옵션투자자} : \frac{-4,000}{4,000} = -1.0\ (100\%)$$

이 경우에도 옵션투자자의 손실이 훨씬 크게 나타나는데 이러한 효과를 옵션의 레버리지기능이라고 한다. 주식투자와 옵션투자의 수익률을 비교해서 그림으로 나타내면 이러한 레버리지효과를 쉽게 확인할 수 있다.

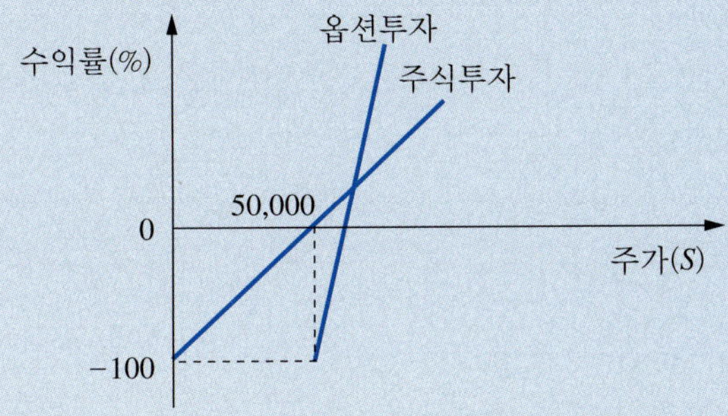

제 3 절 옵션의 투자전략

3.1 개 요

자본시장에 옵션이란 금융상품이 존재하게 되면 투자방법은 보다 다양하게 된다. 크게 구분하면 단순하게 하나의 금융상품에 투자하는 방법이 있고 주식과 옵션에 함께 투자하는 방법, 그리고 옵션과 옵션을 결합하여 투자하는 방법이 있다. 이러한 투자전략을 순수포지션, 헤지포지션, 스프레드포지션 및 콤비네이션 등으로 부르는데 이들 관계를 요약하면 다음과 같다.

옵션의 투자전략
- 단일증권에 투자 — 순수포지션
- 주식과 옵션의 결합 — 헤지포지션
- 옵션과 옵션의 결합
  - 스프레드포지션
  - 콤비네이션

이제부터 이와 같이 옵션을 이용하는 투자전략의 내용을 구체적으로 살펴보고 이의 만기손익은 어떻게 나타나며 어떤 효과가 있는지를 확인해 본다. 여기에서 앞서 설명한 옵션의 기능을 확인할 수 있을 것이다.

3.2 순수포지션

(1) 의 의

순수포지션(naked or uncovered position)이란 하나의 증권을 매입 또는 매도하는 전략을 말한다. 그런데 옵션의 경우 매도(sell), 발행(write)이란 용어를 혼용하고 있으나, 여기서의 매도란 곧 어떤 주식을 기초자산으로 해서 옵션을 발행하는 것을 의미하므로 발행이라는 용어가 더 적합하다고 본다.

(2) 유 형

옵션의 기초자산인 주식, 그리고 파생금융상품이라고 할 수 있는 콜옵션과 풋옵션에 대한 개별적인 투자전략은 다음과 같다.

① 콜옵션의 매입($+C$) 또는 발행($-C$)
② 풋옵션의 매입($+P$) 또는 발행($-P$)
③ 주식의 매입($+S$) 또는 공매($-S$)

그리고 이러한 투자전략의 만기손익을 그림으로 나타내면 [그림 14-2]와 같다.

(3) 주의점

옵션의 투자전략에 따른 만기에서 투자자의 부를 그림으로 나타내서 파악할 때에는 다음과 같은 두 가지 사항을 유의해야 한다.

그림 14-2

순수포지션의 만기손익

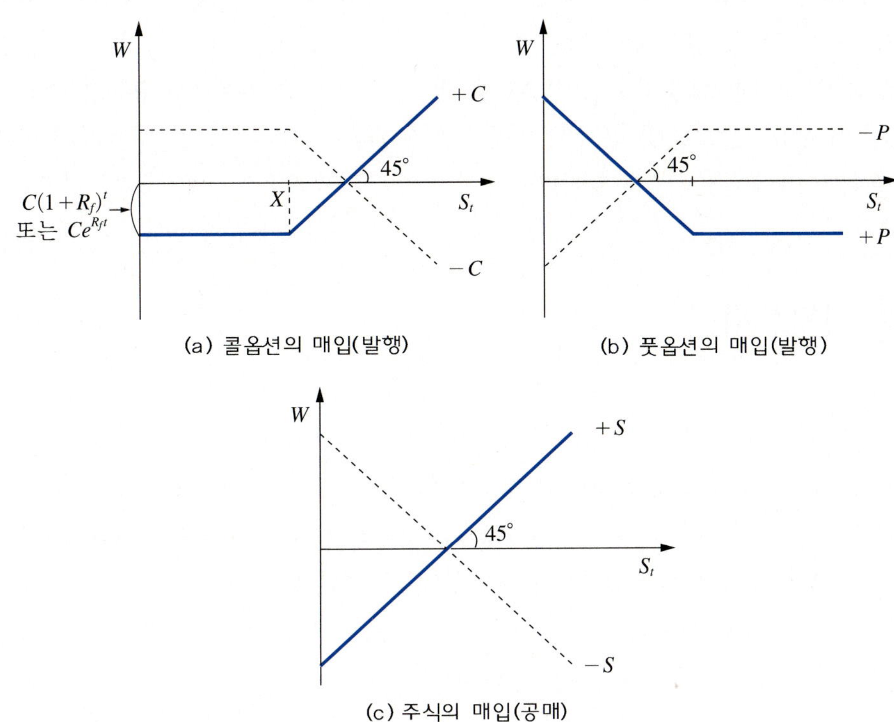

(a) 콜옵션의 매입(발행)

(b) 풋옵션의 매입(발행)

(c) 주식의 매입(공매)

① 옵션가격의 시간적 가치

위 그림에서의 콜옵션 및 풋옵션의 만기손익이 [그림 14-1]과 차이가 있는 것은 콜옵션 및 풋옵션의 구입가격을 고려하였기 때문이다. 그러나 [그림 14-2]가 [그림 14-1]보다 옵션구입가격만큼 하향이동하는 것은 아니다. 왜냐하면 옵션의 가격은 현재지출액이고 만기손익을 나타내는 것은 옵션의 만기시점이므로 옵션가격에 대한 시간적 가치를 고려해야 하기 때문이다. 따라서 만기시점을 기준으로 산출된 옵션가격의 미래가치만큼 하향이동된다. 즉, 콜옵션의 경우 옵션의 현재가격을 C라고 하면 이의 만기시점에서 손익은 $C(1+R_f)^t$가 된다(연속복리를 가정하는 경우에 이의 만기손익은 $Ce^{R_f t}$가 된다).[4)]

② 옵션매입과 발행의 대칭성

옵션매입의 경우 (+)로 나타낸 것은 보유를 의미하는 롱포지션(long position)을 의미하고, 발행의 경우는 이와 반대로 (−)인 숏포지션(short position)을 의미한다. 그런데 옵션매입자는 상황에 따라서 옵션을 행사할 수 있는 권리만을 갖지

4) 분석의 단순화를 위해서 옵션가격의 시간적 가치를 고려하지 않는 경우도 있다.

만 옵션발행자는 옵션매입자의 행사에 반드시 응해야 하는 의무를 갖는다. 따라서 이 두 투자자의 만기손익 합은 항상 0이 되는 제로섬(zero sum)의 특징을 갖는다. 그러므로 발행의 경우 만기손익은 항상 매입의 만기손익과 횡축을 중심으로 대칭이 된다. 앞으로의 복잡한 투자전략의 경우 이러한 원리를 이용하면 쉽게 만기손익을 파악할 수 있을 것이다.

3.3 헤지포지션

(1) 의 의

헤지포지션(hedge position)이란 주식과 옵션을 결합하여 투자함으로써 주식에서 발생할 수 있는 손실(이익)을 옵션의 이익(손실)으로 보전하는 전략을 말한다. 이때에 주식에서 발생하는 손실(이익)의 크기와 옵션에서 발생하는 이익의 크기가 똑같은 경우에는 완전헤지가 되고, 그렇지 않은 경우에는 부분헤지가 되는 것이다.

(2) 유 형

① 방비콜(covered call)

이는 특정 주식 1개를 매입하고 이 주식을 기초자산으로 하는 콜옵션 1개를 발행하는 전략이다($S-C$).

이 전략은 주가가 높아져도 이익은 작지만, 주가가 낮아진 경우에 손실을 상대적으로 작게 하는 효과가 있다.

② 보호풋(protective put)

이는 특정 주식 1개를 매입하면서 동시에 이 주식을 기초자산으로 하는 풋옵션 1개를 함께 매입하는 전략이다($S+P$).

주가가 높아져도 이익은 작지만, 주가가 아무리 낮아져도 손실은 일정한 하한선 이하로 내려가지 않게 하는 효과가 있다. 이는 뒤에서 설명할 포트폴리오보험의 원리를 제공하는 전략이다.

③ 헤지포트폴리오(hedge portfolio)

헤지포트폴리오를 구성하는 방법은 매우 많지만 여기서는 1개 주식과 1개 풋

그림 14-3
헤지포지션의 만기손익

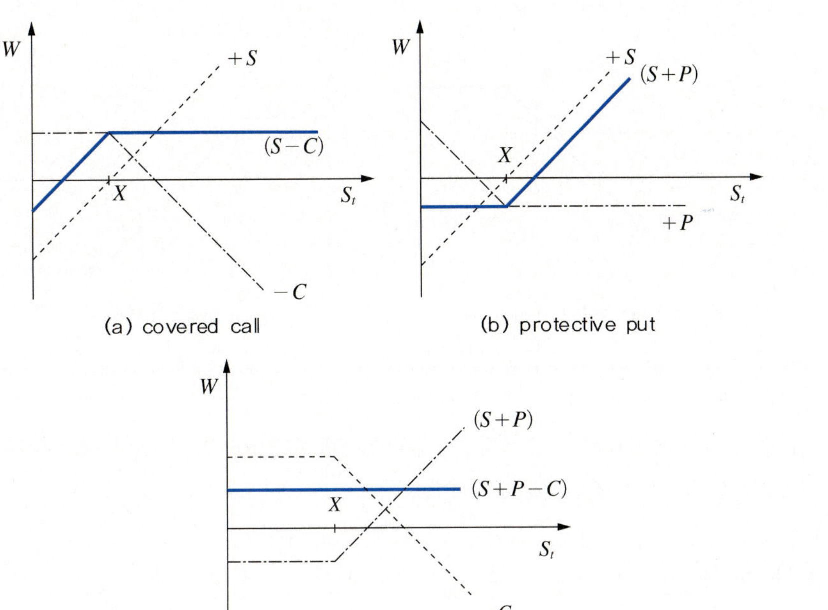

(a) covered call

(b) protective put

(c) hedge portfolio

옵션을 함께 매입하면서 동시에 1개 콜옵션을 발행하는 전략을 말한다($S+P-C$).

이러한 전략으로 미래의 주가변화와는 관계없이 일정한 수익을 보장하는 포트폴리오를 만들 수 있다. 그리고 이로부터 풋옵션가격과 콜옵션가격의 관계식(풋–콜 패리티)을 도출할 수 있다.

3.4 스프레드포지션

(1) 의 의

스프레드포지션(spread position)이란 동일한 기초주식을 대상으로 하는 동일한 종류의 옵션 중 행사가격 또는 만기일이 서로 다른 옵션을 하나는 매입하고 다른 하나는 매도하는 전략을 말한다(C_1-C_2 또는 P_1-P_2).

이때에 투자대상이 되는 두 옵션은 동일한 종류이지만 행사가격이나 만기가 다르기 때문에 서로 다른 가격을 갖는데 이 가격차이를 스프레드(spread)라고 하는 것이다.

그림 14-4
수직스프레드의 만기손익

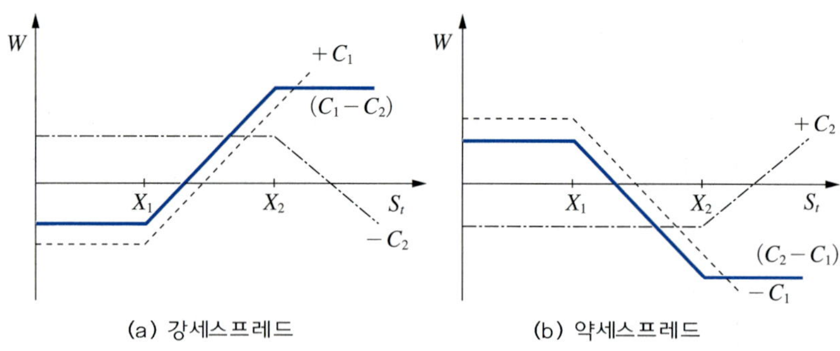

(a) 강세스프레드 (b) 약세스프레드

이 전략은 시장가격이 예상대로 변화될 때 이익을 얻고 반면에 예상이 빗나가더라도 손실을 적게 하는 효과가 있다.

(2) 유 형

① 수직스프레드

수직스프레드(vertical spread)란 다른 조건은 모두 같고 행사가격만 차이가 있는 옵션을 하나는 매입하고 다른 하나는 매도하는 전략으로서 가격스프레드(price spread)라고도 한다. 이는 어떤 가격의 옵션을 매입하느냐에 따라 강세스프레드와 약세스프레드의 두 가지 유형으로 다시 분류된다.

- 강세스프레드(bull spread) : 낮은 행사가격(X_1)의 콜옵션을 매입하고 높은 행사가격(X_2)의 콜옵션을 매도하는 전략으로서 주가의 강세가 예상될 때 유리하다.
- 약세스프레드(bear spread) : 높은 행사가격(X_2)의 콜옵션을 매입하고 낮은 행사가격(X_1)의 콜옵션을 매도하는 전략으로서 주가의 약세가 예상될 때 유리하다.

② 버터플라이 스프레드

버터플라이 스프레드(butterfly spread)란 만기일은 같으나 행사가격이 다른 3개의 옵션을 이용하는 투자전략이다. 구체적으로는 행사가격이 중간에 있는 옵션을 2개 매입하고 양쪽(즉, 낮은 가격과 높은 가격)에 있는 옵션을 각각 1개씩 발행하는 전략을 말한다.[5] 기초주식의 가격이 중간행사가격으로부터 일정범위를 벗어난 경우에만 이익을 얻을 수 있다.

5) 버터플라이 스프레드와 샌드위치 스프레드의 내용을 본서의 내용과 반대로 설명하는 경우도 있다. 심지어 이 두 가지 용어를 동일한 것으로 설명하기도 하는데 용어는 별로 중요하지 않으므로 만들어지는 원리와 그 효과에 관심갖기 바란다.

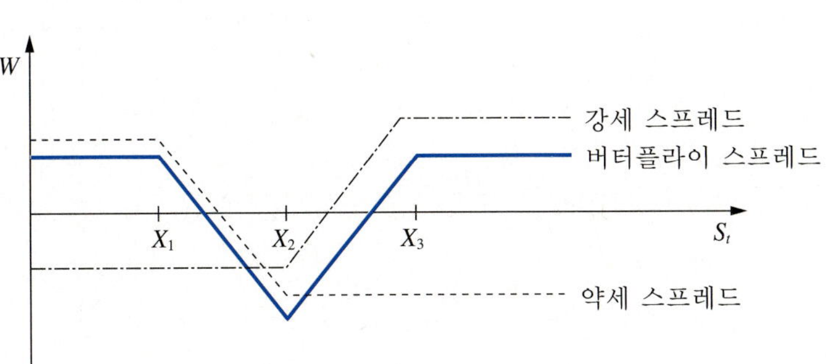

그림 14-5
버터플라이 스프레드의 만기손익

버터플라이 스프레드는 다음과 같이 수직스프레드를 2개 결합한 것으로 이해하면 쉽게 만기손익을 그릴 수 있다.

낮은 가격(X_1)	중간 가격(X_2)	높은 가격(X_3)		
−1	+1		→	약세스프레드
	+1	−1	→	강세스프레드
−1	+2	−1		버터플라이 스프레드

③ 샌드위치 스프레드

샌드위치 스프레드(sandwich spread)는 버터플라이 스프레드를 발행한 경우의 포지션으로 숏버터플라이라고도 한 다. 즉, 낮은 가격과 높은 가격의 옵션을 1개씩 매입하고 중간가격의 옵 션을 2개 발행하는 투자전략으로서 기초주식의 가격이 중간행사가격 근처에 있을 때 이익을 얻을 수 있다.

그러므로 샌드위치 스프레드의 만기손익은 버터플라이 스프레드의 만기손익을 나타내는 [그림 14-5]와 횡축을 중심으로 대칭이 된다.

④ 수평스프레드

수평스프레드(horizontal spread)란 다른 조건은 모두 같고 만기일만 다른 옵션을 하나는 매입하고 다른 하나는 매도하는 전략으로서 시간스프레드(time spread), 또는 캘린더 스프레드(calendar spread)라고도 한다. 만기가 짧은 옵션을 발행하고 그보다 기간이 긴 옵션을 매입하여 시간가치의 감소의 차이에서 이익을 얻고자 하는 것이다.

그런데 이 투자전략은 두 옵션의 만기가 서로 다르므로 한 옵션만기가 먼저 도달하여 나머지 옵션만기까지 스프레드를 유지할 수 없다. 따라서 일정시점을

그림 14-6

수평스프레드

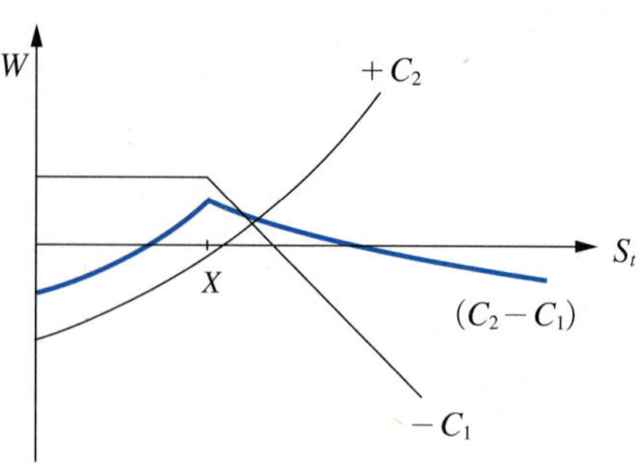

기준으로 나타내는 지금까지의 만기손익과 같은 선형적인 형태로 나타나지 않는다. 다른 조건은 모두 동일한 콜옵션에서 만기가 짧은 콜옵션을 발행하고 만기가 긴 콜옵션을 매입한 수평스프레드의 손익형태를 살펴보자. 대개 이러한 손익형태는 짧은 만기시점을 기준으로 나타내며 [그림 14-6]과 같다. 이 그림에서 보듯이 만기가 긴 옵션은 짧은 옵션만기에서 아직 만기까지 기간이 남아 있어서 손익형태가 곡선의 형태로 나타나는 것이다.

3.5 콤비네이션

(1) 의 의

콤비네이션(combination)이란 동일한 기초주식에 대하여 콜옵션과 풋옵션을 동시에 발행하거나 매입하는 투자전략을 말한다. 즉, 서로 다른 종류의 옵션을 결합하는 전략이다.

(2) 유 형

① 스트래들

스트래들(straddle)이란 동일한 기초주식에 대해 행사가격, 만기일이 똑같은 콜옵션과 풋옵션을 각각 1개씩 동시에 매입하거나 발행하는 기법이다($C+P$ 또는 $-C-P$).

스트래들 매입의 경우 기초주식의 만기가격이 행사가격과 프리미엄의 합계를 초과하여 움직이면 초과액만큼이 모두 이익이 된다. 그러나 손실은 두 개 옵션의

그림 14-7

스트래들의 만기손익

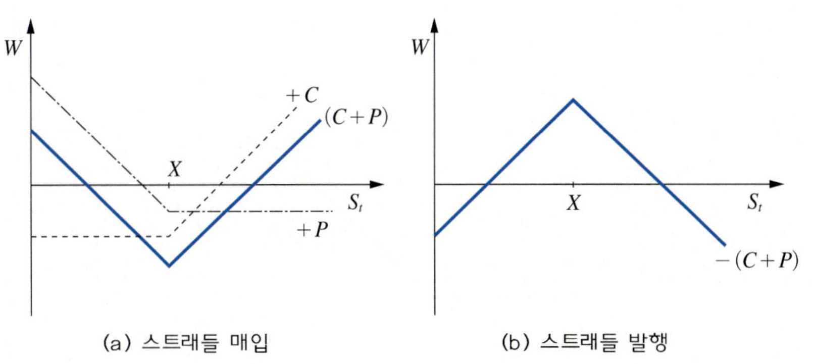

그림 14-8

스트립, 스트랩의 만기손익

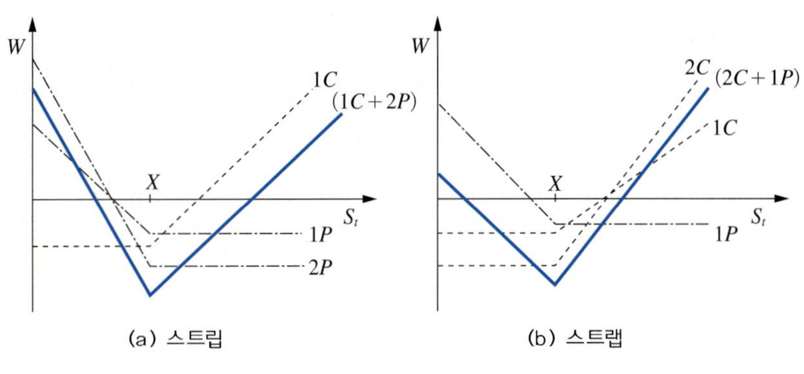

프리미엄 합계로 한정되는 효과가 있다. 따라서 미래의 가격이 상·하 어느 쪽으로든 크게 변동될 것으로 예상될 때 유효한 전략이다.

② 스트립, 스트랩

스트립(strip), 스트랩(strap)은 모두 스트래들과 동일한 원리의 투자전략인데 콜옵션과 풋옵션의 결합비율만 다르게 하는 것이다. 즉, 스트립은 1개의 콜옵션에 2개의 풋옵션을 결합하는 것이고($1C+2P$), 스트랩은 반대로 2개의 콜옵션에 1개의 풋옵션을 결합하는 것이다($2C+1P$).

둘 다 가격변동이 클 것을 기대하는 포지션이지만 스트립 매입은 그 기대방향이 약세이고, 스트랩 매입은 그 기대방향이 강세이다. 이는 이들의 만기손익을 나타낸 [그림 14-8]에서 볼 수 있듯이 스트립의 경우에는 좌측 기울기가 더 크고, 스트랩의 경우에는 우측 기울기가 더 크다는 것에서 확인할 수 있다.

그림 14-9

스트랭글의 만기손익

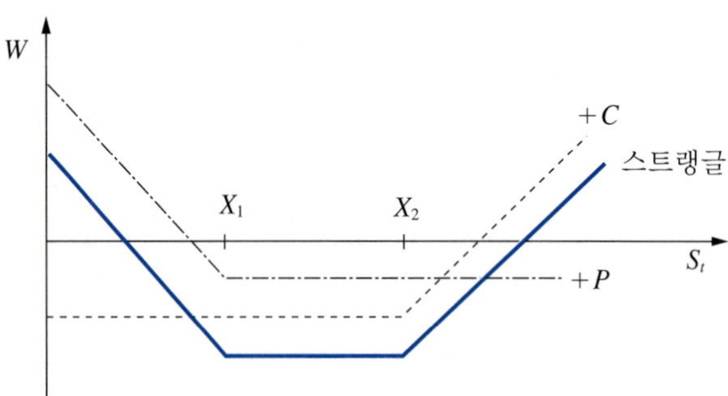

③ **스트랭글**

스트랭글(strangle)이란 만기일이 같고 행사가격이 다른 콜옵션과 풋옵션을 결합시킨 기법이다. 여기서 콜매입과 풋매입의 결합을 스트랭글 매입이라 하고, 콜매도와 풋매도의 결합을 스트랭글 매도라고 한다.

스트랭글 매입은 미래의 가격변동이 클 것으로 예상할 때 이익을 얻을 수 있으며 예상과 달리 가격변동이 적더라도 손실을 일정수준으로 막을 수 있는 전략이다. 스트랭글 매도는 이와 반대의 효과를 얻을 수 있다.

3.6 옵션전략의 효과와 활용

옵션을 이용한 투자전략은 이제까지 살펴본 것처럼 매우 다양하다. 따라서 투자자는 자신의 투자목적에 맞도록 여러 형태로 결합시켜서 투자목적을 달성할 수 있는 것이다.

다음 〈표 14-2〉는 주식시장의 변동예상에 따른 옵션전략을 시장가격과 가격변동성의 두 가지 요인으로 정리한 것이다. 그리고 각 전략의 만기손익을 그림으로 보이고 이에 따른 투자자의 이익과 손실에는 어떤 효과가 있는지를 요약하였다.

표 14-2
옵션전략의 유형과 효과

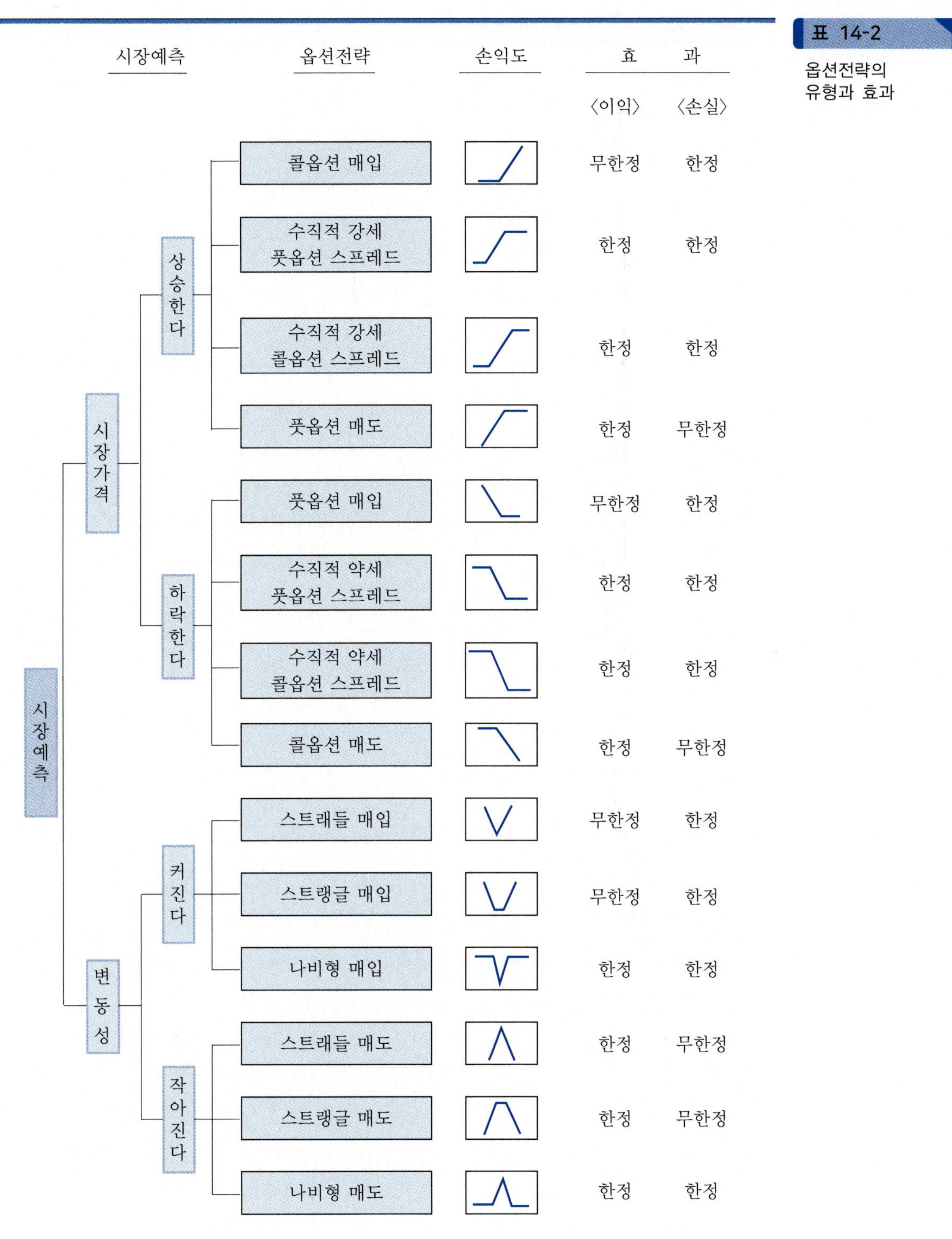

시장예측			옵션전략	손익도	효과 〈이익〉	효과 〈손실〉
시장예측	시장가격	상승한다	콜옵션 매입		무한정	한정
			수직적 강세 풋옵션 스프레드		한정	한정
			수직적 강세 콜옵션 스프레드		한정	한정
			풋옵션 매도		한정	무한정
		하락한다	풋옵션 매입		무한정	한정
			수직적 약세 풋옵션 스프레드		한정	한정
			수직적 약세 콜옵션 스프레드		한정	한정
			콜옵션 매도		한정	무한정
	변동성	커진다	스트래들 매입		무한정	한정
			스트랭글 매입		무한정	한정
			나비형 매입		한정	한정
		작아진다	스트래들 매도		한정	무한정
			스트랭글 매도		한정	무한정
			나비형 매도		한정	한정

>>> **예제 14-2**

현재 옵션시장에서는 가나기업 주식에 대해서 만기가 3개월 남은 콜옵션이 행사가격에 따라 다음과 같은 가격이 형성되어 있다.

행사가격	옵션가격
30,000원	6,000원
50,000	4,500
70,000	4,000

(1) 행사가격이 30,000원인 콜옵션을 1개 구입하고 행사가격이 50,000원인 콜옵션을 1개 발행한 투자자의 만기손익을 그림으로 나타내라.

(2) 행사가격이 50,000원인 콜옵션을 2개 발행하고 행사가격 30,000원, 70,000원인 콜옵션을 1개씩 매입한 투자자가 얻을 수 있는 최대이익과 최대손실은 얼마인가?

풀이

(1) 시간적 가치를 측정할 수 있는 이자율에 대한 언급이 없으므로 옵션구입가격에 대한 기회비용은 고려하지 않는다. 이에 따라 3개월 후 위의 투자자의 만기손익도를 그림으로 그리면 다음과 같은 강세스프레드로 나타난다.(단위 : 천원)

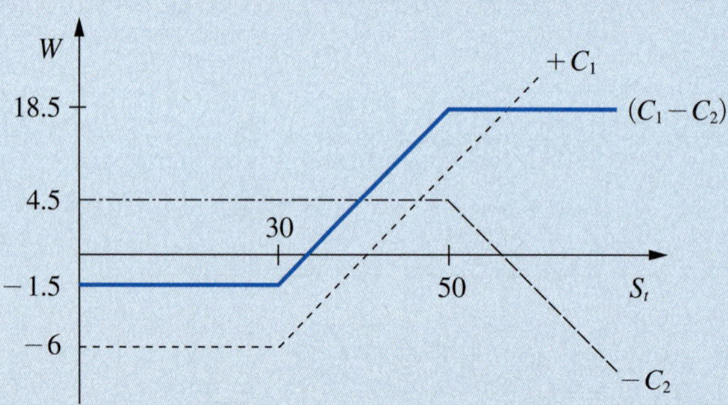

그림에서 보듯이 3개월 후의 주가가 31,500원 이상이어야 이익이 발생하지만 주가가 50,000원 이상이어도 이익의 크기는 항상 18,500원으로 일정하게 된다.

(2) 문제에서 제시된 투자전략은 다음과 같은 2개의 스프레드가 결합된 형태이다.

행사가격 30,000원	50,000	70,000	
+1	−1		→ 강세스프레드
	−1	+1	→ 약세스프레드
+1	−2	+1	

강세스프레드는 (1)에서 나타낸 것과 같으므로 이에 약세스프레드를 함께 나타내서 합치면 다음과 같은 샌드위치 스프레드가 된다.

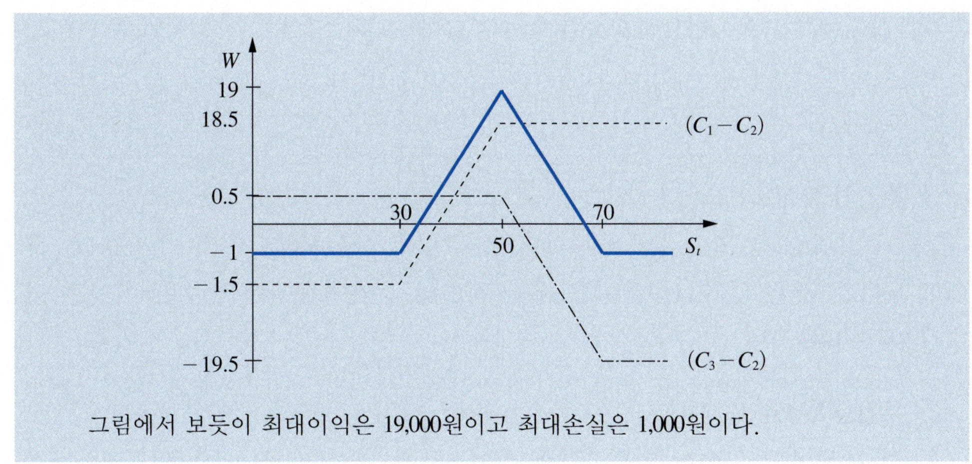

그림에서 보듯이 최대이익은 19,000원이고 최대손실은 1,000원이다.

제 4 절 옵션가격의 결정요인과 범위

4.1 옵션가격의 결정요인

(1) 콜옵션

① 기초주식의 가격(S_0) : (+)

모든 조건이 동일한 상황에서는 현재주가가 높을수록 콜옵션의 가격은 상승한다. 왜냐하면 현재주가가 높을수록 만기주가가 행사가격보다 높을 확률이 크기 때문이며 이때 많은 이익이 발생하기 때문이다.

② 행사가격(X) : (−)

행사가격이 낮을수록 콜옵션의 가격은 상승한다. 행사가격이 낮을수록 만기일의 주가가 행사가격보다 쉽게 높아지기 때문이다.

③ 만기(t) : (+)

옵션을 행사하는 시점, 즉 만기가 길수록 콜옵션의 가격은 상승한다. 왜냐하면 만기가 길수록 주가변동의 가능성이 커지고 이에 따라 큰 이익을 얻을 수 있기 때문이다. 또한 만기가 길수록 행사가격의 현재가치는 작아지므로 만기가 콜옵션가격에 양(+)의 효과가 있음을 알 수 있다. 이처럼 만기가 옵션가치에 미치는 효과는 주가변동의 가능성과 행사가격의 현가에 미치는 효과를 함께 고려해야 한다.

④ 주가의 분산(σ^2) : (+)

기초주식의 가격 또는 수익률의 분산이 클수록 콜옵션의 가격은 상승한다. 분산이 크다는 것은 주가변동폭이 크다는 것인데 주가변동폭이 클수록 이익은 커지기 때문이다.

⑤ 무위험이자율(R_f) : (+)

무위험이자율이 상승하면 행사가격의 현재가치가 감소하여 실질적인 행사가격의 인하효과를 가져오기 때문에 콜옵션의 가격은 상승한다.

⑥ 배당(D) : (−)

대개 옵션의 경우 만기까지 배당이 없다고 가정하는데 만약 가정을 현실화하여 배당이 있다고 하면 배당은 콜옵션가격을 하락시킨다. 왜냐하면 배당으로 인해서 주가가 하락하기 때문이다.

콜옵션가격을 이상의 6가지 결정요인들의 함수로 나타내면 그 관계가 다음과 같다.

$$C = f(\underset{+}{S_0},\ \underset{-}{X},\ \underset{+}{t},\ \underset{+}{\sigma^2},\ \underset{+}{R_f},\ \underset{-}{D})$$

(2) 풋옵션

① 기초주식의 가격(S_0) : (−)

모든 조건이 동일한 상황에서는 현재의 주가가 높을수록 풋옵션의 가격은 하락한다. 왜냐하면 현재주가가 높을수록 만기일의 주가가 행사가격보다 높을 확률이 커져서 손실을 볼 수 있기 때문이다.

② 행사가격(X) : (+)

행사가격이 높을수록 풋옵션의 가격은 상승한다. 다른 조건이 동일하다면 행사가격이 높을수록 만기가치가 커지기 때문이다.

표 14-3
옵션가격과 결정요인

결정요인	콜옵션	풋옵션
주식가격	+	−
행사가격	−	+
만 기	+	?
주가분산	+	+
무위험이자율	+	−
배 당	−	+

③ 만기(t) : (?)

만기가 풋옵션의 가격에 미치는 효과는 명확하지 않다. 왜냐하면 만기가 길수록 주가변동의 가능성이 커지고 이에 따라 큰 이익을 얻을 수도 있지만 만기가 길수록 행사가격의 현재가치는 작아지기 때문이다. 그리고 만기가 짧은 풋옵션의 경우 기초주식을 매도한 자금이 일찍 유입되므로 이에 대한 이자소득도 고려해야 하므로 만기가 풋옵션의 가격에 미치는 효과는 이들 효과의 크기에 따라 달라진다.

④ 주가의 분산(σ^2) : (+)

기초주식의 가격 또는 수익률의 분산이 클수록 풋옵션의 가격은 상승한다. 주가변동폭이 클수록 큰 이익을 얻을 확률이 커지기 때문이다.

⑤ 무위험이자율(R_f) : (−)

무위험이자율이 상승하면 행사가격의 현재가치가 감소하여 실질적인 행사가격의 인하효과를 가져오기 때문에 풋옵션의 가격은 하락한다.

⑥ 배당(D) : (+)

만약 만기 이전에 배당이 있다고 하면 배당은 풋옵션가격을 상승시킨다. 왜냐하면 배당으로 인해서 주가가 하락하기 때문이다.

풋옵션가격을 6가지 결정요인들의 함수로 나타내면 그 관계가 다음과 같다.

$$P = f(\underset{-}{S_0},\ \underset{+}{X},\ \underset{?}{t},\ \underset{+}{\sigma^2},\ \underset{-}{R_f},\ \underset{+}{D})$$

4.2 옵션가격의 결정범위

(1) 콜옵션

① $C \geq 0$

옵션은 이익이 생길 경우에 행사할 수 있는 권리이므로 그 가격은 음(−)일 수 없다.

② $C \leq S$

콜옵션가격은 주식을 구입할 수 있는 권리에 대한 가격이므로 주식가격보다 클 수는 없다. 왜냐하면 주가보다 콜옵션가격이 크다면($C>S$), 콜옵션을 사서 주식을 구입하는 것보다 직접 주식을 구입하는 것이 더 경제적이기 때문이다. 또한 이때에는 주식을 매입하고 그에 대한 콜옵션을 발행함으로써 $(C-S)$만큼의 재정이익을 얻는 재정거래로 인해서 주가는 상승하고 콜옵션가격은 하락하게 된다.

③ $C \geq S - \frac{X}{e^{Rft}}$

위 식의 성립은 다음과 같은 두 개의 투자전략을 비교함으로써 증명될 수 있다. 먼저 특정 주식에 대한 콜옵션을 구입하고 동시에 이의 행사가격과 동일한 액면가액을 갖는 무위험채권을 구입하는 포트폴리오를 가정한다. 그리고 이를 그 주식을 직접구입하는 경우와 만기가치를 서로 비교하면 다음과 같다.

상 황	만기주가(S_t) ≤ 행사가격(X)	만기주가(S_t) > 행사가격(X)
콜옵션매입	0	$(S_t - X)$
채권매입	X	X
포트폴리오	X	S_t
주식매입(S)	S_t	S_t

위에서 포트폴리오의 만기가치를 보면 만기에 주가가 행사가격 이하로 하락할 때 주식을 매입한 경우보다 크거나 같고, 주가가 행사가격보다 높을 때에는 주식을 매입한 경우와 같다는 것을 알 수 있다. 이처럼 포트폴리오의 만기가치가 항상 주식을 직접 매입한 경우보다 크거나 같으므로 포트폴리오에 대한 현재가치($C+\frac{X}{e^{Rft}}$)도 주식의 현재가치(S)보다 크거나 같아야 한다.

즉, $C+\frac{X}{e^{Rft}} \geq S$ 이므로 $C \geq S-\frac{X}{e^{Rft}}$ 이 성립된다.

콜옵션의 가격결정범위

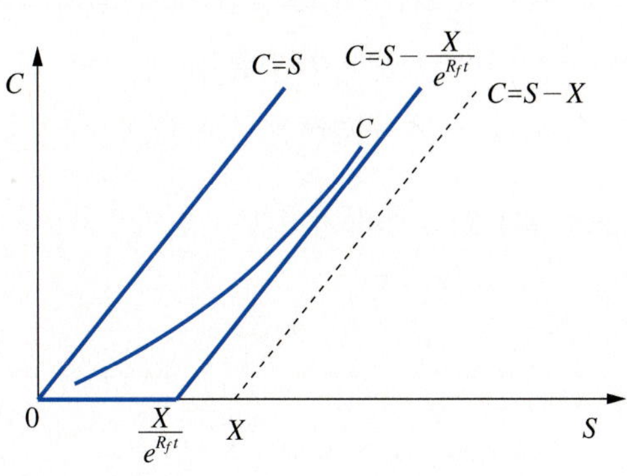

그런데 미국형 옵션의 경우에는 만약 $C<S-X$라면 콜옵션을 사서 바로 권리를 행사하여 주식을 매입하면 $(S-X)-C$만큼의 재정이익을 얻는 재정거래가 생길 것이다. 이로 인해서 옵션가격은 상승하고 주가는 하락하게 되어 $C \geq S-X$가 된다.

이제까지 설명한 ①, ②, ③의 내용에 따라서 콜옵션의 가격결정범위를 그림으로 나타내면 [그림 14-10]으로 나타난다. 단, 여기서 점선표시부분은 미국형 콜옵션의 가격결정범위를 보이는 것이다.

(2) 풋옵션

① $P \geq 0$

풋옵션도 콜옵션과 마찬가지로 이익이 생길 경우에 행사할 수 있는 권리이므로 그 가격은 음(−)일 수 없다.

② $P \leq X$

풋옵션은 행사가격 X에 특정 주식을 팔 수 있는 권리이므로 만약 $P>X$이면 풋옵션을 발행하여 매도함으로써 $(P-X)$만큼의 재정이익을 도모할 수 있기 때문에 $P \leq X$가 된다.

그러나 이는 풋옵션을 즉시 행사한다는 가정하에서 살펴본 것이고 만약 일정기간이 경과해야만 행사할 수 있는 유럽형 풋옵션이라면 풋옵션가격을 행사가격의 현가와 비교해야 할 것이므로 $P \leq \frac{X}{e^{R_f t}}$가 된다.

③ $P \geq \frac{X}{e^{R_f t}} - S$

콜옵션의 경우와 마찬가지로 위 식의 성립도 다음과 같은 두 개의 투자전략을 비교함으로써 증명할 수 있다. 먼저 특정 주식에 대한 풋옵션을 매도하고 동시에 이의 행사가격과 동일한 액면가액을 갖는 무위험채권을 매입하는 포트폴리오를 가정한다. 그리고 이를 그 주식을 직접 구입하는 경우와 만기가치를 서로 비교한다.

상 황	만기주가(S_t) ≤ 행사가격(X)	만기주가(S_t) > 행사가격(X)
풋옵션매도	$-(X-S_t)$	0
채권매입	X	X
포트폴리오	S_t	X
주식매입(S)	S_t	S_t

위에서 포트폴리오의 만기가치를 보면 만기에 주가가 행사가격 이하로 하락할 때 주식을 매입한 경우와 같고, 주가가 행사가격보다 높을 때에는 주식을 매입한 경우보다 작다는 것을 알 수 있다. 이처럼 포트폴리오의 만기가치가 항상 주식을 직접 매입한 경우보다 작거나 같으므로 포트폴리오에 대한 현재가치($-P+\frac{X}{e^{Rft}}$)도 주식의 현재가치(S)보다 작거나 같아야 할 것이다.

즉, $-P+\frac{X}{e^{Rft}} \leq S$ 이므로 $P \geq \frac{X}{e^{Rft}} - S$가 성립된다.

여기서도 미국형 옵션의 경우에는 만약 $P<X-S$라면 풋옵션을 사서 바로 권리를 행사하여 주식을 매입하면 $(X-P)-S$만큼의 재정이익을 얻는 재정거래가 생길 것이다. 이로 인해서 옵션가격은 상승하고 주가는 하락하게 되어 $P \geq X-S$가 된다.

이제까지 설명한 ①, ②, ③의 내용에 따라서 풋옵션의 가격결정범위를 그림으로 나타내면 [그림 14-11]로 나타난다. 단, 여기서에서도 점선표시 부분은 미국형 풋옵션의 가격결정범위를 보이는 것이다.

(3) 내재가치와 시간가치

① 내재가치

옵션의 가격결정범위를 나타내는 [그림 14-10], [그림 14-11]에서 보는 옵션가격은 내재가치와 시간가치의 합으로 분해할 수 있다. 내재가치(intrinsic value)란 현재 그 해당 옵션의 권리를 행사한다고 할 때에 얻을 수 있는 가치와 0의 값 중 큰 값을 의미한다. 따라서 콜옵션의 경우에는 $\max[S_0-X,\ 0]$, 풋옵션의 경우에는 $\max[X-S_0,\ 0]$으로 정의된다.

그림 14-11 풋옵션의 가격결정범위

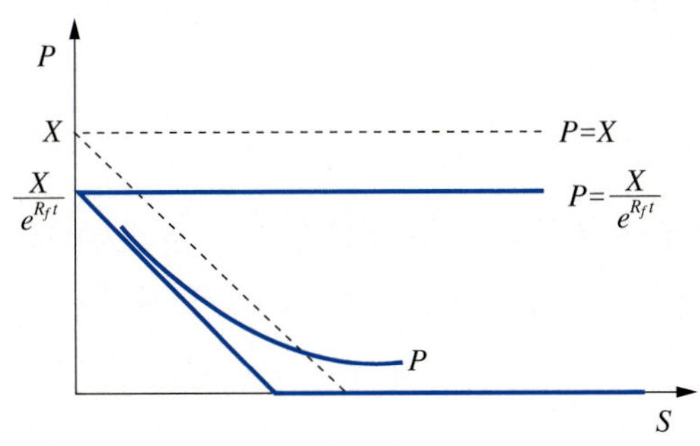

그림 14-12 옵션의 내재가치와 시간가치

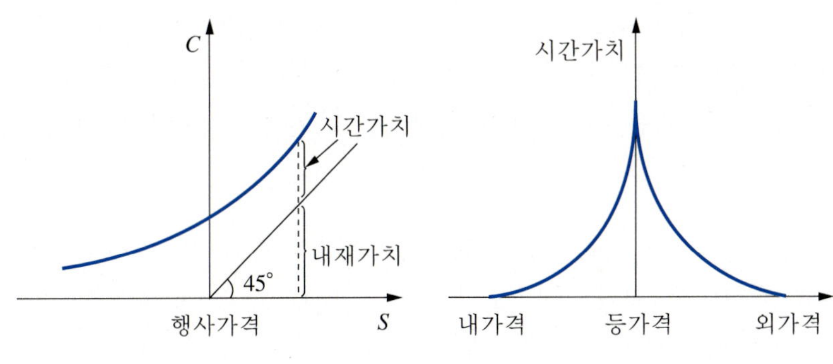

② 시간가치

그러나 옵션을 만기까지 보유할 경우 기초주식의 가격은 더 상승할 수 있다. 이러한 가능성 때문에 옵션의 시장가격은 내재가치보다 더 높게 형성된다. 이처럼 옵션을 보유할 때 주가가 자신에게 유리한 방향으로 변동할 가능성에 대한 가치를 옵션의 시간가치(time value)라고 하며, 그 크기는 옵션의 실제가격에서 내재가치를 차감한 값으로 측정한다.

옵션의 시간가치는 콜옵션이나 풋옵션 모두 등가격에서 가장 크며, 외가격 또는 내가격에서 그 크기가 줄어든다. 그 이유는 옵션의 시간가치는 곧 만기까지 주가의 변동가능성과 양(+)의 관계를 갖는데 이러한 변동가능성은 등가격일 때 가장 높고, 외가격 또는 내가격으로 갈수록 주가가 그 행사가격까지 변동할 가능성이 낮아지기 때문이다.

4.3 풋-콜 패리티

(1) 헤지포트폴리오

옵션의 투자전략에서 주식과 옵션의 결합으로 구성한 헤지포지션 앞의 [그림 14-3] 중 헤지포트폴리오($S+P-C$)의 만기가치를 살펴보자. 이러한 포트폴리오의 만기가치는 만기에 기초주식의 가격이 얼마인가와 관계없이 일정한 수준의 부를 유지하고 있음을 볼 수 있다. 그러면 여기서의 일정한 수준이란 얼마의 값인지 구체적으로 확인해보자.

투자종목에 옵션이 포함될 때 미래에 나타날 수 있는 상황이란 만기주가가 행사가격보다 작은 경우($S_t \le X$)와 큰 경우($S_t > X$)의 두 가지이다. 각 상황에서 헤지포트폴리오의 만기가치는 다음과 같이 미래상황과 무관하게 일정한 수익 X가 되는데 이는 앞의 [그림 14-3]의 (c)에서 만기가치가 수평선으로 나타나는 것과 의미가 같은 것이다.

상 황	만기주가(S_t) ≤ 행사가격(X)	만기주가(S_t) > 행사가격(X)
주식매입(S)	S_t	S_t
풋 매입(P)	$X-S_t$	0
콜 매도($-C$)	0	$-(S_t-X)$
계($S+P-C$)	X	X

(2) 풋-콜 패리티

동일한 기초주식과 만기 및 행사가격을 갖고 있는 콜옵션과 풋옵션의 가격은 균형하에서 일정한 관계를 갖는데 이를 풋-콜 패리티(put-call parity)라고 한다. 이러한 관계를 도출해 보고자 한다.

이를 위해서 앞서 설명한 헤지포트폴리오의 만기가치를 다시 한 번 생각해보자. 이러한 포트폴리오를 구성하기 위한 현재시점의 투자금액은 ($S+P-C$)이다. 그리고 X는 만기 t에서 어떤 상황이 발생하더라도 얻게 되는 일정한 수익(payoff)이므로 다음과 같이 무위험수익률이 보장되어야 균형이 성립된다.

$$(S+P-C)(1+R_f)^t = X \rightarrow S+P-C = \frac{X}{(1+R_f)^t}$$

만약 이러한 균형식이 성립되지 않으면 재정거래의 기회가 존재하고 재정거래로 인해 결국 균형식이 성립하게 된다. 이 식이 콜옵션가격과 풋옵션가격 사이의 관계를 나타내는 식으로서 이를 풋-콜 패리티라고 부른다. 이 식을 풋옵션의 가격에 대해서 정리하면 다음과 같다.[6)]

$$P = C - S + \frac{X}{(1+R_f)^t} \tag{14.3}$$

결국 풋-콜 패리티를 이용하면 동일한 기초주식에 대해 행사가격과 만기가 같은 콜옵션의 가격을 알면 풋옵션의 가격은 쉽게 산출할 수 있다. 따라서 대부분의 옵션가격결정모형은 주로 콜옵션가격을 결정하는 내용을 다루는 것이다.

한편 풋-콜 패리티를 통해서 현재 주가를 행사가격으로 하는 콜옵션가격이 풋옵션가격보다 높다는 것을 다음과 같이 보일 수 있다. 즉, 식 (14.3)으로부터 다음과 같이 표현된다.

$$\begin{aligned} C - P &= S - \frac{X}{(1+R_f)^t} \\ &= S - \frac{S}{(1+R_f)^t} > 0 \quad (\because \ at\ ATM) \\ &\therefore C > P \end{aligned}$$

>>> 예제 14-3

가나기업의 현재주가는 25,000원이고 이에 대한 콜옵션(만기 2년, 행사가격 25,000원)의 가격은 5,000원이다. 무위험이자율이 10%일 때, 만기와 행사가격이 동일한 풋옵션의 가격은 얼마인가?

풀이

풋-콜 패리티를 이용한다.

$$\begin{aligned} P &= C - S + \frac{X}{(1+R_f)^t} \\ &= 5{,}000 - 25{,}000 + \frac{25{,}000}{(1+0.1)^2} \\ &= 661(\text{원}) \end{aligned}$$

즉, 풋옵션의 균형가격은 661원으로서 실제 시장가격이 이와 다르게 형성되어 있으면 재정거래가 발생하게 된다.

6) 이자계산이 연속복리로 이루어진다면 이 식은 다음과 같이 표현된다.

$$P = C - S + \frac{X}{e^{R_f t}}$$

제 5 절 옵션가격결정모형(OPM)

옵션의 이론가격을 산출하는 모형을 옵션가격결정모형(OPM : option pricing model)이라고 한다. 지금까지 개발된 옵션가격결정모형은 매우 많다. 여기서는 비교적 내용이 단순하거나 많이 이용되는 확실성모형, 이항분포모형, 그리고 Black-Scholes모형 등을 살펴보겠다.[7)]

이러한 모형들의 공통된 원리는 옵션을 보유함으로써 미래에 얻게 될 만기가치를 할인하여 현재가치로 산출하고 그 값을 옵션의 이론가격으로 제시하는 것이다. 다만, 기초주식의 미래가격을 어떻게 보는가가 서로 다를 뿐이다.

확실성모형에서는 만기시점의 기초주식가격을 현재시점에서 확실한 단일값으로 알 수 있다고 가정한다. 한편, 이항분포모형은 기초주식의 가격이 이항분포를 따르기 때문에 만기에 나타날 수 있는 주가는 두 가지 값 중의 하나라고 가정한다. 그리고 Black-Scholes모형은 만기까지 기간에 주가는 연속적으로 변화한다고 가정한다.

이러한 가정들을 비교해보면 Black-Scholes모형이 가장 현실적이라고 생각할 수 있다. 현실적인 만큼 그 내용은 다른 모형에 비해서 어려운 편이다. 따라서 가장 비현실적이지만 내용이 가장 쉬운 확실성모형부터 살펴보는 것이 이해에 도움이 되겠다.

5.1 확실성모형

(1) 가 정

확실성모형은 Haley & Schall(1979)에 의해서 제시된 모형이다. 이는 불확실성이 존재하지 않는 상황이기 때문에 현재시점에서 만기주가를 확실한 값으로 미리 알고 있다고 본다. 기초주식의 만기주가가 얼마인지를 알고 있다면 특정 옵션을 보유함으로써 얻게 될 만기가치도 확실한 값으로 파악된다. 이 값은 확실한 값이므로 현재가치를 구할 때에 무위험이자율을 할인율로 이용한다.

---

7) 이외에도 최근에 와서 전산용량의 대형화, 컴퓨터의 고성능화에 힘입어 시뮬레이션모형을 이용한 옵션가격결정모형도 인기를 끌고 있다.

(2) 모형의 도출

확실성모형은 가정하고 있는 내용이 단순하기 때문에 모형화시키는 과정도 단순하다. 즉, 만기주가(S_t)가 행사가격(X)보다 클 때에 만기의 콜옵션의 가치(C_t)는 ($S_t - X$)로서 양(+)의 값을 가질 것이다. 그리고 이것은 확실한 값이므로 다음과 같이 현재의 콜옵션가격(C)은 이 값을 무위험이자율로 할인한 현재가치가 된다.

$$C = \frac{S_t - X}{(1+R_f)^t}$$

그런데 불확실성이 존재하지 않는 상황이라면 현재주가 역시 미래주가를 무위험이자율로 할인한 현재가치가 될 것이므로 즉, $S = \frac{S_t}{(1+R_f)^t}$을 위 식에 대입하면 다음과 같이 정리된다.

$$C = S - \frac{X}{(1+R_f)^t}$$

만약, 만기주가가 행사가격보다 작다면 콜옵션의 만기가치는 0이 될 것이고 그 현재가치도 0이 된다. 따라서 확실성모형은 다음과 같이 요약된다.

$$\begin{aligned} C &= S - \frac{X}{(1+R_f)^t} \qquad S \geq \frac{X}{(1+R_f)^t} \text{ 인 경우} \\ &= 0 \qquad\qquad\qquad\quad S < \frac{X}{(1+R_f)^t} \text{ 인 경우} \end{aligned} \tag{14.4}$$

이 식은 콜옵션의 가격이란 현재주가에서 행사가격의 현재가치를 차감한 값이라는 의미이다.[8)]

(3) 모형의 특징

확실성모형에서는 미래주가를 확실한 값으로 알고 있으므로 앞서 살펴본 옵션가격결정요인에서 주가의 분산(σ^2)은 제외된다. 확실성모형의 가정이 비현실적이기는 하지만 옵션가격이 미래현금흐름의 현재가치로 결정된다는 기본원리를 제공한다는 점에서 의미가 있는 것이다.

그리고 확실성모형에서는 콜옵션의 가격이 양(+)의 값을 가지면 동일한 조건의 풋옵션의 가격은 0이 되고 이와 반대로 풋옵션의 가격이 양(+)의 값을 가지면 콜옵션의 가격이 0이 된다. 콜옵션과 풋옵션의 권리내용이 상반된 것이므로 이는

8) 이러한 원리는 이후 소개할 이항분포모형이나 Black-Scholes모형에서도 그대로 적용되는 것이다.

당연한 결과이다.

>>> **예제 14-4**

현재 옵션시장에서는 가나기업 주식 1주를 2년 후에 취득할 수 있는 콜옵션이 1개당 8,000원에 거래되고 있다. 확실한 정보에 의하면 2년 후의 가나기업 주가는 45,000원이 될 것이라고 한다. 무위험이자율은 연 10%라고 할 때 다음 물음에 답하라.

(1) 이 옵션은 2년 후 가나기업 주식을 얼마에 구입할 수 있는 옵션인가?
(2) 그리고 가나기업 주식의 현재가격은 얼마인가?

풀이

(1) 확실성하의 상황이므로 다음이 성립한다.

$$C = \frac{S_t - X}{(1 + R_f)^t}$$

$$8{,}000 = \frac{45{,}000 - X}{(1 + 0.1)^2}$$

$$\therefore \ X = 35{,}320$$

즉, 이 콜옵션의 행사가격은 35,320원이다.

(2) 미래주가의 현재가치가 현재주가이므로 다음과 같이 구한다.

$$S = \frac{S_t}{(1 + R_f)^t}$$

$$= \frac{45{,}000}{(1 + 0.1)^2} = 37{,}190$$

현재 가나기업의 주식가격은 37,190원이다.

5.2 이항분포모형

(1) 가 정

이항분포모형은 Cox & Rubinstein(1976)에 의해서 제시된 모형이다. 이 모형에서는 기초주식의 가격변동이 이항분포를 따른다고 가정하기 때문에 이항분포모형(binomial approach)이라고 하는 것이다. 기초주식의 가격이 이항분포를 따른다는 것은 어떤 주식의 미래가격이 두 개의 가격 중 하나로 나타난다는 의미이다.

이러한 가정 역시 비현실적이다. 그러나 중요한 점은 불확실성을 고려하고 있

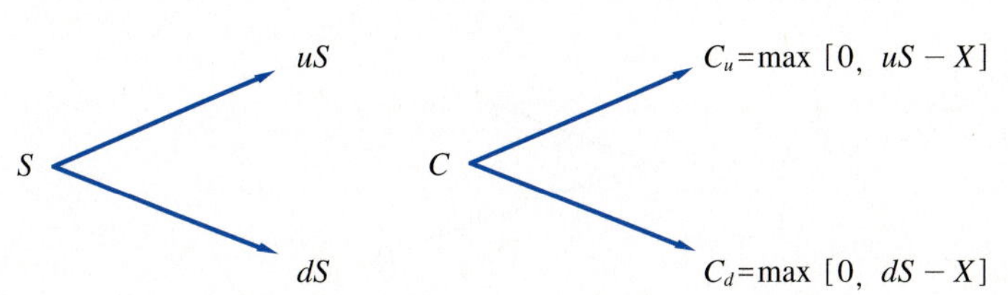

그림 14-13
1기간 이항분포에서 주식과 콜옵션의 가치

다는 점이다. 즉, 주가의 변동가능성을 고려하고 있다는 것이 확실성모형과의 큰 차이점이다.

(2) 모형의 도출

① 도출원리

이항분포모형이나 이후에 설명할 Black-Scholes모형은 모두 헤지포트폴리오를 구성하여 모형을 도출한다. 헤지포트폴리오란 미래의 주가변동과 무관하게 일정한 가치를 갖는 포트폴리오를 말한다. 기초주식 1주를 매입하고 이 주식에 대해 m개의 콜옵션을 발행하여 주가변동으로부터 헤지되는 헤지포트폴리오를 구성한다고 하자.[9)]

만약 시장이 균형상태에 있다면 이러한 헤지포트폴리오를 구성하는데 현재 시점에서 투자된 금액을 무위험이자율로 미래가치를 구한 값이 이 헤지포트폴리오의 만기가치와 같아야 할 것이다. 즉, 헤지포트폴리오를 구성해서 얻게 되는 만기까지의 수익률은 무위험이자율과 같아야 한다는 것인데 그 이유는 헤지포트폴리오의 만기가치가 단일의 확정값이기 때문이다. 만약 이러한 관계가 성립되지 않으면 불균형상태라고 할 수 있고 이러한 상태에서는 재정거래가 발생하여 결국 균형상태로 가게 된다.

② 도출과정

이항분포의 가정에 따라 현재주가가 1기간 후에 q의 확률로 uS가 되고 $(1-q)$의 확률로 dS가 된다고 가정하자. 그러면 주가와 이에 대한 콜옵션의 1기간 후 가치는 [그림 14-13]과 같은 분포를 보이게 된다.

9) 기초주식의 가격과 콜옵션의 가치는 같은 방향으로 움직이므로 기초주식을 보유하면 콜옵션은 발행해야 헤지가 가능하다. 만약 풋옵션을 이용해서 헤지포트폴리오를 구성하려면 기초주식의 가격과 풋옵션의 가치가 반대방향으로 움직이므로 기초주식을 보유하면서 풋옵션도 매입해야 헤지가 가능하게 될 것이다. 이는 옵션투자전략에서 covered call, protective put 등을 생각해보면 이해가 쉬울 것이다.

그림 14-14

1기간이항분포에서 주식과 콜옵션의 결합

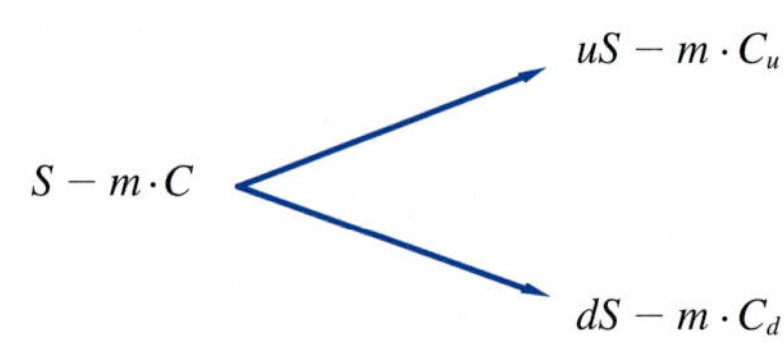

이때에 u는 주가상승계수, d는 주가하락계수라고 하며 $d \leq 1+R_f \leq u$ 관계가 성립한다. 이러한 관계를 증명하기 위해서 먼저 $d > 1+R_f$라고 해보자. 이는 최악의 상황에서도 주식수익률이 무위험수익률보다 높다는 뜻인데 이런 경우 무위험이자율에 의한 차입으로 주식을 매입하여 재정이익을 얻을 수 있게 된다. 따라서 $d \leq 1+R_f$ 이어야 균형상태가 된다. 이번에는 $1+R_f > u$ 라고 해보자. 이는 주식수익률이 아무리 높아도 무위험수익률보다 낮다는 뜻인데 이런 경우에는 주식공매로 조달한 자금으로 무위험자산에 투자하여 재정이익을 얻게 된다. 따라서 $1+R_f \leq u$ 이어야 균형상태가 된다. 두 가지 결과를 종합하면 결론적으로 균형상태가 되려면 $d \leq 1+R_f \leq u$ 관계가 성립해야 함을 알 수 있다.

이러한 상황에서 기초주식 1주를 매입하고 이 주식에 대해 m개의 콜옵션을 매도한 헤지포트폴리오($S-m \cdot C$)를 구성한다. 그러면 이의 1기간 후 가치는 [그림 14-14]와 같은 분포를 이루게 된다.

이때 1기간 후의 두 가지 상황에서의 만기가치가 동일해야 할 것이다. 왜냐하면 주가변동과는 무관한 헤지포트폴리오를 구성하였다고 하였으므로 상황과 무관하게 일정한 값을 가져야 하기 때문이다. 따라서 다음 식을 통해서 헤지포트폴리오를 구성하기 위하여 기초주식 1주에 대해서 발행해야 할 콜옵션의 개수 m을 구할 수 있다.

$$uS - m \cdot C_u = dS - m \cdot C_d \text{ 에서 } \quad m = \frac{uS - dS}{C_u - C_d}$$

이때의 m을 헤지비율(hedge ratio)이라고 한다.[10] 그리고 균형상태라면 위의 헤지포트폴리오의 수익률은 무위험이자율 R_f와 같아야 하므로 다음 식이 성립된다.

10) 여기서, $\Delta S = uS - dS$, $\Delta S = C_u - C_d$이므로 이때의 헤지비율 m은 $\Delta S = m \times \Delta C$를 만족한다. 이는 뒤에서 설명하게 될 선물을 이용한 헤지비율 $\Delta S = HR \times \Delta F$을 만족하는 것과 동일한 원리이다.

$$(S-m\cdot C)(1+R_f)=uS-m\cdot Cu$$

만약 이 식이 성립하지 않으면 재정거래의 기회가 발생하게 된다. 그리고 이 식에 헤지비율 $m=\dfrac{uS-dS}{C_u-C_d}$ 을 대입하여 C에 대해서 정리하면 다음과 같은 가격결정식을 얻게 된다.

$$C=\left[C_u\left(\frac{(1+R_f)-d}{u-d}\right)+C_d\left(\frac{u-(1+R_f)}{u-d}\right)\right]\div(1+R_f)$$

여기서 $p=\dfrac{(1+R_f)-d}{u-d}$ 라고 놓으면 위의 식은 다음과 같게 된다.

$$C=\frac{[p\cdot C_u+(1-p)\cdot C_d]}{1+R_f} \qquad (14.5)$$

이때에 p를 헤지확률(hedge probability)이라고 하는데, 이는 주가가 상승할 확률 q와는 다른 것이다. 그리고 $d\le 1+R_f\le u$ 관계가 성립하므로 $0\le p\le 1$이 되어 확률의 모든 속성을 갖는다.

이렇게 p가 확률값은 아니지만 확률값과 같은 모양을 갖고 있기 때문에 유사확률(pseudo-probability)이라고 한다. 이를 이용하여 식 (14.5)를 설명하면 1기간 옵션가격은 1기말 옵션가치의 기대값을 현재가치로 할인한 값이라는 설명이 가능하다.

(3) 모형의 특징

위에서 도출된 콜옵션 가격결정식은 다음과 같은 특징을 갖는다.

① 콜옵션가격은 주가의 상승확률(q)이나 하락확률($1-q$)과는 무관하게 결정된다는 것이다. 이는 콜옵션가격결정식에 주가상승확률 q가 포함되지 않는 것을 통해 알 수 있다. 따라서 옵션가격을 산출하는 과정에서는 CAPM에서 필요한 주가변동에 대한 동질적 예측(homogeneous expectation)의 가정이 필요없다.

② 콜옵션가격은 투자자들의 위험에 대한 태도(risk attitude)와는 무관하다는 것이다. 다만 투자자들의 재정이익을 취하려는 투자동기(prefer more to less)에 대해서만 가정했을 뿐이다. 따라서 CAPM과 같이 위험회피적이라는 가정이 필요없다.

③ 콜옵션가격을 결정하는 유일한 확률변수는 기초주식의 가격뿐이다. 즉, 옵션은 독립적으로 평가되는 것이 아니고 주어진 주가에 근거해서 종속적으로 평가된다. 그런데 주가상승 또는 하락확률, 그리고 투자자의 위험에 대한 태도는 이미 모두 주가에 반영되어 있기 때문에 옵션을 평가하면서 이를 다시 고려할 필요가 없는 것이다.

>> 예제 14-5

가나기업의 현재주가는 30,000원인데 1기간 후에 0.8의 확률로 36,000원이 되거나 또는 0.2의 확률로 24,000원이 될 것으로 예상된다. 주가의 변화는 이항분포를 따르며 무위험이자율은 연 10%라고 가정한다.

(1) 균형상태에서 행사가격이 28,000원이고 만기가 1년 남은 콜옵션의 현재가격은 얼마인가?

(2) 가나기업 주식 50주를 보유하고 있는 투자자의 콜옵션을 이용한 헤지전략은?

풀이

(1) 주식가격과 콜옵션 만기가치의 이항분포는 다음과 같다.

$$S = 30{,}000 \begin{cases} \xrightarrow{0.8} uS = 36{,}000 \\ \xrightarrow{0.2} dS = 24{,}000 \end{cases}$$

$$C \begin{cases} \to C_u = \max[36{,}000 - 28{,}000,\ 0] = 8{,}000 \\ \to C_d = \max[24{,}000 - 28{,}000,\ 0] = 0 \end{cases}$$

여기서 주식 1주를 매입하면서 m개의 콜옵션을 발행하여 헤지포트폴리오를 구성한다. 이의 만기가치에 대한 이항분포는 다음과 같다.

$$30{,}000 - mC \begin{cases} 36{,}000 - m \times 8{,}000 \\ 24{,}000 - m \times 0 \end{cases}$$

헤지포트폴리오가 되기 위해서는 모든 상황에서의 만기가치가 같아야 하므로 다음 식이 성립해야 한다.

$$36{,}000 - 8{,}000 \times m = 24{,}000$$

이로부터 헤지비율 $m = 1.5$임을 구할 수 있다.

따라서 헤지포트폴리오의 현재 투자액은 $30{,}000 - 1.5C$가 되고 이의 1년 후 가치는 24,000원이다.

$t=0$	$t=1$
$(30{,}000 - 1.5C)$	24,000

이 기간의 수익률은 무위험이자율과 동일해야 한다. 그렇지 않으면 재정거래가 발생하게 된다. 따라서 다음 식이 성립하고 이로부터 콜옵션가격을 구할 수 있다.

$$(30{,}000-1.5C)\times 1.1 = 24{,}000 \qquad \therefore\ C = 5{,}454.55(\text{원})$$

(2) 1개 주식매입과 1.5개의 콜옵션 발행으로 헤지포트폴리오를 구성할 수 있으므로 50개 주식을 보유한 투자자라면 75개(= 50×1.5)의 콜옵션을 발행하여야 한다.

※ 도출된 공식을 이용해서 다음과 같이 구할 수도 있다.
주식가격의 이항분포는 다음과 같다.

$$S = 30{,}000 \begin{cases} \xrightarrow{0.8} uS = 36{,}000 \\ \xrightarrow{0.2} dS = 24{,}000 \end{cases}$$

따라서 상승계수 u=1.2, 하락계수 d=0.8
이로부터 헤지확률 p를 구하면 다음과 같다.

$$p = \frac{(1+R_f)-d}{u-d} = \frac{(1+0.1)-0.8}{1.2-0.8} = 0.75$$

이제 주가변동에 따른 콜옵션의 만기가치를 이항분포로 나타내면 다음과 같다.

$$C \begin{cases} \xrightarrow{0.8} C_u = \max[36{,}000-28{,}000,\ 0] = 8{,}000 \\ \xrightarrow{0.2} C_d = \max[24{,}000-28{,}000,\ 0] = 0 \end{cases}$$

따라서 콜옵션의 균형가격은 다음과 같이 산출된다.

$$C = \frac{PC_u + (1-p)C_d}{1+R_f} = \frac{0.75\times 8{,}000 + 0.25\times 0}{1+0.1}$$
$$= 5{,}454.55(\text{원})$$

그리고 헤지비율 m은 다음과 같다.

$$m = \frac{uS-dS}{C_u-C_d} = \frac{36{,}000-24{,}000}{8{,}000-0} = 1.5$$

(4) 이항분포의 다기간 확장

① 2기간으로 확장

이제 앞에서 전개한 단일기간의 이항분포모형을 다기간으로 확장하기 위해서 옵션의 만기까지 2기간이 남아 있는 경우를 생각해 보자. 이러한 경우의 주가분포는 [그림 14-15]로 나타낼 수 있다. 이 그림에서 나타나는 각 경우의 주식가격에 대응하는 콜옵션의 만기가치는 [그림 14-16]과 같은 분포를 보이게 된다.

그런데 앞에서 도출한 옵션의 만기까지 1기간이 남아 있는 단일기간 이항분포

그림 14-15

2기간 이항분포에서 만기주가

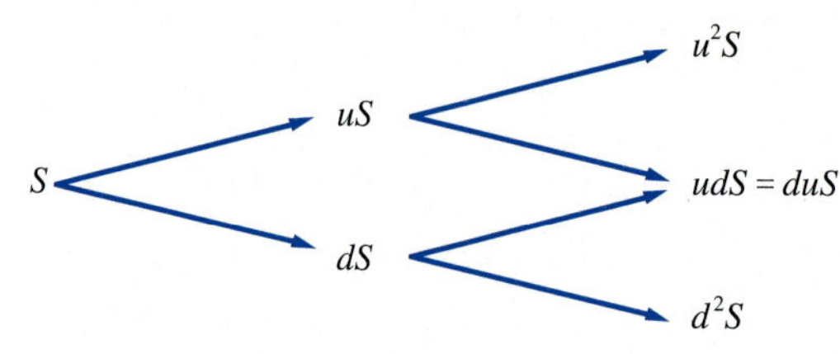

그림 14-16

2기간 이항분포에서 콜옵션의 만기가치

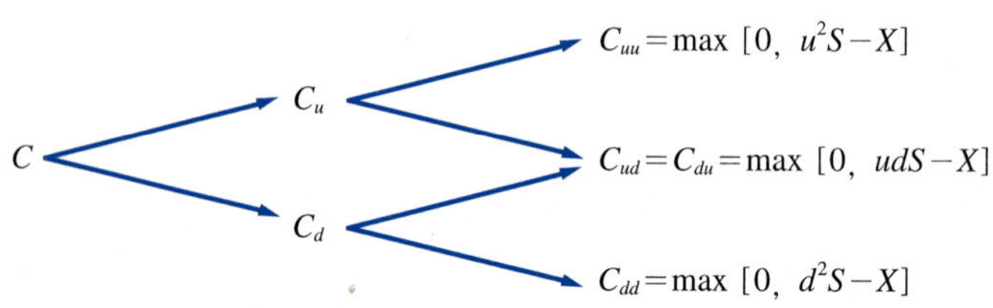

모형의 콜옵션평가식을 이용하면 제1기 말의 옵션가치인 C_u와 C_d를 다음과 같이 구할 수 있다.

$$C_u = \frac{[pC_{uu} + (1-p)C_{ud}]}{1+R_f}, \quad C_d = \frac{[pC_{du} + (1-p)C_{dd}]}{1+R_f}$$

이제 여기서 구한 C_u와 C_d를 현재의 콜옵션가격을 나타내는 다음 식에 대입한다.

$$C = \frac{[p \cdot C_{uu} + (1-p) \cdot C_d]}{1+R_f}$$

대입한 결과를 정리하면 만기가 2기간 남아 있는 옵션의 현재가격을 다음과 같은 식으로 구할 수 있다.

$$C = \frac{[p^2 C_{uu} + 2p(1-p)C_{ud} + (1-p)^2 C_{dd}]}{(1+R_f)^2} \tag{14.6}$$

이 식을 살펴보면 괄호 안의 각 항은 단일기간모형의 괄호 안에 있는 두 항의 2항분포 전개식임을 알 수 있다.

따라서 식 (14.6)의 2기간 모형에서 n을 2기간 동안에 주가가 상승한 횟수라고 하면 $0 \leq n \leq 2$가 되며 식 (14.6)은 다음과 같이 쓸 수 있다.

$$C = \frac{\sum_{n=1}^{2} {}_2C_n p^n (1-p)^{2-n} \max[0, u^n d^{2-n} S - X]}{(1+R_f)^2}$$

② 다기간(T)으로 확장

2기간모형을 구하는 과정에서 보았듯이 옵션의 가격을 구하는 과정은 다음과 같이 요약된다. 즉, 각 시점 말에 기대되는 옵션가치에다가 그 가치에 해당하는 확률(정확히 말하면 헤지확률)을 곱하여 기대값을 구한다. 그리고 이를 무위험이자율로 할인하면 각 단계의 옵션가격이 되는 것이다.

이러한 과정을 반복하면 콜옵션가격결정모형을 T기간모형으로 일반화시킬 수 있다. 이러한 과정을 따라서 만기가 T기간 남아 있는 경우의 콜옵션평가식을 구하면 다음과 같이 나타난다. (단, n은 T기간 동안의 주가상승횟수)

$$C = \frac{\sum_{n=0}^{T} {}_TC_n p^n (1-p)^{T-n} \max[0, u^n d^{T-n} S - X]}{(1+R_f)^T} \tag{14.7}$$

그런데 식 (14.7)을 풀어쓰면 다음과 같이 나타낼 수 있다.

$$C = \frac{\sum_{n=0}^{T} {}_TC_n p^n (1-p)^{T-n} u^n d^{T-n} S}{(1+R_f)^T} - \frac{\sum_{n=0}^{T} {}_TC_n p^n (1-p)^{T-n} X}{(1+R_f)^T}$$

이 식을 현재주가 S, 행사가격의 현재가치 $\frac{X}{(1+R_f)^T}$를 중심으로 정리하면 다음과 같다.

$$C = S\left[\frac{\sum_{n=0}^{T} {}_TC_n p^n (1-p)^{T-n} u^n d^{T-n} S}{(1+R_f)^T}\right] - \frac{X}{(1+R_f)^T}\left[\sum_{n=0}^{T} {}_TC_n p^n (1-p)^{T-n}\right]$$

이렇게 정리된 식을 자세히 보면 확실성모형의 구조와 공통점을 찾을 수 있다. 즉, 현재주가에서 행사가격의 현가를 차감하여 옵션가격을 구하는 것이다. 다만, 주가분포에 대한 가정이 다르기 때문에 현재주가와 행사가격의 현가에 이를 반영하는 [ ]에 해당하는 값을 곱해준 것만이 다를 뿐이다.[11)]

(5) 이항분포모형에 대한 보충설명

이항분포모형에서 2기간 이상의 다기간 만기의 옵션가격을 결정하는 식을 얼핏 보면 매우 복잡하게 보인다. 그러나 실제로 다기간 만기의 옵션가격은 다음과 같은 두 가지 사항을 고려하면 쉽게 구할 수 있다.

11) [ ]의 값은 일종의 불확실성계수라고 할 수 있고 이러한 구조적 공통점은 뒤에서 소개될 Black-Scholes모형에서도 $N(d_1)$, $N(d_2)$로 확인할 수 있다. 확실성모형에서는 불확실성이 없으므로 이 값이 1이 된다.

그림 14-17

파스칼의 삼각형

시행횟수	파스칼의 삼각형
0	1
1	1 1
2	1 2 1
3	1 3 3 1
4	1 4 6 4 1
.	. . . .

① 파스칼의 삼각형을 이용하여 계수를 파악한다.

파스칼의 삼각형(Pascal's triangle)은 이항분포에서 시행횟수에 따른 각 상황이 발생할 경우의 수를 나타내는 것으로 [그림 14-17]과 같은 구조를 갖는다.

그림에서 나타난 구조에서 알 수 있듯이 각 행은 바로 위 행의 인접한 두 열의 값을 합한 것인데 이들은 $[p+(1-p)]^T$의 전개식에서의 계수를 나타낸다. 그리고 시행횟수는 옵션의 만기로 생각하면 된다. 예를 들어, 만기가 3년인 옵션의 가격을 구할 때에는 다음과 같은 전개식이 될 것이고 각 항에 해당하는 옵션의 만기가치를 대응시킬 수 있다.

전 개 식	$1 \cdot p^3$	$3 \cdot p^2(1-p)$	$3 \cdot p(1-p)^2$	$1 \cdot (1-p)^3$
옵션가치	C_{uuu}	C_{uud}	C_{udd}	C_{ddd}

다기간 모형에서 분자에 해당하는 기대값이란 바로 위와 같은 전개식과 각 항에 해당하는 옵션가치를 곱하여 합한 값이다. 이렇게 구한 기대값을 무위험이자율로 할인하면 곧 옵션의 현재가격이 된다.

② 주가가 행사가격 미만으로 형성되는 경우는 고려할 필요가 없다.

위의 파스칼 삼각형에서 보면 만기가 T이면 고려해야 할 상황의 수는 $T+1$개임을 알 수 있다. 위에서 예로 든 만기가 3년인 경우에는 4가지 상황을 고려한 기대값을 구해야 한다.

그러나 실제로 옵션가치를 구할 때에는 4가지 상황을 모두 고려할 필요가 없는 것이다. 왜냐하면 만기의 주가가 행사가격보다 작게 되면 콜옵션의 만기가치는 0이기 때문이다. 위에서도 콜옵션의 만기가치를 C_{uuu}, C_{uud}, C_{udd}, C_{ddd}로 구분하였으나 C_{udd} 또는 C_{ddd}는 주가가 2회 이상 하락하였기 때문에 그 만기가치가 0일 가능성이 높다. 만약 이들이 0이라면 실제 고려할 옵션의 만기가치는 C_{uuu}와 C_{uud} 두 가지뿐이다.

>>> 예제 14-6

〈예제 14-5〉에서의 콜옵션에 대해서 다른 조건은 동일하고 만기만 다른 콜옵션을 생각해 보자.

(1) 만기가 2년일 때 콜옵션의 균형가격을 구하고 만기가 1년인 콜옵션의 가격과의 차이가 갖는 경제적 의미를 설명하라.

(2) 또한 만기가 3년인 콜옵션의 균형가격은 얼마인가?

풀이

(1) 만기가 2년인 콜옵션가격

주식가격의 이항분포는 다음과 같다.

$$S = 30{,}000 \begin{cases} uS = 36{,}000 \begin{cases} u^2S = 43{,}200 \\ udS = 28{,}800 \end{cases} \\ dS = 24{,}000 \begin{cases} udS = 28{,}800 \\ d^2S = 19{,}200 \end{cases} \end{cases}$$

그리고 각 주가수준에서의 콜옵션 만기가치는 다음과 같다.

$$C \begin{cases} C_u \begin{cases} C_{uu} = \max\,[0,\ 43{,}200 - 28{,}000\ ] = 15{,}200 \\ C_{ud} = \max\,[0,\ 28{,}800 - 28{,}000\ ] = 800 \end{cases} \\ C_d \begin{cases} C_{ud} \\ C_{dd} = \max\,[0,\ 19{,}200 - 28{,}000\ ] = 0 \end{cases} \end{cases}$$

식 (14.6)을 이용하여 만기 2년인 콜옵션가격을 구하면 다음과 같다.

$$\begin{aligned} C &= \frac{P^2 \cdot C_{uu} + 2p(1-p)C_{ud} + (1-p)^2 C_{dd}}{(1+R_f)^2} \\ &= \frac{0.75^2 \times 15{,}200 + 2 \times 0.75 \times 0.25 \times 800 + 0}{(1+0.1)^2} \\ &= 7{,}314.05(\text{원}) \end{aligned}$$

이는 만기가 1년인 콜옵션가격 5,454.55(원)보다 높은 수준이다. 그 이유는 만기가 길수록 주가변동의 폭이 커져서 위험이 증가하는 효과와 만기가 길수록 행사가격의 현가가 작아지는 효과가 있기 때문에 콜옵션의 가격이 높아지는 것이다.

(2) 만기가 3년인 콜옵션가격

주식가격의 이항분포와 이에 해당하는 콜옵션의 만기가치를 살펴보면 다음과 같다.

$$S \begin{cases} uS \begin{cases} u^2S \begin{cases} u^3S &= 51{,}840 \rightarrow C_{uuu} = \max[0,\ 51{,}840 - 28{,}000] = 23{,}840 \\ u^2dS &= 34{,}560 \rightarrow C_{uud} = \max[0,\ 34{,}560 - 28{,}000] = 6{,}560 \end{cases} \\ udS \end{cases} \\ dS \begin{cases} udS \begin{cases} ud^2S &= 23{,}040 \rightarrow C_{udd} = \max[0,\ 23{,}040 - 28{,}000] = 0 \end{cases} \\ d^2S \begin{cases} d^3S &= 15{,}360 \rightarrow C_{ddd} = \max[0,\ 15{,}360 - 28{,}000] = 0 \end{cases} \end{cases} \end{cases}$$

만기 주가가 행사가격 28,000보다 낮은 경우에는 콜옵션가치가 0이므로 무시한다. 그리고 파스칼의 삼각형에서 이항전개식의 계수를 파악하여 다음과 같이 콜옵션가격을 구한다.

$$C = \frac{P^3 \cdot C_{uuu} + 3p^2(1-p)C_{uud} + 3p(1-p)^2 C_{udd} + (1-p)^3 C_{ddd}}{(1+R_f)^3}$$

$$= \frac{0.75^3 \times 23{,}840 + 3 \times 0.75^2 \times 0.25 \times 6{,}560 + 0 + 0}{(1+0.1)^3}$$

$$= 9{,}635.61(\text{원})$$

*(6) 이항분포모형의 실제적용

① 상승계수와 하락계수

지금까지 설명된 이항분포모형은 비현실적으로 단순한 형태이다. 만기까지 주가변화가 1기간, 2기간, 3기간 등의 이항분포를 따른다고 가정해서 구한 옵션가격은 근사값일 뿐 정확한 가격이 될 수 없다.

이항분포를 실제로 이용하는 경우, 만기는 대체로 30개 이상으로 세분해서 적용한다. 즉, 매 기간마다 주가는 상승하거나 하락하므로 30기간을 고려하면 31개의 만기가격이 있으며 약 10억 개(정확하게 2^{10}개)의 주가변화 가능성을 고려할 수 있다.

그리고 주가상승계수 u와 하락계수 d는 주가의 변동성(σ)에 의해서 결정된다. 그 결정방법은 여러 가지가 있는데 Cox & Rubinstein(1985)에 의해 제시된 방법은 다음과 같다.[12)]

$$u = \exp\left[\sigma\sqrt{\frac{t}{n}}\right] = e^{\sigma\sqrt{\frac{t}{n}}}$$

$$d = \exp\left[-\sigma\sqrt{\frac{t}{n}}\right] = e^{-\sigma\sqrt{\frac{t}{n}}} = \frac{1}{u}$$

여기서 이항분포의 전개횟수 n을 1로 하면 u와 d는 다음과 같이 더 간단하게 나타낼 수 있다.

$$u = e^{\sigma\sqrt{t}}$$

12) Jarrow & Rudd(1983)에 의해 제시된 방법은 무위험이자율까지 고려해서 상승계수와 하락계수를 구하는 방법인데 이보다 좀 더 복잡하다.

표 14-4
이항분포 전개횟수와 옵션가격

모 형	행사가격 / 잔존만기(일)	σ=0.2			σ=0.4		
		4,500	5,000	5,500	4,500	5,000	5,500
이항분포모형 $n=5$	30	538	140	7	587	260	83
	120	674	321	112	803	553	306
	210	795	459	214	1,000	758	515
이항분포모형 $n=25$	30	537	136	8	582	250	78
	120	670	313	108	823	535	329
	210	793	449	241	1,007	735	521
이항분포모형 $n=\infty$ (B-S모형)	30	539	136	8	583	249	77
	120	675	315	109	825	535	327
	210	802	454	221	1,011	736	522

$$d = e^{-\sigma\sqrt{t}} = \frac{1}{u}$$

단, t : 연단위로 측정한 만기

② 이항분포의 전개횟수

이항분포모형에서 옵션가격의 정확도는 만기까지의 기간을 얼마나 세분하느냐에 달려 있다. 예를 들어, 만기가 3개월 남은 옵션의 가격을 구하기 위해 $n=3$, 즉 1개월씩 3기간으로 나누는 것보다 1주일 단위로 $n=13$으로 나누는 것이 더 정확하고 1일 단위로 $n=90$으로 나누는 것이 보다 더 정확한 가격을 구할 수 있는 방법이 된다. 왜냐하면 잔존기간을 이렇게 세분할수록 만기주가분포는 더 현실에 가까운 모양이 될 것이기 때문이다. 그리고 여기서 n값을 크게 잡으면 그만큼 1기간의 상승계수, 하락계수는 더 작아질 것이다.

〈표 14-4〉는 만기까지 배당이 없다고 가정하여 현재주가가 5,000원이고 무위험이자율 10%인 상황에서 다양한 행사가격, 잔존만기, 가격변동성별로 콜옵션가격을 계산하여 작성된 것이다. 이항분포의 전개횟수 n을 5에서 25로 늘려서 계산한 옵션가격이 전개횟수를 무한대로 한 경우(이 경우가 Black-Scholes모형에 해당된다)의 가격에 훨씬 가까운 것을 확인할 수 있다.

5.3 블랙-숄즈모형

(1) 가정 및 개요

① 가 정

이항분포모형은 주가변동이 이항분포를 따른다고 가정하여 시간의 흐름을 이산적(discrete)으로 본 것이다. 따라서 주가도 일정시점과 다른 시점을 비교하여 그 변동을 파악한 이산적 시간모형인 것이다.

Black & Scholes(1973)에 의해 제시된 Black-Scholes모형은 완전시장과 옵션의 만기까지 배당이 없다는 가정을 전제로 한다. 그러나 이보다 더 중요한 가정은 주가가 미세한 시간 사이에서 연속적으로 변동한다고 하는 것인데 이는 시간의 흐름을 연속적(continuous)으로 보는 것이다. 즉, Black-Scholes모형은 연속적 시간모형이다.

*② 주가변동

주가가 연속적으로 변동한다고 해도 불규칙하게 변동하는 것은 아니고 주가의 순간석 변동률은 일정한 기대치와 일정한 분산을 가진다고 가정한다. 이러한 주가변동은 다음과 같은 식으로 나타낼 수 있다.

$$\frac{dS}{S} = \mu dt + \sigma dz$$

이 식을 쉽게 설명하기 위해서 주가를 술취한 등산객이 산을 올라간 높이로 보자.[13] 이 사람의 매 시점 높이는 두 가지 요인에 의해 결정되는데 하나는 주어진 산의 경사(μ)이고, 다른 하나는 비틀거리는 정도(σ)이다. 한 걸음 내딛는 시간을 dz라고 하면 주어진 시간 dt 동안 비틀거리며 내디딘 거리는 σdz가 된다고 볼 수 있다. 이러한 주가변동을 [그림 14-18]과 같이 나타낼 수 있는데 이러한 특성을 가진 연속적인 확률과정(stochastic process)을 일반적 위너과정(generalized wiener process)이라고 한다. 그리고 위너과정은 그림에서 보듯이 일반적 위너과정에서 산의 경사에 따른 변동분을 차감한 것을 말한다. 위너과정은 흔히 브라운운동(Brownian motion) 또는 확산과정(diffusion motion)과 거의 동의어처럼 사용된다.

---

13) 강철준, 금융선물 · 옵션거래, 경문사, 1998, p. 226.

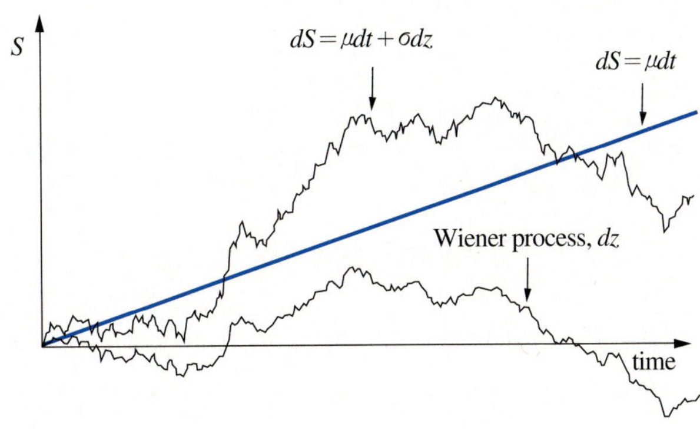

그림 14-18
위너과정

(2) 모형의 도출

시간에 대한 가정을 생각해 보면 이산적 모형보다는 연속적 모형이 훨씬 현실적이다. 현실적인 만큼 그 도출과정은 이산적 모형보다 복잡하기 때문에 높은 수준의 수학적 지식이 필요하다. 그러나 기본원리는 이항분포모형과 동일하다. 즉, 기초주식의 매입과 이에 대한 콜옵션의 발행으로 헤지포트폴리오를 구성하고 이의 수익률이 무위험이자율과 같아야 한다는 것이다. 다만, 연속적인 시간흐름을 전제로 구성된 헤지포트폴리오이므로 그 수익률은 순간적 수익률이 될 것이다. 그리고 재정거래기회가 존재하지 않기 위해서 헤지포트폴리오의 순간적 수익률과 같아야 하는 무위험이자율도 연속복리 무위험이자율이어야 한다. 이러한 등식은 미분방정식이 되며 이 미분방정식을 풀어서 옵션가격결정모형이 도출된다. 도출결과로 나타난 옵션가격결정식은 다음과 같다.

$$C = S \cdot N(d_1) - \frac{X}{e^{R_f t}} \cdot N(d_2) \tag{14.8}$$

단, C : 콜옵션의 가격
S : 기초주식의 현재가격
X : 행사가격
t : 만기까지 잔여년수
R_f : 연속복리 무위험이자율
$N(\cdot)$: 표준정규누적확률밀도함수

Black-Scholes모형, 즉 식 (14.8)에서는 d_1, d_2가 다소 생소한 개념인데 이는 다음과 같이 산출한 값을 이용한다.

$$d_1 = \frac{\ln\left(\frac{S}{X}\right) + \left(R_f + \frac{\sigma^2}{2}\right)t}{\sigma\sqrt{t}}$$

$$d_2 = \frac{\ln\left(\frac{S}{X}\right) + \left(R_f - \frac{\sigma^2}{2}\right)t}{\sigma\sqrt{t}} = d_1 - \sigma\sqrt{t}$$

단, σ : 주식수익률의 표준편차

이렇게 정의되는 d_1, d_2의 개념을 설명하면 다음과 같다. Black-Scholes모형의 도출과정에서 설명한 바와 같이 기초주식의 매입과 콜옵션의 발행으로 구성된 헤지포트폴리오의 순간수익률을 연속복리 무위험이자율과 같게 놓아서 미분방정식을 세운다고 하였다. 이때의 미분방정식은 2차 미분방정식으로서 그 해가 두 개가 되는데 d_1, d_2가 바로 그 해이다.[14)]

그런데 이와 같이 수학적 방법으로 도출된 Black-Scholes의 옵션가격결정식을 이해하기는 사실 쉽지 않은 일이다. 이 식의 의미를 좀 더 쉽게 이해할 수 있도록 다음과 같이 설명해보자. 모든 자산의 균형가격은 미래에 나타날 기대값의 현재가치이다. 이러한 원리는 앞서 여러 번 설명되었고 이항분포모형에서도 이용되었다. 즉, 식 (14.8)도 현재주가에서 행사가격의 현가를 차감한 것이다. 다만 연속적 주가변동의 가정을 반영하기 위해 $N(d_1)$과 $N(d_2)$를 곱해 준 것이다.

(3) 모형의 이용

① 표준정규분포표의 이용

Black-Scholes모형을 통해서 콜옵션가격을 산출할 때에 표준정규분포를 이용하려면 다음과 같은 세 단계의 절차에 따른다.

첫째, d_1, d_2를 산출한다.

둘째, 표준정규분포표에서 $N(d_1)$, $N(d_2)$를 구한다.

셋째, 이렇게 구한 $N(d_1)$, $N(d_2)$와 함께 다른 변수의 값들을 가격결정식에 대입

14) 경제학이나 경영학에서 시간(time)을 고려하여 만들어진 분석모형을 동적 모형(dynamic model)이라고 한다. 그런데 이 같은 모형들은 시간에 대해서 이산적(discrete)이거나 혹은 연속적(continuous)으로 가정하여 분석하게 된다. 이때에 이산적 시간모형에서 해를 구해낼 때 수학적 기법으로 차분방정식(difference equation)을 이용하고 연속적 시간모형에서는 미분방정식(differential equation)을 이용하는 것이다. 물론 각 경우에서 구해낸 해에는 동적 모형의 해이므로 당연히 시간변수(t)가 포함된다. Black-Scholes모형은 연속적 시간모형으로서 미분방정식을 이용한 경우이고 경제학에서 소개하는 거미집이론(cobweb theorem)은 이산적 시간모형으로서 차분방정식을 이용하는 대표적인 예이다.

하여 콜옵션가격을 산출한다.

② 옵션가격표의 이용

표준정규분포표를 이용하여 옵션가격을 산출하면 정확한 값을 얻을 수는 있지만 그 과정이 번거로운 단점이 있다. 이에 비해서 근사값이기는 하지만 보다 쉽게 옵션가격을 구하는 방법이 있는데 바로 옵션가격표(부록 표7)를 이용하는 것이다.

옵션가격표의 구조를 설명하면 표의 각행에는 (주식수익률의 표준편차×$\sqrt{\text{만기}}$)가 주어져 있고 각 열에는 ($\frac{\text{현재주가}}{\text{행사가격의 현가}}$)가 주어져 있다. 그리고 이 두 값이 교차하는 칸에는 현재주가 대비 콜옵션의 가격이 비율로 주어져 있다. 따라서 옵션가격표를 이용할 때에는 다음과 같은 단계를 거치면 된다.

첫째, $\sigma\sqrt{t}$, $\frac{S}{Xe^{-R_f t}}$를 산출한다.

둘째, 옵션가격표에서 위의 각 값에 해당하는 행과 열이 교차하는 칸에 있는 비율을 찾는다.

셋째, 현재주가에 이 비율을 곱하면 콜옵션의 가격이 된다.

>>> 예제 14-7

가나기업의 현재주가는 30,000원이고 이 주식의 수익률 분산은 0.2이다. 이 주식에 대한 행사가격이 28,000원이고 만기까지의 기간이 6개월 남은 콜옵션의 가격은 얼마인가? 단, 연속복리 무위험이자율은 연 10%이다.

(1) 정규분포표를 이용하여 옵션가격을 산출하라.
(2) 옵션가격표를 이용하여 옵션가격을 산출하라.

풀이

(1) 정규분포표의 이용

먼저 d_1, d_2를 다음과 같이 산출한다. 단, 6개월은 $t=0.5$년이다.

$$d_1 = \frac{\ln\left(\frac{S}{X}\right)+\left(R_f+\frac{\sigma^2}{2}\right)t}{\sigma\sqrt{t}}$$

$$= \frac{\ln\left(\frac{30{,}000}{28{,}000}\right)+\left(0.1+\frac{0.2}{2}\right)\times 0.5}{\sqrt{0.2}\times\sqrt{0.5}} = 0.53$$

$$d_2 = d_1 - \sigma\sqrt{t}$$

$$= 0.53 - \sqrt{0.2}\times\sqrt{0.5} = 0.22$$

$d_2 = d_1 - \sigma\sqrt{t}$

$= 0.53 - \sqrt{0.2} \times \sqrt{0.5} = 0.22$

표준정규분포표를 이용하여 $N(d_1)$, $N(d_2)$를 구하면

$N(d_1) = N(0.53) = 0.7019 \qquad N(d_2) = N(0.22) = 0.5871$

표준정규 (d2)를 구하면

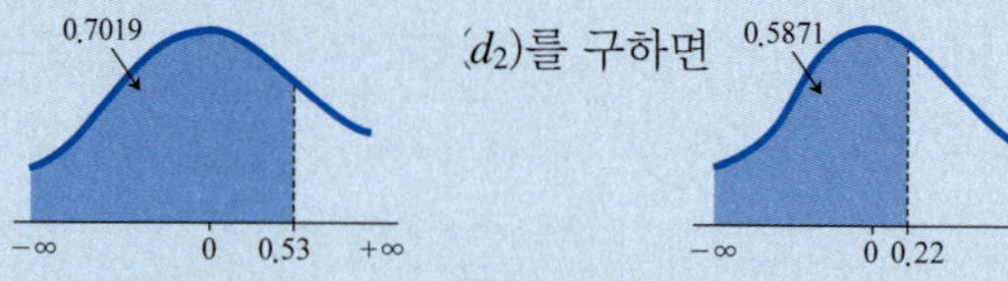

위에서 구한 값들을 Black-Scholes모형에 대입하여 콜옵션가격을 구한다.

$$C = S \cdot N(d_1) - \frac{X}{e^{R_f t}} \cdot N(d_2)$$

$$= 30{,}000 \times 0.7019 - \frac{28{,}000}{e^{0.1 \times 0.5}} \times 0.5871$$

$$= 5{,}420(\text{원})$$

(2) 옵션가격표의 이용

먼저 다음과 같이 $\sigma\sqrt{t}$와 $\dfrac{S}{X \cdot e^{-R_f t}}$를 구한다.

$$\sigma\sqrt{t} = \sqrt{0.2} \times \sqrt{0.5} = 0.32$$

$$\frac{S}{X \cdot e^{-R_f t}} = \frac{30{,}000}{28{,}000 \times e^{-0.1 \times 0.5}} = 1.13$$

그리고 옵션가격표에서 열의 값으로는 0.32와 가까운 0.3을 찾는다. 한편, 행의 값으로는 1.12와 1.14가 주어져 있는데 이들과 0.3의 교차하는 값은 17.4%와 18.4%임을 확인할 수 있다. 이들의 중간값은 17.9%이지만 열값이 0.3보다 큰 0.32이므로 교차값을 약 18%로 볼 수 있다.

그러면 다음과 같이 콜옵션가격을 구할 수 있다.

$$C = \text{현재주가}(S) \times 18\%$$

$$= 30{,}000 \times 18\%$$

$$= 5{,}400(\text{원})$$

* (1), (2) 모두 콜옵션가격을 구하는 과정에서 소수점 반올림 오차가 있으며 특히 정규분포표와 옵션가격표를 이용할 때에는 주어진 표에서 가까운 값을 이용하였다. 따라서 정확한 값과는 다소 차이가 있다.

(4) 모형의 특징

① 각 변수와의 관계

앞서의 옵션가격결정식을 보면 가격결정요인이 기초주식의 현재가격, 행사가격, 기초주식의 수익률 분산, 만기 및 무위험이자율 등 다섯 가지임을 알 수 있다. 그리고 이 옵션가격결정식을 각 요인에 대해서 1차 편미분하여 그 부호를 보

면 앞서 옵션가격에 대해 각 요인이 미치는 효과에서 설명한 것과 같이 기초주식의 현재가격, 수익률의 분산, 만기, 무위험이자율은 양(+)의 방향으로 영향을 미치고, 행사가격만이 음(−)의 방향으로 영향을 미친다는 것을 확인할 수 있다.

② 모형의 실용성

앞의 가격결정식은 복잡한 것처럼 보이지만 가격결정요인 중 주식수익률의 분산을 제외한 나머지 4개 변수는 쉽게 그리고 확실한 값으로 얻을 수 있는 것들이다. 따라서 Black-Scholes모형은 어려운 과정을 통해서 도출되었지만 실제 사용할 때에는 의외로 간편한 모형이다. 주식수익률의 분산은 이론적으로 사전적 확률분포를 이용하여야 하지만 이러한 확률분포를 작성한다는 것은 매우 어려운 일이기 때문에 실제로는 사후적 시계열자료를 이용하는 경우가 많다. 또 다른 방법으로 주식수익률 분산을 옵션의 실제시장가격으로부터 역으로 추정한 값을 이용할 수도 있는데 이를 내재변동성(implied volatility)이라고 한다.

③ 주가와 행사가격에 대한 1차 동차성

또한 Black-Sholes모형에 있어서 콜옵션의 가격은 주가(S)와 행사가격(X)에 대하여 1차 동차(homogeneous of degree one) 형태의 함수로 되어 있다.[15] 따라서 주가와 행사가격이 동일한 비율로 변화하면 옵션가격도 동일한 비율만큼 변화하게 된다. 그리고 이때에 $N(d_1)$, $N(d_2)$의 값은 주가와 행사가격이 동일한 비율로 변화하기 때문에 변화이전과 동일한 값을 유지하게 된다.

④ $N(d_1)$, $N(d_2)$의 경제적 의미

앞의 모형도 기초주식의 매입에 대한 콜옵션의 발행으로 구성한 헤지포트폴리오로부터 도출된 것이다. 이때 기초주식 1개 매입에 대한 콜옵션의 발행개수를 헤지비율이라고 하는데 이를 이항모형에서와 같이 m이라고 하자. 그러면 헤지포트폴리오의 가치는 다음과 같이 표현된다.

$$V_p = S - mC$$

이 포트폴리오는 주가변동으로부터 헤지된 것이어서 주가변동에 대한 포트폴리오의 가치변화는 0이므로 다음 식에서 m을 구할 수 있다.

---

15) 독립변수 x, y인 함수 $z=f(x,y)$ 에서 모든 독립변수들을 각각 k배하여 이 함수에 넣었을 때 이 함수의 값이 k^r배로 변한다면 이를 r차 동차함수라고 한다. 즉, r차 동차함수에서는 다음 식이 성립한다(단, k는 임의의 상수).

$$f(kx, ky) = k^r f(x, y)$$

$$\frac{\partial V_P}{\partial S} = 1 - m\frac{\partial C}{\partial S} = 0 \quad \rightarrow \quad m = \frac{\partial S}{\partial C}$$

그런데 Black-Scholes모형을 미분하여 m을 구해보면 이는 $N(d_1)$의 역수가 됨을 알 수 있다.[16)]

한편, $N(d_2)$는 만기에 가서 주가가 행사가격보다 높게 형성될 확률, 즉 내가격(ITM : in the money)이 될 확률을 의미한다. 따라서 이는 옵션의 행사가능성을 나타내는 확률값을 나타내게 된다. 그러므로 Black-Scholes모형은 다음과 같은 경제적 의미를 갖는다.

$$\text{콜옵션가격} = \frac{\text{현재주가}}{\text{헤지비율}} - \text{행사가격의 현가} \times \text{행사확률}$$

또한 $N(d_1)$, $N(d_2)$는 앞서 설명한 바와 같이 표준정규분포에서의 누적확률값인데 이는 모두 위험수준을 고려해서 산출되는 것이다. 이를 제외하면 Black-Scholes모형도 기본적으로 현재주가에서 행사가격의 현가를 차감하는 구조를 갖는다. 이는 이항분포모형에서 언급한 내용과 일치한다. 그리고 여기서 기초주식의 가격변동에 위험이 없다면, 즉 $\sigma=0$ 이라면, d_1과 d_2의 값은 무한대가 되고 이에 대응하는 누적확률값 $N(d_1)$, $N(d_2)$는 모두 1이 될 것이다. 그러면 Black-Scholes모형은 다음과 같이 앞서 소개한 확실성모형과 동일한 형태가 되는 것을 확인할 수 있다.

$$\text{콜옵션가격} = \text{현재주가} - \text{행사가격의 현가}$$

>>> 예제 14-8

가나기업의 현재주가는 20만원이고 이 주식에 대한 행사가격이 24만원인 콜옵션의 가격은 2만원이라고 하자. 다른 조건은 동일하다고 가정하고 만약 가나기업의 주가가 25만원으로 상승하였다면 행사가격이 얼마인 콜옵션가격을 구할 수 있는가?

풀이

콜옵션가격의 주가와 행사가격에 대한 1차 동차성을 이용하면 쉽게 생각할 수 있다. 즉, 가나기업의 주가가 25만원이라면 20만원의 1.25배에 해당하므로 행사가격 30만원(= 24만원 × 1.25)인 콜옵션의 가격을 다음과 같이 구할 수 있다.

2만원 × 1.25 = 2.5만원

16) $N(d_1)$를 헤지비율이라고 하는 경우도 있는데 이때에는 콜옵션을 기준으로 산출한 주식의 개수를 의미하는 것으로 해석하면 된다. 즉, $N(d_1)$개 주식매입에 대해 콜옵션 1개를 발행하면 헤지포트폴리오가 되는 것이다.

(5) 민감도분석

이번에는 옵션가격의 움직임에 대해서 살펴보자. 즉, 옵션의 가격결정요인 1단위 변화에 따른 옵션가격의 변화를 측정하는 것으로 민감도분석이라고 한다. 실무에서 가장 많이 이용되는 지표를 중심으로 옵션가격의 움직임을 설명하면 다음과 같다.

① 델타(delta: Δ)

기초주식의 가격변화에 대한 콜옵션의 가격변화를 옵션의 델타라고 한다. 따라서 다음 식과 같이 옵션가격의 기초주식가격에 대한 1차 편미분으로 측정한다. 만약 콜옵션의 델타가 0.4이면 기초주식가격이 1만원 오를 때 옵션가격은 4천원 오른다는 것을 의미한다.

$$\Delta = \frac{\partial C}{\partial S}$$

Black-Scholes모형에서 델타를 구하면 $N(d_1)$와 같게 된다. 그런데 $0 \leq N(d_1) \leq 1$이므로 기초주식의 가격변화폭은 항상 콜옵션의 가격변화폭 이상이라는 의미이다. 따라서 주식과 콜옵션으로 구성하는 헤지포트폴리오에서 헤지비율은 항상 1 이상의 값을 갖게 된다.

또한 콜옵션의 델타는 양(+)의 값을 가지고 풋옵션의 델타는 음(−)의 값을 갖는다. 그 이유는 기초주가의 상승에 따라 콜옵션가격은 증가하고 풋옵션가격은 감소하기 때문이다.

② 감마(gamma: Γ)

옵션의 델타는 옵션이 내가격에 있느냐 또는 외가격에 있느냐의 상태에 따라서 달라진다. 즉, 델타는 고정불변의 값이 아니고 기초주가의 변화에 따라서 달라지는 것이다. 이러한 델타의 변화속도를 나타내는 것이 옵션의 감마이다. 즉, 옵션의 감마는 기초주식의 가격변화에 대한 옵션델타의 변화율을 말한다. 따라서 기초주식의 가격에 대한 옵션가격의 2차 편미분으로서 옵션의 곡률(option curvature)을 의미한다.

$$\Gamma = \frac{\partial \Delta}{\partial S} = \frac{\partial^2 C}{\partial S}$$

감마는 등가격(ATM)일 때 가장 큰 값을 가지며 ITM이나 OTM으로 갈수록 작아진다. 이러한 특성을 고려해보면 감마가 큰 옵션은 주가변화에 민감한 델타를 가지므로 옵션매입자에게는 유리하지만 옵션발행자에게는 불리하게 된다.

③ 람다(lambda: Λ)

기초주식의 가격변화는 그 자체가 직접 옵션가격을 변화시킨다. 그러나 또 한편으로는 이 주식의 가격변동성에 대한 전망을 변화시켜서 이차적으로 옵션가격에 다시 영향을 줄 수 있다. 여기서 가격변동성의 변화가 옵션가격에 미치는 영향을 측정하는 지표가 람다이다. 람다는 기초주식의 위험 한 단위(일반적으로 1%)의 변화에 대한 옵션가격변화를 의미하기 때문에 옵션의 레버리지를 직접적으로 측정하는 단위라고 할 수 있다. 이는 kappa, sigma, 또는 vega 등으로 불리기도 하는데 다음과 같이 측정한다.

$$\Lambda = \frac{\partial C}{\partial \sigma}$$

④ 세타(theta: Θ)

세타란 시간이 경과되어 만기일까지의 기간이 감소함에 따른 옵션의 가격변화를 말하며 다음과 같이 구한다. 이 식에서 시간의 변화는 연단위로 측정된 값을 이용한다.

$$\theta = \frac{\partial C}{\partial t}$$

세타값은 음수로 나타나게 되는데 시간경과는 잔존만기를 감소시키는 것이므로 옵션가격은 하락하기 때문이다. 그리고 람다는 만기까지의 잔존기간이 길수록 큰 값을 갖는데 비해서 세타는 이와 반대로 만기까지의 잔존기간이 짧아질수록 큰 값을 갖는 대조적인 특징을 갖는다. 세타가 큰 옵션은 시간이 경과됨에 따라 옵션가치가 더 많이 감소할 것이므로 옵션매도자에게 유리하다.

⑤ 로우(rho: P)

이는 이자율 변화(일반적으로 1%)에 따른 옵션가격의 변화를 의미한다. 즉, 이자율에 대한 옵션가치의 민감도로서 다음과 같이 구한다. 그런데 옵션만기는 대개 1년 이내이며 단기간에 금리변동은 크지 않기 때문에 그다지 중요한 지표로 사용되지는 않는다.

$$P = \frac{\partial C}{\partial r}$$

>>> **예제 14-9**

가나주식의 현재가격은 50만원이고 이와 동일한 행사가격을 갖는 콜옵션의 가격은 4만원이다. 옵션델타는 0.5이고 감마는 0.04라고 할 때 다음 각 경우의 콜옵션가격은 얼마가 되는가?

(1) 가나주식의 주가가 51만원으로 상승한 경우
(2) 가나주식의 주가가 49만원으로 하락한 경우
(3) 콜옵션 20개의 매도포지션에서 주가상승에 대비한 헤지방법을 설명하라.

풀이

(1) 옵션델타만을 고려한다면 콜옵션가격은 다음과 같다.

$$4\text{만원} + 1\text{만원} \times 0.5 = 4.5\text{만원}$$

주가가 상승하면 델타값도 증가하는데 이를 나타내는 지표가 감마이다. 따라서 이를 고려한 옵션델타는 0.54(= 0.5 + 0.04)가 되어 옵션감마까지 고려한 콜옵션가격은 다음과 같다.

$$4\text{만원} + 1\text{만원} \times 0.54 = 4.54\text{만원}$$

(2) 옵션델타만을 고려한 콜옵션가격은 다음과 같다.

$$4\text{만원} - 1\text{만원} \times 0.5 = 3.5\text{만원}$$

주가하락에 따라 델타값은 감소하는데 감마를 이용해서 이를 측정한다. 즉, 옵션델타는 0.46(= 0.5 − 0.04)이 되어 옵션감마까지 고려하면 콜옵션가격은 다음과 같다.

$$4\text{만원} - 1\text{만원} \times 0.46 = 3.54\text{만원}$$

(3) 옵션델타를 이용하여 산출한 주식수 10주(= 20개×0.5)만큼 매입한다. 이를 델타헤징(delta hedging)이라고 한다. 그러나 감마까지 고려한다면 0.8주(= 20개×0.04)를 추가로 매입해야 완전헤지가 가능하다(주가 1만원 상승시 10.8주 매입에 따른 헤지효과는 각자 확인해보라).

제 6 절 OPM의 현실화

앞서 제시된 옵션가격결정모형은 모두 만기가 도래되기 이전에는 그 권리를 행사할 수 없는 유럽형 옵션에 대한 것이었다. 그리고 만기 이전에는 배당도 지급되지 않는 경우를 가정한 것이었다. 그러나 현실적으로는 만기 이전에 배당이 지급되는 경우도 많고 만기 이전에 권리를 행사할 수 있는 옵션도 있다. 이러한 현실을 감안하여 OPM의 가정을 완화해보자.

6.1 만기 이전에 배당이 지급되는 경우

(1) 배당의 두 가지 효과

배당의 효과를 반영한 OPM을 살펴보기 위해서는 먼저 배당이 옵션가격결정요인에 어떤 영향을 미치는지 확인해야 한다. 배당이 OPM에 미칠 수 있는 효과는 다음과 같이 두 가지를 생각할 수 있다.

첫째, 배당이 지급되면 기초주식의 가격이 하락한다. 그리고 기초주식가격의 하락으로 옵션의 가격도 떨어지게 된다.

둘째, OPM은 주식보유와 콜옵션발행으로 구성된 헤지포트폴리오의 수익률이 무위험이자율과 같다고 해서 도출된 것이다. 그런데 배당이 지급되면 이러한 헤지포트폴리오의 수익률은 무위험이자율에서 배당수익률을 차감한 수준이 되어야 할 것이다. 그래야만 재정거래가 발생하지 않기 때문이다.

(2) 배당조정 이항분포모형

앞에서 설명한 배당의 효과를 반영하려면 배당의 가치만큼 기초주가를 낮추어서 옵션평가모형을 사용하면 될 것이다. 먼저 이항분포모형에서 이러한 배당효과를 반영해보자. 이항분포모형에서 제시된 식 (14.7)은 만기까지의 기간 도중에 현물주식보유에 따른 현금배당이나 기타 이자수익 등이 없는 것으로 가정한 식이다. 이러한 가정을 현실화시켜서 만약 중간에 q%만큼의 현금배당이 m회 실시된다고 하자. 이러한 배당효과를 고려하면 만기주가 $S_T = u^n d^{T-n} S$는 다음과 같게 될 것이므로 이를 이항평가모형에 대입하면 된다.

$$S_T = u^n d^{T-n}(1-q)^m S$$

그러나 현금배당이 이와 같이 일정한 비율과 횟수로 발생하지 않고 단속적으로 발생한다면 이 식을 그대로 사용할 수 없고 매기 배당을 고려해서 각 단계의 주가를 역산하고 단계별 콜옵션가격을 계산하면서 최종적인 옵션가격을 계산할 수밖에 없다.

(3) 배당조정 Black-Scholes모형

현금배당의 금액과 지급시기가 알려져 있으면 유럽형 콜옵션의 가치를 계산하는데 Black-Scholes모형을 이용할 수 있다. Black-Scholes모형에서도 배당의 효과는 배당의 가치만큼 기초주가를 낮추면 된다. 이러한 모형을 제시하면 다음과 같다.

$$C = S' \cdot N(d_1) - \frac{X}{e^{R_f t}} \cdot N(d_2) \tag{14.9}$$

여기에서 S'는 배당지급효과를 고려해서 감액조정된 기초주식의 가격이다. t시점 후의 배당액 D가 알려져 있다면 S'는 다음과 같다.

$$S' = S - \frac{D}{(1+R_f)^t}$$

그런데 주가지수옵션처럼 배당이 옵션만기까지의 기간 중 일정한 속도로 이루어진다면 이때는 배당수익률 q를 연단위로 적용해서 S'는 다음과 같이 산출된다.

$$S' = \frac{S}{e^{qt}}$$

이 경우에 S'을 Black-Scholes모형의 d_1, d_2에 대입하면 다음과 같이 표현될 수 있다.

$$d_1 = \frac{\ln\left(\frac{S'}{X}\right) + \left(R_f + \frac{\sigma^2}{2}\right)t}{\sigma\sqrt{t}}$$

$$= \frac{\ln\left(\frac{S}{X}\right) + \left[(R_f - q) + \frac{\sigma^2}{2}\right]t}{\sigma\sqrt{t}}$$

$$d_2 = d_1 - \sigma\sqrt{t}$$

이와 같이 d_1, d_2를 구할 때에 배당조정주가(S')를 사용하거나 또는 현재주가(S)를 사용하면서 무위험이자율(R_f)에서 배당수익률(q)을 차감하면 배당효과를 반영한 것이 된다. 그런데 만기까지 남은 기간이 1년 미만으로 짧은 옵션의 경우에는 수익률의 조정으로 인한 효과가 미미할 것이다. 따라서 대개 단기옵션의 경우에는 주가의 감액조정을 하고 주가지수옵션이나 장기옵션의 경우에는 수익률을 조정한다.

>>> 예제 14-10

가나주식의 현재가격은 51,000원이고 이의 분산은 0.348이다. 3개월 후에 1주당 1,020원의 배당이 있을 것이라고 할 때, 가나주식에 대한 행사가격이 46,000원이고 만기가 6개월 남은 콜옵션의 가격은 얼마인가? 단, 무위험이자율은 연 10%라고 하자.

풀이

이 예제는 단기옵션 문제이다. 먼저 배당금의 현재가치를 구해서 기초주식의 가격을 감액조정한다.

$$S' = 51{,}000 - \frac{1{,}020}{1.1^{0.25}} = 50{,}000$$

여기서 배당금의 현재가치를 무위험이자율로 할인하여 구한 것은 단기간 내의 배당이기 때문이다.

그리고 OPM을 이용하기 위한 관련값을 구한다.

$$d_1 = \frac{\ln\left(\frac{50{,}000}{46{,}000}\right) + \left(0.1 + \frac{0.348}{2}\right) \times 0.5}{\sqrt{0.348} \times \sqrt{0.5}} = 0.53$$

$$d_2 = 0.53 - \sqrt{0.348} \times \sqrt{0.5} = 0.11$$

$$N(d_1) = 0.7019, \quad N(d_2) = 0.5438$$

Black-Scholes OPM에 대입하여 옵션가격을 구하면 다음과 같다.

$$C = 50{,}000 \times 0.7019 - \frac{46{,}000}{e^{0.1 \times 0.5}} \times 0.5438$$

$$= 11{,}300(\text{원})$$

6.2 주가지수옵션과 통화옵션

(1) 주가지수옵션

주가지수옵션, 통화옵션에 대해서 설명하기 전에 배당조정 Black-Scholes모형을 간단하게 다시 살펴보자. 옵션의 기초주식이 연 $q\%$ 배당수익률로 배당을 한다면 Black-Scholes모형에서 기초주식의 가격을 배당효과만큼 감액조정한다고 하였다. 만약 배당수익률이 q일 때 주가가 S에서 S_T로 변하였다면, 배당이 없을 경우에 주가는 S에서 $S_T e^{qt}$로 변했을 것이다. 따라서 배당이 있는 주식의 미래가치가 S_T라면 이의 현재가치는 $S_T e^{-qt}$가 된다. 이는 결국 주식가격이 S이면서 연율

q로 배당을 지급하는 주식을 기초자산으로 하는 옵션의 가치는 주식가격이 Se^{-qt} 이면서 배당을 지급하지 않는 주식을 기초자산으로 하는 옵션의 가치와 같다는 것이다.

이러한 논리는 주가지수옵션에도 그대로 적용된다. 주가지수옵션(stock index option)이란 주가지수를 기초자산의 가격으로 보고 만들어진 옵션이다. 현물자산이 존재하지 않으므로 만기에 현금으로 결제가 이루어진다. S를 주가지수로 보고 σ를 주가지수의 변동성이라고 하자. 그리고 지수의 연 배당수익률을 q라고 하면 주가지수옵션의 가격결정모형은 다음과 같게 된다.

$$C = \frac{S}{e^{qt}} \cdot N(d_1) - \frac{X}{e^{R_f t}} \cdot N(d_2) \tag{14.10}$$

$$\text{단, } d_1 : \frac{\ln\left(\frac{S}{X}\right) + \left[(R_f - q) + \frac{\sigma^2}{2}\right]t}{\sigma\sqrt{t}}$$

$$d_2 : d_1 - \sigma\sqrt{t}$$

>>> 예제 14-11

6월 현재 KOSPI 200은 110포인트이다. 주가지수옵션 중 만기는 9월, 행사가격은 100인 콜옵션의 가격을 구하라. 단, 무위험이자율은 연 10%, 주가지수변동성은 표준편차 20%, 3개월간 평균 배당률은 0.5%이다.

풀이

3개월간 평균배당률이 0.5%이므로 연단위로 환산하면 2%가 된다. 식 (14.10)을 이용하기 위해 다음 값들을 구한다.

$$d_1 = \frac{\ln\left(\frac{110}{100}\right) + \left(0.1 - 0.02 + \frac{0.04}{2}\right) \times \frac{1}{4}}{0.2\sqrt{0.25}} = 1.2031$$

$$d_2 = 1.2031 - 0.2\sqrt{0.25} = 1.1031$$

그리고 표준정규분포표를 이용하여 다음 값들을 구한다.

$$N(d_1) = N(1.2031) = 0.8849$$

$$N(d_2) = N(1.1031) = 0.8643$$

따라서 콜옵션가격은 다음과 같다.

$$C = \frac{110}{e^{0.02 \times 0.25}} \times 0.8849 - \frac{100}{e^{0.1 \times 0.25}} \times 0.8643 = 12.56(\text{포인트})$$

(2) 통화옵션

통화옵션(foreign currency option)은 특정 통화를 일정한 가격에 사거나 팔 수 있는 권리를 말한다. 외국통화에도 이자율이 있을 것이므로 이는 배당이 있는 주식으로 볼 수 있다. 따라서 통화옵션의 평가에도 주가지수옵션평가모형 식 (14.10)을 그대로 이용한다. 다만, 주가지수 S가 통화옵션에서는 현물환율로, 주가지수의 변동성 σ는 환율의 변동성으로, 그리고 배당수익률 q는 외국통화의 이자율로 바뀔 뿐이다.

한편 통화옵션이 갖는 중요한 특징은 풋옵션과 콜옵션의 대칭성이다. 왜냐하면 외국통화를 매입하는데 자국통화를 지불한다는 것은 자국통화를 매각하는데 외국통화를 수령한 것과 동일하기 때문이다. 따라서 외국통화를 사는 콜옵션은 국내통화를 파는 풋옵션과 같게 된다.

6.3 만기 이전에 권리를 행사할 수 있는 경우

(1) 무배당주식의 콜옵션

권리를 만기 이전에 행사할 수 있는 옵션은 미국형 옵션(american option)이라고 한다. 미국형 옵션의 가격은 배당이 있느냐, 없느냐, 그리고 콜옵션이냐, 풋옵션이냐에 따라서 달라지게 된다. 그러나 배당이 없는 주식에 대한 콜옵션이라면 미국형 옵션의 가격이 유럽형 옵션의 가격과 똑같다. 왜냐하면 무배당주식의 콜옵션의 경우에는 만기 이전에 권리를 행사하는 것이 만기에 권리를 행사하는 것보다 항상 불리하기 때문이다. 이에 대한 근거로 다음과 같이 두 가지 이유가 제시된다.

① 콜옵션이 갖는 보험기능이다. 즉, 주가가 행사가격 미만으로 하락할 경우 콜옵션은 옵션보유자의 부를 보호해주는데 일단 권리를 행사하고 나면 보험기능이 소멸되기 때문이다.

② 화폐의 시간적 가치 때문이다. 즉, 행사가격은 늦게 지급할수록 그 현재가치가 작아지므로 옵션의 가치에 유리하게 작용하기 때문이다.

이러한 이유로 무배당주식에 대한 미국형 콜옵션의 가격은 만기에 권리를 행사할 수 있는 유럽형 콜옵션과 같게 되는 것이다.

(2) 풋옵션과 배당주식의 콜옵션

무배당주식에 대한 콜옵션이 아니라면 항상 미국형 옵션의 가격이 유럽형 옵션의 가격 이상의 값을 갖게 된다. 왜냐하면 미국형 옵션의 경우에는 유럽형 옵션에는 없는 조기행사의 가능성이 있기 때문이다. 이러한 조기행사 가능성의 가치는 미국형 옵션의 가격을 구하고 이로부터 동일조건의 유럽형 옵션의 가격을 차감하여 구할 수 있다.

미국형 옵션의 가격을 이항모형을 이용해서 결정해 보자. 기본적인 절차는 이항분포의 끝에서부터 처음을 향해서, 즉 만기시점에서부터 현재시점으로 시간을 거슬러 올라가면서 이항과정을 역행하는 것이다. 여기까지는 유럽형과 동일한데 다만 매 시점마다 옵션을 행사하는 것이 최적인지를 판단하는 것이 필요하다.

이항분포의 끝에서는 미국형의 옵션가치가 유럽형과 동일하다. 그러나 이를 제외한 각 시점에서 미국형 옵션은 유리할 경우에는 항상 그 권리를 행사할 수 있으므로 그 가치는 다음의 두 값 중에서 큰 값이 된다.

① 이항분포모형 식 (14.5)에 의해서 산출된 옵션가치
② 각 시점에서 권리를 행사하여 얻을 수 있는 가치

이미 앞에서 살펴보았듯이 유럽형 옵션이라면 최종옵션가격이 모두 ①에 의해서 결정된다. 그러나 미국형 옵션에서는 ②가 ①보다 더 큰 경우가 되면 권리를 행사할 것이므로 ①대신 ②로 대체해서 최종옵션가격을 구해야 한다.

>>> 예제 14-12

가나기업의 현재주가는 50,000원이며 주가변화는 각 기간마다 20% 상승 또는 20% 하락하는 이항분포를 따른다. 만기가 2년이고 행사가격이 52,000원인 유럽형 풋옵션의 가격과 매년 말에 권리를 행사할 수 있는 미국형 풋옵션의 가격을 각각 산출하라. 단, 무위험이자율은 연 5%이다.

풀이

(1) 주가와 옵션가치의 이항분포는 다음과 같다.

$$S = 50{,}000 \quad \begin{cases} uS = 60{,}000 & \begin{cases} u^2S = 72{,}000 \\ udS = 48{,}000 \end{cases} \\ dS = 40{,}000 & \begin{cases} udS = 48{,}000 \\ d^2S = 32{,}000 \end{cases} \end{cases}$$

$$P \begin{cases} P_u \begin{cases} P_{uu} = \max[52{,}000 - 72{,}000, 0] = 0 \\ P_{ud} = \max[52{,}000 - 48{,}000, 0] = 4{,}000 \end{cases} \\ P_d \begin{cases} P_{ud} \\ P_{dd} = \max[52{,}000 - 32{,}000, 0] = 20{,}000 \end{cases} \end{cases}$$

여기서 헤지확률을 구한다.

$$p = \frac{1.05 - 0.8}{1.2 - 0.8} = 0.625$$

헤지확률을 이용해서 P_u, P_d를 구하면 다음과 같다.

$$P_u = \frac{0 \times 0.625 + 4{,}000 \times 0.375}{1 + 0.05} = 1{,}429$$

$$P_d = \frac{4{,}000 \times 0.625 + 20{,}000 \times 0.375}{1 + 0.05} = 9{,}524$$

P_u, P_d값을 통해서 유럽형 풋옵션가격을 산출한다.

$$P = \frac{1{,}429 \times 0.625 + 9{,}524 \times 0.375}{1 + 0.05} = 4{,}252(\text{원})$$

(2) 만약 매 기간 말에 옵션을 행사할 수 있다면 P_u, P_d값이 다음과 같이 산출된다.

$$P_u = \max[1{,}429,\ 0] = 1{,}429$$

$$P_d = \max[9{,}524,\ 12{,}000^*] = 12{,}000$$

$* \ 12{,}000 = 52{,}000 - 40{,}000$

이 값을 이용해서 미국형 풋옵션가격을 다음과 같이 구할 수 있다.

$$P = \frac{1{,}429 \times 0.625 + 12{,}000 \times 0.375}{1 + 0.05} = 5{,}136(\text{원})$$

/제 14 장/ 요약

FINANCIAL MANAGEMENT

1. 옵션을 이용하면 여러 가지 새로운 투자전략이 가능해진다. 이러한 전략으로 순수포지션, 헤지포지션, 스프레드포지션, 콤비네이션 등이 있다.
2. 옵션투자전략의 만기손익을 그림으로 그리면 옵션만기시점에서의 주가수준에 따른 손익을 쉽게 산출할 수 있다. 그리고 만기손익을 나타내는 그림으로부터 헤지효과, 레버리지효과 등도 확인할 수 있다.
3. 옵션을 보유하면 손실은 없고 이익만 생길 수 있기 때문에 그 자체로 경제적 가치가 있다. 따라서 옵션을 취득하려면 대가를 지불해야 하는데 그 대가를 옵션가격이라고 하며, 옵션의 균형가격을 산출하기 위해서 옵션가격결정모형(OPM)이 이용된다.
4. OPM을 도출하는 기본원리는 다음과 같다. 즉, 기초주식과 옵션으로 구성한 헤지포트폴리오의 수익률이 균형상태에서 무위험이자율과 같다는 방정식을 세우고 이 식을 옵션가격에 대해서 정리하는 것이다.
5. OPM은 기초주가의 변동에 대해 어떻게 가정하는가에 따라서 확실성모형, 이항모형, B-S모형으로 구분된다. 미래주가를 현재시점에서 확실하게 알 수 있다고 가정하면 확실성모형, 주가가 이항분포에 따라 변동한다고 가정하면 이항모형, 연속적으로 변동한다고 가정하면 B-S모형이 적용된다.
6. 확실성모형에서 이항모형, B-S모형으로 갈수록 현실적이며 그만큼 내용이 어려워진다. 그러나 모든 OPM은 공통적으로 옵션가격을 현재주가에서 행사가격의 현재가치를 차감하는 방식으로 산출한다.
7. 옵션가격을 결정하는 요인들로는 기초주가, 행사가격, 만기, 주가변동성, 무위험이자율 등이 있는데, 이들 각 요인의 변동에 대한 옵션가격의 변화를 측정하는 것을 민감도분석이라고 한다.
8. 좀 더 현실적인 상황으로 옵션의 만기 이전에 기초주식에 대해서 배당이 지급되는 경우와 만기 이전에도 옵션의 권리를 행사할 수 있는 경우 등이 있는데 기본적인 OPM을 각 상황에 맞추어 조정하면 된다.

>>> 연습문제 14－1

현재 옵션시장에서는 가나기업 주식에 대해서 만기가 똑같이 1년 남은 콜옵션과 풋옵션이 함께 거래되고 있다. 이때 행사가격이 100,000원인 콜옵션의 가격은 10,000원이고 행사가격이 80,000원인 풋옵션은 5,000원에 가격이 형성되어 있다. 단, 무위험이자율은 연 10%이다.

(1) 이와 같은 콜옵션과 풋옵션을 1개씩 매입한 투자자의 만기손익을 그림으로 나타내라.

(2) (1)과 같은 투자자가 만기에 이익을 얻을 수 있는 가나기업 주식가격의 범위를 밝혀라.

(3) (1)과 같은 투자자가 입을 수 있는 최대손실액은 얼마인가?

 해설

(1) ① 콜옵션 1개 매입한 투자자의 만기손익은 다음과 같다.

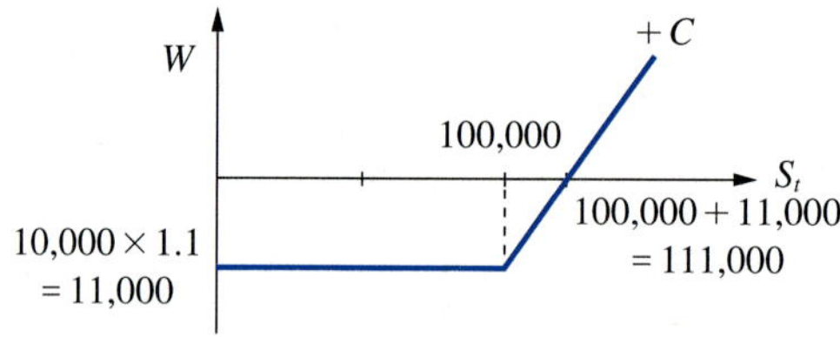

② 풋옵션 1개 매입한 경우 만기손익은 다음과 같다.

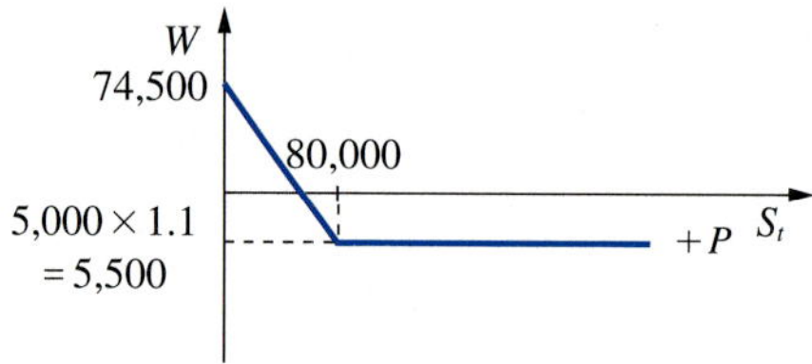

③ 콜옵션과 풋옵션을 1개씩 구입한 것은 스트랭글(strangle)이라고 하며, 이는 그림 ①, ②의 합성을 의미하므로 다음과 같다.

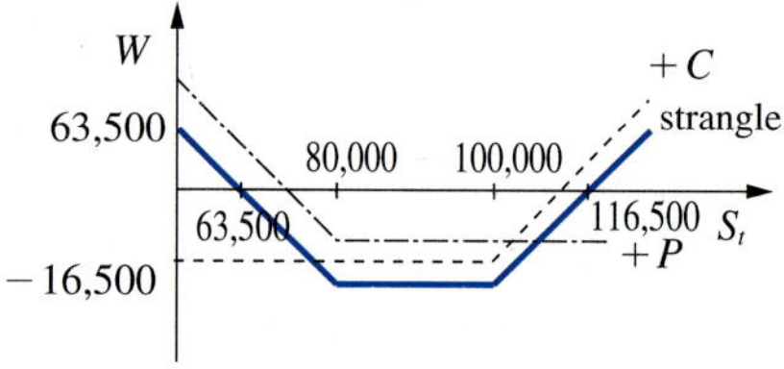

(2) 위의 그림 ③에서 $0 \leq S < 63{,}500$, $S > 116{,}500$

(3) 위의 그림 ③에서 $-16{,}500$

>>> 연습문제 14 - 2

현재 증권시장에서 10,000원에 거래되고 있는 가나주식에 대해서 만기가 1년 후이고 행사가격은 10,000원인 콜옵션의 가격은 2,000원이다. 1년 후에 이 주식의 가격이 10,000원 이상으로 상승할 확률과 그 이하로 하락할 확률은 동일하며 투자자들은 모두 위험중립적이다.

ABC은행은 이 주식에 대한 다음과 같은 파생금융상품을 개발하였다. 각각 얼마의 가격을 설정하여야 균형가격이라고 할 수 있는가? 단, 무위험이자율은 연 10%이다.

(1) 내년에 주가가 10,000원 이하로 하락할 경우에 1주당 11,000원에 ABC은행이 구입해 주는 금융상품의 경우(단, 이 상품은 주식보유자를 고객으로 제한한다.)
(2) 내년에 주가가 상승하면 상승한 차익만큼을, 그리고 하락하면 하락한 차익만큼 ABC은행이 지급해주는 금융상품의 경우

해설

(1) 가나주식을 1개 보유한 투자자가 이 금융상품을 구입하면 만기 1년 후에는 다음과 같은 이득형태(payoff)를 얻게 된다.

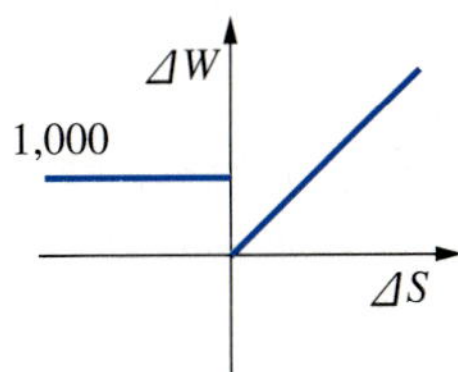

이와 같은 이득형태가 되려면 다음과 같이 $(S+P+\frac{1}{2}B)$ 형태의 포트폴리오가 필요하다.

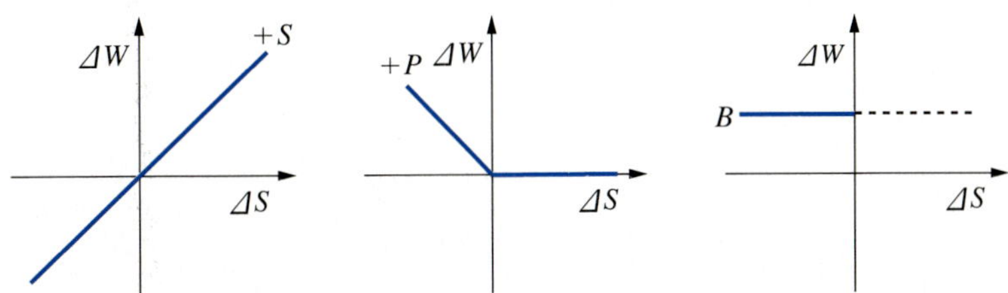

그런데 주식은 이미 보유하고 있는 투자자이므로 $(P+\frac{1}{2}B)$만 필요하므로 이들의 가격을 다음과 같이 산출한다.

① P

풋-콜 패리티를 이용하면 현재 주어진 콜옵션가격으로부터 풋옵션가격을 구할 수 있다.

$$P = -S + C + \frac{X}{(1+R_f)^t}$$
$$= -10,000 + 2,000 + \frac{10,000}{1.1}$$
$$= 1,090.91$$

② $\frac{1}{2}B$

앞의 그림과 같은 이득은 주가가 하락하는 경우에만 필요하고 하락확률과 상승확률이 동일하므로 그 기대값은 다음과 같다.

$$1{,}000 \times \frac{1}{2} = 500$$

그리고 투자자들은 위험중립적이므로 이의 현재가치는 다음과 같다.

$$\frac{500}{1+0.1} = 454.55$$

③ $P + \frac{1}{2}B$

따라서 (1)과 같은 금융상품의 균형가격은 ①, ②의 합이다.

$$1{,}090.91 + 454.55 = 1{,}545.46$$

(2) 이 금융상품의 이득형태는 아래 그림과 같다.

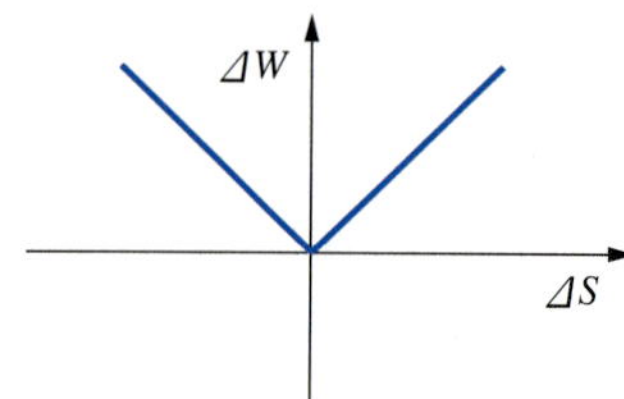

그런데 이는 스트래들(straddle)로서 콜옵션 1개와 풋옵션 1개의 결합으로 구성되는 것이다. 따라서 (2)와 같은 금융상품의 균형가격은 콜옵션가격과 풋옵션가격의 합이 된다.

$$2{,}000 + 1{,}090.91 = 3{,}090.91$$

>>> 연습문제 14－3

옵션시장에서 거래되는 콜옵션 중 만기가 동일하면서 행사가격이 다른 옵션의 가격이 다음과 같이 파악되었다.

행사가격	콜옵션가격
30,000원	5,000원
40,000	3,000
50,000	2,200
60,000	2,000

(1) 행사가격이 30,000원인 콜옵션을 매입하고 행사가격이 40,000원인 콜옵션을 매도한 포지션의 만기손익을 그림으로 나타내라.

(2) 행사가격이 50,000원인 콜옵션을 매도하고 행사가격이 60,000원인 콜옵션을

매입한 포지션의 만기손익을 그림으로 나타내라.

(3) (1)과 (2)의 전략을 동시에 취한 경우 이익을 얻을 수 있는 만기주가의 범위를 구하라.

 해설

(1) 이러한 전략은 주가가 높을 때 이익을 얻게 되는 강세스프레드(bullish spread)라고 한다. 만기손익은 다음과 같다.(단위: 천원)

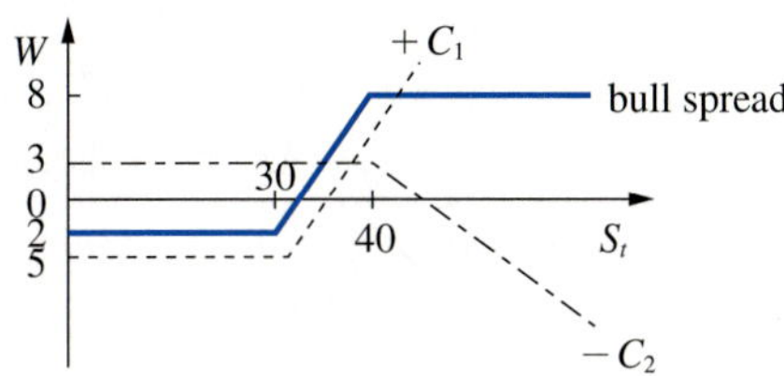

(2) 이러한 전략은 주가가 낮을 때 이익을 얻게 되는 약세스프레드(bearish spread)라고 한다. 만기손익은 다음과 같다.

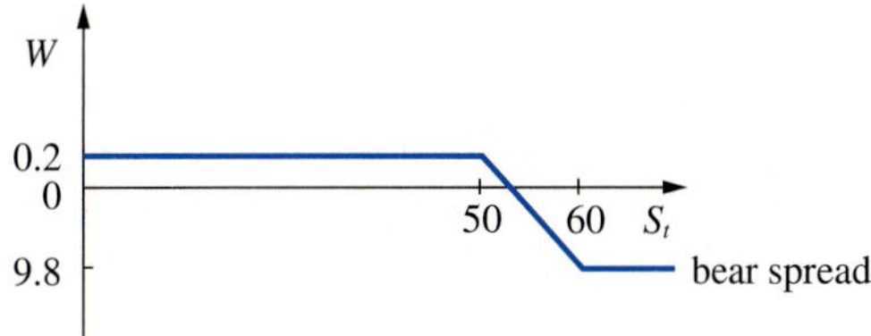

(3) (1)과 (2)의 합으로 나타나는 만기손익은 다음과 같으며 콘돌(condor)이라고 한다. 다음 그림에서 보듯이 만기주가(S_t)가 31,800원과 58,200원 사이에 있을 때 이익을 얻게 된다.

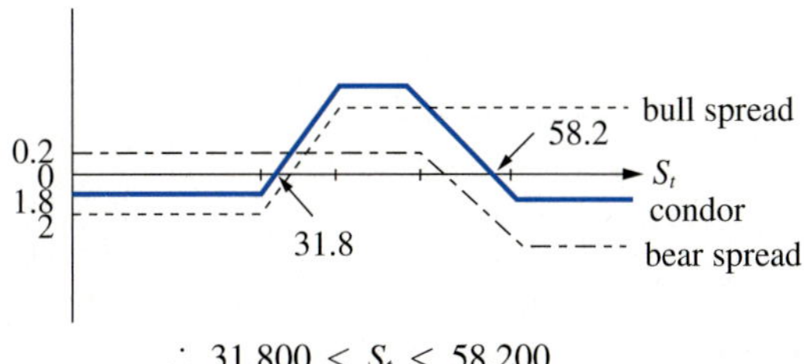

$$\therefore 31{,}800 < S_t < 58{,}200$$

>>> 연습문제 14 – 4

기초주식과 만기가 동일한 콜옵션과 풋옵션이 행사가격에 따라 다음과 같이 가격이 형성되어 있다.

행사가격	콜옵션	풋옵션
10,000원	600원	200원
11,000	100	500

(1) bullish call spread를 구성하여 만기손익도를 나타내라.
(2) bearish put spread를 구성하여 만기손익도를 나타내라.
(3) (1)과 (2)를 결합시킨 경우의 만기손익도를 나타내라(box spread).
(4) 균형상태에서의 무위험이자율을 산출하라.

(1) 행사가격 10,000원인 콜옵션(C_1)을 매입하고 행사가격 11,000원인 콜옵션(C_2)을 매도한다. 만기손익은 다음과 같다.

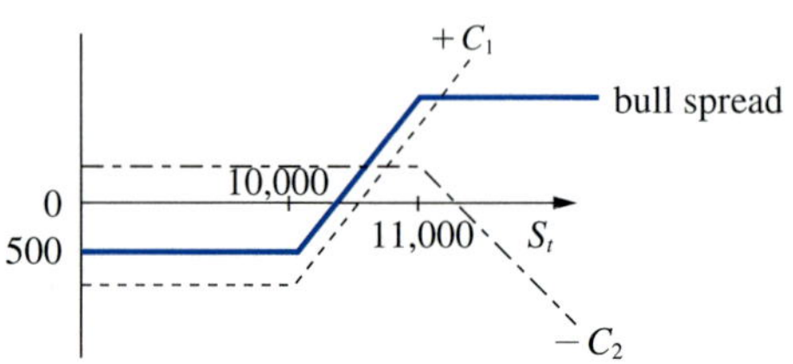

(2) 행사가격 10,000원인 풋옵션(P_1)을 매도하고 행사가격 11,000원인 풋옵션(P_2)을 매입한다. 만기손익은 다음과 같다.

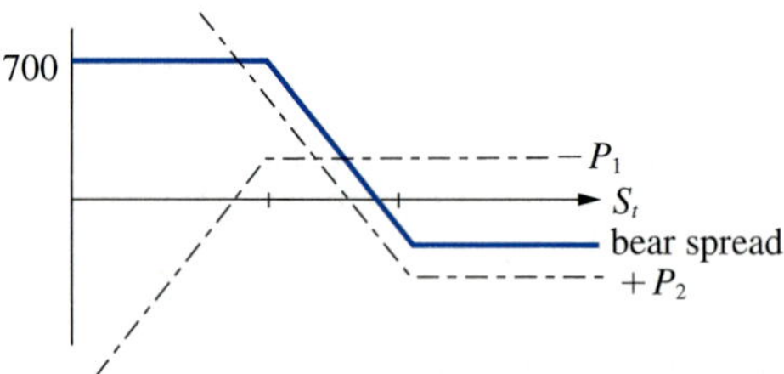

(3) (1)과 (2)의 결합전략(box spread)은 다음과 같은 만기손익을 가져온다.

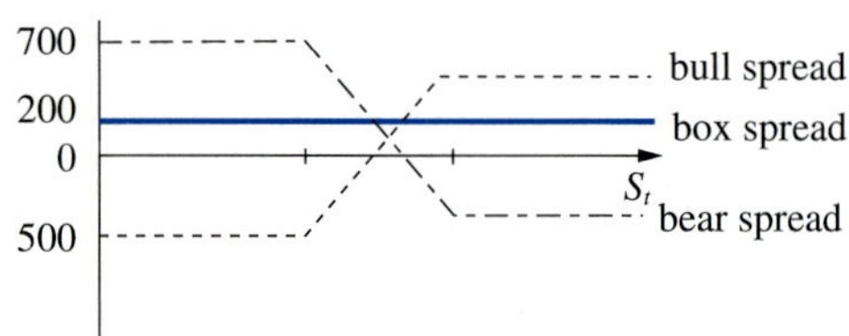

(4) 균형상태의 무위험이자율을 구하기 위해 초기투자액과 만기가치를 비교한다.

① 초기투자금액은 다음과 같다.

$$-600+100+200-500=-800$$

② 만기가치는 다음과 같다.

전략	$S_t \leq 10,000$	$10,000 < S_t \leq 11,000$	$1,000 < S_t$
$+C_1$	0	$S_t - 10,000$	$S_t - 10,000$
$-C_2$	0	0	$-(S_t - 11,000)$
$-P_1$	$-(10,000 - S_t)$	0	0

$+P_2$	$11{,}000 - S_t$	$11{,}00\,0 - S_t$	0
	1,000	1,000	1,000

균형상태하에서 재정거래가 발생하지 않으려면 다음 식이 성립해야 한다.

$$800 \times (1 + R_f) = 1{,}000 \quad \therefore R_f = 25\%$$

>>> 연습문제 14 – 5

주가지수와 연계하여 이자를 지급하는 만기 1년인 새로운 채권상품을 개발하였다. 이 상품의 현금흐름은 다음과 같다.

① 1년 후 액면 1,000,000원을 지급한다.
② 이자는 주가지수(S)의 수준에 따라서 다음과 같이 지급한다.

주가지수	이자지급액(천원)
$S < 650$	0
$650 \le S < 700$	$S - 650$
$700 \le S < 750$	$750 - S$
$750 \ge S$	0

(1) 이 지수연계채권의 만기가치를 만기 주가지수의 수준에 대응해서 그림으로 나타내라.
(2) 만기 1년인 주가지수 콜옵션이 행사가격수준에 따라서 다음과 같은 가격으로 거래되고 있다. 콜옵션의 가격정보를 이용해서 (1)에 제시된 지수연계채권의 균형가격을 산출하라. 단, 이자율은 연 10%이다.

행사가격(포인트)	옵션가격(원)
650	110,000
700	75,000
750	50,000

해설

(1) 지수연계채권의 만기가치는 다음과 같은 그림으로 나타난다.

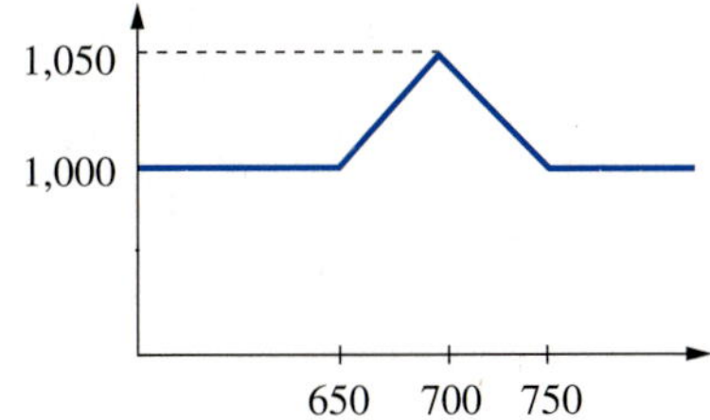

(2) (1)과 같은 만기가치가 되도록 다음과 같은 포트폴리오를 구성한다.

① 만기 1년, 액면금액 1,000,000원의 할인채를 구입한다.
② 행사가격 650인 콜옵션 1개를 매입한다.
③ 행사가격 700인 콜옵션 2개를 매도한다.
④ 행사가격 750인 콜옵션 1개를 매입한다.

그리고 이 포트폴리오를 구성하는데 필요한 투자금액을 구한다.

$$\frac{1,000,000}{1+0.1}+110,000-75,000\times 2+50,000=919,091(\text{원})$$

따라서 지수연계채권의 균형가격은 919,091원이다.

연습문제 14 - 6

가나기업의 주식가격에 연계된 금융상품이 있다. 이는 1년 후 가나기업의 주가수준 (S)에 따라서 다음과 같은 만기가치를 갖는다. 단, 현재 가나기업의 1주당 가격은 42,000원이다.

① $S<50,000$원이면 $50,000/S$ 단위의 가나기업주식을 지급한다.
② $50,000\leq S<60,000$원이면 1단위의 가나기업주식을 지급한다.
③ $S\geq 60,000$원이면 $60,000/S$ 단위의 가나기업주식을 지급한다.

(1) 이 금융상품의 만기가치를 그림으로 나타내라.
(2) 가나기업주식을 기초자산으로 하는 만기 1년인 콜옵션이 행사가격수준에 따라서 다음과 같은 가격으로 거래되고 있다. 콜옵션의 가격정보를 이용해서 (1)에서 제시된 금융상품의 균형가격을 산출하라. 단, 이자율은 연 10%이다.

행사가격	옵션가격
45,000원	1,200원
50,000	900
55,000	800
60,000	750

해설

(1) 이 금융상품의 만기가치를 만기주가 수준에 대응해서 나타내면 다음과 같다.

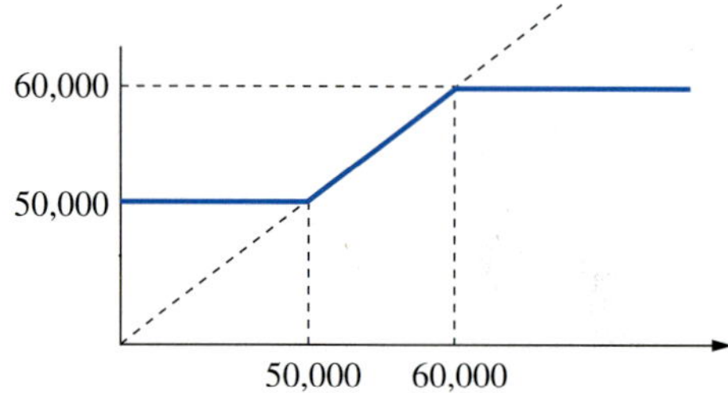

(2) 이 금융상품과 만기가치가 동일하도록 다음과 같은 포트폴리오를 구성한다.

① 만기 1년, 액면금액 50,000원의 할인채를 구입한다.
② 행사가격 50,000원인 콜옵션 1개를 매입한다.
③ 행사가격 60,000원인 콜옵션 1개를 매도한다.

이러한 포트폴리오를 구성하는데 필요한 금액은 다음과 같다.

$$\frac{50{,}000}{1+0.1}+900-750=45{,}605(\text{원})$$

따라서 이 금융상품의 균형가격은 45,605원이다.

>>> 연습문제 14 – 7

가나기업의 현재주가는 80,000원이다. 주가변동은 이항분포를 따르는데 1년 후 주가가 상승하여 92,000원이 될 확률은 0.7이고 주가가 하락하여 64,000원이 될 확률은 0.3이다. 투자자는 위험중립적이고 무위험이자율은 연 10%라고 가정하자. 그리고 콜옵션의 1년 후 행사가격이 70,000원이라고 할 때 다음 물음에 답하라.

(1) 투자자는 콜옵션을 이용하여 무위험포트폴리오를 구성하려고 한다. 헤지비율을 산출하라.
(2) 이항분포모형에서의 콜옵션가격을 구하고 (1)과 같이 구성한 무위험포트폴리오의 순투자금액을 구하라.
(3) 동일한 조건을 갖는 풋옵션의 가격을 산출하라.
(4) 위 주식의 상승확률이 0.7에서 0.3으로, 하락확률이 0.3에서 0.7로 변화한다면 콜옵션의 가치는 어떻게 변화하겠는가?
(5) 이 투자자가 위험중립형에서 위험회피형으로 된다면 위험프리미엄을 요구하여 콜옵션의 가치가 변화한다는 주장이 있다. 이에 대한 의견을 제시하라.
(6) 현재 주식 1주를 보유하고 있는 투자자가 콜옵션과 풋옵션을 함께 이용하여 무위험포트폴리오를 구성하려고 한다. 몇 단위씩을 결합해야 하는가? 그리고 이러한 무위험포트폴리오의 순투자금액을 구하라.
(7) 2기간의 콜옵션가격은?

해설

(1) 1개 주식에 m개 콜옵션을 발행하여 헤지포트폴리오를 구성할 때 헤지비율 m은 다음과 같이 구한다.

$$m=\frac{uS-dS}{C_u-C_d}$$

그런데

$$uS=92{,}000=u\times 80{,}000 \qquad \therefore\ \text{상승계수 } u=1.15$$

$$dS = 64{,}000 = d \times 80{,}000 \qquad \therefore \ \text{하락계수 } d = 0.8$$
$$C_u = \max[0, 92{,}000 - 70{,}000] = 22{,}000$$
$$C_d = \max[0, 64{,}000 - 70{,}000] = 0$$

따라서 헤지비율은 다음과 같다.

$$m = \frac{92{,}000 - 64{,}000}{22{,}000 - 0} = 1.2727$$

(2) 이때 헤지포트폴리오의 가치, 즉 순투자금액은

$$S - m \cdot C = 80{,}000 - 1.2727 \times C$$

이므로 콜옵션가격을 먼저 구해야 한다. 이를 위해서 헤지확률 p를 다음과 같이 산출한다.

$$p = \frac{(1+R_f) - d}{u - d} = \frac{(1+0.1) - 0.8}{1.15 - 0.8} = \frac{6}{7}$$

헤지확률을 이용하면 다음과 같이 콜옵션가격을 구할 수 있다.

$$C = \frac{p \cdot C_u + (1-p) \cdot C_d}{1 + R_f}$$
$$= \frac{\frac{6}{7} \times 22{,}000 + \frac{6}{7} \times 0}{1 + 0.1} = 17{,}143(\text{원})$$

따라서 헤지포트폴리오의 순투자금액은 다음과 같다.

$$S - m \cdot C = 80{,}000 - 1.2727 \times 17{,}143 = 58{,}182(\text{원})$$

(3) 풋-콜 패리티를 이용한다.

$$P = -S + C + \frac{X}{1 + R_f}$$
$$= -80{,}000 + 17{,}143 + \frac{70{,}000}{1.1} = 779(\text{원})$$

(4) 옵션의 가치는 기초주식가격의 상승확률, 하락확률과는 무관하게 결정된다. 이들 확률이 변하더라도 현재주가가 변하지 않는 한 옵션가치에는 영향을 주지 않는다.

(5) 이항모형에서 옵션가치를 결정하는 유일한 변수는 기초주식의 가격이다. 투자자의 위험에 대한 태도에 대해서는 어떠한 가정도 하지 않는 가격결정모형이기 때문에 위험회피형이라고 해도 옵션가치에는 영향을 주지 않는다.

(6) 앞의 [그림 14-3] 또는 풋-콜 패리티에서 확인할 수 있듯이 헤지포트폴리오는 $S + P - C$, 즉 1개 주식매입과 1개 풋옵션매입, 그리고 1개 콜옵션매도를 통해서 구성된다.

따라서 이의 순투자금액은 다음과 같다.

$$S + P - C = 80{,}000 + 779 - 17{,}143 = 63{,}636(\text{원})$$

(7) 2기간에서 주가분포와 이에 따른 콜옵션의 만기가치는 다음과 같다.

$$S=80{,}000 \begin{cases} uS=92{,}000 \begin{cases} u^2S=105{,}800 \rightarrow C_{uu}=\max[0,\ 105{,}800-70{,}000]=35{,}800 \\ udS=73{,}600 \rightarrow C_{ud}=\max[0,\ 73{,}600-70{,}000]=3{,}600 \end{cases} \\ dS=64{,}000 \begin{cases} udS \\ d^2S=51{,}200 \rightarrow C_{dd}=0 \end{cases} \end{cases}$$

이때 콜옵션가격은 식 (14.6)을 이용하여 다음과 같이 구한다.

$$C=\frac{p^2\cdot C_{uu}+2p(1-p)\cdot C_{ud}+(1-p)^2\cdot C_{dd}}{(1+R_f)^2}$$

$$=\frac{\left(\frac{6}{7}\right)^2\times 35{,}800+2\times\left(\frac{6}{7}\right)\times\left(\frac{1}{7}\right)\times 3{,}600+0}{1.1^2}$$

$$=22{,}466(\text{원})$$

>>> 연습문제 14 - 8

가나기업의 현재주가는 50,000원이다. 주가변동은 이항분포를 따르며 1기 후 가나기업 주가는 40,000원 또는 80,000원이 될 것이다. 행사가격이 60,000원, 만기가 1년인 콜옵션가격을 구하려고 한다. 단, 무위험이자율은 10%이다.

(1) 이항분포접근법으로 콜옵션가격을 산출하라.

(2) 위험중립적 접근법(risk neutral approach)에 의해서 콜옵션가격을 구하고 (1)의 결과와 비교하라.

해설

(1) 다음 순서에 따라 옵션가격을 구한다.

$$C_u=\max[\ 0,\ 80{,}000-60{,}000\ ]=20{,}000$$
$$C_d=\max[\ 0,\ 40{,}000-60{,}000\ ]=0$$

그리고 주가상승계수, 하락계수를 구하면

$$u=\frac{80{,}000}{50{,}000}=1.6 \qquad d=\frac{40{,}000}{50{,}000}=0.8$$

이에 따른 헤지확률은 다음과 같이 산출된다.

$$p=\frac{(1+R_f)-d}{u-d}=\frac{1.1-0.8}{1.6-0.8}=0.375$$

이제까지 구한 자료를 옵션가격결정모형에 대입하면 옵션가격은 다음과 같다.

$$C=\frac{p\cdot C_u+(1-p)\cdot C_d}{1+R_f}$$

$$=\frac{0.375\times 20{,}000+0}{1+0.1}=6{,}818.2(\text{원})$$

(2) 위험중립적 접근법이란 투자자의 위험에 대한 태도를 위험중립적이라고 가정해서 옵션가격

을 구하는 방법이다. 옵션가격결정모형은 투자자의 위험에 대한 태도에 대해서 아무런 제한을 하지 않고 있으므로 이러한 접근법도 동일한 결과를 가져다 준다.

먼저 주가상승시 주식수익률 R_u와 하락 시 주식수익률 R_d를 구하면

$$R_u = \frac{80,000 - 50,000}{50,000} = 60\%$$

$$R_d = \frac{40,000 - 50,000}{50,000} = -20\%$$

이때 임의로 주가상승확률을 p라고 하면 위험중립적 투자자에게는 기대수익률 $E(R)$가 무위험수익률과 같으므로 다음 식이 성립한다.

$$E(R) = p \times (60\%) + (1 - p) \times (-20\%) = 10\%$$

여기서 $p = 0.375$를 구할 수 있는데 이는 이항분포접근법에서의 헤지확률과 같은 것이다.

이를 이용해서 콜옵션의 보유에 따른 기대값을 구하면 다음과 같이 산출된다.

$$\begin{aligned} E(V) &= 0.375 \times (80,000 - 60,000) + 0.625 \times 0 \\ &= 7,500 \end{aligned}$$

그런데 위험중립적 투자자에게는 기대값이 확실성등가와 동일하므로 이를 무위험수익률로 현가화시키면 현재가격이 된다.

$$C = \frac{7,500}{1 + 0.1} = 6,818.2(\text{원})$$

이처럼 위험중립적 접근법에 의한 평가결과는 우리가 앞서 배운 이항분포모형에 의한 평가결과와 정확하게 일치한다.

>>> 연습문제 14 - 9

앞으로의 상황은 불황과 호황의 두 가지 상황만 존재하며 각각의 발생확률은 0.3과 0.7이다. 균형상태에서 가나주식의 수익률과 무위험수익률은 다음과 같다.

상황	가나주식수익률	무위험수익률
불황	−10%	10%
호황	30	10

가나기업은 호황이 되면 152억원, 불황이 되면 90억원을 얻는 투자안에 100억원을 투자하려고 한다. 옵션모형을 이용하여 이 투자안의 순현재가치를 구하라.

해설

위험중립확률을 구하기 위해서 임의로 가나주가가 상승할 확률을 p라고 하고 다음 식이 성립하는 p값을 구한다.

$$0.3 \times p + (-0.1) \times (1 - p) = 0.1$$

이를 만족하는 p값은 0.5이며 이 값이 위험중립확률이다. 이 값을 이항옵션가격결정모형에 대입해서 투자안의 현재가치(PV)를 구하면 다음과 같다.

$$PV = \frac{0.5 \times 152 + 0.5 \times 90}{1 + 0.1} = 110$$

따라서 순현재가치는 다음과 같이 양(+)의 값을 가지므로 투자안을 채택한다.

$$\begin{aligned} NPV &= PV - C_0 \\ &= 110 - 100 = 10 > 0 \end{aligned}$$

>>> 연습문제 14 - 10

ABC기업 주식의 1년 후 주가는 동일한 확률로 \$1에서부터 \$10까지의 정수값을 갖게 될 것이다. ABC기업의 주식을 기초자산으로 하는 10개의 옵션은 현재 모두 \$1/11의 가격으로 거래되고 있다. n번째 옵션의 만기가치는 다음과 같다.

$$n\text{번째 옵션의 만기가치} \begin{cases} 1 \text{ if ABC주가} = n \\ 0 \text{ if ABC주가} \neq n \end{cases}$$

즉, 1년 후 주가가 n일 때에만 옵션을 행사하여 \$1를 받을 수 있다. 이러한 정보를 이용해서 다음 각 물음에 답하라.

(1) 1년만기 \$100 무위험할인채의 현재가격은 얼마인가?
(2) 위험중립적 상황에서 ABC주식의 현재가격을 산출하라.

해설

(1) 10개의 옵션을 모두 구입하면 1년 후 확실한 \$1를 받을 수 있으므로 다음 식이 성립한다.

$$\$\frac{1}{11} \times 10 \times (1 + R_f) = \$1 \qquad \therefore R_f = 10\%$$

따라서 1년 만기 액면금액 \$100의 할인채 현재가격은 다음과 같다.

$$\frac{100}{1 + 0.1} = \$90.91$$

(2) 먼저 ABC주식의 1년 후 주가의 기대값 $E(S_1)$를 구한다.

$$E(S_1) = 1 \times \frac{1}{10} + 2 \times \frac{1}{10} \cdots + 10 \times \frac{1}{10} = 5.5$$

위험중립적 상황이므로 이의 현재가치는 무위험이자율로 할인해서 산출한다.

$$S_0 = \frac{E(S_1)}{1 + R_f} = \frac{5.5}{1 + 0.1} = \$5$$

>>> 연습문제 14 − 11

가나기업의 현재 1주당 가격은 40,000원이다. 매 기간 주가는 100% 상승하거나 50% 하락하는 이항분포를 따른다. 이자율은 연 10%라고 하여 다음 물음에 답하라.

(1) 위험중립확률을 구하라. 이를 이용해서 가나기업의 주식을 기초자산으로 하고 행사가격이 50,000원이며 만기가 1년 남은 풋옵션의 가격을 산출하라.
(2) (1)의 풋옵션과 동일한 효과를 얻기 위해서 주식과 채권으로 포트폴리오를 구성한다면 어떻게 해야 하는가?
(3) (2)에서 구성한 포트폴리오의 투자금액을 구하고 (1)에서 구한 풋옵션의 가격과 비교하라.

해설

(1) 1기 후 주가분포와 이에 따른 풋옵션의 가치는 다음과 같다.

$$S=40{,}000 \begin{cases} uS=80{,}000 : P_u=0 \\ dS=20{,}000 : P_d=30{,}000 \end{cases}$$

위험중립확률을 p라고 하면 다음 식이 성립한다.

$$40{,}0000\times(1+0.1)=80{,}000\times p+20{,}000\times(1-p)$$

$$\therefore\ p=0.4$$

이는 공식을 이용해서 다음과 같이 구할 수도 있다.

$$p=\frac{1+R_f-d}{u-d}=\frac{1.1-0.5}{2-0.5}=0.4$$

따라서 풋옵션가격은 다음과 같이 산출된다.

$$P=\frac{P_u\cdot p+P_d\cdot(1-P)}{1+R_f}$$

$$=\frac{0\times 0.4+30{,}000\times 0.6}{1+0.1}=16{,}364(\text{원})$$

(2) 주식 S단위, 채권 B만큼을 투자하여 포트폴리오를 구성한다고 하자. 이 포트폴리오가 풋옵션과 동일한 효과를 가지려면 다음 식이 성립해야 한다.

$$80{,}000\times S+1.1\times B=0$$
$$20{,}000\times S+1.1\times B=30{,}000$$

이로부터 $S=-0.5$, $B=36{,}364$를 구할 수 있다. 이는 가나주식 0.5단위를 공매하면서 채권 36,364원만큼 매입한다는 뜻이다.

(3) (2)의 포트폴리오를 구성하는데 소요되는 금액은 다음과 같다.

$$-0.5\times 40{,}000+36{,}364=16{,}364(\text{원})$$

이는 (1)에서 구한 풋옵션가격과 같다. 만기가치가 동일하므로 그 현재가치도 동일한 것이다.

>>> 연습문제 14 - 12

가나기업의 현재 1주당 가격은 60,000원이다. 매 기간 주가는 50% 상승하거나 50% 하락하는 이항분포를 따른다. 이자율은 연 10%라고 하여 다음 물음에 답하라.

(1) 기초주식과 채권을 이용해서 행사가격이 60,000원이며 만기가 2기간 후인 유럽형 풋옵션을 복제할 수 있는 방법을 설명하라.

(2) (1)의 결과를 이용해서 풋옵션의 가격을 구하라.

해설

(1) 가나기업의 주가분포와 이에 따른 풋옵션의 만기가치를 나타내면 다음과 같다.

$$S=60{,}000 \begin{cases} ① \ 90{,}000 \begin{cases} 135{,}000 : P_{uu}=0 \\ 45{,}000 : P_{ud}=15{,}000 \end{cases} \\ ② \ 30{,}000 \begin{cases} 45{,}000 : P_{ud}=15{,}000 \\ 15{,}000 : P_{dd}=45{,}000 \end{cases} \end{cases}$$

i) ①에서 주식 S단위, 채권 B만큼을 매입하여 다음 식이 성립하면 풋옵션을 복제한 것이 된다.

$$135{,}000 \times S + 1.1 \times B = 0$$
$$145{,}000 \times S + 1.1 \times B = 15{,}000$$

이로부터 $S=-0{,}1667$, $B=20{,}455$를 구할 수 있다. 이는 가나주식 0.1667단위를 공매하면서 채권을 20,455만큼 매입한다는 뜻이다. 이 포트폴리오를 구성하는 비용은 5,455원이며 이는 ①에서의 풋옵션가격이 된다.

$$90{,}000 \times (-0.1667) + 20{,}445 = 5{,}455(\text{원})$$

ii) ②에서도 같은 방법으로

$$45{,}000 \times S + 1.1 \times B = 15{,}000$$
$$15{,}000 \times S + 1.1 \times B = 45{,}000$$

이로부터 $S=-1$, $B=54{,}545$를 구할 수 있고 이 포트폴리오의 구성비용은 다음과 같이 24,545원이며 이는 ②에서의 풋옵션가격이 된다.

$$30{,}000 \times (-1) + 54{,}545 = 24{,}545(\text{원})$$

iii) 현재시점에서는 i), ii)의 결과를 이용한다.

$$90{,}000 \times S + 1.1 \times B = 5{,}455$$
$$30{,}000 \times S + 1.1 \times B = 24{,}545$$

이로부터 $S=-0.3182$, $B=30{,}993$을 구한 후 포트폴리오 구성비용을 산출하면 다음과 같다.

$$60{,}000 \times (-0.3182) + 30{,}993 = 11{,}901(\text{원})$$

(2) (1)에서 각 단계의 포트폴리오 구성이 곧 풋옵션가격이다.

즉, $P_u = 5,455$, $P_d = 24,545$, $P_0 = 11,901$(원)

이러한 내용은 다음과 같이 위험중립확률(헤지확률)을 이용한 결과에서 확인할 수 있다. 먼저 헤지확률을 구하면

$$p = \frac{1 + R_f - d}{u - d} = \frac{1.1 - 0.5}{1.5 - 0.5} = 0.6$$

이를 이용하여 P_u, P_d를 구한다.

$$P_u = \frac{p \cdot P_{uu} + (1-p) \cdot P_{ud}}{1 + R_f} = \frac{0.6 \times 0 + 0.4 \times 15,000}{1.1} = 5,455$$

$$P_d = \frac{p \cdot P_{ud} + (1-p) \cdot P_{dd}}{1 + R_f} = \frac{0.6 \times 15,000 + 0.4 \times 45,000}{1.1} = 24,545$$

끝으로 P_0를 구하면 (1)의 결과와 일치함을 확인할 수 있다.

$$P_0 = \frac{p \cdot P_u + (1-p) \cdot P_d}{1 + R_f} = \frac{0.6 \times 5,455 + 0.4 \times 24,544}{1.1} = 11,901$$

>>> 연습문제 14 – 13

가나기업의 현재주가는 25,000원인데 이에 대해 행사가격은 23,000원이고 반년 후에 만기가 되는 콜옵션이 있다. 가나기업 주식의 수익률분산은 0.348이고 연 1회 이자계산 시 적용되는 무위험이자율은 10.51%라고 할 때 다음 물음에 답하라.

(1) Black-Scholes모형을 이용하여 콜옵션의 가격을 계산하라.

(2) 만기와 행사가격이 동일한 풋옵션의 가격을 구하라.

해설

(1) Black-Scholes모형을 이용하기 위해서 만기를 연단위로 조정한다.

$t = 0.5$ (∵ 반년)

무위험이자율 10.51%는 이산복리이자율이므로 이에 해당하는 연속복리이자율을 다음과 같이 산출한다(제2장 화폐의 시간적 가치 참조).

$$\begin{aligned} R_c &= \ln(1 + R_d) \\ &= \ln(1 + 0.1051) = 0.1(10\%) \end{aligned}$$

이제 관련자료를 통해 다음과 같이 d_1, d_2를 구한다.

$$d_1 = \frac{\ln\left(\frac{25,000}{23,000}\right) + \left(0.1 + \frac{0,348}{2}\right) \times 0.5}{\sqrt{0.348} \times \sqrt{0.5}} = 0.53$$

$$d_2 = d_1 - \sigma\sqrt{t} = 0.53 - \sqrt{0.348} \times \sqrt{0.5} = 0.11$$

이에 따른 정규분포누적값을 정규분포표에서 구하면 다음과 같다.

$$N(d_1) = N\ (0.53) = 0.7019$$
$$N(d_2) = N\ (0.11) = 0.5438$$

그리고 Black-Scholes 모형을 이용해서 콜옵션가격을 산출한다.

$$C = S \cdot N(d_1) - \frac{X}{e^{R_f t}} \cdot N(d_2)$$
$$= 25{,}000 \times 0.7019 - \frac{23{,}000}{e^{0.1 \times 0.5}} \times 0.5438$$
$$= 5{,}650(\text{원})$$

(2) 풋-콜 패리티를 이용해서 다음과 같이 구한다.

$$P = -S + C + \frac{X}{e^{R_f t}} = -25{,}000 + 5{,}650 + \frac{23{,}000}{e^{0.1 \times 0.5}} = 2{,}528.3(\text{원})$$

>>> 연습문제 14 - 14

가나기업 주식의 현재가격은 5,000원이고 주식수익률의 분산은 0.12이다. 가나기업의 주식에 대해서 발행된 콜옵션으로서 행사가격이 4,500원이고, 만기까지 90일 남은 콜옵션이 있다. 현재 연속복리 무위험이자율은 7%라고 가정하고 다음의 각 경우에 주가변동으로부터의 헤지전략을 설명하라.

(1) 가나기업 주식을 1,000주 보유하고 있는 투자자가 콜옵션을 이용해서 헤지하려고 할 때 그 전략은?
(2) 풋옵션을 500개 보유한 투자자가 주식을 이용해서 헤지하려고 할 때 헤지전략은?
(3) 100개 콜옵션을 보유한 투자자가 풋옵션을 이용해서 헤지하려고 할 때 헤지전략은?

해설

(1) 1개 주식과 m개 콜옵션을 보유한 포트폴리오의 가치는 다음과 같이 나타낼 수 있다.

$$V_p = S + m \cdot C$$

이 포트폴리오가치가 주가변동으로부터 헤지되려면 다음 식이 성립해야 한다.

$$\frac{\partial V_p}{\partial S} = 1 + m \cdot \frac{\partial C}{\partial S} = 0$$

이로부터

$$m = -\frac{\partial S}{\partial C} = -\frac{1}{N(d_1)} \quad (\because \text{ Black-Scholes 모형에서 } \frac{\partial C}{\partial S} = N(d_1))$$

따라서 d_1, $N(d_1)$을 다음과 같이 산출한다.

$$d_1 = \frac{\ln\left(\frac{5,000}{4,500}\right) + \left(0.07 + \frac{0.12}{2}\right) \times \frac{90}{360}}{\sqrt{0.12} \times \sqrt{0.25}} = 0.80$$

$$N(d_1) = N(0.80) = 0.7881$$

그러므로

$$m = -\frac{1}{0.7881} = -1.2689$$

이는 1개 주식에 대해서 1.2689개 콜옵션을 발행(매도)하면 헤지가 된다는 의미이다. 따라서 1,000주를 보유한 투자자는 1,268.9(= 1.2689 × 1,000)개의 콜옵션을 발행하면 된다.

(2) 1개 풋옵션과 m개 주식을 합친 포트폴리오의 가치는 다음과 같이 나타낼 수 있다.

$$V_p = P + m \cdot S$$

그리고 이의 헤지조건은 다음과 같다.

$$\frac{\partial V_p}{\partial S} = \frac{\partial P}{\partial S} + m = 0 \quad \rightarrow \quad m = -\frac{\partial P}{\partial S}$$

그런데 풋-콜 패리티에 의하면

$$P = C - S + \frac{X}{e^{R_f t}}$$

$$= \left[S \cdot N(d_1) - \frac{X}{e^{R_f t}} N(d_1)\right] - S + \frac{X}{e^{R_f t}}$$

이로부터 다음을 확인할 수 있다.

$$\frac{\partial P}{\partial S} = N(d_1) - 1$$

따라서 m은 다음과 같이 산출된다.

$$m = 1 - N(d_1) = 1 - 0.7881 = 0.2119$$

이는 1개 풋옵션과 0.2119개 주식을 함께 보유하면 헤지가 된다는 의미이다. 따라서 500개 풋옵션을 보유한 투자자는 105.95(= 500 × 0.2119)개의 주식을 보유함으로써 헤지가 가능하다.

(3) 1개 콜옵션과 m개 풋옵션을 합친 포트폴리오의 가치는 다음과 같다.

$$V_p = C + m \cdot P$$

그리고 이의 헤지조건은 다음과 같다.

$$\frac{\partial V_p}{\partial S} = \frac{\partial C}{\partial S} + m \cdot \frac{\partial P}{\partial S}$$

$$= N(d_1) + m(N(d_1) - 1) = 0$$

따라서

$$m = \frac{N(d_1)}{1-N(d_1)} = \frac{0.7881}{1-0.7881} = 3.7192$$

즉, 1개 콜옵션과 3.7192개 풋옵션을 보유하면 헤지가 된다. 따라서 100개 콜옵션을 보유한 투자자는 371.92(=100×3.7192)개의 풋옵션을 매입하면 주가변동으로부터의 헤지가 가능하다.

>>> 연습문제 14 - 15

가나기업의 현재 1주당 가격은 22,000원이고 주식수익률의 표준편차는 0.2이다. 이 주식에 대해 만기가 90일 남은 콜옵션이 거래되고 있는데 행사가격은 20,000원이다. 이자율은 연 10%라고 하고 다음 물음에 답하라.

(1) 콜옵션과 풋옵션의 시간가치를 구하라.

(2) 주식 1단위를 보유한 투자자가 콜옵션을 이용해서 헤지할 수 있는 방법과 풋옵션을 이용해서 헤지할 수 있는 방법을 설명하라.

(3) 콜옵션 1단위를 보유한 투자자가 주식을 이용해서 헤지할 수 있는 방법과 풋옵션을 이용해서 헤지할 수 있는 방법을 설명하라.

(4) 만기는 동일하면서 행사가격이 22,000원인 콜옵션이 앞서 제시된 콜옵션과 별도로 거래되고 있다. 행사가격 20,000원인 콜옵션 1단위를 보유한 투자자가 행사가격 22,000원인 콜옵션을 이용해서 헤지할 수 있는 방법을 설명하라.

 해설

(1) 먼저 B-S모형을 이용하기 위해 다음의 관련 값들을 구한다.

$$d_1 = \frac{\ln\left(\frac{22,000}{20,500}\right) + \left(0.1 + \frac{0.2^2}{2}\right) \times 0.25}{0.2 \times \sqrt{0.25}} = 1.2531$$

$$d_2 = d_1 - \sigma\sqrt{t} = 1.2531 - 0.2 \times \sqrt{0.25} = 1.1531$$

$$N(d_1) = 0.8944,\ N(d_2) = 0.8749$$

이제 B-S모형으로 콜옵션가격을 산출하면 다음과 같다.

$$C = S \cdot N(d_1) - \frac{X}{e^{R_f t}} \cdot N(d_2)$$

$$= 22,000 \times 0.8944 - \frac{20,000}{e^{0.1 \times 0.25}} \times 0.8749$$

$$= 2,611$$

콜옵션의 시간가치는 다음과 같이 산출한다.

시간가치 = 이론가격 − 내재가치

$= 2,611 - \max[22,000 - 20,000, 0] = 611$

풋옵션의 이론가격은 풋콜패리티를 이용해서 구한다.

$$P = C - S + \frac{X}{e^{R_f t}}$$

$$= 2{,}611 - 22{,}000 + \frac{20{,}000}{e^{0.1 \times 0.25}} = 117$$

따라서 풋옵션의 시간가치는 다음과 같다.

$$\text{시간가치} = 117 - \max[20{,}000 - 22{,}000,\ 0] = 117$$

(2) ① 1개 주식과 m개 콜옵션을 결합한 포트폴리오가치는 다음과 같다.

$$V = S + mC$$

헤지조건은 다음과 같다.

$$\frac{\partial V}{\partial S} = 1 + m\frac{\partial C}{\partial S} = 0 \ \rightarrow \ m = -\frac{\partial S}{\partial C} = -\frac{1}{N(d_1)} = -\frac{1}{0.8944} = -1.1181$$

따라서 1.1181단위의 콜옵션을 발행한다.

② 1개 주식과 m개 풋옵션을 결합한 포트폴리오가치는 다음과 같다.

$$V = S + mP$$

$$\frac{\partial V}{\partial S} = 1 + m\frac{\partial P}{\partial S} = 0 \ \rightarrow \ m = -\frac{\partial P}{\partial S}$$

그런데 풋콜패리티를 이용하면

$$P = C - S + \frac{X}{e^{R_f t}}$$

$$= \left[S \cdot N(d_1) - \frac{X}{e^{R_f t}} \cdot N(d_2)\right] - S + \frac{X}{e^{R_f t}}$$

이로부터 다음 식을 구할 수 있다.

$$\frac{\partial P}{\partial S} = N(d_1) - 1$$

$$\therefore\ m = 1 - N(d_1) = 1 - 0.8944 = 0.1056$$

즉, 0.1056단위의 풋옵션을 매입한다.

(3) ① $N(d_1) = 0.8944$이므로 1개 콜옵션을 보유한 경우 0.8944 단위의 주식을 공매하면 헤지가 가능하다.

② 1개 콜옵션과 m개 풋옵션으로 포트폴리오를 구성한다.

$$V = C + mP$$

$$\frac{\partial V}{\partial S} = \frac{\partial C}{\partial S} + m\frac{\partial P}{\partial S}$$

$$= N(d_1) + m[N(d_1) - 1] = 0 \ \rightarrow \ m = \frac{N(d_1)}{1 - N(d_1)} = \frac{0.8944}{1 - 0.8944} = 8.4697$$

즉, 8.4697단위의 풋옵션을 매입한다.

(4) 행사가격이 20,000원인 콜옵션(C_1) 1개와 행사가격 22,000원인 콜옵션(C_2) m개로 구성한 포트폴리오의 가치를 다음과 같이 나타낸다.

$$V = C_1 + mC_2$$

헤지조건은 다음과 같다.

$$\frac{\partial V}{\partial S} = \frac{\partial C_1}{\partial S} + m\frac{\partial C_2}{\partial S} = 0 \;\rightarrow\; m = -\frac{\partial C_1/\partial S}{\partial C_2/\partial S} = -\frac{N(d_1)_1}{N(d_1)_2}$$

행사가격 22,000원인 콜옵션(C_2)의 d_1, $N(d_1)$을 먼저 구한다.

$$d_1 = \frac{\ln\left(\frac{22,000}{20,000}\right) + \left(0.1 + \frac{0.2^2}{2}\right) \times 0.25}{0.2\sqrt{0.25}} = 0.3$$

$$N(d_1)_2 = N(0.3) = 0.6179$$

그리고 행사가격 20,000원인 콜옵션(C_1)의 $N(d_1)$은 (1)번 풀이에서

$$m = -\frac{0.8944}{0.6179} = -1.4475$$

즉, 행사가격 20,000원인 콜옵션 1개를 보유한 투자자는 행사가격 22,000원인 콜옵션 1.4475개를 발행하여 헤지효과를 얻을 수 있다. 이러한 전략을 비율스프레드(ratio spread)라고 한다.

>>> 연습문제 14 - 16

가나투자회사는 다음과 같이 1억원을 투자하고 있는데 주가지수옵션을 이용해서 주가하락에 대처하고자 한다.

종 목	A주식	B주식	C주식
베타계수	0.8	0.5	1.2
투자금액	2,000만원	5,000만원	3,000만원

〈추가정보〉

현재 KOSPI 200의 값은 120포인트이고, 이용가능한 KOSPI 200에 대한 콜옵션의 단위당 가격은 11포인트이다. 포인트당 가격은 50만원이며 콜옵션의 델타는 0.7이다.

(1) 콜옵션을 어떻게 이용해야 헤지를 달성할 수 있는가? 콜옵션의 계약수도 함께 산출하라.

(2) KOSPI 200의 값이 10% 하락한 경우에 (1)의 헤지결과를 보여라.

해설

(1) 현물을 보유하고 있는 상태이므로 현물가격과 양(+)의 관계에 있는 주가지수 콜옵션을 매도함으로써 헤지효과를 얻을 수 있다.
그리고 헤지를 위한 콜옵션의 계약수는 다음과 같은 과정을 거쳐서 산출한다.

① 단순헤지 계약수(N)

$$N = \frac{\text{현물자산의 가격}}{\text{옵션의 계약당 가격}} = \frac{100{,}000{,}000}{11\text{포인트} \times 50\text{만원}} = 18.18(\text{계약})$$

② 베타헤지 계약수(N_β)

$$N_p = \beta_{pI} \times N = 0.77 \times 18.18 = 14\ (\text{계약})$$

단, $\beta_{pI} = 0.8 \times 0.2 + 0.5 \times 0.5 + 1.2 \times 0.3 = 0.77$

③ 최적헤지비율(HR)

$$HR\,(=\beta_{pC}) = \beta_{pI} \times \beta_{IC} = 0.77 \times 0.13095 = 0.10083$$

여기서 β_{IC}는 다음과 같이 산출된 것이다. 즉,

$$\beta_{IC} = \frac{\Delta I/I}{\Delta C/C} = \frac{\Delta I}{\Delta C} \times \frac{C}{I} = \frac{1}{N(d_1)} \times \frac{C}{I}$$
$$= \frac{1}{0.7} \times \frac{11}{120} = 0.13095$$

따라서 최적헤지를 위한 옵션계약수는 다음과 같다.

$$HR \times N = 0.10083 \times 18.18 = 1.8333(\text{계약})$$

(2) 보유하고 있는 포트폴리오의 KOSPI지수에 대한 베타 β_{PI}가 0.77이므로 지수 10% 하락은 포트폴리오가치의 7.7%(=10×0.77) 하락을 가져온다. 따라서 하락금액은 다음과 같다.

$$100{,}000{,}000 \times 7.7\% = 7{,}700{,}000$$

그런데 콜옵션의 KOSPI 지수에 대한 베타 β_{CI}는 다음과 같이 산출한다.

$$\beta_{CI} = \frac{1}{\beta_{CI}} = \frac{1}{0.13095} = 7.6365$$

그러므로 지수 10% 하락은 콜옵션가치를 76.365(= 10×7.6365)%만큼 하락시킨다. 즉, 11포인트에서 2.6포인트가 된다. 따라서 콜옵션매도포지션에서 얻게 되는 거래이익은 다음과 같다.

$$(11-2.6)\text{포인트} \times 1.8333\text{계약} \times 500{,}000 = 7{,}700{,}000$$

이는 현물의 손실금액과 일치하는 금액이므로 헤지효과를 달성한 것이다.

>>> 연습문제 14 – 17

가나기업의 현재주가는 15,000원이다. 주가변동은 이항분포를 따르며 1년 후의 상승계수는 1.1이고 하락계수는 0.9이다. 행사가격은 14,000원이고 만기 2년인 콜옵션에 대한 다음 물음에 답하라. 단, 무위험이자율은 연 6%이다.

(1) 이 콜옵션이 유럽형이라면 옵션가격은 얼마인가?
(2) 만약 콜옵션이 매년 말 권리를 행사할 수 있는 미국형이라면 옵션가격은 얼마인가? 물음 (1)의 결과와 비교해서 설명하라.
(3) 6개월 후 25%의 주식배당이 있을 것이다. 옵션의 내용과 가격에 미치는 효과를 설명하라.

해설

(1) 주가의 이항분포는 다음과 같다.

$$S = 15{,}000 \begin{cases} uS = 16{,}500 \begin{cases} u^2S = 18{,}150 \\ udS = 14{,}850 \end{cases} \\ dS = 13{,}500 \begin{cases} udS = 14{,}850 \\ d^2S = 12{,}150 \end{cases} \end{cases}$$

따라서 각 주가수준의 콜옵션 만기가치는 다음과 같다.

$$C \begin{cases} C_u \begin{cases} C_{uu} = 4{,}150 \\ C_{ud} = 850 \end{cases} \\ C_d \begin{cases} C_{ud} = 850 \\ C_{dd} = 0 \end{cases} \end{cases}$$

그리고 헤지확률은 다음과 같이 산출된다.

$$p = \frac{1 + R_f - d}{u - d} = \frac{1.06 - 0.9}{1.1 - 0.9} = 0.8$$

이 값을 이용해서 1기 후 상승시점의 옵션가격 C_u를 구하면

$$C_u = \frac{0.8 \times 4{,}150 + 0.2 \times 850}{1 + 0.06} = 3{,}292$$

1기 후 하락시점의 옵션가격 C_d는 다음과 같다.

$$C_d = \frac{0.8 \times 850 + 0.2 \times 0}{1 + 0.06} = 642$$

끝으로 C_u, C_d를 이용해서 콜옵션의 현재가격 C를 계산한다.

$$C = \frac{0.8 \times 3{,}292 + 0.2 \times 642}{1 + 0.06} = 2{,}606(\text{원})$$

(2) 미국형 옵션의 가격을 구할 때에는 이항분포의 뒤에서부터 역행하면서 매 시점마다 권리의 행사 여부를 판단해야 한다. 즉, 매 시점마다 옵션행사에 따른 이득과 옵션가격을 비교해서 유리한 값(큰 값)을 취하여 이항모형을 적용한다.

1기 후 상승시점에서 옵션행사이득은 2,500(= 16,500 − 14,000)이고 옵션가격 C_u는 3,292이므로 3,292을 취한다. 그리고 1기 후 하락시점에서 옵션행사이득은 0이고(∵ 13,500 < 14,000), 옵션가격 C_d는 642이므로 642를 취한다.

따라서 미국형 콜옵션가격은 다음과 같다.

$$C = \frac{0.8 \times 3{,}292 + 0.2 \times 642}{1 + 0.06} = 2{,}606(\text{원})$$

이 값은 (1)에서 구한 유럽형 옵션가격과 동일한데 그 이유는 기초자산이 만기까지 배당이 없는 주식이기 때문이다. 즉, 무배당주식을 기초자산으로 하는 콜옵션의 경우 다른 조건이 동일하다면 유럽형과 미국형은 동일한 가치를 갖게 된다.

(3) 25%의 주식배당은 주가를 하락시키지만 옵션의 내용을 다음과 같이 변화시킨다.

	주식배당 전	주식배당 후
행사가격	14,000원	11,200원(= 14,000 ÷ 1.25)
취득주식수	1주	1.25주(= 1 × 1.25)

이와 같이 옵션은 모든 조건이 주식배당이나 주식분할에 상응하여 조정되면서 옵션가격은 변하지 않는다. 그러나 현금배당의 경우에는 주가만 하락하고 옵션내용은 변하지 않기 때문에 옵션가격이 떨어지게 된다.

옵션이 주식배당이나 주식분할로부터는 보호되지만 현금배당으로부터는 보호되지 않는다는 것은 이러한 사실을 의미하는 것이다.

>>> 연습문제 14 - 18

가나기업 주식의 현재가격은 30,000원이고 주식수익률의 표준편차는 0.2이다. 만기 5년, 행사가격 30,000원인 콜옵션의 가격을 구하라. 무위험이자율은 연 10%이고 배당수익률은 연 4%라고 하자.

해설

이 문제는 옵션만기까지의 기간이 장기인 장기옵션에서 배당수익률이 안정적인 값으로 예측가능한 경우이다. 먼저 배당효과를 제거하기 위한 기초주식의 가격을 다음과 같이 감액 조정한다.

$$\begin{aligned} S' &= S \times e^{-d \cdot t} \\ &= 30{,}000 \times e^{-0.04 \times 5} = 24{,}562 \end{aligned}$$

Black - Scholes모형을 이용하기 위한 관련값을 구한다. 이번에는 헤지포트폴리오의 수익률을 하향조정하기 위해서 무위험이자율에서 배당수익률을 차감하는 방법으로 d_1, d_2를 구한다. (이 대신에 기초주가를 24,562원으로 d_1, d_2를 구해도 결과는 동일하다.)

$$d_1 = \frac{\ln\left(\frac{30{,}000}{30{,}000}\right) + \left[(0.1 - 0.04) + \frac{0.2^2}{2}\right] \times 5}{0.2 \times \sqrt{5}} = 0.8944$$

$$d_2 = d_1 - \sigma\sqrt{t} = 0.8944 - 0.2 \times \sqrt{5} = 0.4472$$
$$N(d_1) = 0.8133, \quad N(d_2) = 0.6736$$

이제 콜옵션가격을 산출하면 다음과 같다.

$$C = S' \cdot N(d_1) - \frac{X}{e^{R_f t}} \cdot N(d_2)$$
$$= 24{,}562 \times 0.8133 - \frac{30{,}000}{e^{0.1 \times 0.5}} \times 0.6736 = 7{,}720(\text{원})$$

>>> 연습문제 14 - 19

가나기업의 현재주가는 10,000원이다. 이에 대한 풋옵션의 행사가격은 11,000원이며 100일 후에 만기가 된다. 다음 자료를 이용해서 2기간 이항모형으로 이 옵션의 가격을 구하고자 한다.

$$1 + \text{주가상승률} = u = 1.1174$$
$$1 + \text{주가하락률} = d = 0.8949$$
$$\text{무위험이자율 } R_f = \text{연 } 10\%$$
$$\text{연속복리현가계수 } e^{-R_f t} = e^{-0.1 \times \frac{50}{365}} = 0.9864$$

(1) 만기까지 배당이 없는 경우 2기말에 행사가능한 유럽형 풋옵션의 가격을 구하라.
(2) 배당이 없는 경우 1기말이나 2기말에 행사가능한 미국형 풋옵션의 가격은 얼마인가?
(3) 20일 경과시점에서 가나기업은 배당금을 지급할 것이다. 배당은 주가 대비 5% 금액이 될 것이라고 가정하여 미국형 풋옵션가격을 구하라.

 해설

(1) 만기까지 100일 남은 옵션의 가격을 2기간 모형으로 구하는 것이므로 1기간을 50일로 본다. 이항분포에 따른 주가변동과 이에 따른 풋옵션의 만기가치는 다음과 같다.

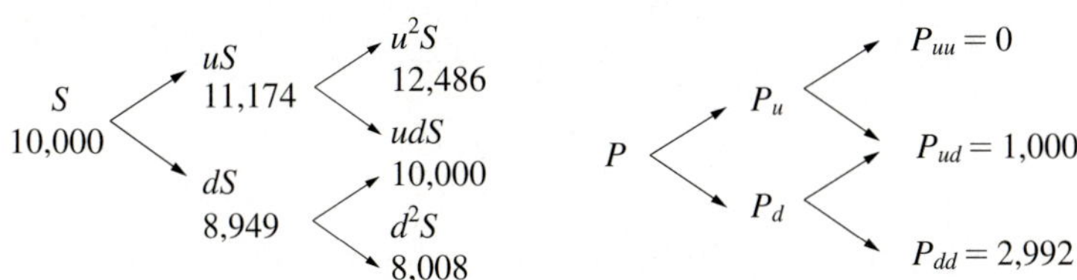

그리고 헤지확률 p는 현가계수를 이용해서 다음과 같이 산출한다.

$$p = \frac{e^{R_f t} - d}{u - d} = \frac{1.0138 - 0.8949}{1.1174 - 0.8949} = 0.5344$$

이를 이용해서 유럽형 풋옵션의 가격을 구하면 다음과 같다.

$$P = \frac{p^2 \cdot P_{uu} + 2p(1-p) \cdot P_{ud} + (1-p)^2 \cdot P_{dd}}{(e^{R_f t})^2}$$
$$= (0 + 2 \times 0.5344 \times 0.4656 \times 1{,}000 + 0.46562 \times 2{,}992) \times 0.98642$$
$$= 1{,}115(\text{원})$$

(2) (1)에서 구한 주가분포를 통해서 1기말, 2기말의 풋옵션 만기가치를 구한다.

① 1기 후 상승시점의 풋가격은 다음과 같다.

$$P_u = \frac{p \cdot P_{uu} + (1-p) \cdot P_{ud}}{e^{R_f t}}$$
$$= (0 + 0.4656 \times 1{,}000) \times 0.9864 = 459$$

그런데 이 경우 주가는 11,174로 행사가격 11,000보다 높으므로 옵션행사에 따른 이득은 0이 된다. 따라서 1기 후 상승시점의 풋가치는 459이다.

② 1기 후 하락시점의 풋가격은 다음과 같다.

$$P_u = \frac{p \cdot P_{ud} + (1-p) \cdot P_{dd}}{e^{R_f t}}$$
$$= (0.5344 \times 1{,}000 + 0.4656 \times 2{,}992) \times 0.9864 = 1{,}901$$

그런데 이 경우 옵션행사이득은 2,051(= 11,000 − 8,949)로서 풋가격 1,901보다 큰 값이므로 1기 후 하락시점의 풋가치는 2,051이다.

③ 위의 결과를 이용해서 풋옵션가치의 이항분포를 그리면 다음과 같다.

$P \to 459^{*} \to P_{uu} = 0,\ P_{ud} = 1{,}000$

$P \to 2{,}051^{**} \to P_{ud} = 1{,}000,\ P_{dd} = 2{,}992$

$*\ \max\ [459,\ \ 11{,}000 - 11{,}174] = 459$

$**\ \max\ [1{,}901,\ \ 11{,}000 - 8{,}949] = 2{,}051$

④ 따라서 미국형 풋옵션의 현재가치는 다음과 같이 산출된다.

$$P = (0.5344 \times 459 + 0.4656 \times 2{,}051) \times 0.9864$$
$$= 1{,}184(\text{원})$$

(3) 현금배당을 반영한 주가변동의 이항분포는 다음과 같다.

$S = 10{,}000 \to uS = 10{,}615^{*} \to u^2S = 11{,}861,\ udS = 9{,}500$

$S = 10{,}000 \to dS = 8{,}502^{**} \to udS = 9{,}500,\ d^2S = 7{,}608$

$*\ 10{,}000 \times 1.1174 \times (1 - 0.05) = 10{,}615$

$**\ 10{,}000 \times 0.8949 \times (1 - 0.05) = 8{,}502$

이에 따른 풋옵션의 만기가치는 다음과 같다.

$P \to P_u \to P_{uu} = 0,\ P_{ud} = 1{,}500$

$P \to P_d \to P_{ud} = 1{,}500,\ P_{dd} = 3{,}392$

1기 후 상승시점과 하락시점의 풋가격을 구하면 다음과 같다.

$$P_u = (0 + 0.4656 \times 1{,}500) \times 0.9864 = 689$$
$$P_d = (0.5344 \times 1{,}500 + 0.4656 \times 3{,}392) \times 0.9864 = 2{,}348$$

이 값들을 각 시점에서의 옵션행사이득과 비교해서 풋옵션가치의 이항분포를 그려보자.

$$P \left\langle \begin{array}{l} 689^{*} \left\langle \begin{array}{l} 0 \\ 1{,}500 \end{array} \right. \\ 2{,}498^{**} \left\langle \begin{array}{l} 1{,}500 \\ 3{,}392 \end{array} \right. \end{array} \right.$$

* max [689, 11,000 − 10,615] = 689

** max [2,348, 11,000 − 8,502] = 2,498

따라서 배당을 고려한 미국형 풋옵션의 가격은 다음과 같다.

$$P = (0.5344 \times 689 + 0.4656 \times 2.498) \times 0.9864$$
$$= 1{,}510(\text{원})$$

>>> 연습문제 14 – 20

현재 1달러에 대한 원화 환율은 $1=1,200원이고 환율의 변동성은 표준편차 0.2이다. 한국의 이자율은 연 11%, 미국의 이자율은 연 7%라고 가정하자.

(1) 행사가격이 1,200원이고 만기가 6개월 남은 미국달러에 대한 콜옵션의 가격을 구하라.

(2) (1)의 옵션을 10만 달러 콜매입하고 델타가 0.468인 콜은 20만 달러 매도, 델타가 0.508인 풋은 5만 달러 매도한 포트폴리오를 보유하고 있다. 현물을 이용한 델타헤징방법을 설명하라.

(3) 선물을 이용해서 (2)와 같은 델타헤징효과를 얻기 위한 방법을 설명하라.

해설

(1) 옵션가격결정모형을 이용하기 위해 관련 값들을 구한다.

$$d_1 = \frac{\ln\left(\frac{1{,}200}{1{,}200}\right) + \left[(0.11 - 0.07) + \frac{0.04}{2}\right] \times \frac{1}{2}}{0.2 \times \sqrt{5}} = 0.2121$$

$$d_2 = 0.2121 - 0.2 \times \sqrt{0.5} = 0.0707$$

그리고 표준정규분포표를 이용하여 다음 값들을 구한다.

$$N(d_1) = N(0.2121) = 0.583$$
$$N(d_2) = N(0.0707) = 0.527$$

따라서 콜옵션가격은 다음과 같다.

$$C = \frac{1,200}{e^{0.07 \times 0.5}} \times 0.583 - \frac{1,200}{e^{0.11 \times 0.5}} \times 0.527 = 76.2(\text{원})$$

(2) 포트폴리오의 델타는 개별옵션델타의 합으로 산출한다. 따라서 다음과 같이 계산할 수 있다.

$$0.583 \times 100,000 - 0.468 \times 200,000 + 0.508 \times 50,000 = -9,900(\text{원})$$

델타헤징을 위해서 $9,900의 현물을 매입해야 한다.

(3) 보유비용모형에 따르면 통화선물가격 F는 현물가격 S와 다음과 같은 관계에 있다.

$$F = S \times \left[1 + (r - d) \times \frac{6}{12}\right]$$

이에 따라 선물의 델타를 구하면 다음과 같다.

$$\Delta F = 9,900 \times \left[1 + (0.11 - 0.07) \times \frac{6}{12}\right] = 10,098$$

즉, 선물델타는 현물델타의 1.02배이며 따라서 달러선물을 $9,706(= 9,900 ÷ 1.02)만큼 매입한다.

여기서 통화선물가격을 환율결정이론의 금리평가설로 구해서 선물매입금액을 산출해도 된다.

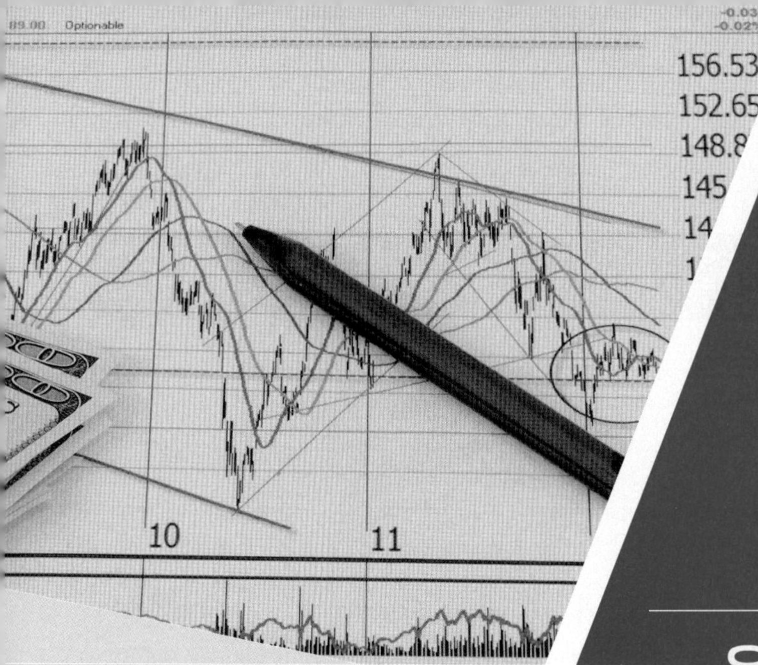

Financial Management

제15장

옵션가격결정모형의 응용

학습 목표

재무관리에서 옵션의 원리가 이용되는 분야는 매우 많다. 각종 재무증권의 가치를 결정하는 데에서뿐만 아니라 여러 재무의사결정에서도 유용하게 이용되고 있다. 따라서 이 장에서도 크게 주식과 사채, 전환사채, 신주인수권 및 수의상환권 등 증권가격결정분야와 자본예산 등 실물분야로 구분해서 살펴볼 것이다. 이외에도 포트폴리오관리 차원에서 중시되는 포트폴리오보험에 대해서도 설명한다. 이때에 주의할 것은 단순하게 OPM을 그대로 적용하는 것이 아니라는 점이다. 각 경우에서 상황이 약간씩 차이가 있기 때문에 관련변수를 잘 선택하고 새로운 요인을 추가로 고려해야 할 때도 있다.

제 1 절 주식과 사채

1.1 기초개념

(1) 만기가치와 현재가치

제14장에서 언급한 바와 같이 만기가치(expiration value)란 특정 증권의 소유자가 만기까지 이를 보유할 때에 만기에 가서 얻게 되는 이득형태(payoff)를 말한다. 이러한 만기가치의 구조에 옵션적 특성이 있으면 이에 OPM의 원리를 적용함으로써 그 현재가치(present value)를 산출할 수 있는데 이것이 바로 이 증권의 가격(price)인 것이다.

이 장에서 설명하게 될 내용은 대부분이 이처럼 만기가치를 파악하는 것과 OPM을 적용하여 그 현재가치를 산출하는 두 단계로 구성된다.

(2) 가 정

기업이 조달한 자본형태는 주식과 할인채권(discount bond)의 두 가지 형태이다. 따라서 기업은 부채만기까지 이자의 지급없이 만기일에 액면금액을 상환한다. 이러한 가정을 전제로 자기자본과 부채의 만기가치를 살펴보고 이에 대해서 OPM의 원리를 적용하여 자기자본과 부채의 현재가치를 구해보자.

1.2 자기자본, 부채의 만기가치

(1) 자기자본의 만기가치

부채를 사용하고 있는 기업의 경우, 주주의 경제적 지위는 기업자산을 기초자산으로 하고 행사가격은 부채의 액면금액인 콜옵션을 매입한 것과 동일하므로 자기자본(S)의 만기가치는 다음과 같다.

$$S = \max[0,\ V - D] \tag{15.1}$$

단, V : 만기 시 기업가치

D : 부채의 액면금액

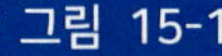

자기자본과 부채의 만기가치

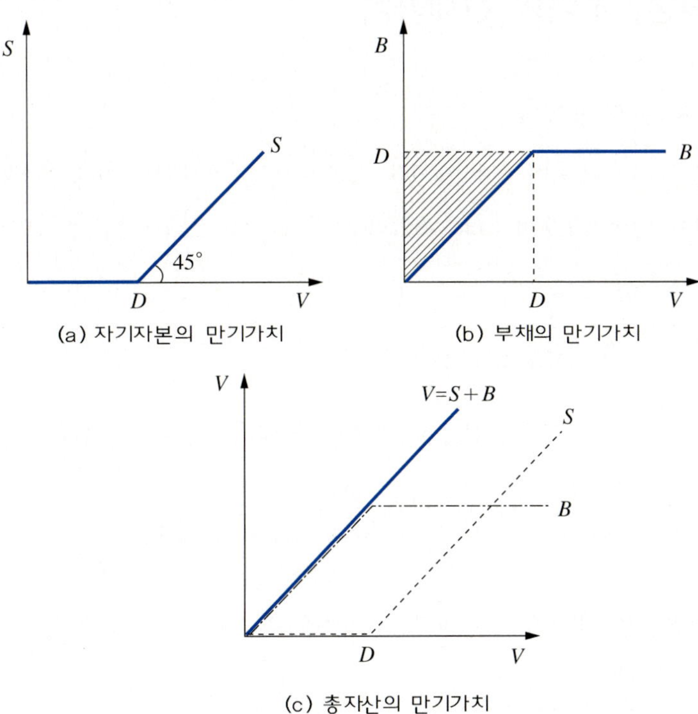

(a) 자기자본의 만기가치

(b) 부채의 만기가치

(c) 총자산의 만기가치

(2) 부채의 만기가치

채권자의 경제적 지위는 기업자산을 매입하고 이를 기초자산으로 하고 만기액면금액을 행사가격으로 콜옵션을 발행(매도)한 것과 동일하므로 만기가치는 다음과 같다.

$$B = \min[V,\ D] \tag{15.2}$$

그리고 위의 두 식으로 표현되는 자기자본과 부채의 합계가 곧 기업의 가치, 즉 총자산의 가치이므로 $V = S + B$ 가 성립되며 이 관계는 [그림 15-1] 에서도 확인된다.[1)]

1) 여기서는 자기자본과 부채의 만기가치를 콜옵션으로 설명했지만 풋옵션을 이용해서 설명할 수도 있다. 이러한 방법은 〈연습문제 15-1〉을 참조하기 바란다.

1.3 자기자본, 부채의 현재가치

(1) 자기자본의 현재가치

앞의 그림에서 자기자본의 만기가치는 콜옵션의 만기가치와 동일한 구조를 가짐을 알 수 있다. 이에 대해서 Black-Scholes모형을 적용하면 다음과 같이 자기자본(S)의 가치를 구할 수 있다.

$$S = V \cdot N(d_1) - \left(\frac{D}{e^{R_f t}}\right) \cdot N(d_2)$$

$$= \text{현재기업가치} \cdot N(d_1) - \text{부채액면의 현가} \cdot N(d_2) \qquad (15.3)$$

$$\text{단, } d_1 = \frac{\ln\left(\frac{V}{D}\right) + \left(R_f + \frac{\sigma^2}{2}\right)t}{\sigma\sqrt{t}}, \quad d_2 = d_1 - \sigma\sqrt{t}$$

여기서 구한 S값은 자기자본 전체의 가치이므로 1주당 주식가격은 이를 발행주식수로 나누면 된다.

(2) 부채의 현재가치

만기가치를 기준으로 보거나 현재가치를 기준으로 보아도 기업가치(V)는 자기자본(S)과 부채(B)의 합이므로 $V = S + B$로부터

$$B = V - S$$

$$= V \cdot (1 - N(d_1)) + \frac{D}{e^{R_f t}} \cdot N(d_2) \qquad (15.4)$$

그런데 여기서 표준정규분포의 대칭성을 고려하면, $1 - N(d_1) = N(-d_1)$이 성립하므로 위 식을 다음과 같이 나타낼 수도 있다.

$$B = V \cdot N(-d_1) + \frac{D}{e^{R_f t}} \cdot N(d_2)$$

(3) 지급보증의 가치

이렇게 산출한 부채는 만기에 액면금액을 상환하지 못할 수도 있는 위험부채이다. 이의 가치를 무위험부채의 가치와 비교해보자. 무위험부채는 만기에 확정

수익 D를 가져다주는 것이므로 만기가치는 [그림 15-1]의 (b)에서 수평선으로 나타난다. 따라서 그 현재가치는 D를 무위험이자율로 할인한 값이 될 것이고 이는 식 (15.4)로 구한 값보다 더 큰 값을 갖는다. 이 차이가 곧 [그림 15-1]의 (b)에서 빗금친 삼각형의 현재가치에 해당하는데 이는 곧 지급보증의 가치가 되는 것이다. 왜냐하면 위험부채에 지급보증을 더하면 무위험부채가 되기 때문이다.

>>> 예제 15-1

가나기업의 현재 자산가치는 4억원이며 자산수익률의 표준편차는 12%이다. 가나기업은 현재 액면 3억원의 할인사채를 발행한 상태인데 이는 5년 후에 만기가 도래한다. 무위험이자율이 연 10%라고 가정하여 다음 물음에 답하라.

(1) 가나기업의 주식가치를 구하라. 단, 발행주식수는 2만 주이다.

(2) 가나기업의 부채가치를 구하라. 그리고 이에 대한 지급보증의 가치는 얼마인가?

풀이

(1) 식 (15.3)을 이용하기 위해서 d_1, d_2를 산출한다.

$$d_1 = \frac{\ln\left(\frac{V}{D}\right) + \left(R_f + \frac{\sigma^2}{2}\right)t}{\sigma\sqrt{t}}$$

$$= \frac{\ln\left(\frac{4}{3}\right) + \left(0.1 + \frac{0.12^2}{2}\right)\times 5}{0.12 \times \sqrt{5}} = 3.07$$

$$d_2 = d_1 - \sigma\sqrt{t}$$

$$= 3.07 - 0.12 \times \sqrt{5} = 2.80$$

정규분포표를 이용하면

$$N(d_1) = N(3.07) = 0.9989$$

$$N(d_2) = N(2.80) = 0.9974$$

위의 자료를 식 (15.3)에 대입하여 자기자본의 가치를 먼저 구한다.

$$S = V \cdot N(d_1) - \left(\frac{D}{e^{R_f t}}\right) \cdot N(d_2)$$

$$= 4 \times 0.9989 - \left(\frac{3}{e^{0.1\times 5}}\right)) \times 0.9974$$

$$= 2.181(\text{억원})$$

따라서 1주당 가격은 10,905원(=2.181억원 ÷ 2만 주)이 된다.

(2) 그리고 부채의 가치 B는 다음과 같다.

$$B = V - S = 4 - 2.181 = 1.819(\text{억원})$$

무위험부채의 가치에서 위 값을 차감하면 지급보증의 가치는 다음과 같다.

$$\frac{3}{e^{0.1 \times 5}} - 1.819 = 0.0005(\text{억원})$$

(4) CAPM과의 차이점

OPM을 이용해서 자기자본의 가치를 구하는 것은 곧 주식을 평가하는 과정과 같다. 그런데 이러한 과정을 주의깊게 관찰한 독자라면 CAPM(또는 배당평가모형)에서의 평가과정과 차이가 있음을 알 수 있을 것이다. 즉, CAPM에서는 위험이 증가하면 주가는 하락하는데 반하여 OPM에서는 위험이 증가하면 주가도 상승하게 된다. 그러면 어느 모형이 옳은 것인가?

이에 대한 답은 다음과 같이 제시할 수 있다. OPM은 주어진 기업가치로부터 주식과 부채의 가치를 동시에 평가하는 일반균형적 접근법인데 비해서 CAPM은 분석의 초점을 주식가치에만 두고 있는 부분균형적 접근법이다. 즉, CAPM은 '다른 조건이 동일하다면' 이라는 가정 하에서 위험이 증가할 때에 주가가 하락한다는 것이다. 그러므로 이 차이점은 옳다, 그르다의 문제가 아니라 전제로 하고 있는 가정과 접근방법의 차이에 기인한 것이다.

제 2 절 전환권과 전환사채

2.1 기초개념

(1) 전환사채의 의의

사채소유자의 의사에 따라 일정한 기간 내에 주식으로 전환할 수 있는 사채를 전환사채(CB : convertible bonds)라고 하며, 이는 사채를 주식으로 전환할 수 있는 전환권(conversion privilege)이라는 콜옵션이 일반사채에 부가된 형태의 채권이다.[2)]

(2) 관련용어

① 전환비율(conversion ratio)

전환사채 1개를 전환할 때 받게 되는 주식의 수로서 전환사채 1개에 포함된 콜옵션의 개수와 같다.

② 전환가격(conversion price)

전환사채 액면금액을 전환비율로 나눈 값을 전환가격이라고 한다. 따라서 전환권을 사채의 만기시점에서 행사하는 경우에는 전환가격이 곧 옵션의 행사가격이 된다. 그러나 사채만기 이전에 전환권을 행사한다면 행사시점 이후에 사채로부터 유입되는 현금흐름의 현재가치가 행사가격이 된다. 이처럼 전환사채의 경우에는 전환권을 행사하는 시점에 따라서 행사가격이 달라지게 된다.

③ 전환권의 가치

전환사채 1개에 포함된 옵션의 가치를 말하며 다음과 같이 측정된다.

$$\text{전환권가치} = \text{콜옵션 단위당 가격} \times \text{전환비율}$$

④ 전환가치(CV: conversion value)

전환권 행사 시 전환사채가 갖는 가치를 주가수준으로 측정한 값을 말하며 다음과 같이 구한다.

$$\text{전환가치} = \text{1주당 주가} \times \text{전환비율}$$

⑤ 전환프리미엄(conversion premium)

전환프리미엄이란 미래 주가상승에 대한 기대를 화폐적 가치로 나타낸 것이라고 정의할 수 있는데 이는 주가수준에 따라 달리 측정된다. 즉, 현재 주가수준에서 일반사채의 가치가 전환가치보다 크면 전환사채의 가치가 일반사채의 가치를 초과하는 부분을 premium over bond value라고 하며, 반대로 전환가치가 일반사채의 가치보다 크면 전환사채의 가치가 전환가치를 초과하는 부분을 premium over conversion value라고 한다. 따라서 다음 식으로 표현할 수 있다.

$$\text{전환프리미엄} = CB - \max\,[BV,\ CV] \tag{15.5}$$

단, BV: 일반사채의 가치
CV: 전환가치

2) 전환사채와 다른 조건은 동일하면서 전환권만 없는 일반사채는 straight bond라고 부른다.

>>> 예제 15-2

가나기업은 액면 1,000만원의 전환사채를 1,300만원에 발행하였다. 1년 후에 이 전환사채는 50주의 보통주식으로 전환할 수 있으며 현재 이 기업의 주가는 24만원이다. 전환권만 없고 다른 조건은 동일한 일반사채의 시장가격은 1,100만원이다.

(1) 이러한 전환사채의 예에서 전환비율, 전환가격, 전환권의 가치, 전환가치, 전환프리미엄을 구하라.

(2) 만약 이 기업의 주가가 18만원이고 전환사채는 1,150만원에 발행되었다면 어떠한가?

풀 이

(1) 전환비율은 전환사채 1개가 전환하여 얻을 수 있는 주식수이므로 50이다. 전환가격은 전환사채액면을 전환비율로 나눈 값이므로 20만원(=1,000만원÷50)이고 전환가치는 현재의 주가수준에 전환비율을 곱한 값이므로 1,200만원(=24만원×50)이다.

전환권의 가치는 전환사채의 가치에서 일반사채로서의 가치를 차감한 값으로 200만원(=1,300만원−1,100만원)이며 콜옵션 1개의 가치는 이를 전환주식수로 나눈 4만원(=200만원÷50)이 된다.

전환프리미엄은 전환사채의 가치에서 일반사채로서의 가치와 전환가치 중 큰 값을 차감한 것이므로 100만원(=1,300만원−1,200만원)이 된다.

(2) 전환비율은 50, 전환가격은 20만원으로 동일하다. 다만, 현재의 주가수준이 18만원이므로 전환가치는 900만원(=18만원×50만원)이 된다. 그리고 전환권의 가치는 50만원(=1,150만원−1,100만원)이며 이에 따른 콜옵션 1개의 가치는 1만원(=50만원÷50)이 된다. 또한 일반사채로서의 가치 1,100만원이 전환가치 900만원보다 큰 값이므로 전환프리미엄은 전환권의 가치와 동일한 50만원(=1,150만원−1,100만원)이 된다.

2.2 전환사채의 만기가치

(1) 전환사채의 만기가치

① 전환권의 만기가치

기업이 주식과 전환사채로만 자본을 조달한다고 가정한다. 그러면 전환권의 만기가치(C_t)는 다음과 같이 표현된다.

$$C_t = \max\,[0,\ a \cdot V_t - D] \qquad (15.6)$$

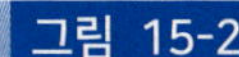
그림 15-2
전환사채의 만기가치

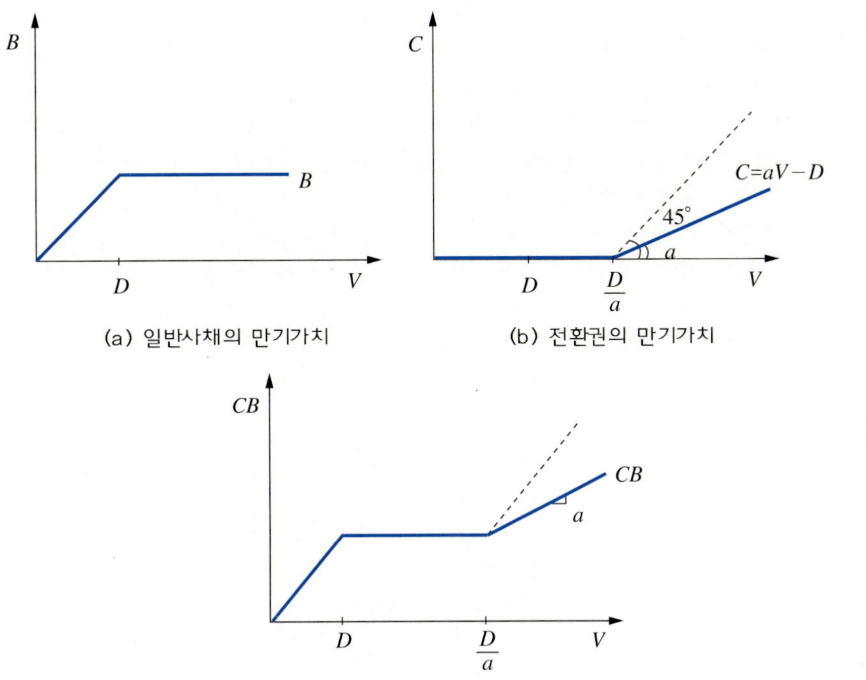

(a) 일반사채의 만기가치
(b) 전환권의 만기가치
(c) 전환사채의 만기가치

단, V_t: 만기 시 기업가치
D: 전환사채의 액면금액
a : 전환권행사로 채권자가 얻게 되는 지분율

여기서 a는 다음과 같이 산출된다.

$$a = \frac{N_C}{N_S + N_C}$$

단, N_S : 전환권행사 전 주식수
N_C : 전환권행사에 따른 신주발행수

② 전환사채의 만기가치

전환사채는 일반사채에 전환권을 부가한 것으로서 그 만기가치는 다음과 같이 표현된다.

$$CB_t = \min[V_t,\ \max(D,\ a \cdot V_t)]$$

이와 같이 일반사채의 만기가치와 전환권의 만기가치가 합해져서 전환사채의

그림 15-3

전환사채와 자기자본의 만기가치

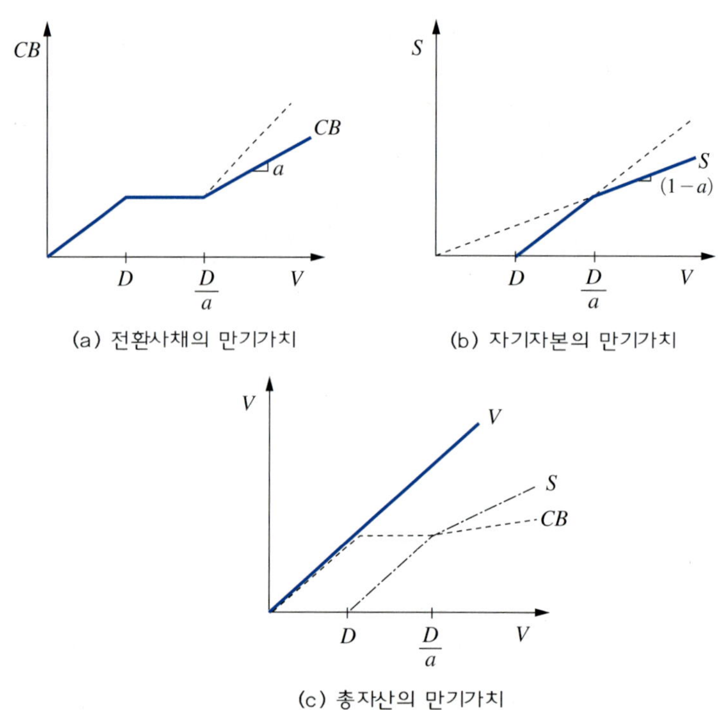

(a) 전환사채의 만기가치 (b) 자기자본의 만기가치

(c) 총자산의 만기가치

만기가치가 구성되는 과정을 [그림 15-2]와 같이 표현할 수 있다.

(2) 자기자본의 만기가치

주식과 전환사채로만 자본을 조달한다고 가정하였으므로 자기자본은 기업총가치에서 전환사채의 가치를 차감한 것이다. 따라서 다음과 같은 식으로 표현할 수 있다.

$$S_t = \max[0,\ \min(V_t - D,\ (1-a)\cdot V_t)]$$

그리고 전환사채의 만기가치와 자기자본의 만기가치를 합하면 [그림 15-3]과 같이 45° 선으로 표현되는 총자산의 가치, 즉 기업가치가 된다.

2.3 전환사채의 현재가치

전환사채는 일반사채에 전환권이라는 옵션이 부가된 형태의 채권이므로 그 현재가치(가격)를 구하려면 다음과 같은 절차를 따른다.

첫째, 전환권의 가치를 산출한다.
둘째, 전환권만 없고 다른 조건은 동일한 일반사채의 가치를 구한다.
셋째, 일반사채의 가치에 전환권의 가치를 합하면 전환사채의 가치가 된다.

여기에서 전환권의 가치를 구할 때에 OPM이 이용되는 것이다. 그런데 이처럼 전환권을 구하는 과정은 다음과 같은 두 가지 접근방법이 이용된다.

(1) 부분균형적 접근방법

① 가 정

이는 전환권이라는 옵션의 기초자산을 주식으로 보고 주식가격이 일정하다는 가정을 전제로 전환권 1개의 가치를 구하는 방법이다.

② 전환권의 현재가치

Black-Scholes 모형을 이용하여 전환권의 현재가치(C_0)를 구하면 다음과 같다.

$$C_0 = S_0 \cdot N(d_1) - \left(\frac{X}{e^{R_f t}}\right) \cdot N(d_2)$$

$$\text{단, } d_1 = \frac{\ln\left(\frac{S_0}{X}\right) + \left(R_f + \frac{\sigma^2}{2}\right)t}{\sigma\sqrt{t}}, \quad d_2 = d_1 - \sigma\sqrt{t}$$

이때에 S는 1주당 가격을, X는 주식 1개를 취득하기 위한 행사가격을 나타낸다. 따라서 위 식은 전환권 1개, 즉 콜옵션 1개의 가격을 구하는 것이다.

여기서 t는 전환사채의 만기가 아닌 전환권의 만기라는 점을 유의해야 한다. 분석을 단순화시키기 위해서 사채의 만기시점에서 전환권을 행사할 수 있다고 가정하는 경우가 있다. 이러한 경우에는 전환사채의 만기가 전환권의 만기와 같고 행사가격 X는 사채액면금액을 전환비율로 나눈 값이 된다. 그러나 실제로는 사채 만기 이전에 전환권을 행사하는 경우가 많은데, 이러한 경우에는 전환권의 행사시점에서 평가한 사채시장가치를 전환비율로 나눈 값이 행사가격이 된다. 행사가격이란 주식 1주를 취득하면서 포기하게 되는 경제적 가치이기 때문이다.

그림 15-4

전환사채의 현재가치

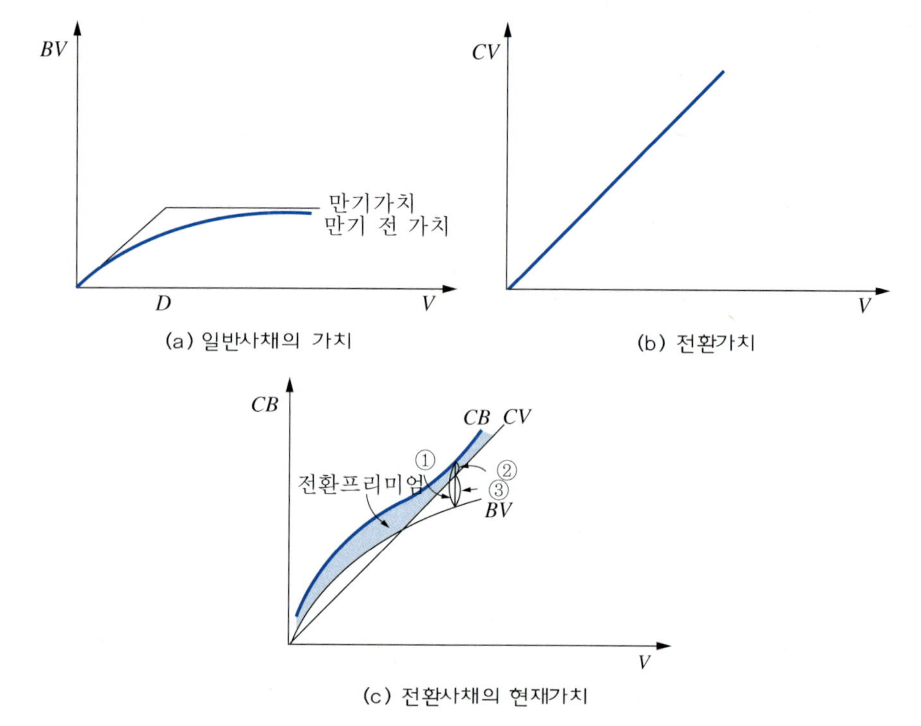

(a) 일반사채의 가치

(b) 전환가치

(c) 전환사채의 현재가치

③ 전환사채의 현재가치

1개의 전환사채에는 전환비율에 해당하는 개수만큼의 콜옵션이 포함되어 있으므로 전환사채의 단위당 가격은 다음과 같다.

전환사채의 현재가치 = 일반사채의 현재가치 + 전환권의 가치

일반사채의 현재가치 + (콜옵션 단위당 가격 × 전환비율)

전환권은 콜옵션의 성격을 띠므로 항상 0 이상의 값을 갖게 되어 전환사채의 가치는 항상 일반사채가치 이상이 된다. 따라서 일반사채의 가치는 전환사채가치의 하한선이 된다. 또한 전환권을 현재 행사할 수 있다고 가정하면 전환사채는 곧 주식으로서의 가치, 즉 전환가치를 확보할 수 있는 것이므로 전환가치 역시 전환사채의 하한선이 된다.

이러한 두 가지 하한선과의 관계를 고려하여 전환사채의 가치를 [그림 15-4]와 같이 나타낼 수 있다.

이 그림 중 전환사채의 현재가치를 나타내는 그림에서 색칠된 부분이 전환프

리미엄에 해당한다. 그런데 전환가치가 일반사채의 가치보다 큰 경우에도 전환프리미엄을 전환사채의 가치에서 일반사채의 가치를 차감한 값(그림에서 ①)으로 측정할 때가 있는데 이는 전환프리미엄을 옵션가치, 즉 전환권의 가치와 같다고 보는 것이다. 이때의 전환프리미엄은 미래 주가상승에 대한 기대가치(그림에서 ②)뿐만 아니라 현재 주가상승에 의해 실현된 부분(그림에서 ③)까지 포함한 것을 말한다.

④ 모형의 특징

이러한 평가방식은 다음과 같은 점에서 부분균형적 분석모형이라고 할 수 있다.

첫째, 기초자산을 주식으로 보고 있다. 그러나 전환권의 만기가치를 나타내는 식 (15.6)을 보면 기초자산은 주식가치가 아니라 기업가치라는 것을 알 수 있다.

둘째, 전환권 행사에 따른 주가하락의 가능성을 고려하지 않는다. 실제로 전환사채권자는 현재주가보다 낮은 가격으로 전환해야 유리하므로 전환가격이 현재주가보다 낮을 경우에만 전환권을 행사할 것이다. 이에 따라 전환권이 행사되면 평균주가는 현재주가보다 낮아지게 되는데 이를 희석화(dilution)라고 한다. 그런데 위 모형은 이러한 가능성을 고려하지 않고 전환권 행사 전 주가와 행사 후 주가가 동일하다고 가정하고 있다.[3)]

>>> 예제 15-3

전환사채의 액면가액은 100,000원이고 액면이자율은 연 7%, 만기 10년인데 전환시점은 전환사채 발행 후 3년 경과시점이고 전환비율은 8:1로 가정한다. 현재주가는 12,000원이고 주가변동의 표준편차는 0.5이며 무위험이자율은 9%, 시장이자율은 12%이다. 전환사채의 가치를 구하고 이 중 전환권의 가치를 밝혀라.

풀이

(1) 일반사채(straight bond)의 가치

이자의 현가 : $7{,}000 \times PVIFA(12\%,\ 10) = 39{,}551.4$

원금의 현가 : $100{,}000 \times PVIF(12\%,\ 10) = 32{,}200$

$71{,}751.4$

3) 이처럼 현재주가를 기초자산의 가격으로 보고 이 값이 일정하다고 보는 것은 논리적이지 못하다. 왜냐하면 채권자가 합리적인 투자자라면 전환권의 행사로 자신이 취득하게 되는 주식의 가격을 전환가격(행사가격)과 비교하여 전환 여부를 결정할 것이기 때문이다. 그러므로 기초자산의 가격은 전환권행사에 따라 추가로 주식이 발행된 상태에서의 평균주가, 즉 희석화효과가 반영된 주식가격으로 보는 것이 논리적이다.

(2) 콜옵션의 가치

그런데 전환권을 3년 후에 행사한다고 하였으므로 행사가격은 다음과 같이 산출하여야 한다.

$t=3$에서 사채가치

이자의 현가: $7{,}000 \times PVIFA(12\%,\ 7) = 31{,}946.6$

원금의 현가: $100{,}000 \times PVIF(12\%,\ 7) = 45{,}235$

$77{,}181.6$

전환비율이 8:1이므로 1주 취득을 위한 행사가격은 다음과 같다.

$$\frac{77{,}181.6}{8} = 9{,}647.7$$

이로부터 d_1, d_2를 구하면 다음과 같다.

$$d_1 = \frac{\ln\left(\frac{12{,}000}{9{,}647.7}\right) + \left(0.09 + \frac{0.5^2}{2}\right) \times 3}{0.5 \times \sqrt{3}} = 0.997$$

$$d_2 = 0.997 - 0.5 \times \sqrt{3} = 0.131$$

정규분포표를 이용해서

$$N(d_1) = 0.84, \qquad N(d_2) = 0.552$$

이제 Black-Scholes 모형을 통해서 콜옵션 가치를 구하면

$$C = 12{,}000 \times 0.84 - \frac{9{,}647.7}{e^{0.09 \times 3}} \times 0.552$$

$$= 6{,}014.6(\text{원})$$

이 값은 주식 1개를 취득할 수 있는 옵션의 가치이고 사채 1개로 주식 8개를 취득할 수 있으므로 사채 1개에 포함된 전환권가치는 다음과 같다.

$$6{,}014.6 \times 8 = 48{,}116.8$$

(3) 전환사채의 가치

전환사채의 가치는 일반사채의 가치에 전환권가치를 합한 것이므로 다음과 같이 산출된다.

$$71{,}751.4 + 48{,}116.8 = 119{,}868.2$$

*(2) 일반균형적 접근방법

① 가 정

이 방법은 전환권의 만기가치에서 살펴본 대로 기초자산을 기업가치로 보고 전환권 전체의 가치를 산출하는 방법이다.

② 전환권의 현재가치

전환권의 만기가치를 나타내는 [그림 15-2]에서 직접 Black-Scholes 모형을 적용하여 전환권의 가치를 산출하는 것이다.

$$C_0 = aV_0 \cdot N(d_1) - \frac{D}{e^{R_f t}} \cdot N(d_2) \tag{15.7}$$

$$\text{단, } d_1 = \frac{\ln\left(\frac{aV_0}{D}\right) + \left(R_f + \frac{\sigma^2}{2}\right) \cdot t}{\sigma\sqrt{t}}, \quad d_2 = d_1 - \sigma\sqrt{t}$$

이때에 V는 기업가치를, D는 전환사채의 액면총액을 나타낸다. 그리고 a는 전환권행사로 채권자가 얻게 되는 주식지분율이다. 따라서 위의 식은 전환권 전체의 가치를 구하는 것이다.

③ 전환사채의 현재가치

전환사채의 가치를 구하기 위해 다음과 같은 절차를 따른다.

첫째, 식 (15.4)를 이용하여 먼저 전환권이 없는 일반사채의 가치를 산출한다.

$$B_0 = V_0 \cdot N(-d_1) + \frac{D}{e^{R_f t}} \cdot N(d_2)$$

둘째, 위에서 설명한 식을 이용하여 전환권의 가치를 구한다.

$$C_0 = aV_0 \cdot N(-d_1) - \frac{D}{e^{R_f t}} \cdot N(d_2)$$

여기서 구한 값은 전환권 전체의 가치이므로 전환권 단위당 가치를 구하려면 이를 전환권의 개수로 나누어주면 된다.

셋째, 위에서 구한 값을 합하면 전환사채의 가치가 된다.

$$CB_0 = C_0 + B_0$$

④ **자기자본의 현재가치**

이때 만약 주식의 가치를 구하고자 하면 주식과 전환사채로만 자본을 조달한다고 가정하였으므로 다음과 같이 현재의 기업가치(V_0)에서 전환사채의 가치(CB_0)를 차감하여야 한다.

$$S_0 = V_0 - CB_0$$

이처럼 일반균형적 접근방법에서 자기자본가치는 전환사채의 가치를 산출한 후에 이를 기업가치에서 차감하여 결정된다. 그런데 이와는 달리 부분균형적 접근방법에서는 자기자본가치(주식가격)가 미리 일정한 값으로 주어져 있다고 가정하여 이로부터 전환사채의 가치를 산출하고 있음을 알 수 있다.

④ **모형의 특징**

이러한 평가방식은 다음과 같은 점에서 일반균형적 분석모형이라고 할 수 있다.

첫째, 기초자산을 기업가치로 보고 주식가치가 전환권 행사로 하락할 수 있다는 희석화 가능성까지 고려하여 전환사채의 가치를 산출한다는 것이다.

둘째, 전환권의 만기가치를 나타내는 [그림 15-2]의 (b)에서 직접 Black-Scholes모형을 적용하여 전환권의 현재가치를 평가하는 식을 도출하였다. 이는 전환권의 만기가치를 나타내는 식에서 기울기 및 절편을 Black-Scholes모형에 그대로 대입한 것이다.

>>> 예제 15-4

가나기업의 현재 자산가치는 100억원인데 액면 40억원에 해당하는 전환사채와 보통주식 180,000주를 발행하고 있는 상태이다. 전환사채의 발행개수는 총 2,000개이고 전환비율은 10이며 전환권의 행사는 전환사채의 만기인 4년 후에만 가능하다. 가나기업은 주식과 전환사채에 의해서만 자금을 조달하였으며 자산수익률의 표준편차는 40%이고 무위험수익률은 10%라고 가정하고 희석화를 고려하여 다음 각 물음에 답하라.

(1) 전환사채의 만기가치를 그림으로 나타내라.
(2) 전환사채의 가격을 산출하라.
(3) 가나기업의 1주당 가격을 구하라.

풀이

(1) 전환사채의 만기가치는 일반사채와 전환권의 만기가치를 합한 것으로서 다음과 같다.

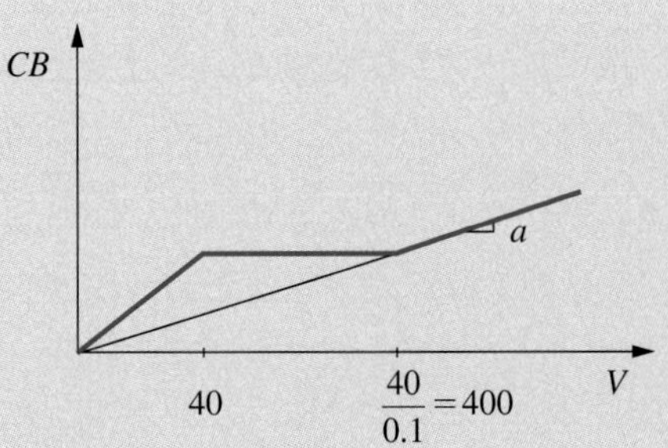

그림에서 기울기 a는 다음과 같이 산출된다.

$$a = \frac{20{,}000}{180{,}000 + 20{,}000} = 0.1(10\%)$$

(2) ① 1단계

식 (15.4)를 이용해서 일반사채의 가치를 구한다.

$$B = V \cdot N(-d_1) + \frac{D}{e^{Rft}} \cdot N(d_2)$$

여기서 d_1, d_2는 다음과 같다.

$$d_1 = \frac{\ln\left(\frac{100}{40}\right) + \left(0.1 + \frac{0.4^2}{2}\right) \times 4}{0.4 \times \sqrt{4}} = 2.045$$

$$d_2 = 2.045 - 0.4 \times \sqrt{4} = 1.245$$

정규분포표를 이용하면

$$N(-\mathrm{d}_1) = N(-2.045) = 0.0205$$

$$N(d_2) = N(1.245) = 0.893$$

따라서 전환권이 없는 일반사채가치 B는 다음과 같다.

$$B = 100 \times 0.0205 + \frac{40}{e^{0.1 \times 4}} \times 0.893$$

$$= 26(\text{억원})$$

② 2단계

식 (15.7)을 이용하여 전환권의 가치 C를 산출한다.

$$C = aV \cdot N(d_1) - \frac{D}{e^{Rft}} \cdot N(d_2)$$

여기서 d_1, d_2는 다음과 같다.

$$d_1 = \frac{\ln\left(\frac{10}{40}\right) + \left(0.1 + \frac{0.4^2}{2}\right) \times 4}{0.4 \times \sqrt{4}} = -0.83$$

$$d_2 = -0.83 - 0.4 \times \sqrt{4} = -1.63$$

정규분포표를 이용하면

$$N(-0.83) = 0.2033, \quad N(-1.63) = 0.0516$$

따라서 전환권의 가치 C는 다음과 같다.

$$C = 10 \times 0.2033 - \frac{40}{e^{0.1 \times 4}} \times 0.0516$$
$$= 0.65(\text{억원})$$

③ 3단계

전환사채의 가치는 일반사채와 전환권 가치의 합이므로 다음과 같이 산출된다.

$$CB = B + C = 26 + 0.65 = 26.65(\text{억원})$$

(3) 기업의 자본조달원천이 주식과 CB이므로 다음 식이 성립한다.

$$V = S + CB$$

따라서 자기자본가치 S는 다음과 같다.

$$S = V - CB$$
$$= 100 - 26.65 = 73.35(\text{억원})$$

그러므로 1주당 가격은 73.35억원을 발행주식수로 나누어 산출한다.

$$\frac{73.35(\text{억원})}{180{,}000} = 40{,}750(\text{원})$$

제 3 절 신주인수권과 신주인수권부사채

3.1 기초개념

(1) 신주인수권의 의의

신주인수권(stock rights)이란 주식을 정해진 기간 내에 일정한 가격으로 인수받을 수 있는 권리를 말한다.

주식인수권(stock warrants)은 채권자가 행사할 수 있는 권리이고, 신주인수권은 기존 주주가 행사할 수 있는 권리로서 용어는 다르지만 OPM의 체계에서는 동일한 내용으로 분석된다.

(2) 신주인수권부사채

주식인수권부사채(BW : bond with warrants)란 일반사채에 주식을 인수할 수 있는 콜옵션이 부가된 형태의 채권이다. 그러나 주식인수권이라는 용어보다 신주인수권이라는 용어가 통용되기 때문에 일반적으로 신주인수권부사채라는 표현을 더 많이 사용한다.

3.2 신주인수권의 만기가치

기업은 주식발행과 신주인수권의 발행의 두 가지 형태를 통해서 자기자본을 조달한다고 가정한다. 그러면 이때에 신주인수권의 만기가치 W_t는 다음과 같이 표현된다.

$$W_t = \max[0, a(S_t + X) - X] \tag{15.8}$$

단, S_t: 신주인수권 행사 전 자기자본가치
X: 신주인수권의 행사가격(신주인수에 따른 주금납입총액)
a: 신주인수권 행사 후 신주인수권자의 지분율

여기서 a는 다음과 같이 산출된다.

$$a = \frac{N_w}{N_S + N_w}$$

단, N_S: 신주발행 전 주식수
N_w: 신주발행수

식 (15.8)로 표현되는 신주인수권의 만기가치를 그림으로 표현하면 다음 [그림 15-5]와 같이 나타난다.

그림 15-5

신주인수권의 만기가치

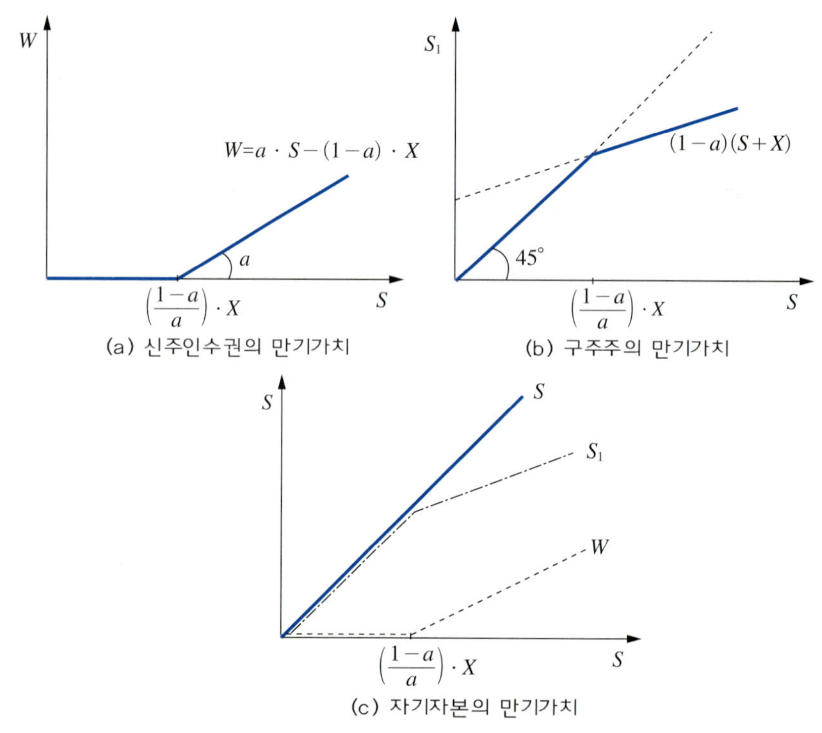

3.3 신주인수권의 현재가치

신주인수권의 가치를 구하는 경우에도 전환사채에서 전환권의 가치를 구하는 방법과 마찬가지로 부분균형적 접근방법과 일반균형적 접근방법으로 구분할 수 있다. 그리고 부분균형적 접근방법에서는 신주인수권 1개의 가치를 구하고 일반균형적 접근방법에서는 신주인수권 전체의 가치를 구하는 것도 전환사채의 경우와 동일하다. 그런데 전환사채의 경우와는 달리 신주인수권의 가치를 구할 때에는 부분균형적 접근방법에서도 약간의 조정과정을 통해서 그 한계점을 해결할 수 있다.

(1) 부분균형적 접근방법

부분균형적 접근방법을 이용하려면 다음과 같은 단계의 계산과정을 거쳐서 신주인수권의 단위당 가치를 구한다.

① 1단계

신주인수권의 단위당 만기가치를 다음과 같이 나타낸다.

$$W_t^1 = \max\left[0,\ S_t - X\right]$$

단, S_t : 신주인수권 행사 전 1주당 가격
X : 신주 1주에 대한 인수가격

그리고 이에 따른 신주인수권의 현재가치를 Black-Scholes 모형을 이용하여 산출하면 다음과 같다.

$$W_0{}^1 = S_0 \cdot N(d_1) - \frac{X}{e^{R_f t}} \cdot N(d_2)$$

$$= \text{현재주가} \cdot N(d_1) - \text{인수가격의 현가} \cdot N(d_2)$$

$$\text{단, } d_1 = \frac{\ln\left(\frac{S}{X}\right) + \left(R_f + \frac{\sigma^2}{2}\right)t}{\sigma\sqrt{t}},\quad d_2 = d_1 - \sigma\sqrt{t}$$

그런데 이와 같이 산출한 신주인수권의 가치($W_0{}^1$)는 신주발행에 따른 희석화효과를 고려하지 않은 것으로서 신주발행에 따른 주가변동이 없거나 발행주식수가 늘어나지 않는 경우에만 유효하다. 그러나 신주인수권도 전환권과 마찬가지로 행사가격이 현재주가보다 낮을 때 행사될 것이므로 이러한 경우에는 발행주식수가 늘어나면서 평균주가는 하락하는 희석화효과가 나타난다. 이러한 희석화효과를 반영하려면 다음과 같은 추가적인 단계를 거쳐야 한다.

② 2단계

이제 희석화효과를 고려하자. 신주인수권자는 신주인수가격이 신주발행 후의 평균주가보다 작아야 신주인수권을 행사할 것이므로 이러한 효과를 고려하면 신주인수권의 만기가치는 다음과 같다.

$$W_t^2 = \max\left[0,\ \frac{N_S S_t + N_w X}{N_S + N_w} - X\right] \tag{15.9}$$

단, S_t : 신주인수권 행사 전 1주당 가격
X : 신주 1주에 대한 인수가격(행사가격)
N_S : 신주발행 전 주식수
N_w : 신주인수권 행사에 따른 발행주식수

그런데 위 식에서 다음과 같은 관계가 성립한다. 즉,

$$\frac{N_S S_t + N_w X}{N_S + N_w} - X = \frac{N_S S_t + N_w X - N_S X - N_w X}{N_S + N_w} = \frac{N_S(S_t - X)}{N_S + N_w}$$

이를 이용해서 신주인수권의 만기가치를 나타내는 위 식을 다음과 같이 고쳐 쓸 수 있다.

$$W_t^2 = \frac{N_S}{N_S + N_w} \max[0, S_t - X] \tag{15.10}$$

이 식을 살펴보면 희석화를 고려하지 않은 신주인수권의 만기가치에 $\frac{N_S}{N_S + N_w}$를 곱한 것임을 알 수 있다. 이에 따라서 희석화를 고려한 신주인수권의 현재가치도 1단계에서 구한 신주인수권의 현재가치 W_0^1에 $\frac{N_S}{N_S + N_w}$를 곱해주면 된다. 즉, 다음 식이 성립한다.

$$W_0^2 = \frac{N_S}{N_S + N_w} W_0^1 \tag{15.11}$$

여기서 $\frac{N_S}{N_S + N_w}$는 1보다 작은 값으로서 희석화계수라고 부른다. 희석화계수의 분모와 분자를 모두 N_S로 나누면 다음과 같게 될 것이다.

$$\frac{N_S}{N_S + N_w} = \frac{1}{1 + N_w / N_S} = \frac{1}{1 + q}$$

이때 q는 증자비율에 해당하므로 위 식을 이용하면 증자비율을 통해서 희석화계수를 직접 구해낼 수도 있다.

*(2) 일반균형적 접근방법

이는 [그림 15-4]의 신주인수권의 만기가치를 나타내는 그림에서 직접 Black-Scholes 모형을 이용하여 신주인수권 전체의 가치를 구하는 방법이다. 이때 신주인수권의 만기가치를 나타내는 식의 기울기 및 절편을 고려하여 신주인수권의 현재가치(W_0)를 구하면 다음과 같다.

$$W_0 = aS_0 \cdot N(d_1) - \frac{(1-a)X}{e^{R_f t}} \cdot N(d_2) \tag{15.12}$$

$$= a\ \text{자기자본가치} \cdot N(d_1) - (1-a)\text{행사가격의 현가} \cdot N(d_2)$$

$$\text{단, } d_1 = \frac{\ln\left(\frac{aS_0}{(1-a)X}\right) + \left(R_f + \frac{\sigma^2}{2}\right)t}{\sigma\sqrt{t}}, \quad d_2 = d_1 - \sigma\sqrt{t}$$

여기서 구한 W_0값은 신주인수권 전체의 가치이므로 1개의 가치는 이를 신주인수권 발행수로 나눈 값이 된다.[5)]

>>> 예제 15-5

가나기업의 현재 자기자본은 650억원이고 발행주식수는 5백만 주이다. 그리고 현재 발행한 신주인수권은 50만 개이며 이의 행사가격은 1개당 10,000원이다. 신수인수권의 만기까지 4년이 남아 있으며 무위험이자율은 10%이다. 가나기업의 주식수익률의 분산은 16%라고 가정하여 다음 각 물음에 답하라.

(1) 신주인수권의 행사에 따른 주가변동은 없다고 가정하여 신주인수권의 가치를 산출하라.

(2) 희석화(dilution)를 고려하여 신주인수권의 가치를 구하라.

풀이

(1) 만기가치 W_t^1은 다음과 같다.

$$W_t^1 = \max[0,\ S - X]$$

따라서 현재가치 W_0^1은 Black-Scholes 모형을 이용하여

$$W_0^1 = S \cdot N(d_1) - \frac{X}{e^{R_f t}} \cdot N(d_2)$$

여기서

$$d_1 = \frac{\ln\left(\frac{13,000}{10,000}\right) + \left(0.1 + \frac{0.16}{2}\right) \times 4}{\sqrt{0.16} \times \sqrt{4}} = 1.23$$

$$d_2 = 1.23 - \sqrt{0.16} \times \sqrt{4} = 0.43$$

정규분포표를 이용하면

$$N(d_1) = 0.8907, \quad N(d_2) = 0.6664$$

현재가치 W_0^1을 구하는 식에 관련자료를 대입하면 신주인수권가치는 다음과 같다.

$$W_0^1 = 13,000 \times 0.8907 - \frac{10,000}{e^{0.1 \times 4}} \times 0.6664 = 7,112(\text{원})$$

(2) 희석화효과를 고려할 경우에는 만기가치와 현재가치 모두 (1)에서 구한 값 W_1에 $\frac{N_S}{N_S + N_w}$를 곱하면 된다.

$$W_0^2 = \frac{N_S}{N_S + N_w} \times W_0^1 = \frac{500}{500 + 50} \times 7,112 = 6,465(\text{원})$$

5) 이와 같이 산출한 신주인수권의 가치는 주가의 희석화효과를 고려한 값이므로 앞서 설명한 부분균형적 접근방법의 2단계에서 산출한 신주인수권의 가치와 그 값이 동일하게 된다.

3.4 *신주인수권부사채

콜옵션으로서 신주인수권의 기초자산은 기업가치가 아니라 자기자본가치이다. 그런데 신주인수권부사채를 발행하는 경우에는 신주인수권의 발행에 따라서 자본구조가 변경될 수 있다. 이러한 가능성을 파악하기 위해서 우선 자기자본만으로 구성된 기업이 신주인수권을 발행한 경우부터 살펴보자. 만약 자기자본만으로 구성된 기업이 신주인수권을 발행하면 신주인수권에 대한 대가가 자기자본에 포함되며 여전히 이 기업은 자기자본만으로 구성된 자본구조를 갖게 된다. 이때에는 기업가치의 수익률분산이 자기자본가치의 수익률분산과 동일한 값을 갖게 되므로 기업가치의 수익률분산을 이용해서 신주인수권의 가치를 구할 수 있다.

이번에는 자기자본만으로 구성된 기업이 신주인수권부사채를 발행한다고 하자. 이때에도 신주인수권부사채의 대가 중 신주인수권에 대한 부분은 자기자본가치를 구성하지만 나머지 일반사채에 해당하는 부분은 기업의 부채가 되면서 기업의 자본구조는 부채를 사용하는 자본구조로 바뀌게 된다. 이렇게 되면 경영위험은 종전과 동일하지만 재무위험이 추가되기 때문에 신주인수권의 기초자산이 되는 자기자본의 수익률분산은 증가하게 된다. 따라서 신주인수권부사채를 발행하여 자본구조가 변경되는 경우에는 이에 따른 자기자본 수익률의 분산을 조정하여야 신주인수권에 대한 정확한 평가를 할 수 있다.

>>> **예제 15-6**

ABC기업은 100,000주를 발행한 무부채기업으로서 1주당 가격은 31달러이다. 그런데 신주인수권부사채를 발행하면서 900,000달러를 조달하였는데 이 중 200,000달러는 신주인수권 20,000개에 대한 대가이다. 신주인수권의 만기는 5년 후이고 행사가격(신주인수가격)은 1주당 40달러이다. 신주인수권부사채를 발행하기 전 주식수익률의 표준편차는 40%이다. 무위험이자율은 연 8%라고 가정하자.

(1) 희석화효과를 고려한 신주인수권의 가치는 얼마인가?

(2) 자본구조변화에 따른 효과까지 고려해서 신주인수권의 가치를 산출하라.

풀이

(1) 1주당 주가 S는 다음과 같다.

$$S = \frac{3,100,000 + 200,000}{100,000} = 33$$

그리고

$$d_1 = \frac{\ln\left(\frac{33}{40}\right) + \left(0.08 + \frac{0.4^2}{2}\right) \times 5}{0.4 \times \sqrt{5}} = 0.6793$$

$$d_2 = 0.6793 - 0.45\sqrt{5} = -0.2151$$

정규분포표를 이용하면 다음을 구할 수 있다.

$$N(d_1) = N(0.6793) = 0.7518$$

$$N(d_2) = N(-1.2151) = 0.4148$$

그러므로

$$W = S \cdot N(d1) - \frac{X}{e^{Rft}} \cdot N(d_2)$$

$$= 33 \times 0.7518 - \frac{40}{e^{0.08 \times 5}} \times 0.4148 = 13.69$$

희석화효과를 고려하면 신주인수권의 가치는 다음과 같다.

$$\frac{N_S}{N_S + N_w} \times W = \left(\frac{100,000}{100,000 + 20,000}\right) \times 13.69 = 11.41$$

(2) 신주인수권의 기초자산은 기업가치, 즉 자산이 아니라 자기자본임을 유의해야 한다. 가나기업의 BW발행 전에는 무부채기업이었으므로 자기자본의 분산이 곧 기업가치의 분산인 0.42이다.

그런데 BW를 발행하면 가나기업은 이제 부채기업이 되고 이에 따라서 자기자본의 분산이 증가하게 된다.

먼저 BW발행 이전과 이후의 재무상태표는 다음과 같다.

이전 재무상태표

V 3,100,000	S 3,100,000

이후 재무상태표

V 4,000,000	B 700,000
	S 3,300,000

이 같은 자본구조의 변화를 고려하여 기업가치, 즉 포트폴리오의 위험은 다음과 같이 나타낼 수 있다.

$$\sigma_p{}^2 = \left(\frac{B}{V}\right)^2 \sigma_B^2 + \left(\frac{S}{V}\right)^2 \sigma_S^2 + 2\left(\frac{B}{V}\right)\left(\frac{S}{V}\right)^2 \sigma_S^2$$

$$= \left(\frac{S}{V}\right)^2 \sigma_S^2 \quad (\because \sigma_B = 0,\ \sigma_{SB} = 0)$$

$$0.4^2 = \left(\frac{3,300,000}{4,000,000}\right)^2 \sigma_S^2$$

$$\because \sigma_S = 0.485$$

이제 신주인수권의 기초자산인 자기자본의 수익률 표준편차는 0.485이므로 Black-Scholes모형에 이 값을 대입하여 신주인수권 가치를 구하면 다음과 같다.

$$W = 15.44$$

그리고 희석화효과를 고려한 신주인수권의 가치를 구하면 다음과 같다.

$$\frac{100,000}{100,000 + 200,000} \times 15.44 = 12.87$$

제 4 절 *수의상환권과 수의상환사채

4.1 기초개념

(1) 수의상환사채

수의상환권(call provision)이란 채권발행회사가 정해진 기간 내에 일정한 가격으로 부채를 재매입(상환)할 수 있는 권리를 말한다. 그리고 수의상환사채(callable bond)는 이러한 수의상환권이 있는 사채이다. 따라서 수의상환사채의 발행회사는 일반사채를 발행하면서 수의상환권이라는 콜옵션을 매입한 위치가 된다.[6] 물론 수의상환사채를 매입한 투자자는 이와 반대로 일반사채를 매입하면서 콜옵션을 매도한 위치가 된다.

(2) 상환청구사채

수의상환사채와 자주 함께 등장하는 채권으로 상환청구사채(puttable bond)가 있다. 이는 채권자가 발행회사에게 상환청구를 할 수 있는 옵션부채권이다. 따라서 상환청구사채의 발행회사는 일반사채를 발행하면서 상환청구권이라는 풋옵션을 발행한 것이 되며 상환청구사채를 매입한 투자자는 일반사채를 매입하면서 풋옵션을 매입한 것이 된다.

6) 수의상환사채와 다른 조건은 동일하고 수의상환권만 없는 사채는 bullet bond라고 한다.

4.2 전통적인 분석방법

(1) 수의상환사채의 발행목적

전통적 재무이론에서는 수의상환사채의 발행목적을 이자율의 불확실성으로 설명하였다. 즉, 회사는 사채를 발행한 후 이자율이 하락하면 이를 사전에 정한 상환가격으로 매입하고 낮은 이자율로 새로운 사채를 발행할 수 있다. 이로써 회사는 이익을 보고 채권자는 손실을 보게 된다.

그러나 이러한 설명은 미래이자율에 대해 주주와 채권자가 서로 다르게 예측한다는 모순된 가정을 전제로 하는 것이기 때문에 논리적이지 못하다는 비판이 있다. 이에 Myers(1971)는 수의상환사채의 발행목적을 대리문제와 관련시켜 파악하였다. 즉, 수의상환사채는 대리비용을 감소시킬 수 있는 방법으로 이용될 수 있다.

(2) 수의상환사채의 평가

전통적 분석방법에 따른 수의상환사채의 평가방법은 두 가지 수익률을 산출하여 비교하는 것이다. 즉, 채권매입 후 만기까지 보유할 경우의 만기수익률(YTM: yield to maturity)과 발행자가 수의상환권을 행사할 것으로 예상되는 시점까지의 수익률(YTC: yield to call)을 산출하여 이들 중 낮은 수익률을 수의상환사채의 수익률로 간주한다. 여기서 수의상환사채의 수익률은 만기수익률보다 큰 값을 갖는데 이 수익률의 차이를 대략적인 수의상환권의 가치로 볼 수 있다. 이 방법이 갖는 문제점은 수의상환권을 평가하면서 옵션적 특성을 고려하지 않는다는 것이다.

>>> **예제 15-7**

가나기업은 만기가 5년이고 액면이자율이 12%인 사채를 발행하였다. 이 사채는 2년 경과시점에서 액면기준 102%의 금액으로 발행기업이 매입할 수 있는 수의상환사채이다. 이자는 연 1회 지급되는 조건이며 현재 채권의 시장가격은 9,800원이다. 이 사채의 만기수익률(YTM)과 수의상환수익률(YTC)을 구하라.

풀이

먼저 만기에 원금이 상환된다고 가정하여 YTM을 산출하면 다음과 같다.

$$9{,}800 = \sum_{t=1}^{5} \frac{1{,}200}{(1+R)^t} + \frac{10{,}000}{(1+R)^5}$$

이로부터 $R = 12.56(\%)$

이번에는 $t=2$ 시점에서 가나기업이 수의상환권을 행사한다고 가정하여 YTC를 산출한다.

$$9{,}800=\sum_{t=1}^{2}\frac{1{,}200}{(1+R)^t}+\frac{10{,}200}{(1+R)^2}$$

이로부터 $R=14.15(\%)$

이 두 수익률의 차이가 곧 수의상환권의 대략적 가치가 된다.

4.3 수의상환권의 만기가치

수의상환권은 발행회사가 수의상환권의 만기시점에서 수의상환가격(call price)과 채권의 시장가격을 비교해서 수의상환가격이 더 낮을 때 행사하는 권리이다. 따라서 수의상환권의 만기가치를 CP_t라고 표시하면 다음과 같은 수식으로 표현된다.

$$CP_t=\max\left[0,\ B_t-X\right] \quad (15.13)$$

단, B_t: 수의상환사채의 가치

X: 수의상환가격(call price)

식 (15.13)으로 표현된 수의상환권은 그 만기가치가 [그림 15-6]과 같이 나타나는데 이는 콜옵션의 만기가치와 동일하다는 것을 알 수 있다. 따라서 수의상환권 및 수의상환사채를 현재가치를 평가하려면 OPM을 이용해야 하는 것이다.

4.4 수의상환권과 수의상환사채의 현재가치

(1) 수의상환권의 현재가치

수의상환권은 채권을 기초자산으로 하고 수의상환가격을 행사가격으로 하는 콜옵션이다. 따라서 Black-Scholes모형을 이용하여 수의상환권의 현재가치 CP_0를 구하면 다음과 같다.

$$CP_0=B_0\cdot N(d_1)-\frac{X}{e^{R_f t}}\cdot N(d_2) \quad (15.14)$$

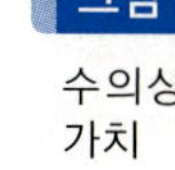

그림 15-6
수의상환권의 만기 가치

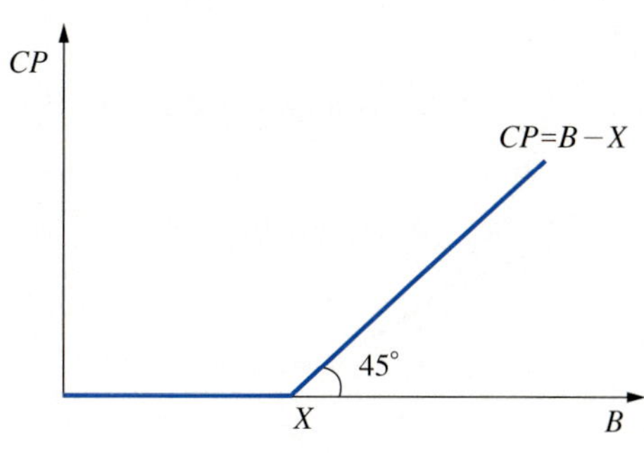

그림 15-7
수의상환권 및 수의상환사채의 현재가치

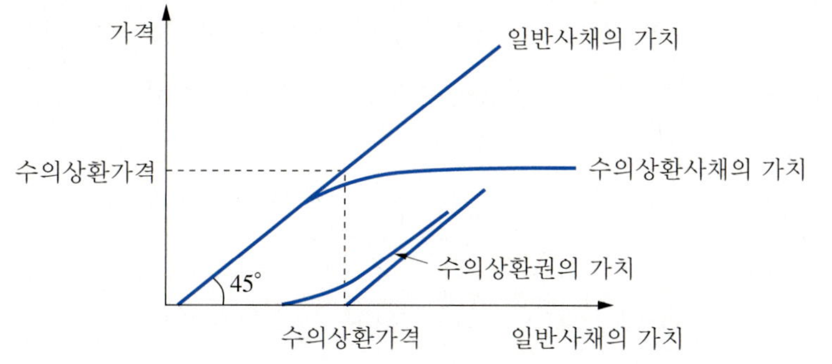

$$\text{단, } d_1 = \frac{\ln\left(\frac{B_0}{X}\right) + \left(R_f + \frac{\sigma^2}{2}\right)t}{\sigma\sqrt{t}}, \quad d_2 = d_1 - \sigma\sqrt{t}$$

식 (15.14)로 표현된 수의상환권의 현재가치를 [그림 15−7]과 같이 나타낼 수 있다.

(2) 수의상환사채의 현재가치

이제 수의상환사채의 현재가치를 구해보자. 수의상환사채를 보유한 채권자는 일반채권을 보유하고 발행회사에 수의상환권이라는 콜옵션을 매도한 것과 같다고 하였다. 따라서 수의상환사채의 가치는 다음과 같은 과정을 통해서 산출된다.

첫째, 수의상환권이 없는 일반채권의 가치를 구한다.
둘째, OPM을 이용하여 수의상환권의 가치를 산출한다.
셋째, 일반사채의 가치에서 수의상환권의 가치를 차감한다.

그림 15-8
수의상환사채가격과 수익률

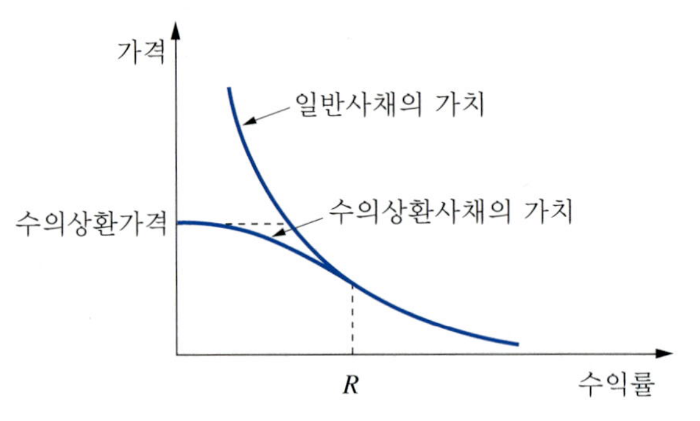

그런데 옵션평가모형에서는 기초자산가격은 외생변수로 취급되므로 수의상환권이 없는 일반채권의 가격은 주어진 값으로 간주할 수 있다. 따라서 수의상환사채의 현재가치는 다음과 같은 식으로 표현할 수 있을 것이다.

$$
\begin{aligned}
CB_0 &= B_0 - CP_0 \\
&= B_0 \cdot (1-N(d_1)) + \left(\frac{X}{e^{Rft}}\right) \cdot N(d_2) \qquad (15.15) \\
&= B_0 \cdot N(-d_1) + \left(\frac{X}{e^{Rft}}\right) \cdot N(d_2) \quad (\because\ 1-N(d_1) = N(-d_1))
\end{aligned}
$$

위 식은 OPM을 이용하여 자기자본과 부채의 가치를 평가할 때에 부채의 현재가치를 구하는 것과 유사하다. 이제 일반사채, 수의상환권, 그리고 수의상환사채의 가치 사이의 관계를 그림으로 나타내보자. 일반사채의 가치에서 수의상환권을 차감한 것이 수의상환사채의 가치가 되므로 이들의 관계는 앞의 [그림 15-7]과 같이 표현된다.

(3) 수의상환사채가격과 수익률의 관계

끝으로 수의상환사채와 관련해서 수의상환사채의 가격과 수익률의 관계를 확인해보자. 수의상환사채의 가격과 수익률의 관계는 일반적인 채권의 경우와 다르다. 왜냐하면 발행회사의 수의상환권은 채권가격에 상한선을 설정하는 역할을 하기 때문이다. 따라서 일정범위의 수익률에 대해서는 수의상환사채의 채권가격과 수익률 간에서 오목한 관계를 갖게 된다. 위의 [그림 15-8]은 이러한 특징을 보여준다. 여기서 수익률이 R 이하로 하락하면 이 경우에는 수익률의 변화에 대한 가격하락크기보다 가격상승크기가 더 작기 때문에 수의상환사채의 채권가격과 수익률 간에 오목한 관계가 나타나는 것이다.

제 5 절 실물옵션

5.1 기초개념

앞서 설명한 전환사채, 신주인수권부사채 등은 두 개 이상의 특성을 함께 갖고 있는 혼성증권(hybrid securities)들로서 OPM이 응용되는 대표적인 분야이다. 그러나 이외에도 기업이 내려야 할 투자결정 또는 자본조달결정 등 많은 분야에 옵션이 들어 있다. 이러한 옵션은 실물투자분석과정에서 고려하게 되기 때문에 실물옵션(real option)이라고 한다.

실물투자에 대한 자본예산과 관련해서 OPM이 응용되는 분야를 콜옵션과 풋옵션으로 나누어서 각각 살펴보겠다. 여기서 기본적인 개념이 되는 것은 '오늘의 의사결정은 내일 이용할 수 있는 옵션에 의해서 영향을 받을 수 있다'는 점이다.

5.2 콜옵션과 자본예산

(1) 후속투자기회

자본예산에서 투자안의 경제성을 평가하는 기준이 되는 것은 NPV값이다. 즉, NPV가 0보다 크면 이를 선택하고 0보다 작으면 이를 기각하는 것이다. 그런데 투자안의 NPV가 0보다 작은데도 불구하고 후속투자기회(follow-on opportunity)가 있기 때문에 이를 수행하는 경우가 있다.

대규모 연속공사에서 건설회사가 초기단계의 공사에 터무니없이 낮은 가격으로 입찰하는 경우가 대표적인 예라고 할 수 있다. 건설회사는 초기단계공사의 연고권에 근거한 후속투자의 기회를 감안하는 것이다. 따라서 초기단계공사의 경제성을 평가할 때에는 후속투자기회를 평가해서 포함시켜야 할 것이다. 그리고 여기서 후속투자의 기회는 콜옵션의 성격을 갖기 때문에 OPM이 이용된다.[7]

이러한 투자결정은 콜옵션의 가치까지 반영된 NPV(이를 전략적 NPV라고 부른

7) 제4장 성장기회의 현재가치(PVGO)와 제5장 투자수명이 다를 경우의 자본예산에서 미래투자기회를 예측해서 반영하는 것도 이와 같은 개념이다. 그러나 투자란 의무가 아닌 선택의 문제이므로 옵션으로 평가하는 것이 더 논리적이라고 할 수 있다.

그림 15-9
후속투자 및 연기가능성

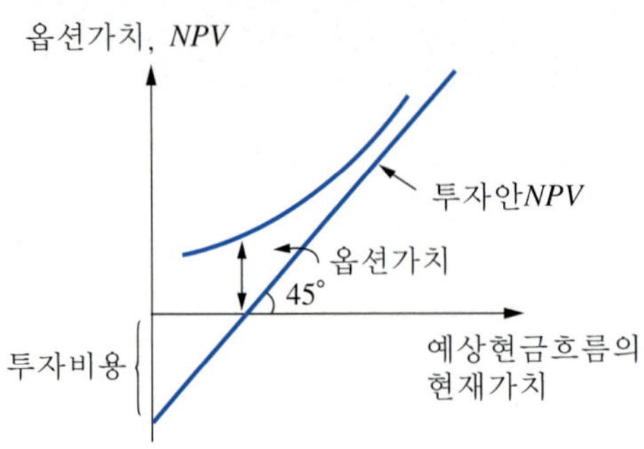

다.)의 값을 보고 판단해야 할 것이다.

$$\text{전략적 } NPV = \text{최초 } NPV + \text{후속투자기회}$$

(2) 연기가능성

어떤 때에는 현재상황에서 주어진 정보로 산출한 NPV를 기초로 투자결정을 내리는 것이 최적이 아닌 경우도 있다. 심각한 불확실성이 존재할 때에 이를 연기시킬 수 있다면 좀 더 정확하게 많은 정보를 얻을 수도 있고 상황이 새로운 국면으로 전환됨으로써 투자안의 가치가 더 높아질 수도 있다.

이렇게 투자결정을 일정시점까지 연기할 수 있다면 이 연기가능성(option to delay)은 콜옵션의 성격을 갖는다. 이때에 연기 여부를 결정하는 기준은 다음과 같다. 즉, 현재상황에서의 NPV를 구한 후, 이 값과 연기가능성의 가치를 OPM으로 평가한 값을 비교하는 것이다. 이러한 비교는 현재시점의 투자수행도 의무가 아닌 선택이므로 현재투자의 NPV도 옵션가치로 볼 수 있기 때문에 가능한 것이다. 즉, 현재투자라는 옵션과 연기라는 옵션의 크기를 비교하는 것이다.

만약 현재투자의 NPV보다 연기옵션의 가치가 더 크게 나오면 현재의 투자안을 연기하고 미래의 일정시점에서 투자 여부를 결정하는 것이 바람직한 것이다. 이와 반대로 연기옵션의 가치가 더 작으면 현재시점에서 즉시 투자안을 수행한다.

자본예산과 관련된 콜옵션의 예는 후속투자 및 연기가능성 이외에도 매우 많다. 예를 들어, 제품생산량을 늘리거나 줄이거나 하는 문제, 생산설비를 확장하거나 축소하는 문제 등 옵션의 관점에서 보면 실물자산과 관련된 많은 문제들이 이에 해당된다는 것을 알 수 있다.

>>> 예제 15-8

NPV가 −45억원인 투자안 A가 있다. 그런데 이 투자안을 채택하면 2년 후 투자비용이 740억원이고 NPV가 60억원인 투자안 B를 수행할 수 있다고 한다. 투자안에 대한 할인율은 연 20%이고 무위험이자율은 9%이다.

투자안 B의 현금흐름에 대한 변동성(σ)은 0.1이라고 할 때에 투자안 A의 선택 여부를 판단하라. 만약 변동성(σ)이 0.32라면 평가결과는 어떻게 될까?

풀이

(1) 투자안 A는 투자안 B에 대한 콜옵션을 갖고 있으므로 이 가치를 평가해서 투자안 A의 가치에 반영해야 한다.

0	1	2	3 ⋯
$NPV = -45$		$PV_2 = 800$	
		$C_2 = 740$	

옵션가격표를 이용하기 위해 관련값을 구한다.

$$\sigma\sqrt{t} = 0.1 \times \sqrt{2} = 0.1414$$

$$S = \frac{PV_2}{e^{Rft}} = \frac{800}{e^{0.2 \times 2}} = 536.26$$

$$\frac{S}{X \cdot e^{-Rft}} = \frac{536.26}{740 \times e^{-0.09 \times 2}} = 0.8676$$

옵션가격표를 이용하면 콜옵션가격을 다음과 같이 구할 수 있다.

$$C = S \times 0.013 = 536.26 \times 0.013 = 6.97$$

따라서 이 가치를 반영한 투자안 A의 가치는 다음과 같다.

$$-45 + 6.97 = -38.03 < 0$$

옵션가치를 반영해도 여전히 음(−)의 값이므로 기각한다.

(2) 관련 값은 다음과 같이 바뀐다.

$$\sigma\sqrt{t} = 0.32 \times \sqrt{2} = 0.4525$$

$$\frac{S_2}{X \cdot e^{-Rft}} = \frac{536.26}{740 \times e^{-0.09 \times 2}} = 0.8676$$

콜옵션가격은 다음과 같다.

$$C = S \times 0.122 = 536.26 \times 0.122 = 65.42$$

따라서 투자안 A의 가치는 다음과 같이 양(+)의 값을 갖게 되므로 채택하는 것이 바람직하다.

$$-45 + 65.42 = 20.42 > 0$$

5.3 풋옵션과 자본예산

(1) 처분기회

풋옵션도 재무적 의사결정에 자주 이용된다. 어떤 투자안을 수행하면서 미래의 어느 시점에서 이를 일정한 가격에 처분할 수 있다면 이러한 처분기회(option to abandon)는 곧 풋옵션의 성격을 갖게 된다.

따라서 최초의 투자안을 평가할 때 이 풋옵션의 가치를 함께 고려해야 최적의 사결정을 도모할 수 있다. 구체적으로는 OPM을 이용해서 산출한 풋옵션의 가치를 투자안의 NPV에 합산해서 투자안의 경제성을 평가해야 할 것이다.

$$\text{전략적 } NPV = \text{최초 } NPV + \text{처분기회}$$

(2) 지급보증

풋옵션의 개념이 이용되는 가장 일반적인 분야는 지급보증(guarantee)이다. 지급보증은 기업이나 정부, 또는 금융기관 등에 의해서 제공되는데 이는 미래의 현금흐름이 일정수준 미만으로 떨어질 때에 이 수준의 현금흐름을 보장하는 것이다.

여기서 지급보증인은 보장금액이 행사가격인 풋옵션을 발행한 것과 같은 위치가 된다. 따라서 지급보증의 대가는 곧 이러한 풋옵션을 OPM에 의해서 평가한 값이 된다. 만약 지급보증기간이 다기간이라면 이는 일련의 풋옵션들의 합으로 이해하면 될 것이다.

이러한 논리에 따르면 국공채와 같은 무위험부채는 지급보증이 되어 있는 부채라고 할 수 있으므로 무위험부채의 가치는 동일조건의 위험부채의 가치와 지급보증의 가치의 합으로 볼 수 있다. 따라서 다음과 같은 식이 성립한다.

$$\text{위험부채의 가치} = \text{무위험부채의 가치} - \text{지급보증의 가치}$$

>>> 예제 15-9

현재 NPV가 1억원인 투자안이 있다. 1년 후에 가서 현금흐름수준이 당초 예상한 수준에 크게 미달하면 5억원에 이 투자안을 매각처분할 수 있다. 1년 후 미래현금유입의 현재가치는 6.5억원이고 이 현금흐름의 변동성(σ)은 0.55이다. 무위험이자율이 연 12%라고 할 때 처분기회의 가치는 얼마인가?

풀이

옵션가격표를 이용하기 위한 다음 값들을 먼저 산출한다.

$$\sigma\sqrt{t} = 0.55\times\sqrt{1} = 0.55$$

$$\frac{S}{X\cdot e^{-Rft}} = \frac{6.5}{5\times e^{-0.12\times 1}} = 1.4657$$

콜옵션가격을 옵션가격표로 구하면 다음과 같다.

$$C = S\times 0.38$$
$$= 6.5\times 0.38 = 2.47$$

이제 풋-콜 패리티를 이용해서 풋옵션가격을 계산한다.

$$P = C - S + \frac{X}{e^{Rft}}$$
$$= 2.47 - 6.5 + \frac{5}{e^{0.12\times 1}} = 0.4(\text{억원})$$

따라서 처분기회까지 반영된 이 투자안의 전략적 NPV는 다음과 같다.

$$1\text{억원} + 0.4\text{억원} = 1.4\text{억원}$$

제 6 절 *포트폴리오보험

6.1 기초개념

이번에는 옵션을 이용한 포트폴리오관리기법으로 포트폴리오보험을 살펴본다. 포트폴리오보험(PI: portfolio insurance)이란 기초포트폴리오를 구성하고 시장상황이 나빠지면서 그 가치가 일정한 수준 이하로 하락하게 될 때에 이 손실을 막을 수 있도록 하는 것이다. 그러나 이와 반대로 기초포트폴리오의 가치가 상승하여 이익이 발생할 때에는 일정한 비용을 제외한 모든 이익이 투자자에게 귀속되도록 하는 투자관리기법이다. 이러한 수익구조를 나타낸 손익도가 [그림 15-10]에 제시되어 있는데 이는 곧 포트폴리오보험의 만기손익을 나타낸 것이기도 하다.

그림 15-10
포트폴리오보험의 만기손익

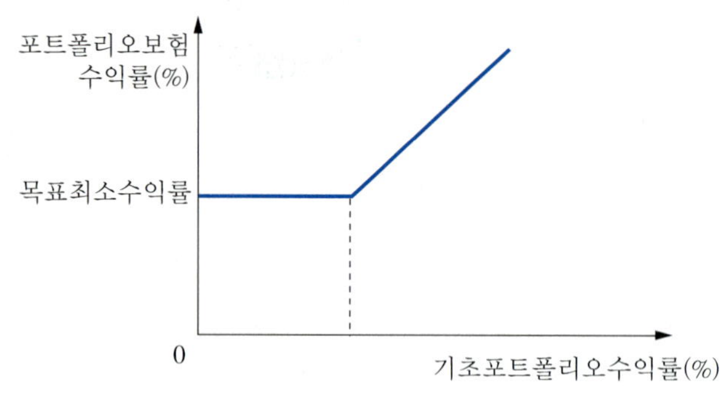

6.2 구성방법

(1) 주식-풋옵션

포트폴리오보험을 구성하는 방법은 여러 가지가 있지만 그 중 가장 대표적인 것은 기초포트폴리오는 그대로 보유하면서 이의 가치를 특정 수준으로 유지하는데 적합한 행사가격을 갖는 풋옵션을 매입하는 것이다.

이러한 구성방법은 옵션을 이용한 투자전략 중에서 주식과 풋옵션을 결합시키는 보호풋(protective put)의 원리를 이용한 것이다. 따라서 포트폴리오보험을 위해서 매입해야 할 풋옵션의 수는 주식의 수와 일치해야 한다. 여기서 옵션가격은 일종의 보험료라고 할 수 있는데 일반적인 보험에서와 같이 옵션가격은 반환되지 않으며 주식포트폴리오가 보호되는 정도는 옵션의 행사가격에 달려 있다. 풋옵션의 경우 행사가격이 높으면 높을수록 보호되는 정도가 더 커지지만 매입해야 할 풋옵션가격도 비싸지기 때문에 그만큼 더 많은 보험료를 부담하게 된다.

예를 들어, 어느 투자자가 주식으로 구성된 인덱스펀드를 매입하면서 포트폴리오보험을 위해서 이 포트폴리오의 현재가치와 동일한 수준을 유지할 수 있는 풋옵션을 매입하였다고 하자. 이때에 기초포트폴리오의 만기가치와 포트폴리오보험의 만기가치를 비교하면 [그림 15-11]과 같이 나타날 것이다.

이 그림에서 대각선 AB는 보험을 취하지 않은 기초포트폴리오의 만기가치를 나타내고 선 *abc*는 풋옵션을 이용한 포트폴리오보험의 만기가치를 나타낸다. 기초포트폴리오의 수익률이 목표수준 이하로 떨어지면 포트폴리오보험은 기초포트폴리오보다 높은 성과(선 *ab*)를 얻고 있지만 목표수준 이상으로 상승하면 기초포

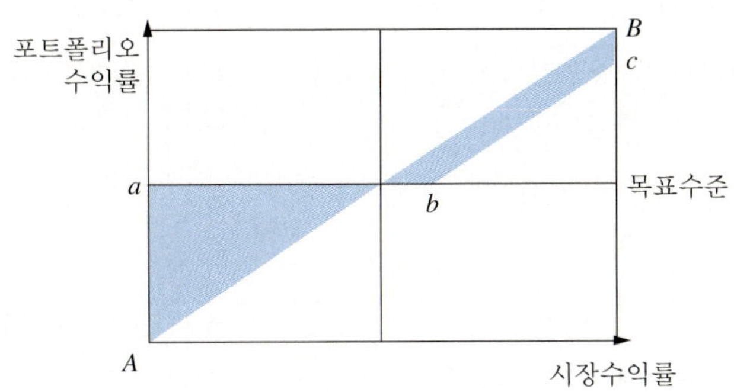

그림 15-11
기초포트폴리오와 포트폴리오보험의 비교

트폴리오보다 낮은 성과(선 *bc*)를 얻고 있음을 확인할 수 있다. 결국 기초포트폴리오의 가치가 목표수준 이하로 떨어질 수 있는 가능성을 막기 위해서 가치상승 시에 있어서의 성과감소를 대가로 치르는 것이다. 이러한 대가가 바로 포트폴리오보험을 구성하는 과정에서 부담하는 보험료인 것이다.

>>> 예제 15-10

가나기업의 현재 주가는 75,000원이며 행사가격이 75,000원인 풋옵션의 시장가격은 5,000원이다. 1억원을 1년 동안 운용하려는 투자자가 포트폴리오보험을 구성하려고 한다.

(1) 매입해야 할 주식과 풋옵션의 수를 구하라.

(2) (1)과 같이 구성한 후 1년 후에 가나기업의 주가가 100,000원이 된 경우와 50,000원이 된 경우의 투자성과를 비교하라.

풀 이

(1) 이 투자자가 포트폴리오보험을 위해서는 동일한 수의 주식과 풋옵션을 매입해야 하므로 다음과 같이 산출할 수 있다.

$$N = \frac{V}{S+P} = \frac{1\text{억원}}{75{,}000+5{,}000} = 1{,}250(\text{개})$$

(2) 만기주가가 행사가격보다 높을 때는 풋옵션을 행사하지 않을 것이고 반대로 만기주가가 행사가격보다 낮을 때는 풋옵션을 행사할 것이다. 만약 만기주가가 100,000원이면 행사가격 75,000원보다 큰 수준이므로 풋옵션은 행사하지 않고 소멸될 것이다. 따라서 투자성과는 다음과 같이 기초포트폴리오의 가치에서 풋옵션가격을 차감하면 된다.

$$1{,}250\text{주} \times 100{,}000\text{원} - 1{,}250\text{개} \times 5{,}000\text{원} = 118{,}750{,}000(\text{원})$$

그러나 만기주가가 50,000원이면 행사가격 75,000원보다 낮은 수준이므로 풋옵션을 행사할 것이므로 투자성과는 다음과 같다.

1,250개×75,000원－1,250개×5,000원＝87,500,000(원)

여기서 주가가 50,000원보다 더 낮은 수준으로 떨어져도 최소한 87,500,000원의 가치는 항상 확보할 수 있는 것이다. (단, 여기서 풋옵션가격에 대한 이자비용은 무시하였다.)

(2) 채권－콜옵션

포트폴리오보험을 구성하는 또 다른 방법은 국공채와 같은 무위험채권에 투자하면서 동시에 주식에 대한 콜옵션을 매입하는 것이다. 이러한 방법의 효과를 확인하기 위해서 콜옵션가치와 풋옵션가치의 관계를 나타내는 풋－콜패리티를 다음과 같이 나타내보자.

$$S+P-C=\frac{X}{(1+R_f)^t} \rightarrow S+P=C+\frac{X}{(1+R_f)^t}$$

이 식을 보면 좌변은 앞서 설명한 보호풋(protective put)이고 이와 등식을 이루는 우변의 의미를 보면 콜옵션과 채권의 합성임을 알 수 있다. 즉, 콜옵션과 채권을 동시에 보유하는 전략은 주식과 풋옵션을 동시에 보유하는 전략과 주가변동에 대해서 동일한 효과를 얻는다는 것이다. 따라서 채권과 콜옵션을 이용해서도 포트폴리오보험을 구성할 수 있는 것이다.

콜옵션과 무위험채권의 현재가격을 각각 C, B라고 할 때 투자금액 V로 콜옵션 N_C개, 무위험채권 N_B개를 매입했다고 하자. 콜옵션의 기초주식가격이 행사가격 미만으로 하락하였다면 만기에 콜옵션의 가치는 0이 되므로 무위험채권만 남게 되므로 만기의 투자성과는 무위험채권의 만기가치 B_t에 의해서 결정될 것이며 그 값은 $N_B \times B_t$가 될 것이다. 따라서 목표수익을 이 값으로 정할 수 있다. 이렇게 목표수익을 정하고 나면 매입해야 할 무위험채권수량이 정해지고 이에 따라서 매입해야 할 콜옵션의 개수 N_C가 다음과 결정된다.

$$N_C=\frac{V-N_B \times B}{C} \tag{15.16}$$

>>> 예제 15-11

1억원을 1년 동안 운용하려는 투자자가 콜옵션과 무위험채권을 이용해서 포트폴리오 보험을 구성하려고 한다. 가나기업의 현재주가는 75,000원이고 행사가격이 75,000원인 콜옵션의 시장가격은 5,000원이라고 하자. 만기가 1년 남은 무위험 할인채의 액면금액은 100만원이고 할인율은 연 10%로 파악되었는데 이 투자자는 1년 후 목표수익을 9,000만원으로 정하고 있다.

(1) 매입해야 할 할인채의 수량과 콜옵션의 수를 구하라.

(2) (1)과 같이 구성한 후 1년 후에 가나기업의 주가가 100,000원이 된 경우와 50,000원이 된 경우의 투자성과를 비교하라.

풀이

(1) 목표수익을 9,000만원으로 정하였으므로 매입해야 할 할인채는 90단위(=9,000만원÷100만원)가 된다. 그리고 액면금액 100만원인 할인채의 현재가격은 909,091원(100만원÷1.1)이므로 매입해야 할 콜옵션의 개수는 다음과 같이 산출된다.

$$NC = \frac{1\text{억원} - 909{,}091 \times 90\text{단위}}{5{,}000} = 3{,}636(\text{개})$$

(2) 만기주가가 행사가격보다 낮을 때는 콜옵션을 행사하지 않을 것이고 반대로 만기주가가 행사가격보다 높을 때는 콜옵션을 행사할 것이다. 만약 만기주가가 50,000원이면 행사가격 75,000원보다 낮은 수준이므로 콜옵션은 행사하지 않고 소멸될 것이다. 따라서 투자성과는 다음과 같이 채권의 만기가치인 9,000만원(=90단위×100만원)이 된다. 그러나 여기에 콜옵션비용까지 감안하면 최소수익은 다음과 같이 71,818,190원이 된다.[8)]

$$90{,}000{,}000\text{원} - 3{,}636\text{개} \times 5{,}000\text{원} = 71{,}818{,}190(\text{원})$$

그러나 만기주가가 100,000원이면 행사가격 75,000원보다 높은 수준이므로 콜옵션을 행사할 것이고 이의 투자성과는 다음과 같다.

할인채의 만기가치	90단위×100만원	=	90,000,000(원)
콜옵션의 만기가치	+3,636개×(100,000−75,000원)	=	90,900,000
콜옵션비용 차감	−3,636개×5,000원	=	18,180,000
			162,720,000(원)

8) 이 예에서는 옵션비용을 고려하지 않고 목표수익을 정한 경우이지만 옵션비용까지 고려해서 목표수익을 정할 수도 있다. 만약 옵션비용까지 고려한 후의 목표수익을 확보하려면 이에 맞추어서 매입할 채권수량이나 옵션개수를 역산하면 될 것이다.

그림 15-12

확률분포 비교

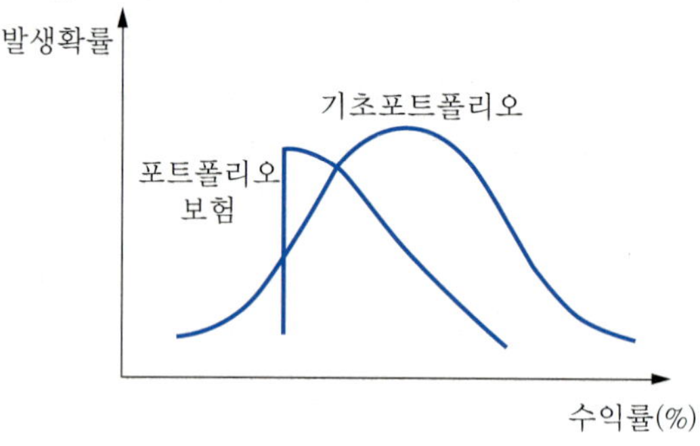

(3) 동적 헤징

포트폴리오보험의 구성방법으로 가장 많이 이용되는 전략이 채권과 주식을 넘나드는 동적 헤징(dynamic hedging)이다. 동적 헤징의 내용을 살펴보기 위해서 풋-콜패리티를 연속복리의 식으로 바꾸고 콜옵션가격 C를 Black-Scholes OPM을 이용해서 표현하자. 그러면 다음과 같은 식을 얻게 된다.

$S+P=C+\frac{X}{e^{R_f t}}$에서 $C=S\cdot N(d_1)-\frac{X}{e^{R_f t}}\cdot N(d_2)$이므로 이를 대입해서 정리하면

$$
\begin{aligned}
S+P &= S\cdot N(d_1)-\frac{X}{e^{R_f t}}\cdot N(d_2)+\frac{X}{e^{R_f t}} \\
&= S\cdot N(d_1)+\frac{X}{e^{R_f t}}[1-N(d_2)] \\
&= S\cdot N(d_1)+\frac{X}{e^{R_f t}}\cdot N(-d_2) \qquad (15.17)
\end{aligned}
$$

이 식의 좌변은 protective put을 의미한다. 그리고 이와 등식을 이루는 우변은 $N(d_1)$개의 주식과 $N(-d_2)$개의 무위험할인채를 구입한다는 것을 의미한다. 즉, 주식과 무위험할인채의 적절한 결합을 통해서 포트폴리오보험을 달성할 수 있다는 것이다. 이러한 방법은 Leland & Rubinstein(1981)에 의해서 제시되었는데 기초주식 S의 가격변동에 따라서 연속적으로 무위험채권의 투자비율을 조정해서 투자금액을 배분해야 한다. 이러한 방법을 동적자산배분(dynamic asset allocation)이라고도 부르는 이유가 이에 연유하는 것이다.

포트폴리오보험을 구성하는 방법은 지금까지 설명한 방법들 말고도 여러 가지 방법이 존재한다. 그러나 모두 그 효과는 기초포트폴리오의 최저가치를 일정수준으로 확정짓고 가치상승 시에는 상승에 따른 이익을 누리는 것이다. 이에 따른

수익률의 확률분포를 포트폴리오보험을 취하지 않은 기초포트폴리오와 비교해서 나타내면 앞의 [그림 15-12]와 같다.

6.3 한계점

포트폴리오보험이 헤지효과와 주가상승효과를 함께 누릴 수 있는 장점이 있어서 많이 이용되었지만 다음과 같은 한계점도 있다.

① 포트폴리오보험을 구성할 때 그 가치를 보호해야 할 기초포트폴리오는 대개 장기적으로 운용되는 것이지만 이에 대응하는 장기옵션은 존재하지 않는다. 설령 만기가 긴 옵션이 존재한다고 해도 거래가 활발하지 않고 만기를 정확하게 일치시키기 어렵다.

② 기대했던 효과를 만기에 실현시키기 위해서는 변동성과 이자율의 예측이 정확해야 한다. 그러나 이 변수들은 투자기간 동안에 계속 변동할 수 있기 때문에 포트폴리오보험의 결과를 쉽게 예측할 수 없다.

③ 동적 헤징은 가격이 연속적이고 무차별적으로 움직인다고 가정한다. 이는 동적 헤징이 근거로 하고 있는 OPM의 가정과 같다. 그러나 실제로는 지수가격이 불연속적인 점프형태로 움직이기도 한다. 점프크기가 크게 나타나면 동적 헤징은 기대효과를 얻지 못하게 된다.

④ 거래비용의 문제이다. 여기서 말하는 거래비용에는 거래수수료와 호가스프레드에 따른 비용이 포함되는데, 이들은 거래횟수와 규모가 늘어나면서 눈덩이처럼 불어나 좋은 전략으로 얻은 이익을 모두 상쇄시킬 수 있다.[9)]

9) 이러한 거래비용을 줄일 수 있는 방법으로 주가지수선물을 이용할 수 있다. 그러나 주가가 크게 하락할 것으로 예상되면 급격한 선물매도가 뒤따르고 이에 따라 선물가격은 하락한다. 선물가격의 하락은 곧 미래주가하락의 신호가 되어 다시 현물주식을 매도하여 주가는 더 하락하게 되는데 이를 cascade effect라고 한다.

/ 제 15 장 / 요약

FINANCIAL MANAGEMENT

1. 옵션의 원리가 이용되는 분야는 크게 증권관련분야와 실물관련분야로 구분할 수 있다.
2. 증권관련분야에서는 주식, 채권과 같은 전통적 증권은 물론이고 전환사채, 신주인수권사채 등과 같은 옵션부 증권의 가격을 산출하는데 이용된다.
3. 옵션의 관점에서 보면 주식은 자산을 기초자산으로 하고 부채액면금액이 행사가격인 콜옵션과 같다. 따라서 OPM으로 평가한 콜옵션의 가치가 곧 주식가치가 된다. 그리고 이렇게 구한 주식가치를 자산에서 차감하면 부채의 가치가 된다.
4. 전환사채나 신주인수권부사채는 일반사채에 전환권, 신주인수권이 부가된 것이다. 그런데 전환권, 신주인수권이 옵션이기 때문에 이를 OPM으로 평가한 값을 일반사채의 가치에 더하면 전환사채나 신주인수권부사채의 가치를 구한 것이 된다.
5. 그러나 수의상환사채의 수의상환권은 사채발행자가 갖는 옵션이다. 따라서 일반사채의 가치에서 수의상환권의 가치를 차감해서 수의상환사채의 가치를 구한다.
6. 실물옵션은 실물투자와 관련해서 옵션적 특성이 포함된 경우 옵션의 가치를 평가해서 투자안의 경제성을 평가하는 것인데 후속투자기회나 연기가능성은 콜옵션이, 처분기회나 지급보증은 풋옵션이 분석대상이 된다.
7. 포트폴리오보험은 주가상승으로 인한 이익은 누리면서 주가하락으로 인한 손실은 일정한 범위로 제한시키는 기법이다. 이를 구성하는 방법으로는 ① 주식과 풋옵션을 결합하는 방법, ② 채권과 콜옵션을 결합하는 방법, 그리고 ③ 주식과 채권을 넘나드는 동적 헤징을 이용하는 방법이 있다.

>>> 연습문제 15 - 1

가나기업은 할인채와 주식발행으로만 자본을 조달한 기업이다. 할인채의 만기까지 남은 기간은 3년이고 액면금액은 50억원이라고 하자.

(1) 가나기업의 자기자본가치(S)와 부채(B)의 가치를 콜옵션을 이용해서 그림과 함께 설명하라.

(2) 풋옵션을 이용해서 가나기업의 자기자본가치(S)와 부채(B)의 가치를 그림과 함께 설명하라.

(3) (1)과 (2)의 관계에서 풋-콜 패리티의 식을 도출하라.

해설

(1) 콜옵션을 이용한 자기자본과 부채의 만기가치는 다음과 같다.

자기자본(S)	부 채(B)
① 행사가격 50억원, 만기 3년 남은 콜옵션 매입	② 기업자산을 매입하면서 ③ ①과 같은 콜옵션을 발행

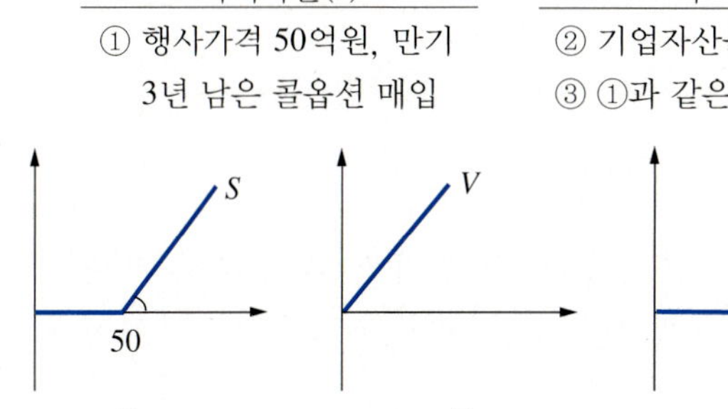

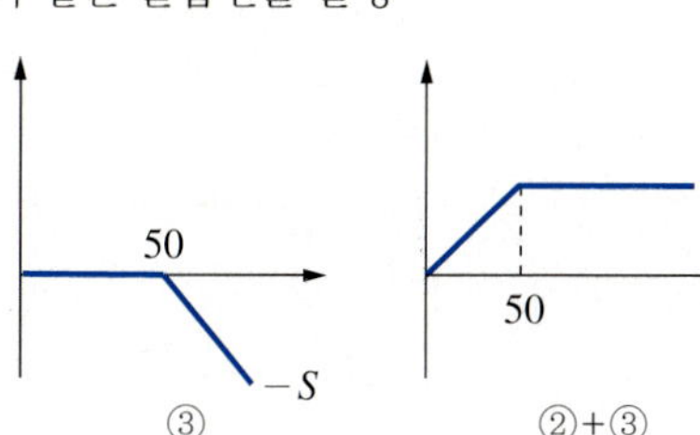

(2) 풋옵션을 이용한 자기자본과 부채의 만기가치는 다음과 같다.

자기자본(S)	부 채(B)
① 기업자산을 매입하고 ② 만기 3년, 액면 50억원 할인채 발행 ③ 만기 3년, 행사가격 50억원 풋옵션매입	④ 액면 50억원, 만기 3년인 할인채매입 ⑤ 행사가격 50억원, 만기 3년인 풋옵션 매도

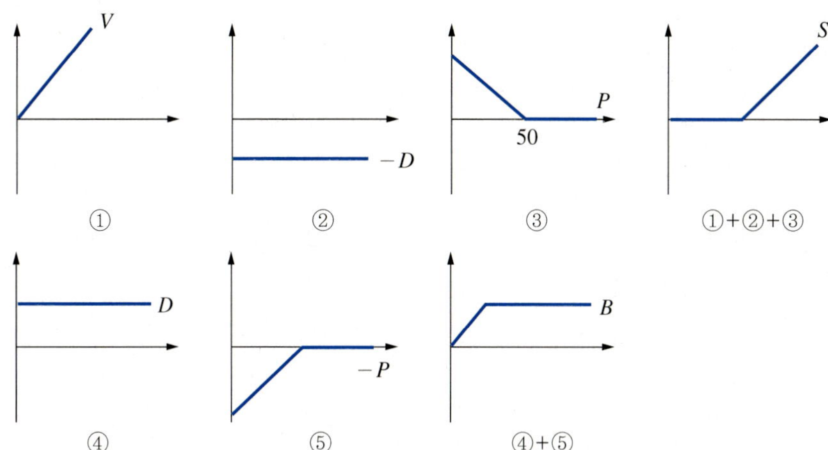

(3) 콜옵션이나 풋옵션 중 어느 것을 이용해도 만기가치가 동일하면 그 현재가치(가격)도 동일하므로 다음 식이 성립한다.

① 콜옵션을 이용한 자기자본의 현재가치 = 풋옵션을 이용한 자기자본의 현재가치

$$S_0 = V_0 - \frac{D}{e^{R_f t}} + P_0$$

② 콜옵션을 이용한 부채의 현재가치 = 풋옵션을 이용한 부채의 현재가치

$$V_0 - S_0 = \frac{D}{e^{R_f t}} - P_0$$

①, ②로부터 공통적으로 다음의 풋-콜 패리티식이 성립한다.

$$P_0 = S_0 - V_0 + \frac{D}{e^{R_f t}}$$

이 식은 기호만 바뀌었을 뿐 풋-콜 패리티를 나타내는 식 (14.3)과 동일한 것이다.

>>> 연습문제 15 - 2

가나기업의 현재 자산가치는 120억원이고 자산수익률의 표준편차는 0.2이다. 그리고 부채를 두 가지 방법으로 조달한 상태이다. 즉, 은행차입금 40억원을 차입하였는데, 이는 매년 8% 이자를 지급하다가 원금을 상환하는 조건이고 만기까지는 6년이 남아 있다. 그리고 액면 80억원의 할인채를 발행하였으며 이의 만기까지는 2년이 남아 있다. 시장이자율은 8%라고 가정하고 다음 물음에 답하라.

(1) 가나기업의 자기자본가치를 구하라.
(2) 가나기업의 부채가치를 구하고 현재 이 기업이 부담하고 있는 부채의 자본비용을 산출하라.
(3) 채권단은 가나기업이 발행한 부채에 대해서 지급보증을 요구하고 있다. 지급보증의 가치는 얼마인가?

해설

이는 여러 형태의 부채를 발행한 기업의 자본구조를 OPM으로 분석하는 것이다. 먼저 발행부채의 내용을 정리하면 다음과 같다.

부채종류	액 면	이자율	만 기
차입금	40억원	8%	6년
할인채	80	0	2

(1) 자기자본을 콜옵션으로 볼 때 옵션만기는 각 부채듀레이션을 액면금액을 가중치로 계산한 듀레이션을 이용한다.

$$\text{차입금듀레이션} \quad D_1 = 1 \times \frac{\left(\dfrac{3.2}{1.08}\right)}{40} + 2 \times \frac{\left(\dfrac{3.2}{1.08^2}\right)}{40} + \cdots + 6 \times \frac{\left(\dfrac{43.2}{1.08^6}\right)}{40} = 5(\text{년})$$

할인채듀레이션 $D_2 = 2$(년)

따라서 액면가중듀레이션은 다음과 같다.

$$D = 5 \times \frac{40}{120} + 2 \times \frac{80}{120} = 3(\text{년})$$

이러한 과정은 여러 형태의 부채를 종합해서 하나의 할인채로 전환시키는 것이다. 즉, 가나기업은 만기 3년, 액면금액 120억원인 단일의 할인채를 발행한 것과 동일하다는 의미이다.

이제 OPM을 이용하기 위한 관련값들을 구한다.

$$d_1 = \frac{\ln\left(\frac{120}{120}\right) + \left(0.08 + \frac{0.2^2}{2}\right) \times 3}{0.2\sqrt{3}} = 0.8660$$

$$d_2 = 0.8660 - 0.2\sqrt{3} = 0.5196$$

$$N(d_1) = 0.8078, \quad N(d_2) = 0.6985$$

따라서 자기자본가치(S)는 다음과 같다.

$$S = 120 \times 0.8078 - \frac{120}{e^{0.08 \times 3}} \times 0.6985 = 31(\text{억원})$$

(2) 부채의 현재가치는 다음과 같다.

$$B = V - S = 120 - 31 = 89(\text{억원})$$

그리고 이 값은 만기 3년, 액면 120억원 할인채의 현재가치이므로 부채의 자본비용은 다음과 같이 산출된다.

$$89 \times (1 + R)^3 = 120 \qquad \therefore\ R = 10.47(\%)$$

$$\text{또는} \left(\frac{120}{89}\right)^{\frac{1}{3}} - 1 = 10.47(\%)$$

(3) 지급보증의 가치는 무위험채권과 위험채권의 현재가치 차이에 해당하는 다음 금액이 된다.

$$\frac{120}{e^{0.08 \times 3}} - 89 = 5.4(\text{억원})$$

>>> 연습문제 15 - 3

가나기업은 현재 300억원의 가치를 갖는 토지만을 자산으로 보유하고 있는 무부채기업으로서 발행주식수는 100만 주이다. 가나기업은 3년 후에 현금이 유입되는 어떤 투자안을 수행하려고 하는데, 소요자금은 150억원이며 이 투자안의 NPV는 28억원이다. 가나기업은 이 소요자금을 무위험이자율인 12%에 만기 5년인 할인사채를 발행하여 조달하는 계약을 체결하였다. 그런데 즉시 다음과 같은 정보가 들어왔다.

1. 무위험이자율이 10%로 하락하였다.
2. 가나기업 보유 토지에 대규모 주택단지가 들어선다는 발표가 있다. 주택단지 개발을 위해 정부는 즉시 가나기업 토지를 800억원에 수용할 것이다.

완전자본시장을 가정하여 다음 각 물음에 답하라.

(1) 가나기업의 1주당 가격은 얼마인가?
(2) 기업의 주식을 기초자산으로 하여 만기 3년인 유로피언 콜옵션을 324억원에 발행한다면 행사가격은 얼마인가?
(3) (2)에서 구한 행사가격으로 풋옵션을 발행한다면 발행가격은 얼마인가?
(4) 콜옵션의 발행가격이 641억원이고 풋옵션의 발행가격이 5억원이고 두 옵션의 행사가격이 모두 200억원이라면 재정거래가 발생하지 않을 무위험이자율은 얼마인가? 단, 이자율에 관계없이 토지가격은 변하지 않는다고 가정하라.

(1) 12% 이자율에서 투자안의 NPV가 28억원이므로 이 투자안은 현시점에서 150억원을 투자하면 3년 후의 가치가 다음과 같다.

$$(150 + 28) \times (1 + 0.12)^3 = 250(\text{억원})$$

그런데 이자율이 10%로 하락하였으므로 투자안의 NPV는 다음과 같이 변화한다.

$$NPV = \frac{250}{(1+0.1)^3} - 150 = 38(\text{억원})$$

그러나 NPV 38억원이 모두 주주에게 귀속되는 것은 아니다. 왜냐하면 사채조달계약을 10%가 아닌 12%로 체결하였으므로 NPV의 일부가 채권자에게로 귀속되기 때문이다. 이때 채권자가 갖게 되는 NPV는 다음과 같이 구한다.

① 사채의 액면가액 $150 \times (1 + 0.12)^5 = 264$

② 이자율하락 후 사채의 현재가치 $\frac{264}{(1+0.1)^5} = 164$

③ 이자율변경 전 사채의 현재가치 150

④ 채권자의 NPV(= ② − ③) 14

따라서 가나기업 주주의 입장에서 투자안수행에 따른 NPV는 24억원(=38 − 14)이 되며 1주당 가격은 다음과 같이 산출된다.

$$\frac{800\text{억원} + 24\text{억원}}{100\text{만 주}} = 82,400(\text{원})$$

(2) 현재 824억원의 가치를 갖는 주식이 기초자산이므로 행사가격 X는 다음과 같이 구할 수 있다.

$$C = S - \frac{X}{(1+R_f)^t}$$

$$324 = 824 - \frac{X}{(1+0.1)^3} \quad \therefore X = 666(\text{억원})$$

(3) 풋 − 콜 패리티를 이용하여 풋옵션의 가치를 구하면 다음과 같이 0이 된다.

$$P = -S + C + \frac{X}{(1+R_f)^t}$$

$$= -824 + 324 + \frac{666}{(1+0.1)^3} = 0$$

(4) 역시 풋－콜 패리티를 이용해야 한다.

$$S + P - C = \frac{X}{(1+R_f)^t}$$

그런데 여기서 주가 S는 무위험이자율의 수준에 따라 달라지게 되므로 다음과 같이 산출된다.

$$S = 800 + \frac{250}{(1+R_f)^3} - \frac{264}{(1+R_f)^5}$$

따라서 풋－콜 패리티는 다음과 같이 표현된다.

$$\left(800 + \frac{250}{(1+R_f)^3} - \frac{264}{(1+R_f)^5}\right) + 5 - 641 = \frac{200}{(1+R_f)^3}$$

위 식을 시행착오법으로 풀어보면 $R_f = 5\%$이다.

>>> 연습문제 15 - 4

기업가치가 2,000만원인 가나기업은 현재 액면가액이 1,000만원이고 무이자부 만기일시상환조건인 부채를 사용하고 있는데 만기까지 4년이 남아 있다. 자산수익률의 표준편차는 0.2이고 무위험이자율은 6%일 때 다음 각 물음에 답하라.

(1) 가나기업의 현재 발행주식수가 5,000주일 때 1주당 가격은 얼마인가?

(2) 가나기업의 자산은 현금 800만원, 고정자산 1,200만원으로 구성되어 있는데 현금 800만원 중 500만원을 주주에게 배당하였다. 이러한 배당으로 자산수익률의 표준편차가 0.25로 증가하였다.

① 배당 후 1주당 가격은 얼마인가? 자산수익률의 표준편차를 고려하지 않은 주가수준과 비교하라.

② 이러한 배당으로 가나기업의 주식을 300주 보유한 주주의 부의 수준은 얼마나 증가(또는 감소)하는가?

(3) 가나기업과 기업규모, 위험 및 자본구조가 동일하고 가나기업의 수익률과의 상관계수가 0.6인 ABC기업이 있다. 가나기업의 경영자는 ABC기업과의 합병을 고려중이다.

① 합병 후 주가변화액을 산출하고 이를 근거로 합병에 대한 주주의 입장을 밝혀라.

② 합병동기에 관한 이론을 3개 이상 설명하라.

해설

(1) Black-Scholes 모형을 이용해서 자기자본가치를 구하려면

$$S = V \cdot N(d_1) - \frac{D}{e^{Rft}} \cdot N(d_2) \text{에서}$$

$$d_1 = \frac{\ln\left(\frac{2,000}{1,000}\right) + \left(0.06 + \frac{0.04}{2}\right) \times 4}{0.2 \times \sqrt{4}} = 2.533$$

정규분포표를 이용하면 $N(d_1) = N(2.533) = 0.99434$
같은 방법으로 $d_2 = 2.133$, $N(d_2) = N(2.133) = 0.98352$

따라서 $S = (2,000) \times 0.99434 - \frac{(1,000)}{e^{0.06 \times 4}} \times 0.98352 = 1,215$(만원)

$$\therefore \text{1주당 가격} = \frac{1,215(\text{만원})}{5,000(\text{주})} = 2,430(\text{원})$$

(2) OPM을 이용해서 배당의 효과를 살펴본다.

$V = 2,000 - 500 = 1,500$ (만원), $\sigma = 0.25$이므로

$$d_1 = \frac{\ln\left(\frac{1,500}{1,000}\right) + \left(0.06 + \frac{0.0625}{2}\right) \times 4}{0.25 \times \sqrt{4}} = 1.54$$

정규분포표를 이용하면 $N(d_1) = N(1.54) = 0.9382$
같은 방법으로 $d_2 = 1.04$, $N(d_2) = N(1.04) = 0.8508$
따라서 $S = (1,500) \times 0.9382 - \frac{(1,000)}{e^{0.06 \times 4}} \times 0.8508 = 738$(만원)

$$\therefore \text{1주당 가격} = \frac{738(\text{만원})}{5,000(\text{주})} = 1,476(\text{원})$$

한편, 배당에 따른 자산수익률의 표준편차 증가를 고려하지 않은 배당락 주가는 다음과 같다.

$$2,430 - \frac{5,000,000(\text{원})}{5,000(\text{주})} = 1,430\ (\text{원})$$

따라서 46(=1,476−1,430)원이 위험증가에 의한 효과이다.

배당 전 부(W)

300(주) × 2,430(원) = 729,000(원)

배당 후 부(W)

주가 : 300(주) × 1,476(원) = 442,800(원)

$$\text{배당} : 500(\text{만원}) \times \frac{300(\text{주})}{5,000(\text{주})} = 300,000(\text{원})$$

742,800(원)

따라서 가나기업 주식 300주를 보유한 주주는 배당으로 인해서 13,800(= 742,800 − 729,000)원의 부가 증가한다. 이는 1주당 효과를 고려해서 다음과 같이 산출해도 동일하다.

$$46(\text{원}) \times 300(\text{주}) = 13{,}800(\text{원})$$

(3) OPM을 이용해서 합병의 효과를 살펴본다.

① 합병 후 자산수익률의 분산은 다음과 같다.

$$\sigma^2 = w_1^2\sigma_1^2 + w_2^2\sigma_2^2 + 2w_1w_2\,\rho_{12}\sigma_1\sigma_2$$
$$= \left(\frac{1}{2}\times 0.2\right)^2 + \left(\frac{1}{2}\times 0.2\right)^2 + 2\left(\frac{1}{2}\right)\left(\frac{1}{2}\right)(0.6)(0.2)(0.2) = 0.032$$

그리고 $V = 2{,}000 + 2{,}000 = 4{,}000$, $D = 1{,}000 + 1{,}000 = 2{,}000$이므로

$$d_1 = \frac{\ln\left(\frac{4{,}000}{2{,}000}\right) + \left(0.06 + \frac{0.032}{2}\right)\times 4}{0.179 \times \sqrt{4}} = 2.7853$$

정규분포표를 이용하면 $N(d_1) = N(2.7853) = 0.99733$

같은 방법으로 $d_2 = 2.427$, $N(d_2) = N(2.427) = 0.9924$

따라서 $S = (4{,}000)\times 0.9973 - \frac{(2{,}000)}{e^{0.06\times 4}} \times 0.9924 = 2{,}428(\text{만원})$

이제 발행주식수는 10,000주(= 5,000주 + 5,000주)이므로 1주당 가격은 다음과 같이 산출된다.

$$1\text{주당 가격} = \frac{2{,}428(\text{만원})}{10{,}000(\text{주})} = 2{,}428(\text{원})$$
$$\text{주가변화액} = 2{,}428 - 2{,}430 = -2\,(\text{원})$$

합병으로 인한 다른 효과가 없는 한 주가하락으로 주주들은 부의 손실을 입게 되므로 합병에 반대할 것이다.

② 합병동기를 설명하는 이론으로는 다음과 같은 것들이 있다.

i) 시너지효과

시너지효과(synergy effect)는 운용시너지와 재무시너지로 대별되는데, 전자는 마케팅 효율화, 전략적 우위, 시장지배력 증대에 따른 수익증대효과와 규모의 경제, 수직적 협력, 자원의 상호보완 및 무능한 경영진 교체에 따른 비용의 절감효과로 구성된다. 재무시너지는 자본비용(할인율)의 감소효과에 따른 기업가치 증가효과 및 부채조달 능력의 증대효과를 말한다.

ii) 저평가가설

합병대상기업의 주가수준이 내재가치에 비해 낮게 형성되어 있을 때 새로운 설비투자보다는 기존 기업을 인수하는 것이 유리하다.

iii) 경영자주의

주주의 이익을 위해서가 아니고 경영자가 자신의 위치를 확고히 하는 수단으로서 합병을 이용한다는 것이다.

iv) 대리이론

비효율적인 경영을 하는 기업은 인수대상기업이 되기 쉽고 따라서 대리인(경영자)의 위치가 위협을 받게 되므로 경영자는 대리비용을 감소시키는 의사결정을 하게 된다는 것이다.

>>> 연습문제 15 - 5

가나기업은 액면 2천만원(단위당 액면 1백만원)의 전환사채를 만기 1년, 무이자 지급 조건으로 발행하였다. 전환사채의 전환비율은 40이며 현재 가나기업의 발행주식수는 1,200주(단위당 액면 1만원)이다.

(1) 전환사채의 전환권은 콜옵션의 성격을 갖는다. 콜옵션의 행사가격을 구하라.
(2) 1년 후 전환권이 행사될 것으로 판단되는 기업가치의 수준은 얼마인가?
(3) 1년 후 기업가치수준에 따른 전환사채의 가치변화를 그 도출과정과 함께 그림으로 나타내라.
(4) 1년 후 기업가치가 1천만원, 3천만원, 6천만원일 때 각각의 경우에 전환사채의 가치와 기존 주식의 가치는 각각 얼마인가?

해설

(1) 전환권 만기에 대한 별도의 언급이 없으므로 사채만기와 같다고 본다. 이 경우 콜옵션으로서 전환권의 행사가격은 곧 전환가격이며 이는 보통주 1주의 취득대가를 의미한다. 그 금액은 다음과 같다.

$$\frac{1{,}000{,}000}{40} = 25{,}000$$

그러나 사채만기 이전에 전환권 만기가 도래된다면 전환권의 행사가격은 사채보유에 따른 미래현금흐름에 대한 전환시점에서의 현재가치가 된다.

(2) 전환권을 모두 행사할 경우 보유주식수는 20개 $CB \times 40 = 800$주,

따라서 지분율$(a) = \dfrac{800}{1{,}200+800} = 40\%$

전환권이 행사되려면 기업가치(V)의 40%가 2,000만원 이상이 되어야 한다.

$$\therefore \ \frac{2{,}000}{0.4} = 5{,}000\text{만원}$$

또는 $C = \max\ [0,\ a \cdot V - D]$에서

단, a : 지분율, V : 기업가치, D : 사채액면

$$a \cdot V - D > 0 \quad \rightarrow \quad V > \frac{D}{a} = \frac{2{,}000}{0.4} = 5{,}000\text{만원}$$

(3) 1년 후 전환사채의 만기손익은 다음과 같이 일반사채와 전환권의 만기손익을 합하여 도출된다.

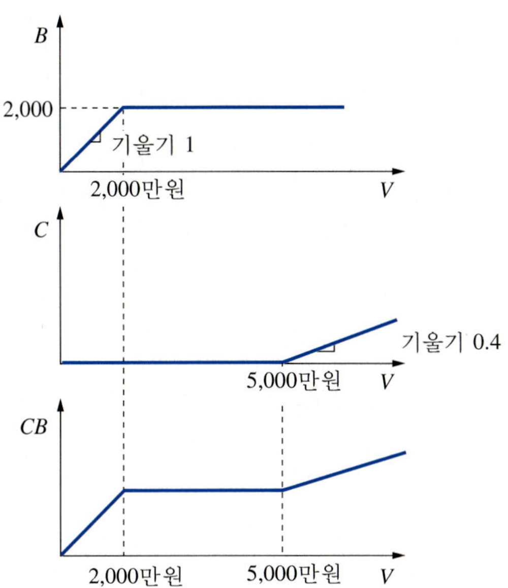

(4) 1년 후 기업가치 수준에 따른 *CB*가치는 (3)의 그림을 이용하여 구하고 기존 주식가치는 기업가치에서 이를 차감하여 산출할 수 있다.

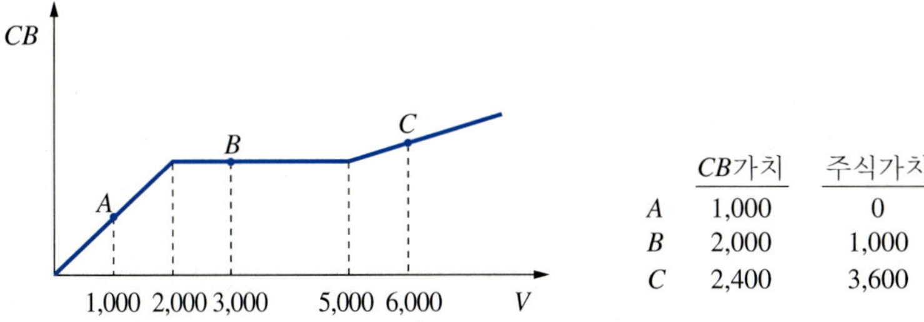

	*CB*가치	주식가치
A	1,000	0
B	2,000	1,000
C	2,400	3,600

>>> 연습문제 15 - 6

가나기업은 1년 후 만기가 도래되는 전환사채를 액면이자율 4.75% 조건으로 발행하였다. 전환사채 1개당 액면가액은 $1,000이고 전환가격은 $47이며 전환사채는 액면 102.75%에 상환할 수 있다. 전환사채의 현재시장가격은 액면 91%이고 가나기업의 보통주 가격은 1주당 $41.5이다. 전환권 없는 사채의 가격이 액면 65%라고 가정하고 다음 물음에 답하라.

(1) 전환비율은 얼마인가?
(2) 전환가치(conversion value)는 얼마인가?
(3) 전환가치가 사채가치와 같아지는 주가수준을 구하고 그림으로 나타내라.
(4) 전환사채 소유자가 보통주 1주를 구입할 수 있는 옵션을 취득하기 위해 지불할 수 있는 최대금액은 얼마인가?

해설

(1) 전환비율은 다음과 같이 구한다.

$$전환비율 = \frac{사채액면금액}{전환가격} = \frac{1,000}{47} = 21.28$$

(2) 전환가치는 다음과 같이 산출된다.

$$\begin{aligned} 전환가치 &= 전환비율 \times 현재주가 \\ &= 21.28 \times 41.5 = 883.12 \end{aligned}$$

(3)

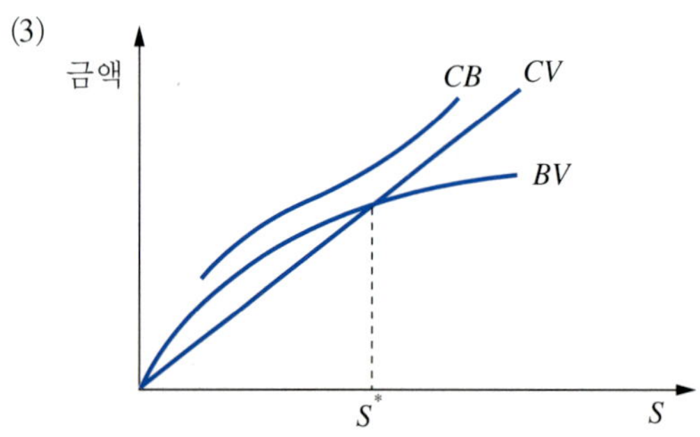

위 그림의 S^*에서 전환가치는 다음과 같다.

$$전환가치(CV) = 21.28 \times S^*$$

그리고 일반사채의 가치는 다음과 같다.

$$일반사채(BV) = 1,000 \times 65\% = 650$$

이 두 값이 같아야 하므로 다음과 같이 S^*를 구한다.

$$21.28 \times S^* = 650 \quad \therefore \ S^* = 30.55$$

(4) 전환권의 가치는 다음과 같다.

$$CB - BV = 1,000 \times 0.91 - 1,000 \times 0.65 = 260$$

그런데 이는 보통주식 21.28주에 대한 것이므로 1주 취득 · 옵션에 대해 지불할 수 있는 금액은 다음과 같다.

$$\frac{260}{21.28} = 12.22$$

>>> 연습문제 15 – 7

가나기업은 유상증자로 새로운 투자에 필요한 자금을 조달하려 한다. 현재 발행주식수는 10,000주이고 1주당 가격은 30,000원이다. 투자소요자금은 1.2억원인데 이사회에서는 신주발행가격을 24,000원으로 결정하였다.

(1) 신주인수권의 가치를 산출하라.
(2) 권리락을 설명하고 권리락폭을 산출하여 (1)과 비교하라.

해설

(1) 먼저 신주발행 주식수를 산출한다.

$$\frac{1.2\text{억원}}{24{,}000\text{원}} = 5{,}000(\text{주})$$

따라서 신주발행 후 형성될 평균주가는 다음과 같다.

$$\frac{\text{신주발행 전 자기자본} + \text{주금납입액}}{\text{기발행주식수} + \text{신주발행주식수}}$$
$$= \frac{10{,}000\text{주} \times 30{,}000\text{원} + 1.2\text{억원}}{10{,}000\text{주} + 5{,}000\text{주}} = 28{,}000(\text{원})$$

즉, 신주인수권은 28,000원 가격인 주식을 24,000원으로 구입할 수 있는 것이다.

그런데 구주 10,000주에 대해 신주 5,000주가 발행되는 것이므로 신주 1주 구입에 2개의 신주인수권이 필요하므로 구주식 1주의 신주인수권 가치는 다음과 같다.

$$\frac{28{,}000 - 24{,}000}{2} = 2{,}000$$

(2) 권리락(stock ex-rights)이란 신주인수권의 행사에 따라 주가가 하락하는 희석화(dilution)현상을 말한다.

즉, 30,000원 → 28,000원이므로 권리락폭은 2,000원인데 이는 (1)에서 산출한 신주인수권 가치와 동일하게 된다.

>>> 연습문제 15 – 8

무부채기업인 가나기업은 현재 100만 주의 보통주를 발행한 상태인데 1주당 가격은 60,000원이다. 경영자에게 인센티브를 주기 위해서 만기 5년, 행사가격 70,000원인 신주인수권을 1개당 10,000원에 4만 개를 매입하여 보유하도록 하였다.

(1) 가나기업의 만기주가가 ① 50,000원, ② 80,000원, ③ 100,000원일 때 신주인수권의 만기가치는 얼마인가?
(2) 무위험이자율이 5%이고 가나기업 주식수익률의 위험(σ)이 31.3%일 때 신주인수권의 현재가치는 얼마인가?
(3) 가나기업 경영자는 신주인수권의 취득으로 얼마의 이익을 얻은 것인가?

해설

(1) 각 주가수준에서의 만기가치 W는 다음과 같다.

① $W = \max[50{,}000 - 70{,}000,\ 0] = 0$
② $W = \max[80{,}000 - 70{,}000,\ 0] = 10{,}000$
③ $W = \max[100{,}000 - 70{,}000,\ 0] = 30{,}000$

(2) 여기서는 옵션가격표를 이용해보자. 이를 위해서 $\sigma\sqrt{t}$ 와 $\dfrac{S}{X \cdot e^{-R_f t}}$를 먼저 구한다.

$$\sigma\sqrt{t} = 0.313 \times \sqrt{5} = 0.7$$

그런데 현재주가 S는 다음과 같다.

$$S = \frac{100\text{만 주} \times 6\text{만원} + 4\text{만 개} \times 1\text{만원}}{100\text{만 주}} = 60{,}400$$

따라서

$$\frac{S}{X \cdot e^{-R_f t}} = \frac{60{,}400}{70{,}000 \times e^{-0.05 \times 5}} = 1.11$$

옵션가격표에서 0.7과 1.11의 교차점에 해당하는 비율은 약 0.31이 된다. 그러므로 신주인수권의 현재가격 W는 다음과 같이 산출된다.

$$W = 60{,}400 \times 0.31 = 18{,}724\,(\text{원})$$

그리고 희석화효과를 고려한 신주인수권의 현재가격은 다음과 같다.

$$\frac{N_S}{N_S + N_w} \times W = \frac{1{,}000{,}000}{1{,}000{,}000 + 40{,}000} \times 18{,}724 = 18{,}003.85\,(\text{원})$$

(3) 신주인수권 취득에 따른 경영자의 이익은 다음과 같다.

i) 신주인수권 가치 $18{,}003.85 \times 40{,}000 = 720{,}154{,}000$
ii) 이에 대한 대가지급 $10{,}000 \times 40{,}000 = 400{,}000{,}000$
$320{,}154{,}000$

>>> 연습문제 15 – 9

가나기업은 일반사채로서는 45억원의 가치를 갖는 신주인수권부사채(*BW*)를 액면발행하여 50억원을 조달할 계획이다. 발행조건은 다음과 같다.

신주인수권의 만기 : 5년
신주인수권의 행사가격 : 1주당 20,000원
사채액면 5만원당 1주를 인수할 수 있다.

신주인수권부사채를 발행하기 이전에 가나기업의 보통주 발행주식수는 100만 주이고 1주당 가격은 25,000원이다. 그리고 가나기업 주식수익률의 분산이 25%이고 무위험이자율은 연 15%라고 가정하여 다음 각 물음에 답하라.

(1) 신주인수권의 기초자산가격을 현재주가 25,000원으로 가정하여 신주인수권의 가

치를 산출하라.
(2) (1)과 같은 결과의 문제점을 지적하라. 그리고 신주인수권의 행사에 따른 희석화효과까지 반영된 올바른 신주인수권의 가치를 구하라.

 해설

(1) 다음과 같이 Black-scholes모형을 이용한다.

$$C = S \cdot N(d_1) - \frac{X}{e^{R_f t}} \cdot N(d_2)$$

$$d_1 = \frac{\ln\left(\frac{S}{X}\right) + \left(R_f + \frac{\sigma^2}{2}\right) \cdot t}{\sigma\sqrt{t}}, \quad d_2 = d_1 - \sigma\sqrt{t} \text{ 에서}$$

$$d_1 = \frac{\ln\left(\frac{22,000}{20,500}\right) + \left(0.15 + \frac{0.25}{2}\right) \times 5}{0.5 \times \sqrt{5}} = 1.4294$$

그리고 $d_2 = 1.4294 - 0.5 \times \sqrt{5} = 0.3114$
표준정규분포표를 이용하면

$$N(d_1) = N(1.4294) = 0.9235$$
$$N(d_2) = N(0.3114) = 0.6222$$

이를 Black-Scholes 모형에 대입하면

$$C = 25,000 \times 0.9235 - \frac{20,000}{e^{0.15 \times 5}} \times 0.6222 = 17,209(\text{원})$$

(2) 위에서 사용한 기초자산가격 25,000원은 BW를 발행하기 이전의 주가로서 올바른 가격이 아니다. BW발행을 고려하면 신주인수권 행사전의 1주당 가격을 다음과 같이 구한다.

$$S = \frac{2(25,000\text{원} \times 100\text{만 주}) + (50\text{억원} - 45\text{억원})}{100\text{만 주}} = 25,500\,(\text{원})$$

이때

$$d_1 = \frac{\ln\left(\frac{22,500}{20,500}\right) + \left(0.15 + \frac{0.25}{2}\right) \times 5}{0.5 \times \sqrt{5}} = 1.4471$$

$$d_2 = 1.4471 - 0.5 \times \sqrt{5} = 0.3291$$

그리고 역시 표준정규분포표를 이용하면

$$N(d_1) = 0.9260, \quad N(d_2) = 0.6290$$

이를 Black-Scholes 모형에 대입하면 다음을 구할 수 있다.

$$C = 25,500 \times 0.9260 - \frac{20,000}{e^{0.15 \times 5}} \times 0.6290 = 17,671(\text{원})$$

그런데 이는 희석화효과를 고려하지 않은 것이다. 즉, 행사가격은 20,000원이 1주당 주식가치 25,500원보다 작으므로 신주인수권의 행사로 인한 주가하락효과(dilution)를 반영하면 신주인수권 가격은 다음과 같다.

$$17{,}671 \times \frac{100\text{만 주}}{100\text{만 주} + 10\text{만 주}^{*}} = 16{,}064(\text{원})$$

* 50억원 ÷ 5만원 = 10만 주

따라서 신주인수권부사채를 구입한 투자자들은 16,064(원) 가치를 갖는 신주인수권을 5,000원(= 5억원 ÷ 10만 주)에 구입한 결과가 된다.

>>> 연습문제 15 - 10

가나기업은 ABC기업을 합병하는 대가로 34억원을 지불하여야 한다. 합병자금의 일부를 조달하기 위해서 가나기업은 만기 4년인 신주인수권부사채(*BW*)를 발행하여 470백만원을 수령하였다. 신주인수권의 만기는 사채만기와 같고 사채의 액면이자율은 0.3%라고 가정하고 다음 각 물음에 답하라.

(1) BW를 발행하기 이전의 가나기업은 무부채기업으로서 당시 주가는 42,000원이며 주식수익률의 표준편차는 20%이다. 신주인수권의 행사가격은 45,000원이고 무위험이자율은 5%일 때 희석화 및 자본구조의 변경효과를 무시하고 신주인수권의 현재가치를 구하라.

(2) BW발행 전 가나기업의 발행주식수는 24,000주이다. 그런데 신주인수권을 단위당 10,370원에 7,520개를 발행하였다. 희석화효과만을 고려해서 신주인수권의 가치를 구하라.

(3) 가나기업이 *BW*를 발행하여 조달한 470백만원 중에는 (2)에서 언급된 신주인수권의 대가가 포함되어 있다. 희석화효과와 자본구조의 변경효과를 모두 고려해서 신주인수권의 가치를 구하라.

 해설

(1) 계산의 편의상 옵션가격표를 이용한다.

$$\sigma\sqrt{t} = 0.2 \times \sqrt{4} = 0.4$$

$$\frac{S}{X \cdot e^{-R_f t}} = \frac{42{,}000}{45{,}000 \times e^{-0.05 \times 4}} = 1.14$$

옵션가격표에서 위 두 값의 교차점에 있는 비율은 약 0.22가 된다. 따라서 신주인수권의 가치는 다음과 같다.

$$W = 42{,}000 \times 0.22 = 9{,}240(\text{원})$$

(2) 신주인수권 발행 전 자기자본가치는 다음과 같다.

$$42{,}000 \times 24{,}000 = 1{,}008{,}000{,}000$$

신주인수권 발행 후 자기자본가치는 다음과 같다.

$$1{,}008{,}000{,}000 + 10{,}370 \times 7{,}520 = 1{,}085{,}982{,}400$$

따라서 1주당 가격 S는 다음과 같다.

$$S = \frac{1{,}085{,}982{,}400}{24{,}000} = 45{,}250$$

옵션가격표를 이용하기 위해서 다음 값들을 산출한다.

$$\sigma\sqrt{t} = 0.2 \times \sqrt{4} = 0.4$$

$$\frac{S}{X \cdot e^{-R_f t}} = \frac{42{,}250}{45{,}000 \times e^{-0.05 \times 4}} = 1.23$$

옵션가격표에서 이들의 교차점에 있는 비율은 약 0.26이 된다. 따라서 신주인수권 가격은 다음과 같다.

$$W = 45{,}250 \times 0.26 = 11{,}765$$

그런데 이는 희석화효과를 고려하지 않은 것이므로 희석화효과를 고려하면

$$\frac{N_S}{N_S + N_w} \times W = \left(\frac{24{,}000}{24{,}000 + 7{,}520}\right) \times 11{,}765 = 8{,}958$$

이러한 경우 신주인수권을 취득한 사람은 단위당 1,412(= 10,370 − 8,958)원의 손실을 보는 것이다.

(3) BW 중 순수한 부채의 가치는 다음과 같다.

$$470{,}000{,}000 - 10{,}370 \times 7{,}520 = 392{,}017{,}600(\text{원})$$

따라서 BW발행 후 재무상태표는 다음과 같이 작성할 수 있다.(단위: 백만원)

재무상태표

V 1,478	B 392
	S 1,086

이제 부채발행에 따른 자기자본의 위험증가효과는 다음과 같다.

$$\sigma_p^2 = \left(\frac{B}{V}\right)^2 \sigma_B^2 + \left(\frac{S}{V}\right)^2 \sigma_S^2 + 2\left(\frac{B}{V}\right)\left(\frac{S}{V}\right) \cdot \sigma_{BS}$$

$$0.2^2 = 0 + \left(\frac{1{,}086}{1{,}478}\right)^2 \sigma_S^2 + 0$$

$$\therefore\ \sigma_S = 0.27$$

옵션가격표를 이용하기 위해서 다음 값들을 산출한다.

$$\sigma\sqrt{t} = 0.27 \times \sqrt{4} = 0.54$$

$$\frac{S}{X \cdot e^{-R_f t}} = \frac{42{,}250}{45{,}000 \times e^{-0.05 \times 4}} = 1.23$$

이들의 교차점에 해당하는 비율을 옵션가격표에서 찾으면 약 0.31이 된다.
따라서 신주인수권 가격은 다음과 같다.

$$W = 45{,}250 \times 0.31 = 14{,}027.5$$

그리고 희석화를 고려한 신주인수권 가격은 다음과 같다.

$$\frac{N_S}{N_S + N_w} \times W = \left(\frac{24{,}000}{24{,}000 + 7{,}520}\right) \times 14{,}027.5 = 10{,}681$$

>>> 연습문제 15 - 11

액면금액은 100,000원, 액면이자율이 10%인 수의상환사채가 있다. 이 사채의 만기는 2년이지만 발행회사는 1년 후에 액면금액으로 상환할 수 있다. 현재 시장이자율은 12%이고 이는 동일한 확률로 20% 상승하거나 하락하는 이항분포를 따른다. 수의상환권의 가치를 산출하라.

 해설

일반사채(bullet bond)의 가치와 수의상환사채의 가치를 구하여 그 차이를 산출하면 수의상환권의 가치가 된다. 먼저 이자율의 이항분포를 나타내면 다음과 같다.

$$12 \begin{cases} \nearrow 14.4\% \\ \searrow 9.6\% \end{cases}$$

그리고 이를 이용해서 일반사채의 가치를 이항분포로 나타내면 다음과 같다.

$$B_0 \begin{cases} \nearrow ① \ 106{,}154 \begin{cases} \nearrow 110{,}000 \\ \searrow 110{,}000 \end{cases} \\ \searrow ② \ 110{,}365 \begin{cases} \nearrow 110{,}000 \\ \searrow 110{,}000 \end{cases} \end{cases}$$

1기 후 채권가치는 2기 현금유입액(원금과 이자)의 현재가치와 1기 후 수령이자의 합이다.

$$① \ \frac{110{,}000}{1 + 0.144} + 10{,}000 = 106{,}154$$

$$② \ \frac{110{,}000}{1 + 0.096} + 10{,}000 = 110{,}365$$

따라서 일반사채의 현재가치는 다음과 같다.

$$B_0 = \frac{106{,}154 \times 0.5 + 110{,}365 \times 0.5}{1 + 0.12} = 96{,}660$$

그런데 1기 후 금리가 하락한 상황 ②에서 채권가격은 100,365$\left(= \frac{110{,}000}{1.096}\right)$이다. 이는 상환가액(call price) 100,000보다 높은 금액이므로 발행회사는 수의상환권을 행사할 것이다.

따라서 채권투자자의 입장에서 1기 후 금리하락한 경우의 가치는 110,000(= 100,000 + 10,000)이 되고 이에 따라 수의상환사채의 현재가치는 다음과 같다.

$$CB_0 = \frac{106,154 \times 0.5 + 110,000 \times 0.5}{1 + 0.12} = 96,497$$

그러므로 수의상환권의 가치는 다음과 같다.

$$\begin{aligned}\text{수의상환권가치} &= \text{일반사채가치} - \text{수의상환사채가치} \\ &= 96,660 - 96,497 = 163\end{aligned}$$

>>> 연습문제 15 – 12

투자안 A는 250억원이 소요되는데 이에 따른 현금유입은 첫째 해 20억원, 둘째 해 30억원, 그리고 셋째 해부터는 매년 3%씩 증가된다. 그리고 투자안 A를 채택하면 둘째 해에 가서 새로운 투자안 B를 수행할 기회가 주어지는데 이는 투자비용이 350억원이고 1년 후에 30억원, 2년 후에 40억원, 그 이후부터는 역시 매년 3%씩 증가되는 현금흐름을 가져다 준다.

(1) 투자안 A의 경제성을 NPV값을 구해서 판단하라. 단, 할인율은 15%이다.
(2) 투자안 A에 이어서 투자안 B를 함께 수행한다면 (1)의 결과는 어떠한가? NPV법으로 평가하라.
(3) (2)의 내용을 옵션에 기초해서 평가하라. 단, 주어진 미래현금흐름의 변동성은 표준편차 0.5이고 무위험이자율은 10%이다.

(1) 투자안 A의 현금유입을 시간선상에 나타내면 다음과 같다.

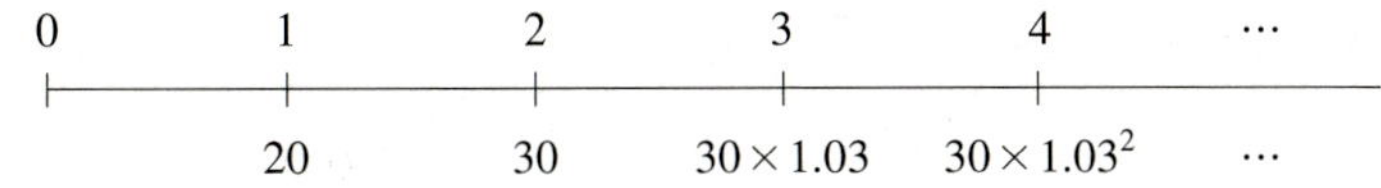

처음 2년간 현금유입의 현재가치는

$$\frac{20}{1.15} + \frac{30}{1.15^2} = 40.1$$

3년 이후 현금유입의 현재가치는 항상성장모형을 이용하여 산출할 수 있다.

$$PV_2 = \frac{C_3}{R-g} = \frac{30 \times 1.03}{0.15 - 0.03} = 257.5$$

따라서 투자안 A의 NPV는 다음과 같이 음(−)의 값을 갖게 되어 기각한다.

$$NPV_A = 40.1 + \frac{257.5}{1.15^2} - 250 = -15.2 < 0$$

(2) 투자안 B의 현금흐름을 시간선상에 나타낸다.

0	1	2	3	4	5	⋯
		−350	30	40	40×1.03	⋯

(1)과 같은 방법으로 시점 2를 기준으로 산출한 투자안 B의 NPV는 다음과 같다.

$$NPV_{B,\,2} = -350 + \frac{30}{1.15} + \frac{40}{1.15^2} + \frac{1}{1.15^2}\left(\frac{40\times 1.03}{0.15-0.03}\right) = -34.1$$

따라서 투자안 A에 이어서 투자안 B를 수행할 경우 NPV는 다음과 같이 0보다 작으므로 투자안을 기각한다.

$$NPV_{A+B} = -15.2 + \frac{(-34.1)}{1.15^2} = -41 < 0$$

(3) 투자안 B의 가치를 OPM으로 평가하기 위해 다음과 같이 관련 값들을 구한다.

$$S = \frac{350-34.1}{1.15^2} = 239$$
$$X = 350,\ t = 2,\ \sigma = 0.5$$

이들을 이용하여 d_1, d_2, $N(d_1)$, $N(d_2)$를 산출한다.

$$d_1 = \frac{\ln\left(\frac{239}{350}\right) + \left(0.1 + \frac{05^2}{2}\right)\times 2}{0.5\sqrt{2}} = 0.1$$
$$d_2 = 0.1 - 0.5\sqrt{2} = -0.61$$
$$N(d_1) = 0.5398,\ N(d_2) = 0.2709$$

이제 콜옵션가격을 다음과 같이 얻을 수 있다.

$$C = S\cdot N(d_1) - \frac{X}{e^{Rft}}\cdot N(d_2)$$
$$= 239\times 0.5398 - \frac{350}{e^{0.1\times 2}}\times 0.2709 = 51.4$$

따라서 이를 감안한 투자안 A의 가치는 양(+)의 값이므로 투자안을 채택한다.

$$NPV_A + C = -15.2 + 51.4 = 36.2 > 0$$

>>> 연습문제 15 − 13

매년 10억원의 영구적 현금흐름을 가져오는 투자안이 있다. 이를 수행하려면 90억원의 투자비용이 소요된다. 이 투자안에 대한 자본비용은 연 10%이며, 무위험이자율은 연 6%이다. 그런데 시장의 불확실성이 크게 증대되어 이 투자안을 연기할 것을 검토 중이다. 시장조사결과 이 투자안을 1년 후에 수행한다면 다음과 같은 변화가 예상된다.

시장상황	확률	변 화 내 용
호황	40%	매년 현금흐름이 20억원으로 증가
불황	60	매년 현금흐름이 6억원으로 감소

(1) 이 투자안의 연기가능성을 옵션으로 평가하여 연기 여부를 결정하라.

(2) 만약 1년 말 시점에서 경기와 무관하게 10.6억원의 배당이 지급된다면 연기옵션의 가치가 얼마가 되는가?

(3) 1년 말 시점에서 호황이면 20억원, 불황이면 6억원의 배당지급조건이 추가되고 이의 가치가 반영된 투자안의 현재가치가 105억원이 된다면 연기옵션의 가치는 얼마가 되는가?

해설

(1) 투자안과 콜옵션가치의 이항분포는 다음과 같다.

$$S=100 \begin{cases} uS=200 & C_u=\max\ [200-90,\ 0]=110 \\ dS=60 & C_d=\max\ [60-90,\ 0]=0 \end{cases}$$

상승계수 $u=2.0$, 하락계수 $d=0.6$ 이므로 헤지확률 p는 다음과 같다.

$$p=\frac{1.06-0.6}{2.0-0.6}=0.3286$$

따라서 연기옵션가치는 다음과 같이 산출된다.

$$C=\frac{110\times0.3286+0\times0.6714}{1+0.06}=34.1(\text{억원})$$

그런데 현재시점에서 투자안을 수행한다면 NPV가 다음과 같다.

$$NPV=\frac{10}{0.1}-90=10(\text{억원})$$

연기옵션가치가 투자안 NPV보다 크므로 투자안을 1년 연기한 후 투자 여부를 결정한다.

(2) 배당이 예정되어 있으면 이를 기초자산의 현재가격에 반영해야 한다. 경기와 무관한 배당 10.6억원은 무위험 현금흐름이므로 기초자산의 현재가격은 다음과 같다.

$$S_0=100+\frac{10.6}{1+0.06}=110$$

배당을 고려한 상승계수 u와 하락계수 d는 다음과 같이 산출한다.

$$u=\frac{200+10.6}{110}=1.9145,\qquad d=\frac{60+10.6}{110}=0.6418$$

따라서 헤지확률 p는 다음과 같다.

$$p=\frac{1.06-0.6418}{1.9145-0.6418}=0.3286$$

이를 이용해서 연기옵션의 가치를 산출하면 다음과 같이 34.1(억원)으로서 (1)의 결과와 같다. 즉, 무위험배당은 연기옵션가치에 영향을 주지 않는다.

$$C = \frac{110 \times 0.3286 + 0 \times 0.6714}{1 + 0.06} = 34.1(\text{억원})$$

(3) 배당을 고려한 상승계수 u와 하락계수 d를 구한다.

$$u = \frac{200 + 20}{105} = 2.0952, \quad d = \frac{60 + 6}{105} = 0.6286$$

헤지확률 p는 다음과 같다.

$$p = \frac{1.06 - 0.6286}{2.0952 - 0.6286} = 0.2941$$

따라서 연기옵션가치는 다음과 같이 산출된다.

$$C = \frac{110 \times 0.2941 + 0 \times 0.7059}{1 + 0.06} = 30.5$$

>>> 연습문제 15 - 14

가나기업은 섬유사업부를 ABC기업에 매각할 예정이다. 매각 이후 3년간은 6억원 이상의 현금유입을 보장해야 한다면 가나기업은 이의 대가로 얼마를 요구하면 적당한가? 조사결과에 따르면 3년간의 현금흐름은 다음과 같으며 그 변동성은 표준편차 0.4이고 적정한 할인율은 25%, 무위험이자율은 9%이다.

$t=1$	2	3
4.5(억원)	5.5	8.0

해설

먼저 $t=1$ 현금흐름에 대한 지급보증의 가치를 옵션가격표를 이용해서 산출한다. 1기 후 4.5억원의 현재가치는 다음과 같다.

$$\frac{4.5}{e^{0.25 \times 1}} = 3.5(\text{억원})$$

그리고 옵션가격표와 관련된 다음 값을 구한다.

$$\sigma\sqrt{t} = 0.4\sqrt{1} = 0.4$$

$$\frac{S}{X \cdot e^{-R_f t}} = \frac{3.5}{6 \cdot e^{-0.09 \times 1}} = 0.6383$$

옵션가격표에서 구한 콜옵션가격을 풋-콜 패리티식에 대입하여 풋옵션가격을 구하면 $t=1$ 현금흐름에 대한 지급보증의 가치가 된다. $t=2$, $t=3$ 현금흐름에 대한 지급보증의 가치도 같은 방법을 반복한다. 계산과정을 요약하면 다음과 같다.

시점	현재가치	$\sigma\sqrt{t}$	$S/X \cdot e^{-R_f t}$	풋
$t=1$	$4.5/e^{0.25\times1}=3.5$	$0.4\sqrt{1}=0.4$	$3.5/6\cdot e^{-0.09\times1}=0.6383$	2.42
$t=2$	$5.5/e^{0.25\times2}=3.34$	$0.4\sqrt{2}=0.5657$	$3.34/6\cdot e^{-0.09\times2}=0.6665$	1.77
$t=3$	$8.0/e^{0.25\times3}=3.78$	$0.4\sqrt{3}=0.6928$	$3.78/6\cdot e^{-0.09\times3}=0.8253$	1.53
				5.72

따라서 3년간 현금흐름에 대한 지급보증의 가치는 5.72억원이 된다.

>>> 연습문제 15 - 15

가나기업은 ABC은행에 10억원의 보유토지를 담보로 제공하고 8억원의 대출을 신청하였다. 시장금리는 연 20%이지만 정부는 대출금리를 연 10%로 규제하고 있어서 대출담당자는 가나기업과 다음과 같은 조건의 계약을 체결하였다.

ABC은행은 8억원을 가나기업에 제공하고 토지에 대한 권리를 소유하되 3년 후 시점에서 14억원에 가나기업에 토지를 되팔 수 있다. 한편 가나기업도 3년 후 시점에서 동일한 금액으로 토지를 다시 매입할 수 있다.

(1) 가나기업 자금담당자의 입장에서 이러한 제안을 수용할 것인가?

(2) 이러한 자금거래가 시장금리수준으로 이루어지도록 재매도 또는 재매입가격을 결정하면 얼마가 되는가?

(3) ABC은행의 포지션을 옵션을 이용해서 설명하라.

해설

(1) 3년 후 나타날 수 있는 상황은 다음과 같다.

① 토지가격 ≥ 14억원

이때에는 가나기업이 토지를 14억원에 매입할 것이므로 ABC은행은 14억원을 받게 된다.

② 토지가격 < 14억원

이때에는 ABC은행이 토지를 14억원에 가나기업에게 매각할 것이므로 ABC은행은 14억원을 받게 된다.

결국 어떤 경우에도 ABC은행은 3년 후 확정수익 14억원을 받게 되므로 가나기업이 부담하는 금리는 다음과 같다.

$$8\times(1+R)^3=14 \qquad \therefore R=20.51\%$$

이는 시장금리 20%보다 높은 수준이므로 ABC은행의 제안을 거부해야 한다.

(2) 재매도 또는 재매입가격을 X라고 하면 다음 식이 성립해야 시장금리수준의 자본비용을 부담하는 것이 된다.

$$X=8\times(1+0.2)^3=13.82(\text{억원})$$

(3) ABC은행은 토지(기초자산)를 보유하고 이에 대한 만기 3년인 풋옵션을 매입하면서 동일한 조건의 콜옵션을 발행한 것과 같다. 이러한 포지션은 $S+P-C$로 나타나는 헤지포트폴리오를 의미한다.

>>> 연습문제 15 - 16

가나기업의 현재주가는 30,000원이며 주가는 이항분포를 따른다. 상승계수는 1.2, 하락계수는 0.9이다. 이 주식을 보유하고 있는 연금관리자가 포트폴리오보험을 이용한 헤징을 계획하고 있다. 무위험이자율은 10%이다.

(1) 행사가격이 30,000원인 풋옵션을 이용할 때 1기 후 주가가 상승한 경우와 하락한 경우의 만기손익을 각각 산출하라. 그리고 이러한 포트폴리오보험을 이용한 경우의 만기손익을 주식만 보유한 경우와 비교해서 그림으로 나타내라.

(2) 풋옵션을 이용하지 않고 (1)과 동일한 효과를 얻을 수 있는 방법을 풋-콜패리티로 설명하라.

해설

(1) ① protective put에 관한 문제이다. 먼저 풋가격을 구하기 위해서 $S+mP$로 헤지포트폴리오를 구성하여 만기가치의 분포를 파악한다.

$$S+mP(=30{,}000+mP) \begin{cases} uS+mP_1\ (=36{,}000+m\times 0) \\ dS+mP_1\ (=27{,}000+m\times 3{,}000) \end{cases}$$

헤지포트폴리오의 만기가치는 만기상황과 무관하게 동일한 값을 가져야 하므로 다음 식에서 헤지비율 m을 구할 수 있다.

$$36{,}000=27{,}000+3{,}000m \qquad \therefore\ m=3$$

이때 재정거래기회가 존재하지 않는 풋의 균형가격은 다음과 같다.

$$(30{,}000+3P)\times(1+0.1)=36{,}000 \qquad \therefore\ P=909$$

따라서 1기 후 만기손익은 다음과 같다.

i) 주가가 상승한 경우 : $36{,}000-909\times 1.1=35{,}000$

ii) 주가가 하락한 경우 : $27{,}000+3{,}000-909\times 1.1=29{,}000$

② 주식만 보유한 경우와 포트폴리오보험을 이용한 경우의 만기손익을 그림으로 나타내면 다음과 같다.

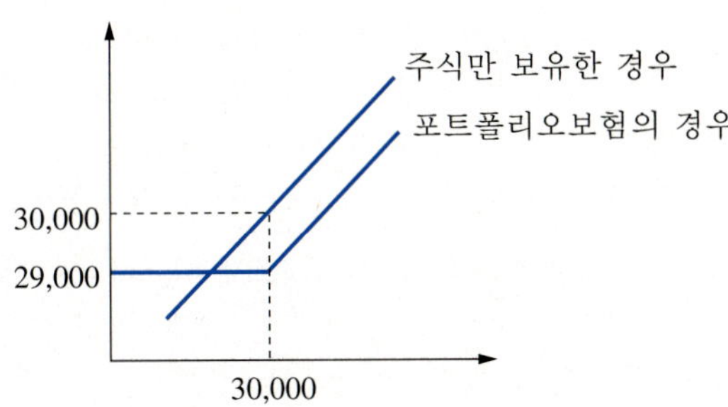

(2) 풋옵션을 직접 이용하지 않고 다른 상품으로 합성풋옵션을 만들어 풋옵션과 동일한 효과를 얻을 수 있다. 풋-콜 패리티를 이용하면

$$S+P-C=\frac{X}{e^{R_f t}} \rightarrow S+P=C+\frac{X}{e^{R_f t}}$$

그런데 $C=S\cdot N(d_1)-\frac{X}{e^{R_f t}}N(d_2)$ 이므로 위 식은 다음과 같게 정리된다.

$$\begin{aligned} S+P &= S\cdot N(d_1) - \frac{X}{e^{R_f t}}N(d_2)+\frac{X}{e^{R_f t}} \\ &= S\cdot N(d_1)+\frac{X}{e^{R_f t}}[1-N(d_2)] \\ &= S\cdot N(d_1)+\frac{X}{e^{R_f t}}\cdot N(-d_2) \end{aligned}$$

즉, $N(d_1)$개 주식과 $N(-d_2)$개 무위험할인채를 구입하여 (1)번에서의 protective put과 동일한 효과를 얻을 수 있다.

>>> 연습문제 15 - 17

현재 부는 100,000천원이다. 주가지수는 이항분포를 따르며 상승계수(u)는 1.25이고 하락계수(d)는 0.8이다. 2기 후 포트폴리오가치가 현재 부의 수준 밑으로 떨어지지 않게 지수펀드를 이용해서 포트폴리오보험을 구성하려고 한다.

(1) 무위험채권과 지수펀드를 이용해서 포트폴리오보험을 구성하는 방법을 설명하라. 단, 무위험이자율은 5%라고 하자.

(2) 주가하락시 포트폴리오보험이 더욱 주가를 하락시킨다는 지적이 있다. (1)의 결과를 이용해서 이러한 지적의 타당성을 설명하라.

(3) 만약 풋옵션이 존재하고 이를 통해서 (1)과 동일한 포트폴리오보험효과를 얻을 수 있다면 이러한 풋옵션의 균형가격은 얼마인가?

해설

(1) 우선 100,000천원을 모두 지수펀드에 투자했다고 가정하여 2기간 동안의 주가분포와 2기 후 포트폴리오보험(PI)의 성과를 비교해서 그림으로 나타내면 다음과 같다.

$$
\text{① } 100{,}000 \begin{cases} \text{② } 125{,}000 \begin{cases} \text{④ } 156{,}250 : 156{,}250 \\ \text{⑤ } 100{,}000 : 100{,}000 \end{cases} \\ \text{③ } 80{,}000 \begin{cases} \text{⑤ } 100{,}000 : 100{,}000 \\ \text{⑥ } 64{,}000 : 100{,}000 \end{cases} \end{cases}
$$

← 지수펀드의 가치분포 → ← PI성과 →

시점 2에서 포트폴리오보험효과를 얻기 위해서 시점 1의 ②에서는 지수펀드만 보유해도 된다. 그러나 시점 1의 ③에서는 지수펀드로 시점 2에서 포트폴리오보험효과를 얻을 수 없다. 이때에는 채권만 보유하되 보유금액을 다음과 같이 구한다.

$$\frac{100{,}000}{1+0.05}=95{,}238$$

따라서 시점 0에서 포트폴리오를 구성할 때 지수펀드투자액 S, 채권투자액 B라고 하면 다음 식이 성립해야 한다.

$$1.25S+1.05B=125{,}000$$
$$0.8S+1.05B=95{,}238$$

이로부터 $S=66{,}138$, $B=40{,}312$가 된다. 즉, 현재시점에서 지수펀드에 66,138, 채권에 40,312만큼 투자한 후 시점 1에서 지수가 상승하면 채권투자액을 회수하여 모두 지수펀드에 투자하고 시점 1에서 지수가 하락하면 지수펀드를 매각하여 모두 채권에 투자한다. 그러면 시점 2에서 포트폴리오보험의 성과를 만들 수 있다.

(2) 시점 1에서 지수가 하락하면 자금을 채권에 투자하기 위해 보유주식을 매각해야 한다. 이는 공급증가로 하락한 지수를 더욱 하락시켜 폭락장세가 될 수 있다.

(3) 포트폴리오보험은 (1)에서와 같이 ① 주식과 무위험채권으로 구성할 수도 있지만, ② 주식과 풋옵션으로 구성할 수도 있다. 그러나 미래의 만기수익이 동일하다면 어떤 방법으로 포트폴리오를 구성하더라도 그 투자금액은 동일해야 한다.

	포트폴리오 ①		포트폴리오 ②
지수펀드	66,138	지수펀드	100,000
채권투자	40,312	풋옵션	P
계	106,450	계	$100{,}000+P$

이로부터 다음 식이 성립한다.

$$106{,}450=100{,}000+P \qquad \therefore P=6{,}450$$

즉, 풋옵션은 만기 2년, 행사가격이 100,000인 것으로 균형가격이 6,450이다.

제16장 선물가격과 거래유형

Financial Management

학습 목표

옵션과 더불어 파생금융상품으로서 최근 중요하게 인식되는 것이 선물(futures)이다. 이를 이용하면 여러 가지 형태의 미래현금흐름을 창출할 수 있기 때문에 위험관리효과를 도모할 수 있을 뿐만 아니라 다양한 신금융상품을 만들 수 있다. 이 장에서는 선물거래의 개요와 가격결정 및 거래유형 등 선물거래의 일반적인 내용을 먼저 다룬다. 그리고 이러한 내용들이 개별적인 금융선물에서는 어떻게 적용되는가를 제17장에서 살펴볼 것이다.

제 1 절 개 요

1.1 기초개념

(1) 현물거래, 선도거래, 선물거래

선물거래란 선물계약(futures contract)을 사고 파는 것이다. 여기서 선물계약이란 품질, 수량 및 규격 등이 표준화되어 있는 자산을 미리 결정된 가격으로 미래 일정시점에서 인도, 또는 인수할 것을 약정한 계약을 말한다. 이러한 내용은 다소 생소한 개념이기 때문에 정확하게 이해하기 위해서 현물거래, 선도거래 등과 차이점을 비교하면서 이해하는 것이 좋다.

① 현물거래

현물거래(spot trade)란 현재시점에서 현물을 인수하면서 대금을 지급하거나 현물을 인도하면서 대금을 수령하는 거래를 말한다. 일반적으로 대부분의 거래에서 가장 많이 이루어지는 형태라고 할 수 있다. 예를 들어, 지금 시장에 가서 배추 한 포기를 800원 주고 산다면 이는 현물거래이다.

② 선도거래

선도거래(forward)란 상품은 나중에 받으면서 대금을 지금 정한 가격으로 나중에 가서 결제하는 것을 말한다. 예를 들어, 현재는 3월인데 갑돌이가 12월에 김장을 담그기 위해서 농부와 포기당 1,000원씩에 배추 100포기를 사기로 약속하였다고 하자. 그러면 갑돌이는 12월에 가서 100포기를 넘겨받고 100,000원(1,000원×100포기)을 지급하면 된다.

이러한 거래가 선도거래이다. 따라서 갑돌이나 농부는 모두 12월에 가서 배추가격이 얼마가 되더라도 상관없이 포기당 1,000원으로 거래할 것이기 때문에 두 사람 모두 앞으로의 배추가격에 신경 쓸 필요가 없게 된다. 즉, 배추가격변동의 위험으로부터 헤지가 된 것이다.

③ 선물거래

만약 갑돌이가 농부와 선도거래를 약속한 후 8월에 이민을 가게 되었다고 하자. 그러면 갑돌이는 이러한 약속이 필요 없게 된다. 이때 마침 김장에 대해 아무런 대비를 하지 않고 있던 이웃에 사는 을순이가 12월에 배추품귀현상을 염려해서 미리 배추를 확보하려고 하고 있다. 을순이는 12월에 넘겨받는 조건으로 배추 포기당 1,300원을 부담할 용의가 있다고 하자.

그러면 갑돌이는 농부와의 약속(이것이 선물계약임)을 을순이에게 팔고 자신이 계약한 가격과의 차이(포기당 300원)만 받는다. 그리고 을순이는 12월에 가서 농부에게 포기당 1,000원씩에 100포기를 인수하면 모든 거래가 종료된다. 이처럼 선물계약을 사고 파는 것이 바로 선물거래이다.

(2) 관련용어

선물거래가 그렇듯이 이와 관련된 용어도 다소 생소한 편이다. 따라서 먼저 선물거래에서 사용되는 용어를 익혀야 선물거래의 내용을 정확하게 이해할 수 있다. 주로 사용되는 용어들은 다음과 같다.

① 기초자산

선물계약의 만기일에 가서 인수 또는 인도되는 자산을 말한다. 앞서의 예에서는 배추가 기초자산이고 800원은 기초자산의 현물가격(S_0)이다. 이 기초자산이 곡물, 원유 등과 같은 상품이면 상품선물이라고 하고, 외화, 채권 등과 같은 금융자산이면 금융선물이라고 한다.

② 선물만기

현물이 인도되어 선물계약의무가 이행되는 날을 말한다. 앞서의 배추 예에서는 12월이 선물만기(t)가 된다. 동일한 기초자산을 대상으로 하는 선물계약이라도 만기일이 가까운 것도 있고 먼 것도 있는데, 만기일이 가까운 선물은 근월물(near month), 만기일이 먼 선물을 원월물(distant month)이라고 부른다.

③ 선물가격

선물만기일에 현물이 인도될 때 그 대가로 지불되는 가격을 말한다. 앞서의 예에서는 12월에 배추를 포기당 1,000원에 매입하기로 한 선물계약이므로 1,000원이 선물가격(F_t)이 된다. 선물거래의 손익은 선물가격에 의해서 결정되는데 선물가격의 수준은 기초자산의 현재가격에 연동해서 변화한다.

④ 결제방법

선물거래를 결제하는 방법은 실물인수도방식(physical delivery settlement)과 현금결제방식(cash settlement)방법의 두 가지가 있다. 실물인수도방식이란 선물만기일에 가서 현물인수도와 동시에 대금결제를 하는 방식을 말하고, 현금결제방식이란 선물만기일에 형성되는 현물가격과 선물가격과의 차액만큼을 현금으로 정산하는 방식이다. 그러나 그 경제적 효과는 동일하다.

(3) 선물의 종류

① 상품선물

선물거래는 상품선물에서 시작되었다. 미국 CBOT(Chicago Board of Trade)에서 농산물에 대한 선물거래가 처음으로 시작되었는데 그 이후 금리선물 등이 추가되었다. 우리나라에는 상품선물로 금선물이 1999년에 도입되었다.

② 금융선물

금융선물은 금융자산에 대한 선물계약을 말하는데 이에는 통화선물, 금리선물, 주가지수선물 등이 포함된다. CME(Chicago Mercantile Exchange) 내에 있는 IMM(International Monetary Market)에서 주요 6개국 통화에 대한 선물거래가 금융거래로 처음 시작되었고, 이후 주가지수선물 등이 추가로 개설되었다.

우리나라는 처음으로 1996년에 주가지수선물, 1997년에 주가지수옵션, 그리고 1999년에 금리선물, 달러선물 및 금선물 등을 도입하였다.

③ 선물시장의 발전

1980년대 후반부터 영국, 프랑스, 일본 등이 금융선물시장을 개설하였는데 현재 거래규모 면에서는 금융선물이 상품선물을 훨씬 앞질렀다. 금융선물 중에서도, 특히 금리선물의 비중이 가장 크고 주가지수선물이 그 다음이다.

1.2 거래메커니즘과 특징

(1) 표준화된 계약

공인된 선물시장에서 거래되는 선물계약은 계약대상인 기초자산의 수량과 품질, 계약단위, 계약만기 등이 표준화되어 있다. 우리나라 주가지수선물의 경우 3월물, 6월물, 9월물, 12월물의 4가지가 있는데 이는 모두 각각의 결산시점을 의미하는 것이다. 예를 들어, 3월물의 경우를 설명하면 이는 매년 3월 두번째 목요일에 결제되고 그 다음날부터 1년짜리 새로운 3월물이 거래되기 때문에 시장에

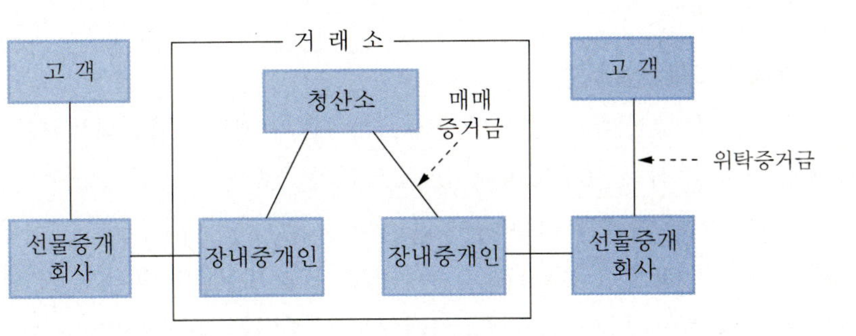

그림 16-1
선물시장구조

는 항상 4가지 종목의 상품이 존재하게 된다.

(2) 선물시장구조

선물시장의 구조를 거래과정의 측면에서 살펴보면 [그림 16-1]로 나타낼 수 있다. 이 그림의 구성원을 설명하면 다음과 같다.

① 거래소

거래소(exchange)란 선물거래를 위한 물리적 장소와 설비가 제공된 곳을 말한다. 거래소는 시장을 개설하고 운영하며 표준화된 선물이나 옵션 상품을 상장시키고 거래규정을 제정하고 회원의 자격심사 및 거래의 공정성을 심사하는 업무를 담당한다.

② 청산소

시장에서 성립된 매매거래에 따른 청산업무는 거래소가 직접 담당하거나 별도로 청산소(clearing house)를 운영하기도 한다. 청산소는 거래소에서 이루어진 모든 선물계약을 청산함으로써 계약이행을 보증하는 역할을 담당한다.

③ 선물중개회사

선물중개회사(FCM : future commission merchant)는 고객에게서 위탁을 받아 자신의 명의로 고객의 선물거래를 대행하는 업무를 담당한다. 그리고 고객별 미결제 약정수량에 대한 기록유지 및 증거금을 관리하며 그 대가로 수수료를 받는 회사를 말한다.

(3) 일일정산

① 현물거래의 손익실현

선물거래에 앞서 우선 현물거래에서 손익이 어떻게 실현되는가를 보자. 현물거래로 어떤 주식을 10,000원에 샀다고 하자. 얼마 지난 후 이 주식 13,000원에 처분하였다면 처분이익 3,000원이 포함된 13,000원이 내 계좌로 들어올 것이다. 물론 가격이 하락하여 9,000원이 되었다면 손실 1,000을 차감한 9,000원이 내 계좌로 들어올 것이다. 이러한 현물거래에서는 손익이 발생하였다고 해도 처분하지 않으면 손익은 실현되지 않고 있다가 처분하는 시점에서 손익이 실현된다.

② 선물거래의 손익실현

그런데 선물거래에서는 처분시점에서 손익이 실현되는 것이 아니라 매일매일의 가격변동에 따라서 손익이 실현된다. 이익이 생긴 날에는 이익만큼의 금액이 내 계좌로 들어오고 손실이 생긴 날에는 손실만큼 내 계좌에서 빠져나간다. 이러한 제도를 일일정산(marking to market)이라고 한다.

이익이 발생한 경우에는 문제가 없지만 손실이 발생하면 손실금액이 계좌에서 빠져나가야 한다. 그런데 이때에 계좌에 돈이 없으면 선물거래에 문제가 생긴다. 그렇기 때문에 선물거래를 하는 사람은 자기계좌에 항상 어느 정도의 돈을 넣어놓아야 하는데 이를 증거금(margin)이라고 한다.

(4) 증거금제도

① 위탁증거금

위탁증거금(customer's margin)이란 고객이 선물중개회사에 납부해야 하는 증거금이다. 이와 관련된 개념으로 개시증거금, 유지증거금, 추가증거금, 초과증거금 등이 있다.

개시증거금은 고객이 새로운 선물거래를 시작할 때 납부하는 증거금이다. 그런데 매일 선물시세에 따른 손익이 일일정산되어 반영되기 때문에 증거금 잔액은 계속 변동된다. 이 잔액이 일정수준 이하로 잔액이 떨어지면 고객은 처음 납부한 개시증거금수준으로 추가납부해야 하는데 이를 추가증거금이라고 하며, 이때 추가납부의 기준이 되는 증거금수준을 유지증거금이라고 한다.

한편, 이익이 발생하여 잔액이 개시증거금을 초과하면 초과액만큼 현금으로 인출할 수도 있는데 이 금액을 초과증거금이라고 한다.

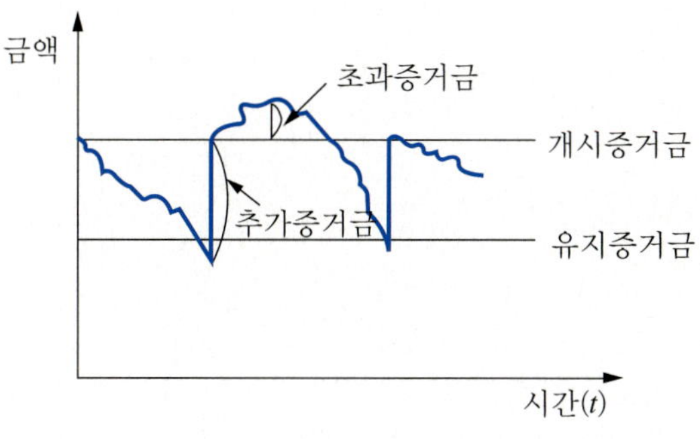

그림 16-2
증거금

② 매매증거금

매매증거금(member's margin)은 결제회원인 중개회사가 고객이나 비결제회원인 중개회사로부터 받은 위탁증거금의 일부를 청산소에 납부해야 하는 증거금을 말한다.

>>> 예제 16-1

A, B 모두 20,000원씩의 증거금을 예치한 후 3일 후 달러당 800원에 $100를 A는 매도하고 B는 매입하는 선물계약을 체결하였다. 1일 경과시점에 이 선물계약의 선물가격이 달러당 810원에, 2일 경과시점에는 750원에 가격이 형성되었다고 가정하고 매일매일의 손익을 계산하여라.

풀이

① 개시일

A와 B는 증거금만 예치한 상태이므로 그 계좌의 잔고는 다음과 같다.

	A	B
증거금	20,000	20,000

② 둘째일

A는 인도해 주어야 할 기초자산의 가격(선물가격)이 상승하였으므로 달러당 10원(= 810 − 800)의 손실을 입게 되고 B는 인수받을 자산가격이 상승한 것이므로 반대로 이익을 얻게 된다.

	A	B
전일잔고	20,000	20,000
선물가격의 변동효과	−1,000	1,000*
	19,000	21,000

* (810 − 800) × $100

③ 셋째일

이번에는 선물가격이 하락하였으므로 A가 달러당 60원(=810−750)의 이익을 얻고 반대로 B는 손실을 보게 된다.

	A	B
전일잔고	19,000	21,000
선물가격의 변동효과	6,000	−6,000**
	25,000	15,000

** (750 − 810) × $100

그리고 현물자산의 인수 및 인도를 할 때에는 선물가격이 현물가격과 동일한 ₩750/$이 되어 A는 B에게 $100를 ₩75,000에 인도하면 된다. 이처럼 선물가격의 변동효과가 매일매일 계좌에 반영되기 때문에 만기에는 손익발생이 없게 된다.

1.3 선도거래 및 옵션과의 비교

(1) 선도거래와 선물거래

선도거래(forward)란 특정 자산의 가격 및 거래시기를 계약하는 시점에서 미리 결정해 두고, 만기시점에서 자산을 인도하고 이에 대한 대금을 지급하는 형태의 거래를 말한다. 선물거래와는 다음과 같은 차이점이 있다.

	선도거래(forward)	선물거래(futures)
거래장소	전화 및 텔렉스 등 장외시장	공인된 거래소
거래형식	개별적	정형화된 공개입찰방식
계약내용	당사자 간의 합의	표준화
시장성격	불완전경쟁시장	완전경쟁시장
정산방식	만기일에 결제	청산소에 의해 일일정산
결제형식	만기에 당사자 간의 현물인수도	주로 만기 이전에 반대매매로 결제

(2) 옵션과 선물거래

옵션(option)이란 미리 정한 기간 내에 특정 자산을 일정한 가격에 구입하거나 매도할 수 있는 권리를 말하는데 선물거래(futures)와는 다음과 같은 차이점이 있다.

	옵션(option)	선물거래(futures)
권리 또는 의무	권리	권리와 의무
대가지급	프리미엄 지불	증거금예치
권리의 행사	만기 이전에도 행사가능	반대매매하지 않으면 만기에 행사
결제일 경과 시	권리소멸	의무이행
위험의 한정	가능	불가능

1.4 선물거래의 경제적 효과

(1) 선물거래의 만기손익

선물을 선물가격 F에 매입하면 만기에 가서 기초자산을 이 가격에 인수해야 한다. 따라서 선물을 매입한 투자자라면 만기시점에서 선물거래손익은 $(S_t - F)$가 된다. 이 값은 결국 기초자산의 만기가격 S_t가 선물가격 F보다 클 때 이익이 되고, 작을 때 손실이 되기 때문에 선물매입자의 손익을 [그림 16-3]의 (a)와 같이 나타낼 수 있다.

한편, 선물을 선물가격 F에 매도한 투자자는 선물매입자와 반대의 손익을 보게 되므로 선물매입자의 손익과 수평선을 기준으로 대칭인 형태가 된다.

(2) 선물거래동기 및 선물거래자

이러한 손익을 가져다 주는 선물계약을 거래하는 투자자들을 그 거래동기에 따라서 분류하면 대체로 다음과 같은 세 가지 유형이 있다.

① **헤저**(hedger)

현물자산의 가격변동으로 나타날 수 있는 부의 손실을 줄이기 위해 선물거래를 이용하는 사람을 말한다.

② **투기거래자**(speculator)

선물가격의 변동에 따른 위험을 감수하면서 이익을 도모하기 위해 선물거래를 이용하는 사람을 말한다.

③ **재정거래자**(arbitrageur)

현물가격과 선물가격의 일시적인 불균형을 통해서 위험을 부담하지 않으면서

그림 16-3
선물거래의 만기손익

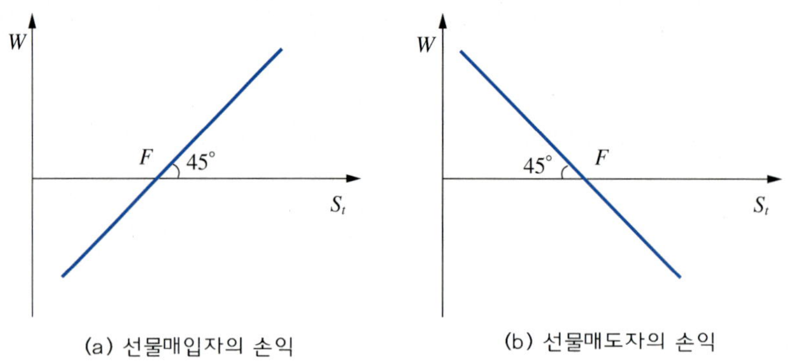

이익을 도모하기 위해 선물거래를 이용하는 사람을 말한다.

(3) 선물의 경제적 기능

① 위험관리기능

가격변동에 따른 위험을 관리할 수 있다. 즉, hedger는 가격변동위험을 회피할 수 있고, speculator는 가격변동위험을 감수하면서 이익을 도모한다. 따라서 경제 전체로는 hedger가 회피하는 위험이 speculator에게 전가되어 위험배분효과가 있게 된다.

② 가격예측기능

선물가격은 미래 수요와 공급에 대한 현재의 기대를 반영한 결과이다. 따라서 만기가 다른 선물가격은 미래의 다양한 시점에서의 기대현물가격을 예측하는 기능이 있다.

③ 자원의 효율적 배분기능

선물가격은 시간에 따라 특정 상품의 수요와 공급을 재분배하는 생산 및 소비에 관한 최적의사결정을 가능하게 한다. 예를 들어 미래 재고부족이 예상되는 상품에 대해서는 생산을 촉진하는 방법으로 효율적 자원배분을 도모함으로써 경제적 후생을 증대시킬 수 있다.

④ 신금융상품의 개발

다양한 선물계약을 통해 새로운 금융상품을 개발하여 종전에는 얻지 못하던 이득형태가 가능하게 된다. 이는 투자시장을 보다 완전한 시장에 가깝도록 하는

촉매역할을 하는 것이다.

>>> 예제 16-2

은 1파운드의 현재 가격은 300,000원이다. 이를 기초자산으로 하는 3개월 후 만기가 되는 선물가격은 310,000원이며 선물거래 시 요구되는 증거금은 거래대금의 15%이다.

(1) 3개월 후 현물시장에서 은 1파운드 가격이 330,000원으로 상승한 경우 현물매입자와 신물매입자의 수익률을 비교해 보자

(2) (1)과는 반대로 3개월 후 현물시장에서 은 1파운드 가격이 270,000원으로 하락한 경우 현물매입자와 선물매입자의 수익률을 비교해 보자.

풀 이

(1) 만기 현물가격이 330,000원으로 상승한 경우 현물매입자의 이익은 30,000원(=330,000−300,000)이다. 따라서 현물매입자의 수익률은 다음과 같다.

$$\frac{30{,}000}{300{,}000} = 10\%$$

한편 선물매입자의 이익은 만기현물가격에서 선물매입 시 선물가격을 차감한 값으로서 20,000원(=330,000−310,0000)이 된다. 그런데 선물매입자는 증거금을 46,500원(=310,000×15%)을 예치하였으므로 수익률은 다음과 같이 43%에 달해 현물매입자의 4배를 넘는다.

$$\frac{20{,}000}{46{,}500} = 43\%$$

(2) 만기 현물가격이 270,000원으로 하락한 경우 현물매입자의 손실은 30,000원(=270,000−300,0000)이다. 따라서 현물매입자의 수익률은 다음과 같다.

$$-\frac{30{,}000}{300{,}000} = -10\%$$

한편 선물매입자는 만기현물가격에서 선물매입 시 선물가격을 차감한 40,000원(=270,000−310,0000)의 손실을 보게 된다. 따라서 선물매입자의 수익률은 다음과 같이 86%에 달해 현물매입자의 8배를 넘는다.

$$-\frac{40{,}000}{46{,}500} = -86\%$$

제 2 절 선물가격의 결정

2.1 보유비용모형

(1) 비용만 발생하는 경우

일반적으로 선물가격의 결정은 보유비용모형으로 설명한다. 이 모형에 따르면 선물가격은 현물자산을 구입하여 선물계약의 만기시점까지 보유하는데 소요되는 비용, 즉 보유비용을 합친 값이라는 것이다. 따라서 다음의 식이 성립된다.

$$F_t = S_0 + C \qquad (16.1)$$

위 식은 선물가격과 현재의 현물가격과의 관계를 나타내는 식으로서 현물-선물패리티(spot-futures parity)라고 한다. 그리고 여기서 보유비용(carrying cost)은 재고유지비용이라고도 하는데, 여기에는 보관료, 보험료, 수송비용뿐만 아니라 이에 대한 기회비용까지 포함된다.[1)]

(2) 비용과 수익이 발생하는 경우

그런데 현물자산을 만기까지 보유하는 동안에는 그 자산으로부터 수익이 발생할 수도 있다. 이러한 경우에는 이에 해당하는 만큼을 차감해서 보유비용을 산출해야 할 것이다. 따라서 수익의 선물만기에서의 가치를 R이라고 하면 식 (16.1)은 다음과 같이 바뀌게 된다.[2)]

$$F_t = S_0 + C - R \qquad (16.2)$$

결국 현물가격과 선물가격의 차이란 현물자산을 구입해서 선물만기까지 가져

---

1) 이 식은 보유비용을 금액단위로 표시한 것이지만 자본비용의 관점에서 %단위로 표시하면 다음과 같이 나타낼 수도 있다.

$$F_t = S_0 \times (1+r)^t$$

그리고 이자계산을 연속복리로 한다고 가정하면 $F_t = S_0 \times e^{rt}$가 된다.

2) 여기서도 수익(R)은 금액단위이지만 이를 연단위 수익률(d)로 나타내면 다음과 같다.

$$F_t = S_0 \times (1 + r - d)^t$$

이자계산을 연속복리로 한다면 $F_t = S_0 \times e^{(r-d)t}$가 된다.

가는데 소요되는 비용에서 수익을 차감한 값이므로 선물계약의 만기 이전에는 그 값이 양(+) 또는 음(−)일 수도 있다. 그러나 만기시점에서는 이 값이 0이 되므로 선물가격과 현물가격은 일치하게 된다.

>>> 예제 16-3

1월 1일의 은 1파운드 가격은 300,000원이고 보험료를 포함한 보관비용은 1년에 50,000원이다. 1년 이자율이 20%일 때 인도일이 1년 후인 선물가격은 얼마인가? 단, 보관비용은 선불조건이라고 가정하자.

풀이

보유비용 = 보관료 + 기회비용

= 50,000 + (300,000 + 50,000) × 0.2

= 120,000

따라서 선물가격은 다음과 같다.

선물가격 = 현물가격 + 보유비용

= 300,000 + 120,000

= 420,000

(3) 선물가격과 선도가격

식 (16.1)과 식 (16.2)로 산출된 가격은 엄밀하게 말하면 선도가격이다. 이자율이 일정하다면 선도가격은 선물가격과 동일하지만 이자율이 예측하기 어렵게 변동한다면 이 두 가격은 이론적으로 차이가 있게 된다.

먼저 일일정산의 효과에 따라 이러한 차이가 존재할 수 있음을 보자. 어떤 자산가격이 이자율과 양(+)의 관계에 있다면 선물계약을 매입한 투자자에게 이자율 상승은 자산가격상승 → 선물가격상승 → 일일정산에 따른 이익발생의 결과를 가져올 것이다. 그리고 이익은 곧바로 상승된 이자율로 재투자될 수 있다. 그러나 선도계약을 매입한 투자자는 이러한 이자율변동에 의하여 아무런 영향을 받지 않으므로 선물계약의 매입이 선도계약의 매입보다 더 이익이 된다.

따라서 선물가격은 선도가격보다 더 높게 된다. 같은 논리를 따르면 자산가격이 이자율과 음(−)의 관계에 있으면 선도가격이 선물가격보다 더 높게 된다. 이론적으로는 이외에도 유동성, 만기, 세금, 거래비용 등 많은 요인들이 선도가격과 선물가격의 차이를 초래할 수 있다. 그러나 현실적으로는 그 차이가 무시할 정도로 작기 때문에 대체로 선물가격과 선도가격은 같다고 본다.

2.2 선물가격과 기대현물가격

선물가격과 현재의 현물가격과의 관계는 보유비용모형에 의해서 설명된다. 한편 선물가격과 미래현물가격의 기대값의 관계에 대해서는 다음과 같은 견해가 있다.

(1) 기대가설

선물가격은 선물시장에서 전망하는 미래 일정시점의 현물가격에 대한 예측값이라고 할 수 있다. 불확실성이 없는 균형상태라면 선물시장의 수급에 의해서 형성된 선물가격이 미래현물가격에 대한 기대값, $E(S_t)$와 일치하게 되어 아래 식이 성립한다. 이를 기대가설(expectation hypothesis)이라고 한다.

$$F_t = E(S_t)$$

(2) 벡워데이션과 콘탱고

① 벡워데이션

케인즈와 힉스는 헤저들이 선물에 대해서 매도포지션을 취하고 투기거래자들은 매입포지션을 취하고 있다면 선물가격은 미래현물가격의 기대값보다 낮게 형성될 것이라고 주장했다. 왜냐하면 투기거래자들은 자신들이 부담하는 위험에 대해서 반드시 보상을 요구하므로 선물가격이 미래에 상승할 것이라는 기대가 있어야만 거래를 할 것이기 때문이다. 이러한 현상을 벡워데이션(backwardation)이라고 하며 다음과 같은 식으로 표현된다.

$$F_t < E(S_t)$$

② 콘탱고

이번에는 투기거래자들이 매도포지션을 취하고 헤저들이 매입포지션을 취하고 있다고 해보자. 이때에도 투기거래자들은 부담하는 위험에 대해서 보상받기를 요구할 것이다. 따라서 앞으로 선물가격이 하락할 것이라는 기대가 반영되어 선물가격이 미래현물가격의 기대값보다 높게 형성된다. 이러한 현상을 콘탱고(contango)라고 하며 다음과 같은 식으로 표현된다.

$$F_t > E(S_t)$$

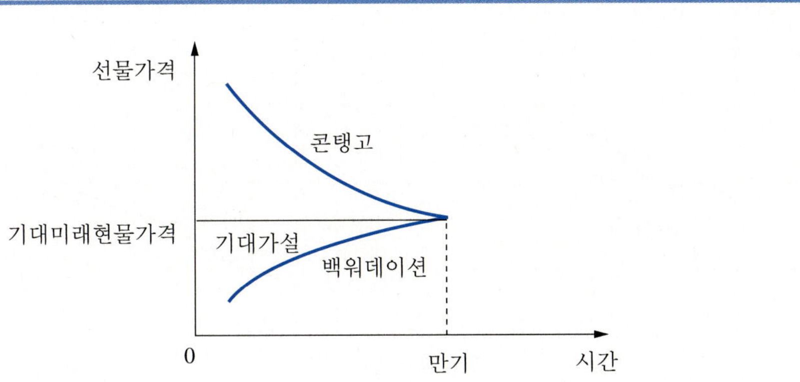

그림 16-4 선물가격과 기대현물가격

이러한 내용을 종합해서 [그림 16-4]와 같이 나타낼 수 있다. 미국의 경우에 실제 시장자료를 보면 선물계약에 따라서 백워데이션과 콘탱고가 뒤섞여 있지만 백워데이션의 경우가 좀 더 많은 것으로 나타난다.

2.3 베이시스

(1) 의 의

베이시스(basis)란 특정 상품의 현물가격(S)에서 선물가격(F)을 차감한 차이로서 다음 식으로 정의된다.[3)]

$$b = S - F \tag{16.3}$$

따라서 베이시스는 보유비용과 그 크기가 같고 부호만 다를 뿐이다. 동일한 기초자산에 대해서 여러 선물이 존재할 수 있는데 이러한 경우 베이시스는 현물가격과 만기가 가장 짧은 근월물가격의 차이를 말한다.

그리고 만기가 다가올수록 베이시스는 점점 작아지고 마침내 만기일에는 선물가격과 현물가격이 일치하여 베이시스는 0이 되는데 이를 수렴현상(convergence)이라고 한다.

---

3) 상품선물에서는 이처럼 현물가격에서 선물가격을 차감해서 베이시스를 구하지만 금융선물에서는 이와 반대로 선물가격에서 현물가격을 차감한 차이를 베이시스로 정의한다.

그림 16-5

현물가격과 선물가격의 수렴

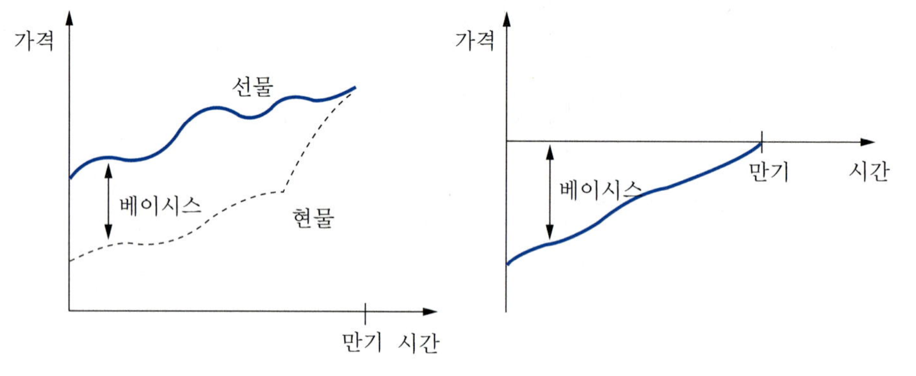

(2) 베이시스위험과 변동

① 베이시스위험

현물가격과 선물가격의 변동이 동일하면 베이시스는 항상 일정하게 된다. 그러나 현물시장과 선물시장의 수급관계가 다르기 때문에 현실적으로 현물가격과 선물가격의 변동은 동일하지 않아 베이시스는 확대되거나 축소된다. 이에 따라서 선물거래자는 손실 또는 이익을 보게 되는데 이를 베이시스위험(basis risk)이라고 한다.

② 베이시스의 변동

대개의 경우 베이시스는 선물 또는 현물가격의 변동에 비해 상대적으로 안정적이다. 따라서 선물거래에서의 헤지란 현물상품의 가격변동위험을 선물계약을 이용해서 위험의 크기가 더 작은 베이시스 변동위험으로 대체하는 것이다.

2.4 스프레드

(1) 의 의

현물가격과 선물가격의 차이를 베이시스라고 하는데 비해, 서로 다른 선물가격 간의 차이를 스프레드(spread)라고 한다. 따라서 다음과 같이 표현된다.

$$s = F_2 - F_1 \qquad (16.4)$$

(2) 만기간 스프레드

만기가 서로 다른 선물계약 간의 가격차이를 만기간 스프레드(inter-delivery spread)라고 한다. 대개 동일한 거래소에서 같은 종류의 선물계약으로서 결제월만 다른 선물계약의 가격차이를 일컫는다. 보유비용모형을 적용해서 원월물가격 F_2와 근월물가격 F_1 사이에 다음과 같은 관계식을 도출할 수 있다.

$$F_2 = F_1 + C - R \tag{16.5}$$

(3) 기타 스프레드

만기간 스프레드 이외에 상품간 스프레드, 거래소간 스프레드 등이 있다. 상품간 스프레드(inter-commodity spread)는 다른 조건은 동일하고 선물계약의 기초자산만이 다른 경우의 가격차이를 말하며, 거래소간 스프레드(inter-market spread)는 다른 조건은 동일하고 거래소만 다른 선물계약간의 가격차이를 말한다. 이들 개념을 이용한 다양한 거래전략이 있다.

제 3 절 재정거래

3.1 기초개념

(1) 의 의

균형선물가격은 보유비용모형으로 도출된 가격이다. 구체적으로는 현물가격에 보유비용을 더한 값을 말하는데, 이 값이 실제 선물시장에서 거래되고 있는 선물가격과 동일하면 선물시장은 균형상태가 된다. 그러나 두 값이 서로 차이가 있을 때에는 이러한 불균형을 이용해서 재정거래를 통해서 그 차이만큼의 재정이익을 도모할 수 있다.

(2) 재정거래유인

재정거래유인을 파악하려면 먼저 선물가격과 현물가격 사이의 균형관계 또는 선물가격과 다른 선물가격 사이의 균형관계를 확인해야 한다. 이러한 관계를 확인할 수 있는 균형식으로 식 (16.2), 식 (16.3), 식 (16.6)을 들 수 있다. 현실적 상황이 이들 균형식이 성립하지 않는 상황이라면 불균형상태가 되고 이로부터 재정거래를 도모할 수 있다. 각 경우의 재정거래내용을 차례대로 살펴보자.

3.2 선물과 현물의 재정거래

균형선물가격과 실제 형성되어 있는 선물가격과의 차이가 존재하는 경우는 다음과 같이 두 가지 상황이 있을 수 있는데, 각 상황에서 재정이익을 얻을 수 있는 거래유형을 대응시켜서 살펴보면 다음과 같이 요약된다.

현재선물가격		균형선물가격		재정거래전략
선물의 시장가격	>	현물가격 + 보유비용	⟶	선물매도, 현물매입
선물의 시장가격	<	현물가격 + 보유비용	⟶	선물매입, 현물매도

선물계약을 중도에 청산하지 않고 만기까지 보유한다고 가정해서 위의 각 상황에 따른 재정거래과정을 좀 더 자세하게 설명해 보자.

(1) 선물의 시장가격 > 현물가격 + 보유비용

① 현물매입 재정거래

이러한 상황에서는 먼저 과대평가된 가격으로 현시점에서 선물을 매도하여 만기의 현금유입을 많게 한다. 그리고 선물계약을 이행하려면 만기에 현물이 필요하므로 현시점에서 차입금을 조달하여 현물을 매입한다. 이렇게 매입해 놓은 현물을 만기에 인도함으로써 선물계약을 이행하고 차입금에 대한 원리금을 상환하면서 재정이익을 얻게 된다. 이렇게 현물을 보유하는 형태의 재정거래를 현물매입 재정거래(cash and carry arbitrage)라고 한다.[4)]

② 합성대출과 환매이자율

현물매입 재정거래의 효과를 현금흐름의 관점에서 살펴보자. 선물의 현재가격을 F, 현물가격은 S라고 하면 이 거래는 현물을 매입하고 선물을 매도하는 것이므로 현재시점에서 S의 현금유출과 선물만기에서 F의 현금유입이 이루어진다.

4) 여기서 cash는 현금이라는 뜻이 아니고 선물거래에서 현물을 일컫는 용어이다.

표 16-1
재정거래유인과 재정거래유형

재정거래유인	재정거래유형
선물시장가격 > 선물균형가격 (=환매이자율 > 차입이자율)	현물매입 재정거래
선물시장가격 < 선물균형가격 (=환매이자율 < 대출이자율)	현물매도 재정거래

이러한 현금흐름은 대출 후 원리금을 회수하는 것과 동일하기 때문에 현물매입 재정거래를 합성대출(synthetic lending)이라고 한다.

따라서 합성대출이자율은 곧 현물매입 재정거래의 수익률과 동일한 것이며 그 값은 다음과 같이 산출되는데 이를 환매이자율(repo rate)이라고도 부른다.[5)]

$$repo\ rate = \frac{F-S}{S} \tag{16.6}$$

결국 현물매입 재정거래에서 이익을 얻는다는 것은 합성대출에서 얻게 되는 수익률이 현물매입자금을 조달하는데 부담하는 차입이자율보다 크다는 의미가 된다.

(2) 선물의 시장가격 < 현물가격 + 보유비용

① 현물매도 재정거래

이번에는 과소평가된 금액으로 선물을 매입한다. 그리고 현시점에서 현물을 공매하고 공매로 조달된 자금을 대출(또는 예금)해 둔다. 한편, 만기에 가서는 대출에 대한 원리금을 회수하여 선물계약을 이행하고 현물을 인수받는다. 이 현물을 공매에 대해 상환하면서 재정이익을 얻게 된다. 이러한 형태의 재정거래를 현물매도 재정거래(reverse cash and carry arbitrage)라고 한다.

② 합성차입과 환매이자율

역시 현금흐름의 관점에서 현물매도 재정거래의 효과를 살펴보자. 이때는 현물을 매도하고 선물을 매입하는 것이므로 현재시점에서 S의 현금유입과 선물만기에서 F의 현금유출이 수반된다. 이러한 현금흐름은 차입 후 원리금을 상환하는 것과 동일하기 때문에 현물매도 재정거래를 합성차입(synthetic borrowing)이라고 한다.

---

5) 환매조건부계약(repo 또는 repurchase agreement)이란 나중에 일정한 가격으로 다시 매입하는 조건으로 증권을 매도하는 것을 말한다. 선물과 현물을 이용한 재정거래의 현금흐름이 이와 동일하기 때문에 환매이자율이라고 부르는 것이다.

따라서 이 경우에 환매이자율, 즉 합성차입이자율은 곧 차입금에 대한 자본비용의 의미를 갖는다. 따라서 현물매도 재정거래에서 이익을 얻는다는 것은 합성차입이자율이 공매자금의 대출(또는 예금)에서 얻는 수익률보다 작다는 의미가 된다.

>>> **예제 16-4**

어떤 자산의 현물가격은 100,000원이며 연이자율은 10%이다. 선물거래에 대해서는 만기에 가서 현물을 인수 또는 인도함으로써 계약을 이행한다고 가정하자.

다음 각 경우에 어떤 형태의 재정거래가 가능한가를 설명하고 이를 통해서 얻게 되는 재정이익을 산출하라. 그리고 각 경우의 재정거래유인을 수익률의 관점에서 확인하라.

(1) 만기까지 1년 남은 선물계약의 시장가격이 120,000원이라고 할 때
(2) 만기까지 1년 남은 선물계약의 시장가격이 106,000원이라고 할 때

풀이

만기 1년인 선물의 균형가격은 다음과 같다.

$$F = 100{,}000 + 100{,}000 \times 0.1 = 110{,}000$$

(1) 선물의 시장가격이 120,000원으로서 균형가격 110,000원보다 과대평가되어 있는 상황이다. 이때에는 선물을 매도하면서 차입금을 조달해서 현물자산을 구입한다. 그리고 이렇게 구입한 자산을 만기까지 보유하였다가 인도하고 차입금을 상환하면 된다. 이에 따른 현금흐름은 다음과 같다.

	현 재	만 기
선물매도와 결제	0	$120{,}000 - S_t^*$
현물매입	−100,000	S_t^*
차입 및 상환	+100,000	$-100{,}000 \times 1.1$
계	0	10,000 ← 재정이익

* S_t는 만기의 현물가격으로서 그 수준과 상관없이 재정이익은 현시점에서 그 크기가 확정되는 것이다.

이러한 현물매입재정거래는 합성대출과 같고 그 수익률은 다음과 같다.

$$\frac{F-S}{S} = \frac{120{,}000 - 100{,}000}{100{,}000} = 20\% > 10\%$$

이 값은 시장이자율 10%보다 크기 때문에 재정거래유인이 존재한다.

(2) 선물의 시장가격이 106,000원이므로 균형가격보다 과소평가되어 있는 상황이다. 이 때에는 선물을 매입하고 현물을 공매한다. 그리고 공매자금을 대출하였다가 만기에 회수하여 선물계약을 이행한다. 이에 따른 현금흐름은 다음과 같다.

	현 재	만 기
선물매입과 결제	0	S_t − 106,000
현물공매와 상환	100,000	$-S_t$
대출 및 회수	−100,000	100,000 × 1.1
계	0	4,000 ← 재정이익

이러한 현물매도 재정거래는 합성차입과 같고 이때의 자본비용은 6%로서 시장이자율 10%보다 작아 재정거래유인이 존재한다.

$$\frac{106{,}000-100{,}000}{100{,}000}=6\% < 10\%$$

3.3 선물기간 중에 수익이 발생하는 경우

(1) 개 요

어떤 자산들의 경우에는 보유기간 동안에 여러 가지 형태의 수익이 발생할 수 있다. 예를 들면 주식보유에 따른 배당수익이나 채권보유에 따른 이자수익이 그것이다. 이때에는 이들 자산에 대한 균형선물가격이 이러한 수익의 가치까지 반영해서 결정되어야 한다. 이러한 관계를 나타내는 것이 식 (16.2)이다. 그런데 만약 이러한 균형관계가 성립하지 않는 불균형상태라면 재정거래가 발생할 것이다. 구체적인 재정거래전략을 설명하고자 한다.

(2) 재정거래전략

먼저 선물시장가격이 과대평가된 경우를 보자. 이때에는 선물을 매도하고 현물을 매입하는 현물매입 재정거래를 할 것인데 이는 앞서의 내용과 동일하다. 그러나 만기까지 기간 중에 수익이 발생할 것이므로 이를 대출이나 예금의 형태로 재투자하였다가 선물만기에서 그 원리금을 회수하는 과정이 추가된다.

반대로 선물시장가격이 과소평가된 경우를 보자. 이번에는 현물매도 재정거래를 할 것이다. 그러나 이 경우에는 만기까지 기간 중에 비용이 지출되기 때문에 이에 해당하는 금액을 차입하였다가 선물만기에서 그 원리금을 상환하는 과정이 추가된다.

그리고 각 경우의 환매이자율을 산출할 때에는 식 (16.6)에서 선물기간 중의 수익에 대한 수익률을 차감해야 할 것이다. 지금까지 설명된 내용들을 다음과 같은 예제를 통해서 구체적으로 이해하도록 하자.

>>> 예제 16-5

가나기업의 현재주가는 140,000원이고 분기마다 1,000원의 배당을 지급한다. 현재시점에서 배당지급일까지 남은 기간은 3개월이며 이 주식을 기초자산으로 하는 만기 1년짜리 선물계약의 현재가격은 150,000원이라고 하자. 시장이자율이 연 10%라고 할 때에 어떤 형태의 재정거래가 가능한가?

그리고 환매이자율을 구해서 이를 통한 재정거래유인을 확인하라.

풀이

균형선물가격은 다음과 같이 구한다.

$$F = S + C - R$$

여기서

$$S = 140{,}000$$

$$C = 140{,}000 \times 0.1 = 14{,}000$$

$$R = 1{,}000 \times \left(1 + 0.1 \times \frac{9}{12}\right) + 1{,}000 \times \left(1 + 0.1 \times \frac{6}{12}\right)$$

$$+ 1{,}000 \times \left(1 + 0.1 \times \frac{3}{12}\right) + 1{,}000 = 4{,}150$$

위의 식에 대입하면 균형선물가격은 다음과 같다.

$$F = 140{,}000 + 14{,}000 - 4{,}150 = 149{,}850$$

선물의 시장가격은 이보다 높은 150,000원이므로 현물매입 재정거래가 가능하다.

	현 재	3개월 후	6개월 후	9개월 후	1년 후
선물매도					$150{,}000 - S_t$
현물매입	−140,000	1,000	1,000	1,000	$S_t + 1{,}000$
대출 · 회수		−1,000	−1,000	−1,000	4,150 − 1,000
차입 · 상환	140,000				−140,000 × 1.1
	0	0	0	0	150

위와 같은 현금흐름에서 파악된 재정이익 150원은 선물균형가격과 선물시장가격의 차이에 해당하는 금액이다. 이러한 현물매입 재정거래의 환매이자율은 합성대출의 수익률로서 다음과 같다.

$$\frac{(150{,}000 + 4{,}150) - 140{,}000}{140{,}000} = 10.11\%$$

이 값은 시장이자율 10%보다 큰 값이므로 재정거래유인이 존재하게 된다.

표 16-2
근월물매입 재정거래의 현금흐름

	현 재	시점 1	시점 2
근월물매입	0	$S_1 - F_1$	
원월물매도	0		$F_2 - S_2$
시점1에서 F_1차입		F_1	$-F_1(1+r)$
시점1에서 현물매입		$-S_1$	S_2
	0	0	$F_2 - F_1(1+r)$

3.4 *만기가 다른 선물의 재정거래

지금까지는 선물가격과 현물가격 사이의 불균형을 이용한 재정거래에 대해서 설명하였다. 이제는 동일한 기초자산에 대한 만기가 서로 다른 선물들을 이용한 재정거래를 살펴보기로 하자. 이미 앞서 설명하였듯이 시장이 균형상태라면 원월물과 근월물의 가격 사이에는 식 (16.5)와 같은 관계식이 성립한다. 이러한 관계가 성립하지 않는 경우는 다음과 같이 두 가지 경우가 될 것이다.

(1) 원월물 시장가격 > 근월물가격 + 보유비용

이 경우에는 상대적으로 과소평가되어 있는 근월물을 매입하고 과대평가되어 있는 원월물을 매도함으로써 재정이익을 얻을 수 있다. 이러한 형태의 재정거래를 근월물매입 재정거래(forward cash carry and arbitrage)라고 한다.

이에 따른 구체적인 재정거래과정을 시점별 현금흐름으로 나타내면 〈표 16-2〉와 같다.[6] 여기서 F_1, F_2는 근월물과 원월물가격이고 S_1, S_2는 시점 1과 시점 2에서의 현물가격을 의미한다.

〈표 16-2〉에서 보듯이 근월물매입 재정거래에서 얻는 이익은 $F_2 - F_1(1+r)$이 된다. 여기서 재정이익이 0이 되면 식 (16.5)가 성립하는 것이다. 그리고 재정이익이 0보다 크면 근월물매입 재정거래의 수익률은 다음과 같이 산출되는데 이는 미래의 일정기간인 시점 1에서부터 시점 2까지의 기간에 적용되는 것이므로 이를 선도환매이자율(forward repo rate)이라고 한다.

6) 논의를 단순화시키기 위해서 식 (16.5)에서 선물기간 중에 발생하는 수익(R)은 없다고 가정하자.

$$forward\ repo\ rate = \frac{F_2 - F_1}{F_1} \tag{16.7}$$

선물과 현물 사이의 재정거래에서 보았듯이 여기에서도 근월물매입 재정거래에서 이익이 발생한다는 것은 선도환매이자율이 시점 1과 시점 2 사이의 차입이자율보다 크다는 의미가 된다.

(2) 원월물 시장가격 $<$ 근월물가격 $+$ 보유비용

이 경우에는 원월물이 근월물에 비해서 상대적으로 과소평가되어 있는 상황이다. 따라서 원월물을 매입하고 근월물을 매도함으로써 재정이익을 얻을 수 있다. 이러한 형태의 재정거래는 근월물매도 재정거래(reverse forward cash and carry arbitrage)라고 한다. 이 재정거래과정은 근월물매입 재정거래와 반대의 현금흐름을 갖게 되므로 반복되는 설명은 생략한다.

>>> 예제 16-6

6월 현재 금선물계약의 가격정보를 수집해보니 8월물은 10,000원/g이고 10월물은 10,250원/g이다. 시장이자율이 연 9%라고 할 때에 어떤 형태의 재정거래가 가능한지 확인하라. 그리고 선도환매이자율을 구하라.

풀이

두 선물계약의 만기차이는 2개월이다. 따라서 이 기간의 이자율은 다음과 같다.

$$9\% \times \frac{2}{12} = 1.5\%$$

이제 8월물 가격을 기준으로 10월물의 균형가격을 산출하면 다음과 같다.

$$F_2 = F_1 + C = 10,000 + 10,000 \times 1.5\% = 10,150$$

그런데 10월물 시장가격은 10,250원으로서 이보다 과대평가된 상태이므로 근월물매입 재정거래가 가능하다.

	6월	8월	10월
8월물매입		$S_1 - 10,000$	
10월물매도			$10,250 - S_2$
현물매입		$-S_1$	S_2
차입상환		10,000	$-10,000 \times 1.015$
	0	0	100 ← 재정이익

그리고 선도환매이자율은 합성대출의 수익률로서 다음과 같이 구한다.

$$\frac{F_2 - F_1}{F_1} = \frac{10{,}250 - 10{,}000}{10{,}000} = 2.5\%$$

이는 시장이자율 1.5%보다 큰 값이므로 근월물매입 재정거래유인이 존재한다는 것을 확인할 수 있다.

3.5 *시장불완전요인과 재정거래

(1) 시장불완전요인

현실적으로는 여러 가지 형태의 거래마찰요인이 존재하여 시장을 불완전하게 만들고 있다. 따라서 앞서 제시된 균형식을 그대로 이용하기보다는 이러한 불완전요인들까지 고려해서 재정거래유인을 확인하는 것이 현실적이라고 할 수 있다. 선물시장에서 감안해야 할 시장불완전요인들로는 다음과 같은 것들이 있다.

① 거래수수료(transaction fee)

현물이나 선물을 거래할 때 브로커에게 지불하는 수수료를 말한다.

② 호가스프레드(bid-ask spread)

일반적으로 고객에게 제시되는 딜러의 매수호가는 매도호가보다 낮게 제시되는데 이 두 가격의 차이를 말한다. bid price는 딜러의 매수호가를 말하는데 이는 고객입장에서는 매도가격이 되고, ask price는 딜러의 매도호가이므로 고객입장에서는 매수가격이 된다.

③ 차입이자율과 대출이자율의 불일치

대부분의 경우 차입이자율은 대출(또는 예금)이자율보다 높은 편이다.

④ 차입과 공매의 제약

차입과 공매는 기본적으로 신용거래이기 때문에 경우에 따라서는 차입할 수 있는 자금의 규모나 사용할 수 있는 공매자금에 제한이 있을 수 있다.

(2) 거래수수료, 가격 및 이자율의 차이가 있는 경우

거래수수료와 bid-ask spread가 존재하고 차입이자율과 대출이자율의 차이가 있는 경우에 재정거래유인을 확인하기 위해서 먼저 재정거래기회가 존재하지 않기 위한 균형조건을 구해보자. 여기서 이탈되면 재정거래유인이 존재하는 것으로 볼 수 있기 때문이다.

이러한 경우의 현물매입재정거래는 현물을 ask price, S_a에 매입하고 선물매도가격을 bid price, F_b로 확정시키는 효과를 갖는다. 따라서 이때의 환매이자율은 다음과 같이 산출된다.

$$repo\ rate = \frac{(F_b - TF) - S_a}{S_a} \tag{16.8}$$

여기서 거래수수료 TF는 선물만기시점에서 계산된 값으로서 이를 분자에서 빼주는 이유는 선물만기에서 현물인도로부터 얻어지는 금액에서 거래수수료가 차감될 것이기 때문이다. 수익률의 개념을 나타내는 식 (16.8)의 환매이자율은 선물기간의 차입이자율 r_B보다 높지 않아야 재정거래기회가 존재하지 않게 된다. 따라서 다음 식이 성립한다.

$$\frac{(F_b - TF) - S_a}{S_a} \le r_B \longrightarrow F_b \le S_a(1 + r_B) + TF \tag{16.9}$$

이번에는 현물매도 재정거래의 경우 환매이자율을 구해보자. 이는 현물상품을 bid price, S_b로 공매하고, 선물매입가격을 현재의 ask price, F_a로 확정시키는 효과를 갖는다. 그러므로 환매이자율은 다음과 같다.

$$repo\ rate = \frac{(F_a + TF) - S_b}{S_b} \tag{16.10}$$

그리고 여기서는 선물만기에서 현물인수대가로 지불하는 금액에 거래수수료가 추가되어야 하므로 이를 분자에 더해주는 것이다. 그리고 자본비용의 개념을 나타내는 식 (16.10)의 환매이자율은 선물기간의 대출이자율 r_L보다 낮지 않아야 재정거래기회가 존재하지 않게 된다. 따라서 다음 식이 성립한다.

$$\frac{(F_a + TF) - S_b}{S_b} \ge r_L \longrightarrow F_a \ge S_b(1 + r_L) - TF \tag{16.11}$$

그런데 선물시장은 일반적으로 현물시장에 비해서 유동성이 매우 높아서 호가스프레드가 매우 작다. 따라서 이를 무시한다면 $F = F_a = F_b$가 되므로 위의 두 식을 다음과 같이 통합해서 표현할 수 있다.

$$S_b(1 + r_L) - TF \le F \le S_a(1 + r_B) + TF \tag{16.12}$$

식 (16.12)의 좌변은 현물시장에서의 공매에 의한 현금유입액으로서 선물하한가(lower bound)가 되고, 우변은 현물보유에 따른 현금유출액으로서 선물상한가(upper bound)가 된다. 이처럼 불완전시장에서는 선물가격이 단일값을 갖지 않고 일정한 범위에서 움직이게 된다. 따라서 재정거래도 선물계약의 시장가격이 이 범위를 벗어날 때에 발생하게 된다.

(3) 공매대금에 제약이 있는 경우

이번에는 공매대금의 사용에 제약이 있는 경우를 살펴보자. 공매는 현물매도 재정거래의 필수적인 제도이므로 공매에 대한 제약은 매우 중요하다. 현실적으로는 공매는 신용거래이기 때문에 공매대금의 일정한 비율(f)만이 사용가능하고 나머지 비율($1-f$)은 증거금으로 예치해 놓아야 하는 경우가 일반적이다. 이렇게 공매에 제약이 있는 경우에는 현물매도 재정거래에만 영향을 주게 되며 그 결과로 식 (16.12)의 좌변항의 값은 다음과 같이 바뀌게 된다.[7)]

$$S_b(1+f\cdot r_L)-TF \;\leq\; F \;\leq\; S_a(1+r_B)+TF \tag{16.13}$$

위 식은 시장의 불완전요인들을 모두 고려한 모형인데 다소 복잡하게 보일지도 모른다. 그러나 거래수수료가 없고($TF=0$), 매도호가와 매수호가가 동일하고($S_b=S_a$), 차입이자율과 대출이자율이 같으며($r_L=r_B$), 공매에 아무런 제약이 없다면($f=1$) 이는 완전시장의 선물가격결정모형인 식 (16.1)과 동일해진다는 것을 확인할 수 있다.

>>> 예제 16-7

현물시장과 선물시장에서 금의 가격정보를 수집한 결과 다음과 같다. 단, 선물가격은 만기가 1년 후에 도래되는 선물계약에 대한 것이다.

	bid price	ask price
현물가격	9,900원	10,000원
선물가격	11,200	11,250

그리고 차입이자율은 10%, 대출이자율은 9%이고 관련 거래수수료는 선물만기시점에서 150원을 부담한다고 할 때 재정거래기회가 존재하는지 확인하라.

---

7) 식 (16.13)은 예치금에 대한 이자수익이 없다고 가정한 것이고 만약 그 수준이 낮더라도 이자율(r')이 존재한다면 이를 감안해서 선물하한가를 구해야 할 것이다. 즉, 하한가가 다음과 같이 조정된다.

$$S_b(1+f\cdot r_L)-TF \longrightarrow S_b(1+f\cdot r_L+(1-f)\cdot r')-TF$$

풀이

(1) 먼저 현물매입 재정거래(합성대출)의 수익률을 다음과 같은 환매이자율로 산출한다.

$$repo\ rate = \frac{(F_b - TF) - S_a}{S_a}$$

$$= \frac{(11{,}200 - 150) - 10{,}000}{10{,}000} = 10.5\%$$

이 수익률 10.5%는 차입이자율 10%보다 높은 수준이므로 재정거래기회가 존재한다. 이는 다음과 같이 선물가격(bid price)의 상한가를 확인하여 현재 시장가격수준을 보고 재정거래기회를 확인할 수도 있다.

$$F_b = S_a(1 + r_B) + TF$$

$$= 10{,}000 \times (1 + 0.1) + 150 = 11{,}150(\text{원})$$

즉, 현재 시장에서는 선물가격(bid price) 11,200원이 재정거래가 존재하지 않기 위한 상한가 11,150원보다 높다. 따라서 현물매입 재정거래를 통해서 50원(= 11,200 − 11,150)의 재정이익을 얻을 수 있다.

(2) 이제 현물매도 재정거래(합성차입)의 자본비용을 다음과 같은 환매이자율로 구해보자.

$$repo\ rate = \frac{(F_a - TF) - S_b}{S_b}$$

$$= \frac{(11{,}250 - 150) - 9{,}900}{9{,}900} = 15.15\%$$

이 자본비용 15.15%는 대출이자율 9%보다 높은 수준이므로 재정거래기회가 존재하지 않는다.

그리고 다음과 같이 선물가격(ask price)의 하한가를 산출해보자.

$$F_a = S_b(1 + r_L) - TF$$

$$= 9{,}900 \times (1 + 0.09) - 150 = 10{,}641(\text{원})$$

즉, 현재 시장에서는 선물가격(ask price) 11,250원이 재정거래가 존재하지 않기 위한 하한가 10,641원보다 높다. 따라서 현물매도 재정거래를 통해서는 재정이익을 얻을 수 없다.

제 4 절 헤지거래

4.1 기초개념

앞서 설명한 재정거래는 선물가격과 현물가격의 일정한 관계를 이용해서 아무런 추가적 부담없이 이익을 도모하는 선물거래이다. 선물가격과 현물가격의 관계를 이용하는 또 다른 형태로 헤지거래가 있는데 이는 위험관리차원에서 매우 중요하다.

현재 현물자산을 보유하고 있거나 미래 일정시점에 현물자산을 보유해야 할 투자자는 현물자산의 가격변동으로 손실을 입거나 이익을 얻게 되어 자신의 부(wealth)에 영향을 받게 된다. 이러한 위험을 제거하는 것이 바로 헤지인데, 선물거래의 경우에는 선물계약의 가격이 현물자산의 가격과 양(+)의 상관관계를 갖는 점을 이용하면 현물자산에서의 손실(또는 이익)을 선물거래의 이익(또는 손실)으로 커버할 수 있다.

4.2 헤지거래의 유형

(1) 매도헤지와 매입헤지

흔히 헤지는 거래자의 현물포지션과 반대포지션을 선물시장에서 취하는 것으로 말한다. 이때 선물을 매도하는 헤지를 매도헤지(short hedge), 선물을 매입하는 헤지를 매입헤지(long hedge)라고 한다.

① 매도헤지

현물을 보유하고 있는 long position의 투자자들은 현물가격의 하락으로 손실을 보게 된다. 현물가격과 선물가격은 같은 방향으로 움직이므로 현물가격의 하락은 선물가격의 하락을 가져온다. 따라서 현시점에서 선물을 매도하였다가 하락한 선물가격으로 매입청산함으로써 선물거래이익을 얻게 된다.

그림 16-6

선물거래를 이용한 헤지

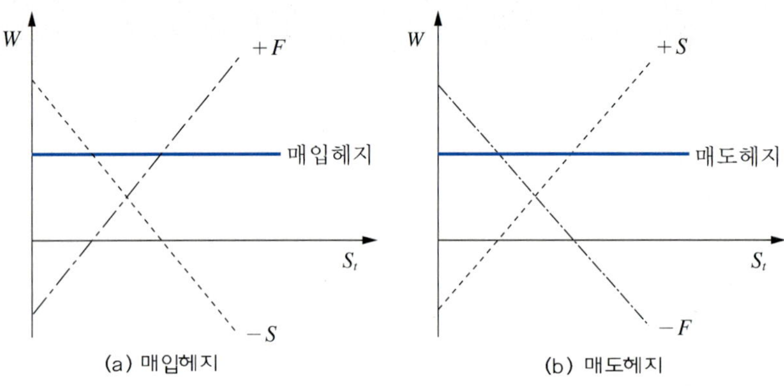

② 매입헤지

미래에 현물을 매입해야 하는 short position의 투자자들은 현물가격의 상승으로 손실을 보게 된다. 그런데 현물가격이 상승하면 선물가격도 상승할 것이므로 현시점에서 선물을 매입하였다가 상승한 선물가격으로 매도청산함으로써 선물거래이익을 얻게 된다.

이처럼 현물포지션과 반대포지션으로 선물거래를 하면 현물포지션에서 발생하는 손실(또는 이익)을 선물포지션에서의 이익(또는 손실)으로 제거하거나 감소시킬 수 있는 것이다. 그러나 현물포지션이 불분명하여 쉽게 파악할 수 없는 경우도 있는데 이때에는 현물가격변동이 부에 어떤 영향을 미치는가를 파악하고 선물가격이 현물가격과 같은 방향으로 변동한다는 사실을 고려해서 선물포지션을 결정하면 될 것이다. 매도헤지와 매입헤지의 만기손익을 그림으로 나타내면 [그림 16-6]과 같이 표현된다.

(2) 직접헤지와 교차헤지

직접헤지(direct hedge)란 현물자산과 선물계약의 기초자산이 동일한 경우의 헤지를 말하며, 현물자산의 가격변동위험을 헤지하기 위해서 선택된 선물계약의 기초자산이 현물자산과 다른 경우의 헤지를 교차헤지(cross hedge)라고 한다. 즉, 헤지대상자산과 헤지수단의 동일성 여부로 헤지를 구분하는 것이다. 헤저가 위험을 관리하고자 하나 이용할 수 있는 선물시장에서 헤지를 위한 상품이 존재하지 않을 때 교차헤지를 행한다. 일반적으로 직접헤지에 비해서 헤지효과가 다소 떨어지는 편이다.

4.3 헤지비율

(1) 의 의

헤지비율(hedge ratio)이란 헤지를 하기 위해 현물자산 1단위에 대해 필요로 하는 선물계약의 수를 말한다. 그런데 헤지비율에 대한 용어로 최적헤지비율, 최소분산헤지비율, 완전헤지비율 등이 다소 혼동되어 사용되고 있어서 이를 정리할 필요가 있다.

① 최적헤지비율

최적헤지비율(optimal hedge ratio)이란 포트폴리오이론에서 최적포트폴리오가 선택되는 것과 같이 투자자의 효용수준을 극대화시킬 수 있는 현물자산 1단위에 대한 선물계약의 결합 개수를 의미한다. 그러나 많은 경우 최소분산비율 또는 완전헤지비율을 의미하는 포괄적인 의미로 사용된다.[8)]

② 최소분산헤지비율

최소분산헤지비율(minimum variance hedge ratio)은 현물과 선물로 포트폴리오를 구성한 경우 이의 분산을 가장 작게 할 수 있는 현물자산 1단위에 대한 선물계약의 결합 개수를 의미한다. 완전헤지비율까지 포함하는 개념으로 이해할 수 있다.

③ 완전헤지비율

완전헤지비율(perfect hedge ratio)은 완전헤지를 달성하기 위해서 필요한 현물자산 1단위에 대한 선물계약의 결합 개수를 의미한다. 그러나 완전헤지는 현물과 선물가격이 상관계수가 1이거나 일정한 조건 하에서 현물가격의 변동과 이에 대응하는 선물가격의 변동크기가 파악될 때에만 가능한 것이어서 현실적으로 이용하기는 어렵다.

만약, 선물가격과 현물가격이 동일한 비율로 변동하면 현물포지션과 동일한 금액의 선물포지션을 반대로 취해서 완전헤지를 달성할 수 있는데 이를 단순헤지(naive hedge)라고 한다. 그러나 현실적으로 선물가격과 현물가격이 서로 다른 크기로 변동하는 것이 일반적이어서 최소분산헤지를 도모하게 된다. 이러한 헤지비율들을 [그림 16-7]에서 확인할 수 있다.

---

8) John C. Hull, *Introduction to Futures & Options Markets*, 1995, Prentice Hall Inc.

그림 16-7

최적헤지비율, 최소분산헤지비율, 완전헤지비율

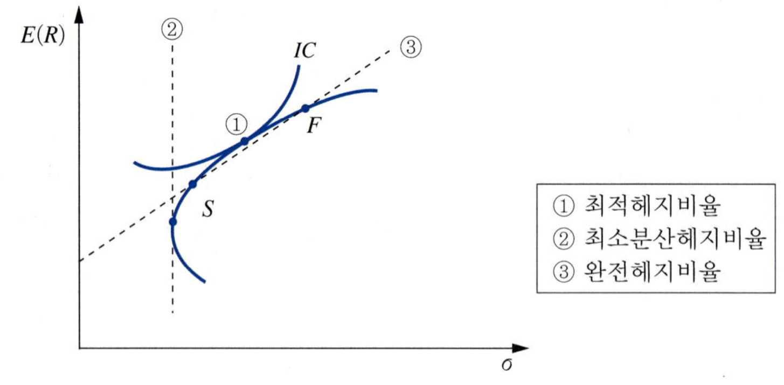

(2) 헤지비율의 산출

① 가격변동량모형

헤지비율을 구하기 위해서 Johnson(1960)과 Stein(1961)에 의해서 제시된 방법을 살펴보자. 먼저 선물가격결정식에서 보면 현물가격과 선물가격이 양(+)의 관계에 있으므로 현물자산을 보유한 투자자는 헤지를 위해서 선물계약을 매도할 것이다. 이때에 현물자산 1단위에 대해서 b개의 선물계약을 매도하였다고 가정하면 이 투자자의 부를 나타내는 포트폴리오의 가치변화는 다음과 같이 표현된다.

$$(P_1 - P_0) = (S_1 - S_0) - b(F_1 - F_0)$$

여기서 분산을 취하고

$$\sigma^2_{\Delta P} = \sigma^2_{\Delta S} + b^2\sigma^2_{\Delta F} - 2b\sigma_{\Delta S,\,\Delta F}$$

이 분산을 최소화하는 b값을 구하기 위해 다음과 같이 b에 대한 1차 편미분값을 0으로 놓는다.

$$\frac{\partial\sigma^2_{\Delta P}}{\partial b} = 2b\sigma^2_{\Delta F} - 2\sigma_{\Delta S,\,\Delta F} = 0$$

$$\therefore\ b = \frac{\mathrm{Cov}(\Delta S,\ \Delta F)}{\mathrm{Var}(\Delta F)} \tag{16.14}$$

이때 b를 최소분산헤지비율이라고 하는데, 이는 회귀모형, $\Delta S_t = a + b \cdot \Delta F_t + e_t$에서 b와 같은 것으로서 최소자승법으로 추정한 값과 같다. 그리고 이렇게 현물가격과 선물가격의 관계를 변동크기로 회귀분석하는 모형을 가격변동량 회귀모형(price change regression)이라고 한다.

② 헤지효과

한편, $\Delta S = S_1 - S_0$, $\Delta F = F_1 - F_0$인데 여기서 S_0와 F_0는 현시점에서 알 수 있는 값이므로 식 (16.14)의 b값은 궁극적으로 다음과 같이 현물가격의 선물가격에 대한 회귀모형 $S_t = a + b \cdot F_t + e_t$의 회귀계수로 나타낼 수도 있다.

$$b = \frac{\text{Cov}(S, F)}{\text{Var}(F)} = \rho \frac{\sigma_S}{\sigma_F} \tag{16.15}$$

그리고 위의 식을 이용하면 헤지효과를 쉽게 측정할 수 있다. 헤지유효성(HE: hedge effectiveness)이란 가격위험을 효과적으로 헤지하는 정도를 의미하는데 선물가격과 현물가격의 상관관계가 높을수록 헤지효과가 증가한다. 구체적으로 헤지유효성(*HE*)은 전체분산 중에서 헤징에 의해 감소되는 분산이 차지하는 비율로 정의되며 다음과 같이 측정한다. 이 값이 1에 접근할수록 헤지효과는 높아진다고 판단한다.[9)]

$$\rho^2 = \left(b \frac{\sigma_F}{\sigma_S}\right)^2 \tag{16.16}$$

③ 가격변동률모형

일반적으로 가격변동이 안정적인 상품의 경우에는 가격변동량모형이 적합하다. 그러나 주식이나 채권과 같은 금융자산은 가격변동은 심한 반면에 그 변동률이 안정적인 특징을 갖기 때문에 가격변동률 회귀모형(rate of change regression)이 더 적합한 것으로 알려져 있다. 가격변동률의 회귀모형은 다음과 같다.

$$R_s = \alpha + \beta R_F + \varepsilon$$

$$\text{단, } R_s = \frac{\Delta S}{S},\ R_F = \frac{\Delta F}{F}$$

이러한 가격변동률모형에서 추정된 β는 다음과 같다.

9) 이 값은 회귀모형의 결정계수(R^2: coefficient of determination)와 같은 것이다. R^2값은 0부터 1까지의 범위를 가지며 1에 접근할수록 모형의 설명력이 높다고 본다.

$$\beta = \frac{\text{Cov}(R_S, R_F)}{\text{Var}(R_F)} = \frac{\text{Cov}\left(\frac{\Delta S}{S}, \frac{\Delta F}{F}\right)}{\text{Var}\left(\frac{\Delta F}{F}\right)}$$

$$= \frac{F}{S}\frac{\text{Cov}(\Delta S, \Delta F)}{\text{Var}(\Delta F)} = \frac{F}{S} \cdot b \tag{16.17}$$

이때의 β는 선물가격변동률에 대한 현물가격변동률의 민감도를 의미한다. 그 의미를 좀 더 명확하게 하기 위해서 밑첨자까지 나타낸다면 β_{SF}로 표현될 것이다. 이를 이용해서 가격변동량모형의 헤지비율 b를 구하면 다음과 같이 정리된다.

$$b = \beta \cdot \frac{S}{F} \tag{16.18}$$

여기서 b의 의미를 다시 생각해보자. 앞에서 식 (16.14)로 표현된 b는 현물자산 1단위에 대한 헤지계약수, 즉 헤지비율(HR : hedge ratio)을 의미한다. 이때의 현물자산 1단위란 선물계약의 단위로 측정한 1단위를 말하는 것이다. 따라서 이러한 경우에는 현물가치와 선물가치가 동일하므로 $S = F$가 성립하고 이에 따라 $b = \beta$가 된다. 즉, 현물자산 1단위를 보유한 투자자는 헤지비율 β만큼의 계약수를 이용하면 헤지효과를 얻을 수 있다. 그러나 현물자산을 더 많이 보유한 투자자라면 $S > F$가 되는데 이러한 경우 식 (16.18)에서 S에 현물보유금액을, F에 선물계약 1단위의 금액을 대입해서 산출한 b값은 현물자산보유규모에 맞는 헤지계약수가 된다. 그러므로 β를 헤지비율, b는 헤지계약수로 이해하면 될 것이다.

예를 들어 선물계약 1단위의 가격이 50만원이고 $\beta = 0.8$이라고 하자. 이때 현물자산을 50만원어치 보유한 투자자라면 선물 0.8계약을 거래하면 헤지효과를 얻을 수 있고 0.8은 곧 헤지비율이 된다. 그러나 현물자산을 500만원어치 보유한 투자자라면 헤지비율은 0.8로 동일하지만 헤지계약수는 0.8에 10(= 500/50)을 곱한 8계약이 되는 것이다.

④ 완전헤지비율

그런데 현물가격과 선물가격의 상관계수가 1이면 가격변동량모형이나 가격변동률모형에서 상수항이 0이 된다. 가격변동량모형에서 상수항(a)이 0이 되면 b는 다음과 같이 산출되는데 이는 완전헤지를 위한 헤지비율이 된다.

$$b = \frac{\Delta S}{\Delta F} \tag{16.19}$$

그리고 가격변동률모형에서 상수항(α)이 0이 되면 β는 다음과 같이 산출되는데 이는 탄력성의 개념과 같은 것이다.

$$\beta = \frac{\left(\frac{\Delta S}{S}\right)}{\left(\frac{\Delta F}{F}\right)} \tag{16.20}$$

위 식에서도 $S=F$라면 $b=\beta$가 된다. $S \neq F$라고 해도 위의 두 식 (16.19)와 식 (16.20)을 식 (16.18)에 대입하면 등식의 성립을 확인할 수 있을 것이다.

한편, 식 (16.19)를 다음과 같이 표현하면 유용하게 이용할 수 있다.

$$\Delta S = b \times \Delta F \tag{16.21}$$

즉, 이 식의 좌변은 현물가격의 변동크기를 의미하고 우변은 선물가격의 변동에 의한 부의 변동크기를 의미하므로 이 등식이 성립되도록 한다면 완전헤지가 가능한 것이다. 이는 현물가격과 선물가격의 상관계수가 1이거나 또는 일정한 조건하에서 현물가격과 선물가격의 변동크기를 파악할 수 있다면 완전헤지를 위해서 사용할 수 있는 포괄적인 조건식이 된다. 여기서도 ΔS와 ΔF가 동일한 단위에서 측정된 것이라면 b는 헤지비율 β가 될 것이다. 그러나 ΔF는 선물계약 1단위에서 측정되고 ΔS는 보유현물 전체에서 측정된 것이라면 b는 헤지계약수가 된다. 이는 앞서의 설명을 반복한 것에 불과하다.

>>> 예제 16-8

가나정유(주)는 3개월 후에 200만 갤런의 난방유를 확보해야 한다. 난방유의 현물가격과 선물가격의 표준편차는 각각 8%, 12%이며 이 두 가격 간의 상관계수는 0.87이다. 난방유 선물계약의 단위는 42,000갤런이라고 하자.

(1) 헤지비율과 헤지계약수를 구하고 헤지전략을 설명하라.

(2) 헤지유효성(HE)을 구하고 베이시스위험을 측정하라.

풀이

(1) 헤지비율 b는 다음과 같이 구한다.

$$b = \frac{\text{Cov}(S, F)}{\text{Var}(F)} = \rho\frac{\sigma_S}{\sigma_F} = 0.87 \times \frac{0.08}{0.12} = 0.58$$

헤지대상 규모가 42,000갤런인 경우에는 헤지비율 0.58이 곧 헤지계약수가 된다. 그러나 가나정유는 헤지대상규모가 200만 갤런이다. 따라서 헤지계약수는 헤지비율을 이용해서 다음과 같이 산출된다.

$$0.58 \times \frac{2,000,000}{42,000} = 27.62(\text{계약})$$

즉, 선물 27.62계약을 매입했다가 3개월 후에 매도청산하면 헤지효과를 얻을 수 있다.

(2) 그리고 헤지유효성은 상관계수의 제곱으로 측정하므로 다음과 같게 된다.

$$\rho^2 = 0.87^2 = 0.7569(75.69\%)$$

총위험의 75.69%는 제거되지만 24.31%는 제거되지 않는 베이시스위험이다.

제 5 절 투기거래

5.1 기초개념

(1) 의 의

투기거래(speculation)라 함은 현물시장에서는 어떤 포지션도 취하지 않고 선물거래만을 통해서 위험을 부담하면서 이익을 도모하는 것을 말한다. 따라서 미래의 실제 상황이 예측과 맞으면 이익을 얻고 예측과 틀리면 손실을 보게 된다.

따라서 미래 선물가격에 대한 예상에 따라서 다음과 같이 두 가지 유형의 투기거래를 생각할 수 있다.

① 선물가격의 상승이 예상되는 경우

선물가격이 상승할 것으로 예상되면 선물계약을 매입하였다가 일정시점이 경과된 후 매각하여 청산한다.

② 선물가격의 하락이 예상되는 경우

선물가격이 하락할 것으로 예상되면 선물계약을 매각하였다가 일정시점이 경과된 후 매입하여 청산한다.

(2) 거래동기

선물거래의 투기거래는 매매대상이 선물계약일 뿐이지, 주가상승이 예상되면 현재 주식을 매입하였다가 상승된 주가에 매각하고, 주가하락이 예상되면 공매하였다가 하락한 주가수준에서 주식을 매입하여 상환함으로써 이익을 도모하는 것과 동일한 것이다. 그럼에도 불구하고 현물 대신 선물계약을 거래하는 이유는 대체로 다음과 같다.

① 선물거래의 경우에는 현물거래보다 거래비용이 적게 들기 때문이다.

② 선물거래의 경우에는 거래대금은 필요없이 증거금만 납부하면 되므로 가격예측에 확신이 있다면 레버리지효과를 통해서 이익을 극대화할 수 있기 때문이다.

5.2 베이시스를 이용한 투기거래

투기거래자들은 현물이나 선물 중 하나를 선택해서 가격변화를 예측하면서 투기거래를 할 수 있지만 현물가격에서 선물가격을 차감한 값($S-F$), 즉 베이시스를 하나의 가격처럼 보고 이의 변동에 대해서 투기거래를 할 수도 있다. 구체적인 전략은 다음과 같다.

① 베이시스가 커질 것으로 예상될 때

베이시스가 커진다는 것은 현물가격이 선물가격에 비해서 상대적으로 더 상승한다는 뜻이므로 현물을 매입하고 선물을 매도함으로써 베이시스변동만큼의 이익을 얻을 수 있다.

② 베이시스가 작아질 것으로 예상될 때

베이시스가 작아진다는 것은 현물가격이 선물가격에 비해서 상대적으로 더 하락한다는 뜻이므로 현물을 매도하고 선물을 매입함으로써 베이시스변동만큼의 이익을 얻을 수 있다.

이렇게 베이시스를 이용한 투기거래는 선물과 현물의 포지션이 반대가 되어 마치 헤지거래와 유사해 보이지만 그 의도는 전혀 다른 것이다.

5.3 스프레드를 이용한 투기거래

스프레드는 만기가 다른 두 선물가격의 차이($F_2 - F_1$)를 의미한다. 따라서 선물거래에서 스프레드포지션이란 하나의 만기를 갖는 선물을 매입하면서 동시에 다른 만기를 갖는 동일한 종류의 선물을 매도하는 전략을 의미한다.

스프레드를 이용할 때에도 베이시스를 이용하는 경우와 동일한 논리로 두 선물 간의 상대적인 가격차이를 보고 투기거래를 하는 것이다. 즉, 스프레드가 커질 것으로 예상되면 원월물을 매입하고 근월물을 매도하며 스프레드가 작아질 것으로 예상되면 근월물을 매입하고 원월물을 매도함으로써 스프레드변동만큼의 이익을 얻을 수 있다.

>>> 예제 16-9

금선물계약의 가격변동을 이용해서 투기거래를 하고자 한다. 현재 선물시장에서 4월물의 가격은 10,000원/g이고 8월물의 가격은 10,400/g원이다. 일주일 후 이들 선물가격이 각각 10,125원/g, 10,425원/g으로 예상된다고 하자. 스프레드를 이용한 투기거래전략을 세우고 그 효과를 구하라.

풀이

스프레드는 현재 400원(= 10,400 − 10,000)에서 300원(= 10,425 − 10,125)으로 작아질 것으로 예상되는 상황이다. 따라서 8월물을 매도하고 4월물을 매입한다. 그러면 일주일 후의 성과가 다음과 같이 100원의 이익으로 실현된다.

	현 재	일주일 후	차 이
4월물 매입	10,000	10,125	+125
8월물 매도	10,400	10,425	−25
스프레드	400	300	100

/ 제 16 장 / 요약

FINANCIAL MANAGEMENT

1. 선물계약은 현재 선물시장에서 형성된 가격으로 미래의 일정시점(만기)에서 자산을 인수도할 것을 약속하는 계약이다. 선물계약은 돈을 내고 매입하는 것이 아니고 단지 의사표시만으로 거래가 형성되기 때문에 매입대가를 지불할 필요가 없는 것이다.

2. 선물가격이란 선물시장에서 형성된 시장가격을 말하는데, 선물매입자는 만기에 가서 현물자산의 가격이 선물가격보다 높으면 이익을, 낮으면 손실을 보게 된다. 그러나 일일정산제도가 적용되기 때문에 만기 이전에도 매일매일의 선물가격변동으로 인한 손익이 반영된다.

3. 선물의 균형가격은 현물가격에다가 현물을 선물만기까지 보유하는데 발생하는 비용을 더해서 산출되는데 이러한 선물가격결정방식을 보유비용모형이라고 한다.

4. 선물시장가격이 선물균형가격(=현물가격+보유비용)보다 높으면 선물이 과대평가되고 현물이 과소평가된 것이므로 선물매도와 현물매입을 동시에 수행하는 재정거래로 선물시장가격과 균형가격의 차이에 해당하는 차익을 얻을 수 있다.

5. 선물가격은 현물가격과 같은 방향으로 움직이기 때문에 현물에서의 손실을 선물거래에서의 이익으로 커버할 수 있는데 이를 헤지거래라고 한다. 헤지거래에서는 현물자산 1단위에 대해서 선물 몇 단위를 취해야 하는가를 나타내는 헤지비율을 구하는 것이 중요하다.

6. 선물은 매입할 때에 아무 대가를 지불하지 않으면서도 가격변동이 손익으로 실현되기 때문에 레버리지효과가 크다. 따라서 현물포지션 없이 선물만 거래해서 큰 이익을 얻을 수 있는데 이러한 거래를 투기거래라고 한다.

>>> 연습문제 16 − 1

갑돌이는 3월 5일에 배추포기당 1,000원의 선물가격으로 12월 만기 선물계약을 매입하였다. 선물 1계약의 단위는 100포기라고 하자. 또한 거래대금을 기준으로 개시증거금률은 15%이고 유지증거금률은 10%이다. 선물가격이 3월 6일에는 1,050원으로 상승하였다가 3월 7일에는 980원, 3월 8일에는 940원으로 하락하였다.

초과증거금과 추가증거금은 즉시 인출 또는 납부한다고 가정하고 이러한 상황에서 일일정산제도하의 증거금 변동내역을 제시하라.

해설

날짜별로 가격변동에 따른 증거금변동은 다음과 같다.

날 짜	선물가격	선물이익	증거금(1)	추가(초과)증거금	증거금(2)
3/5	1,000	0	15,000	−	15,000
6	1,050	5,000	20,000	(5,000)	15,000
7	980	−7,000	8,000	7,000	15,000
8	940	−4,000	11,000	−	11,000

선물가격변동에 따른 갑돌이의 증거금변동을 보면 3/6에는 초과증거금을 인출할 수 있고 3/7에는 추가증거금납부요청(margin call)을 받게 된다. 증거금(1)은 선물손익까지 반영된 금액이고 증거금(2)는 초과증거금은 인출하고 추가증거금은 납부요구시점에서 즉시 납부한 후의 최종금액이다.

>>> 연습문제 16 − 2

9월 30일 현재 액면가액 100,000원, 액면이자율이 연 8%인 채권이 채권시장에서 100,000원에 거래되고 있다. 이 채권의 이자지급은 매 분기말에 이루어진다.

(1) 120일 후 인도하는 금융선물의 균형가격은 얼마인가? 단, 1년은 360일로 가정한다.

(2) 120일 후 인도하는 금융선물의 현재가격이 101,000원이라고 할 때, 가능한 재정거래를 설명하라.

해설

1) 이 채권의 보유에 따른 현금흐름을 시간선상에 나타내면 다음과 같다.

9/30	12/31	1/31
현재	이자수령	120일 후

12월 31일 수령하는 이자금액은 1분기에 해당되므로 다음과 같다.

$$I = 100,000 \times 8\% \times \frac{1}{4} = 2,000(\text{원})$$

균형선물가격은 다음과 같이 산출된다.

$$F_t = S_0 + C - R$$

여기서 $S_0 = 100{,}000$(원)

$$C = S_0 \times r \times \frac{t}{360}$$

$$= 100{,}000 \times 8\% \times \frac{120}{360} = 2{,}667(\text{원})$$

채권의 시장가격과 액면가액이 동일하므로 시장이자율은 액면이자율인 8%와 같음을 주목하라.

한편, $R = I \times \left(1 + r \times \dfrac{t'}{360}\right)$

$$= 2{,}000 \times \left(1 + 0.08 \times \frac{30}{360}\right) = 2{,}013(\text{원})$$

이러한 산출값들을 균형가격식에 대입하면 다음과 같이 균형선물가격을 구할 수 있다.

$$F_t = 100{,}000 + 2{,}667 - 2{,}013$$
$$= 100{,}654(\text{원})$$

(2) 현재 선물의 시장가격은 101,000원으로서 균형가격 100,654원보다 과대평가되어 있다. 따라서 과대평가된 가격으로 선물계약을 매도하고 현물채권을 구입한다. 그리고 선물만기에 가서 현물채권으로 선물계약을 이행한다. 이때에는 평가액 100,654원의 채권을 101,000원에 인도하므로 346원의 재정이익을 얻게 된다.

>>> 연습문제 16 - 3

현재시점에서 현물채권과 이 채권을 기초자산으로 하는 선물계약의 시세를 조사한 결과가 다음과 같다.

만기까지 77일 남은 선물계약의 수익률	연 12.50%
만기까지 77일 남은 현물채권의 수익률	6.00
만기까지 167일 남은 채권(선물계약의 인도가능채권)	10.00

(1) 위의 선물계약이 기초자산으로 하는 채권의 만기를 구하라.

(2) 내재적 선도이자율을 구하여 재정거래유인을 확인하라. 단, 1년은 360일로 가정한다.

(1) 선물계약의 인도가능채권이 만기 167일이고 선물계약의 만기가 77일이므로 기초채권의 만기는 90일(= 167 − 77)이다.

(2)

0	77일	167일
현재	선물만기	기초채권만기
← 6% →	← f →	
← 10% →		

$$\left(1+0.06\times\frac{77}{360}\right)\times\left(1+f\times\frac{90}{360}\right)=\left(1+0.1\times\frac{167}{360}\right)$$

∴ 내재적 선도이자율 $f=13.25\%$

내재적 선도이자율 13.25%는 현재 선물시장의 수익률 12.5%보다 높은 수준이다. 그런데 수익률은 가격과 역관계에 있으므로 이는 선물시장가격이 균형가격보다 과대평가되어 있음을 의미한다. 따라서 선물매도, 현물매입하는 현물매입 재정거래(cash-carry arbitrage)를 수행한다.

>>> 연습문제 16 – 4

매년 6월, 12월 말에 6,000원씩의 이자가 지급되는 이자부채권이 1/1 현재 90,000원에 거래되고 있다. 채권수익률은 6개월간은 연 10%, 1년간은 연 12%에 형성되어 있는데 이 채권에 대한 만기 1년인 선물가격은 88,200원이다.

(1) 현재의 선물가격은 균형가격인가?

(2) (1)의 결과가 균형가격이 아니라면 어떤 형태의 재정거래가 가능한가? 구체적인 과정을 제시하라.

해설

(1) 이 문제는 〈연습문제 16-2〉와 〈16-3〉을 종합한 후 이자부채권에 대한 재정거래의 원리를 분석하는 것이다.

먼저 채권수익률의 자료를 이용해서 하반기(7/1～12/31)의 선도이자율을 구한다.

1/1	6/30	12/31
← 5% →	← f →	
← 12% →		

따라서 선도이자율 f는 다음과 같다.

$$(1+0.05)\times(1+f)=1.12 \qquad \therefore f=6.67(\%)$$

이제 금리선물의 균형가격을 산출한다.

$$\begin{aligned} F_t &= S_0+C-R \\ &= 90{,}000+90{,}000\times0.12-(6{,}000\times1.0667+6{,}000) \\ &= 88{,}400(\text{원}) \end{aligned}$$

현재의 선물가격은 이보다 낮은 88,200원이므로 과소평가된 상태이다.

(2) 과소평가된 상태이므로 선물매입과 현물매도의 방법으로 재정거래가 가능하다. 이에 따른 현금흐름이 다음과 같도록 한다.

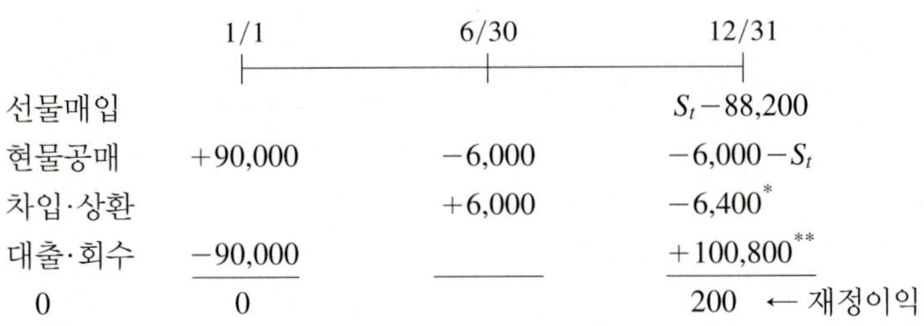

	1/1	6/30	12/31
선물매입			$S_t-88{,}200$
현물공매	+90,000	−6,000	$-6{,}000-S_t$
차입·상환		+6,000	−6,400*
대출·회수	−90,000		+100,800**
0	0		200 ← 재정이익

* 6,000 × 1.0667 = 6,400

** 90,000 × 1.12 = 100,800

즉, 채권공매에 따른 반년 후 필요액 6,000원을 6/30에 차입하였다가 12/31에 상환한다. 한편, 공매로 조달된 90,000원은 1년간 대출하였다가 12/31에 회수하면 200원의 재정이익이 실현된다. 그리고 이 금액은 사실 (1)번의 결과에서 과소평가액으로 미리 알 수 있는 것이다.

>>> 연습문제 16 - 5

고객의 입장에서 어떤 현물자산의 매도가격은 100,000원이고 매수가격은 105,000원이다. 그러나 선물시장에서 두 가격은 동일하다. 거래수수료는 선물거래에서만 부담하며 만기시점에서 단위당 1,000원을 지급한다. 차입이자율은 연 12%이고 대출(또는 예금)이자율은 연 10%라고 하자. 다음 각 물음을 현금흐름의 관점과 수익률의 관점에서 각각 답하라.

(1) 재정거래기회가 존재하지 않기 위한 선물가격의 범위를 구하라.

(2) 만약 공매자금의 10%는 예탁해야 하고 예탁금에 대한 이자수익은 없다고 가정하면 (1)의 결과는 어떻게 달라지는가?

 해설

이러한 문제는 현금흐름의 관점에서 접근할 수도 있고 수익률의 관점에서 접근할 수도 있다. 먼저 현금흐름의 관점에서 접근해 보자.

(1) 현물매입 재정거래에서 이론상한가격을, 현물매도 재정거래에서 이론하한가격을 구한다.

① 현물매입 재정거래

	현 재	만 기
선물매도		$F-S_t-1{,}000$
현물매입	−105,000	S_t
차입 · 상환	105,000	$-105{,}000\times1.12$
	0	$F-118{,}600$

재정거래가 발생하지 않으려면 $(F-118{,}600)$이 0보다 크지 않아야 한다. 따라서 다음이 성립해야 한다.

$$F-118{,}600 \le 0 \qquad \therefore F \le 118{,}600$$

② 현물매도 재정거래

	현 재	만 기
선물매입		$S_t-F-1{,}000$
현물공매	100,000	$-S_t$
대출·회수	−100,000	100,000×1.1
	0	$109{,}000-F$

재정거래가 발생하지 않으려면 다음이 성립해야 한다.

$$109{,}000-F \le 0 \qquad \therefore F \ge 109{,}000$$

①, ②에서 재정거래기회가 존재하지 않는 이론선물가격의 범위는 다음과 같이 정리된다.

$$109{,}000 \le F \le 118{,}600$$

(2) 공매자금의 인출제약은 이론하한가격에 영향을 준다. 따라서 현물매도 재정거래의 현금흐름을 다음과 같이 분석한다.

	현 재	만 기
선물매입		$S_t-F-1{,}000$
현물공매	100,000	$-S_t$
대출·회수	−100,000	109,000
	0	$108{,}000-F$

여기서 대출금의 만기회수액 109,000원은 공매자금의 90%만 대출에 활용할 수 있으므로 다음과 같이 산출된다.

$$100{,}000\times0.9\times1.1+100{,}000\times0.1=109{,}000$$

따라서 이론하한가격은 다음과 같다.

$$108{,}000-F \le 0 \qquad \therefore F \ge 108{,}000$$

————×————×————

이번에는 수익률의 관점에서 접근해보자.

(1) 분석의 편의를 위해서 현물매입 재정거래와 현물매도 재정거래의 현금흐름을 시간선상에 나타낸다.

① 현물매입 재정거래

현재	만기
−105,000	$F-1{,}000$

이는 합성대출과 동일하며 대출수익률이 차입이자율보다 크지 않아야 하므로 다음 식

이 성립한다.

$$\frac{(F-1{,}000)-105{,}000}{105{,}000} \leq 0.12 \qquad \therefore\ F \leq 118{,}600$$

② 현물매도 재정거래

현재	만기
100,000	$-F-1{,}000$

이는 합성차입과 동일하므로 다음 식이 성립해야 재정거래가 발생하지 않는다.

$$\frac{(F+1{,}000)-100{,}000}{100{,}000} \geq 0.1 \qquad \therefore\ F \geq 109{,}000$$

①, ②에서 이론선물가격의 범위를 구할 수 있다.

$$109{,}000 \leq F \leq 118{,}600$$

(2) 현물매도 재정거래, 즉 합성차입이자율은 (1)의 ②와 동일하다. 그러나 비교기준이 되는 대출수익률은 9%(=0.9×10%)가 되므로 다음 식이 성립해야 한다.

$$\frac{(F+1{,}000)-100{,}000}{100{,}000} \geq 0.09 \qquad \therefore\ F \geq 108{,}000$$

>>> 연습문제 16 - 6

4/14 현재 가나주식의 1주당 가격은 44,638원이다. 이 주식에 대해서 4/30에 현재시가기준 0.3%, 5/31에 0.2%의 현금배당이 예상되고 있다. 이자율은 대출(예금)의 경우 5%가 적용되고 차입의 경우에는 6%가 적용된다. 주식의 거래비용은 거래종결시점에서 현재주가의 0.5%를 부담하며 1년은 360일로 가정한다(%는 연단위임).

(1) 가나주식을 기초자산으로 하며 만기가 6/16인 선물계약에서 재정거래가 발생하지 않는 이론가격의 범위를 산출하라.

(2) 현물공매 시 공매자금의 60%까지만 인출할 수 있고 예치금에 대해서는 3%의 이용료가 지급된다고 하자. 현재 선물가격이 44,520원이라면 재정거래유인이 존재하는가?

해설

(1) 먼저 현물매입 재정거래를 이용해서 상한가를 구한다.

	현 재	만 기
선물매도		$F-S_t$
현물매입	−44,638	$S_t+224.3^{①}-223.2^{②}$
차입·상환	44,638	$-45{,}106.7^{③}$
	0	$F-45{,}105.6$

① 배당수익 $=44{,}638\times0.3\%\times\left(1+5\%\times\dfrac{47}{360}\right)+44{,}638\times0.2\%\times\left(1+5\%\times\dfrac{16}{360}\right)$

$=224.3$

② 주식매매비용 $=44{,}638\times0.5\%=223.2$

③ 상환원리금 $=44{,}638\times\left(1+6\%\times\dfrac{63}{360}\right)=45{,}106.7$

재정거래가 발생하지 않으려면 $F-45{,}105.6\le0$이어야 하므로 상한가는 45,105.6원이다. 다음으로 현물매도 재정거래를 이용해서 하한가를 구한다.

	현 재	만 기
선물매입		$S_t - F$
현물공매	44,638	$-S_t-224.5$④ -223.2
대출 · 회수	−44,638	45,028.6⑤
	0	$44{,}580.9-F$

④ 지급이자 $=44{,}638\times0.3\%\times\left(1+6\%\times\dfrac{47}{360}\right)+44{,}638\times0.2\%\times\left(1+6\%\times\dfrac{16}{360}\right)$

$=224.5$

⑤ 만기회수액 $=44{,}638\times\left(1+5\%\times\dfrac{63}{360}\right)=45{,}028.6$

재정거래가 발생하지 않으려면 $44{,}580.9-F\le0$이어야 하므로 하한가는 44,580.9이다 따라서 선물가격의 범위는 다음과 같다.

$44{,}580.9\le F\le45{,}105.6$

(2) 공매대금의 제약은 이론하한가에 영향을 미친다.

	현 재	만 기
선물매입		S_t-F
현물공매	44,638	$-S_t-224.5-223.2$
대출·회수	−44,638	44,966.1⑥
	0	$44{,}518.4-F$

⑥ 만기회수액 $=44{,}638\times0.6\times\left(1+5\%\times\dfrac{63}{360}\right)+44{,}638\times0.4\times\left(1+3\%\times\dfrac{63}{360}\right)$

$=44{,}966.1$

따라서 이론하한가는 44,518.4원이 된다. 현재 선물가격 44,520은 이론하한가와 상한가 범위 내의 수준이므로 재정거래유인이 없다.

>>> 연습문제 16 - 7

가나기업은 1년 후 배럴당 $20의 비용으로 100만 배럴의 원유를 채굴할 수 있다. 1년 후 원유가격이 배럴당 $20가 될 확률은 0.6이고 $30가 될 확률은 0.4이다. 법인세율이 30%이고 이 투자안을 채택할 경우 $1,000,000에 해당하는 투자세액공제를 받을 수 있다. 무위험이자율은 연 10%이며 위험중립적인 상황을 가정해서 만기가 1년 남은 선물계약의 가격이 $24일 때 선물헤지의 현재가치를 평가하라.

먼저 헤지하지 않는 경우 1년 후에 나타날 수 있는 투자수익은 다음과 같이 구분된다.

	1년 후 $20	1년 후 $30
세전이익	(20−20)×100만	(30−20)×100만
법인세	0	3,000,000
세액공제	0	1,000,000
순이익	0	8,000,000

따라서 헤지하지 않은 경우 순이익의 기대값을 발생확률을 고려해서 산출하면 다음과 같다.

$$0.6\times 0+0.4\times 8{,}000{,}000=3{,}200{,}000$$

그런데 선물계약을 이용하면 1년 후 배럴당 가격을 $24로 확정시킬 수 있으므로 투자수익은 다음과 같이 산출된다.

세전이익	(24−20)×100만
법인세	1,200,000
세액공제	1,000,000
순이익	3,800,000

따라서 선물헤지의 현재가치는 다음과 같다.

$$\frac{3{,}800{,}000\ -\ 3{,}200{,}000}{1+0.1}=545.5(\text{천원})$$

>>> 연습문제 16 – 8

가나정유(주)는 6/15 현재 겨울철 수요증가에 대비해서 9/30에 6만 배럴의 원유를 매입할 계획이다. 이에 대한 정제작업은 10/31까지 마칠 수 있을 것으로 판단하고 있다.

원유 1배럴(42갤런)을 정제하면 휘발유 28갤런, 난방유 14갤런이 생산된다. 그리고 선물시장의 정보는 다음과 같다.

선물계약의 종류	1계약 단위	만 기	선물가격
원유선물계약	1,000배럴	9/30	배럴당 $22.15
		10/31	$22.40
휘발유선물계약	42,000갤런	9/30	갤런당 $0.58
		10/31	$0.59
난방유선물계약	42,000갤런	9/30	갤런당 $0.67
		10/31	$0.65

(1) 가나정유(주)는 원유가격 및 관련제품인 휘발유, 난방유의 가격변동이 심하여 정제이익을 예측할 수 없는 상황이어서 관련 선물계약을 이용해서 정제이익을 헤지하고자 한다. 구체적인 헤지전략을 설명하라.

(2) (1)과 같은 방법으로 헤지된 배럴당 정제이익을 산출하라.

(1) 가나정유의 생산공정을 시간선상에 나타내보자.

6/15	9/30	10/31
현재	원유투입	제품생산

이를 보면 9/30에는 원유에 대해 short position이고 10/31에는 휘발유 및 난방유에 대해 long position이다. 따라서 현재시점에서 원유선물 9월물 60계약$\left(=\dfrac{60,000}{1,000}\right)$을 매입하는 동시에 휘발유선물 10월물 40계약$\left(=\dfrac{60,000\times 28}{42,000}\right)$과 난방유 10월물 20계약$\left(=\dfrac{60,000\times 14}{42,000}\right)$을 매도한다.

이와 같이 원유투입과 휘발유 및 난방유 산출비율 3 : 2 : 1을 이용해서 원유정제이익을 헤지하는 것을 크랙스프레드헤지(crack spread hedge)라고 한다.

(2) (1)과 같은 헤지전략으로 확정된 총정제이익을 다음과 같은 손익계산서로 구할 수 있다.

수 익		
휘발유	$60,000\times 28\times 0.59 = 991,200$	
난방유	$60,000\times 14\times 0.65 = \underline{546,000}$	1,537,200
비 용		
원 유	$60,000\times 22.15$	$\underline{1,329,000}$
이 익		208,200

따라서 배럴당 정제이익은 \$3.47$\left(=\dfrac{208,200}{60,000}\right)$이 된다.

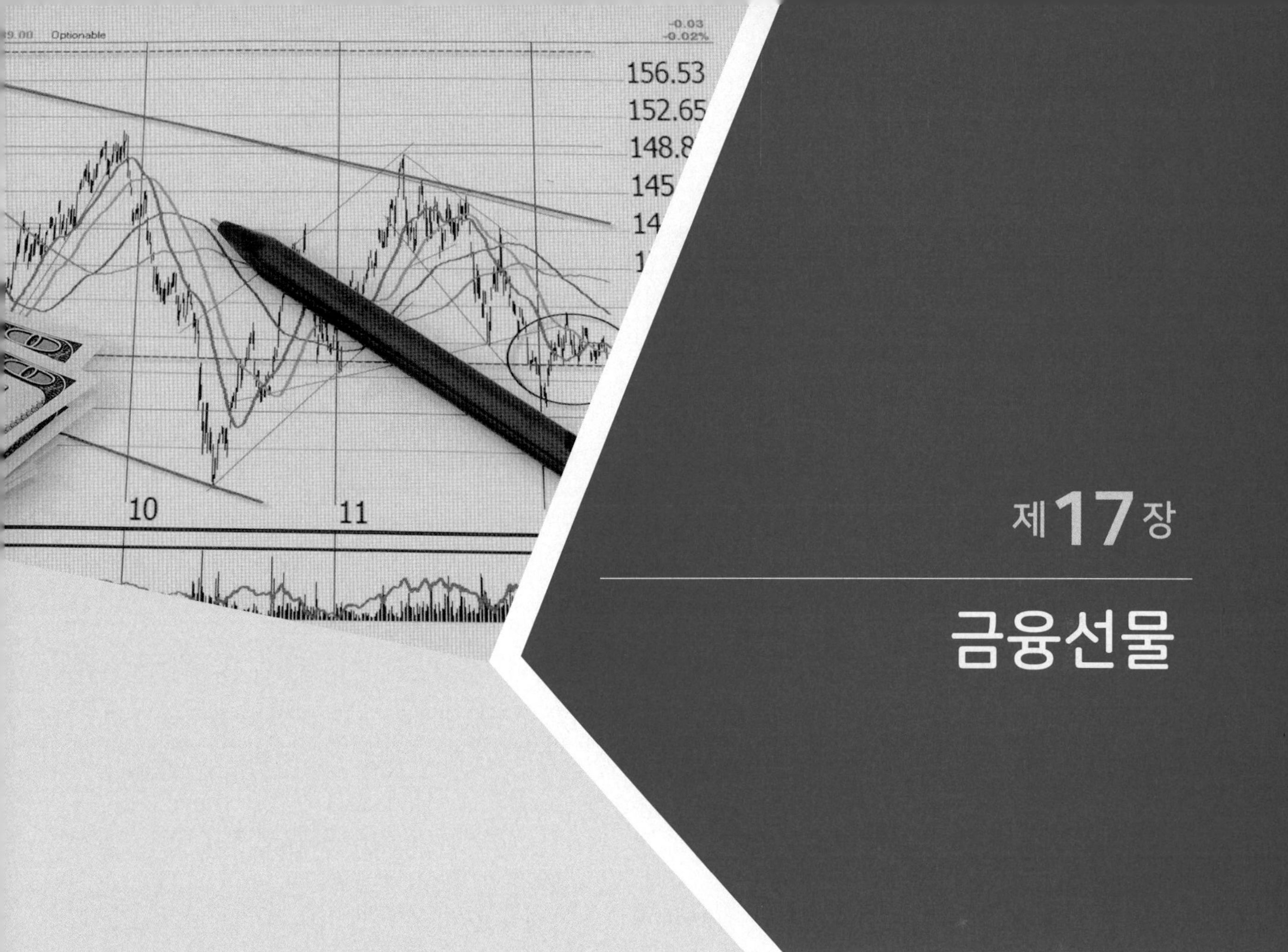

Financial Management

제 17 장 금융선물

학습 목표

제16장에서는 선물계약의 가격이 결정되는 원리를 현물가격과의 관계에서 살펴보고 이러한 원리가 이용되는 선물거래를 유형별로 살펴보았다. 이 장에서는 이러한 내용이 구체적으로 금융선물에서 어떻게 적용되는지를 설명할 것이다. 금융선물이라면 통화선물, 금리선물, 주가지수선물의 세 가지를 의미하는데, 이들의 구조적 원리는 동일하지만 제도적 내용은 다소 차이가 있다. 위험관리 측면에서 의도한 효과를 도모하기 위해서는 선물가격의 표시방법이나 거래제도를 정확하게 이해할 필요가 있다.

제 1 절 통화선물

1.1 기초개념

(1) 개 요

① 의의 및 목적

주요국 통화를 거래대상으로 하는 선물거래를 통화선물거래라고 한다. 이러한 통화선물은 금융선물 중에서 처음으로 1972년 CME에 도입되었다. 도입의 직접적 동기는 브레튼우즈협정의 붕괴에 따라서 환율결정시스템이 고정환율제에서 변동환율제로 바뀌면서 환율변동에 따른 손실가능성이 크게 증가되었기 때문이다. 따라서 환위험에 대한 헤지가 통화선물거래의 주된 목적이다.

② 거래대상통화

CME에 개설되어 있는 IMM에서 거래하고 있는 통화는 세계 주요 국가들의 대부분 통화를 포함하고 있다. 즉, 영국 파운드, 캐나다 달러, 스위스 프랑, 멕시코 페소, 일본 엔 및 유로화 등이 거래된다. 그리고 현재 우리나라 선물거래소에서는 미국 달러, 일본 엔 및 유로화에 대한 선물과 옵션이 거래되고 있어서 이들을 이용한 환위험관리가 가능하다.

(2) 선물환거래와 비교

선물환거래(forward exchange contract)는 선도거래이다. 즉, 만기에서 일정규모의 외화를 미리 정한 환율로 인수 또는 인도하는 거래로서 통화선물거래와는 다른 것이다. 선물환거래는 대체로 대규모의 무역회사나 기관투자가가 주로 이용하고 통화선물거래는 소규모 회사나 투기자들이 주로 이용한다. 선물환거래는 주로 규모가 큰 선도계약이 당사자 간의 신용과 합의에 따라서 계약조건이 신축적으로 조정되고 90% 정도에 이르는 대부분이 만기에 결제된다. 그러나 통화선물은 청산소나 증거금제도를 통해서 신용을 담보하고 대부분이 만기 이전에 청산되어 만기 결제량은 1%도 안 된다.

1.2 통화선물의 균형가격

(1) 균형가격결정식

통화선물의 가격을 선물환율이라고 한다. 미국 달러에 대한 원화표시의 환율로 나타내면 균형선물환율은 다음과 같이 결정된다.

$$F_t = S_0 \times \left[\frac{1+R_K}{1+R_A}\right]^t \tag{17.1}$$

단, F_t : 만기 t의 달러당 선물환율
S_0 : 현재 달러당 현물환율
R_K, R_A : 한국, 미국의 만기 t의 현물이자율

위의 식은 이해를 쉽게 하기 위해서 미국 달러에 대한 원화표시의 환율로 설명한 것이지만 다른 국가 간의 통화에서도 항상 성립되는 식이다. 통화선물의 가격을 이처럼 화폐단위로 표시하는 것이 일반적이지만 현물환율과 선물환율 간의 할증률(또는 할인율)로 표기하기도 한다. 선물환할증률은 통상 매입률, 매도율을 무시하고 기준환율을 이용해서 다음과 같이 산출한다.

$$\text{선물환할증률} = \frac{F_t - S_0}{S_0} \times \frac{360}{\text{선물만기}} \times 100(\%) \tag{17.2}$$

그리고 식 (17.1)과 식 (17.2)는 모두 국제재무관리의 환율결정이론에서 다루게 될 금리평가설에 의해서 성립되는 균형식이다. 이 식의 의미는 선물환율은 두 국가 간의 해당기간 동안의 금리차이에 의해서 결정된다는 것이다. 자세한 내용은 제21장 국제재무관리에서 다루게 될 것이다.

(2) 보유비용모형

통화선물의 가격결정식 (17.1)도 보유비용의 관점에서 해석할 수 있다. 즉, 한국금리가 미국금리보다 높을 때($R_K > R_A$), 미국 달러를 선물만기까지 보유한다면 한국원화를 보유함으로써 더 높은 금리를 누릴 수 있는 기회를 포기하는 것이 된다. 따라서 미국 달러 보유로 기회비용을 부담하는 것이므로 선물환율이 현물환율보다 높게 된다. 즉, $F_t > S_0$가 성립한다.

이와는 반대로 미국금리가 한국금리보다 높다면 ($R_A > R_K$), 미국 달러를 선물만기까지 가져가는데 수익이 발생하는 것이므로 선물환율이 현물환율보다 낮게 된

다. 즉, $F_t < S_0$가 성립한다.

>>> 예제 17-1

달러당 현물환율이 현재 \$1=1,000원이다. 한국의 이자율은 연 10%, 미국 이자율은 연 6%로 예상된다고 하자.

(1) 만기까지 6개월 남은 통화선물의 균형가격을 구하라.
(2) 선물환할증률 또는 할인율을 구하라.
(3) (1)의 결과를 이용해서 달러당 6개월간 보유비용을 구하면 얼마가 될까?

풀이

(1) 만기까지 6개월 남은 통화선물의 균형가격은 다음과 같다.

$$F = S_0 \times \left[\frac{1+R_K}{1+R_A}\right]$$

$$= 1{,}000 \times \left[\frac{1+0.1\times\frac{1}{2}}{1+0.06\times\frac{1}{2}}\right] = 1{,}019.41(\text{원})$$

(2) 선물환할증률은 다음과 같이 구한다.

$$\frac{F-S}{S}\times\frac{12}{6} = \frac{1{,}019.41-1{,}000}{1{,}000}\times\frac{12}{6} = 3.88(\%)$$

(3) (1)에서 구한 선물가격을 보유비용모형으로 분석한다.

$$F = S + C = 1{,}000 + C \qquad \therefore\ C = 19.41(\text{원})$$

1.3 통화선물거래

(1) 재정거래

① 거래유인

재정거래유인이 존재하는가를 판단하려면 먼저 현재 선물시장에서 형성되어 있는 통화선물의 시장가격, 즉 선물환율이 관련국가의 금리를 감안할 때에 균형수준인가를 파악하여야 한다. 구체적으로는 통화선물의 균형가격을 나타내는 식 (17.1)에 해당국가들의 금리수준을 대입해서 산출한 값과 현재의 선물환율과 다르면 재정거래유인이 존재한다고 할 수 있다.

② 거래방법

재정거래의 구체적인 전략은 일반적인 선물거래의 경우와 동일하다. 만약 현재의 선물환율이 균형선물환율보다 높은 수준이면 현물매입 재정거래를 수행하고, 현재의 선물환율이 균형선물환율보다 낮은 수준이면 현물매도 재정거래를 수행한다. 거래의 결과는 균형선물환율과 현재 선물환율과의 차이만큼의 재정이익으로 나타날 것이다.

>>> 예제 17-2

8월 현재 미국 달러당 현물환율이 $1＝1,100원이고 만기까지의 기간이 130일 남은 12월물 선물환율은 $1＝1,098원이다. 미국의 이자율은 연 8.5%이고 한국의 이자율은 연 7%라고 할 때에 다음 각 물음에 답하라.

(1) 12월물 가격이 균형수준인가를 파악하고 그렇지 않다면 어떤 형태의 재정거래가 가능한지 설명하라.
(2) 원화기준 1백만원 규모로 수행하는 재정거래의 결과를 보여라.
(3) 수익률기준으로 재정거래유인을 파악하라.

풀이

(1) 먼저 통화선물의 균형가격을 구한 후 시장가격과 비교한다.

$$F = S_0 \times \left[\frac{1+R_K}{1+R_A}\right]$$
$$= 1{,}100 \times \left[\frac{1+0.07\times\frac{130}{360}}{1+0.085\times\frac{130}{360}}\right] = 1{,}094.2(\text{원})$$

선물시장가격 1,098원은 이보다 높은 수준이므로 현물매입 재정거래가 가능하다.

(2) 현물매입 재정거래의 현금흐름은 다음과 같다.

	8월	12월
현물매입	−$909.1①	$937②
차입·상환	₩1,000,000	−₩1,025,278③
선물매도		1,098×$937−$937
	0	3,548 ◀— 재정이익

① ₩1,000,000 ÷ 1,100＝909.1

② $909.1\times(1+0.085\times\frac{130}{360})=937$

③ $1{,}000{,}000\times(1+0.07\times\frac{130}{360})=1{,}025{,}278$

이러한 재정거래는 국제재무관리에서의 금리평가설을 이용하는 재정거래와 동일한 것이니 비교해보면 이해가 쉬울 것이다.

(3) 현물매입 재정거래를 통한 미국 달러화에 대한 합성대출수익률은 다음과 같다.

$$\left(\frac{1{,}028{,}826-1{,}000{,}000}{1{,}000{,}000}\right)\times\frac{360}{130}=7.98\%$$

이는 한국원화차입이자율 7%보다 높은 수준이어서 재정거래유인이 존재한다.(단, 여기서 1,028,826 = 1,098 × \$937)

(2) 헤지거래

① 거래원리

앞으로의 환율변동으로 현재 보유한 외화자산이나 부채의 가치변동위험을 제거하기 위해서 선물시장에서 해당되는 통화를 기초자산으로 하는 선물계약을 매입하거나 매도하고 일정기간 후에 이를 청산한다.

② 거래효과

현물자산이나 부채에서 발생하는 기회손실을 선물시장의 거래이익으로 상쇄함으로써 현물가격의 변동으로 인한 손실을 감소시키거나 제거한다. 한편, 이러한 헤지전략을 취하면 현물의 기회이익도 선물의 거래손실로 감소되거나 제거된다.

>>> 예제 17-3

가나기업은 2개월 후 125,000달러에 해당하는 대금을 미국거래처인 ABC기업에 결제해야 한다. 현재 현물시장에서 \$1 = 1,200원이고 선물시장에서 만기가 3개월 후에 도래되는 선물가격은 \$1 = 1,210원이다.

(1) 헤지를 위한 선물거래전략을 밝혀라.
(2) 베이시스가 일정하다고 가정하고 2개월 후 현물이 \$1 = 1,224원으로 상승한 경우의 헤지효과를 보여라.
(3) (2)에서 2개월 후 현물이 \$1 = 1,188원으로 하락한 경우에도 헤지가 됨을 확인하라.

풀이

(1) 헤지전략

달러가격(환율)이 상승하면 손실이 발생하므로 선물시장에서는 선물계약을 매입하여 환율상승에 따른 이익을 도모해야 헤지가 가능하다. 따라서 만기 3개월인 선물계약을 현시점에서 매입하고 2개월 후에는 만기 1개월인 선물계약을 매도하여 청산한다.

(2) 2개월 후 현물환율이 상승한 경우

	현물시장	선물시장
현재	만약 현시점에서 달러를 매입하였다면 $125,000 × 1,200 = 150,000,000	3개월 후 인도하는 선물계약을 매입하였으므로 $125,000 × 1,210 = 151,250,000
2개월 후	실제 이때에 달러를 매입하였으므로 $125,000 × 1,224 = 153,000,000	1개월 후 인도하는 선물계약을 매도하여 청산하면 $125,000 × 1,234* = 154,250,000
결과	기회손실 3,000,000	거래이익 3,000,000

* basis = $S - F$ = 1,200 − 1,210 = −10
따라서 1,224 − (−10) = 1,234

(3) 2개월 후 현물환율이 하락한 경우

	현물시장	선물시장
현재	(2)와 동일하다 150,000,000	(2)와 동일하다 151,250,000
2개월 후	$125,000 × 1,188 = 148,500,000	$125,000 × 1,198** = 149,750,000
결과	기회이익 1,500,000	거래손실 1,500,000

** 1,188 − (−10) = 1,198

이처럼 헤지거래를 하면 선물시장의 거래이익(손실)이 현물시장의 기회손실(이익)을 보전하는 효과를 통해서 환율변동위험을 막을 수 있다. 특히, 베이시스가 일정하면 위와 같은 완전헤지를 도모할 수 있지만 현실적으로 이러한 경우는 드물고 베이시스도 변동하기 때문에 부분적인 헤지효과를 얻는 경우가 대부분이다.

(3) 투기거래

① 거래원리

현물통화는 보유하지 않고 선물시장에서 특정 통화에 대한 선물계약을 매입 또는 매도하여 환율변동위험에 노출된 포지션(position)을 취한다. 좀 더 구체적으로 설명하면 강세(약세)로 예상되는 통화에 대한 선물계약을 매입(매도)하고 실제 가치가 상승(하락)했을 때 선물계약을 매도(매입)하여 청산결제함으로써 이익을 도모하는 것이다.

② 거래효과

투기거래의 경우에는 미래의 선물가격이 예상대로 변화하면 이익을 얻게 되고 예상과 반대로 변화하는 경우에는 손실을 보게 된다.

>>> **예제 17-4**

앞으로 상당기간 동안 달러의 약세가 예상된다. 어떤 투자자가 이러한 예상을 근거로 선물시장을 이용해서 투기거래를 하려고 한다. 현재는 10월인데 현물시장에서의 환율은 $1 = 1,200원이고 선물시장에서는 12월에 만기가 도래하는 선물환율이 $1 = 1,215원에 거래되고 있다.

(1) 이때의 투기전략(speculation)을 설명하라.
(2) $1,000 규모의 투기거래를 하였을 때 11월 시점의 투자성과를 보여라. 단, 11월에 현물환율은 $1 = 1,178원, 12월만기인 선물환율이 $1 = 1,190원으로 형성되었다고 가정하라.
(3) 만약 11월에 현물환율이 $1 = 1,215원, 선물환율이 $1 = 1,226원으로 형성되었다면 $1,000 규모의 투기거래 결과는 어떠한가?

풀 이

(1) 투기전략

달러의 약세는 달러가격의 하락을 의미한다. 따라서 현시점에서 달러에 대한 선물계약을 매도한 후 일정기간이 경과하면 다시 매입하여 청산한다.

(2) 투자자의 예상이 맞는 경우

① 현재시점에서 12월만기 선물계약을 매도하면

$$\$1{,}000 \times 1{,}215 = 1{,}215{,}000\ (+)$$

② 11월에 12월만기 선물계약을 매입해서 청산한다.

$$\$1{,}000 \times 1{,}190 = 1{,}190{,}000\ (-)$$

③ 청산 시 투기이익은

$$1{,}215{,}000 - 1{,}190{,}000 = 25{,}000$$

(3) 투자자의 예상이 틀린 경우

① 현재시점 $\$1{,}000 \times 1{,}215 = 1{,}215{,}000\ (+)$
② 11월 청산 $\$1{,}000 \times 1{,}226 = 1{,}226{,}000\ (-)$
③ 투기손실 $1{,}215{,}000 - 1{,}226{,}000 = -11{,}000$

이처럼 투기거래는 예상이 맞는 경우에만 이익을 얻고 예상이 틀린 경우에는 손실을 입게 된다. 그리고 선물계약을 독립된 투자대상으로 거래를 하는 것이기 때문에 현물가격에 관련된 정보는 필요없는 것이다.

제 2 절 금리선물

2.1 기초개념

(1) 개 요

① 의 의

금리선물은 채권을 기초자산으로 하는 선물이다. 채권가격이 금리에 의해 결정되기 때문에 금리선물거래를 통해서 금리변동에 따른 각종 금융자산의 가격변동위험을 헤지하거나 또는 적극적으로 금리변동에 따른 매매차익을 도모할 수 있다. 금리선물은 여타 선물과는 달리 시장별로 또는 상품별로 결제방법이나 가격표시방법 등이 여러 면에서 차이가 있기 때문에 다소 복잡한 편이다.

② 현금흐름

다른 선물의 경우에는 미리 결정된 가격으로 만기에서 현물을 인수도하거나 만기현물가격과의 차이를 결제하는 것으로 현금흐름이 만기에서 1회만 이루어진다. 그러나 금리선물의 경우에는 실물인수도방식의 결제방법을 따르면 그 현금흐름이 다른 선물거래와 다소 차이가 있다. 금리선물은 기초자산이 일정한 만기를 갖는 채권이므로 선물만기에서 채권을 인수도하고 채권만기에 가서 다시 채권의 원리금에 대한 현금흐름이 뒤따르게 되기 때문이다.

>>> 예제 17-5

현재 만기까지 6개월 남은 금리선물의 가격이 980,000원이라고 하자. 이 선물의 기초채권은 만기가 3개월인 할인채로서 액면금액이 1,000,000원이다. 6개월 후 현물채권의 가격이 985,000원이 되었다고 가정하자.

(1) 실물인수도방식에서 선물매입자의 현금흐름을 시간선상에 나타내라.
(2) 현금결제방식에서 선물매입자의 현금흐름을 시간선상에 나타내라.

풀 이

(1) 선물만기인 6개월 후에 할인채를 980,000원에 매입한다. 이때 매입하는 할인채는 만기가 3개월이므로 매입 후 3개월 경과시점에서 액면금액 1,000,000원을 회수하게 된다. 따라서 현금흐름은 다음과 같다.

표 17-1
금리선물의 비교

	T-bill 선물	T-bond 선물
거래소	CME(IMM)	CBOT
기초채권	만기 90일 T-bill	만기 20년 T-bond
계약단위	액면금액 $1,000,000	액면금액 $100,000
결제월	3, 6, 9, 12월	3, 6, 9, 12월
가격표시	100 - 연할인율	액면 대비 시가비율(%)
호가단위	0.01%(1tick가치 = $25)	1/32%(1tick가치 = $31.25)
결제방법	실물인수도	실물인수도

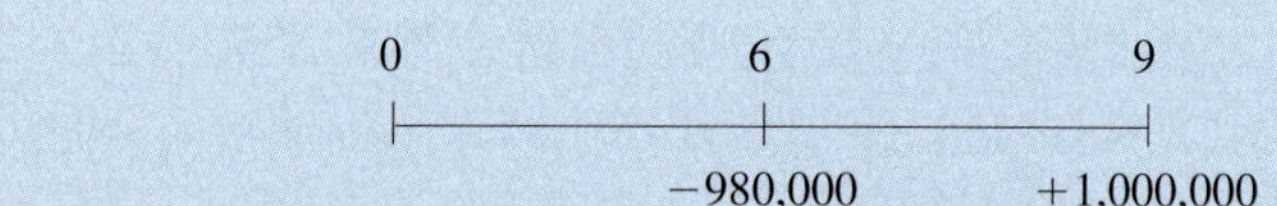

(2) 현금결제방식에서는 선물만기에 형성된 현물가격과 선물거래가격의 차액만큼을 정산한다. 여기서는 선물매입가격이 980,000원인데 선물만기의 현물가격이 985,000원이므로 5,000원만큼의 이익이 실현된다. 따라서 현금흐름은 다음과 같다.

0 6 9

+5,000

(2) 상품별 특징

① T-bill 선물과 T-bond 선물

금리선물의 대표적인 상품은 미국의 T-bill 선물과 T-bond 선물이다. T-bill 선물은 기초채권이 만기 90일인 할인채로서 단기금리선물이고, T-bond 선물의 기초채권은 만기 20년, 표면금리 6%(연 2회 이자지급)인 이표채로서 장기금리선물이다. 이들의 특징을 비교해서 요약하면 〈표 17-1〉과 같다.

② 가격표시

〈표 17-1〉의 가격표시에 대한 설명을 보충하면 다음과 같다. 예를 들어, IMM에서 T-bill 금리선물의 경우 89-50이란 선물시장의 할인율이 연 10.5(= 100 - 89.5)%라는 뜻이고 이를 이용하면 만기 90일인 T-bill의 현재가격이 다음과 같이 산출된다.

$$1{,}000{,}000-1{,}000{,}000\times 10.5\%\times\left(\frac{90}{360}\right)=\$973{,}750$$

이렇게 산출한 값이 현재 선물시장에서의 선물1계약의 가격이 되는 것이다. 그리고 이때 10.5%는 T-bill의 공시수익률이라고 부른다. 그러나 이 경우 실제수익률은 다음 식에서 10.78%임을 확인할 수 있는데, 이는 공시수익률과 구분해서 채권등가수익률(bond yield equivalent)이라고 한다.

$$973{,}750\times\left(1+R\times\frac{90}{360}\right)=1{,}000{,}000 \longrightarrow R=10.78\%$$

한편, CBOT에서 거래되는 T-bond의 가격표시는 이보다 단순하다. 예를 들어, 79-04 또는 $79\frac{4}{32}$로 표시되면 이는 현재의 채권선물시장가격이 액면가액$\times 79\frac{4}{32}$%=\$79,125라는 의미이다. 이 가격을 공시가격(quoted price)이라고 한다. 그러나 채권이자는 6개월마다 지급되기 때문에 채권매매일과 이자지급일과의 차이기간에 발생한 경과이자(accrued interest)를 별도로 지급해야 한다. 예를 들어, 이자지급일 후 60일이 경과된 시점에서 채권매매를 한다고 하면 경과이자는 다음과 같다.

$$\text{경과이자}=\text{액면이자}\left(\$100{,}000\times 6\%\times\frac{1}{2}\right)\times\frac{60}{181}=\$994$$

즉, 채권을 인수도할 경우 주고받는 금액은 \$80,119(=79,125+994)가 되는데, 이를 현금가격(cash price) 또는 송장가격(invoice price)이라고 한다.

③ 기타 금리선물

T-bill 선물 이외에 단기금리선물로 1981년 유로달러금리선물이 CME에 도입되었는데 이의 유동성이 높아서 거래비중이 계속 확대되고 있다. 이는 3개월 만기인 유로달러정기예금을 기초자산으로 하는데 T-bill 선물과 거래조건이 거의 동일하다. 다만, 결제방식이 현금결제라는 점과 가격표시(100-연할인율)에서 공시수익률이 아닌 채권등가수익률을 사용한다는 점이 중요한 차이점이다.

그리고 CBOT에서는 장기금리선물로 T-bond 선물 이외에 T-note 선물이 거래되고 있는데, 이는 만기가 1년에서 10년 이하인 중기채권 T-note를 기초자산으로 하고 있다는 점 이외의 모든 특성이 T-bond와 유사하다.

2.2 금리선물의 균형가격

(1) 보유비용모형

금리선물의 균형가격은 채권가격으로 표시된다. 가격결정원리는 현물채권가격에 이를 만기까지 보유하는데 부담하는 비용을 더하여 산출된다. 그러나 만기까지의 기간 도중에 수입이자가 발생할 수 있으므로 이로 인한 이자수익을 고려해야 한다. 따라서 금리선물의 균형가격결정식을 다음과 같이 나타낼 수 있다.

$$F_t = S_0 + C - R \tag{17.3}$$

단, F_t : 만기 t의 채권선물가격
S_0 : 현재 채권가격

그리고 여기서 C는 현재 채권구입에 대한 만기까지 기회비용이므로 시장이자율을 r이라고 표시하면 다음과 같이 산출된다.

$$C = S_0\, r \frac{t}{365}$$

한편, R은 만기까지의 기간 중에 수령한 이자와 이에 대한 만기까지 재투자이익으로서 이자수령액을 I, 이자수령시점부터 만기까지의 기간을 t'이라고 하면 다음과 같이 산출된다.

$$R = I\left(1 + r\frac{t'}{365}\right)$$

이제 C와 R의 산출식을 식 (17.3)에 대입하면 균형가격결정식은 다음과 같이 표현된다.

$$F_t = S_0\left(1 + r\frac{t}{365}\right) - I\left(1 + r\frac{t'}{365}\right) \tag{17.4}$$

(2) 가격산출방법

① 보유비용모형에 따른 방법

식 (17.4)로 구한 선물가격은 현물채권가격을 기준으로 보유비용을 가산하고 선물만기 중의 수익을 차감해서 균형선물가격을 산출한 것이다. 이러한 방법은 보유비용모형을 충실하게 적용한 것이다. 다른 선물의 경우에는 대체로 이러한 방법을 따라 현물자산가격을 기준으로 보유비용모형을 적용하여 균형선물가격을 산출한다. 그러나 금리선물의 경우 균형가격은 이와 달리 기초채권을 할인하는 방법으로도 산출할 수 있다.

② 기초채권을 할인하는 방법

앞서 설명한 금리선물의 가격표시방법을 보면 T-bill이나 유로달러의 경우에는 기초채권의 만기를 고려해서 할인한 값에 대응하는 할인율로 나타내고 있으며, T-bond의 경우에는 기초채권의 액면 대비 시가비율로 나타내고 있음을 알 수 있다.

금리선물의 균형가격은 이와 같이 기초채권을 만기까지의 기간만큼 할인한 가격으로 산출하는 경우가 많다. 그러나 어떤 가격표시방법을 따르더라도 그 값은 보유비용모형을 적용해서 산출한 값과 동일한 값이 되어야 한다. 그래야 재정거래가 발생하지 않는 균형상태가 되기 때문이다.

다음의 예제로 보유비용모형에 따른 채권의 할인가격과 이 값을 할인율로 가격표시하는 방법들의 관계를 살펴보자.

>>> 예제 17-6

액면가액이 1,000,000원이고 액면이자율이 7%인 채권이 1월 1일 현재 980,000원에 거래되고 있다. 이자지급은 매년 7월 1일에 이루어지는 조건이라면 1년 후 인도하는 채권의 선물가격은 얼마인가? 단, 시장이자율은 연 8%이다.

만약 이렇게 구한 가격이 액면 1,000,000원, 만기 6개월인 할인채를 기초자산으로 하는 금리선물가격이라면 T-bill 선물방식, 유로달러선물방식, T-bond 선물방식의 가격표시는 어떻게 되는가?

풀이

(1) 금융자산의 경우 보관비용은 무시할 수 있으므로 보유비용(carrying cost)은 모두 기회비용이 된다.

채권의 이자수령을 시간선상에 표현하면 다음과 같다.

1/1	7/1	1/1
현재	이자수령액 1,000,000×7% =70,000	1년 후

식 (17.7)에 따르면

$$F_1 = S_0 + C - R$$

여기서

$$S_0 = 980{,}000$$
$$C = 980{,}000 \times 8\% = 78{,}400$$
$$R = 1{,}000{,}000 \times 7\% \times \left(1 + 8\% \times \frac{1}{2}\right) = 72{,}800$$

이를 위의 식에 대입하면

$$F_1 = 980{,}000 + 78{,}400 - 72{,}800$$
$$= 985{,}600$$

(2) ① T-bill 선물방식

$$985{,}600 = 1{,}000{,}000 - 1{,}000{,}000 \times r \times \frac{1}{2}$$
$$\therefore\ r = 2.88\%$$

이 값은 공시수익률이므로 가격표시는 다음과 같다.

$$100 - 2.88 = 97.12 \longrightarrow \text{즉, } 97-12$$

② 유로달러선물방식

$$985{,}600 \times \left(1 + r \times \frac{1}{2}\right) = 1{,}000{,}000$$
$$\therefore\ r = 2.92\%$$

이 값은 등가수익률이므로 가격표시는 다음과 같다.

$$100 - 2.92 = 97.08 \longrightarrow \text{즉, } 97-08$$

③ T-bond 선물방식

$$985{,}600 = 1{,}000{,}000 \times 98.56\%$$

따라서 가격표시는 다음과 같다.

$$98.56 = 98\frac{18}{32}$$

2.3 금리선물거래

(1) 재정거래

① 균형가격의 산출

모든 재정거래가 그렇듯이 금리선물의 재정거래에서도 선물의 균형가격과 시장가격을 비교해야 한다. 따라서 우선적으로 이론적 모형을 통해서 선물의 균형가격을 산출해야 할 것이다. 앞서 간단하게 언급하였지만 금리선물의 균형가격을 구하는 방법은 다음과 같이 두 가지로 생각해 볼 수 있다.

첫째, 만기가 기초채권의 만기와 일치하는 채권의 현재가격에서부터 시작하는 방법이다.

이는 보유비용모형을 충실하게 적용하는 방법으로서 채권의 현재가격을 선물만기시점의 미래가치로 계산하면 균형가격이 된다. 여기서 선물만기까지의 수익률로는 현재에서부터 선물만기까지의 현물이자율을 이용해야 할 것이다.

둘째, 기초채권의 만기 현금흐름에서부터 시작하는 방법이다. 이 현금흐름을 할인해서 선물만기시점의 현재가치를 구하면 균형가격이 된다. 이때에 할인율은 선물만기부터 기초채권의 만기까지의 기간에 해당하는 선도이자율이 된다.

② 거래원리

금리선물의 균형가격을 구하는 방법을 두 가지로 설명하였지만 사실은 어떤 방법을 적용하더라도 단일의 균형가격이 산출된다. 다만 관련정보 중에서 어떤 정보를 이용할 수 있느냐에 따라서 각 상황에 적합한 방법을 적용하면 될 것이다. 금리선물의 균형가격을 구하면 시장가격과 비교해서 재정거래전략을 세우면 된다. 시장가격은 선물시장에서 쉽게 관찰할 수 있는 값이므로 문제될 것이 없다. 선물의 시장가격이 균형가격보다 높으면 선물매도, 현물매입의 재정거래전략을 취하고, 선물의 시장가격이 균형가격보다 낮으면 선물매입, 현물매도의 재정거래전략을 취한다.

>>> **예제 17-7**

액면금액이 100만원인 할인채권의 가격이 만기별로 다음과 같이 형성되어 있다.

1년만기 할인채	909,091원
2년만기 할인채	783,147

(1) 1년 후에 만기가 도래되는 금리선물의 균형가격은? 단, 이 금리선물의 기초채권은 만기가 1년이며 액면금액이 100만원인 할인채이다.

(2) 만약 금리선물의 시장가격이 880,000원이라면 어떤 형태의 재정거래가 가능한가?

풀 이

(1) 다음과 같이 1년, 2년의 현물이자율을 구한다.

$$909,091=\frac{1,000,000}{1+{}_0R_1} \longrightarrow {}_0R_1=10\%$$

$$783.147=\frac{1,000,000}{(1+{}_0R_2)^2} \longrightarrow {}_0R_2=13\%$$

이 값을 이용하면 내년의 선도금리 ${}_1f_2$를 구할 수 있다.

$$(1+0.13)^2=(1+0.1)\times(1+{}_1f_2) \longrightarrow {}_1f_2=16.08\%$$

이러한 관계를 시간선상에 나타내면 다음과 같다.

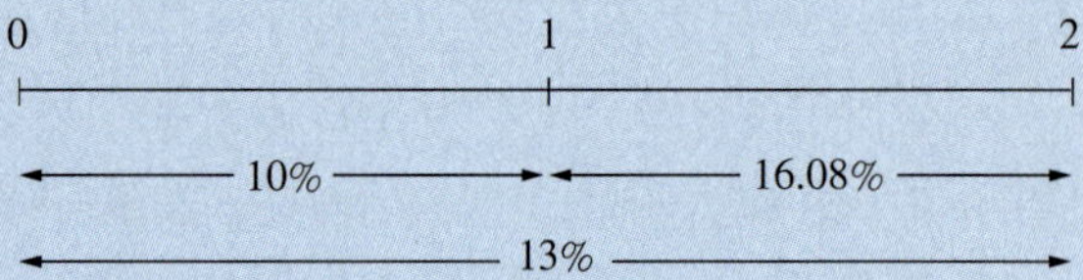

① 기초채권의 만기(2년 후)와 일치하는 채권의 현재가격으로부터 보유비용모형을 적용하여 금리선물의 균형가격을 구하면 다음과 같다.

$$F_1=S_0\times(1+{}_0R_1)$$
$$=783,147\times(1+0.1)=861,461$$

② 기초채권의 현금흐름을 할인해서 선물만기시점의 현재가치를 구하면 다음과 같이 ①에서 구한 값과 동일하다.

$$F_1=\frac{F}{(1+{}_1f_2)}=\frac{1,000,000}{1+0.1608}=861,461$$

(2) 시장가격이 과대평가된 상태이다. 따라서 금리선물을 매도하면서 2년만기 할인채(현물)를 매입한다. 그리고 1년이 경과되면 보유채권은 만기가 1년 남은 할인채가 되므로 이를 인도하여 선물매도를 이행한다. 선물만기에서 인도채권가치는 861,461인데 인도에 따른 현금유입은 880,000이므로 18,539의 재정이익을 얻는다. 이를 수익률관점에서 보면 다음과 같다.

$$\frac{880,000-783,147}{783,147}\times100=12.37\% > 10\%$$

(2) 헤지거래

금리선물을 이용해서 채권포트폴리오의 가치변동위험을 관리하는 기법은 다소 복잡한 편이다. 보유채권의 금리변동요인과 금리선물의 금리변동이 다를 경우에는 이를 조정해야 할 뿐만 아니라 보유채권과 선물의 기초채권이 동일하더라도 선물가격은 표준물에 대한 가격이기 때문에 선물가격의 변동을 보유채권의 가격변동으로 환산하는 절차가 추가로 필요하다.

따라서 여러 가지 방법의 헤지모형이 이용되는데 어느 방법을 이용하더라도 기본원리는 현물채권의 가치변동이 선물포지션의 가치변동과 같아지도록 선물계약수를 정하는 것이다.

① 단순모형

현물채권과 선물계약의 시장가치가 동일한 비율로 변한다면 다음 식이 성립할 것이다.

$$\frac{\Delta S}{S} = \frac{\Delta F}{F} \tag{17.5}$$

이러한 경우에는 선물변동률에 대한 현물변동률의 민감도인 헤지비율 β는 1이 된다. 따라서 다음과 같이 산출한 선물계약수를 현물포지션과 반대로 취해서 헤지를 달성할 수 있는데 이러한 방법을 단순모형이라고 한다.[1)]

$$N = 1 \times \frac{\text{헤지대상 현물채권의 시장가치}}{\text{선물계약 1단위의 시장가치}} = \frac{S}{F} \tag{17.6}$$

그러나 현실적으로는 현물채권과의 가격민감도가 이처럼 완전한 1:1의 상관관계를 갖는 선물계약은 존재하지 않는다. 헤지비율을 1로 간주하는 단순모형이 이용하기는 쉬우나 헤지효과가 떨어지는 이유가 바로 여기에 있다. 따라서 헤지효과를 높이려면 현실적인 민감도를 반영할 수 있는 헤지비율(HR)을 구해서 이용해야 한다. 다음에 설명하는 헤지모형들은 모두 나름대로 현실을 반영하는 헤지비율을 찾아서 단순모형에서 산출한 계약수를 조정하는 것이다.

② 전환계수모형

전환계수(CF: conversion factor)란 특정 채권의 선물계약 표준물에 대한 상대적

---

1) 식 (16.20)에서 $\beta = \frac{\Delta S}{S} \Big/ \frac{\Delta F}{F}$라고 하였다. 여기서 β=1이면 식 (16.18)에서 헤지계약수 $b = \frac{S}{F}$가 되는데 이때의 b가 곧 단순헤지계약수(N)가 된다.

가치를 나타내는 계수이다.[2] 전환계수를 선물가격 대비 현물가격의 상대적 가격 민감도로 이용하면 헤지효과를 높일 수 있는데 이를 전환계수모형이라고 한다. 예를 들어, 보유채권의 전환계수가 1.2라면 이 채권의 가격민감도가 대략 선물가격민감도의 $\frac{1}{1.2}$배라는 의미이다.[3] 따라서 식 (17.6)에서 $1(=\beta)$을 $\frac{1}{CF}$로 대신하여 선물계약수를 구하면 된다.

$$\text{선물계약수}(N_{CF}) = \frac{1}{CF} \times \text{단순헤지선물계약수}(N) \tag{17.7}$$

선물거래소에서는 채권종류별로 전환계수표를 공시하기 때문에 전환계수모형은 쉽게 이용할 수 있다. 그러나 보유채권의 가격변동과 선물가격변동의 차이가 커질 때에는 헤지오차가 크게 되고 전환계수표도 일정한 주기로 발표되기 때문에 시의성이 떨어지는 단점이 있다.

③ BPV모형

금리선물에서 1베이시스포인트(BP : basis point)는 0.01%이다. 따라서 BPV는 금리 0.01% 변동에 따른 채권가격의 변동액을 말한다. 즉, 금리변동에 대한 채권가격의 민감도를 절대금액으로 나타낸 값이 BPV가 된다.

BPV를 이용하여 헤지비율을 결정하는 방법은 동일한 단위를 기준으로 현물채권과 선물계약의 BPV를 각각 구한 후 현물채권의 BPV를 선물계약의 BPV로 나누는 것이다. 이를 식으로 표현하면 다음과 같다.[4]

$$HR = \frac{\text{현물채권의 } BPV}{\text{선물계약의 } BPV} \tag{17.8}$$

BPV모형을 이용한 선물계약수는 단순계약수에 위 식에서 구한 헤지비율을 곱하면 된다.

---

2) T-bond 선물의 경우 표준물은 액면금액 $100,000, 표면금리 6%, 연 2회 이자지급, 만기 20년짜리이다. 이 경우 전환계수는 특정 채권의 액면금액 $1에 대한 미래현금흐름을 6%로 할인한 값이 된다. 따라서 표면금리가 6%보다 큰 채권은 전환계수가 1보다 크고 표면금리가 6%보다 작은 채권은 전환계수가 1보다 작게 된다.

3) 전환계수가 크면 만기 이전 현금흐름이 많게 되어 듀레이션이 작아진다. 따라서 가격변동이 작게 된다.

4) 선물계약이 현실적으로 존재하지 않는 표준물을 기초자산으로 하는 경우에 선물가격의 BPV를 구하려면 선물가격과 가장 가깝게 연동되는 현물채권, 즉 최저가 현물채권(CTD: cheapest-to-deliver)의 BPV로부터 구하게 된다. 구체적으로 선물가격의 BPV는 CTD의 BPV를 그것의 전환계수로 나누어서 구한다.

$$\text{선물계약수}(N_{BPV}) = \left[\frac{\text{현물채권의 } BPV}{\text{선물계약의 } BPV}\right] \times \text{단순헤지선물계약수}(N) \qquad (17.9)$$

④ 듀레이션모형

듀레이션(duration)은 제18장에서 설명하겠지만 채권의 현금흐름이 발생하는 각 시점을 그 시점에 발생하는 현금흐름의 현재가치가 전체 현금흐름의 현재가치에서 차지하는 비율을 가중치로 해서 산출한 가중평균만기로 정의되며 다음 식으로 산출된다.

$$D = \sum_{t=1}^{n} t \times \left[\frac{\dfrac{C_t}{(1+r)^t}}{\sum_{t=1}^{n} \dfrac{C_t}{(1+r)^t}}\right] = \sum_{t=1}^{n} t \times \frac{t\text{시점 현금흐름현가}}{\text{채권현가}(B_0)} \qquad (17.10)$$

그런데 이렇게 산출된 듀레이션은 수익률 변화에 대한 채권가격의 변화를 측정하는데 유용한 척도가 된다. 즉, 듀레이션은 수익률 변화에 대한 현물채권의 가격변화를 백분율(%)로 나타내는 개념이기 때문이다. 앞서 설명한 BPV는 수익률 변화에 대한 현물채권의 가격변화를 절대금액으로 측정하는 것인데 비해서, 듀레이션은 수익률 변화에 대한 현물채권의 가격변화를 백분율(%)로 나타낸다는 점에서 차이가 있다.

이제 듀레이션을 이용한 헤지비율을 구해본다. 현물채권의 가치변동(ΔS)과 선물계약의 가치변동(ΔF)을 동일한 단위를 기준으로 산출한 것이라면 헤지비율은 $\Delta S = HR \times \Delta F$를 충족시켜야 한다. 그런데 여기서 현물채권의 가치변동(ΔS)과 선물계약의 가치변동(ΔF)은 현물채권의 듀레이션(D_S)과 선물계약의 기초채권의 듀레이션(D_F)으로 다음과 같이 산출된다.

$$\Delta S = \frac{-\Delta r_s}{1+r_s} D_S\, S$$
$$\Delta F = \frac{-\Delta r_F}{1+r_F} D_F\, F \qquad (17.11)$$

이 식에서 현물채권과 선물계약수익률이 같고($r_S = r_F$), 그 변화폭도 동일하다면 ($\Delta r_S = \Delta r_F$), 헤지비율은 다음과 같이 산출된다.

$$HR = \frac{D_S}{D_F} \qquad (17.12)$$

그리고 헤지를 위한 선물계약수는 채권과 금리선물의 듀레이션뿐만 아니라 보유채권의 규모까지 고려해야 하므로 앞의 식에서 구한 헤지비율을 이용해서 다음과 같이 산출할 수 있다.

$$\text{선물계약수}(N_{HR}) = \frac{D_S}{D_F} \times \text{단순헤지선물계약수}(N) \qquad (17.13)$$

그런데 이와 같이 듀레이션모형을 이용해서 완전헤지가 되려면 현물채권 및 선물계약수익률의 변화폭이 동일해야 한다. 수익률의 변화폭이 서로 다르다면 현물채권수익률의 선물계약수익률에 대한 변동성배수를 구해서 추가적인 조정을 해야 한다.

⑤ 회귀모형

회귀모형은 포트폴리오이론적 모형이라고도 하는데 선물과 현물로 구성된 포트폴리오의 가치변동위험을 최소화시킬 수 있는 최소분산헤지비율을 찾는 것이다. 이미 앞서 살펴본 바와 같이 다음 식으로 헤지비율을 산출한다.

$$HR = \frac{\text{Cov}(\Delta S, \Delta F)}{\text{Var}(\Delta F)} \qquad (17.14)$$

그러나 이제까지 설명한 여러 가지 모형에서 구한 헤지비율은 고정된 값이 아니라는 점을 인식해야 한다. 시간경과나 가격변동 등 상황의 변화에 따라서 달라지는 것이므로 계속적으로 조정해나가야 원하는 헤지효과를 얻을 수 있는 것이다.

>>> **예제 17-8**

가나기업은 현재 210일 후에 만기가 도래하는 국채(T-bill) $1,000,000를 보유하고 있는데 1개월 후에 매각할 계획이다. 금리상승이 예상되기 때문에 금리선물시장을 이용해서 매각시점의 부를 헤지하고자 한다. 구체적으로는 만기가 120일인 선물계약을 1단위 이용할 것인데 이는 만기 90일인 T-bill을 기초자산으로 하는 선물계약이다.

(1) 헤지전략을 설명하라.
(2) 1개월 후에 현물, 선물금리가 모두 1% 상승한 경우에 헤지결과를 보여라. 단, 현재 현물시장의 채권가격은 90-00이고 선물가격은 89-50이다.
(3) 완전헤지를 위해서 체결해야 할 선물계약수는?

풀 이

(1) 금리가 상승하면 채권가격이 하락하여 채권매각 시 현물시장에서 손실이 발생할 것이다. 따라서 선물시장에서는 금리가 상승하기 전에 낮은 금리수준(높은 채권가격)에서 선물계약을 매도하였다가 헤지목표시점에 가서 상승된 높은 금리수준(낮은 채권가격)으로 선물

계약을 매입하여 청산함으로써 이익을 도모한다.

이를 간단하게 "현물시장의 포지션이 채권을 보유한 상태인 long position이므로 선물시장에서는 선물계약을 매도하는 short position을 취한다"고 한다.

(2) 시간선상에 관련정보를 나타내면 다음과 같다.

0	30	120	210
현재	매각예정시점 (헤지목표시점)	선물만기	보유채권만기

① 1개월 후 금리상승에 따른 현물시장의 기회손실

만약 상승 전 금리수준인 10%에서 매각하였다면

$$1{,}000{,}000 - 1{,}000{,}000 \times 10\% \times \frac{180}{360} = 950{,}000$$

실제로는 상승 후 금리수준인 11%에서 매각하게 되므로

$$1{,}000{,}000 - 1{,}000{,}000 \times 11\% \times \frac{180}{360} = 945{,}000$$

따라서 기회손실은 다음과 같다.

$$950{,}000 - 945{,}000 = 5{,}000$$

② 1개월 후 선물계약 청산에 따른 거래이익

선물계약 매도에 따른 효과

$$1{,}000{,}000 - 1{,}000{,}000 \times 10.5\% \times \frac{90}{360} = 973{,}750\ (+)$$

선물계약 매입에 따른 효과

$$1{,}000{,}000 - 1{,}000{,}000 \times 11.5\% \times \frac{90}{360} = 971{,}250\ (-)$$

따라서 청산이익은 다음과 같다.

$$973{,}750 - 971{,}250 = 2{,}500$$

③ 부분헤지효과

금리상승에 따른 현물손실은 5,000이고 선물이익은 2,500이므로 부분적인 헤지효과를 얻게 된 것이다.

(3) 완전헤지를 위한 선물계약수

(2)에서 현물손실이 선물이익의 2배이므로 2단위 선물계약을 이용하면 완전헤지가 될 것이다.

BPV를 이용해서 헤지계약수를 확인해보자. 먼저 현물채권의 BPV는 다음과 같다.

$$1{,}000{,}000 \times 0.01\% \times \frac{180}{360} = 50$$

선물계약의 BPV는 다음과 같이 산출된다.

$$1{,}000{,}000 \times 0.01\% \times \frac{90}{360} = 25$$

그리고 현물채권과 선물계약가격이 동일하므로 헤지비율과 헤지계약수 모두 다음과 같이 2가 된다.

$$\frac{50}{25} = 2(\text{계약})$$

제 3 절 주가지수선물

3.1 기초개념

(1) 주가지수

주가지수(stock price index)란 주식시장의 전반적인 동향을 파악할 수 있도록 산출된 지표이다. 구체적으로 주가지수는 어떤 시점을 기준시점으로 하여 이때의 주가수준을 100으로 하고 비교시점의 가격수준을 이에 대한 상대치로 환산하여 산출한 값이다.

$$\text{주가지수} = \frac{\text{비교시점의 주가수준}}{\text{기준시점의 주가수준}} \times 100 \tag{17.15}$$

여기서 주가지수를 산출할 때에 특정 시점의 주가수준은 표본종목의 주가평균을 의미하는데, 평균값을 구하는 방법은 단순평균방식과 가중평균방식의 두 가지가 있다.

단순평균방식은 개별 종목의 주가를 단순히 합하여 이를 종목수로 나누어 구하는 방법인데 다우존스산업평균(DJIA)이 이러한 방법으로 산출되는 대표적인 지수이다. 이에 비해서 가중평균방식은 개별 종목의 시가총액을 가중치로 해서 평균값을 구하는 방법으로서 대부분의 주가지수가 이러한 방법을 따르고 있다.

(2) 개 요

① 의 의

특정 주가지수를 기준으로 결정된 선물가격지수에 따라 선물계약을 체결하고 이 지수의 변동에 따라 매일 손익을 정산함으로써 주가변동에 따른 위험을 헤지하거나 이익을 도모하는 거래를 주가지수선물거래라고 한다. 미국의 경우에는 S&P 500지수, NYSE지수, 밸류라인평균(VAL: value line average)지수 등을 이용한 선물거래가 있으며 우리나라에는 KOSPI 200지수를 이용한 선물거래가 도입되어 있다.

② 특 징

주가지수 선물거래의 경우에는 다른 선물거래와는 달리 기초자산이 되는 실물자산이 존재하지 않는다. 따라서 만기에서 현물의 인수 및 인도가 있을 수 없고 모두 현금으로 차액을 정산하게 된다.

3.2 주가지수선물의 균형가격

(1) 균형가격결정식

주가지수선물의 균형가격을 산출할 때에도 보유비용모형이 적용된다. 즉, 주가지수산출대상이 되는 주식의 현재가격에 이들을 모두 구입하여 이를 선물계약의 만기까지 보유할 때의 비용을 더한다. 그리고 선물계약의 만기까지 기간 중에 이들 주식으로부터 배당수익이 있을 수 있으므로 배당과 이의 재투자수익을 차감한다.

$$F_t = S_0 + C - R \tag{17.16}$$

단, F_t : 만기 t의 총주식의 선물가치
　　S_0 : 총주식의 현물가치

여기서 총주식이란 지수산출대상이 되는 주식들을 말한다. 예를 들어, KOSPI 200에서는 200개 주식들 전체를 의미하고 Standard & Poor 500에서는 500개 주식들 전체를 의미하는 것이다. 그리고 여기서 C는 현재 주식구입에 대한 만기까지

기회비용이므로 시장이자율을 r이라고 표시하면 다음과 같이 산출된다.

$$C = S_0\, r\, \frac{t}{365}$$

한편, R은 만기까지의 기간 중에 수령한 배당과 이에 대한 만기까지 재투자이익으로서 배당수익을 D, 배당수령시점부터 만기까지의 기간을 t'이라고 하면 다음과 같이 산출된다.

$$R = D\left(1 + r\, \frac{t'}{365}\right)$$

이제 C와 R의 산출식을 식 (17.16)에 대입하면 균형가격결정식은 다음과 같이 표현된다.

$$F_t = S_0\left(1 + r\, \frac{t}{365}\right) - D\left(1 + r\, \frac{t'}{365}\right) \tag{17.17}$$

그런데 이와 같이 식 (17.16)과 식 (17.17)에서 산출한 값은 지수산출대상이 되는 주식들을 화폐금액으로 나타낸 총가치이다. 그러나 주가지수선물의 가격은 지수단위로 표현해야 하므로 위 식에서 산출한 F_t를 지수산출방식에 따라서 지수단위로 환산하여야 한다.

만약, 이때에 배당수익을 화폐금액이 아니고 주가지수에 속한 주식들의 선물만기까지의 기간 동안에 예상되는 연배당수익률 d로 측정할 수 있다면 위 식은 다음과 같이 고쳐서 쓸 수 있다.[5)]

$$\begin{aligned} F_t &= S_0\left(1 + r\, \frac{t}{365}\right) - S_0 d\, \frac{t}{365} \\ &= S_0\left[1 + (r-d)\, \frac{t}{365}\right] \end{aligned} \tag{17.18}$$

단, F_t : 만기 t의 총주식의 선물가치
S_0 : 총주식의 현물가치

5) 이 식을 복리계산을 전제로 표현하면 다음과 같다.

$$F_t = S_0[1 + (r-d)]^{\frac{t}{365}}$$

3.3 주가지수선물거래

(1) 재정거래

① 거래원리

주가지수선물거래에서의 재정거래도 다른 재정거래와 원리가 동일하다. 즉, 선물시장에서 형성되어 있는 선물계약의 시장가격이 이론적 모형을 통해서 산출한 균형가격과 차이가 발생하면 이러한 불균형을 이용해서 아무런 추가적 부담 없이 이익을 도모하는 것이다.

② 거래효과

시장가격이 균형가격보다 높게 형성되면 선물매도와 현물매입을 통해서, 시장가격이 균형가격보다 낮게 형성되면 선물매입과 현물매도를 통해서 재정거래를 하게 된다.[6)]

재정거래는 먼저 지수선물가격과 가격패턴이 비슷하도록 개별 주식을 조합해서 포트폴리오를 구성한 후 재정거래기회가 발생하면 선물과 현물을 동시에 매매하는 형태로 이루어진다. 만기의 현물가격수준에 따라서 현물시장의 손익과 선물거래의 손익이 달라질 수는 있지만 이 두 손익을 합친 전체적인 재정이익은 항상 일정한 값을 갖게 된다. 구체적으로 이 값은 선물시장가격과 균형가격과의 차이에 해당하는 값이다.

>>> 예제 17-9

5월 11일 현재 KOSPI 200이 50.00이고 한 달 후에 만기가 도래되는 6월물 선물가격은 54.00으로 거래되고 있다. 시장이자율은 연 15%, 배당수익률은 연 3%라고 하자.

(1) 6월물 선물계약의 균형가격을 구하고 어떤 형태의 재정거래가 가능한가 설명하라.
(2) 재정거래를 위해 6월물 40계약을 이용한다고 하자. 만기에 KOSPI200이 55.00으로 상승한 경우 현물시장과 선물시장의 손익을 각각 구하라. (단, 거래승수는 50만원)
(3) 만기 KOSPI 200이 48.00으로 하락하였다면 (2)의 결과는 어떠한가?

풀이

(1) 먼저 6월물 선물계약의 균형가격을 구하면 다음과 같다.

---

6) 이러한 재정거래는 컴퓨터에 프로그램화하여 거래기회를 포착하기 때문에 흔히 프로그램매매(program trading)라고 부르기도 한다.

$$F_t = S_0 \times \left[1 + (r-d)\frac{t}{360}\right]$$

$$= 50 \times \left[1 + (0.15 - 0.03) \times \frac{1}{12}\right] = 50.50$$

선물계약의 시장가격 54.00은 이보다 높은 수준으로 과대평가되어 있으므로 선물매도 및 현물매입의 재정거래를 한다.

(2) 6월물 40계약을 매도하면서 차입금을 조달하여 현물을 10억원어치 매입한다. 이때 현물은 KOSPI 200의 지수구성비율대로 포트폴리오를 구성하는 것이며 10억원은 다음과 같이 산출된 것이다.

50.00×50만원×40계약 = 10억원

① 현물거래효과

주가상승	10억원 $\times \frac{55-50}{50}$	= 1억원
배당수익	10억원 ×3% $\times \frac{1}{12}$	= 0.025
이자비용	10억원 ×15%×	= −0.125
		0.9억원(이익)

② 선물거래효과

(54−55)×50만원×40계약 = −0.2억원(손실)

따라서 재정이익은 ①, ②를 합친 0.7(= 0.9−0.2)억원이 된다.

(3) ① 현물거래효과

주가하락	10억원 $\times \frac{48-50}{50}$	= −0.4억원
배당수익		= 0.025
이자비용		= −0.125
		−0.5억원(손실)

② 선물거래효과

(54−48)×50만원×40계약 = 1.2억원(이익)

이 경우에도 재정이익은 ①, ②를 합친 0.7(= 1.2−0.5)억원으로서 만기의 현물주가수준과는 무관하게 결정된다.

(2) 헤지거래

현물주식(또는 포트폴리오)의 보유에 따른 손실가능성을 보전하기 위해서 주가

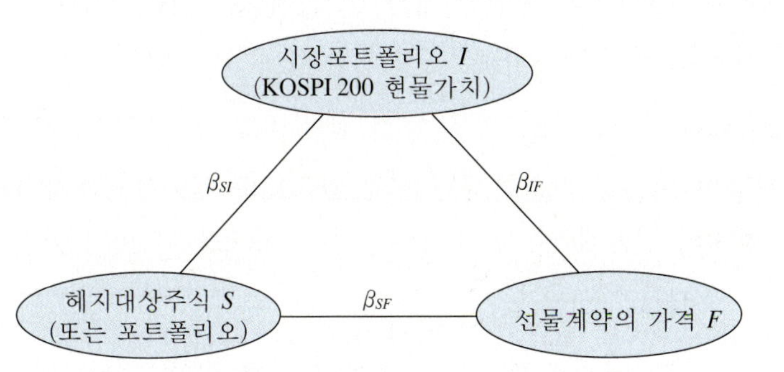

그림 17-1 헤지거래를 위한 민감도 분석

지수선물을 이용하는 것을 말한다. 주가지수선물거래에서 헤지효과를 도모하기 위한 구체적인 방법들을 살펴보면 다음과 같다.

① 단순헤지

헤지대상주식(또는 포트폴리오)의 가격변동률과 선물가격변동률이 동일한 경우에는 다음과 같이 산출한 계약수만큼 현물포지션과 반대포지션으로 선물을 취하면 완전헤지가 된다. 이를 단순헤지(naive hedge)라고 한다.

$$\text{선물계약수}(N) = \frac{\text{헤지대상주식의 시장가치}(S)}{\text{선물계약 1단위의 시장가치}(F)} \tag{17.19}$$

② 베타헤지

단순헤지전략은 현물포지션과 선물포지션을 동일한 금액만큼 1:1로 대응시키는 것인데, 선물가격의 변동률과 헤지대상상품의 가격변동률이 서로 다를 경우에는 단순헤지전략으로 원하는 헤지효과를 볼 수 없게 된다. 이러한 경우 헤지대상주식(또는 포트폴리오)의 베타를 이용하면 헤지효과를 높일 수 있다. 구체적으로는 단순헤지의 선물계약수를 다음과 같이 조정하는데 이 방법을 베타헤지(beta hedge)라고 한다.

$$\text{선물계약수}(N_\beta) = \beta_{SI} \times \text{단순헤지선물계약수}(N) \tag{17.20}$$

이때에 β_{SI}는 현재 주식(또는 포트폴리오)의 베타로서 SML상의 베타를 의미한다. 이는 단순히 헤지대상주식(또는 포트폴리오)의 시장포트폴리오에 대한 베타일 뿐이다. 이러한 베타헤지로 완전헤지가 되려면 시장포트폴리오수익률과 선물계약의 가격변동률이 동일해야 할 것이다. 그러나 현실적으로 시장포트폴리오수익률과 선물계약의 가격변동률이 동일하지 않기 때문에 베타헤지는 단순헤지보다는 위험을 감소시킬 수 있지만 위험을 가장 작게 해주는 것은 아니다. 이는 최소분산헤지에서 확인할 수 있다.

③ 최소분산헤지

헤지의 목적이 위험을 최소화하는 데에 있으므로 최소분산헤지비율(HR)을 이용해서 단순헤지의 선물계약수를 조정하는 것이 위험을 가장 작게 할 수 있는 방법이 된다.[7)]

$$\text{선물계약수}(N_{mv}) = HR \times \text{단순헤지선물계약수}(N) \qquad (17.21)$$

이때의 최소분산헤지비율(HR)도 β와 같은 구조로 산출되지만 이는 현재 주식(또는 포트폴리오)과 선물가격변동률의 공분산을 선물가격변동률의 분산으로 나누어 구한 베타(β_{SF})이므로 베타헤지에서의 베타(β_{SI})와는 다른 것이다.

여기서 HR은 다음과 같이 표현할 수 있다.

$$HR\,(=\beta_{SF}) = \beta_{SI} \times \beta_{IF} \qquad (17.22)$$

단, β_{IF}는 선물가격에 대한 시장포트폴리오의 베타

대개 시장포트폴리오수익률과 선물가격변동률이 거의 비슷하기 때문에 $\beta_{IF}=1$로 가정하는 경우가 많은데, 이러한 경우에 HR은 β_{SI}와 같은 값이 되므로 이때에는 베타헤지가 곧 최소분산헤지가 될 것이다.[8)]

>>> 예제 17-10

(주)가나증권이 현재 보유 중인 주식과 관련된 정보는 다음과 같다.

종목	보유주식수	1주당 시가	Cov(R_i, R_m)
A	1,000주	20,000원	0.072
B	2,000	15,000	0.135

시장포트폴리오의 기대수익률은 15%이고 표준편차는 30%이다. 그리고 주가지수선물계약의 현재가격은 80포인트이고 포인트당 가격은 500,000원이다.

(1) 현재 선물가격을 기준으로 계약 1단위의 금액은 얼마인가?
(2) 단순헤지의 경우에 거래해야 할 선물계약수와 거래금액은?

---

7) 이때의 HR은 가격변동률의 회귀모형 $R_S=\alpha+\beta R_F+\varepsilon$에서의 β를 의미한다. 따라서 가격변동량 회귀모형에서 구한 b와는 차이가 있다. 이 둘의 관계는 식 (16.18)로 나타난다.

8) $\beta_{IF}=1$이라는 가정을 한국증권시장에서 보면 종합주가지수변동률이 이용하려는 선물계약의 가격변동률과 같다는 것이다.

(3) 베타헤지의 경우에 거래해야 할 선물계약수와 거래금액은?
(4) 시장포트폴리오의 선물가격에 대한 베타가 1.05라고 할 때에 최적헤지비율은 얼마인가? 그리고 이때에 구입해야 할 선물계약수와 거래금액은?

풀이

(1) 선물계약 1단위의 현재가격은 다음과 같이 산출한다.

$$\begin{aligned}&\text{현재 선물가격}\times\text{지수 1포인트당 가격}\\&=80\times500{,}000=40{,}000{,}000(\text{원})\end{aligned}$$

(2) 단순헤지

① 선물계약수

$$N=\frac{1{,}000\text{주}\times2\text{만원}+2{,}000\text{주}\times1.5\text{만원}}{40{,}000{,}000}=1.25(\text{계약})$$

② 거래금액

$$1.25\times40{,}000{,}000=50{,}000{,}000(\text{원})$$

단순헤지의 선물거래금액은 현재 보유 중인 포트폴리오의 시장가치와 동일한 금액이다.

③ 거래과정

현재 현물시장의 포지션이 보유 중인 롱포지션(long position)이므로 선물계약을 1.25단위 매도하였다가 목표헤지시점에서 다시 매입하여 청산한다.

(3) 베타헤지

① 선물계약수

먼저 개별 주식의 β를 구해서 이로부터 포트폴리오의 β를 산출한다.

$$\beta_A=\frac{\sigma_{Am}}{\sigma_m^2}=\frac{0.072}{0.3^2}=0.8$$

$$\beta_B=\frac{\sigma_{Bm}}{\sigma_m^2}=\frac{0.135}{0.3^2}=1.5$$

이로부터 포트폴리오 β를 구하면 다음과 같다.

$$\begin{aligned}\beta_p&=w_A\cdot\beta_A+w_B\cdot\beta_B\\&=0.4\times0.8+0.6\times1.5=1.22\end{aligned}$$

따라서 베타헤지의 선물계약수는 다음과 같이 산출된다.

$$\begin{aligned}N_\beta&=\beta_p\times N\\&=1.22\times1.25=1.525(\text{단위})\end{aligned}$$

② 거래금액

$$1.525 \times 40{,}000{,}000 = 61{,}000{,}000(원)$$

(4) 최소분산헤지

① 선물계약수

주어진 자료를 이용해서 최소분산헤지비율을 구하면 다음과 같다.

$$\begin{aligned} HR(=\beta_{PF}) &= \beta_{PI} \times \beta_{IF} \\ &= 1.22 \times 1.05 \\ &= 1.281 \end{aligned}$$

따라서 선물계약수는 다음과 같이 산출된다.

$$\begin{aligned} N_{mv} &= HR \times N \\ &= 1.281 \times 1.25 = 1.6 \text{ (단위)} \end{aligned}$$

② 거래금액

$$1.6 \times 40{,}000{,}000 = 64{,}000{,}000 \text{ (원)}$$

(3) 주가지수선물을 이용한 위험관리

이제까지 설명한 헤지거래는 현물자산의 가치를 미래의 가격변동과는 무관하게 일정한 수준으로 유지하기 위해서 주가지수선물을 이용하는 것이었다. 그러나 투자자는 현재 보유 중인 현물자산에다가 주가지수선물을 결합시킴으로써 자신이 목표로 하는 위험수준을 만들 수도 있다.

만약 미래의 주가가 상승할 것으로 예상된다면 베타를 더 크게 만드는 것이 이익을 높일 수 있는 방법이 될 것이고, 반대로 미래의 주가가 하락할 것으로 예상된다면 베타를 작게 만들어서 이익을 도모할 수 있을 것이다.

다음 식을 이용하면 구체적인 거래전략을 찾을 수 있다.

$$\text{선물계약수}(n) = (\beta^* - \beta) \times \text{단순헤지선물계약수}(N) \tag{17.23}$$

단, β^* : 목표베타
β : 현재베타

위 식에서 산출된 선물계약수(n)가 양(+)의 값이면 목표베타를 달성하기 위해서 선물계약을 매입해야 한다는 것을 의미하고, 음(−)의 값이면 선물매도를 의미하는 것이다.[9)]

9) 식 (17.23)은 $\beta_{IF} = 1$로 가정한 경우이고 만약 $\beta_{IF} \fallingdotseq 1$이면 이 식에서 현재 베타에 β_{IF}를 곱해주면 된다. 이는 헤지계약수를 구하는 것과 같은 원리이다.

예제 17-11

〈예제 17-10〉에서의 (주)가나증권이 현재 보유 중인 주식과 선물계약을 결합하여 위험관리를 하고자 한다. 시장주가지수와 선물가격의 변동률은 같다고 가정하자.

(1) 주가상승이 예상되어 베타를 2.0 수준으로 높이려고 할 때에 선물계약의 이용전략을 설명하라.

(2) 주가하락이 예상되어 베타를 0.8 수준으로 낮추려고 할 때에는 어떤 선물전략을 이용해야 하는가?

(3) 헤지를 위한 전략을 설명하라.

풀이

시장주가지수와 선물가격의 변동률이 같다고 하였으므로 $\beta_{IF}=1$이 된다.

(1) 목표베타가 2.0인 경우

현재 보유 중인 포트폴리오의 베타가 1.22이므로 거래 선물계약수 n은 다음과 같다.

$$
\begin{aligned}
n &= (\beta^* - \beta) \times N \\
&= (2.0 - 1.22) \times 1.25 = 0.975
\end{aligned}
$$

즉, 선물계약을 0.975단위 매입하면 현물과 선물로 구성된 총포트폴리오의 베타가 2.0이 된다.

(2) 목표베타가 0.8인 경우

$$n = (0.8 - 1.22) \times 1.25 = -0.525$$

즉, 선물계약을 0.525단위 매도하면 목표베타를 달성할 수 있다.

(3) 헤지가 되려면 $\beta^* = 0$이어야 하므로

$$n = (0 - 1.22) \times 1.25 = -1.525$$

선물계약을 1.525단위 매도하면 헤지가 가능하다.

제 4 절 *선물과 옵션의 결합

이제까지는 선물과 옵션에 대해서 개별적으로 살펴보았다. 그러나 이 두 가지 파생상품은 여러 분야에서 연결고리를 갖고 있기 때문에 어떤 때에는 대체적인 관계에 있기도 하고 어떤 때에는 보완적인 관계에 있기도 하다. 뿐만 아니라 옵션 중에는 기초자산이 선물인 선물옵션도 있다. 따라서 이번에는 선물과 옵션의 이러한 관계를 중심으로 이들의 결합에 대해서 살펴본다.

4.1 풋-콜-선물 패리티

(1) 헤지포트폴리오

먼저 옵션에서 설명하였던 풋-콜 패리티를 생각해보자. 풋-콜 패리티는 풋옵션가격과 콜옵션가격과의 균형관계를 나타내는 식으로서 주식과 옵션의 결합으로 구성한 헤지포지션 중 헤지포트폴리오($S+P-C$)로부터 구한 것이다. 즉, 현물주식을 보유하면서 이를 기초자산으로 하는 풋옵션은 매입하고 동시에 콜옵션을 발행하면 만기가치가 일정한 값을 갖게 되고 이 값은 현재시점에서 구성한 포트폴리오의 미래가치가 된다는 원리로부터 다음 식이 도출된 것이다.

$$C-P=S-\frac{X}{e^{R_f t}}$$

이번에는 풋옵션, 콜옵션, 그리고 선물 사이의 관계식을 구해본다. 이를 위해서 콜옵션을 매입하고 풋옵션과 선물을 매도하는 포트폴리오($C-P-F$)를 생각해보자. 이렇게 구성한 포트폴리오의 만기가치는 얼마가 될까? 옵션의 경우 미래에 발생가능한 상황이란 만기 기초자산가격이 행사가격보다 큰 경우와 작은 경우 두 가지뿐이다. 따라서 포트폴리오($C-P-F$)의 만기가치는 이 두 가지 경우에 대응해서 각각 산출되며 이를 요약하면 다음과 같다.

상 황	만기주가(S_t) ≤ 행사가격(X)	만기주가(S_t) > 행사가격(X)
콜 매입(C)	0	$S_t - X$
풋 매도($-P$)	$-(X - S_t)$	0
선물매도($-F$)	$F - S_t$	$F - S_t$
계($C - P - F$)	$F - X$	$F - X$

(2) 풋-콜-선물 패리티

여기서 보듯이 콜옵션을 매입하고 풋옵션과 선물을 매도하는 포트폴리오($C-P-F$)의 경우 미래에 나타날 상황과 무관하게 만기가치가 일정한 값, 즉 $F-X$를 갖게 된다는 것을 확인할 수 있다. 이렇게 일정한 값을 갖는다는 것은 미래의 주가변동과 무관하게 헤지가 되었다는 것이다. 그렇다면 이는 현재시점에서 포트폴리오($C-P-F$)를 구성하면 미래에 확실한 금액($F-X$)을 회수할 수 있다는 의미가 되며 재정거래가 발생하지 않는 균형상태가 되려면 그 수익률이 무위험이자율이어야 할 것이며 연속복리를 전제로 하면 다음 식이 성립하게 된다.

$$(C-P)e^{R_f t} = F - X$$

이 식에서 좌변의 ($C-P$)는 현재시점에서 구성한 포트폴리오($C-P-F$)의 가치 또는 투자금액이라고 할 수 있는데 선물거래는 대가가 없이 이루어지는 것이므로 여기서 F가 빠진 것이다. 그리고 이 식을 현재가치를 기준으로 나타내면 다음과 같이 표현된다.

$$\begin{aligned} C - P &= (F - X)e^{R_f t} \\ &= \frac{F}{e^{R_f t}} - \frac{X}{e^{R_f t}} \end{aligned} \tag{17.24}$$

결국 이 식이 균형상태에서 콜옵션, 풋옵션, 그리고 선물가격과의 관계를 나타내는 식이 되는데 이를 풋-콜-선물 패리티(put-call-futures parity)라고 부른다. 이 식을 옵션에서의 풋-콜 패리티와 비교해보면 다른 항은 모두 동일하며 다만 현물주식의 가격 S가 선물가격의 현재가치 $\frac{F}{e^{R_f t}}$로 바뀐 점만 차이가 있음을 확인할 수 있다.

>>> **예제 17-12**

가나기업의 주식을 기초자산으로 하는 콜옵션 1개를 매입하면서 동시에 풋옵션 1개를 발행하였다. 두 옵션의 행사가격은 모두 90,000원이고 만기도 똑같이 3개월 남았다. 그리고 이에 추가하여 가나기업주식을 기초자산으로 하는 선물 중 3개월 후 만기가 도래되는 선물을 93,000원에 매도하였다.

(1) 이렇게 구성한 포트폴리오의 3개월 후의 가치는 얼마가 되는지 가나기업의 3개월 후 주가가 80,000원이 될 경우와 105,000원이 될 경우를 비교해보라.

(2) 그리고 풋옵션의 가격이 5,000원이라면 콜옵션가격은 얼마인가? 단, 이자율은 연 10%이다.

풀이

(1) 다음과 같이 3개월 후 주가가 80,000원이 되거나 105,000원이 되더라도 만기가치는 항상 3,000원이 된다.

	80,000	105,000
콜 매입	0	15,000
풋 매도	−10,000	0
선물매도	13,000	−12,000
계	3,000	3,000

(2) 풋-콜-선물 패리티를 이용하면 다음과 같다.

$$(C-P)\cdot e^{R_f t}=F-X$$

$$(C-5{,}000)\cdot e^{0.1\times\frac{1}{4}}=3{,}000 \qquad \therefore\ C=7{,}926$$

따라서 콜가격은 7,926원이 된다.

4.2 합성포지션

합성포지션(synthetic position)이란 서로 다른 옵션을 결합하여 선물포지션을 만들거나 또는 선물과 옵션을 결합하여 새로운 형태의 옵션포지션을 만드는 것을 말한다. 이와 관련된 구체적인 형태는 다음과 같다.

(1) 합성선물

합성선물(synthetic futures)은 서로 다른 옵션의 결합을 통해서 선물포지션을 만드는 전략을 말한다. 유동성이나 규제 등 현실적인 제약으로 특정한 선물을 거래

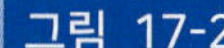
그림 17-2

합성선물

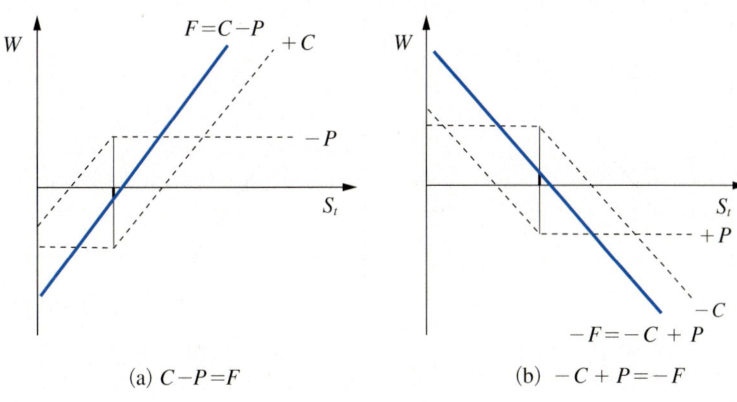

하기 어려운 상황이라면 합성선물을 이용해서 선물을 거래한 것과 동일한 효과를 얻을 수 있다.

구체적인 합성방법은 앞서 설명한 풋-콜-선물 패리티로부터 구해낼 수 있다. 이 식을 다시 한 번 살펴보자.

$$C-P=(F-X)e^{-R_f t}$$

위 식의 좌변은 콜매입, 풋매도, 선물매도라고 하였다. 우변은 확정금액$(F-X)$의 현재가치로서 액면금액이 $(F-X)$인 채권의 현재가치로 볼 수 있다. 이때 좌변의 선물매도를 우변으로 이항시키면 선물매입이 되므로 위 식은 다음과 같이 정리된다.

$$\text{콜매입}+\text{풋매도}=\text{선물매입}+\text{채권} \tag{17.25}$$

위 식을 투자전략의 차원으로 이해하면 콜매입과 풋매도는 선물매입과 같은 효과를 얻을 수 있다는 것인데, 이러한 구성을 합성선물이라고 하며 만기손익은 [그림 17-2]에서와 같이 나타난다.

$$\text{콜매입}+\text{풋발행} \longrightarrow \text{선물매입} \quad \text{즉, } C-P=F$$

그러면 식 (17.25)에서 우변의 채권에 해당하는 부분은 무엇일까? 이는 콜가격과 풋옵션의 가격차이가 된다. 따라서 합성선물의 만기손익을 나타내는 그림에서 ❙ 부분은 이 가격차이의 미래가치$(F-X)$에 해당한다.

그리고 선물매도의 효과를 얻으려면 위의 결과를 이용해서 위와 반대의 포지

그림 17-3

합성옵션

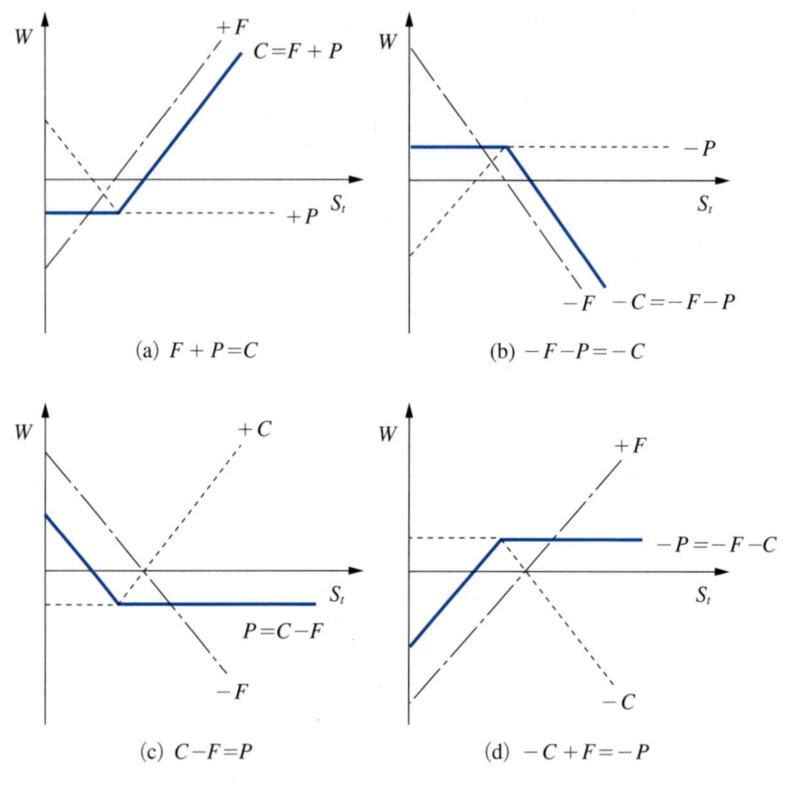

션을 다음과 같이 취하면 된다.

콜발행+풋매입 ⟶ 선물매도　즉, $-C+P=-F$

(2) 합성옵션

합성옵션(synthetic option)이란 옵션과 선물을 결합하여 또 다른 형태의 옵션을 만드는 전략을 말한다. 이 역시 여러 가지 현실적 제약으로 특정 옵션을 매입하기 어려울 때에 이용할 수 있는 방법이다. 구체적인 합성방법은 합성선물을 도출한 식을 이용하면 된다. 즉, 콜매입의 효과를 얻기 위해서는 다음과 같이 선물과 풋을 매입한다.

선물매입+풋매입 ⟶ 콜매입　즉, $F+P=C$

따라서 콜발행과 같은 효과를 얻으려면 위와 반대의 포지션을 취하면 된다.

$$\text{선물매도} + \text{풋발행} \longrightarrow \text{콜발행} \quad \text{즉,} \; -F - P = -C$$

이러한 합성옵션의 효과를 그림으로 나타내면 [그림 17-3]에서 확인할 수 있다.

(3) 합성포지션을 이용한 재정거래

시장이 균형상태라면 앞서 설명한 풋-콜-선물 패리티가 항상 성립한다. 그러나 만약 불균형상태라면 이 등식이 성립하지 않을 수가 있는데 이때에는 재정거래를 통한 재정이익을 얻을 수 있다. 이러한 재정거래로 conversion과 reverse conversion 등이 있다.

① conversion

풋-콜-선물 패리티가 성립하지 않는 불균형상태를 생각해보자. 먼저 풋-콜-선물 패리티를 나타내는 식 (17.24)에서 다음과 같이 좌변이 더 큰 값을 갖는 불균형상태를 가정하자.

$$C - P > (F - X)e^{-R_f t}$$

이러한 상태에서는 콜을 발행하고 풋을 매입함으로써 합성선물의 매도포지션을 만들고 이것을 선물매입과 결합하는 재정거래전략을 이용할 수 있다. 이를 conversion이라고 하는데 이는 기초선물계약은 낮은 가격으로 매입하고 합성선물계약은 높은 가격으로 매도하는 것으로 결국 선물매도와 선물매입을 합친 것이므로 아무런 부담이 없는 전략이 된다. 따라서 만기에 가서는 선물가격의 수준과 무관하게 다음과 같은 재정이익을 얻게 된다.[10)]

$$\text{재정이익} = (\text{콜가격} - \text{풋가격}) \times e^{-R_f t} - (\text{선물가격} - \text{행사가격})$$

이러한 conversion의 거래전략과 그 효과는 [그림 17-4]와 같이 나타낼 수 있다.

② reverse conversion

이번에는 풋-콜-선물 패리티를 나타내는 식에서 다음과 같이 우변이 더 큰 값을 갖는 불균형상태를 가정하자.

$$C - P < (F - X)e^{+R_f t}$$

---

10) 이 값은 합성선물의 매도포지션과 선물가격과의 차이에 해당한다. 만약 화폐의 시간적 가치를 고려하지 않거나 또는 옵션가격에 대한 지불이 후불방식이라면 재정이익은 다음과 같게 될 것이다.

$$\text{재정이익} = (\text{콜가격} - \text{풋가격}) - (\text{선물가격} - \text{행사가격})$$

그림 17-4

합성포지션을 이용한 재정거래-conversion

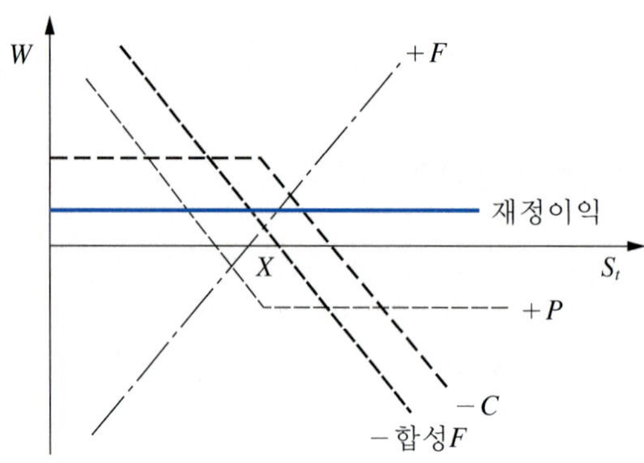

이러한 불균형상태에서는 conversion과 반대로 콜옵션을 매입하고 풋옵션을 발행함으로써 합성선물의 매입포지션을 만들고 이것을 선물매도와 결합하는 재정거래전략을 이용할 수 있다. 이를 reverse conversion이라고 하는데 이 역시 선물매입과 선물매도를 합친 것이므로 아무런 부담이 없는 전략이 된다.

따라서 만기에 가서는 선물가격의 수준과 무관하게 다음과 같은 재정이익을 얻게 된다.

$$\text{재정이익} = (\text{선물가격} - \text{행사가격}) - (\text{콜가격} - \text{풋가격}) \times e^{+R_f t}$$

>>> 예제 17-13

가나기업의 주식을 기초자산으로 하는 콜옵션과 풋옵션의 가격이 각각 6,500원과 1,000원에 형성되어 있다. 두 옵션은 모두 행사가격이 50,000원이며 만기는 3개월 후이다. 한편, 가나기업의 주식을 기초자산으로 하는 선물 중 3개월 후 만기가 되는 선물의 가격이 55,000원이다. 위험이자율은 10%이다.

(1) 이러한 상태가 균형상태인지 확인하라.

(2) 만약 불균형상태라면 어떤 형태의 재정거래가 가능한가? 화폐의 시간적 가치를 무시하고 재정이익을 구하라.

풀이

(1) 풋-콜-선물 패리티의 성립을 확인한다.

$$C - P = (F - X) \cdot e^{R_f t}$$

$$6{,}500 - 1{,}000 \neq (55{,}000 - 50{,}000) \times e^{0.1 \times \frac{1}{4}}$$

등가식이 성립하지 않으므로 불균형상태이다.

(2) 풋–콜–선물 패리티에서 좌변이 더 큰 값을 가지므로 콜옵션을 매도하면서 풋옵션을 매입하여 합성선물의 매도포지션을 취한다. 그리고 동시에 선물을 매입하여 conversion을 구성한다. 그러면 재정이익은 다음과 같이 산출할 수 있다.

현재시점에서 콜옵션을 매도하고 풋옵션을 매입하면 5,500(=6,500−1,000)원의 현금유입이 생긴다. 3개월 후 선물만기에 현물을 55,000원에 매입한다. 이때 현물가격이 옵션의 행사사격 50,000원을 초과하면 매도한 콜옵션이 행사될 것이고 이에 따라 50,000원을 수령한다. 이와 반대로 현물가격이 50,000원에 미달되면 매입한 풋옵션을 행사하여 50,000원을 확보할 수 있다. 따라서 3개월 후에는 5,000(=55,000−50,000)원의 현금유출이 발생하게 된다. 그러므로 3개월 후 기준으로 측정한 재정이익은 다음과 같다.

$$5{,}500 \cdot e^{0.1 \times \frac{1}{4}} - 5{,}000 = 639(\text{원})$$

이러한 내용을 요약하여 표로 나타내며 다음과 같다.

	현재시점	3개월 후	
		$S_t > 50{,}000$	$S_t \leq 50{,}000$
콜옵션 매도	+6,500	$-(S_t-50{,}000)$	0
풋옵션 매도	−1,000	0	$50{,}000-S_t$
선물매입		$S_t-55{,}000$	$S_t-55{,}000$
계	+5,500	−5,000	−5,000

따라서 재정이익을 구하면 다음과 같다.

$$5{,}500 \cdot e^{0.1 \times \frac{1}{4}} - 5{,}000 = 639(\text{원})$$

4.3 선물옵션

(1) 개 요

선물옵션(futures option)은 매수인에게 미래의 일정시점에서 약정된 가격으로 선물계약을 사거나 팔 수 있는 권리를 부여하는 계약을 말한다. 따라서 기초자산은 선물계약이 되는 것이다

선물옵션의 만기일은 항상 선물의 만기일보다 먼저 도래한다. 선물콜옵션의 소유자가 옵션을 행사하면 옵션발행자로부터 선물계약을 받는 동시에 선물가격에서 행사가격을 차감한 만큼의 현금을 받게 된다. 또한 선물계약에 대한 매입포지션을 갖게 되므로 이에 따라서 선물계약에 대한 증거금을 납부해야 한다. 그리고 선물풋옵션의 소유자가 옵션을 행사하면 풋옵션발행자에게 선물은 인도함과

그림 17-5

이항분포에서 선물가격과 콜옵션가치

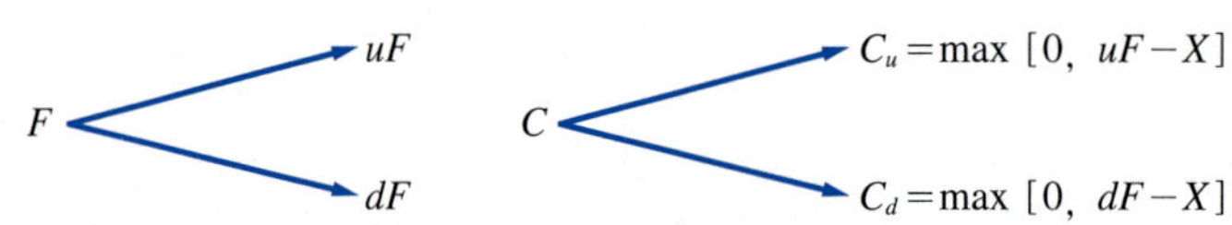

그림 17-6

이항분포에서 헤지포트폴리오

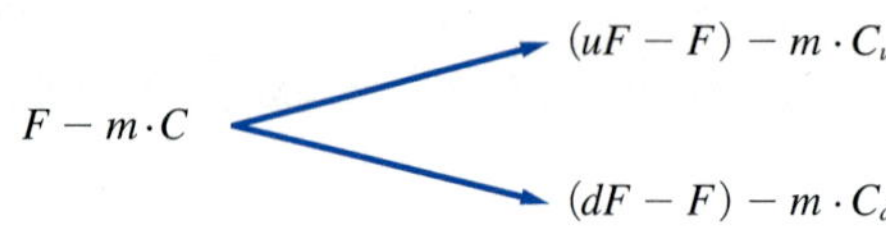

동시에 행사가격에서 선물가격을 차감한 만큼의 현금을 받게 된다.

(2) 가격결정모형

① 이항분포모형

주식옵션에서 기초자산의 가격이 주가인 것과 마찬가지로 선물옵션에서는 기초자산의 가격이 선물계약의 가격이 된다. 먼저 기초자산인 선물계약의 가격변동이 이항분포를 따른다고 가정하여 선물옵션의 가격결정원리를 살펴보자. 이러한 과정은 주식옵션의 이항분포모형과 유사하다.

선물가격 F가 1기간 후에 uF가 되거나 dF가 된다고 하자. 이때의 u는 상승계수, d는 하락계수이다. 그리고 이를 기초자산으로 하는 선물콜옵션의 가치를 함께 그림으로 나타내면 [그림 17-5]와 같다.

이러한 상황에서 선물 1계약을 매입하고 이에 대해 m개의 콜옵션을 매도하여 헤지포트폴리오를 구성한다. 이때 1기 후 포트폴리오의 가치는 [그림 17-6]과 같다.

선물과 콜옵션으로 구성한 포트폴리오가 헤지포트폴리오가 되기 위해서는 1기 후 선물가격이 상승하거나 하락하더라도 그 가치가 동일해야 한다. 따라서 다음 식을 통해서 매도해야 할 콜옵션의 개수, 즉 헤지비율(m)을 구할 수 있다.

$$(uF - F) - mC_u = (dF - F) - mC_d \text{에서} \qquad m = \frac{uF - dF}{C_u - C_d}$$

그리고 균형상태라면 이러한 헤지포트폴리오가 무위험수익률를 보장해야 하므로 다음 식이 성립된다.

$$(F-mC)(1+R_f)=(uF-F)-mC_u$$

그런데 위 식에서 선물의 매입가격은 0이므로 좌변의 F를 0으로 놓고 C에 대해서 정리하면 선물콜옵션의 가격은 다음과 같이 산출할 수 있다.

$$C=\frac{[C_u-(uF-F)]/m}{1+R_f} \text{ 또는 } C=\frac{[C_d-(dF-F)]/m}{1+R_f} \qquad (17.26)$$

>>> **예제 17-14**

2월 현재 KOSPI200 지수선물 중 9월물의 가격은 150포인트이다. 선물가격은 이항분포를 따르며 6개월 후 이 선물의 가격은 165포인트가 되거나 140포인트가 될 것이다. 9월물에 대한 행사가격이 145포인트이고 만기가 6개월 남은 선물콜옵션의 가격을 구하라. 단, 무위험이자율은 연 8%이다.

풀이

옵션의 기초자산인 9월물의 가격변동과 이에 상응하는 콜옵션의 만기가치는 다음과 같다.

$$F=150 < \begin{array}{l} uF=165 \rightarrow C_u=\max[165-145,\ 0]=20 \\ dF=140 \rightarrow C_d=\max[140-145,\ 0]=0 \end{array}$$

따라서 헤지비율 m은 다음과 같이 산출할 수 있다.

$$m=\frac{uF-dF}{C_u-C_d}=\frac{165-140}{20-0}=1.25$$

즉, 선물 1계약을 매입하면서 1.25개의 콜옵션을 매도하여 헤지포트폴리오를 구성한다.

이와 같이 구성한 헤지포트폴리오의 6개월 후 가치를 확인해 보자. 6개월 후 9월물이 165포인트로 상승하면 선물 1계약의 매입가치는 15(=165−150)가 되고, 140포인트로 하락하면 그 가치는 −10(=140−150)이 된다. 따라서 헤지포트폴리오의 6개월 후 만기가치는 다음과 같이 −10이 된다.

$$F-mC < \begin{array}{l} 15-1.25\times 20=-10 \\ -10-1.25\times 0=-10 \end{array}$$

이러한 관계를 수식으로 나타내면 다음 식이 성립한다.

$$(F-mC)\times\left(1+\frac{0.08}{2}\right)=-10$$

그런데 여기서 선물 F의 매입가격은 0이고 헤지비율 m은 1.25이므로 선물옵션 C의 가격은 다음과 같이 산출된다.

$$(0-1.25C)\times(1+0.04)=-10$$
$$\therefore\ C=7.6923(\text{포인트})$$

② 블랙모형

먼저 Black-Scholes의 옵션가격결정모형이 도출된 원리를 살펴보자. 그 원리는 기초주식과 이에 대한 콜옵션으로 구성한 헤지포트폴리오가 투자자금에 대해서 무위험이자율만큼의 수익을 가져다주어야 균형상태가 된다는 논리에 근거한 것이다. 그렇지 않으면 재정거래가 발생하기 때문이다.

선물옵션의 경우에도 똑같이 기초자산이 되는 선물계약과 이에 대한 콜옵션으로 구성하여 헤지포트폴리오를 구성한다. 그러나 여기서는 현물옵션에서와는 달리 헤지포트폴리오를 구성하는데에 기초자산에 대한 투자금액이 필요없으므로 이러한 헤지포트폴리오에서는 어떤 수익도 발생하지 말아야 균형상태가 된다. 이러한 논리를 통해서 Black(1976)은 다음과 같은 선물옵션가격결정모형을 제시하였다.

$$C = \frac{F}{e^{R_f t}} \cdot N(d_1) - \frac{X}{e^{R_f t}} \cdot N(d_2)$$

$$= \text{선물가격의 현가} \cdot N(d_1) - \text{행사가격의 현가} \cdot N(d_2) \qquad (17.27)$$

$$\text{여기서, } d_1 = \frac{\ln\left(\frac{F}{X}\right) + \left(\frac{\sigma^2}{2}\right)t}{\sigma\sqrt{t}}, \quad d_2 = d_1 - \sigma\sqrt{t}$$

단, C : 선물계약에 대한 콜옵션의 가격
F : 선물가격
X : 행사가격
σ : 선물수익률의 표준편차
R_f : 무위험이자율
t : 만기까지 잔여년수
$N(\cdot)$: 표준정규누적확률밀도함수

위 식을 옵션가격결정모형과 비교해 보면 다른 변수는 모두 동일하지만 선물옵션에서의 헤지포트폴리오가 기초투자를 필요로 하지 않기 때문에 d_1, d_2에 무위험이자율 R_f가 없다는 것이 차이점이다.

선물가격과 현물가격의 관계를 생각해보면 선물옵션의 가격결정모형과 주식옵션의 가격결정모형과의 차이점을 쉽게 비교할 수 있다. 앞서 선물가격은 현물가격에 보유비용을 더하여 결정된다고 하였다. 따라서 연속복리하에서 선물가격 F와 현물가격 S 사이에는 다음의 관계가 성립한다.

$$F = Se^{Rt}$$

기초자산에서의 수익이 없다고 하면 금융선물의 경우에는 R이 무위험이자율이 되고 상품선물의 경우에는 무위험이자율에 보관비용을 더한 값이다. 이때 R이 시간(t)만의 함수이고 S의 변동성이 일정하면 F의 변동성이 S의 변동성과 같게 된다. 이런 경우 선물은 무위험이자율에 해당하는 수익을 연속적으로 지급하는 자산으로 볼 수 있다. 따라서 선물옵션의 가치는 S 대신 F를 사용하면서 기초자산의 배당률을 무위험이자율 R_f로 보고 Black-Scholes모형을 이용하여 구할 수 있다. 그리고 배당률이 R_f인 경우에는 $\ln\left(\frac{F^{-R_f t}}{X}\right)=\ln\left(\frac{F}{X}\right)-R_f t$이므로 d_1, d_2에 무위험이자율 R_f가 없게 되는 것이다.

>>> 예제 17-15

6월 현재 KOSPI 200 지수선물 중 9월물이 지수 154에 형성되어 있다. 선물가격변동률의 표준편차는 28%이고 무위험수익률은 10%이다. 이러한 선물에 대한 옵션 중 만기가 60일, 행사가격이 152인 콜옵션의 균형가격을 산출하라. 단, 지수 1포인트당 가격은 100,000원이다.

풀이

옵션만기를 연단위로 환산하면 다음과 같다.

$$t=\frac{60}{360}=\frac{1}{6}$$

그리고 d_1, d_2를 구하면 다음과 같다.

$$d_1=\frac{\ln\left(\frac{F}{X}\right)+t\left(\frac{\sigma^2}{2}\right)t}{\sigma\sqrt{t}}$$

$$=\frac{\ln\left(\frac{154}{152}\right)+\left(\frac{0.28^2}{2}\right)\times\frac{1}{6}}{0.28\times\sqrt{\frac{1}{6}}}=0.1715$$

$$d_2=d_1-\sigma\sqrt{t}$$

$$=0.1715-0.28\times\sqrt{\frac{1}{6}}=0.0572$$

표준정규분포표를 이용하면

$$N(d_1)=N(0.1715)=0.5681$$

$$N(d_2)=N(0.0572)=0.5228$$

이제까지 산출된 자료값을 식 (17.27)에 대입한다.

$$C = \frac{154 \times 0.5681 - 152 \times 0.5228}{e^{0.1 \times \frac{1}{6}}} = 7.89(\text{포인트})$$

위에서 산출된 7.89의 단위는 포인트이고 포인트당 가격은 100,000원이므로 콜옵션가격은 다음과 같이 구한다.

$$7.89(\text{포인트}) \times 100{,}000 = 789{,}000(\text{원})$$

(3) 유용성

선물계약은 현물보다 유동성이 상대적으로 높고 거래도 간편하기 때문에 지수옵션을 제외한 통화옵션 및 금리옵션에서는 현물옵션보다 선물옵션의 거래가 더 활발한 편이다. 선물옵션 중 거래가 가장 활발한 것은 CBOT에서 거래되는 T-bond선물에 대한 옵션이다. CBOT에서는 옥수수, 대두, 원유, 금 등 상품뿐만 아니라 유로달러 및 각종 통화에 대한 선물옵션이 거래되고 있다.

대체로 같은 이유로 선물옵션이 현물옵션보다 더 선호된다고 본다. ① 거래비용이 더 저렴하고, ② 선물과 선물옵션이 대개 같은 장소에서 이루어지기 때문에 거래가 용이하며, ③ 선물계약이 현물자산보다 유동성이 높으며, ④ 선물가격은 거래소에 의해서 즉시 공시되기 때문에 현물가격보다 정확하고 빠르게 파악할 수 있다.

/제 17 장/ 요약

FINANCIAL MANAGEMENT

1. 선물거래에서 기초자산이 금융자산인 것을 금융선물이라고 한다. 금융자산 중에서도 기초자산이 외화이면 통화선물, 채권이면 금리선물, 주식이면 주가지수선물이라고 한다.

2. 통화선물의 균형가격은 제21장(국제재무관리)의 환율결정이론에서 소개될 금리평가설에 의해서 산출되지만 보유비용모형으로도 설명된다.

3. 금리선물은 기초자산이 채권이다. 다른 선물들은 만기가 되면서 현금흐름이 종료되지만 금리선물은 선물만기 이후에 기초채권의 만기가 도래되기 때문에 만기 이후에 기초채권으로 인한 추가적인 현금흐름이 발생한다.

4. 금리선물의 균형가격은 현물채권의 가격을 기준으로 보유비용을 가산해서 산출하지만 기초채권을 채권만기만큼 할인해서도 구할 수 있다. 두 방법으로 산출한 균형가격은 동일한 값을 갖는다.

5. 주가지수선물은 개념상 주식이 기초자산이지만 실제로는 주가지수를 거래하는 것이기 때문에 실물자산이 존재하지 않는다. 따라서 결제는 현금정산방식을 따른다.

6. 선물과 옵션을 결합하여 합성포지션이라는 투자전략으로 만들 수 있다. 여기에는 합성선물과 합성옵션이 있는데 합성선물은 옵션과 옵션을 결합해서 선물을 만드는 것이고 합성옵션은 옵션과 선물을 결합해서 다른 형태의 옵션을 만드는 것이다.

7. 선물계약을 기초자산으로 하는 옵션을 선물옵션이라고 한다. 옵션가격을 구하는 것과 마찬가지로 기초자산인 선물에 옵션을 함께 투자한 헤지포트폴리오의 수익률이 균형상태에서 무위험이자율과 같다는 방정식을 세워서 선물옵션의 가격결정모형을 구할 수 있다. 다만 기초자산인 선물은 투자금액이 없다는 점이 제14장에서 배운 옵션가격결정모형의 도출과정과 차이가 있다.

>>> 연습문제 17 − 1

앞으로 120일간의 이자율은 연 7%이고 210일간의 이자율은 연 7.5%이다. 만기 90일인 할인채(액면 100,000원)를 기초자산으로 하는 만기 120일 남은 금리선물계약을 생각해보자.

(1) 만기가 210일 남은 할인채의 현재가격은 얼마인가? 이로부터 선물계약의 균형가격을 구하라.

(2) 기초채권을 할인하여 선물계약의 균형가격을 산출하고 (1)의 결과와 비교하라.

(3) 만약 선물가격이 현재 98,250원이라면 어떤 형태의 재정거래가 가능한가 설명하라.

(1) 만기가 210일 남은 할인채의 현재가격은 다음과 같이 산출한다.

$$\frac{100{,}000}{\left(1+0.07\times\frac{210}{360}\right)}=95{,}808(\text{원})$$

이 가격에 보유비용모형을 적용하면 선물균형가격은 다음과 같다.

$$95{,}808\times\left(1+0.07\times\frac{120}{360}\right)=98{,}044(\text{원})$$

(2) 기초채권을 할인할 때 이용할 선도이자율(f)을 구한다.

0 120 210

← 7% → ← f →

← 7.5% →

$$\left(1+0.07\times\frac{120}{360}\right)\times\left(1+f\times\frac{90}{360}\right)=\left(1+0.075\times\frac{210}{360}\right)$$

$$\therefore\ f=7.98\%$$

기초채권의 만기현금흐름을 할인하면 다음과 같다.

$$\frac{100{,}000}{\left(1+0.0798\times\frac{90}{360}\right)}=98{,}044(\text{원})$$

이 가격은 (1)에서 구한 선물균형가격과 동일한 값이다.

(3) 현재 선물시장가격 98,250원은 균형가격 98,044원보다 과대평가된 상태이다. 따라서 만기 120일 남은 선물계약을 매도하면서 만기 210일 남은 현물채권을 매입한다. 이러한 현물매입 재정거래는 합성대출과 같으며 120일간의 수익률은 다음과 같다.

$$\frac{98{,}250-95{,}808}{95{,}808}\times\frac{360}{120}=7.65(\%)$$

이는 같은 기간의 시장이자율 7%보다 높기 때문에 재정거래기회가 존재하는 것이다.

>>> 연습문제 17 – 2

액면가액이 10만원인 할인채권의 가격이 다음과 같이 형성되어 있다.

1년만기 할인채권	94,000원
2년만기 할인채권	89,000원
선물가격(1년 후 기준 1년만기 할인채)	94,500원

(1) 선물매도 포지션(position)과 동일한 효과를 주는 현물자산의 운용전략은?

(2) 재정거래과정을 설명하라.

해설

(1) 선물매도의 현금흐름을 시간선상에 나타내면 다음과 같다.

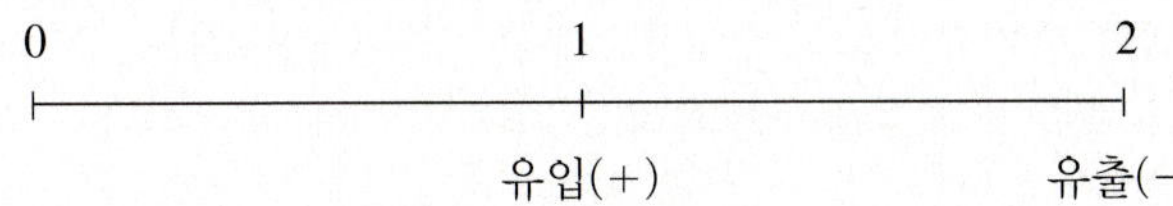

이와 동일한 현금흐름을 갖도록 현물자산을 운용하려면 다음과 같이 2년만기 할인채권을 공매한 자금으로 1년만기 할인채권을 구입하면 된다.

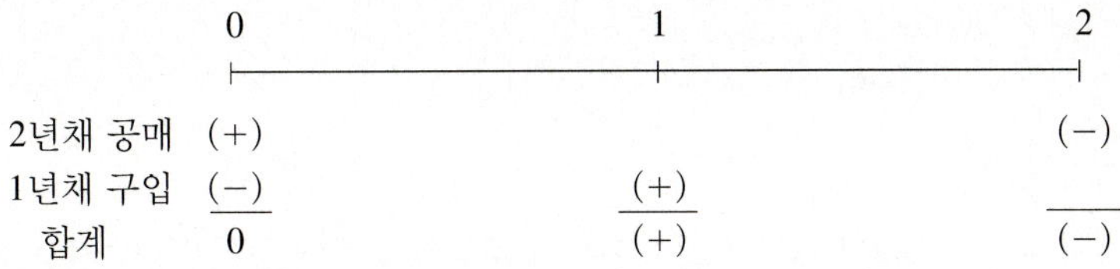

(2) 선물의 균형가격을 산출하기 위해서 이자율의 기간구조를 파악한다.
먼저 각 기간별 현물이자율을 다음과 같이 구한다.

$$94{,}000 = \frac{100{,}000}{(1 + {}_0R_1)} \text{ 에서 } {}_0R_1 = 6.38(\%)$$

$$89{,}000 = \frac{100{,}000}{(1 + {}_0R_2)^2} \text{ 에서 } {}_0R_2 = 6.0(\%)$$

이를 시간선상에 나타내면 다음과 같다.

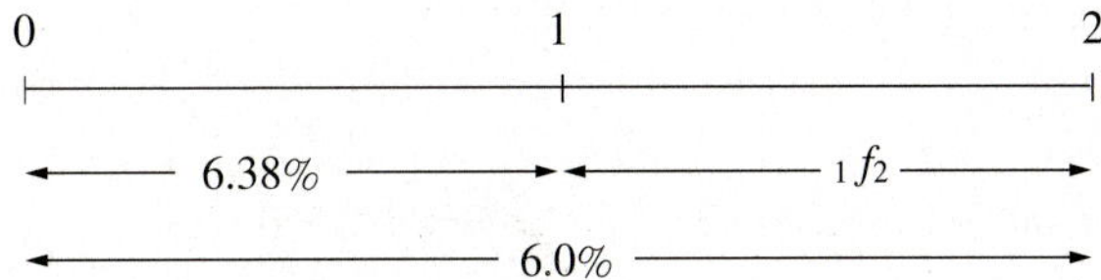

앞에서 2차년도의 선도이자율을 구한다.

$${}_1f_2 = \frac{(1 + 0.06)^2}{(1 + 0.0638)} - 1 = 5.62(\%)$$

따라서 선물가격의 균형가격은 다음과 같이 산출된다.

$$\frac{100,000}{(1+0.0562)} = 94,679(\text{원})$$

그런데 선물의 현재 시장가격은 94,500원이므로 과소평가되어 있다. 그러므로 현재시점에서 선물을 매입하고 2년채를 공매한다. 그리고 선물만기인 1년 후에 가서는 계약이행으로 만기 1년 남은 채권을 인수하여 공매상환에 이용한다. 이때에 인수받는 채권은 94,679원인데 이에 따른 현금유출은 94,500원이므로 179원(= 94,679 − 94,500)의 재정이익을 얻게 된다.

>>> 연습문제 17 - 3

5/25에 채권시장에서 현물가격과 선물가격에 대한 가격정보를 다음과 같이 수집했다. 단, 선물계약의 기초자산은 만기 90일인 T-bill이고 수익률곡선은 수평적이라고 가정한다.

9/1 만기 T-bill의 수익률	연 3.02%
6/3 만기 선물계약의 가격	97-20

(1) 이와 같은 상황에서 가능한 재정거래의 형태를 설명하고 재정이익을 산출하라. (단, 선물계약 1단위 기준)

(2) 단순히 채권을 보유하는 경우와 재정거래를 하는 경우의 선물만기시점까지의 수익률을 연단위로 산출해서 비교하라.

해설

여기서 9/1은 현물채권 T-bill의 만기이고, 6/3은 이 채권의 만기와 동일한 만기를 갖는 채권, 만기 90일 T-bill을 기초자산으로 하는 선물계약의 만기를 의미하는 것이다. 그리고 현물채권의 수익률이 3.02%라는 것은 96-98과 같은 가격표시이다.

관련정보를 이해하기 쉽게 시간선상에 나타내면 다음과 같다.

5/25 (현재) —9일— 6/3 (선물만기) —90일— 9/1 (채권만기)

(1) 재정거래의 형태를 파악하기 위해서 균형선물가격을 산출하여 현재선물가격과 비교한다. (T-bill은 선물계약 1단위가 100만 달러임)

① 균형선물가격

$$1,000,000 - 1,000,000 \times 3.02\% \times \frac{90}{360} = 992,450$$

여기서 현물수익률을 이용한 것은 수평적인 수익률곡선에서는 선도이자율이 현물이자율과 같기 때문이다.

② 현재선물가격

$$1,000,000 - 1,000,000 \times (100 - 97.2)\% \times \frac{90}{360} = 993,000$$

① < ②이므로 현재선물가격은 과대평가되어 있다. 따라서 선물매도, 현물매입의 재정거래를 한다. 구체적인 과정을 설명하면 다음과 같다.

〈5/25 현재〉

과대평가된 선물을 매도하고 9/1만기 T-bill을 구입한다. 이때 구입액은 다음과 같이 산출된다.

$$1,000,000-1,000,000\times 3.02\%\times\frac{90}{360}=991,695$$

〈6/3 선물만기〉

5/25에 구입한 T-bill을 인도하여 선물계약을 이행한다. 이때에는 평가액 992,450의 채권을 993,000원에 인도하므로 550(=993,000−992,450)의 재정이익을 얻게 된다.

(2) ① 단순히 채권을 보유한 경우의 수익률

$$\frac{992,450-991,695}{991,695}\times\frac{360}{9}=3.05(\%)$$

이렇게 산출된 3.05(%)가 실제수익률로서 채권등가수익률이라고 하며 문제에서 주어진 3.02(%)는 공시수익률이다.

② 재정거래를 한 경우

$$\frac{993,000-991,695}{991,695}\times\frac{360}{9}=5.26(\%)$$

>>> 연습문제 17 - 4

5/25에 채권시장에서 수집한 현물가격과 선물가격에 관한 정보는 다음과 같다. 단, 선물계약의 기초자산은 만기 90일인 T-bill이고 수익률곡선은 수평적이라고 가정한다.

12/15 만기 T-bill의 수익률	연 3.13%
9/16 만기 선물계약의 가격	96−70

(1) 선물계약 1단위로 가능한 재정거래의 형태를 설명하고 재정이익을 구하라.

(2) 단순히 채권을 공매한 경우와 재정거래를 하는 경우에 선물만기까지 114일간 부담하게 되는 이자율을 산출해서 비교하라.

(3) 채권등가수익률(bond yield equivalent)을 산출하라.

해설

관련정보를 시간선상에 나타내면 다음과 같다.

5/25 —(114일)— 9/16 —(90일)— 12/15

현재 — 선물만기 — 채권만기

(1) 균형선물가격과 현재선물가격을 비교한다.

① 균형선물가격

$$1{,}000{,}000 - 1{,}000{,}000 \times 3.13\% \times \frac{90}{360} = 992{,}175$$

② 현재선물가격

$$1{,}000{,}000 - 1{,}000{,}000 \times (100 - 96.7)\% \times \frac{90}{360} = 991{,}750$$

① > ②이므로 현재선물가격은 과소평가된 상태이다. 따라서 선물매입, 현물매도의 재정거래를 취해야 하는데 구체적인 과정은 다음과 같다.

〈5/25 현재〉

과소평가된 선물을 매입하고 12/15만기인 T-bill을 공매한다. 이때 공매로 인한 현금유입은 다음과 같다.

$$1{,}000{,}000 -`1{,}000{,}000 \times 3.13\% \times \frac{204}{360} = 982{,}263$$

〈9/16 선물만기〉

선물계약의 이행에 따라 12/15만기인 T-bill을 인수하여 이를 5/25의 공매에 대해서 상환한다. 만약 선물거래를 하지 않았다면 공매상환에 필요한 금액은 992,175인데 선물계약의 이행에 필요한 채권인수금액은 991,750이므로 425(=992,175−991,750)의 재정이익이 발생한다.

(2) ① 단순공매의 경우 부담이자율

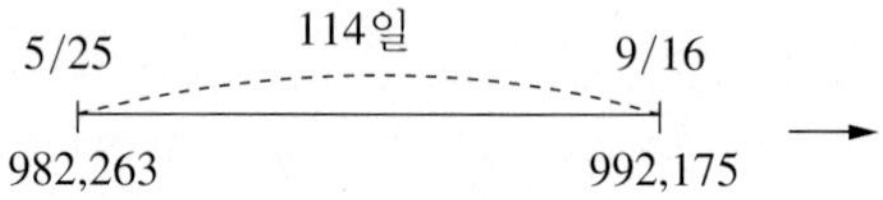

5/25 ——— 114일 ——— 9/16
982,263 ——— 992,175

$$\rightarrow \frac{992{,}175 - 982{,}263}{982{,}263} = 1.009(\%)$$

② 재정거래를 한 경우 부담이자율

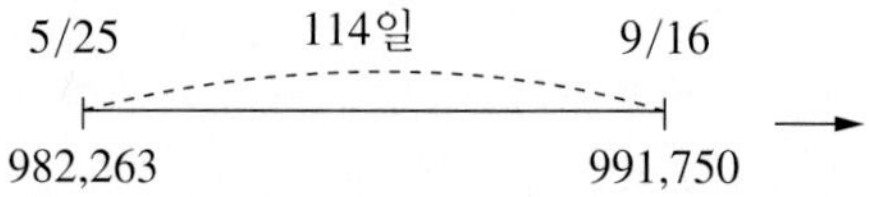

5/25 ——— 114일 ——— 9/16
982,263 ——— 991,750

$$\rightarrow \frac{991{,}750 - 982{,}263}{982{,}263} = 0.965(\%)$$

(3) 공시수익률은 가격표시를 위한 개념이고 실제수익률은 채권등가수익률로서 (2)의 결과를 이용해서 연단위로 환산하여 다음과 같이 산출된다.

$$\left(\frac{992{,}175 - 982{,}263}{982{,}263}\right) \times \frac{360}{114} = 3.19(\%)$$

연습문제 17 - 5

현재 T-bond의 현물가격은 131-02, 선물가격은 94-22이다. 표면이자율이 연 8%인 T-bond를 액면기준으로 300만 달러만큼을 보유하고 있는 자금관리자는 이자율이 상승할 것으로 예상하고 있다.

(1) 자금관리자가 채권포트폴리오가치의 하락에 대비해서 취해야 할 헤지전략을 설명하라. 단, 최적헤지비율을 0.94로 가정하라.

(2) 90일 경과시점에서 T-bond 현물가격은 130-05, 선물가격은 94-03이 되었다. 이때에 위와 같은 헤지전략의 성과를 산출하고 헤지하지 않은 경우와 비교하라.

(3) 그리고 헤지전략의 성과와 헤지하지 않은 경우의 성과를 연수익률 기준으로 비교하라.

해설

(1) 현물을 보유하고 있으므로 현재시점에서 선물계약을 매도하고 헤지목표시점에 가서 선물계약을 매입하여 청산한다. 즉, 매도헤지(short hedge)이다. 그리고 최적헤지비율은 현물자산의 보유에 따른 위험을 최소화시키기 위해서 현물자산단위당 매도해야 할 선물계약수를 나타낸다. 따라서 최적헤지비율을 *HR*로 나타내면 자금관리자가 매도할 선물계약수는 다음과 같이 산출한다.

$$HR \times \frac{\text{보유현물채권가치}}{\text{선물1계약가치}}$$

$$= 0.94 \times \frac{3{,}000{,}000 \times 131\frac{2}{32}\%}{100{,}000 \times 94\frac{22}{32}\%} = 39 \text{ (계약)}$$

T-bond는 계약단위당 거래금액이 액면기준으로 $100,000이다.

(2) 투자성과를 비교하면 다음과 같다.

	현 재	90일 후	
		헤지하지 않은 경우	헤지한 경우
채권의 가치	① 3,931,875	② 3,904,687.5	② 3,904,687.5
이자수익		③ 60,000	③ 60,000
선물거래이익		④ 23,156.25	23,165.25
계	3,931,875	3,964,687.5	3,987,843.75

① $3{,}000{,}000 \times 131\frac{2}{32}\% = 3{,}931{,}875$

② $3{,}000{,}000 \times 130\frac{5}{32}\% = 3{,}904{,}687.5$

③ $3{,}000{,}000 \times 8\% \times \frac{90}{320} = 60{,}000$

④ $39\text{계약} \times 100{,}000 \times \left(94\frac{22}{32} - 94\frac{3}{32}\right)\% = 23{,}156.25$

(3) 헤지하지 않은 경우와 헤지전략을 취한 경우의 성과를 수익률기준으로 비교하려면 (2)에서의 성과금액을 이용한다. 그리고 보유기간을 고려해서 연단위로 환산하면 다음과 같이 산출된다.

① 헤지하지 않은 경우

$$\left(\frac{3,964,687.5}{3,931,875}-1\right)\times\frac{360}{90}=3.34(\%)$$

② 헤지한 경우

$$\left(\frac{3,987,843.75}{3,931,875}-1\right)\times\frac{360}{90}=5.69(\%)$$

>>> 연습문제 17 - 6

어떤 연금관리자는 3개월 후에 유입될 것으로 예상되는 1,000만 달러의 현금으로 T-bond(표면이자율 연 8%)를 구입할 계획이다. 현재 T-bond의 현물가격은 126-00, 선물가격은 86-25인데 연금관리자는 3개월 후 구입시점에서 이 채권의 가격이 상승할 것을 우려하고 있다.

(1) 채권가격의 상승위험을 방지하기 위한 헤지전략을 설명하라.
(2) 3개월 후 현물가격은 127-04, 선물가격은 87-28이 되었다. 연금관리자는 100단위 선물계약으로 (1)과 같은 헤지를 하였다. 헤지하지 않은 경우와 헤지한 경우 3개월 후 매입비용의 부담을 비교하라.
(3) (2)와 같은 상황에서 완전헤지를 위한 계약수는?

해설

(1) 채권가격이 상승하면 3개월 후 매입비용의 부담이 더 크게 되므로 손실을 입게 된다. 따라서 현재시점에서 선물계약을 매입하였다가 3개월 후 상승된 가격으로 매도하여 청산함으로써 선물거래이익을 도모하여 현물시장의 기회손실을 보전한다. 즉, 현물포지션이 숏포지션(short position)이므로 매입헤지(long hedge)전략을 취한다.

(2) 매입비용부담을 비교하면 다음과 같다.

	현 재	3개월 후	
		헤지하지 않은 경우	헤지한 경우
채권가격	① 12,600,000	② 12,712,500	② 12,712,500
기간경과이자		③ 200,000	③ 200,000
선물거래이익			④ −109,375
매입비용부담		12,912,500	12,803,125
현재매입 시 비용부담		12,600,000	12,600,000
비용부담의 증가		312,500	203,125

① $10,000,000 \times 126\% = 12,600,000$

② $10,000,000 \times 127\frac{4}{32}\% = 12,712,500$

③ $10,000,000 \times 8\% \times \frac{90}{320} = 200,000$

④ $100\text{계약} \times 100,000 \times \left(87\frac{28}{32} - 86\frac{25}{32}\right)\% = 109,375$

선물거래를 이용해서 109,375(= 312,500 − 203,125)만큼의 비용부담을 덜어 부분헤지를 달성했다.

(3) 완전헤지를 위한 계약수는 다음과 같이 산출한다.

$$\frac{112,500}{100,000 \times \left(87\frac{28}{32} - 86\frac{25}{32}\right)\%} = 95,808(\text{원})$$

이렇게 산출한 계약수만큼 매입하였다가 3개월 후 매도청산하면 현재 매입하는 경우와 동일한 부담으로 3개월 후에 채권을 매입할 수 있다.

>>> 연습문제 17 – 7

ABC투자회사가 현재 보유하고 있는 채권의 내역은 다음과 같다.

종 류	보유금액(액면기준)	가격	듀레이션
T–bond	500만 달러	100%	3.8년
회사채	100	89	3.6

채권관리자는 예상치 못한 물가상승을 우려하여 금리선물을 이용해서 헤지를 도모하고자 한다. 이용할 수 있는 T–bond의 현재 선물가격은 91–16이며 이 선물의 기초자산인 T–bond는 듀레이션이 4년이다.

(1) 보유하고 있는 T–bond의 가치를 헤지하기 위한 방법과 거래계약수를 산출하라.

(2) 회사채의 가치를 헤지하기 위한 방법과 거래계약수는 얼마인가? 단, 이 회사채수익률의 T–bond수익률에 대한 변동성배수는 1.3이다.

(3) 3개월 후 이자율의 상승으로 보유하고 있는 T–bond의 가치가 5% 하락하고 T–bond 선물가격은 88–08이 되었다. 위의 (1), (2)의 헤지전략을 취한 경우 ABC투자회사가 보유하고 있는 채권포트폴리오가치의 순변동액은 얼마가 될까?

해설

(1) 물가상승은 곧 금리상승을 의미하므로 현재 롱포지션(long position)에서는 금리선물을 매도하여야 한다. 그리고 매도계약수를 구하기 위해서 현재 보유하고 있는 T–bond의 시장가치(S)와 금리선물계약의 단위당 가치(F)를 산출한다.

$$S = 5,000,000 \times 100\% = 5,000,000$$

$$F = 100{,}000 \times 91\frac{16}{32}\% = 91{,}500$$

그리고 선물거래계약수는 듀레이션을 이용해서 다음과 같이 구한다.

$$\frac{D_S}{D_F} \times \frac{S}{F} = \frac{3.8}{4} \times \frac{5{,}000{,}000}{91{,}500} = 51.91(\text{계약})$$

(2) 이 문제는 물음 (1)에 변동성배수라는 개념이 추가된 형태로서 헤지계약수는 다음과 같이 산출한다.

$$\frac{D_S}{D_F} \times \text{변동성배수} \times \frac{S}{F} = \frac{3.6}{4} \times 1.3 \times \frac{890{,}000}{91{,}500} = 11.38(\text{계약})$$

여기서 회사채의 변동성배수가 1.3이란 회사채수익률변동이 T-bond 수익률변동의 1.3배라는 의미로 이해하면 된다.

(3) 보유하고 있는 채권포트폴리오의 가치하락금액은 다음과 같이 산출된다.

T-bond : $5{,}000{,}000 \times 5\% = 250{,}000$

회사채 : $1{,}000{,}000 \times 89\% \times 5\% \times 1.3 \times \frac{3.6}{3.8} = 54{,}805$

$\underline{304{,}805}$

그리고 선물거래에 따른 이익은 다음과 같다.

$$(51.91 + 11.38)\text{계약} \times 100{,}000 \times \left(91\frac{16}{32} - 88\frac{16}{32}\right)\% = 205{,}692.5$$

따라서 보유채권가치의 순변동액은 99,112.5(= 304,805 − 205,692.5)의 감소로 나타난다.

>>> 연습문제 17 - 8

가나기업과 ABC기업, 두 개의 주식으로 구성된 증권시장이 있다. 다음과 같은 관련 정보를 이용해서 다음 각 물음에 답하라.

① 시장지수와 관련된 정보
시장지수는 각 주식가격의 합계를 지수제수(index divisor) 1.8로 나누어 산출된다.

② 각 주식과 관련된 정보

	가나기업	ABC기업
현재가격	\$115	\$83
예상배당액	1.50	1.00
예상배당일	7월 22일	8월 11일

③ 시장이자율은 연 10%이며, 1년은 360일로 가정한다.

(1) 현재시장지수는 얼마인가?

(2) 현재는 7월 6일이다. 9월 20일이 만기인 지수선물계약의 균형가격은 얼마인가?

(3) 선물만기까지의 배당수익률을 연단위로 산출하라.

(1) 현재의 시장지수는 다음과 같다.

$$\frac{P_1+P_2}{\text{제수(divisor)}}=\frac{115+83}{1.8}=110$$

(2) 총주식의 9월 20일 선물균형가치를 구하기 위해서 다음 식을 이용한다.

$$F_t=S_0+C-R$$

여기서 S_0는 총주식의 현물가치이므로 두 개 주식가격의 합으로 산출된다.

$$S_0=115+83=198$$

그리고 C는 이 주식들을 선물만기까지 보유할 때의 기회비용이다.

$$C=S_0\times r\times\frac{t}{360}$$

$$=198\times0.1\times\frac{76}{360}=4.18$$

한편, R은 이 주식들로부터 받는 배당과 이의 재투자수익이다.

$$R=D\left(1+r\times\frac{t'}{360}\right)$$

따라서 가나주식의 R_1과 ABC주식의 R_2는 다음과 같이 산출된다.

$$R_1=1.5\times\left(1+0.1\times\frac{60}{360}\right)=1.525$$

$$R_2=1.0\times\left(1+0.1\times\frac{40}{360}\right)=1.011$$

이제까지 구한 자료값들을 선물가치의 균형식에 대입한다.

$$F_t=198+4.18-(1.525+1.011)=199.644$$

끝으로 이렇게 산출한 값을 다시 지수단위로 환산해야 하므로 9월 20일 만기인 선물지수의 균형가격은 다음과 같다.

$$\frac{199.644}{1.8}=110.91$$

(3) $F_t=S_0\left[1+(r-d)\frac{76}{360}\right]$이므로 d는 다음과 같이 구한다.

$$110.91=110\left[1+(0.1-d)\frac{76}{360}\right]\qquad\therefore\ d=6.08\%$$

>>> 연습문제 17 - 9

가나기업은 ABC기업을 흡수합병하기 위해서 ABC기업의 주식을 계속적으로 매입해 오고 있다. ABC기업주식은 현재 1주당 15,000원에 거래되고 있으나 전반적으로 주식시장은 상승국면에 있기 때문에 ABC기업주식의 가격도 당분간 상승할 것으로 예측되고 있다. 가나기업의 M&A계획에 따르면 1개월 후 ABC기업의 주식 20,000주를 매입해야 한다. 현재 KOSPI 200선물계약의 가격은 100이고 선물계약의 포인트당 가격은 500,000원이다.

가나기업의 기획실장은 ABC기업의 주식이 KOSPI 200지수의 구성종목이기 때문에 두 가격의 변화율이 동일할 것으로 예측하고 있다. 다음 각 물음에 답하라.

(1) 가나기업이 헤지를 위해서 취해야 할 선물거래전략을 설명하라.
(2) 기획실장의 예측을 전제로 거래할 지수선물계약은 몇 단위인가?
(3) 1개월 후 ABC주가는 16,500원으로 상승하고 KOSPI 200선물계약의 가격은 110이 되었을 때에 (2)와 같은 헤지전략의 결과를 보여라.
(4) 예상과는 달리 1개월 후에 주식시장이 약세가 되어 ABC주가는 14,250원으로 하락하고 KOSPI 200선물계약의 가격은 96이 되었다고 할 때의 헤지결과를 보이고 (3)의 결과와 비교해서 설명하라.
(5) 1개월 후 실제상황이 (4)와 같다면 몇 단위의 선물계약을 거래해야 완전헤지가 가능하였을까?

해설

(1) ABC주식을 현물시장에서 1개월 후에 구입하면 ABC주식의 가격이 상승하여 손실을 보게 되므로 지수가 상승하는 선물시장에서 지수선물계약을 매입하여 이익을 도모해야 헤지가 가능하다. 즉, 현물포지션이 숏포지션(short position)이므로 매입헤지(long hedge)를 취해야 한다.

(2) ABC주식의 가격과 선물계약의 가격이 동일한 변화율로 움직일 것으로 예측되므로 단순헤지를 취하면 된다. 따라서 선물계약수는 다음과 같이 산출된다.

$$\frac{\text{헤지대상포트폴리오의 시장가치}}{\text{주가지수선물계약 1단위의 시장가치}} = \frac{15{,}000\text{원} \times 20{,}000\text{주}}{100 \times 500{,}000} = 6\text{단위}$$

즉, 6단위의 선물계약을 구입한다.

(3) ABC주가와 선물계약의 가격이 모두 상승한 경우 현물시장의 기회손익과 선물시장의 거래손익을 산출하면 다음과 같다.

현물시장		선물시장	
현재 매입하였다면		선물계약 6단위 매입	
20,000주×15,000원 = 300,000,000원		100×500,000원×6 = 300,000,000원	
1개월 후 매입		선물계약 6단위 매도청산	
20,000주×16,500원 = 330,000,000원		110×500,000원×6 = 330,000,000원	
결과 : 기회손실	30,000,000원	결과 : 거래이익	30,000,000원

(4) 현물시장의 기회손익과 선물시장의 거래손익을 비교하면 다음과 같다.

현물시장		선물시장	
현재 매입하였다면		선물계약 6단위 매입	
20,000주 × 15,000원 = 300,000,000원		100 × 500,000 × 6 = 300,000,000원	
1개월 후 매입		선물계약 6단위 매도청산	
20,000주 × 14,250원 = 285,000,000원		96 × 500,000원 × 6 = 288,000,000원	
결과 : 기회이익	15,000,000원	결과 : 거래손실	12,000,000원

(3)번 결과는 ABC주가와 선물가격의 변화율이 예측대로 동일하기 때문에 완전헤지가 이루어졌지만 (4)번에서는 예측과는 달리 변화방향만 같고(둘 다 하락하였음) 변화율이 다르기 때문에 부분헤지가 되었다.

(5) ABC 주가변화율의 선물가격변화율에 대한 베타를 구하면 이 값이 최적헤지비율 HR이 된다.

$$HR = \frac{\left(\frac{14,250 - 15,000}{15,000}\right)}{\left(\frac{96 - 100}{100}\right)} = \frac{0.05}{0.04} = 1.25$$

따라서 완전헤지를 위해서 매입해야 할 선물계약수는 다음과 같다.

$HR \times$ 단순헤지 선물계약수
$= 1.25 \times 6 = 7.5$(단위)

>>> 연습문제 17 - 10

가나기업은 4개 주식으로만 구성된 증권시장에서 다음과 같은 포트폴리오를 구성하였다. 개별주식수익률의 분산 및 시장포트폴리오의 수익률과의 상관계수도 함께 주어져 있다.

주식	주 가	보유량	분 산	상관계수
A	20,000원	1,000주	0.36	0.4
B	40,000	1,000	0.49	0.8
C	10,000	1,000	0.25	0.4
D	10,000	3,000	0.64	0.2

시장포트폴리오의 수익률 분산은 0.04이며 현재의 주가선물계약의 가격은 103이다. 또한 선물계약의 가격은 지수단위당 500,000원이라고 할 때 다음 물음에 답하라.

(1) 가나기업이 구성한 포트폴리오의 β를 산출하라.

(2) 가나기업은 주가지수선물시장을 이용해서 위 포트폴리오의 위험을 헤지하려고 한다. β계수를 이용해서 최소분산헤지를 달성하려고 할 때 선물계약수는 얼마인가? (이때 계약수는 소수점 이하를 반올림하여 정수단위로 답하라.) 그리고 1년 후에 선물계약의 가격은 120, A주는 22,000원, B주는 48,000원, C주는 13,000원, D주는 14,000원이 되었을 때의 투자성과를 보여라.

(3) 가나기업은 현재 보유주식과 선물계약으로 포트폴리오를 구성하여 체계적 위험 β를 2.5가 되게 하려고 한다. 선물계약수는 얼마인가? (이때에도 계약수는 소수점 이하를 반올림하여 정수단위로 답하라.)
그리고 1년 후에 선물지수 및 각 주식가격(2)과 같다고 하여 투자성과를 보여라.

(4) (3)과 같은 투자전략을 사용하는 이유를 설명하라.

(1) 주식 A의 베타는 다음과 같다.

$$\beta_A = \frac{\rho_{Am} \cdot \sigma_A}{\sigma_m} = \frac{0.4 \times \sqrt{0.36}}{\sqrt{0.04}} = 1.2$$

같은 방법으로 $\beta_B = 2.8$, $\beta_C = 1$, $\beta_D = 0.8$

그런데 포트폴리오의 구성을 살펴보면 다음과 같다.

주식	주가	보유량	시장가치	구성비율(w)
A	20,000	1,000	20,000,000	0.2
B	40,000	1,000	40,000,000	0.4
C	10,000	1,000	10,000,000	0.1
D	10,000	3,000	30,000,000	0.3
			100,000,000	1.0

따라서 포트폴리오 β는 다음과 같이 산출된다.

$$\beta_p = 1.2 \times 0.2 + 2.8 \times 0.4 + 1 \times 0.1 + 0.8 \times 0.3 = 1.7$$

(2) ① 시장주가지수와 주가지수선물의 변동률이 동일하다고 가정하면 베타헤지가 곧 최소분산헤지가 된다.

$$HR = \frac{S}{F} \times \beta = \frac{100{,}000{,}000}{103 \times 500{,}000} \times 1.7 = 3.3$$

현재 포트폴리오를 보유 중이므로 선물계약 3단위를 매도한다.

② 투자성과

i) 현물포트폴리오의 1년 후 가치와 투자이익

22,000원 × 1,000주 + 48,000원 × 1,000주 + 13,000원 × 1,000주
+ 14,000원 × 3,000주 = 125,000,000
∴ 투자이익 125,000,000 − 100,000,000 = 25,000,000(이익)

ii) 선물거래의 손익

3계약 × 500,000 × (103 − 120) = −25,500,000(손실)

결국 총포트폴리오의 손실은 500,000(= 25,500,000 − 25,000,000)으로 헤지되었다.

(3) ① 계약수는 목표 β를 β^*로 하여 다음과 같이 구한다. 단, β_p는 현재의 β이다.

$$N = \frac{S}{F} \times (\beta^* - \beta_p)$$
$$= \frac{100,000,000}{103 \times 500,000} \times (2.5 - 1.7) = 1.55$$

따라서 선물계약 2단위를 매입하여 β를 높인다.

② 투자성과

i) 현물포트폴리오의 이익　25,000,000

ii) 선물거래의 이익　$2 \times 500,000 \times (-103 + 120) = 17,000,000$

따라서 총이익은 i)과 ii)의 합인 42,000,000이 된다.

(4) 선물거래는 주로 현물자산의 가격변동위험을 헤지하는 데 이용되지만 레버리지기능도 있기 때문에 위험을 원하는 수준으로 관리할 수 있다. (3)에서처럼 미래주가상승이 확실하게 예상된다면 β를 높게 하는 투기적 거래를 통해서 보다 큰 투자이익을 얻을 수 있다.

>>> 연습문제 17 - 11

7/10 현재 KOSPI 200의 값이 150이라고 하자. 9월물의 만기까지는 60일이 남아 있고 이 기간 중에 배당은 없으며 무위험이자율은 연 12%이다. 1년은 360일로 가정하고 다음 각 물음에 답하라.

(1) 거래비용이 없는 완전시장을 가정할 경우 KOSPI 200의 9월물 이론가격은 얼마인가?

(2) 다음과 같은 상황의 불완전시장에서 재정거래를 발생시키지 않는 9월물 이론가격의 범위를 구하라(거래비용은 지수단위임).

① 선물 1계약을 매입, 매도할 때와 청산할 때에 거래마다 0.3의 수수료가 부과된다.

② 현물을 매입, 공매할 때와 이를 청산할 때에 거래마다 1.5의 수수료가 부과된다.

③ 차입이자율은 연 14%, 대출이자율은 연 10%이다.

(3) 현재 9월물의 거래가격이 160이다. 물음 (2)와 관련하여 어떤 형태의 재정거래가 가능한가? 그리고 이 거래로 만기에서 얻게 되는 재정이익은 얼마인가?

(4) 물음 (3)에서 재정이익을 현재시점에서 실현시킬 수 있는 방법을 구체적으로 제시하라. 그리고 이때의 재정이익을 구해서 물음 (3)에서 구한 재정이익과의 관계를 보여라.

(1) KOSPI 200의 9월물 이론가격은 다음과 같이 산출된다.

$$F = S \times \left[1 + (r - d) \times \frac{60}{360}\right]$$
$$= 150 \times \left[1 + (0.12 - 0) \times \frac{60}{360}\right] = 153$$

(2) 이론가격의 범위를 구하기 위해서 상한가와 하한가를 산출해야 한다.

① 다음과 같은 재정거래를 통해서 이론상한가를 구한다.

	현 재	만 기
선물매도	$0-0.3$	$F-S_t-0.3$
현물매입	$-150-1.5$	$S_t-1.5$
차입·상환	151.8	$-151.8\times\left(1+0.14\times\frac{60}{360}\right)$
	0	$F-157.142$

여기서 재정거래유인이 존재하지 않으려면 $F-157.142 \le 0$ 이어야 한다.

$\therefore\ F \le 157.142$

② 같은 논리로 이론하한가를 구해보자.

	현 재	만 기
선물매입	$0-0.3$	$S_t-F-0.3$
현물공매	$150-1.5$	$-S_t-1.5$
대출·회수	-148.2	$148.2\times\left(1+0.1\times\frac{60}{360}\right)$
	0	$148.87-F$

여기서 $148.87-F\le 0$ 이어야 재정거래유인이 존재하지 않게 된다.

$\therefore\ 148.87\le F$

따라서 9월물 이론가격의 범위는 $148.87\le F\le 157.142$이다.

(3) 현재가격 160은 이론상한가 157.142보다 과대평가된 상태이다. 따라서 선물매도와 동시에 차입금조달로 현물을 매입한다. 이에 따른 현금흐름은 다음과 같다.

	현 재	만 기
선물매도	$0-0.3$	$160-S_t-0.3$
현물매입	$-150-1.5$	$S_t-1.5$
차입·상환	151.8	$-151.8\times\left(1+0.14\times\frac{60}{360}\right)$
	0	2.858

따라서 만기에 얻게 되는 재정이익은 2.858이다.

(4) 만기의 현금흐름이 0이 되도록 현재의 차입금을 조달하면 된다.

	현 재	만 기
선물매도	$0-0.3$	$160-S_t-0.3$
현물매입	$-150-1.5$	$S_t-1.5$
차입·상환	$-158.2\div\left(1+0.14\times\frac{60}{360}\right)$	-158.2
	2.793	0

따라서 현재시점에서 얻을 수 있는 재정이익은 2.793이다. 이는 (3)에서 구한 만기 재정이익의 현재가치에 해당하는 값이다.

$$2.858 \div \left(1 + 0.14 \times \frac{60}{360}\right) = 2.793$$

>>> 연습문제 17 - 12

KOSPI200의 현물가격은 100포인트, 45일 후에 만기가 도래되는 선물의 가격은 101.5포인트이다. 그리고 선물만기와 같은 만기를 갖는 옵션의 행사가격별 시장가격은 다음과 같다.

옵션	행사가격	가격
콜	97.5	3.0
콜	100.0	2.5
풋	100.0	2.0
풋	102.5	2.5

무위험이자율은 연 8%이고 배당수익률은 연 4%이며 선물과 옵션의 포인트당 가격은 각각 50만원, 10만원이다.

(1) 선물의 균형가격을 구하라.(소수점 둘째자리에서 반올림)

(2) 선물매입과 동일한 손익효과를 나타내는 옵션전략을 구하라.

(3) 선물 한 단위를 이용해서 얻을 수 있는 최대재정거래이익은 얼마인가?

(4) 합성포지션을 이용한 재정거래를 보여라.

(1) 선물의 균형가격은 다음과 같이 산출한다.

$$F = S \times \left[1 + (r - d) \times \frac{t}{360}\right]$$

$$= 100 \times \left[1 + (0.08 - 0.04) \times \frac{45}{360}\right] = 100.5$$

(2) 합성선물을 의미한다. 즉, $F = C - P$이므로 행사가격이 100인 콜을 매입하고 역시 행사가격이 100인 풋을 매도한다. 이러한 합성선물은 아래 그림으로 나타나는데 이때의 선물가격은 100.5가 된다.(단, 옵션가격의 시간적 가치는 고려하지 않음)

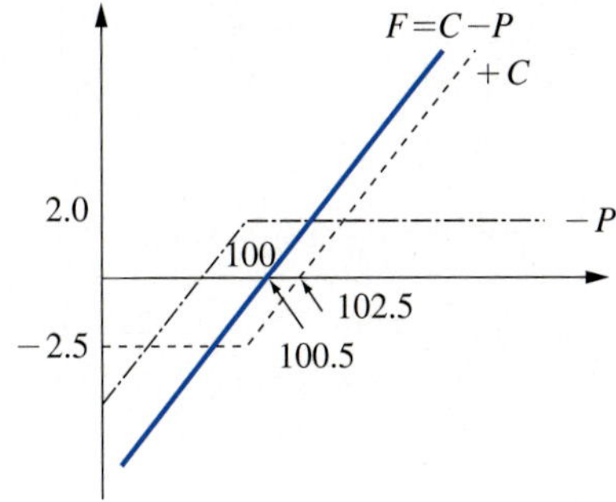

(3) 만기가 45일 남은 선물의 균형가격이 100.5인데 시장가격은 이보다 높은 101.5이므로 과대평가되어 있다. 따라서 다음과 같은 선물매도전략으로 재정거래가 가능하다.

	현 재	만 기
선물매도	0	$101.5-S_t$
현물매입	-100	$S_t+100\times0.04\times\frac{45}{360}$
차입·상환	$+100$	$-100\times\left(1+0.08\times\frac{45}{360}\right)$
	0	1.0

따라서 재정이익은 500,000(= 1.0×500,000)이 된다.

(4) 현재의 시장가격으로 선물을 매도하면서 콜옵션매입과 동시에 풋옵션을 매도하면 된다($-F+C-P$).

이는 과대평가된 선물을 매도하면서 균형가격으로 동일한 선물을 매입하는 효과를 갖는데 이를 reverse conversion이라고 한다(이와 반대의 전략은 conversion이 된다).

이러한 전략의 거래과정은 다음과 같다.

	현 재	만 기	
		$S_t<100$	$S_t\geq100$
선물매도	0	$101.5-S_t$	$101.5-S_t$
콜매입	-2.5	0	S_t-100
풋매도	$+2.0$	$-(100-S_t)$	0
reverse	-0.5	1.5	1.5

그리고 이러한 합성포지션을 이용한 재정이익은 다음과 같이 산출된다.

$$1.5-0.5\times\left(1+0.08\times\frac{45}{360}\right)=0.995(\text{포인트})$$

이를 금액으로 환산하면 497,500(= 0.995×500,000)이 된다.

>>> 연습문제 17 - 13

가나기업의 주식을 기초자산으로 하는 만기 1년 남은 옵션들이 행사가격별로 다음과 같은 가격으로 거래되고 있다.

행사가격	콜옵션	풋옵션
20,000원	6,000원	500원
30,000	1,750	?

그리고 만기가 1년 남은 액면 100,000원인 할인채의 현재가격은 90,000원이다.

(1) 가나기업의 주식을 기초자산으로 하는 만기가 1년 후에 도래되는 선물계약의 가격이 25,000원이다. 위에서 제시된 옵션과 할인채를 이용해서 이러한 선물을 복제

하라.

(2) (1)의 결과를 이용해서 행사가격이 30,000원인 풋옵션의 가격을 산출하라.

 해설

(1) 먼저 선물계약의 만기손익을 그림으로 나타내면 다음과 같다.

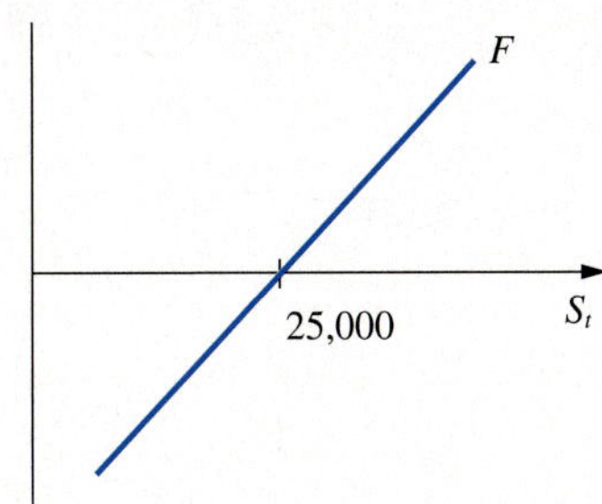

그리고 옵션과 할인채를 이용하여 위와 같은 만기손익을 만드는 방법은 다음과 같이 두 가지 방법이 있다.

① 행사가격 20,000원인 콜옵션을 매입하고 동일한 행사가격의 풋옵션을 발행하는 합성선물을 구성한 후 액면금액 5,000원인 할인채를 발행한다. 이의 만기손익은 다음과 같게 된다.

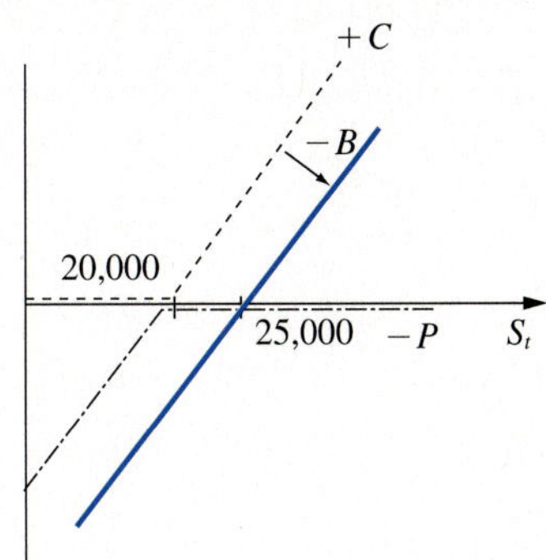

② 행사가격 30,000원인 콜옵션과 풋옵션으로 합성선물을 구성한 후 액면금액 5,000원인 할인채를 매입한다. 만기손익은 다음과 같다.

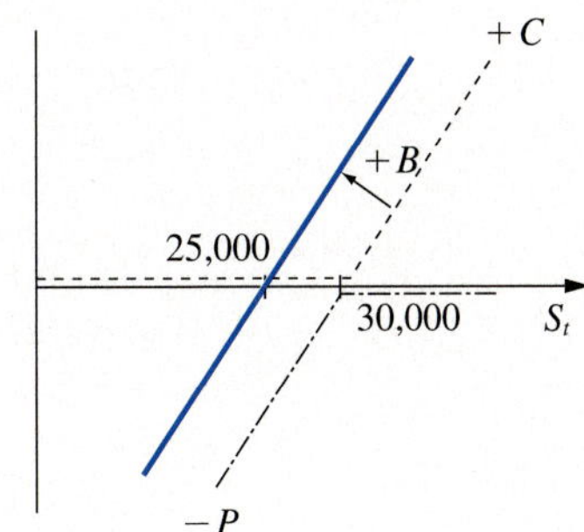

(2) (1)에서의 복제전략 ①과 ②는 만기손익이 같으므로 현재시점의 투자금액도 동일해야 한다.

전략 ①

내 용	금 액
콜매입	6,000
풋발행	−500
할인채발행	−5,000×0.9
투자금액	1.000

전략 ②

내 용	금 액
콜매입	1,750
풋발행	$-P$
할인채매입	5,000×0.9
투자금액	$6,250-P$

이로부터 다음 식이 성립한다.

$$1,000 = 6,250 - P \quad \therefore \ P = 5,250 \text{ (원)}$$

Financial Management

제 18 장

듀레이션과 ALM

학습 목표

이자율의 변동에 따른 위험을 관리하는 기법으로 금리선물을 이용할 수 있다. 그러나 선물을 이용하지 않고도 이자율의 변동위험을 관리할 수 있는 방법이 있는데 자산부채종합관리(ALM)기법이 바로 그것이다. ALM은 주로 금융기관에 의해 도입되고 있지만 그 원리는 이자율의 변동에 의해서 영향을 받는 투자자들에게도 적용될 수 있다. ALM을 설명하기에 앞서 듀레이션 등 이자율 변동과 관련된 몇 가지 개념을 살펴볼 필요가 있다. 이들 개념은 채권투자에서 중요한 의미를 가질 뿐만 아니라 ALM에서도 유용하게 쓰이기 때문이다. 그리고 금융기관의 위험측정방법으로 최근 관심을 받고 있는 VaR에 대해서도 설명한다.

제 1 절 듀레이션

1.1 기초개념

(1) 의의 및 산출

듀레이션(duration)이란 채권현금흐름의 가중평균만기로서 Macaulay(1938)가 채권가격의 이자율변화에 대한 민감도를 측정하기 위해서 고안해낸 개념이다. 구체적으로는 현금흐름이 발생하는 각 기간을 그 기간에 발생하는 현금흐름의 현재가치가 전체현금흐름의 현재가치에서 차지하는 비율을 가중치로 해서 산출한 가중평균기간으로 정의된다. 이를 산출하기 위해서 다음과 같은 식이 이용된다.

$$D=\sum_{t=1}^{n} t\times\left[\frac{\dfrac{C_t}{(1+r)^t}}{\sum_{t=1}^{n}\dfrac{C_t}{(1+r)^t}}\right]=\sum_{t=1}^{n} t\times\frac{t\text{시점 현금흐름현가}}{\text{채권현가}(B_0)} \tag{18.1}$$

얼핏 보면 위 식이 복잡해보이기도 하지만 다음과 같이 표현하면 좀 더 쉽게 이해될 수 있다.

$$D=1\cdot\frac{PV(C_1)}{PV}+2\cdot\frac{PV(C_2)}{PV}+\ \cdots\ +n\cdot\frac{PV(C_n)}{PV}$$

여기서 분모의 PV는 전체현금흐름의 현재가치이므로 곧 채권가격 B_0가 된다.

(2) 채권만기와 듀레이션

위와 같이 산출된 듀레이션은 채권수명에 대한 척도로서의 의미를 갖는다. 일반적으로 채권수명에 대한 개념으로 만기(maturity)를 이용하지만 이는 최종현금흐름의 발생시점만을 나타낼 뿐이다. 이를 보완하기 위해서 만기 이전의 현금흐름을 고려한 만기개념으로서 듀레이션이 도입된 것이다.

이처럼 듀레이션은 만기 이전의 현금흐름까지 고려한 것이므로 그 현금흐름의 형태에 의해서 영향을 받게 된다. 다음과 같이 서로 다른 형태의 현금흐름을 가져다 주는 채권들에서 그 유형별로 만기와 듀레이션이 어떤 관계에 있는지 살펴보자.

① 할인채권

할인채권(discount bond)의 경우에는 만기에 원금만 지급되고 그 사이에 이자지급은 없다. 따라서 듀레이션의 산출식에서 만기 이전의 기간에 대한 가중치는 0이고, 만기에 대한 가중치는 1이 되기 때문에 할인채권의 듀레이션은 곧 만기와 같게 된다(즉, $D=$ 만기).

② 이자부채권

이자부채권(coupon bond)의 경우에는 만기까지 일정시점마다 이자가 지급되다가 만기에 원금이 지급되는 형태의 현금흐름을 갖는다. 따라서 듀레이션의 산출식에서 만기 이전의 기간에 대한 가중치는 양(+)의 값을 가지면서 이에 따라 만기에 대한 가중치는 1보다 작게 된다. 그러므로 듀레이션은 만기보다 짧다(즉, $D <$ 만기).

③ 영구채권

영구채권(perpetual bond)은 만기가 없이 이자만 일정한 금액(C)으로 무한히 지급되는 형태의 채권이다. 즉, 채권의 만기가 무한한 경우인데 이러한 경우의 듀레이션을 구해보자.

영구채권의 현재가치는 영구연금의 현가계산에서 살펴보았듯이 $B_0=\frac{C}{r}$이다. 이를 식 (18.1)에 대입하면 다음과 같이 정리된다.

$$\begin{aligned} D &= \sum_{t=1}^{\infty} t \times \left[\frac{\frac{C_t}{(1+r)^t}}{B_0}\right] = \sum_{t=1}^{\infty} t \times \frac{\frac{C_t}{(1+r)^t}}{\frac{C}{r}} \\ &= \sum_{t=1}^{\infty} t \times \frac{r}{(1+r)^t} = r\sum_{t=1}^{\infty} \frac{t}{(1+r)^t} \\ &= r \times \left(\frac{1+r}{r^2}\right) = \frac{1+r}{r} \qquad (18.2) \end{aligned}$$

이처럼 영구채권의 경우 만기는 무한하더라도 듀레이션은 시장이자율에 의해서 유한한 기간으로 결정된다.

>>> 예제 18-1

액면가액 1,000원이고 3년만기, 액면이자율이 7%인 채권의 듀레이션을 산출하라. 단, 시장이자율(만기수익률)은 6%이다.

풀이

먼저 다음과 같이 현금흐름의 현재가치를 구한다.

기간(t)	현금흐름(C)	현가계수	현 가
1	70	$\frac{1}{1.06}$	66.04
2	70	$\frac{1}{1.06^2}$	62.30
3	1,070	$\frac{1}{1.06^3}$	898.39
			1,026.73

여기에서 듀레이션은 다음과 같이 산출된다.

$$D = 1\times\frac{66.04}{1,026.73} + 2\times\frac{62.30}{1,026.73} + 3\times\frac{898.39}{1,026.73} = 2.81(\text{년})$$

1.2 듀레이션의 결정요인

듀레이션은 채권의 만기, 채권의 액면이자율, 그리고 시장이자율의 세 가지 요인에 의해서 결정된다. 결론부터 말하면 만기가 길수록 듀레이션은 길어지지만, 액면이자율과 시장이자율이 높을수록 듀레이션은 짧아진다. 구체적으로 이들 결정요인이 듀레이션에 어떻게 영향을 미치는지를 살펴본다.

(1) 채권의 만기(+)

채권의 만기가 길수록 듀레이션은 길어진다. 이는 듀레이션 산출식에서도 확인되지만 더 쉽게 이해하기 위해서 액면이자율과 시장이자율이 동일한 상황에서 만기가 서로 다른 할인채권의 듀레이션을 생각해보자. 할인채권의 경우는 만기가 곧 듀레이션과 같으므로 만기가 긴 할인채권의 듀레이션이 만기가 짧은 할인채권보다 듀레이션이 길다는 것을 알 수 있다.[1)]

(2) 채권의 액면이자율(−)

액면이자율이란 표면이자율, 쿠폰이자율이라고도 하는데, 실제로 지급되는

1) 할인채권의 경우에는 이처럼 만기와 듀레이션이 1차적인 양(+)의 관계에 있다. 그러나 이자부채권의 경우에는 [그림 18-1]에서 보듯이 양(+)의 관계이긴 하지만 1차적인 관계에 있지는 않다.

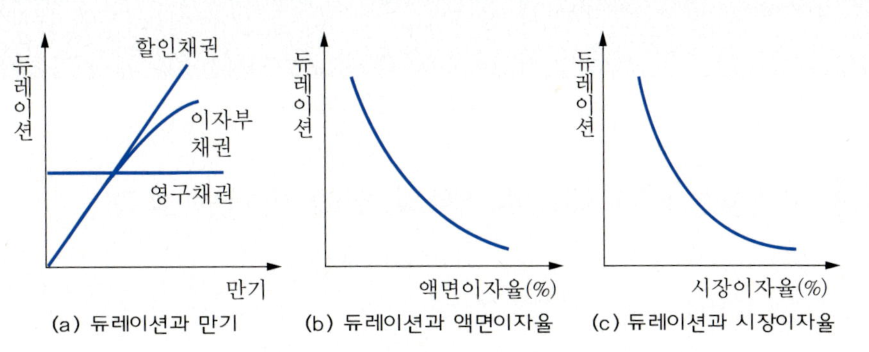

그림 18-1
듀레이션과 그 결정요인들과의 관계

이자금액을 결정하는 이자율로서 채권발행 시에 약정된 이자율이다.

채권의 액면이자율이 높을수록 듀레이션은 짧아진다. 액면이자율이 높아진다는 것은 만기 이전의 현금흐름이 똑같이 증가한다는 것을 의미한다. 각 기간의 현금흐름이 똑같이 증가하더라도 듀레이션 산출식에서 살펴보면 각 기간의 가중치는 현재가치를 기준으로 산출되기 때문에 현시점과 가까운 기간의 가중치가 현시점에서 먼 기간의 가중치보다 상대적으로 커져서 듀레이션은 짧아지는 것이다.

이를 보다 쉽게 이해하기 위해서 만기와 시장이자율은 동일한 상황에서 할인채권과 이자부채권의 듀레이션을 비교해볼 수 있다. 할인채권은 액면이자율이 0인 경우이고 이자부채권은 액면이자율이 양(+)이기 때문이다.

여기서 할인채권의 듀레이션은 만기와 같지만 이자부채권의 경우는 듀레이션이 만기보다 짧음을 확인할 수 있다.

(3) 시장이자율(−)

시장이자율이란 채권수익률, 만기수익률이라고도 하는데, 채권가격을 산출할 때에 할인율로 이용되는 이자율을 말한다.

시장이자율이 높을수록 듀레이션은 짧아진다. 시장이자율이 높아지면 곧 각 기간의 현금흐름의 현재가치를 산출할 때 적용할 할인율이 상승하게 된다. 할인율이 상승하면 이에 따라서 현시점에서 먼 기간의 현금흐름의 현재가치가 지수적으로 작아지기 때문에 상대적으로 현시점과 가까운 기간의 가중치가 커진다. 따라서 듀레이션은 짧아진다.

위의 내용을 정리해서 듀레이션과 이를 결정하는 세 가지 요인들의 관계를 그림으로 나타내면 [그림 18-1]과 같다.

제 2 절 이자율변화에 따른 채권가격의 변화

2.1 이자율변화가 채권투자자의 부에 미치는 효과

(1) 미래시점에서 채권투자자의 부

채권투자자의 부는 시장이자율의 변화에 의해서 영향을 받게 된다. 즉, 채권가격결정식에 따르면 시장이자율은 채권가격과 역의 관계에 있으므로 시장이자율이 상승하면 채권가격은 하락하며 시장이자율이 하락하면 채권가격은 상승하게 된다. 그런데 현시점을 기준으로 보면 채권투자자의 부 W_0는 곧 채권의 현재가격 B_0이므로 이자율의 변화는 채권투자자의 부에 역관계로 영향을 주게 되는 것이다.

$$W_0 = B_0$$

그러나 만약 채권투자자의 부를 미래의 일정시점을 기준으로 평가한다면 시장이자율의 변화가 채권투자자의 부에 항상 역관계로 영향을 미치는 것만은 아니다. 왜냐하면 미래 일정시점 t에서 채권투자자의 부 W_t는 그 시점의 채권가격 B_t와 기중현금유입이 t시점까지 재투자된 이자수익 R_t로 구성되기 때문이다.

$$W_t = B_t + R_t$$

물론 여기서도 시장이자율이 상승하면 미래시점의 채권가격 B_t는 하락한다. 그러나 현재시점부터 미래시점까지의 이자수익 R_t는 이와 반대로 증가하게 된다. 반면에 시장이자율이 하락하면 미래시점의 채권가격은 상승하지만 이자수익은 감소하게 된다.

이처럼 시장이자율의 변화는 미래 일정시점의 채권가격과 현재시점부터 미래시점까지의 이자수익에 상반된 효과를 미치게 되는데 이를 요약하면 다음과 같다. 그리고 이러한 관계를 그림으로 나타내면 [그림 18-2]와 같다.

이자율의 변화	채권가격	이자수익
이자율의 상승	하락(−)	증가(+)
이자율의 하락	상승(+)	감소(−)

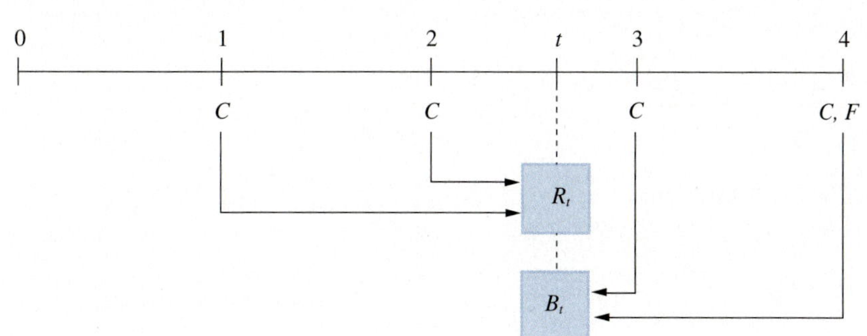

그림 18-2
이자수익과 채권가격

(2) 듀레이션의 면역효과

시장이자율의 변화는 미래 일정시점에서 평가할 때, 채권투자자의 부에 채권가격과 재투자수익에 상반된 효과를 준다고 하였다. 그러면 이 상반된 효과의 크기가 서로 똑같게 되는 미래시점이 있을 것이라고 생각할 수 있다. 이러한 미래시점이 바로 앞서 산출한 채권의 듀레이션이다.

즉, 채권투자자의 부를 듀레이션시점에서 평가하게 되면 듀레이션시점 이후에 유입되는 현금흐름에 대한 듀레이션시점의 현재가치(듀레이션시점의 채권가격)와 현재부터 듀레이션시점까지 유입되는 현금흐름에 대한 듀레이션시점의 미래가치(듀레이션시점까지의 재투자수익)의 합으로 구성된다. 그런데 만약 현시점에서 시장이자율이 상승하면 듀레이션시점의 채권가격은 하락하고 듀레이션시점까지의 재투자수익은 증가하게 되는데 그 하락과 증가는 크기가 똑같다는 것이다. 따라서 듀레이션시점에서 평가한 채권자의 부는 시장이자율의 변동과 무관하게 일정한 값을 갖게 되는데 이를 듀레이션의 면역효과(immunization effect)라고 한다.

>>> 예제 18-2

〈예제 18-1〉에서 시장이자율이 6%에서 7%로 상승하였다고 가정하자. 이러한 이자율변동에도 불구하고 듀레이션시점에서의 채권투자자의 부에는 아무런 영향이 없음을 확인하라. 즉, 면역효과를 보여라.

풀이

듀레이션시점, 즉 2.81년에서 채권투자자의 부(wealth)를 6%의 경우와 7%의 경우를 비교해서 동일하다는 것을 확인하면 된다.

① 6%에서의 부

이자소득 : $70 \times (1+0.06)^{1.81} + 70 \times (1+0.06)^{0.81}$ = 151.17

채권가격 : $\dfrac{1,070}{(1+0.06)^{3-2.81}} = \dfrac{1,070}{1.06^{0.19}}$ = 1,058.22

계 1,209.39

② 7%에서의 부

이자소득 : $70 \times (1+0.07)^{1.81} + 70 \times (1+0.07)^{0.81}$ = 153.06

채권가격 : $\dfrac{1,070}{(1+0.07)^{3-2.81}} = \dfrac{1,070}{1.07^{0.19}}$ = 1,056.33

계 1,209.39

두 이자율의 경우에서 부가 동일하므로 이자율변동은 듀레이션시점의 채권자 부에 아무런 영향을 주지 않는다는 것을 알 수 있다.

2.2 듀레이션과 채권가격의 변화

(1) 듀레이션을 이용한 채권가격변화의 측정

시장이자율의 변화는 현재 채권가격에 역관계를 갖고 영향을 미친다. 따라서 이자율변화에 따라 채권가격이 얼마나 변화하는가를 파악하려면 변화된 이자율에 따라서 산출한 채권가격과 변화 전의 채권가격을 비교하면 될 것이다. 그러나 이자율변화에 따라 매번 채권가격을 다시 산출한다는 것은 번거로운 일이다.

그런데 듀레이션을 이용하면 이자율변화에 따른 채권가격의 변화를 쉽게 측정할 수 있다. 이를 확인하기 위해서 채권가격결정식을 다음과 같이 표현해 보자.

$$B_0 = \sum_{t=1}^{n} \frac{C_t}{(1+r)^t} = \sum_{t=1}^{n} C_t (1+r)^{-t}$$

이자율변화에 따른 채권가격의 변화를 측정하기 위해서 위 식을 이자율에 대해서 미분하면 다음과 같다.

$$\begin{aligned} \frac{dB_0}{dr} &= \sum_{t=1}^{n} -t \cdot C_t (1+r)^{-t-1} \\ &= \sum_{t=1}^{n} \frac{-t \cdot C_t}{(1+r)^{t+1}} = -\frac{1}{1+r} \sum_{t=1}^{n} \frac{t \cdot C_t}{(1+r)^t} \end{aligned}$$

그리고 이를 채권가격의 변화액 dB_0에 대해서 정리하면 다음과 같다.

$$dB_0 = -\frac{dr}{1+r}\sum_{t=1}^{n}\frac{t\cdot C_t}{(1+r)^t}$$

이제 채권가격의 변화율을 측정하기 위해서 위 식을 채권가격 B_0로 양변을 나눈다.

$$\frac{dB_0}{B_0} = -\frac{dr}{1+r}\left[\sum_{t=1}^{n}\frac{t\cdot\frac{C_t}{(1+r)^t}}{B_0}\right]$$

위 식을 살펴보면 [ ] 안은 듀레이션 산출식과 동일함을 알 수 있다. 따라서 위 식은 다음과 같이 간단하게 표현된다.

$$\frac{dB_0}{B_0} = -\frac{dr}{1+r}\cdot D \tag{18.3}$$

바로 이 식이 이자율변화에 따른 특정 채권의 가격변화를 그 채권의 듀레이션을 통해서 쉽게 측정할 수 있도록 해주는 식이다. 즉, 이 식을 채권가격의 변화량 dB_0에 대해서 정리하면 다음과 같다.

$$dB_0 = -\frac{dr}{1+r}DB_0 \tag{18.4}$$

이 식이 주는 경제적 의미는 듀레이션이 긴 채권일수록 이자율변화에 가격변화가 더 심하다는 것이다. 따라서 이자율이 상승할 때에 듀레이션이 긴 채권은 듀레이션이 짧은 채권보다 훨씬 많은 폭으로 가격이 하락하게 된다.

그런데 수정듀레이션(modified duration)을 이용하면 식 (18.3)을 보다 더 간단하게 표현할 수 있다. 수정듀레이션(D')은 다음과 같이 정의된다.[2)]

$$D' = \frac{D}{1+r}$$

따라서 식 (18.3)은 다음과 같이 고쳐쓸 수 있다.

$$\frac{dB_0}{B_0} = -dr\cdot D' \tag{18.5}$$

---

2) 이자가 연 m회 지급된다면 $D' = \dfrac{D}{1+r/m}$가 된다.

(2) 이자율탄력성과 듀레이션

우리는 경제학에서 특정한 독립변수에 대한 종속변수의 민감도를 탄력성의 개념으로 측정하는 것을 배운 바 있다. 이러한 논리로 이자율변화에 대한 채권가격의 변화도 탄력성의 개념으로 측정할 수 있다. 즉, 식 (18.3)의 양변을 $\frac{dr}{r}$로 나누면 탄력성 e를 구할 수 있는데 이는 다음과 같이 정리된다.

$$e = -\frac{r}{1+r} \cdot D \tag{18.6}$$

이 식 역시 듀레이션이 긴 채권일수록 이자율변화에 대한 채권가격의 탄력성이 크다는 것을 의미하고 있다.

>>> 예제 18-3

〈예제 18-1〉에서 시장이자율이 6%에서 1% 상승하여 7%가 되었다고 가정하자.

(1) 채권가격의 변화를 듀레이션을 통해서 측정하라.
(2) 그리고 수정듀레이션을 산출하여 이를 통해서 채권가격의 변화율을 구하라.
(3) 또한 이자율에 대한 탄력성을 산출하라.
(4) 만약 위 채권이 연 2회 이자지급하는 것이라면 수정듀레이션은 얼마인가?

풀이

(1) 식 (18.4)를 이용하여 다음과 같이 구한다.

$$\begin{aligned} dB_0 &= -\frac{dr}{1+r} DB_0 \\ &= -\frac{0.01}{1+0.06} \times 2.81 \times 1{,}026.73 = -27.22 \end{aligned}$$

즉, 이자율이 1% 상승하면 채권가격은 27.22만큼 하락한다.

(2) 식 (18.5)를 이용하기 위해서 먼저 수정듀레이션 D'를 산출한다.

$$D' = \frac{D}{1+r} = \frac{2.81}{1.06} = 2.65$$

$$\frac{dB_0}{B_0} = -dr \times D' = -0.01 \times 2.65 = -0.0265 \ (2.65\%)$$

즉, 이자율이 1% 상승하면 채권가격은 2.65%만큼 하락한다.

(3) 식 (18.6)을 이용하면

$$e = -\frac{r}{1+r} \cdot D = -\frac{0.06}{1.06} \times 2.81 = -0.159$$

이자율변화에 따른 채권가격의 변화

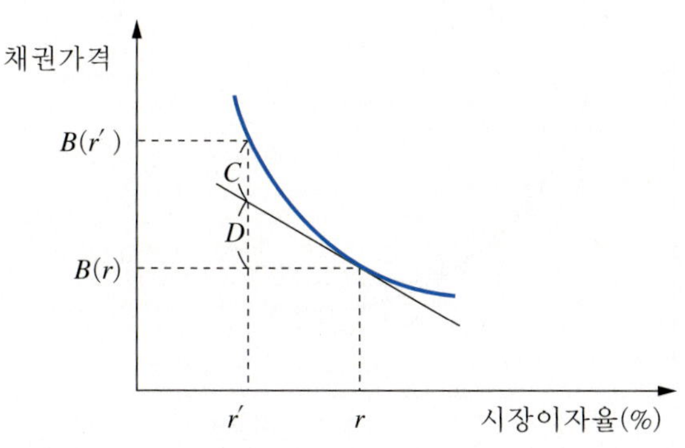

즉, 이자율의 변화율에 대해서 반대방향으로 0.159배만큼 변동한다.

(4) 연 2회 이자지급조건이라면 D'은 다음과 같다.

$$D' = \frac{D}{1+r/m} = \frac{2.81}{1+0.06/2} = 2.73$$

2.3 *볼록성과 채권가격의 변화

[그림 18-1]의 세 그림 중 듀레이션과 시장이자율의 관계를 나타내는 그림에서 보듯이 듀레이션은 시장이자율의 변화에 따라서 변동한다. 그런데 식 (18.4)를 통해서 이자율변화에 따른 채권가격의 변화를 측정할 때 이용되는 듀레이션은 변화된 새로운 이자율로 산출한 듀레이션이 아니다. 따라서 식 (18.4)를 이용한 측정은 근사값을 나타낼 뿐, 정확한 값을 제시하지는 못한다. 물론 이자율의 변화량이 매우 작다면 종전 이자율로 산출한 듀레이션을 이용하여도 별 차이가 없을 것이다.

그러나 이자율의 변화가 비교적 크다면 식 (18.4)를 통해 측정한 근사값은 실제값과 상당한 차이를 보일 수 있다. 이와 같은 문제점을 해결하기 위해서 볼록성(convexity)이라는 개념이 이용된다. 볼록성이란 이자율변화에 따른 듀레이션의 변화량을 나타내는 개념으로서 수학적으로는 Taylor 확장식의 2차 미분항에서 도출된다.

이에 대한 이해를 쉽게 하기 위해서 다음과 같은 시장이자율과 채권가격의 관

그림 18-4

볼록성의 비교

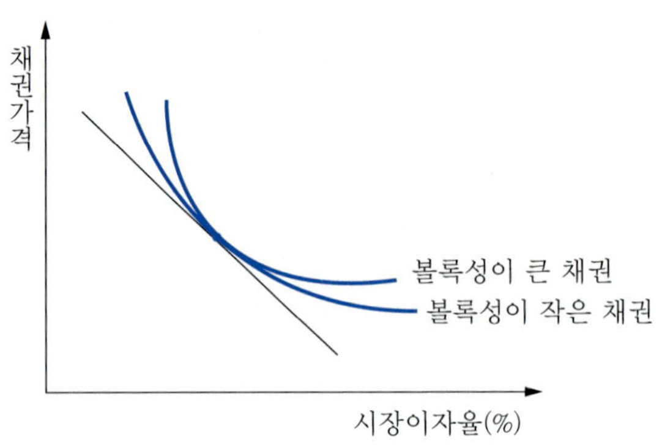

계를 나타내는 [그림 18-3]에서 이자율이 r에서 r'로 하락하였다고 하자.

그러면 채권가격은 $B(r)$에서 $B(r')$로 상승할 것이다. 여기서 변화된 채권가격 $B(r')$는 우리가 이미 배운 채권평가식에 할인율을 r'로 대입하여 계산하면 구할 수 있다. 그런데 변화된 채권가격 $B(r')$은 다음과 같이 Taylor 확장식을 이용하면 변화 전 채권가격 $B(r)$과의 관계로 산출할 수도 있다.[3)]

$$B(r') = B(r) + \frac{B'(r)}{1!}\Delta r + \frac{B''(r)}{2!}(\Delta r)^2 + (3\text{차 이상의 합})$$

이 식에서 1차 미분항이 바로 듀레이션을 이용하여 측정한 채권가격의 변화량이며 [그림 18-3]에서는 D로 나타난 크기이다. 그리고 2차 미분항이 볼록성을 고려한 채권가격의 변화량인데 이 크기를 C로 나타내자. 그런데 3차 이상의 합은 거의 0에 가까우므로 위의 식은 다음과 같이 간단하게 표현된다.

$$B(r') \fallingdotseq B(r) + D + C$$

이때에 2차 미분항의 계수를 변화 전 채권가격 $B(r)$로 나눈 값을 볼록성(convexity)으로 정의한다.

$$\text{convexity} = \frac{\left(\dfrac{B''(r)}{2!}\right)}{B(r)} \tag{18.7}$$

이같이 산출한 볼록성은 채권가격을 나타내는 그림이 얼마나 원점에 대해서

3) Taylor 확장식에서는 2차 미분항까지만 고려해도 훌륭한 근사값으로 이용할 수 있기 때문에 대체로 3차 이상의 미분항은 고려하지 않는다.

볼록한가를 나타내는 개념이다.[4)]

결국 이자율의 변화가 크거나 볼록성이 큰 경우에 단순히 듀레이션만을 고려하여 산출한 채권가격의 변화는 실제값과 다소 큰 차이를 보일 수 있기 때문에 볼록성까지 고려해야 한다는 것이다.

볼록성의 개념을 시각적으로 확인하기 위해서 볼록성이 큰 채권과 작은 채권가격을 시장이자율과의 관계로 비교해서 나타내면 [그림 18-4]와 같다.

>>> 예제 18-4

〈예제 18-1〉에서 시장이자율이 6%에서 1% 상승하여 7%가 되었다고 가정한다.

(1) 볼록성(convexity)에 의한 가격변동분을 산출하라.
(2) 그리고 듀레이션과 볼록성까지 고려한 후의 채권가격의 변화를 산출하라.
(3) 듀레이션과 볼록성까지 고려해도 설명되지 않는 변화량은 얼마인가?

풀 이

(1) 식 (18.7)에 의해서 볼록성을 측정한다. 이를 위해서 $B''(r)$을 먼저 구해야 한다. $B''(r)$은 B를 r에 대해 2차 미분한 것이므로 다음과 같다.

$$B''(r) = \sum_{t=1}^{n}\left[t(t+1)\frac{C_t}{(1+r)^{t+2}}\right]$$
$$= 1\times2\times\frac{70}{1.06^3} + 2\times3\times\frac{70}{1.06^4} + 3\times4\times\frac{1{,}070}{1.06^5} = 10{,}045$$

따라서 볼록성은 다음과 같다.

$$\text{convexity} = \frac{\frac{B''(r)}{2!}}{B_0} = \frac{5{,}022.5}{1{,}026.73} = 4.89$$

그리고 볼록성에 의한 가격변동분은 다음과 같이 측정된다.

$$\text{convexity}\times B_0\times(\Delta r)^2 = 4.89\times1{,}026.73\times(0.01)^2 = 0.5$$

이는 다음과 같이 Taylor 확장식 2차 미분항으로 직접 구하는 것이 더 편리하다.

$$\frac{B''(r)}{2!}\times(\Delta r)^2 = 5{,}022.5\times(0.01)^2 = 0.5$$

(2)
듀레이션에 의한 채권가격의 변동 :	−27.22
볼록성에 의한 채권가격의 변동 :	0.5
계	26.72

4) 똑같은 방법으로 1차 미분항의 계수를 이자율변화 전 채권가격 $B(r)$로 나눈 값의 의미를 보자. 이 값은 $\frac{B'(r)}{B(r)}$로 산출되는데 식 (18.5)를 이용하면 이는 곧 $-D'$(수정듀레이션의 음의 값)임을 알 수 있다. 따라서 Taylor 확장식의 1차 미분항은 듀레이션에 의한 가격변동분임을 확인할 수 있다.

따라서 이 두 가지 요소를 고려한 후 채권가격은 1,000.01(=1,026.73−26.72)이 된다.

(3) 이자율변동(6% → 7%)에 따른 정확한 채권가격은 변화 후 이자율 7%로 현금흐름의 현재 가치를 구하면 된다.

$$B_0(7\%) = \frac{70}{1.07} + \frac{70}{1.07^2} + \frac{1,070}{1.07^3} = 1,000$$

따라서 0.01(=1,000.01−1,000)만큼이 듀레이션 및 볼록성에 의해서도 확인되지 않는 변화량이다. 이는 Taylor 확장식에서 3차 이상의 미분항들인데 무시해도 좋을 만큼 작은 값이다. 사실 이자율변동폭이 크지 않다면 볼록성에 의한 변동도 매우 작기 때문에 듀레이션에 의한 변동만 측정해도 충분하다.

2.4 채권투자전략

(1) 면역전략

① 면역전략의 의의

면역전략이란 투자시점에서 목표로 한 미래수익이 투자기간 동안의 이자율변동과 상관없이 달성되도록 채권의 보유기간을 결정하는 것을 말한다. 그런데 앞서 설명한 대로 시장이자율은 계속 변동하면서 미래시점의 투자자의 부에 그 시점의 채권가격과 그 시점까지의 재투자수익에 상반된 영향을 미친다. 그런데 이 두 가지 영향의 크기가 같게 되는 시점이 바로 듀레이션이라고 하였다. 따라서 듀레이션시점까지의 기간을 채권의 보유기간으로 정하면 목표로 한 미래수익이 이자율변동으로부터 헤지가 가능하게 된다.

② 포트폴리오의 듀레이션

여러 채권으로 구성된 채권포트폴리오를 관리하는 경우에는 포트폴리오 전체의 듀레이션을 파악할 필요가 있다. 이를 이용하면 이자율변화에 따른 포트폴리오의 가치변화를 직접적으로 측정할 수 있기 때문이다.

채권포트폴리오를 구성하고 있는 개별 종목들의 시장이자율, 즉 채권수익률이 모두 같다면 채권포트폴리오의 듀레이션은 다음과 같이 포트폴리오를 구성하는 개별 채권의 듀레이션의 가중평균합으로 산출된다.

$$D_p = w_1 \cdot D_1 + w_2 \cdot D_2 + \cdots + w_n \cdot D_n \tag{18.8}$$

단, $w_1 + w_2 + \cdots + w_n = 1$

그러나 채권포트폴리오를 구성하고 있는 개별 종목들의 채권수익률이 서로 다르다면 식 (18.8)을 이용할 수 없다. 이러한 경우에는 채권포트폴리오 전체를 대상으로 미래의 현금흐름과 현재 시장가치와의 관계에서 채권수익률을 구한 후, 이 값을 할인율로 이용해서 채권포트폴리오의 듀레이션을 구해야 한다.[5)]

③ 듀레이션의 조정

개별 채권 또는 포트폴리오의 보유기간을 듀레이션까지로 한다는 것은 구체적으로 무슨 의미를 갖는지 살펴보자. 예를 들어, 듀레이션이 3년인 채권을 보유한 투자자가 지금부터 이를 보유하다가 3년 후 처분하면 된다는 것인가? 결론부터 말하면 그렇지 않다. 왜냐하면 듀레이션은 시간이 경과하면서 달라질 수 있기 때문이다. 즉, 3년 듀레이션인 채권을 보유하였다가 1년이 경과한다고 해서 듀레이션이 항상 남은 기간인 2년이 되는 것은 아니다.[6)] 이때에는 1년이 경과된 시점에서 듀레이션을 새로 산출하여야 한다.

그렇다면 목표보유기간을 미리 정해놓은 투자자의 경우에는 어떻게 헤지를 달성할 수 있을까를 생각해보자. 이때에는 시간의 경과에 따라서 가까워지는 목표시점과 일치되도록 듀레이션을 계속 조정해나가야 한다. 이를 위해서는 보유채권을 다른 채권으로 대체하거나 식 (18.8)에 따라서 각 채권에 대한 투자비율을 조정해야 하는 것이다.

>>> 예제 18-5

현재시장에는 이표채(만기 3년, 액면금액 1,000원, 액면이자율 7%)와 영구채의 두 가지 채권이 존재한다. 목표보유기간이 5년인 경우 면역전략을 위한 채권포트폴리오 구성방법을 설명하라. 그리고 1년 후에는 어떻게 이를 조정해야 할까? 단, 시장이자율은 6%이다.

풀 이

(1) 먼저 각 채권의 듀레이션을 구한다.

이표채의 듀레이션 = 2.81년 (앞의 예제 18-4에서 산출한 것임)

$$\text{영구채의 듀레이션} = \frac{1+r}{r} = \frac{1.06}{0.06} = 17.67\text{년}$$

이표채에 대한 투자비율을 w라고 하면 면역효과를 얻기 위해서는 다음 식이 성립해야 한다.

---

5) 이러한 과정을 따르는 이유는 채권포트폴리오의 수익률이 개별 종목의 수익률을 투자금액을 가중치로 평균한 값과 같지 않기 때문이다. 자세한 내용은 〈연습문제 18-1〉을 참조 바람.

6) 순수할인채(pure discount bond)의 경우에는 단순하게 2년이 된다. 그러나 이는 예외적인 경우일 뿐이다.

$$2.81 \times w + 17.67 \times (1-w) = 5 \qquad \therefore \; w = 0.86$$

즉, 이표채에 보유자금의 86%를 투자하고 나머지 14%를 영구채에 투자한다.

(2) 1년이 경과한 후에는 목표보유기간이 4년이 되고 이표채의 만기가 2년으로 바뀐다. 시장 이자율의 변화가 없으면 영구채의 듀레이션은 그대로 17.67년이므로 이표채의 듀레이션만 다시 구한다.

기간	현금흐름	현가계수	현 가
1	70	$\frac{1}{1.06}$	66.04
2	1,070	$\frac{1}{1.06^2}$	952.30
			1,018,34

따라서 듀레이션은 다음과 같다.

$$D = 1 \times \frac{66.04}{1{,}018.34} + 2 \times \frac{952.30}{1{,}018.34} = 1.94$$

이표채에 대한 투자비율을 w라고 하면 면역효과를 얻기 위해서는 다음 식이 성립해야 한다.

$$1.94 \times w + 17.67 \times (1-w) = 4 \qquad \therefore \; w = 0.87$$

즉, 이표채에 87%를, 영구채에 13%를 투자해야 한다. 즉, 영구채에 대한 투자비율 1%를 줄이고 이표채에 대한 투자비율을 1% 늘린다.

(2) 자산과 부채의 대응전략

① 단순대응

채권을 보유하고 있는 투자자의 부는 이자율의 변화에 영향을 받는다. 따라서 이러한 투자자가 동일한 채권에 대해서 공매를 취하면 이자율변화에 따른 보유채권에 미치는 효과를 똑같은 크기로 상쇄할 수 있어서 완전헤지가 가능하다. 이를 달리 표현하면 채권보유에 따른 현금유입과 똑같은 현금유출이 되도록 부채를 조달하면 완전헤지가 된다는 것과 동일한 의미이다.

② 듀레이션 대응

위와 같이 채권을 보유할 때에 필요자금을 그 채권과 현금흐름이 동일한 부채로 조달하는 것이 가장 확실한 헤지전략이지만 이러한 부채를 찾는 것은 현실적으로 쉽지 않을 수 있다. 이때에 현재 보유하고 있는 자산의 듀레이션과 현재 부담하고 있는 부채의 듀레이션을 적절하게 조정하여 헤지를 도모할 수 있다.

이러한 내용을 구체적으로 보기 위해서 식 (18.4)를 이용하여 이자율변화에 따른 자산가치의 변화량 dA와 부채가치의 변화량 dL을 측정해보자.

$$dA = -\frac{dr}{1+r} D_A \cdot A$$

$$dL = -\frac{dr}{1+r} D_L \cdot L$$

여기서 D_A, D_L은 각각 자산과 부채의 듀레이션을 의미하고 A, L은 각각 자산과 부채의 시장가치를 의미한다. 그런데 투자자의 부가 이자율변화로부터 헤지되려면 dA와 dL이 같아야 하므로 다음 식이 성립한다.[7)]

$$D_A \cdot A = D_L \cdot L \tag{18.9}$$

이 식이 듀레이션의 대응(matching)을 나타내는 가장 중요한 식이다. 이를 살펴보면 현재 보유자산과 현재 부담하고 있는 부채의 시장가치 크기가 같다면 자산과 부채의 듀레이션을 동일하게 유지하면 이자율변동으로부터 헤지가 됨을 알 수 있다. 그러나 자산과 부채의 시장가치가 다르다면 이를 고려해서 위의 식이 성립되도록 각 듀레이션을 조정해야 한다.[8)]

>>> 예제 18-6

가나은행의 재무상태표는 다음과 같다.(단위 : 억원)

재무상태표

자 산	550	부 채	440
		자 본	110

재무담당이사는 이자율변동으로부터 은행의 자기자본가치를 헤지하고자 자산과 부채의 듀레이션을 똑같이 2.5년이 되도록 하였다. 현재 자산과 부채에 적용되는 이자율은 모두 10%라고 가정하여 다음 물음에 답하라.

(1) 이자율이 1% 상승하였다고 가정하고 이러한 헤지전략의 타당성을 확인하라.
(2) 부채의 듀레이션은 변경할 수 없다면 자산의 듀레이션을 얼마로 조정해야 완전한 헤지가 가능한가?

풀이

(1) 이자율 1% 상승에 따른 자산과 부채의 가치변화는 다음과 같다.

7) 여기서 만약 자산과 부채의 이자율이 다르더라도 이자율의 변화분 dr이 같다면 수정듀레이션을 이용하여 다음 식이 성립되도록 하면 된다. 즉, $D'_A \cdot A = D'_L \cdot L$

8) 이러한 원리는 뒤에서 설명하게 될 ALM의 한 방법으로 중요하게 이용된다.

① 자산가치의 변화

$$dA = -\frac{dr}{1+r} D_A \cdot A$$
$$= -\frac{0.01}{1+0.1} \times 2.5 \times 550 = -12.5(\text{억원})$$

② 부채가치의 변화

$$dL = -\frac{dr}{1+r} D_L \cdot L$$
$$= -\frac{0.01}{1+0.1} \times 2.5 \times 440 = -10(\text{억원})$$

③ 은행의 자기자본가치의 변화

자산가치가 부채가치보다 더 큰 폭으로 하락하여 은행의 자기자본가치는 2.5억원(= 12.5 − 10)이 감소하였기 때문에 완전한 헤지전략이라 할 수 없다.

(2) 완전한 헤지를 위해서는 자산 및 부채의 규모를 고려해서 다음 식이 성립되도록 해야 한다.

$$D_A \cdot A = D_L \cdot L$$

그런데 여기에서 $D_L = 2.5$는 변경할 수 없다고 하였으므로 위의 식을 D_A에 대해서 정리하면

$$D_A = D_L \times \frac{L}{A} = 2.5 \times \frac{440}{550} = 2(\text{년})$$

따라서 자산 듀레이션을 2.5년에서 2년으로 줄여야 완전헤지가 된다. 그러면 이자율 1% 상승에 따른 자산가치의 변화는 다음과 같다.

$$dA = -\frac{0.01}{1+0.1} \times 2 \times 550 = -10$$

이는 부채가치의 변화와 크기가 동일하기 때문에 은행가치는 변화가 없게 된다.

그런데 만약 부채의 듀레이션을 변경할 수 있다면 자산의 듀레이션을 2.5년으로 그대로 두고 다음과 같은 방법도 생각할 수 있다.

$$D_L = D_A \times \frac{A}{L} = 2.5 \times \frac{550}{440} = 3.125(\text{년})$$

즉, 부채의 듀레이션을 2.5년에서 3.125년으로 늘려도 완전헤지는 가능하다.

(3) 채권스왑

이제까지 설명한 투자전략은 주로 이자율변화에 대한 부의 변동을 막고자 하는 방어적 방법이었다. 그러나 채권투자전략에는 미래 경제변수를 예측해서 적극

적으로 이익을 취하려는 방법들도 있다.

채권스왑(bond swap)은 채권포트폴리오를 구성하는 채권종목들을 교체하면서 이익을 얻고자 하는 것이다. 이자율하락이 예상되면 만기가 짧고 액면이자율이 높은(즉, 듀레이션이 짧은) 채권을 매각하고 만기가 길고 액면이자율이 낮은(즉, 듀레이션이 긴) 채권을 매입함으로써 채권포트폴리오의 듀레이션을 길게 한다. 그러면 이자율하락에 따른 채권포트폴리오의 가치를 최대한 높일 수 있다. 이자율상승이 예상될 때에는 이와 반대로 하여 채권포트폴리오의 손실을 최소화시킬 수 있는데, 이를 이자율예상스왑(interest anticipation swap)이라고 한다.

이외에도 동종채권스왑과 이종채권스왑이 있다. 동종채권의 경우에는 대체스왑(substitution swap)이라고 하는데, 일시적으로 같은 종류의 채권이 서로 다른 가격에 거래될 때 높은 가격의 채권을 매각하고 낮은 가격의 채권을 매입하여 이익을 도모하는 것을 말한다. 이종채권의 경우에는 질적스왑(quality swap)이라고 하는데 이는 수익률스프레드를 이용하는 것이다. 수익률스프레드는 불황에서 확대되고 호황에서 축소되는 특징을 갖는다. 따라서 호황이 예상되면 우량채권을 매도하고 불량채권을 매입하는 채권스왑을 한다. 왜냐하면 호황이 전개되어 수익률스프레드가 축소되면 불량채권이 우량채권보다 더 큰 폭으로 가격이 상승하기 때문이다.

(4) 기타 채권투자전략

① 수익률곡선타기

수익률곡선타기(riding yield curve)란 우상향하는 수익률곡선에서 채권의 잔존기간이 짧아지면서 시간경과에 따른 이자수입뿐만 아니라 수익률하락에 따른 가격상승효과까지 얻고자 하는 전략이다. 구체적으로는 만기가 긴 채권에 투자하여 이러한 효과를 보고 만기 이전에 매각하여 높은 수익을 추구할 수 있다. 잔존기간이 단축되면서 수익률이 하락하여 가격이 상승하는 효과를 롤링효과(rolling effect)라고 하는데, 단기채의 경우 그 효과가 더욱 극단적으로 나타나 쇼울더효과(shoulder effect)라고 구분한다.

② 상황대응적 면역전략

상황대응적 면역전략(contingent immunization)이란 유리한 상황에서는 적극적 전략을 취하다가 불리한 상황이 되면 면역전략을 취하는 것이다. 따라서 공격적 전략과 방어적 전략이 혼합된 것이다.

그림 18-5
수익률곡선타기

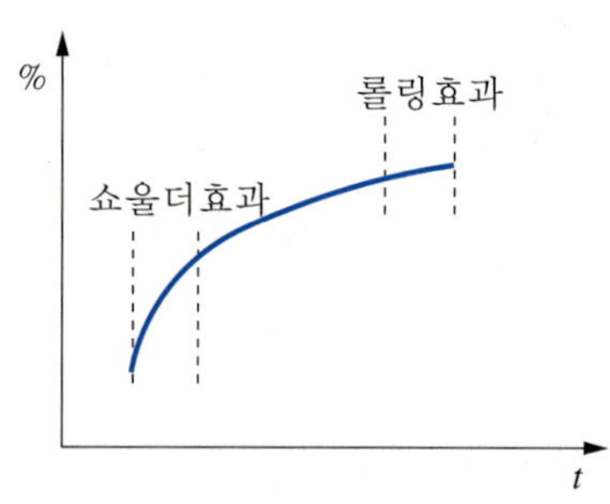

③ 기타 소극적 전략

소극적 전략에는 만기보유전략, 채권인덱싱전략, 사다리형 및 바벨형 만기구성전략 등의 기법이 있다. 만기보유전략은 채권을 매입해서 만기까지 보유하는 것이고, 채권인덱싱전략은 채권시장지수의 흐름을 그대로 따르는 포트폴리오를 구성하는 것이다. 사다리형(ladder maturity)은 단기채부터 장기채까지 균등하게 보유하여 채권가격변동위험을 평준화시키고 수익성도 어느 정도 확보할 목적으로 구성하는 것을 말한다. 바벨형(barbell maturity)은 장기채와 단기채에만 투자하여 전망이 불확실한 상황에서는 중기채의 효과를 보다가 전망이 확실할 때에 장기채 또는 단기채 위주의 포트폴리오로 즉시 전환시키는 것이다.

제 3 절 ALM

3.1 도입배경

이자율의 변동에 민감한 대표적인 투자자는 채권투자자이다. 그러나 금융기관들은 이자율변동에 더욱 민감하다. 왜냐하면 금융기관의 경우에는 수익과 비용, 그리고 이에 따른 영업이익이 모두 이자율에 의해서 결정되기 때문이다. 결과적으로 금융기관의 경우에는 자산과 부채의 가치 모두가 이자율의 변동에 직접적으로 영향을 받게 된다. 그래서 금융기관들은 시대적인 상황에 맞춰서 금융기관의 기업가치를 극대화하려고 노력해 왔다.

경영환경의 변화에 따라 은행의 관리기법은 자금조달과 운용 측면에서 변화되어 왔다. 구체적으로는 재무상태표의 어느 쪽에 중점을 두느냐에 따라서 다음과 같이 자산관리시대, 부채관리시대를 거쳐서 자산부채종합관리시대로 변화되어 왔다.

(1) 자산관리시대 (1960's 이전)

① 자금조달 측면

1960년대 이전에는 저금리시대로서 금리위험이 적었으며 은행예금에 대체할 금융상품이 부족하였다. 따라서 은행으로서는 안정적인 자금조달이 가능하였다.

② 자금운용 측면

전후 실물경제가 회복되면서 대출수요가 증가하였기 때문에 은행들은 자산쪽에서 유동성과 수익성을 확보하는 데 총력을 기울였다.

③ 관리기법의 특징

자금조달은 안정적이었기 때문에 예금유치에 대해서는 수동적이면서 수익성을 높이기 위해서 자금의 운용에 중점을 둔 시대였다.

(2) 부채관리시대 (1960's~1970's 중반)

① 자금조달 측면

Regulation Q로 자금동원에 제약을 받게 되어 이를 회피하면서 자금을 조달하기 위해서 노력하였다.[9] 이러한 노력의 일환으로 은행들은 다양한 금융상품을 개발하였는데 CD, RP, CP, Euro Dollar 등이 대표적인 것들이다.

② 자금운용 측면

세계 전반적인 경기호황으로 양질의 대출수요가 급증하면서 금리가 상승하기 시작하였다. 그래서 은행입장에서는 좋은 대출기회를 안정적으로 확보하고 있는 셈이었다.

③ 관리기법의 특징

양질의 대출수요가 상존하는 상황에서 자금동원이 중요하게 되었기 때문에 자금의 운용보다는 금리경쟁을 통한 자금동원에 치중하였다.

---

9) Regulation Q란 1966년에 미국에서 제정된 법률로서 그 내용은 은행의 안전성을 확보하기 위해 상업은행이 저축성예금에 대해 지급하는 수신금리의 상한을 규제하는 것이다.

(3) 자산부채종합관리시대 (1970's 중반 이후)

① 자금조달 측면

브레튼우즈체제의 붕괴로 변동환율제가 도입되면서 이에 따라 환위험이 크게 증가하였다. 그리고 1980's 이후 금리자유화로 이자율위험도 증가하여 자금조달에 신중을 기하게 되었다.

② 자금운용 측면

변동환율제와 금리자유화는 자금의 운용 측면에도 불확실성을 크게 증대시켰다. 뿐만 아니라 1970's 중반의 에너지파동은 전반적인 경기침체를 가져와서 많은 기업들이 파산하였으며 이에 따라 대출부도율도 증가하였다.

③ 관리기법의 특징

자산과 부채가 모두 불안정하게 되었기 때문에 이 둘을 연계하여 동시에 종합적으로 관리할 필요가 절실하게 되었다. 이에 따라서 자산과 부채를 종합관리하면서 위험의 극소화와 수익성의 극대화를 꾀하는 자산부채종합관리(ALM : asset liability management)가 등장하였다.

ALM의 대표적 기법으로는 순이자마진분석, 갭관리, 그리고 듀레이션갭관리의 세 가지 방법이 이용되고 있다.

3.2 순이자마진분석

(1) 의 의

순이자마진(NIM : net interest margin)이란 수입이자와 지급이자의 차이로서 은행의 가장 중요한 수입원이다. 그리고 순이자마진분석(NIM analysis)이란 이러한 순이자마진의 변화를 요인별로 분석하여 관리하는 기법을 말한다.

(2) 적용절차

이자마진의 변동을 분석하여 은행관리기법으로 적용할 때에는 구체적으로 다음과 같이 두 단계를 거친다.

① 재무상태표 각 항목에 대한 분석

먼저 재무상태표 각 항목에 대해 이자마진의 변화를 이자율(rate), 운용자산의 크기(volume), 자산과 부채항목 구성(mix)의 변화로 분리하여 분석한다. 이때의 분석모형은 다음과 같다.

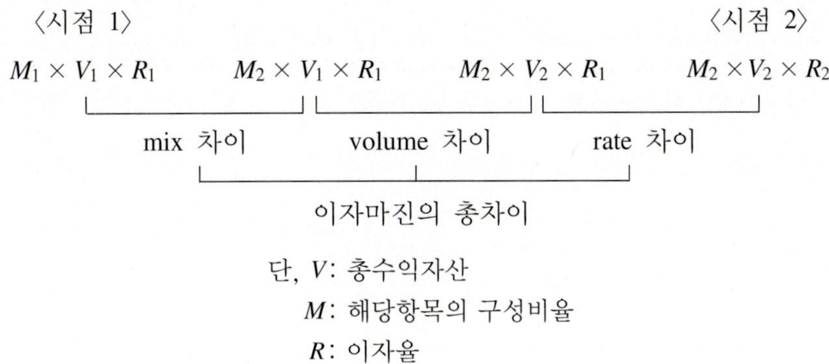

② 분석결과의 종합

재무상태표상의 모든 항목에 대해 위와 같은 방법을 따라서 분석한 후 이자율, 크기, 구성(R–V–M)의 영향을 종합한다. 그리고 이러한 결과를 통해서 은행 전체의 마진변동의 원인을 찾고 이자변동에 민감한 항목에 초점을 맞추어 향후 예상되는 이자율변동에 대처한다.

(3) 한 계

순이자마진 분석기법은 주로 과거성과에 대한 분석에 초점을 두고 있다. 그렇기 때문에 미래 금리환경에 대한 예측과 관리기법으로 대처능력이 다소 부족하다고 볼 수 있다.

>>> 예제 18-7

가나은행의 상업대출에 관련된 양년도의 자료는 다음과 같다. 상업대출항목에 대한 이자마진분석을 하라.

	당해 연도	전년도
상업대출	120,000백만원	100,000백만원
이자율	10%	9%
총수익자산	240,000백만원	250,000백만원

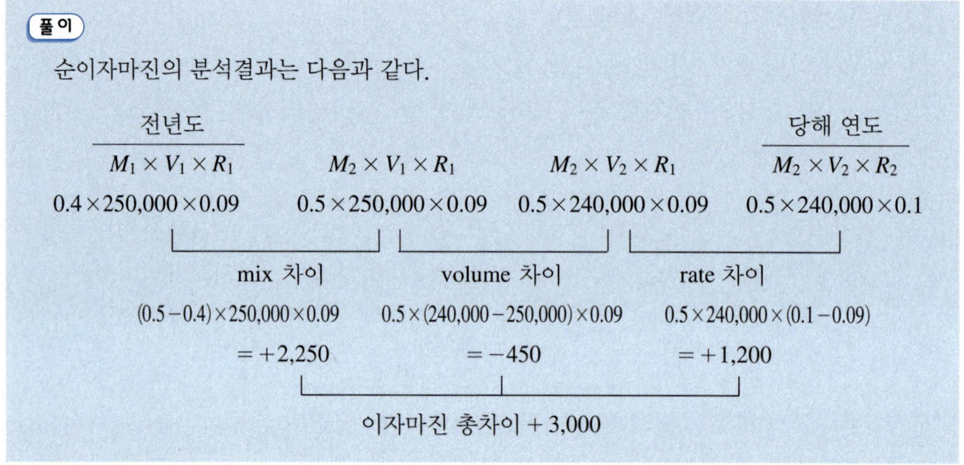

3.3 갭관리

(1) 의 의

갭관리(GAP mgnagement)란 이자마진의 변화요인 volume, rate, mix 중에서 rate와 mix에 초점을 두고 통제 불가능한 요소인 rate의 변화에 대응하여 자산과 부채의 구성(mix)을 조정하여 관리하는 기법이다. 즉, 이자마진의 이자율변화에 대한 민감도를 GAP으로 측정하고 이를 이용해서 예상되는 금리변화에 따른 최적구성을 도출하는 전략을 말한다.

(2) GAP의 개념

① 금리위험 노출도

갭(GAP)이란 이자마진의 이자율변화에 대한 민감도로서 금리변동위험에 노출되어 있는 정도라고 할 수 있다. 이는 다음과 같이 측정된다.

$$GAP = RSA - RSL \quad \text{또는} \quad GAP \text{ 비율} = \frac{RSA}{RSL} \tag{18.10}$$

여기서 RSA는 금리변동에 민감한 자산(rate sensitive asset)으로서 변동금리 조건으로 이루어진 대출과 같은 것들이다. 또한 RSL은 금리변동에 민감한 부채(rate sensitive liability)로서 변동금리 조건으로 받은 예금이나 차입금과 같은 것들이 이에 해당한다.

그림 18-6

GAP의 유형과 금리상승의 효과

B/S	GAP 유형	이자율의 상승효과
RSA | *RSL* (RSA > RSL)	GAP > 0 또는 GAP 비율 > 1	수입이자증가 > 지급이자증가 → 이자마진의 증가
RSA | *RSL* (RSA < RSL)	GAP < 0 또는 GAP 비율 < 1	수입이자증가 < 지급이자증가 → 이자마진의 감소
RSA | *RSL* (RSA = RSL)	GAP = 0 또는 GAP 비율 = 1	수입이자증가 = 지급이자증가 → 이자마진 변동없음

② GAP 유형과 금리변동의 영향

이자율이 상승할 때, 즉 $\Delta r > 0$인 경우에 GAP 유형에 따라서 이자마진이 어떻게 변화하는가를 재무상태표의 구조에 따라서 정리하면 [그림 18-6]과 같다.

이때에 이자마진의 변화는 수입이자의 증가분에서 지급이자의 증가분을 차감하여 산출할 수도 있지만 GAP에 이자율의 변화분 Δr을 곱하여 직접 산출하는 것이 편리하다.

위와 동일한 논리로 이자율이 상승할 때 GAP < 0에서는 이자마진이 감소하게 된다. 그러나 GAP = 0에서는 수입이자와 지급이자가 동일한 크기로 변화할 것이므로 이자마진의 변화가 없다. 물론 이자율이 하락할 때에는 이와 반대의 결과를 가져다줄 것이다.

③ 유효 GAP

위에서는 분석을 단순하게 하기 위해서 자산과 부채에 적용되는 이자율이 똑같이 변화한다고 가정한 것이지만 현실적으로는 각 항목에 적용되는 금리변동이 서로 다를 수 있다. 그러나 모든 금리는 같은 방향으로 변화하므로 회귀분석 등의 기법을 이용하면 상이한 금리민감도를 고려한 GAP을 구할 수 있다. 이때의 GAP을 유효GAP(effective GAP)이라고 한다.

예를 들어, 대출금리가 1% 변화할 때에 예금금리가 0.7% 변화한다고 가정하면, 유효 GAP = RSA − 0.7 × RSL이 되며 이자마진의 변화는 이같이 구한 유효 GAP에 대출이자율의 변화분을 곱하면 산출할 수 있을 것이다.

(3) GAP전략

GAP전략이란 미래의 이자율변화를 예상하여 이자마진이 증가되도록 GAP을 조정해나가는 것을 말한다. 이러한 GAP전략은 앞서 살펴본 금리변동에 따른 GAP유형과 이자마진의 변화에서 유추할 수 있다. 그 내용을 정리하면 다음과 같다.

이자율의 예상	*GAP* 전략
상 승	*GAP* 증가
하 락	*GAP* 감소
불확실	*GAP* =0(헤징)

3.4 듀레이션갭관리

(1) 의 의

은행의 자산과 부채는 대부분 만기가 있고 현금흐름이 고정적이어서 듀레이션 개념을 적용하기가 용이하다. 듀레이션갭관리(Duration GAP management)란 이러한 가능성을 은행관리기법에 이용하는 것이다. 즉, 이자율변화에 따라서 은행가치를 극대화할 수 있는 전략을 자산과 부채의 듀레이션을 이용하여 전체적인 관점에서 파악하고 이를 수행할 수 있는 구체적인 방법을 모색하는 것이다.

(2) 은행가치변화의 측정

① 자본의 수정듀레이션을 이용하는 방법

은행의 경우도 마찬가지로 자기자본가치는 자산가치에서 부채가치를 차감하여 결정된다. 따라서 이자율변동에 따른 자기자본가치의 변화는 다음과 같이 자산가치의 변화에서 부채가치의 변화를 차감하여 산출할 수 있다.

$$\Delta K = \Delta A - \Delta L$$

그런데 이자율변동에 의한 가치의 변화는 듀레이션을 이용하여 측정할 수 있으므로 식 (18.4)를 이용하면 위의 식은 다음과 같이 표현된다.

$$-\frac{\Delta r_K}{1+r_K} D_K K = -\frac{\Delta r_A}{1+r_A} D_A A + \frac{\Delta r_L}{1+r_L} D_L L$$

여기서 이자율변화분 Δr이 모두 동일하다고 가정하면 앞의 식은 수정듀레이션 D'을 이용해서 다음과 같이 정리된다.

$$D'_K K = D'_A A - D'_L L \tag{18.11}$$

위 식의 의미는 자본의 수정듀레이션은 자산과 부채의 수정듀레이션으로부터 구할 수 있다는 것이다. 또한 이를 구하면 이자율의 변화에 따른 자기자본의 가치변화를 다음과 같이 직접 측정할 수 있다는 것이다.[10)]

$$\Delta K = -\Delta r \cdot D'_K K \tag{18.12}$$

만약 여기서 이자율의 변화로부터 자기자본의 가치를 헤지하려면 $D'_K K = 0$이어야 하며, 이를 달성하기 위해서는 식 (18.11)에서 $D'_A A = D'_L L$이 되도록 해야 한다. 이 역시 앞서 살펴본 듀레이션의 대응을 이용한 헤지전략을 나타내는 식 (18.9)와 동일한 것이다.

② 자본의 듀레이션갭을 이용하는 방법

그런데 식 (18.11)에서 레버리지 $\dfrac{L}{\mathrm{A}} = w$로 놓으면 위 식은 다음과 같이 된다.

$$D'_K(1-w) = D'_A - w \cdot D'L \tag{18.13}$$

이때에 $D'_K(1-w)$를 자본의 듀레이션갭($D'_K GAP$)이라고 한다. 이 역시 이자율 변화에 따른 자기자본의 가치변화를 측정할 때에 이용할 수 있는 지표가 된다. 다만 자본의 수정듀레이션을 이용한 가치변화의 측정과 다른 점은 자기자본가치를 기준으로 하는 것이 아니고 총자산을 기준으로 한다는 점이다.

$$\begin{aligned} \Delta K &= -\Delta r \cdot D'_K(1-w) \cdot A \\ &\quad - \Delta r \cdot D'_K GAP \quad \cdot A \end{aligned} \tag{18.14}$$

(3) 듀레이션 전략

① 듀레이션 전략의 의미

은행가치 변화를 자본의 수정듀레이션이나 듀레이션갭으로 측정하였지만 이 두 가지 지표는 모두 자본듀레이션에서 비롯되는 것들이다. 따라서 이들을 관리한다는 것은 곧 은행의 자기자본가치를 높이기 위해서는 이자율의 변화에 따라

10) 이는 식 (18.5)와 같은 의미로서 이미 앞서 설명한 내용과 다를 것이 없다.

서 자본듀레이션을 적절하게 관리해나가야 함을 의미하는 것이다.

그런데 앞의 식 (18.11), 식 (18.13)에서 보는 것과 같이 자본듀레이션은 자산과 부채의 듀레이션으로부터 산출되는 것이므로 자본듀레이션관리의 구체적인 실천 방안은 결국 개별적인 자산 및 부채듀레이션의 관리로 귀착된다. 이러한 관계를 고려하여 미래 이자율의 변화에 대한 예상에 따라서 듀레이션을 관리하는 방법은 다음과 같이 요약할 수 있다.

이자율예상	목 표	실현방법
상 승	D_K 감소 (<0)	D_A 감소, D_L 증가
하 락	D_K 증가 (>0)	D_A 증가, D_L 감소
불확실	$D_K=0$ (hedge)	D_A 와 D_L 일치

② 구체적인 실현방법

자산과 부채듀레이션의 구체적인 실현방법으로서 이자율이 상승할 것으로 예상되는 경우에 D_A를 감소시키는 방법과 D_L을 증가시키는 방법을 모색해 본다.

그런데 앞서 듀레이션의 결정요인을 공부하면서 만기가 짧을수록, 시장이자율이 높아질수록 만기 전 현금흐름이 클수록, 듀레이션이 짧게 된다는 것을 밝힌 바 있다. 이러한 원리를 고려하면 구체적인 실현방법을 찾을 수 있을 것이다.

즉, D_A를 짧게 하려면 장기대출을 단기대출로 대체하고 고정금리대출보다는 변동금리대출을 유도하며, 현금유입을 빠르게 하기 위해서 만기일시상환보다는 분할상환조건의 대출을 도모한다.

한편, D_L을 길게 하려면 만기가 긴 장기성예금을 개발하고 변동금리예금보다는 고정금리예금을 유도하며, 현금유출을 늦추기 위해서 만기 전 이자지급조건보다는 만기에 원리금을 지급하는 예금을 유치한다.

>>> 예제 18-8

가나은행의 현재 재무상태표와 각 구성항목의 듀레이션에 관련된 정보는 다음과 같다. 단, ( ) 안의 숫자는 수정듀레이션을 의미한다.

재무상태표

자산			부채 및 자본		
현 금	100		정기예금	600	(1)
상업대출	400	(1.25)	CD	300	(5)
주택대출	500	(7)	자 본	100	

이자율이 2% 상승한 경우에 은행가치의 변화를 측정하고 변화 후 재무상태표를 작성하라.

풀이

다음과 같은 세 가지 방법을 이용할 수 있다.

(1) 개별 항목의 가치변화를 집계하는 방법

즉, $\Delta V = -\Delta r \cdot D'V$를 이용하여 다음과 같이 산출한다.

① 상업대출	$-2\% \times 1.25 \times 400 =$	-10
② 주택대출	$-2\% \times 7 \times 500 =$	-70
자산가치 변화		-80
③ 정기예금	$-2\% \times 1 \times 600 =$	-12
④ CD	$-2\% \times 5 \times 300 =$	-30
부채가치변화		-42

∴ 자본의 가치변화 : $-80-(-42)=-38$

변화 후 자본가치 : $100-38=62$

이에 따른 재무상태표는 다음과 같다.

재무상태표

현 금	100	정기예금	588
상업대출	390	CD	270
주택대출	430	자 본	62
	920		920

(2) 자본의 수정듀레이션을 이용하는 방법

$$\text{자산 } D'_A = \frac{100}{1{,}000} \times 0 + \frac{400}{1{,}000} \times 1.25 + \frac{500}{1{,}000} \times 7 = 4$$

$$\text{부채 } D'_L = \frac{600}{900} \times 1 + \frac{300}{900} \times 5 = \frac{7}{3}$$

따라서 다음 식에서 자본의 수정듀레이션 D'_K를 구한다.

$$D'_K(1-w) = D'_A - w\,D'_L \qquad \left(\text{단, } w = \frac{L}{A}\right)$$

$$D'_K\left(1-\frac{900}{1{,}000}\right) = 4 - \frac{900}{1{,}000} \times \frac{7}{3}$$

$$\therefore D'_K = 19$$

즉, 이자율 2% 상승은 다음과 같이 38의 가치감소를 가져온다.

$$\Delta K = -\Delta r \cdot D'_K K = -2\% \times 19 \times 100 = -38$$

∴ 변화 후 자본가치 : $100-38=62$

(3) 자본의 듀레이션갭을 이용하는 방법

자본의 듀레이션갭 $D'_K\ GAP$ 은 다음과 같이 산출된다.

$$D'_K\ GAP = D'_K(1-w) = 19 \times \left(1 - \frac{900}{1{,}000}\right) = 1.9$$

따라서 이자율 2% 상승이 자기자본에 미치는 효과는 다음과 같이 측정한다.

$$\begin{aligned}\Delta K &= -\Delta r\, D'_K\, GAP \cdot A \\ &= -2\% \times 1.9 \times 1{,}000 = -38\end{aligned}$$

∴ 변화 후 자본가치 : 100 − 38 = 62

제 4 절 VaR

4.1 VaR의 기초개념

(1) 도입배경

우리는 지금까지 위험을 현금흐름의 변동가능성으로 정의하고 이를 측정하는 단위로 표준편차, 베타, 듀레이션, 델타 등을 사용하였다. 그런데 이러한 측정치는 서로 간에 합산이 불가능하다는 문제점이 있다. 예를 들어, 주식위험은 베타로 측정하고 채권위험은 듀레이션으로 측정한다면 주식과 채권으로 구성된 포트폴리오의 위험은 어떻게 측정해야 하는가? VaR는 이러한 문제점을 해결할 수 있는 종합적 측정치이다.

(2) VaR의 개요

① 의 의

VaR(Value at Risk)란 주어진 신뢰수준에서 일정한 기간 동안에 보유자산에서 발생할 수 있는 최대손실금액을 말한다.[11] 예를 들어, 신뢰수준 95%(허용수준 5%)에서 1일을 기준으로 VaR가 3억원이라면 다음과 같은 표현이 가능하다.

- 하루에 발생할 수 있는 손실이 3억원보다 클(작을) 확률이 5%(95%)이다.
- 20일에 한 번 정도 하루손실액이 3억원보다 크게 발생할 수 있다.

11) 자본비용을 종전에는 %단위로 측정하였지만 EVA에서는 금액단위로 측정하는 것과 같은 논리이다.

② 특 징

우선 측정단위를 보면 VaR는 금액단위로 위험을 나타내기 때문에 이해가 쉽다. 그리고 정의에서 보듯이 신뢰수준을 높이거나 분석기간을 늘리면 VaR가 커지게 된다. 즉, 95% 신뢰수준보다 99%의 신뢰수준에서 VaR가 더 크고 1일 보유기간보다 1주일 보유기간에서 VaR가 더 크게 된다.

(3) ALM과 비교

ALM은 자산과 부채를 연계한 재무상태표 중심의 관리시스템인데 이 기법은 발생주의항목을 대상으로 이자율변화를 예측한 후 금융기관의 가치에 미치는 효과를 분석하는 것이기 때문에 복잡한 금융상품이나 현금주의항목을 고려하지 못하는 한계점이 있다.

이러한 ALM에 비해서 VaR는 다음과 같은 장점을 갖는다.

① 시가로 현재상태를 정확하게 반영한다.

② ALM이 이자율변화의 효과를 중장기적으로 분석하는데 비해 VaR는 단기변화를 좀 더 정확하게 예측할 수 있다.

③ ALM이 주로 이자율변화에 초점을 두지만 VaR를 이용하면 이자율위험 이외에 환율, 주가변동위험까지 동시에 분석할 수 있다.

4.2 *VaR의 측정

VaR를 측정하는 방법은 다양하다. VaR를 측정하는 과정에서 논점이 되는 사항들을 설명하기 위해서 먼저 다음과 같은 기본사례를 살펴보자.

>>> **예제 18-9**

100억원의 금융자산을 보유하고 있는 투자자를 가정하자. 최근 300일간의 일별수익률을 조사한 결과 평균값은 0.3%, 표준편차는 2.6%로 나왔다. 이로부터 95%의 신뢰수준으로 1일 기준의 VaR를 구하라. 관찰된 일별수익률을 낮은 순서부터 나열했을 때 15번째 값은 −4%이다.

풀 이

일별수익률을 낮은 순서부터 나열했을 때 하위 5%에 해당하는 15번째(=300개 ×

5%)의 값이 −4%라고 하였으므로 이 수익률을 얻는다면 보유자산의 가치는 96억원(= 100×(1−0.04))이 될 것이다. 따라서 VaR는 다음과 같이 산출된다.

$$\text{VaR} = 100 - 96 = 4(\text{억원})$$

(1) 신뢰수준과 보유기간

① 신뢰수준

VaR를 측정하려면 우선 신뢰수준과 보유기간을 결정해야 한다. J.P.Morgan의 RiskMetrics에서는 95%의 신뢰수준과 1일의 보유기간을 이용한다. 반면에 국제결제은행(BIS: Bank for International Settlements)의 바젤위원회에서는 99%의 신뢰수준과 10일의 보유기간을 적용하며 이렇게 산출한 VaR에 승수 3을 곱한 금액을 시장위험에 대한 최소요구자본으로 요구하고 있다. 신뢰수준이 높으면 최소요구자본이 커져서 금융기관의 건전성은 증대되지만 수익성은 떨어지는 측면이 있다.

② 보유기간

그리고 보유기간이 표준편차(σ)의 산출기준이 되는 기간과 다를 때에는 표준편차를 조정해서 사용할 수 있다. 앞의 예제에서는 일별수익률의 표준편차이지만 10일 보유기간의 VaR를 구하려면 10일간 수익률의 표준편차가 필요한데 이 경우에는 일별수익률의 표준편차에 $\sqrt{t}$를 곱한 값을 이용하면 된다. 그러면 그 표준편차는 8.22%($=2.6\times\sqrt{10}$)가 된다.

(2) 절대손실VaR와 평균기준VaR

① 절대손실 VaR

앞의 예제에서 최대손실예상액을 4억원이라고 했는데 이는 자산가치가 변동하지 않고 그대로 100억원일 때를 기준으로 산출한 금액이다. 이와 같이 산출된 VaR를 절대손실VaR라고 하며 다음과 같은 수식을 통해 구한다. 단, W_0는 최초투자액, W^*는 주어진 신뢰수준에서 발생할 수 있는 자산의 최소가치이며 r^*는 W_0에서 W^*로 하락할 때의 수익률이다.

$$\begin{aligned}\text{절대손실VaR} &= W_0 - W^* \\ &= W_0 - W_0\times(1+r^*) = -W_0\times r^* \qquad (18.15)\end{aligned}$$

② 평균기준 VaR

그러나 평균수익률이 0.3%라고 하였으므로 평균수익률을 얻은 경우의 자산가치 100.3(=100×1.03)억원을 기준으로 최대손실액을 산출해야 기회비용까지 반영한 정확한 값이 될 것이다. 이러한 경우에 VaR는 4.3(=100.3−96)억원이 된다. 이는 평균값을 기준으로 산출된 것이기 때문에 평균기준 VaR라고 하는데 상대적 손실금액을 의미하기 때문에 상대손실 VaR라고도 한다. 자산의 기대가치를 $E(W)$, 평균(기대수익률)을 μ로 표현하면 산출식은 다음과 같다.

$$\begin{aligned}\text{평균기준 VaR} &= E(W) - W^* \\ &= W_0(1+\mu) - W_0 \times (1+r^*) = W_0(\mu - r^*) \qquad (18.16)\end{aligned}$$

(3) 실제분포와 정규분포

앞의 예제에서는 일별수익률의 실제분포를 이용해서 VaR를 산출하였다. 이러한 방법은 비모수적(nonparametric) 방법이라고 한다. 이 방법은 분포의 종류와 관계없이 어떤 분포에도 이용할 수 있다. 그러나 수익률의 분포가 정규분포라면 VaR는 평균, 표준편차의 두 가지 모수를 이용해서 간단하게 구할 수 있는데 이를 모수적(parametric) 방법이라고 한다.

정규분포를 가정한 경우의 분포를 표준화시키고 식 (18.15)와 식 (18.16)을 이용해서 절대손실VaR와 평균기준VaR의 산출식을 도출하면 다음과 같게 된다.[12)]

$$\text{절대손실 VaR} = W_0(\alpha\sigma - \mu) \qquad (18.17)$$

$$\text{평균기준 VaR} = W_0\alpha\sigma \qquad (18.18)$$

여기서 α는 주어진 신뢰수준에서의 표준편차배수를 의미하는데 신뢰수준 95%, 97.5%, 99%에서의 값은 각각 1.65, 1.96, 2.33이 된다.

앞의 예제에서의 VaR를 모수적 방법으로 구하면 다음과 같다.

$$\begin{aligned}\text{절대손실 VaR} &= W_0(\alpha\sigma - \mu) \\ &= 100(1.65 \times 0.026 - 0.003) = 3.99(\text{억원})\end{aligned}$$

$$\begin{aligned}\text{평균기준 VaR} &= W_0\alpha\sigma \\ &= 100 \times 1.65 \times 0.026 = 4.29(\text{억원})\end{aligned}$$

각 경우의 결과를 요약하면 다음과 같다. 정규분포를 가정하여 구한 값들은 실

12) 자세한 도출과정은 Jorion, P., *Value at Risk*, Irwin, 1997 참조

제분포에서 구한 값들과 큰 차이가 나지 않는 것을 알 수 있다.

	실제분포(비모수적 방법)	정규분포(모수적 방법)
절대손실 VaR	4.0억원	3.99억원
평균기준 VaR	4.3	4.29

이러한 여러 가지 방법 중에서 식 (18.18)로 표현된 정규분포를 가정한 평균기준VaR가 가장 많이 이용된다.

4.3 *포트폴리오의 VaR

(1) 채권의 VaR

포트폴리오을 구성할 수 있는 개별 자산은 매우 많다. 그 중 주식보다 채권의 경우 VaR계산이 좀 더 복잡한 편이다. 그런데 채권의 VaR는 듀레이션과 밀접한 관계를 갖고 있으므로 이에 대해 먼저 설명한다. 채권의 VaR를 측정하려면 채권수익률의 표준편차가 필요하다. 이를 구하기 위해서 채권가격변동률과 수정듀레이션의 관계를 나타낸 식 (18.5)에 σ를 취하면 다음과 같다.

$$\sigma\left(\frac{\Delta B}{B}\right) = D'\sigma(\Delta r)$$

따라서 평균기준VaR는 다음과 같이 수정듀레이션을 이용해서 측정할 수 있다.

$$\text{평균기준 VaR} = W_0\alpha\ D'\sigma(\Delta r)$$

>>> 예제 18-10

수정듀레이션이 2.65년인 채권이 있다. 1일 채권수익률 변동의 표준편차는 0.2%이다. 1주일을 보유기간으로 99%의 신뢰수준에서 VaR를 구하려고 한다. 단, 1주일의 거래일수는 5일이다.

(1) 주별 채권수익률의 표준편차를 구하라.
(2) (1)의 결과를 이용해서 이 채권에 5억원을 투자한 경우 VaR를 구하라.

풀이

(1) 일별수익률의 표준편차는 수정듀레이션을 이용해서 다음과 같이 구한다.

$$\alpha\left(\frac{\Delta B}{B}\right)=D'\sigma(\Delta r)=2.65\times0.002=0.0053$$

이를 주별수익률의 표준편차로 조정하면 $0.0053\times\sqrt{5}=0.01185$가 된다.

(2) 식 (18.18)을 이용해서 채권의 VaR를 구하면 다음과 같다.

$$\text{채권의 VaR}=W_0\alpha\sigma=5\times2.33\times0.01185=0.138(1{,}380\text{만원})$$

(2) 포트폴리오의 VaR 측정

개별 자산의 위험은 시장요인에 의한 체계적 위험과 기업요인에 의한 비체계적 위험으로 구성된다. 분산투자로 비체계적 위험은 제거되므로 포트폴리오를 구성하면 위험이 감소한다. 이러한 효과로 포트폴리오의 VaR는 개별 자산의 VaR를 합한 값보다 작아지게 된다. 따라서 개별 자산의 VaR를 합한 값에서 포트폴리오의 VaR를 차감하면 분산효과를 금액으로 측정한 것이 된다.

포트폴리오의 VaR를 측정하기 위해서는 먼저 다음과 같이 개별 자산의 위험으로부터 포트폴리오의 위험을 구해야 한다.

$$\begin{aligned}\sigma_p^2&=w_1^2\sigma_1^2+w_2^2\sigma_2^2+2w_1w_2\ \sigma_{12}\\&=w_1^2\sigma_1^2+w_2^2\sigma_2^2+2w_1w_2\ \rho_{12}\sigma_1\sigma_2\end{aligned}$$

여기서 산출된 포트폴리오의 표준편차 σ_p를 모수적 방법에 의한 산출식에 대입하면 포트폴리오의 VaR를 구할 수 있다.

(3) 증분 VaR

증분 VaR(incremental VaR)란 특정 종목이 포트폴리오에 추가됨으로써 전체 VaR에 추가되는 VaR를 말한다. 이는 곧 포트폴리오의 VaR 중에 특정 종목이 기여하고 있는 VaR이기 때문에 공헌 VaR라고도 한다. 2개의 자산으로 구성된 포트폴리오의 경우 자산1의 공헌 VaR는 자산1의 공헌비율을 기준으로 구한다. 포트폴리오의 분산을 다음과 같이 나타내고 첫 번째 괄호부분은 자산1로 인한 분산, 두 번째 괄호부분은 자산2로 인한 분산으로 본다.

$$\begin{aligned}\sigma_p^2&=\sigma_1^2+\sigma_2^2+2\sigma_{12}\\&=(\sigma_1^2+\sigma_{12})+(\sigma_2^2+\sigma_{12})\end{aligned}$$

이로부터 자산1의 공헌비율을 다음과 같이 구한다.

$$\text{자산1의 공헌비율} = \frac{\sigma_1^2 + \sigma_{12}}{\sigma_p^2}$$

그리고 이렇게 구한 자산1의 공헌비율을 포트폴리오 VaR에 곱하면 자산1의 공헌 VaR가 된다.

>>> 예제 18-11

주식1과 주식2의 변동성(표준편차)은 2.0%, 3.0%이며 두 주식 간의 상관계수는 0.7이다.

(1) 주식1에 3억원, 주식2에 2억원을 투자한 포트폴리오의 VaR를 신뢰수준 99%, 보유기간 1일의 기준에서 구하라.

(2) 분산효과를 VaR의 감소금액으로 측정하고 주식1의 공헌 VaR를 구하라.

풀이

(1) 먼저 포트폴리오의 표준편차를 구한다.

$$\sigma_p^2 = w_1^2\sigma_1^2 + w_2^2\sigma_2^2 + 2w_1w_2\ \rho_{12}\sigma_1\sigma_2$$
$$= \left(\frac{3}{5}\right)^2(0.02)^2 + \left(\frac{3}{5}\right)^2(0.03)^2 + 2\left(\frac{3}{5}\right)\left(\frac{2}{5}\right)(0.7)(0.02)(0.03) = 0.0004896$$
$$\therefore\ \sigma_p = 0.022$$

이를 이용해서 포트폴리오의 VaR를 식 (18.18)로 구하면 다음과 같다.

$$\text{평균기준 VaR} = W_0\alpha\sigma$$
$$= 5\times 2.33\times 0.022 = 2{,}563(\text{만원})$$

(2) 개별 주식의 VaR을 각각 구한다.

$$\text{주식1의 VaR} = W_0\alpha\sigma = 3\times 2.33\times 0.02 = 1{,}398$$
$$\text{주식2의 VaR} = W_0\alpha\sigma = 2\times 2.33\times 0.03 = 1{,}398$$

이들의 합계 2,796만원에서 포트폴리오의 VaR 2,563만원을 차감한 값, 233만원이 분산효과에 따른 VaR의 감소금액이다.

그리고 자산1의 공헌비율을 다음과 같이 구한다.

$$\frac{\sigma_1^2\sigma_{12}}{\sigma_p^2} = \frac{0.02^2 + 0.7\times 0.02\times 0.03}{0.02^2 + 0.03^2 + 2\times 0.7\times 0.02\times 0.03} = 0.3832$$

이 비율을 포트폴리오 VaR에 곱하면 자산1의 공헌 VaR가 된다.

$$\text{자산1의 공헌 VaR} = 2{,}563\times 0.3832 = 982(\text{만원})$$

4.4 유용성과 한계점

(1) 유용성

VaR의 유용성은 크게 네 가지 정도를 들 수 있다.

① VaR는 정보보고수단(information reporting tool)이 된다. 즉, 기존의 전통적 위험은 자산종류에 따라서 측정방법이 달랐지만 VaR는 이들 모든 위험을 통합하여 '일정한 신뢰수준 내의 최대손실가능액' 이라는 하나의 숫자로 이해하기 쉬운 정보를 제공한다.

② VaR는 자원배분수단(resource allocation tool)이 된다. 즉, 제한된 자원을 투자상품에 배분할 때에 각 부서 또는 거래담당자의 포지션한도를 정하여 위험과 수익을 동시에 고려한 자원배분효과를 얻을 수 있다.

③ VaR는 성과평가수단(performance evalua-tion tool)이 된다. 투자성과를 사후적 수익만으로 평가하지 않고 서로 다른 상품에 대해서도 위험 대비 수익의 성과개념으로 평가할 수 있다.

④ 금융감독기관들은 시장위험에 대비한 최소한의 자기자본을 갖도록 요구하고 있는데 이때에 시장위험을 VaR로 사용할 수 있다.

(2) 한계점

VaR는 다음과 같은 한계점들을 갖고 있다.

① VaR를 측정하기 위해서는 정확한 변동성과 공분산이 필요한데 과거 수익률자료에 의존해야 한다는 것이다. 만약 경제의 구조적 변화로 인해 시장변동이 크게 되면 이를 반영하기 어렵다.

② 가장 많이 사용되는 평균기준VaR는 정규분포를 가정하는데 실제분포는 이와 다를 수 있다는 점이다.

③ VaR는 현재의 시가를 기준으로 산출되는데 만약 유동성이 낮은 자산이라면 할인된 가격으로 매각할 수밖에 없기 때문에 VaR는 실제 손실액을 저평가하게 된다.

④ VaR는 신용위험을 반영하지 않은 것이어서 지급불능 또는 파산의 가능성을 고려하면 실제 위험은 더 크게 될 수 있다.

제 18 장 요약

FINANCIAL MANAGEMENT

1. 듀레이션은 채권현금흐름에 대한 가중평균만기이다. 듀레이션은 채권만기가 길수록 길어지지만 액면이자율, 시장이자율이 높을수록 짧아진다.

2. 이자율변화는 채권투자자의 부를 구성하는 두 가지 요소, 즉 이자수익과 채권가격에 상반된 효과를 미치는데 이 효과가 정확하게 상쇄되는 시점이 듀레이션이다. 따라서 채권보유기간을 듀레이션시점과 맞추면 이자율변화로부터 헤지할 수 있는데 이를 듀레이션의 면역효과라고 한다.

3. 이자율변화는 채권가격과 역관계에 있다. 듀레이션을 이용하면 이자율변화에 따른 채권가격의 변화를 쉽게 측정할 수 있다. 듀레이션이 클수록 채권가격의 변화가 크다. 좀 더 정확한 채권가격의 변화를 측정하려면 볼록성을 반영해야 한다.

4. 은행이 자산(대출)과 부채(예금)를 동시에 관리하기 위한 기법이 ALM이다. ALM에서는 대출과 예금에 동시에 영향을 주는 공통변수인 이자율의 변화가 주된 관리대상이다. 구체적인 기법으로는 순이자마진분석, 갭관리, 듀레이션갭관리 등의 방법이 있다.

5. 특히 듀레이션갭관리는 듀레이션의 결정요인(만기, 액면이자율, 시장이자율)과 채권가격의 관계를 이용해서 금융기관의 위험을 관리하는 기법이기 때문에 듀레이션에 대한 정확한 이해가 중요하다.

6. VaR는 표준편차나 베타, 듀레이션 등으로 측정되던 전통적 위험측정방법을 탈피해서 손실가능성을 금액단위로 측정하는 것이다. 여러 금융자산을 통합해서 위험을 측정할 수 있으며 이해도 용이하다는 장점이 있다.

연습문제 18 - 1

A채권과 B채권으로 포트폴리오를 구성하고 있다. 두 채권의 단위당 시장가격은 각각 10,000원씩이다. 그리고 A채권과 B채권은 모두 할인채로서 구체적인 내용이 다음과 같다.

채권종류	만기	액면금액
A채권	1년	11,000원
B채권	3	11,910

위와 같은 채권이 50%씩 포함되어 있는 채권포트폴리오의 듀레이션을 구하라.

해설

각 채권의 채권수익률을 다음과 같이 구한다.

$$\text{A채권} : 10{,}000 = \frac{11{,}000}{(1 + r_A)} \qquad \therefore\ r_A = 0.1$$

$$\text{B채권} : 10{,}000 = \frac{11{,}910}{(1 + r_B)^3} \qquad \therefore\ r_A = 0.06$$

각 채권의 수익률이 다르므로 각 듀레이션을 단순가중평균하는 것으로는 정확한 채권포트폴리오의 듀레이션을 구할 수 없다. 따라서 다음과 같은 현금흐름을 가져다주는 단일채권으로 보고 단일의 채권수익률을 구한다.

0	1	2	3
−20,000	11,000		11,910

이로부터 다음 식이 성립하므로 이로부터 채권수익률을 먼저 구하면 7%가 된다.

$$20{,}000 = \frac{11{,}000}{(1 + r)} + \frac{11{,}910}{(1 + r)^3} \qquad \therefore\ r_A = 0.07$$

이제 채권수익률 7%를 이용하여 듀레이션을 구하면 다음과 같다.

기 간	현금흐름	현가계수	현 가
1	11,000	$\frac{1}{1.07}$	10,280.37
3	11,910	$\frac{1}{1.07^3}$	9,722.11
			20,002.48

$$D = 1 \times \frac{10{,}280.37}{20{,}002.48} + 3 \times \frac{9{,}722.117}{20{,}002.48} = 1.97$$

>>> 연습문제 18 - 2

액면금액이 1,000원이고 만기가 2년인 채권이 있다. 액면이자율과 채권수익률이 똑같이 10%라고 하자.

(1) 이자지급이 반년단위로 이루어지는 채권이라고 할 때 이 채권의 듀레이션과 수정듀레이션을 구하라.

(2) 시장이자율이 10%에서 9.25%로 상승한 경우 수정듀레이션을 이용해서 채권가격의 변화를 측정하라.

(1) 1년에 2회 이자가 지급되므로 듀레이션 계산은 다음과 같다.

기 간	현금흐름	현가계수	현 가
1	50	$\frac{1}{1.05}$	47.62
2	50	$\frac{1}{1.05^2}$	45.35
3	50	$\frac{1}{1.05^3}$	43.19
4	1,050	$\frac{1}{1.05^4}$	863.84
			1,000

$$D(\text{반년기준}) = 1\times\frac{47.62}{1,000} + 2\times\frac{45.35}{1,000} + 3\times\frac{45.19}{1,000} + 4\times\frac{863.74}{1,000} = 3.72$$

$$D(\text{연간기준}) = \frac{3.72}{2} = 1.86$$

$$D'(\text{연간기준}) = \frac{1.86}{1+0.05} = 1.77$$

(2) $\frac{\Delta B}{B} = -\Delta r \times D' = -0.75\% \times 1.77 = -1.33\%$

따라서 $\Delta B = -1.33\% \times 1,000 = -13.3$

즉, 채권가격은 13.3원 하락하여 986.7원이 된다.

>>> 연습문제 18 - 3

액면 10,000원, 만기 3년, 액면이자율 연 12%인 채권이 있다. 시장이자율이 8%라고 가정하고 다음 물음에 답하라.

(1) 이 채권의 듀레이션을 산출하라.

(2) 현재 시장이자율이 8%에서 10%로 상승하였다. 이 채권 1단위를 보유하고 있는 투자자의 부가 (1)에서 구한 듀레이션 시점에서 이자율 상승 전과 동일함을 확인하라.

(3) (2)와 같은 효과가 가능한 이유를 이론적으로 설명하라.

(4) (2)와 같이 이자율이 상승한 경우 이 채권을 100단위 보유한 투자자의 부의 변화를 듀레이션을 이용하여 측정하라.

(5) 위의 채권 이외에 시장에는 듀레이션이 4.6년인 채권이 거래되고 있다. 3년 6개월 후에 이자율변동과는 무관하게 투자자금을 회수하려는 투자자의 투자전략을 설명하라.

 해설

(1) 이 채권의 현금흐름과 현재가치를 구하면 다음과 같다.

시점(t)	현금흐름(C)	현가계수	현재가치
1	1,200	$\frac{1}{1.08}$	1,111
2	1,200	$\frac{1}{1.08^2}$	1,029
3	11,200	$\frac{1}{1.08^3}$	8,891
			계 11,031

여기에서 듀레이션은 다음과 같이 산출된다.

$$D = 1 \times \frac{1,111}{11,031} + 2 \times \frac{1,029}{11,031} + 3 \times \frac{8,891}{11,031} = 2.7(\text{년})$$

(2) 이자소득과 채권가격의 합으로 구성되는 채권자의 부가 2.7년 시점에서 시장이자율 8% 수준에서와 10% 수준에서 모두 같은 값임을 확인하면 된다.

① 시장이자율 8%에서 2.7년의 채권투자자의 부는 다음과 같이 산출할 수 있다.

이자소득 : $1,200 \times (1+0.08)^{1.7} + 1,200 \times (1+0.08)^{0.7} = 2,634$

채권가격 : $\frac{11,200}{(1+0.08)^{0.3}} = 10,944$

따라서 채권자의 부는 다음과 같다.

합계: $2,634 + 10,944 = 13,578$

② 시장이자율 10%에서 2.7년의 채권투자자의 부는 다음과 같이 산출할 수 있다.

이자소득 : $1,200 \times (1+0.1)^{1.7} + 1,200 \times (1+0.1)^{0.7} = 2,694$

채권가격 : $\frac{11,200}{(1+0.1)^{0.3}} = 10,884$

따라서 채권자의 부는 다음과 같다.

합계 : $2,694 + 10,884 = 13,578$

위에서 보듯이 시장이자율의 변화와 무관하게 듀레이션 2.7년 시점에서 채권투자자의 부는 13,578원으로 일정하다.

(3) (2)와 같은 효과를 면역효과(immunization effect)라고 하는데, 이자율의 변화가 수입이자의 재투자수익과 채권가격에 상반된 영향을 미치기 때문에 면역효과가 가능한 것이다. 즉, 이

자율의 상승은 수입이자의 재투자수익은 증가시키지만 채권가격을 감소하게 하는데 듀레이션 시점에서는 이들의 크기가 같기 때문이다.

(4) 다음 식을 이용한다.

$$\Delta V = -\frac{\Delta r}{1+r} D \cdot V$$

$$= -\frac{0.02}{1+0.0.8} \times 2.7 \times (11{,}031 \times 100)$$

$$= -55{,}155$$

즉, 55,155원에 해당하는 부의 감소가 발생한다.

(5) 위의 채권에 w만큼, 듀레이션이 4.6년인 채권에 $(1-w)$만큼 투자한 채권포트폴리오의 듀레이션이 3.5년이 되도록 한다.

$$D_P = 2.7 \times w + 4.6 \times (1-w) = 3.5$$

$$\therefore\ w = 57.9(\%)$$

따라서 위의 채권에 보유자금의 57.9%를 투자하고 나머지 42.1%는 모두 듀레이션이 4.6년인 채권에 투자한다.

>>> 연습문제 18 – 4

다음은 채권투자와 듀레이션에 관련된 내용들이다. 각 물음에 답하라.

(1) 이자율변화에 따른 채권투자위험 2가지를 설명하라.
(2) 듀레이션을 이용한 채권면역전략에 대하여 설명하라.
(3) 채권의 일반적 성격을 이용하여 다음 채권들을 듀레이션이 짧은 것부터 긴 것의 순서대로 배열하고 그 이유를 설명하라.

채 권	액면이자율	만기까지 남은 기간	만기수익률
A	12%	3년	8%
B	12	6	8
C	0	6	8
D	12	3	9
E	8	6	8

(4) 위에서 채권 E가 10,000원에 거래되고 있을 때, 이 채권의 듀레이션을 구하고 이자율이 10%로 상승할 경우 듀레이션을 이용하여 채권가격의 변동치를 구하라.
(5) 현재 시장이자율은 10%인데 시장에는 3년만기 순수할인채와 영구채가 있다. 한 연금관리자가 목표투자기간을 7년으로 하여 1억원을 투자하려고 한다. 이 연금관리자가 이자율변동위험을 피하려면 각 채권에의 투자비율을 얼마로 해야 하는가? 단, 영구채권의 경우 듀레이션은 $(1+r)/r$ 이다.
(6) 상황이 위와 같다면 1년 후의 투자비율은 어떻게 변하는가?

해설

(1) 이자율변화에 따라서 채권투자자가 직면하게 되는 2가지 위험은 수입이자의 재투자수익에 대한 변동위험과 채권가격의 변동위험이다.

(2) 목표보유기간과 일치하는 듀레이션을 갖는 채권에 투자하면 (1)에서 제시된 위험을 제거할 수 있다. 동일한 듀레이션을 갖는 채권이 없을 경우에는 채권포트폴리오를 구성함으로써 이러한 효과를 도모할 수 있고 이 효과를 면역효과라고 한다.

(3) ① 만기 3년인 A와 D의 비교

액면이자율이 동일한데 D의 만기수익률이 A보다 더 크므로 듀레이션은 D가 더 짧다.

즉, $D<A$

② 만기 6년인 B, C, E의 비교

만기수익률이 모두 동일한데 액면이자율이 $C<E<B$이므로 듀레이션은 그 역순서이다.

즉, $B<E<C$

③ ①, ②결과의 종합

①, ②에 따라 듀레이션은 다음과 같은 순서이다.

$$D<A<B<E<C$$

(4) ① 듀레이션

액면이자율과 만기수익률이 모두 8%이므로 채권 E의 거래가격 10,000원이 채권 E의 현재가치이다. 그리고 매년 현금유입의 현재가치도 8%로 할인하여 듀레이션을 구한다.

$$D = 1 \times \frac{\left(\frac{800}{1.08}\right)}{10{,}000} + 2 \times \frac{\left(\frac{800}{1.08^2}\right)}{10{,}000} + \cdots + 6 \times \frac{\left(\frac{800}{1.08^6}\right)}{10{,}000}$$

$$= 5\,(\text{년})$$

② 채권가격의 변동치는 다음 식을 이용한다.

$$\Delta V = -\frac{\Delta r}{1+r} D \cdot V$$

$$= -\frac{0.02}{1+0.08} \times 5 \times 10{,}000 = -926$$

즉, 이자율 2% 상승으로 채권가격은 926원 하락한다.

(5) 3년만기 할인채의 듀레이션은 만기와 같으므로 3년이다. 그리고 영구채의 듀레이션은 다음과 같이 산출한다.

$$D = \frac{1+r}{r} = \frac{1+0.1}{0.1} = 11\,(\text{년})$$

따라서 3년만기 할인채의 투자비율을 w라고 하면 영구채의 투자비율은 $(1-w)$가 되므로 채권포트폴리오의 듀레이션을 7년이 되도록 한다.

$$D_P = 3 \times w + 11 \times (1-w) = 7$$

$$\therefore\ w = 50\%$$

즉, 각 채권에 0.5억원씩 투자한다.

(6) 1년이 경과하면 할인채의 만기는 2년이 된다. 그리고 목표보유기간도 6년이 된다. 그러나 영구채의 듀레이션은 11년으로 일정하므로 다음 식이 성립하도록 투자한다.

$$D_P = 2 \times w + 11 \times (1-w) = 6$$
$$\therefore\ w = 55.56\%$$

즉, 3년채에 55.56%를 투자하고 영구채에 44.44%를 투자한다.

연습문제 18 – 5

가나기업의 기획실장은 미래현금유입이 다음과 같이 예측되는 투자안을 수행하기 위해 자금조달계획을 수립하려고 한다.(단위 : 만원)

시 점	$t=1$	2	3	4
현금유입	1,000	1,200	1,700	1,000

그런데 가나기업이 이용할 수 있는 자금시장에서는 만기가 2년과 4년인 할인채권만이 거래되고 있으며 시장이자율은 연 10%이다.

(1) 이 투자안의 듀레이션을 구하라.
(2) 균형상태에서 위 투자안의 가치를 이자율변동으로부터 헤지하기 위한 자금조달방법을 설명하라.
(3) 이 투자안의 NPV가 600만원이라고 할 때에 헤지를 위한 자금조달방법은 어떠한가?

해설

(1) 투자안에서 유입되는 현금흐름의 현재가치와 유입시점을 고려해서 듀레이션을 산출하면 다음과 같다.

시점(t)	현금흐름(C)	현가계수	현재가치
1	1,000	$\frac{1}{1.1}$	909
2	1,200	$\frac{1}{1.1^2}$	992
3	1,700	$\frac{1}{1.1^3}$	1,277
4	1,000	$\frac{1}{1.1^4}$	683
			계 3,861

$$D = 1 \times \frac{909}{3{,}861} + 2 \times \frac{992}{3{,}861} + 3 \times \frac{1{,}277}{3{,}861} + 4 \times \frac{683}{3{,}861} = 2.45\ (\text{년})$$

(2) 균형상태에서는 NPV가 0이므로 이 투자안을 수행하는 데에 3,861의 투자비용이 필요하다.

따라서 투자안의 재무상태표는 다음과 같다.

재무상태표

자 산	3,861	부 채	3,861

이때에는 자산의 듀레이션과 부채의 듀레이션을 일치시켜서 이자율변동 위험으로부터 헤지할 수 있다.

투자비용 3,861 중 B만큼을 2년채 발행으로 조달하고 나머지(3,861 − B)를 4년채 발행으로 조달한다면 다음 식이 성립해야 한다.

$$D_L = 2 \times \frac{B}{3{,}861} + 4 \times \frac{(3{,}861 - B)}{3{,}861} = 2.45$$

$$\therefore\ B = 2{,}992.3$$

즉, 2년채 2,992.3(만원), 4년채 868.7(만원)을 발행한다. 그러나 이는 현재가치이고 액면가액은 다음과 같다.

2년채 : $2{,}992.3 \times (1+0.1)^2 = 3{,}621$(만원)
4년채 : $868.7 \times (1+0.1)^4 = 1{,}272$(만원)

(3) NPV가 600이라면 투자비용은 3,261(=3,861 − 600)만원이 되고 투자안의 재무상태표는 다음과 같다.

재무상태표

자 산	3,861	부 채	3,261
		NPV	600

자산과 부채의 크기가 다르므로 이를 고려해서 다음과 같이 부채의 듀레이션을 결정한다.

$$D_A \times A = D_L \times L$$

$$2.45 \times 3{,}861 = D_L \times 3{,}261 \qquad \therefore\ D_L = 2.9$$

투자비용 3,261 중 B만큼을 2년채 발행으로 조달하고 나머지(3,261 − B)를 4년채 발행으로 조달한다면 다음 식이 성립해야 한다.

$$D_L = 2 \times \frac{B}{3{,}261} + 4 \times \frac{(3{,}261 - B)}{3{,}261} = 2.9$$

$$\therefore\ B = 1{,}793.6$$

즉, 2년채 1,793.6(만원), 4년채 1,468.7(만원)을 발행한다. 이 역시 액면가액으로 나타내면 다음과 같다.

2년채 : $1{,}793.6 \times (1+0.1)^2 = 2{,}170.3$(만원)
4년채 : $1{,}467.5 \times (1+0.1)^4 = 2{,}148.6$(만원)

>>> 연습문제 18 - 6

가나은행은 3년 동안 매년 말 1,000만원씩 회수하는 원리금 균등분할조건의 대출안을 심사 중이다. 시장이자율은 연 10%이다. 다음 물음에 답하라.

(1) 이 대출안의 듀레이션을 구하라.

(2) 이 대출안을 수행하기 위한 필요자금을 일부는 표면이자율 0%, 3년만기 금융채를 발행해서 조달하고 나머지는 보유현금으로 조달할 것이다. 자산과 부채의 듀레이션을 대응시켜서 완전헤지가 되도록 하려면 금융채발행으로 조달해야 할 금액은 얼마인가?

(3) 금리가 앞으로 인하될 것으로 예상된다면 은행이 자기자본가치극대화를 위해서 대출 및 예금의 듀레이션을 어떻게 조정해야 하는가?

해설

(1) 채권수익률 10%를 이용하여 듀레이션을 구하면 다음과 같다.(단위: 만원)

기 간	현금흐름	현가계수	현 가
1	1,000	$\frac{1}{1.1}$	909.09
2	1,000	$\frac{1}{1.1^2}$	826.45
3	1,000	$\frac{1}{1.1^3}$	751.31
			2,486.85

$$D = 1\times\frac{909.09}{2,486.85} + 2\times\frac{826.45}{2,486.85} + 3\times\frac{751.31}{2,486.85} = 1.94$$

(2) 대출안의 재무상태표를 대출(자산), 예금(부채), 자본의 듀레이션과 함께 나타내면 다음과 같다.

재무상태표

2,486.85	부 채 L ($D_L=3$)
($D_A=1.94$)	$2,486.85-L$ ($D_K=0$)

여기에 듀레이션대응의 조건을 적용하면 다음 식이 성립하여 이로부터 부채조달액 L을 구할 수 있다.

$$D_A\times A = D_L\times L$$

$$1.94\times 2,486.85 = 3\times L \qquad \therefore\ L = 1,608.16$$

(3) 금리가 인하되면 대출과 예금의 가치가 모두 증가한다. 이때 대출가치의 증가는 은행의 자기자본가치를 높이지만 예금가치의 증가는 은행의 자기자본가치를 감소시키므로 대출가치

의 증가는 크게 하고 예금가치의 증가는 작게 한다. 따라서 대출의 듀레이션을 높이고 예금의 듀레이션은 줄인다. 이를 위해 대출의 만기를 늘리는 대신 적용이자율을 낮추고 원리금 회수조건을 균등분할회수에서 만기일시회수로 바꾼다. 예금은 단기성예금으로 전환하고 이자는 만기일시상환보다 만기 이전에 지급하는 조건을 취한다.

>>> 연습문제 18 - 7

가나기업의 자금부장은 채권투자를 이용한 재테크를 하려고 생각하고 있다. 채권시장에는 액면가액이 1만원으로 동일한 할인채권이 만기 10년짜리와 5년짜리의 두 종류만 거래되고 있으며 시장이자율은 10%이다. 자금부장은 5년짜리 채권을 1,000단위 공매한 자금으로 10년짜리 1,500단위를 구입하고 나머지는 현금으로 보유하고 있다.

(1) 자금부장이 현재 보유하고 있는 현금은 얼마인가?
(2) 자금부장은 자신의 부를 이자율변동으로부터 헤지하려고 1년만기, 일시상환조건으로 차입금을 조달할 계획이다. 만기에 상환해야 할 금액은 얼마인가?
(3) (2)번과 같이 차입금을 조달했을 때 이자율이 11%로 상승한 경우 자금부장의 부가 이자율로부터 헤지됨을 보여라.

해설

(1) 자금부장의 보유현금은 다음과 같은 단계를 통해서 구할 수 있다.

① 5년채 공매로 조달한 현금은 다음과 같다.

$$\frac{1,000}{(1+0.1)^5} = 620.92\ (\text{만원})$$

② 10년채 구입에 사용한 현금은 다음과 같다.

$$\frac{1,500}{(1+0.1)^{10}} = 578.31(\text{만원})$$

③ 따라서 현재 보유현금은 ①에서 ②를 차감하여 구한다.

$$620.92 - 578.31 = 42.61\ (\text{만원})$$

(2) 자금부장의 재무상태표를 작성하여 D_A, D_L을 구하면 다음과 같다.

재무상태표

자산	금액	부채	금액
현 금	42.61	5년채	620.92
10년채	578.31		
	620.92		620.92

여기에서 현금의 듀레이션은 0이므로 자산의 듀레이션은 다음과 같이 산출된다.

$$D_A = 0 \times \frac{42.61}{620.92} + 10 \times \frac{578.31}{620.92} = 9.31\ (\text{년})$$

그리고 부채는 5년만기 할인채만으로 구성되어 있으므로 듀레이션도 5년이 된다.

$$D_L = 5(\text{년})$$

이자율변동위험을 헤지하려면 D_A와 D_L을 일치시켜야 한다. 따라서 차입금 조달액을 B라고 하면 B는 현금으로 조달된 1년만기 차입금이므로 자산의 듀레이션은 다음과 같이 표현될 것이다.

$$D_A = 10 \times \frac{578.31}{620.92 + B}$$

그리고 부채의 듀레이션은 다음과 같은 식으로 표현할 수 있다.

$$D_L = 1 \times \frac{B}{620.92 + B} + 5 \times \frac{620.92}{620.92 + B}$$

이자율의 변동위험으로부터 헤지하려면 듀레이션대응(duration matching)을 도모해야 한다. 즉, 자산과 부채의 듀레이션을 일치시켜야 한다.

위 식에서 $D_A = D_L$로부터 $B = 2{,}678.5$

즉, 차입으로 2,678.5의 현금을 조달한다.

따라서 만기상환액은 다음과 같다.

$$2{,}678.5 \times (1 + 0.1) = 2{,}946.35\,(\text{만원})$$

(3) 차입금을 조달한 후의 재무상태표를 작성하면 다음과 같다.

재무상태표

자산	금액	부채	금액
현 금	2,721.11	1년차입금	2,678.5
10년채	578.31	5년채	620.92
	3,299.42		3,299.42

여기서 자산의 듀레이션은 다음과 같다.

$$D_A = 10 \times \frac{578.31}{3{,}299.42} = 1.75\,(\text{년})$$

듀레이션대응이 되어 있는 상태이므로 부채의 듀레이션 D_L도 똑같이 1.75년이다.

따라서 이자율이 10%에서 11%로 상승하면 자산, 부채의 가치변화는 다음과 같이 그 크기가 같게 된다.

$$\begin{aligned} \Delta V &= -\frac{\Delta r}{1+r} D \cdot V \\ &= -\frac{0.01}{1+0.1} \times 1.75 \times 3{,}299.42 = -52.5 \end{aligned}$$

자산과 부채 모두 52.5(만원)의 가치가 하락하므로 자금부장의 부에는 변동이 없다.

>>> 연습문제 18 - 8

가나은행의 재무상태표는 다음과 같다.(단위: 백만원)

재무상태표

자산		부채·자본	
현 금	150	CD	300
상업대출	300	정기예금	250
주택대출	200	자 본	100

그리고 각 계정의 이자율과 듀레이션은 다음과 같다.

계 정	이자율	듀레이션
상업대출	11%	1.44년
주택대출	13	6.72
CD	10	1.10
정기예금	12	4.48

(1) 이자율이 3% 상승한 경우 CD의 가치변화를 측정하고 이것이 가나은행의 자기자본가치에 미치는 영향을 설명하라.

(2) 위의 각 계정의 듀레이션으로부터 자본계정의 듀레이션을 산출하라.

(3) 이자율이 3% 상승한 경우 은행의 자기자본가치변화를 자본듀레이션을 이용하여 측정하라.

(4) 이자율변화에 따라 자본듀레이션을 적절히 변화시키면 은행가치를 높일 수 있다. 위와 같이 이자율상승이 예측될 때 자본듀레이션을 어떻게 조정해야 하는지 밝히고 이를 위한 자산 및 부채의 관리전략을 각각 열거하고 설명하라.

해설

(1) 이자율변화에 따른 부의 변화는 다음 식으로 측정한다.

$$\Delta V = -\frac{\Delta r}{1+r} D \cdot V$$

$$= -\frac{0.03}{1+0.1} \times 1.1 \times 300 = -9(\text{백만원})$$

양도성예금증서(*CD*)의 가치는 9백만원 하락하는데 *CD*는 가나은행의 부채이므로 은행의 자기자본가치는 9백만원 증가한다.

(2) 자산, 부채의 적용이자율이 서로 다르므로 수정듀레이션 D'를 이용해야 한다.

먼저 개별 항목으로부터 자산과 부채의 수정듀레이션을 다음과 같이 산출한다.

$$D'_A = \frac{150}{650} \times 0 + \frac{300}{650} \times \frac{1.44}{1.11} + \frac{200}{650} \times \frac{6.72}{1.13} = 2.43(\text{년})$$

$$D'_L = \frac{300}{550} \times \frac{1.1}{1.1} + \frac{250}{550} \times \frac{4.48}{1.12} = 2.36$$

※ 여기서는 개별 항목의 현금흐름이 주어져 있지 않기 때문에 〈연습문제 18-1〉과 같이 풀 수는 없다.

자본의 수정듀레이션 D'_K는 다음과 같이 구한다.

$$D'_K(1-w) = D'_A - w \cdot D'_L \quad \left(\text{단, } w = \frac{L}{A}\right)$$

$$D'_K\left(1-\frac{550}{650}\right) = 2.43 - \frac{550}{650} \times 2.36$$

$$\therefore\ D'_K = 2.815\ (\text{년})$$

(3) 이자율변화에 따른 자기자본가치의 변화는 다음과 같다.

$$\Delta K = -\Delta r \cdot D'_K \cdot K$$
$$= -0.03 \times 2.815 \times 100 = -8.445(\text{백만원})$$

따라서 이자율상승 후 은행가치는 91.555백만원(= 100 − 8.445)이 된다.
이는 다음과 같이 자본의 듀레이션갭을 산출해서 측정할 수도 있다.

$$D'_K(1-w)$$
$$= 2.815 \times \left(1-\frac{550}{650}\right) = 0.433$$

따라서 은행가치의 변화는 다음과 같이 위의 결과와 일치한다.

$$\Delta V_K = -\Delta r \cdot D'_K(1-w) \cdot A$$
$$= -0.03 \times 0.433 \times 650 = -8.445(\text{백만원})$$

(4) D_K를 감소시켜야 한다. D_K의 감소는 D_A 감소와 D_L 증가로 실현할 수 있는데 구체적인 방법은 다음과 같다.

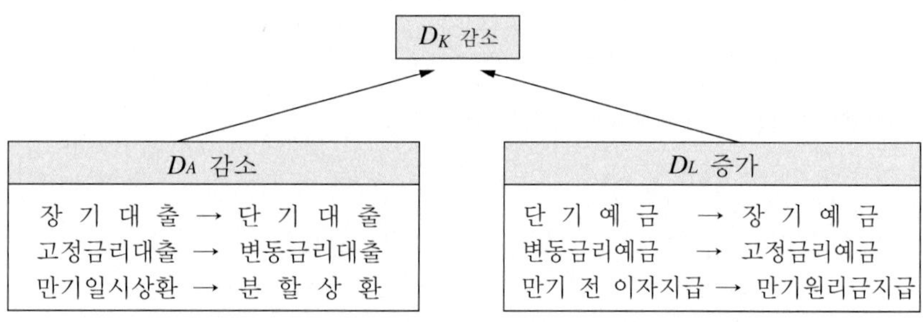

>>> 연습문제 18 - 9

가나은행은 $100,000에 해당하는 10년만기의 미국국채를 보유하고 있다. 달러환율의 일별 변동성은 0.2%이고 미국국채의 일별수익률의 표준편차는 0.1%이다. 보유기간은 5일이고 신뢰수준 95%에서 VaR를 구하려고 한다. 현재 달러당 원화환율은 1,140원이고 환율과 이자율 사이의 상관계수는 −0.1이다.

(1) 환율변동위험을 고려한 VaR와 이자율변동위험을 고려한 VaR를 각각 구하라.
(2) 두 가지 위험을 동시에 고려한 VaR를 측정하고, (1)의 결과와 비교하여 분산효과에 의한 VaR의 감소금액을 산출하라.
(3) 이자율변동위험의 공헌VaR를 구하라.

해설

(1) 외환VaR를 측정하기 위해 현재의 포지션을 원화로 표시한다.

$$10\text{만 달러} \times 1{,}140 = 1.14\text{억원}$$

우선 외환포지션의 VaR(이자율 무시)를 구하면 다음과 같다.

$$1.14\text{억원} \times 1.65 \times 0.2\% \sqrt{5} = 841{,}209\text{원}$$

그리고 채권포지션의 VaR(환율 무시)는 다음과 같다.

$$1.14\text{억원} \times 1.65 \times 0.1\% \sqrt{5} = 420{,}604\text{원}$$

(2) 환율과 이자율을 동시에 고려한 VaR는 다음과 같이 포트폴리오의 VaR로 측정한다.

$$VaR_p = \sqrt{VaR_1^2 + VaR_2^2 + 2 \times \rho_{12} \times VaR_1 \times VaR_2}$$
$$VaR_p = \sqrt{841{,}209^2 + 420{,}604^2 + 2 \times (-0.1) \times 841{,}209 \times 420{,}604} = 902{,}096\text{원}$$

분산효과에 의한 VaR의 감소금액은 다음과 같다.

$$(841{,}209 + 420{,}604) - 920{,}096 = 341{,}717\text{원}$$

(3) 이자율변동위험의 공헌VaR는 다음과 같다.

$$902{,}096 \times \left(\frac{420{,}604^2 + (-0.1) \times 841{,}209 \times 420{,}604}{902{,}096^2} \right) = 156{,}063\text{원}$$

공헌비율은 위 식의 ( )의 값으로서 0.173이다.

※ 포트폴리오의 VaR를 구하는 방법은 〈예제 18-11〉과 같이 포트폴리오의 표준편차를 구해서 이를 이용하는 방법도 있고, 여기서와 같이 개별적인 VaR를 구해서 이로부터 포트폴리오의 VaR를 구하는 방법도 있다. 개별 자산에 대한 투자비율을 알고 있으면 예제와 같은 방법을 따를 수 있지만 그렇지 않다면 여기서와 같은 방법을 따른다. 공헌비율도 마찬가지이다.

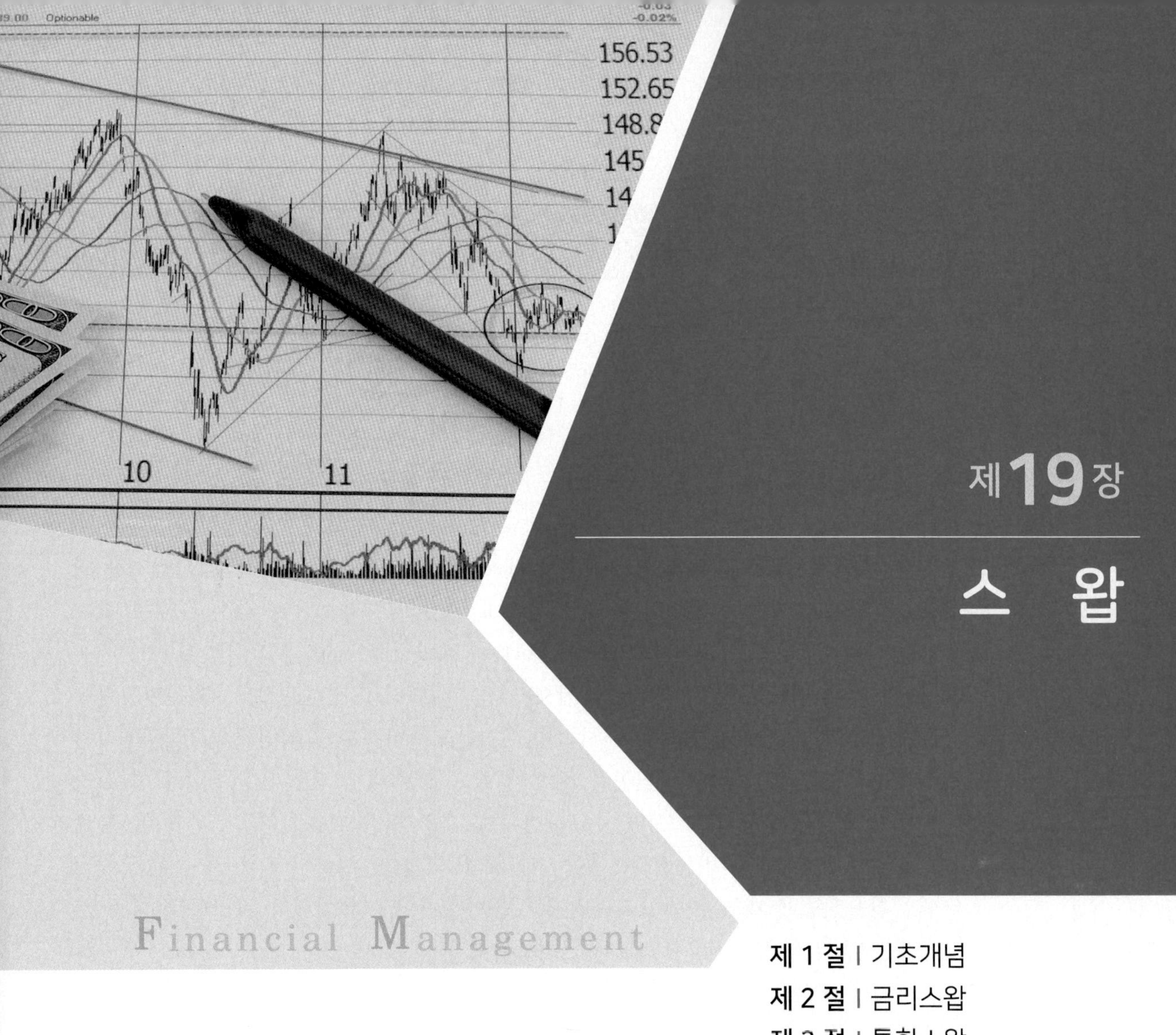

제 19 장 스 왑

Financial Management

학습 목표

스왑(swap)이란 교환(exchange)이라는 의미를 갖는 용어이다. 다소 생소한 개념이라고 볼 수 있지만 두 거래당사자가 서로의 현금흐름을 교환하는 계약이라고 보면 그 내용을 이해하는 데 도움이 될 것이다. 스왑은 옵션이나 선물과 같이 표준화된 금융상품이 아니어서 계약내용이 개별적으로 결정되며 이에 따라서 그 내용도 다양한 편이다. 스왑을 이용하면 시장불균형을 통한 재정이익을 도모할 수 있을 뿐만 아니라 이자율변동이나 환율변동에 따른 위험을 적절하게 관리할 수 있다.

제 1 절 기초개념

1.1 스왑의 도입

스왑(swap)의 시작은 1970년대에 영국정부가 자국자본이 해외로 유출되는 것을 막고자 외화송금에 대하여 높은 세금을 부과하는 외환관리법을 제정하면서 비롯되었다. 영국정부는 이러한 규제를 통해서 국내투자를 촉진시킬 목적이었지만 영국기업들은 이를 회피하기 위한 방법으로 지금의 통화스왑과 같은 형태를 갖는 평행대출(parallel loan)이나 직접대출(back to back loan) 등을 이용하였다.

이와 함께 1973년 브레튼우즈체제가 붕괴되면서 고정환율제도 대신 변동환율제도가 도입되었다. 이로 인해서 환율은 매우 불안정하게 되었고 많은 다국적기업들이 장기간 동안 환율변동을 헤지할 필요성을 갖게 되었다. 통화스왑이 이러한 필요성을 충족시킬 수 있는 유용한 수단으로 인식되면서 기업들은 이를 통해서 위험관리효과와 비용절감효과를 도모하게 되었다.

환율변동에 대한 위험관리차원에서 통화스왑이 이용되면서 동일한 논리를 이자율변동위험에도 적용함으로써 금리스왑이 곧바로 개발되었고 그 형태도 다양하게 발전하였다.

1.2 스왑의 개요

(1) 스왑의 특징

스왑이란 두 거래당사자가 미래의 현금흐름을 서로 교환하기로 약속하는 계약을 말한다. 미래에 현금흐름이 교환된다는 점에서 스왑은 일종의 선도계약이라고 할 수 있다. 따라서 스왑의 가치를 평가하는 것은 실질적으로 선도계약의 가치를 평가하는 것과 동일하다.

그리고 스왑거래에서는 거래당사자들이 요구하는 내용이 다양하기 때문에 동일한 자금조달조건을 갖는 거래상대방을 구하는 문제가 중요하다. 이러한 문제는 스왑전문가의 도움으로 해결할 수 있다. 따라서 스왑거래는 옵션, 선물거래와 같이 표준화되어 거래소에서 이루어지는 것이 아니라 주로 장외시장(OTC : over the counter market)에서 개별적인 형태로 거래가 체결된다. 이때에 스왑계약을 체결해 주는 중개인을 스왑딜러라고 하며 은행과 같은 금융기관이 이 역할을 담당한다.

(2) 스왑의 유용성

거래당사자가 각자 자신에게 비교우위가 있는 상품을 상대방과 교환함으로써 서로의 효용을 극대화할 수 있다는 것은 오래전부터 인지된 사실이다. 이러한 거래방식이 금융상품에 스왑으로 자리잡은 것은 1980년대에 들어서이다. 1981년 투자은행인 Salomon Brothers가 World Bank와 IBM 사이의 통화스왑거래를 성사시키면서 스왑에 대한 유용성이 크게 인식되었고 이를 계기로 스왑시장은 급속도로 발전하였다.

스왑은 옵션이나 선물과 같이 표준화된 파생금융상품은 아니다. 그렇기 때문에 유연성이 뛰어나고 효과적인 위험관리수단이 되고 있다. 스왑은 금융비용절감, 위험관리, 규모의 경제 등의 효과가 있으며, 해외금융시장에서의 차익거래, 새로운 시장진입 및 합성증권의 개발 등 그 용도가 매우 다양하다. 주요 기능을 몇 가지 정리하면 다음과 같다.

① 금융비용의 절감

자본시장의 불완전성에 따라 균형금리가 형성되어 있지 않은 경우 스왑거래를 통해서 재정이익을 도모할 수 있다. 이때의 재정이익은 금융비용의 절감으로 나타나는 것이다.

② 가격변동위험의 헤지

선물계약과 같이 스왑은 이자율위험, 환율위험을 헤지하는 효과가 있다. 다만 선물계약은 헤지대상기간이 비교적 짧은 반면에 스왑은 통상 1년 이상 10년까지의 장기간에 걸친 헤지에 적합하다.

③ 규모의 경제

스왑거래를 통해서 헤지하는 경우에도 비용은 소요되지만 그 비용은 헤지한 기업이 관리할 수 있는 규모의 증가에 따른 이익에 비해 훨씬 적기 때문에 규모의 경제효과를 얻을 수 있다.

④ **완전시장으로 접근**

각종 규제가 있는 자본시장에서는 얻을 수 없었던 이익의 기회가 스왑을 통해서 가능하게 되기 때문에 보다 더 완전한 시장으로 접근하게 된다. 이에 따라서 투자자의 효용은 더 높아질 수 있다.

(3) 스왑의 유형

스왑의 형태는 크게 금리스왑(interest rate swap)과 통화스왑(currency swap)으로 구별된다. 통화스왑이 먼저 도입된 후 금리스왑이 도입되었지만 금리스왑이 통화스왑보다 단순하다고 볼 수 있다. 금리스왑은 미래 일정기간 동안 각자의 채무에 대한 이자지급만을 교환하는 거래를 말하며, 통화스왑이란 이자지급은 물론이고 원금교환까지 약정하는 거래를 의미하기 때문이다. 따라서 금리스왑을 먼저 설명하고 난 후 통화스왑을 설명하고자 한다. 그러나 이외에도 자산스왑(asset swap)이나 상품스왑(commodity swap) 등 다양한 형태의 새로운 스왑도 이용되므로 이에 대해서도 살펴보겠다.

제 2 절 금리스왑

2.1 금리스왑의 개요

(1) 금리스왑의 의의

금리스왑(interest rate swap)이란 두 당사자가 동일한 통화로 표시된 차입금을 부담하고 있을 때 이에 대한 이자지급의무를 교환하여 미래 일정기간 동안 서로 상대방의 이자를 바꾸어 부담하는 것을 말한다.

좀 더 구체적으로 설명해보자. 먼저 어떤 기업이 상대적으로 유리한 고정금리시장에서 차입하였으나 이를 변동금리조건으로 변경하고 싶다고 하자. 그리고 이번에는 다른 기업이 이와 반대로 상대적으로 유리한 변동금리시장에서 차입하였으나 고정금리조건으로 변경하고 싶다고 하자. 이러한 경우 두 기업은 스왑계약을 체결함으로써 고정금리조건을 변동금리조건으로, 그리고 변동금리조건을 고정금리조건으로 전환시킬 수 있는 것이다. 이러한 전환을 통해서 차입비용을 절감하거나 위험헤지효과를 도모하는 것을 금리스왑이라고 하는 것이다.

(2) 금리스프레드

금리스프레드란 차입자(기업)의 신용도에 따른 금리수준의 차이를 말한다. 즉, 신용도가 높은 기업에게는 낮은 차입이자율이 적용되고 신용도가 낮은 기업에게는 높은 차입이자율이 적용되는데 이때에 이자율의 차이를 금리스프레드라고 한다. 신용도가 높은 기업을 A, 신용도가 낮은 기업을 B로 나타낸다면 금리스프레드 s는 다음과 같이 측정된다.

$$s = R(B) - R(A) \tag{19.1}$$

그런데 금융기관의 입장에서 보면 차입자에게 변동금리를 적용할 경우에는 상황변화에 따라서 탄력적으로 금리를 적용할 수 있지만 고정금리의 경우에는 일단 확정된 금리를 만기까지 그대로 가져가야 하는 부담을 안게 된다. 따라서 금융기관은 변동금리의 경우보다 고정금리의 경우에 좀 더 보수적으로 금리를 적용하는 경향이 있다. 이로 인해서 일반적으로 금융시장에서는 고정금리의 스프레드가 변동금리의 스프레드보다 더 크게 나타나는 특징이 있다. 이러한 특징을 식으로 나타내면 다음과 같다.

$$s_F = R_F(B) - R_F(A) \;>\; s_V = R_V(B) - R_V(A) \tag{19.2}$$

단, s_F : 고정금리 스프레드
s_V : 변동금리 스프레드
R_F: 고정금리수준
R_V: 변동금리수준

(3) 비교우위의 판단

단순히 금리의 절대적 수준만을 비교한다면 신용도가 높은 기업은 고정금리와 변동금리 모두에서 신용도가 낮은 기업에 비해서 우위를 갖게 된다. 여기서 말하는 우위란 절대우위를 의미하는 것이다. 그러나 이 두 기업 사이에 스왑거래가 가능한 것은 절대우위 때문이 아니라 비교우위 때문이다.

앞서 금리스프레드의 특징에서 설명한 바와 같이 일반적으로 고정금리에서의 금리스프레드가 변동금리에서보다 더 크다고 하였다. 이를 비교우위적 측면에서 해석하면 신용도가 낮은 기업은 고정금리보다는 변동금리에서 상대적 비교우위를 갖게 된다는 것이다. 그리고 신용도가 높은 기업은 변동금리보다는 고정금리에서 비교우위를 갖는다.

국제무역이론에서 국가 간의 무역이 절대우위가 아닌 비교우위 때문에 발생하는 것이라고 하는 리카도(D. Ricardo)의 비교우위론을 이러한 금융시장에 적용해 보면 다음에서 설명할 금리스왑의 거래형태를 쉽게 이해할 수 있을 것이다.

2.2 고정금리와 변동금리 간의 스왑

(1) 거래형태

금리스왑 중 가장 기본적인 형태는 고정금리와 변동금리 간의 스왑(fixed-floating rate swap)이다. 이는 표준형 금리스왑(plain vanilla interest rate swap), 또는 쿠폰스왑(coupon swap)이라고도 부르는데 그 거래과정은 다음과 같이 설명할 수 있다.

① 상황설정

먼저 금리스왑계약이 체결되기 위해서는 신용도가 높은 기업은 변동금리조건의 차입금을 원하고 신용도가 낮은 기업은 고정금리조건의 차입금을 원하고 있는 상황이어야 한다.

② 차입금의 조달

각 기업은 금융시장에서 비교우위가 있는 금리조건으로 금융기관에서 차입금을 조달한다. 앞서 금리스프레드의 특징을 설명하면서 파악된 비교우위에 따라서 신용도가 높은 기업은 고정금리조건으로 차입하고 신용도가 낮은 기업은 변동금리조건으로 차입한다.

③ 이자조건의 교환

두 기업은 금리스왑계약을 체결한다. 그 내용은 이자지급조건을 서로 교환하고 교환된 조건에 따른 이자를 상대기업에게 지급하는 것이다.

[그림 19-1]을 이용해서 설명하면 고정금리로 차입한 A기업은 변동금리에 해당하는 이자를 B기업에게 지급하고 변동금리로 차입한 B기업은 고정금리에 해당하는 이자를 A기업에게 지급한다는 것이다. 이 결과로 고정금리로 차입한 A기업은 B기업으로부터 고정이자수익을 받게 되므로 이를 금융기관에 대한 차입이자로

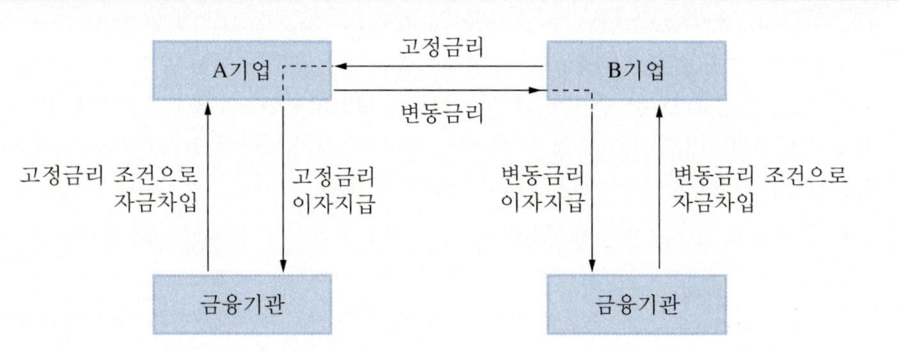

그림 19-1
금리스왑

지급하면 된다. 마찬가지로 변동금리로 차입한 B기업은 A기업으로부터 변동금리수익을 받아 이를 금융기관에 대한 차입이자로 지급하면 된다.

여기에서 스왑계약의 거래당사자인 두 기업이 서로 간에 적용하는 금리를 적절하게 책정하면 두 기업 모두 차입비용을 절감할 수 있다.

(2) 경제적 효과

① 차입비용의 절감

고정금리와 변동금리 간의 스왑계약을 체결할 때에 두 기업은 적절한 대출금리를 적용함으로써 차입비용을 절감할 수 있다. 이러한 비용절감액은 고정금리와 변동금리수준의 불균형을 이용한 재정이익이라고 할 수 있다. 그리고 이 재정이익의 크기는 다음과 같이 고정금리 스프레드에서 변동금리 스프레드를 차감하여 산출된다.

$$\text{재정이익} = s_F - s_V \tag{19.3}$$

그런데 이는 스왑을 통해서 얻을 수 있는 총이익을 나타내는 것이고 이를 두 당사자가 분배하는 것은 당사자 간의 합의에 따라 결정된다.

② 위험헤지효과

금융기관으로부터 변동금리조건으로 차입금을 조달한 기업은 스왑을 통해서 상대기업으로부터 변동금리이자를 수령하여 이를 금융기관에 지급하면 된다. 그러나 자신은 상대기업에게 고정금리이자만 지급하게 되므로 금리변동위험으로부터 헤지할 수 있다.

>>> 예제 19-1

가나기업과 ABC기업은 모두 3년간 100만 달러의 자금을 차입하여 사용할 계획이다. 가나기업은 고정금리로는 연 10%, 변동금리로는 LIBOR+2.5%의 조건으로 차입할 수 있다. 그러나 ABC기업은 가나기업에 비해서 신용도가 낮기 때문에 고정금리로는 연 12%, 변동금리로는 LIBOR+3.5%의 조건으로 차입할 수 있다.

(1) 두 기업이 금리스왑을 체결한다면 이를 통해서 절감할 수 있는 총이자비용은 얼마인가?

(2) 가나기업은 변동금리조건을 원하고 ABC기업은 고정금리조건을 원한다고 한다. 따라서 두 기업은 다음과 같은 내용의 스왑을 체결하였다. 즉, 가나기업이 ABC기업에게 LIBOR + 3.5%의 이자를 지급하고 ABC기업은 가나기업에게 11.5%의 이자를 지급하는 것이다. 매년의 이자현금흐름을 그림으로 나타내라.

(3) (2)와 같은 스왑거래의 결과로 각 기업이 부담하는 실제 이자비용을 구하고 스왑을 통해서 각 기업이 절감하게 되는 이자비용은 얼마인지를 산출하라.

풀이

(1) 재정이익의 산출

① 비교우위의 판단

두 기업의 차입조건을 비교하고 금리스프레드를 산출한다.

	가나기업	ABC기업	금리스프레드
고정금리	10%	12%	2%
변동금리	LIBOR + 2.5%	LIBOR + 3.5%	1%

가나기업은 금리스프레드가 큰 고정금리에서 비교우위를 갖고 ABC기업은 금리스프레드가 작은 변동금리에서 비교우위를 갖는다.

② 절감가능한 이자비용

두 기업이 스왑거래를 통해서 절감할 수 있는 총이자비용, 즉 재정이익은 금리스프레드의 차이인 1%(= 2% − 1%)이다.

(2) 현금흐름

금리스왑이란 원금에 대한 교환은 없으므로 고려대상이 되는 현금흐름은 3년간의 이자지급뿐이다. 매년의 이자지급 흐름은 다음과 같다.

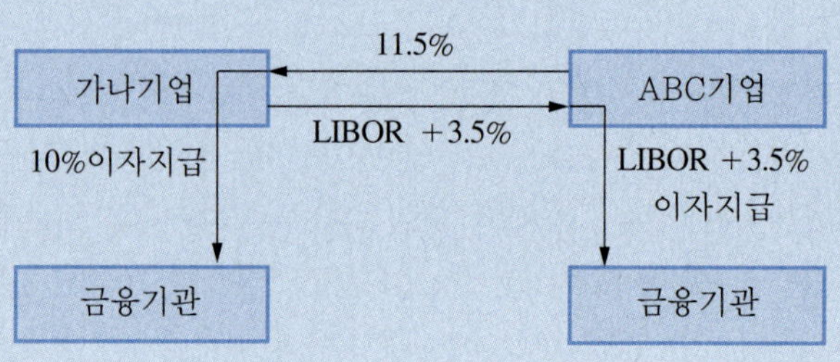

(3) 스왑거래의 결과

스왑거래를 체결한 후 매년 각 기업이 부담하는 실제 이자비용과 이자비용의 절감효과는 다음과 같다.

	가나기업	ABC기업
지급이자	고정 10% 변동 LIBOR+3.5%	고정 11.5% 변동 LIBOR+3.5%
수입이자	고정 11.5%	변동 LIBOR+3.5%
실제부담이자	변동 LIBOR+2.0%	고정 11.5%
스왑이전의 부담이자	변동 LIBOR+2.5%	고정 12%
이자비용절감	0.5%	0.5%

(3) 중복금리스왑

중복금리스왑이란 앞서 살펴본 고정금리와 변동금리 간 스왑과 마찬가지로 상대적 비교우위에 따라 스왑계약을 체결하는 것이다. 다만 당사자 간에 직접 스왑거래를 하는 것이 아니고 두 당사자 사이에 중개은행이 개입되어 있는 점이 다를 뿐이다. 따라서 차입비용의 절감액 중 일부가 중개은행의 중개수수료(중개이익)로 유출된다.

현실적으로 기업들이 직접 스왑거래의 상대방이 되는 경우는 거의 없다. 기업들은 일반적으로 은행과 스왑계약을 체결하고 은행은 스왑중개인으로서 두 당사자의 요구를 충족시킬 수 있는 스왑계약을 설계해 준다.

다음의 예제를 통해서 보다 현실적인 형태로 은행이 개입되어 있는 금리스왑을 살펴보자.

>>> 예제 19-2

가나기업과 ABC기업은 모두 3년간 5,000만 달러의 자금을 차입하여 사용할 계획이다. 가나기업은 변동금리(6개월 LIBOR)조건의 차입을 원하고 있고 ABC기업은 고정금리조건의 차입을 원하고 있다. 이 두 기업에게 적용되는 시장금리는 다음과 같다.

	고정금리	변동금리
가나기업	11.0%	LIBOR + 0.4%
ABC기업	11.6	LIBOR + 0.7

가나기업은 은행에 5,000만 달러에 대해서 6개월 LIBOR로 이자를 지급하는 동시에 은

행으로부터 연 10.7%의 고정금리로 이자를 수령한다. 그리고 ABC기업은 은행으로부터 LIBOR로 이자를 받는 대신 10.8%의 고정금리이자를 지급한다.

(1) 이러한 금리스왑에 따라 현금흐름을 그림으로 나타내라.

(2) 가나기업, ABC기업, 은행이 이러한 스왑을 통해서 얻게 되는 이익은 각각 얼마인가?

풀 이

(1) 은행이 스왑딜러로서 두 기업의 사이에 개입되어 있는 중복금리스왑이다. 이의 현금흐름을 나타내면 다음과 같다.

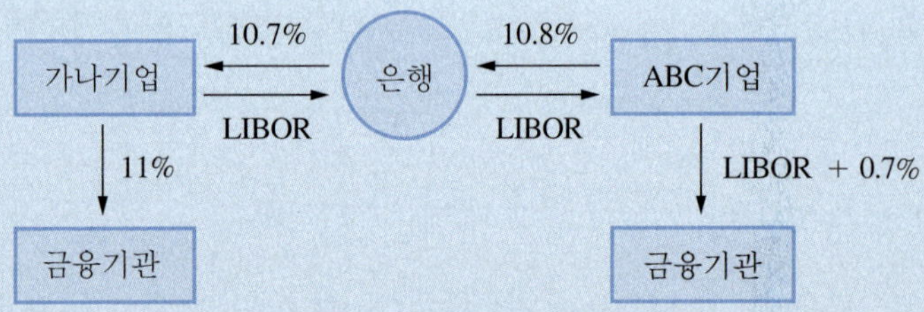

(2) 스왑거래의 결과 가나기업이 부담하는 금리수준은 LIBOR+0.3%(=LIBOR+11% − 10.7%)가 된다.

이는 스왑거래 이전에 부담하게 되는 금리수준 LIBOR+0.4%보다 0.1% 낮은 수준이다. 따라서 가나기업은 스왑거래를 통해서 0.1%만큼의 이자를 적게 내는 셈이 된다. 한편, ABC기업은 스왑거래의 결과 부담하는 금리수준이 11.5%(=LIBOR+0.7%+10.8%−LIBOR)가 된다. 이는 ABC기업이 스왑거래 이전에 고정금리시장을 이용할 경우 부담하게 되는 금리수준 11.6%보다 0.1% 낮은 수준이다. 따라서 ABC기업도 스왑거래를 통해서 0.1%만큼의 이자를 적게 내는 셈이 된다. 끝으로 스왑딜러인 은행의 손익을 구해본다. 은행은 변동금리로 LIBOR를 받아 LIBOR로 지급하고, 고정금리로 10.8%를 받아 10.7%를 지급하므로 은행의 순이익도 0.1%가 된다. 결국 고정금리스프레드 0.6%에서 변동금리스프레드 0.3%를 차감한 스프레드차이 0.3%가 스왑거래로 얻을 수 있는 총이익인데 세 당사자가 모두 동일한 크기로 나누어 갖게 된다.

2.3 금리스왑의 평가

(1) 선도계약

금리스왑은 미래에 일정한 조건으로 이자라는 형태의 현금흐름을 교환하는 거래이다. 따라서 이는 일종의 선도계약으로 볼 수 있다. 먼저 스왑거래에서 변동이자를 지급하고 고정이자를 수령하게 되는 거래당사자를 생각해보자. 그러면 스왑 거래에서의 매년 현금흐름은 다음과 같다.

$$B\times(R_F-R_V)=B\cdot R_F-B\cdot R_V \tag{19.4}$$

단, B: 차입금
R_F: 고정금리
R_V: 변동금리

여기서 스왑계약은 미래의 일정시점에서의 고정적인 금액, $B\cdot R_F$를 받는 대신 변동적인 가격 $B\cdot R_V$를 지급하는 것이다. 그러므로 기초자산을 선물가격(F)에 매도하기로 하고 만기에 S_t의 가치를 갖는 기초자산을 인도해주는 선도계약과 동일하다. 또한 차입금의 만기까지 이러한 현금흐름이 수회 계속될 것이므로 스왑계약은 선도계약의 연속이라고 볼 수 있다.

(2) 금리적용

금리스왑을 평가한다는 것은 식 (19.4)로 표현된 선도계약의 현금흐름에 대해서 현재가치를 구하는 것과 같다. 여기서 선도계약의 현재가치를 구하기 위한 금리적용문제를 생각해보면 세 가지 금리가 대두된다. 먼저 고정금리(R_F), 변동금리(R_V), 그리고 현재가치를 구할 때의 할인율이다. 그런데 고정금리(R_F)는 스왑계약시점에서 확정될 것이므로 쉽게 확인될 수 있는 값이다. 그리고 변동금리(R_V)와 현재가치를 구할 때에 적용할 할인율은 금리의 기간구조에서 이들 값을 구할 수 있다. 즉, 매 기간의 변동금리(R_V)는 해당기간의 선도이자율(f)이 되고 현재가치를 구할 때에 적용할 할인율은 현물이자율을 적용하면 된다. 따라서 금리스왑의 가치를 평가하는 식은 다음과 같이 표현할 수 있다.[1)]

$$\frac{B\times(R_F-f)}{(1+R)^n} \tag{19.5}$$

현실적으로 LIBOR를 적용하는 변동금리조건의 금리스왑이라면 다음 기에 적용될 LIBOR는 대개 현재시점에서 알려져 있어서 문제가 없다. 다만 그 다음 기부터 적용될 LIBOR가 현재로서는 직접 알려져 있지 않은 값인데 이는 현물이자율을 기초로 선도이자율을 구해서 이용한다.

---

1) 그리고 이 식을 연속복리개념으로 나타내면 다음과 같게 된다.

$$B\times(R_F-f)e^{-Rn}$$

>>> 예제 19-3

가나기업은 3년을 계약기간으로 차입금 100억원에 대한 금리스왑을 체결하였다. 이자지급은 변동금리조건이고 이자수취는 13%의 고정금리조건이다. 이자교환은 매년 1회 이루어지고 이자율관련 정보는 다음과 같다.

기간	현물이자율
1년	12%
2년	14%
3년	15%

이러한 상황에서 가나기업의 입장에서 금리스왑의 가치를 평가하라.

풀이

스왑은 미래의 현금흐름을 교환하는 거래이므로 일련의 선도계약으로 볼 수 있다. 따라서 스왑가치는 선도계약의 현재가치로 평가할 수 있다. 가나기업의 미래현금유입은 고정금리조건의 이자수입이므로 다음과 같다.

$$100\text{억원} \times 13\% = 13(\text{억원})$$

현금유출은 변동금리조건의 이자지급액이므로 각 기간의 선도이자율을 구해야 한다.

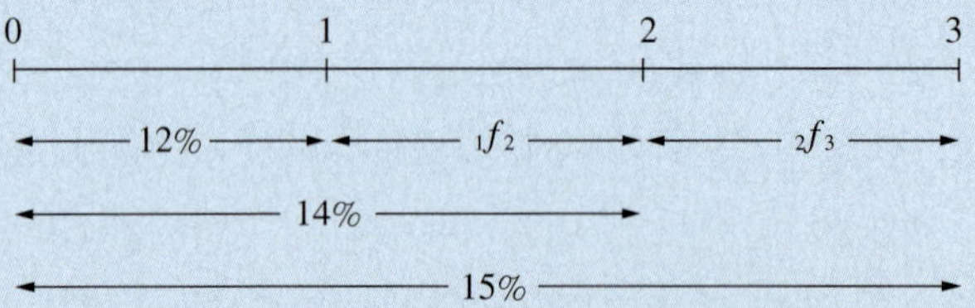

$$(1+0.12) \times (1+{}_1f_2) = (1+0.14)^2 \quad \therefore\ {}_1f_2 = 16.04(\%)$$
$$(1+0.14)^2 \times (1+{}_2f_3) = (1+0.15)^2 \quad \therefore\ {}_2f_3 = 17.03(\%)$$

변동금리조건에서는 $_1f_2$와 $_2f_3$가 각 기간의 이자지급액을 결정한다.
따라서 스왑가치는 다음과 같다.

$$\frac{(13-12)}{(1+0.12)} + \frac{(13-100 \times 0.1604)}{(1+0.14)^2} + \frac{(13-100 \times 0.1703)}{(1+0.15)^3} = -4.1(\text{억원})$$

이는 단순하게 수입이자의 현재가치에서 지급이자의 현재가치를 차감한 것으로 이해해도 된다.

제 3 절 통화스왑

3.1 통화스왑의 개요

통화스왑(currency swap)이란 서로 다른 통화로 표시된 자금을 필요로 하는 두 거래당사자가 계약기간 동안 원금에 기초하여 상이한 통화로 표시된 이자를 지급하고, 만기일에는 계약시점에 미리 약정한 환율에 의해 원금을 교환하는 것이다.

이자교환방식에는 고정금리이자 간의 교환과 변동금리이자 간의 교환이 있고, 고정금리이자와 변동금리이자 간의 교환도 있다. 전자의 방식을 순수통화스왑이라고 부르고, 후자의 방식은 금리-통화스왑이라고 구별해서 부르기도 한다.

통화스왑이 금리조건을 교환한다는 점에서는 금리스왑과 같지만 다음과 같은 두 가지 측면에서 큰 차이가 있다. 첫째, 거래개시시점과 종료시점에서 원금의 실질적인 교환이 수반된다. 둘째, 서로 다른 통화 간의 교환으로서 외환스왑의 성격을 갖는다.

3.2 평행대출과 직접대출

통화스왑의 원초적인 형태는 평행대출(parallel loan)과 직접대출(back to back loan)이다. 이는 자본의 해외유출을 방지하기 위한 영국의 외환관리법을 회피하는 수단으로 생겨난 것이다. 이후의 통화스왑은 모두 여기서부터 발전된 것으로 볼 수 있기 때문에 이들의 내용을 먼저 살펴볼 필요가 있다.

(1) 평행대출

서로 다른 국가에 모회사가 소재하고 각각 상대국에 자회사를 두고 있을 때 모회사가 각자의 현지통화를 차입하여 이를 자국 내에 있는 상대방 자회사에 빌려주는 거래형태를 말한다. 이에 따른 현금흐름은 [그림 19-2]와 같이 나타난다.

그림 19-2

평행대출

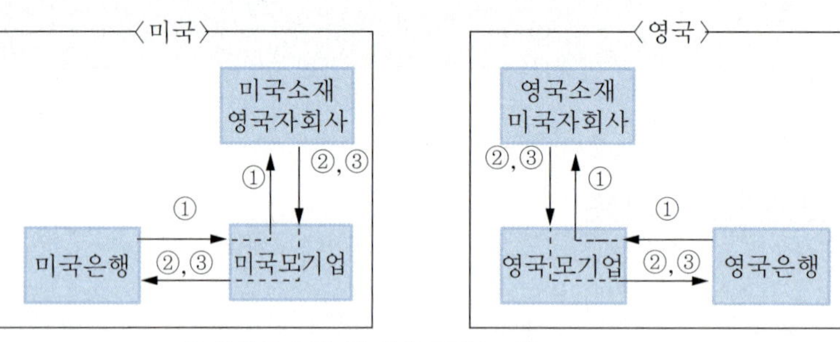

(2) 직접대출

직접대출은 평행대출과 매우 유사하다. 다만, 대출이 자회사를 통하지 않고 모기업 간에 직접적으로 이루어지기 때문에 두 당사자, 즉 모기업만이 관련된다. 이에 따른 현금흐름은 [그림 19-3]과 같이 나타낼 수 있다.

(3) 효과 및 문제점

① 효 과

스왑될 금액을 결정할 때 두 거래당사자가 현물환율을 기준환율로 이용하여 동일금액을 같은 기간 동안 사용하기 때문에 두 거래당사자가 모두 환율변동위험을 헤지할 수 있다. 그리고 외환규제로 인해 상대국에서 직접 부채를 조달할 때 자본비용이 높은 경우에는 이자비용을 절감하는 재정거래효과도 있다.

② 문제점

자기와 똑같은 입장에 있는 상대방을 찾기가 어렵다. 만약 그러한 상대방을 찾았다고 해도 상대방이 이자지급 및 원금상환의무를 이행하지 않을 경우 그 부담을 감수하여야 한다. 왜냐하면 평행대출 및 직접대출은 모두 실제로 두 개의 별도 대출계약으로 구성된 것이기 때문이다. 그러나 이후에 등장한 통화스왑은 하나의 계약으로 만들어진 것이다.

그림 19-3

직접대출

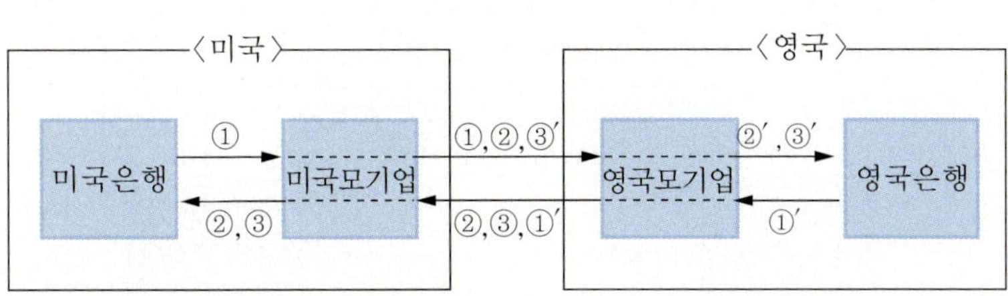

①, ①′ 차입금조달 및 원금교환($t=0$)
②, ②′ 이자지급($t=0$ 부터 만기까지)
③, ③′ 차입금상환 및 원금의 재교환($t=$만기)
단, ①, ②, ③은 미국달러화, ①′, ②′, ③′ 은 영국 파운드화의 흐름을 나타낸다.

3.3 장기선도환계약

(1) 개 요

장기선도환계약이란 계약 당시 서로 약정한 환율에 따라 미래의 일정시점에서 특정 통화를 서로 매도(또는 매입)하기로 약속하는 거래로서 장기선물환계약이라고도 한다. 이는 주로 일반 선물시장에서 헤지하기 어려운 대규모의 장기외환자금의 환율변동위험을 헤지하기 위해서 사용된다. [그림 19-4]는 이러한 장기선도환계약의 일반적인 형태를 나타낸 것이다.

(2) 약정환율의 결정

일반적으로 장기선도환계약에서의 약정환율은 이론적 선도환율이 이용된다. 이론적 선도환율은 두 통화 간의 금리차이가 반영되어 결정되는데 이는 환율결정메커니즘에서의 금리평가식으로부터 구할 수 있다.

따라서 한국기업이 미국기업과 t년만기 선도환계약을 체결할 때 적용되는 약정환율은 다음과 같이 결정된다.

$$F_t = S_0 \times \left[\frac{1 + R_K}{1 + R_A}\right]^t$$

단, F_t : 한국, 미국 통화 간의 t년만기 선도환율
S_0 : 현재 달러당 현물환율 $\left(\frac{K\text{국 통화}}{A\text{국 통화}}\right)$
R_K, R_A : 한국, 미국의 t년만기 현물이자율

그림 19-4

장기선도환 계약

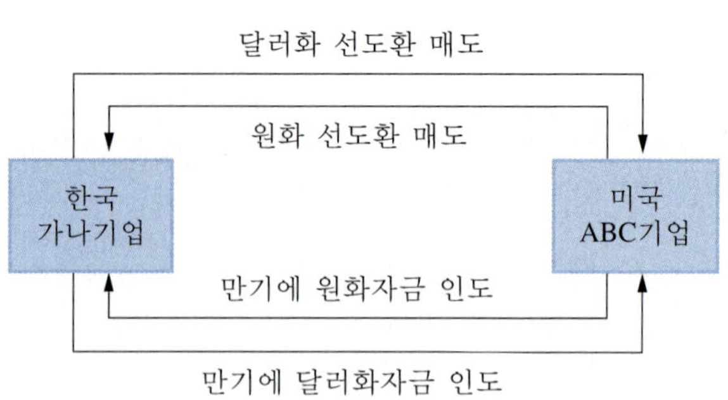

사실 이 식은 통화선물의 균형가격을 구하는 식과 동일한 것이다. 그런데 여기서 만약 각 기간마다 서로 다른 수준의 이자율이 존재하고 이를 예측할 수 있다면 이를 재투자수익률로 해서 약정환율을 산출해야 할 것이다. 예를 들어, 만기가 2년인 선도환계약을 체결하면서 각 국가의 첫째 해, 둘째 해의 금리수준을 예측할 수 있다면 약정환율은 다음과 같이 산출될 것이다.

$$F_t = S_0 \times \left[\frac{(1 + R_{K1})(1 + f_{K2})}{(1 + R_{A1})(1 + f_{A2})} \right]$$

단, R_{K1}, R_{A1} : 한국, 미국의 1년만기 현물이자율

f_{K2}, f_{A2} : 한국, 미국의 둘째 해 선도이자율

(3) 직접통화스왑

직접통화스왑이란 두 거래자가 서로 필요로 하는 통화자금을 현물환율을 적용하여 매입해서 사용하고 만기일에 가서는 차입기간 중의 환율변동과는 관계없이 최초 계약시점의 현물환율로 동일한 금액을 상환하기로 약정하는 거래를 말한다.

그 원리는 장기선도환계약과 동일하지만 다음과 같은 점이 다르다.

① 만기 상환 시에 적용되는 환율이 선도환율이 아닌 계약시점의 현물환율이라는 점

② 현물환거래와 선도환거래가 함께 발생한다는 점

>>> 예제 19-4

미국의 ABC기업과 한국의 가나기업은 모두 차입금을 조달하려고 하는데 은행에서 제시하고 있는 이자율은 다음과 같다.

기 업	달러화	원 화
ABC기업	7.5%	10.4%
가나기업	9.0	10.9

ABC기업은 한국 원화차입을 원하고 있고 가나기업은 미국 달러화차입을 원하고 있다. 이 두 기업이 스왑계약을 체결함으로써 상호이익을 얻을 수 있는데 서로 동일한 크기의 이익을 갖기로 하였다. 그리고 은행이 개입하여 스왑계약을 체결해주고 각 기업이 얻는 이익의 절반에 해당하는 수수료를 받기로 하였다.

(1) 거래당사자들이 얻게 되는 이익을 구하라.

(2) 당사자들의 요구가 반영된 스왑계약을 설계해보라.

풀이

(1) 주어진 이자율정보를 이용하여 스왑계약을 통해서 얻을 수 있는 총이익을 먼저 구한다.

기 업	달러화	원 화
ABC기업	7.5%	10.4%
가나기업	9.0	10.9
차 이	1.5	0.5

달러화로 표시된 금리스프레드는 1.5%이고 원화표시 금리스프레드는 0.5%이므로 이 두 스프레드의 차이 1.0%만큼의 총이익을 얻을 수 있다. 이에 따라서 ABC기업과 가나기업은 0.4%씩, 은행은 이의 절반인 0.2%의 이익을 얻도록 한다.

(2) ABC기업은 상대적으로 유리한 달러화를 연 7.5%로 차입하고, 가나기업은 상대적으로 유리한 원화를 연 10.9%로 차입하고 은행이 개입하여 이들 두 기업의 요구가 반영된 다음과 같은 스왑계약을 체결한다.

ABC기업은 원화를 연 10%(=10.4−0.4)의 고정금리로 사용하는 것이 되는데 이는 ABC기업이 직접 원화를 이용할 때의 금리 10.4%보다 0.4% 낮은 수준이 된다. 또한 가나기업은 달러화를 연 8.6%(=9−0.4)의 고정금리를 지급하는 것이 되는데 이는 가나기업이 직접 달러화를 이용할 때의 금리 9.0%보다 0.4% 낮은 수준이 된다. 한편, 은행은 달러화에서 1.1%(=8.6−7.5)의 이익을 얻고 원화에서 0.9%(=10−10.9)의 손실을 보게 되므로 결과적으로는 0.2%의 이익을 얻는다. 스왑계약을 통해서 두 기업은 각각 0.4%의 이익을, 은행은 0.2%의 이익을 얻게 된다.

3.4 통화스왑의 평가

(1) 선도계약

통화스왑도 미래에 일정한 조건으로 현금흐름을 교환하는 거래이다. 따라서 이 역시 금리스왑과 마찬가지로 선도계약으로 평가할 수 있다. 그런데 금리스왑에서는 미래에 교환하는 현금흐름이 이자뿐이지만 통화스왑은 원금과 이자의 두 가지 현금흐름이 포함되는 것이 차이점이다. 그러므로 통화스왑의 가치를 평가할 때에는 이자교환의 선도계약과 원금교환의 선도계약을 각각 평가한 값을 합해야 한다.

(2) 평가사례

앞의 〈예제 19-4〉의 내용을 이용하여 통화스왑의 가치를 평가하는 방법에 대해 설명해보자. 먼저 은행의 스왑계약을 통해서 ABC기업은 연 7.5%의 100만 달러의 차입을 연 10%의 12억원의 차입으로 전환하고 가나기업은 연 10.9%의 12억원의 차입을 연 8.6%의 100만 달러의 차입으로 전환하였다고 하자. 그리고 이자 지급은 연 1회라고 가정하자.

이제 가나기업의 입장에서 통화스왑의 가치를 평가해보겠다. 이러한 통화스왑은 앞서 설명하였듯이 미래의 원리금교환을 약속한 것이므로 선도계약으로 평가할 수 있다. 즉, 가나기업은 매년 1회씩 은행에게 8.6만 달러(=100만 달러 × 8.6%)를 지급하고, 은행으로부터는 1.308억원(=12억원 × 10.9%)을 수령하는 이자교환을 할 것이다. 그리고 가나기업은 최종일에 12억원을 수령하고 100만 달러를 지급하는 원금교환을 하게 된다.

이자교환의 현재가치, 그리고 원금교환의 현재가치를 차례대로 구해보자. 먼저 가나기업의 입장에서는 이자교환이 매년 1.308억원의 자산을 8.6만 달러의 가격에 인도하는 선도계약으로 평가될 수 있다. 따라서 이러한 선도계약의 가치는 다음과 같다.

$$\sum_{t=1}^{n} \frac{1.308\text{억원}/F_i - 8.6\text{만 달러}}{(1+R_i)^{t_i}}$$

단, F_i : 시점 i의 한국, 미국 통화 간 선도환율

R_i : 미국의 현물이자율

t_i : i번째 지급일

이번에는 원금교환에 대해서 평가하자. 원금교환은 최종시점 n에서 12억원을 100만 달러의 자산에 매입할 수 있는 선도계약으로 볼 수 있다. 따라서 이 선도계약의 가치는 다음과 같이 산출된다.

$$\frac{12\text{억원}/F_n - 100\text{만 달러}}{(1+R_i)^{t_n}}$$

결국 통화스왑은 이자교환과 원금교환이 결합된 것이므로 이 두 가지 식으로 산출한 값을 합하면 통화스왑의 가치가 산출될 것이다.

>>> 예제 19-5

ABC은행은 가나기업과 500만 달러 규모의 통화스왑을 체결하려고 한다. ABC은행은 2년간 가나기업으로부터 매년 1회 7%의 이자를 받고 가나기업에게 매년 4%의 이자를 지급한다. 현재의 환율은 $1=1,200원이며 현물이자율은 달러화는 8%, 원화는 6%이며 이자율의 기간구조는 수평적이라고 가정한다. 다음 각 경우에 ABC은행의 입장에서 이러한 스왑의 가치를 평가하라.

(1) 통화스왑을 장기선도환계약으로 체결할 경우
(2) 통화스왑을 직접스왑으로 체결할 경우

풀 이

(1) ABC은행이 매년 받게 될 이자금액과 지급하게 될 이자금액을 산출한다.

$$\text{수입이자} = 500\text{만 달러} \times 7\% = 35\text{만 달러}$$
$$\text{지급이자} = 60\text{억원} \times 4\% = 2.4\text{억원}$$

1년 후, 2년 후의 선도환율을 구하면 다음과 같다.

$$F1 = 1{,}200 \times \left(\frac{1+0.06}{1+0.08}\right) = 1{,}177.8$$
$$F2 = 1{,}200 \times \left(\frac{1+0.06}{1+0.08}\right)^2 = 1{,}156$$

위의 값들을 이용해서 다음과 같이 ABC은행의 입장에서 통화스왑의 가치를 산출할 수 있다.

$$\left(35\text{만 달러} - \frac{2.4\text{억원}}{1{,}177.8}\right) \times \frac{1}{1.08} + \left(35\text{만 달러} - \frac{2.4\text{억원}}{1{,}156}\right) \times \frac{1}{1.08^2}$$
$$+\left(500\text{만 달러} - \frac{60\text{억원}}{1{,}156}\right) \times \frac{1}{1.08^2} = 94{,}308(\text{달러})$$

(2) 직접통화스왑의 경우에는 만기의 원금교환 시 최초계약시점의 환율을 적용한다. 따라서 통화스왑의 가치는 다음과 같다.

$$\left(35\text{만 달러} - \frac{2.4\text{억원}}{1{,}177.8}\right) \times \frac{1}{1.08} + \left(35\text{만 달러} - \frac{2.4\text{억원}}{1{,}156}\right) \times \frac{1}{1.08^2}$$
$$+\left(500\text{만 달러} - \frac{60\text{억원}}{1{,}200}\right) \times \frac{1}{1.08^2} = 257{,}469(\text{달러})$$

제 4 절 *기타스왑

스왑은 통화스왑과 금리스왑으로부터 시작되었지만 최근에는 이외에도 다양한 스왑거래가 계속적으로 도입되고 있다. 각종 새로운 유형의 스왑에 대해서 살펴보겠다.

4.1 자산스왑

(1) 자산스왑의 의의

대개 스왑의 일반적인 목적은 자신이 부담하고 있는 부채의 성격을 변화시키기 위한 것이라고 할 수 있다. 즉, 자신이 부담하고 있는 고정금리부채를 변동금리부채로 전환시키거나 특정 통화표시부채를 다른 통화표시부채로 전환시키고자 하는 것이다. 그러나 이와는 달리 자신이 갖고 있는 자산에 대해서도 금리형태나 통화형태를 전환시킬 수 있는데 이러한 스왑을 자산스왑(asset swap)이라고 한다.

일반적으로 자금을 차입하는 입장에서는 변동금리이자를 지급하기를 원하는데 비해서, 자금을 운용하는 투자자의 입장에서는 고정금리이자수익을 선호하는 경향이 있다. 특히 공공성이 높은 연금 또는 보험회사 등은 변동금리채권들을 금리가 다소 높다고 생각되는 수준에서 고정금리채권의 형태로 전환시키기를 원한다. 이러한 요구는 자산스왑을 통해서 달성될 수 있다. 즉, 고정금리를 지급하고 변동금리를 받기 원하는 상대방과 스왑계약을 체결하면 된다.

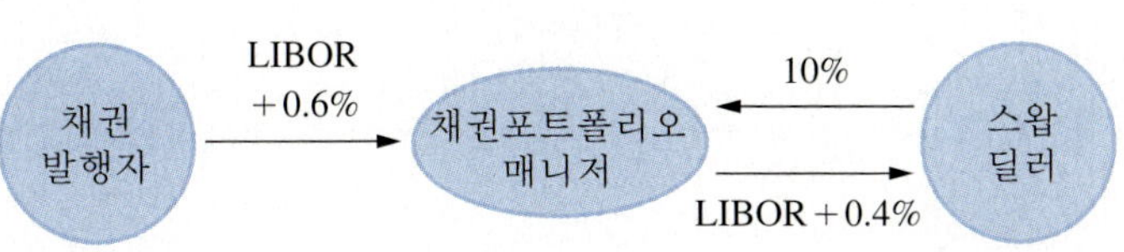

그림 19-5
자산스왑

(2) 자산스왑의 사례

변동금리채권을 보유하고 있는 채권포트폴리오의 매니저가 장래 시장금리의 하락을 우려하여 변동금리의 이자수익을 고정금리수준으로 확정시키기를 원한다고 하자. 현재 보유하고 있는 채권의 이자수익은 변동금리조건으로서 LIBOR + 0.6%이다. 이 채권의 만기가 3년 남은 현재시점에서 시중 3년만기 채권금리가 연 10%라고 하자. 이러한 상황에서 채권포트폴리오를 운영하는 매니저는 고정금리를 지급하고 변동금리를 받기 원하는 스왑딜러 또는 거래상대방과의 금리스왑을 통해서 고정금리를 확보할 수 있다.

[그림 19-5]는 이러한 요구가 충족될 수 있는 자산스왑을 나타낸다. 이를 통해서 채권포트폴리오를 운영하는 매니저는 연 10%의 고정금리를 확보하면서 변동금리이자에서도 0.2%의 수익을 확보할 수 있게 된다.

4.2 상품스왑

(1) 상품스왑의 의의

상품스왑(commodity swap)은 거래상대방에게 일정수량의 상품에 대해서 고정된 단위당 가격을 적용하여 정기적으로 수령하고 그 상대방으로부터는 고정가격 대신에 현재의 시장가격을 지급하는 것이다. 여기서 가격결정의 대상이 되는 기초자산은 동일한 상품이 될 수 있고 서로 다른 상품이 될 수도 있다. 기초자산이 되는 상품이 동일하다면 원래의 자산에 대한 교환이 필요없지만 다를 경우에는 실물상품의 교환이 수반될 수도 있다. 그러나 대개의 경우에는 실물교환없이 현금정산으로 거래가 종결된다.

그림 19-6
상품스왑

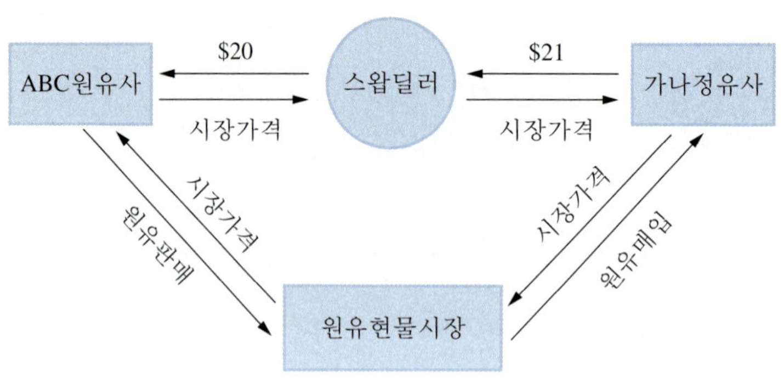

(2) 상품스왑의 사례

상품스왑의 구조와 효과를 확인하기 위해서 간단한 사례를 들어보자. 원유를 공급하는 ABC원유사와 원유를 필요로 하는 가나정유사와의 사이에서 스왑딜러가 개입하여 상품스왑을 체결하였다. ABC원유사는 매달 1만3천 배럴의 원유를 생산하며 이에 대한 고정수익을 원하고 있으며 가나정유사는 매달 1만 배럴의 원유가 필요한데 이에 대한 지출을 일정한 금액으로 고정시키고 싶어한다.

어떠한 스왑계약을 통해서 이들이 원하는 요구를 반영시킬 수 있는지 생각해보자. 스왑계약체결시점에서 원유시장의 원유가격은 배럴당 20달러라고 하자. 가나정유사는 배럴당 21달러를 스왑딜러에게 지급하기로 계약하고 스왑딜러는 현물시장가격을 가나정유사에 지급하기로 한다. 반대로 ABC원유사는 현물시장가격을 스왑딜러에게 지급하고 대신 딜러로부터 고정가격 20달러를 받기로 한다.

이러한 구조의 스왑계약을 [그림 19-6]과 같이 나타낼 수 있다.

이제 ABC원유사와 가나정유사의 입장에서 이들의 요구가 반영되었는지 확인해보자. ABC원유사는 현물시장에 현물을 내다 팔고 받은 시장가격을 딜러에게 지급하고 이 시장가격이 얼마이든지와 무관하게 배럴당 20달러를 딜러로부터 받는다. 이를 통해서 자신이 생산하는 원유에 대해 고정수익 배럴당 20달러를 확보하게 된다.

한편 가나정유사는 스왑딜러로부터 현물시장가격대로 받은 금액을 이용해서 현물시장에서 원유현물을 구입하면서 배럴당 20달러를 딜러에게 지급한다. 이를 통해서 현물구입에 대한 부담을 배럴당 20달러로 묶어놓을 수 있다. 또한 딜러는 배럴당 1달러의 마진을 얻어 모든 당사자들이 각자의 요구를 달성할 수 있게 된다.

여기서 문제가 될 수 있는 것은 ABC원유사와 가나정유사가 거래하고자 하는 원유수량의 차이이다. 즉, ABC원유사는 1만3천 배럴의 원유를 생산하고 가나정유사는 1만 배럴의 원유를 필요로 한다는 점이다. 이러한 상황에서 이들 두 당사자가 직접 스왑거래를 하려고 한다면 거래가 성사되지 않을 수 있다. 그러나 중간에 스왑딜러가 개입하여 거래가 성사되는 것이다. 즉, 스왑딜러는 ABC원유사의 초과생산량 3천 배럴에 대해서 선물시장을 이용하거나 또 다른 스왑을 통해서 위험을 헤지할 수 있다.

/제 19 장/ 요약

1. 스왑은 교환이라는 의미이다. 두 거래당사자가 서로의 현금흐름을 교환해서 금융비용을 줄이거나 위험관리를 하는 것을 스왑이라고 한다.

2. 이 장에서 다룬 두 가지 내용은 스왑의 구조를 파악하고 스왑의 경제적 가치를 평가하는 것이다. 특히 스왑의 가치를 평가할 때에는 스왑을 연속된 일련의 선도계약으로 이해하는 것이 중요하다.

3. 스왑의 종류에는 차입금의 금리조건을 교환하는 금리스왑과 서로 다른 통화를 맞바꿔서 사용하는 통화스왑으로 구분할 수 있다.

4. 신용도가 다른 기업 간의 차입금리의 차이를 스프레드라고 하는데, 금융시장에서는 고정금리스프레드가 변동금리스프레드보다 더 크게 나타나는 특징이 있다. 이러한 경우 고정금리차입금을 사용하고 있는 신용도가 높은 기업과 변동금리차입금을 사용하고 있는 신용도가 낮은 기업 사이에서 금리스왑이 가능하다.

5. 금리스왑을 체결하면 이자지급액이 스왑 이전과 달라지는데 이렇게 달라진 이자변동분의 현재가치를 구하면 각 당사자의 입장에서 평가한 금리스왑의 가치가 된다. 이 값이 0보다 커야 금리스왑이 이루어질 수 있다.

6. 통화스왑은 서로 다른 통화를 맞바꿔서 사용하다가 만기에 가서 원금을 다시 바꾸는 방식으로 상환하는 것이다. 따라서 환율적용의 문제가 중요하다. 현재환율 그대로 상환하는 방식과 두 나라의 금리차이를 반영한 환율로 상환하는 방식이 있다.

7. 통화스왑의 가치는 금리뿐만 아니라 적용환율의 차이에 의해서도 영향을 받게 된다.

>>> 연습문제 19 - 1

가나기업과 ABC기업은 중개은행을 통해서 스왑거래를 하고 있다. 두 회사의 금융시장에서의 차입조건은 다음과 같다.

	가나기업	ABC기업
고정금리	연 11.0%	연 10.0%
변동금리	prime rate + 1.0%	prime rate + 0.75%

그리고 스왑계약의 내용은 다음과 같다.

① 가나기업은 변동금리로 차입한 자금을 중개은행에 명목상 prime rate + 1.0%에 대출
② ABC기업은 고정금리로 차입한 자금을 중개은행에 명목상 10.5%로 대출
③ 중개은행은 가나기업에서 차입한 자금을 명목상으로 ABC기업에 prime rate + 1.0%에 대출하고 ABC기업에서 차입한 자금을 명목상으로 10.75%로 가나기업에 대출

(1) 위의 스왑거래로 인한 현금흐름을 그림으로 나타내라.
(2) 이러한 스왑거래에 따른 각 기업의 이자비용 절감효과와 중개은행의 중개이익을 산출하라.
(3) (2)에서 구한 효과와 금리스프레드의 관계를 설명하라.

해설

(1) 이는 금리스왑 중에서 중개은행이 개입된 형태로서 중복금리스왑을 말하는 것이다. 스왑체결에 따른 세 당사자 간 이자수령과 이자지급의 현금흐름은 다음과 같다.

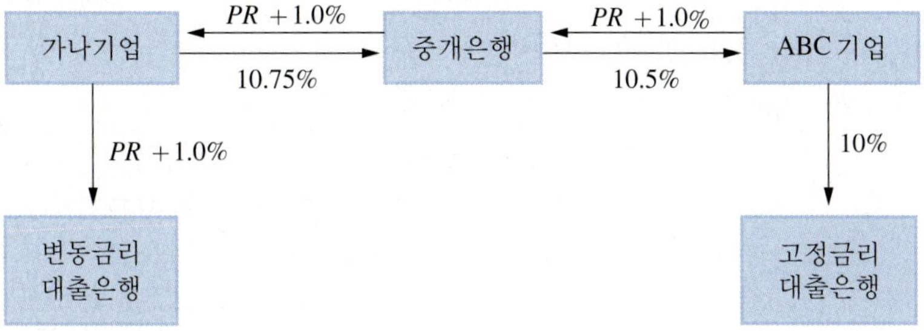

(2) 스왑거래의 결과를 요약하면 다음과 같다.

	가나기업	ABC기업	중개은행
① 고정금리수입	–	10.5	10.75
② 고정금리지급	10.75	10.0	10.5
③ 변동금리수입	$PR+1.0$	–	$PR+1.0$
④ 변동금리지급	$PR+1.0$	$PR+1.0$	$PR+1.0$
⑤ 스왑 후 부담금리	10.75	$PR+0.5$	–
⑥ 스왑 전 부담금리	11.0	$PR+0.75$	–
⑦ 금리절감효과	0.25	0.25	–
⑧ 중개이익	–	–	0.25

(3) 스왑거래의 결과로 가나기업, ABC기업이 얻게 되는 금리절감효과와 중개은행이 얻게 되는 중개이익을 모두 더하면 0.75%가 된다. 이는 다음과 같이 산출한 금리스프레드의 차이와 항상 같게 된다.

	가나기업	ABC기업	금리스프레드
고정금리	11.0%	10.0%	1%
변동금리	$PR+1.0\%$	$PR+0.75\%$	0.25%
차 이			0.75%

이처럼 재정이익 0.75%는 스왑계약의 내용에 따라서 관련 당사자에게 분배되는 것이다.

연습문제 19 – 2

가나기업은 1월 1일 100억원을 5년만기, 고정금리 13.5% 조건으로 ABC은행으로부터 차입하였다. 2년이 경과된 시점에서 가나기업 재무담당자는 스왑딜러로부터 이 채무를 변동금리로 스왑해주겠다는 제의를 받았다. 1년만기 현물이자율은 10%, 2년만기 현물이자율은 12%, 3년만기 현물이자율은 13%이다. 단, 이자는 매년 말에 1회 지급하고, 이자율기간구조의 순수기대이론이 성립한다고 가정하자.

(1) 가나기업의 입장에서 스왑거래에 따른 매년의 순현금흐름을 계산하라.
(2) 스왑거래의 대가로 스왑딜러는 2억원의 수수료를 요구한다. 이 제의를 받아들일 것인가를 평가하라.

(1) 현물금리 10%, 12%, 13%를 이용해서 선도금리를 다음과 같이 산출한다.

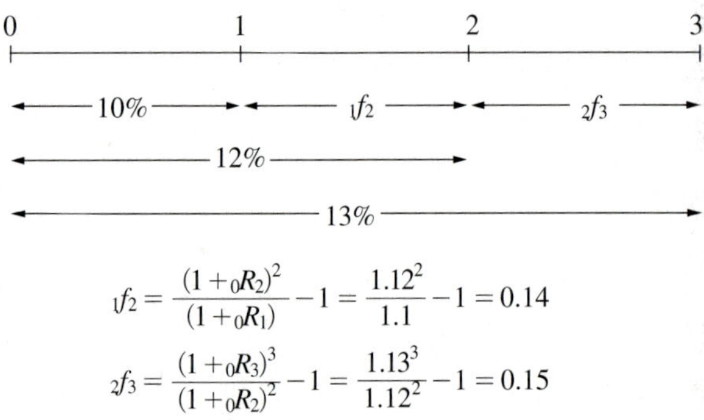

$$_1f_2=\frac{(1+{}_0R_2)^2}{(1+{}_0R_1)}-1=\frac{1.12^2}{1.1}-1=0.14$$

$$_2f_3=\frac{(1+{}_0R_3)^3}{(1+{}_0R_2)^2}-1=\frac{1.13^3}{1.12^2}-1=0.15$$

고정금리조건의 지급이자를 시간선상에 나타내면 다음과 같다.

0	1	2	3
	−13.5	−13.5	−13.5

변동금리란 앞에서 구한 선도금리를 말한다. 따라서 변동금리조건의 지급이자는 다음과 같다.

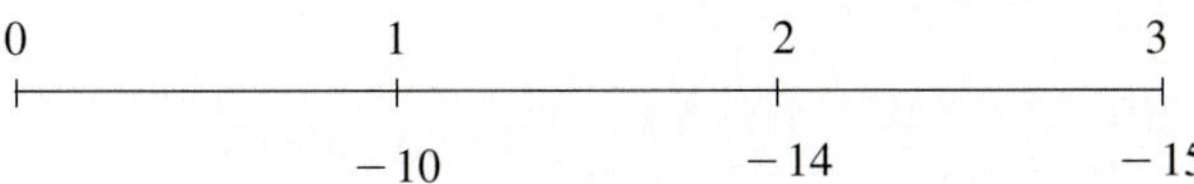

결국 스왑거래에 따른 순현금흐름은 두 조건의 차액에 해당되어 다음과 같이 측정된다.

+3.5	−0.5	−1.5

(2) 스왑의 가치를 측정하면 다음과 같다.

$$V = \frac{3.5}{1+0.1} + \frac{-0.5}{(1+0.12)^2} = \frac{-1.5}{(1+0.13)^3} = 1.75(\text{억원})$$

이는 스왑딜러가 요구하는 수수료 2억원보다 작은 값이므로 제의를 거부한다.

>>> 연습문제 19 - 3

금리스왑에 따른 현금흐름이 다음과 같다.(단위: 억원)

시점 0	시점 1	시점 2
	$({}_0L_1 - 0.08) \times 400$	$({}_1L_2 - 0.08) \times 400$

${}_0L_1$과 ${}_1L_2$는 시점 0과 시점 1에서 파악되는 은행 간 금리이다. 1년만기 액면 100,000원인 할인채의 현재 거래가격은 91,743원이고 2년만기 할인채는 83,403원이다.

(1) 금리스왑의 내용을 설명하라.
(2) 금리스왑의 가치를 평가하라.
(3) 선도금리 ${}_1f_2$가 1BP 상승하면 스왑가치는 얼마나 변동하는가?

해설

(1) 명목상 차입금 400억원에 대해서 2년만기, 이자지급은 연 1회의 조건으로 연 8%의 고정이자를 지급하면서 변동이자를 수령하는 내용의 금리스왑이다.

(2) ① 현물금리를 할인채가격정보를 이용해서 다음과 같이 산출한다.

$$91{,}743 = \frac{100{,}000}{1+{}_0R_1} \qquad \therefore {}_0R_1 = 9\%$$

$$83{,}403 = \frac{100{,}000}{(1+{}_0R_2)^2} \qquad \therefore {}_0R_2 = 9.5\%$$

② 변동금리는 선도금리로서 금리의 기간구조를 통해서 다음과 같이 산출한다.

$${}_0f_1 = {}_0R_1 = 9\%$$
$$(1+{}_0R_2)^2 = (1+{}_0R_1)(1+{}_1f_2)$$

$$(1+0.095)^2 = (1+0.09)(1+{}_1f_2) \qquad \therefore\ {}_1f_2 = 10\%$$

③ 따라서 금리스왑의 가치는 다음과 같다.

$$\frac{(0.09-0.08)\times 400}{(1+0.09)} + \frac{(0.1-0.08)\times 400}{(1+0.095)^2} = 10.34(\text{억원})$$

(3) 선도금리 1BP상승은 ${}_1f_2$가 10%에서 10.01%로 상승함을 의미한다. 이에 따른 현물금리 ${}_0R_2$는 다음과 같이 산출된다.

$$(1+0.09)\times(1+0.1001) = (1+{}_0R_2)^2 \qquad \therefore\ {}_0R_2 = 9.504\%$$

그리고 금리스왑의 가치는 다음과 같다.

$$\frac{(0.09-0.08)\times 400}{(1+0.09)} \times \frac{(0.1001-0.08)\times 400}{(1+0.09504)^2} = 10.37(\text{억원})$$

따라서 스왑가치는 0.03억원(= 10.37 − 10.34)이 증가한다.

>>> 연습문제 19 - 4

ABC기업은 3년만기 변동금리조건으로 $10,000,000를 차입하였다. 이자는 분기단위로 LIBOR수준에 맞추어 지급된다. 자금담당자는 금리스왑을 이용해서 이 차입금에 대한 이자변동을 헤지하고자 한다. 금리스왑은 8% 고정이자지급에 LIBOR수준의 변동이자를 수취하는 것이다.

(1) LIBOR가 9%라고 할 때에 ABC기업이 지급해야 할 분기별 이자금액은 얼마인가?
(2) 금리스왑을 이용해서 헤지한 경우 지급해야 할 분기별 이자금액은 얼마인가?
(3) 스왑을 통해서 ABC기업이 부담하게 되는 분기별 지급이자를 LIBOR수준에 대응해서 그래프로 나타내라.
(4) 스왑을 통해서 헤지된 상태에서 ABC기업이 변동금리조건부 차입금에 대해서 부담하게 되는 분기별 지급이자를 그래프로 나타내라.

해설

(1) 금리스왑을 체결하지 않은 상태라면 변동금리 9%로 이자를 지급해야 한다.

$$10{,}000{,}000 \times 9\% \times \frac{1}{4} = 225{,}000$$

(2) 금리스왑을 체결하면 고정금리 8%로 지급하므로 이자금액은 다음과 같다.

$$10{,}000{,}000 \times 8\% \times \frac{1}{4} = 200{,}000$$

(3) 금리스왑의 내용을 수식으로 나타내면 다음과 같다(단, $\tilde{R}$는 변동금리, $\bar{R}$는 고정금리).

$$\text{swap} = (\tilde{R} - \bar{R}) \times 10{,}000{,}000 \times \frac{1}{4}$$

$$= (\text{LIBOR} - 8\%) \times 10{,}000{,}000 \times \frac{1}{4}$$

X축에 LIBOR수준을, Y축에 swap가치를 나타내면 다음 그림과 같은 관계식을 구할 수 있다.

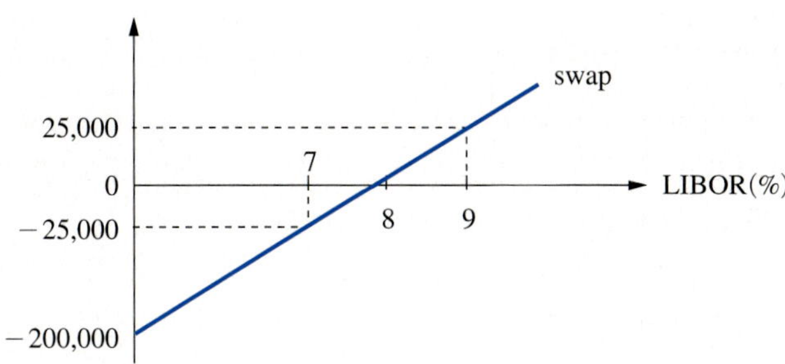

(4) 스왑을 통해서 헤지된 상태는 (3)의 결과를 이용해서 다음과 같이 나타낼 수 있다.

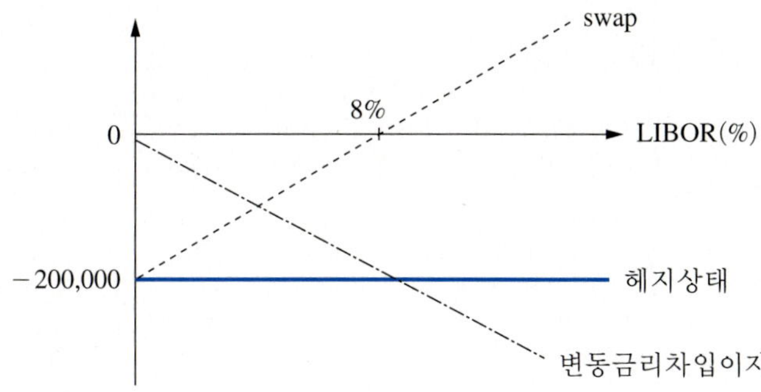

>>> 연습문제 19 – 5

가나기업은 자금조달을 목적으로 100억원의 회사채를 발행하려고 한다. 그러나 이를 인수하는 투자회사는 10년만기, 중도에 상환할 수 없는 회사채로 고정된 이자수익을 받기를 원하고 있다. 그런데 가나기업의 자금담당자는 금리하락을 예상하고 있기 때문에 수의상환사채를 발행하려고 한다. 가나기업이 수의상환사채를 발행하면서도 투자회사의 요구를 충족시킬 수 있는 방법을 스왑션을 이용해서 모색하라.

해설

스왑션(swaption)은 미래의 특정 시점에서 금리스왑을 할 수 있는 옵션을 말한다. 따라서 이 옵션에서 기초자산은 금리스왑이 된다. 만기일은 스왑션을 행사하여 기초스왑을 발효시킬 수 있는 시점을 말하며, 행사가격은 기초스왑에 적용되는 고정금리가 된다.

① 먼저 가나기업이 원하는 수의상환사채의 현금흐름을 시간선상에 나타내면 다음과 같다($\bar{R}$는 고정금리).

$$\frac{1}{-100\times\bar{R}}\quad\frac{2}{-100\times\bar{R}}\ \cdots\ \frac{n}{-100\times\bar{R}-100}\quad\frac{n+1}{0}\ \cdots\ \frac{10}{0}$$

② 그러나 투자회사는 가나기업이 다음과 같은 현금흐름의 사채를 발행하기를 원하고 있다.

$$\frac{1}{-100\times\bar{R}}\quad\frac{2}{-100\times\bar{R}}\ \cdots\ \frac{n}{-100\times\bar{R}}\quad\frac{n+1}{-100\times\bar{R}}\ \cdots\ \frac{10}{-100\times\bar{R}-100}$$

따라서 가나기업은 ②와 같은 10년만기 회사채를 발행하면서 ③ n시점에서 권리를 행사할 수 있는(변동금리를 지급하고 고정금리를 수령하는) 스왑션을 매입하고, ④ n시점에서 100억원을 만기가 (10－ n)년인 변동금리채권(FRN: floating rate note)에 투자한다.

이제 ②, ③, ④의 현금흐름을 합성하면 다음과 같이 합성결과가 ①의 현금흐름과 동일하다는 것을 알 수 있다(단, $\tilde{R}$ 는 변동금리).

	1	2	⋯	n	$n+1$	⋯	10
10년 회사채	$-100\times\bar{R}$	$-100\times\bar{R}$	⋯	$-100\times\bar{R}$	$-100\times\bar{R}$	⋯	$-100\times\bar{R}-100$
스왑션					$100\times(\bar{R}-\tilde{R})$	⋯	$-100\times(\bar{R}-\tilde{R})$
변동금리채권				-100	$-100\times\tilde{R}$	⋯	$-100\times\tilde{R}+100$
계	$-100\times\bar{R}$	$-100\times\bar{R}$	⋯	$-100\times\bar{R}-100$	0	⋯	0

즉, 가나기업은 투자회사가 원하는 10년만기 회사채를 고정금리로 발행하면서 스왑션과 변동금리채권을 이용해서 자신이 원하는 수의상환사채를 발행한 효과를 얻을 수 있다.

제 5 부

특수주제

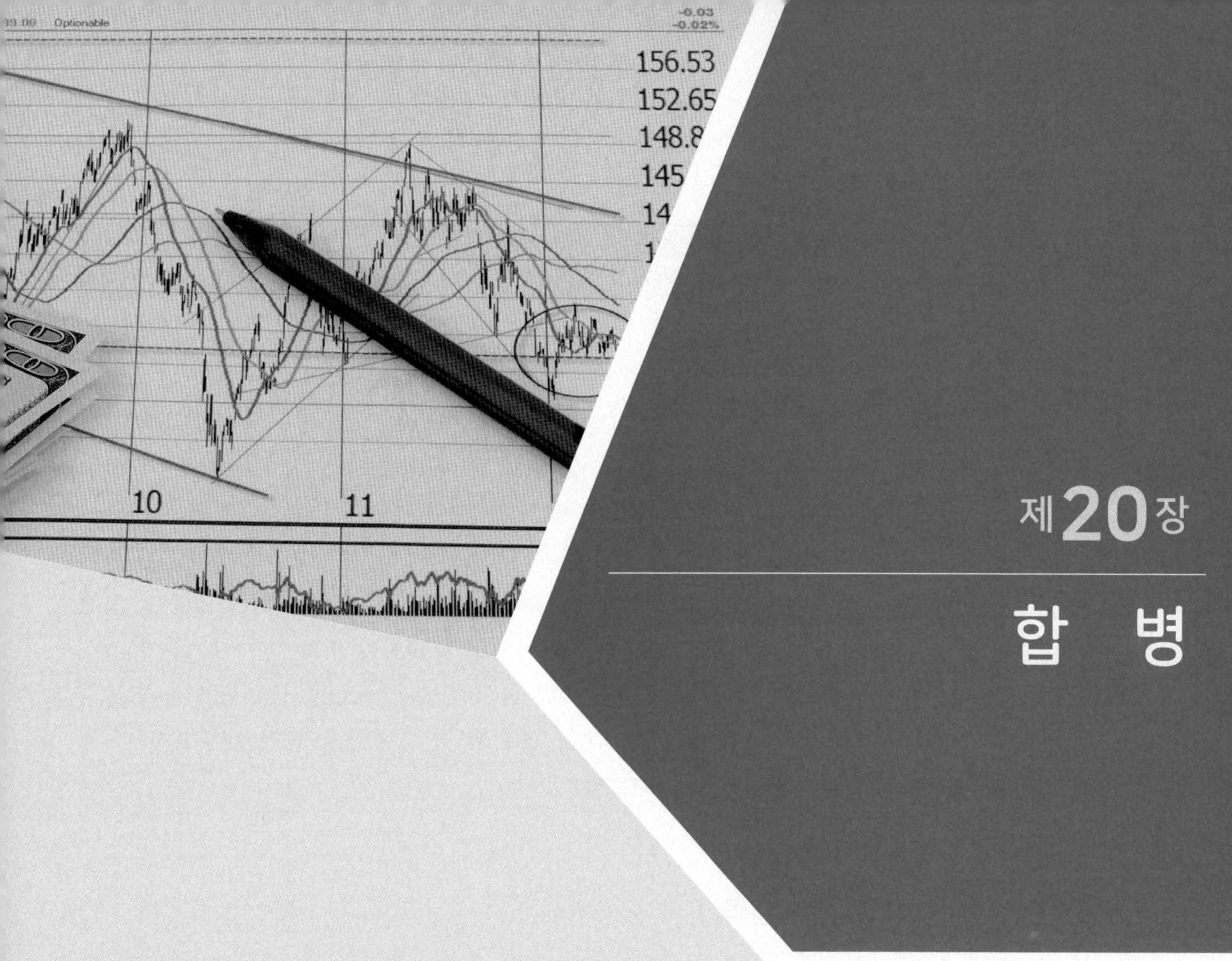

Financial Management

제 20 장

합　병

학습 목표

합병은 기업의 외적 성장이라고 할 수 있는데 이 역시 하나의 투자안으로 인식된다. 따라서 합병 여부를 판단할 때에도 자본예산에서의 NPV법을 그대로 적용한다. 그리고 이때의 NPV는 합병시너지에서 인수프리미엄을 차감하여 산출되는데, 여기서 인수프리미엄은 합병조건에 의해서 결정되기 때문에 합병조건을 결정하는 것은 합병의 협상과정에서 매우 중요한 내용이 된다. 그리고 합병을 위한 목표기업의 인수대금을 현금으로 지급하는가 또는 주식을 교부할 것인가, 그리고 주식을 교부하게 되면 교환비율은 어떤 기준으로 결정되는가 등을 이 장에서 다루게 될 것이다.

제 1 절 기초개념

1.1 합병의 의의

기업의 성장은 크게 내적 성장과 외적 성장으로 분류할 수 있다. 내적 성장이란 우리가 지금까지 공부해온 방법에 따라 최소비용의 자금조달로 최대가치를 달성하도록 투자안을 선택하여 기업의 가치를 증대시키는 것을 말한다. 한편, 외적 성장이란 외부기업 자체를 하나의 투자안으로 고려하여 이를 인수함으로써 기업가치를 증대시키는 것을 말하는데, 최근 들어서 관심이 높아지는 분야가 되고 있다. 이러한 외적 성장과 관련된 인수 및 합병 등의 활동을 총칭하여 흔히 M&A (merger and acquisition)라고 표현하고 있다.

1.2 합병의 분류

다른 기업의 지배권을 획득하는 과정은 매우 다양한 형태를 띠는데 이러한 모든 과정을 기업인수(takeover)라고 한다. 기업인수의 형태는 다음과 같이 분류되며, 이에 따라서 구체적인 내용을 살펴본다.[1]

(1) 합 병

합병이란 두 개 이상의 회사가 청산절차를 거치지 않고 소멸되면서 소멸회사의 권리와 의무가 포괄적으로 존속회사에게 이전되는 회사 간의 계약을 말한다. 이러한 합병은 구분기준에 따라서 다음과 같이 분류된다.

① 합병주체에 따른 구분

어떤 기업이 다른 기업을 흡수하는 형태를 흡수합병(merger)이라고 하며, 둘 이상의 기업들이 새로운 하나의 기업으로 결합하는 형태를 신설합병(consolidation)이라고 한다.

1) 이는 Ross, *Corporate Finance*, Irwin, 1996을 따른 분류이다. 이러한 분류에 따르면 합병이란 기업인수의 형태 중 기업취득의 한 방법을 의미할 뿐이다. 그러나 현실적으로는 기업인수와 합병을 거의 같은 개념으로 혼용하는 경우가 많다.

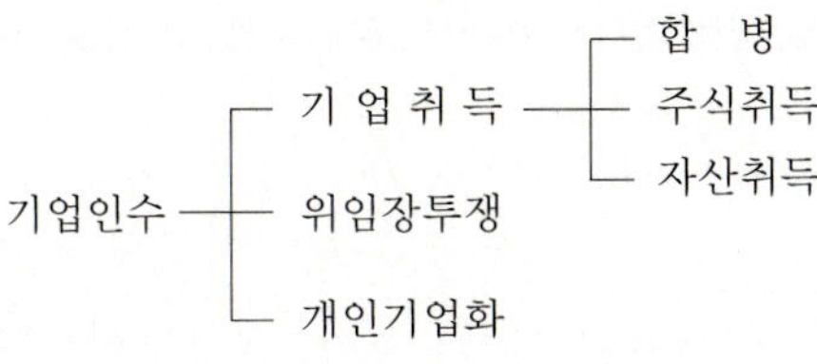

그림 20-1
기업인수의 형태

② 영업내용에 따른 구분

동일한 업종 간에 이루어지는 합병을 수평적 합병이라고 하며, 동일한 제품의 생산과정이나 판매과정상의 전후단계에 있는 기업들 간에 이루어지는 합병을 수직적 합병이라고 한다. 이와는 달리 전혀 상관관계가 없는 서로 다른 업종 간에 이루어지는 다각적 합병도 있다.

(2) 취 득

취득(acquisition)이란 목표기업의 경영지배권을 획득하기 위해서 그 기업의 주식이나 자산을 취득하는 것을 말한다.

① 주식취득

주식취득(stock acquisition)은 목표기업의 주식을 취득함으로써 지배권을 획득하는 것이다. 주식을 취득하는 방법은 여러 가지 형태가 있을 수 있지만 가장 빈번하게 이용되는 방법은 주식공개매수제도(TOB : tender offer, takeover bid)이다. 이는 목표기업의 경영진 의사와는 상관없이 주주들에게 공개적으로 매입가격을 제시하여 많은 양을 사모으는 방법이다.

② 자산취득

자산취득(asset acquisition)은 목표기업과의 계약을 통해서 영업의 일부 또는 전부를 인수하는 영업양수를 말한다. 자산의 소유권이 이전되므로 경영지배권도 이전되는 것이다.

(3) 위임장투쟁과 개인기업화

① 위임장투쟁

위임장투쟁(proxy contest, proxy fight)이란 목표기업의 주주로부터 주식의 의결권을 위임받아 주주총회에서 이를 행사함으로써 경영의사결정에 영향력을 행사하는 것을 말한다. 흔히 이사회의 지배권을 장악할 목적으로 신임이사를 선출할 때에 이용되는데 의결권만을 위임받는 것이므로 주식을 취득하는 것에 비해서 훨씬 경제적이다.

② 개인기업화

개인기업화(going private)란 상장된 목표기업의 대부분의 주식을 사들임으로써 공개기업을 사유화하는 것을 말한다. 즉, 일정지분 이상의 주식이 소수주주에게 집중되면 상장요건이 미달되어 상장폐지되는데, 이를 이용하여 개인기업으로 만드는 것이다. 이러한 과정에는 많은 자금이 필요하기 때문에 경영자들은 이를 위해서 차입매수(LBO : leveraged buy-out)라는 방법을 이용하기도 한다. 이는 부채를 이용한 기업인수라고 할 수 있는데 구체적으로는 목표기업의 자산을 담보로 차입금을 조달하여 기업을 인수한 후 향후 그 기업에서 발생하는 이익이나 자산매각대금으로 차입금을 상환해나가는 인수방법이다.

(4) 적대적 M&A

합병대상기업의 협조적인 분위기에서 이루어지는 M&A를 우호적 M&A라고 하는데 반해서, 합병대상기업이 원하지 않는데도 합병주체가 되는 기업이 공격적으로 진행하는 M&A는 적대적 M&A라고 한다. 선진자본시장에서는 흔히 있는 일이지만 우리나라는 자본시장을 개방한지 얼마 안 되어 적대적 M&A에 의한 폐해가 우려되고 있다. 이에 대한 방어방법으로는 다음과 같은 것들이 있다.

① 절대다수결에 의한 승인

회사정관(corporate charter)에 합병승인에 필요한 주주총회의 다수결기준을 일반적 다수결기준보다 엄격하게 정하는 방법이다. 일반적 과반수보다 훨씬 많은 절대다수결(super majority), 예를 들면 80% 이상의 동의가 있어야만 합병이 승인되도록 하는 것이다.

② 그린메일과 정지협약

합병을 염두에 두고 주식을 매입한 상대방에게 그들의 보유주식을 시장가격보다 높은 가격으로 재매입해 주는 것을 그린메일(green mail)이라고 한다. 그린메일의 대가로 상대방에게 합병을 미루거나 포기하도록 협약을 맺는데 이를 정지협약(standstill agreement)이라고 한다.

③ 배타적 공개매수

특정 주주들을 제외하고 주식을 공개적으로 매수하는 것이다. 합병을 시도하는 주주들을 배제하고 그 이외의 주주들로부터 주식을 사들이기 때문에 배타적 공개매수(exclusionary tender offer)라고 한다.

④ 개인기업화와 경영자매수

개인기업화(going private)는 합병을 시도하는 기업뿐만 아니라 합병대상이 되는 기업도 이용할 수 있다. 기존 경영진이 발행주식을 사들여서 상장폐지가 되면 더 이상 합병의 진행이 어렵기 때문이다. 이때에도 역시 많은 자금이 필요하여 경영진들이 차입매수(LBO)를 하는 경우가 많은데 이를 경영자매수(MBO : management buyout)라고 한다.

⑤ 기타의 방법

합병의 이익을 제거함으로써 M&A시도를 좌절시키는 방법들도 있다. 황금낙하산(golden parachute)은 합병시 기존 경영진에게 거액의 퇴직금을 주도록 고용계약을 규정하는 것이다. 왕관보석(crown jewel)은 제3의 회사를 설립해서 이 회사에게 합병대상회사의 핵심자산을 매각하고 사용계약을 맺는 것이다. 그리고 독약(poison pill)조항은 합병시 기존 주주에게 새 기업 주식의 상당량을 낮은 가격으로 살 수 있는 권리를 주어 합병주체에게 피해를 입히는 것이다.

이와는 달리 현재 경영진에게 우호적인 제3자의 도움으로 적대적 M&A를 막는 방법이 있다. 이때의 제3자를 백기사(white knight)라고 한다.

제 2 절 합병동기이론

2.1 시너지효과

시너지효과(synergy effect)란 두 기업이 합쳐진 후의 가치가 합병 이전 두 기업들의 가치를 단순히 합한 것보다 크게 되는 현상을 말한다. 합병은 바로 이러한 시너지효과를 목적으로 이루어지는 경우가 많다. 구체적으로 시너지효과는 다음과 같은 원천으로부터 발생하게 된다.

(1) 운용시너지

운용시너지(operating synergy)는 기업운용상 나타나는 것이다. 이는 합병으로 인한 현금흐름의 증가분으로 측정되는데 다음과 같은 유형을 들 수 있다.

① 수익증대효과

마케팅의 효율화, 전략적 우위 또는 시장지배력의 강화 등으로 동일한 비용을 지출하면서도 더 많은 수익을 올릴 수 있는 경우를 말한다.

② 비용절감효과

규모의 경제, 생산기술상의 수직적 협력 또는 자원의 상호보완 등을 통해서 동일한 수익을 올리면서도 비용을 더 줄일 수 있는 경우를 말한다.

③ 세금절감효과

피인수기업이 이월결손금을 갖고 있는 경우 합병 후에 이에 대한 세금공제효과가 있기 때문에 세금납부로 인한 현금유출을 줄일 수 있다.

(2) 재무시너지

기업가치는 기업의 영업현금흐름을 자본비용으로 할인하여 산출한 현재가치이다. 이때에 현금흐름의 증분을 가져다 주는 것이 위에서 설명한 운용시너지이다. 그런데 현금흐름은 종전과 동일하더라도 합병 후의 자본비용이 합병 전의 수준보다 감소하면 그 현재가치를 산출할 때에 적용되는 할인율이 더 낮아지는 것이므로 기업가치는 더 커지게 되는데, 이러한 효과를 재무시너지(financial synergy)라고 한다.

즉, 합병은 두 기업을 구성종목으로 해서 포트폴리오를 구성한 것으로 볼 수 있는데, 두 기업의 영업현금흐름의 상관계수가 1보다 작다면 포트폴리오의 분산효과에 따라서 위험이 감소하게 된다. 위험의 감소는 자본비용의 감소로 나타나게 되고 이는 곧 기업가치의 증대효과를 가져다 주는 것이다. 뿐만 아니라 위험의 감소는 파산위험을 줄이면서 부채조달능력의 증대효과도 가져다 주는데 이 역시 재무시너지에 포함된다.

2.2 저평가가설

(1) 의 의

저평가가설은 목표기업의 주가수준이 내재가치보다 낮게 형성되어 있을 때, 그 기업의 보유자산과 동일한 자산을 취득하기 위해서는 이를 별도로 구입하기보다 합병을 하는 것이 유리하다는 것이다. 이러한 이론은 불완전한 시장을 전제로 하는 것이다. 즉, 정보비대칭(information asymmetry) 상황에서 자본시장의 대부분 투자자들은 특정 기업에 대한 정확한 정보를 갖고 있지 못하기 때문에 그 기업이 저평가되어 있지만 이를 인수하려는 기업은 정확한 정보를 갖고 이를 더 높게 평가하고 있어야 한다.

(2) 토빈q 비율의 이용

인수대상기업을 물색할 때에 토빈q 비율을 이용할 수 있다. 토빈q 비율이란 토빈이 고안한 개념으로서 증권시장에서 평가된 기업의 시장가치를 그 기업자산들의 재취득원가(replacement cost)로 나누어 산출된다.

$$q = \frac{\text{기업의 시장가치}}{\text{기업자산의 재취득원가}}$$

여기서 $q<1$이면 이 기업은 저평가되어 있다고 볼 수 있다. 즉, 이 기업이 보유한 자산을 취득하기 위한 방법으로 증권시장을 통한 합병이 바람직하다고 볼 수 있는 것이다.

2.3 경영자주의와 대리이론

(1) 경영자주의

경영자주의(managerialism)란 오늘날 대기업이 주주가 아닌 전문경영자에 의해 지배되고 있다는 주장을 말한다. 이러한 관점에서 보면 합병은 주주의 이익을 위해서가 아니고 경영자가 자신의 효용을 높이는 수단으로 이용될 수 있다.

일반적으로 경영자의 보수는 기업규모와 어느 정도 양(+)의 상관관계를 갖는데, 이로 인해서 경영자는 합병의 경제성을 고려하지 않고 기업규모를 늘리려는 유인을 갖게 된다. 뿐만 아니라 이러한 기업규모의 확대는 경영자의 위치를 더욱 확고하게 하는 수단이 될 수도 있다. 이는 결국 주주의 부를 희생시키면서 경영자가 자신의 효용을 높이는 대리비용의 발생가능성을 의미하는 것이다.

(2) 대리이론

경영자주의에서 본 것처럼 합병이 경영자의 입장에서는 자신의 효용을 증가시키는 수단으로 이용될 수 있기 때문에 대리비용을 발생시킬 수 있다. 그러나 이와 정반대로 주주의 입장에서 보면 합병은 대리비용을 감소시키는 수단으로 이용될 수도 있다.

각종 대리비용의 발생으로 비효율적인 경영을 하는 기업은 합병의 목표가 되기 쉽다. 그리고 합병의 가능성은 대리인인 경영자의 위치를 불안하게 하는 요소이므로 경영자는 대리비용을 감소시켜서 기업가치를 높이는 의사결정을 할 것이다. 즉, M&A 시장이 활발할 때 주주의 입장에서는 합병의 가능성을 통해서 대리비용을 감소시킬 수 있는 것이다.

제 3 절 합병의 평가

3.1 시너지와 프리미엄

합병도 기업의 투자결정문제이다. 자본예산에서 살펴본 내용대로 투자안의 경제성을 평가하는 방법 중 가장 우월한 방법은 NPV법이다. 따라서 합병의 경제성을 평가할 때에도 NPV법이 그대로 이용된다.

그런데 합병의 NPV를 산출하려면 합병의 경제적 효과와 관련된 개념으로서 시너지효과와 인수프리미엄을 이해해야 하므로 이들에 대한 내용을 먼저 살펴보자.

(1) 시너지

A기업이 B기업을 흡수합병할 것을 고려하고 있다고 하자. 그리고 합병을 고려

하기 이전의 각 기업의 시장가치를 V_A, V_B로 표현하자. 또한 두 기업이 합병된 후의 기업을 AB라고 하면 이 기업의 시장가치는 V_{AB}로 표현할 수 있다. 이때 합병에 따른 시너지는 다음과 같이 정의된다.

$$synergy = V_{AB} - (V_A + V_B) \tag{20.1}$$

기업가치는 미래현금흐름의 현재가치이므로 이러한 시너지는 다음과 같이 합병에 따른 현금흐름의 증분을 현가화시킨 것과 동일한 것이다.

$$synergy = \sum_{t=1}^{n} \frac{\Delta C_t}{(1+r)^t} \tag{20.2}$$

이 식에서 ΔC_t는 합병기업 AB의 현금흐름에서 합병 이전의 A기업과 B기업의 현금흐름의 합계를 차감한 것이다. 그리고 이의 현가를 구하기 위한 할인율 r은 이러한 현금흐름의 성격을 고려한 위험조정할인율이다. 일반적으로 이같이 증분기준으로 측정된 현금흐름의 현재가치(합병시너지)를 구할 때에는 목표기업의 위험을 고려한 할인율을 이용한다.[2)]

(2) 인수프리미엄

합병에 관련된 협상이 시작되면 목표기업의 주식을 합병 이전의 시장가격으로 구입하기는 어렵다. 왜냐하면 정보불균형하에서 합병은 목표기업의 주가가 저평가되어 있다는 신호를 전달하는 신호효과(signal effect)를 갖고 있기 때문에 주가가 상승하게 되어 목표기업의 주주들도 시장가치보다 높은 인수가격을 요구하는 것이 일반적이기 때문이다. 뿐만 아니라 만약 합병기업이 부채를 사용하고 있다면 합병에 따른 위험분산효과로 인해서 주주의 부 일부가 채권자의 부로 이전되기 때문에 이 역시 인수프리미엄에 포함시켜야 할 것이다.[3)]

그래서 목표기업을 인수하는 데 부담하게 되는 비용(C_0)은 목표기업의 합병 전 시장가치 V_B를 초과하게 되는데 이때의 초과분을 인수프리미엄이라고 한다.

---

2) 만약 목표기업이 무부채기업이고 인수대금도 자기자본으로 조달한다면 목표기업의 자기자본비용으로 할인하면 될 것이다. 그러나 인수대금의 일부를 부채로 조달한다면 재무 레버리지를 반영하여 이 할인율을 조정해야 한다. 〈연습문제 20-5〉를 참조하기 바란다.
그리고 합병시너지를 산출할 때에 두 기업의 자본비용을 가중평균한 값을 이용해야 한다는 견해도 있는데 이에 대해서는 〈연습문제 20-1〉에서 논의하도록 한다.

3) 이러한 경제적 효과는 자기자본의 가치가 옵션가격과 동일한 원리로 결정된다는 OPM의 원리를 생각해보면 이해할 수 있을 것이다. 그러나 이같이 합병기업의 주주가 부담하는 비용은 명시적인 인수가격에는 포함되지 않는다.

$$premium = C_0 - V_B \tag{20.3}$$

단, C_0: 인수가격

이러한 프리미엄의 크기는 결국 인수가격에 의해서 결정되는 것이다. 그리고 인수가격은 합병조건에 따라서 결정되는 것이므로 합병의 협상문제는 최종적으로 인수가격의 결정문제라고 할 수 있다.

3.2 합병의 NPV

합병도 하나의 투자안이다. 따라서 이의 경제성을 평가하기 위해서 NPV법을 적용하려면 구체적인 평가기준이 되는 NPV를 산출해야 한다. 합병으로 인해서 얻게 되는 경제적 가치의 증가분은 앞에서 설명한 시너지효과이다. 한편, 합병에 따른 비용의 부담은 인수프리미엄이다. 그래서 합병의 NPV는 시너지효과에서 인수프리미엄을 차감하여 산출된다.

$$\text{합병의 } NPV = synergy - premium \tag{20.4}$$

위 식에 의해서 산출되는 NPV가 0보다 크면 합병을 수행하고, 0보다 작으면 합병안을 기각하는 것이다.

그런데 식 (20.2)와 식 (20.3)을 이용하면 위 식은 다음과 같이 나타낼 수 있다.

$$\begin{aligned}\text{합병의 } NPV &= (V_{AB} - V_A - V_B) - (C_0 - V_B) \\ &= (V_{AB} - V_A) - C_0\end{aligned}$$

여기서 $(V_{AB} - V_A)$는 합병이라는 투자안의 가치이고, C_0는 투자비용인셈이다. 결국 위 식은 자본예산에서의 NPV를 산출하는 다음 식과 동일한 것이다.

$$NPV = \sum_{t=1}^{n} \frac{C_t}{(1+R)^t} - C_0$$

한편, 목표기업을 인수하기 위한 인수대금의 지급방법에 따라서 동일한 합병안에 대해서도 그 평가결과가 다르게 나올 수도 있다. 다음과 같이 인수대금을 현금으로 지급하는 경우와 주식으로 교부하는 경우로 구분해서 이러한 내용을 살펴보자.

(1) 인수대금을 현금으로 지급하는 경우

목표기업을 인수하기 위해서 인수대금으로 현금을 지급하는 경우에는 목표기업의 주주들은 확정된 금액을 수령하게 된다. 따라서 합병이 성공적이었다고 하더라도 그 이득은 모두 합병기업의 주주가 갖게 되며 그 결과는 합병의 NPV로 측정된다.

(2) 인수대금을 주식으로 교부하는 경우

합병에 필요한 인수대금을 주식으로 교부하는 경우에는 합병의 이득을 목표기업의 주주도 나누어 갖게 된다. 이러한 경제적 효과를 살펴보기 위해서 인수대금을 합병시점에서 합병기업의 주식가치를 기준으로 지급한다고 하자. 이때에 목표기업의 주주가 받게 되는 주식가치는 합병시점에서는 현금수령액과 동일하지만 합병이 이루어진 후에는 시너지효과가 주가에 반영되어 상승하기 때문에 현금수령액보다 큰 가치를 갖게 된다. 그러면 결국 인수프리미엄도 커지므로 합병의 NPV는 현금지급의 경우보다 더 작게 된다.

따라서 인수대금을 주식으로 교부하면서 NPV를 현금으로 지급하는 경우와 동일하게 하려면 시너지효과가 포함된 합병 후의 주식가치를 기준으로 주식교부수를 결정해야 한다.

그런데 만약 여기서 효율적 시장을 가정한다면 현금으로 인수대금을 지급할 때에도 목표기업주주들은 현재 기업가치에 시너지효과를 합한 금액을 요구할 것이다. 이러한 경우에는 인수대금을 현금으로 지급하거나 주식으로 교부하거나 아무런 차이가 없게 될 것이다.

>>> **예제 20-1**

가나기업은 ABC기업을 흡수합병하려고 한다. 두 기업은 모두 무부채기업으로서 관련된 재무자료는 다음과 같다.

	가나기업	ABC기업
기업가치	50억원	10억원
발행주식수	25만 주	10만 주
1주당 시가	2만원	1만원

ABC기업을 합병한 후 가나기업의 가치는 70억원이 될 것으로 예상되는데 ABC기업의 주주들은 현재주가보다 50% 높은 인수가격을 요구하고 있다.

(1) 인수대금을 모두 현금으로 지급한다고 가정하여 합병의 NPV를 산출하라.
(2) 인수대금을 가나기업의 현재주가를 기준으로 주식을 교부할 때에 합병의 NPV를 산출하여 (1)의 결과와 비교하라.

풀이

(1) $NPV = synergy - premium$이므로 다음과 같은 순서를 따른다.

$$synergy = 70 - (50 + 10) = 10(\text{억원})$$
$$premium = 10 \times 1.5 - 10 = 5(\text{억원})$$

그러므로 NPV는 다음과 같다.

$$NPV = 10 - 5 = 5(\text{억원})$$

(2) $\text{교부주식수} = \dfrac{15(\text{억원})}{2\text{만원}} = 75{,}000\text{주}$

그런데 합병 후 75,000주의 가치는 다음과 같다.

$$70\text{억원} \times \frac{75{,}000}{250{,}000 + 75{,}000} = 16.15\text{억원}$$

따라서 프리미엄은 6.15억원(= 16.15 − 10)이고 NPV는 다음과 같다.

$$NPV = 10 - 6.15 = 3.85(\text{억원})$$

제 4 절 인수가격 및 합병조건의 결정

합병 여부를 결정하는 기준은 NPV이다. 그런데 앞서의 NPV 산출구조를 살펴보면 알 수 있겠지만 다른 변수와는 달리 인수가격만은 합병에 관한 협상에서 결정되는 변수이다. 따라서 동일한 합병에 대해서도 NPV는 인수가격에 따라서 양(+)의 값을 가질 수도 있고 음(−)의 값을 가질 수도 있는 것이다. 결국 합병조건의 협상문제는 인수가격의 결정문제라고 할 수 있는데, 이러한 결정과정에서 시너지효과를 고려하지 않는 경우와 고려하는 경우를 구분해서 살펴본다.

4.1 시너지효과를 고려하지 않는 경우

(1) 교환비율

교환비율(exchange ratio)이란 목표기업의 1주에 대해서 합병기업의 주식 몇 주를 교부하는가를 나타내는 개념이다. 시너지효과를 고려하지 않고 교환비율을 결정하는 방법은 1주당 순이익(EPS)을 기준으로 하거나 1주당 가격(P)을 기준으로 결정하는 방법이 있을 수 있다.

즉, 합병기업을 A, 목표기업을 B라고 나타내면 교환비율 R은 다음과 같이 산출된다.

$$R = \frac{EPS_B}{EPS_A} \text{ 또는 } \frac{P_B}{P_A} \qquad (20.5)$$

(2) 교환비율과 EPS의 변화

합병의 협상에서 결정된 교환비율에 따라서 합병기업과 목표기업의 EPS는 합병 전과 후에 달라질 수 있다. 만약 EPS를 합병 여부를 판단하는 기준으로 삼는다면 교환비율에 따른 EPS의 변화를 살펴볼 필요가 있다.[4)]

실제 결정된 교환비율과 EPS를 기준으로 산출한 교환비율을 비교하면 다음과 같은 세 가지 경우가 있을 수 있는데 각 경우의 EPS변화를 정리하면 다음과 같다.

① 실제 교환비율이 EPS 기준의 교환비율과 동일한 경우

이러한 조건으로 합병이 이루어지면 합병 후에 A기업 주주가 갖게 되는 1주당 순이익과 B기업 주주가 갖게 되는 1주당 순이익이 모두 합병 전의 EPS와 동일하여 아무런 변동이 없다.

② 실제 교환비율이 EPS 기준의 교환비율보다 큰 경우

이때에는 A기업의 합병 후 EPS_A는 합병 전에 비해서 감소하는 희석화(dilution) 현상이 나타나지만 B기업의 EPS_B는 증가하게 된다. 이러한 합병조건으로 PER가 낮은 기업이 PER가 높은 기업을 합병하면 합병기업의 EPS가 감소하는 희석화현상이 나타난다고도 말하는데 이는 EPS변화를 달리 표현한 것에 불과하다.

---

4) 그러나 합병 여부를 결정하는 최종적인 판단기준은 NPV이다.

그림 20-2.
합병에서의 성장률 문제

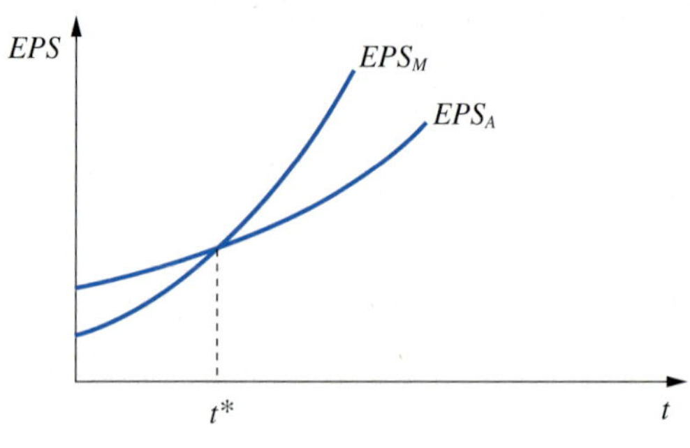

③ 실제 교환비율이 EPS 기준의 교환비율보다 작은 경우

이때에는 합병 후 EPS_A는 합병 전에 비해서 증가하고 EPS_B는 감소하게 된다. 이러한 조건으로 PER가 높은 기업이 PER가 낮은 기업을 합병하면 합병기업의 EPS는 증가하게 된다.

(3) 성장률

EPS를 합병 여부의 판단기준으로 삼을 때에 합병 후 EPS_A가 감소하는 희석화 현상이 있더라도 목표기업의 이익성장률(g_B)이 합병기업의 성장률(g_A)보다 더 높을 경우에는 합병시점의 EPS변화만을 고려해서 합병을 기각해서는 안 될 것이다. 왜냐하면 이러한 경우 일정기간(t)이 경과하면 합병하지 않았을 때보다 EPS가 더 높은 수준이 되기 때문이다.

$$EPS_A(1+g_A)^t \leq EPS_M(1+g_M)^t \qquad (20.6)$$

여기서 EPS_M, g_M은 합병 후 전체기업의 주당순이익과 성장률을 의미한다. 그리고 g_M은 g_A와 g_B를 이익기준으로 가중평균하여 산출한다. 따라서 식 (20.6)을 만족하는 t가 합병기업이 허용할 수 있는 기간보다 짧다면 합병에 대한 평가가 긍정적일 수 있는 것이다.

이러한 관계를 그림으로 표현하면 [그림 20-2]와 같다.

>>> 예제 20-2

A기업은 B기업을 흡수합병하려고 하는데 합병 전 두 기업의 재무자료는 다음과 같다.

	A기업	B기업
순이익	200,000	50,000
발행주식수	5,000	2,000
1주당 시가	640	300
연성장률	5%	10%

(1) 주당이익을 기준으로 합병조건을 결정할 때, 합병에 따른 주당이익의 변화를 측정하라.

(2) 주가를 기준으로 합병조건을 결정할 때, 합병에 따른 주당이익의 변화를 측정하라.

(3) B기업 5주에 대해 A기업 4주를 교부하기로 했다. 합병 후 희석화현상을 보이고 합병 전 수준으로 회복하는 데 걸리는 기간을 산출하라.

풀 이

(1) $EPS_A = \dfrac{200,000}{5,000} = 40, \quad EPS_B = \dfrac{50,000}{2,000} = 25$

따라서 합병조건(주식교환비율, 즉 B주식 1주에 대한 A주식 교부수)은 다음과 같다.

$$\frac{25}{40} = 0.625$$

그리고 총교부주식수는 $2,000 \times 0.625 = 1,250$(주)

$$\text{합병 후 } EPS = \frac{200,000 + 50,000}{5,000 + 1,250} = 40$$

A의 EPS : $40 \rightarrow 40$ (불변)

B의 EPS : $25 \rightarrow 40 \times 0.625 = 25$(불변)

(2) (1)과 동일한 순서에 따르면 다음을 확인할 수 있다.

$$\text{교환비율 } \frac{300}{640} = 0.46875$$

총교부주식수는 $2,000 \times 0.46875 = 937.5$(주)

$$\text{합병 후 } EPS = \frac{250,000}{5,000 + 937.5} = 42.11$$

A의 EPS : $40 \rightarrow 42.11$ (증가)

B의 EPS : $25 \rightarrow 42.11 \times 0.46875 = 19.74$(감소)

(3) 교부주식수는 $2,000 \times \dfrac{4}{5} = 1,600$(주)

$$\text{합병 후 } EPS = \frac{250,000}{5,000 + 1,600} = 37.88$$

그런데 합병 후 성장률은 다음과 같이 산출된다.

$$g_M = \frac{5 \times 200{,}000 + 10 \times 50{,}000}{250{,}000} = 6(\%)$$

따라서 다음 식이 성립하는 t시점을 구한다.

$$40 \times (1 + 0.05)^t = 37.88 \times (1 + 0.06)^t$$
$$\therefore t = 5.76$$

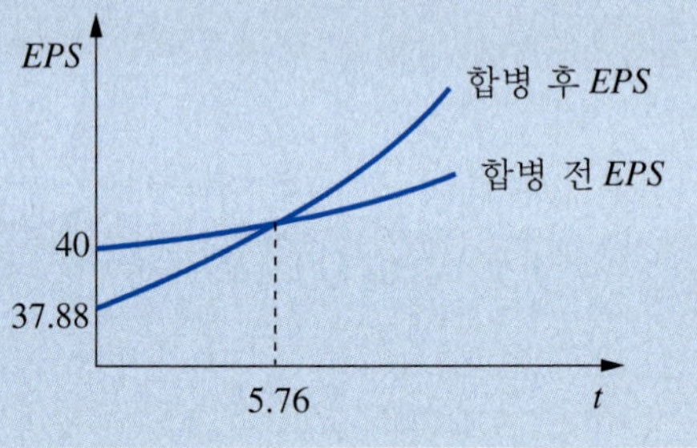

4.2 시너지효과를 고려하는 경우

(1) 교환비율

시너지효과를 고려해서 교환비율을 결정할 때에는 시너지효과를 합병기업의 주주와 목표기업의 주주가 어떻게 나누어 갖는가에 따라 교환비율이 달라지게 된다. 그래서 이때의 교환비율(R)은 일정한 범위 내에 존재하게 되고 이에 따라 협상의 가능성이 있게 된다. 그러면 그 교환비율이 가질 수 있는 범위를 앞서의 분석과 마찬가지로 주당이익(EPS) 또는 주가(P)를 이용해서 파악해보자.

(2) 주당이익 기준

합병의 수행 여부를 EPS를 기준으로 판단한다면 합병의 주체가 되는 인수기업의 입장에서 보거나 합병의 대상이 되는 피인수기업의 입장에서 보거나 각 주주들은 합병 후의 EPS가 합병 전의 수준보다 높아야 합병을 수락할 것이다.

① 인수기업 A

인수기업의 주주는 현재 보유하고 있는 주식 1주가 합병 후에도 동일하게 1주가 되는 것이므로 다음과 같이 산출한 합병 후 EPS가 합병 전 수준보다 높아야 합병에 동의할 것이다.

$$\text{합병 전 } EPS \leq \text{합병 후 } EPS\left(=\frac{TE}{n_A+n_B R}\right) \tag{20.7}$$

단, TE: 시너지효과를 포함한 총이익
R : 교환비율

여기서 만약 합병 전 EPS가 합병 후 EPS와 동일하게 교환비율 R이 결정되면 시너지효과는 모두 피인수기업의 주주가 갖게 되는 것이다. 따라서 이때의 교환비율 R은 인수기업의 입장에서 피인수기업 1주에 대해서 교부할 수 있는 인수기업 주식수의 최대값을 의미한다.

② 피인수기업 B

피인수기업의 주주가 현재 보유하고 있는 주식 1주는 합병 후에는 R주가 되는 것이다. 그러므로 다음과 같이 산출한 합병 후 EPS가 합병 전 수준보다 높아야 합병에 동의할 것이다.

$$\text{합병 전 } EPS \leq \text{합병 후 } EPS\left(=\frac{TE \cdot R}{n_A+n_B R}\right) \tag{20.8}$$

여기서 만약 합병 전 EPS가 합병 후 EPS와 동일하게 교환비율 R이 결정되면 시너지효과는 모두 인수기업의 주주가 갖게 되는 것이다. 따라서 이때의 교환비율 R은 피인수기업의 입장에서 자신의 주식 1주에 대해서 최소한 받아야 할 인수기업 주식수를 의미한다.

(3) 주가 기준

합병의 수행 여부를 주가(P)를 기준으로 판단한다면 이때에도 인수기업이나 피인수기업의 주주들은 합병 후의 주가가 합병 전의 주가수준보다 높아야 합병을 수락할 것이다. 다음의 경우에서 각 기업의 주주에게 주는 교환비율의 의미와 시너지효과의 귀속에 대한 설명은 앞서의 EPS 기준에서와 동일하다.

① 인수기업 A

인수기업의 주식 1주는 합병 후에도 1주가 된다. 그러므로 인수기업의 주주들은 다음과 같이 산출된 합병 후 주가수준이 합병 전의 주가수준보다 높아야 합병에 동의할 것이다.

$$\text{합병 전 } P \leq \text{합병 후 } P \left(= \frac{PER' \cdot TE}{n_A + n_B R}\right) \tag{20.9}$$

단, PER' : 시너지효과가 반영된 PER

R: 교환비율

여기서 만약 합병 전 P가 합병 후 P와 동일하게 교환비율 R이 결정되면 시너지효과는 모두 피인수기업의 주주가 갖게 되는 것이다. 따라서 이때의 교환비율 R은 인수기업의 입장에서 피인수기업 1주에 대해서 교부할 수 있는 인수기업 주식수의 최대값을 의미한다.

② 피인수기업 B

피인수기업의 주식 1주는 합병 후에는 R주가 되므로 피인수기업의 주주들은 다음과 같이 산출된 합병 후 주가가 합병 전의 수준보다 높아야 합병에 동의할 것이다.

$$\text{합병 전 } P \leq \text{합병 후 } P \left(= \frac{PER' \cdot TE \cdot R}{n_A + n_B R}\right) \tag{20.10}$$

여기서 만약 합병 전 P가 합병 후 P와 동일하게 교환비율 R이 결정되면 시너지효과는 모두 인수기업의 주주가 갖게 되는 것이다. 따라서 이때의 교환비율 R은 피인수기업의 입장에서 자신의 주식 1주에 대해서 최소한 받아야 할 인수기업 주식수를 의미한다.

>>> 예제 20-3

A기업은 B기업을 흡수합병하려고 하는데 합병 전 두 기업의 재무자료는 다음과 같다.

	A기업	B기업
순이익	450,000	105,000
발행주식수	1,000	300
1주당 시가	4,000	3,000

〈물음 1〉

A, B기업은 동일업종에 속해 있어서 합병을 하면 100,000원의 중복비용을 절감할 수 있다. 주당이익을 기준으로 다음 물음에 답하라.

(1) A기업이 B기업 주식 1주에 대해서 최대한 교부할 수 있는 자기주식수는 얼마인가?

(2) B기업이 자기주식 1주의 대가로 최소한 받아야 할 A기업 주식수는 얼마인가?

〈물음 2〉

합병으로 인한 시너지효과가 주가에 반영되어 합병 후 PER가 9가 되었다. 주가를 기준으로 다음 물음에 답하라.

(1) A기업이 B기업 1주에 대해 최대한 교부할 수 있는 자기주식수는 얼마인가?

(2) B기업이 자기주식 1주의 대가로 최소한 받아야 할 A기업 주식수는 얼마인가?

풀이

〈물음 1〉

먼저 각 기업의 EPS를 구하면 다음과 같다.

$$EPS_A = \frac{450,000}{1,000} = 450, \quad EPS_B = \frac{105,000}{300} = 350$$

(1) A : 합병 전 EPS ≤ 합병 후 EPS

$$450 \le \frac{450,000+105,000+100,000}{1,000+300R} \rightarrow R \le 1.52$$

즉, B기업 1주에 대해 A기업 주식을 1.52주까지 교부할 수 있다. 이때 1.52주를 교부하면 시너지효과는 모두 B주주가 갖는 것이다.

(2) B : 합병 전 EPS ≤ 합병 후 EPS

$$350 \le \frac{655,000R}{1,000+300R} \rightarrow R \ge 0.64$$

B기업 1주에 대해서 최소한 A기업 주식을 0.64주 이상 받아야 한다. 이때 0.64주를 받으면 시너지효과는 모두 A주주가 갖게 된다.

〈물음 2〉

(1) A : 합병 전 P ≤ 합병 후 P

$$4,000 \le \frac{9 \times 655,000}{1,000+300R} \rightarrow R \le 1.58$$

(2) B : 합병 전 P ≤ 합병 후 P

$$3,000 \le \frac{9 \times 655,000R}{1,000+300R} \rightarrow R \ge 0.6$$

/ 제 20 장 / 요약

1. 합병도 투자안이다. 따라서 합병 여부를 결정할 때에는 자본예산에서의 NPV법으로 합병의 경제성을 평가한다.

2. 합병을 하려는 가장 중요한 동기는 시너지효과를 얻기 위함이다. 시너지효과는 합병으로 인한 현금흐름의 증대(운용시너지)와 자본비용의 감소(재무시너지)로 나타난다. 시너지효과는 합병 후 기업가치(V_{AB})에서 합병 전 기업가치(V_A+V_B)를 차감한 값이다.

3. 합병기업이 시너지를 얻기 위해서 지불하는 대가는 인수프리미엄이다. 인수프리미엄은 피합병기업의 실제가치를 초과해서 지불하는 금액이므로 인수금액(C_0)에서 피합병기업가치(V_B)를 차감해서 구한다.

4. 합병 여부를 결정하는 기준이 되는 합병의 NPV는 시너지에서 인수프리미엄을 차감하여 산출되며 다음 식으로 정리된다.

$$\begin{aligned} NPV &= [V_{AB}-(V_A+V_B)]-[C_0-V_B] \\ &= (V_{AB}-V_A)-C_0 \end{aligned}$$

   여기서 인수금액은 합병조건에 의해서 결정되는 것이므로 최종적으로 합병의 NPV는 합병조건에 의해서 결정된다고 할 수 있다.

5. 인수대가를 현금으로 지급하는 경우의 합병조건은 인수금액만 정하면 되기 때문에 단순한 편이다. 그러나 인수대가로 주식을 교부하는 경우의 합병조건은 주식교환비율을 정하는 것인데 이는 대개 주당순이익이나 주가를 기준으로 결정한다. 시너지효과를 고려하지 않고 주식교환비율을 정할 수도 있지만 일반적으로는 합병의 당사자들에게 모두 이익이 되도록 시너지효과를 고려해서 결정된다.

6. 자본시장이 효율적이라면 인수대가를 현금으로 지급하거나 주식으로 교부하거나 투자안의 NPV는 동일하다.

>>> 연습문제 20 - 1

다음의 A, B는 모두 무부채기업이며 A기업이 B기업을 합병하려고 한다. 두 기업의 재무자료는 다음과 같다.

	A	B
영업수익	10억원	5억원
영업비용	6	3
현금유입	4억원	2억원
자본비용	8%	10%

(1) 합병 후 AB기업의 현금유입이 7억원이다. ① 수익증대효과에 의한 경우와 ② 비용절감효과에 의한 경우로 구분해서 각 경우에 해당하는 합병 후 기업 AB의 영업수익, 영업비용을 나타내라.

(2) 시너지효과에 해당하는 금액은 얼마인가? 그리고 인수대금이 27억원이라면 투자안의 NPV는 얼마인가?

(3) 자본예산의 관점에서 합병을 투자안으로 보고 NPV를 구하라.

(4) 합병 후 AB기업의 가치는 얼마인가? 그리고 합병 후 기업의 자본비용은 얼마인가?

(5) 만약 위에서와 같은 운용시너지가 아니고 재무시너지에 의해서 기업가치가 증가하였다면 합병 후 AB기업의 자본비용은 얼마인가?

(6) 시너지를 산출할 때에 두 기업의 자본비용을 가중평균한 값을 이용해야 한다는 견해가 있다. 이에 대해 논평하라.

 해설

(1) ① 수익증대효과에 의한 경우, ② 비용절감효과에 의한 경우의 현금흐름을 나타내는 손익계산서는 각각 다음과 같다.

	① AB	② AB
영업수익	16억원	15억원
영업비용	9	8
현금유입	7억원	7억원

(2) 운용시너지에 해당하는 현금흐름은 1억원(=7−4−2)이다. 따라서 시너지는 다음과 같이 10억원이 된다.

$$synergy = \sum_{t=1}^{n} \frac{\Delta C_t}{(1+R)^t} = \frac{1}{0.1} = 10\text{억원}$$

B기업의 가치는 20억원(=2/10%)인데 인수대금이 27억원이므로 인수프리미엄은 7억원이다. 따라서 투자안의 NPV는 다음과 같다.

$$\text{투자안}NPV = 10 - 7 = 3\text{억원}$$

(3) 증분개념으로 측정한 이 투자안의 현금흐름은 3억원(=7−4)이 된다. 그리고 투자비용은 27억원이므로 NPV는 다음과 같다.

$$NPV = \sum_{t=1}^{n} \frac{C_t}{(1+R)^t} - C_0$$
$$= \frac{(7-4)}{0.1} - 27 = 3\text{억원}$$

이 값은 시너지에서 인수프리미엄을 차감한 값과 동일하다. 이렇듯 재무이론에서는 투자 여부는 한계개념으로 결정되는 것이다.

(4) 먼저 합병 전 각 기업의 가치를 구하면 다음과 같다.

	A	B
현금유입	4	2
자본비용	8%	10%
기업가치	50	20

합병 후 AB기업의 가치는 두 기업가치의 단순합계에 시너지를 더한 값이다. 따라서 다음과 같다.

$$50 + 20 + 10 = 80\text{억원}$$

자본예산의 관점에서 평가한다면 A기업의 가치에 합병이라는 투자안의 현재가치 30억원(=3/0.1)을 더해서 다음과 같이 구해도 된다.

$$50 + 30 = 80\text{억원}$$

그리고 합병 후 자본비용은 합병 후 현금유입과 합병 후 기업가치의 관계에서 다음과 같이 구할 수 있다.

$$\frac{7}{80} = 8.75\%$$

이 값은 A기업과 B기업의 자본비용을 가중평균해서 다음과 같이 구해도 동일한 값이 된다.

$$8\% \times \frac{50}{80} + 10\% \times \frac{30}{80} = 8.75\%$$

(5) 운용시너지가 없다면 합병 후 현금유입은 두 기업의 현금유입을 단순히 합한 금액 6억원이 될 것이다. 이러한 상황에서 합병 후 기업 AB의 가치가 80억원이 되려면 자본비용이 다음과 같아야 한다.

$$\frac{6}{80} = 7.5\%$$

만약 시너지가 없었다면 합병 후 기업 AB의 자본비용은 다음과 같게 될 것이다.

$$8\% \times \frac{50}{70} + 10\% \times \frac{20}{70} = 8.5714\%$$

그러나 재무시너지가 존재하기 때문에 포트폴리오효과로 인해서 자본비용이 8.5714%보다 낮은 7.5%가 되는 것이고 이에 따른 기업가치가 다음과 같이 80억원이 되는 것이다.

$$\frac{6}{7.5\%} = 80$$

(6) 대부분의 시중 교재가 시너지를 산출할 때에 두 기업의 자본비용을 가중평균한 값을 이용하고 있는데 이 방법을 따르면 할인율이 다음과 같게 된다.

$$8\% \times \frac{50}{70} + 10\% \times \frac{20}{70} = 8.5714\%$$

그리고 시너지 및 NPV는 다음과 같다.

$$synergy = \frac{1}{8.5714\%} = 11.67\text{억원}$$

$$NPV = 11.67 - 7 = 4.67\text{억원}$$

그러면 합병이라는 투자안의 현재가치는 31.67(=27+4.67)억원이 되고 이는 구체적으로는 증분현금흐름 3억원을 할인한 값이어야 한다.

이렇게 두 기업의 자본비용을 가중평균한 할인율을 적용하여 시너지효과를 산출하는 근거로 시너지가 두 기업의 공동효과로 발생한다는 점을 내세운다. 얼핏 보면 발생원인을 고려해서 할인율을 정하였기 때문에 이러한 관점에서 타당하게 보일 수도 있다.

① 그러나 이는 이제까지 적용해 온 자본예산의 기본원칙(투자안은 한계개념에 의해서 평가해야 한다는)에 맞지 않다. 합병도 투자안이므로 이를 평가하기 위해 자본예산의 개념을 적용해보자. 합병이라는 투자안에 의한 A기업의 증분현금흐름은 3억원인데 이 방법을 따르면 이 중 2억원은 B기업의 자본비용 10%를 적용하고 시너지에 해당하는 1억원은 두 기업의 평균자본비용을 적용하는 것이다. 즉, 투자안을 평가하면서 한계개념과 평균개념을 뒤섞어 적용하고 있는 것이다.

② 그리고 만약 이 방법이 타당하다면 앞서 다루었던 자본예산에서도 각 투자안마다 증분현금흐름 중 시너지에 해당하는 금액을 분리해야 할 것이다. 예를 들어, 건설회사가 백화점을 설립하거나 자동차회사가 철강회사를 설립하는 투자안을 평가할 때에는 시너지가 없을까? 달리 말하면 건설회사가 백화점을 합병하거나 자동차회사가 철강회사를 합병할 때에만 시너지가 있는 것일까? 따라서 백화점을 설립하거나 철강회사를 설립하는 투자안에서도 시너지가 있을테니 이를 분리해내야 한다는 논리가 된다.

③ 물론 가능하다면 모든 투자안의 증분현금흐름을 성격별로 나누어 개별적인 현재가치를 구해서 투자안을 평가하는 것이 개념적으로는 옳다. 그러나 무수히 발생할 수 있는 모든 상황을 반영할 수 있는 이론적 모형을 만든다는 것은 현실적으로 불가능하다. Ross, Corporate Finance(Irwin, 1996)가 시너지의 현재가치를 산출할 때에 목표기업의 자본비용을 사용하고 있는 것도 이러한 배경에서 자본예산과의 논리적 일관성을 유지하기 위한 것이라고 생각한다.

④ 결론적으로 시너지의 현금흐름에 대한 할인율에 대해서 특별한 조건이 주어진다면 이를 따라야 하겠지만, 그렇지 않다면 목표기업의 위험을 고려한 할인율을 사용하는 것이 논리적 일관성을 갖는다고 본다.

>>> 연습문제 20 – 2

가나기업과 ABC기업은 모두 무부채기업으로서 가나기업이 ABC기업을 흡수합병할 것을 고려 중이다. 두 기업과 관련된 재무자료는 다음과 같다.

	가나기업	ABC기업
기업가치	25억원	15억원
발행주식수	5만 주	10만 주
1주당 시가	5만원	1.5만원
자본비용	10%	15%

가나기업이 ABC기업을 합병하면 합병에 따른 현금흐름이 증분기준으로 다음과 같이 예상된다.(단위 : 억원)

$t=1$	2	3	4	5
−0.8	0.4	4.8	3.4	2.8

그리고 ABC기업의 인수가격은 1주당 18,500원으로 결정되었다고 가정하여 다음 각 물음에 답하라.

(1) ABC기업을 현금으로 인수할 때의 합병 NPV를 산출하라.
(2) 인수대금을 가나기업의 현재주가를 기준으로 주식을 교부할 때의 합병 NPV를 산출하라.
(3) 현금인수의 NPV와 동일한 NPV를 얻기 위한 주식교환비율을 산출하라.

해설

(1) 합병에 따른 증분현금흐름에 대해서는 피합병기업의 자본비용으로 할인하여 시너지를 구해야 한다. 따라서 미래의 증분현금흐름을 다음과 같이 ABC기업의 자본비용 15%로 할인하여 시너지를 산출한다.

$$synergy = -\frac{0.8}{(1+0.15)} + \frac{0.4}{(1+0.15)^2} + \cdots + \frac{2.8}{(1+0.15)^5} = 6.1(\text{억원})$$

그리고 1주당 인수가격은 18,500원으로 결정되었으므로 인수프리미엄은 다음과 같이 산출된다.

$$\text{인수프리미엄} = 18{,}500\text{원} \times 10\text{만 주} - 15\text{억원} = 3.5(\text{억원})$$

따라서 합병의 NPV는 다음과 같다.

$$NPV = synergy - \text{인수프리미엄} = 6.1 - 3.5 = 2.6(\text{억원})$$

(2) ABC 주주들이 요구하는 인수대금은 18.5억원이고 가나기업 1주당 가격은 5만원이므로 교부해야 할 주식수는 다음과 같다.

$$\frac{18.5\text{억원}}{5\text{만원}} = 37{,}000(\text{주})$$

그런데 합병 후 이렇게 교부한 37,000주의 가치는 시너지효과가 반영되기 때문에 다음과 같이 산출된다.

$$(25\text{억원}+15\text{억원}+6.1\text{억원})\times\frac{37,000}{50,000+37,000}=19.6(\text{억원})$$

그리고 이에 따른 인수프리미엄은 다음과 같다.

$$\text{인수프리미엄}=19.6-15=4.6\text{억원}$$

따라서 이러한 경우 합병의 NPV는 다음과 같이 산출된다.

$$NPV=6.1-4.6=1.5\text{억원}$$

현재주가는 시너지효과가 고려되지 않은 것이므로 이를 기준으로 교부주식수를 결정하게 되면 시너지효과를 고려하는 경우보다 더 많은 주식이 교부된다. 따라서 NPV가 현금인수의 경우보다 더 작게 되는 것이다.

(3) 합병 후 기업가치 중에서 지분율이 $a\%$가 되도록 주식을 교부한다고 하자. 그러면 ABC기업의 인수가격이 18.5억원이므로 다음 식이 성립한다.

$$a\times(25+15+6.1)=18.5\text{억원}$$
$$\therefore\ a=0.4013(40.13\%)$$

따라서 가나기업 주식수를 N_S, 합병에 따른 신주발행 주식수를 N_m이라고 하면 다음 식이 성립해야 한다.

$$\frac{N_m}{N_S+N_m}=\frac{N_m}{50,000+N_m}=0.4013$$
$$\therefore\ N_m=33,514\text{주}$$

그러므로 주식교환비율은 다음과 같다.

$$\frac{33,514}{100,000}=0.33514$$

그리고 이때의 NPV는 다음과 같이 현금인수의 NPV와 동일함을 확인할 수 있다.

$$NPV=6.1-(46.1\times0.4013-15)=2.6$$

>>> 연습문제 20 - 3

합병과 관련된 다음 각 물음에 답하라.

(1) 가나기업은 ABC기업과의 합병을 고려하고 있다. 그런데 ABC기업은 이익을 모두 배당하며 현재 성장률은 5%이지만 합병을 하게 되면 성장률이 6%로 상승할 것으로 예상된다. 그리고 ABC기업의 현재 PER는 12, 순이익은 0.5억원, 발행주식수는 10,000주이다. 주식발행을 통해서 합병을 할 경우 가나기업의 가치는 얼마나 증가하는가?

(2) 효율적 자본시장에서 합병대금을 주식 대신 현금으로 지급할 경우 가나기업의 주가에 미치는 영향은 어떤 차이가 있는가?

해설

(1) ① 현재 ABC 주가를 다음과 같이 산출한다.

$$EPS = \frac{\text{순이익}}{\text{발행주식수}} = \frac{0.5\text{억원}}{10{,}000\text{주}} = 5{,}000\text{원}$$

$$PER = \frac{\text{주가}(P)}{EPS} = \frac{P}{5{,}000} = 12$$

$$\therefore\ P = 12 \times 5{,}000 = 60{,}000$$

② 배당평가모형을 이용해서 ABC기업의 자본비용을 구한다.
성장모형에 따르면 현재주가는 다음과 같다.

$$P = \frac{D_1}{R-g}$$

여기서 $D_1 = EPS \times (1+g) = 5{,}000 \times 1.05 = 5{,}250$이므로

$$60{,}000 = \frac{5{,}250}{R-0.05}$$

따라서 할인율 $R = 0.1375(13.75\%)$

③ 합병 후 성장률을 고려한 ABC 주가를 산출한다.
합병 후 $D_1 = 5{,}000 \times 1.06 = 5{,}300$이므로

이때의 주가 $P = \frac{5{,}300}{0.1375-0.06} = 68{,}387$

즉, 합병 후의 성장률증가를 고려한 주가수준은 68,387이 된다. 따라서 신주발행을 통해서 합병을 하게 되면 가나기업의 가치는 683,870,000(=68,387×10,000주)만큼 증가하게 된다.

(2) 효율적 자본시장이라면 합병대금으로 지급할 가나기업(합병기업)의 주가를 평가할 때에 시너지효과까지 고려될 것이므로 주식교부나 현금지급의 경우에 차이가 없다.

>>> 연습문제 20 - 4

가나기업은 ABC기업을 흡수합병하는 문제를 고려하고 있다. 기업인수팀에서 수집한 관련자료는 다음과 같다.

1. 두 기업의 재무자료

	가나기업	ABC기업
발행주식수	100,000주	50,000주
1주당 가격	30,000원	15,000원
주당순이익	3,000원	2,000원
배당성향	70%	60%
주식수익률의 분산	49%	64%

2. 시장관련자료

무위험이자율 10%
시장포트폴리오의 수익률 15%
시장포트폴리오의 수익률 분산 25%

〈물음 1〉

(1) 두 기업은 현재 주가수준을 기준으로 주식교환비율을 결정할 것이다. 그런데 각 기업의 주주들은 주당순이익을 기준으로 합병 여부를 평가한다고 할 때에 이들의 찬반 여부를 판단하라.

(2) ABC기업은 현재 자기주식가격에 6,000원의 프리미엄을 가산한 값과 가나기업 주식가격을 기준으로 주식교환비율을 결정하자고 요구한다. 가나기업의 주주입장에서 이를 수용할 것인지 판단하라.

〈물음 2〉

(1) ABC기업의 주식수익률과 시장포트폴리오 수익률 간의 상관계수가 0.75일 때 ABC기업 주식의 베타를 산출하라.

(2) CAPM을 이용해서 ABC기업의 할인율을 구하라.

(3) (2)의 결과와 배당평가모형을 이용해서 ABC기업의 주식가격을 산출하라. 단, ABC기업의 재투자수익률은 25%로 파악되었다.

〈물음 1〉

(1) 주가기준의 교환비율 $R = \dfrac{15{,}000}{30{,}000} = 0.5$

교부주식수 $50{,}000 \times 0.5 = 25{,}000$주

합병 후 가나주주의 *EPS*는 다음과 같다.

$$EPS = \frac{100{,}000 \times 3{,}000 + 50{,}000 \times 2{,}000}{100{,}000 + 25{,}000} = 3{,}200$$

이는 합병 전 EPS 3,000원보다 크므로 가나주주들은 합병에 찬성한다.
그런데 합병 후 ABC 주주의 EPS는 다음과 같다.

$$EPS = 3{,}200 \times R = 3{,}200 \times 0.5 = 1{,}600$$

이는 합병 전 EPS 2,000원보다 작으므로 ABC주주들은 합병에 반대한다.

(2) 프리미엄을 반영한 교환비율은 다음과 같이 산출된다.

$$R = \frac{15{,}000 + 6{,}000}{30{,}000} = 0.7$$

교부주식수 $50{,}000 \times 0.7 = 35{,}000$주

합병 후 가나주주의 EPS는 다음과 같다.

$$EPS = \frac{100{,}000 \times 3{,}000 + 50{,}000 \times 2{,}000}{100{,}000 + 35{,}000} = 2{,}962.96$$

이는 합병 전 EPS 3,000원보다 작으므로 ABC 주주의 요구를 받아들일 수 없다.

〈물음 2〉

(1) $\beta_i = \frac{\sigma_{im}}{\sigma_m^2} = \frac{\rho_{im} \cdot \sigma_{im}}{\sigma_m^2} = \frac{0.75 \times 0.08}{0.05} = 1.2$

(2) $E(R_i) = R_f + [E(R_m) - R_f] \cdot \beta_i$
$= 0.1 + (0.15 - 0.1) \times 1.2 = 0.16(16\%)$

(3) 배당평가모형에 따르면 현재주가는 다음과 같다.

$$P_0 = \frac{D_1}{R - g}$$

여기서 $D_1 = D_0 \times (1 + g)$인데
$D_0 = 2{,}000 \times 0.6 = 1{,}200$
g = 유보율 × 재투자수익률 $= (1 - 0.6) \times 0.25 = 0.1$이므로
$\therefore D_1 = 1{,}200(1 + 0.1) = 1{,}320$이므로

이를 배당평가모형에 대입하면 성장률을 고려한 현재주가를 다음과 같이 산출할 수 있다.

$$P_0 = \frac{1{,}320}{0.16 - 0.1} = 22{,}000(\text{원})$$

>>> 연습문제 20 – 5

가나기업과 ABC기업은 모두 무부채기업이다. 가나기업은 ABC기업을 합병할 것을 고려 중이다. 수집된 관련자료는 다음과 같다.

	가나기업	ABC기업
영업현금흐름	10,080만원	5,200만원
체계적 위험(β)	1.2	2.0
발행주식수	21,000주	13,000주

합병을 한 후에는 가나기업의 현금흐름이 15,500만원이 될 것으로 예상되는데 ABC 주주들은 현재주가를 기준으로 10%의 인수프리미엄을 요구하고 있다.

시장포트폴리오의 기대수익률은 15%, 무위험이자율은 10%이며 법인세율은 20%라고 할 때 다음 각 물음에 답하라.

(1) 가나기업은 ABC 주주들의 요구를 받아들이고 합병대금을 유상증자로 조달할 계획이다. 합병의 NPV를 산출하여 합병 여부를 판단하라.

(2) 합병에 따른 기업가치 증분에 대해서는 자기자본과 부채의 구성비율을 6 : 4로 계획하고 있다. 이러한 경우 합병의 NPV를 산출하고 합병 여부를 판단하라.

(3) (2)와 같이 합병한 후의 주주의 요구수익률은 얼마로 변화하는가?

(4) 합병대금을 모두 부채로 조달할 경우 ABC주식 1주에 대해서 최대한 지급할 수 있는 프리미엄은 얼마인가?

해설

(1) 두 기업의 자본비용 및 1주당 가격은 다음과 같다.

		가나기업	ABC기업
영업현금흐름	$EBIT(1-t)$	10,080만원	5,200만원
자기자본비용*	k_e^U	÷ 16%	÷ 20%
기업가치	V	63,000만원	26,000만원
발행주식수	n	÷ 21,000주	÷ 13,000주
1주당 가격	P	30,000원	20,000원

* 자기자본비용 k_e는 SML을 통해서 산출된다.
가나기업의 경우 $E(R_i) = 10 + (15-10) \times 1.2 = 16\%$

가나기업의 입장에서 ABC합병은 일종의 한계투자안이고 이로부터 기대되는 현금유입의 증분은 5,420(= 15,500 − 10,080)만원이다. 그리고 투자자금을 모두 주식으로 조달하므로 이 투자안에 적용할 할인율은 ABC기업의 자본비용이 된다.*

* 여기서도 시너지를 산출하기 위해 가나기업과 ABC기업의 자본비용을 가중평균한 값

$$16 \times \frac{63,000}{63,000+26,000} + 20 \times \frac{26,000}{63,000+26,000} = 17.17(\%)$$를 이용하면 안 된다.

왜냐하면 이렇게 구한 값은 투자안에 적용할 한계자본비용(MCC)이 아니기 때문이다. 합병도 하나의 투자안임을 염두에 두고 제 9 장을 읽어보길 바란다. 다시 말하지만, 모든 투자안의 결정은 한계개념에 의해서 이루어지는 것임을 명심하라.

그런데 ABC주식 1주에 대한 인수금액은 프리미엄을 가산한 22,000(= 20,000 × 1.1)이므로 NPV는 다음과 같이 산출된다.

$$NPV = \frac{5,420만원}{0.2} - 22,000 \times 13,000 = -1,500(만원)$$

NPV가 음(−)의 값이므로 합병하지 않는다.

(2) 합병대금의 일부를 부채로 조달하므로 현금흐름에 적용할 할인율을 목표레버리지 수준에 따라 조정하여야 한다.

$$k_0^L = k_e^L\left(1 - t \cdot \frac{B}{V}\right)$$
$$= 0.2(1 - 0.2 \times 0.4) = 0.184\ (18.4\%)$$

따라서 NPV는 다음과 같다.

$$NPV = \frac{5,420}{0.184} - 22,000 \times 13,000 = 856.5(만원)$$

$NPV>0$ 이므로 합병하는 것이 바람직하다.

(3) 합병 후 경영위험을 나타내는 β_U를 구하기 위해서 먼저 무부채상태의 기업가치증분을 구한다.

$$\frac{5{,}420}{0.2}=27{,}100$$

그러면 합병 후 가나기업 전체의 β_U는 다음과 같은 가중평균값으로 산출된다.

$$\beta_U=1.2\times\frac{63{,}000}{63{,}000+27{,}100}+2.0\times\frac{27{,}100}{63{,}000+27{,}100}=1.44$$

그리고 (2)와 같이 합병할 때 조달해야 할 부채금액은 레버리지효과까지 고려해서 다음과 같다.

$$\frac{5{,}420}{0.184}\times 40\%=11{,}783$$

따라서 합병 후 재무상태표는 다음과 같게 된다.

재무상태표

자 산 92,457	부 채 11,783
	자 본 80,674

이때의 레버리지 수준을 고려해서 재무위험을 반영한 β_L은 다음과 같이 산출한다.

$$\begin{aligned}\beta_L&=\left[1+(1-0.2)\times\frac{11{,}783}{80{,}674}\right]\times 1.44\\&=1.608\end{aligned}$$

이렇게 구한 베타값을 SML에 대입하면 합병 후 주주의 요구수익률이 되는 것이다.

$$\begin{aligned}k_e^L&=10+(15-10)\times 1.608\\&=18.04(\%)\end{aligned}$$

(4) 소요자금을 모두 부채로 조달할 때 1주당 프리미엄을 p라고 하면 조달해야 할 금액은 다음과 같다.(단위 : 원)

$$(20{,}000+p)\times 13{,}000$$

이렇게 부채금액을 알고 투자안의 경제성을 평가할 때에는 APV법을 적용해야 한다. 여기서 APV는 다음과 같이 산출된다.

$$\begin{aligned}APV&=\text{base case }NPV+t\cdot B\\&=\frac{54{,}200{,}000}{0.2}-(20{,}000+p)\times 13{,}000+0.2\times(20{,}000+p)\times 13{,}000\end{aligned}$$

$APV>0$이면 투자가치가 있는 것으므로 위에서 산출한 $APV=0$인 수준의 프리미엄이 최대한 지급할 수 있는 프리미엄이 된다. 위 식을 0으로 놓고 p를 구하면 6,057.7원이 된다.

>>> 연습문제 20 - 6

가나기업은 잔여현금을 다량 보유하고 있어서 투자기회를 찾던 중 마땅한 투자기회가 존재하지 않아 ABC회사를 흡수합병할 것을 검토하고 있다. ABC회사의 합병에 따른 가나기업의 매년말 기준 증분현금흐름과 관련된 자료는 다음과 같다.(단위: 백만원)

구 분	$t=1$	2	3	비 고
현금매출액	6,000	7,000	8,000	3년 이후의 현금흐름은 매년 4% 증가할 것으로 예상된다
영업비(감가상각비 제외)	3,000	3,500	4,250	
이자비용	300	300	400	
감가상각비	450	500	550	
추가투자비용	500	400	300	

무위험부채를 사용하고 있는 ABC기업은 자본구조(B/V)가 30%이고 법인세율은 30%, 주식할인율은 19%이다. 그러나 가나기업은 합병 후 ABC회사의 자본구조(B/V)를 50%로 계획하고 있다. 시장수익률은 16%, 무위험이자율은 10%이고 합병 후 법인세율은 40%가 될 것이다.

(1) 합병에 따른 가나기업주주의 증분현금흐름을 보여라.

(2) 합병 후 예상되는 증분현금흐름을 할인할 때에 적용될 자기자본비용은 얼마인가?

(3) 3년 이후의 현금흐름을 항상성장모형으로 평가하고 그 결과를 이용하여 ABC 주식의 현재가치를 산출하라.

(4) 합병 전 ABC기업 주가는 1주당 10,000원에 형성되어 있어서 이 가격으로 전체발행주식 60만 주를 매입할 수 있다고 하자. 주식인수대금으로 지급할 수 있는 최대금액과 최소금액을 구하라.

(5) 합병에 따른 증분현금흐름이 매년 1,300백만원씩 영구히 계속된다면 합병을 할 것인가? 현재주가를 기준으로 인수대금을 지급한다고 할 때 EVA를 산출해서 답하라.

(1) ABC기업의 합병에 따른 증분현금흐름을 연도별로 정리하면 다음과 같다.

	$t=1$	2	3
매 출 액	6,000	7,000	8,000
영 업 비	(3,000)	(3,500)	(4,250)
이자비용	(300)	(300)	(400)
감가상각비	(450)	(500)	(550)
세전이익	2,250	2,700	2,800
법인세(0.4)	(900)	(1,080)	(1,120)
세후이익	1,350	1,620	1,680
감가상각비	450	500	550
추가투자비용	(500)	(400)	(300)
증분현금흐름	1,300	1,720	1,930

(2) 먼저 ABC회사의 현재 β_L을 구한다.

$$k_e^L = R_f + [E(R_m) - R_f] \cdot \beta_L$$
$$19 = 10 + (16 - 10) \cdot \beta_L \qquad \therefore \beta_L = 1.5$$

Hamada모형을 이용해서 무부채베타 β_U를 산출한다.

$$\beta_L = \beta_U \times \left[1 + (1-t) \times \frac{B}{S}\right]$$

$$1.5 = \beta_U \times \left[1 + (1-0.3) \times \frac{3}{7}\right] \qquad \therefore \beta_U = 1.15$$

이를 이용해서 무부채상태의 자기자본비용 k_e^U를 구한다.

$$k_e^U = 10 + (16-10) \times 1.15 = 16.9(\%)$$

이제 MM명제를 통하여 증분현금흐름에 대한 할인율 k_e^L을 구할 수 있다.

$$k_e^L = k_e^U + (k_e^U - k_d)(1-t) \times \frac{B}{S}$$
$$= 16.9 + (16.9 - 10)(1 - 0.4) \times 1 = 21(\%)$$

(3) 3년 말 시점의 ABC주식가치를 항상성장모형으로 산출하면 다음과 같다.

$$S_3 = \frac{D_4}{k_e^L - g} = \frac{1{,}930 \times 1.04}{0.21 - 0.04} = 11{,}807(\text{백만원})$$

이 값을 이용해서 ABC주식의 현재가치 S_0는 다음과 같이 계산할 수 있다.

$$S_0 = \frac{1{,}300}{(1+0.21)} + \frac{1{,}720}{(1+0.21)^2} + \frac{1{,}930}{(1+0.21)^3} + \frac{11{,}807}{(1+0.21)^3} = 10{,}003(\text{백만원})$$

(4) 주식인수대금의 최대지급액은 (3)에서 구한 10,003(백만원)이고 최소금액은 현재 매입가능한 금액 60억원(= 10,000원×60만 주)이 된다.

(5) 현재의 주가를 기준으로 주식대금을 지급할 때 경제적 부가가치(EVA: economic value added)는 다음과 같이 산출된다.

$$EVA = 13\text{억원} - 60\text{억원} \times 21\% = 0.4(\text{억원})$$

EVA의 현재가치가 NPV인데 EVA가 0보다 크다면 곧 NPV도 양(+)의 값을 갖는다는 의미이므로 합병을 한다. 그리고 이 때의 NPV는 다음과 같다.

$$NPV = \frac{0.4}{0.21} = 1.9(\text{억원})$$

이 값은 NPV산출식을 적용해서도 확인할 수 있다.

$$NPV = \frac{13}{0.21} - 60 = 1.9(\text{억원})$$

단, 여기서 13억원은 주주의 현금흐름이므로 자기자본비용 k_e^L을 할인율로 이용한 것이다. 만약 현금흐름이 영업현금흐름으로 측정된다면 가중평균자본비용 k_0^L을 이용해야 할 것이다.

>>> 연습문제 20 - 7

기업가치가 500억원인 A기업이 B기업을 흡수합병하려고 한다. B기업은 작년 말 기준으로 현금흐름이 1억원이며 앞으로 매년 5%씩 증가할 것으로 예상된다. 무위험수익률은 5%, 시장포트폴리오의 기대수익률은 8%이다. 합병 전과 합병 후의 두 기업에 대한 자료는 다음과 같다.

	A	B	AB
부채/자기자본	0.8	1	0.9
주식베타	1.5	1.5	–
타인자본비용(%)	–	5	5
법인세율(%)	40	40	40

(1) B기업의 가치는 얼마인가?
(2) 합병 후 AB기업의 주식베타를 계산하라.
(3) A기업은 합병 후 2년째 말부터 매년 10억원씩 추가적인 현금흐름이 영구히 발생할 것으로 예상하고 있다. 만약 B기업이 인수대금으로 90억원의 현금을 요구한다면 A기업의 입장에서 합병의 NPV는 얼마인가?
(4) B기업이 제시한 90억원을 동일 금액의 보통주를 발행하여 지급한다면 합병 후 AB기업 주식의 주당 시장가치는 얼마인가? 단, 합병 전 A기업의 발행주식수는 250만주이다.

이 문제는 CPA시험에 출제된 것인데 먼저 다음과 같이 제시된 풀이를 살펴보자.

(1) SML을 이용해서 B기업의 자기자본비용 k_e를 먼저 구한다.

$$k_e = 5 + (8-5)\times 1.5 = 9.5(\%)$$

이제 가중평균자본비용 k_0를 구하면 다음과 같다.

$$k_0 = 9.5 \times \frac{1}{2} + 5(1-0.4)\times\frac{1}{2} = 6.25(\%)$$

항상성장모형으로 B기업의 가치를 산출한다.

$$V_B = \frac{C_1}{k_0 - g} = \frac{1\text{억원}\times(+0.05)}{6.25\% - 5\%} = 84\text{억원}$$

(2) Hamada 모형을 이용해서 각 기업의 무부채베타를 구한다.

$$\beta_L = \left[1 + (1-t)\frac{B}{S}\right]\times\beta_U$$

$$1.5 = [1 + (1-0.4)\times 0.8]\times\beta_U \quad \rightarrow \text{A기업의 } \beta_U = 1.0135$$

$$1.5 = [1 + (1-0.4)\times 1]\times\beta_U \quad \rightarrow \text{B기업의 } \beta_U = 0.9375$$

이제 합병 후 AB기업의 β_U를 구하면

$$\beta^U_{AB} = \beta^U_A \times \frac{V_A}{V_A+V_B} + \beta^U_B \times \frac{V_B}{V_A+V_B}$$
$$= 1.0135 \times \frac{500}{584} + 0.9375 \times \frac{84}{584} = 1.0026$$

이를 통해 주식베타를 구한다.

$$\beta^L_{AB} = [1+(1-0.4)\times 0.9]\times 1.0026 = 1.5440$$

(3) (2)의 주식베타와 SML을 이용해서 k_e를 구한다.

$$k_e = 5+(8-5)\times 1.5440 = 9.632(\%)$$

그리고 k_0를 구하면 다음과 같다.

$$k_0 = 9.632 \times \frac{1}{1.9} + 5(1-0.4)\times \frac{0.9}{1.9} = 6.49(\%)$$

이제 시너지와 인수프리미엄, 합병의 NPV를 산출한다.

$$\text{시너지} = \frac{10\text{억원}}{0.0649} \times \frac{1}{(1+0.0649)} = 144.7\text{억원}$$
$$\text{인수프리미엄} = 90-84 = 6\text{억원}$$
$$\text{합병 } NPV = 144.7-6 = 138.7\text{억원}$$

(4) 합병 후 AB기업의 가치는 다음과 같다.

$$500+84+144.7 = 728.7\text{억원}$$

그리고 합병 후 B주주의 지분율은 다음과 같다.

$$\frac{90\text{억원}}{728.7\text{억원}} = 0.1235\ (12.35\%)$$

그러면 다음 식에서 새로 발행할 주식수(N)를 구할 수 있다.

$$\frac{\text{신주수}}{\text{구주수}+\text{신주수}} = \frac{N}{250\text{만 주}+N} = 0.1235$$
$$\therefore N = 35.2\text{만 주}$$

합병 후 기업의 주당가치는 다음과 같다.

$$\frac{728.7\text{억원}}{250\text{만 주}+35.2\text{만 주}} = 25{,}550(\text{원})$$

————×————×————

이제부터는 제시된 풀이과정에 있는 오류를 찾아서 검토한다.

(1)번 풀이에는 문제가 없다.

(2)번 풀이에서는 합병 후 AB기업의 무부채베타(β_U)를 구하면서 가중치로 기업가치(V)를 사용한 것에 문제가 있다. 이 기업가치는 부채를 포함한 것이고 이에는 재무레버리지까지 반영되어 있

기 때문이다. 따라서 영업레버리지만 반영된 무부채상태의 기업가치를 구하여 이를 가중치로 사용해서 합병 후 AB기업의 무부채베타(β_U)를 구하는 것이 올바른 방법이다.

A기업의 경우 부채금액(B)은 다음과 같다.

$$B = V_A \times \frac{B_A}{V_A} = 500 \times \frac{4}{9}$$
$$= 222(\text{억원})$$

이에 MM의 수정명제($V_L = V_U + tB$)를 이용하면 무부채기업가치를 구할 수 있다.

$$500 = V_U + 0.4 \times 222$$
$$\rightarrow V_U = 411.2(\text{억원})$$

같은 방법으로 무부채상태의 B기업의 가치를 구하면 $V_U = 67.2$이다.

따라서 합병 후 AB기업의 무부채베타(β_U)는 다음과 같이 무부채기업가치를 이용해야 정확한 값을 구할 수 있다.

$$\beta^U_{AB} = \beta_A{}^U \times \frac{V_A}{V_A + V_B} + \beta_B{}^U \times \frac{V_B}{V_A + V_B}$$
$$= 1.0135 \times \frac{411.2}{478.4} + 0.9375 \times \frac{67.2}{478.4} = 1.0028$$

이제 재무레버리지를 반영한 AB기업의 주식베타(β_L)를 다음과 같이 산출한다.

$$\beta^L_{AB} = [1 + (1 - 0.4) \times 0.9] \times 1.0028$$
$$= 1.5443$$

(3)번에서 시너지산출을 위한 할인율을 구하면서 합병 후 AB기업의 주식베타를 사용하였는데 이는 한계개념에 맞지 않는다. 즉, β_B를 이용해야 한다.

$$\beta_B{}^L = [1 + (1 - 0.4) \times 0.9] \times 0.9375 = 1.4438$$
$$k_e{}^L = 5 + (8 - 5) \times 1.4438] = 9.33(\%)$$
$$k_0{}^L = 9.33 \times \frac{1}{1.9} + 5(1 - 0.4) \times \frac{0.9}{1.9} = 6.33(\%)$$

시너지와 NPV를 구한다.

$$\text{시너지} = \frac{10\text{억원}}{0.0633} \times \frac{1}{(1 + 0.0633)} = 148.6\text{억원}$$
$$\text{합병 } NPV = 148.6 - (90 - 84) = 142.6\text{억원}$$

(4)번에서는 B주주 지분율을 구하면서 기업가치를 기준으로 사용한 것이 오류이다. 즉, 자기자본가치를 기준으로 지분율을 구해야 한다. 합병 후 기업가치와 자본가치는 다음과 같다.

$$V = 500 + 84 + 148.6 = 732.6$$
$$S = 732.6\text{억원} \times \frac{1}{1.9} = 385.6$$

따라서 B주주 지분율은 다음과 같은 등식을 만족시켜야 한다.

$$\frac{90\text{억원}}{385.6\text{억원}} = \frac{N}{250\text{만 주} + N}$$

$$\therefore N = 76.1\text{만 주}$$

따라서 합병 후 기업의 주당가치는 다음과 같다.

$$\frac{383.5\text{억원}}{250\text{만 주} + 76.1\text{만 주}} = 11{,}760(\text{원})$$

제 21 장

국제재무관리

Financial Management

학습 목표

기업이 국제화되면서 가장 중요하게 관리해야 할 대상은 환위험이다. 이는 국가 간 통화비율인 환율에 의해서 결정되는 것이므로 이 장에서는 환율결정이론을 먼저 설명할 것이다. 여기서 균형환율이 결정되는 메커니즘을 먼저 근사식에 의해서 살펴본 후 이에 대한 보다 정확한 균형이론을 공부한다. 그리고 이같이 환율변동에 따라 발생하는 위험을 어떤 방법으로 관리할 수 있는지를 모색하고 각 방법들이 가져다 주는 효과를 살펴본다. 또한 자본예산기법을 해외투자안에 적용하는 경우에는 앞서 공부한 자본예산과 어떤 차이가 있는가를 살펴보고 끝으로 국제금융시장에서의 자금조달유형을 소개한다.

제 1 절 기초개념

국제재무관리에서 적용되는 원리는 그동안 설명한 내용과 크게 다를 것이 없다. 다만, 기업이 직면하는 환경에 국제적 요소가 추가될 뿐이다. 여기서 국제적 요소라 함은 다음과 같이 환위험과 정치적 위험의 두 가지 요소를 말한다.

(1) 환위험

환위험(foreign exchange risk)이란 환율변화로 인한 수익의 변동가능성을 의미하는데, 이는 적절한 기법을 통해서 관리할 수 있는 통제가능요소이다. 따라서 국제재무관리에서 주로 다루게 되는 위험관리의 대상은 바로 환위험이다.

(2) 정치적 위험

정치적 위험(political risk)이란 거래상대국의 정치적 변화로 인한 재산몰수, 송금제한 등과 같은 사건이 발생할 가능성을 말한다. 국가 간 상호 투자활동을 보장하는 각종 경제조약을 통해서 정치적 위험을 감소시켜나가고 있으나 기업차원에서는 통제불가능한 요소라고 볼 수 있다.

제 2 절 환 율

2.1 개 요

(1) 환율의 의의와 표시방법

환율(exchange rate)이란 한 나라의 화폐가 다른 나라의 화폐로 교환되는 비율을 말한다. 그런데 외환시장에서 거래중심이 되는 통화가 미국 달러이기 때문에 대부분의 국가는 1달러당 교환되는 자국통화로 환율을 표시한다. 예를 들어, ₩1,200/$로 표현된 환율은 1달러와 1,200원이 교환된다는 것인데, 이처럼 자국통

세 국가 간의 환율관계

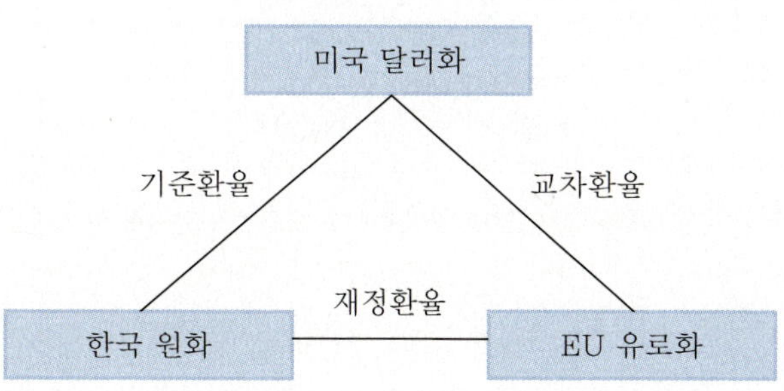

화로 표시되는 환율은 자국통화표시환율이라고 한다. 그러나 예외적으로 영국은 자국통화를 기준으로 1파운드와 교환되는 달러의 가격을 환율로 표시하는데 이 같이 표시되는 환율은 외국통화표시환율이라고 한다.

(2) 재정환율과 외환재정거래

세계 각국의 환율은 서로 밀접한 관계를 갖고 변화한다. 그래서 서로 다른 세 국가의 환율은 일정한 관계로 균형을 이루게 된다. 예를 들어, 우리나라의 원화, 미국의 달러화, 유럽연합(EU)의 유로화의 관계를 살펴보자. 우리나라의 경우 미국과의 거래가 가장 많기 때문에 달러에 대한 환율을 기준환율(basic rate)이라고 한다. 그런데 EU유로도 미국 달러에 대해서 일정한 환율로 표시되고 있을 것인데 이때의 환율은 교차환율(cross rate)이라고 한다. 그러면 우리나라의 EU유로에 대한 환율은 기준환율과 교차환율의 관계에서 산출할 수 있는데, 이렇게 산출한 환율을 재정환율(arbitrage rate)이라고 한다. 만약 외환시장이 균형을 이루고 있다면 유로에 대한 실제환율이 재정환율과 동일할 것이며, 그렇지 않다면 시장불균형을 이용한 외환재정거래가 가능하여 결국에는 균형이 달성된다.

>>> **예제 21-1**

현재 1달러당 원화의 환율은 1,200원이고 1달러당 EU유로화의 환율은 0.8 €로 형성되어 있다. 그런데 1€가 현재 1,560원에 교환되고 있다면 각 환율이 균형상태에 있는 것인가?

만약 불균형상태라면 어떤 형태의 재정거래가 가능한가를 설명하라.

풀이

미국 1달러를 기준으로 세 국가 간의 균형환율체계를 살펴보면 다음과 같다.

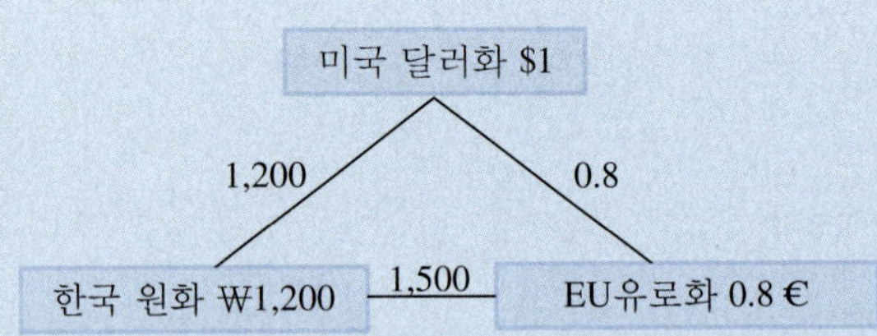

여기서 $1€ = \frac{1,200}{0.8}$ = ₩1,500이어야 균형이 달성되는데 현재 1,560원에 형성되고 있으므로 EU유로화가 과대평가된 상태이다. 따라서 1,200원으로 1달러를 취득한 후 이를 0.8€로 환전한다. 그리고 0.8€로 현재 환율 1,560원으로 다시 환전하면 1,248원(=0.8×1,560)이 생겨서 48원(=1,248−1,200)의 재정이익을 얻을 수 있다.

이러한 재정거래에서 EU유로화에 대한 공급증가로 그 가치가 하락하고 원화에 대한 수요증가로 원화가치가 상승하여 1€ =₩1,500이 성립된다.

(3) 외환거래와 환율의 종류

외환시장에서 이루어지는 거래는 다음과 같이 세 가지 유형이 있는데, 각 거래에서 적용되는 환율은 거래의 성격에 따라 달리 부른다.

① 현물거래와 현물환율

현물거래(spot trade)란 계약체결과 동시에 외환이 인수 또는 인도되는 거래를 말한다. 이러한 거래에 적용되는 환율이 현물환율(spot rate)인데 대개 환율이라고 하면 이를 일컫는 것이다.

② 선물환거래와 선물환율

선물환거래(forward exchange)는 미래 일정시점에서 일정한 환율로 외화를 인수 또는 인도할 것을 약속하는 계약이다. 이처럼 미래의 거래에 대해 현시점에서 결정되는 환율이 선물환율(forward rate)이다.

③ 스왑거래와 스왑환율

스왑거래(swap trade)는 외화를 미래 일정시점에서 재매입(재매도)한다는 조건하에서 상대방에게 매도(매입)하는 거래를 말한다. 이때에는 매도환율과 매입환율의 차이를 스왑환율(swap rate)이라고 한다.

2.2 환율결정이론(1)

외환시장에서의 환율은 각국의 물가상승률, 이자율 등 여러 가지 경제적 변수들의 상호작용에 의해서 결정된다. 이러한 경제적 변수들을 통해서 각 국가의 실물시장, 금융시장 및 외환시장이 서로 영향을 미치면서 균형환율이 달성되는데 구체적인 과정을 살펴본다.

[그림 21-2]를 이용해서 한국과 미국, 두 국가 간의 균형환율이 결정되는 과정을 살펴보겠는데 이를 위해서 다음과 같은 기호를 사용할 것이다.

현물환율 S : 미국 1달러에 해당하는 원화표시 환율로서, 현재시점의 현물환율은 S_0, 1기 후의 현물환율은 S_1으로 표현한다.

선물환율 F : 현재시점에서 결정된 미래시점의 환율로서 1기 후에 거래될 환율로 현재시점에서 결정된 선물환율은 F_1으로 표현한다.

물가상승률 i : 1기간 동안의 물가상승률로서 한국의 경우는 i_K, 미국의 경우는 i_A로 표현한다.

이자율 R : 1기간 동안 적용될 이자율로서 명목이자율의 경우에는 R_K, R_A로 표현하고 실질이자율의 경우에는 r_K, r_A로 표현한다.

(1) 구매력평가설

무역장애가 없다면 현물환율은 두 국가 통화의 실질구매력이 동일한 수준에서 결정된다는 것이 구매력평가설(purchase power parity theory)이다. 따라서 한국의 물가상승이 미국의 물가상승보다 더 높다면 한국의 원화는 화폐가치가 하락(평가절하)하기 때문에 환율이 인상된다. 그런데 이때에 재정거래기회가 없게 되는 균형상태에서는 현물환율의 변화율은 두 국가의 물가상승률의 차이와 같기 때문에 다음 식이 성립된다.

$$\frac{S_1 - S_0}{S_0} = i_K - i_A \tag{21.1}$$

(2) 피셔효과

피셔효과(Fisher effect)란 명목이자율과 실질이자율, 그리고 물가상승률의 관계에서 다음과 같이 명목이자율(R)은 실질이자율(r)과 물가상승률(i)의 합으로 이루

그림 21-2

환율결정이론(1)

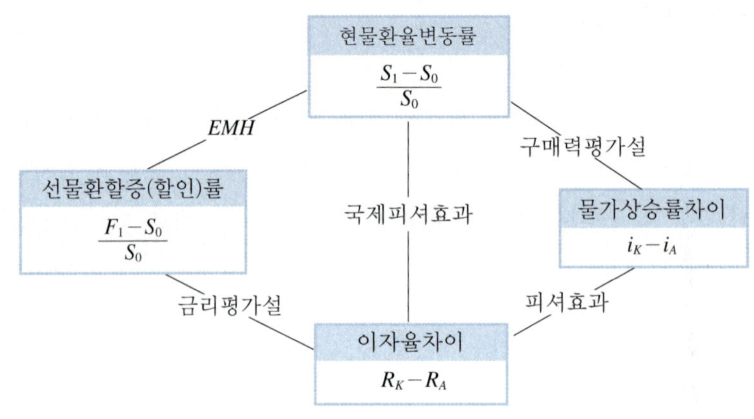

어진다는 것이다.[1)]

$$R = r + i$$

그런데 국가 간의 투자와 외환이동에 제한이 없다면 실질이자율 r은 세계적으로 동일하게 되므로 각 국가의 명목이자율의 차이는 물가상승률의 차이와 같게 된다는 것이다.

$$R_K - R_A = i_K - i_A \tag{21.2}$$

(3) 국제피셔효과

국제피셔효과(international Fisher effect)는 구매력평가설과 피셔효과에서 유도된 결과로서 [그림 20-2]에서 보듯이 현물환율과 이자율 간의 관계를 설명하는 이론이다. 그런데 여기서 균형상태에서 재정거래기회가 없게 되면 현물환율의 변동률이 두 국가의 이자율 차이와 일치하기 때문에 다음 식이 성립된다.

$$\frac{S_1 - S_0}{S_0} = R_K - R_A \tag{21.3}$$

(4) 금리평가설

금리평가설(interest parity theory)에 의하면 선물환율은 두 국가 간의 명목이자

1) 이 식은 Fisher's formula의 근사식이다. 즉, $(1+R) = (1+r)(1+i) = 1 + r + i + r \cdot i$에서 $r \cdot i$는 매우 작은 값이므로 이를 0으로 가정하여 구한 식이다.

율 차이를 반영하고 있기 때문에, 이자율이 높은 국가일수록 선물환 할증률이 높아 선물환율이 높게 형성된다는 것이다. 예를 들어, 만약 한국의 명목이자율이 미국의 명목이자율보다 높다면 달러에 대한 선물환율은 현물환율보다 높게 형성되어 선물환할증(forward premium)이 된다. 그러나 이와는 반대로 한국의 명목이자율이 미국의 명목이자율보다 낮다면 달러에 대한 선물환율은 현물환율보다 낮게 형성되기 때문에 이때에는 선물환할인(forward discount)이 된다.

그런데 여기에서도 선물환할증률은 두 국가 간의 명목이자율의 차이와 같아야 재정거래기회가 없는 균형이 되기 때문에 다음 식이 성립하게 된다.

$$\frac{F_1 - S_0}{S_0} = R_K - R_A \tag{21.4}$$

(5) 효율적 시장가설

외환시장이 효율적이면 선물환율은 미래 현물환율의 기대값과 일치하게 된다. 만약 이 두 가지 환율이 서로 다르다면 재정거래가 발생하여 결국에는 선물환율이 미래 현물환율의 기대값과 동일하게 되어 균형이 달성된다. 따라서 균형 하에서 선물환율은 미래 현물환율의 불편추정값이 된다.

$$F_1 = S_1 \tag{21.5}$$

>>> 예제 21-2

다음은 한국과 미국의 환율과 관련된 자료들이다. 이들 자료를 이용하여 위에서 설명한 환율결정이론의 성립을 확인하라.

① 현물환율 $1 = ₩1,200이고 1년 후 선물환율은 $1 = ₩1,248이다.
② 1년기준 이자율이 한국에서는 연 12%, 미국에서는 연 8%이다.
③ 예상물가상승률은 한국에서는 연 9%, 미국에서는 연 5%이다.

풀이

(1) 구매력평가설

현물환물 변화율=물가상승률 차이

한국 예상물가상승률: 9%

미국 예상물가상승률: 5%

4%

∴ 1년 후 현물환율 $S_1 = 1,200 \times (1 + 0.04) = 1,248$

(2) 피셔효과

명목이자율 차이 = 물가상승률 차이

한국 이자율 12% − 미국 이자율 8% = 4%

한국 물가상승률 9% − 미국 물가상승률 5% = 4%

∴ 두 값의 차이가 일치하므로 피셔효과가 성립된다.

(3) 국제피셔효과

현물환율 변화율 = 명목이자율 차이

구매력평가설에 의해 산출한 1년 후 현물환율이 1,248원이므로

$$\frac{1{,}248-1{,}200}{1{,}200}=4\%=12\%-8\%$$

∴ 두 값이 일치하므로 국제피셔효과가 성립한다.

(4) 금리평가설

선물환할증률 = 명목이자율 차이

$$\frac{\text{선물환율}\ -\ 1{,}200}{1{,}200}=12\%-8\%=4\%$$

∴ 선물환율 $F_1 = 1{,}248$

(5) EMH

1년 후 현물환율 = 현물환율 × (1 + 선물환할증률)

1,248 = 1,200 × (1 + 0.04)

∴ 두 값이 일치하므로 EMH가 성립한다.

2.3 환율결정이론(2)

앞에서 살펴본 균형환율의 결정식은 대부분이 근사식이다. 즉, 피셔효과를 나타내는 식도 근사식이었고 재정거래기회가 존재하지 않는 조건을 나타내는 다른 식들도 대부분이 근사식을 나타낸 것이었다. 물론 이들이 큰 오차를 가져오지 않는다면 문제가 없겠지만 좀 더 정확한 이론적 균형환율이 결정되는 과정을 살펴보자.

(1) 구매력평가설

두 국가의 화폐구매력이 반영되어 균형환율이 결정된다는 것이 구매력평가설인데 이 내용을 구체적으로 살펴보자.

미국에서 현재가격이 \$1인 상품은 1기 후에는 가격이 $\$1 \times (1+i_A)$가 된다. 그리고 이 상품은 한국에서 현재가격은 S_0이고 1기 후 가격은 $S_0 \times (1+i_K)$가 될 것이다. 그런데 1기 후 원화표시가격을 1기 후 환율 S_1으로 달러표시로 환산하면 이 값은 $\$1 \times (1+i_A)$와 같아야 균형이 된다.

따라서 다음 식이 성립된다.

$$1+i_A = S_0(1+i_K)\frac{1}{S_1} \rightarrow \frac{S_1}{S_0} = \frac{1+i_K}{1+i_A} \tag{21.5}$$

그런데 위 식의 양변에서 1을 차감하면 다음과 같이 정리된다.

$$\frac{S_1 - S_0}{S_0} = \frac{i_K - i_A}{1+i_A}$$

여기서 i_A가 작은 경우에는 분모의 i_A를 0으로 놓고 근사식을 만들 수 있는데 식 (21.1)이 바로 이렇게 만들어진 근사식이다.

(2) 피셔효과

한국에서 피셔식은 다음과 같이 성립된다.

$$1+R_K = (1+r_K)(1+i_K)$$

마찬가지로 위의 식은 다음과 같이 미국에서도 성립된다.

$$1+R_A = (1+r_A)(1+i_A)$$

이제 한국의 명목이자율과 미국의 명목이자율 사이의 상대적 비율(interest rate parity)을 구하기 위해서 한국에서의 피셔식을 미국에서의 피셔식으로 나누어보자.

$$\frac{1+R_K}{1+R_A} = \frac{(1+r_K)(1+i_K)}{(1+r_A)(1+i_A)}$$

그런데 자본이동에 제한이 없다면 세계 각국의 실질이자율은 동일하게 되므로 $r_K = r_A$가 된다. 따라서 위의 식은 다음과 같이 정리된다.

$$\frac{1+R_K}{1+R_A} = \frac{1+i_K}{1+i_A} \tag{21.6}$$

위 식도 양변에서 1을 차감하고 R_A 및 i_A가 작은 경우에는 분모에서 이들을 0으로 놓고 근사식을 만들 수 있는데 식 (21.2)가 바로 이렇게 만들어진 근사식이다.

(3) 국제피셔효과

국제피셔효과는 현물환율과 이자율의 관계가 균형상태 하에 있다면 재정거래기회가 있을 수 없다는 논리를 통해서 확인된다. 구체적인 과정을 살펴보자.

현재 \$1를 미국에 투자한 경우 1기 후에는 투자수익은 $\$1 \times (1+R_A)$가 된다. 그런데 \$1를 원화로 바꾸어 한국에 투자한 경우를 생각해보자. 현재 \$1를 환전하면 S_0가 될 것이고 이의 1기 후 투자수익은 $S_0 \times (1+R_K)$가 될 것이다. 그런데 1기 후 원화표시금액을 1기 후 현물환율 S_1으로 달러표시로 환산하면 이 값은 $\$1 \times (1+R_A)$와 같아야 재정거래기회가 없게 된다.

따라서 다음 식이 성립된다.

$$1+R_A = S_0(1+R_K)\frac{1}{S_1} \rightarrow \frac{S_1}{S_0} = \frac{1+R_K}{1+R_A} \tag{21.7}$$

역시 위 식의 양변에서 1을 차감하여 정리한 식에서 분모의 R_A를 0으로 놓고 근사식을 만들면 식 (21.3)이 된다.

(4) 금리평가설

금리평가설은 선물환율과 명목이자율 사이에 균형이 성립되면 재정거래기회가 없다는 논리에서 도출된 이론이다. 그 도출과정은 앞서의 과정과 유사하다.

현재 \$1를 미국에 투자한 경우 1기 후 투자수익은 $\$1 \times (1+R_A)$가 된다. 그런데 \$1를 원화로 바꾸어 한국에 투자하고 이 투자수익으로 1기 선물환율 F_1에 선물을 매입한 경우를 생각해보자. 현재 \$1는 환전하면 S_0가 될 것이고 이의 1기 후 투자수익 $S_0 \times (1+R_K)$가 될 것이다. 그런데 1기 후에는 F_1으로 선물을 매입하는 것이므로 원화표시금액을 F_1에 의해 달러표시로 환산하면 이 값은 $\$1 \times (1+R_A)$와 같아야 재정거래기회가 없게 된다.

따라서 다음 식이 성립된다.

$$1+R_A = S_0(1+R_K)\frac{1}{F_1} \rightarrow \frac{F_1}{S_0} = \frac{1+R_K}{1+R_A} \tag{21.8}$$

역시 위 식의 양변에서 1을 차감하여 정리한 식에서 분모의 R_A를 0으로 놓고 근사식을 만들면 앞의 식 (21.4)와 같다.

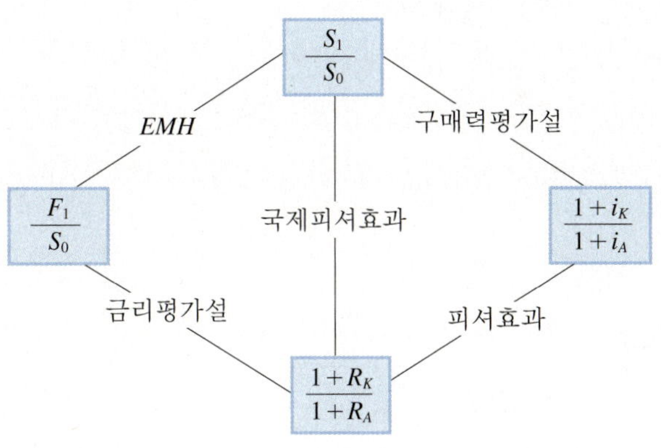

그림 21-3

환율결정이론(2)

(5) 효율적 시장가설

효율적 시장가설에 대한 내용은 앞서의 내용과 동일하다. 즉, 외환시장이 효율적이면 선물환율은 미래 현물환율의 기대값과 일치하게 된다.

이상과 같이 정확한 환율결정메커니즘의 내용을 [그림 21-2]와 같은 체계로 표현하면 [그림 21-3]으로 요약된다.

>>> **예제 21-3**

한국의 물가지수는 110(기준 100)으로, 미국의 물가지수는 210(기준 200)으로 예상된다.

현재 $1 = 1,200원일 때 내년의 균형현물환율은 얼마로 예상되는가?

환율결정에 대한 정확한 평가모형을 이용하여 산출하고 이를 근사모형을 이용하여 산출한 값과 비교하라.

풀 이

① 먼저 각 국가의 예상물가상승률은 다음과 같다.

$$\text{한국의 예상물가상승률 } i_K = \frac{110}{100} - 1 = 10\%$$

$$\text{미국의 예상물가상승률 } i_A = \frac{210}{200} - 1 = 5\%$$

② 정확한 평가모형은 [그림 21-3]을 이용한다.

$$\frac{S_1}{S_0} = \frac{1+i_K}{1+i_A} \rightarrow \frac{S_1}{1,200} = \frac{1.1}{1.05}$$

따라서 $S_1 = 1,257$원

③ 근사모형은 [그림 21-2]를 이용한다.

$$\frac{S_1 - S_0}{S_0} = i_K - i_A \rightarrow \frac{S_1 - 1{,}200}{1{,}200} = 10\% - 5\%$$

따라서 $S_1 = 1{,}260$원

2.4 재정거래

(1) 의 의

환율은 한 국가의 통화가격을 다른 국가의 화폐단위로 나타낸 것이다. 자산가격이 균형에서 벗어나 불균형상태가 되면 재정거래기회가 존재하는 것과 마찬가지로 앞에서 설명한 메커니즘으로 결정된 균형환율과 실제 거래되고 있는 환율이 다르다면 이러한 일시적인 불균형을 이용하여 재정이익을 도모할 수 있다.

(2) 재정거래과정

환율결정의 메커니즘하에서 불균형이 발생하면 언제나 재정거래가 가능하다. 그 중 비교적 많이 발생할 수 있는 금리재정거래를 설명하겠지만 이는 다른 요인에서도 적용할 수 있는 것이다.

재정거래의 과정은 다음과 같은 단계를 거치면 쉽게 이해할 수 있다.

① 현재상태와 균형상태의 비교

먼저 현재 두 국가 간의 이자율 차이를 구한다. 한국과 미국을 예로 들어서 각국의 실제이자율수준을 R'_K, R'_A라고 표현하면 이 차이는 다음과 같다.

$$R'_K - R'_A$$

이번에는 두 국가 간의 이자율이 균형상태에서라면 얼마의 차이를 갖게 되는지를 구한다. 이 차이는 피셔효과, 국제피셔효과 또는 금리평가설 등을 통해서 다른 경제적 변수들로부터 산출할 수 있다.

$$R_K - R_A$$

② 금리수준의 비교

현재 이자율의 차이와 균형상태에서 이자율의 차이를 비교하면 두 국가의 금리수준을 비교할 수 있다. 이러한 비교의 결과로 다음과 같은 두 가지 상황이 있을 수 있다.

만약 $R'_K - R'_A > R_K - R_A$이라면 한국의 이자율수준이 상대적으로 과대평가되어 있고, 미국의 이자율이 과소평가되어 있는 것이다.

그리고 $R'_K - R'_A < R_K - R_A$이라면 미국의 이자율수준이 상대적으로 과대평가되어 있고, 한국의 이자율이 과소평가되어 있는 것이다.

③ 재정거래방법의 결정

금리수준에 대한 평가가 이루어진 후에 재정거래방법의 결정원리는 간단하다. 이자율이 상대적으로 낮게 평가된 국가에서 자금을 조달하여 이자율이 높게 형성된 국가에 투자하면 된다. 그리고 일정기간이 경과하여 달성된 투자수익으로 차입금을 상환하고나면 재정이익이 남게 되는 것이다.

>>> 예제 21-4

현재 \$1 = 1,200원이고 1년 선물환율은 \$1 = 1,248원이다. 그런데 한국이자율은 연 17%, 미국이자율은 연 12%로 형성되어 있다.

(1) 어느 나라의 이자율이 과대평가되어 있는가?

(2) 어떤 투자자가 한국에서 12,000,000원을 조달하거나 미국에서 \$10,000를 조달할 수 있다고 가정하자. 이 투자자가 할 수 있는 재정거래의 과정을 설명하고 얼마의 재정이익을 얻을 수 있는지를 보여라.

풀이

(1) 선물환할증률(또는 할인율)과 이자율의 관계이므로 금리평가설을 이용한다. 분석을 단순하게 하기 위해 환율결정의 근사모형을 이용하면

$$\frac{F_1 - S_0}{S_0} = R_K - R_A \rightarrow \frac{1,248 - 1,200}{1,200} = 4(\%)$$

따라서 균형상태에서 $R_K - R_A = 4\%$이어야 한다.

그런데 현재상태에서 17% − 12% = 5%이므로 한국의 이자율이 미국에 비해서 상대적으로 과대평가되어 있다.

(2) 상대적으로 이자율수준이 저평가되어 있는 미국에서 자금을 조달하여 한국에 투자하면 1년 후에 다음과 같은 재정이익을 얻을 수 있다.

① 한국에 대한 투자회수액

$$(\$10,000 \times 1,200) \times (1 + 0.17) \times \frac{1}{1,248} = \$11,250$$

② 미국의 조달자금에 대한 상환액

$$\$10,000 \times (1 + 0.12) = \$11,200$$

③ 재정이익

$$11,250 - 11,200 = \$50$$

이러한 재정거래로 인해서 미국에서는 자금수요가 증가하여 이자율이 상승하고 한국에서는 자금공급이 증가하여 이자율이 하락한다. 최종적으로 두 국가의 이자율차이($R_K - R_A$)는 4%가 되어 균형을 이룬다.

제 3 절 환위험관리

3.1 환위험

환위험이란 환율변동에 따른 수익의 변동가능성으로 정의된다. 이를 거래발생시점과 대금결제시점, 그리고 환율변동시점과 관련시켜서 분류하면 [그림 21-4]와 같다.

이 그림에서 볼 수 있듯이 환산부담(translation exposure)은 거래발생과 이에 대한 대금결제가 모두 환율변동시점 이전에 이루어진 거래에서 나타나는 것이고, 거래부담(transaction exposure)은 환율변동시점 이전에 거래가 발생하였지만 이에 대한 대금은 아직 결제되지 않은 경우에 나타난다. 그리고 경제적 부담(economic exposure)은 환율변동 이후에 발생할 미래의 거래와 관련된 것인데 이들의 내용을 구체적으로 살펴본다.

(1) 환산부담

환산부담이란 환율변동시점 이전에 이미 종결된 거래에 대한 회계상 보고과정에서 나타나는 것이다. 구체적으로는 재무제표상의 외화계정을 환산할 때 나타나

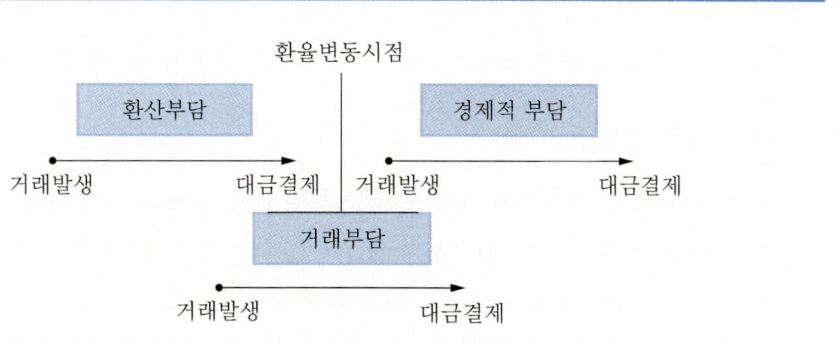

그림 21-4
환위험의 분류

는 회계상 이익의 변동가능성을 의미한다. 따라서 어떤 방법으로 외화계정을 환산하느냐에 따라서 그 위험의 크기가 달라질 수 있다.

환산방법으로는 다음과 같은 방법들이 있다.

① 유동성, 비유동성법

유동성 항목에 대해서는 현행환율을, 비유동성 항목에 대해서는 역사적 환율을 적용하여 환산하는 방법이다.

② 화폐성, 비화폐성법

화폐성 항목에 대해서는 현행환율을, 비화폐성 항목에 대해서는 역사적 환율을 적용하여 환산하는 방법이다.

③ 현행환율법

모든 항목을 현행환율로 환산하는 방법이다.

④ 시제법(속성법)

역사적 원가로 계상된 항목은 역사적 환율을, 현행가치로 계상된 항목은 현행환율을 적용하여 환산하는 방법이다.

(2) 거래부담

거래부담이란 환율변동시점 이전에 거래가 발생하고 거래대금의 결제는 환율변동시점 이후에 이루어지게 되는 경우에 부담하는 환위험이다. 즉, 거래발생시점에서 외화표시채권, 채무가 확정된 후에 환율이 변동하여 실제 회수 또는 지급할 금액이 거래 당시와 차이가 발생할 가능성을 말한다.

거래부담이 발생하는 거래는 상품선도거래와 선물환거래(forward exchange), 외화차입과 대출, 수출입대금결제 등 매우 많다. 이러한 거래에서 외화표시채무(채권)를 보유하고 있을 때에 환율이 인상되면 손실(이익)이 발생하게 된다.

(3) 경제적 부담

경제적 부담이란 예상하지 못한 환율변동이 기업전체의 미래수익 또는 비용에 미치는 영향을 말한다. 즉, 환율변동에 따른 미래 영업현금흐름의 변동가능성을 의미하기 때문에 영업부담(operating exposure)이라고도 한다.

재무관리에서 위험이란 미래 현금흐름의 변동가능성으로 정의되기 때문에 환산부담은 중요한 분석대상이 아니다. 환산부담은 회계학의 외화환산회계에서는 중요한 내용이지만 이는 이미 현금결제까지 종료된 것이기 때문이다. 따라서 국제재무관리에서 다루게 되는 것은 거래부담과 경제적 부담이다. 그러나 경제적 부담에 대한 관리기법은 아직 정형화되어 있지 못한 상황이기 때문에 주로 거래부담에 관한 내용을 다루게 된다.

3.2 환위험의 관리

환위험 중 거래부담이란 계약체결로 외화표시채권, 채무가 확정된 후에 환율이 변동하여 실제 회수 또는 지급할 금액이 계약 당시와 차이가 발생할 가능성을 의미한다고 하였다. 이러한 가능성으로 인해서 발생할 수 있는 손실을 피하기 위한 방법들로는 다음과 같은 것들이 있다.

(1) 재무상태표상의 관리

재무상태표상에 계상된 외화표시자산과 부채를 적절히 조정하여 환위험을 관리할 수 있는데 구체적인 방법은 다음과 같다. 이는 거래부담뿐만 아니라 환산부담도 관리할 수 있는 효과가 있다.

① 전통적 관리기법

재무상태표상의 강세가 예상되는 통화에 대해서는 자산을 증대시키고 부채는 감소시킨다. 이와 반대로 약세가 예상되는 통화에 대해서는 자산을 감소시키고 부채를 증대시킨다. 이는 환율변동에 대한 예상이 정확하다는 전제하에서 이루어지는 적극적 관리기법이기 때문에 예상이 빗나가면 손실을 보게 된다.

② 재무상태표 헤징

이는 재무상태표상 동일한 외화로 표시된 화폐성 자산과 화폐성 부채를 동일 금액이 되도록 하는 것이다. 즉, 환율변동으로 인해서 외화자산에서 발생하는 손실(이익)을 외화부채에서 발생하는 이익(손실)으로 상쇄함으로써 환위험을 제거하는 방법이다.

(2) 선물환시장의 이용

선물환시장을 이용하면 환율변동과는 무관한 헤지효과를 도모할 수 있다. 다음과 같은 두 가지 경우에서 선물환시장을 이용하는 과정을 살펴본다.

① 외화채권을 보유하고 있는 경우

외화거래의 결과 외화채권을 보유하게 되는 경우에는 현재시점에서 그 채권과 동일금액, 동일기간에 상당하는 선물환 매도계약을 체결한 후 채권의 만기시점에서 회수되는 외화를 선물환율로 매도한다. 여기서 외화자산을 매도할 때에 적용되는 환율은 선물환 매도계약을 체결하는 현재시점에서 확정된 것이므로 외화채권에 대한 원화상환액도 현재시점에서 확정되어 있는 것이다. 따라서 만기까지의 환율변동으로부터 헤지된다.

② 외화채무를 부담하고 있는 경우

이와는 반대로 외화채무를 부담하게 되는 때에는 현재시점에서 그 채무와 동일금액, 동일기간에 상당하는 선물환 매입계약을 체결한다. 그리고 채무의 만기시점에서는 선물환계약으로 외화를 매입하여 상환하면 된다. 이때 매입환율도 선물환 매입계약을 체결하는 현재시점에서 확정된 것이므로 외화채무에 대한 원화상환액도 현재시점에서 확정되어 있는 것이다. 따라서 만기까지의 환율변동으로부터 아무런 영향을 받지 않게 된다.

(3) 외환시장의 이용

이는 국제금융시장(자금시장, 화폐시장)을 통해서 환율변동에 따른 환위험을 제거함으로써 헤지효과를 도모하는 방법이다. 선물환시장에서와 같이 다음과 같은 두 가지 경우로 구분해서 살펴본다.

① 외화채권을 보유하고 있는 경우

외화거래의 결과 외화채권을 보유하게 되는 때에는 현재시점에서 그 채권금액을 외국이자율로 할인한 현재가치만큼의 외화자금을 외국금융기관으로부터 차입한다. 이렇게 차입한 자금을 원화로 환산하면 환율변동과는 무관한 원화회수액을 확보하게 된다.

한편, 만기시점에서는 외화채권 회수액으로 외국금융기관에 상환하면 된다. 이때의 상환액은 차입금액의 미래가치가 되고 이는 회수되는 채권금액과 똑같기 때문에 아무런 추가적 부담은 없게 된다.

② 외화채무를 부담하고 있는 경우

이와는 반대로 외화채무를 부담하게 되는 경우에는 현재시점에서 그 채무금액의 현재가치만큼의 외화자금을 외국금융기관에 예금한다. 그리고 만기시점에서는 이 예금의 원리금을 찾아서 외화채무를 상환하면 된다. 그러면 외화채무에 대해서 부담하는 원화상환액은 얼마가 되는가? 외국금융기관에 예금한 금액은 국내금융기관에서 차입한 원화를 환산한 것이다. 따라서 만기에 가서 국내금융기관에 상환할 금액은 국내이자율로 계산한 미래가치가 되고 이는 환율변동과는 무관한 것이다.

(4) 통화옵션의 이용

통화옵션을 이용하여 환위험을 관리하는 방법도 있는데 이 역시 다음과 같은 두 가지 경우로 구분해서 살펴본다.

① 외화채권을 보유하고 있는 경우

외화거래의 결과 외화채권을 보유하게 되는 때에는 현재시점에서 그 외화에 대한 풋옵션을 구입한다. 그리고 채권만기의 환율수준이 풋옵션의 행사가격보다 낮으면 풋옵션을 행사하여 행사가격만큼의 확정된 원화회수액을 확보할 수 있다.[2)]

그러나 만기환율이 행사가격보다 높으면 옵션을 행사하지 않고 외화채권을 회수하여 직접 원화로 환전하는 것이 유리하다. 이때 환율이 높을수록 이익은 크게 되고 환율이 크게 하락해도 손실은 일정수준으로 제한되므로 이는 선물환시장이나 외환시장을 이용하는 경우의 헤지효과와는 차이가 있다.

② 외화채무를 부담하고 있는 경우

이와는 반대로 외화채무를 부담하게 되는 경우에는 현재시점에서 그 외화에

2) 정확하게 말하면 행사금액뿐만 아니라 옵션구입비용과 이의 시간적 가치까지 고려해야 할 것이다.

대한 콜옵션을 구입한다. 그리고 채무만기의 환율수준이 콜옵션의 행사가격보다 높으면 콜옵션을 행사하여 취득하게 되는 외화로 채무를 상환한다.

그러나 만기환율이 행사가격보다 낮으면 원화를 직접 외화로 환전하여 채무를 상환하는 것이 유리하다.

(5) 자금이전시기의 조정

자금의 지급시기를 앞당기거나 늦추는 방법으로 환위험을 관리할 수 있다. 구체적으로는 환율이 인하될 것으로 예상되는 경우 자산을 조기에 회수하는 방법을 리딩(leading)이라고 하며, 부채를 늦추어 상환하는 방법을 래깅(lagging)이라고 한다.

그러나 이러한 효과는 거래상대방과 제로섬게임의 성격을 갖기 때문에 이해관계를 달리하는 경우에 적용하기는 어렵고 대체로 여러 국가에 자회사를 두고 있는 다국적기업에서 이용할 수 있는 기법이다.

(6) 통화스왑

서로 다른 통화로 채무를 부담하고 있는 두 거래당사자가 채무의 상환에 따른 현금흐름을 서로 교환하기로 약속하는 것이 통화스왑(currency swap)이다. 이러한 약속에서는 두 거래당사자가 동일한 기간 동안 동일금액에 대해서 미리 약정된 환율을 기준환율로 적용하기 때문에 환위험으로부터 헤지하는 효과가 있다.

>>> 예제 21-5

가나기업은 1년 후 회수할 예정인 외화채권 $500,000가 있다. 현재 $1 =1,200원이고 한국이자율은 연 12%, 미국이자율은 연 8%이다. 그런데 만기가 1년이고 행사가격 1,170원인 달러에 대한 풋옵션이 옵션시장에서 10원에 거래되고 있다. 다음 각 물음에 답하라.

(1) 1년 후 현물환율이 $1 = 1,155원일 때 거래부담(환노출)을 측정하라.
(2) 선물환시장을 이용하여 헤지할 경우 1년 후 확실하게 받을 수 있는 금액은?
(3) 외환자금시장을 이용하여 헤지할 경우 1년 후 확실하게 받을 수 있는 금액은?
(4) 통화옵션시장을 이용할 경우 1년 후 최소한 확보할 수 있는 부의 수준은 얼마인가?
(5) 1년 후 현물환율이 $1 = 1,250원으로 상승하였다면 위에서 제시한 방법 중 어느 방법이 가장 유리한가?

풀이

(1) 거래부담이란 환율변동에 따른 손실이므로 다음과 같다.

$$\$500{,}000 \times (1{,}200 - 1{,}155) = ₩22{,}500{,}000$$

(2) 1년 후 선물환율 F_1은 금리평가설에 의해서 다음과 같이 산출된다(단, 근사모형을 이용한다).

$$\frac{F_1 - S_0}{S_0} = R_K - R_A$$

$$\frac{F_1 - 1{,}200}{1{,}200} = 12\% - 8\% = 4\%$$

$$\therefore\ F_1 = 1{,}248$$

즉, 선물환시장을 이용하면 1년 후에 1달러를 1,248원에 인도하거나 인수받을 수 있다. 그런데 외화채권이므로 달러를 인도하는 선물환계약을 체결해야 한다. 이에 따라 1년 후 확실하게 받을 수 있는 원화금액은 다음과 같다.

$$\$500{,}000 \times 1{,}248 = ₩624{,}000{,}000$$

(3) 1년 후 \$500,000의 현금유입이 있으므로 이를 미국이자율 8%로 할인한 현재가치만큼의 달러화를 차입한 후 원화로 환전하여 국내은행에 예금한다. 그러면 이 예금의 1년 후 가치는 다음과 같다.

$$\frac{\$500{,}000}{(1+0.08)} \times 1{,}200 \times (1+0.12) = ₩622{,}222{,}222$$

1년 후 회수되는 외화 \$500,000은 그대로 미국은행에 상환하면 되므로 ₩622,222,222는 환위험으로부터 헤지된 확실한 금액이다.

(4) 풋옵션을 구입해서 1년 후 행사하면 $\$500{,}000 \times 1{,}170 = 585{,}000{,}000$원을 확보할 수 있다. 그런데 풋옵션의 구입비용은 $\$500{,}000 \times 10 = 5{,}000{,}000$원이고, 이에 대해 시간적 가치를 고려한 기회비용을 감안하면 1년 후 그 가치는 $5{,}000{,}000 \times (1+0.12) = 5{,}600{,}000$이다. 따라서 풋옵션 구입으로 확보되는 1년 후 부의 수준은 다음과 같다.

$$585{,}000{,}000 - 5{,}600{,}000 = 579{,}400{,}000$$

* 이는 제14장 제3절 옵션을 이용한 투자전략에서 공부한 protective put과 같은 것이다.

(5) 선물환시장이나 외환자금시장을 이용한 헤지에서 확보되는 원화금액은 만기의 실제환율 수준과는 전혀 관계가 없는 것으로서 완전헤지된 것이라고 할 수 있다. 그러나 풋옵션을 이용한 경우는 손실크기를 일정한 수준으로 한정할 뿐 이익크기는 제한이 없는 것이다. 따라서 각 경우의 만기 부의 수준은 다음과 같다.

① 선물환시장 이용: 624,000,000

② 외환자금시장 이용: 622,222,222

③ 옵션시장 이용의 경우: 이때는 만기환율이 행사가격보다 크므로 옵션을 행사하지 않기

때문에 만기 부의 수준은 다음과 같다.

$$\$500,000 \times ₩1,250 - \$500,000 \times ₩10 \times (1+0.12) = 619,400,000$$

①, ②, ③의 만기가치 중 ①의 값이 가장 크므로 선물환시장을 이용하는 것이 가장 유리하다.

* 그러나 선물환율을 정확한 평가모형으로 산출하면 ①의 결과는 ②의 결과와 동일하게 된다.

제 4 절 국제자본예산

4.1 해외투자의 의의와 유형

해외투자란 국가 간의 자본이동이라고 할 수 있는데 그 투자목적에 따라서 해외직접투자와 해외간접투자로 구분할 수 있다.

해외직접투자(foreign direct investment)란 경영권 획득을 목적으로 장기적인 관점에서 주식을 매입하거나 기업인수 또는 현지에 자회사를 설립하는 형태의 투자를 말한다.

이때 투자주체가 되는 국가를 투자국(home country)이라고 하고, 투자대상이 되는 국가를 투자수입국(host country)이라고 한다. 투자국의 국제수지는 초기 투자비용의 지출로 단기적으로 악화되지만 시간이 경과함에 따라서 투자수익이 회수되기 때문에 장기적으로는 개선되며, 투자수입국의 국제수지는 이와 반대로 단기적으로 개선되지만 장기적으로는 악화되는 효과가 있다.

한편, 해외간접투자(foreign portfolio investment)란 단순히 배당금 또는 이자수입을 목적으로 하거나 포트폴리오의 위험을 감소시키기 위해서 외국주식이나 채권을 구입하는 것으로서 경영권 획득과는 무관한 형태의 투자를 말한다.

이러한 해외간접투자의 가장 중요한 기능은 위험분산효과로서 마코위츠의 포트폴리오이론으로 쉽게 설명할 수 있다. 즉, 일정수준의 기대수익률을 유지하면서 위험을 낮추는 것이다. Solnik(1974)은 미국 국내증권에만 투자할 때보다 해외증권으로 포트폴리오를 구성할 때에 위험이 훨씬 낮아진다는 것을 실증적으로 확인하였다.

4.2 해외투자안의 평가

(1) 투자안의 성격

해외투자안은 국내투자안의 경우와는 달리 환율의 존재, 국가 간의 조세제도 차이, 회계제도의 차이 등으로 비교적 복잡한 성격을 갖는다. 더 나아가서는 몰수, 과실송금제약 등 고려해야 할 요인이 국내투자안에 비해서 훨씬 많다.

그러나 분석의 단순화를 위해서 기업차원에서 통제불가능한 정치적 위험 등은 고려하지 않고 대개 환위험을 추가로 고려할 뿐이다.

(2) 평가방법

해외투자안에 대한 평가방법은 기본적으로 자본예산에서 설명한 내용과 다를 것이 없다. 따라서 NPV법을 적용하게 된다. 즉, 해외투자에 따른 미래 현금흐름을 측정하고 이에 알맞는 할인율로 현재가치를 산출하여 NPV가 0보다 크면 투자안을 수행하는 것이다.

구체적인 평가순서는 다음과 같이 세 단계의 과정을 따르게 된다.

1단계: 미래의 현금흐름을 현지통화로 측정한다.
2단계: 예상환율을 산출하여 현지통화를 원화로 환산한다.
3단계: 원화에 대한 적정할인율로 NPV를 산출한다.

(3) 현금흐름의 측정과 할인율의 결정

이와 같은 평가방법을 적용함에 있어서 국내투자안의 평가과정과 다른 차이점을 현금흐름의 측정과 적용할 할인율에서 찾아보자.

첫째, 현금흐름의 측정에 있어서 현지통화로 먼저 측정하고 예상환율을 산출하여 원화로 환산하는 과정이 추가된다. 그런데 이때 특정 통화에 대한 예상환율은 재무담당자의 예상을 반영하는 것이 아니고 외환시장에서 예상하고 있는 환율을 적용하여야 한다는 것이다. 이에 대한 환율로는 선물환율을 이용하는 것이 바람직하다. 왜냐하면 선물환시장을 이용한 환위험관리기법에서 보았듯이 외화로 측정된 현금흐름은 선물환시장을 이용하면 원화로 확정시켜 놓을 수 있기 때문이다.

둘째, 해외투자안의 평가에 적용할 할인율 역시 CAPM에 의해서 산출된다. 이때의 자본비용은 다음과 같은 두 가지 점에서 국내투자안의 자본비용과 달리 결정될 수 있다. 즉, 재산몰수, 송금제한 등 정치적 위험은 해외투자안에 적용될 자본비용을 높게 만들지만, 국제분산투자효과는 해외투자안에 적용될 자본비용을 더 낮게 만들기 때문이다.

>>> 예제 21-6

가나기업은 미국에 자회사를 설립할 것을 검토 중이다. 이에 따른 비용은 설립초기에 100만 달러가 지출될 것인데 예상현금흐름은 다음과 같다.(단위 : 만 달러)

$t=1$	2	3
50	30	30

투자수명기간 동안 한국의 이자율은 12%, 미국의 이자율은 9%로 변동이 없을 것이다. 현재 현물환율은 달러당 1,200원이고 원화로 환산된 현금흐름에 적용할 자본비용은 10%이다. 투자안의 채택 여부를 NPV법으로 판단하라.

풀 이

① 매년의 외화현금흐름을 원화로 환산할 때 적용할 환율을 구한다. 주어져 있는 자료가 각국의 명목이자율이므로 이를 이용해서 금리평가설에 의한 선물환율을 산출한다.

$$t=1:\ \frac{F_1}{S_0}=\frac{1+R_K}{1+R_A}\text{ 에서 }\quad \frac{F_1}{1,200}=\frac{1.12}{1.09}\qquad \therefore\ F_1=1,233$$

$$t=2:\ \frac{F_2}{S_0}=\left(\frac{1+R_K}{1+R_A}\right)^2\text{에서 }\quad \frac{F_2}{1,200}=\left(\frac{1.12}{1.09}\right)^2\quad \therefore\ F_2=1,267$$

$t=3$: 같은 방법으로 $\quad F_3=1,302$

이때 EMH를 전제로 국제피셔효과식을 이용하기도 한다.

② 외화현금흐름을 환산하여 원화현금흐름을 구하고 NPV를 산출한다.

$t=0$	1	2	3
−$100	50	30	30
×1,200	×1,233	×1,267	×1,302
−120,000	61,650	38,010	39,060

이러한 원화현금흐름의 NPV를 산출하면 다음과 같다.

$$NPV=-120,000+\frac{61,650}{1.1}+\frac{38,010}{1.1^2}+\frac{39,060}{1.1^3}$$

$$=-3,195$$

$NPV<0$ 이므로 투자안을 기각한다.

제 5 절 국제금융

5.1 국제금융의 의의

국제금융이란 외화표시자금을 해외시장에서 조달하는 것을 말하는데, 국내금융과 그 원리는 동일하지만 국내금융에 비해서 몇 가지 차이점이 있다.

첫째, 지리적 · 제도적 차이로 인해서 국내금융보다 위험이 높기 때문에 대외공신력이 있는 금융중개기관이 개입하게 된다.

둘째, 국제금융은 서로 다른 국가의 통화 간의 거래이기 때문에 대부분 외환시장을 거치게 된다.

셋째, 어떤 형태의 거래라도 결국은 국가 간의 통화이동이기 때문에 국제수지에 영향을 미치게 된다.

5.2 국제금융의 유형

기업이 국제금융시장을 이용하여 자금을 조달할 때에는 두 가지 사항에 대한 의사결정을 해야 한다. 즉, 금융시장의 선택과 금융방법의 선택문제이다. 따라서 이 두 가지 사항을 기준으로 국제금융의 유형을 다음과 같이 분류할 수 있다.

	역내시장	역외시장
간접금융	현지금융시장	유로통화시장
직접금융	외국본드시장	유로본드시장

(1) 현지금융시장

이는 외국에서 자금을 조달하면서 그 나라의 통화로 해당 국가의 은행에서 차입하는 유형을 말한다. 예를 들어, 한국기업이 미국에서 미국은행으로부터 달러화를 차입하는 경우가 이에 해당한다.

(2) 유로통화시장

유로달러(eurodollar)란 미국 이외 국가의 은행에 예치되어 있는 달러표시예금을 말한다. 각국의 이러한 형태의 예금을 유로마르크(독일), 유로스털링(영국)이라고 하며, 이들을 총칭하여 유로통화(eurocurrency)라고 한다. 예를 들어, 한국기업이 영국은행으로부터 미국달러화를 차입하는 경우가 이에 해당한다.

유로통화시장에서 차입자에게 적용되는 금리는 런던은행간거래이자율(LIBOR : London Inter-Bank Offering Rate)을 기준으로 하여 이에 일정한 금리를 가산하는 형식으로 결정된다.

(3) 외국본드시장

단기적인 자금은 위와 같이 은행차입을 통한 간접금융방법을 이용하지만 장기적인 자금은 채권발행을 통해서 조달하게 된다. 이때에도 해당 통화국에서 채권을 발행하는 경우가 외국본드시장이다. 예를 들어, 한국기업이 달러화채권을 발행해서 자금을 조달하고 이를 미국 증권거래소에 상장시키는 경우가 이에 해당한다.

외국본드 중 특히 미국에서 미국달러화로 거래되는 채권을 양키본드(Yankee bond)라고 한다. 일본에서 엔화로 발행되는 채권은 사무라이본드(Samurai bond), 영국의 경우는 불독본드(Bulldog bond), 한국의 경우는 아리랑본드라고 한다.

(4) 유로본드시장

이 역시 장기적 자금을 채권발행으로 조달하는 것인데 해당 통화국이 아닌 지역에서 채권을 매각하는 형태이다. 그래서 유로본드(eurobond)란 채권에 표시된 통화국이 아닌 지역에서 거래되는 채권을 말한다. 예를 들어, 한국기업이 달러화채권을 발행하면서 이를 런던시장에 매각하는 경우가 이에 해당한다. 특히 외국기업이 엔화가 아닌 통화로 일본에서 발행하는 채권은 쇼군본드(Shogun bond), 한국에서 원화가 아닌 통화로 발행하면 김치본드라고 한다.

제 21 장 요약

FINANCIAL MANAGEMENT

1. 환위험이란 환율변동으로 발생하는 손실가능성을 말한다. 환위험을 관리하기 위해서는 환율결정메커니즘을 먼저 이해해야 한다. 환율결정이론은 구매력평가설, 피셔효과, 국제피셔효과, 금리평가설, 효율적 시장가설로 구성되어 있다.

2. 구매력평가설은 두 국가의 현물환율은 기대물가상승률의 차이에 비례하여 변동한다는 이론이고, 피셔효과는 물가상승률이 명목이자율에 영향을 준다는 이론이다.

3. 국제피셔효과는 구매력평가설과 피셔효과가 결합된 것으로서 두 국가의 현물환율은 명목이자율의 차이에 비례해서 변동한다는 것이다.

4. 금리평가설은 선물환율의 할증(할인)은 두 국가의 명목이자율의 차이에 의해서 결정된다는 것이고, 효율적 시장가설은 선물환율이 미래 현물환율에 대한 기대값과 일치한다는 것이다.

5. 환위험은 환율변동시점, 거래발생과 대금결제시점의 관계를 기준으로 환산부담, 거래부담, 경제적 부담으로 구분된다. 이 중 거래부담이 중요한 관리대상이 되는 환위험이다.

6. 환위험관리기법으로는 재무상태표를 이용하는 전통적인 방법 이외에도 선물환시장, 외환시장(국제금융시장), 통화옵션, 통화스왑 등을 이용하는 다양한 방법이 있다.

7. 국제자본예산이란 해외직접투자의 경제성을 평가하는 것을 말한다. 기본적인 구조는 자본예산과 같지만 현금흐름의 측정단계에 외화환산과정이 추가되고 할인율(자본비용)의 산출에는 국제적 환경요인을 반영해야 한다.

>>> 연습문제 21－1

현재 $1＝₩1,200이다. 정확한 환율결정모형을 이용해서 답하라.

(1) 한국의 내년도 예상물가상승률은 9%이고 미국은 6%로 예측된다. 1년 후 기대현물환율은 얼마인가?

(2) (1)이 성립할 때 한국의 연이자율이 12%라고 하자. 미국의 연이자율은 얼마인가? 국제피셔효과식을 이용하여 산출하라.

(3) (1), (2)에서 피셔효과식이 성립되는가?

(4) (2)가 성립할 때 만기가 2년인 선물계약에서 선물환율은?

 해설

정확한 환율결정모형은 다음과 같다.

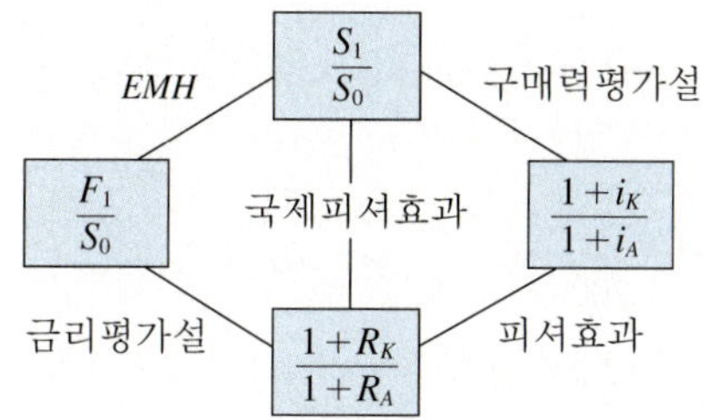

(1) 물가상승률과 현물환율의 관계이므로 구매력평가설을 이용한다.

$$\frac{S_1}{S_0}=\frac{1+i_K}{1+i_A}$$

$$\frac{S_1}{1{,}200}=\frac{1+0.09}{1+0.06} \qquad \therefore\ S_1=1{,}234$$

(2) 국제피셔식을 이용하여 미국이자율을 구하면 다음과 같다.

$$\frac{1{,}234}{1{,}200}=\frac{1+0.12}{1+R_A} \qquad \therefore\ R_A=8.92\ (\%)$$

(3) (1)에서 주어진 물가상승률과 (2)에서 구한 명목이자율로 다음 등식이 성립하므로 피셔효과는 성립된다.

$$\frac{1+0.09}{1+0.06}=\frac{1+0.12}{1+0.0892}$$

(4) 두 국가 간의 이자율차이와 선물환율 간의 관계이므로 금리평가설을 이용한다. 그런데 만기 2년인 선물환율이므로 다음과 같이 산출한다.

$$\frac{F_2}{S_0}=\left(\frac{1+R_K}{1+R_A}\right)^2 \rightarrow \frac{F_2}{1{,}200}=\left(\frac{1+0.12}{1+0.0892}\right)^2 \qquad \therefore\ F_2=1{,}269$$

>>> 연습문제 21 - 2

현재 \$1 = ₩1,200이고 6개월 선물환율은 \$1 = ₩1,170원이다.

(1) 한국이자율은 연 6%, 미국이자율은 연 12%일 때 어떤 형태의 재정거래가 가능한가?

(2) \$10,000 또는 ₩`12,000,000 규모의 재정거래에서 얻을 수 있는 재정이익은 얼마인가?

해설

(1) 이자율과 선물환율의 관계이므로 금리평가설을 적용하여 금리차이의 적정성을 분석한다. 이번에는 환율결정의 근사모형을 이용해보자.

$$\frac{F_1 - S_0}{S_0} = R_K - R_A$$

그런데 선물환율은 6개월만기이고 이자율은 연단위이므로 선물환할인율을 연단위로 조정한다.

$$\frac{1{,}170 - 1{,}200}{1{,}200} \times \frac{12}{6} = -0.05 \text{ (5\% 할인)}$$

따라서 균형상태라면 $R_K - R_A = -5\%$
그런데 현재상태에서는 $6\% - 12\% = -6\%$

여기서 균형상태가 되려면 한국이자율이 7%가 되거나 미국이자율이 11%가 되어야 하므로 한국이자율이 미국이자율에 비해서 상대적으로 저평가된 상태이다.

그러므로 한국에서 원화차입금을 조달하여 미국에 투자한 후 그 투자수익으로 차입금을 상환하는 형태의 재정거래가 가능하다.

(2) 재정거래과정과 이에 따른 재정이익은 다음과 같다.

① 원화차입금의 미국투자수익

$$\left(\frac{1{,}200{,}000}{1{,}200}\right) \times \left(1 + \frac{0.12}{2}\right) \times 1{,}170 = 12{,}402{,}000\text{(원)}$$

② 원화차입금의 상환

$$12{,}000{,}000 \times \left(1 + \frac{0.06}{2}\right) = 12{,}360{,}000\text{(원)}$$

③ 재정이익

재정이익은 ①에서 ②를 차감하여 다음과 같이 산출된다.

$$12{,}402{,}000 - 12{,}360{,}000 = 42{,}000$$

>>> 연습문제 21 - 3

1년 후 만기가 되는 외화채무 $7,000,000를 부담하고 있는 국내수출업자가 환율변동위험을 관리하려고 고심 중이다. 거래일 현재환율은 달러당 1,200원이고 1년만기 선물환율은 달러당 1,250원이며, 우리나라의 이자율은 15%, 미국의 이자율은 9%이다. 또한 1년 후 달러화를 달러당 1,240원에 살 수 있는 콜옵션은 1개당 25원에 거래되고 있다.

(1) 만기시 현물환율이 달러당 1,240원일 때 거래환위험을 측정하라.

(2) 만기시 현물환율이 달러당 1,230원일 때 거래환위험을 헤지하기 위한 유리한 방법의 순위를 결정하고 그 근거를 제시하라.

해설

(1) 환율상승에 따른 채무상환금액의 증가분이 거래환위험이다.

$$\$7,000,000 \times (₩1,240 - 1,200) = 280,000,000\,(\text{원})$$

(2) ① 선물환시장을 이용하는 경우

선물환율 1,250원에 $7,000,000를 1년 후 매입하는 계약을 체결하면 1년 후 경제적 부담액은 다음과 같다.

$$\$7,000,000 \times ₩1,250 = 8,750,000,000\,(\text{원})$$

② 외환자금시장을 이용하는 경우

1년 후 $7,000,000가 되도록 현재시점에서 원화를 달러로 환전해서 미국은행에 예치한다. 그러면 1년 후 경제적 부담액은 다음과 같다.

$$\left(\frac{\$7,000,000}{1+0.09}\right) \times 1,200 \times (1+0.15) = 8,862,385,321\,(\text{원})$$

③ 옵션시장을 이용하는 경우

1년 후 현물환율이 1,230원으로서 옵션의 행사가격 1,240원보다 낮은 수준이다. 따라서 콜옵션을 행사하지 않고 직접 달러화를 구입해서 채무를 상환하면 된다. 그러나 옵션구입가격의 1년 후 가치만큼이 추가적인 부담이 되어서 1년 후 경제적 부담은 다음과 같다.

$$\$7,000,000 \times (1,230 + 25 \times 1.15) = 8,811,250,000\,(\text{원})$$

* 이는 제14장 제3절 옵션의 투자전략에서 설명한 covered call의 매도포지션과 같은 것이다.

①, ②, ③의 결과에 따라서 만기에서의 경제적 부담이 가장 작은 선물환시장이 가장 유리하다. 옵션시장이 그 다음이고 외환자금시장을 이용하는 경우가 가장 불리한 결과를 가져다 주었다.

>>> 연습문제 21 - 4

다음 자료를 보고 각 물음에 답하시오.

甲상사는 올해 7월 1일 일본으로부터 기계를 수입하고 연말에 1백만 엔을 지불하기로 하였다. 환율 및 이자율에 관련된 정보는 다음과 같다.

7월 1일 환율 : 100엔당 1,064원
12월 31일 환율 : 100엔당 1,106원
12월 31일 선물환율 : 100엔당 1,092원
한국의 이자율 : 연 12%
일본의 이자율 : 연 5%

(1) 甲상사가 연말에 지불해야 하는 금액의 실제 부담액은?
(2) 甲상사가 일본에서 1백만 엔을 차입하여 국내금융기관에 예치한 후, 연말에 지불한다면 실제 부담액은?
(3) 甲상사가 선물환계약을 체결할 경우 연말에 실제로 부담하게 되는 금액을 산출하라.
(4) 환위험관리기법 5가지를 설명하라.

해설

(1) 연말에 실제로 형성된 현물환율에 따라서 채무를 상환해야 한다.

$$¥1,000,000 \times ₩11.06 = ₩11,060,000$$

(2) ① 엔화차입금의 국내투자회수액

$$(¥1,000,000 \times ₩10.64) \times \left(1 + \frac{0.12}{2}\right) = 11,278,400\text{(원)}$$

② 엔화차입금의 상환액

$$¥1,000,000 \times \left(1 + \frac{0.05}{2}\right) \times ₩11.06 = 11,336,500\text{(원)}$$

③ 투자성과

$$11,278,400 - 11,336,500 = -58,100\text{(원)}$$

①에서 ②를 차감한 투자성과가 음(−)의 값이므로 투자손실인데 이는 재정손실에 해당한다.
④ 따라서 甲상사가 연말에 실제로 부담하게 되는 금액은 (1)에서 보다 더 크게 된다.

$$11,060,000 + 58,100 = 11,118,100\text{(원)}$$

위에서와 같은 결과는 재정거래기회를 잘못 이용하였기 때문에 발생한 것이다. 현물환율변동률과 이자율차이에서 국제피셔효과식을 이용해서 올바른 재정거래 유형을 찾아보자.

$$\frac{1,106 - 1,064}{1,064} \times \frac{12}{6} = 7.9\%$$

따라서 균형상태라면 $R_K - R_J = 7.9\%$

그런데 현재상태에서는 $12\% - 5\% = 7\%$

여기서 한국이자율이 일본에 비해서 상대적으로 저평가되어 있음을 알 수 있다. 그러므로 한국에서 차입금을 조달하여 일본에 투자하는 형태의 재정거래로 재정이익을 도모할 수 있다.

문제에서 제시된 형태와 반대의 재정거래과정을 가정해보자.

① 원화차입금의 일본투자회수액

$$\left(\frac{10{,}640{,}000}{10.64}\right) \times \left(1 + \frac{0.05}{2}\right) \times 11.06 = 11{,}336{,}500\,(\text{원})$$

② 원화차입금의 상환액

$$10{,}640{,}000 \times \left(1 + \frac{0.12}{2}\right) = 11{,}278{,}400\,(\text{원})$$

③ 투자성과

$$11{,}336{,}500 - 11{,}278{,}400 = 58{,}100\,(\text{원})$$

투자성과가 양(+)이므로 금리재정거래를 통해서 얻은 재정이익이다.

④ 甲상사의 실제 부담액은 (1)보다 작게 된다.

$$11{,}060{,}000 - 58{,}100 = 11{,}001{,}900\,(\text{원})$$

(3) 선물환계약을 체결하면 현물환율의 변동과는 무관하게 선물환율에 따라 부담하게 된다.

$$¥1{,}000{,}000 \times ₩10.92 = ₩10{,}920{,}000$$

(4) 환위험을 관리하는 기법들로서는 다음과 같은 것들이 있다. 구체적인 내용은 이 장 제3절을 참조하기 바란다.

① 재무상태표를 이용한 관리방법
② 선물환시장을 이용하는 방법
③ 외환금융시장을 이용하는 방법
④ 통화옵션을 이용하는 방법
⑤ 자금이전시기를 조정하는 방법
⑥ 통화스왑을 이용하는 방법

>>> 연습문제 21 – 5

가나기업은 2억원의 투자자금을 운용하려고 엔화 및 달러화에 대해 현물환율과 1년 후 기대환율을 다음과 같이 파악하였다.

	일 본	미 국
현재환율	10.0₩/¥	1,200₩/$
1년 후 기대환율	10.3₩/¥	1,320₩/$

각 국가의 명목이자율은 한국 12%, 일본 8%, 미국 5%라고 할 때 다음 각 물음에 답하라.

(1) 미래의 기대수익률을 기준으로 투자할 경우 가나기업은 2억원을 어느 국가에 투자하겠는가? 그리고 이러한 투자결정의 문제점은 무엇인가?

(2) 가나기업이 이미 2억원을 외국에 투자한 상태라고 가정하자. 환위험에 대한 헤지를 통해서 각국에서 얼마의 투자수익을 얻을 수 있는가?

(3) 한국의 실질이자율만 2% 하락하고 다른 국가는 변동이 없다고 가정하면 각국의 1년 후 기대현물환율은 얼마인가?

(1) ① 한국에 투자할 경우 기대되는 1년 후 원화금액

$$200{,}000{,}000 \times (1+0.12) = 224{,}000{,}000$$

② 일본에 투자할 경우

2억원을 현시점에서 엔화로 환전하여 일본에 투자한 후 1년 후 투자수익을 회수하여 다시 원화로 환전한다.

$$\frac{200{,}000{,}000}{10.0} \times (1+0.08) \times 10.3 = 222{,}480{,}000$$

③ 미국에 투자할 경우

$$\frac{200{,}000{,}000}{1{,}200} \times (1+0.05) \times 1{,}320 = 231{,}000{,}000$$

각국의 기대수익률을 비교하면 다음과 같다.

i) 한국 12%

ii) 일본 $\frac{222{,}480{,}000}{200{,}000{,}000} - 1 = 11.24\%$

iii) 미국 $\frac{231{,}000{,}000}{200{,}000{,}000} - 1 = 15.5\%$

따라서 기대수익률이 가장 높은 미국에 투자한다. 그러나 이러한 결정은 미래 현물환율이 현시점에서 예상한 대로 형성되는 경우에만 유효한 것이다. 예상이 빗나갈 경우에는 기대수익이 달라질 수 있기 때문에 환위험을 부담하게 된다.

(2) ① 일본에 투자하고 있는 경우

$$\text{현재투자액}(¥) = \frac{200{,}000{,}000}{10.0} = ¥20{,}000{,}000$$

이와 동일한 엔화를 일본에서 차입, 원화로 환전하여 국내에 투자하면 1년 후 투자수익은 다음과 같다.

$$20{,}000{,}000 \times 10.0 \times (1+0.12) = 224{,}000{,}000$$

그리고 일본에서의 차입금에 대한 상환은 현재 일본에 투자한 금액으로 1년 후에 상환하면 되므로 엔화환율의 변동과는 상관없이 국내수익률과 같은 12%의 투자수익을 얻을 수 있다(화폐시장 헤지임).

② 미국에 투자하고 있는 경우

$$\text{현재투자액}(\$) = \frac{200{,}000{,}000}{1{,}200} = \$166{,}667$$

위와 같은 방법으로 1년 후 투자수익을 산출하면 다음과 같다.

$$166{,}667 \times 1{,}200 \times (1 + 0.12) = 224{,}000{,}000$$

차입금은 현재 미국에 투자하고 있는 금액으로 상환하면 되므로 환율변동과 무관하게 12% 기대수익률을 확보할 수 있다.

(3) 피셔식의 근사식은 다음과 같다.

$$R = r + inf$$

여기서 실질이자율 2% 하락은 명목이자율 2% 하락을 초래하므로 한국명목이자율은 12%에서 10%가 된다.

국제피셔효과에 따르면 엔화환율은 다음과 같다.

$$\frac{E(S_1) - 10.0}{10.0} = 10\% - 8\% \quad \therefore\ E(S_1) = 10.2\,₩/¥$$

그리고 달러환율은 다음과 같다.

$$\frac{E(S_1) - 1{,}200}{1{,}200} = 10\% - 5\% \quad \therefore\ E(S_1) = 1{,}260\,₩/\$$$

>>> 연습문제 21 - 6

금리평가이론, 피셔이론, 구매력평가이론, 금리기간구조에 관한 순수기대이론, 불편선물환이론이 모두 성립하는 국제금융시장을 가정한다. 현재 한국의 원화채권수익률이 1년, 2년, 3년 만기별로 각각 연 10%, 12%, 16%이고, 미국의 달러화채권수익률은 1년, 2년, 3년 만기별로 각각 연 6%, 5%, 4%라고 알려져 있다. 현재 외환시장에서 거래되는 원/달러 현물환율은 $1 = ₩1,000이다.

(1) 한국과 미국의 채권수익률곡선을 같은 좌표평면 위에 나타내고 곡선의 모양이 금리 및 환율에 대해 갖는 의미를 간략하게 설명하라.

(2) 각국 채권의 수익률 기간구조에 반영되어 있는 내년과 내후년에 예상되는 1년만기 내재선도금리(implied forward interest rate)를 계산하고 순수기대이론에 입각하여 한국과 미국의 미래 단기금리의 방향을 예측하라.

(3) 금리평가이론과 불편선물환이론을 적용하여 내년과 내후년의 예상현물환율을 구하라.

(4) 한국에 본사를 두고 있는 가나기업은 이러한 예상환율을 기초로 미국에 지점을 설치하여 2년간 운영하는 투자안의 경제적 타당성을 검토하고 있다. 이 투자안의 초기투자비용은 4,000만 달러이고 향후 2년간 매년 2,200만 달러의 현금유입이 예상된다. 이 투자안을 평가하기 위한 할인율이 15%라고 할 때에 투자안의 NPV를 구하여 채택 여부를 결정하라.

해설

(1) 한국의 수익률곡선은 우상향하는 반면, 미국의 수익률곡선은 우하향하고 있다. 이는 향후 한국의 단기금리는 상승, 미국금리는 하락할 것을 의미하며 이러한 금리차의 확대로 환율은 상승할 것이다.

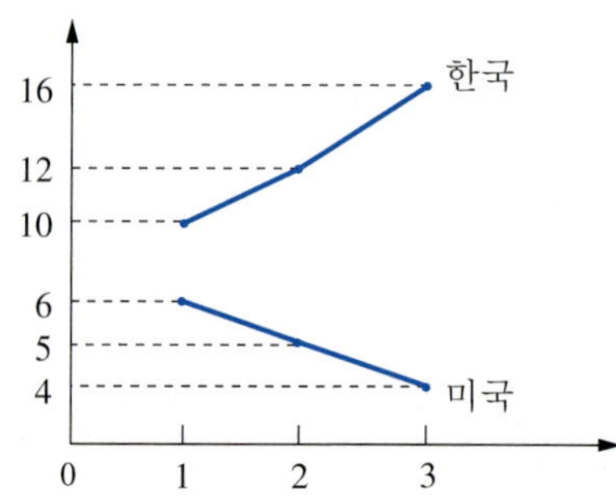

(2) 한국의 경우 선도금리는 다음과 같다.

$$ {}_1f_2 = \frac{(1+0.12)^2}{1+0.1} - 1 = 0.14(14\%) $$

$$ {}_2f_3 = \frac{(1+0.16)^3}{(1+0.12)^2} - 1 = 0.24 $$

∴ 한국금리는 10% → 14% → 24%로 상승한다.

미국의 경우 선도금리는 다음과 같다.

$$ {}_1f_2 = \frac{(1+0.15)^2}{1+0.06} - 1 = 0.04 $$

$$ {}_2f_3 = \frac{(1+0.04)^2}{1+0.05} - 1 = 0.02 $$

∴ 미국금리는 6% → 4% → 2%로 하락한다.

(3) 금리평가설과 불편기대이론에 따르면 다음과 같다.

$$ S_1 = S_0\left(\frac{1+R_K}{1+R_A}\right) = 1{,}000 \times \left(\frac{1+0.1}{1+0.06}\right) = 1.037 $$

$$ S_2 = S_0\left(\frac{1+R_K}{1+R_A}\right)^2 = 1{,}000 \times \left(\frac{1+0.12}{1+0.05}\right)^2 = 1.137 \quad \left(\text{또는 } 1{,}000 \times \frac{1.1 \times 1.14}{1.06 \times 1.04}\right) $$

(4) 투자안의 현금흐름을 원화기준으로 환산하면 다음과 같다.

	0	1	2
\$(만)	−40,000	2,200	2,200
S_t	×1,000	×1,037	×1,137
₩(백만)	−40,000	22,814	25,014

이에 따른 NPV는 다음과 같다.

$$NPV = -40{,}000 + \frac{22{,}814}{1.15} + \frac{25{,}014}{1.15^2} = -1{,}248$$

$NVP < 0$이므로 투자안을 기각한다.

Financial Management

제 22 장

정보비대칭과 시장효율성

학습 목표

전통적 재무이론에서 가정하고 있는 완전시장은 여러 면에서 비현실적이다. 정보경제학은 그 중 정보라는 측면에서 그 가정을 좀 더 현실화시켜서 발전시킨 이론이다. 특히, 정보비대칭으로 발생할 수 있는 시장실패를 방지하기 위한 노력으로 대리이론과 신호이론이 정보경제학의 주류를 이루고 있다. 이 장에서는 그 중 재무관리에서 보다 광범위하게 적용되는 대리이론을 먼저 다룰 것이다. 그리고 자본시장에서의 정보비대칭이라는 관점에서 시장의 효율성을 설명하고자 한다.

제 1 절 기초개념

1.1 정보평가기준

(1) 완전성

재무관리에서 공부하는 내용에서 정보(information)와 관련된 평가기준으로는 완전성, 대칭성 및 효율성을 들 수 있다. 이 중에서 정보의 완전성(completeness)이란 미래 발생상황의 예측정확도를 나타내는 개념이다. 그래서 완전한 정보라 함은 미래의 발생상황에 관한 내용을 정확하게 알려 주는 정보를 말한다.

(2) 대칭성

정보의 대칭성(symmetry)이란 균형성이라고도 하는데, 이는 정보보유수준의 차이를 나타내는 개념이다. 그래서 정보가 대칭을 이루고 있는 시장이라면 모든 투자자들이 동일한 정보를 갖고 있음을 의미한다. 이와 반대로 정보비대칭(information asymmetry)이란 어떤 투자자는 완전한 정보를 갖고 있는 데 반해서, 다른 투자자는 불완전한 정보를 갖고 있는 상태를 말한다.

(3) 효율성

정보의 효율성(efficiency)이란 정보비대칭이 해소되는 속도를 나타내는 개념이라고 할 수 있다. 그래서 효율적 시장일수록 정보가 빠른 시간에 투자자에게 알려지게 된다.

이러한 평가기준에서 완전성은 정보자체에 대한 평가기준인 데 비해서, 대칭성과 효율성은 시장에 대한 평가기준이라고 볼 수 있다.

1.2 정보경제학의 대두

전통적인 경제이론에서 전제로 하는 완전시장을 정보 측면에서 보면 정보의 완전성, 대칭성, 효율성이 모두 만족되어 있는 시장이다. 그러나 현실세계는 그렇지 못하기 때문에 이에 대한 연구가 계속되어 왔다. 이러한 연구흐름 전체를 넓은 의미로 정보경제학(information economics)이라고 할 수 있는데 각 평가기준별로 내용을 살펴보면 다음과 같다.

첫째, 정보의 완전성에 관한 연구는 주로 정보의 가치에 대한 것이다. 그래서 완전정보의 가치(EVPI : expected value of perfect information), 또는 불완전정보의 가치(EVSI : expected value of sample information)를 산출하여 의사결정에 이용하는 내용이 대부분이다. 종전에는 이를 정보경제학이라고도 불렀으나 최근에는 이러한 내용을 주로 관리회계분야에서 다루고 있다.

둘째, 최근에 정보경제학이라고 하면 정보의 대칭성에 대한 연구를 말한다. 여기서는 현실적인 정보비대칭 상태가 초래할 수 있는 시장실패를 해결하기 위한 연구가 진행되고 있다. 대리이론(agency theory)과 신호이론(signalling theory)이 2대 주류를 이룬다.

셋째, 효율성에 대한 연구는 효율적 시장가설(EMH : efficient market hyphothesis)로 요약할 수 있다. 즉, 정보비대칭이 해소되는 속도에 따라서 약형 EMH, 준강형 EMH, 강형 EMH로 구분하여 시장의 효율성을 판단하는 것이다.

제 2 절 정보비대칭과 대리모형

2.1 정보경제학

(1) 정보비대칭과 시장실패

정보비대칭이란 개인마다 정보보유량과 보유정보의 질에서 차이가 있어 정보우월자와 정보열등자가 공존하는 상태를 말한다. Akerlof(1970)는 이러한 정보비대칭이 존재하는 경우의 사회전체 총효용이 정보비대칭이 존재하지 않는 경우의 총효용보다 작다는 것을 증명하여 정보비대칭으로 인한 시장실패(market failure)가 나타날 수 있음을 보였다.

대체로 정보비대칭의 유형은 숨겨진 행동(hidden action)과 숨겨진 정보(hidden information)로 분류되는데, 전자는 도덕적 위험(moral hazard)을, 후자는 역의 선택(adverse selection)을 야기하여 시장실패를 초래한다. 도덕적 위험은 관찰할 수 없는 행동으로 인해 정확한 품질이 나타나지 않는 현상으로 이에는 보험계약자의 주의태만과 같은 적극적 행위뿐만 아니라 저품질상품으로 평균품질의 가격을 기대하는 소극적 행위도 포함된다. 또한 역의 선택이란 정보비대칭 하에서는 모든 상품이 평균값으로 기대되기 때문에 평균 이하의 품질만 거래되고 상위품질은 시장에서 구축되는 일종의 그레샴(Gresham)법칙과 같은 것이다.

(2) 대리이론과 신호이론

정보경제학도 이러한 정보비대칭의 유형 중에서 어디에 초점을 두느냐에 따라 두 가지 이론으로 구분되는데, 도덕적 위험의 해결을 주로 연구하는 이론이 대리이론(agency theory)이고, 역의 선택문제를 주로 다루는 이론이 신호이론(signalling theory)이다. 특히, 대리이론에서는 위임자(principal)보다 대리인(agent)이 더 나은 정보를 보유하는 정보비대칭뿐만 아니라 양자의 목표불일치(goal incongruency), 즉 대리인이 위임자의 효용을 극대화시키는 것이 아니라 자신의 효용을 극대화하려고 함에 따라서 발생하는 대리비용(agency cost)을 감소시키기 위해 많은 연구가 수행되고 있다.

본서에서는 재무관리에서 비교적 그 적용범위가 넓다고 할 수 있는 대리이론을 다루고자 한다.

2.2 *대리모형

(1) 대리관계의 성립

재무관리에서 대리이론연구의 출발점이 되었다고 할 수 있는 Jensen & Meckling(1976)은 기업을 여러 계약의 집합체(nexus of contracts)로 인식하고 소유경영자, 외부주주 및 채권자 사이에 대리관계가 성립됨을 파악하였다. 즉, 외부주주와 채권자는 자신의 부(wealth)를 출자하여 소유경영자에게 그 운용을 맡김으로써 이들은 위임자(principal)로서의 위치를 갖게 된다. 한편, 소유경영자는 대리인(agent)으로서 외부주주와 채권자가 맡긴 부의 운용에 대한 의사결정을 하는 것이다. Jensen & Meckling은 이들 간의 대리관계에서 발생하는 대리비용으로 인해서 기업가치가 하락할 수 있음을 보였다.

(2) 대리모형의 내용

다음 모형은 위임자와 대리인 간의 대리관계를 나타내는데 이를 통해 대리관계와 대리비용의 발생에 대해 이해하도록 한다.

$$\max E \ [G(X - S(X))] \tag{22.1}$$

$$\text{s.t. } E \ [H \ (S(X), \ a)] \geq \bar{H} \tag{22.2}$$

$$a \in \text{argmax } E[H(S(X), \ a)] \tag{22.3}$$

단, $G(\cdot)$: 위임자의 효용함수
$H(\cdot)$: 대리인의 효용함수
X : 대리계약기간 동안 달성한 성과
$S(X)$: 성과 X를 달성했을 때 대리인의 보상 S를 나타내는 보상함수
a : 대리인의 노력수준

위 식은 위임자와 대리인의 대리관계에서 위임자가 자신의 입장에서 대리인이 최선을 다하도록 보상계획을 수립하는 것인데, 구체적으로 각 식에 대한 의미를 살펴보면 다음과 같다.

먼저 식 (22.1)은 위임자는 자신의 효용기대값을 극대화한다는 의미이다. 식의 내용을 보면 성과 X에서 대리인에게 주는 보상 $S(X)$를 차감한 잔여분 $(X - S(X))$에 의해 위임자의 효용이 결정됨을 알 수 있다.

그리고 식 (22.2)는 개인적 합리성조건(individual rationality condition)이라고 하는데, 대리관계가 성립되려면 대리관계에서 대리인이 얻을 수 있는 효용이 최소한 대리관계 이외의 행동에서 얻을 수 있는 최대효용수준 이상이 되어야 한다는 것이다. 즉, 대리관계에 대한 기회비용(opportunity cost) $\bar{H}$ 이상의 보상이 있어야 대리인은 대리계약에 참여한다는 것이다. 이 식의 내용을 보면 대리인의 효용은 자신이 받게 되는 보상 $S(X)$와 자신이 제공하는 노력수준 a에 의해 결정된다. 여기서 보상이 많을수록 효용은 증가하지만 노력제공이 많으면 효용은 감소할 것이므로 $\frac{\partial H}{\partial S} > 0$, $\frac{\partial H}{\partial a} < 0$이 성립될 것이다.

식 (22.3)은 유인일치조건 또는 양립성조건(incentive compatibility condition)이라고 하는데, 위임자와 마찬가지로 대리인도 자신의 효용을 극대화하는 행동을 선택한다는 의미를 갖는다. 전통적인 경제학이나 재무관리에서는 이 조건을 고려하지 않고 위임자와 대리인 사이의 목표일치(goal congruency)를 가정하고 있는 것이다. 따라서 이 조건이 정보대칭성과 목표불일치라는 현실적 상황을 반영하는 것이며 이로 인해서 대리비용이 발생하게 되는 것이다.

(3) 최적보상함수

앞에서와 같은 대리모형에서의 최적해 $S^*(X)$는 대리인에 대한 최적보상함수가 된다. 그런데 최적보상함수의 형태는 몇 가지 요소에 의해 영향을 받게 된다. 대리인 행동(a)에 대한 관찰가능성, 상황(θ)에 대한 관찰가능성, 대리인과 위임자의 위험에 대한 태도(risk attitude)의 세 가지 요소가 바로 그것이다.

① 대리인 행동(a)을 관찰할 수 있는 경우

이때에는 식 (22.1), 식 (22.2)에서 대리인의 최적행동을 구하고 대리인이 요구하는 최저보상수준 $\bar{H}$을 결정하여 최선해 $S^*(X)$를 구할 수 있다.

② 대리인의 행동은 관찰할 수 없지만 상황을 관찰할 수 있는 경우

이때에는 성과(X)가 대리인의 행동과 상황의 함수, 즉 $X=f(a, \theta)$이므로 성과와 상황을 통해 대리인의 행동을 추론할 수 있게 된다. 이 경우는 대리인 행동을 관찰할 수 있는 경우와 마찬가지이므로 최선해 $S^*(X)$를 구할 수 있다.

③ 대리인 행동과 상황을 모두 관찰할 수 없는 경우

이때에는 대리인의 위험에 대한 태도가 변수가 되는데 만약 대리인이 위험중립적(risk neutral)이면 성과에 대한 책임을 모두 대리인이 떠맡게 되어 역시 최선해 $S^*(X)$가 가능하게 된다. 그러나 대리인이 위험회피적(risk averse)이면 이제까지의 최선해(first best solution)보다는 열등한 차선해(second best solution)만이 가능하게 된다. 이때 최선해와 차선해의 차이로 인해서 나타나는 부 또는 후생(welfare)의 손실이 바로 대리비용(agency cost)이 되는 것이다.

(4) 대리모형의 현실성

요약하면 대리인의 행동과 상황을 관찰할 수 없는 정보대칭성이 존재하면서 대리인이 위험회피적일 때에 대리비용이 발생하게 된다.

그런데 기업현실을 살펴보면 일반적으로 주주들은 경영자의 행동을 관찰하기 어려울 뿐만 아니라 기업환경을 경영자보다 잘 알지 못하는 것이 사실이다. 그리고 위험에 대한 태도에서도 주주는 위험중립적이지만 경영자는 위험회피적임을 알 수 있다. 왜냐하면 주주는 자신의 부를 여러 기업에 분산투자함으로써 위험을 감소시킬 수 있지만 경영자는 대개 한 기업에 자신의 인적자본(human capital)을 투자하게 되므로 주주보다 더 안정성을 추구할 것이기 때문이다. 따라서 대리비용은 주주와 경영자 사이에서 발생가능성이 높은 것이다.

제 3 절 대리비용

3.1 대리비용의 분류

대리이론에서 대리비용은 앞서 살펴본 것과 같이 위임자와 대리인 사이의 정보대칭성과 목표불일치로 인해 야기되며 그 크기는 파레토최적에서의 이탈정도로 측정된다. 이러한 대리비용은 대리관계를 설정하는 관점에 따라서 그 중요성이 다양하게 인식되어 여러 유형으로 정의, 분류되고 있다.

① **Jensen & Meckling**(1976)

이들은 소유경영자, 외부주주 및 채권자 사이의 대리관계에서 대리비용을 그 발생유형에 따라 감시비용(monitoring cost), 확증비용(bonding cost) 및 잔여손실(residual loss) 등으로 분류하였다. 감시비용이란 대리인의 행위가 위임자의 목적으로부터 이탈하지 않도록 감시하는 데 드는 비용을 말하며, 보증비용이란 대리인이 자신의 행위가 위임자에게 해가 되지 않음을 보이기 위해서 지출하게 되는 비용을 말한다. 그리고 잔여손실이란 그 밖의 형태로 발생하는 대리비용을 말한다.

② **Smith & Warner**(1979)

이들은 주주와 채권자 사이의 대리관계에서 발생하는 부채의 대리비용을 배당지급유인, 부채의 추가조달유인, 자산대체유인 및 과소투자유인 등으로 정리하였다. 배당지급유인이란 주주가 배당의 증가로 부채가치를 하락시키는 것을 말하며, 부채의 추가조달유인이란 추가적으로 부채를 조달하여 기존 부채의 가치를 하락시키는 것을 말한다. 또한 자산대체유인이란 안전한 투자안을 약속하여 부채를 조달한 후 위험한 투자안으로 대체하여 부채가치를 하락시키는 것을 말한다. 끝으로 과소투자유인이란 부채를 사용하는 주주들은 수익성이 있는 투자안도 포기할 가능성이 있다는 것이다.

③ **Barnea, Haugen & Senbet**(1985)

이들은 대리비용의 발생원천에 따라서 지분의 대리비용, 부채의 대리비용으로 구분하고 있다. 지분의 대리비용(agency cost of equity)은 소유경영자(내부주주)와 외부주주와의 대리관계에서 발생하는 것으로서 특권적 소비가 이에 해당된다. 한편, 부채의 대리비용(agency cost of debt)은 주주와 채권자 사이에서 발생하는 것으로서 과대위험유인과 과소투자유인이 이에 해당된다.

본서에서는 이러한 발생원천에 따라서 특권적 소비, 과대위험유인, 과소투자유인의 순서대로 살펴볼 것이다.

3.2 *특권적 소비

특권적 소비(perquisite consumption)란 일부 지분만을 소유한 경영자의 경우에는 100% 지분을 소유한 경영자에 비해 더 많은 보수 외 편익(예를 들어, 고급승용차, 호화로운 사무실 등)을 누리려고 하는 경향을 말한다. 이에 대한 내용은 100% 자기자본만으로 기업을 운영하는 소유경영자의 특권적 소비에 대한 의사결정과 일부 자금을 외부주주로부터 자본을 조달하여 기업을 운영하는 소유경영자의 의사결정을 비교함으로써 파악할 수 있다.

(1) 100% 자기자본을 사용하는 소유경영자

먼저 경영자가 외부자본을 전혀 사용하지 않고 자기자금만으로 기업을 운영할 때를 살펴보자. 이때 임금(보수)을 W, 기업가치를 V, 특권적 소비(보수 외 편익)를 F라고 하면 경영자의 효용함수는 $U=f(W, V, F)$로 표현할 수 있다. 여기서 임금은 의사결정 고려기간 동안 적정수준으로 고정되어 있다고 가정하면 경영자의 효용수준을 결정하는 독립변수는 기업가치와 특권적 소비가 되므로 경영자는 이 두 변수를 적절히 조화시켜 자신의 효용을 극대화시키려고 할 것이다.

그러면 경영자의 의사결정문제는 다음과 같이 모형화시킬 수 있다.

$$\max U = f\ (V,\ F) \tag{22.4}$$

$$\text{s.t. } V + F = \overline{V} \tag{22.5}$$

위의 모형에서 제약조건을 나타내는 식 (22.5)에서 $\overline{V}$는 $F=0$일 때 기업가치이다. 그리고 특권적 소비 한 단위를 증가시키면 기업가치 한 단위가 감소할 것이므로 예산제약선의 기울기는 -1이 되어 [그림 22-1]의 45° 직선으로 나타낼 수 있다.

위의 모형에서 의사결정문제는 소비이론에서 최적소비결정과 같은 문제이기 때문에 한계효용균등의 법칙을 이용하거나 무차별곡선의 한계대체율이 예산제약

그림 22-1

특권적 소비결정

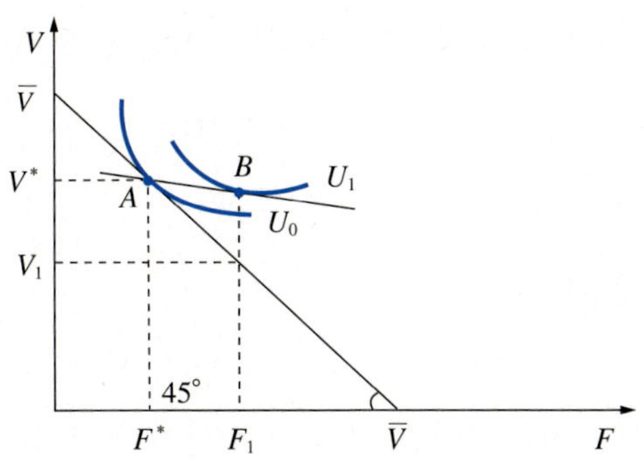

선의 기울기와 같게 함으로써 최적해를 구할 수 있다. 이렇게 구한 이의 최적해를 (V^*, F^*)라고 하면 [그림 22-1]에서 A점으로 나타난다.

(2) 외부주주로부터 자본을 조달한 소유경영자

이번에는 지분의 일부를 매각한 소유경영자의 경우를 살펴보자. 기업전체지분의 α만큼만 소유하고 나머지 $(1-\alpha)$는 외부주주로부터 조달한 경우에는 경영자가 특권적 소비 한 단위를 소비할 경우 자신이 부담하는 금액은 α일 뿐이고 나머지 $(1-\alpha)$는 외부주주가 부담하게 된다. 따라서 경영자에게 주어지는 제약조건은 $V+\alpha F=V^*+\alpha F^*$([그림 22-1]에서 점 A, B를 통과하는 직선)가 된다.[1)]

그러면 경영자의 의사결정문제는 다음과 같이 바뀌게 된다.

$$\max\ U = f(V, F) \tag{22.4}$$

$$\text{s.t. } V+\alpha F = V^* + \alpha F^* \tag{22.6}$$

이의 최적해는 B점에서 결정되는데 이때의 특권적 소비수준은 F_1이 되지만 기업가치는 V_1이 된다. 이처럼 지분의 일부를 외부에 매각하면, 즉 외부주주로부터 자금을 조달하면 소유경영자의 의사결정문제에서의 최적해는 A점에서 B점으로 이동하면서 특권적 소비가 F^*에서 F_1으로 증가하고 이에 따라서 기업가치는 V^*에서 V_1으로 하락하게 된다.

그러나 이때에 기업외부자가 합리적 추정을 할 수 있다면 외부투자자들은 이러한 대리비용의 발생가능성을 고려하여 종전보다 낮은 가격으로 주식을 평가할

1) 제약조건을 나타내는 식이 이렇게 결정되는 이유는 $\alpha=1$에서 경영자는 항상 A점을 택하기 때문이다.

것이다. 따라서 소유경영자는 100% 자기자본을 사용할 때보다 낮은 가격으로 주식을 매각할 수밖에 없기 때문에 대리비용은 결국 모두 대리인인 자신이 부담하게 되는 것이다.

3.3 과대위험유인

과대위험유인(risk incentive)이란 부채를 사용하고 있는 기업의 소유경영자가 채권자의 부(wealth)를 주주인 자신에게로 이전시키기 위해서 선택가능한 여러 가지 투자안 중에서 수익률의 분산이 큰 투자안, 즉 가급적 높은 위험을 갖는 투자안을 채택하려는 경향이 있음을 말한다. 이러한 내용에 대해서는 CAPM을 이용하거나 OPM을 이용하여 분석할 수 있다.

(1) CAPM의 이용

분석을 위해 다음과 같은 가정을 해보자. 투자소요액이 동일한 투자안 X, Y가 있는데 이들의 미래 현금흐름분포는 기대값과 체계적 위험(β)은 동일하고 분산(σ_2)만 다르다. 즉, $\beta_X=\beta_Y$이고, $\sigma_X^2 < \sigma_Y^2$이라고 가정하자. 그러면 투자안 X보다 Y가 더 위험한 투자안이므로 이들의 확률분포는 [그림 22-2]와 같이 나타낼 수 있다.

체계적 위험 β가 동일하므로 CAPM을 통해서 산출한 기대수익률은 모두 같을 것이므로 균형상태에서 투자안 X, Y의 현재가치는 동일하다.

$$V_X=\frac{E(C)}{1+E(R)}=V_Y \tag{22.7}$$

그런데 시점 $t=1$에서 F(원금과 이자)를 지급하기로 약정한 사채를 발행한 경우에 소유경영자는 분산이 큰 투자안 Y를 선호하게 되는데 그 이유는 다음과 같다. 투자안 X의 지급불능확률(a)보다 투자안 Y의 지급불능확률($a+b$)이 더 크므로 부채의 현재가치는 투자안 Y를 선택할 경우가 더 작게 된다.

$$B_X > B_Y$$

그런데 기업가치 V는 어떤 투자안을 선택하든 주식가치 S와 부채가치 B의 합이므로 다음 식이 성립된다.

$$V_X=S_X+B_X=S_Y+B_Y=V_Y$$

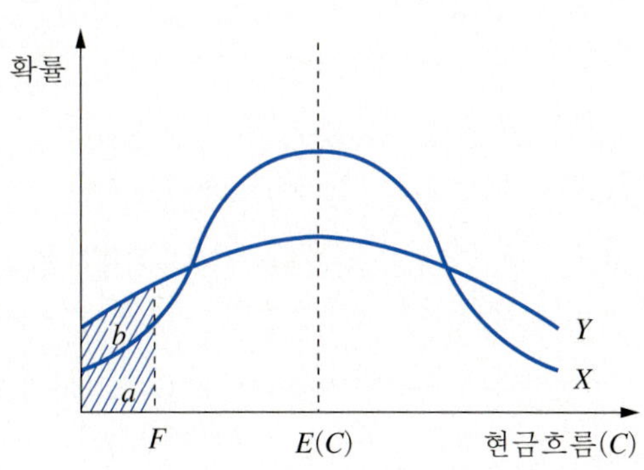

그림 22-2

CAPM을 이용한 과대위험유인 분석

그런데 여기서 $B_X > B_Y$ 이므로 $S_X < S_Y$가 된다. 따라서 경영자는 투자안 X를 선택하기로 약속하고 부채를 조달한 후 투자안 Y를 수행함으로써 $S_Y - S_X (= B_X - B_Y)$만큼의 채권자의 부를 자신에게로 이전시킬 수 있다.

이러한 경우 비록 사회전체적인 부의 손실은 없지만 부채를 제공하는 채권자의 입장에서는 자금의 사용용도를 제한하는 부채계약(debt indenture 또는 debt covenant)이 필요한 것이다.

그런데 여기서 만약 F(원금과 이자)가 기대수익 $E(C)$보다 큰 경우에는 위에서 설명한 내용이 정반대로 됨을 확인할 수 있다. 그러나 이러한 상황은 고려할 필요가 없다. 왜냐하면 F가 $E(C)$보다 크다는 것은 파산을 의미하는데 파산을 기대하면서 투자하는 기업은 없을 것이기 때문이다.

>>> 예제 22-1

가나기업은 연 10%의 이자율로 8,000만원을 1년 후 상환조건으로 차입하여 다음과 같은 확률분포를 갖는 두 가지 투자안 중 하나를 수행하고자 한다.

상황	확률	투자안 A	투자안 B
호황	0.5	20,000만원	13,000만원
불황	0.5	3,000	10,000

두 투자안의 체계적 위험, 베타는 모두 2.5이고 무위험이자율은 10%, 시장포트폴리오의 기대수익률은 12%로 예상된다.

(1) 가나기업이 자금조달을 위해 채권자에게 약속할 투자안을 선택하라.

(2) 가나기업이 일단 자금을 차입한 후 실제로 수행할 투자안을 선택하라.

(3) 이러한 문제와 관련되어 발생가능한 대리비용을 설명하고 해결방법을 제시하라.

풀 이

(1) 각 투자안의 기대현금흐름을 구하면 다음과 같다.

$$E(A) = 20{,}000 \times 0.5 + 3{,}000 \times 0.5 = 11{,}500$$
$$E(B) = 13{,}000 \times 0.5 + 10{,}000 \times 0.5 = 11{,}500$$

기대현금흐름이 A, B 모두 동일하지만 채권자는 채무불이행위험(default risk)이 없는 B를 선호할 것이다. 따라서 가나기업의 소유경영자는 투자안 B를 수행할 것을 약속한다.

(2) CAPM이 성립된다고 가정할 때 A, B 투자안의 기대현금흐름에 대한 할인율은 다음과 같다.

$$E(R_i) = R_f + [E(R_m) - R_f] \times \beta_i$$
$$= 0.1 + (0.12 - 0.1) \times 2.5 = 0.15(15\%)$$

따라서 두 투자안의 가치 V는 모두 다음과 같다.

$$V = \frac{11{,}500}{1 + 0.15} = 10{,}000$$

그런데 투자안 A는 채무불이행의 가능성이 있고 투자안 B는 없으므로 부채의 현재가치는 $B_A < B_B$가 된다. 이에 따라 자기자본가치는 $S_A > S_B$가 되므로 가나기업의 소유경영자는 투자안 A를 채택하게 된다.

이러한 내용은 다음과 같이 소유경영자의 기대현금흐름(부채상환후기준)을 비교해서도 확인할 수 있다.

$$E(A) = (20{,}000 - 8{,}000 \times 1.1) \times 0.5 + (3{,}000 - 8{,}000 \times 1.1) \times 0.5$$
$$= 5{,}600$$

여기서는 주주의 유한책임으로 $3{,}000 - 8{,}000 \times 1.1 = 0$이 됨을 주의하라.

$$E(B) = (13{,}000 - 8{,}000 \times 1.1) \times 0.5 + (10{,}000 - 8{,}000 \times 1.1) \times 0.5$$
$$= 2{,}700$$

즉, 가나기업의 소유경영자는 자신에게 귀속되는 현금흐름의 기대값이 더 큰 투자안 A를 채택할 것이다.

(3) 과대위험유인(risk incentive)으로서 채권자 입장에서 이를 방지하려면 부채계약을 체결하여 ① 투자안을 사전에 결정함으로써 자금용도를 제한하면 된다. 이외에도 부채계약의 합의내용으로는 ② 배당지급을 제한하거나, ③ 추가부채 조달시 기존 채무자의 동의를 얻게 하거나, ④ 정기적인 감사를 하거나, ⑤ 합병을 제한하는 등의 방법을 들 수 있다.

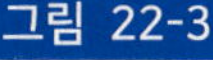
그림 22-3

OPM을 이용한 과대위험유인 분석(1)

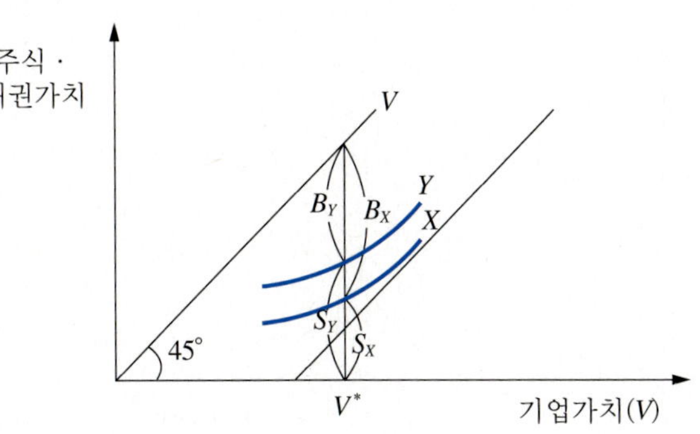

(2) OPM의 이용

우리는 OPM을 자본구조이론에 응용할 때에 부채를 발행한 기업의 자기자본은 콜옵션의 가치와 같아서 주주는 콜옵션을 취득한 것과 동일하다고 하였다. 그리고 채권자는 기초자산을 취득하고 이에 대해 콜옵션을 발행한 것과 동일한 경제적 효과가 있음을 설명한 바 있다.

이러한 원리를 이용하면 부채기업의 주주는 무부채기업의 주주에 비해서 위험이 더 높은 투자안을 선택하려는 경향이 있음을 확인할 수 있다. 좀 더 구체적으로 서로 위험이 다른 대체적인 두 투자안의 기대수익이 동일한 경우와 서로 다른 경우로 구분해서 살펴보자.

① 기대수익이 동일한 투자안에서 과대위험유인

먼저 [그림 22-3]을 이용하여 기대수익이 동일한 대체적 투자안의 경우에 과대위험유인을 살펴보자. 주식의 가치는 콜옵션의 가치로 볼 수 있으므로 기업가치(또는 투자안)에 대한 주식가치는 [그림 22-3], [그림 22-4]에서 S_X, S_Y로 나타낼 수 있다. 그리고 기업가치는 부채가치와 주식가치의 합계이므로 부채가치는 기업가치에서 주식가치 S_X, S_Y를 차감한 B_X, B_Y로 측정할 수 있다.

[그림 22-3]에서 그 가치가 V로 동일한 투자안 X, Y가 존재하며 투자안 Y는 투자안 X에 비해 수익률의 분산, 즉 위험이 더 크다고 하자. 그러면 소유경영자의 입장에서 보면 투자안 X를 선택하면 자신의 주식가치가 S_X이지만 투자안 Y를 선택하면 이보다 더 큰 S_Y가 된다. 따라서 보다 위험이 큰 투자안 Y를 택하게 되는 것이다. 이러한 선택에 따라 부채의 가치는 B_X에서 B_Y로 하락하게 되고 $(B_Y - B_X)$만큼의 채권자의 부가 주주에게로 이전되는 것이다.

그림 22-4

OPM을 이용한 과대위험유인 분석(2)

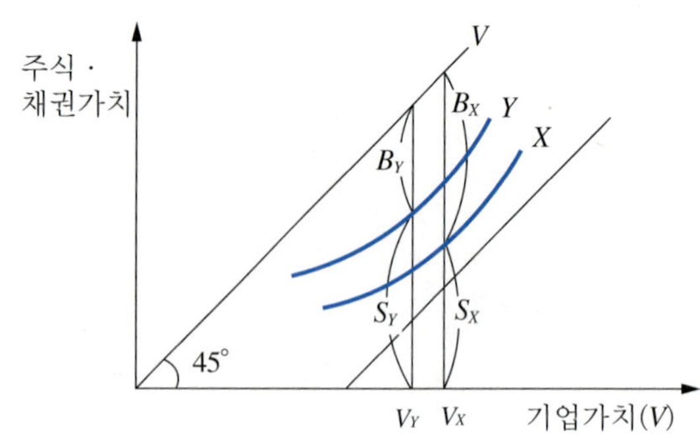

② 기대수익이 다른 투자안에서 과대위험유인

이번에는 [그림 22-4]를 통해서 대체적 투자안의 기대수익이 다른 경우를 분석해본다. 투자안 X의 가치는 V_X로서 투자안 Y의 가치 V_Y에 비해 더 크고 동시에 수익률의 분산도 더 작은 바람직한 투자안이다. 그러나 투자의사결정권이 소유경영자에게 있는 경우에는 투자안 X는 기각되고 투자안 Y가 채택될 것이다. [그림 22-4]에서 보듯이 투자안 Y를 채택하는 경우 주식가치 S_Y가 투자안 X를 채택하는 경우의 주식가치 S_X보다 크기 때문이다. 이때에는 채권자의 부가 주주에게로 이전될 뿐만 아니라 기대수익이 동일한 경우와는 달리 사회전체적으로도 부의 손실이 $(V_Y - V_X)$만큼 발생하게 된다.

>>> 예제 22-2

가나기업의 자본구조와 관련된 정보는 다음과 같다.(단위 : 백만원)

	자 산		부 채
자산총액	2,000	부채액면	1,000
수익률분산	0.04	부채만기	4년

위에서 부채는 무이자부 만기 일시상환조건으로 발행한 것이며 무위험이자율은 연 6%라고 가정할 때 다음 각 물음에 답하라.

(1) 가나기업의 부채 및 자기자본의 시장가치는 얼마인가?

(2) 가나기업은 보유현금으로 시장성 유가증권을 구입할 것을 검토 중이다. 이러한 투자로 기업가치는 변동이 없지만 자산수익률의 분산이 증가할 것으로 예상된다. 투자에 대한 의사결정권이 주주에게 있다고 할 때에 유가증권을 구입할 것인가?

(3) 만약 (2)에서 유가증권의 구입으로 자산수익률의 분산이 0.09로 증가하였다고 하면 이때의 부채 및 자기자본의 가치를 구하고 이와 관련된 대리비용을 설명하라.

(4) 가나기업에 양(+)의 NPV를 갖는 새로운 투자기회가 있다. 기업을 주주가 통제하고 있을 때 이러한 신규투자안의 채택 여부를 자산수익률의 분산과 연관시켜 설명하라.

풀 이

(1) Black-Scholes OPM을 이용한다.

$$S = V \cdot N(d_1) - \frac{D}{e^{R_f t}} \cdot N(d_2)$$

단, S : 자기자본, V : 기업가치, D : 부채액면

여기서

$$d_1 = \frac{\ln\left(\frac{2,000}{1,000}\right) + \left(0.06 + \frac{0.04}{2}\right) \times 4}{\sqrt{0.04} \times \sqrt{4}} = 2.533$$

$$N(d_1) = N(2.533) = 0.9943$$

같은 방법으로 $d_2 = 2.133$, $N(d_2) = 0.9835$

$$S = 2,000 \times 0.9943 - \frac{1,000}{e^{0.06 \times 4}} \times 0.9835 = 1,215(\text{백만원})$$

따라서 부채가치 B는 다음과 같다.

$$B = V - S = 2,000 - 1,215 = 785(\text{백만원})$$

(2) 기업가치가 일정하면서 그 수익률의 분산이 증가하면 이를 기초자산으로 하는 콜옵션인 주식은 가치가 증가하게 된다. 따라서 주주가 의사결정권을 갖고 있다면 유가증권을 구입할 것이다.

(3) $$d_1 = \frac{\ln\left(\frac{2,000}{1,000}\right) + \left(0.06 + \frac{0.09}{2}\right) \times 4}{\sqrt{0.09} \times \sqrt{4}} = 1.855$$

$N(d_1) = N(1.855) = 0.968$

같은 방법으로 $d_2 = 1.255$, $N(d_2) = 0.895$

$$S = 2,000 \times 0.968 - \frac{1,000}{e^{0.06 \times 4}} \times 0.895$$

$$= 1,232(\text{백만원})$$

∴ 부채가치 $B = V - S = 2,000 - 1,232$
$= 768(\text{백만원})$

그림으로 (1), (3)의 관계를 나타내면 다음과 같다.(단위: 백만원)

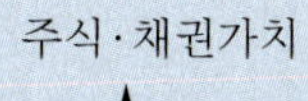

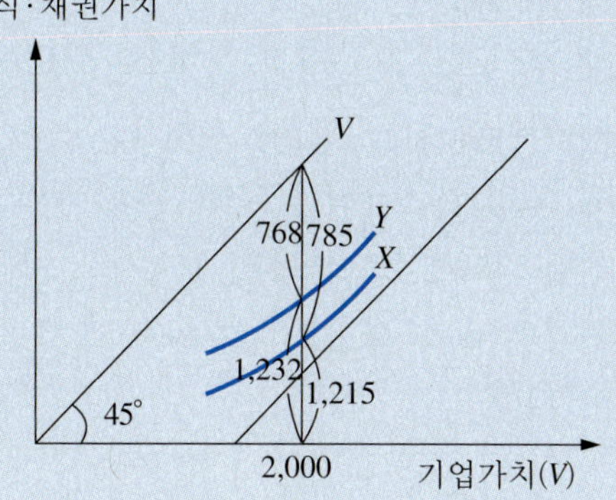

단, X는 유가증권을 구입하지 않고 현금을 보유하는 경우이고 Y는 보유현금으로 유가증권을 구입한 경우를 나타낸다. 따라서 자산을 보다 위험한 것으로 대체하여(즉, 현금을 유가증권으로), 17백만원(=785백만원−768백만원)만큼의 채권자 부를 주주인 소유경영자에게로 이전시킬 수 있다.

(4) 주주가 기업을 통제하는 소유경영자의 경우는 NPV > 0이라고 해서 투자안을 모두 채택하는 것은 아니다. 왜냐하면 특정 투자안 채택으로 인해 기업자산수익률의 분산이 달라질 수 있고, 이에 따라 자기자본의 가치가 변화하기 때문이다.

3.4 *과소투자유인

과소투자유인(underinvestment incentive)이란 부채를 사용하는 기업의 주주들은 무부채상태에 비해서 투자규모를 적게 수행하려는 경향이 있는 것을 말한다. 그리고 이러한 경향은 부채를 많이 사용하고 있는 기업에서 더 강하게 나타나게 된다. 이러한 내용을 살펴보기 위해서 무부채기업의 투자결정과 부채기업의 투자결정을 비교해보자.

(1) 무부채기업의 투자결정

구체적인 내용을 파악하기 위해서 시점 $t=1$에서 투자 여부를 결정해야 하는 기업을 대상으로 부채를 사용하지 않는 경우의 투자결정행태를 살펴보자. 그리고 이 기업이 가진 유일한 자산은 투자기회뿐이다. 따라서 투자를 수행하지 않으면 기업가치는 0이고 투자를 수행하면 투자안의 가치는 곧 기업가치가 된다.

먼저 부채를 사용하지 않고 있는 경우에는 시점 $t=1$에서 산출한 NPV가 0보다 크면 투자를 수행할 것이다. 이때 투자안의 가치는 상황 s(state of nature)에 의해서 결정되므로 $V(s)$라고 표현할 수 있으며, 상황을 나쁜 상황부터 좋은 상황으로 횡축에 나타내면 투자안 가치 $V(s)$는 우상향하는 형태를 띨 것이다. 그런데 이 투자에 소요되는 금액을 I라고 하면 $NPV=V(s)-I$이므로 $V(s)>I$이면 투자가 이루어진다. [그림 22-5]에서 보듯이 $s>s_1$일 때에 투자가 이루어질 것이므로 이때의 기업가치 V_U는 다음과 같은 수식으로 나타낼 수 있으며 이는 그림에서 빗금친 부분이 된다.

그림 22-5

무부채기업의 투자결정

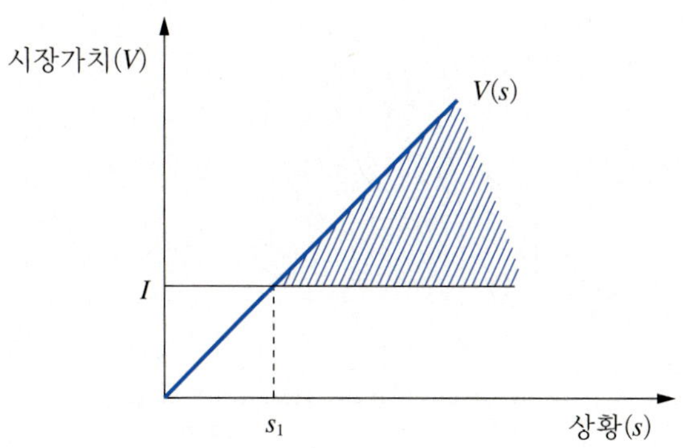

$$V_U = \int_{s_1}^{\infty} [V(s) - I]\, f(s)\, ds \tag{22.8}$$

단, $f(s)$: 상황 s의 확률밀도함수

(2) 부채기업의 투자결정

이번에는 $t=0$시점에서 사채를 발행한 경우를 생각해보자. 사채는 시점 $t=1$에서 액면 D를 지급하는 순수할인채라고 가정한다. 그러면 시점 $t=1$에서 주식의 가치는 $\max[0, V(s)-I-D]$이고 사채의 가치는 $\min[V(s)-I, D]$가 된다.[2)]

이때에 경영자는 부채를 사용하지 않는 경우와는 달리 $NPV = V(s) - I > B$가 되어야 투자를 할 것이다(단, B는 D의 현재가치). 즉, [그림 22-6]에서 보듯이 $s > s_2$일 때에 투자가 이루어질 것이므로 이때의 기업가치 V_L은 다음과 같은 수식으로 나타난다. 이는 그림에서 빗금친 부분이 된다.

$$V_L = \int_{s_2}^{\infty} [V(s) - I] f(s) ds \tag{22.9}$$

따라서 부채를 사용할 경우의 기업가치 V_L은 무부채상태의 기업가치 V_U보다 진한 색으로 나타낸 부분만큼 작게 되는데 이것이 부채사용에 따라 발생하는 대리비용, 즉 과소투자유인이다. 이 대리비용을 A로 표현하면 그 크기는 다음 식으로 산출된다.

$$A = \int_{s_1}^{s_2} [V(s) - I]\ f(s)\, ds \tag{22.10}$$

2) 제15장 OPM의 응용에서 제1절 주식과 사채의 내용을 참조하기 바란다.

그림 22-6

부채기업의 투자결정

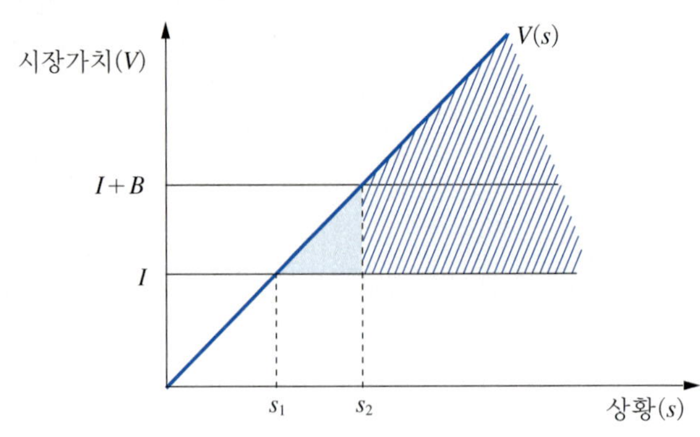

이때 s_2는 D의 크기에 의해 그 수준이 결정되므로 결국 부채를 많이 발행한 기업일수록 대리비용이 크게 발생하는 것이다.

다른 대리비용과 마찬가지로 이때의 대리비용도 결국 소유경영자가 부담하게 된다. 왜냐하면 채권자가 합리적 기대를 할 수 있다면 소유경영자가 $s>s_2$일 경우에만 투자할 것임을 알고 있을 것이므로 이에 상응하는 채권가격만을 지불할 것이기 때문이다.

제 4 절 대리문제의 해결

4.1 내부 메커니즘을 이용한 방법

이는 대리비용을 감소시키기 위해서 조직설계나 계약기술을 이용하는 방법을 말하는데 구체적으로 다음과 같은 방법들이 있다.

(1) 기업의 조직구조

기업조직을 적절하게 설계함으로써 대리문제를 해결할 수 있는 방법으로는 다음과 같은 두 가지 방법을 들 수 있다.

① 의사결정계층(decision hierachy)의 역할을 명확하게 분리하여 상위계층이 의

사결정을 하고, 하위계층은 의사결정권이 없이 상위계층의 결정내용을 수행하기만 한다.

② 상호감시체제(mutual monitoring system)를 수립하여 경영자 간의 수평적, 수직적 감시를 도모하여 대리비용의 발생을 억제한다. 주식회사의 이사회 및 감사제도 등이 이에 해당한다.

(2) 경영자 보상계약

경영자의 보상을 고정급으로 지급하지 않고 기업성과의 시장가치, 주가 또는 회계적 측정치와 연계시키는 보상계약을 설계하여 경영자에게 대리비용 절감유인을 제공한다.

(3) 옵션의 이용

대리문제를 해결하기 위해서 옵션을 이용할 때에는 콜옵션 또는 풋옵션을 모두 이용할 수 있다.

① 콜옵션을 이용하는 방법은 경영자가 주주로부터 콜옵션을 매입해서 보유하도록 하는 것이다. 이때에 특권적 소비가 증가하면 기업가치(주가)가 하락하여 콜옵션의 가치가 하락하므로 경영자는 주가가 행사가격 이상으로 유지되도록 특권적 소비를 감소시킬 것이다.

② 풋옵션을 이용하는 방법은 경영자가 주주에게 풋옵션을 발행해서 매도하도록 하는 것이다. 이때에 특권적 소비가 증가하면 기업가치가 하락하여 주주의 풋옵션의 가치가 올라가게 되므로 경영자는 주가가 행사가격 이상으로 유지되도록 특권적 소비를 감소시킬 것이다.

4.2 외부 메커니즘을 이용한 방법

이는 주로 노동시장 또는 증권시장 등 외부시장기능을 이용하는 방법인데 구체적인 내용은 다음과 같다.

(1) 경영자 노동시장의 이용

경영자 노동시장(managerial labor market)에서 경영자의 계약이탈행위를 임금조정과정(wage revision process)에 반영하면 경영자는 주주의 부를 극대화하려는 의사결정을 하게 된다.

(2) 자본시장의 이용

자본시장(capital market)이 효율적이라면 이때 형성되는 주가는 기업내부의 의사결정이 올바르게 행해지는가에 대한 하나의 신호(signal)로서의 역할을 하므로 이를 이용해서 경영자의 의사결정을 주주의 이해와 일치하도록 영향을 미칠 수 있다.

(3) M&A 시장의 이용

기업통제권시장(corporate control market)에서는 경쟁적인 외부경영자팀들이 기업경영권을 획득하고자 M&A 등의 제의를 하는데, 주주들은 이를 수락 또는 거부할 수 있으므로 기업통제권시장을 통해서 비능률적 경영 및 대리문제 해결에 도움을 받게 된다.

제 5 절 시장의 효율성

5.1 효율성

자본시장을 평가하는 효율성이라는 개념에는 배분의 효율성, 운영의 효율성, 정보의 효율성의 세 가지 의미가 있다. 배분의 효율성은 시장가격이 균형수준으로 형성되어 최적 자금배분이 이루어지는 것을 말하고, 운영의 효율성은 거래비용이나 규제 등 거래마찰요인이 없이 거래가 이루어지는 것을 말한다.

그러나 대개 자본시장의 효율성이라고 할 때에는 정보의 효율성을 말하는데, 이는 새로운 정보가 나타났을 때 그 정보가 가격에 신속하고 정확하게 반영되는 것을 말한다. 새로운 정보에 대해서는 대개 정보비대칭이 존재하게 마련인데 이러한 정보비대칭이 빨리 해소될수록 시장은 효율적이라고 말할 수 있다. 참고로 새로운 정보에 대한 주가반응을 유형별로 구분하면 [그림 22-7]과 같다.

그림 22-7
새로운 정보에 대한 주가반응

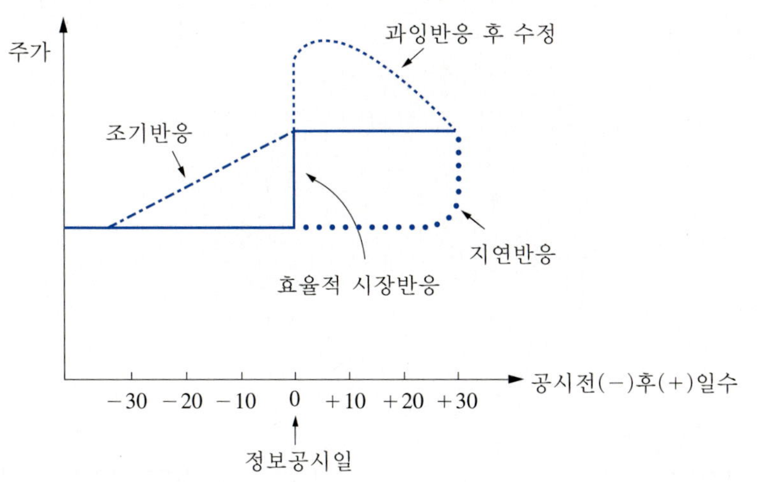

5.2 효율적 시장가설

시장이 정보의 효율성을 갖는다는 효율적 시장가설(EMH: efficient market hypothesis)은 Fama(1970)에 의해 제시되었다. 증권가격에 이미 과거주가정보가 반영되어 있으면 약형 EMH가 성립한다고 하고, 공개정보가 반영되어 있으면 준강형 EMH, 모든 정보가 반영되어 있으면 강형 EMH가 성립한다고 말한다. 이러한 정보집합의 관계를 [그림 22-8]과 같이 나타낼 수 있다.

(1) 약형 EMH

① 약형 EMH의 내용

약형(weak form) EMH란 현재의 증권가격에는 과거의 주가정보가 반영되어 있다는 것이다. 따라서 과거주가정보를 이용해서는 평균적으로 초과수익을 얻을 수 없게 된다. 약형 EMH가 성립하면 현재주가는 예측할 수 없는 정보에 의해서 영향을 받기 때문에 증권가격은 규칙성 없이 움직인다는 랜덤워가설(random walk hypothesis)이 성립한다. 그리고 약형 EMH가 성립하면 주가변동패턴을 연구하면서 매매시기를 결정하는 기술적 분석(technical analysis)은 의미가 없게 된다.

그림 22-8

효율적 시장가설과 정보

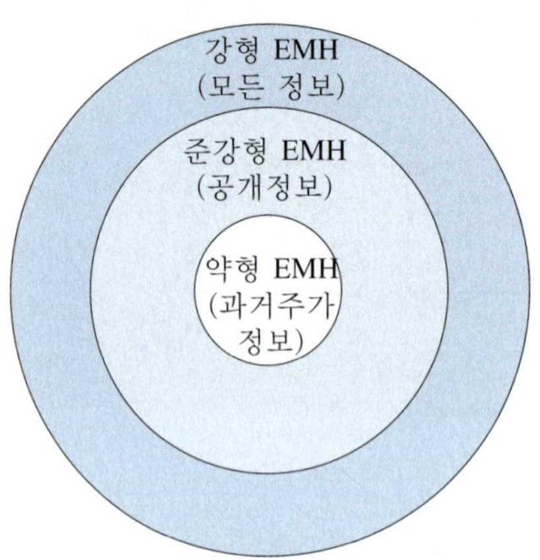

② 약형 EMH의 검증

약형 EMH를 검증하기 위해서는 과거주가와 현재주가의 변동이 무관하다는 것을 확인해야 한다. 이를 위한 통계적 방법은 주가의 시계열 상관성(serial correlation)을 확인하는 것이다. 시계열 상관계수의 부호가 양(+)이면 평균 이상(이하)의 수익률을 올렸던 주식이 미래에도 평균 이상(이하)의 수익률을 올릴 가능성이 높은 것이고, 시계열 상관계수의 부호가 음(−)이면 평균 이상(이하)의 수익률을 올렸던 주식이 미래에는 평균 이하(이상)의 수익률을 올릴 가능성이 높은 것이다. 시계열 상관성의 테스트 이외에도 부호검정(run test), 필터기법 등도 약형 EMH를 검증하는 방법으로 이용되는데 대개의 실증결과는 약형 EMH를 지지하는 것으로 나타났다.

(2) 준강형 EMH

① 준강형 EMH의 내용

준강형(semi-strong form) EMH란 현재의 증권가격에는 공개된 모든 정보가 반영되어 있다는 것이다. 준강형 EMH가 성립하면 이미 공개된 정보, 예를 들면 재무제표나 각종 공시정보를 이용해서는 평균적으로 초과수익을 얻을 수 없기 때문에 대부분의 재무분석(financial analysis)은 의미가 없게 된다. 그리고 과거주가 정보도 공개된 정보에 포함되므로 준강형 EMH가 성립하면 약형 EMH도 당연히 성립하게 된다.

② 준강형 EMH의 검증

준강형 EMH를 검증하기 위해서는 특정한 공시정보에 대한 주가반응을 통해서 초과수익의 존재 여부를 밝혀야 한다. 이를 위한 통계적 방법으로는 사건연구(event study)가 이용된다. 주식가격이 특정한 공시정보에 대해서 [그림 22-7]과 같이 과잉반응 또는 지연반응을 보이면 시장은 비효율적이고 이를 통해 비정상초과이익(AR : abnormal return)을 얻을 수 있다. 이때 AR은 실제수익률에서 정상수익률을 차감한 잔차를 말하며,[3] 사건연구는 이를 분석하는 것이기 때문에 잔차분석(residual analysis)이라고도 한다.

FFJR(Fama, Fisher, Jensen, Roll)에 의해 수행된 주식분할에 대한 사건연구가 준강형 EMH에 대한 최초의 검증이다. 이들은 공시시점의 앞뒤로 AR의 누적값인 CAR(cumulative abnormal return)의 크기를 비교해서 시장의 효율성을 검증하였다. 공시시점 이후로 CAR의 값에 변화가 없으면 AR이 존재하지 않는 것이므로 준강형 EMH가 성립한다고 할 수 있다.

(3) 강형 EMH

① 강형 EMH의 내용

강형(strong form) EMH란 현재의 증권가격에는 공개정보뿐만 아니라 공개되지 않은 내부정보까지 반영되어 있다는 것이다. 이러한 경우에는 누구도 초과수익을 지속적으로 얻을 수 없게 된다. 그리고 정보의 내용 측면에서 보면 강형 EMH는 약형 EMH와 준강형 EMH까지 포괄하는 개념이 된다.

② 강형 EMH의 검증

강형 EMH를 검증하기 위해서는 기업내부정보를 갖고 있거나 또는 독점적 정보를 쉽게 얻을 수 있는 투자집단의 투자성과를 측정해서 초과수익이 존재하는가를 보면 된다. 먼저 독점적 정보를 쉽게 얻을 수 있는 투자집단으로 생각되는 뮤추얼펀드의 성과를 시장수익률과 비교한다. 만약 이들의 성과가 시장수익률을 상회하는 초과수익을 올린다면 강형 EMH가 기각되겠지만 실증연구에서는 초과수익을 확인할 수 없었다.[4] 그러나 Jaffe(1974)는 내부거래자의 투자성과에서 초과수익을 확인하였는데 이는 강형 EMH의 성립을 부정하는 것이다.

---

3) 여기서 정상수익률로 시장수익률(R_m)을 사용하거나 시장모형을 통해 구한 수익률($\alpha+\beta R_m$)을 이용한다. 따라서 $AR=R-R_m$ 또는 $AR=R-(\alpha+\beta R_m)$이 성립한다.

4) 뮤추얼펀드와 같은 기관투자가들도 독점적 정보가 아닌 공개된 정보를 이용하는 것으로 간주하여 이러한 실증결과가 준강형 EMH의 성립을 지지하는 것이라고 보기도 한다.

5.3 시장이상현상

(1) 개 요

시장이상현상(market anomaly)이란 증권시장에서 특정한 성격이나 특정 사건을 갖는 주식들이 정상수익률보다 더 높은 초과수익을 계속적으로 얻고 있는 현상을 말한다. 이러한 현상은 정상수익률을 산출할 때 이용되는 가격결정모형이 잘못된 것이라는 증거가 될 수 있고, 시장이 비효율적이어서 해당 정보가 주가에 반영되지 않고 있다는 증거가 될 수도 있다.

(2) 종 류

시장이상현상으로 자주 거론되는 것은 저PER효과, 규모효과, 1월효과, 주말효과 등이 있다. 저PER효과는 PER가 낮은 주식들이 PER가 높은 주식들보다 수익률이 더 높게 나타난다는 것이고, 규모효과(size effect)는 소규모 기업의 주식들이 대규모 기업의 주식들보다 수익률이 더 높게 나타난다는 것이다. 그리고 1월효과(January effect)는 1월의 수익률이 다른 달보다 더 높다는 것이며, 주말효과(weekend effect)는 주말수익률이 주초수익률보다 높게 나타난다는 것이다.

/ 제 22 장 / 요약

FINANCIAL MANAGEMENT

1. 정보비대칭은 정보우월자와 정보열등자가 공존하는 현상을 말하는데 이러한 정보비대칭은 시장실패를 가져온다. 이를 해결하기 위한 대표적 연구로는 대리이론과 신호이론이 있다.

2. 소유경영자와 외부주주 사이에서 발생할 수 있는 대리비용으로는 특권적 소비가 있고, 소유경영자와 채권자 사이에서 발생할 수 있는 대리비용으로는 과대위험유인, 과소투자유인이 있다.

3. 특권적 소비는 소비이론의 무차별곡선과 예산제약선을 이용해서 확인할 수 있다. 그리고 과대위험유인은 CAPM이나 OPM을 이용해서 분석할 수 있어서 재무이론에서는 중요하다. 끝으로 과소투자유인은 투자안의 확률밀도함수를 이용해서 확인할 수 있다.

4. 대리비용을 줄이기 위해서 여러 가지 방법들이 이용되고 있는데, 이들 대부분은 대리인의 이해관계를 위임자의 이해관계와 일치시키는 것이라고 볼 수 있다.

5. 정보가 신속히 주가에 반영되는 시장을 효율적 시장이라고 한다. 효율적 시장에 대한 가설로는 주가에 반영된 정보의 범위에 따라서 약형, 준강형, 강형 EMH가 있다. 약형 EMH는 과거주가정보는 이미 현재주가에 반영되어 있다고 보는 것이고 준강형 EMH는 공개정보가, 강형 EMH는 모든 정보가 현재주가에 이미 반영되어 있다고 보는 것이다.

>>> 연습문제 22 - 1

가나기업의 경영자는 다음과 같은 상호 배타적인 투자안 A, B를 놓고 어느 투자안을 선택할 것인지 고려 중이다. 미래의 경기가 호황일 확률과 불황일 확률은 동일하다. 투자안 A의 기대현금흐름은 호황일 때 350만원, 불황일 때에는 300만원이고 투자안 B는 각 상황에서 500만원, 100만원으로 예상된다. 두 투자안에 소요되는 자금은 모두 200만원인데 이는 10% 자본비용으로 차입할 것이다. 다음 각 물음에 답하고 그 근거를 제시하라.

(1) 가나기업의 가치를 극대화하기 위해 선택하여야 할 투자안은 어느 것인가?
(2) 가나기업의 소유경영자의 입장에서 선택하게 될 투자안은 어느 것인가?
(3) 채권자가 원하는 투자안은 어느 것인가?
(4) (3)에서 채권자가 자신이 원하는 투자안을 수행하도록 부채계약을 체결한다면 이 때 발생되는 비용은 누가 부담하는가?

먼저 확률분포를 작성하면 다음과 같다.

상황	확률	투자안 A	투자안 B
호황	0.5	350만원	500만원
불황	0.5	300	100

(1) 위의 확률분포로부터 각 투자안의 기대현금흐름을 산출하면 다음과 같다.

$$E(C_A) = 350 \times 0.5 + 300 \times 0.5 = 325$$
$$E(C_B) = 500 \times 0.5 + 100 \times 0.5 = 300$$

여기서 각 투자안의 NPV를 산출하면 다음과 같다.

$$NPV_A = \frac{325}{(1+0.1)} - 200 = 95.45$$

$$NPV_B = \frac{300}{(1+0.1)} - 200 = 72.73$$

따라서 투자안 A를 채택하는 것이 기업가치를 더 높일 수 있다.

(2) 부채상환 후 소유경영자에게 귀속되는 기대현금흐름은 다음과 같다.

$$E(C_A) = (350 - 200 \times 1.1) \times 0.5 + (300 - 200 \times 1.1) \times 0.5 = 105$$
$$E(C_B) = (500 - 200 \times 1.1) \times 0.5 + (100 - 200 \times 1.1) \times 0.5 = 140$$

여기서는 주주의 유한책임으로 $100 - 200 \times 1.1 = 0$이 된다.
이렇게 산출한 기대현금흐름이 $E(C_B) > E(C_A)$이므로 소유경영자는 투자안 B를 선택한다.

(3) 채권자는 채무불이행의 가능성이 없는 투자안 A를 선택할 것이다.

(4) 대리문제 해결을 위하여 체결하는 부채계약에서 발생되는 비용은 곧 부채의 대리비용이다.

자본시장이 효율적이서 채권자가 합리적인 추정을 할 수 있다면 대리비용은 모두 대리인이 부담하게 된다.

>>> 연습문제 22 – 2

가나기업은 1년 후 부채 100억원을 상환해야 한다. 가나기업이 현재 동원할 수 있는 자금은 80억원뿐이고 이 금액으로 수행할 수 있는 두 개의 투자안을 찾았다. 이 투자안들은 모두 투자수명이 1년이고 현금흐름은 다음과 같다. 단, 무위험이자율은 10%라고 하자.

상황	확률	투자안 A	투자안 B
불황	0.5	100억원	0억원
호황	0.5	100	110

(1) 가나기업의 소유경영자라면 어떤 투자안을 선택할 것인가?

(2) 투자안 A의 NPV를 구하라. 그리고 투자안 A만 선택할 수 있는 상황이라면 소유경영자는 이 투자안을 수행할 것인가?

(3) (1), (2)의 결과가 기업가치극대화라는 목표에 일치하는가? 이와 관련된 대리비용은?

해설

(1) 투자안 A를 선택하면 1년 후 확실한 금액으로 100억원이 유입되지만 이 모두를 부채상환에 사용해야 하므로 소유경영자의 현금유입은 0이다. 그러나 투자안 B는 불황이면 현금유입이 0이지만 호황이 되면 부채를 상환하고도 10억원의 현금유입이 있으므로 투자안 B를 선택한다.

(2) 투자안의 미래현금유입이 확실한 금액이므로 할인율은 무위험이자율 10%를 사용해서 NPV를 구한다.

$$NPV = \frac{100}{1+0.1} - 80 = 10.91(\text{억원})$$

투자안의 NPV는 양(+)의 값을 갖지만 소유경영자에게 유입되는 현금은 없다. 따라서 이를 수행하지 않을 것이다. 결국 투자안의 현금흐름이 이보다 더 커서 부채와 이자를 상환하고도 남는 경우에만 투자를 할 것이다.

(3) (1)의 경우에는 투자안 A를 선택해야 기업가치가 크다. 투자안 A의 평균은 100원이고 위험은 없기 때문이다. 투자안 B는 평균이 55억원이고 위험(표준편차)도 55억원이다. 그럼에도 투자안 B를 선택하는 것은 부채의 대리비용 중 과대위험유인에 해당된다.

(2)의 경우에는 투자안의 NPV가 양(+)의 값을 갖기 때문에 기업가치를 높일 수 있는 투자안이다. 그런데도 투자를 수행하지 않는 것은 부채의 대리비용 중 과소투자유인에 해당된다.

>>> 연습문제 22 - 3

가나기업은 액면가액이 100억원이고 만기가 5년인 할인부채를 4년 전에 발행하였다. 현재 회사의 자산가치는 110억원이고 자산수익률의 분산은 0.1이다. 그런데 가나기업의 경영자는 다음과 같은 상호 배타적인 투자안 A, B를 놓고 어느 투자안을 선택할 것인지 고려 중이다. 투자안 A는 NPV가 11억원, 수익률의 분산이 0.05이며, 투자안 B는 NPV가 10억원, 수익률의 분산이 0.83이다. 투자안 A, B는 모두 회사의 기존 사업과는 독립적이라고 가정하고 다음 각 물음에 답하라.

(1) Fisher's separation이 성립할 때, 가나기업의 경영자가 선택하는 투자안을 밝히고 그 이론적 근거를 제시하라.

(2) Black-Scholes OPM을 이용하여 가나기업의 자기자본 및 부채가치를 산출하라. 단, 무위험이자율은 6%이다.

(3) 가나기업의 경영자는 소유경영자이다. 위의 투자안에 소요되는 비용이 모두 20억원이고 이를 모두 유상증자로 조달한다고 가정할 때, 가나기업의 경영자가 선택하는 투자안을 밝히고 그 수리적 근거를 제시하라.

(4) (3)번과 같은 결과가 도출되는 과정을 그림으로 설명하라.

(5) (3)번과 같은 결과가 초래되는 현상을 주주와 채권자 간의 대리관계에서 설명하라.

(1) Fisher's separation이 성립한다면 가나기업 경영자는 NPV가 더 큰 투자안 A를 선택할 것이다.

(2) $$d_1 = \frac{\ln\left(\frac{110}{100}\right) + \left(0.06 + \frac{0.1}{2}\right) \times 1}{\sqrt{0.1} \times \sqrt{1}} = 0.6492$$

$N(d_1) = N(0.6492) = 0.7419$

같은 방법으로 $d_2 = 0.3330$, $N(d_2) = 0.6298$

이렇게 구한 값을 Black-scholes OPM에 대입해서 자기자본의 가치를 다음과 같이 구한다.

$$S = V \cdot N(d_1) - \frac{D}{e^{R_f t}} \cdot N(d_2)$$

$$= 10 \times 0.7419 - \frac{100}{e^{0.06 \times 1}} \times 0.6298 = 22.3(\text{억원})$$

그리고 부채가치는 다음과 같다.

$$B = 110 - 22.3 = 87.7(\text{억원})$$

(3) ① 투자안 A를 채택하는 경우

기업가치 $V = 110 + 11 + 20 = 141$(억원)

수익률의 분산 $\sigma^2 = \left(\frac{110}{141}\right)^2 \times 0.1 + \left(\frac{31}{141}\right)^2 \times 0.05 = 0.0633$

(공분산은 0이므로)

$$d_1 = \frac{\ln\left(\frac{141}{100}\right) + \left(0.06 + \frac{0.0633}{2}\right) \times 1}{\sqrt{0.0633} \times \sqrt{1}} = 1.7299$$

$N(d_1) = 0.9582$

같은 방법으로 $d_2 = 1.4783$, $N(d_2) = 0.9304$

$$S = 141 \times 0.9582 - \frac{100}{e^{0.06 \times 1}} \times 0.9304 = 47.5(\text{억원})$$

$$\therefore \text{ 부채가치 } B = 141 - 47.5 = 93.5(\text{억원})$$

② 투자안 B를 채택하는 경우

기업가치 $V = 110 + 10 + 20 = 140$(억원)

수익률의 분산 $\sigma^2 = \left(\frac{110}{140}\right)^2 \times 0.1 + \left(\frac{30}{140}\right)^2 \times 0.83 = 0.1$

$d_1 = 1.4119 \quad N(d_1) = 0.9210$

$d_2 = 1.0957 \quad N(d_2) = 0.8630$

$S = 140 \times 0.9210 - \frac{100}{e^{0.06 \times 1}} \times 0.8630 = 47.7$(억원)

$\therefore$ 부채가치 $B = 140 - 47.7 = 92.3$(억원)

③ 소유경영자의 입장에서는 자기지분, 즉 자기자본 S의 가치가 큰 투자안 B를 선택할 것이다.

(4) 

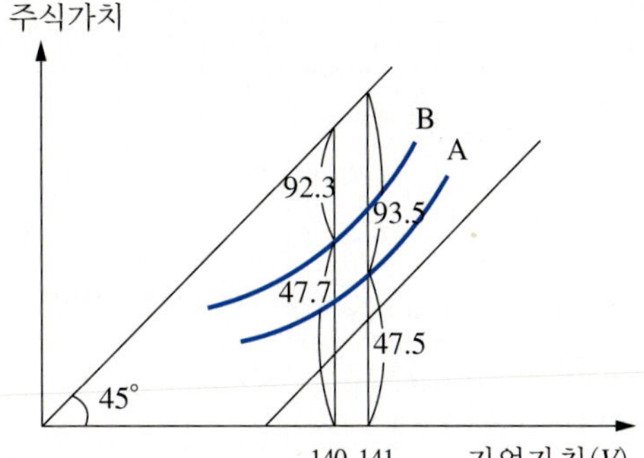

즉, 소유경영자는 기대수익이 낮은 투자안 B를 선택하는 것이 자기자본을 0.2억원(= 47.7억원 − 47.5억원) 증가시킬 수 있으므로 이를 택할 것이다.

(5) 주주 · 채권자 간의 대리관계에서 발생하는 대리비용 중에서 과대위험유인(risk incentive)에 해당한다.

>>> 연습문제 22 – 4

시장모형은 $R_i=0.1+0.05\beta_i$로 주어져 있다. 그리고 주식분할이 있는 기업들을 대상으로 분석한 결과 평균베타가 0.8이었다. 주식분할시점을 기준으로 공시 전과 후의 이들 기업들의 월평균수익률(%)을 조사한 결과는 다음과 같다.

시점	2달 전	1달 전	공시시점	1달 후	2달 후	3달 후	4달 후
수익률	12.0	15.0	16.0	14.0	14.2	13.9	14.1

(1) 각 시점별로 이들 주식의 비정상초과수익률(*AR*)을 구하라.
(2) 누적평균초과수익률(*CAR*)을 구하고 그림으로 나타내라.
(3) (2)의 결과를 해석하고 시장의 효율성을 판단하라.

 해설

(1) 먼저 시장모형으로 정상수익률을 구한다.

$$R_i = 0.1 + 0.05 \times 0.8 = 0.14(14\%)$$

따라서 각 시점별 *AR*과 *CAR*은 다음과 같다.

시점	−2	−1	0	+1	+2	+3	+4
AR	−2.0	1.0	2.0	0	0.2	−0.1	0.1
CAR	−2.0	−1.0	1.0	1.0	1.2	1.1	1.2

(2) *CAR*를 그래프로 나타내면 다음과 같다.

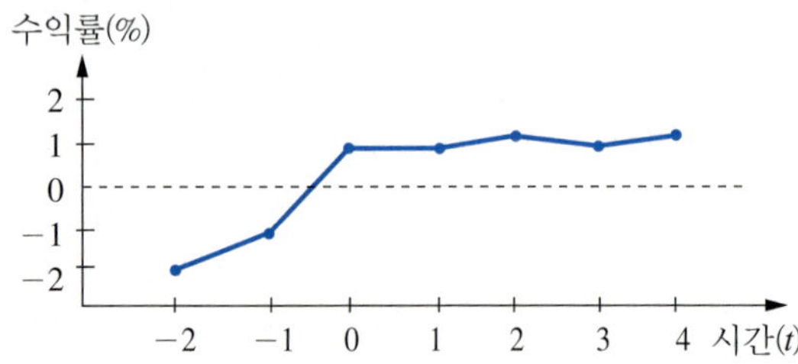

(3) 주식분할이 갖고 있는 좋은 효과는 공시 이전에 주가에 반영되었고 주식분할의 공시 이후에 *CAR*는 거의 변동이 없기 때문에 초과수익이 존재하지 않음을 알 수 있다. 따라서 준강형 EMH가 성립하는 시장으로 판단할 수 있다.

부 록

〈표 1〉 미래가치계수 (CVIF) $CVIF = (1+R)^n$

	이 자 율								
기간	1%	2%	3%	4%	5%	6%	7%	8%	9%
1	1.0100	1.0200	1.0300	1.0400	1.0500	1.0600	1.0700	1.0800	1.0900
2	1.0201	1.0404	1.0609	1.0816	1.1025	1.1236	1.1449	1.1664	1.1881
3	1.0303	1.0612	1.0927	1.1249	1.1576	1.1910	1.2250	1.2597	1.2950
4	1.0406	1.0824	1.1255	1.1699	1.2155	1.2625	1.3108	1.3605	1.4116
5	1.0510	1.1041	1.1593	1.2167	1.2763	1.3382	1.4026	1.4693	1.5386
6	1.0615	1.1262	1.1941	1.2653	1.3401	1.4185	1.5007	1.5869	1.6771
7	1.0721	1.1487	1.2299	1.3159	1.4071	1.5036	1.6058	1.7138	1.8280
8	1.0829	1.1717	1.2668	1.3686	1.4775	1.5938	1.7182	1.8509	1.9926
9	1.0937	1.1951	1.3048	1.4233	1.5513	1.6895	1.8385	1.9990	2.1719
10	1.1046	1.2190	1.3439	1.4802	1.6289	1.7908	1.9672	2.1589	2.3674
11	1.1157	1.2434	1.3842	1.5395	1.7103	1.8983	2.1049	2.3316	2.5804
12	1.1268	1.2682	1.4258	1.6010	1.7959	2.0122	2.2522	2.5182	2.8127
13	1.1381	1.2936	1.4685	1.6651	1.8856	2.1329	2.4098	2.7196	3.0658
14	1.1495	1.3195	1.5126	1.7317	1.9799	2.2609	2.5785	2.9372	3.3417
15	1.1610	1.3459	1.5580	1.8009	2.0789	2.3966	2.7590	3.1722	3.6425
16	1.1726	1.3728	1.6047	1.8730	2.1829	2.5404	2.9522	3.4259	3.9703
17	1.1843	1.4002	1.6528	1.9479	2.2920	2.6928	3.1588	3.7000	4.3276
18	1.1961	1.4282	1.7024	2.0258	2.4066	2.8543	3.3799	3.9960	4.7171
19	1.2081	1.4568	1.7535	2.1068	2.5270	3.0256	3.6165	4.3157	5.1417
20	1.2202	1.4859	1.8061	2.1911	2.6533	3.2071	3.8697	4.6610	5.6044
21	1.2324	1.5157	1.8603	2.2788	2.7860	3.3996	4.1406	5.0338	6.1088
22	1.2447	1.5460	1.9161	2.3699	2.9253	3.6035	4.4304	5.4365	6.6586
23	1.2572	1.5769	1.9736	2.4647	3.0715	3.8197	4.7405	5.8715	7.2579
24	1.2697	1.6084	2.0328	2.5633	3.2251	4.0489	5.0724	6.3412	7.9111
25	1.2824	1.6406	2.0938	2.6658	3.3864	4.2919	5.4274	6.8485	8.6231
30	1.3478	1.8114	2.4273	3.2434	4.3219	5.7435	7.6123	10.063	13.268
40	1.4889	2.2080	3.2620	4.8010	7.0400	10.286	14.974	21.725	31.409
50	1.6446	2.6916	4.3839	7.1067	11.467	18.420	29.457	46.902	74.358
60	1.8167	3.2810	5.8916	10.520	18.679	32.988	57.946	101.26	176.03

$CVIF > 99{,}999$

〈표 1〉 계속

이 자 율										
10%	12%	14%	15%	16%	18%	20%	24%	28%	32%	36%
1.1000	1.1200	1.1400	1.1500	1.1600	1.1800	1.2000	1.2400	1.2800	1.3200	1.3600
1.2100	1.2544	1.2996	1.3225	1.3456	1.3924	1.4400	1.5376	1.6384	1.7424	1.8496
1.3310	1.4049	1.4815	1.5209	1.5609	1.6430	1.7280	1.9066	2.0972	2.3000	2.5155
1.4641	1.5735	1.6890	1.7490	1.8106	1.9388	2.0736	2.3642	2.6844	3.0360	3.4210
1.6105	1.7623	1.9254	2.0114	2.1003	2.2878	2.4883	2.9316	3.4360	4.0075	4.6526
1.7716	1.9738	2.1950	2.3131	2.4364	2.6996	2.9860	3.6352	4.3980	5.2899	6.3275
1.9487	2.2107	2.5023	2.6600	2.8262	3.1855	3.5832	4.5077	5.6295	6.9826	8.6054
2.1436	2.4760	2.8526	3.0590	3.2784	3.7589	4.2998	5.5895	7.2058	9.2170	11.703
2.3579	2.7731	3.2519	3.5179	3.8030	4.4355	5.1598	6.9310	9.2234	12.166	15.917
2.5937	3.1058	3.7072	4.0456	4.4114	5.2338	6.1917	8.5944	11.806	16.060	21.647
2.8531	3.4785	4.2262	4.6524	5.1173	6.1759	7.4301	10.657	15.112	21.199	29.439
3.1384	3.8960	4.8179	5.3503	5.9360	7.2876	8.9161	13.215	19.343	27.983	40.037
3.4523	4.3635	5.4924	6.1528	6.8858	8.5994	10.699	16.386	24.759	36.937	54.451
3.7975	4.8871	6.2613	7.0757	7.9875	10.147	12.839	20.319	31.691	48.757	74.053
4.1772	5.4736	7.1379	8.1371	9.2655	11.974	15.407	25.196	40.565	64.359	100.71
4.5950	6.1304	8.1372	9.3576	10.748	14.129	18.488	31.243	51.923	84.954	136.97
5.0545	6.8660	9.2765	10.761	12.468	16.672	22.186	38.741	66.461	112.14	186.28
5.5599	7.6900	10.575	12.375	14.463	19.673	26.623	48.039	86.071	148.02	253.34
6.1159	8.6128	12.056	14.232	16.777	23.214	31.948	59.568	108.89	195.39	344.54
6.7275	9.6463	13.743	16.367	19.461	27.393	38.338	73.864	139.38	257.92	468.57
7.4002	10.804	15.668	18.822	22.574	32.324	46.005	91.592	178.41	340.45	637.26
8.1403	12.100	17.861	21.645	26.186	38.142	55.206	113.57	228.36	449.39	866.67
8.9543	13.552	20.362	24.891	30.376	45.008	66.247	140.83	292.30	593.20	1178.7
9.8497	15.179	23.212	28.625	35.236	53.109	79.497	174.63	374.14	783.02	1603.0
10.835	17.000	26.462	32.919	40.874	62.669	95.396	216.54	478.90	1033.6	2180.1
17.449	29.960	50.950	66.212	85.850	143.37	237.38	634.82	1645.5	4142.1	10143.
45.259	93.051	188.88	267.86	378.72	750.38	1469.8	5455.9	19427.	66521.	*
117.39	289.00	700.23	1083.7	1670.7	3927.4	9100.4	46890.	*	*	*
304.48	897.60	2595.9	4384.0	7370.2	20555.	56348.	*	*	*	*

〈표 2〉 연금의 미래가치계수(CVIFA)

$$CVIFA = \frac{(1+R)^n - 1}{R}$$

	이 자 율								
기간	1%	2%	3%	4%	5%	6%	7%	8%	9%
1	1.0000	1.0000	1.0000	1.0000	1.0000	1.0000	1.0000	1.0000	1.0000
2	2.0100	2.0200	2.0300	2.0400	2.0500	2.0600	2.0700	2.0800	2.0900
3	3.0301	3.0604	3.0909	3.1216	3.1525	3.1836	3.2149	3.2464	3.2781
4	4.0604	4.1216	4.1836	4.2465	4.3101	4.3746	4.4399	4.5061	4.5731
5	5.1010	5.2040	5.3091	5.4163	5.5256	5.6371	5.7507	5.8666	5.9847
6	6.1520	6.3081	6.4684	6.6330	6.8019	6.9753	7.1533	7.3359	7.5233
7	7.2135	7.4343	7.6625	7.8983	8.1420	8.3938	8.6540	8.9228	9.2004
8	8.2857	8.5830	8.8932	9.2142	9.5491	9.8975	10.260	10.637	11.028
9	9.3685	9.7546	10.159	10.583	11.027	11.491	11.978	12.488	13.021
10	10.462	10.950	11.464	12.006	12.578	13.181	13.816	14.487	15.193
11	11.567	12.169	12.808	13.486	14.207	14.972	15.784	16.645	17.560
12	12.683	13.412	14.192	15.026	15.917	16.870	17.888	18.977	20.141
13	13.809	14.680	15.618	16.627	17.713	18.882	20.141	21.495	22.953
14	14.947	15.974	17.086	18.292	19.599	21.015	22.550	24.215	26.019
15	16.097	17.293	18.599	20.024	21.579	23.276	25.129	27.152	29.361
16	17.258	18.639	20.157	21.825	23.657	25.673	27.888	30.324	33.003
17	18.430	20.012	21.762	23.698	25.840	28.213	30.840	33.750	36.974
18	19.615	21.412	23.414	25.645	28.132	30.906	33.999	37.450	41.301
19	20.811	22.841	25.117	27.671	30.539	33.760	37.379	41.446	46.018
20	22.019	24.297	26.870	29.778	33.066	36.786	40.995	45.762	51.160
21	23.239	25.783	28.676	31.969	35.719	39.993	44.865	50.423	56.765
22	24.472	27.299	30.537	34.248	38.505	43.392	49.006	55.457	62.873
23	25.716	28.845	32.453	36.618	41.430	46.996	53.436	60.893	69.532
24	26.973	30.422	34.426	39.083	44.502	50.816	58.177	66.765	76.790
25	28.243	32.030	36.459	41.646	47.727	54.865	63.249	73.106	84.701
30	34.785	40.568	47.575	56.085	66.439	79.058	94.461	113.28	136.31
40	48.886	60.402	75.401	95.026	120.80	154.76	199.64	259.06	337.88
50	64.463	84.579	112.80	152.67	209.35	290.34	406.53	573.77	815.08
60	81.670	114.05	163.05	237.99	353.58	533.13	813.52	1253.2	1944.8

$CVIFA > 99{,}999$

〈표 2〉 계속

이 자 율										
10%	12%	14%	15%	16%	18%	20%	24%	28%	32%	36%
1.0000	1.0000	1.0000	1.0000	1.0000	1.0000	1.0000	1.0000	1.0000	1.0000	1.0000
2.1000	2.1200	2.1400	2.1500	2.1600	2.1800	2.2000	2.2400	2.2800	2.3200	2.3600
3.3100	3.3744	3.4396	3.4725	3.5056	3.5724	3.6400	3.7776	3.9184	4.0624	4.2096
4.6410	4.7793	4.9211	4.9934	5.0665	5.2154	5.3680	5.6842	6.0156	6.3624	6.7251
6.1051	6.3528	6.6101	6.7424	6.8771	7.1542	7.4416	8.0484	8.6999	9.3983	10.146
7.7156	8.1152	8.5355	8.7537	8.9775	9.4420	9.9299	10.980	12.136	13.406	14.799
9.4872	10.089	10.730	11.067	11.414	12.142	12.916	14.615	16.534	18.696	21.126
11.436	12.300	13.233	13.727	14.240	15.327	16.499	19.123	22.163	25.678	29.732
13.579	14.776	16.085	16.786	17.519	19.086	20.799	24.712	29.369	34.895	41.435
15.937	17.549	19.337	20.304	21.321	23.521	25.959	31.643	38.593	47.062	57.352
18.531	20.655	23.045	24.349	25.733	28.755	32.150	40.238	50.398	63.122	78.998
21.384	24.133	27.271	29.002	30.850	34.931	39.581	50.895	65.510	84.320	108.44
24.523	28.029	32.089	34.352	36.786	42.219	48.497	64.110	84.853	112.30	148.47
27.975	32.393	37.581	40.505	43.672	50.818	59.196	80.496	109.61	149.24	202.93
31.772	37.280	43.842	47.580	51.660	60.965	72.035	100.82	141.30	198.00	276.98
35.950	42.753	50.980	55.717	60.925	72.939	87.442	126.01	181.87	262.36	377.69
40.545	48.884	59.118	65.075	71.673	87.068	105.93	157.25	233.79	347.31	514.66
45.599	55.750	68.394	75.836	84.141	103.74	128.12	195.99	300.25	459.45	700.94
51.159	64.440	78.969	88.212	98.603	123.41	154.74	244.03	385.32	607.47	954.28
57.275	72.052	91.025	102.44	115.38	146.63	186.69	303.60	494.21	802.86	1298.8
64.002	81.699	104.77	118.81	134.84	174.02	225.03	377.46	633.59	1060.8	1767.4
71.403	92.503	120.44	137.63	157.41	206.34	271.03	469.06	812.00	1401.2	2404.7
79.543	104.60	138.30	159.28	183.60	244.49	326.24	582.63	1040.4	1850.6	3271.3
88.497	118.16	158.66	184.17	213.98	289.49	392.48	723.46	1332.7	2443.8	4450.0
98.347	133.33	181.87	212.79	249.21	342.60	471.98	898.09	1706.8	3226.8	6053.0
164.49	241.33	359.79	434.75	530.31	790.95	1181.9	2640.9	5873.2	12941.	28172.3
442.59	767.09	1342.0	1779.1	2360.8	4163.2	7343.9	22729.	69377.	*	*
1163.9	2400.0	4994.5	7217.7	10436.	21813.	45497.	*	*	*	*
3034.8	7471.6	18535.	29220.	46058.	*	*	*	*	*	*

〈표 3〉 연속복리 미래가치계수 ($e^{R\cdot t}$)

	연속복리 이자율									
기간	1%	2%	3%	4%	5%	6%	7%	8%	9%	10%
1	1.0101	1.0202	1.0305	1.0408	1.0513	1.0618	1.0725	1.0833	1.0942	1.1052
2	1.0202	1.0408	1.0618	1.0833	1.1052	1.1275	1.1503	1.1735	1.1972	1.2214
3	1.0305	1.0618	1.0942	1.1275	1.1618	1.1972	1.2337	1.2712	1.3100	1.3499
4	1.0408	1.0833	1.1275	1.1735	1.2214	1.2712	1.3231	1.3771	1.4333	1.4918
5	1.0513	1.1052	1.1618	1.2214	1.2840	1.3499	1.4191	1.4918	1.5683	1.6487
6	1.0618	1.1275	1.1972	1.2712	1.3499	1.4333	1.5220	1.6161	1.7160	1.8221
7	1.0725	1.1503	1.2337	1.3231	1.4191	1.5220	1.6323	1.7507	1.8776	2.0138
8	1.0833	1.1735	1.2712	1.3771	1.4918	1.6161	1.7507	1.8965	2.0544	2.2255
9	1.0942	1.1972	1.3100	1.4333	1.5683	1.7160	1.8776	2.0544	2.2479	2.4596
10	1.1052	1.2214	1.3499	1.4918	1.6487	1.8221	2.0138	2.2255	2.4596	2.7183
11	1.1163	1.2461	1.3910	1.5527	1.7333	1.9348	2.1598	2.4109	2.6912	3.0042
12	1.1275	1.2712	1.4333	1.6161	1.8221	2.0544	2.3164	2.6117	2.9447	3.3201
13	1.1388	1.2969	1.4770	1.6820	1.9155	2.1815	2.4843	2.8292	3.2220	3.6693
14	1.1503	1.3231	1.5220	1.7507	2.0138	2.3164	2.6645	3.0649	3.5254	4.0552
15	1.1618	1.3499	1.5683	1.8221	2.1170	2.4596	2.8577	3.3201	3.8574	4.4817
16	1.1735	1.3771	1.6161	1.8965	2.2255	2.6117	3.0649	3.5966	4.2207	4.9530
17	1.1853	1.4049	1.6653	1.9739	2.3396	2.7732	3.2871	3.8962	4.6182	5.4739
18	1.1972	1.4333	1.7160	2.0544	2.4596	2.9447	3.5254	4.2207	5.0531	6.0496
19	1.2092	1.4623	1.7683	2.1383	2.5857	3.1268	3.7810	4.5722	5.5290	6.6859
20	1.2214	1.4918	1.8221	2.2255	2.7183	3.3201	4.0552	4.9530	6.0496	7.3891
21	1.2337	1.5220	1.8776	2.3164	2.8577	3.5254	4.3492	5.3656	6.6194	8.1662
22	1.2461	1.5527	1.9348	2.4109	3.0042	3.7434	4.6646	5.8124	7.2427	9.0250
23	1.2586	1.5841	1.9937	2.5093	3.1582	3.9749	5.0028	6.2965	7.9248	9.9742
24	1.2712	1.6161	2.0544	2.6117	3.3201	4.2207	5.3656	6.8210	8.6711	11.0232
25	1.2840	1.6487	2.1170	2.7183	3.4903	4.4817	5.7546	7.3891	9.4877	12.1825
30	1.3499	1.8221	2.4596	3.3204	4.4817	6.0496	8.1662	11.0232	14.8797	20.0855
35	1.4191	2.0138	2.8577	4.0552	5.7546	8.1662	11.5883	16.4446	23.3361	33.1155
40	1.4918	2.2255	3.3201	4.9530	7.3891	11.0232	16.4446	24.5235	36.5982	54.5982
45	1.5683	2.4596	3.8574	6.0496	9.4877	14.8797	23.3361	36.5982	57.3975	90.0171
50	1.6487	2.7183	4.4817	7.3891	12.1825	20.0855	33.1155	54.5982	90.0171	148.4132
55	1.7333	3.0042	5.2070	9.0250	15.6426	27.1126	46.9931	81.4509	141.1750	244.6919
60	1.8221	3.3201	6.0496	11.0232	20.0855	36.5982	66.6863	121.5104	221.4064	403.4288

〈표 3〉 계속

연속복리 이자율										
11%	12%	13%	15%	16%	18%	20%	22%	24%	26%	28%
1.1163	1.1275	1.1388	1.1618	1.1735	1.1972	1.2214	1.2461	1.2712	1.2969	1.3231
1.2461	1.2712	1.2969	1.3499	1.3771	1.4333	1.4918	1.5527	1.6161	1.6820	1.7507
1.3910	1.4333	1.4770	1.5683	1.6161	1.7160	1.8221	1.9348	2.0544	2.1815	2.3164
1.5527	1.6161	1.6820	1.8221	1.8965	2.0544	2.2255	2.4109	2.6117	2.8292	3.0649
1.7333	1.8221	1.9155	2.1170	2.2255	2.4596	2.7183	3.0042	3.3201	3.6693	4.0522
1.9348	2.0544	2.1815	2.4596	2.6117	2.9447	3.3201	3.7434	4.2207	4.7588	5.3656
2.1598	2.3164	2.4843	2.8577	3.0649	3.5254	4.0552	4.6646	5.3656	6.1719	7.0993
2.4109	2.6117	2.8292	3.3201	3.5966	4.2207	4.9530	5.8124	6.8210	8.0045	9.3933
2.6912	2.9447	3.2220	3.8574	4.2207	5.0531	6.0496	7.2427	8.6711	10.3812	12.4286
3.0042	3.3201	3.6693	4.4817	4.9530	6.0496	7.3891	9.0250	11.0232	13.4637	16.4446
3.3535	3.7434	4.1787	5.2070	5.8124	7.2427	9.0250	11.2459	14.0132	17.4615	21.7584
3.7434	4.2207	4.7588	6.0496	6.8210	8.6711	11.0232	14.0132	17.8143	22.6464	28.7892
4.1787	4.7588	5.4195	7.0287	8.0045	10.3812	13.4637	17.4615	22.6464	29.3708	38.0918
4.6646	5.3656	6.1719	8.1662	9.3933	12.4286	16.4446	21.7584	28.7892	38.0918	50.4004
5.2070	6.0496	7.0287	9.4877	11.0232	14.8797	20.0855	27.1126	36.5982	49.4024	66.6863
5.8124	6.8210	8.0045	11.0232	12.9358	17.8143	24.5325	33.7844	46.5255	64.0715	88.2347
6.4883	7.6906	9.1157	12.8071	15.1803	21.3276	29.9641	42.0980	59.1455	83.0963	116.7459
7.2427	8.6711	10.3812	14.8797	17.8143	25.5337	36.5982	52.4573	75.1886	107.7701	154.4700
8.0849	9.7767	11.8224	17.2878	20.9052	30.5694	44.7012	65.3659	95.5835	139.7702	204.3839
9.0250	11.0232	13.4637	20.0855	24.5325	36.5982	54.5982	81.4509	121.5104	181.2722	270.4264
10.0744	12.4286	15.3329	23.3361	28.7892	43.8160	66.6863	101.4940	154.4700	235.0974	357.8092
11.2459	14.0132	17.4615	27.1126	33.7844	52.4573	81.4509	126.4694	196.3699	304.9049	473.4281
12.5535	15.7998	19.8857	31.5004	39.6464	62.8028	99.4843	157.5905	249.6350	395.4404	626.4068
14.0132	17.8143	22.6464	36.5982	46.5255	75.1886	121.5104	196.3699	317.3483	512.8585	828.8175
15.6426	20.0855	25.7903	42.5211	54.5982	90.0171	148.4132	244.6916	403.4288	665.1416	1096.633
27.1126	36.5982	49.4024	90.0171	121.5104	221.4064	403.4288	735.0952	1339.431	2440.602	4447.067
46.9931	66.6863	94.6324	190.5663	270.4264	544.5719	1096.633	2208.348	4447.067	8955.293	18033.74
81.4509	121.5104	181.2722	403.4288	601.8450	1339.431	2980.958	6634.244	14764.78	32859.63	73130.44
141.1750	221.4064	347.2344	854.0588	1339.431	3294.468	8103.084	19930.37	49020.80	120571.7	296558.6
244.6919	403.4288	665.1416	1808.042	2980.958	8103.084	22026.47	59874.14	162754.8	442413.4	1202604
424.1130	735.0952	1274.106	3827.626	6634.244	19930.37	59874.14	179871.9	540364.9	1623346	4876801
735.0952	1339.431	2440.602	8103.084	14764.78	49020.80	162754.8	540364.9	1794075	5956538	19776403

〈표 4〉 현재가치계수 (PVIF)

$$PVIF = \frac{1}{(1+R)^n}$$

	이 자 율								
기간	1%	2%	3%	4%	5%	6%	7%	8%	9%
1	0.9901	0.9804	0.9709	0.9615	0.9524	0.9434	0.9346	0.9259	0.9174
2	0.9803	0.9612	0.9426	0.9246	0.9070	0.8900	0.8734	0.8573	0.8417
3	0.9706	0.9423	0.9151	0.8890	0.8638	0.8396	0.8163	0.7938	0.7722
4	0.9610	0.9238	0.8885	0.8548	0.8227	0.7921	0.7629	0.7350	0.7084
5	0.9515	0.9057	0.8626	0.8219	0.7835	0.7473	0.7130	0.6806	0.6499
6	0.9420	0.8880	0.8375	0.7903	0.7462	0.7050	0.6663	0.6302	0.5963
7	0.9327	0.8706	0.8131	0.7599	0.7107	0.6651	0.6227	0.5835	0.5470
8	0.9235	0.8535	0.7894	0.7307	0.6768	0.6274	0.5820	0.5403	0.5019
9	0.9143	0.8368	0.7664	0.7026	0.6446	0.5919	0.5439	0.5002	0.4604
10	0.9053	0.8203	0.7441	0.6756	0.6139	0.5584	0.5083	0.4632	0.4224
11	0.8963	0.8043	0.7224	0.6496	0.5847	0.5268	0.4751	0.4289	0.3875
12	0.8874	0.7885	0.7014	0.6246	0.5568	0.4970	0.4440	0.3971	0.3555
13	0.8787	0.7730	0.6810	0.6006	0.5303	0.4688	0.4150	0.3677	0.3262
14	0.8700	0.7579	0.6611	0.5775	0.5051	0.4423	0.3878	0.3405	0.2992
15	0.8613	0.7430	0.6419	0.5553	0.4810	0.4173	0.3624	0.3152	0.2745
16	0.8528	0.7284	0.6232	0.5339	0.4581	0.3936	0.3387	0.2919	0.2519
17	0.8444	0.7142	0.6050	0.5134	0.4363	0.3714	0.3166	0.2703	0.2311
18	0.8360	0.7002	0.5874	0.4936	0.4155	0.3503	0.2959	0.2502	0.2120
19	0.8277	0.6864	0.5703	0.4746	0.3957	0.3305	0.2765	0.2317	0.1945
20	0.8195	0.6730	0.5537	0.4564	0.3769	0.3118	0.2584	0.2145	0.1784
21	0.8114	0.6598	0.5375	0.4388	0.3589	0.2942	0.2415	0.1987	0.1637
22	0.8034	0.6468	0.5219	0.4220	0.3418	0.2775	0.2257	0.1839	0.1502
23	0.7954	0.6342	0.5067	0.4057	0.3256	0.2618	0.2109	0.1703	0.1378
24	0.7876	0.6217	0.4919	0.3901	0.3101	0.2470	0.1971	0.1577	0.1264
25	0.7798	0.6095	0.4776	0.3751	0.2953	0.2330	0.1842	0.1460	0.1160
30	0.7419	0.5521	0.4120	0.3083	0.2314	0.1741	0.1314	0.0994	0.0754
40	0.6717	0.4529	0.3066	0.2083	0.1420	0.0972	0.0668	0.0460	0.0318
50	0.6080	0.3715	0.2281	0.1407	0.0872	0.0543	0.0339	0.0213	0.0134

* The factor is zero to four decimal places.

〈표 4〉 계속

이 자 율										
10%	12%	14%	15%	16%	18%	20%	24%	28%	32%	36%
0.9091	0.8929	0.8772	0.8696	0.8621	0.8475	0.8333	0.8065	0.7813	0.7576	0.7353
0.8264	0.7972	0.7695	0.7561	0.7432	0.7182	0.6944	0.6504	0.6104	0.5739	0.5407
0.7513	0.7118	0.6750	0.6575	0.6407	0.6086	0.5787	0.5245	0.4768	0.4348	0.3975
0.6830	0.6355	0.5921	0.5718	0.5523	0.5158	0.4823	0.4230	0.3725	0.3294	0.2923
0.6209	0.5674	0.5194	0.4972	0.4761	0.4371	0.4019	0.3411	0.2910	0.2495	0.2149
0.5645	0.5066	0.4556	0.4323	0.4104	0.3704	0.3349	0.2751	0.2274	0.1890	0.1580
0.5132	0.4523	0.3996	0.3759	0.3538	0.3139	0.2791	0.2218	0.1776	0.1432	0.1162
0.4665	0.4039	0.3506	0.3269	0.3050	0.2660	0.2326	0.1789	0.1388	0.1085	0.0854
0.4241	0.3606	0.3075	0.2843	0.2630	0.2255	0.1938	0.1443	0.1084	0.0822	0.0628
0.3855	0.3220	0.2697	0.2472	0.2267	0.1911	0.1615	0.1164	0.0847	0.0623	0.0462
0.3505	0.2875	0.2366	0.2149	0.1954	0.1619	0.1346	0.0938	0.0662	0.0472	0.0340
0.3186	0.2567	0.2076	0.1869	0.1685	0.1372	0.1122	0.0757	0.0517	0.0357	0.0250
0.2897	0.2292	0.1821	0.1625	0.1452	0.1163	0.0935	0.0610	0.0404	0.0271	0.0184
0.2633	0.2046	0.1597	0.1413	0.1252	0.0985	0.0779	0.0492	0.0316	0.0205	0.0135
0.2394	0.1827	0.1401	0.1229	0.1079	0.0835	0.0649	0.0397	0.0247	0.0155	0.0099
0.2176	0.1631	0.1229	0.1069	0.0930	0.0708	0.0541	0.0320	0.0193	0.0118	0.0073
0.1978	0.1456	0.1078	0.0929	0.0802	0.0600	0.0451	0.0258	0.0150	0.0089	0.0054
0.1799	0.1300	0.0946	0.0808	0.0691	0.0508	0.0376	0.0208	0.0118	0.0068	0.0039
0.1635	0.1161	0.0829	0.0703	0.0596	0.0431	0.0313	0.0168	0.0092	0.0051	0.0029
0.1486	0.1037	0.0728	0.0611	0.0514	0.0365	0.0261	0.0135	0.0072	0.0039	0.0021
0.1351	0.0926	0.0638	0.0531	0.0443	0.0309	0.0217	0.0109	0.0056	0.0029	0.0016
0.1228	0.0826	0.0560	0.0462	0.0382	0.0262	0.0181	0.0088	0.0044	0.0022	0.0012
0.1117	0.0738	0.0491	0.0402	0.0329	0.0222	0.0151	0.0071	0.0034	0.0017	0.0008
0.1015	0.0659	0.0431	0.0349	0.0284	0.0188	0.0126	0.0057	0.0027	0.0013	0.0006
0.0923	0.0588	0.0378	0.0304	0.0245	0.0160	0.0105	0.0046	0.0021	0.0010	0.0005
0.0573	0.0334	0.0196	0.0151	0.0116	0.0070	0.0042	0.0016	0.0006	0.0002	0.0001
0.0221	0.0107	0.0053	0.0037	0.0026	0.0013	0.0007	0.0002	0.0001	*	*
0.0085	0.0035	0.0014	0.0009	0.0006	0.0003	0.0001	*	*	*	*

〈표 5〉 연금의 현재가치계수(PVIFA)

$$PVIFA = \left[\frac{1}{R} - \frac{1}{R(1+R)^n}\right]$$

	이 자 율								
기간	1%	2%	3%	4%	5%	6%	7%	8%	9%
1	0.9901	0.9804	0.9709	0.9615	0.9524	0.9434	0.9346	0.9259	0.9174
2	1.9704	1.9416	1.9135	1.8861	1.8594	1.8334	1.8080	1.7833	1.7591
3	2.9410	2.8839	2.8286	2.7751	2.7232	2.6730	2.6243	2.5771	2.5313
4	3.9020	3.8077	3.7171	3.6299	3.5460	3.4651	3.3872	3.3121	3.2397
5	4.8534	4.7135	4.5797	4.4518	4.3295	4.2124	4.1002	3.9927	3.8897
6	5.7955	5.6014	5.4172	5.2421	5.0757	4.9173	4.7665	4.6229	4.4859
7	6.7282	6.4720	6.2303	6.0021	5.7864	5.5824	5.3893	5.2064	5.0330
8	7.6517	7.3255	7.0197	6.7327	6.4632	6.2098	5.9713	5.7466	5.5348
9	8.5660	8.1622	7.7861	7.4353	7.1078	6.8017	6.5152	6.2469	5.9952
10	9.4713	8.9826	8.5302	8.1109	7.7217	7.3601	7.0236	6.7101	6.4177
11	10.3676	9.7868	9.2526	8.7605	8.3064	7.8869	7.4987	7.1390	6.8052
12	11.2551	10.5753	9.9540	9.3851	8.8633	8.3838	7.9427	7.5361	7.1607
13	12.1337	11.3484	10.6350	9.9856	9.3936	8.8527	8.3577	7.9038	7.4869
14	13.0037	12.1062	11.2961	10.5631	9.8986	9.2950	8.7455	8.2442	7.7862
15	13.8651	12.8493	11.9379	11.1184	10.3797	9.7122	9.1079	8.5595	8.0607
16	14.7179	13.5777	12.5611	11.6523	10.8378	10.1059	9.4466	8.8514	8.3126
17	15.5623	14.2919	13.1661	12.1657	11.2741	10.4773	9.7632	9.1216	8.5436
18	16.3983	14.9920	13.7535	12.6593	11.6896	10.8276	10.0591	9.3719	8.7556
19	17.2260	15.6785	14.3238	13.1339	12.0853	11.1581	10.3356	9.6036	8.9501
20	18.0456	16.3514	14.8775	13.5903	12.4622	11.4699	10.5940	9.8181	9.1285
21	18.8570	17.0112	15.4150	14.0292	12.8212	11.7641	10.8355	10.0168	9.2922
22	19.6604	17.6580	15.9369	14.4511	13.1630	12.0416	11.0612	10.2007	9.4424
23	20.4558	18.2922	16.4436	14.8568	13.4886	12.3034	11.2722	10.3741	9.5802
24	21.2434	18.9139	16.9355	15.2470	13.7986	12.5504	11.4693	10.5288	9.7066
25	22.0232	19.5235	17.4131	15.6221	14.0939	12.7834	11.6536	10.6748	9.8226
30	25.8077	22.3965	19.6004	17.2920	15.3725	13.7648	12.4090	11.2578	10.2737
40	32.8347	27.3555	23.1148	19.7928	17.1591	15.0463	13.3317	11.9246	10.7574
50	39.1961	31.4236	25.7298	21.4822	18.2559	15.7619	13.8007	12.2335	10.9617

〈표 5〉 계속

이 자 율									
10%	12%	14%	15%	16%	18%	20%	24%	28%	32%
0.9091	0.8929	0.8772	0.8696	0.8621	0.8475	0.8333	0.8065	0.7813	0.7576
1.7355	1.6901	1.6467	1.6257	1.6052	1.5656	1.5278	1.4568	1.3916	1.3315
2.4869	2.4018	2.3216	2.2832	2.2459	2.1743	2.1065	1.9813	1.8684	1.7663
3.1699	3.0373	2.9137	2.8550	2.7982	2.6901	2.5887	2.4043	2.2410	2.0957
3.7908	3.6048	3.4331	3.3522	3.2743	3.1272	2.9906	2.7454	2.5320	2.3452
4.3553	4.1114	3.8887	3.7845	3.6847	3.4976	3.3255	3.0205	2.7594	2.5342
4.8684	4.5638	4.2883	4.1604	4.0386	3.8115	3.6046	3.2423	2.9370	2.6775
5.3349	4.9676	4.6389	4.4873	4.3436	4.0776	3.8372	3.4212	3.0758	2.7860
5.7590	5.3282	4.9464	4.7716	4.6065	4.3030	4.0310	3.5655	3.1842	2.8681
6.1446	5.6502	5.2161	5.0188	4.8332	4.4941	4.1925	3.6819	3.2689	2.9304
6.4951	5.9377	5.4527	5.2337	5.0286	4.6560	4.3271	3.7757	3.3351	2.9776
6.8137	6.1944	5.6603	5.4206	5.1971	4.7932	4.4392	3.8514	3.3868	3.0133
7.1034	6.4235	5.8424	5.5831	5.3423	4.9095	4.5327	3.9124	3.4272	3.0404
7.3667	6.6282	6.0021	5.7245	5.4675	5.0081	4.6106	3.9616	3.4587	3.0609
7.6061	6.8109	6.1422	5.8474	5.5755	5.0916	4.6755	4.0013	3.4834	3.0764
7.8237	6.9740	6.2651	5.9542	5.6685	5.1624	4.7296	4.0333	3.5026	3.0882
8.0216	7.1196	6.3729	6.0472	5.7487	5.2223	4.7746	4.0591	3.5177	3.0971
8.2014	7.2497	6.4674	6.1280	5.8178	5.2732	4.8122	4.0799	3.5294	3.1039
8.3649	7.3658	6.5504	6.1982	5.8775	5.3162	4.8435	4.0967	3.5386	3.1090
8.5136	7.4694	6.6231	6.2593	5.9288	5.3527	4.8696	4.1103	3.5458	3.1129
8.6487	7.5620	6.6870	6.3125	5.9731	5.3837	4.8913	4.1212	3.5514	3.1158
8.7715	7.6446	6.7429	6.3587	6.0113	5.4099	4.9094	4.1300	3.5558	3.1180
8.8832	7.7184	6.7921	6.3988	6.0442	5.4321	4.9245	4.1371	3.5592	3.1197
8.9847	7.7843	6.8351	6.4338	6.0726	5.4509	4.9371	4.1428	3.5619	3.1210
9.0770	7.8431	6.8729	6.4641	6.0971	5.4669	4.9476	4.1474	3.5640	3.1220
9.4269	8.0552	7.0027	6.5660	6.1772	5.5168	4.9789	4.1601	3.5693	3.1242
9.7791	8.2438	7.1050	6.6418	6.2235	5.5482	4.9966	4.1659	3.5712	3.1250
9.9148	8.3045	7.1327	6.6605	6.2463	5.5541	4.9995	4.1666	3.5714	3.1250

〈표 6〉 연속복리 현재가치계수($e^{-R\cdot t}$)

	연속복리 이자율									
기간	1%	2%	3%	4%	5%	6%	7%	8%	9%	10%
1	0.9900	0.9802	0.9704	0.9608	0.9512	0.9418	0.9324	0.9231	0.9139	0.9048
2	0.9802	0.9608	0.9418	0.9231	0.9048	0.8869	0.8694	0.8521	0.8353	0.8187
3	0.9704	0.9418	0.9139	0.8869	0.8607	0.8353	0.8106	0.7866	0.7634	0.7408
4	0.9608	0.9231	0.8869	0.8521	0.8187	0.7866	0.7558	0.7261	0.6977	0.6703
5	0.9512	0.9048	0.8607	0.8187	0.7788	0.7408	0.7047	0.6703	0.6376	0.6065
6	0.9418	0.8869	0.8353	0.7866	0.7408	0.6977	0.6570	0.6188	0.5827	0.5488
7	0.9324	0.8694	0.8106	0.7558	0.7047	0.6570	0.6126	0.5712	0.5326	0.4966
8	0.9231	0.8521	0.7866	0.7261	0.6703	0.6188	0.5712	0.5273	0.4868	0.4493
9	0.9139	0.8353	0.7634	0.6977	0.6376	0.5827	0.5326	0.4868	0.4449	0.4066
10	0.9048	0.8187	0.7408	0.6703	0.6065	0.5488	0.4966	0.4493	0.4066	0.3679
11	0.8958	0.8025	0.7189	0.6440	0.5769	0.5169	0.4630	0.4148	0.3716	0.3329
12	0.8869	0.7866	0.6977	0.6188	0.5488	0.4868	0.4317	0.3829	0.3396	0.3012
13	0.8781	0.7711	0.6771	0.5945	0.5220	0.4584	0.4025	0.3535	0.3104	0.2725
14	0.8694	0.7558	0.6570	0.5712	0.4966	0.4317	0.3753	0.3263	0.2837	0.2466
15	0.8607	0.7408	0.6376	0.5488	0.4724	0.4066	0.3499	0.3012	0.2592	0.2231
16	0.8521	0.7261	0.6188	0.5273	0.4493	0.3829	0.3263	0.2780	0.2369	0.2019
17	0.8437	0.7118	0.6005	0.5066	0.4274	0.3606	0.3042	0.2567	0.2165	0.1827
18	0.8353	0.6977	0.5827	0.4868	0.4066	0.3396	0.2837	0.2369	0.1979	0.1653
19	0.8270	0.6839	0.5655	0.4677	0.3867	0.3198	0.2645	0.2187	0.1809	0.1496
20	0.8187	0.6703	0.5488	0.4493	0.3679	0.3012	0.2466	0.2019	0.1653	0.1353
21	0.8106	0.6570	0.5326	0.4317	0.3499	0.2837	0.2299	0.1864	0.1511	0.1225
22	0.8025	0.6440	0.5169	0.4148	0.3329	0.2671	0.2144	0.1720	0.1381	0.1108
23	0.7945	0.6313	0.5016	0.3985	0.3166	0.2516	0.1999	0.1588	0.1262	0.1003
24	0.7866	0.6188	0.4868	0.3829	0.3012	0.2369	0.1864	0.1466	0.1153	0.0907
25	0.7788	0.6065	0.4724	0.3679	0.2865	0.2231	0.1738	0.1353	0.1054	0.0821
30	0.7408	0.5488	0.4066	0.3012	0.2231	0.1653	0.1225	0.0907	0.0672	0.0498
35	0.7047	0.4966	0.3499	0.2466	0.1738	0.1225	0.0863	0.0608	0.0429	0.0302
40	0.6703	0.4493	0.3012	0.2019	0.1353	0.0907	0.0608	0.0408	0.0273	0.0183
45	0.6376	0.4066	0.2592	0.1653	0.1054	0.0672	0.0429	0.0273	0.0174	0.0111
50	0.6065	0.3679	0.2231	0.1353	0.0821	0.0498	0.0302	0.0183	0.0111	0.0067
55	0.5769	0.3329	0.1920	0.1108	0.0639	0.0369	0.0213	0.0123	0.0071	0.0041
60	0.5488	0.3012	0.1653	0.0907	0.0498	0.0273	0.0150	0.0082	0.0045	0.0025

〈표 6〉 계속

연속복리 이자율									
11%	12%	13%	14%	15%	17%	20%	23%	25%	30%
0.8958	0.8869	0.8781	0.8694	0.8607	0.8437	0.8187	0.7945	0.7788	0.7408
0.8025	0.7866	0.7711	0.7558	0.7408	0.7118	0.6703	0.6313	0.6065	0.5488
0.7189	0.6977	0.6771	0.6570	0.6376	0.6005	0.5488	0.5016	0.4724	0.4066
0.6440	0.6188	0.5945	0.5712	0.5488	0.5066	0.4493	0.3985	0.3679	0.3012
0.5769	0.5488	0.5220	0.4966	0.4724	0.4274	0.3679	0.3166	0.2865	0.2231
0.5169	0.4868	0.4584	0.4317	0.4066	0.3606	0.3012	0.2516	0.2231	0.1653
0.4630	0.4317	0.4025	0.3753	0.3499	0.3042	0.2466	0.1999	0.1738	0.1225
0.4148	0.3829	0.3535	0.3263	0.3012	0.2576	0.2019	0.1588	0.1353	0.0907
0.3716	0.3396	0.3104	0.2837	0.2592	0.2165	0.1653	0.1262	0.1054	0.0672
0.3329	0.3012	0.2725	0.2466	0.2231	0.1827	0.1353	0.1003	0.0821	0.0498
0.2982	0.2671	0.2393	0.2144	0.1920	0.1541	0.1108	0.0797	0.0639	0.0369
0.2671	0.2369	0.2101	0.1864	0.1653	0.1300	0.0907	0.0633	0.0498	0.0273
0.2393	0.2101	0.1845	0.1620	0.1423	0.1097	0.0743	0.0503	0.0388	0.0202
0.2144	0.1864	0.1620	0.1409	0.1225	0.0926	0.0608	0.0400	0.0302	0.0150
0.1920	0.1653	0.1423	0.1225	0.1054	0.0781	0.0498	0.0317	0.0235	0.0111
0.1720	0.1466	0.1249	0.1065	0.0907	0.0659	0.0408	0.0252	0.0183	0.0082
0.1541	0.1300	0.1097	0.0926	0.0781	0.0556	0.0334	0.0200	0.0143	0.0061
0.1381	0.1153	0.0963	0.0805	0.0672	0.0469	0.0273	0.0159	0.0111	0.0045
0.1237	0.1023	0.0846	0.0699	0.0578	0.0396	0.0224	0.0127	0.0087	0.0033
0.1108	0.0907	0.0743	0.0608	0.0498	0.0334	0.0183	0.0101	0.0067	0.0025
0.0993	0.0805	0.0652	0.0529	0.0429	0.0282	0.0150	0.0080	0.0052	0.0018
0.0889	0.0714	0.0573	0.0460	0.0369	0.0238	0.0123	0.0063	0.0041	0.0014
0.0797	0.0633	0.0503	0.0400	0.0317	0.0200	0.0101	0.0050	0.0032	0.0010
0.0714	0.0561	0.0442	0.0347	0.0273	0.0169	0.0082	0.0040	0.0025	0.0007
0.0639	0.0498	0.0388	0.0302	0.0235	0.0143	0.0067	0.0032	0.0019	0.0006
0.0369	0.0273	0.0202	0.0150	0.0111	0.0061	0.0025	0.0010	0.0006	0.0001
0.0213	0.0150	0.0106	0.0074	0.0052	0.0026	0.0009	0.0003	0.0002	0.0000
0.0123	0.0082	0.0055	0.0037	0.0025	0.0011	0.0003	0.0001	0.0000	0.0000
0.0071	0.0045	0.0029	0.0018	0.0012	0.0005	0.0001	0.0000	0.0000	0.0000
0.0041	0.0025	0.0015	0.0009	0.0006	0.0002	0.0000	0.0000	0.0000	0.0000
0.0024	0.0014	0.0008	0.0005	0.0003	0.0001	0.0000	0.0000	0.0000	0.0000
0.0014	0.0007	0.0004	0.0002	0.0001	0.0000	0.0000	0.0000	0.0000	0.0000

〈표 7〉 콜옵션가격표

표준편차×$\sqrt{만기}$

기초자산가격 / 행사가격의 현재가치	0.05	0.10	0.15	0.20	0.25	0.30	0.35	0.40	0.45	0.50	0.55	0.60	0.65	0.70	0.75	0.80	0.85	0.90	0.95	1.00	1.05	1.10
0.40	*	*	*	*	*	*	*	0.002	0.005	0.010	0.017	0.025	0.036	0.047	0.061	0.075	0.091	0.107	0.125	0.143	0.161	0.180
0.45	*	*	*	*	*	*	0.002	0.005	0.010	0.017	0.026	0.037	0.049	0.063	0.079	0.095	0.112	0.130	0.148	0.167	0.186	0.206
0.50	*	*	*	*	*	0.001	0.004	0.009	0.017	0.026	0.038	0.051	0.065	0.081	0.098	0.115	0.133	0.152	0.171	0.191	0.210	0.230
0.55	*	*	*	*	*	0.003	0.008	0.016	0.026	0.037	0.051	0.066	0.082	0.099	0.117	0.136	0.155	0.174	0.194	0.214	0.233	0.253
0.60	*	*	*	*	0.002	0.007	0.014	0.024	0.037	0.051	0.066	0.083	0.100	0.119	0.137	0.157	0.176	0.196	0.216	0.236	0.256	0.275
0.65	*	*	*	0.001	0.005	0.012	0.023	0.035	0.050	0.066	0.083	0.101	0.119	0.138	0.158	0.177	0.197	0.217	0.237	0.257	0.277	0.296
0.70	*	*	*	0.004	0.010	0.020	0.033	0.048	0.065	0.082	0.100	0.119	0.138	0.158	0.178	0.198	0.218	0.238	0.257	0.277	0.297	0.316
0.75	*	*	0.002	0.008	0.018	0.031	0.046	0.063	0.081	0.100	0.119	0.138	0.158	0.178	0.198	0.218	0.238	0.258	0.277	0.297	0.316	0.335
0.80	*	*	0.005	0.015	0.028	0.044	0.062	0.080	0.099	0.118	0.138	0.158	0.178	0.198	0.218	0.237	0.257	0.277	0.296	0.316	0.335	0.354
0.82	*	*	0.007	0.019	0.033	0.050	0.068	0.087	0.106	0.126	0.146	0.166	0.186	0.206	0.225	0.245	0.265	0.284	0.304	0.323	0.342	0.361
0.84	*	0.002	0.010	0.023	0.039	0.057	0.075	0.094	0.114	0.134	0.154	0.174	0.193	0.213	0.233	0.253	0.272	0.292	0.311	0.330	0.349	0.367
0.86	*	0.003	0.013	0.028	0.045	0.063	0.082	0.102	0.122	0.142	0.161	0.181	0.201	0.221	0.241	0.260	0.280	0.299	0.318	0.337	0.356	0.374
0.88	*	0.005	0.017	0.034	0.052	0.070	0.090	0.110	0.129	0.149	0.169	0.189	0.209	0.229	0.248	0.268	0.287	0.306	0.325	0.344	0.362	0.381
0.90	*	0.008	0.022	0.040	0.059	0.078	0.098	0.117	0.137	0.157	0.177	0.197	0.217	0.236	0.256	0.275	0.294	0.313	0.332	0.351	0.369	0.387
0.92	0.001	0.012	0.028	0.047	0.066	0.086	0.106	0.125	0.145	0.165	0.185	0.205	0.225	0.244	0.263	0.283	0.302	0.320	0.339	0.357	0.376	0.393
0.94	0.003	0.017	0.035	0.054	0.074	0.094	0.114	0.134	0.153	0.173	0.193	0.213	0.232	0.252	0.271	0.290	0.309	0.327	0.346	0.364	0.382	0.400
0.96	0.006	0.023	0.042	0.062	0.082	0.102	0.122	0.142	0.162	0.181	0.201	0.220	0.240	0.259	0.278	0.297	0.316	0.334	0.352	0.370	0.388	0.406
0.98	0.012	0.031	0.051	0.071	0.091	0.111	0.130	0.150	0.170	0.189	0.209	0.228	0.247	0.266	0.285	0.304	0.322	0.341	0.359	0.377	0.394	0.412
1.00	0.020	0.040	0.060	0.080	0.099	0.119	0.139	0.159	0.178	0.197	0.217	0.236	0.255	0.274	0.292	0.311	0.329	0.347	0.365	0.383	0.400	0.418
1.02	0.031	0.050	0.070	0.089	0.109	0.128	0.148	0.167	0.186	0.205	0.224	0.243	0.262	0.281	0.299	0.318	0.336	0.354	0.372	0.389	0.406	0.423
1.04	0.045	0.061	0.080	0.099	0.118	0.137	0.156	0.175	0.194	0.213	0.232	0.251	0.270	0.288	0.306	0.324	0.342	0.360	0.378	0.395	0.412	0.429
1.06	0.060	0.073	0.091	0.109	0.128	0.146	0.165	0.184	0.203	0.221	0.240	0.258	0.277	0.295	0.313	0.331	0.349	0.366	0.384	0.401	0.418	0.435
1.08	0.075	0.086	0.102	0.119	0.137	0.156	0.174	0.192	0.211	0.229	0.248	0.266	0.284	0.302	0.320	0.338	0.355	0.373	0.390	0.407	0.424	0.440
1.10	0.091	0.100	0.114	0.130	0.147	0.165	0.183	0.201	0.219	0.237	0.255	0.273	0.291	0.309	0.327	0.344	0.362	0.379	0.396	0.412	0.429	0.445
1.12	0.107	0.113	0.126	0.141	0.157	0.174	0.192	0.209	0.227	0.245	0.263	0.281	0.298	0.316	0.333	0.351	0.368	0.385	0.401	0.418	0.435	0.451
1.14	0.123	0.127	0.138	0.152	0.167	0.184	0.201	0.218	0.235	0.253	0.270	0.288	0.305	0.323	0.340	0.357	0.374	0.391	0.407	0.424	0.440	0.456
1.16	0.138	0.141	0.150	0.163	0.177	0.193	0.210	0.226	0.243	0.261	0.278	0.295	0.312	0.329	0.346	0.363	0.380	0.396	0.413	0.429	0.445	0.461
1.18	0.153	0.154	0.162	0.174	0.187	0.203	0.219	0.235	0.251	0.268	0.285	0.302	0.319	0.336	0.353	0.369	0.386	0.402	0.418	0.434	0.450	0.466
1.20	0.167	0.168	0.174	0.185	0.198	0.212	0.227	0.243	0.259	0.276	0.292	0.309	0.326	0.342	0.359	0.375	0.392	0.408	0.424	0.440	0.455	0.471
1.25	0.200	0.200	0.204	0.212	0.223	0.235	0.249	0.264	0.279	0.295	0.310	0.326	0.342	0.358	0.374	0.390	0.406	0.421	0.437	0.452	0.468	0.483
1.30	0.231	0.231	0.233	0.239	0.247	0.258	0.271	0.284	0.298	0.313	0.328	0.343	0.358	0.373	0.389	0.404	0.419	0.435	0.450	0.465	0.480	0.494
1.35	0.259	0.259	0.260	0.264	0.271	0.281	0.292	0.304	0.317	0.331	0.345	0.359	0.374	0.388	0.403	0.418	0.433	0.447	0.462	0.476	0.491	0.505
1.40	0.286	0.286	0.286	0.289	0.294	0.302	0.312	0.323	0.335	0.348	0.361	0.375	0.389	0.403	0.417	0.431	0.445	0.460	0.474	0.488	0.502	0.516
1.45	0.310	0.310	0.311	0.312	0.317	0.323	0.332	0.342	0.353	0.364	0.377	0.390	0.403	0.416	0.430	0.444	0.458	0.471	0.485	0.499	0.512	0.526
1.50	0.333	0.333	0.333	0.335	0.338	0.343	0.351	0.360	0.370	0.381	0.392	0.404	0.417	0.430	0.443	0.456	0.469	0.483	0.496	0.509	0.522	0.535
1.75	0.429	0.429	0.429	0.429	0.429	0.431	0.435	0.440	0.446	0.453	0.461	0.470	0.480	0.490	0.500	0.511	0.522	0.533	0.545	0.556	0.567	0.579
2.00	0.500	0.500	0.500	0.500	0.500	0.501	0.502	0.505	0.508	0.513	0.519	0.525	0.533	0.540	0.549	0.558	0.567	0.576	0.586	0.595	0.605	0.615
2.25	0.556	0.556	0.556	0.556	0.556	0.556	0.556	0.558	0.560	0.563	0.567	0.571	0.577	0.583	0.590	0.597	0.604	0.612	0.620	0.629	0.637	0.646
2.50	0.600	0.600	0.600	0.600	0.600	0.600	0.600	0.601	0.602	0.604	0.607	0.610	0.614	0.619	0.624	0.630	0.636	0.643	0.650	0.657	0.665	0.672
2.75	0.636	0.636	0.636	0.636	0.636	0.636	0.636	0.637	0.637	0.639	0.641	0.643	0.646	0.650	0.654	0.659	0.664	0.670	0.676	0.682	0.688	0.695
3.00	0.667	0.667	0.667	0.667	0.667	0.667	0.667	0.667	0.667	0.668	0.669	0.671	0.673	0.676	0.680	0.684	0.688	0.693	0.698	0.703	0.709	0.715
3.50	0.714	0.714	0.714	0.714	0.714	0.714	0.714	0.714	0.714	0.715	0.715	0.716	0.718	0.720	0.722	0.724	0.728	0.731	0.735	0.739	0.743	0.748
4.00	0.750	0.750	0.750	0.750	0.750	0.750	0.750	0.750	0.750	0.750	0.751	0.751	0.752	0.753	0.754	0.756	0.759	0.761	0.764	0.767	0.771	0.775
4.50	0.778	0.778	0.778	0.778	0.778	0.778	0.778	0.778	0.778	0.778	0.778	0.778	0.779	0.780	0.781	0.782	0.784	0.785	0.788	0.790	0.793	0.796

* Value is zero to three decimal places

〈표 7〉 계속

표준편차 × $\sqrt{만기}$

기초자산가격 / 행사가격의 현재가치	1.15	1.20	1.25	1.30	1.35	1.40	1.45	1.50	1.55	1.60	1.65	1.70	1.75	2.00	2.25	2.50	2.75	3.00	3.50	4.00	4.50	5.00
0.40	0.200	0.219	0.239	0.259	0.279	0.299	0.319	0.338	0.358	0.378	0.397	0.416	0.435	0.525	0.607	0.679	0.742	0.795	0.876	0.929	0.962	0.981
0.45	0.225	0.245	0.265	0.285	0.305	0.325	0.345	0.364	0.384	0.403	0.422	0.440	0.459	0.546	0.625	0.694	0.754	0.805	0.883	0.933	0.964	0.982
0.50	0.250	0.270	0.290	0.310	0.330	0.349	0.369	0.388	0.407	0.426	0.444	0.462	0.480	0.565	0.641	0.708	0.766	0.814	0.888	0.936	0.966	0.983
0.55	0.273	0.293	0.313	0.333	0.352	0.371	0.391	0.409	0.428	0.446	0.464	0.482	0.500	0.582	0.656	0.720	0.775	0.822	0.893	0.939	0.967	0.983
0.60	0.295	0.315	0.335	0.354	0.373	0.392	0.411	0.429	0.448	0.465	0.483	0.500	0.517	0.597	0.668	0.731	0.784	0.829	0.897	0.942	0.969	0.984
0.65	0.316	0.336	0.355	0.374	0.393	0.411	0.430	0.448	0.466	0.483	0.500	0.517	0.534	0.611	0.680	0.740	0.792	0.835	0.901	0.944	0.970	0.985
0.70	0.336	0.355	0.374	0.393	0.411	0.429	0.447	0.465	0.482	0.499	0.516	0.532	0.548	0.624	0.691	0.749	0.799	0.841	0.905	0.946	0.971	0.985
0.75	0.354	0.373	0.392	0.410	0.428	0.446	0.464	0.481	0.498	0.514	0.531	0.547	0.562	0.636	0.700	0.757	0.805	0.846	0.908	0.948	0.972	0.986
0.80	0.372	0.391	0.409	0.427	0.444	0.462	0.479	0.496	0.512	0.528	0.544	0.560	0.575	0.646	0.709	0.764	0.811	0.851	0.911	0.949	0.973	0.986
0.82	0.379	0.397	0.415	0.433	0.451	0.468	0.485	0.501	0.518	0.534	0.549	0.565	0.580	0.650	0.713	0.767	0.814	0.853	0.912	0.950	0.973	0.986
0.84	0.386	0.404	0.422	0.439	0.457	0.474	0.490	0.507	0.523	0.539	0.554	0.570	0.585	0.654	0.716	0.770	0.816	0.854	0.913	0.950	0.973	0.986
0.86	0.392	0.410	0.428	0.445	0.463	0.479	0.496	0.512	0.528	0.544	0.559	0.575	0.589	0.658	0.719	0.772	0.818	0.856	0.914	0.951	0.974	0.987
0.88	0.399	0.417	0.434	0.451	0.468	0.485	0.501	0.518	0.533	0.549	0.564	0.579	0.594	0.662	0.722	0.775	0.820	0.858	0.915	0.952	0.974	0.987
0.90	0.405	0.423	0.440	0.457	0.474	0.490	0.507	0.523	0.538	0.554	0.569	0.584	0.598	0.666	0.725	0.777	0.822	0.859	0.916	0.652	0.974	0.987
0.92	0.411	0.429	0.446	0.463	0.479	0.496	0.512	0.528	0.543	0.559	0.573	0.588	0.602	0.669	0.728	0.780	0.824	0.861	0.916	0.953	0.975	0.987
0.94	0.417	0.435	0.452	0.468	0.485	0.501	0.517	0.533	0.548	0.563	0.578	0.592	0.607	0.673	0.731	0.782	0.826	0.862	0.917	0.953	0.975	0.987
0.96	0.423	0.440	0.457	0.474	0.490	0.506	0.522	0.537	0.553	0.568	0.582	0.597	0.611	0.676	0.734	0.784	0.827	0.864	0.918	0.954	0.975	0.987
0.98	0.429	0.446	0.463	0.479	0.495	0.511	0.527	0.542	0.557	0.572	0.586	0.601	0.615	0.679	0.737	0.787	0.829	0.865	0.919	0.954	0.975	0.987
1.00	0.435	0.451	0.468	0.484	0.500	0.516	0.532	0.547	0.562	0.576	0.591	0.605	0.618	0.683	0.739	0.789	0.831	0.866	0.920	0.954	0.976	0.988
1.02	0.440	0.457	0.473	0.489	0.505	0.521	0.536	0.551	0.566	0.580	0.595	0.609	0.622	0.686	0.742	0.791	0.833	0.868	0.921	0.955	0.976	0.988
1.04	0.446	0.462	0.478	0.494	0.510	0.526	0.541	0.556	0.570	0.585	0.599	0.612	0.626	0.689	0.744	0.793	0.834	0.869	0.921	0.955	0.976	0.988
1.06	0.451	0.467	0.484	0.499	0.515	0.530	0.545	0.560	0.574	0.589	0.602	0.616	0.629	0.692	0.747	0.795	0.836	0.870	0.922	0.956	0.976	0.988
1.08	0.456	0.473	0.488	0.504	0.520	0.535	0.550	0.564	0.578	0.592	0.606	0.620	0.633	0.695	0.749	0.797	0.837	0.871	0.923	0.956	0.976	0.988
1.10	0.462	0.478	0.493	0.509	0.524	0.539	0.554	0.568	0.582	0.596	0.610	0.623	0.636	0.698	0.752	0.799	0.839	0.873	0.924	0.957	0.977	0.988
1.12	0.467	0.483	0.498	0.513	0.529	0.543	0.558	0.572	0.586	0.600	0.614	0.627	0.640	0.700	0.754	0.800	0.840	0.874	0.924	0.957	0.977	0.988
1.14	0.472	0.487	0.503	0.518	0.533	0.548	0.562	0.576	0.590	0.604	0.617	0.630	0.643	0.703	0.756	0.802	0.842	0.875	0.925	0.957	0.977	0.988
1.16	0.477	0.492	0.507	0.522	0.537	0.552	0.566	0.580	0.594	0.607	0.621	0.634	0.646	0.706	0.758	0.804	0.843	0.876	0.926	0.958	0.977	0.988
1.18	0.482	0.497	0.512	0.527	0.541	0.556	0.570	0.584	0.597	0.611	0.624	0.637	0.649	0.708	0.760	0.806	0.844	0.877	0.926	0.958	0.978	0.989
1.20	0.486	0.501	0.516	0.531	0.546	0.560	0.574	0.588	0.601	0.614	0.627	0.640	0.653	0.711	0.763	0.807	0.846	0.878	0.927	0.958	0.978	0.989
1.25	0.498	0.513	0.527	0.541	0.556	0.569	0.583	0.597	0.610	0.523	0.635	0.648	0.660	0.717	0.768	0.811	0.849	0.881	0.928	0.959	0.978	0.989
1.30	0.509	0.523	0.537	0.551	0.565	0.579	0.592	0.605	0.618	0.631	0.643	0.655	0.667	0.723	0.772	0.815	0.852	0.883	0.930	0.960	0.979	0.989
1.35	0.519	0.533	0.547	0.561	0.574	0.587	0.600	0.613	0.626	0.638	0.650	0.662	0.674	0.729	0.777	0.819	0.855	0.885	0.931	0.961	0.979	0.989
1.40	0.529	0.543	0.557	0.570	0.583	0.596	0.609	0.621	0.633	0.645	0.657	0.669	0.680	0.734	0.781	0.822	0.858	0.888	0.933	0.962	0.979	0.990
1.45	0.539	0.552	0.566	0.579	0.591	0.604	0.616	0.629	0.641	0.652	0.664	0.675	0.687	0.739	0.785	0.826	0.860	0.890	0.934	0.962	0.980	0.990
1.50	0.549	0.561	0.574	0.587	0.599	0.612	0.624	0.636	0.647	0.659	0.670	0.682	0.692	0.744	0.789	0.829	0.863	0.892	0.935	0.963	0.980	0.990
1.75	0.590	0.602	0.613	0.624	0.635	0.646	0.657	0.668	0.678	0.688	0.699	0.709	0.719	0.765	0.806	0.843	0.874	0.900	0.940	0.966	0.982	0.991
2.00	0.625	0.635	0.645	0.655	0.665	0.675	0.684	0.694	0.703	0.713	0.722	0.731	0.740	0.783	0.821	0.854	0.883	0.907	0.944	0.968	0.983	0.991
2.25	0.655	0.663	0.672	0.681	0.690	0.699	0.708	0.716	0.725	0.733	0.742	0.750	0.758	0.797	0.833	0.863	0.890	0.913	0.948	0.970	0.984	0.992
2.50	0.680	0.688	0.696	0.704	0.711	0.719	0.727	0.735	0.743	0.751	0.759	0.766	0.774	0.810	0.843	0.872	0.897	0.918	0.951	0.972	0.985	0.992
2.75	0.702	0.709	0.716	0.723	0.730	0.737	0.745	0.752	0.759	0.766	0.773	0.781	0.788	0.821	0.852	0.879	0.902	0.922	0.953	0.973	0.986	0.993
3.00	0.721	0.727	0.734	0.740	0.747	0.753	0.760	0.767	0.773	0.780	0.786	0.793	0.799	0.831	0.859	0.885	0.907	0.926	0.955	0.974	0.986	0.993
3.50	0.753	0.758	0.763	0.769	0.774	0.780	0.785	0.791	0.797	0.802	0.808	0.814	0.819	0.847	0.872	0.895	0.915	0.933	0.959	0.977	0.987	0.994
4.00	0.779	0.783	0.787	0.792	0.796	0.801	0.806	0.811	0.816	0.821	0.826	0.831	0.836	0.860	0.883	0.904	0.922	0.938	0.962	0.978	0.988	0.994
4.50	0.799	0.803	0.807	0.810	0.814	0.818	0.823	0.827	0.831	0.836	0.840	0.844	0.849	0.871	0.892	0.911	0.927	0.942	0.965	0.980	0.989	0.994

* Value is zero to three decimal places

〈표 8〉 풋옵션가격표

표준편차 × $\sqrt{만기}$

기초자산가격 / 행사가격의 현재가치

	0.05	0.10	0.15	0.20	0.25	0.30	0.35	0.40	0.45	0.50	0.55	0.60	0.65	0.70	0.75	0.80	0.85	0.90	0.95	1.00	1.05	1.10
0.40	1.500	1.500	1.500	1.500	1.500	1.500	1.501	1.502	1.505	1.510	1.517	1.525	1.536	1.547	1.561	1.575	1.591	1.607	1.625	1.643	1.661	1.680
0.45	1.222	1.222	1.222	1.222	1.222	1.223	1.224	1.227	1.232	1.239	1.248	1.259	1.727	1.286	1.301	1.317	1.334	1.352	1.370	1.389	1.408	1.428
0.50	1.000	1.000	1.000	1.000	1.000	1.001	1.004	1.009	1.017	1.026	1.038	1.051	1.065	1.081	1.098	1.115	1.133	1.152	1.171	1.191	1.210	1.230
0.55	0.818	0.818	0.818	0.818	0.819	0.822	0.827	0.834	0.844	0.856	0.869	0.884	0.900	0.918	0.935	0.954	0.973	0.992	1.012	1.032	1.052	1.072
0.60	0.667	0.667	0.667	0.667	0.669	0.674	0.681	0.691	0.703	0.717	0.733	0.749	0.767	0.785	0.804	0.823	0.843	0.862	0.882	0.902	0.922	0.942
0.65	0.538	0.538	0.539	0.540	0.544	0.551	0.561	0.574	0.588	0.604	0.621	0.639	0.658	0.677	0.696	0.716	0.736	0.755	0.775	0.795	0.815	0.835
0.70	0.429	0.429	0.429	0.432	0.439	0.449	0.462	0.477	0.493	0.511	0.529	0.548	0.567	0.587	0.606	0.626	0.646	0.666	0.686	0.706	0.726	0.745
0.75	0.333	0.333	0.335	0.341	0.351	0.364	0.380	0.396	0.414	0.433	0.452	0.472	0.491	0.511	0.531	0.551	0.571	0.591	0.611	0.630	0.650	0.669
0.80	0.250	0.250	0.255	0.265	0.278	0.294	0.312	0.330	0.349	0.368	0.388	0.408	0.428	0.448	0.468	0.487	0.507	0.527	0.546	0.566	0.585	0.604
0.82	0.220	0.220	0.227	0.238	0.253	0.270	0.288	0.307	0.326	0.345	0.365	0.385	0.405	0.425	0.445	0.465	0.484	0.504	0.523	0.542	0.561	0.580
0.84	0.190	0.192	0.200	0.213	0.229	0.247	0.266	0.285	0.304	0.324	0.344	0.364	0.384	0.404	0.424	0.443	0.463	0.482	0.501	0.520	0.539	0.558
0.86	0.163	0.166	0.176	0.191	0.208	0.226	0.245	0.265	0.284	0.304	0.324	0.344	0.364	0.384	0.404	0.423	0.443	0.462	0.481	0.500	0.518	0.537
0.88	0.136	0.141	0.154	0.170	0.188	0.207	0.226	0.246	0.266	0.286	0.306	0.326	0.345	0.365	0.385	0.404	0.424	0.443	0.462	0.480	0.499	0.517
0.90	0.111	0.119	0.134	0.151	0.170	0.189	0.209	0.229	0.249	0.268	0.288	0.308	0.328	0.348	0.367	0.386	0.406	0.424	0.443	0.462	0.480	0.498
0.92	0.088	0.099	0.115	0.134	0.153	0.173	0.192	0.212	0.232	0.252	0.272	0.292	0.311	0.331	0.350	0.370	0.389	0.407	0.426	0.444	0.463	0.448
0.94	0.067	0.081	0.099	0.118	0.138	0.158	0.177	0.197	0.217	0.237	0.257	0.277	0.296	0.315	0.335	0.354	0.372	0.391	0.410	0.428	0.446	0.464
0.96	0.048	0.065	0.084	0.104	0.124	0.144	0.164	0.183	0.203	0.223	0.243	0.262	0.281	0.301	0.320	0.339	0.357	0.376	0.394	0.412	0.430	0.447
0.98	0.032	0.051	0.071	0.091	0.111	0.131	0.151	0.171	0.190	0.210	0.229	0.249	0.268	0.287	0.306	0.324	0.343	0.361	0.379	0.397	0.415	0.432
1.00	0.020	0.040	0.060	0.080	0.100	0.119	0.139	0.159	0.178	0.197	0.217	0.236	0.255	0.274	0.292	0.311	0.329	0.347	0.365	0.383	0.400	0.418
1.02	0.011	0.030	0.050	0.069	0.089	0.109	0.128	0.147	0.167	0.186	0.205	0.224	0.243	0.261	0.280	0.298	0.316	0.334	0.352	0.369	0.387	0.404
1.04	0.006	0.023	0.041	0.060	0.080	0.099	0.118	0.137	0.156	0.175	0.194	0.213	0.231	0.250	0.268	0.286	0.304	0.332	0.339	0.357	0.374	0.391
1.06	0.003	0.017	0.034	0.052	0.071	0.090	0.109	0.127	0.146	0.165	0.183	0.202	0.220	0.238	0.257	0.275	0.292	0.310	0.327	0.344	0.361	0.378
1.08	0.001	0.012	0.028	0.045	0.063	0.082	0.100	0.118	0.137	0.155	0.174	0.192	0.210	0.228	0.246	0.264	0.281	0.299	0.316	0.333	0.349	0.366
1.10	*	0.009	0.023	0.039	0.056	0.074	0.092	0.110	0.128	0.146	0.164	0.182	0.200	0.218	0.236	0.253	0.271	0.288	0.305	0.322	0.338	0.355
1.12	*	0.006	0.018	0.034	0.050	0.067	0.085	0.102	0.120	0.138	0.156	0.173	0.191	0.209	0.226	0.243	0.261	0.278	0.294	0.311	0.327	0.344
1.14	*	0.004	0.015	0.029	0.044	0.061	0.078	0.095	0.113	0.130	0.148	0.165	0.182	0.200	0.217	0.234	0.251	0.268	0.284	0.301	0.317	0.333
1.16	*	0.003	0.012	0.025	0.039	0.055	0.072	0.089	0.106	0.123	0.140	0.157	0.174	0.191	0.208	0.225	0.242	0.258	0.275	0.291	0.307	0.323
1.18	*	0.002	0.009	0.021	0.035	0.050	0.066	0.082	0.099	0.116	0.133	0.150	0.166	0.183	0.200	0.217	0.233	0.250	0.266	0.282	0.298	0.313
1.20	*	0.001	0.007	0.018	0.031	0.045	0.061	0.077	0.093	0.109	0.126	0.142	0.159	0.176	0.192	0.209	0.225	0.241	0.257	0.273	0.289	0.304
1.25	*	*	0.004	0.012	0.023	0.035	0.049	0.064	0.079	0.095	0.110	0.126	0.142	0.158	0.174	0.190	0.206	0.221	0.237	0.252	0.268	0.283
1.30	*	*	0.002	0.008	0.017	0.027	0.040	0.053	0.068	0.082	0.097	0.112	0.127	0.143	0.158	0.173	0.189	0.204	0.219	0.234	0.249	0.263
1.35	*	*	0.001	0.005	0.012	0.021	0.032	0.045	0.058	0.071	0.085	0.100	0.114	0.129	0.144	0.159	0.173	0.188	0.203	0.217	0.232	0.246
1.40	*	*	*	0.003	0.009	0.017	0.026	0.037	0.049	0.062	0.075	0.089	0.103	0.117	0.131	0.145	0.160	0.174	0.188	0.202	0.216	0.230
1.45	*	*	*	0.002	0.006	0.013	0.021	0.031	0.042	0.054	0.067	0.079	0.093	0.106	0.120	0.133	0.147	0.161	0.175	0.188	0.202	0.215
1.50	*	*	*	0.001	0.004	0.010	0.017	0.026	0.036	0.047	0.059	0.071	0.084	0.097	0.110	0.123	0.136	0.149	0.163	0.176	0.189	0.202
1.75	*	*	*	*	*	0.003	0.006	0.011	0.017	0.024	0.033	0.042	0.051	0.061	0.072	0.083	0.094	0.105	0.116	0.127	0.139	0.150
2.00	*	*	*	*	*	*	0.002	0.005	0.008	0.013	0.019	0.025	0.033	0.040	0.049	0.058	0.067	0.076	0.086	0.095	0.105	0.115
2.25	*	*	*	*	*	*	*	0.002	0.004	0.007	0.011	0.016	0.021	0.027	0.034	0.041	0.049	0.057	0.065	0.073	0.082	0.090
2.50	*	*	*	*	*	*	*	*	0.002	0.004	0.007	0.010	0.014	0.019	0.024	0.030	0.036	0.043	0.050	0.057	0.065	0.072
2.75	*	*	*	*	*	*	*	*	0.001	0.002	0.004	0.007	0.010	0.013	0.018	0.022	0.028	0.033	0.039	0.045	0.052	0.059
3.00	*	*	*	*	*	*	*	*	*	0.001	0.003	0.004	0.007	0.010	0.013	0.017	0.021	0.026	0.031	0.037	0.042	0.048
3.50	*	*	*	*	*	*	*	*	*	*	0.001	0.002	0.003	0.005	0.007	0.010	0.013	0.017	0.021	0.025	0.029	0.034
4.00	*	*	*	*	*	*	*	*	*	*	*	0.001	0.002	0.003	0.004	0.006	0.009	0.011	0.014	0.017	0.021	0.025
4.50	*	*	*	*	*	*	*	*	*	*	*	*	0.001	0.002	0.003	0.004	0.006	0.008	0.010	0.013	0.015	0.018

* Value is zero to three decimal places

〈표 8〉 계속

표준편차×$\sqrt{만기}$

기초자산가격 / 행사가격의 현재가치	1.15	1.20	1.25	1.30	1.35	1.40	1.45	1.50	1.55	1.60	1.65	1.70	1.75	2.00	2.25	2.50	2.75	3.00	3.50	4.00	4.50	5.00
0.40	1.700	1.719	1.739	1.759	1.779	1.799	1.819	1.838	1.858	1.878	1.897	1.916	1.935	2.025	2.107	2.179	2.242	2.295	2.376	2.429	2.462	2.481
0.45	1.448	1.468	1.487	1.507	1.527	1.547	1.567	1.586	1.606	1.625	1.644	1.663	1.681	1.769	1.847	1.917	1.977	2.028	2.105	2.155	2.186	2.204
0.50	1.250	1.270	1.290	1.310	1.330	1.349	1.369	1.388	1.407	1.426	1.444	1.462	1.480	1.565	1.641	1.708	1.766	1.814	1.888	1.936	1.966	1.983
0.55	1.091	1.111	1.131	1.151	1.170	1.190	1.209	1.228	1.246	1.265	1.283	1.300	1.318	1.400	1.474	1.538	1.593	1.640	1.711	1.757	1.785	1.802
0.60	0.962	0.982	1.001	1.021	1.040	1.059	1.078	1.096	1.114	1.132	1.150	1.167	1.184	1.264	1.335	1.397	1.451	1.496	1.564	1.608	1.635	1.651
0.65	0.885	0.874	0.893	0.912	0.931	0.950	0.968	0.986	1.004	1.021	1.039	1.055	1.072	1.150	1.219	1.279	1.330	1.374	1.440	1.482	1.508	1.523
0.70	0.764	0.784	0.802	0.821	0.840	0.858	0.876	0.893	0.911	0.928	0.945	0.961	0.977	1.052	1.119	1.178	1.227	1.270	1.333	1.374	1.399	1.414
0.75	0.688	0.707	0.725	0.744	0.762	0.779	0.797	0.814	0.831	0.848	0.864	0.880	0.896	0.969	1.034	1.090	1.139	1.180	1.241	1.281	1.305	1.319
0.80	0.622	0.641	0.659	0.677	0.694	0.712	0.729	0.746	0.762	0.778	0.794	0.810	0.825	0.896	0.959	1.014	1.061	1.101	1.161	1.199	1.223	1.236
0.82	0.599	0.617	0.635	0.653	0.670	0.687	0.704	0.721	0.737	0.753	0.769	0.784	0.799	0.870	0.932	0.987	1.033	1.072	1.131	1.169	1.193	1.206
0.84	0.576	0.594	0.612	0.630	0.647	0.664	0.681	0.697	0.714	0.729	0.745	0.760	0.775	0.845	0.907	0.960	1.006	1.045	1.103	1.141	1.164	1.177
0.86	0.555	0.573	0.591	0.608	0.625	0.642	0.659	0.675	0.691	0.707	0.722	0.727	0.752	0.821	0.882	0.935	0.981	1.019	1.076	1.114	1.136	1.149
0.88	0.535	0.553	0.570	0.588	0.605	0.621	0.638	0.654	0.670	0.685	0.701	0.716	0.730	0.798	0.859	0.911	0.956	0.994	1.051	1.088	1.110	1.123
0.90	0.516	0.534	0.551	0.568	0.585	0.602	0.618	0.634	0.650	0.665	0.680	0.695	0.709	0.777	0.837	0.889	0.933	0.970	1.027	1.063	1.085	1.098
0.92	0.498	0.516	0.533	0.550	0.566	0.583	0.599	0.615	0.630	0.645	0.660	0.675	0.689	0.756	0.815	0.867	0.911	0.948	1.003	1.040	1.061	1.074
0.94	0.481	0.498	0.515	0.532	0.549	0.565	0.581	0.597	0.612	0.627	0.642	0.656	0.670	0.737	0.795	0.850	0.889	0.926	0.981	1.017	1.039	1.051
0.96	0.465	0.482	0.499	0.515	0.532	0.548	0.564	0.579	0.594	0.609	0.624	0.638	0.652	0.718	0.776	0.826	0.869	0.905	0.960	0.995	1.071	1.029
0.98	0.449	0.466	0.483	0.500	0.516	0.532	0.547	0.563	0.578	0.592	0.607	0.621	0.635	0.700	0.757	0.807	0.850	0.885	0.939	0.974	0.996	1.008
1.00	0.435	0.451	0.468	0.484	0.500	0.516	0.532	0.547	0.562	0.576	0.591	0.605	0.618	0.683	0.739	0.789	0.831	0.866	0.920	0.954	0.976	0.988
1.02	0.421	0.437	0.454	0.470	0.486	0.501	0.517	0.532	0.546	0.561	0.575	0.589	0.603	0.666	0.722	0.771	0.813	0.848	0.901	0.935	0.956	0.968
1.04	0.407	0.424	0.440	0.456	0.472	0.487	0.502	0.517	0.532	0.546	0.560	0.574	0.587	0.650	0.706	0.754	0.796	0.831	0.883	0.917	0.938	0.949
1.06	0.395	0.411	0.427	0.443	0.458	0.474	0.489	0.503	0.518	0.532	0.546	0.560	0.573	0.635	0.690	0.738	0.779	0.814	0.866	0.899	0.920	0.931
1.08	0.382	0.399	0.414	0.430	0.445	0.461	0.475	0.490	0.504	0.518	0.532	0.546	0.559	0.621	0.675	0.723	0.763	0.797	0.849	0.882	0.902	0.914
1.10	0.371	0.387	0.402	0.418	0.433	0.448	0.463	0.477	0.492	0.505	0.519	0.532	0.546	0.607	0.661	0.708	0.748	0.782	0.833	0.866	0.886	0.897
1.12	0.360	0.375	0.391	0.406	0.421	0.436	0.451	0.465	0.479	0.493	0.506	0.520	0.533	0.593	0.647	0.693	0.733	0.767	0.817	0.850	0.870	0.881
1.14	0.349	0.365	0.380	0.395	0.410	0.425	0.439	0.453	0.467	0.481	0.494	0.507	0.520	0.580	0.633	0.679	0.719	0.752	0.802	0.835	0.854	0.866
1.16	0.339	0.354	0.369	0.384	0.399	0.414	0.428	0.442	0.456	0.469	0.483	0.496	0.508	0.568	0.620	0.666	0.705	0.738	0.788	0.820	0.839	0.851
1.18	0.329	0.344	0.359	0.374	0.389	0.403	0.417	0.431	0.445	0.458	0.471	0.484	0.497	0.556	0.608	0.653	0.692	0.725	0.774	0.806	0.825	0.836
1.20	0.320	0.335	0.350	0.364	0.379	0.393	0.407	0.421	0.434	0.448	0.461	0.473	0.486	0.544	0.596	0.641	0.679	0.712	0.760	0.792	0.811	0.822
1.25	0.298	0.313	0.327	0.341	0.356	0.369	0.383	0.397	0.410	0.423	0.435	0.448	0.460	0.517	0.568	0.611	0.649	0.681	0.728	0.759	0.778	0.789
1.30	0.278	0.292	0.307	0.321	0.334	0.348	0.361	0.374	0.387	0.400	0.412	0.424	0.436	0.492	0.542	0.585	0.621	0.652	0.699	0.729	0.748	0.758
1.35	0.260	0.274	0.288	0.302	0.315	0.328	0.341	0.354	0.367	0.379	0.391	0.403	0.415	0.469	0.518	0.560	0.596	0.626	0.672	0.702	0.720	0.730
1.40	0.244	0.257	0.271	0.284	0.297	0.310	0.323	0.335	0.348	0.360	0.372	0.383	0.395	0.448	0.495	0.537	0.572	0.602	0.647	0.676	0.694	0.704
1.45	0.229	0.242	0.255	0.268	0.281	0.294	0.306	0.318	0.330	0.342	0.354	0.365	0.376	0.429	0.475	0.515	0.550	0.579	0.623	0.652	0.669	0.679
1.50	0.215	0.228	0.241	0.254	0.266	0.278	0.290	0.302	0.314	0.326	0.337	0.348	0.359	0.410	0.456	0.495	0.530	0.558	0.602	0.630	0.647	0.657
1.75	0.162	0.173	0.184	0.195	0.206	0.217	0.228	0.239	0.249	0.260	0.270	0.280	0.290	0.336	0.378	0.414	0.445	0.472	0.511	0.537	0.553	0.562
2.00	0.125	0.135	0.145	0.155	0.165	0.175	0.184	0.194	0.203	0.213	0.222	0.231	0.240	0.283	0.321	0.354	0.383	0.407	0.444	0.468	0.483	0.491
2.25	0.099	0.108	0.117	0.125	0.134	0.143	0.152	0.161	0.169	0.178	0.186	0.195	0.203	0.242	0.277	0.308	0.335	0.357	0.392	0.415	0.428	0.436
2.50	0.080	0.088	0.096	0.104	0.111	0.119	0.127	0.135	0.143	0.151	0.159	0.166	0.174	0.210	0.243	0.272	0.297	0.318	0.351	0.372	0.385	0.392
2.75	0.065	0.072	0.079	0.087	0.094	0.101	0.108	0.116	0.123	0.130	0.137	0.144	0.151	0.185	0.215	0.242	0.266	0.286	0.317	0.337	0.349	0.356
3.00	0.054	0.061	0.067	0.073	0.080	0.087	0.093	0.100	0.107	0.113	0.120	0.126	0.133	0.164	0.193	0.218	0.240	0.260	0.289	0.308	0.320	0.326
3.50	0.039	0.044	0.049	0.054	0.060	0.065	0.071	0.077	0.082	0.088	0.094	0.099	0.105	0.133	0.158	0.181	0.201	0.218	0.245	0.262	0.273	0.279
4.00	0.029	0.033	0.037	0.042	0.046	0.051	0.056	0.061	0.066	0.071	0.076	0.081	0.086	0.110	0.133	0.154	0.172	0.188	0.212	0.228	0.238	0.244
4.50	0.022	0.025	0.029	0.033	0.037	0.041	0.045	0.049	0.053	0.058	0.062	0.067	0.071	0.093	0.114	0.133	0.150	0.164	0.187	0.202	0.211	0.217

* Value is zero to three decimal places

〈표 9〉 표준정규누적분포표 $N(d)$

d	0.00	0.01	0.02	0.03	0.04	0.05	0.06	0.07	0.08	0.09
−3.0	0.001	0.001	0.001	0.001	0.001	0.001	0.001	0.001	0.001	0.001
−2.9	0.002	0.002	0.002	0.002	0.002	0.002	0.002	0.001	0.001	0.001
−2.8	0.003	0.002	0.002	0.002	0.002	0.002	0.002	0.002	0.002	0.002
−2.7	0.003	0.003	0.003	0.003	0.003	0.003	0.003	0.003	0.003	0.003
−2.6	0.005	0.005	0.004	0.004	0.004	0.004	0.004	0.004	0.004	0.004
−2.5	0.006	0.006	0.006	0.006	0.006	0.005	0.005	0.005	0.005	0.005
−2.4	0.008	0.008	0.008	0.008	0.007	0.007	0.007	0.007	0.007	0.006
−2.3	0.011	0.010	0.010	0.010	0.010	0.009	0.009	0.009	0.009	0.008
−2.2	0.014	0.014	0.013	0.013	0.013	0.012	0.012	0.012	0.011	0.011
−2.1	0.018	0.017	0.017	0.017	0.016	0.016	0.015	0.015	0.015	0.014
−2.0	0.023	0.022	0.022	0.021	0.021	0.020	0.020	0.019	0.019	0.018
−1.9	0.029	0.028	0.027	0.027	0.026	0.026	0.025	0.024	0.024	0.023
−1.8	0.036	0.035	0.034	0.034	0.033	0.032	0.031	0.031	0.030	0.029
−1.7	0.045	0.044	0.043	0.042	0.041	0.040	0.039	0.038	0.038	0.037
−1.6	0.055	0.054	0.053	0.052	0.051	0.049	0.048	0.047	0.046	0.046
−1.5	0.067	0.066	0.064	0.063	0.062	0.061	0.059	0.058	0.057	0.056
−1.4	0.081	0.079	0.078	0.076	0.075	0.074	0.072	0.071	0.069	0.068
−1.3	0.097	0.095	0.093	0.092	0.090	0.089	0.087	0.085	0.084	0.082
−1.2	0.115	0.113	0.111	0.109	0.107	0.106	0.104	0.102	0.100	0.099
−1.1	0.136	0.134	0.131	0.129	0.127	0.125	0.123	0.121	0.119	0.117
−1.0	0.159	0.156	0.154	0.152	0.149	0.147	0.145	0.142	0.140	0.138
−0.9	0.184	0.181	0.179	0.176	0.174	0.171	0.169	0.166	0.164	0.161
−0.8	0.212	0.209	0.206	0.203	0.200	0.198	0.195	0.192	0.189	0.187
−0.7	0.242	0.239	0.236	0.233	0.230	0.227	0.224	0.221	0.218	0.215
−0.6	0.274	0.271	0.268	0.264	0.261	0.258	0.255	0.251	0.248	0.245
−0.5	0.309	0.305	0.302	0.298	0.295	0.291	0.288	0.284	0.281	0.278
−0.4	0.345	0.341	0.337	0.334	0.330	0.326	0.323	0.319	0.316	0.312
−0.3	0.382	0.378	0.374	0.371	0.367	0.363	0.359	0.356	0.352	0.348
−0.2	0.421	0.417	0.413	0.409	0.405	0.401	0.397	0.394	0.390	0.386
−0.1	0.460	0.456	0.452	0.448	0.444	0.440	0.436	0.433	0.429	0.425
−0.0	0.500	0.496	0.492	0.488	0.484	0.480	0.476	0.472	0.468	0.464

〈표 9〉 계속

d	**0.00**	**0.01**	**0.02**	**0.03**	**0.04**	**0.05**	**0.06**	**0.07**	**0.08**	**0.09**
0.0	0.500	0.504	0.508	0.512	0.516	0.520	0.524	0.528	0.532	0.536
0.1	0.540	0.544	0.548	0.552	0.556	0.560	0.564	0.567	0.571	0.575
0.2	0.579	0.583	0.587	0.591	0.595	0.599	0.603	0.606	0.610	0.614
0.3	0.618	0.622	0.626	0.629	0.633	0.637	0.641	0.644	0.648	0.652
0.4	0.655	0.659	0.663	0.666	0.670	0.674	0.677	0.681	0.684	0.688
0.5	0.691	0.695	0.698	0.702	0.705	0.709	0.712	0.716	0.719	0.722
0.6	0.726	0.729	0.732	0.736	0.739	0.742	0.745	0.749	0.752	0.755
0.7	0.758	0.761	0.764	0.767	0.770	0.773	0.776	0.779	0.782	0.785
0.8	0.788	0.791	0.794	0.797	0.800	0.802	0.805	0.808	0.811	0.813
0.9	0.816	0.819	0.821	0.824	0.826	0.829	0.831	0.834	0.836	0.839
1.0	0.841	0.844	0.846	0.849	0.851	0.853	0.855	0.858	0.860	0.862
1.1	0.864	0.867	0.869	0.871	0.873	0.875	0.877	0.879	0.881	0.883
1.2	0.885	0.887	0.889	0.891	0.893	0.894	0.896	0.898	0.900	0.901
1.3	0.903	0.905	0.907	0.908	0.910	0.911	0.913	0.915	0.916	0.918
1.4	0.919	0.921	0.922	0.924	0.925	0.926	0.928	0.929	0.931	0.932
1.5	0.933	0.934	0.936	0.937	0.938	0.939	0.941	0.942	0.943	0.944
1.6	0.945	0.946	0.947	0.948	0.950	0.951	0.952	0.953	0.954	0.954
1.7	0.955	0.956	0.957	0.958	0.959	0.960	0.961	0.962	0.962	0.963
1.8	0.964	0.965	0.966	0.966	0.967	0.968	0.969	0.969	0.970	0.971
1.9	0.971	0.972	0.973	0.973	0.974	0.974	0.975	0.976	0.976	0.977
2.0	0.977	0.978	0.978	0.979	0.979	0.980	0.980	0.981	0.981	0.982
2.1	0.982	0.983	0.983	0.983	0.984	0.984	0.985	0.985	0.985	0.986
2.2	0.986	0.986	0.987	0.987	0.987	0.988	0.988	0.988	0.989	0.989
2.3	0.989	0.990	0.990	0.990	0.990	0.991	0.991	0.991	0.991	0.992
2.4	0.992	0.992	0.992	0.992	0.993	0.993	0.993	0.993	0.993	0.994
2.5	0.994	0.994	0.994	0.994	0.994	0.995	0.995	0.995	0.995	0.995
2.6	0.995	0.995	0.996	0.996	0.996	0.996	0.996	0.996	0.996	0.996
2.7	0.997	0.997	0.997	0.997	0.997	0.997	0.997	0.997	0.997	0.997
2.8	0.997	0.998	0.998	0.998	0.998	0.998	0.998	0.998	0.998	0.998
2.9	0.998	0.998	0.998	0.998	0.998	0.998	0.998	0.999	0.999	0.999
3.0	0.999	0.999	0.999	0.999	0.999	0.999	0.999	0.999	0.999	0.999

〈표 10〉 표준정규분포표

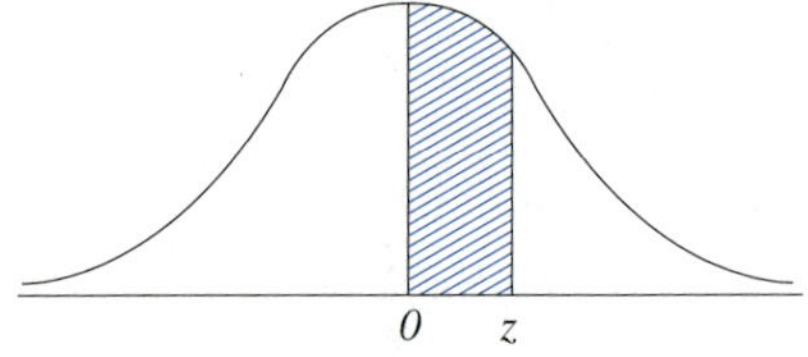

z	.00	.01	.02	.03	.04	.05	.06	.07	.08	.09
0.0	.0000	.0040	.0080	.0120	.0160	.0199	.0239	.0279	.0319	.0359
0.1	.0398	.0438	.0478	.0517	.0557	.0596	.0636	.0675	.0714	.0754
0.2	.0793	.0832	.0871	.0910	.0948	.0987	.1026	.1064	.1103	.1141
0.3	.1179	.1217	.1255	.1293	.1331	.1368	.1406	.1443	.1480	.1517
0.4	.1554	.1591	.1628	.1664	.1700	.1736	.1772	.1808	.1844	.1879
0.5	.1915	.1950	.1985	.2019	.2054	.2088	.2123	.2157	.2190	.2224
0.6	.2258	.2291	.2324	.2357	.2389	.2422	.2454	.2486	.2518	.2549
0.7	.2580	.2612	.2642	.2673	.2704	.2734	.2764	.2794	.2823	.2852
0.8	.2881	.2910	.2939	.2967	.2996	.3023	.3051	.3078	.3106	.3133
0.9	.3159	.3186	.3212	.3238	.3264	.3289	.3315	.3340	.3365	.3389
1.0	.3413	.3438	.3461	.3485	.3508	.3531	.3554	.3577	.3599	.3621
1.1	.3643	.3665	.3686	.3708	.3729	.3749	.3770	.3790	.3810	.3830
1.2	.3649	.3869	.3688	.3907	.3925	.3944	.3962	.3980	.3997	.4015
1.3	.4032	.4049	.4066	.4082	.4099	.4115	.4131	.4147	.4162	.4177
1.4	.4192	.4207	.4222	.4236	.4251	.4265	.4279	.4292	.4306	.4319
1.5	.4332	.4345	.4357	.4370	.4382	.4394	.4406	.4418	.4429	.4441
1.6	.4452	.4463	.4474	.4484	.4495	.4505	.4515	.4525	.4535	.4545
1.7	.4554	.4564	.4573	.4582	.4591	.4599	.4608	.4616	.4625	.4633
1.8	.4641	.4649	.4656	.4664	.4671	.4678	.4686	.4693	.4699	.4709
1.9	.4713	.4719	.4726	.4732	.4738	.4744	.4750	.4756	.4761	.4767
2.0	.4772	.4778	.4783	.4788	.4793	.4798	.4803	.4808	.4812	.4817
2.1	.4821	.4826	.4830	.4834	.4838	.4842	.4846	.4850	.4854	.4857
2.2	.4861	.4864	.4868	.4871	.4875	.4878	.4881	.4884	.4887	.4890
2.3	.4893	.4896	.4898	.4901	.4904	.4906	.4909	.4911	.4913	.4916
2.4	.4918	.4920	.4922	.4925	.4927	.4929	.4931	.4932	.4934	.4936
2.5	.4938	.4940	.4941	.4943	.4945	.4946	.4948	.4949	.4951	.4952
2.6	.4953	.4955	.4956	.4957	.4959	.4960	.4961	.4962	.4963	.4964
2.7	.4965	.4966	.4967	.4968	.4969	.4970	.4971	.4972	.4973	.4974
2.8	.4974	.4975	.4976	.4977	.4977	.4978	.4979	.4979	.4980	.4981
2.9	.4981	.4982	.4982	.4983	.4984	.4984	.4985	.4985	.4986	.4986
3.0	.4987	.4987	.4987	.4988	.4988	.4989	.4989	.4989	.4990	.4990
3.1	.4990	.4991	.4991	.4991	.4992	.4992	.4992	.4992	.4993	.4993
3.2	.4993	.4993	.4994	.4994	.4994	.4994	.4994	.4995	.4995	.4995
3.3	.4995	.4995	.4995	.4996	.4996	.4996	.4996	.4996	.4996	.4997
3.4	.4997	.4997	.4997	.4997	.4997	.4997	.4997	.4997	.4997	.4998
3.5	.4998	.4998	.4998	.4998	.4998	.4998	.4998	.4998	.4998	.4998
3.6	.4998	.4998	.4999	.4999	.4999	.4999	.4999	.4999	.4999	.4999
3.7	.4999	.4999	.4999	.4999	.4999	.4999	.4999	.4999	.4999	.4999
3.8	.4999	.4999	.4999	.4999	.4999	.4999	.4999	.4999	.4999	.4999
3.9	.5000	.5000	.5000	.5000	.5000	.5000	.5000	.5000	.5000	.5000

국문 찾아보기

영문 찾아보기

저자소개

■ 이의경

〈약력〉

성균관대학교 경제학과
서울대학교 대학원, 경영학 석사 (재무관리)
서울대학교 대학원, 경영학 박사 (재무관리)
삼일회계법인 (공인회계사)
전주대학교 교수
공인회계사시험 출제위원
University of Illinois at Urbana-Champaign, Visiting Scholar
대진대학교 사회과학대학장
현재, 대진대학교 경영학과 교수

〈주요 저서 및 논문〉

이기적인 대리인들 (명경사, 2011)
증권강의 제6판 (신론사, 2015)
재무분석 제2판 (신론사, 2016)
금융기관론 (명경사, 2018)
선물과 옵션 제3판 (명경사, 2019)
"Hamada 모형의 사용에 대한 이의제기", 한국경영학회, KBR (1999)
"우리나라에서 대리계약기간이 갖는 경제적 의미", 한국재무관리학회, 재무관리연구 (2000)
"How to Teach M&M's Capital Structure Irrelevance Theory: A Simple Arbitrage Approach", *Journal of Financial Education* (2006)
"세법의 주가설명력과 주가결정력", 한국세무학회, 세무학연구 (2007)
"인적특성변수가 투자성과와 교육효과에 미치는 영향", 한국경영교육학회, 경영교육연구 (2013)
"경영학 교수의 연구성과에 영향을 미치는 요인", 한국경영학회, 경영학연구 (2020)

이의경 교수의 **재무관리** – 이론과 응용 [제7판]

2021년 5월 15일 제7판 1쇄 인쇄
2021년 5월 20일 제7판 1쇄 발행

저 자 이의경
발행인 류재식 · 박용범
발행처 도서출판 북 넷
서울시 용산구 효창원로 70길46 대신빌딩 2층
등 록 2010년 6월 7일(제2010-000069호)
전 화 (02)395-2341
팩 스 (02)395-2303

정가 45,000원 ISBN 979-11-86947-56-2〈93320〉

e-mail: book2341@naver.com